RTE ALPESTRE
LO STATO DI
MILANO,
Lago maggiore
gano, é di Como
All'Ill.mo et Rev.mo mio Sig.r
et Pron Col.mo il S.r Card.
Borromeo
Fabia di Gio. Ant. Magini
Lago di Como olim Larius lacus
di Lugano olim
PARTE DEL BERGAMASCO
Como
Milano
Monza
Bergamo
Varese
Lecco
Sasna
Vimercato
Trezzo
Legnano
Saronno
Cantù
Erba
Brembo f.
Adda f.
Olona f.
Naviglio martesana

Alessandro Manzoni

Die Brautleute

Alessandro Manzoni

Die Brautleute

I Promessi Sposi

Deutsch von Burkhart Kroeber

Zweitausendeins

Das Original erschien erstmals 1827 sowie erneut,
vom Autor durchgesehen und überarbeitet,
1840–42 in Mailand unter dem Titel
I Promessi Sposi. Storia milanese del secolo XVII,
scoperta e rifatta da Alessandro Manzoni

Printed in Germany.

Dieses Buch gibt es nur bei Zweitausendeins im Versand,
Postfach, D-60348 Frankfurt am Main, Telefon 0 69 - 4 20 80 00
oder 0 18 05 - 23 20 01, Fax 0 69 - 41 50 03 oder 0 18 05 - 24 20 01,
Internet www.Zweitausendeins.de,
E-Mail Info@Zweitausendeins.de.
Oder in den Zweitausendeins-Läden in Berlin, Düsseldorf, Essen,
Frankfurt am Main, Freiburg, 2 × in Hamburg, in Hannover, Köln,
Mannheim, München, Nürnberg, Saarbrücken, Stuttgart.

In der Schweiz über buch 2000, Postfach 89,
CH-8910 Affoltern a. A.

ISBN 3-86150-414-6

Die Brautleute

Mailändische Geschichte aus dem 17. Jahrhundert,
entdeckt und neu eingerichtet
von Alessandro Manzoni

Vorrede

»Die Historie kan man füglich als einen ruhmreichen Krieg gegen die Zeit deffiniren, denn indem sie dieser die Jahre, ihre Gefangenen, ja schon zu Leichen gemachten, entreißet, rufft sie dieselben wieder zurück ins Leben, hält Heerschaw über sie und reiht sie von Neuwem zur Schlacht. Doch die illustren Kämpen, die auff diesem Kampffplatze Palmen und Lorbeer erringen, erbeuten blos die prunck- und glanzvollsten Stücke, indem sie die Unternehmen von Fürsten und Potentaten und Hochgestellten Personen mit ihren Dinten einbalsamiren und mit der allerfeinsten Nadel des Geistes jene Gold- und Seidenfäden einziehen, so eine fortdawernd Stickerey Ruhmreicher Thaten bilden. Meiner Schwächen ist es indes nicht verstattet, sich auffzuschwingen zu solcherley Themen und gefahrvollen Höhen, wo man sich zwischen Labyrinthen des politischen Ränkespiels und dem Getöse der Kriegsdrommeten beweget; nur alldieweil mir denckwürdige Ereignisse sind bekant geworden, mögen sie auch blos kleinen Lewten von niederer Herkunfft widerfahren seyn, rüste ich mich anitzo, den Nachgebornen davon Kunde zu tun, indem ich Alles unverfälscht und auffrichtig erzehle oder, wenn man so lieber will, berichte. Darbey wird man auff enger Bühne gar leidvolle und erschröckliche Tragödien sehn, sowie Scenen von grandioser Bosheyt, nebst Intermezzi mit tugendhafften Thaten und engellicher Güte als Gegenbild zu den teufflischen Machenschafften. Und warlich, wenn man bedencket, daß diese unsere Breyten unter dem Schutze unseres Allergnädigsten Herrn des Katholischen Königs stehen, welcher da ist die Sonne, die niemals untergehet, und daß über ihnen mit widerstrahletem Lichte als wie ein nie abneh-

mender Mond jener Held aus Edlem Stamme erglenzet, der pro tempore *seine Stelle einnimmt, sowie die Hochmögenden Senatores als Fixsterne und die andern Hochachtbaren Magistrates als Wandelsterne ihr Licht allenthalben erstrahlen lassen, um solcherart einen hochnoblen Himmel zu bilden, so vermag man keyn ander Ursach darfür zu finden, daß man ihn itzo verwandelt siehet zu einem Inferno finnstrer Thaten, Bosheyten und Grawsamkeyten, die von vermessenen Menschen immer öffter begangen werden, als daß es Teuffels Werck und Zauberey seyn muß, alldieweil menschliche Bosheyt alleyn nit könte genügen, so vielen Helden entgegenzuwürcken, die sich mit Argusaugen und Briareusarmen abmühen, dem öffentlichen Wole zu frommen. Derohalben werde ich beim Schildern der Begebenheyten, die sich zugetragen zur Zeit meiner Jugendblüte, wiewol der größte Theil der Personen, so darinnen eine Rolle gespielt, unterdeß von der Bühne des Weltgeschehens sind abgetreten, um den Parzen Tribut zu zollen, aus gebührender Achtung ihre Namen und somit ihre Verwandtschafft verschweigen; deßgleichen werde ich bey den Orten verfahren, indem ich blos* generaliter *die Gegend andeute. Auch wird keiner sagen, dies sey ein Mangel meiner Erzehlung oder eine Verunstaltung dieses meines rohen Erzeugnisses, es sey denn, mein Kritikus wäre ein gäntzlich aller Philosophie Entrathender. Denn was die in ihr Versireten angeht, so werden sie sehr wol begreiffen, daß es der* Substantia *meiner Erzehlung keinerley Abbruch tut. Sintemalen es offenkundig ist und niemand leugnet, daß Namen nichts sind als reinste, pureste* Akzidentia …«

– Aber wenn ich die heroische Mühe überstanden habe, diese Geschichte aus dieser verblichenen und zerkratzten Handschrift abzuschreiben, um sie, wie man so sagt, herauszubringen, wird sich dann wohl jemand finden, der sich auch die Mühe macht, sie zu lesen?

Diese von Zweifeln erfüllte Überlegung, geboren aus dem Bemühen, ein Gekritzel nach dem Wort *Akzidentia* zu entziffern, ließ mich die Arbeit des Abschreibens unterbrechen und ernsthafter darüber nachdenken, was zu tun war. Es mag ja sein, sagte ich mir, während ich das Manuskript durchblätterte, es mag ja sein, daß dieser Hagel von preziösen Einfällen und Metaphern nicht das ganze Werk hindurch so weiterprasselt. Der gute Barockautor wollte seine Fähigkeiten gleich am Anfang zeigen; dann aber, im weiteren Verlauf der Erzählung, und manchmal auch über lange Strecken, fließt sein Stil viel natürlicher und unaufgeregter dahin. Gut, aber wie mittelmäßig, wie ungeschliffen, wie fehlerhaft ist er trotzdem! Lombardische Eigenheiten zuhauf, falsch gebrauchte Wendungen der Hochsprache, willkürliche Grammatik, ungefüger Satzbau. Dazu hin und wieder spanische Floskeln; und was noch schlimmer ist, an den schrecklichsten oder rührendsten Stellen, immer wenn sich eine Gelegenheit bietet, den Leser zu verblüffen oder zum Nachdenken zu bringen – kurzum, überall, wo zwar ein wenig Rhetorik erforderlich ist, aber diskrete, feine, geschmackvolle Rhetorik, da versäumt es der Autor nie, uns Proben von der Sorte zu geben, die wir aus seiner Vorrede kennen. Und so gelingt es ihm, indem er mit erstaunlicher Geschicklichkeit die gegensätzlichsten Eigenschaften vereint, gleichzeitig plump und geziert zu erscheinen, auf ein und derselben Seite, im selben Satz, ja im selben Wort. Hier zum Beispiel: geschwollene Deklamationen, zusammengesetzt aus allergewöhnlichsten Sprachfehlern, und überall diese aufgeblasene Plumpheit, die das eigentliche Kennzeichen der Schriften jener Epoche ist, jedenfalls in unserem Lande. Nein, wirklich, das ist nichts, was man heutigen Lesern vorsetzen kann, sie sind zu gewitzt, zu rasch gelangweilt von derlei Extravaganzen. Gut, daß ich es gleich am Anfang dieser unseligen Arbeit gemerkt habe. So wasche ich meine Hände in Unschuld...

Doch im gleichen Moment, in dem ich die alte Scharteke zuklappen und wieder weglegen wollte, bedauerte ich, daß eine so schöne Geschichte für immer unbekannt bleiben sollte; denn was die Geschichte als solche betrifft – der Leser mag sie ja anders finden, aber ich fand sie schön, was sage ich, wunderschön. Warum könnte ich nicht, dachte ich mir, die in dieser alten Handschrift berichteten Tatsachen und Ereignisse nehmen und sie mit eigenen Worten erzählen? Da sich kein vernünftiger Einwand dagegen erhob, war der Entschluß schnell gefaßt. Und so kam es zu diesem Buch, dessen Ursprung ich mit einer Offenheit bekenne, die der Bedeutung des Buches selber gleichkommt.

Einige der vom Autor geschilderten Tatsachen und Gebräuche erschienen mir freilich so neu und seltsam, um nicht noch Ärgeres zu sagen, daß ich, ehe ich ihnen Glauben schenkte, erst noch andere Zeugen befragen wollte. So machte ich mich daran, die Memoiren jener Zeit zu studieren, um zu prüfen, ob es in der Welt damals wirklich so zuging, und diese Studien haben dann alle Zweifel zerstreut. Auf Schritt und Tritt stieß ich auf ähnliche und noch ärgere Dinge, und was mir noch entscheidender vorkam: schließlich fand ich sogar Zeugnisse über einige jener Personen, bei denen ich, da ich außerhalb dieser Handschrift noch nie von ihnen gehört hatte, sehr im Zweifel gewesen war, ob sie wirklich existiert hatten. Einige dieser Zeugnisse werde ich bei Gelegenheit zitieren, um den Dingen, die der Leser aufgrund ihrer Seltsamkeit zu bestreiten geneigt sein könnte, Glaubwürdigkeit zu verschaffen.

Doch nachdem ich die Sprache unseres Autors als unerträglich abgelehnt habe – durch welche andere Sprache habe ich sie ersetzt? Das ist der entscheidende Punkt.

Jeder, der sich ungebeten daranmacht, das Werk eines anderen umzugestalten, setzt sich der Gefahr aus, über sein eigenes strenge Rechenschaft ablegen zu müssen, und in gewisser Weise ist er sogar dazu verpflichtet. Es ist dies eine mit Fug und Recht bestehende Regel, der ich mich nicht zu entziehen gedenke. Im Gegenteil, um ihr bereitwillig zu entsprechen, hatte ich mir vorgenommen, die von mir gewählte Schreibweise ausführlich zu begründen, und zu diesem Zweck habe ich während der ganzen Arbeit versucht, alle nur irgend möglichen Kritiken zu erraten, um sie im voraus zu widerlegen. Und nicht darin hätte die Schwierigkeit bestanden, denn (um der Wahrheit die Ehre zu geben) es kam mir keine Kritik in den Sinn, ohne daß mir nicht gleichzeitig auch eine triumphale Erwiderung eingefallen wäre, eine von jenen, die zwar die Fragen nicht unbedingt lösen, aber sie anders zu stellen erlauben. Oft habe ich auch zwei kritische Einwände miteinander handgemein werden lassen, um so den einen durch den anderen zu erledigen; oder es gelang mir durch gründliche Prüfung und aufmerksamen Vergleich, zu entdecken und deutlich zu machen, daß sie, so gegensätzlich sie dem Anschein nach waren, doch ein und derselben Art angehörten und beide daher rührten, daß die Tatsachen und Prinzipien, auf denen ein Urteil begründet sein sollte, nicht gebührend beachtet worden waren. Nachdem ich sie somit zu ihrer großen Überraschung alle zusammen in einen Topf geworfen hatte, gab ich auch allen zusammen den Laufpaß. Nie hat wohl ein Autor so klar zu beweisen vermocht, daß sein Vorgehen richtig war. Aber ach! als ich mich dann daranmachte, die besagten Einwände und Erwiderungen zu sichten, um sie in eine gewisse Ordnung zu bringen – Erbarmen, da waren's so viele, daß sie ein eigenes Buch ergeben hätten! So verwarf ich den Gedanken aus zwei Gründen, die der Leser sicherlich gutheißen wird:

erstens, weil ein Buch, das zur Rechtfertigung eines anderen, ja des Stils eines anderen geschrieben wird, lächerlich wirken könnte, und zweitens, weil von Büchern eines auf einmal genügt, wenn es nicht selbst schon zuviel ist.

Kapitel 1

Jener Arm des Comer Sees, der sich nach Süden wendet, um zwischen zwei ununterbrochenen Bergketten lauter Buchten und Busen zu bilden, je nachdem die Berge vorspringen oder zurückweichen, verengt sich beinahe mit einem Schlag, um Lauf und Gestalt eines Flusses anzunehmen, gesäumt von einem Vorgebirge zur Rechten und einem weiten Küstenstrich auf der anderen Seite; und die Brücke, die hier die beiden Ufer verbindet, scheint dem Auge diese Verwandlung noch sinnfälliger zu machen und die Stelle zu bezeichnen, wo der See aufhört und die Adda wieder beginnt, die jedoch bald darauf wieder den Namen See annimmt, wo die erneut auseinandertretenden Ufer dem Wasser Raum geben, sich in neuen Buchten und Busen auszubreiten und zu verlaufen.

Die Küste, geformt aus den Ablagerungen dreier mächtiger Wildbäche, schmiegt sich an die Hänge zweier benachbarter Berge, deren einer nach Sankt Martin heißt und der andere in lombardischer Mundart *il Resegone*, »die Große Säge«, wegen der vielen aneinandergereihten Gipfelzacken, die ihm tatsächlich Ähnlichkeit mit einer Säge verleihen; so daß es wohl niemanden gibt, der ihn nicht auf den ersten Blick, sofern er ihm gegenübersteht, zum Beispiel auf den nördlichen Stadtmauern Mailands, sehr bald an diesem Kennzeichen zu unterscheiden vermöchte von den anderen Bergen mit unbekannteren Namen und weniger ungewöhnlichen Formen in jener langen und breiten Gebirgskette. Ein gutes Stück weit steigt die Küste sanft und gleichmäßig an, dann zerklüftet sie sich in Höhen und enge Täler, in schroffe Hänge und Matten, je nach dem Gerippe der beiden Berge und nach dem Werk der Gewässer. Der unterste Streifen, der von den Mündungen der Wildbäche durchschnitten wird, besteht fast gänzlich aus Kies und Geröll; der Rest aus Feldern und Weinbergen mit verstreuten Landgütern, Villen, Gehöften; an manchen Stellen auch Wäldern, die sich den Berg hinaufziehen.

Lecco, der Hauptort jener Gegend, der dem Gebiet auch den Namen gibt, liegt unweit der Brücke am Ufer des Sees, ja zum Teil sogar im See selbst, wenn dieser ansteigt: ein großer Marktflecken heute und im Begriff, eine Stadt zu werden. Zu der Zeit, da die Ereignisse geschahen, die wir hier erzählen wollen, war dieses bereits ansehnliche Städtchen auch ein Kastell und hatte daher die Ehre, einen Kommandanten zu beherbergen, sowie den Vorzug, eine stehende Garnison spanischer Soldaten zu besitzen, die den Mädchen und Frauen des Ortes Bescheidenheit beibrachten, von Zeit zu Zeit manchem Gatten und manchem Vater auf die Schultern klopften und gegen Ende des Sommers nie versäumten, sich über die Weinberge zu verteilen, um die Trauben zu lichten und den Bauern die Mühen der Weinlese zu erleichtern.

Zwischen jenen Orten, von den Höhen zum Ufer und von einem Hügel zum anderen, verliefen und verlaufen noch heute mehr oder minder steile oder ebene Straßen und Wege; bisweilen versunken, gleichsam begraben zwischen zwei Mauern, so daß man, wenn man die Augen hebt, nur ein Stück Himmel und einen Berggipfel sieht, bisweilen erhöht auf freien Erdwällen, und dann schweift der Blick durch mehr oder minder ausgedehnte, aber stets abwechslungsreiche und immer Neues bietende Aussichten, je nachdem, ob die verschiedenen Aussichtspunkte etwas mehr oder weniger von der weiten Szenerie zu erfassen erlauben und ob der eine oder andere Teil hervorsticht oder zurücktritt, aufragt oder verschwindet. Hier ein Stück, da ein anderes, dort ein langer Abschnitt dieser weiten und wechselvollen Spiegelfläche: hüben See, am unteren Ende eingeschlossen oder eher verloren in einer Gruppe, einem Vor und Zurück von Bergen, oder allmählich breiter werdend zwischen anderen Bergen, die sich nacheinander dem Blick darbieten und die das Wasser verkehrt herum spiegelt mitsamt den kleinen Dörfern am Ufer; drüben Flußarm, dann See, dann wieder Fluß, der sich in schimmernden Serpentinen zwischen den Bergen verliert, die ihn begleiten, kleiner und kleiner werdend, bis auch sie sich fast ganz am Horizont verlieren. Der Ort selbst, von dem aus man dieses mannigfaltige Schauspiel betrachten kann, bietet rundum ein eigenes Schauspiel: Der Berg, über dessen Hänge man wandert, entfaltet oben und ringsumher seine Gipfel und Schroffen, deutlich und fast bei jedem Schritt sich verändernd, indem er sich öffnet und in Joche auffächert, was zuvor als ein einziger Höhenrücken erschienen, oder indem er am Gipfel auftauchen läßt, was sich noch eben am Hang präsentiert hatte. Und das Liebliche, das Anheimelnde jener Hänge mildert auf gefällige Weise das Wilde und schmückt um so mehr die Großartigkeit der anderen Aussichten.

Auf einem dieser Sträßchen kehrte am Abend des 7. November 1628 Don Abbondio, der Pfarrer eines der oben erwähnten Dörfer, gemächlichen Schrittes von seinem Spaziergang nach Hause zurück. Der Name des Dorfes und der Familienname des Pfarrers sind in der Handschrift nicht erwähnt, weder an dieser Stelle noch anderswo. Still sprach er sein Stundengebet, und manchmal zwischen zwei Psalmen klappte er das Brevier zu, wobei er den Zeigefinger der rechten Hand als Lesezeichen darin ließ, verschränkte die Hände auf dem Rücken und setzte seinen Weg fort, den Blick zu Boden gerichtet und mit dem Fuß die Steinchen, die ihm im

Wege lagen, an die Mauern stoßend. Dann hob er den Kopf, ließ müßig den Blick in die Runde schweifen und heftete ihn auf einen Berghang, wo das Licht der schon untergegangenen Sonne, das zwischen den Zacken des gegenüberliegenden Berges hervorbrach, noch da und dort auf den Felsvorsprüngen erglühte wie in breiten, ungleichmäßigen Purpurflecken.

Nachdem er das Brevier wieder aufgeklappt und einen weiteren Abschnitt hergesagt hatte, gelangte er an eine Biegung des Weges, wo er seit jeher gewohnt war, die Augen vom Buch zu heben und sich umzusehen, und so tat er es auch an diesem Tag. Nach der Biegung ging das Sträßchen noch etwa sechzig Schritt weiter und teilte sich dann ypsilonförmig in zwei schmale Wege; der rechte ging bergauf und führte zum Pfarrhaus, der andere ging hinunter ins Tal zu einem Wildbach, und auf dieser Seite reichte die Mauer dem Wanderer nur bis zur Hüfte. Die inneren Mauern der beiden Wege fügten sich nicht zu einem spitzen Winkel, sondern endeten an einem Bildstock, auf dem lange, sich schlängelnde Figuren gemalt waren, die in Spitzen endeten und nach der Absicht des Künstlers sowie in den Augen der Einwohner jener Gegend Flammen darstellten; dazu, im Wechsel mit diesen Flammen, andere Figuren, die sich schwer beschreiben lassen und die Seelen im Fegefeuer darstellen sollten – Seelen und Flammen ziegelrot auf einem fahlgrauen Grund, von dem da und dort etwas abgebröckelt war. Als der Pfarrer um die Ecke bog und den Blick wie üblich auf den Bildstock richtete, sah er etwas, das er nicht erwartet hatte und nicht hätte sehen wollen. Zwei Männer befanden sich, einer dem anderen gegenüber, am Zusammenfluß, wenn man so sagen kann, der beiden Wege. Der eine saß rittlings auf dem niedrigen Mäuerchen, mit einem Fuß außen wippend, den anderen auf die Straße gestellt, der andere lehnte stehend an der Mauer, die Arme vor der

Brust gekreuzt. Kleidung, Haltung und alles, was man von der Stelle aus, zu welcher der Pfarrer gelangt war, von ihnen erkennen konnte, ließen keinen Zweifel an ihrem Stand: Beide trugen ein grünes Netz auf dem Kopf, das in einer großen Quaste endend auf die linke Schulter fiel und über der Stirn einen mächtigen Haarschopf freiließ; ein breiter, an den Enden hochgezwirbelter Schnurrbart, ein glänzender Ledergürtel, in dem zwei Pistolen staken, ein kleines Pulverhorn, das wie eine Halskette vor der Brust hing, der Griff eines Dolches, der aus einer Tasche der weiten Pumphose ragte, ein langer Degen mit einem großen durchbrochenen Korb aus Messingblättern, die wie in Chiffren zusammengefügt waren, poliert und glänzend: Auf den ersten Blick erkannte man sie als Angehörige der Spezies *Bravi*.

Diese Spezies, die heute ganz verschwunden ist, war damals in der Lombardei weit verbreitet, und das schon seit geraumer Zeit. Für diejenigen, die keine Vorstellung von ihr haben, hier ein paar Auszüge aus historischen Dokumenten, die Aufschluß über ihre wichtigsten Merkmale, über die Bemühungen, sie auszurotten, und über ihre große und blühende Lebenskraft geben können.

Bereits am 8. April des Jahres 1583 erklärt der Durchlauchtigste und Exzellenteste Herr Don Carlos von Aragón, Fürst von Castelvetrano, Herzog von Terranuova, Marquis von Avola, Graf von Burgeto, Großadmiral und Großkonnetabel von Sizilien, Gouverneur von Mailand und Generalkapitän Seiner Katholischen Majestät in Italien, *umfassend unterrichtet über das unerträgliche Elend, in welchem diese Stadt Mailand wegen der Bravi und Vagabunden gelebt hat und immer noch lebt*, dieselben in Acht und Bann. Er erklärt und bestimmt, daß *alle diejenigen von diesem Banne betroffen seyn und als Bravi und Landstreicher angesehen werden sollen ... wel-*

che, ob Fremde oder Einheimische, keinen Beruf haben oder, wenn sie einen haben, ihn nicht ausüben ... sich aber, ohne oder auch mit Entlohnung, irgendeinem Ritter oder Edelmanne, Beamten oder Kaufmanne anschließen ... um ihnen Beistand und Vorschub zu leisten oder in Wahrheit, wie man vermuten darf, anderen Fallen zu stellen ... All diesen befiehlt er, binnen sechs Tagen das Land zu verlassen, droht den Widerspenstigen die Galeere an und gibt allen Justizbehörden erstaunlich weitgehende, fast unbegrenzte Vollmachten zur Durchführung dieses Befehls. Doch im folgenden Jahr, am 12. April, nachdem besagter Herr entdeckt hat, *daß diese Stadt immer noch voll der besagten Bravi ist ... die wieder so leben, wie sie zuvor gelebt hatten, und weder ihre Sitten geändert noch ihre Zahl verringert haben*, erläßt er eine neue, noch schärfere und denkwürdigere Verordnung, in welcher er unter anderem verfügt, *daß jedermann, sey er aus dieser Stadt oder ein Fremder, von dem durch Aussage zweier Zeugen feststeht, daß er allgemein als Bravo gilt und im Rufe steht, ein solcher zu seyn oder so genannt wird, selbst wenn er keines Verbrechens überführt worden ist ... alleyn ob dieses seines Rufes als Bravo, ohne andere Indizien, von obengenannten Richtern und jedem von ihnen zum Zwecke der Wahrheitsfindung ans Seil gehängt und auf die Folter gespannt werden kann ... und selbst wenn er kein Verbrechen gestanden hat, desungeachtet für drei Jahre auf die Galeere zu schicken ist, alleyn ob seines Rufes und Namens als Bravo, wie oben.* Dies alles und noch einiges mehr, was ich hier auslasse, weil *Seine Exzellenz entschlossen ist, sich bei jedermann Gehorsam zu verschaffen.*

Hört man von einem so großen Herrn so starke und entschiedene Worte, begleitet von solchen Befehlen, möchte man wohl meinen, daß bei ihrem bloßen Ertönen bereits alle Bravi für immer verschwunden wären. Aber das Zeugnis eines nicht weniger hochmögenden

Herrn mit nicht weniger schönen Titeln zwingt uns, das genaue Gegenteil zu glauben. Es ist der Durchlauchtigste und Exzellenteste Herr Juan Fernández de Velasco, Konnetabel von Kastilien, Großkämmerer Seiner Majestät, Herzog der Stadt Frias, Graf von Haro und Castelnovo, Herr des Hauses Velasco und dessen der Sieben Infanten von Lara, Gouverneur des Staates von Mailand usw. Am 5. Juni des Jahres 1593, auch er *umfassend unterrichtet über das schädliche und verderbliche Treiben ... der Bravi und Landstreicher und über die äußerst üblen Folgen, die diese Sorte von Leuten für das Gemeinwohl hat, in Mißachtung der Justiz*, befiehlt er ihnen erneut, binnen sechs Tagen das Land zu verlassen, und wiederholt dazu fast auf den Punkt genau die gleichen Vorschriften und Drohungen wie sein Vorgänger. Am 23. Mai des Jahres 1598 sodann, *zum nicht geringen Verdruß seines Herzens davon unterrichtet, daß ... die Zahl dieser Leute* (Bravi und Landstreicher) *in Stadt und Staat immer mehr zunimmt und man von ihnen Tag und Nacht nichts anderes hört als daß sie vorsätzliche Körperverletzung, Mord und Raub und jede andere Art von Verbrechen begehen, zu denen sie sich um so leichter hergeben, als diese Bravi darauf vertrauen, daß sie von ihren Anführern und Gönnern unterstützt werden ...*, verordnet er erneut dieselben Heilmittel, wobei er die Dosis erhöht, wie man es bei hartnäckigen Krankheiten tut. *Jedermann*, schließt er alsdann, *hüte sich also aufs allergründlichste, vorliegender Verordnung in irgendeinem Punkte zuwiderzuhandeln, denn statt der Milde Seiner Exzellenz würde er Seiner Exzellenz Strenge und Zorn erfahren ... da Seine Exzellenz beschlossen und entschieden hat, daß dies die letzte und endgültige Warnung sey.*

Nicht dieser Meinung war jedoch der Durchlauchtigste und Exzellenteste Herr Don Pietro Enríquez de Acevedo, Graf von Fuentes, Generalkapitän und Gouverneur des Staates von Mailand, und er war es aus guten Gründen nicht. *Umfassend unterrichtet über das Elend, in welchem diese Stadt und ihr Staat leben wegen der großen Zahl von Bravi, die darin überhandnehmen … und entschlossen, diese so verderbliche Saat auszurotten …* erläßt er am 5. Dezember 1600 eine erneute Verordnung, ebenfalls voll allerschwerster Drohungen und mit dem festen Vorsatz, *sie mit aller Strenge und ohne Hoffnung auf Nachsicht restlos durchzusetzen.*

Man darf jedoch annehmen, daß er sich nicht mit all jenem guten Willen darauf verlegte, den er beim Ränkespinnen aufzubringen wußte oder wenn es galt, seinem großen Feinde Heinrich IV. Feinde zu machen; denn was dies betrifft, so bezeugt die Geschichte, wie es ihm gelang, den Herzog von Savoyen gegen jenen König aufzubringen, was diesen mehr als nur eine Stadt kostete, und wie es ihm gelang, den Herzog von Biron in eine Verschwörung zu treiben, die diesen den Kopf kostete; was aber die so verderbliche Saat der Bravi angeht, so steht fest, daß sie auch am 22. September des Jahres 1612 immer noch keimte. An jenem Tage nämlich gedachte der Durchlauchtigste und Exzellenteste Herr Don Juan de Mendoza, Marquis von Hynojosa, Edelmann usw., Governeur usw., sie ernstlich auszurotten. Zu diesem Zwecke sandte er an die königlichen Hof- und Kammerdrucker Pandolfo und Marco Tullio Malatesti den üblichen, noch verbesserten und verschärften Erlaß, auf daß sie ihn druckten zwecks Vernichtung der Bravi. Dessenungeachtet lebten diese jedoch munter weiter, um am 24. Dezember des Jahres 1618 die gleichen und noch stärkeren Schläge des Durchlauchtigsten und Exzellentesten Herrn Don Gómez Suárez de Figueroa, Herzog von Feria usw., Gouverneur usw., zu empfangen. Da sie aber auch an diesen nicht starben, hatte sich der Durchlauchtigste und Exzellenteste Herr Gonzalo Fernández de Córdoba, unter dessen

Regierung sich der Spaziergang des Don Abbondio zutrug, gezwungen gesehen, den üblichen Erlaß gegen die Bravi abermals zu verbessern und ihn am 5. Oktober 1627 erneut herauszugeben, also genau ein Jahr, einen Monat und zwei Tage vor jenem denkwürdigen Ereignis.

Auch dies war noch nicht die letzte Verlautbarung, doch die späteren brauchen wir, denke ich, nicht mehr zu nennen, da sie den Zeitraum unserer Geschichte überschreiten. Erwähnen wir nur noch eine vom 13. Februar des Jahres 1632, in welcher der Durchlauchtigste und Exzellenteste Herr, *el Duque de Feria*, zum zweiten Male Gouverneur geworden, darauf hinweist, daß *die größten Ruchlosigkeiten von denen ausgehen, die man Bravi nennt.* Dies dürfte genügen, uns zu versichern, daß es zu der Zeit, von der hier die Rede ist, immer noch Bravi gab.

Daß die zwei oben Beschriebenen sich dort aufhielten, um jemanden zu erwarten, war nur zu offensichtlich; was aber Don Abbondio am meisten Unbehagen bereitete, war der Umstand, daß er aus bestimmten Gesten schließen mußte, selbst der Erwartete zu sein. Denn bei seinem Erscheinen hatten sie plötzlich aufgeschaut, wobei sie die Köpfe mit einer Bewegung hoben, der man ansehen konnte, daß sie beide gleichzeitig »Er ist's« gesagt hatten. Der eine, der rittlings gesessen hatte, war aufgestanden und hatte sein Bein auf die Straße geschwungen; der andere hatte sich von der Mauer gelöst, und nun kamen ihm beide entgegen. Er fuhr fort, das offene Brevier vor sich hin zu halten, als ob er darin läse, und schielte dabei über den Rand, um die Bewegungen der beiden zu verfolgen. Als er sie nun tatsächlich auf sich zukommen sah, bestürmten ihn tausend Gedanken auf einmal. Hastig fragte er sich, ob zwischen den Bravi und ihm nicht irgendwo rechts oder links ein Seitenweg abzweigte, und gleich darauf fiel ihm ein, daß da keiner war. Rasch überlegte er, ob er sich vielleicht gegen irgendeinen Machthaber oder Rachsüchtigen vergangen hatte; doch auch in dieser Verwirrung beruhigte ihn das tröstliche Zeugnis seines Gewissens einigermaßen. Indessen kamen die Bravi näher und näher und sahen ihn unverwandt an. Er schob sich Zeige- und Mittelfinger der linken Hand in den Kragen, wie um ihn zurechtzurücken, und während er sich mit den beiden Fingern um den Hals fuhr, drehte er das Gesicht nach hinten, wobei er zugleich den Mund verzog, und spähte aus den Augenwinkeln zurück, so weit er konnte, ob nicht jemand des Weges käme; doch niemand war zu sehen. Er warf einen Blick über das Mäuerchen auf die Felder: niemand; einen weiteren, noch kürzeren auf die Straße vor sich: niemand außer den Bravi. Was tun? Zum Umkehren war es zu spät, weglaufen hätte bedeutet, sie aufzufordern, ihn zu verfolgen, oder noch Schlimmeres. Da er der Gefahr nicht mehr ausweichen konnte, ging er ihr entschlossen entgegen, denn die Momente der Ungewißheit waren ihm mittlerweile so qualvoll geworden, daß er nichts anderes mehr wünschte, als sie abzukürzen. Er beschleunigte seine Schritte, betete einen Vers mit erhobener Stimme, legte soviel Ruhe und Heiterkeit in seine Miene, wie er nur konnte, und bemühte sich nach Kräften, ein Lächeln aufzusetzen. Als er vor den beiden Ehrenmännern angelangt war, dachte er bei sich: ›Da wären wir!‹ und blieb stehen.

»Herr Pfarrer«, sagte einer der beiden, die Augen fest auf sein Gesicht gerichtet.

»Was wünscht Ihr?« fragte Don Abbondio sofort und hob die seinen vom Buch, das aufgeschlagen in seinen Händen blieb wie auf einem Lesepult.

»Ihr habt die Absicht«, sagte der andere in drohendem und erbostem Ton, als hätte er einen Untergebenen bei der Planung eines Schurkenstreiches ertappt,

»Ihr habt die Absicht, morgen Renzo Tramaglino und Lucia Mondella zu trauen!«

»Nun, ja...«, antwortete Don Abbondio mit zittriger Stimme. »Nun, ja, die Herren sind doch Männer von Welt und wissen, wie so etwas geht. Der arme Pfarrer hat gar nichts zu melden: Die Leute machen ihre Sachen unter sich ab, und dann... dann kommen sie zu uns, so wie man zu einer Bank geht, um etwas abzuheben. Wir sind... wir sind nur die Diener der Allgemeinheit.«

»Also gut«, sagte der Bravo dicht an seinem Ohr, aber in feierlichem Befehlston, »diese Trauung wird nicht stattfinden, weder morgen noch sonst irgendwann.«

»Aber meine Herren«, erwiderte Don Abbondio mit sanfter und liebenswürdiger Stimme, als wollte er einen Ungeduldigen überzeugen, »meine Herren, seid doch bitte so gütig und versetzt Euch einmal in meine Lage. Wenn die Sache von mir abhinge... Aber seht doch, ich habe gar nichts davon, mir bringt es nichts in die Tasche...«

»Genug!« unterbrach ihn der Bravo. »Wäre die Sache durch Rederei zu entscheiden, würdet Ihr uns in die Tasche stecken. Wir wissen nichts von diesen Dingen und wollen nichts davon wissen. Ihr seid gewarnt... Haben wir uns verstanden?«

»Aber meine Herren, Ihr seid zu rechtschaffen, zu vernünftig, um...«

»Also jedenfalls«, unterbrach ihn diesmal der andere Bravo, der bisher geschwiegen hatte, »jedenfalls wird diese Trauung nicht stattfinden, oder...« – hier folgte ein derber Fluch – »wer sie vollzieht, wird das nicht mehr bereuen können, weil ihm dazu keine Zeit mehr bleibt, und...« – ein weiterer Fluch.

»Sei still«, hob der erste Redner wieder an, »der Herr Pfarrer ist ein Mann, der das Leben kennt, und wir sind Ehrenmänner, die ihm nichts Böses tun wollen, solange er nur vernünftig ist. Herr Pfarrer, Seine Gnaden unser Herr Don Rodrigo läßt Euch herzlich grüßen.«

Dieser Name wirkte auf Don Abbondio wie ein Blitz in einem nächtlichen Gewitter, der mit einem Schlage alles erhellt und den Schrecken noch vergrößert. Er machte instinktiv eine Verbeugung und sagte: »Wenn die Herren mir ein wenig erklären könnten...«

»Ha! Euch erklären, der Ihr Latein könnt?« unterbrach ihn der Bravo erneut mit einem halb unverschämten, halb drohenden Lachen. »Überlegt doch mal selbst. Und vor allem merkt Euch: kein Sterbenswörtchen über diesen Wink, den wir Euch zu Eurem eigenen Besten gegeben haben, sonst... ahem... wär's dasselbe, wie wenn Ihr diese Trauung vollzogen hättet. Also, was sollen wir nun Seiner Gnaden unserem Herrn Don Rodrigo von Euch bestellen?«

»Meine Hochachtung...«

»Drückt Euch ein bißchen deutlicher aus!«

»...daß ich stets... stets sein gehorsamster Diener bin.« Und als Don Abbondio das sagte, wußte er selber nicht, ob er damit ein Versprechen oder ein Kompliment machte. Die Bravi nahmen's im strengeren Sinn oder taten zumindest so.

»Na schön, also dann gute Nacht, Hochwürden«, sagte der eine von ihnen und wandte sich mit seinem Gesellen zum Gehen. Don Abbondio, der noch vor wenigen Minuten ein Auge dafür gegeben hätte, ihnen zu entkommen, hätte jetzt das Gespräch und die Verhandlung gern noch ein wenig fortgesetzt. »Meine Herren...«, begann er und klappte das Buch mit beiden Händen zu; aber die Bravi nahmen, ohne auf ihn zu hören, den Weg, den er gekommen war, und entfernten sich mit einem gemeinen Lied auf den Lippen, das ich hier nicht wiedergeben möchte. Der arme Don Abbondio stand einen Moment wie angewurzelt mit offenem Munde da; dann nahm er den schmalen Weg, der zu seinem Hause führte, und setzte schleppend einen Fuß vor den anderen, als ob seine Beine erstarrt wären. Wie es in seinem Inneren aussah, wird man besser verstehen, wenn wir etwas über seinen Charakter und über die Zeit gesagt haben, in der zu leben ihm beschieden war.

Don Abbondio – der Leser hat es gewiß schon bemerkt – war nicht gerade mit einem Löwenherz auf die Welt gekommen. Doch schon in frühen Jahren hatte er lernen müssen, daß in jenen Zeiten niemand übler dran war als ein Tier ohne Klauen und Zähne, das gleichwohl keine Neigung verspürte, verschlungen zu werden. Die Macht des Gesetzes bot einem stillen und friedlichen Menschen, der keine sonstigen Mittel besaß, um sich bei den anderen Respekt zu verschaffen, nicht den geringsten Schutz. Nicht daß es an Gesetzen und an Strafen für private Gewalttaten gefehlt hätte. Im Gegenteil, es hagelte nur so von Gesetzen, die Delikte wurden darin mit ausschweifender Umständlichkeit aufgezählt und bis in die kleinsten Einzelheiten beschrieben, die Strafen waren unsinnig hart und konnten, wenn das nicht genügte, in beinahe jedem Fall nach Belieben des Gesetzgebers und seiner hundert Vollstrecker noch verschärft werden, und die Verfahren waren einzig und allein darauf angelegt, den Richter von allem zu befreien, was ihn daran hindern konnte, ein hartes Urteil zu fällen – die Auszüge, die wir aus den Erlassen gegen die Bravi zitiert haben, sind nur ein kleines, aber vielsagendes Beispiel. Mit alledem, ja zum großen Teil gerade deswegen, dienten jene Erlasse, die von Regierung zu Regierung neu ausgegeben und verschärft worden waren, zu nichts anderem, als wortreich die Ohnmacht ihrer Urheber zu bezeugen, und wenn sie eine unmittelbare Wirkung hatten, so war es vor allem die, den Bedrängnissen, welche die Friedfertigen und die Schwachen ohnehin schon von den Unruhestiftern zu erleiden hatten, noch viele weitere hinzuzufügen und die Gewalttaten wie die Verschlagenheit letzterer noch zu vergrößern. Die Straffreiheit war organisiert und hatte Wurzeln, an die die Erlasse nicht rührten oder die sie nicht auszureißen vermochten. Dazu gehörten die Asylrechte, dazu gehörten die Privilegien einiger Stände, die von der gesetzlichen Macht teils anerkannt, teils mit grollendem Schweigen geduldet oder mit vergeblichen Protesten angefochten wurden, indes die betreffenden Stände selbst sie erfolgreich vertraten und ebenso eigennützig wie eifersüchtig verteidigten. Nun mußte natürlich diese von den Erlassen bedrohte und geschmähte, aber nicht zerstörte Straffreiheit bei jeder Bedrohung und Schmähung neue Anstrengungen und Erfindungen machen, um sich zu erhalten. So geschah es denn auch, und bei jedem Erscheinen eines neuen Erlasses, der auf die Eindämmung der Gewalttäter zielte, suchten diese in ihrer realen Macht nach den geeignetsten Mitteln, um fortzusetzen, was die Erlasse verbieten sollten. Wohl konnten die Erlasse den einfachen Mann, der ohne eigene Macht und schutzlos war, auf Schritt und Tritt behindern und belästigen; denn in der Absicht, alle Menschen zu kontrollieren, um allen Delikten vorzubeugen oder sie zu bestrafen, unterwarfen sie jede Bewegung des Privatmannes der Willkür von Vollstrekkern aller Art. Wer jedoch, bevor er ein Delikt beging, seine Maßnahmen traf, um rechtzeitig Zuflucht in einem Kloster oder in einem Palast zu suchen, wohin die Häscher nie einen Fuß zu setzen gewagt hätten, wer ohne sonstige Vorsichten einen Rock trug, den zu verteidigen die Eitelkeit und das Interesse einer mächtigen Familie oder eines ganzen Standes gebot, der war in seinen Handlungen frei und konnte über den ganzen Lärm der Erlasse nur lachen. Von denen selbst, die mit ihrer Durchführung betraut waren, gehörten einige durch Geburt zu den privilegierten Ständen, andere waren durch Klientelwirtschaft von diesen abhängig; die einen wie die anderen hatten, durch Erziehung, aus Eigennutz, aus Gewohnheit oder aus Nachahmungstrieb, ihre Grundsätze übernommen und hätten sich sehr gehütet, sie wegen eines an den Straßenecken angeschlagenen Stückes Papier zu verletzen. Diejenigen schließlich, die mit der unmittelbaren Vollstreckung beauftragt waren – also die *Sbirren*, die amtlichen Häscher –, hätten damit, selbst wenn sie kühn wie Heroen, gehorsam wie Mönche und opferbereit wie Märtyrer gewesen wären, dennoch nicht zurande kommen können, da sie denen, die sie unterwerfen sollten, an Zahl unterlegen waren und damit rechnen mußten, von denen, die ihren Einsatz *in abstracto* und sozusagen in der Theorie befohlen hatten, in der Praxis dann mit großer Wahrscheinlichkeit im Stich gelassen zu werden. Außerdem gehörten gerade sie im allgemeinen zu den verworfensten und verachtetsten Subjekten ihrer Zeit; ihr Amt wurde sogar von denen verachtet, die Grund hatten, sich vor ihm zu fürchten, und ihr Titel war ein Schimpfwort. Es war also ganz natürlich, daß sie, anstatt ihr Leben zu riskieren oder es gar in einer verzweifelten Unternehmung zu opfern, den Mächtigen ihre Untätigkeit oder auch ihre Duldung verkauften und sich vorbehielten, ihre verabscheute Autorität und die Macht, die sie trotz allem besaßen, bei jenen Gelegenheiten auszuüben, bei welchen ihnen keine Gefahr drohte, das heißt beim Unterdrücken und Schikanieren friedfertiger und wehrloser Menschen.

Wer angreifen will oder fürchtet, jeden Augenblick angegriffen zu werden, sucht sich natürlich Verbündete oder Genossen. Daher war in jenen Zeiten das Bestreben der Individuen sehr ausgeprägt, sich nach Ständen zusammenzutun, neue zu bilden und jeweils dem eigenen Stand möglichst viel Macht zu verschaffen. Der Klerus wachte über die Erhaltung und Ausdehnung seiner Immunität, der Adel über seine Privilegien, das Militär über seine Ausnahmestellung. Die Kaufleute und die Handwerker waren in Gilden und Bruderschaften organisiert, die Rechtsgelehrten bildeten eine Liga, und sogar die Ärzte hatten sich in einer Korporation zusammengeschlossen. Jede dieser kleinen Oligarchien besaß eine eigene Macht, und in jeder genoß der einzelne den Vorteil, die vereinten Kräfte vieler nach Maßgabe seines Ansehens und seiner Geschicklichkeit für sich selbst zu verwenden. Die Ehrlichsten nutzten diesen Vorteil bloß zu ihrer Verteidigung, die Schlauen und Gewissenlosen nutzten ihn, um Schurkereien zu organisieren, für die ihre eigenen Mittel nicht ausgereicht hätten, und sich dann Straffreiheit zu sichern. Die Kräfte dieser verschiedenen Bündnisse waren indessen sehr ungleich, und vor allem auf dem Lande übte der reiche und gewalttätige Adlige, umgeben von einer Horde Bravi und einer Bauernbevölkerung, die aus Familientradition gewohnt und daran interessiert oder dazu gezwungen war, sich gleichsam als Untergebene und Soldaten des örtlichen Herrn zu betrachten, eine Macht aus, der kein anderes Ständebündnis so leicht widerstehen konnte.

Unser Abbondio, der weder adlig noch reich und schon gar nicht mutig war, hatte daher bereits in früher Jugend begriffen, daß er in jener Gesellschaft einem Tongefäß glich, das zwischen lauter Eisengefäßen verfrachtet wird. Darum hatte er recht gern seinen Eltern gehorcht, die ihn Priester werden lassen wollten. Um die Wahrheit zu sagen, er hatte sich nicht allzu viele Gedanken über die hehren Ziele und Pflichten des Amtes gemacht, dem er sich zu weihen gedachte: Sich ein halbwegs bequemes Leben zu verschaffen und in einen geachteten und mächtigen Stand einzutreten schienen ihm zwei mehr als ausreichende Gründe für eine solche Wahl. Doch jeder Stand schützt und sichert den einzelnen nur bis zu einem gewissen Grade; keiner enthebt ihn der Mühe, sich ein besonderes Schutzsystem zurechtzulegen. Don Abbondio, der fortwährend auf seine Ruhe bedacht war, kümmerte sich nicht um jene Vorteile, die man nur mit großen Anstrengungen oder mit einem gewissen Wagemut erreicht. Sein System bestand hauptsächlich darin, jeden Streit zu vermeiden und, wo er das nicht konnte, nachzugeben. Also unbewaffnete Neutralität in allen Kriegen, die rings um ihn aufflammten, von den damals sehr häufigen Zwistigkeiten zwischen Klerus und weltlichen Mächten, zwischen Militär und Bürgern oder zwischen zwei Adligen, bis hin zu den Streitigkeiten zwischen zwei Bauern, die wegen eines Wortes ausbrechen und dann mit Fäusten oder Messern entschieden werden. Wenn er sich partout gezwungen sah, in einem Streit Partei zu ergreifen, hielt er's mit dem Stärkeren, blieb aber stets in der Nachhut und gab dem anderen zu verstehen, daß er nicht aus freien Stücken gegen ihn war. Immer schien es, als ob er ihm sagen wollte: »Warum hast du's auch nicht verstanden, der Stärkere zu sein, dann hätte ich mich auf deine Seite geschlagen!« Auf diese Weise, indem er sich von den Hochfahrenden fernhielt, ihre launisch hingeworfenen Beleidigungen überhörte und denen, die einer tieferen und überlegteren Absicht entsprangen, mit Unterwürfigkeit begegnete, indem er durch Bücklinge und joviale Respektbezeugungen auch noch die Mürrischsten und Arrogantesten zu einem Lächeln nötigte, wenn er ihnen auf der Straße begegnete, war es dem guten Manne schließlich gelungen, ohne allzu große Stürme die Sechzig zu überschreiten.

Was freilich nicht heißen soll, daß nicht auch er sein bißchen Galle im Leib gehabt hätte. Ja, dieses ständige Sich-in-Geduld-Üben, dieses so häufige Den-anderen-recht-Geben, all diese vielen schweigend hinuntergeschluckten Brocken hatten ihn derart verbittert, daß seine Gesundheit sicher Schaden gelitten hätte, wenn er sich nicht ab und zu hätte Luft machen können. Aber da es schließlich auf der Welt und in seiner Nähe Menschen gab, von denen er sehr genau wußte, daß sie unfähig waren, Böses zu tun, konnte er an ihnen gelegentlich seine lang aufgestaute schlechte Laune ablassen und sich auch einmal der Lust hingeben, ein bißchen überspannt zu sein und zu Unrecht herumzuschreien. Im übrigen war er ein strenger Sittenrichter bei denen, die sich nicht so verhielten wie er, allerdings nur, wenn dieses Richteramt sich ohne die geringste auch nur ferne Gefahr ausüben ließ. Der Geprügelte war zumindest ein unvorsichtiger Mensch, der Getötete stets ein Unruhestifter gewesen. Wer sich beim Versuch, sein Recht gegen einen Mächtigen durchzusetzen, einen blutigen Kopf geholt hatte, dem wußte Don Abbondio immer irgendein Unrecht nachzuweisen – was auch nicht schwer ist, da Recht und Unrecht niemals so klar geschieden sind, daß jede Seite nur von dem einen oder nur von dem anderen hätte. Vor allem aber ereiferte er sich über diejenigen seiner Amtsbrüder, die auf eigene Gefahr die Partei eines unterdrückten Schwachen gegen einen mächtigen Unterdrücker ergriffen. Das nannte er dann »sich Ungelegenheiten bar einkaufen« oder »krummen Hunden die Beine geradeziehen wollen«; er sagte auch allen Ernstes, es sei eine Einmischung in die weltlichen Dinge, die der Würde des heiligen Amtes schade. Und er wetterte mit um so größerem Eifer gegen solche Amtsbrüder – stets jedoch unter vier Augen oder in sehr kleinem Kreise –, je mehr sie dafür bekannt waren, nie etwas übelzunehmen, was sie persönlich betraf. Er hatte eine Lieblingssentenz, mit der er seine Ausführungen über dieses Thema regelmäßig beschloß: Ein Ehrenmann, der auf sich achte und bei seinem Leisten bleibe, gerate niemals in üble Lagen.

Meine fünfundzwanzig Leser können sich nun vorstellen, welchen Eindruck das oben Geschilderte im Gemüt des Ärmsten gemacht haben mußte. Der Schreck über jene Visagen und jene garstigen Reden, die Drohung eines großen Herrn, der dafür bekannt war, nicht umsonst zu drohen, der jähe Zusammenbruch einer sorgfältig aufgebauten ruhigen Lebensweise, die ihn so viele Jahre des Fleißes und der Geduld gekostet hatte, und nun eine Sackgasse, aus der kein Ausweg in Sicht war – all diese Gedanken schossen wild durch Don Abbondios gesenkten Kopf.

›Wenn sich Renzo doch mit einem klaren Nein abspeisen ließe! Aber nein, er wird nach Gründen fragen, und was, beim gütigen Himmel, kann ich ihm antworten? Auch er ist ein Dickkopf: ein Lamm, wenn ihm keiner zu nahe tritt, aber wehe, wenn einer ihm widersprechen will... Und dann ist er so vernarrt in diese Lucia, verliebt wie ein... diese Kindsköpfe, die sich verknallen, weil sie nichts Besseres zu tun wissen, die heiraten wollen und an nichts anderes denken, die sich nicht darum kümmern, in welche Nöte sie einen armen Ehrenmann bringen! O weh, o weh! Mußten sich diese beiden üblen Figuren ausgerechnet mir in den Weg stellen und mit mir anlegen! Was habe ich mit der Sache zu tun? Bin ich's, der heiraten will? Warum gehen sie nicht lieber hin und reden mit... Ah ja, tatsächlich, es ist wohl mein Schicksal, daß mir die richtigen Antworten immer erst hinterher einfallen! Hätte ich doch bloß daran gedacht, ihnen zu raten, sich mit ihrer Botschaft direkt an...‹

Aber an diesem Punkt wurde ihm klar, daß sein Bedauern darüber, nicht Ratgeber und Komplize der Gottlosigkeit geworden zu sein, doch wohl etwas zu gottlos war, und so kehrte er nun den ganzen Ingrimm seiner Gedanken gegen jenen anderen, der ihm so plötzlich den Frieden geraubt hatte. Er kannte Don Rodrigo nur vom Sehen und Hörensagen, er hatte nie etwas anderes mit ihm zu tun gehabt, als die wenigen Male, wenn er ihm auf der Straße begegnet war, vor ihm die Brust mit dem

Kinn und den Boden mit dem Hutrand zu berühren. Bei mehr als einer Gelegenheit war er sogar bereit gewesen, den Ruf jenes Herrn gegen diejenigen zu verteidigen, die mit gedämpfter Stimme, seufzend und die Augen zum Himmel erhebend, irgendeine seiner Untaten verwünschten. Hundertmal hatte er gesagt, Don Rodrigo sei ein ehrenwerter Kavalier. Nun aber titulierte er ihn im stillen mit all jenen Ausdrücken, die er nie von anderen auf ihn hatte anwenden hören, ohne sofort mit einem »Pfui!« dazwischenzufahren.

Von solchen Gedanken aufgewühlt, gelangte er an die Tür seines Hauses, das am Rande des Dörfchens lag, steckte eilig den Schlüssel ins Schloß, den er schon in der Hand hielt, öffnete, trat ein, schloß sorgfältig hinter sich zu und rief sofort, begierig, sich wieder in vertrauter Gesellschaft zu befinden: »Perpetua! Perpetua!«, wobei er die Schritte zur Stube lenkte, wo die Gerufene sicher gerade dabei war, den Tisch zum Abendessen zu decken. Perpetua war, wie jeder sich denken kann, die Haushälterin des Pfarrers, eine anhängliche und treue Person, die es verstand, je nach Gelegenheit zu gehorchen und zu befehlen, das Gebrumm und die Launen ihres Herrn zur rechten Zeit zu ertragen und ihn zur rechten Zeit die eigenen Launen ertragen zu lassen, welch letztere von Tag zu Tag häufiger wurden, seit sie das kanonische Alter der Vierzig überschritten hatte und immer noch unverheiratet war, da sie alle Heiratsanträge, die ihr gemacht worden waren, abgelehnt hatte, wie sie sagte, oder sich nie jemand gefunden hatte, der sie haben wollte, wie ihre Freundinnen sagten.

»Ich komme«, antwortete sie, während sie das Fläschchen mit Don Abbondios Lieblingswein an seinen gewohnten Platz stellte und sich langsam in Bewegung setzte; aber sie hatte die Schwelle der Stubentür noch nicht erreicht, als er mit so schleppendem Gang, so düsterem Blick und so verstörter Miene eintrat, daß es nicht der geübten Augen Perpetuas bedurft hätte, um auf den ersten Blick zu erkennen, daß ihm etwas wirklich Außergewöhnliches zugestoßen sein mußte.

»O je! Was habt Ihr, Hochwürden?«

»Nichts, nichts«, antwortete Don Abbondio und ließ sich schwer in seinen Lehnstuhl sinken.

»Wie? Nichts? Das soll ich glauben, so wie Ihr aussehr? Da muß doch was ziemlich Schlimmes passiert sein!«

»Beim gütigen Himmel! Wenn ich ›nichts‹ sage, ist es entweder nichts, oder es ist etwas, das ich nicht sagen kann.«

»Das Ihr nicht einmal mir sagen könnt? Und wer kümmert sich dann um Eure Gesundheit? Wer gibt Euch einen Rat?«

»Ach je, sei still und trag heute nichts weiter auf. Gib mir nur ein Glas Wein.«

»Und Ihr wollt mir weismachen, daß Ihr nichts habt!« sagte Perpetua, während sie das Glas füllte und es dann in der Hand behielt, als wollte sie es ihm nur zum Lohn für die Vertraulichkeit geben, die so lange auf sich warten ließ.

»Gib schon her«, sagte Don Abbondio, griff mit zitternder Hand nach dem Glas und stürzte den Inhalt so rasch hinunter, als wäre es eine Medizin.

»So so«, sagte Perpetua, »Ihr wollt also, daß ich gezwungen bin, überall herumzufragen, was meinem Herrn passiert ist?« Sie hatte sich vor ihm aufgepflanzt, die Handrücken in die Hüften gestemmt und die Ellenbogen nach vorn gestreckt, wobei sie ihn so forschend ansah, als wollte sie ihm das Geheimnis aus den Augen saugen.

»Beim gütigen Himmel, mach kein Gerede, mach kein Geschrei! Es geht um nichts Geringeres als... um das Leben.«

»Das Leben?«

»Das Leben!«

»Ihr wißt sehr gut, daß ich nie, wenn Ihr mir etwas im Vertrauen gesagt habt, daß ich noch nie...«

»Gewiß, meine Liebe, wie damals...«

Perpetua merkte, daß sie eine falsche Saite angeschlagen hatte; daher wechselte sie rasch den Ton und sagte mit bewegter und bewegender Stimme: »Hochwürden, ich bin Euch immer zugetan gewesen, und wenn ich jetzt wissen möchte, was Ihr habt, dann ist es nur aus Besorgnis, weil ich Euch helfen möchte, weil ich Euch einen Ratschlag geben, Euch aufmuntern möchte.«

Tatsache war, daß Don Abbondio vielleicht ebenso dringend wünschte, sein leidvolles Geheimnis loszuwerden, wie Perpetua, es zu erfahren. So kam es, daß er, nachdem er ihre erneuten und immer drängenderen Fragen immer schwächer abgewehrt und sie mehr als einmal hatte schwören lassen, kein Sterbenswörtchen zu verraten, schließlich stockend und mit vielen Achs und Wehs den elenden Vorfall erzählte. Als er zu dem schrecklichen Namen des Auftraggebers kam, mußte sie einen neuen, noch feierlicheren Eid schwören; und als er den Namen dann endlich ausgesprochen hatte, ließ er sich mit einem tiefen Seufzer in den Lehnstuhl zurückfallen, hob die Hände mit einer zugleich gebieterischen und flehenden Geste und sagte: »Beim gütigen Himmel!«

»Das sieht ihm ähnlich!« rief Perpetua aus. »Oh, was für ein Schuft! Was für ein Schurke! Was für ein gottloser Mensch!«

»Willst du wohl schweigen! Oder willst du mich völlig zugrunde richten?«

»Ach was, wir sind hier allein, niemand kann uns hören. Aber was werdet Ihr denn jetzt machen, Hochwürden, mein armer Herr?«

»Da sieht man's«, knurrte Don Abbondio, »da sieht man's, was für schöne Ratschläge sie mir zu geben weiß!

Fragt mich, was *ich* machen werde. Als säße *sie* in der Klemme und *ich* müßte *ihr* heraushelfen!«

»Also, einen bescheidenen Ratschlag hätte ich schon zu geben, aber dann...«

»Na, dann laß hören.«

»Mein Ratschlag wäre, wo doch alle sagen, daß unser Erzbischof ein so heiliger Mann ist und ein so mutiger Mann, der sich vor niemandem fürchtet und dem es Freude macht, wenn er einen von diesen hochfahrenden Herren zur Räson bringen kann, um einem Pfarrer zu helfen – also ich würde sagen und sage es, daß Ihr ihm einen schönen Brief schreiben solltet, um ihn darüber zu informieren, daß...«

»Willst du wohl still sein? Willst du wohl schweigen? Sind das Ratschläge, wie man sie einem armen Mann gibt? Wenn ich eine Kugel in den Rücken bekäme – Gott behüte! –, meinst du, der Erzbischof würde sie mir herausziehen?«

»Ach was, Kugeln werden nicht ausgeteilt wie Konfetti, und wenn diese Hunde jedesmal, wenn sie bellen, auch beißen müßten, wären sie übel dran! Ich hab immer erlebt, daß, wer die Zähne zu zeigen und sich Achtung zu verschaffen weiß, daß der dann auch respektiert wird. Und gerade weil Ihr nie auf Eurem Recht bestanden habt, ist es so weit mit uns gekommen, daß alle, mit Verlaub gesagt...«

»Willst du wohl schweigen!«

»Ich werde gleich schweigen. Aber sicher ist jedenfalls, daß die Welt und die Leute, wenn sie merken, daß einer in jedem Fall und bei jeder Begegnung immer sofort bereit ist, die Segel zu strei...«

»Willst du wohl endlich schweigen! Ist das der richtige Augenblick, solchen Unsinn zu reden?«

»Genug, Ihr werdet's Euch heute nacht überlegen. Aber fangt nicht inzwischen an, Euch selbst zu schaden und Eure Gesundheit zu ruinieren. Eßt etwas!«

»Ich werde es mir überlegen«, antwortete Don Abbondio brummend. »Gewiß werde ich das, ich habe viel zu bedenken.« Er stand auf. »Ich will nichts essen, gar nichts, mir steht der Sinn nach anderem. Ich weiß selber, daß ich nachdenken muß. Daß aber auch gerade mir das passieren mußte!«

»Trinkt wenigstens noch diesen einen Schluck«, sagte Perpetua, während sie eingoß. »Ihr wißt doch, daß es Eurem Magen guttut.«

»Ach, da braucht's anderes, da braucht's anderes!«

Mit diesen Worten nahm er den Leuchter, und während er sich zu seiner Kammer hinaufbegab, brummte er weiter vor sich hin: »Schöne Bescherung! Für einen Ehrenmann wie mich! Und wie mag es morgen weitergehen?« und dergleichen mehr. Als er oben angelangt war, drehte er sich zu Perpetua um, legte sich einen Finger auf die Lippen, sagte langsam und feierlich: »Beim gütigen Himmel!« und verschwand.

Kapitel 2

Es heißt, daß der Prinz von Condé in der Nacht vor dem Tag von Rocroi tief geschlafen habe. Aber erstens war er sehr müde gewesen, und zweitens hatte er bereits alle nötigen Vorkehrungen getroffen und festgelegt, was am nächsten Morgen zu tun war. Don Abbondio hingegen wußte noch nichts weiter, als daß der nächste Tag ein Kampftag sein würde, und so verbrachte er einen Großteil der Nacht mit bangen Überlegungen. Sich um das infame Verbot und die Drohungen gar nicht zu kümmern und die Trauung einfach zu vollziehen war eine Möglichkeit, die er nicht einmal in Erwägung ziehen wollte. Renzo die Sache anvertrauen und gemeinsam mit ihm einen Ausweg suchen... Gott bewahre! »Vor allem: kein Sterbenswörtchen über diesen Wink... sonst... *ahem!*« hatte einer der Bravi gesagt, und wenn er an den Klang dieses *ahem!* zurückdachte, verscheuchte Don Abbondio nicht nur jeden Gedanken an eine Mißachtung des Verbots, sondern bereute sogar, mit Perpetua darüber gesprochen zu haben. Fliehen? Wohin? Und dann: wie viele Verwicklungen! Und wie oft würde er sich rechtfertigen müssen! Bei jeder Möglichkeit, die er verwarf, wälzte der arme Mann sich im Bett herum. Auf jeden Fall schien es ihm das Beste oder doch das geringste Übel, Zeit zu gewinnen, um Renzo hinzuhalten. Im rechten Augenblick fiel ihm ein, daß es nur noch wenige Tage bis zu der Zeit waren, in der nicht geheiratet werden durfte. Ja, wenn er diesen Burschen bloß noch die paar Tage hinhalten könnte, dann würde er zwei Monate Ruhe haben, und in zwei Monaten kann allerhand passieren... Er erwog allerlei Vorwände, die er ins Feld führen könnte, und obwohl sie ihm alle ein bißchen dünn erschienen, beruhigte er sich bei dem Gedanken, daß seine Autorität ihnen schon die nötige Dichte verschaffen würde und daß er mit seiner langjährigen Erfahrung einen großen Vorteil gegenüber diesem ahnungslosen Jüngling hatte. ›Wir werden sehen‹, sagte er sich, ›er denkt an seine Liebste, ich aber denke an meine Haut: Ich bin der Gefährdetere, abgesehen davon, daß ich auch der Gewitztere bin. Tja, mein Junge, wenn du vor Liebe vergehst, kann ich dir leider nicht helfen, aber ich will das nicht ausbaden müssen...‹ Nachdem er sich so zu einer gewissen Entscheidung durchgerungen hatte, konnte er endlich die Augen schließen. Doch was für ein Schlaf, was für Träume! Bravi, Don Rodrigo, Renzo, Feldwege, Felsen, Fluchten, Verfolgungen, Schreie und Schüsse.

Das erste Erwachen nach einem Unglück, wenn man sich in einer heiklen Lage befindet, ist ein sehr bitterer Augenblick. Der Geist, kaum wieder zu sich gekommen, kehrt zu den gewohnten Vorstellungen des früheren ruhigen Lebens zurück, doch sofort drängt sich barsch der Gedanke an die neue Lage dazwischen, und das Unbehagen wird um so heftiger durch den jähen Vergleich. Nachdem Don Abbondio diesen Augenblick schmerzlich genossen hatte, rekapitulierte er seine in der Nacht geschmiedeten Pläne, stärkte sich an ihnen, ordnete sie etwas besser, stand auf und erwartete Renzo voller Angst und zugleich voller Ungeduld.

Lorenzo oder Renzo, wie alle sagten, ließ nicht lange auf sich warten. Sobald ihm schien, daß er sich nun beim Pfarrer einfinden konnte, ohne zudringlich zu sein, machte er sich auf den Weg im freudigen Ungestüm eines Zwanzigjährigen, der an diesem Tag seine Liebste heimführen soll. Er hatte bereits als Heranwachsender beide Eltern verloren und übte den Beruf eines Seidenspinners aus, der in seiner Familie sozusagen erblich war, ein früher recht einträgliches Gewerbe, das sich jedoch schon damals im Niedergang befand, wenn auch noch nicht so sehr, daß ein geschickter Handwerker nicht einigermaßen auskömmlich davon leben konnte. Die Arbeit wurde zwar jeden Tag weniger, aber die ständige Abwanderung der Arbeitsuchenden, die mit Versprechungen, Privilegien und hohen Löhnen in die Nachbarstaaten gelockt wurden, hatte zur Folge, daß es für diejenigen, die im Lande blieben, noch genug zu tun gab. Außerdem besaß Renzo ein kleines Anwesen, das er bestellen ließ oder selber bestellte, wenn das Spinnrad stillstand, so daß er sich für seine Verhältnisse wohlhabend nennen konnte. Und obgleich jenes Jahr noch schlechter war als die vorigen und man schon die ersten Anzeichen einer echten Teuerung spürte, fand sich unser Jüngling, der, seit er die Augen auf Lucia geworfen hatte, haushälterisch geworden war, gut genug versorgt, um den Hunger nicht fürchten zu müssen. Er erschien also vor Don Abbondio in prächtigem Aufzug, mit bunten Federn am Hut, seinen Dolch mit dem schönen Griff in der Hosentasche und mit einer festlichen Miene, die zugleich etwas Verwegenes hatte, wie es damals auch die friedlichsten Menschen an den Tag legten. Der unsichere und heimlichtuerische Empfang durch Don Abbondio bildete einen krassen Gegensatz zu der offenen und resoluten Art des jungen Mannes.

›Irgendwas geht ihm im Kopf herum‹, dachte sich Renzo im stillen, dann sagte er: »Herr Pfarrer, ich bin gekommen, um zu erfahren, wann es Euch paßt, daß wir uns in der Kirche einfinden.«

»Von welchem Tag sprichst du?«

»Wieso von welchem Tag? Wißt Ihr nicht mehr, daß es auf heute festgesetzt war?«

»Auf heute?« erwiderte Don Abbondio, als ob er zum ersten Mal davon hörte. »Heute, heute... entschuldige, aber heute kann ich nicht.«

»Heute könnt Ihr nicht? Was ist denn passiert?«

»Zunächst einmal fühle ich mich nicht wohl, verstehst du?«

»Das tut mir leid, aber was Ihr zu tun habt, erfordert so wenig Zeit und so wenig Mühe...«

»Und dann, und dann...«

»Und dann was?«

»Und dann gibt es Schwierigkeiten.«

»Schwierigkeiten? Was kann es denn da für Schwierigkeiten geben?«

»Du müßtest in meiner Haut stecken, um zu begreifen, wie viele Verwicklungen bei diesen Dingen entstehen können und auf was man alles zu achten hat! Ich bin zu gutmütig, ich denke immer nur daran, wie man die Hindernisse aus dem Weg räumt, wie man alles erleichtert und die Dinge so macht, daß sie den anderen gefallen, und dabei vernachlässige ich meine Pflichten und ziehe ich mir Vorwürfe und noch Schlimmeres zu.«

»Gütiger Himmel, spannt mich nicht so auf die Folter! Sagt mir klar und deutlich, was los ist.«

»Weißt du, wie viele Formalitäten zu erledigen sind, um eine Trauung ordentlich zu vollziehen?«

»Ein bißchen sollte ich schon davon wissen«, erwiderte Renzo, der sich langsam zu erregen begann. »Schließlich habe ich mir in den letzten Tagen genug den Kopf darüber zerbrochen! Aber jetzt ist doch alles erledigt, oder? Jetzt ist doch alles getan, was zu tun war?«

»Alles, alles, so scheint es dir. Weil nämlich, entschuldige, weil ich der Esel bin, der seine Pflichten vernachlässigt, um den Leuten keinen Ärger zu machen. Aber jetzt... genug, ich weiß, was ich sage. Wir armen Pfarrer sitzen zwischen Amboß und Hammer. Du bist ungeduldig, ich verstehe dich ja, mein armer Junge, aber meine Oberen... genug, man kann nicht alles sagen. Immer sind wir es, die alles ausbaden müssen!«

»Aber erklärt mir doch einmal, welche Formalität

jetzt noch zu erledigen ist, und sie wird sofort erledigt sein!«

»Weißt du, wie viele Ehehindernisse es gibt?«

»Was soll ich von Ehehindernissen wissen?«

»*Error, conditio, votum, cognatio, crimen,*
Cultus disparitas, vis, ordo, ligamen, honestas,
Si sis affinis...«,
begann Don Abbondio an den Fingern abzuzählen.

»Macht Ihr Euch über mich lustig?« unterbrach ihn Renzo. »Was soll ich mit Eurem *latinorum*?«

»Nun, wenn du etwas nicht verstehst, gedulde dich und vertraue auf den, der sich auskennt.«

»So redet endlich!«

»Geduld, lieber Renzo, reg dich nicht auf, ich bin ja bereit, alles zu tun... was in meiner Macht steht. Ich für meinen Teil, ich würde dich gerne glücklich sehen; ich will nur dein Bestes. Ach, wenn ich bedenke, wie gut es dir ging! Woran hatte es dir gefehlt? Und plötzlich setzt du dir diese Grille in den Kopf und willst heiraten...!«

»Was sind denn das für Reden, Herr Pfarrer?« stieß Renzo halb erstaunt, halb empört hervor.

»Ich meine ja nur, hab Geduld, ich meine ja nur. Ich würde dich gerne glücklich sehen...«

»Kurzum?«

»Kurzum, mein Sohn, es ist nicht meine Schuld. Ich habe dieses Gesetz nicht gemacht. Bevor wir eine Ehe schließen, sind wir tatsächlich verpflichtet, viele, sehr viele Nachforschungen anzustellen, um uns zu vergewissern, daß keine Hindernisse vorliegen.«

»Aber jetzt sagt mir doch endlich, welches Hindernis aufgetaucht ist!«

»Hab Geduld, das sind Dinge, die man nicht so einfach erledigen kann. Es wird schon kein Hindernis vorliegen, hoffe ich, aber diese Nachforschungen müssen wir trotzdem anstellen. Der Text ist klar und eindeutig: *antequam matrimonium denunciet...*«

»Ich hab doch gesagt, verschont mich mit Eurem Latein!«

»Aber ich muß dir doch erklären...«

»Habt Ihr denn diese Nachforschungen nicht schon längst angestellt?«

»Noch nicht alle so, wie ich es hätte tun müssen, ich sage es doch.«

»Und wieso habt Ihr's nicht beizeiten getan? Wieso habt Ihr mir gesagt, es wäre alles erledigt? Wozu noch warten...?«

»Siehst du? Auch du tadelst mich wegen meiner zu großen Güte! Ich habe alles vereinfacht, um euch so rasch wie möglich zu Diensten zu sein, aber... aber jetzt ist mir eingefallen... genug, ich weiß nun...«

»Und was soll ich jetzt tun?«

»Gedulde dich noch ein paar Tage, mein Sohn, ein paar Tage sind keine Ewigkeit. Hab noch ein wenig Geduld.«

»Wie lange noch?«

›Wir sind auf dem richtigen Wege!‹ frohlockte Don Abbondio im stillen, dann sagte er liebenswürdiger denn je: »Nun, ich denke, in vierzehn Tagen werde ich...«

»In vierzehn Tagen? Oh, das sind mir ja schöne Neuigkeiten! Da hat man nun alles getan, was Ihr verlangt habt, da ist der Tag festgesetzt worden, und dann kommt der Tag, und Ihr sagt, ich solle noch vierzehn Tage warten! Vierzehn...«, wiederholte er noch etwas lauter und aufgebrachter, wobei er den Arm ausstreckte und mit der Faust in die Luft schlug; und wer weiß, welche Verwünschung er dieser Zahl hätte folgen lassen, hätte Don Abbondio ihn nicht unterbrochen, indem er mit zaghaft-eifriger Liebenswürdigkeit seine andere Hand ergriff und sagte: »Nicht doch, nicht doch, reg dich nicht auf, beim gütigen Himmel! Ich werde sehen, ich werde versuchen, ob es nicht schon in einer Woche...«

»Und was soll ich Lucia sagen?«

»Daß es *mein* Fehler war.«

»Und das Gerede der Leute?«

»Sag ruhig allen, daß ich es war, der einen Fehler gemacht hat, aus übergroßem Eifer und weil ich zu gutmütig bin. Schieb ruhig die ganze Schuld auf mich. Kann ich's noch deutlicher sagen? Nun, also noch eine Woche...«

»Und dann, wird es dann keine weiteren Hindernisse mehr geben?«

»Wenn ich's dir doch sage...«

»Also gut, ich werde mich noch eine Woche gedulden. Aber merkt Euch, wenn diese Woche vorbei ist, lasse ich mich nicht mehr mit Redereien abspeisen. Bis dahin Gott befohlen.« Mit diesen Worten ging er hinaus, wobei er sich vor Don Abbondio weniger tief als gewöhnlich verbeugte und ihn mit einem eher vielsagenden als ehrerbietigen Blick bedachte.

Draußen, als er sich zum ersten Mal übelgelaunt zum Hause seiner Verlobten begab, rief er sich in seinem Ärger das ganze Gespräch noch einmal ins Gedächtnis und fand es immer seltsamer. Der unfreundliche und verlegene Empfang durch Don Abbondio, seine gequälte und zugleich ungeduldige Art zu reden, seine grauen Augen, die beim Reden immer nach rechts oder links ausgewichen waren, als hätten sie Angst vor den Worten, die aus seinem Munde kamen, sein fast erstauntes Gebaren, als sei ihm die ausdrücklich vereinbarte Trauung etwas ganz Neues gewesen, und vor allem sein ständiges Anspielen auf irgend etwas Wichtiges, ohne es jemals klar zu sagen – all diese Begleitumstände zusammengenommen brachten Renzo auf den Gedanken, daß es da noch ein anderes Geheimnis geben mußte als das, was Don Abbondio ihm hatte weismachen wollen. Der junge Mann war schon im Begriff, wieder umzukehren, um den Pfarrer zur Rede zu stellen und ihn zu zwingen, sich klarer auszudrücken, da hob er die Augen und sah Perpetua vor sich hergehen; sie war gerade dabei, in einen kleinen Gemüsegarten wenige Schritte neben dem Haus zu treten. Er rief sie an, während sie die Tür aufschloß, beschleunigte den Schritt und hielt sie auf der Schwelle zurück. Entschlossen, etwas Genaueres aus ihr herauszuholen, blieb er stehen und knüpfte ein Gespräch mit ihr an.

»Guten Tag, Perpetua. Ich hatte gehofft, daß wir heute zusammen fröhlich sein würden.«

»Tja, wie Gott will, mein armer Renzo.«

»Tu mir einen Gefallen: Der gute Herr Pfarrer hat mir da ein paar Gründe angedeutet, die ich nicht richtig verstanden habe. Erklär mir doch mal ein bißchen genauer, warum er uns heute nicht trauen kann oder will.«

»Oh! Meinst du, ich kenne die Geheimnisse meines Herrn?«

›Hab ich's nicht gesagt, daß es da ein Geheimnis gibt!‹ dachte Renzo bei sich, und um es ans Licht zu ziehen, fuhr er fort: »Na komm schon, Perpetua, wir sind doch alte Freunde. Sag mir, was du weißt, und hilf einem armen Kerl!«

»Ja, es ist schlimm, wenn man arm geboren ist, mein lieber Renzo.«

»Stimmt«, erwiderte dieser, immer mehr in seinem Verdacht bestärkt, und um der Frage näher zu rücken, sagte er noch einmal »Stimmt« und fügte hinzu: »Aber kommt es Priestern zu, mit armen Leuten übel umzuspringen?«

»Hör mal, Renzo, ich kann dir nichts sagen, weil ich... weil ich nichts weiß. Aber ich kann dir versichern, daß mein Herr niemandem unrecht tun will, weder dir noch sonst irgendwem. Und daß es nicht seine Schuld ist.«

»Wessen Schuld ist es dann?« fragte Renzo scheinbar beiläufig, aber mit pochendem Herzen und gespitzten Ohren.

»Wenn ich dir doch sage, daß ich nichts weiß... Aber um meinen Herrn zu verteidigen, kann ich reden. Denn es tut mir weh zu hören, daß man ihn beschuldigt, irgendwem Kummer bereiten zu wollen. Der arme Mann! Wenn er sündigt, dann aus zu großer Güte. Es gibt auf dieser Welt eine Menge Schurken, Gewalttäter, Menschen ohne Gottesfurcht...«

›Schurken? Gewalttäter?‹ dachte Renzo: ›Das sind aber nicht die Kirchenoberen!‹ – »Na komm schon«, sagte er dann, wobei er seine wachsende Erregung kaum noch verbergen konnte. »Sag mir, wer's ist.«

»Ah, du willst mich zum Reden bringen. Aber ich kann dir nichts sagen, weil ich... weil ich *wirklich* nichts weiß. Und wenn ich nichts weiß, dann ist es, als ob ich geschworen hätte zu schweigen. Du könntest mich auf die Folter spannen und würdest trotzdem nichts aus mir rauskriegen. Ade, wir verlieren bloß unsere Zeit.«

Mit diesen Worten trat sie rasch in den Garten und zog die Tür hinter sich zu. Renzo erwiderte ihren Gruß und ging auf Zehenspitzen davon, damit sie nicht hörte, in welche Richtung er ging, doch als er außer Hörweite war, beschleunigte er seine Schritte. Im Nu war er an Don Abbondios Haustür, trat ein, ging schnurstracks in die Stube, wo er ihn verlassen hatte, fand ihn dort und stürmte entschlossen und mit flammendem Blick auf ihn zu.

»He, he! Was ist denn jetzt los?« rief Don Abbondio.

»Wer ist der Schurke?« fragte Renzo im Ton eines Mannes, der entschlossen ist, eine präzise Antwort zu erhalten. »Wer ist der Schurke, der nicht will, daß ich Lucia heirate?«

»Was, was, was?« stammelte der Pfarrer überrascht, und sein Gesicht wurde weiß und schlaff wie ein frisch aus der Wäsche gezogener Lappen. Dann sprang er ächzend von seinem Sessel auf, um zur Tür zu stürzen. Aber Renzo, der diese Reaktion vorausgesehen hatte, kam ihm zuvor, drehte den Schlüssel um und steckte ihn in die Tasche.

»So, Herr Pfarrer, jetzt werdet Ihr reden! Alle wissen über meine Angelegenheiten Bescheid, nur ich nicht. Zum Teufel, jetzt will ich's auch wissen! Wie heißt der Kerl?«

»Renzo, Renzo, um Gottes willen, bedenke, was du tust! Denk an dein Seelenheil!«

»Ich denke, daß ich's jetzt sofort wissen will, auf der Stelle!« Bei diesen Worten legte er, vielleicht ohne es sich bewußtzumachen, die Hand an den Griff des Dolches, der aus seiner Tasche ragte.

»Erbarmen!« flehte Don Abbondio mit schwacher Stimme.

»Ich will es wissen!«

»Wer hat dir denn gesagt...?«

»Nichts da, keine Ausreden mehr! Redet klar und ohne Umschweife!«

»Willst du meinen Tod?«

»Ich will wissen, was zu wissen ich ein Recht habe.«

»Aber wenn ich rede, bin ich des Todes. Soll mir denn mein Leben nichts gelten?«

»Redet jetzt!«

Diese Worte wurden mit solchem Nachdruck gesprochen und Renzos Haltung wurde so drohend, daß Don Abbondio die Möglichkeit, sich zu weigern, gar nicht mehr in Betracht ziehen konnte.

»Versprich mir, schwöre mir«, sagte er, »daß du mit niemandem darüber reden wirst, daß du kein Wort...«

»Ich verspreche Euch, daß ich gleich etwas Unbesonnenes tun werde, wenn Ihr nicht sofort den Namen dieses Schurken nennt.«

Auf diese neuerliche Drohung stammelte Don Abbondio mit der Miene und dem Blick eines Menschen, der die Zange des Zahnbrechers im Munde spürt: »Don...«

»Don...?« wiederholte Renzo, wie um dem Patienten

zu helfen, den Rest auszuspucken; dabei stand er vorgebeugt, das Ohr dicht über dem Mund des Pfarrers, die Arme nach hinten gestreckt und die Hände rücklings zu Fäusten geballt.

»Don Rodrigo!« stieß der Bezwungene schließlich hervor, die wenigen Silben überstürzend und die Konsonanten verschleifend, teils aus Erregung, teils weil er seine ganze verbliebene Aufmerksamkeit darauf verwandte, ein Gleichgewicht zwischen seinen beiden Ängsten zu finden, so daß er den Namen im selben Moment, in dem er ihn auszusprechen gezwungen war, wieder zurückzuziehen und zu verschlucken schien.

»Ah, der Hund!« brüllte Renzo auf. »Und wie hat er's angestellt? Was hat er Euch gesagt, um...?«

»Wie? Was?« erwiderte Don Abbondio in fast verächtlichem Ton, da er sich nun, nachdem er ein so großes Opfer gebracht hatte, gewissermaßen als Gläubiger fühlte. »Ich wollte, du hättest erleben müssen, was ich erleben mußte, obwohl ich doch gar nichts mit der Sache zu tun habe, dann hättest du bestimmt weniger Grillen im Kopf.« Nach diesen Worten begann er, die üble Begegnung in schrecklichen Farben auszumalen; und da ihm beim Reden immer mehr bewußt wurde, daß er eine große Wut im Leibe hatte, die bis zu diesem Moment in seiner Angst verborgen geblieben war, und da er gleichzeitig sah, daß Renzo, zwischen Wut und Verwirrung schwankend, reglos mit gesenktem Kopf dastand, fuhr er grimmig fort: »Was Schönes hast du da angerichtet! Einen schönen Dienst hast du mir erwiesen! Einem Ehrenmann solch einen Streich zu spielen, deinem Pfarrer! Und in seinem eigenen Hause, einem geweihten Ort! Wirklich ein feines Heldenstück! Um mir mein Unglück aus dem Munde zu ziehen, *dein* Unglück, das ich dir aus Vorsicht verborgen hatte, zu deinem eigenen Besten! Und jetzt, wo du's weißt? Ich wüßte gern, was du mir jetzt antun willst...! Gütiger Himmel, das ist kein Spaß. Es geht nicht um Recht oder Unrecht, es geht um Macht und Gewalt! Aber als ich dir heute morgen einen guten Rat gab, bist du gleich aus der Haut gefahren! Ich hatte genügend Vernunft für uns beide, aber was soll man da machen? Schließ mir jetzt wenigstens die Tür auf! Gib mir den Schlüssel.«

»Ich kann mich geirrt haben«, sagte Renzo mit etwas sanfterer Stimme, in der aber noch die Wut über den entdeckten Feind zu hören war. »Ich kann mich geirrt haben, aber Hand aufs Herz, wenn Ihr an meiner Stelle gewesen wärt...«

Mit diesen Worten zog er den Schlüssel aus der Tasche und ging zur Tür. Don Abbondio folgte ihm, und als der junge Mann den Schlüssel ins Schloß steckte, trat der Pfarrer neben ihn und sagte mit ernster Miene, wobei er ihm die drei ersten Finger der rechten Hand vor die Augen hielt, als ob er nachhelfen wollte: »Schwöre wenigstens...«

»Ich kann mich geirrt haben, und ich bitte Euch um Entschuldigung«, antwortete Renzo, während er aufschloß und sich zum Gehen anschickte.

»Schwöre!« beharrte Don Abbondio und ergriff ihn mit zitternder Hand am Arm.

»Ich kann mich geirrt haben«, wiederholte Renzo, wand sich frei und eilte davon, um derart den Streit zu beenden, der, ähnlich einer Streitfrage in der Literatur, in der Philosophie oder anderswo, noch Jahrhunderte hätte fortdauern können, da jede der beiden Parteien nichts anderes tat, als die eigenen Argumente zu wiederholen.

»Perpetua! Perpetua!« rief Don Abbondio, nachdem er den Flüchtenden vergeblich zurückgerufen hatte. Perpetua antwortete nicht, und Don Abbondio wußte nicht mehr, in welcher Welt er lebte.

Es ist Personen von sehr viel höherem Range als Don Abbondio mehr als einmal widerfahren, sich in so schlimmen Verlegenheiten und so großer Entscheidungsnot zu befinden, daß sie es für die beste Zuflucht hielten, sich mit Fieber ins Bett zu legen. Er brauchte diese Zuflucht gar nicht lange zu suchen, sie bot sich ihm ganz von selbst an. Die Angst vor dem nächsten Tag, das bange Wachen der letzten Nacht, der soeben durchgestandene Schrecken und die Sorge vor der Zukunft zeitigten ihre Wirkung. Erschöpft und benommen sank er in seinen Sessel, spürte die ersten kalten Schauer in seinen Gliedern, betrachtete seufzend seine Nägel und rief von Zeit zu Zeit mit zitternder und erboster Stimme: »Perpetua!« Endlich kam die Gerufene mit einem großen Kohlkopf unterm Arm und einer Miene, als sei nichts gewesen. Ich erspare dem Leser die Klagen und Mitleidsbekundungen, die Vorwürfe und Verteidigungen, das »Nur du kannst geredet haben!« und das »Ich hab nichts gesagt!« – kurzum, das ganze Hin und Her jener Unterredung. Es genügt zu sagen, daß Don Abbondio seiner Haushälterin befahl, die Tür zu verriegeln, sie unter keinen Umständen mehr zu öffnen und, falls jemand anklopfte, durchs Fenster zu antworten, der Pfarrer liege mit Fieber im Bett. Alsdann stieg er langsam die Treppe hinauf, wobei er alle drei Stufen »Ich bin geliefert« seufzte, und legte sich wirklich ins Bett, wo wir ihn nun liegenlassen wollen.

Unterdessen eilte Renzo wütenden Schrittes nach Hause, ohne entschieden zu haben, was er tun sollte, aber mit dem wilden Verlangen, etwas Außergewöhnliches und Schreckliches zu tun. Die Aufwiegler, die Unheilstifter, all jene, die in irgendeiner Weise anderen unrecht tun, sind nicht nur schuldig der Missetaten, die sie begehen, sondern auch schuld an den Verirrungen, in die sie die Seelen ihrer Opfer treiben. Renzo war ein friedfertiger, alles andere als blutrünstiger Jüngling, offenherzig und jeder Heimtücke abhold; jetzt aber war sein Herz voller Mordlust und sein Geist nur damit beschäftigt, eine Hinterlist zu ersinnen. Er wäre am liebsten zu Don Rodrigo gestürmt, um ihn an der Gurgel zu packen und... aber da fiel ihm ein, daß Don Rodrigos Haus einer Festung glich, innen von Bravi wimmelnd und außen streng bewacht, daß nur die wohlbekannten Freunde und Diener hineinkonnten, ohne von Kopf bis Fuß durchsucht zu werden, daß ein unbekannter kleiner Handwerker nicht ungeprüft hineinkommen würde und daß vor allem er, Renzo, dort vielleicht – *zu bekannt* sein würde. So stellte er sich vor, wie er seine Büchse holte, sich hinter einer Hecke auf die Lauer legte und wartete, bis der Kerl irgendwann allein vorbeikommen würde, und während er sich mit wilder Lust in jene Vorstellung hineinversetzte, glaubte er schon Schritte zu hören, jene bewußten Schritte, und malte sich aus, wie er vorsichtig den Kopf hob, den Verruchten erkannte, die Büchse anlegte, zielte, schoß, ihn fallen und verröcheln sah, ihm einen Fluch nachschleuderte und auf schnellstem Wege zur Grenze lief, um sich in Sicherheit zu bringen... Und Lucia? Kaum war dieser Name durch seine grimmigen Phantasien gefahren, kehrten die besten Gedanken, an die sein Geist gewöhnt war, in Scharen zurück. Er rief sich die letzten Erinnerungen an seine Eltern ins Gedächtnis, besann sich auf Gott, auf die Madonna und alle Heiligen, dachte an den Trost, den er so oft darüber empfunden hatte, daß er sich frei von Missetaten wußte, an das Entsetzen, das er so oft verspürt hatte, wenn er von Mord erzählen hörte, und so erwachte er aus seinem blutrünstigen Traum mit Schaudern und Gewissensbissen und zugleich mit einer Art Freude darüber, daß er sich das alles nur ausgedacht hatte. Doch der Gedanke an Lucia, wie viele andere Gedanken zog er nach sich! So viele Hoffnungen, so viele Versprechungen, eine so heiß begehrte und für so sicher gehaltene Zukunft und dieser so sehnlich erwartete Tag! Und wie, mit welchen Worten, sollte er nun seiner Braut die Neuigkeit mitteilen? Und dann, welche Entscheidung treffen? Wie sie zu seiner Frau machen, trotz der Macht jenes ruchlosen Potentaten? Und zu alledem ging ihm ein wenn nicht förmlicher Verdacht, so doch quälender Zweifel durch den Sinn: Dieser Schurkenstreich Don Rodrigos konnte nur einer brutalen Leidenschaft für Lucia entsprungen sein. Und sie? Daß sie ihm die kleinste Gelegenheit geboten, ihm auch nur die leiseste Hoffnung gemacht haben könnte, war für Renzo ganz unvorstellbar. Aber wußte sie davon? Konnte der Kerl diese schändliche Leidenschaft gehegt haben, ohne daß sie etwas davon bemerkt hatte? Wäre er so weit gegangen, ohne es vorher auf eine andere Art bei ihr versucht zu haben? Und von alledem hatte Lucia ihm, ihrem Verlobten, niemals ein Wort gesagt!

Von solchen Gedanken beherrscht, kam Renzo an seinem Haus vorbei, das mitten im Dorf lag, und ging weiter zu dem von Lucia, das am Rande des Dorfes, ja eigentlich schon etwas außerhalb lag. Das kleine Haus hatte einen kleinen Vorhof, der es von der Straße trennte und mit einem Mäuerchen umgeben war. Renzo trat in diesen Hof und hörte ein anhaltendes Stimmengewirr, das aus einem der oberen Zimmer drang. Er dachte sich, daß es Freundinnen und Nachbarinnen sein mußten, die gekommen waren, um Lucia das Brautgeleit zu geben, und wollte sich in jener Runde nicht mit der Neuigkeit zeigen, die ihm ebenso auf der Seele lag wie im Gesicht geschrieben stand. Ein kleines Mädchen, das sich im Hof befand, kam ihm entgegengelaufen und rief: »Der Bräutigam, der Bräutigam!«

»Still, Bettina, sei still!« sagte Renzo. »Hör zu, geh rauf zu Lucia, nimm sie beiseite und sag ihr ins Ohr – aber so, daß es keiner hört und keiner was merkt –, daß ich sie sprechen muß und sie im Zimmer unten erwarte, sie soll sofort runterkommen.« Die Kleine sprang eilends die Treppe hinauf, stolz und glücklich, einen geheimen Auftrag ausführen zu dürfen.

Lucia trat gerade aus der Tür, festlich herausgeputzt von ihrer Mutter. Die Freundinnen umdrängten sie und stießen einander beiseite, um sie zu sehen, und sie wehrte sich gegen den Andrang mit der etwas schroffen Bescheidenheit der Bäuerinnen, indem sie sich die Ellbogen schützend vor das Gesicht hielt, den Kopf auf die Brust senkte und die langen schwarzen Brauen zusammenzog, während der Mund sich jedoch zu einem Lächeln öffnete. Das dichte schwarze Haar war über der Stirn durch einen feinen weißen Scheitel geteilt und am Hinterkopf kunstvoll in mehrfachen Flechten verschlungen, in denen lange silberne Nadeln staken, die fast wie die Strahlen einer Aureole den Kopf umstanden, ein bei den Bäuerinnen im Mailändischen noch heute üblicher Schmuck. Um den Hals trug sie ein Band mit Granatsteinen und Goldfiligrankugeln, darunter ein Mieder aus geblümtem Brokat, dessen Ärmel geteilt und mit schönen Bändern geschmückt waren, einen knielangen Faltenrock aus Florettseide, rote Strümpfe und bestickte, ebenfalls seidene Schuhe. Außer diesem besonderen Schmuck des Hochzeitstages hatte Lucia noch den alltäglichen einer unaufdringlichen Schönheit, die jedoch nun hervorgehoben und gesteigert wurde durch die verschiedenen Gefühle, die sich auf ihrem Antlitz malten: Freude, gedämpft durch eine leichte Unruhe und jene stille Traurigkeit, die sich hin und wieder auf den Gesichtern von Bräuten zeigt und ihnen, ohne ihre Schönheit zu schmälern, einen besonderen Charakter verleiht. Die kleine Bettina drängte sich durch die Umstehenden, näherte sich Lucia, gab ihr unauffällig zu verstehen, daß sie ihr etwas mitzuteilen habe, und flüsterte ihr die Botschaft ins Ohr.

»Ich muß kurz weg, ich komme gleich wieder«, sagte Lucia zu den Frauen und eilte hinunter. Als sie Renzos veränderten Gesichtsausdruck und sein unruhiges Gebaren sah, rief sie nicht ohne ein schlimmes Vorgefühl: »Was ist?«

»Lucia«, antwortete Renzo, »für heute ist alles vorbei, und Gott allein weiß, wann wir Mann und Frau werden können.«

»Was?« rief Lucia ganz verwirrt. Renzo erzählte ihr rasch, was an jenem Morgen geschehen war. Sie hörte voller Bangigkeit zu, und als der Name Don Rodrigos fiel, rief sie errötend und zitternd: »Ah! So weit hat er's also getrieben!«

»Dann hast du also Bescheid gewußt?« fragte Renzo.

»Nur zu gut!« antwortete Lucia. »Aber daß er so weit gehen würde...«

»Was hast du gewußt?«

»Zwing mich jetzt nicht zu reden, mach mich nicht weinen. Ich geh meine Mutter holen und die Frauen wegschicken. Wir müssen allein sein.«

Während sie sich umdrehte, murmelte Renzo: »Du hast mir nie etwas gesagt.«

»Ach, Renzo!« antwortete Lucia kurz zurückblikkend, ohne stehenzubleiben. Renzo verstand sehr gut, daß sein Name, in diesem Augenblick und in diesem Ton von Lucia ausgesprochen, bedeuten sollte: Kannst du ernsthaft glauben, daß ich aus anderen als lauteren und gewichtigen Gründen geschwiegen habe?

Unterdessen war die gute Agnese – so hieß Lucias Mutter –, durch das Geflüster ins Ohr ihrer Tochter und ihr Verschwinden argwöhnisch und neugierig geworden, heruntergekommen, um zu sehen, was es Neues gab. Doch ihre Tochter ließ sie mit Renzo allein, ging wieder zu den versammelten Frauen hinauf und sagte zu ihnen, wobei sie ihr Gesicht und ihre Stimme, so gut es ging, beherrschte: »Der Herr Pfarrer ist erkrankt. Heute wird's nichts mehr.« Nach diesen Worten grüßte sie alle eilig und ging wieder hinunter.

Die Frauen folgten ihr und zerstreuten sich, um zu erzählen, was passiert war. Zwei oder drei gingen bis zur Haustür des Pfarrers, um nachzuprüfen, ob er wirklich erkrankt war.

»Ein böses Fieber«, sagte Perpetua aus dem Fenster, und die traurige Auskunft, den anderen hinterbracht, erstickte alle Vermutungen, die sich schon in ihren Köpfen zu regen begonnen hatten und schon dunkel angedeutet in ihren Reden aufgetaucht waren.

Kapitel 3

Lucia trat in das Erdgeschoßzimmer, als Renzo gerade voll banger Erregung dabei war, Agnese zu informieren, die ihm voll ebenso banger Erregung zuhörte. Beide drehten sich zu der, die mehr als sie wissen mußte und von der sie eine Erklärung erwarteten, die nicht anders als schmerzlich sein konnte; beide ließen in ihrem Kummer und mit der verschieden gearteten Liebe, die sie Lucia entgegenbrachten, einen gleichfalls verschieden gearteten Unmut darüber durchblicken, daß sie ihnen etwas verschwiegen hatte, noch dazu etwas so Schwerwiegendes. Agnese konnte sich nicht enthalten, sosehr es sie drängte, ihre Tochter reden zu hören, ihr einen Vorwurf zu machen: »Daß du nicht mal deiner Mutter etwas von einer solchen Sache gesagt hast!«

»Jetzt werd' ich euch alles sagen«, antwortete Lucia, während sie sich die Augen mit ihrer Schürze trocknete.

»Sprich, sprich!« riefen Mutter und Bräutigam wie aus einem Munde.

»Heilige Jungfrau!« rief Lucia aufschluchzend. »Wer hätte gedacht, daß es so weit kommen könnte!« Und mit tränenerstickter Stimme erzählte sie, wie ihr vor wenigen Tagen, als sie von der Spinnerei zurückkam und ein bißchen hinter ihren Gefährtinnen zurückgeblieben war, Don Rodrigo mit einem anderen Herrn begegnet sei. Er habe versucht, sie mit Sprüchen aufzuhalten, die gar nicht schön gewesen seien, aber sie habe, ohne auf ihn zu achten, ihre Schritte beschleunigt und die Gefährtinnen eingeholt; dabei habe sie den anderen Herrn laut auflachen hören, und Don Rodrigo habe gesagt: Wetten wir! Am nächsten Tag seien die beiden wieder auf der Straße gewesen, aber diesmal sei sie inmitten ihrer Gefährtinnen gegangen und habe die Augen niedergeschlagen, und da habe der andere Herr höhnisch gelacht und Don Rodrigo habe gesagt: Wir werden ja sehen, wir werden ja sehen! »Gott sei Dank«, schloß Lucia, »war das der letzte Tag in der Spinnerei. Ich erzählte es dann sofort...«

»Wem hast du es erzählt?« fragte Agnese ein wenig verstimmt und daher um so gespannter, den Namen der bevorzugten Vertrauensperson zu hören.

»Dem Pater Cristoforo in der Beichte, Mutter«, antwortete Lucia sanft im Tonfall einer Entschuldigung. »Ich habe ihm alles erzählt, als wir das letzte Mal zusammen in der Klosterkirche waren. Erinnere dich, an jenem Morgen hatte ich mir so lange im Haus zu schaffen gemacht, bis andere Leute vorbeikamen, die denselben Weg gingen und denen wir uns anschließen konnten. Denn seit jener Begegnung hatte ich solche Angst vor den Straßen...«

Als Agnese den verehrten Namen des Paters Cristoforo hörte, legte sich ihre Verstimmung. »Da hast du recht getan«, sagte sie, »aber warum hast du nicht auch deiner Mutter alles erzählt?«

Dafür hatte Lucia zwei gute Gründe gehabt: erstens, um die gute Frau nicht zu betrüben und mit etwas zu erschrecken, bei dem sie ihr doch nicht hätte helfen können; und zweitens, um nicht Gefahr zu laufen, daß eine Geschichte herumgetratscht wurde, die sie schamhaft im verborgenen halten wollte; um so mehr, als sie hoffte, daß ihre Hochzeit ein für allemal mit den schändlichen Nachstellungen Schluß machen werde. Von diesen zwei Gründen nannte sie jedoch nur den ersten.

»Und dir«, sagte sie dann zu Renzo in jenem Ton, mit dem man Freunden klarmachen will, daß sie unrecht gehabt haben, »hätte ich dir davon erzählen sollen? Schlimm genug, daß du's jetzt weißt!«

»Und was hat der Pater gesagt?« fragte Agnese.

»Er hat gesagt, ich soll versuchen, die Hochzeit möglichst zu beschleunigen und bis dahin zu Hause bleiben. Und ich soll fleißig zum Herrn beten, und er hoffe, daß dieser Mensch, wenn er mich nicht mehr sähe, sich nicht mehr um mich kümmern würde. Und da hab ich mich gezwungen«, fuhr sie fort und wandte sich wieder an Renzo, aber ohne ihm ins Gesicht zu sehen und heftig errötend, »da hab ich die Schamlose gespielt und dich gebeten, schnell zu machen und dafür zu sorgen, daß wir noch vor der vereinbarten Zeit getraut werden. Was mußt du von mir gedacht haben! Aber ich hab's reinen Herzens getan, und es war mir geraten worden, und ich war mir sicher... und heute morgen hätte ich nie gedacht...« Hier erstickte ein heftiger Tränenausbruch ihre Worte.

»Dieser Schuft! Dieser Halunke!« schrie Renzo, während er im Zimmer umherlief und immer wieder den Griff seines Dolches packte.

»Was für eine schlimme Geschichte, mein Gott, was für eine schlimme Geschichte!« rief Agnese. Da aber blieb Renzo plötzlich vor der weinenden Lucia stehen, sah sie mit einem Blick voll trauriger und zugleich grimmiger Zärtlichkeit an und sagte: »Das war die letzte Untat dieses Halunken!«

»O nein, Renzo, um Himmels willen!« rief Lucia. »Nein, nein, um Himmels willen! Der Herrgott ist auch für die Armen da, und wie soll er uns helfen, wenn wir Böses tun?«

»Nein, nein, um Himmels willen!« wiederholte Agnese.

»Renzo«, sagte Lucia mit zuversichtlicher Miene und ruhigerer Entschiedenheit, »du hast einen Beruf, und ich kann arbeiten. Laß uns fortgehen von hier, so weit fort, daß dieser Kerl nichts mehr von uns hört.«

»Ach Lucia, und dann? Noch sind wir nicht Mann

und Frau! Wird uns der Pfarrer das Leumundszeugnis ausstellen wollen? Einer wie der? Ja, wenn wir verheiratet wären...!«

Lucia brach wieder in Tränen aus, und alle drei verfielen in Schweigen und in eine tiefe Niedergeschlagenheit, die einen traurigen Gegensatz zum festlichen Prunk ihrer Kleidung bildete.

»Hört zu, Kinder, hört auf mich«, sagte Agnese nach einer Weile. »Ich bin schon länger auf dieser Welt als ihr und kenne sie ein wenig. Man darf sich nicht so sehr ängstigen, der Teufel ist nicht so schlimm, wie er gemalt wird. Uns einfachen Leuten erscheinen die Dinge verwickelter, weil wir nicht wissen, wie wir den Knoten aufdröseln sollen, aber manchmal kann ein Rat, ein Wörtchen eines studierten Mannes... Ich weiß schon, was ich sagen will: Hör auf mich, Renzo, geh nach Lecco, such den Doktor Azzeccagarbugli und erzähl ihm – aber nenn ihn um Gottes willen nicht so, das ist ein Spitzname! Nenn ihn Herr Doktor... ja, wie heißt er noch gleich? Na sowas, jetzt weiß ich doch gar nicht mehr seinen richtigen Namen! Alle nennen ihn so. Na egal, frag einfach nach diesem langen, hageren, kahlen Doktor mit der roten Nase und einem himbeerroten Muttermal auf der Wange.«

»Ich kenn' ihn vom Sehen«, sagte Renzo.

»Gut«, fuhr Agnese fort. »der Mann ist ein Genie! Ich hab mehr als einen gesehen, der sich tiefer verheddert hatte als ein Küken im Werg und nicht mehr aus noch ein wußte, und nachdem er eine Stunde unter vier Augen beim Doktor Azzeccagarbugli gewesen war – aber gib acht, daß du ihn ja nicht so nennst! –, da hab ich ihn, ich sag's dir, drüber lachen sehen. Nimm die vier Kapaune, die Ärmsten, denen ich eigentlich für den Festschmaus am Sonntag die Hälse umdrehen wollte, und bring sie ihm, zu einem solchen Herrn darf man nie mit leeren Händen kommen. Erzähl ihm die ganze Geschichte, und du wirst sehen, er wird dir stehenden Fußes Dinge sagen, auf die unsereins nie kommen würde, auch wenn wir ein ganzes Jahr lang nachdenken.«

Renzo nahm den Rat gerne an, Lucia fand ihn ebenfalls gut, und Agnese, stolz, ihn gegeben zu haben, holte die armen Tiere eins nach dem anderen aus dem Hühnerstall, faßte ihre acht Beine zusammen, als wollte sie einen Blumenstrauß binden, umwand sie mit einer Schnur und übergab sie Renzo. Welcher alsbald, nachdem noch ein paar hoffnungsvolle Worte gewechselt waren, auf der Gartenseite hinausging, um nicht von den Kindern gesehen zu werden, die ihm sonst mit dem Ruf »Der Bräutigam, der Bräutigam!« nachgelaufen wären. So wanderte er auf schmalen Pfaden über die Wiesen und Felder, dachte bebend vor Wut an sein Unglück und legte sich die Rede zurecht, die er dem Doktor Azzeccagarbugli halten wollte. Ich überlasse es dem Leser, sich vorzustellen, wie es dabei dem armen Federvieh ergangen sein mochte, so an den Füßen zusammengebunden und kopfunten gehalten in der Hand eines Mannes, der aufgewühlt von so heftigen Leidenschaften die Gedanken, die ihm durch den Kopf schossen, mit entsprechend heftigen Gebärden begleitete. Bald reckte er den Arm zornig vor, bald hob er ihn verzweifelt zum Himmel, bald hieb er ihn drohend durch die Luft, und bei jeder Bewegung schüttelte er die Kapaune wild durcheinander und ließ ihre baumelnden Köpfe tanzen; woraufhin sie begannen, einander zu picken, wie es unter Unglücksgefährten so häufig geschieht.

Im Städtchen angelangt, fragte er nach der Wohnung des Doktors; sie wurde ihm gezeigt, und er ging hin. Beim Eintreten überkam ihn jene Befangenheit, die arme Analphabeten in der Nähe eines Herrn oder eines Studierten verspüren, und er vergaß alle Reden, die er sich zurechtgelegt hatte. Dann aber warf er einen Blick auf die Kapaune und faßte sich ein Herz. Er trat in die Küche und fragte die Köchin, ob er den Herrn Doktor sprechen könne. Sie musterte die Kapaune und legte, an solche Geschenke gewöhnt, schon ihre Hände darauf, obwohl Renzo ein Stückchen zurückwich, weil er den Doktor sehen und wissen lassen wollte, daß er ihm etwas mitgebracht hatte. Der erschien genau in dem Augenblick, als die Frau sagte: »Gib her und geh rein!« Renzo verbeugte sich tief, der Doktor empfing ihn leutselig mit einem »Komm, mein Sohn« und führte ihn in sein Arbeitszimmer. Es war ein großer Raum, in dem an drei Wänden die Porträts der zwölf Cäsaren prangten; vor der vierten stand ein großes Regal voll staubiger alter Bücher. In der Mitte ein Tisch mit Stapeln von Akten, Bittschriften, Klagen, Verordnungen, umstanden von drei bis vier Stühlen sowie einem großen Armsessel mit hoher quadratischer Lehne, die an den oberen Ecken in zwei hörnerartig aufragenden Ornamenten endete; der Sessel bezogen mit Rindsleder und beschlagen mit großen Polsternägeln, deren einige, schon seit langem herausgefallen, die Ecken des Lederbezugs freigaben, der sich da und dort zusammenrollte. Der Doktor war im Hausgewand, das heißt, er trug einen verschlissenen Talar, der ihm vor vielen Jahren, als er noch nach Mailand zu fahren pflegte, bei Auftritten in wichtigen Gerichtsprozessen gedient haben mochte. Er schloß die Tür und ermutigte den jungen Mann mit den Worten: »Nun, mein Sohn, schildere mir deinen Fall.«

»Ich möchte vertraulich mit Euch sprechen.«

»Bitte sehr, sprich«, antwortete der Doktor und machte es sich im Sessel bequem. Renzo stand vor dem Tisch, eine Hand im Innern seines Hutes, den er mit der anderen drehte, und begann erneut: »Ich wüßte gerne von Euch, der Ihr studiert habt...«

»Trag mir den Fall so vor, wie er ist«, unterbrach ihn der Doktor.

»Ihr müßt entschuldigen, wir einfachen Leute können nicht so gut reden. Also, ich wüßte gern...«

»Verflixtes Volk, ihr seid alle gleich! Anstatt euren Fall vorzutragen, wollt ihr Fragen stellen, weil ihr schon eure Pläne im Kopf habt.«

»Entschuldigt bitte, Herr Doktor. Ich möchte gern wissen, ob es strafbar ist, einen Pfarrer zu bedrohen, damit er eine Trauung nicht vollzieht.«

›Verstehe‹, sagte sich der Doktor, der in Wirklichkeit nichts verstanden hatte. ›Verstehe‹, und machte sofort ein ernstes Gesicht, in dessen Ernst sich Mitgefühl und Zuvorkommenheit vermischten. Er preßte die Lippen zusammen und stieß einen unartikulierten Laut hervor, der ein Gefühl andeutete, das sich gleich darauf klarer in seinen Worten ausdrückte: »Ein ernster Fall, mein Sohn. Ein Fall, der im Gesetz vorgesehen ist. Du hast recht getan, zu mir zu kommen. Ein klarer Fall, in hundert Erlassen vorgesehen, auch in einem... ja, gerade erst vom vorigen Jahr, vom jetzigen Herrn Gouverneur. Ich werde ihn dir zeigen, du sollst es mit eigenen Augen sehen.«

Mit diesen Worten erhob er sich aus seinem Sessel, fuhr mit den Händen in das Chaos von Papieren auf dem Tisch und begann, das Unterste zuoberst zu kehren, als schöpfte er Korn aus einem Scheffel.

»Wo steckt er denn? Komm hervor, komm hervor! Immer muß man so vieles zur Hand haben! Aber er *muß* hier sein, ganz bestimmt, denn er ist ein wichtiger Erlaß. Ah, da ist er ja!« Er zog ein Papier hervor, entfaltete es, sah auf das Datum, machte ein noch ernsteres Gesicht und rief: »Den 15. Oktober 1627! Richtig: vom vorigen Jahr! Ein neuer Erlaß, die machen am meisten Angst. Kannst du lesen, mein Sohn?«

»Ein bißchen, Herr Doktor.«

»Gut, so folge mir mit den Augen, dann wirst du sehen.«

Er hielt die Verordnung ausgebreitet in der Luft und begann sie vorzulesen, wobei er je nach Bedarf einige Abschnitte rasch vor sich hin murmelte und andere langsam und ausdrucksvoll deklamierte.

»*Wiewohl in dem auf Geheiß des Herrn Herzogs von Feria am 14. Dezember 1620 veröffentlichten und vom Durchlauchtigsten und Exzellentesten Herrn Don Gonzalo Fernández de Córdoba* und so weiter *bestätigten Erlaß außerordentlich strenge Maßnahmen angedroht worden waren gegen jegliche Unterdrückung, Erpressung und Gewalttat, so einige sich erdreisten, gegen die getreuesten Untertanen Seiner Majestät zu begehen, hat sich die Zahl der Ausschreitungen, Gewalttaten* und so weiter *derart vermehret, daß Seine Exzellenz sich genötiget sahen...* und so weiter. *Daher hat Seine Exzellenz im Einvernehmen mit dem Senat und einem Richterkollegium* und so weiter *beschlossen, vorliegende Verfügung zu erlassen.*

Um mit den Gewalttaten zu beginnen: Die Erfahrung lehret, daß viele, in den Städten wie in den Dörfern – hörst du? – *dieses Staates, gewalttätige Erpressungen ausüben und die Schwächeren auf vielerlei Weise bedrükken, indem sie sie zwingen, Kauf- und Pachtverträge abzuschließen...* und so weiter, wo ist die Stelle? Ah, hier! Hör zu: *Eheschließungen vorzunehmen oder nicht vorzunehmen.* Na?«

»Das ist mein Fall«, sagte Renzo.

»Hör zu, hör zu, es kommt noch mehr, und danach werden wir uns die Strafe ansehen: *Zu bezeugen oder nicht zu bezeugen... daß einer seinen Wohnort verläßt* und so weiter... *daß einer seine Schulden begleicht... daß der andere ihn nicht belästigt... daß einer zu seiner Mühle geht...* das hat alles nichts mit unserem Fall zu tun. Ah, da haben wir's ja: *daß ein Priester nicht tut, wozu er von Amts wegen verpflichtet ist, oder daß er etwas tut, was nicht seines Amtes ist.* Na?«

»Scheint, als wär' dieser Erlaß eigens für mich gemacht.«

»Tja, nicht wahr? Hör weiter: ... *und andere Gewalttaten solcher Art, wie sie von Lehnsherren, Adligen, Bürgern, Gemeinen und Plebejern begangen werden...* Da bleibt keiner außen vor, da sind alle versammelt. Das ist wie im Tale Josaphat. Und jetzt hör die Strafe: *Wiewohl alle diese und ähnliche Missetaten verboten sind, es aber gleichwohl nötig erscheinet, mit noch größerer Strenge gegen sie vorzugehen, befiehlt S. E. mit Vorliegendem und ordnet an, unbeschadet aller früheren Verordnungen* und so weiter, *daß gegen jeden, der gegen einen der vorgenannten oder ähnliche Punkte verstößet* und so weiter, *von allen ordentlichen Richtern dieses Staates mit Geld- und Leibesstrafen vorgegangen werde, sowie mit Verbannung, Galeere und sogar mit der Strafe des Todes...* na Kleinigkeit!... *nach Ermessen Seiner Exzellenz oder des Senates und je nach der Schwere des Falles, nach den Personen und den Begleitumständen. Und dies alles un-wider-ruf-lich und mit aller Strenge* und so weiter. Na, das ist doch was, oder? Und sieh hier die Unterschrift: *Gonzalo Fernández de Córdoba*. Und weiter unten: *Platonus*, und hier noch: *Vidit Ferrer*. Da fehlt nichts.«

Während der Doktor vorlas, spähte ihm Renzo über die Schulter, bemüht, den Sinn des Textes zu erfassen und jene hochbedeutsamen Worte zu betrachten, die ihm Hilfe zu verheißen schienen. Als der Doktor seinen Klienten mehr aufmerksam als erschrocken sah, wunderte er sich. ›Das muß ja ein ganz abgefeimter Kerl sein‹, dachte er bei sich. »Ach so«, sagte er dann, »du hast dir den Schopf schon abschneiden lassen. Kluges Kind! Aber wenn du die Angelegenheit in meine Hände legen wolltest, war das nicht nötig. Der Fall ist zwar ernst, aber du ahnst nicht, wozu ich bei solchen Gelegenheiten fähig bin.«

Um diese Bemerkung des Doktors zu verstehen, muß

man wissen oder sich in Erinnerung rufen, daß die professionellen Bravi und Übeltäter aller Art damals einen langen Haarschopf zu tragen pflegten, den sie sich wie ein Visier vors Gesicht zogen, wenn sie eine Gewalttat begingen, bei der sie es für nötig hielten, sich unkenntlich zu machen, und wenn die Unternehmung zu denen gehörte, die zugleich Kraft und Vorsicht erforderten. Die Erlasse hüllten sich über diese Mode durchaus nicht in Schweigen: *Seine Exzellenz* (der Marquis de la Hynojosa) *befiehlt, wer die Haare in solcher Länge trägt, daß sie die Stirn bis zu den Brauen bedecken, oder wer einen Zopf trägt, ob vor oder hinter den Ohren, der hat eine Geldstrafe von dreihundert Scudi zu gewärtigen, ersatzweise drei Jahre Galeere, so beim ersten Male, und beim zweiten außer der genannten Strafe noch höhere, geldliche und leibliche, nach Gutdünken Seiner Exzellenz.*

Erlaubt wird jedoch, falls jemand kahle Stellen hat oder aus einem anderen vernünftigen Grunde, wie um ein Mal oder eine Narbe zu verdecken, daß er in diesem Falle um der größeren Zierde oder Gesundheit willen das Haar so lang trägt, wie es zum Verdecken solcher Mängel notwendig ist, aber kein bißchen länger; wobei er ausdrücklich gewarnt sei, das unbedingt Notwendige nicht zu überschreiten, um nicht der nämlichen Strafe anheimzufallen, die gegen die anderen Gesetzesbrecher verhängt worden ist.

Desgleichen befiehlt S. E. den Barbieren, bei Strafe von hundert Scudi oder dreimaligem öffentlichen Aufziehen mit dem Folterseil oder noch höheren leiblichen Strafen nach Gutdünken wie oben, daß sie denen, die sie scheren, keinerlei Arten von Zöpfen, Schöpfen, Locken, noch Haare von ungewöhnlicher Länge stehenlassen, weder an der Stirn noch an den Seiten noch hinter den Ohren, sondern daß sie alle gleich lang schneiden, wie oben dargetan, außer im Falle der mit kahlen Stellen oder anderen

Mängeln Behafteten, wie oben dargetan. Der Schopf war also gewissermaßen ein Teil der Ausrüstung und ein Kennzeichen der Raufbolde und Liederjane, die denn auch allgemein »Schöpfe« – *ciuffi* – genannt wurden. Dieser Ausdruck ist, wenn auch mit abgeschwächter Bedeutung, bis heute im Dialekt lebendig geblieben, und es gibt wohl keinen unter meinen mailändischen Lesern, der sich nicht erinnert, als Kind von seinen Eltern oder Lehrern oder einem Freund des Hauses oder einem Dienstboten gehört zu haben, wie sie von ihm sagten: Er ist ein *ciuffo*, er ist ein *ciuffetto*.

»Ich versichere Euch, so wahr ich ein armer Bursche bin«, erklärte Renzo, »ich habe noch nie im Leben einen Schopf getragen.«

»So kommen wir nicht weiter«, versetzte der Doktor mit einem halb maliziösen, halb ungeduldigen Lächeln. »Wenn du kein Vertrauen zu mir hast, kann ich dir nicht helfen. Wer dem Doktor Lügen auftischt, tja, mein Sohn, der ist ein Dummkopf, der dem Richter die Wahrheit sagen wird. Dem Anwalt muß man die Dinge klar sagen, seine Aufgabe ist es dann, sie zu verwirren. Wenn du willst, daß ich dir helfe, mußt du mir alles sagen, von A bis Z, mit dem Herzen auf der Zunge, wie beim Beichtvater. Du mußt mir sagen, von wem du den Auftrag bekommen hast. Sicherlich ist es jemand von Rang, und in diesem Fall werde ich zu ihm gehen und ihm meine Aufwartung machen. Keine Sorge, natürlich werde ich ihm nicht sagen, daß ich von dir weiß, daß er dich beauftragt hat, du kannst dich auf mich verlassen. Ich werde ihm sagen, ich sei gekommen, um seinen Schutz zu erbitten für einen armen jungen Mann, der verleumdet wird. Dann werde ich mit ihm zusammen die geeigneten Schritte erwägen, um die Sache zu einem löblichen Ende zu bringen. Du verstehst schon: indem er *sich* rettet, wird er auch *dich* retten. Sollte der Streich aber ganz allein auf deinem Mist gewachsen sein, keine Sorge, dann werde ich mich nicht zurückziehen. Ich habe anderen schon aus schlimmeren Patschen geholfen... Sofern du nicht eine hochgestellte Person beleidigt hast, verstehen wir uns recht, verpflichte ich mich, dir aus der Klemme zu helfen, mit einigen Unkosten, versteht sich. Du mußt mir sagen, wer der sogenannte Beleidigte ist, und je nach Stand, Eigenart und Laune des Freundes wird man dann sehen, ob es besser ist, ihn durch Verweis auf hohe Protektion einzuschüchtern oder einen Weg zu suchen, ihn vor Gericht anzugreifen und ihm einen Floh ins Ohr zu setzen. Denn, siehst du, wenn man die Erlasse nur richtig zu handhaben weiß, dann ist niemand schuldig und niemand unschuldig. Was den Pfarrer betrifft, so wird er den Mund halten, wenn er ein vernünftiger Mann ist. Sollte er ein Dickkopf sein, gäb's auch dagegen ein Mittel. Aus jeder Verwicklung kann man herauskommen, aber dazu braucht's einen Mann, und dein Fall ist ernst, sehr ernst, sage ich. Der Erlaß ist klar, und wenn die Sache zwischen dir und der Justiz entschieden werden muß, sozusagen unter vier Augen, dann bist du übel dran. Ich spreche als Freund zu dir: Für Streiche muß man bezahlen. Wenn du heil aus der Sache herauskommen willst, kostet es Geld und Aufrichtigkeit, du mußt dich auf den verlassen, der dir wohlwill, mußt gehorchen und alles tun, was man dir rät.«

Während der Doktor all diese Worte vorbrachte, sah ihn Renzo staunend an, so wie wohl ein Tölpel auf dem Marktplatz einem Gaukler zusieht, der sich den Mund voller Werg gestopft hat und nun Bänder um Bänder daraus hervorzieht, die kein Ende nehmen. Als er jedoch begriffen hatte, was der Doktor sagen wollte und welchem Mißverständnis er aufgesessen war, schnitt er ihm gleichsam das Band im Munde ab, indem er sagte: »Oh, Herr Doktor, wie habt Ihr das verstanden? Das ist doch genau andersherum! Ich habe niemanden bedroht.

Ich mache nicht solche Sachen, ich nicht. Fragt ruhig alle in meinem Dorf, und Ihr werdet hören, daß ich noch nie mit der Justiz zu tun gehabt habe. Den Schurkenstreich haben andere mir angetan, und ich komme zu Euch, um zu erfahren, was ich tun muß, um mein Recht zu bekommen. Und ich bin sehr froh, daß ich diesen Erlaß gesehen habe.«

»Zum Teufel!« rief der Doktor mit weit aufgerissenen Augen. »Was für wirres Zeug erzählst du mir da! Aber so seid ihr alle, nie könnt ihr euch klar ausdrükken!«

»Entschuldigt bitte, Ihr habt mir ja gar keine Zeit gelassen. Jetzt werde ich Euch die Sache erzählen, so wie sie ist. Ihr müßt wissen, eigentlich sollte ich heute heiraten«, und hier bekam Renzos Stimme einen erregten Klang. »Genau heute sollte ich ein Mädchen heiraten, mit dem ich seit diesem Sommer verlobt bin, und heute war, wie gesagt, der mit dem Pfarrer vereinbarte Tag, und alles war hergerichtet. Da fängt der Pfarrer auf einmal an, allerlei Ausflüchte vorzubringen... nun, um's kurz zu machen, ich habe ihn gezwungen, klar zu reden, wie es nur recht und billig war, und da hat er mir gestanden, daß ihm bei Strafe des Todes untersagt worden ist, unsere Trauung zu vollziehen. Dieser anmaßende Don Rodrigo...«

»Schluß!« unterbrach ihn der Doktor an dieser Stelle, runzelte die Brauen, rümpfte die rote Nase und verzog den Mund. »Schluß damit! Was belästigst du mich mit solchem Geschwätz. Derlei Reden kannst du unter deinesgleichen führen, ihr wißt ja nie eure Worte zu wägen, aber komm damit nicht zu einem Ehrenmann, der weiß, was sie wert sind. Geh, verschwinde, du weißt ja nicht, was du redest. Ich gebe mich nicht mit dummen Jungen ab, ich will nichts hören von solchem Gerede, solchem haltlosen Gerede!«

»Ich schwöre Euch...«

»Geh, sage ich! Was soll ich mit deinen Schwüren? Ich habe nichts mit der Sache zu tun, ich wasche meine Hände in Unschuld.« Er begann sich die Hände zu reiben, als ob er sie wirklich wüsche. »Lerne erst einmal, dich auszudrücken. Man überfällt einen Ehrenmann nicht so.«

»Aber so hört doch, so hört doch«, wiederholte Renzo vergeblich: Der Doktor schob ihn, immer noch schimpfend, mit beiden Händen zur Tür, und als er ihn so weit hatte, riß er sie auf, rief die Köchin und sagte: »Gib diesem jungen Mann sofort zurück, was er mitgebracht hat. Ich will nichts, ich will gar nichts haben.«

Die gute Frau hatte, seit sie in jenem Hause diente, noch nie einen solchen Befehl ausgeführt. Aber er war mit einer solchen Entschiedenheit vorgebracht worden, daß sie nicht zögerte zu gehorchen. Sie nahm die vier armen Vögel und gab sie Renzo mit einem Blick voll verächtlichen Mitleids, der wohl besagen sollte: Du mußt dich ja schön aufgeführt haben! Renzo wollte sie zuerst ablehnen, aber der Doktor war unerbittlich, und so mußte der junge Mann, bestürzter und erbitterter denn je, die verschmähten Opfer wieder an sich nehmen und in sein Dorf zurückgehen, um den Frauen das schöne Ergebnis seiner Expedition zu berichten.

Die Frauen hatten in seiner Abwesenheit, nachdem sie die Festtagsgewänder traurig abgelegt und gegen die Werktagskleidung vertauscht hatten, gleich wieder angefangen, über die ganze Sache zu reden, Lucia weinend und Agnese seufzend. Als letztere genügend über den großen Erfolg gesprochen hatte, den man sich von den Ratschlägen des Doktors erwarten dürfe, meinte Lucia, man müsse sich auf jede Weise zu helfen versuchen; Pater Cristoforo sei ein Mann, der nicht nur Ratschläge zu geben, sondern auch tatkräftig zu helfen wisse, wenn es armen Leuten beizustehen gelte, und darum werde es gut sein, ihn über das Vorgefallene ins

Bild zu setzen. »Sicher«, sagte Agnese, und gemeinsam überlegten sie, wie das anzustellen sei; denn selbst zum Kloster zu gehen, das vielleicht zwei Meilen entfernt war, dazu fehlte ihnen an diesem Tage der Mut – und gewiß hätte es ihnen auch kein vernünftiger Mensch geraten. Doch während sie noch die verschiedenen Möglichkeiten erwogen, hörten sie ein leises Klopfen an der Tür und im selben Augenblick ein unterdrücktes, aber deutliches »*Deo gratias*«. Lucia, die sich schon denken konnte, wer das war, lief hin, um zu öffnen, und gleich darauf trat mit einer kleinen familiären Verbeugung ein Almosen sammelnder Laienbruder der Kapuziner herein, der einen Sack auf der Schulter trug und die zusammengedrehte Öffnung mit beiden Händen vor der Brust hielt.

»Oh, Fra Galdino!« sagten die beiden Frauen.

»Der Herr sei mit euch«, sagte der Bruder. »Ich komme wegen der Nüsse.«

»Geh die Nüsse für die Patres holen«, sagte Agnese. Lucia stand auf, um ins andere Zimmer hinüberzugehen, doch bevor sie es betrat, blieb sie hinter dem Rükken des Mönches stehen, der noch in derselben Haltung verharrte, legte sich einen Finger auf die Lippen und warf ihrer Mutter einen Blick zu, der sie zärtlich und dringlich, aber auch mit einer gewissen Autorität ermahnte, das Geheimnis zu wahren.

Der Mönch sah Agnese prüfend an und fragte: »Und diese Hochzeit? Die sollte doch heute sein. Ich habe im Dorf eine gewisse Verwirrung bemerkt, als ob's etwas Neues gäbe. Was ist geschehen?«

»Der Herr Pfarrer ist krank geworden und mußte die Sache verschieben«, antwortete die Frau rasch. Hätte Lucia ihr nicht das Zeichen gemacht, wäre die Antwort wahrscheinlich anders ausgefallen. »Und wie geht's mit dem Sammeln?« fügte sie dann hinzu, um das Thema zu wechseln.

»Nicht besonders, gute Frau, nicht besonders. Das hier ist alles.« Er nahm sich den Sack von der Schulter und schüttelte ihn. »Das ist alles, und um diesen schönen Reichtum zusammenzubringen, habe ich an zehn Türen klopfen müssen.«

»Tja, die Zeiten sind schlecht, Fra Galdino, und wenn man beim Brot sparen muß, kann man beim übrigen nicht mit vollen Händen weggeben.«

»Und was ist das beste Mittel, um die guten Zeiten wiederkehren zu lassen? Das Almosengeben. Ihr kennt doch das Wunder mit den Nüssen, das sich vor vielen Jahren in einem unserer Klöster in der Romagna zugetragen hat?«

»Nein, ehrlich gesagt, nicht. Erzählt es mir.«

»Nun, Ihr müßt wissen, in jenem Kloster lebte einer unserer Patres, der war ein Heiliger und hieß Pater Macario. Eines Tages im Winter, als er auf einem Feldweg über das Land eines unserer Wohltäter ging, der ebenfalls ein trefflicher Mann war, da sah er diesen bei einem großen Nußbaum stehen, zusammen mit vier Bauern, die gerade ihre Hacken erhoben, um die Wurzeln des Baumes freizulegen. ›Was macht ihr da mit dem armen Baum?‹ fragte Pater Macario. ›Ach, Pater, Jahr um Jahr trägt er nun keine Nüsse mehr. Jetzt mache ich ihn zu Brennholz.‹ – ›Laßt ihn stehen‹, sagte der Pater. ›Ich sage euch, dieses Jahr wird er mehr Nüsse als Blätter tragen.‹ Unser Wohltäter, der wußte, wer da gesprochen hatte, befahl seinen Männern sofort, die Erde wieder auf die Wurzeln zu werfen, und rief dem Pater nach, der schon weiterging: ›Pater Macario, die Hälfte der Ernte soll dem Kloster gehören.‹ Die Kunde von der Prophezeiung verbreitete sich, und alle kamen gelaufen, um den Nußbaum zu sehen. Und tatsächlich, im nächsten Frühjahr trug er massenhaft Blüten und dann zu ihrer Zeit massenhaft Nüsse. Unserem guten Wohltäter war es nicht mehr vergönnt, sie herunterzuschlagen, denn noch vor der Ernte ging er von uns, um den Lohn für seine Mildtätigkeit zu empfangen. Aber das Wunder war noch viel größer, wie Ihr gleich hören werdet. Der brave Mann hatte einen Sohn hinterlassen, der von ganz anderem Schlage war. Nun also, zur Erntezeit ging der Bruder Einsammler hin, um die dem Kloster gebührende Hälfte abzuholen, da tat jener Sohn, als fiele er aus allen Wolken, und hatte die Frechheit zu erwidern, er habe noch nie gehört, daß die Kapuziner Nüsse zu machen verstünden. Und wißt Ihr, was dann geschah? Eines Tages – hört Euch das an – hatte der Liederjan einige Freunde desselben Schlages zu Gast, und während sie zechten und praßten, erzählte er ihnen die Geschichte von dem Nußbaum und verlachte die Brüder. Da kam den jungen Leuten die Lust, jenen riesigen Haufen Nüsse zu sehen, und er führte sie in die Scheune. Doch nun hört: Er öffnet die Türe, geht zu dem Winkel, in den der große Haufen geschüttet worden war, und während er sagt: ›Schaut her‹, schaut er selber hin, und was sieht er? Einen Haufen welker Nußbaumblätter. War das nicht ein schönes Exempel? Und das Kloster hat, anstatt draufzuzahlen, sogar noch Gewinn gemacht, denn nach einem so großen Ereignis brachte das Nüssesammeln so viel ein, daß ein Wohltäter, dem der arme Bruder Einsammler leid tat, dem Kloster einen Esel schenkte, auf daß er helfe, die Nüsse heimzutragen. Und aus den Nüssen konnte so viel Öl gemacht werden, daß alle Armen der Gegend davon abbekamen, ein jeder soviel, wie er brauchte. Denn wir sind wie das Meer, das von allen Seiten Wasser empfängt und es an alle Flüsse weiterverteilt.«

In diesem Moment erschien Lucia wieder, die Schürze so voller Nüsse, daß sie sie kaum fassen konnte und die Zipfel mit gestreckten Armen weit auseinanderhalten mußte. Während Fra Galdino den Sack erneut von der Schulter nahm, ihn auf den Boden stellte und die

Verschnürung löste, um das reichliche Almosen einzufüllen, sah die Mutter ihre Tochter streng und erschrokken ob ihrer Verschwendung an; doch Lucia warf ihr einen Blick zu, der besagte: Ich werde mich rechtfertigen. Fra Galdino brach in Lobreden, Segenswünsche, Versprechungen und Danksagungen aus, um sich alsdann, den Sack wieder über die Schulter geschwungen, auf den Weg zu machen. Aber Lucia rief ihn zurück und sagte: »Ich bitte Euch um einen Gefallen: Sagt bitte dem Pater Cristoforo, daß ich ihn ganz dringend sprechen muß und daß er so gut sein möge, recht bald zu uns armen Frauen zu kommen, denn wir können nicht selber zur Kirche gehen.«

»Wenn's weiter nichts ist: in einer Stunde wird der Pater von Eurem Wunsche wissen.«

»Ich verlasse mich darauf.«

»Keine Sorge.« Mit diesen Worten ging er davon, etwas gebückter und etwas zufriedener, als er gekommen war.

Daß ein armes Mädchen mit so viel Zuversicht nach dem Pater Cristoforo schicken konnte und daß der Bruder Nüssesammler den Auftrag annahm, ohne sich zu verwundern und Einwände vorzubringen, darf nicht zu dem Fehlschluß verleiten, jener Cristoforo sei ein Dutzendmönch gewesen, den man nach Belieben in Anspruch nehmen konnte. Er war im Gegenteil einer, der großes Ansehen bei den Seinen und in der ganzen Gegend genoß; aber es war eben die Eigenart der Kapuziner, daß ihnen nichts zu niedrig oder zu hoch erschien. Den Geringsten zu dienen und von den Mächtigen bedient zu werden, in die Paläste und in die Hütten zu gehen mit der gleichen Demutshaltung und dem gleichen Selbstbewußtsein, in ein und demselben Hause manchmal ein Gegenstand des Zeitvertreibs zu sein und manchmal eine Persönlichkeit, ohne die nichts entschieden wurde, für alles Almosen zu erbitten und jedem etwas zu geben, der darum bat – all das war ein Kapuziner gewohnt. Bei seinen Wanderungen über die Straßen konnte er ebensogut einem Fürsten begegnen, der ihm ehrfürchtig das Ende seines Strickes küßte, wie einer Bande von Straßenjungen, die ihm unter dem Vorwand einer Balgerei den Bart mit Schlamm bespritzten. Das Wort *Frate*, »Bruder«, wurde in jenen Zeiten mit größtem Respekt und zugleich mit tiefster Verachtung ausgesprochen. Und die Kapuziner waren vielleicht noch mehr als die anderen Mönche Gegenstand dieser beiden konträren Gefühle und machten daher entsprechend konträre Erfahrungen. Denn da sie nichts besaßen, da sie ein Gewand trugen, das sich aufs sonderbarste von dem der Allgemeinheit unterschied, und da sie sich offener als alle anderen zur Demut bekannten, setzten sie sich mehr als alle anderen jener Verehrung und jener Verachtung aus, die solche Haltungen je nach den verschiedenen Stimmungslagen und Denkweisen der Menschen auf sich ziehen.

Als Fra Galdino gegangen war, rief Agnese klagend aus: »Die ganzen Nüsse von diesem Jahr!«

»Verzeih, Mama«, antwortete Lucia, »aber wenn wir ein Almosen wie die anderen gegeben hätten, hätte Fra Galdino noch weiter herumziehen müssen, Gott weiß, wie lange, ehe er seinen Sack voll gehabt hätte. Gott weiß, wann er dann zum Kloster zurückgekehrt wäre, und Gott weiß, ob er dann nicht über all dem Geschwätz, das er mitgemacht und gehört haben würde, den Auftrag vergessen hätte...«

»Da hast du recht. Außerdem ist es aus Mildtätigkeit geschehen, und die trägt immer gute Früchte«, sagte Agnese, die trotz ihrer kleinen Schwächen eine herzensgute Frau war und für ihre einzige Tochter, der ihre ganze Liebe galt, wie man so sagt, durchs Feuer gegangen wäre.

In diesem Moment erschien Renzo, trat mit halb

trotziger, halb beschämter Miene herein und warf die Kapaune auf den Tisch, was für diesen Tag die letzte schlimme Erfahrung der armen Tiere war.

»Einen schönen Rat hast du mir gegeben!« sagte er zu Agnese. »Zu einem feinen Ehrenmann hast du mich geschickt, zu einem, der den armen Leuten wahrhaftig hilft«, und er schilderte seine Unterredung mit dem Doktor. Die Frau war ganz bestürzt über den unguten Ausgang und bemühte sich zu beweisen, daß ihr Rat doch gut gewesen sei und Renzo es nur nicht verstanden habe, die Sache richtig anzufassen, aber da machte Lucia der Debatte ein Ende, indem sie verkündete, sie hoffe, eine bessere Hilfe gefunden zu haben. Renzo griff gerne auch diese Hoffnung auf, wie es geschieht, wenn Menschen in Unglück und Not geraten sind. »Aber wenn der Pater keinen Ausweg findet«, sagte er, »dann werde *ich* einen finden, so oder so.«

Die Frauen rieten zu Friedfertigkeit, Geduld und Vorsicht. »Morgen wird Pater Cristoforo sicher kommen«, sagte Lucia, »und ihr werdet sehen, er wird einen Ausweg finden, einen von denen, die uns armen Leuten nicht mal im Traum einfallen würden.«

»Das hoffe ich«, sagte Renzo, »aber in jedem Fall werde ich mir Recht verschaffen oder mir dazu verhelfen lassen. Es gibt schließlich noch Gerechtigkeit in dieser Welt.«

Unter solch betrübten Reden sowie dem Kommen und Gehen, von dem wir berichtet haben, ging der Tag zur Neige, und es begann zu dunkeln.

»Gute Nacht«, sagte Lucia traurig zu Renzo, der sich noch nicht entschließen konnte zu gehen.

»Gute Nacht«, antwortete Renzo noch trauriger.

»Irgendein Heiliger wird uns schon helfen«, meinte Lucia, »sei vernünftig und schick dich drein.«

Die Mutter gab noch weitere Ratschläge von der gleichen Art, und schließlich ging der Bräutigam mit aufgewühltem Herzen davon, wobei er immerzu jene seltsamen Worte wiederholte: »Es gibt schließlich noch Gerechtigkeit in dieser Welt!« Wie wahr es doch ist, daß ein vom Schmerz überwältigter Mensch nicht mehr weiß, was er redet.

Kapitel 4

Die Sonne war noch nicht ganz über dem Horizont erschienen, als Pater Cristoforo aus seinem Kloster in Pescarenico trat, um sich in das Häuschen hinaufzubegeben, wo er erwartet wurde. Pescarenico ist eine kleine Ortschaft am linken Ufer der Adda oder, wenn man so will, des Sees, nicht weit von der Brücke; ein Grüppchen von Häusern nur, bewohnt überwiegend von Fischern und ausgeschmückt mit hier und da zum Trocknen aufgehängten Netzen. Das Kloster lag (und das Gebäude steht heute noch) etwas außerhalb, vor dem Ortseingang an der Straße von Lecco nach Bergamo. Der Himmel war ringsum klar, und als die Sonne hinter dem Berg aufging, sah man ihr Licht von den Gipfeln der gegenüberliegenden Berge gleichsam herabfließen und sich über die Hänge ins Tal ergießen. Ein leichter Herbstwind blies die welken Blätter der Maulbeerbäume von den Zweigen und trug sie ein Stück weit durch die Luft, ehe sie zu Boden sanken. Rechts und links in den Weinbergen glänzte das rötliche Laub an den noch aufgebundenen Reben in verschiedenen Tönungen, und die frisch umgepflügten Äcker stachen dunkelbraun von den hellen tauglitzernden Stoppelfeldern ab. Es war eine heitere Szene, doch jede menschliche Gestalt, die darin auftauchte, betrübte das Auge und die Gedanken. Immer wieder traf man auf ausgemergelte und zerlumpte Bettler, die entweder schon in diesem Berufe ergraut waren oder erst jetzt von der Not gedrängt wurden, die Hand aufzuhalten. Sie gingen still an Pater Cristoforo vorbei, sahen ihn mitleidheischend an, und obwohl sie nichts von ihm zu erhoffen hatten, da ein Kapuziner nie Geld berührte, verbeugten sie sich in Dankbarkeit für das Almosen, das sie im Kloster bekommen hatten oder erbitten wollten. Noch betrüblicher war das Bild, das die vereinzelten Arbeiter auf den Feldern boten. Einige streuten ihr Saatgut aus, spärlich und widerwillig wie jemand, der etwas aufs Spiel setzt, das ihm nur allzu teuer ist; andere bewegten mühsam den Spaten und gruben lustlos die Scholle um. Das magere kleine Mädchen, das die klapperdürre Kuh am Strick auf die Weide führte, spähte nach vorn und bückte sich eilig, um, als Nahrung für die Familie, dem Tier ein paar Gräser wegzuschnappen, von denen der Hunger gelehrt hatte, daß auch die Menschen davon leben konnten. All dies vergrößerte noch bei jedem Schritt die Besorgtheit des Paters, der schon mit dem bösen Vorgefühl aufgebrochen war, daß er bald Schlimmes zu hören bekäme.

Aber warum machte er sich solche Sorgen um Lucia? Und warum hatte er sich beim ersten Wink so eilfertig in Bewegung gesetzt, als hätte ihn der Pater Provinzial gerufen? Und wer war überhaupt dieser Pater Cristoforo? Diese Fragen wollen beantwortet sein.

Pater Cristoforo aus *** war ein Mann, der bereits auf die Sechzig zuging. Sein kahlgeschorener Kopf, der nach Kapuzinerbrauch nur von einem kleinen Haarkranz umgeben war, hob sich von Zeit und Zeit mit einer Bewegung, die etwas wie Stolz und Unruhe durchblicken ließ, senkte sich jedoch gleich wieder in Demut. Der lange weiße Bart, der ihm Wangen und Kinn bedeckte, ließ die markanten Züge der oberen Gesichtshälfte um so stärker hervortreten; eine seit langem zur Gewohnheit gewordene Abstinenz hatte ihnen weit mehr an Ernst hinzugefügt, als an Ausdruck genommen. Seine tiefliegenden Augen waren meistens zu Boden gerichtet, aber manchmal blitzten sie mit jäher Lebhaftigkeit auf wie zwei launische Rösser, die, an der Hand eines Kutschers geführt, bei dem sie aus Erfahrung wissen, daß sie ihn nicht bezwingen können, dennoch ab und zu einen Ausbruch versuchen, den sie sofort mit einem heftigen Ruck am Zaumzeug büßen müssen.

Pater Cristoforo war nicht immer so gewesen, er hatte auch nicht immer Cristoforo geheißen. Sein Taufname war Lodovico. Er war der Sohn eines Kaufmannes aus *** (die Sternchen sind wie immer der Vorsicht meines Anonymus zu verdanken), der in seinen letzten Jahren recht wohlhabend geworden war und daher auf den Handel verzichtet hatte, um mit seinem einzigen Sohn ein Herrenleben zu führen.

In seiner neuen Muße begann er auf einmal, eine große Scham über all die Zeit zu empfinden, die er damit verbracht hatte, in dieser Welt etwas zuwege zu bringen. Beherrscht von einer solchen Grille gab er sich alle Mühe, vergessen zu machen, daß er ein Kaufmann gewesen war; am liebsten hätte er es selber vergessen. Aber der Tuchladen, die Stoffballen, das Hauptbuch, die Elle gingen ihm weiter im Kopf herum wie Banquos Geist dem Macbeth, auch mitten im Pomp der Gastmähler unter dem Lächeln der Schmarotzer. Und man könnte nicht sagen, mit welcher Umsicht jene Ärmsten vorgehen mußten, um jedes Wort zu vermeiden, das auf die frühere Tätigkeit des Gastgebers anspielen konnte. Einmal, um nur dies zu erzählen, gegen Ende des Mahles, gerade als es am lebhaftesten und fröhlichsten zuging und man nicht hätte sagen können, wer es mehr genoß, die Gäste das Abtragen oder der Gastgeber, daß er so reich hatte auftragen lassen, hänselte er einen der Tischgenossen, indem er ihn freundschaftlich-jovial als den ehrlichsten Esser der Welt ansprach. Woraufhin dieser, um es ihm zurückzugeben, ohne eine Spur von Bosheit, ja mit der Unschuld eines Kindes erwiderte: »Hä? Auf dem Ohr höre ich so schlecht wie ein Kaufmann!« Er zuckte selber sofort zusammen beim Klang des Wortes, das ihm da auf die Zunge gekommen war, sah mit unsicherem Blick den Hausherrn an, dessen Blick sich verdüstert hatte, und beide hätten gern wieder da angeknüpft, wo sie vorher gewesen waren, aber das war nicht möglich. Die anderen Tischgenossen überlegten, jeder für sich, wie man den kleinen Skandal überhören konnte; doch während sie das überlegten, schwiegen sie, und in dieser Stille wurde der Skandal noch offenkundiger. Jeder vermied es, den Blicken der anderen zu begegnen, jeder fühlte, daß alle von dem Gedanken erfüllt waren, den alle verbergen wollten. Für diesen Tag war es aus mit der Freude, und der Unvorsichtige oder, gerechter gesagt, der Unglückliche wurde nicht wieder eingeladen.

So verbrachte Lodovicos Vater seine letzten Jahre in der steten Angst, verspottet zu werden, und ohne je zu bedenken, daß das Verkaufen nicht lächerlicher ist als das Kaufen und daß er den Beruf, für den er sich so schämte, viele Jahre lang in aller Öffentlichkeit ohne Gewissensbisse ausgeübt hatte. Seinen Sohn ließ er vornehm erziehen, nach den Gebräuchen der Zeit und soweit Gesetz und Herkommen es erlaubten: Er gab ihm Lehrer in den Wissenschaften und in den ritterlichen Übungen, und als er starb, hinterließ er ihn reich und jung.

Lodovico hatte herrschaftliche Gewohnheiten angenommen, und die Schmeichler, unter denen er aufgewachsen war, hatten ihn daran gewöhnt, mit großer Achtung behandelt zu werden. Doch als er sich unter die tonangebenden Kreise seiner Stadt mischen wollte, stieß er auf eine ganz andere Haltung, als sie ihm bis dahin begegnet war, und begriff, daß er, wenn er in ihrer Gesellschaft sein wollte (wie es sein Wunsch war), eine neue Schule der Geduld und der Unterwerfung durchmachen, immer zurückstehen und jeden Augenblick etwas wegstecken mußte. Eine solche Lebensweise paßte weder zu seiner Erziehung noch zu seiner Natur. Daher zog er sich verärgert zurück. Aber dann bekümmerte ihn diese Trennung, denn ihm schien, daß jene Leute wirklich seine Gefährten hätten sein sollen, nur hätte er sie sich etwas umgänglicher gewünscht. In dieser Mischung aus Zuneigung und Groll begann er, da er keinen familiären Umgang mit ihnen pflegen konnte, aber dennoch irgendwie mit ihnen zu tun haben wollte, in der Entfaltung von Prunk und Pracht mit ihnen zu wetteifern, was ihm nicht wenig Feindschaft, Neid und Spott eintrug. Seine redliche und zugleich heftige Art hatte ihn überdies schon früh in weit ernstere Wettkämpfe verwickelt. Er empfand einen spontanen und ehrlichen Abscheu vor Gewalttaten und Übergriffen aller Art, und dieser Abscheu wurde noch gesteigert durch die Eigenart der Personen, die sich so etwas täglich leisteten, denn es waren genau jene, die er auch aus anderen Gründen haßte. Um nun all diese Leidenschaften mit einem Schlag zu befriedigen oder vielmehr auszuleben, ergriff er gern die Partei eines unterdrückten Schwachen, stellte sich dem Unterdrücker entgegen, mischte sich in Händel ein, zog sich andere zu und machte sich auf diese Weise allmählich zu einem Beschützer der Unterdrückten und Rächer der Entrechteten. Die Aufgabe war beschwerlich, und es erübrigt sich die Frage, ob der arme Lodovico Feinde, Verpflichtungen und Sorgen hatte. Zusätzlich zu den äußeren Kämpfen wurde er ständig von inneren Konflikten geplagt, denn um in einem Streitfall zu siegen (zu schweigen von denen, in welchen er unterlag), mußte auch er Ränke und Gewalt anwenden, die sein Gewissen nicht billigen konnte. Er mußte sich mit einer beträchtlichen Anzahl von Bravi umgeben und dabei, zu seiner eigenen Sicherheit wie um eine tatkräftige Hilfstruppe zu haben, die verwegensten, also ruchlosesten aussuchen, also aus Liebe zur Gerechtigkeit mit Schurken leben. So kam es, daß er mehr als einmal, ob entmutigt nach einem Mißerfolg oder beunruhigt von einer drohenden Gefahr, überdrüssig des ständigen Auf-der-Hut-sein-Müssens, angewidert von seiner Umgebung, in Sorge über die Zukunft, da seine Mittel täglich geringer wurden, sei's für gute Werke oder bei Draufgängereien –, daß er mehr als einmal mit dem Gedanken spielte, ins Kloster zu gehen, was damals der gewöhnliche Ausweg aus Schwierigkeiten war. Aber was vielleicht sein Leben lang nur ein Gedanke geblieben wäre, wurde dann aufgrund eines Zwischenfalls, des schwersten, der ihm je zugestoßen, zu einer Lösung.

Eines Tages ging er, gefolgt von zwei Bravi, durch eine der Straßen seiner Stadt, begleitet von einem gewissen Cristoforo, einem früheren Ladenburschen, der nach Schließung des Ladens Haushofmeister geworden war. Dieser Cristoforo war ein Mann um die Fünfzig, der Lodovico von Geburt an kannte, ihm herzlich zugetan war und von ihm genügend Lohn und Geschenke erhalten hatte, um nicht nur selbst davon leben, sondern auch eine vielköpfige Familie ernähren und aufziehen zu können. Auf einmal sah Lodovico in der Ferne einen Edelmann auftauchen, der als arroganter und berufsmäßiger Gewalttäter bekannt war, mit dem er noch nie im Leben gesprochen hatte, aber der ihn von Herzen haßte und dem er dieses Gefühl ebenfalls von Herzen zurückgab – es ist ja einer der Vorteile dieser Welt, daß man hassen und gehaßt werden kann, ohne einander zu kennen. Der Mann, gefolgt von vier Bravi, kam geradewegs auf Lodovico zu, mit stolzem Gang, den Kopf erhoben, den Mund zu einer hochmütigen und verächtlichen Grimasse verzogen. Beide gingen dicht an der Mauer entlang, aber Lodovico streifte sie wohlgemerkt mit der rechten Seite, und das gab ihm einer Gewohnheit zufolge das Recht (in was für Dinge sich das Recht einmischt!), nicht von besagter Mauer weichen zu müssen, um wem auch immer den Weg freizumachen, eine Frage, die man damals sehr wichtig nahm. Der andere behauptete nun jedoch, dieses Recht stehe ihm als einem Edelmann zu und Lodovico müsse Platz machen, und das aufgrund einer anderen Gewohnheit. Denn in dieser wie in vielen anderen Fragen herrschten zwei entgegengesetzte Gewohnheiten, ohne daß je entschieden worden wäre, welche der beiden Vorrang hatte, was Gelegenheit gab, jedesmal einen Krieg anzufangen, wenn zwei Dickköpfe gleichen Kalibers aufeinanderstießen.

Jene beiden kamen also aufeinander zu, beide dicht an der Mauer entlang wie zwei wandelnde Relieffiguren. Als sie sich Aug' in Auge gegenüberstanden, musterte der Edelmann Lodovico von oben bis unten mit herrischer Miene und sagte in entsprechendem Ton: »Macht Platz!«

»Macht Ihr Platz«, erwiderte Lodovico. »Das Recht ist auf meiner Seite.«

»Für Euresgleichen ist es immer auf meiner.«

»Ja, wenn die Arroganz von Euresgleichen für meinesgleichen Recht wäre.«

Die Bravi des einen wie des anderen waren hinter ihren jeweiligen Gebietern stehengeblieben und maßen einander mit grimmigen Blicken, die Hände am Degen, bereit zum Kampf. Die Leute, die von beiden Seiten kamen, blieben in gebührender Entfernung stehen, um zu beobachten, und die Anwesenheit dieser Zuschauer schürte den Starrsinn der beiden Kontrahenten noch mehr.

»Zur Mitte, feiger Krämer, oder ich lehre dich ein für allemal, wie man sich gegenüber Edelleuten benimmt.«

»Ihr lügt, daß ich feige sei.«

»Du lügst, daß ich gelogen hätte.« Diese Antwort war die vorgeschriebene. »Und wenn du ein Edelmann wärst, wie ich es bin«, fügte der andere hinzu, »würde ich dir mit Degen und Mantel zeigen, daß *du* der Lügner bist.«

»Ein guter Vorwand, um sich davor zu drücken, die Dreistigkeit Eurer Worte mit Taten zu unterstreichen.«

»Werft diesen Lumpen in den Dreck«, sagte der Edelmann zu den Seinen gewandt.

»Na, das wollen wir mal sehen!« sagte Lodovico, sprang einen Schritt zurück und legte die Hand an den Degen.

»Unverschämter!« schrie der andere und zog den seinen. »Ich werden diesen zerbrechen, wenn er mit deinem feigen Blute besudelt ist.«

So gingen sie aufeinander los, und die Diener der beiden Parteien stürzten sich in die Verteidigung ihrer Herren. Der Kampf war ungleich, sowohl an Zahl als auch deshalb, weil Lodovico eher bemüht war, die Stöße zu parieren und den Feind zu entwaffnen, als ihn zu töten; der andere aber wollte seinen Tod um jeden Preis. Lodovico hatte schon am linken Arm einen Stich von einem der Bravi erhalten und eine leichte Schramme an der Wange, und der Hauptfeind stürzte sich gerade auf ihn, um ihn zu erledigen, da ging Cristoforo, der seinen Herrn in höchster Gefahr sah, mit dem Dolch auf den Edelmann los. Woraufhin dieser seinen ganzen Zorn gegen den Diener kehrte und ihn mit dem Degen durchbohrte. Bei diesem Anblick stieß Lodovico den seinen wie von Sinnen in den Leib des Feindes, der sterbend zu Boden fiel, fast gleichzeitig mit dem armen Cristoforo. Als die Bravi des Edelmannes sahen, daß es aus war, ergriffen sie übel zugerichtet die Flucht; diejenigen Lodovicos, auch sie geschunden und arg mitgenommen, zudem nun ohne Gegner und nicht gewillt, sich von den schon herbeieilenden Leuten umringen zu lassen, verzogen sich nach der anderen Seite, und so fand sich Lodovico allein mit den beiden Toten zu Füßen inmitten der Menge.

»Wie ist es ausgegangen? – Es ist einer. – Zwei sind es. – Er hat ihm ein Loch in den Bauch gemacht. – Wer ist getötet worden? – Dieser Anmaßende. – O heilige Madonna, was für ein Gemetzel! – Wer sucht, der findet. – Einmal rächt sich alles. – Auch er ist hin. – Was für ein Schlag! – Das kann ja heiter werden! – Und dieser andere Unglücksrabe! – Erbarmen, was für ein Anblick! – Rettet ihn, rettet ihn. – Der hat auch ganz schön was abgekriegt. – Seht, wie er zugerichtet ist! Der blutet ja überall. – Flieht, flieht! Laßt Euch nicht erwischen!«

Diese Worte, die besser als andere im Lärm der Menge zu verstehen waren, drückten die allgemeine Stimmung aus, und mit dem Rat kam auch Hilfe. Die Sache hatte sich in der Nähe einer Kapuzinerkirche zugetragen, also eines Asyls, das damals bekanntlich weder den Häschern noch sonst irgend jemandem vom sogenannten Justizapparat zugänglich war. Dorthin wurde der verwundete Totschläger von der Menge geleitet oder besser getragen, da er kaum noch bei Bewußtsein war, und die Klosterbrüder nahmen ihn aus den Händen des Volkes entgegen, das ihn mit den Worten empfahl: »Er ist ein rechtschaffener Mann, der einen anmaßenden Schurken erledigt hat. Er hat's aus Notwehr getan, der Streit war an den Haaren herbeigezogen.«

Lodovico hatte bis dahin nie Blut vergossen, und obgleich Mord und Totschlag in jenen Zeiten etwas so Gewöhnliches waren, daß niemand sich wunderte, wenn ihm einer zu Ohren oder vor Augen kam, war es für den jungen Mann doch ein neuer und unbeschreiblicher Eindruck, den seinetwegen Getöteten und den von ihm selbst Getöteten da vor sich liegen zu sehen, und das weckte bisher ungekannte Gefühle in ihm. Der Fall seines Feindes, die Veränderung jenes Gesichts, das in ein und demselben Moment von Drohung und Wut zu Erschlaffung und zur feierlichen Ruhe des Todes übergegangen war, hatte seine Gemütslage mit einem Schlag verändert. Während er zum Kloster geschleppt wurde, wußte er kaum, wo er war noch wie ihm geschah, und als er wieder zur Besinnung kam, fand er sich in einem Bett der Krankenstation unter den Händen des Paters Chirurgicus (die Kapuziner hatten gewöhnlich in jedem Kloster einen), der ihm die zwei Wunden verband, die er beim Kampf erhalten hatte. Ein Pater, dessen besondere Aufgabe es war, den Sterbenden beizustehen, und der diesen Dienst oft auf der Straße leisten mußte, wurde an den Kampfplatz gerufen. Als er nach wenigen Minuten wiederkam, trat er an Lodovicos Bett und sagte zu ihm: »Tröstet Euch, wenigstens ist er in Frieden gestorben. Er hat mir aufgetragen, Euch um Vergebung für ihn zu bitten und Euch die seine zu überbringen.« Diese Worte brachten den armen Lodovico wieder ganz zu sich und ließen die Gefühle, die unklar und verworren auf ihn eingestürmt waren, lebhafter und deutlicher hervortreten: Schmerz um den Freund, Entsetzen und Reue über den Stoß, zu dem er sich hatte hinreißen lassen, und zugleich ein banges Mitgefühl mit dem Menschen, den er getötet hatte. »Und der andere?« fragte er den Pater beklommen.

»Der andere war schon hin, als ich kam.«

Inzwischen wimmelte es an den Zugängen und in der Umgebung des Klosters von Neugierigen, doch als die Sbirren kamen, trieben sie die Menge auseinander und postierten sich in einer gewissen Entfernung von der Pforte so, daß niemand unbemerkt herauskommen konnte. Ein Bruder des toten Edelmannes, zwei Vettern und ein Onkel erschienen gleichfalls mit einem großen Gefolge von Bravi; sie waren bis an die Zähne bewaffnet und begannen, die Runde um das Kloster zu machen, wobei sie mit drohenden Mienen und Gesten jene Neugierigen betrachteten, die nicht zu sagen wagten: »Geschieht ihm recht«, obgleich es ihnen im Gesicht geschrieben stand.

Kaum hatte Lodovico seine Gedanken wieder sammeln können, rief er einen Bruder Beichtiger herbei und bat ihn, Cristoforos Witwe aufzusuchen, sie in seinem Namen um Vergebung dafür zu bitten, daß er, wenngleich gewiß unfreiwillig, der Grund für dieses schlimme Unglück geworden war, und ihr zugleich zu versichern, daß er für das Wohl der Familie sorgen werde. Als er dann seinen eigenen Fall überdachte, fühlte er, wie sich heftiger und ernsthafter denn je der Wunsch in ihm regte, ins Kloster zu gehen. Ihm schien, daß Gott selbst ihn auf den Weg gebracht und ihm ein Zeichen seines Willens gegeben habe, indem er ihn unter solchen Umständen in ein Kloster hatte geraten lassen, und so war der Entschluß gefaßt. Er ließ den Guardian rufen und offenbarte ihm seinen Wunsch. Worauf er zur Antwort erhielt, daß man sich vor übereilten Entschlüssen hüten solle, daß er jedoch, wenn er darauf bestehe, nicht abgewiesen werde. Da ließ er einen Notar rufen und diktierte ihm eine Schenkung, mit welcher er alles, was er noch besaß (und das war immer noch ein schönes Vermögen) den Hinterbliebenen Cristoforos vermachte: einen bestimmten Betrag der Witwe, als setzte er ihr ein Wittum aus, und das übrige den acht Kindern, die Cristoforo hinterlassen hatte.

Der Entschluß Lodovicos kam seinen Gastgebern sehr gelegen, die seinetwegen in eine arge Verlegenheit geraten waren. Ihn aus dem Kloster zu schicken und somit der Justiz auszuliefern, also der Rache seiner Feinde, war ein Schritt, den sie nicht einmal in Erwägung ziehen konnten. Es hätte nichts Geringeres bedeutet, als auf ihre Privilegien zu verzichten, das Kloster vor dem Volk in Mißkredit zu bringen, sich den Tadel aller Kapuziner der Welt zuzuziehen, weil sie eine Verletzung des Rechts aller zugelassen hätten, und sich gegen sämtliche kirchlichen Autoritäten zu erheben, die sich als die Hüter dieses Rechts betrachteten. Andererseits hatte die Familie des Getöteten, die ziemlich mächtig war, sowohl von sich aus als auch durch ihren Anhang, sich auf das Verlangen nach Rache versteift und erklärte jeden, der es wagte, ihr Hindernisse in den Weg zu legen, zu ihrem Feind. Die Geschichte sagt nichts darüber, ob die Familie den Getöteten sehr beklagt hat, und nicht einmal, ob in der ganzen Verwandtschaft eine einzige Träne um ihn vergossen wurde; sie berichtet nur, daß alle wutschnaubend danach gierten, den Schuldigen tot oder lebendig in die Finger zu bekommen. Wenn dieser nun die Kapuzinerkutte anzog, war alles geregelt. Er tat in gewisser Weise Abbitte, auferlegte sich eine Buße, anerkannte stillschweigend seine Schuld und zog sich aus jedem Wettkampf zurück – kurz, er war ein Feind, der die Waffen streckte. Die Verwandten des Toten konnten sogar glauben und damit prahlen, wenn es ihnen gefiel, er sei aus Verzweiflung und aus Angst vor ihrer Empörung ins Kloster gegangen. Und jedenfalls konnte die Tatsache, daß ein Mann dazu gebracht worden war, sich seines Besitzes zu entledigen, sich eine Tonsur scheren zu lassen, barfuß zu gehen, auf einem Strohsack zu schlafen und von Almosen zu leben, auch dem empörtesten Beleidigten als eine angemessene Bestrafung erscheinen.

So begab sich der Pater Guardian in gelassener Demut zum Bruder des Getöteten, und nach tausend Versicherungen seiner Hochachtung für das illustre Haus und Bekundungen seines Wunsches, ihm auf jede mögliche Weise entgegenzukommen, sprach er von Lodovicos Buße und seinem Entschluß, wobei er liebenswürdig zu verstehen gab, daß die Familie darüber sehr zufrieden sein könne, um dann sanft und mit noch größerer Artigkeit anzudeuten, daß die Sache, ob sie gefalle oder nicht, so gemacht werden müsse. Der Bruder des Getöteten bekam einen Wutanfall, den der Kapuziner verrauchen ließ, wobei er von Zeit zu Zeit sagte: »Euer Schmerz ist nur allzu verständlich.« Sodann gab der adlige Herr zu verstehen, daß seine Familie sich in jedem Falle Genugtuung zu verschaffen gewußt hätte, und der Kapuziner sagte nicht nein, was immer er auch darüber denken mochte. Schließlich verlangte der Adlige, ja machte es zur Bedingung, daß der Mörder seines Bruders auf der Stelle die Stadt verlassen müsse. Der Guardian, der schon beschlossen hatte, daß es so geschehen solle, sagte, das werde geschehen, wobei er zuließ, daß der andere dies, wenn er wollte, für einen Akt des Gehorsams hielt, und so wurde der Fall zur Zufriedenheit aller geregelt. Zufrieden die Familie, die ehrenhaft aus der Sache hervorging; zufrieden die frommen Brüder, die sowohl einen Menschen wie auch ihre Privilegien gerettet hatten, ohne sich einen Feind zu machen; zufrieden die Anhänger des ritterlichen Ehrenkodexes, die eine Affäre löblich beigelegt sahen; zufrieden das Volk, das einen wohlgelittenen Mann außer Gefahr sah und zugleich eine Bekehrung bewunderte; am meisten zufrieden aber, bei allem Schmerz, unser Lodovico, der ein Leben in Sühne und Demut begann, das seine schlimme Tat wenn schon nicht wiedergutmachen, so doch wenigstens abbüßen und den unerträglichen Stachel des Gewissens abstumpfen konnte. Für einen Moment befiel ihn der Verdacht, sein Entschluß könne der puren Angst zugeschrieben werden, doch er tröstete sich mit dem Gedanken, daß auch dieses ungerechte Urteil dann eine Strafe für ihn wäre und zu seiner Sühne gehören würde. So hüllte er sich im Alter von dreißig Jahren in Sackleinen, und da er dem Brauche entsprechend seinen Namen ablegen und einen anderen annehmen mußte, wählte er einen, der ihn ständig an das erinnerte, was er zu büßen hatte, und nannte sich Fra Cristoforo.

Kaum war die Einkleidungszeremonie beendet, eröffnete ihm der Guardian, daß er sein Noviziat in dem sechzig Meilen entfernten *** zu absolvieren habe und gleich am nächsten Morgen aufbrechen müsse. Der Novize verbeugte sich tief und bat, ihm einen Wunsch zu gewähren: »Erlaubt mir, Vater«, sagte er, »daß ich, bevor ich diese Stadt verlasse, in der ich das Blut eines Menschen vergossen habe und eine schlimm beleidigte Familie zurücklasse, sie wenigstens von dem Affront befreie, indem ich ihr wenigstens mein Bedauern darüber zeige, daß ich den Schaden nicht wiedergutmachen kann, und den Bruder des Getöteten um Vergebung bitte, um ihm auf diese Weise, wenn Gott meine Absicht segnet, den Groll aus dem Herzen zu nehmen.« Dem Guardian schien, daß ein solcher Schritt, außer daß er an sich gut war, dazu dienen könnte, die betreffende Familie noch mehr mit dem Kloster zu versöhnen, und so begab er sich unverzüglich zu jenem adligen Herrn, um ihm Fra Cristoforos Bitte zu unterbreiten. Als jener den unerwarteten Vorschlag vernahm, fühlte er zusammen mit der Verwunderung auch von neuem den Zorn in sich aufwallen, freilich nicht ohne eine gewisse Genugtuung. Nach kurzer Überlegung sagte er: »Also gut, soll er morgen kommen«, und setzte die Stunde fest. Der Guardian kehrte zurück, um dem Novizen die gewünschte Einwilligung zu überbringen.

Der Edelmann überlegte sogleich: Je feierlicher und imposanter diese Genugtuung ausfallen würde, desto mehr würde sie sein Ansehen in der ganzen Verwandtschaft und beim Publikum mehren und somit – um es mit einer modernen Wendung zu sagen – ein schönes Blatt in der Familiengeschichte abgeben. Rasch ließ er allen Verwandten ausrichten, sie möchten sich am nächsten Tag um die Mittagszeit bei ihm einfinden, um eine allen gemeinsame Genugtuung entgegenzunehmen. Am nächsten Mittag wimmelte der Palast von feinen Herrschaften jeden Alters und Geschlechts; es war ein Um- und Durcheinander von weiten Mänteln, hohen Federn und wippenden Degen, ein Gewoge von gefältelten und gesteiften Halskrausen, ein mühsames Nachziehen von bestickten Schleppen. In den Vorzimmern, im Hof und auf der Straße drängten sich Diener, Pagen, Bravi und Neugierige. Als Fra Cristoforo das Gewimmel sah, erriet er den Grund und empfand eine leichte Beklemmung. Dann aber sagte er sich: ›Geschieht mir recht: Ich habe den Mann in der Öffentlichkeit getötet, im Beisein vieler seiner Feinde. Das war der Skandal, dies ist die Wiedergutmachung.‹ So trat er gesenkten Kopfes an der Seite des ihn begleitenden Paters durchs Tor jenes Hauses, überquerte den Hof mitten durch eine Menge, die ihn mit wenig feierlicher Neugier angaffte, stieg die Treppe hinauf und gelangte inmitten einer weiteren, diesmal herrschaftlichen Menge, die bei seinem Eintritt zur Seite wich, verfolgt von hundert Blicken vor den Herrn des Hauses, der umgeben von seinen engsten Verwandten in der Mitte des Saales stand, den Blick zu Boden gerichtet, aber das Kinn erhoben, die linke Hand am Knauf seines Degens, während die rechte den Kragen des Mantels vor der Brust zusammenhielt.

Manchmal liegt in Gesicht und Haltung eines Menschen ein so unmittelbarer Ausdruck, ja fast eine Ausgießung seines inneren Wesens, daß es auch in einer großen Zuschauermenge nur ein einziges Urteil über ihn gibt. Gesicht und Haltung Fra Cristoforos sagten den Anwesenden unmißverständlich, daß er nicht aus Menschenfurcht Mönch geworden und zu dieser Demütigung gekommen war, und das stimmte sie schon versöhnlich. Als er bei dem Beleidigten ankam, kniete er vor ihm nieder, kreuzte die Hände vor der Brust, beugte den geschorenen Kopf und sagte: »Ich bin der Mann, der Euren Bruder getötet hat. Gott weiß, wie gern ich ihn Euch um den Preis meines Blutes zurückgeben würde. Aber da ich nichts anderes vermag, als wirkungslose und späte Entschuldigungen vorzubringen, bitte ich Euch, sie um der Liebe Gottes willen anzunehmen.«

Aller Augen starrten unverwandt auf den Novizen und auf den, zu dem er gesprochen hatte, aller Ohren lauschten gespannt. Als Fra Cristoforo schwieg, erhob sich ein Raunen des Mitgefühls und der Achtung im ganzen Saal. Der Edelmann, der forcierte Herablassung und verhaltenen Zorn zur Schau getragen hatte, war von diesen Worten verwirrt; er beugte sich zu dem Knienden hinunter und sagte mit belegter Stimme: »Steht auf. Die Beleidigung... die Angelegenheit, besser gesagt... aber das Gewand, das Ihr tragt... nicht nur das, auch für Euch... Steht auf, Pater!... Mein Bruder war... ich kann es nicht leugnen... ein etwas aufbrausender... etwas lebhafter Mensch. Doch alles geschieht, weil Gott es so will. Sprecht nicht mehr davon... Pater, Ihr dürft nicht in dieser Haltung verharren!« Mit diesen Worten faßte er ihn am Arm und hob ihn auf. Fra Cristoforo antwortete stehend, aber gesenkten Hauptes: »Also darf ich hoffen, daß Ihr mir Eure Vergebung gewährt? Und wenn ich sie von Euch erhalte, von wem dürfte ich sie dann nicht erhoffen? Oh, könnte ich dieses Wort von Euren Lippen hören: Vergebung!«

»Vergebung?« sagte der Edelmann. »Ihr bedürft ihrer nicht mehr. Aber gut, da Ihr es wünscht, sei's drum: Jawohl, ich vergebe Euch von Herzen, und alle...«

»Alle! Alle!« riefen die Anwesenden wie aus einem Munde. Im Gesicht des Mönches leuchtete eine dankbare Freude auf, unter der jedoch noch eine tiefe Reue über seine Tat durchschimmerte, wußte er doch, daß menschliche Vergebung ihn nicht von ihr freisprechen konnte. Der Edelmann, besiegt von diesem Anblick und mitgerissen von der allgemeinen Rührung, schlang ihm die Arme um den Hals und gab ihm – und empfing von ihm – den Friedenskuß.

»Bravo! Gut so!« schallte es aus allen Ecken des Saales. Alle liefen herbei und umdrängten den Mönch. Unterdessen kamen Diener mit einer großen Menge Erfrischungen. Der Edelmann trat zu unserem Cristoforo, der Anstalten machte, sich zu verabschieden, und sagte: »Pater, bitte nehmt etwas zu Euch. Gebt mir diesen Freundschaftsbeweis.« Und er schickte sich an, ihn vor allen anderen zu bedienen. Doch der Angesprochene trat zurück und sagte mit freundlicher Abwehr: »Diese Dinge gebühren mir nicht mehr. Aber man soll nicht sagen, daß ich Eure Gaben abgewiesen hätte. Ich bin im Begriff, eine Reise anzutreten. Seid so gut und laßt mir ein Brot bringen, so kann ich sagen, daß ich Eure Mildtätigkeit genossen, Euer Brot gegessen und ein Zeichen Eurer Vergebung bekommen habe.« Gerührt befahl der Edelmann, es so zu machen, und sogleich erschien ein Kammerdiener in Galalivree, der ein Brot auf einem Silberteller herbeitrug und es dem Pater anbot. Dieser nahm es dankend und steckte es in seinen Beutel. Dann bat er, gehen zu dürfen, umarmte nochmals den Hausherrn und alle diejenigen, die nahe genug standen, um sich seiner für einen Moment bemächtigen zu können, befreite sich mühsam von ihnen und hatte auch in den Vorzimmern noch Mühe, sich der Diener und sogar der Bravi zu erwehren, die ihm den Saum der Kutte, den Strick und die Kapuze küssen wollten. Auf der Straße wurde er wie in einem Triumphzug von einer großen Volksmenge bis zu einem Stadttor geleitet, durch welches er die Stadt verließ, um seine Fußwanderung zum Ort seines Noviziats anzutreten.

Der Bruder des Getöteten und die Verwandtschaft, die erwartet hatten, an jenem Tage die triste Freude des Hochmuts zu genießen, fanden sich statt dessen erfüllt von der heiteren Freude der Vergebung und des Wohlwollens. Die Gesellschaft erging sich noch eine Weile angeregt und mit ungewöhnlicher Herzlichkeit in Überlegungen, auf die niemand vorbereitet gewesen war. Statt um erlangte Genugtuung, gerächte Übergriffe und erfüllte Standespflichten ging es nun um das Lob des Novizen, die Versöhnung und die Friedfertigkeit. Und einer, der sonst zum fünfzigsten Mal erzählt hätte, wie Graf Muzio, sein Vater, es bei jener berühmten Gelegenheit verstanden habe, den bekannten Prahlhans Marchese Stanislao an seine Pflichten zu erinnern, redete statt dessen von der Bußfertigkeit und der wunderbaren Geduld eines viele Jahre zuvor verstorbenen Fra Simone. Als die Gäste gegangen waren, überdachte der Hausherr, immer noch tief bewegt und verwundert, was er gehört und was er selbst gesagt hatte, und murmelte zwischen den Zähnen: »Teufel von einem Frater!« (wir tun gut daran, hier seine genauen Worte wiederzugeben) »Wäre er noch einen Augenblick länger da auf den Knien geblieben, hätte womöglich ich *ihn* um Vergebung dafür gebeten, daß er meinen Bruder getötet hat!« Unsere Geschichte vermerkt ausdrücklich, daß der Herr seit jenem Tage etwas weniger vorschnell urteilte und etwas umgänglicher wurde.

Unterdessen ging Pater Cristoforo seines Weges mit einem Trost im Herzen, wie er ihn seit jenem schrecklichen Tage nicht mehr empfunden hatte, den zu sühnen sein ganzes weiteres Leben gewidmet sein sollte. Das Schweigen, das den Novizen auferlegt war, hielt er ein, ohne es zu bemerken, so vertieft war er in den Gedanken an die Mühsal, die Entbehrungen und die Demütigungen, die er erleiden würde, um sein Vergehen abzubüßen. Als er um die Essenszeit bei einem Wohltäter haltmachte, aß er mit einer Art Wollust vom Brot der Vergebung, hob sich jedoch ein Stück davon auf und tat es zurück in den Beutel, um es als bleibende Erinnerung aufzubewahren.

Es ist hier nicht unsere Absicht, die Geschichte seines Klosterlebens zu erzählen; sagen wir nur, daß er, während er stets mit großer Freude und Sorgfalt die Aufgaben erfüllte, die ihm in der Regel zugeteilt wurden, nämlich zu predigen und den Sterbenden Beistand zu leisten, sich keine Gelegenheit entgehen ließ, zwei weitere zu erfüllen, die er sich selbst auferlegt hatte, nämlich Streitigkeiten zu schlichten und Unterdrückte zu beschützen. In diese Neigung ging zum einen Teil, ohne daß er sich dessen bewußt wurde, seine alte Gewohnheit mit ein, zum anderen ein Rest von kriegerischem Geist, den die Entsagungen und Zerknirschungen nicht ganz hatten auslöschen können. Seine Sprache war für gewöhnlich demütig und gesetzt; handelte es sich jedoch um Gerechtigkeit oder umkämpfte Wahrheit, dann erfüllte ihn mit einem Mal wieder der alte Impetus, der, sekundiert und modifiziert durch eine feierliche Emphase, die er sich beim Predigen angewöhnt hatte, seiner Sprache einen einzigartigen Charakter gab. Seine ganze Haltung wie seine Erscheinung verrieten einen langen Krieg zwischen einer aufbrausenden, reizbaren Wesensart und einem entgegengesetzten, meistens siegreichen Willen, der stets auf der Hut war und sich von höheren Beweggründen und Eingebungen leiten ließ. Ein Mitbruder und Freund von ihm, der ihn gut kannte, hat ihn einmal mit jenen Wörtern verglichen, die in ihrer natürlichen Form zu ausdrucksstark sind, so daß manche Leute, auch gebildete, sie, wenn die Leidenschaft überschäumt, nur verstümmelt aussprechen, mit ein paar veränderten Buchstaben: Wörter, die selbst in dieser Entstellung noch ihre ursprüngliche Kraft verraten.

Hätte eine arme Unbekannte in derselben traurigen Lage, in der sich Lucia befand, den Pater Cristoforo um Hilfe gebeten, er wäre sofort hingeeilt. Da es sich jedoch um Lucia handelte, beeilte er sich noch mehr, denn er kannte und bewunderte ihre Unschuld, machte sich schon Gedanken über die Gefahren, die ihr drohten, und empfand einen heiligen Zorn über die schändliche Nachstellung, deren Objekt sie geworden war. Außerdem fürchtete er nun, da er selbst ihr ja geraten hatte, nichts zu sagen und sich still zu verhalten, um Schlimmeres zu verhüten, daß dieser Ratschlag üble Folgen gezeitigt hatte, und so kam zu seiner bereitwilligen Barmherzigkeit, die ihm wie angeboren war, in diesem Falle noch die von Selbstvorwürfen erfüllte Sorge hinzu, die oft gerade die Guten quält.

Doch während wir uns damit aufgehalten haben, die Geschichte von Pater Cristoforo zu erzählen, ist er angekommen und in die Tür getreten. Und die Frauen haben den Griff der Haspel, die sie schnurren ließen, losgelassen und sind aufgesprungen, um wie aus einem Munde zu rufen: »Oh, Pater Cristoforo! Seid gesegnet!«

Kapitel 5

Der so begrüßte Pater Cristoforo blieb auf der Schwelle stehen, und kaum hatte er einen Blick auf die Frauen geworfen, mußte er zugeben, daß seine Vorahnungen ihn nicht getrogen hatten. Daher sagte er in jenem fragenden Ton, der auf eine schlimme Antwort gefaßt ist, wobei er den Bart hob, indem er den Kopf ein wenig zurücklegte: »Nun?« Lucia antwortete mit einem Tränenausbruch. Ihre Mutter begann sich zu entschuldigen, daß sie es gewagt hätten..., aber der Pater trat näher, setzte sich auf einen dreibeinigen Schemel und machte den Förmlichkeiten ein Ende, indem er zu Lucia sagte: »Beruhige dich, mein armes Kind. Und du«, wandte er sich an Agnese, »erzähl mir, was geschehen ist.« Während die gute Frau ihren schmerzlichen Bericht nach bestem Vermögen gab, verfärbte der Pater sich mehrmals aufs heftigste, hob bald die Augen zum Himmel und stampfte bald mit den Füßen auf. Am Ende schlug er sich die Hände vor das Gesicht und rief: »Allmächtiger Gott! Wie lange noch...?« Doch ohne den Satz zu vollenden, wandte er sich erneut an die Frauen und sagte: »Ihr Ärmsten! Gott hat euch heimgesucht. Arme Lucia!«

»Ihr werdet uns nicht im Stich lassen, Pater?« fragte diese aufschluchzend.

»Euch im Stich lassen?« antwortete er. »Wie könnte ich es noch jemals wagen, mir etwas von Gott zu erbitten, wenn ich euch im Stich ließe? Euch in diesem Zustand! Euch, die Er mir anvertraut hat! Laßt den Mut nicht sinken, Er wird euch beistehen. Er sieht alles, Er kann sich auch eines so nichtswürdigen Menschen bedienen, wie ich einer bin, um zu durchkreuzen, was ein... Laßt einmal sehen, überlegen wir, was getan werden kann.«

Bei diesen Worten stützte er den linken Ellenbogen aufs Knie, legte die Stirn in die Hand und strich sich mit der Rechten über Bart und Kinn, als wollte er alle Geisteskräfte zusammenhalten und bündeln. Doch auch die angestrengteste Überlegung führte nur dazu, daß er noch klarer erkannte, wie dringend und verwickelt der Fall war und wie spärlich, ungewiß und gefahrvoll die Auswege. ›Don Abbondio ein bißchen beschämen und ihm klarmachen, wie sehr er seine Pflicht verletzt? Scham und Pflicht bedeuten ihm nichts, wenn er Angst hat. Und ihm Angst machen? Womit könnte ich ihm eine größere Angst einjagen als die, die er vor einem Büchsenschuß hat? Den Kardinalerzbischof über alles ins Bild setzen und an seine Autorität appellieren? Das braucht Zeit, und bis dahin, was dann? Und selbst angenommen, diese arme Unschuldige wäre verheiratet, wäre das ein Hemmnis für diesen Menschen? Wer weiß, wie weit er zu gehen imstande ist? Und ihn aufhalten? Wie denn? Ach, könnte ich doch‹ – dachte der arme Mönch – ›könnte ich doch meine Brüder hinzuziehen, die hiesigen und die in Mailand! Aber dies ist kein klarer Fall, sie würden mich im Stich lassen. Dieser Kerl gilt als Freund des Klosters, er spielt sich als Anhänger der Kapuziner auf, und sind seine Bravi nicht mehr als einmal gekommen, um bei uns Zuflucht zu suchen? Ich würde allein dastehen und mir nur den Ruf eines Unruhestifters, eines Kampfhahns und Händelsuchers zuziehen. Und was noch schlimmer wäre, mit einem unzeitigen Versuch könnte ich womöglich die Lage dieser Ärmsten noch verschlechtern...‹

Nachdem er das Für und Wider der verschiedenen Möglichkeiten erwogen hatte, schien ihm das Beste, Don Rodrigo selbst gegenüberzutreten und zu versuchen, ihn von seinem schändlichen Vorhaben abzubringen, sei's durch Bitten, sei's durch Beschwörung der Schrecken des jenseitigen Lebens oder womöglich auch des diesseitigen. Schlimmstenfalls konnte man auf diese Art wenigstens etwas genauer erfahren, wie hartnäckig er seine schmutzige Absicht verfolgte, man konnte herausfinden, was er plante, und sich darauf einstellen.

Während der Pater so überlegte, war Renzo, der aus jedermann leicht verständlichen Gründen diesem Hause nicht fernzubleiben vermochte, auf der Schwelle erschienen; doch als er den Pater in Gedanken vertieft sah und die Frauen ihm durch einen Wink bedeuteten, ihn nicht zu stören, war er stehengeblieben und hatte schweigend gewartet. Erst als der Pater aufblickte, um den Frauen sein Vorhaben mitzuteilen, bemerkte er den jungen Mann und begrüßte ihn auf eine Weise, die eine gewohnte und durch das Mitgefühl noch verstärkte Zuneigung erkennen ließ.

»Haben sie's Euch gesagt, Pater?« fragte Renzo mit bewegter Stimme.

»O ja, das haben sie, und darum bin ich hier.«

»Was sagt Ihr zu solch einem Schurken?«

»Was soll ich sagen? Er ist ja nicht da, um es zu hören, also was würden meine Worte nützen? Dir, Renzo, sage ich: Verlaß dich auf Gott, und Gott wird dich nicht verlassen.«

»Gott segne Eure Worte!« rief der junge Mann aus. »Ihr seid keiner von denen, die immer den Armen unrecht geben. Anders als der Herr Pfarrer und jener Herr Doktor der verlorenen Prozesse...«

»Rühr nicht auf, was nur dazu führen kann, dich unnütz zu beunruhigen. Ich bin nur ein armer Mönch, aber ich wiederhole dir, was ich diesen armen Frauen gesagt habe: So wenig ich auch vermag, ich werde euch nicht im Stich lassen.«

»Oh, Ihr seid nicht wie die Freunde der Welt, diese Schwätzer! Wer den Beteuerungen geglaubt hätte, die sie mir in guten Zeiten gegeben haben! Ha ha, sie waren bereit, ihr Blut für mich zu vergießen, sie wollten mir gegen den Teufel beistehen. Wenn ich einen Feind gehabt hätte, ein Wort von mir hätte genügt, und er hätte bald nur noch trocken Brot gegessen... Und jetzt, Ihr solltet nur sehen, wie sie kneifen...« An dieser Stelle blickte er in das Gesicht des Paters, sah, daß es sich ganz umwölkt hatte, und merkte, daß er etwas gesagt hatte, was er besser verschwiegen hätte. Doch als er es wiedergutzumachen versuchte, verhaspelte er sich immer mehr: »Ich wollte sagen... ich meine, das soll nicht heißen... ich wollte sagen...«

»Was wolltest du sagen? So so, du hast also angefangen, mein Werk zu zerstören, noch ehe ich es begonnen habe! Nur gut für dich, daß du beizeiten enttäuscht worden bist. Du hast dich auf die Suche nach Freunden gemacht... nach was für Freunden? Sie würden dir doch nicht helfen können, selbst wenn sie's wollten! Derweil hast du den Einzigen außer acht gelassen, der es wirklich kann und will! Weißt du nicht, daß Gott der Freund der Bedrängten ist, die auf Ihn vertrauen? Weißt du nicht, daß es dem Schwachen keinen Gewinn bringt, die Krallen zu zeigen? Und wenn doch...« Bei diesen Worten packte er Renzos Arm, und seine Miene bekam, ohne daß sie dadurch an Würde verlor, einen Ausdruck von tiefer Zerknirschung, er senkte die Augen und sagte langsam mit dumpfer Stimme: »Und wenn doch... ist es ein schrecklicher Gewinn! Renzo! Willst du mir vertrauen? Was sage ich *mir*, einem elenden Menschenkind, einem Mönchlein! Willst du Gott vertrauen?«

»O ja!« antwortete Renzo. »Er allein ist der Herr!«

»Gut, so versprich mir, niemanden anzugreifen oder zu provozieren und dich von mir leiten zu lassen.«

»Ich verspreche es.«

Lucia atmete auf, als wäre eine große Last von ihr genommen, und Agnese sagte: »Brav, mein Sohn!«

»Hört zu, meine Kinder«, hob Pater Cristoforo wieder an. »Ich werde noch heute hingehen und mit jenem Mann sprechen. Wenn Gott sein Herz rührt und meinen Worten Kraft gibt – gut. Wenn nicht, wird ER uns ein anderes Mittel finden lassen. Ihr bleibt unterdessen hier und verhaltet euch ruhig. Meidet den Klatsch und laßt euch nicht blicken. Heute abend oder spätestens morgen früh seht ihr mich wieder.« Mit diesen Worten schnitt er alle Dankesbezeigungen und Segenswünsche ab und ging. Er begab sich zum Kloster, erreichte es rechtzeitig, um am Mittagsgebet im Chor teilzunehmen, speiste und machte sich gleich danach auf den Weg in die Höhle des Löwen, den er zu zähmen versuchen wollte.

Don Rodrigos Schloß stand einsam wie eine Bergfestung auf dem Gipfel eines der Hügel, die jenes Ufer säumen. Dieser Angabe fügt der Anonymus hinzu, daß der Ort (er hätte besser daran getan, einfach den Namen zu nennen) oberhalb des Dorfes unserer Brautleute lag, etwa drei Meilen von ihm entfernt und vier Meilen vom Kloster. Am Fuße des Hügels auf der zum See gelegenen Südseite stand eine Handvoll Hütten, in denen Don Rodrigos Bauern wohnten, und das war sozusagen die kleine Hauptstadt seines kleinen Reiches. Man brauchte sie nur zu durchqueren, um sich über die Lebensbedingungen und Gebräuche des Dorfes klarzuwerden. Blickte man durch eine offenstehende Tür in die ebenerdigen Räume, sah man an den Wänden Flinten, Trompeten, Hacken, Rechen, Strohhüte, Netze und Pulverhörner bunt durcheinanderhängen. Die Leute, denen man begegnete, waren klobige, finster blickende Männer mit dichten Haarschöpfen, die sie zurückgebürstet in einem Netz trugen, zahnlose Greise, die noch immer bereit schienen, beim geringsten Anlaß die Kiefer zu fletschen, Frauen mit männlichen Zügen und muskulösen Armen, die sich gut dazu eigneten, der Zunge zu

Hilfe zu kommen, wenn diese allein nicht genügte; sogar in den Mienen und Bewegungen der Kinder, die auf der Straße spielten, sah man etwas irgendwie Unbändiges und Herausforderndes.

Pater Cristoforo durchquerte das Dorf, stieg ein gewundenes Gäßchen hinauf und gelangte auf einen kleinen Platz vor dem Schloß. Das Tor war versperrt, was darauf hindeutete, daß der Hausherr bei Tisch saß und nicht gestört werden wollte. Die wenigen kleinen Fenster, die zur Straße hinausgingen, waren mit losen, altersschwachen Läden verschlossen, aber mit starken Eisengittern geschützt, und im Erdgeschoß befanden sie sich so hoch oben, daß ein Mann auf den Schultern eines anderen sie kaum erreichen konnte. Ringsum herrschte tiefe Stille, und ein zufällig Vorüberkommender hätte es für ein verlassenes Haus halten können, hätten nicht vier Kreaturen, zwei lebendige und zwei tote, die symmetrisch vor ihm angeordnet waren, auf Bewohner schließen lassen. Zwei große Geier mit gespreizten Flügeln und hängenden Köpfen, der eine gerupft und schon halb verwest, der andere noch unversehrt und gefiedert, waren ans Tor genagelt, jeder an einen der beiden Flügel; zwei Bravi, ausgestreckt auf zwei Bänken rechts und links neben dem Tor, hielten Wache und warteten, daß sie gerufen wurden, die Reste vom Tisch ihres Herrn zu verzehren. Der Pater blieb stehen wie einer, der sich zu warten anschickt, doch da erhob sich einer der Bravi und sagte: »Pater, Pater, tretet näher. Hier läßt man Kapuziner nicht warten, wir sind Freunde des Klosters. Ich selbst bin in gewissen Momenten dort gewesen, als draußen für mich dicke Luft war, und wenn man mir das Tor nicht geöffnet hätte, wär's mir übel ergangen.« Nach diesen Worten schlug er zweimal mit dem eisernen Klopfer ans Tor. Sofort erhob sich drinnen ein Gebell und Gekläff von großen und kleinen Hunden, und kurz darauf erschien brummend ein alter Diener. Als er den Pater sah, machte er eine tiefe Verbeugung, beruhigte die Tiere mit Handbewegungen und Rufen, führte den Gast in einen engen Hof und machte das Tor wieder zu. Dann führte er ihn weiter in einen Saal, sah ihn mit halb verwunderter, halb respektvoller Miene an und sagte: »Seid Ihr nicht... der Pater Cristoforo aus Pescarenico?«

»Ebender.«

»Ihr hier?«

»Wie Ihr seht, guter Mann.«

»Sicher, um Gutes zu tun. Gutes«, murmelte er zwischen den Zähnen, während er sich wieder in Bewegung setzte, »kann man überall tun.« Nachdem sie zwei oder drei weitere dunkle Gemächer durchquert hatten, gelangten sie an die Tür des Speisesaals. Hinter ihr ertönte ein verworrener Lärm von Messern und Gabeln, Gläsern und Tellern und vor allem von streitenden Stimmen, die sich gegenseitig zu übertönen versuchten. Der Pater wollte sich zurückziehen, blieb stehen und drängte den Diener, ihn in einem anderen Teil des Hauses warten zu lassen, bis das Mahl beendet war, aber da öffnete sich die Tür. Ein gewisser Graf Attilio, der genau gegenüber saß – er war ein Vetter des Hausherrn, wir haben ihn schon erwähnt, ohne seinen Namen zu nennen –, erblickte einen geschorenen Kopf und eine Kutte, erriet die bescheidene Absicht des guten Mönches und rief: »He, he! Nicht ausreißen, ehrwürdiger Pater: Herein, herein.« Don Rodrigo hätte lieber, auch ohne den Grund des Besuches genau zu erraten, aus einer dunklen Vorahnung davon abgesehen. Aber da der unbedachte Attilio so laut gerufen hatte, konnte er die Einladung nicht mehr zurücknehmen, und so sagte er: »Kommt herein, Pater, kommt herein.« Der Pater trat näher, verneigte sich vor dem Hausherrn und erwiderte mit beiden Händen die Begrüßung der Tischgenossen.

Einen ehrlichen Mann, der einem Bösewicht gegenübertritt, stellen die meisten (ich sage nicht alle) sich gern mit erhobener Stirn und sicherem Blick, mit geschwellter Brust und wohlgelöster Zunge vor. Tatsächlich bedarf es jedoch, um diese Haltung einzunehmen, vieler Umstände, die nur selten zusammentreffen. Darum verwundere man sich nicht, wenn man hört, daß Fra Cristoforo trotz seines guten Gewissens, seines sicheren Gefühls, eine gerechte Sache zu vertreten, und eines aus Abscheu und Mitleid gemischten Gefühls für Don Rodrigo mit einer gewissen Befangenheit und einem gewissen Respekt vor ebendiesen Don Rodrigo trat, der da am Kopfende des Tisches saß, in seinem Hause, in seinem Reich, umgeben von Freunden und Huldigungen und so vielen Zeichen seiner Macht, dazu mit einem Gesicht, das einem jedem, wer es auch sein mochte, schon eine Bitte auf den Lippen hätte ersterben lassen, geschweige denn einen Rat, eine Zurechtweisung oder gar einen Vorwurf. Zu seiner Rechten saß der erwähnte Graf Attilio, sein Vetter und – wenn das noch extra gesagt werden muß – sein Kumpan bei Ausschweifungen und Gewalttaten, der aus Mailand herübergekommen war, um ein paar Tage bei ihm auf dem Land zu verbringen. Links an einer anderen Seite der Tafel saß voller Ehrerbietung, die jedoch durch eine gewisse Selbstsicherheit und Arroganz abgemildert wurde, der Herr Podestà, das heißt der Bürgermeister und Stadtvogt, also derselbe, dessen Pflicht es eigentlich gewesen wäre, Renzo Tramaglino Recht zu verschaffen und Don Rodrigo in die Schranken zu weisen. Dem Podestà gegenüber saß mit dem Ausdruck der reinsten und tiefsten Ehrerbietung unser Doktor Azzeccagarbugli, in einen schwarzen Talar gekleidet und mit noch röterer Nase als gewöhnlich. Den beiden Vettern gegenüber saßen zwei unbekannte Gäste, von denen unsere Geschichte nur berichtet, daß sie nichts anderes taten als essen, nicken, lächeln und alles gutheißen, was einer der Tischgenossen sagte, solange ihm kein anderer widersprach.

»Einen Stuhl für den Pater«, rief Don Rodrigo. Ein Diener rückte einen Stuhl zurecht, der Pater setzte sich und bat den Hausherrn um Entschuldigung, daß er zu ungelegener Zeit gekommen sei. »Ich würde Euch gern in einer wichtigen Angelegenheit unter vier Augen sprechen, wenn es Euch recht ist«, sagte er dann leise zu Don Rodrigo.

»Gut, gut, wir werden reden«, erwiderte dieser. »Aber erst bringe man dem Pater zu trinken.«

Der Pater wollte ablehnen, aber Don Rodrigo hob die Stimme und rief inmitten des Lärms, der wieder eingesetzt hatte: »Nein, beim Bacchus, das dürft Ihr mir nicht antun! Nie soll man sagen, daß ein Kapuziner dieses Haus verlassen hat, ohne von meinem Wein gekostet zu haben, sowenig wie ein unverschämter Gläubiger, ohne die Hölzer meiner Wälder kennengelernt zu haben.« Diese Worte riefen ein allgemeines Gelächter hervor und unterbrachen für einen Moment den Streit, der gerade hitzig unter den Tischgenossen ausgetragen wurde. Ein Diener brachte auf einem Tablett eine Flasche Wein und ein hohes Kelchglas herbei und reichte es dem Pater, und da dieser sich einer so nachdrücklichen Einladung des Mannes, an dessen Wohlwollen ihm soviel gelegen war, nicht widersetzen wollte, schenkte er sich ohne zu zögern ein und begann mit kleinen Schlucken zu trinken.

»Die Autorität des großen Tasso stützt Eure Annahme keineswegs, verehrter Herr Podestà, sie spricht eher gegen Euch«, begann Graf Attilio wieder zu brüllen. »Denn dieser große Gelehrte und Dichter, der alle Regeln der Ritterlichkeit im Schlafe hersagen konnte, läßt den Boten Argantes, bevor er den christlichen Rittern die Herausforderung überbringt, erst den frommen Bouillon um Erlaubnis bitten...«

»Aber das«, entgegnete der Podestà nicht weniger brüllend, »ist eine Zutat, eine bloße Zutat, eine dichterische Ausschmückung, denn der Bote ist seinem Wesen nach unverletzlich gemäß dem Völkerrecht, *jure gentium*, und ohne daß man lange zu suchen braucht, bestätigt dies auch das Sprichwort: Den Botschafter trifft keine Strafe. Und Sprichwörter, lieber Herr Graf, sind die Weisheit der menschlichen Gattung. Und da der Bote ja nicht im eigenen Namen spricht, sondern nur die schriftliche Herausforderung überbringt...«

»Wann werdet Ihr endlich begreifen, daß jener Bote ein unverschämter Esel war, der nicht mal die einfachsten Grundregeln kannte...«

»Wenn Ihr erlaubt, meine Herren«, unterbrach Don Rodrigo, der nicht wollte, daß der Streit allzu hitzig wurde, »legen wir die Frage dem Pater Cristoforo vor und lassen ihn darüber entscheiden.«

»Gut, ausgezeichnet!« sagte Graf Attilio, der es lustig fand, eine Frage der Ritterlichkeit von einem Kapuziner entscheiden zu lassen, während der Podestà, der den Streit mit größerer Inbrunst geführt hatte, sich nur mit Mühe beruhigen konnte und eine Miene aufsetzte, als wollte er sagen: Kindereien!

»Aber, soweit ich glaube verstanden zu haben«, sagte der Pater, »handelt es sich nicht um Dinge, in denen ich mich auskennen muß.«

»Die üblichen Bescheidenheitsausflüchte von euch Patres«, erwiderte Don Rodrigo, »aber Ihr entkommt mir nicht, o nein! Wir wissen sehr wohl, daß Ihr nicht mit der Kapuze auf dem Kopf zur Welt gekommen seid und daß Ihr die Welt gekannt habt. Also, die Streitfrage ist...«

»Die Sache ist die...«, begann Graf Attilio zu brüllen.

»Laß mich reden, Vetter, ich bin unparteiisch«, fuhr Don Rodrigo fort. »Dies also ist die Geschichte. Ein spanischer Ritter schickt einem mailändischen Ritter eine Forderung zum Zweikampf. Da der Überbringer den Geforderten nicht zu Hause antrifft, übergibt er das Schreiben einem Bruder des Ritters. Der liest die Herausforderung und gibt dem Überbringer als Antwort ein paar Stockhiebe. Es handelt sich um...«

»Gut gegebene Hiebe, gut ausgeteilte Prügel!« rief Graf Attilio. »Eine echte Eingebung.«

»Des Teufels«, fügte der Podestà hinzu. »Einen Boten zu schlagen! Eine sakrosankte Person! Sagt, Pater, sagt, ist das etwa ritterlich gehandelt?«

»Jawohl, ritterlich«, schrie der Graf. »Laßt Euch das von mir gesagt sein, der ich mich auskennen muß in dem, was sich für einen Ritter gehört. Ja, wenn es Faustschläge gewesen wären, das wär' was anderes, aber der Stock beschmutzt niemandem die Hände. Ich begreife nicht, wieso Ihr Euch wegen des Rückens eines Halunken so aufregt.«

»Wer hat denn vom Rücken gesprochen, lieber Herr Graf? Ihr unterstellt mir Dinge, die mir nie in den Sinn gekommen sind. Ich sprach vom Charakter, nicht vom Rücken. Ich spreche vor allem vom Völkerrecht. Sagt mir doch einmal gütigst, ob etwa die Fezialen der alten Römer, die ausgesandt wurden, um anderen Völkern die Kriegserklärungen zu überbringen, vorher um Erlaubnis baten, ehe sie ihre Botschaften überbrachten. Und nennt mir einen einzigen Autor, der irgendwo erwähnt, daß jemals einer der Fezialen geschlagen worden ist.«

»Was haben die Offizialen der alten Römer mit uns zu tun? Leute, die fünfe gerade sein ließen und in diesen Dingen überaus rückständig waren! Nein, nach den Gesetzen der modernen Ritterlichkeit, also der wahren, sage ich und behaupte ich, daß ein Bote, der sich erfrecht, einem Ritter eine Herausforderung zu überbringen, ohne ihn vorher um Erlaubnis gebeten zu haben, ein unverschämter Kerl ist, der es sehr wohl verdient, geschlagen zu werden, ja, den man gar nicht genug verprügeln kann.«

»Antwortet doch mal auf meinen Syllogismus!«

»Nichts da, nichts da!«

»Hört zu, hört mir endlich mal zu! Einen Unbewaffneten zu schlagen ist eine Ehrlosigkeit; *atqui* der Bote *de quo* war ohne Waffen, *ergo*...«

»Gemach, gemach, Herr Podestà.«

»Was für ein Gemach?«

»Ich sagte gemach. Was redet Ihr da? Eine Ehrlosigkeit ist es, jemanden mit dem Degen von hinten zu verletzen oder ihm eine Kugel in den Rücken zu schießen, und selbst dafür kann es bestimmte Fälle geben... Aber bleiben wir bei unserer Frage. Ich gebe zu, daß man solch ein Verhalten allgemein ehrlos nennen könnte; aber doch nicht, einem Halunken ein paar Stockschläge zu versetzen! Wäre ja noch schöner, wenn man vorher zu ihm sagen müßte: Paß auf, jetzt setzt's Hiebe! So wie man zu einem Edelmann sagen würde: Hand an den Degen! – Und Ihr, verehrter Herr Doktor, statt mir zuzuschmunzeln, um mir anzudeuten, daß Ihr meiner Meinung seid, warum unterstützt Ihr mich nicht mit Eurer gewandten Zunge und helft mir, diesen Herrn zu überzeugen?«

»Ich...«, antwortete der Doktor verwirrt, »ich genieße diesen gelehrten Disput und danke dem Zufall, daß er mir Gelegenheit gibt, einem so eleganten Wortgefecht großer Geister beizuwohnen. Außerdem steht es mir gar nicht zu, ein Urteil zu fällen. Seine durchlauchtigste Exzellenz hat bereits einen Richter berufen: den Pater hier...«

»Das ist wahr«, sagte Don Rodrigo, »aber wie soll der Richter sprechen, wenn die Streitenden nicht still sein wollen?«

»Ich verstumme schon«, sagte Graf Attilio. Der Podestà kniff die Lippen zusammen und hob die Hand, wie um sich zu ergeben.

»Ah, endlich, Gott sei Dank! Ihr habt das Wort, Pater«, sagte Don Rodrigo mit einer halb spöttischen Ernsthaftigkeit.

»Ich habe mich bereits entschuldigt, als ich sagte, daß ich mich in diesen Dingen nicht auskenne«, antwortete Fra Cristoforo und gab das Glas einem Diener zurück.

»Fadenscheinige Ausrede!« riefen die beiden Vettern. »Wir wollen Euer Urteil hören.«

»Nun, wenn es so steht«, sagte der Pater. »Meine unmaßgebliche Meinung wäre, daß es weder Herausforderungen noch Überbringer, noch Prügel geben sollte.«

Die Tischgenossen sahen einander verblüfft an.

»Oh, das ist stark!« sagte Graf Attilio. »Verzeihung, Pater, aber das ist stark. Daran sieht man, daß Ihr die Welt nicht kennt.«

»Er, die Welt nicht kennen?« sagte Don Rodrigo. »Muß ich es nochmals sagen: Er kennt sie so gut wie du, lieber Vetter. Stimmt's, Pater? Sagt selbst, habt Ihr nicht auch Eure Erfahrungen gemacht?«

Statt auf diese liebenswürdige Frage zu antworten, sprach der Pater ein Wörtchen insgeheim zu sich selbst: ›Jetzt rücken sie dir auf den Leib, Mönchlein. Aber denk daran, du stehst hier nicht deinetwegen, und alles, was nur dich allein betrifft, spielt hier keine Rolle.‹

»Mag sein«, sagte der Vetter. »Aber Pater... wie heißt der Pater doch gleich?«

»Pater Cristoforo«, erklang es aus mehreren Mündern.

»Pater Cristoforo, hochwürdigster Herr, mit diesen Grundsätzen würdet Ihr die Welt auf den Kopf stellen. Keine Herausforderungen? Keine Prügel? Dann ade, Ritterehre: Straffreiheit für alle Halunken! Zum Glück ist Eure Annahme unmöglich.«

»Mut, Doktor«, platzte Don Rodrigo heraus, der den Disput immer mehr von den beiden Kampfhähnen abbringen wollte. »Faßt Euch ein Herz, Ihr seid doch ein Mann, der jedem recht zu geben weiß. Laßt einmal hören, wie Ihr es anstellt, in dieser Sache dem Pater Cristoforo recht zu geben.«

»In Wahrheit«, antwortete der Doktor, während er seine Gabel durch die Luft schwenkte und sich dem Pater zuwandte, »in Wahrheit kann ich nicht verstehen, wie Pater Cristoforo, der doch sowohl ein vollendeter Ordensmann wie auch ein Weltmann ist, nicht bedacht haben kann, daß sein Urteilsspruch zwar trefflich und schwerwiegend auf der Kanzel ist, aber in einem Disput über Fragen der Ritterlichkeit, mit allem schuldigen Respekt gesagt, nichts taugt. Freilich weiß der Pater besser als ich, daß ein jedes Ding nur an seinem gehörigen Platze gut ist, und daher glaube ich, daß er sich diesmal mit einem Scherz aus der Verlegenheit befreien wollte, ein Urteil fällen zu müssen.«

Was konnte man auf Schlußfolgerungen aus einer so alten und immer neuen Weisheit erwidern? Nichts, und so tat es denn auch unser Pater.

Unterdessen warf Don Rodrigo, der den Streit jetzt beenden wollte, eine andere Frage auf. »Apropos«, sagte er, »ich habe gehört, in Mailand seien Gerüchte über eine Schlichtung umgegangen.«

Wie der Leser weiß, wurde in jenem Jahr um die Erbfolge im Herzogtum Mantua gestritten, das nach dem Tod Vincenzo Gonzagas, der keine rechtmäßigen Nachkommen hinterlassen hatte, in den Besitz seines nächsten Verwandten, des Herzogs von Nevers gefallen war. Ludwig XIII. beziehungsweise Kardinal Richelieu unterstützte diesen Fürsten, der ihm als naturalisierter Franzose ergeben war; Philipp IV. beziehungsweise Graf Olivares, gemeinhin El Conde-Duque, der Graf-Herzog genannt, wollte ihn aus denselben Gründen nicht in Mantua haben und hatte einen Krieg gegen ihn angezettelt. Da das betreffende Herzogtum außerdem Reichslehen war, bedrängten beide Parteien den Kaiser Ferdinand II. mit Ränken, Klageschriften und Drohungen, die eine, daß er die Einsetzung des neuen Herzogs billige, die andere, daß er sie verweigere und überdies helfe, ihn aus jenem Staat zu vertreiben.

»Ich bin nicht abgeneigt zu glauben«, sagte Graf Attilio, »daß die Dinge sich schlichten lassen. Ich habe gewisse Anzeichen...«

»Glaubt das nicht, Herr Graf, glaubt das nicht«, unterbrach ihn der Podestà. »Ich erfahre in diesem abgelegenen Winkel so manches, denn der spanische Herr Kastellan, der mir in seiner Güte ein bißchen gewogen ist und als Sohn eines Günstlings des Conde-Duque alle Informationen erhält...«

»Ha, in Mailand spreche ich jeden Tag mit ganz anderen Persönlichkeiten, und ich weiß aus vertrauenswürdiger Quelle, daß der Papst, der in höchstem Grade an Frieden interessiert ist, Vorschläge gemacht hat...«

»So gehört es sich, das ist ganz in Ordnung: Der Heilige Vater tut nur seine Pflicht. Der Papst muß immer zwischen den christlichen Fürsten vermitteln. Aber der Conde-Duque hat seine eigene Politik, und...«

»Und, und, und! Wißt Ihr denn, mein Herr, was der Kaiser in diesem Augenblick über die ganze Sache denkt? Glaubt Ihr, es gibt nichts anderes als Mantua auf dieser Welt? Es gibt sehr viel mehr zu bedenken, mein Herr. Wißt Ihr zum Beispiel, inwieweit sich der Kaiser in diesem Augenblick noch auf seinen Fürsten Valdistano oder Vallistai oder wie er heißt verlassen kann und ob...?«

»Der richtige Name in deutscher Zunge«, unterbrach ihn der Podestà von neuem, »ist Vagliensteino, wie ich ihn mehr als einmal von unserem spanischen Herrn Kastellan gehört habe. Aber macht Euch nur keine Sorgen, denn...«

»Wollt Ihr mich belehren...?« brauste der Graf auf, aber Don Rodrigo gab ihm durch einen Wink zu verstehen, daß er ihm zuliebe aufhören möge zu widersprechen. Der Graf verstummte, und wie ein nach einer Flaute wieder flott gewordenes Schiff überließ der Podestà sich nun ganz dem Schwall seiner Beredsamkeit. »Vagliensteino macht mir wenig Sorgen, denn der Conde-Duque hat die Augen überall, und wenn Vagliensteino auf dumme Gedanken kommt, wird er ihn schnell wieder auf den rechten Weg zurückbringen, im Guten oder im Schlechten. Er hat die Augen überall, sage ich, und seine Arme reichen weit, und wenn er als der große Politiker, der er ist, einmal beschlossen hat, daß der Herr Duc de Nivers keine Wurzeln in Mantua schlagen soll, dann werden Herr Duc de Nivers keine Wurzeln dort schlagen, und Herr Kardinal Riciliù wird einen Schlag ins Wasser tun. Ich muß wirklich lachen über den guten Herrn Kardinal, der sich mit einem Conde-Duque anlegen will, mit einem Olivares! Wahrhaftig, ich würde gern zweihundert Jahre später wiedergeboren werden, um zu hören, was unsere Nachfahren über diese schöne Prätention sagen. Dazu braucht es was anderes als Neid, da ist Köpfchen gefragt, und einen Kopf wie den des Conde-Duque gibt's nur einmal auf der Welt. Der Conde-Duque, meine Herren«, fuhr der Podestà fort, noch immer mit vollen Segeln im Wind und selbst ein wenig verwundert, daß er nirgends auf Klippen stieß, »der Conde-Duque ist ein alter Fuchs, mit allem schuldigen Respekt gesagt. Der läßt sich keinen auf die Schliche kommen, und wenn er nach rechts zuckt, kann man sicher sein, daß er nach links schlagen wird. Daher wird sich niemand je rühmen können, seine Pläne zu durchschauen, und selbst diejenigen, die sie ausführen müssen, selbst diejenigen, die seine Befehle schreiben, verstehen nichts davon. Ich kann mit einer gewissen Sachkenntnis darüber reden, denn dieser gute Herr Kastellan geruht sich vertrauensvoll mit mir zu unterhalten. Der Conde-Duque seinerseits weiß genau, was an sämtlichen anderen Höfen ausgekocht wird, und all diese großen Politiker – unter denen es durchaus gerissene Burschen gibt, das ist nicht zu leugnen – haben kaum einen Plan ersonnen, da hat ihn der Conde-Duque auch schon erraten dank seines feinen Kopfes und seiner geheimen Wege und seiner Netze, die er überall gespannt hat. Dieser arme Hund von Kardinal Riciliù wittert hier, schnuppert da, schwitzt, müht sich ab, und dann? Jedesmal wenn es ihm gelungen ist, einen Minengang zu graben, stößt er auf den schon fertigen Gegengang des Conde-Duque...«

Der Himmel weiß, wann der Podestà wieder Festland betreten hätte, aber in diesem Augenblick wandte sich Don Rodrigo, angespornt auch von den Grimassen, die sein Vetter machte, plötzlich, als wäre ihm gerade ein guter Einfall gekommen, an einen Diener und bedeutete ihm, eine bestimmte Flasche zu holen.

»Herr Podestà, meine Herren«, sagte er dann. »Trinken wir auf das Wohl des Conde-Duque, und Ihr werdet mir sagen, ob der Wein seiner würdig ist.« Der Podestà antwortete mit einer Verbeugung, in der ein Gefühl von besonderer Dankbarkeit mitschwang, denn alles, was man zu Ehren des Conde-Duque tat oder sagte, bezog er zum Teil auf sich selbst.

»Hoch lebe Don Gasparo Guzmán, Graf von Olivares, Herzog von San Lucar, großer Privato des Königs Don Philipp des Großen, unseres Herrn!« rief er aus und hob sein Glas.

Privato war, falls das jemand nicht weiß, der damals gebräuchliche Ausdruck für den Günstling eines Fürsten.

»Er lebe hoch!« antworteten alle.

»Schenkt dem Pater ein«, befahl Don Rodrigo.

»Verzeiht mir«, antwortete der Pater, »aber ich habe schon einen Regelverstoß begangen, und ich könnte nicht...«

»Wie?« sagte Don Rodrigo. »Es handelt sich um ein Hoch auf den Conde-Duque! Ihr wollt uns doch nicht etwa glauben lassen, Ihr hieltet es mit den Navarresern!«

So nannte man damals zum Spott die Franzosen, nach den Fürsten von Navarra, die mit Heinrich IV. begonnen hatten, über sie zu herrschen.

Wer so gedrängt wurde, mußte trinken. Alle brachen in Hochrufe aus und zugleich in Lobreden über den Wein; alle außer dem Doktor, der mit erhobenem Kopf, starrem Blick und zusammengekniffenen Lippen viel mehr ausdrückte, als er mit Worten hätte tun können.

»Was sagt Ihr dazu, Doktor?« fragte Don Rodrigo.

Nachdem er die Nase, die noch röter und glänzender als gewöhnlich war, aus dem Glas gehoben hatte, antwortete der Doktor, jede Silbe einzeln betonend: »Ich sage, erkläre und stelle fest, daß dies der Olivares unter den Weinen ist; *censui, et in eam ivi sententiam*, einen ähnlichen Tropfen findet man nicht in allen zweiundzwanzig Reichen des Königs, unseres Herrn, den Gott schützen möge. Ich deklariere und definiere, daß die Tafel des durchlauchtigsten Herrn Don Rodrigo sogar die Gastmähler Heliogabals übertrifft und daß die Not für alle Zeiten verbannt ist aus diesem Schloß, in welchem Fülle und Überfluß herrschen.«

»Gut gesagt! Trefflich gesprochen!« riefen die Tischgenossen wie aus einem Munde. Doch das kleine Wort Not, das der Doktor wie beiläufig hatte fallenlassen, brachte mit einem Schlag alle auf dieses traurige Thema, und alle sprachen nun über die Hungersnot. In diesem Punkt waren sich alle einig, jedenfalls im Grundsätzlichen; aber der Lärm war vielleicht noch größer, als wenn sie geteilter Meinung gewesen wären. Alle redeten gleichzeitig. »Es gibt keinen Mangel«, sagte einer. »Es sind die Aufkäufer...«

»Und die Bäcker«, sagte ein anderer, »die horten das Korn. Aufhängen sollte man sie.«

»Jawohl, aufhängen, ohne Gnade.«

»Schöne Prozesse wären das!« empörte sich der Podestà.

»Ach was, Prozesse!« rief Graf Attilio noch lauter. »Summarische Rechtsprechung! Einfach drei, vier, fünf oder sechs von denen rausgreifen, die allgemein als die reichsten und übelsten Schweinehunde gelten, und an den Galgen mit ihnen.«

»Exempel! Exempel! Man muß Exempel statuieren, sonst erreicht man gar nichts.«

»Hängt sie auf, hängt sie auf, und das Korn wird überall wieder zum Vorschein kommen.«

Wer sich jemals beim Gang über einen Jahrmarkt an der Harmonie einer Truppe von Bänkelsängern erfreut hat, wenn zwischen zwei Stücken ein jeder sein Instrument neu stimmt und es so laut wie möglich aufheulen läßt, um es aus dem Lärm der anderen herauszuhören, der hat eine Vorstellung vom Zusammenklang jener Reden, wenn man sie so nennen kann. Unterdessen wurde immer wieder von dem trefflichen Wein nachgeschenkt, und die Lobsprüche auf ihn mischten sich, wie es nur recht und billig war, unter die Urteilssprüche der ökonomischen Jurisprudenz, so daß die beiden am lautesten und häufigsten zu vernehmenden Wörter die Vokabeln *Ambrosia* und *aufhängen* waren.

Don Rodrigo blickte unterdessen wiederholt zu dem einzigen Gast, der sich still verhielt, und sah ihn jedesmal regungslos dasitzen, ohne ein Zeichen von Ungeduld oder Eile, ja ohne auch nur im geringsten daran zu erinnern, daß er wartete, doch mit einer Miene, die besagte, daß er nicht gehen werde, ehe er nicht angehört worden war. Don Rodrigo hätte ihn gern seiner Wege geschickt und auf die Unterredung verzichtet, doch einen Kapuziner fortzuschicken, ohne ihn angehört zu haben, entsprach nicht den Regeln seiner Politik. Da die Unannehmlichkeit nicht zu vermeiden war, beschloß er, sie sofort auf sich zu nehmen und hinter sich zu bringen. Er erhob sich vom Tisch, und die ganze weinselige Gesellschaft tat es ihm nach, ohne ihr Lärmen zu unterbrechen. Nachdem er seine Gäste verabschiedet hatte, trat er in gelassener Haltung vor den Pater, der sich zugleich mit den anderen erhoben hatte, sagte: »Jetzt stehe ich Euch zur Verfügung«, und führte ihn in einen anderen Saal.

Kapitel 6

»Womit kann ich Euch dienen?« sagte Don Rodrigo, während er sich mitten im Saal aufpflanzte. Der Sinn seiner Worte war dieser, doch die Art und Weise, wie er sie aussprach, bedeutete unmißverständlich: Bedenke, wen du vor dir hast, wäge deine Worte und fasse dich kurz.

Nun gab es kein rascher und sicherer wirkendes Mittel, um unserem Fra Cristoforo Mut zu machen, als ihm arrogant zu kommen. Er, der eben noch unschlüssig dagestanden, nach Worten gesucht und die Perlen des Rosenkranzes, den er am Gürtel trug, durch die Finger hatte gleiten lassen, als hoffte er in einer von ihnen den Anfang seiner Rede zu finden, spürte, wie ihm bei diesem Benehmen Don Rodrigos sofort mehr Worte als nötig auf die Lippen kamen. Da er jedoch bedachte, wie wichtig es war, seine Sache nicht zu verpatzen oder gar, was noch viel schlimmer wäre, die Sache anderer, korrigierte und mäßigte er die Sätze, die ihm in den Sinn kamen, und sagte mit behutsamer Demut: »Ich komme, Euch einen Akt der Gerechtigkeit vorzuschlagen und eine Gnade von Euch zu erbitten. Gewisse Leute von übler Lebensart haben sich Eures erlauchten Namens bedient, um einen armen Pfarrer einzuschüchtern, ihn an der Ausübung seiner Pflicht zu hindern und zwei Unschuldige zu unterjochen. Mit einem einzigen Wort könnt Ihr jene Übeltäter beschämen, das Recht wieder in Kraft setzen und diejenigen, denen so grausam Gewalt angetan worden ist, wieder aufrichten. Ihr könnt es, und darum wird Euer Gewissen, Eure Ehre...«

»Von meinem Gewissen könnt Ihr sprechen, wenn ich zu Euch zum Beichten komme. Was meine Ehre betrifft, so nehmt zur Kenntnis, daß ich ihr Hüter bin, ich ganz allein, und daß ich jeden, der sich erkühnt, mit mir über ihre Pflege zu diskutieren, als einen Unverschämten betrachte, der sie beleidigt.«

Fra Cristoforo, der an dieser Antwort sah, daß Don Rodrigo versuchte, seine Worte ins Schlechte zu ziehen, um dem Gespräch eine Wendung zu Streit zu geben und ihn nicht zur Sache kommen zu lassen, zwang sich um so mehr zur Geduld, beschloß hinunterzuschlucken, was immer der andere noch sagen würde, und antwortete in unterwürfigem Ton: »Wenn ich etwas gesagt habe, was Euch mißfällt, so ist es gewiß nicht mit Absicht geschehen. Korrigiert mich ruhig, weist mich zurecht, wenn ich nicht so zu sprechen weiß, wie sich's gehört. Aber habt die Güte, mich anzuhören. Um des barmherzigen Himmels willen, um jenes Gottes willen, vor dessen Antlitz wir alle dereinst erscheinen müssen« – bei diesen Worten nahm er den kleinen hölzernen Totenkopf, der an seinem Rosenkranz hing, zwischen die Finger und hielt ihn seinem finster blickenden Zuhörer vor die Augen –, »versteift Euch nicht darauf, eine Gerechtigkeit zu verweigern, die so leicht zu gewähren ist und diesen Armen so sehr gebührt. Bedenkt, daß Gottes Auge stets auf ihnen ruht und daß ihre Schreie und Seufzer droben gehört werden. Die Unschuld ist mächtig vor seinem...«

»He, Pater!« unterbrach ihn Don Rodrigo schroff. »Meine Achtung vor Eurem Kleid ist groß, aber wenn ich sie einmal vergessen sollte, dann wenn ich es jemanden tragen sähe, der sich erkühnte, mein Haus als Spion zu betreten.«

Dieses Wort trieb dem Pater die Zornesröte ins Gesicht, doch mit der Miene dessen, der eine sehr bittere Medizin hinunterschluckt, erwiderte er: »Ihr glaubt nicht im Ernst, daß ich einen solchen Schimpfnamen verdiene. In Eurem Herzen fühlt Ihr sehr wohl, daß der

Gang, den ich hier tue, weder feige noch verächtlich ist. Hört mich an, Don Rodrigo! Gebe der Himmel, daß niemals ein Tag kommt, an dem Ihr bereut, mich nicht angehört zu haben! Verspielt Euren Ruhm nicht... Was für einen Ruhm, Don Rodrigo! Was für einen Ruhm vor den Menschen! Und vor Gott! Hienieden vermögt Ihr vieles, jedoch...«

»Wißt Ihr«, unterbrach Don Rodrigo ärgerlich, aber nicht ohne leichten Schauder, »wenn mich die Laune ankommt, eine Predigt zu hören, kann ich sehr wohl in die Kirche gehen, genau wie die anderen. Doch in meinem Hause! Oho!« Und mit einem gezwungenen Hohnlächeln fuhr er fort: »Ihr tut mir zuviel der Ehre an. Den Prediger im Hause! Den haben nur die Fürsten.«

»Und derselbe Gott, der von den Fürsten Rechenschaft fordert über das Wort, das er sie in ihren Palästen hören läßt, derselbe Gott beweist Euch nun seine Barmherzigkeit, indem er Euch einen seiner Diener schickt, einen unwürdigen und elenden zwar, aber doch einen seiner Diener, um für eine Unschuldige zu bitten...«

»Kurz und gut, Pater«, sagte Don Rodrigo und wandte sich zum Gehen, »ich weiß gar nicht, wovon Ihr redet. Ich verstehe nur, daß es da offenbar ein Mädchen gibt, an dem Euch sehr gelegen ist. Geht und macht Eure Geständnisse, wem Ihr wollt, aber nehmt Euch nicht länger heraus, einen Edelmann damit zu belästigen.«

Als Don Rodrigo sich zur Tür gedreht hatte, war ihm der Pater in den Weg getreten, wenn auch in sehr respektvoller Haltung; jetzt hob er die Hände, wie um ihn anzuflehen und zurückzuhalten, und entgegnete: »Mir ist sehr viel an ihr gelegen, jawohl, aber nicht mehr als an Euch. Es sind zwei Seelen, die mir beide, die eine wie die andere, mehr als mein Leben bedeuten. Don Rodrigo, ich kann für Euch nichts anderes tun als beten, aber das werde ich von ganzem Herzen tun. Sagt nicht nein! Haltet eine arme Unschuldige nicht länger in

Angst und Schrecken! Ein Wort von Euch vermag alles.«

»Nun«, sagte Don Rodrigo, »da Ihr glaubt, ich könne so viel für diese Person tun, und da Euch diese Person so sehr am Herzen liegt...«

»Nun?« wiederholte Pater Cristoforo bang, denn Haltung und Miene Don Rodrigos erlaubten ihm nicht, sich der Hoffnung zu überlassen, die seine Worte anzukündigen schienen.

»Nun, so ratet ihr, herzukommen und sich unter meinen Schutz zu begeben. Es wird ihr an nichts fehlen, und niemand wird es mehr wagen, sie zu belästigen, so wahr ich ein Edelmann bin.«

Bei diesem Vorschlag brach die Empörung des Paters, die er bis dahin mühsam zurückgehalten hatte, offen hervor. All seine guten Vorsätze, klug und geduldig zu bleiben, gingen in Rauch auf, der alte Mensch fand sich mit dem neuen einig, und in solchen Fällen zählte Fra Cristoforo wahrlich für zwei. »Euren Schutz?!« rief er aus, trat zwei Schritte zurück, stellte den rechten Fuß trotzig vor, stemmte die Rechte in die Hüfte, hob die Linke mit ausgestrecktem Zeigefinger Don Rodrigo entgegen und durchbohrte ihn mit flammendem Blick. »Euren Schutz! Gut, daß Ihr so gesprochen habt! Gut, daß Ihr mir einen solchen Vorschlag gemacht habt! Damit ist das Maß voll, und ich fürchte Euch nicht mehr.«

»Wie redest du, Mönch...?«

»Ich rede so, wie man zu einem von Gott Verlassenen redet, der einem keine Angst mehr machen kann. Euren Schutz! Ich wußte wohl, daß jene Unschuldige unter Gottes Schutz steht. Aber nun laßt Ihr es mich mit solcher Gewißheit spüren, daß ich keine Rücksicht mehr nehmen muß, wenn ich zu Euch von ihr spreche. Es geht um Lucia. Ihr seht, ich spreche den Namen mit erhobener Stirn und festem Blick aus.«

»Wie könnt Ihr es wagen! In meinem Hause...!«

»Ich habe Mitleid mit diesem Hause: Der Fluch schwebt über ihm. Ihr werdet ja sehen, ob Gottes Gerechtigkeit vor Euren vier Wänden haltmacht und Eure vier Schergen fürchtet. Ihr glaubtet wohl, Gott habe eine Kreatur nach seinem Bilde geschaffen, um Euch das Vergnügen zu machen, sie zu quälen! Ihr glaubtet wohl, Gott sei nicht imstande, sie zu beschützen! Ihr habt seine Warnung mißachtet! Ihr habt Euch selbst gerichtet. Das Herz Pharaos war so verhärtet wie das Eure, und doch hat Gott es aufzubrechen vermocht. Lucia ist vor Euch sicher, das sage ich Euch, ich armer Mönch. Und was Euch selbst angeht, hört gut zu, was ich Euch verspreche: Der Tag wird kommen...«

Don Rodrigo hatte bis dahin, zwischen Zorn und Verwunderung schwankend, ganz verblüfft dagestanden und keine Worte gefunden; doch als er nun eine Prophezeiung anheben hörte, gesellte sich zu seinem Zorn ein dunkles, undeutliches Erschrecken.

Mit raschem Griff packte er die drohend erhobene Hand und rief laut, um den Unheilspropheten zu übertönen: »Hinaus, unverschämter Flegel, kapuzentragender Tagedieb!«

Diese so deutlichen Worte beruhigten Pater Cristoforo augenblicklich. Mit den Begriffen der Mißhandlung und Schmähung waren in seinem Geist so fest und so lange schon die Begriffe des Leidens und Schweigens verbunden, daß ihn bei diesen Komplimenten aller Zorn und alle Erregung verließen und nur die Entschlossenheit blieb, sich ruhig anzuhören, was Don Rodrigo noch hinzufügen mochte. Daher zog er seine Hand sachte aus den Klauen des Edelmanns, senkte den Kopf und blieb reglos stehen, so wie ein sturmgepeitschter Baum, wenn der Wind sich mitten im Unwetter legt, seine Äste wieder in die natürliche Ordnung bringt und den Hagel über sich ergehen läßt, wie der Himmel ihn sendet.

»Eingebildeter Rüpel!« fuhr Don Rodrigo fort.

»Meinst wohl, du könntest mich wie deinesgleichen behandeln! Bedanke dich bei der Kutte, die deine Ganovenschultern bedeckt, daß sie dich vor den Liebkosungen schützt, die man deinesgleichen zukommen läßt, um euch Mores zu lehren. Für diesmal mach, daß du fortkommst! Später sehen wir weiter.«

Mit diesen Worten wies er gebieterisch und verächtlich auf eine Tür gegenüber derjenigen, durch die sie eingetreten waren. Pater Cristoforo beugte den Kopf und ging hinaus, um Don Rodrigo den Kampfplatz zu überlassen, den dieser mit wütenden Schritten durchmaß.

Als der Pater die Tür hinter sich zuzog, erblickte er in dem Raum, den er betreten hatte, einen Mann, der sich vorsichtig an der Wand entlang zurückzog, als wollte er aus dem anderen Raum nicht gesehen werden, und er erkannte in ihm den alten Diener, der ihn am Tor in Empfang genommen hatte. Dieser gehörte seit etwa vierzig Jahren zum Hause, war also bereits vor Don Rodrigos Geburt in den Dienst seines Vaters getreten, der ein ganz anderer Mensch gewesen war. Nach dessen Tod hatte der neue Herr das ganze Gesinde entlassen und sich neue Diener gesucht; diesen einen jedoch hatte er behalten, sowohl wegen seines schon damals vorgerückten Alters als auch, weil er, obgleich in Grundsätzen und Gebräuchen gänzlich von ihm verschieden, diesen Mangel durch zwei Vorzüge ausglich: eine hohe Meinung von der Würde des Hauses und eine große Erfahrung in allen Fragen der Etikette, die er besser als jeder andere bis in die ältesten Traditionen und feinsten Details hinein kannte. Nie hätte der arme Alte es gewagt, seine Mißbilligung dessen, was er den ganzen Tag lang mit ansehen mußte, in Gegenwart seines Herrn anzudeuten, geschweige denn auszudrücken; allenfalls ließ er gelegentlich einen Ausruf oder einen zwischen den Zähnen gemurmelten Vorwurf in Gegenwart seiner Kollegen hören, die dann darüber lachten, ja sich manchmal sogar das Vergnügen machten, diese Saite bei ihm anzuschlagen, um ihn mehr sagen zu lassen, als er gewollt hätte, und ihn das Lob der früheren Lebensart in jenem Hause singen zu hören. Dem Herrn des Hauses kamen seine Rügen immer nur zusammen mit dem Bericht über das von ihnen erregte Gelächter zu Ohren, so daß sie auch für ihn zu einem Gegenstand des Spottes wurden, ohne Bitterkeit zu hinterlassen. An Tagen, wenn Einladungen und Empfänge anstanden, wurde der Alte dann wieder eine ernstzunehmende und wichtige Person.

Pater Cristoforo sah ihn im Vorbeigehen an, grüßte und ging weiter; doch der Alte näherte sich ihm geheimnistuerisch, legte einen Finger auf den Mund und winkte ihn dann mit demselben Finger in einen dunklen Gang. Dort sagte er leise: »Pater, ich habe alles mit angehört und muß mit Euch sprechen.«

»Sprecht rasch, guter Mann.«

»Nicht hier, der Herr darf nichts merken! Aber ich weiß einiges und will sehen, daß ich morgen ins Kloster komme.«

»Gibt es einen Plan?«

»Etwas liegt sicher in der Luft, das habe ich schon bemerken können. Aber jetzt werde ich auf der Lauer liegen und hoffe, alles herauszufinden. Laßt mich nur machen. Ich sehe und höre hier Dinge...! Schreckliche Dinge! Ich bin in einem Hause...! Aber ich möchte gern meine Seele retten.«

»Der Herr segne dich!« sagte der Pater leise und legte die Hand auf den weißen Kopf des Dieners, der, obgleich viel älter als er, gebeugt vor ihm stand wie ein kleiner Junge. »Der Herr wird's dir lohnen«, fuhr der Pater fort. »Vergiß nicht, morgen zu kommen.«

»Ich komme bestimmt«, sagte der Diener, »aber jetzt geht rasch und... um Himmels willen... verratet mich nicht!« Mit diesen Worten trat er vorsichtig umherblickend am anderen Ende des Ganges in einen kleinen Raum, der zum Hof hinausführte, und als er sah, daß die Luft rein war, rief er den guten Pater hinaus, dessen Gesicht auf die letzten Worte deutlicher antwortete, als jede Beteuerung es gekonnt hätte. Der Diener wies ihm den Ausgang, und der Pater ging, ohne noch etwas zu sagen.

Der Mann hatte an der Tür seines Herrn gehorcht. War das recht getan? Und war es richtig von Pater Cristoforo, ihn dafür zu loben? Nach den üblichsten und am wenigsten angefochtenen Regeln ist heimliches Horchen etwas sehr Häßliches, aber konnte dieser Fall nicht als eine Ausnahme angesehen werden? Und gibt es Ausnahmen von den üblichsten und am wenigsten angefochtenen Regeln? Wichtige Fragen, die der Leser sich jedoch selbst wird beantworten müssen, wenn es ihn danach verlangt. Wir haben nicht die Absicht, Urteile zu fällen; uns genügt es, Tatsachen zu berichten.

Als Pater Cristoforo draußen war und jenem düsteren Hause den Rücken kehrte, atmete er freier und machte sich rasch an den Abstieg. Sein Gesicht war gerötet; er war, wie jeder sich vorstellen kann, erregt und verstört von all dem, was er gehört und was er selber gesagt hatte. Doch das so unerwartete Anerbieten des Alten war ihm ein großer Trost, ihm schien, als habe der Himmel ihm ein sichtbares Zeichen seines Schutzes gegeben. ›Das ist ein Faden‹, dachte er, ›ein Faden, den die Vorsehung mir in die Hand gibt. Und ausgerechnet in diesem Hause! Und ohne daß ich mir auch nur hätte träumen lassen, danach zu suchen!‹ Während er diesem Gedanken nachsann, hob er die Augen gen Westen, sah die sinkende Sonne, die schon fast den Gipfel des Berges berührte, und machte sich klar, daß der Tag nicht mehr lange dauern würde. Weshalb er nun, obwohl seine Glieder von den vielerlei Anstrengungen dieses Tages schwer und müde waren, die Schritte beschleunigte, um seinen Schützlingen eine Nachricht bringen zu können, wie immer sie auch beschaffen sein mochte, und dann noch vor Einbruch der Nacht ins Kloster zurückzukehren, was eine der striktesten und am strengsten befolgten Regeln des Kapuzinerordens war.

Unterdessen waren in Lucias Häuschen Pläne ausgeheckt und besprochen worden, über die der Leser ins Bild gesetzt werden muß. Nach dem Aufbruch des Paters hatten die drei eine Zeitlang in Schweigen verharrt, Lucia traurig das Mittagessen bereitend, Renzo jeden Moment im Begriff zu gehen, um sie nicht so betrübt sehen zu müssen, aber ohne daß er sich losreißen konnte, und Agnese scheinbar ganz damit beschäftigt, ihre Haspel zu drehen. Doch in Wirklichkeit war sie dabei, einen Plan auszubrüten, und als er ihr reif schien, brach sie das Schweigen mit folgenden Worten:

»Hört zu, Kinder! Wenn ihr genügend Mut und Geschicklichkeit aufbringt und eurer Mutter vertraut«, bei dem Wort *eurer* fuhr Lucia zusammen, »will ich mich verpflichten, euch aus dieser Klemme zu helfen, vielleicht schneller und besser als Pater Cristoforo, so gut er auch sein mag.« Lucia hielt inne und sah sie mit einem Blick an, der mehr Verwunderung als Vertrauen in ein so großartiges Versprechen ausdrückte, und Renzo fragte sofort: »Mut? Geschicklichkeit? Los, sag doch, was sollen wir tun?«

»Stimmt es nicht«, fuhr Agnese fort, »daß ihr als Verheiratete schon ein gutes Stück weiter wäret? Und daß sich dann alles übrige leichter finden würde?«

»Wer zweifelt daran?« sagte Renzo. »Wenn wir verheiratet wären... die ganze Welt ist uns Heimat, und zwei Schritte von hier, im Bergamaskischen, wird ein guter Seidenspinner mit offenen Armen empfangen. Ihr wißt, wie oft mein Vetter Bortolo mich aufgefordert hat, zu ihm zu kommen, um dort mein Glück zu machen, wie er selbst es getan hat. Daß ich nicht darauf eingegangen bin, war bloß, weil... was hilft's, mein Herz war nun mal hier. Als Verheiratete könnten wir zusammen hingehen, einen Hausstand gründen und in Frieden leben, außerhalb der Krallen dieses Schurken und fern der Versuchung, eine Dummheit zu begehen. Nicht wahr, Lucia?«

»Ja«, sagte Lucia, »aber wie...?«

»Wie ich gesagt habe«, begann die Mutter wieder. »Mut und Geschicklichkeit, dann ist es leicht.«

»Leicht?« sagten wie aus einem Munde die beiden, denen die Sache so seltsam und schmerzlich schwer geworden war.

»Leicht, wenn man es richtig anstellt«, erwiderte Agnese. »Hört mir gut zu, ich will versuchen, es euch zu erklären. Ich habe Leute, die es wissen müssen, sagen hören, und habe es in einem Fall sogar selber erlebt, daß man für eine Trauung zwar einen Pfarrer braucht, aber daß er nicht einverstanden sein muß. Es genügt, daß er anwesend ist.«

»Wie soll denn das gehen?« fragte Renzo.

»Hört zu, ihr werdet es gleich verstehen. Man braucht zwei flinke Zeugen, die eingeweiht sind. Mit ihnen geht man zum Pfarrer. Es kommt darauf an, ihn zu überraschen, damit er nicht entwischen kann. Der Mann sagt: ›Herr Pfarrer, dies ist meine Frau‹, und die Frau sagt: ›Herr Pfarrer, dies ist mein Mann.‹ Wichtig ist, daß der Pfarrer es hört und daß die Zeugen es hören. Dann ist die Ehe geschlossen und so unauflöslich, als hätte der Papst die Trauung vollzogen. Wenn die Worte einmal gesagt sind, kann der Pfarrer schreien und toben und sich wie der Teufel aufführen, es hat keinen Zweck, ihr seid Mann und Frau.«

»Ist das möglich?« rief Lucia aus.

»Und ob!« sagte Agnese. »Glaubt ihr, ich hätte in den dreißig Jahren, die ich vor eurer Geburt auf dieser Welt gelebt habe, nichts gelernt? Die Sache verhält sich genauso, wie ich gesagt habe. Der Beweis: Eine Freundin von mir, die gegen den Willen ihrer Eltern heiraten wollte, hat auf diese Weise ihr Ziel erreicht. Der Pfarrer hatte es schon geahnt und war auf der Hut, aber die beiden Schlingel gingen so klug vor, daß sie ihn im richtigen Moment erwischten und die Worte sagten, und da waren sie Mann und Frau – obwohl die Ärmste es dann schon nach drei Tagen bereute.«

Agnese sagte die Wahrheit, nicht nur in bezug auf die Möglichkeit, sondern auch auf die Gefahr des Mißlingens. Denn da zu einem solchen Mittel nur Leute griffen, die auf dem normalen Wege ein Hindernis oder eine Weigerung zu befürchten hatten, waren die Pfarrer sehr darauf bedacht, sich dieser erzwungenen Mitwirkung zu entziehen, und wenn einer von ihnen von einem solchen Paar mit zwei Zeugen überrascht wurde, tat er alles, um ihnen zu entschlüpfen, wie Proteus den Händen derer, die ihn mit Gewalt zum Weissagen zwingen wollten.

»Wenn das wahr wäre, Lucia!« sagte Renzo und sah sie mit einem Ausdruck flehentlicher Erwartung an.

»Was heißt hier wäre?« sagte Agnese. »Du meinst wohl auch, daß ich Märchen erzähle? Ich zerbreche mir für euch den Kopf, und ihr glaubt mir nicht! Gut, gut, dann helft euch doch selber aus der Patsche, wenn ihr könnt. Ich wasche meine Hände in Unschuld!«

»Nein, nein, laß uns nicht im Stich«, sagte Renzo. »Ich hab doch nur so geredet, weil mir die Sache gar zu schön erscheint. Ich bin in deiner Hand, ich betrachte dich ganz so, als wärst du meine richtige Mutter.«

Diese Worte vertrieben die kleine Verstimmung Agneses und ließen sie einen Vorsatz vergessen, der in Wahrheit gar nicht ernst gemeint war.

»Aber warum, Mama«, fragte Lucia in ihrer verhaltenen Art, »warum hat Pater Cristoforo dann nicht an diese Möglichkeit gedacht?«

»Gedacht?« antwortete Agnese. »Bestimmt hat er daran gedacht! Er hat wohl nur nicht davon sprechen wollen.«

»Wieso?« fragten die beiden jungen Leute gleichzeitig.

»Weil... weil... nun, wenn ihr's unbedingt wissen wollt: Die Geistlichen sagen, daß es nicht recht ist.«

»Wie kann es nicht recht sein, wenn es, nachdem es einmal gemacht worden ist, als rechtmäßig gilt?« fragte Renzo.

»Was soll ich dazu sagen?« antwortete Agnese. »Das Gesetz machen die da oben, wie's ihnen beliebt, wir kleinen Leute können nicht alles verstehen. Und dann, es gibt doch auch noch so viel anderes... Sieh mal, das ist, wie wenn du einem Christenmenschen eins mit der Faust versetzt: Es ist nicht recht, aber nachdem du's ihm einmal gegeben hast, kann's ihm auch der Papst nicht wieder nehmen.«

»Wenn es nicht recht ist«, sagte Lucia, »dann darf man es auch nicht machen.«

»Wie?« sagte Agnese. »Meinst du, ich würde dir einen Rat wider die Gottesfurcht geben? Ja, wenn es gegen den Willen deiner Eltern wäre, um einen Galgenstrick zu heiraten... Aber ich bin ja einverstanden, es geht um die Heirat mit diesem Burschen hier, und die ganzen Schwierigkeiten macht nur ein Schurke, und der Herr Pfarrer...«

»Klar, das würde jeder verstehen«, sagte Renzo.

»Man muß nicht mit Pater Cristoforo darüber reden, bevor man es macht«, fuhr Agnese fort, »aber wenn man es einmal gemacht hat und die Sache gelungen ist, was meinst du, was der Pater dann sagen wird? ›Ach, meine Tochter, einen schönen Streich hast du mir da gespielt!‹ Die Geistlichen müssen so reden. Aber glaub mir, im innersten Herzen wird auch er damit einverstanden sein.«

Lucia schien von dieser Argumentation noch nicht ganz überzeugt, obwohl sie nichts darauf zu erwidern fand, aber Renzo sagte wieder ganz zuversichtlich: »Wenn es so steht, ist die Sache gemacht!«

»Langsam«, sagte Agnese. »Und die Zeugen? Erst mal zwei finden, die mitmachen wollen und bis dahin stillschweigen können. Und dann den Pfarrer zu fassen kriegen, der sich seit zwei Tagen in seinem Haus verkrochen hat. Und dann dafür sorgen, daß er dableibt. Denn obwohl er schwerfällig von Natur ist, ich sage euch, wenn er euch so Arm in Arm anrücken sieht, wird er flink wie ein Wiesel und nimmt Reißaus wie der Teufel vor dem Weihwasser!«

»Ich hab's, ich weiß einen Ausweg!« sagte Renzo und hieb mit der Faust auf den Tisch, daß die Teller tanzten, die schon zum Essen bereitgestellt waren. Dann legte er seinen Plan dar, den Agnese rundum für gut befand.

»Das sind krumme Wege«, sagte Lucia, »das ist nicht redlich gehandelt. Bisher sind wir immer ehrlich gewesen, laßt uns mit Gottvertrauen so weitermachen, und Er wird uns helfen, Pater Cristoforo hat's gesagt. Hören wir auf seinen Rat.«

»Laß dich von denen leiten, die erfahrener sind als du«, sagte Agnese mit ernster Miene. »Was brauchen wir noch um Rat zu fragen? Gott sagt: Hilf dir selbst, dann helfe ich dir. Dem Pater erzählen wir alles, wenn es vorbei ist.«

»Lucia«, sagte Renzo, »willst du mich jetzt im Stich lassen? Haben wir nicht immer wie gute Christen gehandelt? Müßten wir nicht schon längst Mann und Frau sein? Hatte der Pfarrer nicht selber Tag und Stunde festgesetzt? Wessen Schuld ist es also, wenn wir uns jetzt mit ein bißchen List helfen müssen? Nein, du wirst mich nicht im Stich lassen. Ich gehe jetzt fort und komme mit der Antwort zurück!« Nach diesen Worten verabschiedete er sich von Lucia mit einer bittenden Geste und von Agnese mit einem Blick des Einverständnisses und ging rasch hinaus.

Widrigkeiten schärfen den Verstand, und Renzo, der auf dem geraden und ebenen Lebensweg, dem er bisher gefolgt war, kaum viel Gelegenheit gehabt hatte, den seinen sehr zu verfeinern, hatte in diesem Fall etwas ersonnen, was einem Rechtsgelehrten Ehre gemacht hätte. Er ging auf geradem Wege, wie es seinem Plan entsprach, zum Hause eines gewissen Tonio, der ganz in der Nähe wohnte, und fand ihn in der Küche, wo er, ein Knie auf die Stufe der Feuerstelle gestützt und mit einer Hand den Griff eines in der heißen Asche stehenden Tiegels haltend, mit einem krummen Holzlöffel eine kleine graue Polenta aus Buchweizen rührte. Die Mutter, ein Bruder und die Frau des Mannes saßen am Tisch, drei bis vier Kinderchen standen neben dem Vater und warteten, die Augen fest auf den Tiegel gerichtet, daß aufgetischt würde. Doch es war nichts von jener Freude zu spüren, die der Anblick des Essens gewöhnlich bei denen auslöst, die es sich mit mühsamer Arbeit verdient haben. Die Menge der Polenta entsprach der schlechten Ernte des Jahres und nicht der Zahl und dem Hunger der Esser, und jeder von ihnen schien, während er die gemeinsame Nahrung mit scheelem Blick voll gierigen Verlangens anstarrte, an den Appetit zu denken, der sie überdauern mußte. Während Renzo mit der Familie Grüße austauschte, stürzte Tonio die Polenta auf die buchenhölzerne Schale, die dazu bereitstand, und da sah sie aus wie ein kleiner Mond in einem großen Dunstkreis. Dessenungeachtet sagten die Frauen höflich zu Renzo: »Wollt Ihr mitessen?«, eine Einladung, die kein Bauer in der Lombardei – und wer weiß in wie vielen anderen Ländern – je unterläßt, wenn man ihn beim Essen antrifft, sei der Gast auch ein reicher, eben von der Tafel aufgestandener Prasser und der Gastgeber beim Verzehr seines letzten Bissens.

»Vielen Dank«, antwortete Renzo, »aber ich bin nur gekommen, um ein Wörtchen mit Tonio zu reden, und wenn du willst, Tonio, können wir, um die Frauen nicht zu stören, zum Essen ins Wirtshaus gehen. Da reden wir dann.« Der Vorschlag kam Tonio um so gelegener, als er ihn nicht erwartet hatte, und die Frauen wie auch die Kinder – die ja auf diesem Gebiet früh logisch zu denken lernen – sahen es gar nicht ungern, daß ein Konkurrent um die Polenta, und zwar gerade der am meisten zu fürchtende, sich zurückzog. So fragte der Eingeladene nicht lange und ging mit Renzo hinaus.

In der Dorfschenke angelangt, wo sie völlig frei in perfekter Einsamkeit Platz nehmen konnten, denn das herrschende Elend hatte alle Besucher dieses Ortes der Gaumenfreuden entwöhnt, ließen sie sich das wenige bringen, was es gab, und nachdem sie einen Becher Wein geleert hatten, sagte Renzo mit geheimnisvoller Miene zu Tonio: »Wenn du mir einen kleinen Dienst erweisen willst, will ich dir einen großen erweisen.«

»Sprich, sprich, befiehl nur«, antwortete Tonio, während er nachschenkte. »Heute würde ich für dich durchs Feuer gehen.«

»Du schuldest doch dem Herrn Pfarrer fünfundzwanzig Lire für die Pacht seines Ackers, den du voriges Jahr bestellt hast.«

»Ach, Renzo, Renzo, du verdirbst deine ganze Wohltat! Was bringst du da zur Sprache? Jetzt ist mir die ganze gute Laune vergangen.«

»Ich spreche nur deshalb von dieser Schuld«, sagte Renzo, »weil ich dich, wenn du willst, in die Lage versetzen will, sie zu begleichen.«

»Ist das dein Ernst?«

»Mein voller Ernst. Was ist? Wärst du's zufrieden?«

»Zufrieden? Herrje, und ob ich's zufrieden wäre! Schon um nicht mehr diese Grimassen und dieses bedeutungsvolle Kopfnicken sehen zu müssen, das mir der

Herr Pfarrer jedesmal macht, wenn wir uns begegnen. Und dann immer dieses: Tonio, erinnere dich, Tonio, wann treffen wir uns in dieser Angelegenheit? Es geht schon so weit, daß ich, wenn er in der Predigt den Blick auf mich richtet, schon denke, gleich wird er in aller Öffentlichkeit sagen: Diese fünfundzwanzig Lire! Der Teufel soll sie holen, diese fünfundzwanzig Lire! Außerdem müßte er mir auch die goldene Halskette meiner Frau zurückgeben, die ich gegen so viel Polenta eintauschen könnte. Aber...«

»Aber, aber... wenn du mir einen kleinen Dienst erweisen willst, liegen die fünfundzwanzig Lire bereit.«

»Na los, sag schon.«

»Aber...!« sagte Renzo und legte den Finger auf den Mund.

»Ist das nötig? Du kennst mich doch.«

»Der Pfarrer bringt allerlei faule Ausflüchte vor, um meine Trauung hinauszuzögern, und ich möchte, daß sie möglichst bald stattfindet. Nun ist mir versichert worden, wenn die beiden Brautleute mit zwei Zeugen vor den Pfarrer treten und ich sage: ›Dies ist meine Frau‹, und Lucia sagt: ›Dies ist mein Mann‹, dann ist die Trauung vollzogen. Hast du mich verstanden?«

»Du willst, daß ich als Zeuge mitkomme?«

»Genau.«

»Und du würdest die fünfundzwanzig Lire für mich bezahlen?«

»Das würde ich.«

»Ein Schuft, wer da nicht mitmacht!«

»Aber wir müssen noch einen zweiten Zeugen finden.«

»Den hab ich schon: Gervaso, dieser Einfaltspinsel von meinem Bruder, wird alles tun, was ich ihm sage. Spendierst du ihm einen Wein?«

»Auch ein Essen«, sagte Renzo. »Wir holen ihn her, er soll mit uns fröhlich sein. Aber wird er's auch machen können?«

»Ich werd's ihm schon beibringen. Du weißt ja, ich habe seinen Anteil an Verstand mitbekommen.«

»Also morgen...«

»Gut.«

»Gegen Abend...«

»In Ordnung.«

»Aber...!« sagte Renzo und legte erneut den Finger auf den Mund.

»Pah!« erwiderte Tonio, neigte den Kopf nach rechts und hob die linke Hand mit einer Miene, die besagte: Du tust mir unrecht.

»Aber wenn deine Frau dich fragt, was sie bestimmt tun wird...?«

»Lügen schulde ich meiner Frau so viele, daß ich gar nicht weiß, ob ich das Konto je ausgleichen kann. Irgendein Märchen werd' ich schon finden, um sie zufriedenzustellen.«

»Morgen früh«, sagte Renzo, »sprechen wir noch mal in Ruhe, um uns über alle Einzelheiten zu verständigen.«

Damit verließen sie das Wirtshaus. Tonio machte sich auf den Heimweg und überlegte, welches Märchen er den Frauen erzählen sollte, und Renzo eilte zurück, um über das Vereinbarte zu berichten.

In der Zwischenzeit hatte Agnese sich vergeblich bemüht, ihre Tochter zu überreden. Jedem Argument setzte Lucia bald die eine, bald die andere Seite ihres Dilemmas entgegen: Entweder ist die Sache unrecht, und dann darf man sie nicht machen, oder sie ist es nicht, und warum soll man sie dann nicht Pater Cristoforo sagen?

Renzo kam frohlockend zurück, erstattete seinen Bericht und endete mit einem *ahn?*, was im Lombardischen soviel heißt wie: »Na, bin ich ein Kerl?«, »Hätte man was Besseres finden können?«, »Wäre euch das eingefallen?« und hundert ähnliche Dinge.

Lucia schüttelte zweifelnd den Kopf, aber die beiden Entflammten achteten nicht weiter auf sie, als ob sie ein Kind wäre, von dem man nicht erwarten kann, daß es die ganze Berechtigung einer Sache versteht, und das man lieber durch Bitten und Einsatz der Autorität dahin bringt, wo man es haben will.

»Sehr gut«, sagte Agnese, »sehr gut, aber... du hast nicht an alles gedacht.«

»Was fehlt denn noch?« fragte Renzo.

»Was ist mit Perpetua? Du hast nicht an Perpetua gedacht. Tonio und seinen Bruder wird sie hereinlassen, aber euch, euch beide? Überleg doch mal. Sie wird Weisung haben, euch möglichst weit fernzuhalten, weiter als einen Buben von einem Birnbaum mit reifen Früchten.«

»Was machen wir da?« fragte Renzo etwas verwirrt.

»Nun, ich hab daran gedacht. Ich komme mit euch, und ich weiß ein Geheimnis, um sie anzulocken und so zu betören, daß sie euch gar nicht bemerkt und ihr eintreten könnt. Ich werde sie rufen und eine bestimmte Saite in ihr berühren... du wirst schon sehen.«

»Gott segne dich!« rief Renzo aus. »Ich habe ja immer gesagt, daß du uns in allem zu helfen weißt!«

»Aber das nützt alles gar nichts«, sagte Agnese, »wenn sich diese da nicht überreden läßt, die sich darauf versteift, daß es Sünde sei.«

Auch Renzo führte nun seine Beredsamkeit ins Feld, aber Lucia ließ sich nicht umstimmen.

»Ich weiß nicht, was ich auf eure Argumente antworten soll«, sagte sie, »aber ich sehe, daß man, um diese Sache zu machen, mit Vorwänden, Lügen und Verstellungen vorgehen muß. Ach, Renzo, so haben wir nicht angefangen. Ich will deine Frau werden« – sie konnte das Wort nicht aussprechen und ihre Absicht nicht darlegen, ohne zu erröten – »ich will deine Frau werden, aber auf geradem Wege, in der Furcht Gottes und vor dem Altar. Lassen wir IHN droben walten. Meinst du nicht, daß ER das Knäuel besser entwirren kann als wir mit all diesen Schlichen? Und warum Geheimnisse vor Pater Cristoforo haben?«

Der Disput dauerte noch an und schien nicht enden zu wollen, als ein rasches Sandalengetrappel und das Geräusch einer flatternden Kutte ähnlich dem Knattern eines losen Segels im Winde den Pater Cristoforo ankündigten. Alle verstummten, und Agnese hatte gerade noch Zeit, ihrer Tochter ins Ohr zu flüstern: »Daß du ihm ja nichts sagst!«

Kapitel 7

Pater Cristoforo kam in der Haltung eines guten Feldherrn, der ohne eigenes Verschulden eine wichtige Schlacht verloren hat und sich betrübt, aber nicht entmutigt, in Sorge, aber nicht kopflos, in Eile, aber nicht auf der Flucht, dorthin begibt, wo er gebraucht wird, um bedrohte Stellungen zu sichern, die Truppen zu sammeln und neue Befehle zu erteilen.

»Friede sei mit euch«, sagte er beim Eintreten. »Von diesem Menschen ist nichts zu erhoffen. Um so fester müssen wir auf Gott vertrauen, und ich habe auch schon ein Unterpfand seines Schutzes.«

Zwar hatte sich keiner der drei von dem Versuch des Paters viel erhofft, denn daß ein Mächtiger von einer Untat abließ, ohne dazu gezwungen zu sein, aus bloßer Willfährigkeit gegen wehrlose Bitten, war eher nie dagewesen als selten; gleichwohl war die traurige Gewißheit nun für alle ein Schlag. Die Frauen ließen die Köpfe hängen, aber in Renzo wurde der Zorn jetzt stärker als die Niedergeschlagenheit. Die Nachricht traf ihn bereits verbittert durch so viele leidvolle Überraschungen, fehlgeschlagene Versuche und enttäuschte Hoffnungen, dazu noch gereizt durch Lucias Weigerung.

»Ich möchte gern wissen«, rief er zähneknirschend und so laut wie noch nie in Pater Cristoforos Gegenwart, »ich möchte gern wissen, welche Gründe dieser Hund dafür genannt hat, daß... daß meine Braut nicht meine Frau werden darf.«

»Armer Renzo!« antwortete der Pater mit einer ernsten und gütigen Stimme und einem Blick, der ihn auf liebevolle Weise zur Friedfertigkeit ermahnte. »Wenn der Mächtige, der ein Unrecht tun will, immer gezwungen wäre, seine Gründe zu nennen, ginge es nicht so zu, wie es zugeht.«

»Also hat dieser Hund gesagt, daß er's nicht will, weil er's eben nicht will?«

»Er hat nicht einmal das gesagt, armer Renzo! Es wäre ja noch ein Vorteil, wenn sie, um eine gottlose Tat zu begehen, es vorher offen bekennen müßten.«

»Aber irgendwas muß er doch gesagt haben! Was hat dieser Schweinehund denn gesagt?«

»Seine Worte habe ich zwar gehört, aber ich könnte sie dir nicht wiederholen. Die Worte des Gottlosen, der sich stark fühlt, tönen und verhallen. Er kann sich darüber erregen, daß du ihn verdächtigst, und dir im selben Moment die Gewißheit geben, daß dein Verdacht berechtigt ist; er kann dich beschimpfen und zugleich den Beleidigten spielen, dich verhöhnen und Rechenschaft von dir verlangen, dich erschrecken und sich bei dir beschweren, unverschämt und dabei formvollendet sein. Frag nicht weiter. Er hat den Namen dieser Unschuldigen nicht ausgesprochen, auch den deinen nicht; er hat nicht einmal durchblicken lassen, ob er euch überhaupt kennt, er hat behauptet, daß er gar nichts verlange, und doch... und doch habe ich nur zu deutlich gespürt, daß er sich nicht rühren läßt. Habt dennoch Vertrauen in Gott! Verliert nicht den Mut, ihr armen Frauen. Und du, Renzo... oh, glaube mir, ich kann mich in deine Lage versetzen, ich fühle, was in deinem Herzen vorgeht. Aber Geduld! Ein dürres Wort, ein bitteres Wort für den, der nicht glaubt, aber du... willst du Gott nicht einen Tag, zwei Tage zugestehen, die Zeit, die er sich nehmen wird, um die Gerechtigkeit triumphieren zu lassen? Die Zeit ist sein, und er hat uns so viel davon versprochen! Laß Ihn nur walten, Renzo. Und wisse... ihr alle sollt wissen, daß ich bereits einen Faden in der Hand habe, um euch zu helfen. Mehr kann ich jetzt nicht sagen. Morgen werde ich nicht herkommen, ich muß den ganzen Tag im Kloster bleiben, um euretwillen. Du, Renzo, sieh zu, daß du hinkommst; oder, falls du aus einem unvorhergesehenen Grunde nicht kannst, schick einen Vertrauten hin, einen klugen Jungen, durch den ich euch wissen lassen kann, was getan werden muß. Es dunkelt, ich muß zum Kloster eilen. Habt Mut und Gottvertrauen! Ade.«

Mit diesen Worten ging er rasch hinaus und eilte fast im Laufschritt den gewundenen steinigen Weg hinunter, um nicht zu spät zum Kloster zu kommen, da er sich sonst einen kräftigen Tadel eingehandelt hätte oder gar, was noch schlimmer wäre, eine Buße, die ihn daran hindern würde, sich am nächsten Tag rasch und gewandt für das Wohl seiner Schutzbefohlenen einzusetzen.

»Habt ihr gehört, was er von einem... einem Faden gesagt hat, den er in der Hand hat, um uns zu helfen?« sagte Lucia. »Wir sollten uns auf ihn verlassen, er ist ein Mann, der hält, was er...«

»Wenn da nicht noch was anderes ist...!« unterbrach sie Agnese. »Er hätte sich klarer ausdrücken sollen, oder er hätte mich beiseite nehmen und mir sagen sollen, was dieser...«

»Geschwätz! Ich werde die Sache beenden, ich!« unterbrach diesmal Renzo, während er wütend im Zimmer auf und ab lief, wobei seine Stimme und sein Gesicht keine Zweifel über den Sinn seiner Worte ließen.

»O Renzo!« rief Lucia aus.

»Was willst du damit sagen?« rief Agnese.

»Wozu noch reden? Ich werde die Sache beenden. Mag er auch hundert, tausend Teufel im Leibe haben, schließlich ist auch er nur aus Fleisch und Blut...«

»Nein, nein, um Himmels willen...!« begann Lucia, aber die Tränen erstickten ihre Stimme.

»So darf man nicht reden, nicht einmal zum Spaß«, sagte Agnese.

»Zum Spaß?« schrie Renzo, blieb vor der sitzenden

Agnese stehen und starrte sie mit flammenden Blicken an. »Zum Spaß? Du wirst ja sehen, ob es Spaß ist!«

»O Renzo!« stieß Lucia mühsam unter Schluchzen hervor. »So hab ich dich noch nie gesehen.«

»Sag nicht solche Sachen, um Himmels willen«, fuhr Agnese hastig fort und senkte die Stimme. »Weißt du nicht, wie viele Männer er unter seinem Kommando hat? Und selbst wenn... Gott behüte... für die Armen gibt es niemals Gerechtigkeit.«

»Die Gerechtigkeit werde ich selbst in die Hand nehmen, jawohl, ich! Höchste Zeit. Die Sache ist nicht einfach, das weiß ich auch. Er hütet sich wohl, dieser Bluthund; er weiß, wie es steht, aber das macht nichts. Entschlossenheit und Geduld... und der Zeitpunkt wird kommen. Jawohl, die Gerechtigkeit werde ich selbst in die Hand nehmen, ich werde das Land befreien. Wie viele werden mich dafür segnen! Und dann in zwei Sprüngen über die Grenze...!«

Das Entsetzen, das Lucia über diese deutlichen Worte empfand, ließ ihr Schluchzen verstummen und gab ihr die Kraft zu reden. Sie hob das tränenüberströmte Gesicht aus den Händen und sagte mit betrübter, aber entschiedener Stimme: »Dann bedeutet es dir also nichts, mich zur Frau zu haben. Ich hatte mich mit einem gottesfürchtigen jungen Mann verlobt. Aber einen Mann, der... Und wäre er sicher vor jedem Gericht und vor jeder Rache, und wäre er selbst der Sohn des Königs...«

»Also gut!« schrie Renzo mit schrecklich verzerrtem Gesicht, »dann kriege ich dich eben nicht! Aber er soll dich auch nicht kriegen. Ich hier ohne dich, und er in der Hölle...«

»O nein, nicht doch, bitte rede nicht so, mach nicht solche Augen, ich kann dich gar nicht ansehen, wenn du so schaust«, rief Lucia weinend und händeringend, während Agnese den jungen Mann wiederholt beim Namen rief und ihm auf Schultern, Arme und Hände klopfte, um ihn zu beruhigen. Er stand eine Weile reglos da und blickte nachdenklich in das flehende Gesicht seiner Braut, dann sah er sie plötzlich düster an, trat einen Schritt zurück, deutete mit gestrecktem Finger auf sie und rief: »Diese da! Jawohl, diese da will er haben. Er ist des Todes!«

»Und ich? Was hab ich dir Böses getan, daß du meinen Tod willst?« sagte Lucia und warf sich vor ihm auf die Knie.

»Du?« antwortete er mit einer Stimme, die einen ganz anderen Zorn, aber immer noch Zorn ausdrückte. »Du? Wie sehr liebst du mich denn? Welchen Beweis hast du mir erbracht? Hab ich dich nicht gebeten, gebeten und immer wieder gebeten? Aber du: Nein! Nein!«

»Doch, doch«, antwortete Lucia überstürzt, »ich komme mit zum Pfarrer, morgen, jetzt gleich, wenn du willst, ich komme mit. Sei nur wieder wie früher, dann komme ich mit.«

»Versprichst du's mir?« sagte Renzo mit plötzlich wieder viel menschlicherer Stimme und Miene.

»Ich verspreche es dir.«

»Du hast es versprochen!«

»Gott sei Dank!« rief Agnese doppelt zufrieden.

Hatte Renzo mitten in seinem großen Zorn womöglich bedacht, welchen Nutzen er aus Lucias Entsetzen ziehen konnte? Und hatte er sich bemüht, ihr Entsetzen mit ein bißchen Kunstfertigkeit zu vergrößern, um es noch besser nutzen zu können? Unser Autor beteuert, nichts darüber zu wissen, und ich glaube, nicht einmal Renzo selber wußte es recht. Tatsache ist, daß er wirklich sehr wütend auf Don Rodrigo war und daß er Lucias Einwilligung glühend ersehnte, und wenn zwei starke Leidenschaften gleichzeitig in der Brust eines Mannes toben, kann niemand, nicht einmal der Betroffene selbst, immer klar die Stimme der einen von jener der anderen unterscheiden und mit Sicherheit sagen, welche der beiden überwiegt.

»Ich hab's versprochen«, sagte Lucia im Ton eines schüchternen und liebevollen Vorwurfs, »aber du hattest auch versprochen, keine Geschichten zu machen und dich auf den Pater zu verlassen.«

»Ach! Wem zuliebe gerate ich denn so in Wut? Willst du jetzt wieder zurück und mich zu einer Dummheit verleiten?«

»Nein, nein«, rief Lucia erneut voller Angst. »Ich hab's versprochen und werde es halten. Aber bedenke auch, wie du mich dazu gebracht hast, es zu versprechen. Möge Gott verhüten, daß...«

»Wieso willst du Unheil voraussagen, Lucia? Gott weiß, daß wir niemandem Böses tun.«

»Versprich mir wenigstens, daß es das letzte Mal sein wird.«

»Ich verspreche es dir, so wahr ich ein armer Kerl bin.«

»Aber für diesmal bleibt ihr dabei«, sagte Agnese.

Hier gesteht unser Autor, noch etwas nicht zu wissen: ob Lucia, alles in allem, unzufrieden war, so zur Einwilligung gedrängt worden zu sein. Wir lassen gleich ihm die Frage offen.

Renzo hätte das Gespräch noch gerne fortgesetzt, um Punkt für Punkt festzulegen, was am nächsten Tag getan werden mußte, aber es war schon spät, und die Frauen wünschten ihm eine gute Nacht, da es ihnen nicht schlicklich vorkam, daß er um diese Zeit noch länger verweilte.

Die Nacht verging freilich für alle drei nur so gut, wie sie nach einem Tag voller Aufregungen und Widrigkeiten und vor einer wichtigen Unternehmung mit ungewissem Ausgang vergehen konnte. Renzo ließ sich schon früh wieder blicken und besprach mit den Frauen – besser gesagt mit Agnese – die große Unternehmung des Abends, indem sie abwechselnd Schwierigkeiten benannten und lösten, Zwischenfälle voraussahen und immer wieder von neuem, mal er, mal sie, das ganze Vorhaben so beschrieben, als schilderten sie etwas schon Erfolgtes. Lucia hörte zu, und ohne mit Worten zu billigen, was sie in ihrem Herzen nicht billigen konnte, versprach sie gleichwohl, ihr Bestes zu tun.

»Wirst du jetzt zum Kloster gehen, um mit Pater Cristoforo zu sprechen, wie er's dir gestern abend aufgetragen hat?« fragte Agnese Renzo.

»Auf keinen Fall!« antwortete dieser. »Du weißt doch, was für verteufelte Augen der Pater hat: Er würde in meinem Gesicht wie in einem Buch lesen, daß etwas in der Luft liegt, und wenn er dann anfinge, mir Fragen zu stellen, würde ich mich nicht gut herauswinden können. Außerdem muß ich hierbleiben, um die Sache in die Wege zu leiten. Besser, du schickst jemand anderen hin.«

»Ich werde Menico schicken.«

»Gut«, erwiderte Renzo und brach auf, um die Sache in die Wege zu leiten, wie er es gesagt hatte.

Agnese ging in ein Nachbarhaus, um Menico zu suchen, einen etwa zwölfjährigen, aufgeweckten Jungen, der über allerlei Vettern und Schwager so etwas wie ihr Neffe war. Sie bat seine Eltern, ihn ihr »für einen bestimmten Dienst«, wie sie sagte, den ganzen Tag auszuleihen. Als sie ihn bekommen hatte, führte sie ihn in ihre Küche, setzte ihm ein Frühstück vor und sagte ihm, er solle nach Pescarenico gehen und sich bei Pater Cristoforo melden, der ihn dann zu gegebener Zeit mit einer Antwort zurückschicken werde. »Pater Cristoforo ist dieser schöne Alte mit dem weißen Bart, den sie den Heiligen nennen...«

»Weiß schon«, sagte Menico, »der uns Jungen immer über die Haare streicht und uns ab und zu ein Heiligenbildchen schenkt.«

»Genau der, Menico. Und wenn er dir sagt, daß du in der Nähe des Klosters ein bißchen warten sollst, dann lauf nicht weg. Und geh auch nicht mit anderen Jungen an den See, um beim Angeln zuzusehen, oder dich mit den zum Trocknen aufgehängten Netzen zu vergnügen oder mit diesem anderen Spielchen, das du immer machst...«

Man muß nämlich wissen, daß Menico sehr gut darin war, flache Steine übers Wasser hüpfen zu lassen, und bekanntlich tun wir ja alle, ob groß oder klein, immer gerne das, was wir besonders gut können, allerdings nicht nur das.

»Pah, Tante, ich bin doch kein kleines Kind.«

»Gut, dann sei klug, und wenn du mit der Antwort zurückkommst... sieh her: Diese beiden schönen neuen Silbermünzen sind für dich.«

»Gib sie mir gleich, das kommt doch aufs selbe raus.«

»Nein, nein, du würdest sie nur verlieren. Geh, und mach deine Sache gut, dann kriegst du auch noch mehr.«

Im verbleibenden Teil dieses langen Vormittags ereigneten sich gewisse Dinge, die das ohnehin verstörte Gemüt der Frauen mit nicht geringem Argwohn erfüllten. Ein Bettler, der weder so abgezehrt noch so zerlumpt aussah wie sonst seinesgleichen und etwas irgendwie Finsteres und Unheimliches an sich hatte, trat herein, um ein Almosen zu erbitten, wobei er spähende Blicke durch den Raum warf. Er bekam ein Stück Brot, das er mit schlecht verhehlter Gleichgültigkeit annahm und einsteckte. Danach verweilte er noch mit einer gewissen Unverschämtheit und zugleich zögernd, um allerlei Fragen zu stellen, auf die Agnese jedesmal prompt mit dem Gegenteil der Wahrheit antwortete. Als er sich endlich zum Gehen anschickte, tat er so, als irrte er sich in der Tür, trat durch diejenige, die ins Treppenhaus führte, und warf auch dort rasche Blicke umher, so weit er konnte. Auf den Ruf: »He, he, wohin geht Ihr, guter

Mann? Hier lang, hier!« kam er zurück und ging durch die Tür hinaus, die ihm gezeigt wurde, wobei er sich mit einer geheuchelten Unterwürfigkeit und Demut entschuldigte, die sich nur mit Mühe in seinen harten Gesichtszügen abzeichnete. Nach diesem seltsamen Besucher ließen sich von Zeit zu Zeit noch andere sonderbare Gestalten blicken. Was für Leute das waren, hätte man nicht leicht sagen können, aber man konnte sie auch nicht für die ehrlichen Wanderer halten, als die sie sich ausgaben. Einer trat mit dem Vorwand herein, sich den Weg zeigen zu lassen; andere, die draußen vorbeigingen, verlangsamten ihre Schritte und schielten durch den Hof in die Stube wie Leute, die sich umsehen wollen, ohne Verdacht zu erregen. Schließlich, gegen Mittag, endete diese lästige Prozession. Agnese stand noch ein paarmal auf, durchquerte den Hof, schaute die Straße hinauf und hinunter und sagte beim Zurückkehren: »Niemand«, ein Wort, das sie mit Freude aussprach und das Lucia mit Freude hörte, ohne daß die eine oder die andere recht wußten, warum. In beiden blieb jedoch eine seltsame Unruhe zurück, die ihnen, besonders der Tochter, einen Großteil des für den Abend gesammelten Mutes nahm.

Es empfiehlt sich jedoch, daß der Leser etwas Näheres über jene mysteriösen Wandersleute erfährt, und um ihn ins Bild zu setzen, müssen wir zu Don Rodrigo zurückkehren, den wir am Tag zuvor, nachdem Pater Cristoforo hinausgegangen war, allein in einem Saal seines Schlosses zurückgelassen hatten.

Mit wütenden Schritten, sagten wir, durchmaß Don Rodrigo auf und ab gehend jenen Saal, an dessen Wänden die Ahnenbilder mehrerer Generationen hingen. Wenn er an der einen Wand angelangt war und sich umdrehte, sah er einem kriegerischen Vorfahren ins Gesicht, dem Schrecken seiner Feinde und seiner Soldaten: Grimmig dreinblickend, das Haar kurz und struppig, der Schnurrbart lang und zu seitlich abstehenden Spitzen gezwirbelt, das Kinn schräg erhoben, stand der Held hochaufgerichtet vor ihm, mit Beinschienen, Schenkelharnisch, Brustpanzer, Armschienen, Handschuhen, alles aus Eisen, die Rechte in die Hüfte gestützt, die Linke am Degenknauf. Don Rodrigo betrachtete ihn, und wenn er unter ihm angelangt war und sich umdrehte, hatte er einen anderen Ahnen vor sich, einen Richter, den Schrecken der Streitenden und der Anwälte, der auf einem großen, mit rotem Samt bezogenen Sessel saß, in einen weiten schwarzen Talar gehüllt; ganz in Schwarz, bis auf einen weißen Kragen mit zwei breiten Beffchen und einem umgelegten Zobelfutter (dies war das Kennzeichen der Senatoren, aber sie trugen es nur im Winter, weshalb man nie das Porträt eines sommerlich gekleideten Senators finden wird), hager und mit gerunzelten Brauen, hielt er in einer Hand eine Bittschrift und schien zu sagen: Wir werden sehen. Hier eine Matrone, der Schrecken ihrer Kammerzofen, dort ein Abt, der Schrecken seiner Mönche: Kurzum, lauter Leute, die Schrecken verbreitet hatten und auch noch von den Bildern herab verbreiteten. In Gegenwart solcher Erinnerungen ärgerte sich Don Rodrigo um so mehr, schämte sich und konnte sich gar nicht beruhigen, daß ein Mönch es gewagt hatte, ihm mit der Aufgeblasenheit des Propheten Nathan unter die Augen zu treten. Er dachte sich einen Racheplan aus und verwarf ihn wieder, überlegte, wie er gleichzeitig seiner Leidenschaft und dem, was er seine Ehre nannte, Genüge tun könnte, und bisweilen (sieh an!), wenn ihm jener Anfang einer Prophezeiung noch in den Ohren gellte, fühlte er, wie ihn eine Gänsehaut überlief, und dann war er drauf und dran, den Gedanken an die doppelte Genugtuung aufzugeben. Um schließlich irgend etwas zu tun, rief er einen Diener und befahl ihm, ihn bei der Tafelgesellschaft zu entschuldigen, er sei durch eine dringende

Angelegenheit verhindert. Als der Diener zurückkam, um zu berichten, daß die Herren gegangen seien und sich empfehlen ließen, fragte Don Rodrigo, immer noch auf und ab gehend: »Und Graf Attilio?«

»Ist mit den anderen Herren gegangen, Durchlaucht.«

»Gut. Sechs Mann Gefolge für den Ausgang, sofort! Degen, Mantel und Hut, sofort!«

Der Diener verbeugte sich, eilte hinaus und erschien kurz darauf wieder mit dem reichverzierten Degen, den sein Herr sich umschnallte, dem Mantel, den er sich über die Schultern warf, und dem großen Federhut, den er sich schwungvoll auf den Kopf stülpte und mit einem kecken Handschlag festdrückte, was ein Zeichen für schlechte Laune war. Er setzte sich in Bewegung und traf an der Pforte die sechs bewaffneten Bravi, die, nachdem sie eine Gasse gebildet und sich vor ihm verbeugt hatten, sein Gefolge bildeten. Noch bärbeißiger, hochmütiger und grimmiger als gewöhnlich ging er hinaus und schlug den Weg nach Lecco ein. Die Bauern und Handwerker, die ihn kommen sahen, drückten sich an die Mauern, zogen die Hüte und machten tiefe Verbeugungen, auf die er in keiner Weise reagierte. Als Untergebene verbeugten sich vor ihm auch jene, die von den anderen als Herren angesehen wurden, denn in jener Gegend gab es niemanden, der es auch nur annähernd mit ihm hätte aufnehmen können an Adel, Reichtum, Anhängerschaft und dem Willen, sich all dessen zu bedienen, um über den anderen zu stehen. Auf solche Verbeugungen reagierte er mit würdevoller Herablassung. An jenem Tage geschah es nicht, aber wenn er zufällig dem spanischen Kastellan begegnete, war die Verbeugung auf beiden Seiten gleich tief; die Sache verlief dann wie zwischen zwei Potentaten, die nichts miteinander gemein haben, aber aus Konvention dem Range des jeweils anderen Ehre erweisen.

Um sich ein wenig die schlechte Laune zu vertreiben

und dem Bild des Paters, das seine Phantasie noch immer belagerte, gänzlich andere Bilder entgegenzusetzen, begab sich Don Rodrigo an jenem Tag in ein Haus, in das gewöhnlich sehr viele Leute gingen und in dem er mit jener geschäftigen und respektvollen Herzlichkeit empfangen wurde, die nur sehr beliebten oder sehr gefürchteten Männern vorbehalten ist. Erst nach Einbruch der Dunkelheit kehrte er in sein Schloß zurück. Graf Attilio war ebenfalls gerade zurückgekommen, und so wurde das Essen aufgetischt, in dessen Verlauf Don Rodrigo immer nachdenklicher wurde und nur wenig sprach.

»Vetter, wann zahlst du mir diese Wette?« sagte Graf Attilio boshaft und höhnisch, kaum daß die Tafel abgeräumt und die Diener gegangen waren.

»Sankt Martin ist noch nicht vorbei.«

»Du kannst ebensogut auch gleich zahlen, denn es werden alle Heiligen des Kalenders vorbeigehen, ehe...«

»Das wird man ja sehen.«

»Vetter, du willst wohl den Politikus spielen! Aber ich habe alles durchschaut und bin mir so sicher, die Wette gewonnen zu haben, daß ich nicht anstehe, eine weitere zu schließen.«

»Und worüber?«

»Daß der Pater, äh... Pater, äh... na egal, also daß dieser Mönch dich bekehrt hat.«

»Wieder so einer von deinen Scherzen!«

»Bekehrt, lieber Vetter, bekehrt, sag ich dir. Und was mich betrifft, ich hab meine Freude dran. Was für ein schöner Anblick muß es gewesen sein, dich ganz zerknirscht und mit niedergeschlagenen Augen dastehen zu sehen! Und welch ein Triumph für diesen Pater! Wie stolzgeschwellt er nach Hause gegangen sein muß! Solch einen Fisch fängt man nicht alle Tage und nicht mit jedem Netz. Du kannst sicher sein, daß er dich als Beispiel hinstellen wird, und wenn er irgendwo auswärts eine Predigt hält, wird er von deinem Fall sprechen. Mir ist, als hörte ich ihn schon« – und näselnd, die Worte mit übertriebenen Gesten begleitend, fuhr er im Predigerton fort: »›In einem Teil dieser Welt, den ich aus gebotener Rücksicht nicht namentlich nenne, lebte, geliebteste Zuhörer, und lebt noch heute ein zügelloser Edelmann, den Weibern mehr zugetan als den ehrlichen Männern, welcher, gewohnt, jedes Blümlein am Wege zu pflücken, sein Auge auf...‹«

»Genug, genug!« unterbrach Don Rodrigo halb amüsiert, halb gelangweilt. »Wenn du die Wette verdoppeln willst, bin ich dabei.«

»Teufel auch! So hast wohl gar du den Pater bekehrt?«

»Kein Wort mehr von dem! Und was die Wette betrifft, so wird Sankt Martin entscheiden.«

Die Neugier des Grafen war angestachelt, und er ersparte ihm keine Fragen, aber Don Rodrigo konnte sie alle umgehen, indem er jedesmal auf den Tag der Entscheidung verwies und nicht gewillt war, über Pläne zu sprechen, die weder eingeleitet noch auch nur festgelegt waren.

Am folgenden Morgen erwachte Don Rodrigo wieder als Don Rodrigo. Die Angst, die ihm jenes »Der Tag wird kommen« eingejagt hatte, war mit den Träumen der Nacht verflogen, und geblieben war ihm nur die Wut, noch gesteigert durch die Scham über seine vorübergehende Schwäche. Die jüngsten Bilder seines triumphalen Ausgangs, die Verbeugungen, der unterwürfige Empfang, dazu die Hänseleien seines Vetters hatten nicht wenig dazu beigetragen, seinen alten Übermut wiederherzustellen.

Kaum aufgestanden, ließ er den »Grauen« rufen. ›Oha, da ist was im Gange‹, sagte sich der Diener, der den Befehl erhalten hatte; denn der Träger dieses Spitznamens war kein Geringerer als der oberste Bravo, dem die gefährlichsten und ruchlosesten Unternehmungen anvertraut wurden, der treueste Diener seines Herrn, der sich ihm aus Dankbarkeit und Interesse ganz und gar verschrieben hatte. Nachdem er einmal jemanden am hellichten Tag auf offener Straße getötet hatte, war er zu Don Rodrigo geeilt, um seinen Schutz zu erbitten, worauf ihn dieser in seine Livree gesteckt und damit aller Verfolgung durch die Justiz entzogen hatte. Auf diese Weise, indem sich der Mann verpflichtete, jedes ihm aufgetragene Verbrechen auszuführen, hatte er sich Straffreiheit für sein erstes gesichert. Für Don Rodrigo war der Neuzugang von nicht geringer Bedeutung gewesen, denn der Graue war nicht nur bei weitem der Tüchtigste seiner Leute, sondern auch ein lebender Beweis dafür, wie ungehindert sein Herr gegen die Gesetze verstoßen konnte, so daß seine Macht in der Praxis wie in der öffentlichen Meinung durch ihn noch vergrößert wurde.

»Grauer«, sagte Don Rodrigo, »jetzt wird sich zeigen, was du taugst. Vor morgen früh muß diese Lucia hier in meinem Schloß sein.«

»Nie soll man sagen, der Graue hätte sich einem Befehl seines durchlauchtigsten Herrn Gebieters entzogen.«

»Nimm dir so viele Männer, wie du brauchst, befiehl und verfüge, wie es dir am besten scheint, nur bring die Sache zu einem guten Ende. Und achte vor allem darauf, daß dem Mädchen kein Leid geschieht.«

»Herr, ein kleiner Schrecken, damit sie nicht zuviel Lärm macht... das wird nicht zu vermeiden sein.«

»Schrecken... verstehe... ist unvermeidlich. Aber daß ihr kein Haar gekrümmt wird! Und vor allem, daß sie in jeder Hinsicht respektvoll behandelt wird! Hast du verstanden?«

»Herr, man kann keine Blume pflücken und sie Euer Gnaden bringen, ohne sie zu berühren. Aber wir werden nur das Allernötigste tun.«

»Dafür bürgst du mir. Und... wie wirst du's machen?«

»Darüber habe ich schon nachgedacht. Zum Glück liegt das Haus am Ende des Dorfes. Wir brauchen einen Ort, wo wir uns postieren können, und genau so einen gibt es, nicht weit von dort: jenes alleinstehende unbewohnte Haus mitten auf dem Feld, das... Euer Gnaden werden nichts davon wissen... ein Haus, das vor einigen Jahren gebrannt hat, und sie hatten nicht genug Geld, um es wieder herzurichten, und da haben sie es verlassen, und jetzt versammeln sich dort die Hexen. Aber es ist ja nicht Samstag, und ich lache über so was. Diese Dörfler mit ihren Hirngespinsten, die würden da nie hingehen, an keinem Tag der Woche, nicht für alle Schätze der Welt. Deswegen können wir uns dort ungestört einrichten, es wird uns bestimmt niemand in die Quere kommen.«

»Gut, und dann?«

Nun machte der Graue seine Vorschläge, und Don Rodrigo besprach sie mit ihm, bis sie sich darauf geeinigt hatten, wie die Tat durchgeführt werden konnte, ohne daß eine Spur der Täter blieb, wie der Verdacht durch falsche Spuren auf andere gelenkt werden konnte, wie der armen Agnese Schweigen auferlegt und Renzo ein solcher Schreck eingejagt werden konnte, daß ihm sowohl der Schmerz verging als auch der Gedanke, sich an die Justiz zu wenden, oder auch nur der Wille, sich zu beklagen; dazu all die anderen Schurkereien, die zum Erfolg der Hauptschurkerei notwendig waren. Wir übergehen hier die Einzelheiten, da sie, wie der Leser bald sehen wird, zum Verständnis der Geschichte nicht nötig sind, und wir sind froh, daß wir uns nicht weiter damit aufhalten müssen, diese beiden üblen Halunken miteinander verhandeln zu hören. Vermerken wir nur, daß Don Rodrigo, als der Graue schon hinausging, um sich ans Werk zu machen, ihn noch einmal zurückrief und sagte: »Noch etwas: Wenn euch heute abend zufällig dieser unverschämte Flegel in die Hände fällt, wär's nicht schlecht, ihm schon im voraus einen Denkzettel zu verpassen. So wird es sicher noch wirksamer sein, wenn ihr ihm dann morgen klarmacht, daß er stillschweigen soll. Aber geht nicht eigens auf die Suche nach ihm, damit ihr die Hauptsache nicht gefährdet. Du hast mich verstanden.«

»Laßt mich nur machen«, antwortete der Graue, verbeugte sich mit einer ebenso unterwürfigen wie prahlerischen Geste und ging hinaus. Der Vormittag verging mit Streifzügen zur Erkundung des Dorfes. Jener falsche Bettler, der sich auf die geschilderte Weise Eingang in das arme Häuschen verschafft hatte, war kein anderer als der Graue gewesen, der gekommen war, um sich die Räumlichkeiten anzusehen; die falschen Wanderer waren seine Spießgesellen, denen eine oberflächliche Kenntnis des Ortes genügte, um unter seinem Befehl agieren zu können. Und nachdem sie mit ihrer Erkundung fertig waren, hatten sie sich nicht mehr blicken lassen, um nicht zuviel Verdacht zu erregen.

Als alle wieder im Schloß waren, faßte der Graue die Lage zusammen und legte den Schlachtplan endgültig fest, verteilte die Rollen und gab seine Weisungen. All das konnte jedoch nicht geschehen, ohne daß jener alte Diener, der Augen und Ohren offenhielt, etwas davon mitbekam. Indem er aufmerksam beobachtete und Fragen stellte, sich eine halbe Neuigkeit hier, eine halbe da zusammenreimte, ein dunkles Wort für sich kommentierte, ein mysteriöses Kommen und Gehen interpretierte, gelang es ihm schließlich, Klarheit über das zu gewinnen, was in der Nacht geschehen sollte. Doch inzwischen ging der Tag schon zur Neige, und ein kleiner Vortrupp der Bravi war bereits ausgerückt, um sich in dem alleinstehenden Haus einzurichten. Der arme Alte spürte zwar, welch gefährliches Spiel er spielte, und er fürchtete auch, daß seine Hilfe zu spät kommen könnte, aber er wollte nichts unversucht lassen. Unter dem Vorwand, ein bißchen Luft zu schnappen, ging er hinaus und machte sich rasch auf den Weg zum Kloster, um Pater Cristoforo die versprochenen Informationen zu bringen. Kurz darauf setzten sich auch die übrigen Bravi in Marsch, jeder für sich, um nicht den Eindruck einer Truppe zu machen. Zuletzt kam der Graue, und zurück blieb nur eine Sänfte, die erst nach Einbruch der Dunkelheit zu jenem Haus geschafft werden sollte, wie es dann auch geschah. Als alle dort versammelt waren, schickte der Graue drei Mann zur Dorfschenke. Einer sollte sich an die Türe stellen, um aufzupassen, was auf der Straße geschah, und zu melden, wenn die letzten Dörfler nach Hause gegangen waren; die beiden anderen sollten drinnen spielen und trinken wie gewöhnliche Zecher und dabei alles ausspähen, was es auszuspähen gab. Er selbst blieb mit dem Gros der Truppe im Hinterhalt.

Der arme Alte war noch unterwegs, die drei Kundschafter bezogen gerade ihre Posten, und die Sonne ging unter, als Renzo bei den Frauen eintrat und sagte: »Tonio und Gervaso erwarten mich draußen, ich gehe mit ihnen ins Wirtshaus einen Happen essen, und wenn das Ave Maria läutet, kommen wir euch abholen. Mut, Lucia! Das Ganze dauert nur einen Augenblick, dann haben wir's geschafft.« Lucia seufzte und wiederholte: »Mut« mit einer Stimme, die das Wort Lügen strafte.

Als Renzo und seine beiden Gefährten zum Wirtshaus kamen, fanden sie den Bravo dort schon als Wache postiert. Er versperrte den halben Türrahmen, mit dem Rücken an einen Pfosten gelehnt, die Arme vor der Brust gekreuzt, und blickte immerfort nach rechts und nach links, so daß man bald das Weiße, bald das Schwarze seiner stechenden Augen sah. Ein flaches Barett aus rotem Samt, schräg aufgesetzt, bedeckte die Hälfte seines Schopfes, der über einer finsteren Stirn gescheitelt auf beiden Seiten über die Ohren lief und in Flechten endete, die mit einem Kamm im Nacken zusammengesteckt waren. In der einen Hand hielt er einen dicken Knüppel; richtige Waffen waren keine zu sehen, aber bei seinem bloßen Anblick hätte auch ein Kind gedacht, daß er unterm Gewand so viele tragen mußte, wie dort nur unterzubringen waren. Als Renzo, der voranging, eintreten wollte, starrte der Kerl ihn an, ohne sich von der Stelle zu rühren. Aber der junge Mann, bestrebt, jede Auseinandersetzung zu vermeiden, wie es wohl jeder ist, der ein heikles Unternehmen vor sich hat, tat so, als ob er es nicht bemerkte, sagte nicht einmal: »Tretet zur Seite«, und drückte sich, dicht am anderen Pfosten vorbei, schräg mit der Schulter voran durch die von dieser Karyatide gelassene Öffnung. Seine beiden Gefährten mußten sich ebenso dünn machen, wenn sie hineinwollten. Drinnen sahen sie die anderen, deren Stimmen sie schon gehört hatten, die beiden Bravi, die an einem Tischende saßen und Morra spielten, wobei sie einander laut anschrien (was diesmal zum Spiel gehörte) und sich abwechselnd aus einer großen, zwischen ihnen stehenden Flasche nachschenkten. Auch diese beiden starrten die Neuankömmlinge herausfordernd an, und besonders einer von ihnen, die Hand mit drei dicken gespreizten Fingern noch erhoben und den Mund noch offen, aus dem ihm gerade ein lautes »Sechs« entfahren war, musterte Renzo von Kopf bis Fuß, blickte dann zu seinem Gefährten und danach zu dem an der Tür, der ihm mit einem Kopfnicken antwortete. Argwöhnisch geworden, sah Renzo unsicher seine beiden Tischgenossen an, als wollte er in ihren Gesichtern nach einer Deutung all dieser Zeichen suchen; doch ihre Gesichter ließen nichts anderes erkennen als einen guten Appetit. Der Wirt sah ihn fragend an, wie um die Bestellung entgegenzunehmen, worauf Renzo ihn in ein Nebenzimmer zog und das Essen bestellte.

»Wer sind diese Fremden?« fragte er dann leise, als der Wirt mit einem großen Tischtuch unterm Arm und einer Flasche in der Hand zurückkam.

»Ich kenne sie nicht«, antwortete der Wirt, während er das Tischtuch ausbreitete.

»Wie? Keinen einzigen?«

»Weißt du«, fuhr der Wirt fort, während er mit beiden Händen das Tischtuch glattstrich, »die erste Regel in unserem Gewerbe ist, sich nicht um die Angelegenheiten der anderen zu kümmern. Das geht so weit, daß nicht einmal unsere Frauen neugierig sind. Man käme ja auch ganz schön ins Schwitzen bei all den Leuten, die hier so kommen und gehen. Bei uns geht's nämlich zu wie in einem Seehafen – wenn die Ernten gut sind, meine ich. Aber seien wir fröhlich, es wird schon wieder gut Wetter werden. Uns genügt es, wenn die Gäste Ehrenmänner sind, was sie sonst noch sein mögen, spielt keine Rolle. Und jetzt bringe ich euch einen Teller Fleischbällchen, wie ihr noch keine gegessen habt.«

»Woher willst du denn wissen...?« fragte Renzo, aber der Wirt war schon auf dem Weg in die Küche. Und während er dort nach der Pfanne mit den erwähnten Fleischbällchen griff, trat leise der Bravo zu ihm, der unseren jungen Mann so scharf gemustert hatte, und sagte halblaut: »Wer sind diese jungen Herren?«

»Gute Leute hier aus dem Dorf«, antwortete der Wirt, während er die Fleischbällchen auf die Teller füllte.

»Schon recht, aber wie heißen sie? Wer sind sie?« beharrte der Bravo in ziemlich barschem Ton.

»Einer heißt Renzo«, antwortete der Wirt ebenfalls halblaut. »Ein guter, friedlicher Junge, Seidenspinner, der sein Handwerk versteht. Der andere ist ein Bauer namens Tonio, ein fröhlicher Geselle – schade, daß er so wenig hat, sonst würde er alles hier ausgeben. Der dritte ist ein Einfaltspinsel, der aber gerne ißt, wenn man ihm etwas vorsetzt. Ihr erlaubt.«

Mit einer flinken Bewegung zwängte er sich zwischen dem Herd und dem Frager durch und trug die Teller an ihren Bestimmungsort. »Woher willst du denn wissen?« fragte Renzo erneut, als er ihn kommen sah, »daß es Ehrenmänner sind, wenn du sie nicht kennst?«

»Die Taten, mein Lieber, den Menschen erkennt man an seinen Taten. Wer seinen Wein trinkt, ohne daran herumzumäkeln, wer seine Rechnung zahlt, ohne zu feilschen, wer keinen Streit mit den anderen Gästen anfängt und wer, wenn er mit jemandem eine Messerstecherei auszutragen hat, ihn draußen erwartet, möglichst weit von der Wirtschaft entfernt, so daß der arme Wirt nicht mit hineingezogen wird, der ist ein Ehrenmann. Allerdings, wenn man die Leute gut kennt, so wie wir vier uns kennen, ist es besser. Aber wieso zum Teufel willst du auf einmal so vieles wissen, wo du doch Bräutigam bist und ganz andere Dinge im Kopf haben solltest? Und wo du solche Fleischbällchen vor dir hast, die einen Toten auferwecken könnten?« Mit diesen Worten ging er zurück in die Küche.

Unser Autor erklärt hier unter Verweis auf die unterschiedlichen Arten, wie dieser Mann auf Fragen einging, er sei einer gewesen, der sich in seinen Reden immer als großer Freund der Ehrenmänner bekannte; in der Praxis habe er jedoch sehr viel größere Sympathie für diejenigen an den Tag gelegt, die den Ruf oder das Aussehen von Halunken hatten. Ein sonderbarer Charakter, nicht wahr?

Das Essen verlief nicht sehr heiter. Die beiden Eingeladenen hätten es gern in aller Ruhe genossen, aber der Einladende, in Gedanken bei dem, was der Leser weiß, verärgert und auch ein wenig beunruhigt über das Verhalten jener Unbekannten, konnte es gar nicht abwarten, wieder zu gehen. Sie sprachen halblaut, um nicht gehört zu werden, und es waren abgerissene und lustlose Sätze.

»Wie schön«, platzte Gervaso auf einmal heraus, »daß Renzo heiraten will und zu diesem Zweck...« Renzo sah ihn böse an. »Willst du wohl still sein, Rindvieh!« fauchte Tonio und begleitete die Anrede mit einem Rippenstoß. Das Gespräch wurde zuletzt immer kühler. Renzo, der sich mit dem Essen wie mit dem Trinken zurückhielt, schenkte den beiden Zeugen zuvorkommend und wohlabgemessen ein, um sie ein wenig anzufeuern, ohne daß ihnen der Wein zu Kopfe stieg. Als abgeräumt und die Zeche von dem bezahlt worden war, der am wenigsten vertilgt hatte, mußten alle drei erneut an jenen Gesichtern vorbei, und wieder drehten sich alle zu Renzo, wie bei seinem Eintritt. Als dieser draußen ein paar Schritte gegangen war, wandte er sich zurück und sah, daß die beiden, die er in der Küche zurückgelassen hatte, ihm folgten. Daraufhin blieb er mit seinen Gefährten stehen, als ob er sich sagte: Sehen wir doch mal, was die von mir wollen. Doch als die beiden Verfolger merkten, daß sie beobachtet wurden, blieben sie gleichfalls stehen, redeten leise miteinander und kehrten um. Wäre Renzo nahe genug gewesen, um ihre Worte zu hören, hätte er sie sehr seltsam gefunden. »Wär' doch eine schöne Ehre, ganz abgesehen vom Handgeld«, sagte einer der beiden, »wenn wir bei der Rückkehr ins Schloß erzählen könnten, daß wir ihm auf die Schnelle mal eben das Fell gegerbt haben, aus eigenen Stücken, ohne daß der Graue es uns befohlen hätte.«

»Und so die Hauptsache verpatzen!« entgegnete der andere. »Sieh nur, er hat was gemerkt, er bleibt stehen und schaut her. Tja, wenn's schon dunkler wäre! Gehen wir zurück, um keinen Verdacht zu erregen. Sieh nur, überall kommen Leute. Warten wir lieber, bis alle schlafen gegangen sind.«

Es herrschte in der Tat jenes lebhafte Treiben, das man am Abend in den Dörfern erleben kann und das wenig später der tiefsten Nachtruhe weicht. Die Frauen kamen vom Feld, auf dem Arm die Kleinkinder, an der Hand die größeren, die sie die Abendgebete sprechen ließen; die Männer kamen, die Spaten und Hacken geschultert. Wenn Türen aufgingen, sah man da und dort die Herdfeuer für die ärmlichen Mahlzeiten flackern; auf den Straßen hörte man, wie Grüße ausgetauscht und ein paar Worte gewechselt wurden über die karge Ernte und das schlechte Jahr, und lauter als die Worte hörte man die gemessenen Schläge der Kirchenglocke, die das Ende des Tages einläutete. Als Renzo sah, daß die beiden indiskreten Burschen sich zurückgezogen hatten, setzte er seinen Weg in der rasch zunehmenden Dunkelheit fort, wobei er bald dem einen, bald dem anderen der beiden Brüder bald eine Ermahnung, bald etwas anderes zuraunte. Als sie Lucias Haus erreichten, war es bereits Nacht.

Vom ersten Gedanken an eine furchtbare Unternehmung bis zu ihrer Ausführung ist die Zwischenzeit – hat ein geistreicher Barbar gesagt – wie ein böser Traum voller Ängste und Gespenster. Lucia befand sich seit vielen Stunden in der Angst eines solchen Traums; und Agnese, selbst Agnese, die Urheberin des Plans, war in Gedanken versunken und fand nur mühsam Worte des Trostes für ihre Tochter. Doch im Moment des Erwachens, wenn es darum geht, das Werk in Angriff zu nehmen, ist der Geist wie verwandelt. Auf den Schrecken und den Mut, die einander zuvor bekämpften, folgen ein anderer Schrecken und ein anderer Mut. Das Unternehmen kommt dem Geist wie etwas ganz Neues vor: was vorher am meisten erschreckte, scheint plötzlich ganz leicht geworden, und was man zunächst gar nicht beachtet hatte, erscheint auf einmal als großes Hindernis. Die Phantasie weicht entsetzt zurück, die Glieder scheinen den Dienst zu versagen, und das Herz steht nicht mehr zu den Versprechungen, die es mit größter Sicherheit gemacht hatte. Als Renzo leise anklopfte, überkam Lucia ein solcher Schrecken, daß sie in jenem Moment bereit war, lieber alles zu erdulden und für immer von ihm getrennt zu sein, als den Beschluß durchzuführen; als er dann aber vor ihr stand und sagte: »Da bin ich, gehen wir«, und alle sich bereit fanden, ohne Zögern aufzubrechen wie zu einer unwiderruflich beschlossenen Sache, da hatte Lucia weder Zeit noch Kraft, Schwierigkeiten zu machen. Wie mitgerissen nahm sie zitternd einen Arm ihrer Mutter und einen Arm ihres Bräutigams und setzte sich mit dem wagemutigen Trupp in Bewegung.

Leise, behutsamen Schrittes, traten sie aus dem Haus in die Dunkelheit und schlugen den Weg um das Dorf herum ein. Der kürzeste Weg hätte durchs Dorf geführt, direkt zu Don Abbondios Haus, aber sie wählten den anderen, um nicht gesehen zu werden. Auf Feldwegen, zwischen Gärten und Äckern, gelangten sie in die Nähe des Hauses, und dort teilten sie sich. Die beiden Brautleute warteten hinter einer Ecke, Agnese mit ihnen, aber ein Stück weiter vorn, damit sie rasch hineilen konnte, um Perpetua festzuhalten und zu beschäftigen. Tonio und der einfältige Gervaso, der nichts von sich aus vermochte und ohne den sie nichts vermochten, traten tapfer an die Tür und klopften an.

»Wer klopft denn da um diese Zeit?« rief eine Stimme aus dem Fenster, das im selben Moment aufging; es war die Stimme Perpetuas. »Soweit ich weiß, ist doch niemand krank. Ist vielleicht ein Unglück geschehen?«

»Ich bin's«, antwortete Tonio, »mit meinem Bruder. Wir müssen mit dem Herrn Pfarrer sprechen.«

»Ist das vielleicht eine christliche Zeit?« bellte Perpetua. »Was fällt euch ein? Kommt morgen wieder.«

»Hör zu, vielleicht komme ich wieder, vielleicht auch nicht. Ich habe etwas Geld aufgetrieben und bin gekommen, um meine Schulden zu begleichen. Ich hätte hier fünfundzwanzig schöne neue Lire, aber wenn's jetzt nicht geht, soll's mir auch recht sein, ich weiß schon, wie ich sie ausgeben kann, und ich komme ein andermal wieder, wenn ich wieder was aufgetrieben habe.«

»Warte, warte, ich gehe und bin gleich zurück. Aber wieso kommst du ausgerechnet um diese Zeit?«

»Ich hab das Geld erst vor kurzem bekommen, und da hab ich mir gedacht, wie ich eben sagte, wenn ich's über Nacht behalte, weiß ich nicht, was mir morgen früh in den Sinn kommt. Aber wenn's jetzt nicht paßt, kann ich nur sagen: Hier stehe ich, und wenn ihr mich nicht wollt, gehe ich wieder.«

»Nein, nein, warte, ich komme gleich mit der Antwort runter.« Damit schloß sie das Fenster. In diesem Moment trennte sich Agnese von den Brautleuten und sagte halblaut zu Lucia: »Mut, es ist nur ein Augenblick. Es ist, wie wenn man sich einen Zahn ziehen läßt.« Sie trat zu den beiden Brüdern an die Tür und begann einen Schwatz mit Tonio, so daß Perpetua, wenn sie öffnete, glauben mußte, sie sei ganz zufällig gerade vorbeigekommen und Tonio habe sie für einen Moment zurückgehalten.

Kapitel 8

›Karneades, wer war das noch?‹ grübelte Don Abbondio gerade, in seinem Sessel sitzend in einem Zimmer des Oberstocks, ein aufgeschlagenes Büchlein vor sich, als Perpetua eintrat, um ihm den Besuch zu melden. ›Karneades, ja, ja, mir scheint, den Namen habe ich schon gelesen oder gehört. Muß ein Gelehrter, ein großer Autor des Altertums gewesen sein, das ist so einer von diesen Namen. Aber wer zum Teufel war das?‹

So wenig ahnte der Ärmste, welches Unwetter sich über seinem Haupte zusammenzog.

Don Abbondio hatte nämlich die schöne Gewohnheit, jeden Tag ein wenig zu lesen, und ein benachbarter Pfarrer, der eine kleine Bibliothek besaß, lieh ihm ein Buch nach dem anderen, immer das erste beste, das ihm gerade in die Hände fiel. Dasjenige, über welches Don Abbondio gerade nachsann, vom Fieber des Schrekkens genesend und eigentlich schon mehr geheilt (was das Fieber betraf), als er zugeben wollte, war eine Lobrede auf San Carlo Borromeo, die zwei Jahre zuvor im Mailänder Dom mit großer Inbrunst gehalten und mit großer Bewunderung angehört worden war. Darin wurde der Heilige seiner Liebe zur Wissenschaft wegen mit Archimedes verglichen, und bis dahin war Don Abbondio auf keine Schwierigkeiten gestoßen – hat Archimedes doch so bemerkenswerte Dinge getrieben und soviel von sich reden gemacht, daß es keiner sehr großen Bildung bedarf, um etwas von ihm zu wissen. Aber nach Archimedes hatte der Redner auch Karneades zum Vergleich herangezogen, und hier war der Leser gestrandet. In diesem Augenblick war Perpetua hereingekommen, um Tonios Besuch zu melden.

»Um diese Zeit?« sagte natürlich auch Don Abbondio.

»Was wollt Ihr? Diese Leute haben kein Benehmen. Aber wenn Ihr den Vogel nicht im Fluge fangt...«

»Tja, wenn ich jetzt nicht zugreife, wer weiß, wann ich ihn dann je zu fassen kriege! Laß ihn reinkommen... He, he, bist du auch sicher, daß er's wirklich ist?«

»Und ob!« antwortete Perpetua, ging hinunter, öffnete die Tür und sagte: »Wo steckt ihr?« Tonio trat vor, und im gleichen Moment erschien auch Agnese und begrüßte Perpetua mit Namen.

»Guten Abend, Agnese«, sagte Perpetua: »Woher kommst du denn um diese Zeit?«

»Ich komme aus...«, und sie nannte ein Dorf in der Nachbarschaft. »Und wenn du wüßtest«, fuhr sie fort, »es war genau deinetwegen, daß ich dort länger geblieben bin.«

»Ach ja? Wieso?« fragte Perpetua, wandte sich an die beiden Brüder und sagte: »Geht schon rein, ich komme gleich.«

»Weil«, antwortete Agnese, »eine von diesen Frauen, die nichts verstehen, aber überall mitreden wollen, sich – ob du's glaubst oder nicht – darauf versteift hat, du wärst nur deshalb weder mit Beppe Suolavecchia noch mit Anselmo Lunghigna verheiratet, weil keiner von beiden dich gewollt hätte. Ich hab natürlich gesagt, daß du es warst, die keinen von beiden gewollt hat...«

»Freilich. O diese Lügnerin! Diese gemeine Lügnerin! Wer ist es?«

»Frag mich nicht, ich will keinen Unfrieden stiften.«

»Sag's mir! Du *mußt* es mir sagen! O diese Lügnerin!«

»Genug, frag nicht weiter... Aber du glaubst nicht, wie sehr ich es bedauert habe, daß ich nicht die ganze Geschichte kannte, um diese Person zum Schweigen zu bringen.«

»Sieh einer nur, was die Leute so alles erfinden!« entrüstete sich Perpetua von neuem und fuhr dann rasch fort: »Also bei dem Beppe, da wissen es alle, da hat's jeder sehen können... He, Tonio, laßt die Tür angelehnt und geht schon mal rauf, ich komme gleich nach.«

»Ja, gut«, antwortete Tonio von drinnen, und hitzig fuhr Perpetua in ihrer Erzählung fort.

Gegenüber von Don Abbondios Haustür begann ein Sträßchen, das zwischen zwei ärmlichen Hütten hindurchführte und dann auf ein Feld einbog. Dorthin wandte sich Agnese, als wollte sie ein wenig beiseite gehen, um ungestört reden zu können, und Perpetua folgte ihr. Als sie um die Ecke gebogen und an einer Stelle waren, von wo aus man nicht mehr sehen konnte, was vor Don Abbondios Haus geschah, hustete Agnese laut. Das war das Zeichen: Renzo drückte Lucia ermutigend den Arm, und auf Zehenspitzen setzten die beiden sich in Bewegung, schlichen dicht an der Mauer entlang zur Haustür, drückten sie vorsichtig auf, schlüpften hinein und fanden die beiden Brüder im Flur, wo sie gewartet hatten. Renzo lehnte die Tür wieder an, und alle vier stiegen die Treppe hinauf, ohne auch nur soviel Lärm zu machen wie einer allein. Oben angelangt, traten die Brüder an die Zimmertür seitlich neben der Treppe. Das Brautpaar drückte sich an die Wand.

»*Deo gratias*«, sagte Tonio mit klarer Stimme.

»Tonio, eh? Komm rein«, erklang es von drinnen.

Der Gerufene öffnete die Tür gerade so weit, daß er und sein Bruder nacheinander hindurchschlüpfen konnten. Der schmale Lichtstreifen, der durch die Öffnung fiel und sich auf dem dunklen Boden des Treppenflurs abzeichnete, ließ Lucia zusammenfahren, als ob sie entdeckt worden wäre. Als die Brüder eingetreten waren, zog Tonio die Tür hinter sich zu. Das Brautpaar blieb reglos im Dunkeln, mit gespitzten Ohren und angehaltenem Atem. Das lauteste Geräusch war das Pochen von Lucias armem Herzen.

Don Abbondio saß, wie wir schon sagten, in einem alten Sessel, bekleidet mit einem alten Priesterrock und einer alten Ohrenmütze, die sein Gesicht einrahmte, beleuchtet vom trüben Schein einer kleinen Lampe. Zwei dichte Haarbüschel, die unter der Mütze hervorquollen, zwei dichte Augenbrauen, ein dichter Schnurr- und ein dichter Spitzbart, alles schlohweiß und über das braungebrannte, runzlige Gesicht hingestreut, mochten an schneebedecktes Buschwerk auf einem Felshang im Mondlicht erinnern.

»Aha!« lautete seine Begrüßung, während er sich die Brille abnahm und sie in das Büchlein legte.

»Der Herr Pfarrer wird sagen, daß ich spät gekommen bin«, sagte Tonio und verbeugte sich, was Gervaso ihm, wenn auch etwas linkischer, nachtat.

»Allerdings ist es spät, in jeder Hinsicht. Du weißt, daß ich krank bin?«

»Oh, das tut mir leid.«

»Du wirst doch davon gehört haben: Ich bin krank und weiß noch nicht, wann ich wieder soweit sein werde, daß ich unter die Leute gehen kann... Aber wieso hast du denn diesen... deinen Bruder mitgebracht?«

»Nur so zur Gesellschaft, Herr Pfarrer.«

»Na gut, laß sehen.«

»Hier sind fünfundzwanzig nagelneue Silbermünzen, von denen mit Sankt Ambrosius zu Pferde drauf«, sagte Tonio und zog ein Säckchen aus der Tasche.

»Laß sehen«, wiederholte Don Abbondio, nahm das Säckchen, setzte sich die Brille auf, öffnete es, holte die Münzen heraus, zählte sie, drehte sie hin und her und fand nichts an ihnen auszusetzen.

»Jetzt gebt mir bitte auch die Halskette meiner lieben Tecla wieder, Herr Pfarrer.«

»Richtig«, antwortete Don Abbondio, begab sich zu einem Schrank, zog einen Schlüssel aus der Tasche, blickte zurück, wie um die Zuschauer fernzuhalten, öffnete einen Flügel der Schranktür, verdeckte die Öffnung mit seinem Körper, steckte den Kopf hinein, um zu sehen, und eine Hand, um zu greifen, nahm die Kette heraus, machte den Schrank wieder zu und übergab sie Tonio. »In Ordnung?«

»Jetzt habt noch die Güte«, sagte Tonio, »und gebt es mir schwarz auf weiß.«

»Auch das noch!« seufzte Don Abbondio. »Die kennen sich wirklich aus. Oh, wie mißtrauisch ist die Welt doch geworden! Traust du mir nicht?«

»Wie, Herr Pfarrer! Ich Euch nicht trauen? Ihr tut mir unrecht. Aber da mein Name nun mal in Eurem großen schwarzen Buch steht, und zwar auf der Schuldnerseite... also, ich meine, wo Ihr Euch schon die Mühe gemacht habt, ihn reinzuschreiben...«

»Gut, gut«, unterbrach Don Abbondio, zog brummelnd eine Tischschublade auf, entnahm ihr Feder, Papier und Tintenfaß und begann zu schreiben, wobei er die Wörter eins nach dem anderen, wie sie ihm aus der Feder kamen, laut wiederholte. Unterdessen pflanzten sich Tonio und, auf einen Wink von ihm, Gervaso direkt vor dem Tisch auf, so daß dem Schreibenden die Sicht auf die Tür verstellt war, und wie aus Langeweile scharrten sie mit den Füßen, um den beiden draußen das Zeichen zum Hereinkommen zu geben und zugleich das Geräusch ihrer Schritte zu übertönen. Don Abbondio war ganz in sein Schreiben vertieft und achtete auf nichts anderes. Als Renzo das Scharren der vier Füße hörte, nahm er Lucias Arm, drückte ihn ermutigend und setzte sich in Bewegung, wobei er die Zitternde hinter sich herziehen mußte, da sie aus eigener Kraft keinen Schritt hätte tun können. Auf Zehenspitzen und mit angehaltenem Atem traten sie ein und versteckten sich hinter den beiden Brüdern. Inzwischen war Don Abbondio mit seinem Schreiben fertig und las es aufmerksam durch, ohne die Augen vom Blatt zu heben, faltete es dann zweimal, sagte: »Nun, bist du zufrieden?«, nahm sich mit der einen Hand die Brille von der Nase, reichte mit der anderen das Papier zu Tonio und blickte auf. Während Tonio die Hand nach dem Papier ausstreckte, trat er einen Schritt zur Seite; gleichzeitig, auf einen Wink von ihm, trat Gervaso einen Schritt zur anderen Seite, und in der Mitte, wie wenn sich ein Bühnenvorhang öffnet, erschienen Renzo und Lucia.

Don Abbondio sah sie verschwommen, dann deutlich, erschrak, erstaunte, ergrimmte, überlegte und faßte einen Entschluß: all das in der Zeit, die Renzo brauchte, um die Worte »Herr Pfarrer, vor diesen Zeugen, dies ist meine Frau« zu sprechen. Seine Lippen hatten sich noch nicht wieder geschlossen, da hatte Don Abbondio schon das Papier fallengelassen, mit der Linken die Lampe ergriffen und hochgehoben, mit der Rechten die Tischdecke gepackt und an sich gerissen, so daß Buch, Papier, Tintenfaß und Streusandbüchse zu Boden fielen, und war zwischen Tisch und Sessel vor Lucia gesprungen. Die Ärmste hatte gerade mit ihrer sanften und nun ganz zittrigen Stimme sagen können: »Und dies...«, da hatte Don Abbondio ihr schon rabiat die Decke über Kopf und Gesicht geworfen, um zu verhindern, daß sie die Formel ganz aussprach. Und gleich darauf, nachdem er die Lampe in der anderen Hand fallengelassen hatte, nahm er auch diese zu Hilfe, um Lucia fest in die Decke zu wickeln, so daß sie beinahe erstickte; dabei schrie er aus Leibeskräften: »Perpetua! Perpetua! Verrat! Hilfe!« Der Docht, der auf dem Boden verglomm, warf einen matt flackernden Schein auf Lucia, die zutiefst verwirrt nicht einmal versuchte, sich loszuwinden, sondern aussah wie eine aus Ton geformte Statue, über die der Künstler ein feuchtes Tuch geworfen hat. Als das Licht ganz erloschen war, ließ Don Abbondio die Ärmste los und tastete sich zu einer Tür, die in ein hinteres Zimmer führte. Dorthin entfloh er und schloß sich ein, wobei er immerfort schrie: »Perpetua! Verrat! Hilfe! Raus hier! Raus aus diesem Haus!« Im vorderen Zimmer ging derweil alles drunter und drüber: Renzo, der den Pfarrer festzuhalten versucht hatte, war mit rudernden Armen, als spielte er Blindekuh, an die Tür gelangt, hämmerte mit den Fäusten dagegen und schrie: »Aufmachen! Aufmachen! Schreit doch nicht so!« Lucia rief mit matter Stimme nach Renzo und sagte flehend: »Laß uns gehen, um Gottes willen, laß uns gehen!« Tonio kroch auf allen vieren am Boden und suchte tastend nach seiner Quittung. Gervaso schrie und sprang wie besessen umher und suchte nach der Tür zur Treppe, um sich in Sicherheit zu bringen.

Inmitten dieses Durcheinanders können wir nicht umhin, einen Augenblick innezuhalten, um eine Überlegung anzustellen. Renzo, der zur Nachtzeit in einem fremden Haus herumlärmt, in das er heimlich eingedrungen ist und dessen Besitzer er in einem Zimmer belagert, macht ganz den Eindruck eines Bedrängers, und doch ist er letztlich der Bedrängte. Don Abbondio, überrascht, erschreckt, in die Flucht getrieben, während er friedlich seinen Liebhabereien nachging, könnte als Opfer erscheinen, und doch war in Wirklichkeit er es, der ein Unrecht begangen hatte. So geht es häufig zu in der Welt... will sagen, so ging es im siebzehnten Jahrhundert zu.

Als der Belagerte sah, daß der Feind keine Anstalten machte, sich zurückzuziehen, öffnete er ein Fenster, das zum Platz vor der Kirche hinausging, und fing an zu schreien: »Hilfe! Hilfe!« Es war eine klare Vollmondnacht, der Schatten der Kirche und weiter hinten der lange spitze Schatten des Glockenturms lagen schwarz und scharf umrissen auf dem hellen grasbewachsenen Platz; jeder Gegenstand war deutlich zu sehen, fast wie bei Tag. Aber wie weit der Blick auch ging, nirgends war eine lebende Seele zu sehen. An der Längswand der

Kirche jedoch, genau an der dem Pfarrhaus zugewandten Seite, befand sich ein kleiner Anbau, ein Verschlag, in dem der Mesner schlief. Und dieser erwachte durch das wilde Geschrei, fuhr hoch, sprang aus dem Bett, öffnete ein kleines Fenster, steckte den Kopf hinaus, die Augen noch ganz verschlafen, und rief: »Was ist los?«

»Lauf, Ambrogio! Hilfe! Es sind Leute im Haus!« rief Don Abbondio. »Ich komme sofort«, erwiderte der Mesner, zog den Kopf zurück, schloß das Fenster und fand, obwohl noch halb im Schlaf und mehr als nur halb erschrocken, auf Anhieb den besten Weg, mehr Hilfe zu leisten, als verlangt worden war, ohne selber ins Handgemenge, oder was immer es sein mochte, zu geraten: Er greift sich seine Hose, die auf dem Bett lag, klemmt sie sich wie einen Galahut unter den Arm und springt eine Holztreppe hinunter, rennt zum Glockenturm, packt das Seil der größeren der beiden Glocken, die dort hängen, und läutet Sturm.

Dong, dong, dong, dong: Die Bauern fahren aus dem Schlaf, die jungen Burschen auf dem Heuboden spitzen die Ohren und springen auf. »Was ist los? Was ist los? Sturmläuten! Feuer? Diebe? Räuber?« Viele Frauen raten ihren Männern, beschwören sie, liegenzubleiben und die anderen rennen zu lassen. Einige stehen auf und gehen ans Fenster; die Fauleren kriechen wieder unter die Decke, als ergäben sie sich den Beschwörungen ihrer Frauen; die Neugierigeren und Beherzteren laufen los, um Heugabeln und Flinten zu holen und an den Ort des Geschehens zu rennen; andere schauen nur zu.

Aber noch ehe sie alle bereit, ja ehe sie richtig aufgewacht waren, hatte der Lärm schon die Ohren anderer Personen erreicht, die nicht weit davon angekleidet und auf den Beinen waren: die Bravi an einem Ort, Agnese und Perpetua an einem anderen. Berichten wir zunächst kurz, was erstere taten, seit wir sie verlassen haben, teils in jenem alleinstehenden verfallenen Haus, teils in der

Dorfschenke. Als die drei in der Schenke alle Haustüren geschlossen und die Straße menschenleer sahen, brachen sie eilig auf, als hätten sie plötzlich gemerkt, wie spät es war, und müßten rasch nach Hause. Sie machten noch einen Rundgang durchs Dorf, um zu sehen, ob wirklich alle zur Ruhe gegangen waren; tatsächlich trafen sie keine lebende Seele mehr an und hörten nicht mehr das kleinste Geräusch. Sie gingen auch leise an unserem armen Häuschen vorbei: dem stillsten von allen, denn es war ja niemand mehr darin. Sodann begaben sie sich auf geradem Wege zu dem alleinstehenden Haus und erstatteten dem Grauen Bericht. Dieser stülpte sich unverzüglich einen Schlapphut auf den Kopf, warf sich einen Pilgermantel aus muschelbesetztem Wachstuch über die Schultern, ergriff einen Pilgerstab und sagte: »Auf geht's, Bravi! Seid leise und achtet auf meine Befehle!« Er ging voran, die anderen folgten, und wenig später erreichten sie das Häuschen auf dem entgegengesetzten Wege zu jenem, den unsere kleine Gesellschaft eingeschlagen hatte, als auch sie zu ihrer Unternehmung aufgebrochen war.

Der Graue ließ seine Truppe ein paar Schritte entfernt halten und ging allein voran, um die Lage zu sondieren. Als er sah, daß rings um das Haus alles still und verlassen war, ließ er zwei seiner tristen Gesellen nachkommen und befahl ihnen, vorsichtig über die Mauer in den kleinen Hof zu klettern und sich in einer Ecke hinter einem dichten Feigenbaum zu verstecken, den er am Vormittag dort gesehen hatte. Als dies geschehen war, klopfte er leise an die Tür, in der Absicht, sich als ein verirrter Pilger auszugeben, der um Obdach für eine Nacht bittet. Keine Antwort. Er klopft erneut, etwas lauter: nicht ein Mucks. Da geht er einen dritten seiner Galgenstricke holen und läßt ihn wie die beiden ersten in den Hof klettern mit dem Befehl, vorsichtig den Riegel aus der Halterung zu lösen, um freien Zu- und Abgang zu haben. Alles wird mit großer Umsicht und bestem Erfolg ausgeführt. Er geht die anderen holen, führt sie in den Hof und bedeutet ihnen, sich neben den ersten zu verstecken; er macht das Hoftor lautlos zu, stellt zwei Wachen innen davor und geht direkt zur Haustür. Auch dort klopft er an und wartet – und da konnte er lange warten. Er entriegelt auch diese Tür, niemand sagt drinnen: »Wer da?«, nichts ist zu hören. Besser kann's gar nicht gehen. Also weiter. »Pst«, zischt er den hinter dem Feigenbaum Versteckten zu, winkt sie herbei und tritt mit ihnen in die ebenerdige Stube, wo er am Vormittag so ruchlos ein Stück Brot erbettelt hatte. Er holt Zunder, Stein, Feuerstahl und Schwefelhölzchen hervor, zündet eine Lampe an, tritt in das hintere Zimmer, um sich zu vergewissern, daß dort niemand ist: auch dort ist niemand. Er kehrt zurück, geht zur Treppentür, späht umher, spitzt die Ohren: alles still und verlassen. Er postiert zwei Mann als Wache im Erdgeschoß, winkt den »Grunzer« herbei, einen Bravo aus dem Bergamaskischen, der nur drohen, beschwichtigen, kommandieren, mit einem Wort: als Sprecher auftreten soll, damit Agnese wegen seiner charakteristischen Mundart glaubt, daß die Entführung von dort aus erfolge. Mit ihm zur Seite und den anderen hinter sich steigt der Graue leise, leise die Treppe hinauf, innerlich jede knarrende Stufe und jeden zu lauten Schritt dieser Tölpel verfluchend.

Endlich sind sie oben. Jetzt gilt's! Behutsam drückt er die Tür zum ersten Zimmer auf. Die Tür gibt nach, öffnet sich einen Spalt, er späht hindurch: alles dunkel. Er lauscht, ob jemand drinnen schnarcht, atmet, sich regt: nichts. Also los! Er hält sich die Lampe vors Gesicht, um zu sehen, ohne gesehen zu werden, macht die Tür ganz auf, sieht ein Bett, stürzt sich darauf: das Bett ist gemacht und glattgestrichen, das Laken säuberlich umgeschlagen und übers Kopfkissen gebreitet. Er zuckt die

Achseln, dreht sich nach seinen Leuten um, bedeutet ihnen, daß er im anderen Zimmer nachsehen wird, und sie folgen ihm leise. Er tritt ein, verfährt in gleicher Weise wie eben und findet das gleiche. »Was zum Teufel soll das heißen?« sagt er. »Hat uns etwa irgendeine Kanaille verraten?« Jetzt beginnen alle, sich zwangloser umzusehen, in allen Winkeln zu stöbern, das Haus auf den Kopf zu stellen.

Währenddessen hören die beiden, die am Hoftor Wache stehen, ein Trappeln eiliger Schritte, das rasch näher kommt; sie denken, daß der Betreffende, wer immer es sein mag, vorbeigehen wird, verhalten sich still und bleiben wachsam. Aber das Trappeln endet genau an der Hoftür. Es ist Menico, der von Pater Cristoforo zurückkommt, um den beiden Frauen zu sagen, daß sie um Himmels willen sofort das Haus verlassen und sich ins Kloster flüchten sollten, weil... nun, wir wissen, warum. Der Junge faßt nach dem Griff des Riegels, um anzuklopfen, und fühlt ihn lose in der Hand, aus der Halterung gelöst. ›Was ist das?‹ denkt er und drückt beklommen gegen die Tür: sie öffnet sich. Er setzt mißtrauisch einen Fuß hinein und fühlt sich plötzlich an beiden Armen gepackt, während zwei Stimmen ihm drohend von rechts und links zuflüstern: »Still! Oder du bist des Todes!« Er stößt trotzdem einen Schrei aus, einer der beiden Banditen drückt ihm eine Hand auf den Mund, der andere zieht ein langes Messer, um ihm Angst zu machen. Der Junge zittert wie Espenlaub und versucht nicht einmal mehr zu schreien. Doch plötzlich ertönt an seiner Stelle und mit einem ganz anderen Klang jener erste Glockenschlag und danach ein ganzes Sturmgeläut. Der Schuldige sieht überall Verfolger, sagt ein Mailänder Sprichwort: Jedem der beiden Spitzbuben ist, als höre er in diesen Schlägen der Glocke seinen Namen samt Zu- und Beinamen rufen, sie lassen die Arme des Jungen los, ziehen die ihren erschrocken zurück, sperren Mund und Nase auf, sehen einander ins Gesicht und rennen zum Haus, wo sich das Gros der Truppe befindet. Menico seinerseits rennt die Straße hinunter zum Glockenturm, wo schließlich irgendwer sein muß. Auf die anderen Spitzbuben, die das Haus durchsuchen, macht das ohrenbetäubende Läuten den gleichen Eindruck. Sie halten erschrocken inne, geraten aus der Fassung, rennen einander über den Haufen, jeder auf der Suche nach dem kürzesten Weg zum Ausgang. Dabei waren sie lauter kampferprobte Männer und gewohnt, die Zähne zu zeigen; doch einer unbestimmten Gefahr, die so plötzlich und ohne Vorankündigung über sie hereinbrach, waren sie nicht gewachsen. Es bedurfte der ganzen Autorität des Grauen, um sie zusammenzuhalten, damit es ein geregelter Rückzug und keine wilde Flucht wurde. Wie der Hund, der eine Herde Schweine hütet, bald hier, bald dort hinter denen herläuft, die sich aus dem Pulk entfernen, das eine mit den Zähnen am Ohr zurückreißt, das andere mit der Nase zurückstößt, ein drittes, das gerade ausbrechen will, durch Bellen zurückjagt, so reißt der Pilger einen seiner Leute, der schon auf der Schwelle angelangt ist, am Schopf nach hinten, treibt zwei andere, die sich gerade der Schwelle nähern, mit seinem Stock zurück und brüllt die übrigen an, die dahin und dorthin laufen, ohne zu wissen, wohin sie wollen, bis er sie schließlich alle in der Mitte des Hofes zusammengetrieben hat. »Schnell, schnell! Pistolen zur Hand, Messer raus, alle gemeinsam und vorwärts, so schaffen wir's. Wer soll uns schon etwas anhaben, wenn wir alle zusammenhalten, ihr Dummköpfe? Aber wenn wir uns jeder einzeln schnappen lassen, dann werden auch die Bauern mit uns fertig. Schämt euch! Mir nach! Und zusammengeblieben!« Nach dieser kurzen Ansprache setzte er sich an die Spitze und ging als erster hinaus. Das Haus lag, wie wir wissen, am Rande des Dorfes, der

Graue nahm den Weg, der aufs Land hinaus ging, und alle folgten ihm in geordneter Reihe.

Lassen wir sie ziehen und machen wir einen Schritt zurück zu Agnese und Perpetua, die wir auf einem gewissen Sträßchen verlassen haben. Agnese hatte sich bemüht, die andere so weit wie möglich vom Pfarrhaus wegzulocken, und bis zu einem bestimmten Moment war alles gut gegangen. Aber plötzlich war der Frau eingefallen, daß die Haustür noch offenstand, und sie hatte zurückgehen wollen. Da war nichts zu machen: um keinen Verdacht zu erregen, hatte Agnese mit ihr zurückgehen müssen, wobei sie jedoch versuchte, jedesmal stehenzubleiben, wenn Perpetua sich beim Erzählen von ihren zwei geplatzten Heiratsmöglichkeiten wieder erhitzte. Sie zeigte sich sehr interessiert und sagte immer wieder, um ihre Aufmerksamkeit zu beweisen oder den Redefluß in Gang zu halten: »Sicher, jetzt verstehe ich, das war sehr gut, das ist klar, und dann? Und er? Und du?« Dabei führte sie jedoch im stillen ein ganz anderes Selbstgespräch: ›Ob sie jetzt wohl wieder draußen sind? Oder sind sie noch drinnen? Wie dumm von uns, daß wir kein Zeichen ausgemacht haben, ob die Sache geklappt hat. Wirklich ein dummer Fehler! Aber jetzt ist er nun mal geschehen, jetzt bleibt nichts anderes übrig, als diese hier so lange wie möglich hinzuhalten; schlimmstenfalls ist es ein bißchen vertane Zeit.‹

So waren die beiden Frauen mit kleinen Anläufen und kleinen Pausen schließlich wieder in die Nähe des Pfarrhauses gelangt, das sie jedoch wegen der erwähnten Ecke noch nicht sehen konnten, und Perpetua, die an einem wichtigen Punkt ihrer Erzählung angelangt war, hatte sich widerstandslos aufhalten lassen, ja ohne es überhaupt zu bemerken. In diesem Moment ertönte von oben, durch die reglose Ruhe der Luft und das weite Schweigen der Nacht, jener erste gellende Schrei Don Abbondios: »Hilfe! Hilfe!«

»Mein Gott, was war das?« rief Perpetua und wollte losrennen.

»Was ist denn? Was ist denn?« sagte Agnese und hielt sie am Rock fest.

»Mein Gott, hast du nicht gehört?« rief Perpetua und wand sich los.

»Was ist denn? Was ist denn?« wiederholte Agnese und faßte Perpetua am Arm.

»Verdammtes Weib!« rief Perpetua, stieß sie zurück, um sich freizumachen, und rannte los. Da ertönte von ferne, schriller und kürzer, Menicos Schrei.

»Mein Gott!« rief nun auch Agnese und rannte ebenfalls los. Sie hatte kaum die Fersen erhoben, als die Glocke zu läuten begann: ein Schlag, zwei, drei, immer mehr Schläge, sie hätten wie Sporen gewirkt, hätten die beiden Frauen noch eines Ansporns bedurft. Perpetua kam kurz vor Agnese an. Als sie die Tür aufstoßen wollte, öffnete sie sich nach innen, und es erschienen Tonio, Gervaso, Renzo und Lucia, die, nachdem sie die Treppe gefunden hatten, in großen Sätzen heruntergesprungen waren und nun gejagt von dem schrecklichen Glockengeläut wie panisch hinausstrebten.

»Was ist los? Was ist los?« fragte Perpetua keuchend die Brüder, die ihr jedoch nur mit einem Schubs antworteten und davonrannten. »Und ihr! Was? Wie? Was macht ihr denn hier?« fragte sie dann das andere Paar, als sie es erkannt hatte. Aber auch diese beiden rannten hinaus, ohne zu antworten. Um rasch dorthin zu gelangen, wo sie am meisten gebraucht wurde, fragte Perpetua nicht weiter, sondern eilte hinein und lief, so schnell sie im Dunkeln konnte, die Treppe hinauf.

Die beiden immer noch nur Verlobten fanden sich plötzlich vor Agnese, die atemlos angerannt kam. »Ah, hier seid ihr!« rief sie, die Worte mühsam hervorstoßend. »Wie ist es gegangen? Warum läutet die Glocke? Mir ist, als hätte jemand um Hilfe gerufen.«

»Nach Hause, nach Hause!« sagte Renzo. »Bevor Leute kommen.« Sie wollten gerade losgehen, da kam Menico angerannt, erkannte sie, blieb stehen und sagte noch ganz zitternd mit schwacher Stimme: »Wo wollt ihr hin? Zurück, zurück! Hier lang, zum Kloster!«

»Bist du es, der...«, begann Agnese.

»Was ist denn *noch* passiert?« fragte Renzo. Lucia, ganz aus der Fassung, schwieg und zitterte nur.

»Der Teufel ist los bei euch zu Hause!« keuchte Menico. »Ich hab sie gesehen, sie wollten mich umbringen. Pater Cristoforo hat's ja gesagt, und auch du, Renzo, sollst sofort hinkommen, hat er gesagt. Und dann hab ich sie gesehen. Ein Glück, daß ich euch jetzt hier alle gefunden habe! Ich erzähl's euch später, wenn wir erst mal draußen sind.«

Renzo, der seine fünf Sinne noch am besten beisammenhatte, überlegte, daß es auf jeden Fall gut sein würde, sofort zu gehen, bevor die Leute zusammenströmten, und daß es am sichersten war, zu tun, was Menico vorschlug, ja was er geradezu mit der Kraft eines Erschrockenen befahl. Unterwegs, wenn sie erst einmal außer Gefahr waren, konnte er den Jungen dann nach einer besseren Erklärung fragen. »Geh voran«, sagte er zu ihm, und zu den Frauen: »Wir gehen mit ihm.« Sie machten kehrt, gingen rasch in Richtung der Kirche, überquerten den Platz, auf dem Gott sei Dank noch niemand war, schlüpften in eine enge Gasse, die zwischen Kirche und Pfarrhaus hindurchging, dann durchs erste Loch, das sie in einer Hecke fanden, und nichts wie weg über die Felder.

Sie waren noch keine fünfzig Schritte entfernt, als die Leute auf den Platz zu strömen begannen und jeden Augenblick mehr wurden. Sie schauten einander an, jeder hatte eine Frage zu stellen, niemand eine Antwort zu geben. Die zuerst Gekommenen liefen zur Kirchentür: sie war verschlossen. Sie liefen zum Glockenturm, einer preßte den Mund an ein kleines Fenster, eine Art Schießscharte, und rief hinein: »Was zum Teufel ist denn passiert?« Als der Mesner Ambrogio eine bekannte Stimme hörte, ließ er das Seil los, und da ihn das Stimmengewirr überzeugte, daß viel Volk zusammengekommen war, antwortete er: »Ich komme aufmachen.« Rasch streifte er sich die Hose über, die er immer noch unterm Arm getragen hatte, ging an die Tür und öffnete.

»Was soll denn dieser Krach? – Was gibt's? – Wo ist es? – Wer ist es?«

»Was heißt ›Wer ist es‹?« sagte Ambrogio, während er mit einer Hand den Türflügel und mit der anderen die Hose festhielt, die er sich so eilig angezogen hatte. »Wißt ihr das nicht? Leute im Haus des Herrn Pfarrers! Los, los, helfen wir ihm!« Alle drehen sich zu dem Haus und rennen hin, schauen hoch und spitzen die Ohren: alles still. Andere laufen zur Tür: verschlossen und offenbar unberührt. Sie schauen ebenfalls hoch: kein Fenster offen, kein Mucks zu hören.

»Wer ist da drinnen? – Hallo, hallo! – Herr Pfarrer! – Herr Pfarrer!«

Don Abbondio war, sobald er die Flucht der Eindringlinge bemerkt hatte, vom Fenster zurückgetreten und hatte es wieder geschlossen; er schimpfte gerade leise mit Perpetua, weil sie ihn in dieser Bedrängnis allein gelassen hatte, da hörte er das Volk nach sich rufen und mußte erneut ans Fenster treten. Als er den zahlreichen Beistand sah, bereute er, es geschlossen zu haben.

»Was ist passiert? – Was hat man Euch getan? – Wer sind diese Leute? – Wo sind sie?« riefen ihm an die fünfzig Stimmen entgegen.

»Es ist niemand mehr da. Ich danke euch. Geht ruhig wieder nach Hause.«

»Aber wer ist es gewesen? – Wohin sind sie gegangen? – Was ist passiert?«

»Üble Menschen. Solche, die sich in der Nacht herumtreiben. Aber sie sind geflohen. Geht wieder heim, es ist niemand mehr da. Ein andermal, Kinder. Ich danke euch für euer gutes Herz.« Mit diesen Worten zog er sich zurück und schloß das Fenster. Nun begannen einige zu murren, andere zu spotten oder zu fluchen; wieder andere zuckten die Schultern und gingen davon, als plötzlich jemand keuchend herbeigestürzt kam, kaum fähig, ein Wort hervorzubringen. Der Mann wohnte unseren Frauen fast gegenüber, und als er wegen des Lärms ans Fenster gelaufen war, hatte er in dem kleinen Hof das Gewimmel der Bravi gesehen, in welchem der Graue sich abmühte, seine Leute zu sammeln. Als der Mann wieder zu Atem gekommen war, rief er: »Was macht ihr hier, Leute? Nicht hier ist der Teufel los, es ist unten am Ende der Straße, im Haus der Agnese Mondella. Bewaffnete sind da drinnen, es sieht so aus, als wollten sie einen Pilger umbringen. Wer weiß, was für Teufel das sind!«

»Was? – Was? – Was?« tönt es von allen Seiten, und es beginnt eine stürmische Beratung. »Man muß hingehen. – Man muß nach dem Rechten sehen! – Wie viele sind es? – Wie viele sind wir? – Wer sind sie? – Dorfschulze! Dorfschulze!«

»Hier bin ich«, meldet sich der Dorfschulze mitten aus der Menge. »Hier bin ich. Aber ihr müßt mir helfen, ihr müßt mir gehorchen. Wo ist der Mesner? Rasch an die Glocke, an die Glocke! Jemand muß nach Lecco laufen, um Hilfe zu holen. Rasch, kommt alle her...«

Die einen laufen herbei, andere schlüpfen durch die Menge davon und verdrücken sich. Der Tumult ist groß, da kommt noch einer gelaufen, der hat die Bravi abziehen sehen. »Los, Leute!« ruft er. »Diebe oder Räuber, die sich mit einem Pilger davonmachen! Sie sind schon zum Dorf hinaus. Hinterher! Hinterher!« Die Menge stürmt los, ohne die Befehle des Anführers abzuwarten, und alle laufen wild durcheinander die Straße hinunter. Während das Gros der Truppe vorrückt, verlangsamt dieser und jener in der Vorhut den Schritt, läßt sich überholen und reiht sich in den Troß ein. Die letzten drängen nach vorn, und schließlich erreicht der wirre Haufen den angegebenen Ort. Die Spuren der Invasion sind noch frisch und offenkundig: das Hoftor offen, der Riegel erbrochen, aber die Eindringlinge sind fort. Man strömt in den Hof, man läuft zur Haustür: auch sie offen und erbrochen. Man ruft: »Agnese! Lucia! Der Pilger! Wo ist der Pilger? Hat Stefano diesen Pilger geträumt? – Nein, nein, auch Carl Andrea hat ihn gesehen. He, holla, Pilger! – Agnese! Lucia!« Niemand antwortet. »Sie sind entführt worden! Sie sind entführt worden!« Nun gab es welche, die mit erhobener Stimme vorschlugen, die Entführer zu verfolgen. Es sei eine Schmach, eine Schande für das Dorf, wenn jeder Halunke ungestraft herkommen und die Frauen verschleppen könnte wie der Hühnergeier die Küken auf einer verlassenen Tenne! Erneute, noch stürmischere Beratung. Aber da brachte einer (und man hat nie genau erfahren, wer es war) das Gerücht auf, Agnese und Lucia hätten sich in ein Haus gerettet. Das Gerücht verbreitete sich schnell und fand Glauben, von einer Verfolgung der Flüchtenden war nicht mehr die Rede, die Menge zerstreute sich, und alle gingen nach Hause. Es war ein Geflüster und ein Gepolter, ein Anklopfen und ein Öffnen von Türen, Lichter leuchteten auf und verschwanden, Frauen stellten Fragen aus Fenstern, und Antworten kamen von der Straße. Als diese wieder still und verlassen dalag, gingen die Gespräche in den Häusern weiter, bis sie in einem Gähnen erstarben, um am nächsten Morgen erneut zu beginnen.

Ereignisse gab es jedoch keine mehr; außer daß an jenem selben Morgen der Dorfschulze, als er auf seinem Feld stand, das Kinn in die Hand gestützt, den Ellbogen auf den Griff des halb in die Erde gerammten Spatens, einen Fuß auf der Trittkante, daß er, sagte ich, als er so dastand, um über die Mysterien der vergangenen Nacht nachzudenken und über die verwickelte Frage, was zu tun seines Amtes war und was zu tun sich für ihn empfahl, auf einmal zwei ziemlich verwegen aussehende Männer auf sich zukommen sah, Männer mit Mähnen wie zwei Frankenkönige erster Ordnung und im übrigen auffallend ähnlich jenen beiden, die fünf Tage zuvor den guten Don Abbondio angesprochen hatten, wenn es nicht gar dieselben waren. Noch unverblümter als damals bedeuteten sie dem Dorfschulzen, er solle sich hüten, über das Vorgefallene Anzeige beim Podestà zu erstatten, er solle, falls er darüber befragt werde, nicht die Wahrheit sagen, er solle darüber nicht tratschen und nicht das Getratsche der Dörfler schüren, sofern ihm die Hoffnung teuer sei, an einer Krankheit zu sterben.

Was unsere Flüchtlinge angeht, so waren sie ein gutes Stück in rascher Gangart geschritten, schweigend und bald dieser, bald jener zurückblickend, ob ihnen auch keiner folgte, alle niedergedrückt durch die Mühsal der Flucht, durch das Herzklopfen und die Ungewißheit, in der sie geschwebt hatten, durch den Kummer über den Mißerfolg und durch die unbestimmte Angst vor der neuen, unbekannten Gefahr. Und noch mehr bedrückte sie das beharrliche Weiterläuten der Glocke, das mit zunehmender Entfernung zwar schwächer und dumpfer wurde, dafür aber einen irgendwie düstereren und unheilvolleren Klang anzunehmen schien. Endlich hörte es auf. Da erst wagten die Flüchtlinge, die sich nun auf freiem Felde befanden und weit und breit keinen Laut mehr hörten, ihren Gang zu verlangsamen, und als erste brach Agnese, als sie wieder zu Atem gekommen war, das Schweigen, indem sie Renzo fragte, wie die Sache gegangen war, und Menico, was es mit jenem

Teufel im Hause auf sich gehabt habe. Renzo erzählte ihr kurz seine traurige Geschichte, und alle drei wandten sich an den Jungen, der nun die Warnung des Paters ausführlicher wiedergab und erzählte, was er selbst gesehen und riskiert hatte und was leider die Warnung des Paters nur bestätigte. Die Zuhörer begriffen mehr, als Menico hätte sagen können: Ein Schauder überlief sie, als er von seiner Entdeckung berichtete, sie blieben alle drei stehen und sahen einander erschrocken an, und gleich darauf, mit einer einhelligen Bewegung, legten alle drei eine Hand auf den Kopf oder auf die Schultern des Jungen, wie um ihn zu streicheln, ihm schweigend dafür zu danken, daß er ein Schutzengel für sie gewesen war, ihm ihr Mitgefühl zu bezeigen für die Angst, die er für sie ausgestanden, und die Gefahr, in die er sich für sie begeben hatte, und ihn gleichsam um Entschuldigung zu bitten. »Geh jetzt nach Hause zurück, damit deine Eltern sich nicht länger um dich sorgen müssen«, sagte Agnese schließlich, und im Gedenken an die zwei versprochenen Münzen zog sie vier davon aus der Tasche und gab sie ihm mit den Worten: »Genug. Bete zum Herrn, daß wir uns bald wiedersehen, und dann...« Renzo schenkte ihm eine neue Silbermünze und ermahnte ihn nachdrücklich, niemandem etwas von dem Auftrag zu sagen, den er vom Pater bekommen hatte. Lucia streichelte ihm erneut über den Kopf und sagte ihm mit belegter Stimme Ade, der Junge verabschiedete sich bewegt von allen und machte sich auf den Heimweg. Die drei anderen gingen gedankenvoll weiter, die Frauen voran und Renzo hinter ihnen wie eine Wache. Lucia hatte sich bei ihrer Mutter eingehängt und wehrte sanft, aber entschieden die Hilfe ab, die der junge Mann ihr auf den beschwerlichen Strecken jener Wanderung abseits gebahnter Wege anbot. Selbst in dieser bedrängten Lage schämte sie sich innerlich, daß sie so lange und so vertraulich mit ihm allein gewesen war, als sie erwartete, in wenigen Augenblicken seine Frau zu werden. Nun, nachdem dieser Traum so schmerzlich zerronnen war, bereute sie, zu weit gegangen zu sein, und neben allen anderen Gründen zum Zittern zitterte sie auch aus jener Scham, die nicht aus dem traurigen Wissen um das Böse entspringt und die sich selbst nicht kennt, ähnlich der Furcht eines Kindes, das im Dunkeln zittert, ohne zu wissen, wovor.

»Und das Haus?« sagte Agnese auf einmal. Doch so wichtig die Frage auch sein mochte, niemand antwortete ihr, denn niemand konnte ihr eine befriedigende Antwort geben. Schweigend setzten sie ihren Weg fort, und kurz darauf gelangten sie endlich auf den kleinen Platz vor der Klosterkirche.

Renzo stellte sich vor die Tür und drückte sachte dagegen. Die Tür gab tatsächlich nach, und das durch den Spalt eindringende Mondlicht fiel auf das bleiche Gesicht und den weißen Bart des dahinter wartenden Paters Cristoforo. »Gott sei Dank!« sagte er, als er sah, daß niemand fehlte, und winkte die drei herein. Neben ihm stand ein weiterer Kapuziner, der Bruder Mesner, den er mit Bitten und Argumenten überredet hatte, aufzubleiben, die Tür angelehnt zu lassen und mit ihm hinter ihr zu warten, um die armen Flüchtlinge in Empfang zu nehmen; und es hatte der ganzen Autorität des Paters und seines Rufes als Heiliger bedurft, um den Laienbruder zu einer so ungemütlichen, gefährlichen und regelwidrigen Gefälligkeit zu bewegen. Als die drei eingetreten waren, machte der Pater die Tür leise zu. Nun aber konnte der Mesner nicht länger an sich halten, rief den Pater beiseite und flüsterte ihm ins Ohr: »Aber Pater, Pater! Bei Nacht... in der Kirche... mit Frauen... zuschließen... die Regel!« Er schüttelte mißbilligend den Kopf. Und während er stammelnd diese Worte hervorstieß, dachte Pater Cristoforo bei sich: ›Sieh einer an! Wenn es ein verfolgter Straßenräuber wäre, würde Fra Fazio ihm nicht die geringsten Schwierigkeiten machen, aber eine arme Unschuldige, die den Klauen des Wolfes entronnen ist...‹ – »*Omnia munda mundis*«, sagte er sodann unvermittelt zu Fra Fazio, wobei er vergaß, daß dieser kein Latein verstand. Doch gerade diese Vergeßlichkeit tat ihre Wirkung. Hätte der Pater begonnen, mit Vernunftgründen zu argumentieren, hätte es Fra Fazio gewiß nicht an Gegengründen gefehlt, und der Himmel weiß, wann und wie die Sache zu Ende gegangen wäre. So aber, als er diese geheimnisvoll klingenden und so resolut gesprochenen Worte vernahm, schien ihm, daß sie die Lösung all seiner Zweifel enthielten. So beruhigte er sich und sagte: »Nun gut, Ihr versteht davon mehr als ich.«

»Vertrau' mir nur«, erwiderte Pater Cristoforo. Dann trat er im ungewissen Schein des Ewigen Lichts, das vor dem Altar brannte, zu den Aufgenommenen, die unschlüssig wartend dastanden, und sagte zu ihnen: »Kinder! Danket dem Herrn, er hat euch aus einer großen Gefahr gerettet. In diesem Augenblick wäre vielleicht...«, und er begann zu erklären, was er durch seinen kleinen Boten hatte andeuten lassen; er ahnte ja nicht, daß sie inzwischen mehr wußten als er, und dachte, Menico hätte sie friedlich zu Hause vorgefunden, ehe die Räuber kamen. Niemand klärte ihn auf, nicht einmal Lucia, der jedoch diese Verstellung, noch dazu vor einem solchen Manne, einen leisen Gewissensbiß verursachte. Aber es war nun einmal die Nacht der Vortäuschungen und Winkelzüge.

»Nach alledem«, fuhr der Pater fort, »werdet ihr einsehen, meine Kinder, daß ihr in diesem Dorf nicht mehr sicher seid. Es ist zwar euer Dorf, ihr seid dort geboren, ihr habt niemandem etwas Böses getan, aber Gott will es so. Es ist eine Prüfung, meine Kinder. Ertragt sie mit Geduld, mit Vertrauen und ohne Haß, und seid gewiß, daß eine Zeit kommen wird, in der ihr zufrieden an alles zurückdenken werdet, was jetzt geschieht. Ich habe dafür gesorgt, daß ihr fürs erste eine Zuflucht bekommt. Bald, so hoffe ich, werdet ihr sicher nach Hause zurückkehren können, in jedem Fall wird Gott für euch sorgen, und natürlich werde ich alles tun, um mich der Gnade würdig zu erweisen, die Er mir zuteil werden ließ, indem Er mich als Seinen Diener ausgewählt hat, um für euch arme Bedrängte zu sorgen. Ihr beide«, fuhr er an die Frauen gewandt fort, »könnt in *** bleiben. Dort seid ihr weit genug außer Gefahr und gleichzeitig nicht allzuweit von zu Hause entfernt. Sucht unser dortiges Kloster auf, laßt den Pater Guardian rufen und gebt ihm diesen Brief. Er wird euch ein zweiter Pater Cristoforo sein. Und du, lieber Renzo, auch du mußt dich jetzt in Sicherheit bringen, sowohl vor dem Zorn der anderen wie vor deinem eigenen. Bring diesen Brief zu Pater Bonaventura aus Lodi in unserem Kloster an der Porta Orientale in Mailand. Er wird dir ein Vater sein, wird dich anleiten und dir eine Arbeit besorgen, bis du zurückkehren und wieder ungestört hier leben kannst. Geht nun alle drei ans Ufer des Sees zur Mündung des Bione« (das ist ein Wildbach unweit von Pescarenico), »dort werdet ihr ein Boot liegen sehen. Sagt nur: ›Eine Fracht‹, und wenn ihr gefragt werdet, für wen, sagt: ›Für Sankt Franziskus.‹ Das Boot wird euch ans andere Ufer bringen, wo ihr einen Karren vorfinden werdet, der euch geradewegs nach *** bringen wird.«

Sollte jetzt einer fragen, wie Fra Cristoforo so plötzlich über jene Verkehrsmittel zu Wasser und zu Lande verfügen konnte, würde er damit nur erkennen lassen, daß er keine Ahnung hat, welche Macht ein Kapuziner besaß, der im Rufe der Heiligkeit stand.

Blieb noch zu überlegen, wer die Häuser hüten sollte. Der Pater nahm die Schlüssel an sich und versprach, sie denen zu geben, die Renzo und Agnese ihm nannten. Letztere stieß, als sie ihren Schlüssel aus der Tasche zog, einen tiefen Seufzer aus, denn ihr ging durch den Kopf, daß ihr Haus in diesem Augenblick offenstand und der Teufel dort los gewesen war. Wer weiß, ob es da überhaupt noch etwas zu hüten gab!

»Bevor ihr aufbrecht«, sagte der Pater, »laßt uns gemeinsam zum Herrn beten, daß Er mit euch sei auf dieser Reise und immerdar. Und daß Er euch vor allem Kraft und Liebe gebe, zu wollen, was Er gewollt hat.« Mit diesen Worten kniete er mitten in der Kirche nieder, und die anderen folgten ihm. Nachdem sie eine Zeitlang im stillen gebetet hatten, sprach der Pater mit leiser, aber deutlicher Stimme die Worte: »Herr, wir bitten Dich auch für jenen Ärmsten, der uns in diese Lage gebracht hat. Wir wären Deiner Barmherzigkeit nicht wert, wenn wir sie nicht auch von Herzen für ihn erflehten. Er bedarf ihrer so sehr! Wir haben in unserer Bedrängnis den Trost, daß wir auf dem Wege sind, den Du uns gewiesen hast. Wir können Dir unser Leid darbringen, und es wird uns zu einem Gewinn. Aber er... er ist Dein Feind. Oh, der Unselige! Er wetteifert mit Dir! Erbarme Dich seiner, o Herr, rühre sein Herz, mach ihn zu Deinem Freunde und gewähre ihm alles Gute, was wir für uns selber erbitten.«

Dann stand er rasch auf und sagte: »Los, Kinder, wir haben keine Zeit zu verlieren. Gott behüte euch, sein Engel begleite euch. Geht nun.« Und während die drei sich mit jener Rührung, die keine Worte findet und ohne sie auskommt, auf den Weg machten, fügte der Pater mit bewegter Stimme hinzu: »Mein Herz sagt mir, daß wir uns bald wiedersehen werden.«

Gewiß, wer auf sein Herz hört, dem hat es immer etwas über das zu sagen, was kommen wird. Aber was weiß das Herz? Gerade nur ein wenig von dem, was bereits geschehen ist.

Ohne auf eine Antwort zu warten, ging Pater Cristoforo zur Sakristei. Die Reisenden verließen die Kirche, und Fra Fazio schloß hinter ihnen die Tür, nicht ohne ihnen mit gleichfalls bewegter Stimme ein Lebewohl zu sagen. Sie begaben sich leise zum Ufer an die angegebene Stelle, sahen das Boot bereitliegen, tauschten die Losungsworte und stiegen ein. Der Schiffer stemmte ein Ruder gegen das Ufer und stieß sich ab, ergriff dann das andere und ruderte kraftvoll auf den See hinaus, dem anderen Ufer entgegen. Kein Lufthauch regte sich, der See lag glatt und still und wäre gänzlich reglos erschienen, hätte es nicht das leichte Zittern und Schaukeln des Mondes gegeben, der sich von der Mitte des Himmels herab darin spiegelte. Zu hören war nur das träge Klatschen der Wellen auf dem Kies am Ufer, das weiter entfernte Gurgeln des zwischen den Brückenpfeilern gestauten Wassers und das gemessene Schlagen der beiden Ruder, die das weite Blau des Sees zerschnitten, im gleichen Takt triefend daraus emporfuhren und wieder eintauchten. Die vom Bug zerteilte Flut, die sich hinter dem Heck wieder schloß, hinterließ einen gekräuselten Streifen, der sich zum Ufer hin verlor. Still betrachteten die Passagiere, den Blick zurückgewandt, die Berge und das mondhelle, da und dort mit großen Schatten gefleckte Land. Man erkannte die einzelnen Dörfer, die Häuser, die Hütten. Das Schloß Don Rodrigos mit seinem gedrungenen Turm hoch über den am Fuß des Hanges zusammengekauerten Hütten glich einem Unhold, der aufrecht im Dunkeln inmitten einer Horde Schlafender wacht, um auf Untat zu sinnen. Lucia sah es und erschauerte. Sie ließ den Blick hinuntergleiten bis zu ihrem Dorf, spähte angestrengt an sein äußeres Ende, entdeckte ihr Häuschen, entdeckte die dichte Krone des Feigenbaums, der über die Hofmauer ragte, entdeckte sogar ihr Kammerfenster, und da sie am Boden des Bootes saß, legte sie den Arm auf die Bordkante, legte die Stirn auf den Arm, als wollte sie schlafen, und weinte still.

Ade, ihr Berge, die ihr aus den Wassern aufragt und euch zum Himmel erhebt; ihr ungleichmäßig gezackten Gipfel, vertraut dem unter euch Aufgewachsenen und seinen Sinnen eingeprägt wie der Anblick seiner Nächsten; ihr Wildbäche, deren Rauschen er unterscheiden kann wie den Klang der heimischen Stimmen; ihr verstreuten Dörfer, weiß an den Hängen wie Herden weidender Schafe, ade! Wie traurig ist der Gang des unter euch Aufgewachsenen, der sich von euch entfernt! Selbst für den, der aus freien Stücken in die Ferne aufbricht, gelockt von der Hoffnung, sein Glück anderswo zu versuchen, verblassen in diesem Moment die Träume von Reichtum; er wundert sich über seinen Entschluß und würde auf der Stelle umkehren, dächte er nicht, eines Tages als reicher Mann heimzukehren. Je weiter er in die Ebene vordringt, desto mehr zieht sein Auge sich angewidert und müde zurück aus jener eintönigen Weite. Die Luft kommt ihm drückend und leblos vor. Trübsinnig und zerstreut geht er durch die lärmenden Städte. Die Häuser, die sich an Häuser reihen, die Straßen, die in Straßen münden, scheinen ihm den Atem zu nehmen, und vor den prächtigen Bauten, die der Fremde bewundert, denkt er sehnsuchtsvoll an das kleine Stück Land bei seinem Dorf, an das kleine Haus, auf das er schon lange ein Auge geworfen hat und das er kaufen wird, wenn er reich zurückgekehrt ist in seine Berge.

Wie aber erst, wenn ihn niemals auch nur ein flüchtiger Wunsch gedrängt hat, sich aus ihnen hinauszubegeben, wenn er alle Zukunftspläne in ihnen gemacht hat und nur durch eine widernatürliche Macht aus ihnen vertrieben wird? Wenn er, aus seinen liebsten Gewohnheiten gerissen und in seinen teuersten Hoffnungen aufgeschreckt, diese Berge verläßt, um sich auf die Suche nach Unbekannten zu machen, die kennenzulernen ihn nie verlangt hat, und sich auch bei größter Anstrengung der Phantasie nicht vorstellen kann, wann ihm eine Rückkehr beschieden sein wird! Ade, du mein Vaterhaus, wo ich saß, einen verborgenen Gedanken im Herzen, und lernte, den Klang eines mit geheimnisvollem Bangen erwarteten Schrittes zu unterscheiden von dem der gewöhnlichen Schritte. Ade, du noch fremdes Haus, das ich so oft im Vorübergehen verstohlen betrachtete, nicht ohne zu erröten, wenn ich der Vorstellung nachhing, darin ein ruhiges und beständiges Leben als Ehefrau zu führen. Ade, liebe Kirche, wo ich so oft wieder frohgemut wurde beim Singen zum Lobe des Herrn, wo mir eine Zeremonie versprochen und schon bereitet war, wo das geheime Verlangen des Herzens feierlich gesegnet und die Liebe befohlen und geheiligt werden sollte, ade! Der euch so viel Heiterkeit gab, ist überall, und niemals trübt er die Freude seiner Kinder, es sei denn, um ihnen eine noch größere und gewissere zu bereiten.

Von solcher Art, wenn nicht ebendiese, waren Lucias Gedanken, und nicht viel anders waren die ihrer beiden Mitreisenden, während das Boot sich dem rechten Ufer der Adda näherte.

Kapitel 9

Der Ruck, mit dem das Boot ans Ufer stieß, schreckte Lucia auf; sie wischte sich heimlich die Tränen ab und hob den Kopf, als ob sie erwachte. Renzo sprang als erster an Land und half Agnese heraus, die ihrerseits, als sie draußen war, Lucia die Hand reichte. Traurig dankten die drei dem Schiffer. »Wofür?« erwiderte dieser. »Wir sind doch auf Erden, um einander zu helfen.« Und fast mit Abscheu zog er die Hand zurück, wie wenn man ihm einen Raub vorgeschlagen hätte, als Renzo versuchte, ihm einen Teil des Geldes aufzudrängen, das er an jenem Abend eingesteckt hatte, um Don Abbondio großzügig zu beschenken, falls dieser ihm, wenn auch wider Willen, geholfen hätte. Der Karren stand bereits da, der Kutscher begrüßte die drei Erwarteten, ließ sie einsteigen, gab dem Pferd ein Kommando, ein Peitschenknall, und ab ging die Fahrt.

Unser Autor gibt keine Beschreibung dieser Fahrt durch die Nacht, und er verschweigt den Namen des Ortes, zu dem Fra Cristoforo die beiden Frauen geschickt hatte, ja er erklärt ausdrücklich, daß er ihn nicht sagen wolle. Aus dem Fortgang der Geschichte wird deutlich, warum. Lucias Erlebnisse an jenem Ort finden sich eingebettet in die düstere Geschichte einer Person, die, wie es scheint, einer damals sehr mächtigen Familie angehörte. Um das seltsame Verhalten dieser Person in unserem Fall zu erklären, sah unser anonymer Autor sich genötigt, in gedrängter Form ihr Vorleben zu erzählen, und dabei erscheint jene Familie in einem Licht, das der Leser, wenn er weiterliest, selber beurteilen mag. Jedoch was die Vorsicht des armen Mannes uns vorenthalten wollte, hat unsere fleißige Suche uns andernorts finden lassen. Ein Mailänder Historiker*, der die betreffende Person erwähnen mußte, nennt zwar weder sie noch den Ort beim Namen, sagt aber von letzterem, daß es sich um ein nobles altes Städtchen handle, dem zu einer richtigen Stadt nichts als der Name fehle; an anderer Stelle sagt er, daß dort der Lambro durchfließe, und an wieder anderer, daß es dort einen Erzpriester gebe. Aus dem Zusammentreffen dieser Angaben schließen wir unschwer, daß es Monza gewesen sein muß. Im reichen Schatz der gelehrten Schlußfolgerungen gibt es sicher feinsinnigere, aber kaum gewissere. Wir könnten gestützt auf wohlfundierte Vermutungen auch den Namen der Familie nennen, doch obwohl sie schon seit einiger Zeit ausgestorben ist, dünkt es uns besser, ihn für uns zu behalten, um uns nicht der Gefahr auszusetzen, am Ende den Toten unrecht zu tun, und um den Gelehrten noch etwas zum Forschen zu lassen.

Unsere Reisenden trafen also kurz nach Sonnenaufgang in Monza ein. Der Kutscher ging in ein Wirtshaus, sorgte als Ortskundiger und Bekannter des Wirtes dafür, daß ihnen ein Zimmer angewiesen wurde, und begleitete sie dorthin. Während sie sich bedankten, versuchte Renzo auch ihm etwas Geld zu geben, aber der gute Mann hatte ebenso wie der Schiffer eine andere, fernere, jedoch reichere Belohnung im Sinn; auch er zog die Hände zurück und lief hinaus wie auf der Flucht, um sein Pferd zu versorgen.

Nach einem Abend wie dem beschriebenen und einer Nacht, wie sie sich jeder vorstellen kann – voll trüber Gedanken, in ständiger Angst vor einer unangenehmen Begegnung, begleitet vom Wehen einer mehr als herbstlichen Brise und vom Rumpeln des ungefederten Karrens, das jeden von ihnen unsanft wachrüttelte, wenn

* Sternchen verweisen auf Anmerkungen des Autors, s. u., Anhang, S. 857 (A. d. Ü.).

ihm die Augen zufallen wollten –, konnten es die drei zunächst gar nicht glauben, als sie auf einer festen Bank in einer Stube saßen, wie ärmlich diese auch sein mochte. Sie frühstückten, so gut es die herrschende Not und ihre für die Bedürfnisse einer ungewissen Zukunft spärlich bemessenen Mittel sowie ihr geringer Appetit erlaubten. Dabei kam allen dreien das Hochzeitsmahl in den Sinn, das sie zwei Tage zuvor hatten feiern wollen, und jeder von ihnen stieß einen tiefen Seufzer aus. Renzo wäre gern noch länger geblieben, wenigstens einen Tag, um die Frauen untergebracht zu sehen und ihnen bei der Einrichtung zu helfen, aber der Pater hatte den Frauen geraten, ihn sofort weiterzuschicken. Also führten sie seine Anweisungen und noch hundert andere Gründe ins Feld – daß die Leute reden würden, daß die aufgeschobene Trennung nur noch schmerzlicher sein würde, daß er bald wiederkommen werde, um Neuigkeiten zu bringen und zu hören –, so daß er sich endlich zum Aufbruch entschloß. Sie kamen überein, sich so bald wie möglich wiederzusehen. Lucia verbarg ihre Tränen nicht, Renzo hielt die seinen mit Mühe zurück, und während er Agnese kräftig die Hand drückte, sagte er mit erstickter Stimme »Auf Wiedersehen« und ging davon.

Die Frauen hätten sich nun in einiger Verlegenheit befunden, wäre nicht jener gute Kutscher gewesen, der den Auftrag hatte, sie ins Kapuzinerkloster zu bringen und ihnen jede nötige Hilfe zu leisten. Sie begaben sich also mit ihm zum Kloster, das, wie jeder weiß, nur wenige Schritte vor den Toren von Monza lag. Am Tor angelangt, zog der Kutscher die Glocke und ließ den Pater Guardian rufen, der sofort kam und den Brief auf der Schwelle entgegennahm.

»Oh, Fra Cristoforo!« sagte er, als er die Schrift erkannte. Sein Ton und seine Miene ließen deutlich erkennen, daß er den Namen eines guten Freundes aussprach. Wir müssen noch erwähnen, daß Pater Cristoforo in jenem Brief die Frauen aufs wärmste empfohlen und ihren Fall sehr eindringlich geschildert hatte, denn der Guardian machte beim Lesen von Zeit zu Zeit eine überraschte oder empörte Miene, hob dann die Augen vom Blatt und musterte die Frauen mit einem Ausdruck von Mitleid und Anteilnahme. Als er zu Ende gelesen hatte, dachte er einen Augenblick nach und sagte dann: »Da gibt's nur die Signora. Wenn die Signora sich dieser Sache annehmen will...«

Er nahm Agnese auf dem Platz vor dem Kloster ein wenig beiseite und stellte ihr einige Fragen, die sie beantwortete; dann kehrte er zu Lucia zurück und sagte: »Meine lieben Frauen, ich will es versuchen. Und ich hoffe, eine mehr als sichere und mehr als würdige Unterkunft für euch zu finden, bis Gott auf bessere Weise für euch gesorgt hat. Wollt ihr mitkommen?«

Die Frauen bejahten ehrerbietig, und der Guardian fuhr fort: »Gut, dann bringe ich euch gleich zum Kloster der Signora. Bleibt aber ein paar Schritte hinter mir – die Leute lästern immer so gern, und Gott weiß, wie sie sich das Maul zerreißen würden, wenn sie den Pater Guardian in Begleitung eines schönen jungen Mädchens... in Begleitung von Frauen, wollte ich sagen... auf der Straße sähen.«

Mit diesen Worten ging er voran. Lucia errötete, der Kutscher sah lächelnd zu Agnese, die nicht umhinkonnte, ihm das Lächeln zu erwidern, und als der Pater ein Stück weit gegangen war, folgten die drei ihm in zehn Schritten Abstand. Dabei fragten die Frauen den Kutscher, was sie den Pater Guardian nicht zu fragen gewagt hatten, nämlich wer die Signora sei.

»Die Signora«, antwortete der Kutscher, »ist eine Nonne, aber keine wie die anderen. Nicht daß sie die Äbtissin wäre, auch nicht die Priorin, im Gegenteil, sie soll sogar, wie es heißt, eine der jüngsten sein. Aber sie stammt aus ältestem Adel, ihre Vorfahren waren schon immer große Herren, Leute aus Spanien, wo alle her sind, die etwas zu sagen haben. Deswegen nennt man sie die Signora, um auszudrücken, daß sie eine große Herrin ist, die ganze Stadt nennt sie so, weil eine solche Persönlichkeit, die soll es in diesem Kloster noch nie gegeben haben, wie es heißt. Ihre Angehörigen unten in Mailand sind sehr einflußreich, es sind die, die immer recht haben, in Monza sogar noch mehr als woanders, weil ihr Vater hier der Erste ist, obwohl er nicht hier wohnt. Deshalb kann sie im Kloster schalten und walten, wie sie will, und auch die Leute außerhalb des Klosters bringen ihr großen Respekt entgegen, und wenn sie eine Aufgabe übernimmt, dann führt sie sie auch zu Ende, und deswegen kann ich euch sagen, wenn dieser gute Ordensmann dort es schafft, euch in ihre Hände zu legen, und wenn sie euch aufnimmt, dann seid ihr sicher wie in Abrahams Schoß.«

Als der Guardian am Tor des Städtchens angelangt war, das damals von einem halbverfallenen alten Turm und einer gleichfalls zerfallenen Burgruine flankiert wurde, an die sich freilich kaum zehn meiner Leser noch erinnern werden, blieb er stehen und blickte zurück, um zu sehen, ob die anderen ihm folgten. Dann schritt er durchs Tor und ging weiter zum Kloster. Dort blieb er erneut auf der Schwelle stehen, um auf die kleine Gesellschaft zu warten. Er bat den Kutscher, in ein paar Stunden wieder bei ihm vorbeizukommen, um die Antwort abzuholen; dieser versprach es und verabschiedete sich von den Frauen, die ihn mit Danksagungen und Bestellungen für Pater Cristoforo überhäuften. Der Guardian ließ Mutter und Tochter in den ersten Klosterhof treten, brachte sie in die Räume der Schaffnerin und ging allein weiter, um seine Bitte vorzutragen. Nach einer Weile kam er vergnügt zurück, um ihnen zu sagen, daß sie mitkommen sollten; was auch Zeit wurde, denn Tochter und Mutter wußten sich vor den drängenden Fragen der Schaffnerin kaum noch zu retten. Während sie einen zweiten Hof durchquerten, gab er ihnen einige Anweisungen über die Art, wie sie sich vor der Signora benehmen sollten. »Sie ist euch wohlgesinnt«, sagte er, »und sie kann euch viel Gutes tun, wenn sie will. Seid bescheiden und ehrerbietig, beantwortet aufrichtig alle Fragen, die sie euch zu stellen beliebt, und wenn ihr nicht gefragt werdet, laßt mich nur machen.«

Sie traten in einen ebenerdigen Raum, von dem aus man in das Besuchszimmer gelangte; bevor sie den Fuß hineinsetzten, deutete der Guardian auf die Tür und sagte halblaut zu den Frauen: »Hier ist sie«, als wollte er ihnen alle bisher erteilten Weisungen noch einmal in Erinnerung rufen. Lucia, die noch nie in einem Kloster gewesen war, sah sich suchend nach der Signora um, vor der sie ihre Verbeugung machen sollte, und da sie niemanden erblickte, blieb sie verwundert stehen. Dann, als sie den Pater und Agnese in eine Ecke gehen sah, schaute sie dorthin und entdeckte ein Fenster von einzigartiger Form mit zwei starken und engen, etwa handbreit voneinander entfernten Eisengittern, hinter denen eine Nonne stand. Ihr Äußeres ließ auf ein Alter von etwa fünfundzwanzig Jahren schließen und machte auf den ersten Blick einen Eindruck von Schönheit, jedoch einer müden, verblühten, fast möchte man sagen: verfallenen Schönheit. Ein schwarzer, flach auf dem Kopf befestigter Schleier fiel zu beiden Seiten locker herab; unter dem Schleier umhüllte eine blendendweiße Leinenbinde bis zur Mitte eine Stirn von andersartigem, doch nicht weniger blendendem Weiß; eine weitere, lose gefältelte Binde umgab das Gesicht und endete unter dem Kinn in einem Brustschleier, der den Halsausschnitt eines schwarzen Ordenskleides verdeckte. Aber auf jener weißen Stirn erschienen oft steile Falten, als würde sie von einem Krampf geplagt, und dann zogen sich ihre schwarzen Augenbrauen mit einer jähen Bewegung zusammen. Die Augen, ebenfalls tiefschwarz, musterten bald hochmütig forschend das Gegenüber, bald senkten sie sich hastig, als suchten sie nach einem Versteck; in bestimmten Momenten hätte ein aufmerksamer Beobachter glauben können, daß sie um Zuneigung, Anteilnahme, Mitgefühl baten, andere Male konnte er meinen, plötzlich einen tiefen unterdrückten Haß, etwas irgendwie Drohendes und Wildes in ihnen aufblitzen zu sehen. Blickten sie ruhig und ausdruckslos vor sich hin, hätte der eine darin einen hochmütigen Überdruß gesehen und der andere die Qual eines verborgenen Gedankens, eine dem Gemüt schon vertraute Sorge, die es stärker beherrschte als die umgebenden Dinge. Die sehr blassen Wangen waren zart und anmutig geformt, aber eingefallen und durch eine schleichende Auszehrung entstellt. Die Lippen, die kaum einen Anflug von Röte aufwiesen, stachen dennoch von dieser Blässe ab; ihre Bewegungen waren wie die der Augen rasch, lebhaft, sprechend und geheimnisvoll. Der wohlgeformte hohe Wuchs verschwand unter einer gewissen Achtlosigkeit in der Haltung oder erschien verunstaltet durch gewisse jähe, unregelmäßige, für eine Frau und gar eine Nonne zu resolute Bewegungen. Sogar in der Kleidung lag hier und da etwas Gesuchtes oder Nachlässiges, das auf eine recht eigenwillige Nonne hindeutete: Die Taille war mit einer fast mondänen Sorgfalt geschnürt, und vom Stirnband fiel eine schwarze Locke auf die Schläfe, was entweder Unachtsamkeit oder Mißachtung der Regel verriet, da diese vorschrieb, das Haar stets kurz zu tragen, nachdem es bei der feierlichen Einkleidungszeremonie geschoren worden war.

Dies alles fiel jedoch den beiden Frauen nicht weiter auf, da sie nicht gelernt hatten, eine Nonne von einer anderen zu unterscheiden; und der Pater Guardian, der die Signora nicht zum ersten Mal sah, war, wie so viele andere, an dieses irgendwie Seltsame, das sowohl in ihrer Erscheinung wie in ihrem Benehmen zutage trat, längst gewöhnt.

Sie stand, wie wir sagten, in jenem Augenblick hinter dem Gitter, eine Hand locker darauf gestützt, die schneeweißen Finger um die Eisenstäbe geschlungen, und musterte Lucia, die ihr zögernd entgegenkam. »Ehrwürdige Mutter, erlauchte Signora«, sagte der Guardian mit gesenktem Kopf, eine Hand auf der Brust, »dies hier ist das arme Mädchen, für das Ihr mich auf Euren mächtigen Schutz hoffen ließet, und dies hier ist die Mutter.«

Die beiden Vorgestellten verbeugten sich tief. Die Signora bedeutete ihnen mit einer Handbewegung, es genug sein zu lassen, und sagte zum Pater gewandt: »Ich bin glücklich, unseren guten Freunden, den Kapuzinern, einen Gefallen tun zu können. Aber schildert mir doch den Fall dieses Mädchens noch etwas genauer, damit ich besser sehe, was man für sie tun kann.«

Lucia errötete und senkte den Kopf.

»Ihr müßt wissen, ehrwürdige Mutter...«, begann Agnese, aber der Guardian schnitt ihr mit einem raschen Blick das Wort ab und antwortete: »Dieses Mädchen, erlauchte Signora, ist mir, wie ich Euch schon sagte, von einem Mitbruder empfohlen worden. Sie hat ihr Dorf heimlich verlassen müssen, um sich aus ernsten Gefahren zu retten, und nun braucht sie für einige Zeit eine Zufluchtsstätte, in der sie unerkannt leben kann und niemand sie zu stören wagt, wer es auch...«

»Was für Gefahren«, unterbrach die Signora. »Bitte, Pater Guardian, sprecht nicht so in Rätseln über die Sache. Ihr wißt, daß wir Nonnen es gern haben, wenn man uns die Geschichten ausführlich erzählt.«

»Es handelt sich um Gefahren«, antwortete der Guardian, »die vor den keuschen Ohren der ehrwürdigen Mutter kaum andeutungsweise erwähnt werden dürfen...«

»Oh, gewiß«, sagte die Signora hastig und ein bißchen errötend. War es Schamhaftigkeit? Wer den kurzen Ausdruck von Verachtung beobachtet hätte, der ihr Erröten begleitete, hätte es bezweifeln können, zumal wenn er es mit der Röte verglich, die sich wiederholt über Lucias Wangen ergoß.

»Es genügt zu sagen«, fuhr der Guardian fort, »daß ein anmaßender Edelmann – nicht alle Großen der Welt bedienen sich der Gaben Gottes zu Seinem Ruhm und zum Wohl ihrer Nächsten, wie es Euer Durchlaucht tun –, daß also ein anmaßender Edelmann diese Ärmste eine Zeitlang mit unwürdigen Schmeicheleien verfolgte, bis er einsah, daß sie vergeblich waren, und die Stirn hatte, ihr mit offener Gewalt nachzustellen, so daß sie sich zur Flucht gezwungen sah.«

»Tritt näher, Mädchen«, sagte die Signora zu Lucia und winkte sie mit einem Finger zu sich. »Ich weiß, daß der Pater Guardian der Mund der Wahrheit ist, aber in dieser Angelegenheit kann niemand besser als du Bescheid wissen. An dir ist es also, uns zu sagen, ob dieser Edelmann ein verabscheuungswürdiger Verfolger war.« Soweit es das Nähertreten betraf, gehorchte Lucia sofort, aber das Antworten war eine andere Sache. Eine Frage zu diesem Thema hätte sie auch dann, wenn jemand ihresgleichen sie ihr gestellt hätte, in nicht geringe Verlegenheit gestürzt; von dieser Signora angesprochen, noch dazu mit einem Anflug von maliziösem Zweifel, verschlug es ihr allen Mut zu antworten. »Signora... ehrwürdige Mutter...«, stammelte sie und ließ nicht erkennen, daß sie noch mehr zu sagen hätte. An diesem Punkt fühlte Agnese als die nach ihr zweifellos Bestinformierte sich ermächtigt, ihr zu Hilfe zu kommen. »Erlauchte Signora«, sagte sie, »ich kann bezeugen, daß diese meine Tochter jenen Edelmann haßte wie der Teufel das Weihwasser... ich meine, der Teufel war er... Verzeiht, wenn ich nicht gut spreche, aber wir sind einfache Leute. Tatsache ist jedenfalls, daß dieses arme Mädchen einem Jungen aus unserem Stande versprochen war, einem gottesfürchtigen, wohlangesehenen jungen Mann, und wenn der Herr Pfarrer ein bißchen mehr so gewesen wäre, wie ich mir einen... ich weiß, ich spreche von einem Geistlichen, aber Pater Cristoforo, ein Freund des Pater Guardians hier, ist auch ein Geistlicher, aber er ist ein Mensch voller Mitgefühl, und wenn er hier wäre, könnte er Euch bezeugen...«

»Du bist schnell bereit zu reden, ohne gefragt zu sein«, unterbrach die Signora sie mit einer hochfahrend-zornigen Miene, die sie fast häßlich erscheinen ließ. »Schweig, ich weiß schon, daß Eltern stets eine Antwort im Namen ihrer Kinder zu geben haben.«

Gekränkt warf Agnese ihrer Tochter einen Blick zu, der besagte: Siehst du, was ich einstecken muß, weil du so schüchtern bist! Auch der Guardian bedeutete dem Mädchen mit einem Blick und einem Kopfschütteln, daß es nun an der Zeit sei, sich aufzuraffen und die arme Mutter nicht im Stich zu lassen.

»Ehrwürdige Signora«, sagte Lucia, »was meine Mutter gesagt hat, ist die reine Wahrheit. Den jungen Mann, mit dem ich verlobt bin«, und hier errötete sie wieder tief, »wollte ich aus freiem Willen nehmen. Verzeiht, wenn ich so schamlos rede, es ist nur, damit Ihr nichts Schlechtes über meine Mutter denkt. Und was diesen Edelmann angeht – Gott vergebe ihm –, so würde ich lieber sterben als ihm in die Hände fallen. Und wenn Ihr uns die Gnade erweist, uns in Sicherheit zu bringen, wo wir doch nun gezwungen sind, um eine Zuflucht zu bitten und redlichen Leuten zur Last zu fallen – aber Gottes Wille geschehe –, so könnt Ihr gewiß sein, Signora, daß niemand inniger für Euch beten wird als wir armen Frauen.«

»Dir glaube ich«, sagte die Signora in sanfterem Ton. »Aber es wäre mir lieb, mit dir allein zu sprechen. Nicht daß es noch weiterer Erklärungen oder Gründe bedürfte, um den Bitten des Paters Guardian zu entsprechen«, fügte sie rasch hinzu, während sie sich ihm mit ausgesuchter Höflichkeit zuwandte. »Im Gegenteil, ich habe bereits darüber nachgedacht, und folgendes scheint mir für den Moment das beste zu sein: Die Schaffnerin des Klosters hat vor einigen Tagen ihre jüngste Tochter verheiratet. Diese beiden Frauen können das frei gewordene Zimmer haben und die wenigen Dienste übernehmen, die das Mädchen geleistet hatte. Freilich...«, hier winkte sie den Guardian näher ans Gitter und fuhr leise fort, »freilich war es wegen der schlechten Ernte nicht vorgesehen, das Mädchen durch jemanden zu ersetzen, aber ich werde mit der Mutter Äbtissin reden, und ein Wort von mir... dazu die Bitte des Paters Guardian... Kurzum, ich betrachte die Sache als abgemacht.«

Der Guardian wollte sich bedanken, doch die Signora schnitt ihm das Wort ab. »Lassen wir die Förmlichkeiten, auch ich würde mir gegebenenfalls, wenn es nötig ist, die Hilfe der Kapuzinerpatres zu sichern wissen. Am Ende«, fuhr sie mit einem Lächeln fort, in dem ein Hauch von Ironie und Bitterkeit lag, »am Ende sind wir doch alle Brüder und Schwestern.«

Nach diesen Worten rief sie eine Laienschwester herbei (zwei davon waren ihr als besonderes Privileg zur persönlichen Bedienung zugeteilt) und trug ihr auf, die Äbtissin zu benachrichtigen und die nötigen Absprachen mit der Schaffnerin und Agnese zu treffen. Sodann entließ sie letztere, verabschiedete sich vom Guardian und behielt Lucia zurück. Der Guardian begleitete Agnese zur Tür, gab ihr weitere Instruktionen und machte sich auf den Heimweg, um den fälligen Brief an seinen Freund Cristoforo zu schreiben. ›Sonderbare Person, diese Signora!‹ dachte er unterwegs. ›Wirklich eigenartig! Aber wer sie zu nehmen weiß, erreicht von ihr, was er will. Der gute Cristoforo hat sicher nicht erwartet, daß ich ihn so schnell und so gut bediene. Der brave Mann! Immer muß er sich irgendeine Verpflichtung aufladen, aber er tut's für einen guten Zweck. Ein Glück für ihn, daß er diesmal einen Freund gefunden hat, der die Sache ohne viel Aufhebens, ohne viel Theater und ohne viel Hin und Her erledigt hat. Er kann zufrieden sein, der gute Cristoforo, und er wird feststellen, daß auch wir hier zu etwas taugen.‹

Die Signora, die in Gegenwart eines bejahrten Kapuziners ihr Verhalten und ihre Worte wohl erwogen hatte, war nun, als sie mit einem unerfahrenen Mädchen vom Lande allein blieb, nicht mehr so sehr darauf bedacht, sich zusammenzunehmen, und ihre Reden wurden allmählich so seltsam, daß wir, anstatt sie wiederzugeben, es für besser halten, kurz die Vorgeschichte dieser Unglücklichen zu erzählen – nur soviel, wie nötig ist, um das Ungewöhnliche und Geheimnisvolle, das wir an ihr bemerkt haben, zu erklären und die Gründe ihres späteren Verhaltens zu verstehen.

Sie war die jüngste Tochter des Fürsten ***, eines bedeutenden Mailänder Edelmannes, der sich zu den Wohlhabendsten der Stadt zählen konnte. Doch wegen der hohen Meinung, die er von seinem Titel hatte, erschien ihm sein Vermögen als kaum ausreichend, ja karg bemessen für eine standesgemäße Lebensführung, und daher war sein ganzes Trachten darauf gerichtet, es wenigstens, so gut er konnte, zusammenzuhalten. Wie viele Kinder er hatte, sagt unsere Geschichte nicht ausdrücklich, sie gibt nur zu verstehen, daß er die jüngeren Kinder beiderlei Geschlechts allesamt fürs Kloster bestimmt hatte, um das Vermögen ungeteilt dem Erstgeborenen zu hinterlassen, dem es bestimmt war, die Familie fortzuführen, also Kinder zu zeugen und sich damit zu quälen, sie in gleicher Weise zu quälen. Unsere Unglückliche war noch im Mutterleib, als ihr Stand bereits unwiderruflich festgelegt worden war. Es blieb nur noch zu entscheiden, ob sie ein Mönch oder eine Nonne sein würde, eine Entscheidung, die zwar nicht ihrer Zustimmung, wohl aber ihrer Anwesenheit bedurfte. Als sie zur Welt kam, entschied sich ihr fürstlicher Vater im Wunsch, ihr einen Namen zu geben, der gleich an ein Kloster denken ließ und von einer hochgeborenen Heiligen getragen worden war, für den Namen Gertrude. Puppen in Nonnentracht waren das erste Spielzeug, das man der Kleinen in die Hand drückte, später Heiligenbildchen, die Nonnen darstellten, und stets wurden diese Geschenke von ernsten Ermahnungen begleitet, sie als kostbare Dinge in Ehren zu halten, sowie von der zustimmungheischenden Frage: »Schön, was?« Wollte der Fürst oder die Fürstin oder der Erbprinz, der als einziger von den Söhnen zu Hause aufgezogen wurde, das blühende Aussehen des Mädchens loben, so schienen sie keinen besseren Ausdruck für ihre Gedanken zu finden als die Worte »Was für eine prächtige Mutter Äbtissin!« Niemand sagte jedoch unverblümt: du mußt Nonne werden. Es war ein selbstverständlicher und nur beiläufig erwähnter Grundgedanke in allen Reden, die ihre Zukunft betrafen. Ließ sich die kleine Gertrude gelegentlich zu einem etwas arroganten und herrischen Benehmen hinreißen, wozu ihre Wesensart sie leicht verleiten konnte, sagte man etwa: »Du bist ein kleines Mädchen, so etwas gehört sich nicht für dich. Wenn du erst einmal Äbtissin bist, kannst du herumkommandieren, soviel du willst.« Oder wenn der Fürst ihre allzu ungezwungenen und vertraulichen Manieren tadeln wollte, denen sie sich ebenso leicht überließ, sagte er: »He, he, das ist kein Benehmen für eine wie dich! Wenn du willst, daß man dir eines Tages mit dem gebotenen Respekt gegenübertritt, mußt du jetzt schon lernen, dich zu beherrschen. Denk daran, daß du in allem die Erste des Klosters sein mußt, denn unser Blut nehmen wir überallhin mit.«

All diese Worte prägten der kleinen Gertrude die Vorstellung ein, daß sie Nonne werden müsse, doch die aus dem Munde ihres Vaters waren am eindrucksvollsten. Die Haltung des Fürsten war auch sonst die eines strengen Gebieters, ging es jedoch um den künftigen Stand seiner Kinder, so sprachen aus seinem Gesicht und aus jedem seiner Worte eine so unbeugsame Entschlossenheit und eine so argwöhnische Eifersucht auf seine Herrscherrolle, daß sie den Eindruck einer schicksalhaften Notwendigkeit hervorriefen.

Mit sechs Jahren wurde Gertrude zur Erziehung und mehr noch zur Vorbereitung auf die ihr zugedachte Rolle in jenes Kloster gebracht, in dem wir sie gesehen haben, und die Wahl des Ortes war nicht planlos erfolgt. Der gute Kutscher hatte den beiden Frauen gegenüber den Vater der Signora als den »Ersten in Monza« bezeichnet, und wenn wir diese vage Angabe mit einigen anderen Hinweisen verbinden, die sich der Anonymus hier und da entschlüpfen läßt, könnten wir die Behauptung wagen, daß er der örtliche Lehnsherr gewesen sein muß. Wie dem auch sei, in jedem Fall genoß er an jenem Ort höchstes Ansehen und dachte sich wohl, daß seine Tochter in diesem Kloster besser als anderswo mit jener Hochachtung und Zuvorkommenheit behandelt werden würde, die sie dazu bewegen könnte, es als ihre dauerhafte Bleibe zu wählen. Und er täuschte sich nicht: Die Äbtissin und einige andere leitende Nonnen, die, wie man so sagt, das Heft in der Hand hielten, frohlockten, als ihnen das Unterpfand einer in jeder Hinsicht ebenso nützlichen wie rühmlichen Protektion angeboten wurde; sie nahmen den Vorschlag mit nicht übertriebenen, wenn auch dick aufgetragenen Dankesbekundungen an und entsprachen nur allzu gern den Wünschen, die der Fürst im Hinblick auf eine dauerhafte Unterbringung seiner Tochter durchblicken ließ, handelte es sich doch um Wünsche, die voll und ganz mit ihren eigenen übereinstimmten. Kaum war Gertrude ins Kloster eingetreten, wurde sie einfach »die Signorina« genannt; sie erhielt einen bevorzugten Platz am Tisch und im Dormitorium, und ihr Benehmen wurde den anderen als vorbildlich hingestellt. Sie bekam Süßigkeiten und Liebkosungen ohne Ende, gewürzt mit jener leicht ehrerbietigen Vertraulichkeit, die auf Kinder um so anziehender wirkt, wenn sie ihr bei denen begegnen, die anderen Kindern gegenüber die gewohnte Überlegenheit herauskehren. Nicht daß alle Nonnen sich verschworen hätten, die arme Kleine zu umgarnen; es gab unter ihnen auch viele schlichte Gemüter, denen jedes Ränkespiel fernlag und die der Gedanke, ein Kind eigennützigen Zwecken zu opfern, mit Abscheu erfüllt hätte; aber diese waren so sehr mit ihren jeweiligen Obliegenheiten beschäftigt, daß sie all jene Machenschaften entweder gar nicht richtig bemerkten oder nicht erkannten, was daran schlecht war, oder sich eines Urteils enthielten und schwiegen, um keinen überflüssigen Ärger zu machen. Manche erinnerten sich wohl auch, daß sie mit ähnlichen Methoden zu dem gebracht worden waren, was sie später bereuten, empfanden Mitleid mit der armen Unschuld und entlasteten sich durch sanfte melancholische Liebkosungen, die sie der Kleinen zukommen ließen. Diese war jedoch weit davon entfernt, hinter all dem ein Geheimnis zu argwöhnen, und so nahm die Geschichte ihren Lauf.

Sie wäre wohl auch bis ans Ende so weitergegangen, hätte es außer Gertrude keine anderen Mädchen in jenem Kloster gegeben. Unter ihren Mitschülerinnen gab es nun aber einige, die bereits wußten, daß sie für die Ehe bestimmt waren. Die kleine Gertrude, aufgewachsen in der Vorstellung ihrer Überlegenheit, redete großspurig von ihrer Zukunft als Äbtissin und Herrin des

Klosters, wollte um jeden Preis von den anderen beneidet werden und sah mit Verwunderung und Ärger, daß einige ihrer Mitschülerinnen gar keinen Neid empfanden. Den majestätischen, aber eng umgrenzten und kalten Bildern, die der Vorrang in einem Kloster zu wekken vermag, setzten sie die abwechslungsreichen und glänzenden Bilder von Hochzeiten, Gastmählern, Unterhaltungen, Festlichkeiten, Sommerfrischen, prächtigen Kleidern und Karossen entgegen. Diese Bilder erzeugten in Gertrudes Kopf jene Erregung, jenes wimmelnde Brausen, das ein großer Korb frisch geschnittener Blumen vor einem Bienenstock auslösen würde. Ihre Eltern und ihre Erzieherinnen hatten die natürliche Eitelkeit in ihr gepflegt und geschürt, um ihr das Kloster begehrenswert zu machen; nun jedoch, als diese Leidenschaft durch Ideen aufgestachelt wurde, die ihr so viel wesensnäher waren, warf sie sich mit um so lebhafterer und spontanerer Inbrunst auf diese. Um nicht hinter ihren Mitschülerinnen zurückzustehen und zugleich ihrer neuen Neigung zu frönen, erwiderte sie, niemand könne ihr schließlich den Schleier ohne ihr Einverständnis aufzwingen, sie könne ebenfalls heiraten, in einem Palast wohnen und die Welt genießen, und zwar besser als sie alle. Jawohl, das könne sie, wenn sie nur wolle, und sie werde es wollen und wolle es. Und sie wollte es in der Tat. Der Gedanke, daß ihr Einverständnis notwendig war, der bis dahin wie unbeachtet in einem Winkel ihres Kopfes gekauert hatte, erhob und entfaltete sich nun in seiner ganzen Bedeutung. Sie rief ihn alle Augenblicke zu Hilfe, um mit mehr Ruhe die Bilder einer angenehmen Zukunft genießen zu können. Hinter diesem Gedanken erschien jedoch stets und unweigerlich ein anderer: daß es darum gehen würde, jenes Einverständnis ihrem fürstlichen Vater zu verweigern, der es bereits hatte oder als gegeben nahm – und bei diesem Gedanken war sie weit entfernt von der

Sicherheit, die ihre Worte vortäuschten. Sie verglich sich dann mit ihren Gefährtinnen, die ihrer Sache so viel sicherer waren, und empfand ihnen gegenüber stechend den Neid, den sie anfangs in ihnen hervorzurufen geglaubt hatte. Und aus dem Neid erwuchs ihr ein Haß auf die anderen. Bisweilen machte sich dieser Haß in Bosheiten, Unfreundlichkeiten und verletzenden Worten Luft, dann wieder besänftigte ihn die Unterschiedslosigkeit ihrer Neigungen und Hoffnungen und ließ eine vorübergehende scheinbare Vertraulichkeit aufkommen. Bisweilen, wenn sie auch einmal etwas Wirkliches und Vorhandenes genießen wollte, gefiel sie sich in den Vorrechten, die ihr zugestanden wurden, und ließ die anderen ihre Überlegenheit spüren; dann wieder, wenn sie die Einsamkeit ihrer Ängste und ihrer Wünsche nicht mehr ertragen konnte, machte sie sich in aller Sanftmut auf die Suche nach den anderen, als wollte sie um Wohlwollen, Ratschläge und Ermutigung bitten.

Über diesen beklagenswerten Kleinkriegen gegen sich und die anderen war ihre Kindheit vergangen, und sie kam in jenes kritische Alter, in dem es scheint, als zöge eine geheimnisvolle Macht in die Seele ein, die alle Neigungen und Ideen erhöht, verschönert, verjüngt und manchmal auch verwandelt oder auf einen unvorhergesehenen Kurs bringt. Was Gertrude in ihren Zukunftsträumen bis dahin am meisten angeschwärmt hatte, war der äußere Glanz und Pomp gewesen; nun begann sich in ihren Phantasien eine gewisse Weichheit und Zärtlichkeit, die sich vorher nur schwach und nebelhaft darin geregt hatte, zu entfalten und in den Vordergrund zu treten. Im verborgensten Winkel ihres Geistes hatte sie sich so etwas wie eine prächtige Zufluchtsstätte geschaffen, in die sie sich vor den gegenwärtigen Dingen zurückzog; dort empfing sie imaginäre Personen, die sich seltsam zusammensetzten aus wirren Kindheitserinnerungen, aus dem wenigen, was sie von der äußeren Welt sehen konnte, und aus dem, was sie den Reden ihrer Gefährtinnen entnommen hatte; mit diesen Larven unterhielt sie sich, stellte Fragen und antwortete in ihrem Namen, erteilte Befehle und nahm Huldigungen entgegen. Dann und wann traten störend die Gedanken der Religion zwischen diese glänzenden und bemühten Feste. Aber die Religion, so wie sie der Ärmsten beigebracht und von ihr aufgenommen worden war, verbot keineswegs den Stolz, sondern heiligte ihn sogar und empfahl ihn als ein Mittel zur Erlangung irdischen Glücks. Derart ihres wahren Wesens beraubt, war sie nicht mehr Religion, sondern nur eine Larve wie die anderen. Doch jedesmal, wenn diese Larve den ersten Platz einnahm und in Gertrudes Phantasie beherrschend wurde, bildete die Unglückliche sich ein, erdrückt von verworrenen Schrecken und erfüllt von einer verworrenen Pflichtvorstellung, daß ihre Abneigung gegen das Kloster und ihr Widerstand gegen die schleichende Einflußnahme der Erwachsenen auf ihre Standeswahl Sünde seien, und sie gelobte in ihrem Herzen, sie zu büßen, indem sie freiwillig ins Kloster ging.

Nun war es Gesetz, daß eine junge Frau nicht als Nonne aufgenommen werden durfte, ohne zuvor von einem Geistlichen, den man den »Nonnenvikar« nannte, oder einem anderen an seiner Stelle einer Prüfung unterzogen worden zu sein, damit sicher war, daß sie aus freien Stücken ins Kloster ging; und diese Prüfung durfte erst ein Jahr nachdem sie ihren Wunsch in einem schriftlichen Gesuch dem Vikar mitgeteilt hatte, vorgenommen werden. Diejenigen Nonnen, die das traurige Amt übernommen hatten, dafür zu sorgen, daß Gertrude sich für immer zum Klosterleben verpflichtete – wobei sie möglichst nicht begreifen sollte, was sie tat –, nutzten einen jener Momente, die wir beschrieben haben, um sie ein solches Gesuch abfassen und unterzeichnen zu lassen. Und um sie leichter dazu zu bringen, versäumten sie nicht, ihr wiederholt zu sagen, daß es sich dabei nur um eine Formsache handele, die – und dies entsprach der Wahrheit – keinerlei Geltung haben würde, wenn sie nicht später noch weitere Schritte unternähme, die ganz von ihrem Willen abhingen. Trotz alledem war das Gesuch vielleicht noch gar nicht bei seinem Adressaten eingetroffen, da bereute Gertrude schon, es unterschrieben zu haben. Danach bereute sie, es bereut zu haben, und so verbrachte sie Tage und Monate in ständigem Wechsel widerstreitender Gefühle. Lange hielt sie die Sache vor ihren Mitschülerinnen verborgen, abwechselnd aus Furcht, einen guten Entschluß Widersprüchen auszusetzen, und aus Scham, eine Dummheit einzugestehen. Schließlich obsiegte der Wunsch, sich das Herz zu erleichtern und Rat und Ermutigung zu suchen. Es gab noch ein anderes Gesetz, nach welchem eine Kandidatin erst dann zu jener Prüfung zugelassen werden durfte, wenn sie zuvor mindestens einen Monat außerhalb des Klosters verbracht hatte, in dem sie erzogen worden war. Das Jahr seit der Absendung ihres Gesuchs war bereits vergangen, und so wurde Gertrude davon in Kenntnis gesetzt, daß sie in Kürze das Kloster verlassen und in ihr Vaterhaus zurückkehren müsse, um den vorgeschriebenen Monat dort zu verbringen und alle nötigen Schritte zu tun, um das angefangene Werk zu vollenden. Der Fürst und die übrige Familie hielten all dies für sicher, als ob es bereits geschehen wäre, jedoch Gertrude hatte ganz anderes im Sinn: Statt die weiteren Schritte zu tun, überlegte sie, wie der erste rückgängig gemacht werden konnte. In ihrer Not entschloß sie sich endlich, eine ihrer Gefährtinnen ins Vertrauen zu ziehen, die freimütigste, die immer bereit war, kühne Ratschläge zu erteilen. Diese empfahl nun Gertrude, ihrem Vater durch einen Brief über ihren Sinneswandel zu unterrichten, da sie ja doch nicht den Mut aufbringen würde, ihm tapfer ins Gesicht hinein zu sagen: Ich will nicht. Und da unentgeltliche Ratschläge in dieser Welt etwas sehr Rares sind, hatte Gertrude diesen damit zu bezahlen, daß sie sich allerlei Hänseleien über ihre Nichtsnutzigkeit anhören mußte. Der Brief wurde unter Mitwirkung von vier oder fünf Vertrauten entworfen, heimlich geschrieben und dem Empfänger auf ausgeklügelten Wegen zugeleitet. Gertrude wartete voller Unruhe auf eine Antwort, die niemals kam. Es sei denn, man wollte als Antwort nehmen, daß sie ein paar Tage später zur Äbtissin bestellt wurde, die ihr mit geheimnistuerischer, verdrossener und zugleich mitleidiger Miene dunkle Andeutungen über einen großen Zorn des Fürsten machte sowie über eine Verfehlung, die sie begangen haben müsse, wobei sie ihr jedoch zu verstehen gab, bei guter Führung könne sie darauf hoffen, daß man das Ganze vergessen werde. Das Mädchen verstand und wagte nicht weiter zu fragen.

Endlich kam der so gefürchtete wie ersehnte Tag. Obwohl Gertrude wußte, daß sie einem Kampf entgegenging, bereiteten ihr das Verlassen des Klosters, in dessen Mauern sie acht Jahre eingeschlossen gewesen war, die Kutschfahrt übers offene Land und das Wiedersehen mit der Stadt und dem Elternhaus stürmische Freude. Was den Kampf anging, so hatte sie mit Hilfe ihrer Vertrauten bereits ihre Maßnahmen getroffen und, wie man heute sagen würde, ihren Plan gemacht. ›Entweder werden sie mich zu zwingen versuchen‹, dachte sie, ›und dann werde ich hart bleiben. Ich werde demütig und respektvoll sein, aber nicht einwilligen. Es geht nur darum, nicht noch einmal ja zu sagen, und ich *werde* es nicht sagen. Oder sie werden mich zu überreden versuchen, und dann werde ich noch beredter sein als sie, ich werde weinen und flehen und an ihr Mitgefühl appellieren. Schließlich verlange ich ja nichts anderes, als nicht geopfert zu werden.‹

Doch wie es bei solchen Vorhersagen häufig geschieht, trat weder das eine noch das andere ein. Die Tage vergingen, ohne daß der Vater oder sonst irgendwer ihr Gesuch oder seinen Widerruf erwähnte und ohne daß ihr irgendein Vorschlag gemacht wurde, weder mit Drohungen noch im Guten. Ihre Eltern gaben sich ihr gegenüber ernst, traurig oder mürrisch, ohne ihr jemals zu sagen, warum. Man sah nur, daß sie eine Schuldige, Unwürdige in ihr erblickten. Ein geheimnisvoller Fluch schien auf ihr zu liegen, der sie von der Familie trennte und nur soviel Verbindung bestehen ließ, als nötig war, um sie ihre Abhängigkeit fühlen zu lassen. Selten und nur zu bestimmten, genau festgelegten Zeiten wurde sie zur Gesellschaft der Eltern und des Erstgeborenen zugelassen. Unter den dreien schien eine große Vertrautheit zu herrschen, die Gertrudes Ausgeschlossenheit nur noch spürbarer und schmerzlicher machte. Niemand sprach sie an, und wenn sie schüchtern ein paar Worte riskierte, die nicht nur das unbedingt Notwendige betrafen, bekam sie entweder gar keine Antwort oder bloß einen zerstreuten, geringschätzigen oder strengen Blick. Und wenn sie dann insistierte, weil sie eine so bittere und demütigende Ausgrenzung nicht länger ertragen konnte, und um Vertrauen warb, ja um ein bißchen Liebe bettelte, wurde sogleich auf indirekte, aber deutliche Weise die Saite ihrer Standeswahl angeschlagen: Man gab ihr zu verstehen, daß es ein Mittel gäbe, die Zuneigung der Familie zurückzugewinnen. Woraufhin Gertrude, die sie unter dieser Bedingung nicht haben wollte, gezwungen war, sich zurückzuziehen, gleichsam die ersten Anzeichen des Wohlwollens, die sie doch so ersehnt hatte, zurückzuweisen und von selbst auf ihren Platz als Ausgestoßene zurückzukehren, wo sie dann noch dazu mit einem Anschein von Unrecht verharrte.

Solche Eindrücke von den wirklich vorhandenen

Dingen standen in einem schmerzlichen Gegensatz zu jenen heiteren Träumen, mit denen Gertrude sich so oft beschäftigt hatte und noch immer im stillen beschäftigte. Sie hatte gehofft, in dem prächtigen und vielbesuchten Palast ihres Vaters wenigstens einen kleinen Vorgeschmack der erträumten Dinge genießen zu können, sah sich darin aber bitter enttäuscht. Ihre Klausur war streng und vollständig wie im Kloster; von Ausfahrten wurde nicht einmal gesprochen, und ein vergitterter Erker, der vom ersten Stock des Palastes direkt in eine benachbarte Kirche blickte, nahm ihr auch noch die letzte Notwendigkeit, das Haus zu verlassen. Ihre Gesellschaft war noch trister, spärlicher und weniger abwechslungsreich als im Kloster. Jedesmal wenn ein Besuch angekündigt wurde, mußte sie ins oberste Stockwerk hinaufgehen und sich dort mit ein paar alten Dienerinnen einschließen; dort aß sie auch, wenn Gäste da waren. Die Dienerschaft paßte sich in Benehmen und Reden ganz dem Beispiel und Willen der Herrschaft an, und Gertrude, die sie ihrer Neigung entsprechend gern mit einer leutseligen Vertraulichkeit behandelt hätte und in der Lage, in der sie sich befand, jeden Beweis einer Zuneigung dankbar wie von ihresgleichen angenommen hätte, ja so weit ging, darum zu betteln, sah sich weiter gedemütigt und stellte immer betrübter fest, daß man ihr mit unverhohlener Geringschätzung begegnete, auch wenn man noch einen Rest von förmlicher Ehrerbietung wahrte.

Es konnte ihr jedoch nicht verborgen bleiben, daß ein Page, ungleich den anderen, sie mit großer Achtung behandelte und ein Mitgefühl besonderer Art für sie empfand. Das Benehmen dieses Jünglings glich von allem, was Gertrude bis dahin gesehen hatte, am ehesten der so oft in ihren Phantasien erträumten Ordnung der Dinge und dem Benehmen ihrer Idealgestalten. Allmählich entdeckte man einen irgendwie neuen Zug im

Verhalten des Mädchens: eine Ruhe und eine Unrast, die von ihrer gewöhnlichen Unrast abwich, ein Betragen wie von jemandem, der etwas gefunden hat, was ihm am Herzen liegt und was er am liebsten immerzu anschauen würde, aber die anderen nicht sehen lassen möchte. Man überwachte sie strenger denn je, und wie es so geht, eines Morgens wurde sie von einer Kammerzofe dabei ertappt, wie sie rasch ein Papier zusammenfaltete, auf das sie besser nichts geschrieben hätte. Nach kurzem Hin und Her blieb das Papier in den Händen der Zofe, aus denen es in die des Fürsten gelangte.

Gertrudes Erschrecken beim Geräusch seiner Schritte läßt sich weder beschreiben noch vorstellen: Es war der Herr Vater, er war aufgebracht, und sie fühlte sich schuldig. Doch als sie ihn mit diesem finsteren Blick und diesem Papier in der Hand vor sich stehen sah, wäre sie am liebsten hundert Klafter tief unter der Erde und dazu noch in einem Kloster gewesen. Er machte nicht viele Worte, aber sie waren schrecklich: Die sofort verhängte Strafe bestand zwar bloß darin, daß sie in ihr Zimmer eingesperrt wurde, unter Aufsicht der Zofe, die das Papier entdeckt hatte, aber das war nur ein Anfang, eine erste Maßnahme; verheißen und in Aussicht gestellt wurde ihr eine weitere, dunkle, unbestimmte und somit noch schrecklichere Strafe.

Der Page wurde, wie zu erwarten, auf der Stelle entlassen, und auch ihm wurde Schreckliches angedroht, falls er es jemals wagen sollte, auch nur ein Sterbenswörtchen über das Vorgefallene zu sagen. Während der Fürst ihm dies einbleute, versetzte er ihm zwei schallende Ohrfeigen, um sein Abenteuer mit einer Erinnerung zu verbinden, die ihm jede Versuchung nehmen sollte, etwa damit zu prahlen. Ein Vorwand für die Entlassung des Pagen war schnell gefunden, und von der Tochter hieß es, sie sei unpäßlich.

So blieb sie mit ihrem Herzklopfen, ihrer Scham, ihrer Reue und ihrer Angst vor der Zukunft in der alleinigen Gesellschaft jener Kammerzofe, die sie als Zeugin ihrer Schuld und Ursache ihres Unglücks haßte. Und die Zofe wiederum haßte Gertrude, weil sie sich ihretwegen auf unbestimmte Zeit zum langweiligen Leben einer Kerkermeisterin verurteilt sah und für immer zur Hüterin eines gefährlichen Geheimnisses geworden war.

Allmählich legte sich der erste wilde Aufruhr jener Gefühle, aber dann kehrten sie eins nach dem anderen zurück, wurden stärker und setzten sich in ihr fest, um sie noch gründlicher und in aller Ruhe zu quälen. Worin mochte diese in Rätseln angedrohte Strafe bestehen? Die verschiedensten und ausgefallensten Möglichkeiten zuckten durch Gertrudes erhitzte und unerfahrene Phantasie. Am wahrscheinlichsten schien ihr, daß sie ins Kloster von Monza zurückgebracht würde, um dort nicht mehr als »das Fräulein«, sondern als eine Schuldige dazustehen und wer weiß wie lange und bei welcher Behandlung erneut eingeschlossen zu werden. Vielleicht am schlimmsten an dieser schlimmen Vorstellung war die Furcht vor der Schande. Unaufhörlich gingen ihr die Sätze, die Wörter, ja selbst die Kommata jenes verhängnisvollen Briefchens durch den Sinn. Sie stellte sich vor, wie es von einem so unvorhergesehenen Leser, einem so ganz anderen als dem, für den es bestimmt war, betrachtet und gewogen wurde; sie malte sich aus, daß es auch ihrer Mutter oder ihrem Bruder oder wer weiß wem unter die Augen gekommen sein könnte, und verglichen damit kam ihr alles andere nichtig vor. Das Bildnis dessen, der zum Anlaß des ganzen Skandals geworden war, ließ ebenfalls nicht davon ab, die arme Eingeschlossene heimzusuchen – und man bedenke, wie seltsam sich dieses Phantom zwischen all den so anderen, so ernsten, kalten und drohenden ausgemacht haben mußte! Doch gerade weil sie es weder von ihnen zu trennen vermochte noch für einen Augenblick zu jenen flüchtigen Freuden zurückkehren konnte, ohne daß sich sofort ihre gegenwärtigen Leiden wieder einstellten, die ja deren Folge waren, suchte sie immer seltener Zuflucht bei ihnen und begann, die Erinnerung an sie zurückzuweisen und sich ihrer zu entwöhnen. Auch verweilte sie nicht mehr so lange oder so gern in jenen leichten und glänzenden Träumen von einst, denn sie waren zu kraß das Gegenteil der wirklichen Umstände und jeder wahrscheinlichen Zukunft. Das einzige Schloß, in dem Gertrude sich eine ruhige und ehrenvolle Zuflucht vorstellen konnte und das kein Luftschloß war, war das Kloster, wenn sie sich entschließen würde, für immer dort einzutreten. Ein solcher Entschluß – daran war nicht zu zweifeln – hätte alles in Ordnung gebracht, alle Schuld getilgt und im Handumdrehen die ganze Lage verändert. Zwar rebellierten sämtliche Ideale ihres Lebens dagegen, aber die Zeiten hatten sich geändert, und in dem Abgrund, in den Gertrude gefallen war, oder auch im Vergleich zu dem, was sie in gewissen Momenten fürchtete, erschien ihr das Dasein einer gefeierten Nonne, die Verehrung genoß und der man gehorchte, geradezu herrlich. Zwei Gefühle recht unterschiedlicher Art trugen ebenfalls dazu bei, ihre alte Aversion gegen das Kloster zu verringern: einerseits ihre Reue über die Verfehlung und eine schwärmerische Neigung zur Andacht, andererseits ihr Stolz, der durch das Benehmen der Kerkermeisterin bis zur Erbitterung gereizt wurde, wenn diese sich an ihr rächte (oft von ihr provoziert, um die Wahrheit zu sagen), indem sie ihr bald mit der angedrohten Strafe Angst machte, bald mit Anspielungen auf ihren Fehltritt Scham einflößte. Wollte sie sich danach wieder gütig zeigen, so schlug sie einen Beschützerton an, der noch hassenswerter als die Beleidigung war. Bei solchen Gelegenheiten wurde Gertrudes Wunsch, den Klauen dieser Frau zu entrinnen und sich ihr in einer Verfassung zu zeigen, die über ihre Wut und ihr Mitleid erhaben wäre, dermaßen heftig und brennend, daß ihr alles, was zu seiner Erfüllung beitragen mochte, liebenswert erschien.

Nach vier oder fünf langen Tagen der Gefangenschaft lief Gertrude eines Morgens, bis zum äußersten aufgebracht und verbittert durch eine jener Bosheiten ihrer Wärterin, in eine Ecke der Kammer und verharrte dort eine Weile, die Hände vors Gesicht geschlagen, um ihre Wut hinunterzuschlucken. Dabei wuchs in ihr ein übermächtiges Bedürfnis, andere Gesichter zu sehen, andere Worte zu hören und anders behandelt zu werden. Sie dachte an ihren Vater, an ihre Familie, und der Gedanke zuckte erschrocken zurück. Aber dann kam ihr in den Sinn, daß es ja von ihr abhing, sie sich gewogen zu machen, und sie empfand eine unverhoffte Freude. Danach eine Verwirrung, eine außerordentlich starke Reue über ihren Fehltritt und ein ebenso starkes Verlangen, für ihn zu büßen. Nicht daß sie diesen Vorsatz bereits gefaßt hätte, aber sie war ihm noch nie mit solcher Inbrunst nähergetreten. Sie stand auf, ging an einen kleinen Schreibtisch, griff erneut nach jener verhängnisvollen Feder und schrieb ihrem Vater einen von Schwärmerei und Zerknirschung, von Kummer und Hoffnung erfüllten Brief, in dem sie ihn um Vergebung bat und sich bedingungslos zu allem bereit erklärte, was er von ihr verlangen mochte.

Kapitel 10

Es gibt Augenblicke, in denen die Seele, besonders bei jungen Menschen, so empfänglich ist, daß der kleinste Anstoß genügt, um alles von ihr zu erreichen, was einen Anschein von Güte und Opfer hat – wie eine eben erblühte Blume sich weich auf ihrem zerbrechlichen Stengel wiegt, bereit, ihren Duft dem ersten Lufthauch zu überlassen, der sie umspielt. Diese Augenblicke, die von den anderen mit scheuer Ehrfurcht bewundert werden sollten, sind genau die, auf welche der eigennützige Scharfsinn lauert und die er im Fluge ergreift, um sich einen Willen gefügig zu machen, der nicht auf der Hut ist.

Beim Lesen jenes Briefes erkannte Fürst *** sogleich, welche neue Möglichkeit sich ihm damit bot, seine alten, beharrlich verfolgten Ziele zu erreichen. Er ließ Gertrude rufen und beschloß, das Eisen zu schmieden, solange es heiß war. Gertrude erschien und warf sich, ohne in das Angesicht ihres Vaters zu blicken, vor ihm auf die Knie, kaum fähig, »Vergebung!« zu sagen. Er bedeutete ihr, sich zu erheben, erwiderte aber in einem Ton, der nicht gerade ermutigend klang, es genüge nicht, Vergebung zu begehren und zu erbitten; das sei zu bequem und selbstverständlich für jeden, der Schuld auf sich geladen habe und nun die Bestrafung fürchte. Vergebung müsse man sich verdienen. Gertrude fragte unterwürfig und zitternd, was sie denn tun solle. Der Fürst (wir bringen es nicht übers Herz, ihn hier Vater zu nennen) antwortete nicht direkt, sondern erging sich erst einmal des langen und breiten über Gertrudes Verfehlung, und seine Worte brannten der Ärmsten in der Seele, wie wenn eine rauhe Hand über eine Wunde fährt. Er sprach weiter und sagte, selbst wenn er etwa – nur einmal angenommen – vorher beabsichtigt hätte, sie im weltlichen Leben unter die Haube zu bringen, so habe sie nun selbst ein unüberwindliches Hindernis davor aufgebaut. Denn ein Kavalier von Ehre, wie er einer sei, werde es niemals über sich bringen, einem anderen Edelmanne die Hand eines Fräuleins zu geben, das eine solche Kostprobe von sich abgelegt habe. Die beschämte Zuhörerin war ganz vernichtet. Darauf sagte der Fürst, während sein Ton und seine Worte allmählich wieder sanfter wurden, daß es freilich für jede Verfehlung auch ein Heilmittel und ein Erbarmen gebe und daß die ihre zu jenen gehöre, bei denen das Heilmittel klar angezeigt sei: Sie müsse in dem betrüblichen Zwischenfall eine Warnung sehen, wie gefahrvoll das weltliche Leben für sie sei...

»Ach ja!« rief Gertrude aus, geschüttelt von Angst, zermürbt von der Scham und in diesem Moment von einer plötzlichen Zärtlichkeit angerührt.

»Ach, dann siehst du es also selber ein!« setzte der Fürst sogleich nach. »Nun denn, so soll vom Vergangenen nicht mehr die Rede sein, es ist alles ausgelöscht. Du hast die einzige ehrenvolle und schickliche Wahl getroffen, die dir geblieben war. Aber da du sie aus freien Stücken und mit Anstand getroffen hast, ist es nun an mir, sie dir in jeder Hinsicht angenehm zu machen und dir alle Vorteile und Verdienste, die sich aus ihr ergeben, zu sichern. Ich werde dafür sorgen.« Er läutete eine Glocke, die auf dem Tisch stand, und sagte zu dem eintretenden Diener: »Die Fürstin und der Prinz, sogleich!« Dann wandte er sich wieder an Gertrude: »Ich will sie unverzüglich an meiner Freude teilhaben lassen, ich will, daß alle sofort beginnen, dich so zu behandeln, wie sich's gebührt. Du hast eine Zeitlang den strengen Vater erlebt, von nun an sollst du nur noch den liebevollen kennenlernen.«

Gertrude war von all diesen Worten wie betäubt. Sie überlegte hin und her, wie dieses kleine Ja, das ihr entschlüpft war, so viel bedeuten konnte und ob es noch eine Möglichkeit gab, es zurückzunehmen oder wenigstens seine Bedeutung einzuschränken. Doch die Überzeugtheit des Fürsten erschien so vollkommen, seine Freude so eifersüchtig und seine Güte so umstandsbedingt, daß Gertrude nichts zu sagen wagte, was seine Stimmung auch nur im geringsten hätte trüben können.

Nach wenigen Augenblicken kamen die beiden Gerufenen, und als sie Gertrude an diesem Ort erblickten, sahen sie ihr unsicher und erstaunt ins Gesicht. Aber der Fürst sagte mit einer heiteren und liebenswürdigen Miene, die ihnen eine ähnliche vorschrieb: »Hier habt ihr das verirrte Lamm, und möge dies das letzte Wort gewesen sein, das traurige Erinnerungen weckt. Hier habt ihr den Trost der Familie. Gertrude braucht keine Ratschläge mehr. Was wir zu ihrem Besten wollten, hat sie aus eigenem Antrieb gewählt. Sie ist entschlossen, sie hat mir zu verstehen gegeben, daß sie entschlossen ist...« An dieser Stelle hob sie einen halb entsetzten, halb flehentlichen Blick zu ihrem Vater, als wollte sie ihn bitten, nicht weiterzusprechen, doch er fuhr ungerührt fort: »daß sie entschlossen ist, den Schleier zu nehmen.«

»Gut! Sehr gut!« riefen Mutter und Bruder wie aus einem Munde und umarmten Gertrude, woraufhin diese in Tränen ausbrach, die jedoch als Freudentränen gedeutet wurden. Sodann verbreitete sich der Fürst darüber, was er alles tun werde, um das Los seiner Tochter freudig und glanzvoll zu gestalten. Er sprach von den Vorrechten, die sie im Kloster und in der Stadt genießen werde; sie werde dort wie eine Fürstin leben, als Repräsentantin der Familie werde man sie behandeln; man werde sie, sobald es ihr Alter erlaube, zur höchsten Würde erheben, und bis dahin werde sie nur dem Namen nach eine Untergebene sein. Die Fürstin und der

Prinz überschütteten sie geradezu mit Glückwünschen und Lob. Gertrude kam sich vor wie in einem Traum.

»Wir sollten noch den Tag festsetzen, an dem wir nach Monza fahren, um der Äbtissin das Aufnahmegesuch vorzutragen«, sagte der Fürst. »Wie glücklich sie sein wird! Ich kann euch versichern, das ganze Kloster wird die Ehre zu schätzen wissen, die ihm Gertrude erweist. Übrigens... warum fahren wir nicht gleich heute? Gertrude wird sicher gerne ein wenig frische Luft schnappen.«

»Ja, fahren wir heute«, sagte die Fürstin.

»Ich werde gleich die Befehle erteilen«, sagte der Prinz.

»Aber...«, brachte Gertrude zögernd hervor.

»Langsam, langsam«, ergriff der Fürst wieder das Wort. »Lassen wir sie selbst entscheiden, vielleicht fühlt sie sich heute noch nicht ganz bereit, vielleicht würde sie lieber bis morgen warten. Sag, mein Kind, sollen wir lieber heute oder morgen fahren?«

»Morgen«, antwortete Gertrude mit schwacher Stimme, im Glauben, es könne noch etwas nützen, wenn sie ein bißchen Zeit gewönne.

»Morgen also«, sagte der Fürst feierlich. »Sie hat entschieden, daß wir morgen fahren. Ich gehe inzwischen zum Nonnenvikar, um den Tag für die Prüfung festzulegen.« Gesagt, getan, der Fürst ging hinaus und begab sich tatsächlich (was keine geringe Herablassung war) zu besagtem Vikar, der sich bereit erklärte, am übernächsten Tage zu kommen.

Während des ganzen restlichen Tages hatte Gertrude keinen ruhigen Augenblick mehr. Sie hätte sich gern ein bißchen von all den Aufregungen erholt, um ihre Gedanken zu ordnen, sich Rechenschaft abzulegen über das, was sie getan hatte und was noch zu tun blieb, sie hätte gern Klarheit darüber gewonnen, was sie eigentlich wollte, und wenigstens für einen Augenblick das

Räderwerk angehalten, das nun, kaum in Gang gebracht, so rasend lief, aber daran war nicht zu denken. Ihre Obliegenheiten und Pflichten folgten einander pausenlos, griffen eine in die andere. Gleich nach dem Weggang des Fürsten wurde Gertrude ins Kabinett der Fürstin gebracht, um dort unter deren Aufsicht von deren eigener Kammerzofe frisiert und angekleidet zu werden. Noch war man nicht ganz fertig mit dem Letzte-Hand-Anlegen, da kam schon die Meldung, daß sie bei Tisch erwartet werde. Gertrude schritt durch die Reihen der sich verneigenden Dienerschaft, die so tat, als gratulierte sie ihr zur Genesung, und fand einige nähere Verwandte vor, die rasch eingeladen worden waren, um ihr die Ehre zu erweisen und die beiden glücklichen Ereignisse mit ihr zu feiern: die Wiederherstellung ihrer Gesundheit und die Bekanntgabe ihrer Berufung.

Die »kleine Braut« (*sposina* – so nannte man damals die jungen Mädchen, die sich zu einem Leben als Nonne entschlossen hatten, und Gertrude wurde, als sie erschien, von allen mit diesem Namen begrüßt), die kleine Braut war vollauf damit beschäftigt, die Komplimente zu erwidern, mit denen sie von allen Seiten überhäuft wurde. Sie spürte sehr wohl, daß jede ihrer Antworten wie eine Hinnahme und Bekräftigung ihres Schicksals klang, aber wie hätte sie anders antworten sollen?

Kaum hatte man sich von der Tafel erhoben, kam die Stunde der Ausfahrt. Gertrude stieg mit ihrer Mutter und zwei Oheimen, die ihr bei Tisch Gesellschaft geleistet hatten, in die Kutsche. Nach der üblichen Rundfahrt gelangten sie zur Strada Marina, die damals den Platz an der Stelle überquerte, wo heute der Stadtpark liegt; dorthin fuhren die Herrschaften in der Kutsche, um sich von den Mühen des Tages zu erholen. Die Oheime sprachen auch mit Gertrude, wie es sich an jenem Tag gehörte, und einer von ihnen, der noch besser als der andere über jeden Menschen, jede Kutsche und jede Livree Bescheid zu wissen schien und jeden Augenblick etwas über diesen Herrn oder jene Dame zu sagen hatte, drehte sich plötzlich zu ihr und sagte: »Na, kleiner Schlaukopf, du gibst all diesem eitlen Tand einen Tritt. Du bist wirklich ein Schlitzohr: stürzt uns arme Weltleute in Verlegenheit, ziehst dich zurück in ein gottgefälliges Leben, und am Ende fährst du vierspännig ins Paradies.«

Es war spät, als sie heimkehrten, und die Diener, die mit Fackeln herbeigeeilt kamen, meldeten, daß schon viele Gäste warteten. Die Nachricht hatte sich rasch verbreitet, und so waren die Verwandten und Freunde erschienen, um ihre Pflicht zu erfüllen. Man trat in den Empfangssaal. Die kleine Braut war allgemein das Idol, das Vergnügen und das Opfer. Jeder wollte sie für sich haben, der eine ließ sich Süßigkeiten von ihr versprechen, der andere versprach ihr Besuche, der eine sprach von einer Mutter Soundso, mit der er verwandt sei, der andere von einer anderen Mutter, mit der er bekannt sei, einer pries das Klima von Monza, ein anderer erging sich genüßlich über die große Rolle, die sie dort spielen werde. Wieder andere, die sich der belagerten Gertrude noch nicht hatten nähern können, lauerten auf eine Gelegenheit und empfanden schon fast Gewissensbisse, weil es ihnen noch nicht gelungen war, ihre Pflicht zu tun. Allmählich löste sich die Gesellschaft auf, alle gingen befriedigt davon, und Gertrude blieb mit ihren Eltern und ihrem Bruder allein zurück.

»Endlich habe ich die Freude gehabt«, sagte der Fürst, »meine Tochter so behandelt zu sehen, wie es ihresgleichen gebührt. Aber ich muß zugeben, auch sie hat sich sehr gut benommen und hat erkennen lassen, daß es ihr nicht schwerfallen wird, die führende Rolle zu spielen und das Ansehen der Familie zu bewahren.«

Man speiste rasch zu Abend, um sich gleich danach

zurückzuziehen, da man am nächsten Morgen früh auf sein mußte.

Hier nun erinnerte sich Gertrude, betrübt, verärgert und zugleich auch ein wenig von all den Komplimenten geschmeichelt, wie sehr sie unter ihrer Kerkermeisterin gelitten hatte, und da sie ihren Vater so geneigt sah, ihr in allen Punkten – außer einem – entgegenzukommen, beschloß sie, die Gunst des Augenblicks zu nutzen, um wenigstens eine der Leidenschaften, die sie quälten, zu stillen. So zeigte sie sich höchst angewidert bei dem Gedanken, wieder mit jener Kammerzofe zusammenzusein, und beklagte sich heftig über deren Manieren.

»Wie?« rief der Fürst. »Hat sie es dir gegenüber an Respekt fehlen lassen? Morgen, gleich morgen früh werde ich ihr gehörig den Kopf waschen! Verlaß dich darauf, ich werde sie lehren, wer sie ist und wer du bist. Aber jedenfalls soll eine Tochter, mit der ich zufrieden bin, keine Person um sich haben, die ihr mißfällt.« Sprach's, ließ eine andere Kammerfrau rufen und befahl ihr, seine Tochter fortan zu bedienen. Doch während Getrude noch damit beschäftigt war, die Genugtuung auszukosten, wunderte sie sich, wie wenig Befriedigung sie darüber empfand, gemessen an dem Verlangen, das sie danach gehabt hatte. Was sich statt dessen, auch gegen ihren Willen, ihres ganzen Sinnes bemächtigte, war das Gefühl der großen Fortschritte, die sie an jenem Tage auf dem Weg ins Kloster gemacht hatte, war der Gedanke, daß sie für einen Widerruf jetzt sehr viel mehr Kraft und Entschlossenheit brauchen würde, als noch vor wenigen Tagen genügt hätten und trotzdem nicht von ihr aufgebracht worden waren.

Die Frau, die sie auf ihr Zimmer begleitete, war eine alte Angehörige des Hauses, die einstige Gouvernante des Prinzen, der ihr, kaum den Windeln entwachsen, anvertraut worden war und den sie bis an die Schwelle des Jünglingsalters aufgezogen hatte, weshalb sie ihre ganze Nachsicht, ihre Hoffnungen und ihren Stolz in ihn setzte. Sie freute sich über die an jenem Tag gefallene Entscheidung wie über ein persönliches Glück, und so mußte Gertrude als letztes Abendvergnügen die Gratulationen, Lobsprüche und Ratschläge der Alten über sich ergehen lassen, sich Reden über irgendwelche Tanten und Großtanten anhören, die glücklich gewesen seien, ihr Leben als Nonnen verbringen zu können, denn als Angehörige dieses Hauses hätten sie stets die höchsten Ehren genossen und es immer verstanden, einen Fuß draußen zu haben, so daß sie von ihrem Sprechzimmer aus Dinge erreicht hätten, die den größten Damen in ihren Salons nicht gelungen wären. Sie sprach von den Besuchen, die sie bekommen würde; eines Tages werde auch der junge Herr Prinz mit seiner Gattin kommen, die bestimmt eine große Dame sei, und dann werde nicht nur das Kloster, sondern die ganze Stadt auf den Beinen sein. Die Alte redete ununterbrochen, während sie Gertrude auskleidete, als Gertrude im Bett lag und sogar noch, als Gertrude schon eingeschlafen war. Ihre Jugend und ihre Müdigkeit waren stärker als ihre Sorgen. Ihr Schlaf war unruhig, wirr und voll quälender Träume, doch aufgeschreckt wurde sie erst durch die schrille Stimme der Alten, die sie wecken kam, damit sie sich für die Fahrt nach Monza bereit machte.

»Auf, auf, Fräulein Braut! Es ist heller Tag, und zum Ankleiden und Frisieren braucht Ihr mindestens eine Stunde! Die gnädige Frau Fürstin ist schon beim Anziehen, und sie hat sich vier Stunden früher als gewöhnlich wecken lassen. Der junge Herr Prinz war schon unten im Stall und ist wieder raufgekommen und hält sich zur Abfahrt bereit, wann immer es soweit ist. Flink wie ein Hase, der kleine Teufel, so war er schon als kleines Kind gewesen, ich kann's bezeugen, ich hab ihn auf den Armen getragen. Aber wenn er bereit ist, darf man ihn nicht warten lassen, sonst wird er ungeduldig und tobt herum, obwohl er eigentlich das sanfteste Gemüt von der Welt hat. Der Ärmste, man muß Nachsicht mit ihm haben, es ist nun mal seine Natur, und diesmal würde er auch ein bißchen im Recht sein, denn er tut's ja für Euch. Wehe, wenn man ihm bei solchen Gelegenheiten in die Quere kommt! Da kennt er keine Rücksicht, außer auf den Herrn Fürsten. Aber schließlich hat er ja auch niemanden über sich außer dem Herrn Fürsten, und eines Tages wird er selber der Herr Fürst sein – natürlich erst so spät wie möglich. Rasch aufgestanden, gnädiges Fräulein! Was seht Ihr mich so verträumt an? Um diese Zeit solltet Ihr längst aus den Federn sein!«

Die Vorstellung des ungeduldigen Prinzen ließ alle anderen Gedanken, die sich in Gertrudes erwachtem Bewußtsein tummelten, auseinanderstieben wie einen Schwarm Spatzen beim Auftauchen eines Habichts. Sie gehorchte, zog sich rasch an, ließ sich frisieren und erschien im Saal, wo ihre Eltern und ihr Bruder schon warteten. Sie wurde in einen Lehnstuhl gesetzt und bekam eine Tasse Schokolade gereicht, was in jenen Zeiten ungefähr soviel bedeutete wie einst bei den Römern die Überreichung der Toga virilis.

Als gemeldet wurde, daß angespannt sei, nahm der Fürst seine Tochter beiseite und sagte: »Nun, Gertrude, gestern hast du dir Ehre gemacht, aber heute mußt du dich selbst übertreffen. Es geht um einen feierlichen Auftritt im Kloster und in der Stadt, in der du einmal die führende Rolle spielen sollst. Du wirst erwartet...« Müßig zu sagen, daß der Fürst die Äbtissin am Vortag verständigt hatte. »Du wirst erwartet, und aller Augen werden auf dich gerichtet sein. Also Würde und Gelassenheit. Die Äbtissin wird dich nach deinem Begehr fragen, das ist eine Formalität. Du kannst antworten, daß du darum bittest, aufgenommen zu werden, um in diesem Kloster, in dem du so liebevoll erzogen worden bist und so viel Güte erfahren hast, was ja die reine Wahrheit ist, den Schleier zu nehmen. Sag diese wenigen Worte ganz ungezwungen, damit niemand behaupten kann, sie seien dir in den Mund gelegt worden und du könntest nicht selber reden. Die guten Mütter wissen nichts von dem, was vorgefallen ist; es ist ein Geheimnis, das in der Familie bleiben muß. Also mach kein verkniffenes oder zweifelndes Gesicht, das Verdacht wekken könnte. Laß lieber erkennen, welches Blut in dir fließt: Zeig dich artig und bescheiden, aber denk immer daran, daß an jenem Ort niemand außer der Familie über dir steht.«

Ohne auf eine Antwort zu warten, ging der Fürst hinaus. Die Fürstin und der Prinz folgten ihm. Alle schritten die Treppe hinunter und stiegen in die Karosse. Die Beschwerlichkeiten und Ärgernisse der Welt und das besonders für die Töchter des Adels so gesegnete Klosterleben bildeten das Gesprächsthema während der Fahrt. Gegen Ende wiederholte der Fürst die Instruktionen an seine Tochter und schärfte ihr nochmals die Antwortformel ein.

Bei der Einfahrt nach Monza fühlte Gertrude, wie sich ihr Herz zusammenzog; doch ihre Aufmerksamkeit wurde für einen Moment von ich weiß nicht was für Herren abgelenkt, die den Wagen anhielten und ich weiß nicht was für ein Kompliment hersagten. Dann fuhr die Kutsche weiter, und fast im Schrittempo ging es zwischen den Blicken der Neugierigen, die von allen Seiten herbeigelaufen kamen, zum Kloster. Als die Kutsche vor jenen Mauern und jener Pforte anhielt, zog sich Gertrude das Herz noch stärker zusammen. Man stieg aus und schritt durch eine Gasse zwischen zwei Reihen von Leuten, die von Dienern zurückgehalten wurden. Aller Augen waren auf die Ärmste gerichtet und zwangen sie, unablässig auf ihre Haltung zu achten. Doch mehr als all jene Augen hielten sie die ihres

Vaters in Bann, zu denen sie unwillkürlich immer wieder den Blick richten mußte, obwohl sie so große Angst vor ihnen hatte. Seine Augen lenkten ihre Bewegungen und ihre Blicke wie mit unsichtbaren Zügeln.

Nachdem sie den ersten Hof durchschritten hatten, gelangten sie in einen zweiten, und dort erblickten sie die innere Pforte des Klosters, weit geöffnet und voller Nonnen. In der ersten Reihe die Äbtissin, umgeben von älteren Nonnen, dahinter die anderen in loser Ordnung, einige auf Zehenspitzen, und ganz hinten, auf Bänken stehend, die Laienschwestern. Da und dort sah man auch auf halber Höhe ein Augenpaar blitzen und einige junge Gesichter zwischen den Ordenskleidern hervorlugen; das waren die vorwitzigsten und behendesten der Schülerinnen, denen es gelungen war, sich zwischen den Nonnen einen Platz zu erobern, um auch etwas zu sehen. Aus der Menge erklangen Beifallsbekundungen, viele Arme wurden zum Zeichen des Willkommens und der Freude geschwenkt. Als sie die Pforte erreicht hatte, stand Gertrude Auge in Auge vor der Äbtissin. Nach den ersten Begrüßungsworten fragte diese mit einer halb freudigen, halb feierlichen Miene, was sie an diesem Ort begehre, wo es niemanden gebe, der ihr etwas abschlagen könne.

»Ich bin gekommen...«, begann Gertrude; doch als sie die Worte aussprechen sollte, die ihr Schicksal fast unwiderruflich besiegeln würden, zögerte sie einen Augenblick und starrte auf die vor ihr versammelte Menge. Dabei fiel ihr Blick auf eine ihrer früheren Vertrauten, die sie mit einer gleichzeitig mitleidigen und boshaften Miene ansah und zu sagen schien: Sieh da, also doch in die Knie gegangen! Dieser Anblick, der mit einem Schlag alle früheren Gefühle wieder in ihr wachrief, gab ihr auch ein wenig von ihrem früheren Mut zurück, und schon begann sie nach irgendeiner Antwort zu suchen, die anders als die vorgeschriebene war, da entdeckte sie plötzlich, als sie den Blick zum Gesicht ihres Vaters hob, wie um ihre Kräfte zu prüfen, in diesem eine so düstere Unruhe und so drohende Ungeduld, daß sie, von Angst getrieben, mit der gleichen Entschlossenheit fortfuhr, mit der sie vor etwas Schrecklichem die Flucht ergriffen hätte: »Ich bin gekommen, um zu bitten, in diesem Kloster, in dem ich so liebevoll aufgezogen worden bin, den Schleier nehmen zu dürfen.«

Die Äbtissin antwortete sogleich, bei einer solchen Gelegenheit bedauere sie sehr, daß die Regel ihr nicht erlaube, auf der Stelle eine Antwort zu geben, da diese von einer gemeinsamen Abstimmung aller Schwestern abhinge, der ihrerseits eine Erlaubnis der Oberen vorausgehen müsse. Gleichwohl könne Gertrude, der ja bekannt sei, welche Gefühle man an diesem Ort für sie hege, mit Gewißheit voraussehen, wie diese Antwort ausfallen werde, und bis dahin untersage keinerlei Regel der Äbtissin und ihren Schwestern, der Freude Ausdruck zu geben, welche sie über dieses Begehren empfänden. Darauf erhob sich ein wirres Beifalls- und Jubelgeschrei. Große Schalen mit Süßigkeiten wurden herbeigetragen, die erst der kleinen Braut und dann ihren Eltern angeboten wurden. Während einige Nonnen sich um Gertrude drängten, andere ihre Mutter beglückwünschten und wieder andere den Prinzen, ließ die Äbtissin den Fürsten bitten, er möge zum Sprechgitter ins Besuchszimmer kommen, wo sie ihn erwarte. Sie war in Begleitung von zwei älteren Nonnen, und als sie ihn kommen sah, sagte sie: »Durchlaucht, um den Regeln zu entsprechen... eine unverzichtbare Formalität zu erfüllen, obgleich in diesem Falle... muß ich Euch dennoch sagen... jedesmal, wenn ein Mädchen darum bittet, den Schleier nehmen zu dürfen... muß die Oberin, die ich unwürdigerweise hier bin... die Eltern darüber ins Bild setzen, daß sie... sollten sie etwa... den Entschluß ihrer Tochter erzwungen haben... der Exkommunikation anheimfallen würden... Ihr werdet mir verzeihen...«

»Gut, gut, ehrwürdige Mutter. Ich muß Eure Gewissenhaftigkeit loben, es ist nur allzu richtig... Aber Ihr könnt doch nicht ernsthaft bezweifeln...«

»Oh, bitte, Durchlaucht... ich habe nur eine ausdrückliche Weisung befolgt... Im übrigen...«

»Gewiß, gewiß, ehrwürdige Mutter Äbtissin.«

Nachdem diese Worte gewechselt waren, verbeugten die beiden sich voreinander und trennten sich rasch, als falle es ihnen schwer, noch länger Auge in Auge zu verharren. Jeder begab sich zurück zu den Seinen, der eine nach draußen, die andere ins Innere des Klosters. Nach einigen weiteren Höflichkeitsfloskeln sagte der Fürst: »Schluß jetzt! Gertrude wird die Gesellschaft dieser Mütter bald in aller Ruhe genießen können. Für heute haben wir sie genug belästigt.« Damit verbeugte er sich, die Familie tat es ihm nach, erneute Höflichkeitsfloskeln, und die Kutsche fuhr los.

Auf der Heimfahrt hatte Gertrude wenig Lust zu Gesprächen. Erschrocken über den Schritt, den sie getan hatte, beschämt über ihre Schwäche, verärgert über die anderen und über sich selbst, überschlug sie trübsinnig die Gelegenheiten, die ihr noch verblieben, um nein zu sagen, und gelobte sich kleinlaut und konfus, bei der oder jener oder jener dritten geschickter und stärker zu sein. Während all dieser Gedanken war jedoch das Erschrecken vor der finsteren Miene ihres Vaters nie ganz von ihr gewichen; so daß sie, als sie sich bei einem kurzen Seitenblick auf ihn vergewissern konnte, daß sein Gesicht keine Spur von Zorn mehr aufwies, ja daß er sich sogar sehr zufrieden mit ihr zeigte, Erleichterung empfand und für einen Augenblick geradezu glücklich war.

Kaum zu Hause angelangt, mußte sie sich umziehen und neu herrichten lassen; dann zu Mittag essen, einige

Besuche machen, danach kam die Ausfahrt, dann der Empfang und das Abendessen. An dessen Ende sprach der Fürst eine neue Frage an: die Wahl der Patin. So nannte man die Dame, die sich in der Zeit zwischen dem Aufnahmegesuch und dem Eintritt ins Kloster auf Bitten der Eltern um Aufsicht und Betreuung der künftigen Nonne kümmerte. Man besuchte in dieser Zeit die Kirchen und die öffentlichen Paläste, die Empfänge, die Landsitze und die Wallfahrtsstätten, mit einem Wort: alle Sehenswürdigkeiten der Stadt und ihrer Umgebung, damit die Mädchen, bevor sie ein unwiderrufliches Gelübde ablegten, noch einmal deutlich sehen konnten, was sie verschmähten. »Wir müssen an eine Patin denken«, sagte der Fürst, »denn morgen kommt der Nonnenvikar wegen der Prüfungsformalitäten, und gleich danach wird Gertrude im Kapitel vorgestellt, um von den ehrwürdigen Müttern aufgenommen zu werden.« Da er sich bei diesen Worten an die Fürstin gewandt hatte, glaubte diese, sie solle Vorschläge machen, und begann: »Da wäre...«, aber der Fürst unterbrach sie: »Nein, nein, liebe Frau, die Patin muß vor allem der kleinen Braut gefallen, und obwohl der allgemeine Brauch die Wahl den Eltern überläßt, hat Gertrude doch so viel Urteilskraft und Verstand, daß sie eine Ausnahme verdient.« Und diesmal an Gertrude gewandt, fuhr er im Ton eines Mannes fort, der eine einzigartige Gnade gewährt: »Jede der Damen, die heute abend auf dem Empfang waren, erfüllt die Voraussetzungen, um Patin einer Tochter unseres Hauses zu werden. Keine ist unter ihnen, die sich, denke ich, von der Wahl nicht geehrt fühlen würde. Wähle dir eine.«

Gertrude sah sehr wohl, daß sie mit dieser Wahl eine neuerliche Einwilligung erteilte, aber der Vorschlag war mit solchem Nachdruck gemacht worden, daß eine Ablehnung, wie demütig sie auch vorgetragen werden mochte, als Geringschätzung oder zumindest als Laune und Geziertheit erscheinen konnte. Also tat sie auch diesen Schritt und nannte die Dame, die ihr an jenem Abend am besten gefallen hatte, das heißt diejenige, die ihr am meisten geschmeichelt, sie am meisten gelobt und sie in jener vertraulichen, herzlichen und aufmerksamen Weise behandelt hatte, die in den ersten Momenten einer Bekanntschaft eine alte Freundschaft vorzutäuschen vermag. »Ausgezeichnete Wahl«, sagte der Fürst, der genau diese gewünscht und erwartet hatte. Ob Absicht oder Zufall, es war so gekommen, wie wenn ein Gaukler vor unseren Augen ein Kartenspiel aufblättert und uns auffordert, an eine einzelne Karte zu denken, die er danach erraten werde, aber er hat das Spiel so aufgeblättert, daß wir nur eine einzige Karte richtig erkennen. Die betreffende Dame war den ganzen Abend lang nicht von Gertrudes Seite gewichen und hatte sie so umworben, daß es für die Umworbene einer besonderen Anstrengung der Phantasie bedurft hätte, an eine andere zu denken. Soviel Bemühung war freilich nicht grundlos gewesen: Die Dame hatte seit geraumer Zeit ein Auge auf den Prinzen geworfen, den sie zu ihrem Schwiegersohn machen wollte; infolgedessen betrachtete sie die Angelegenheiten jenes Hauses wie ihre eigenen, und es war ganz natürlich, daß sie sich für die liebe Gertrude nicht weniger interessierte als für ihre nächsten Anverwandten.

Tags darauf erwachte Gertrude mit dem Gedanken an den Prüfer, der ins Haus stand, und während sie noch überlegte, ob sie diese so entscheidende Gelegenheit ergreifen sollte, um alles rückgängig zu machen, und wie das zu erreichen sein könnte, wurde sie zum Fürsten gerufen. »Nun, mein Kind«, sagte er, »bisher hast du dich ausgezeichnet verhalten. Heute gilt es, das Werk zu krönen. Alles, was bisher geschehen ist, ist mit deiner Einwilligung geschehen. Wenn dir dabei ein Zweifel gekommen sein sollte, wenn dir irgend etwas unterlaufen sein sollte, was du vielleicht bereuen wolltest, eine jugendliche Laune oder dergleichen, hättest du es sagen können. Jetzt, nachdem die Dinge so weit gediehen sind, ist keine Zeit mehr für Kindereien. Der gute Mann, der heute vormittag kommen soll, wird dir hundert Fragen über deine Berufung stellen. Er wird wissen wollen, ob du aus freien Stücken ins Kloster gehen willst und warum und wieso und was weiß ich noch alles. Wenn du beim Antworten zögerst, wird er dir wer weiß wie lange mit Fragen zusetzen. Es wäre eine Qual für dich, eine Tortur; aber es könnte auch noch ernstere Folgen haben: Nach all den öffentlichen Erklärungen, die gemacht worden sind, würde jedes kleine Zögern, das man an dir sähe, meine Ehre aufs Spiel setzen, man könnte glauben, ich hätte eine leichtfertige Bemerkung von dir als einen festen Entschluß genommen, ich hätte die Dinge überstürzt, ich hätte... was weiß ich? In diesem Fall stünde ich vor der Notwendigkeit, zwischen zwei schmerzlichen Auswegen wählen zu müssen: entweder zuzulassen, daß die Welt sich eine traurige Meinung über mein Verhalten bildet; eine Lösung, die sich absolut nicht mit dem verträgt, was ich mir selber schulde. Oder ich müßte den wahren Grund deiner Entscheidung enthüllen und...« Aber hier, als er bemerkte, daß Gertrude scharlachrot geworden war, daß ihre Augen anschwollen und ihr Gesicht faltig wurde wie die Blätter einer Blüte in der Schwüle vor einem Gewittersturm, brach er seine Rede ab, um mit heiterer Miene fortzufahren: »Schon gut, schon gut, alles hängt von dir ab, von deiner guten Urteilskraft. Ich weiß, daß du ein kluges Mädchen bist und keine von denen, die eine gut angefangene Sache am Ende verderben. Aber ich mußte alle Möglichkeiten bedenken. Sprechen wir nicht mehr davon. Und bleiben wir uns einig, daß du freimütig antworten wirst, freimütig in einer Weise, die keine Zweifel im Kopf des guten Mannes aufkommen läßt. So bringst du's auch am schnellsten hinter dich.« Und damit, nachdem er ihr noch ein paar Antworten auf wahrscheinliche Fragen nahegelegt hatte, begann er wieder seine übliche Rede über die Annehmlichkeiten und Genüsse, die im Kloster für Gertrude bereitet waren, und erging sich darüber, bis ein Diener kam und die Ankunft des Vikars meldete. Rasch wiederholte der Fürst noch einmal die wichtigsten Ermahnungen, dann ließ er seine Tochter mit dem Prüfer allein, wie es die Vorschrift verlangte.

Der gute Mann kam schon ein wenig mit der vorgefaßten Meinung, daß Gertrude eine starke Berufung zum Klosterleben verspüre, denn so hatte es ihm der Fürst gesagt, als er zu ihm gekommen war, um ihn einzuladen. Zwar wußte der gute Priester, daß Mißtrauen eine der notwendigsten Tugenden in seinem Amt war, und befolgte daher die Maxime, solchen Beteuerungen nur mit größter Vorsicht Glauben zu schenken und sich vor vorgefaßten Meinungen zu hüten; aber es geschieht ja nur selten, daß die überzeugten und selbstsicheren Worte einer Respektsperson nicht irgendwie auf die Meinung des Zuhörers abfärben.

Nach den ersten Begrüßungen sagte er: »Mein Fräulein, ich komme, um hier die Rolle des Teufels zu spielen. Ich komme, um in Zweifel zu ziehen, was Ihr in Eurem Gesuch als sicher hingestellt habt. Ich komme, um Euch die Schwierigkeiten vor Augen zu halten und mich zu vergewissern, daß Ihr sie gut bedacht habt. Erlaubt, daß ich Euch ein paar Fragen stelle.«

»Bitte sehr«, antwortete Gertrude.

Darauf begann der gute Priester, sie in der vorgeschriebenen Weise zu befragen. »Fühlt Ihr in Eurem Herzen eine freie, aus spontanem Antrieb geborene Entschlossenheit, Nonne zu werden? Sind keine Drohungen oder Lockungen eingesetzt worden? Ist kein Druck durch eine Autorität ausgeübt worden, um Euch dazu zu bewegen? Sprecht offen und ohne Rücksichten zu einem Manne, dessen Pflicht es ist, Euren wahren Willen zu erkunden, um zu verhindern, daß Euch in irgendeiner Weise Gewalt angetan wird.«

Die wahre Antwort auf diese Fragen stand sofort mit schrecklicher Klarheit vor Gertrudes Augen. Doch um diese Antwort zu geben, hätte sie sich auf eine Erklärung einlassen müssen, hätte sagen müssen, daß sie bedroht worden war, hätte eine Geschichte erzählen müssen... Die Unglückliche wich erschrocken vor diesem Gedanken zurück. Eilig suchte sie nach einer anderen Antwort und fand nur *eine*, die sie rasch und sicher von dieser Qual erlösen konnte: die am weitesten von der Wahrheit entfernte. »Ich will Nonne werden«, sagte sie, ohne ihre Erregung zu zeigen, »ich will aus innerer Neigung und aus freien Stücken Nonne werden.«

»Seit wann habt Ihr diesen Wunsch?« fragte der gute Priester weiter.

»Ich habe ihn schon immer gehabt«, antwortete Gertrude, der es jetzt nach dem ersten Schritt schon etwas leichter fiel, falsches Zeugnis gegen sich selbst abzulegen.

»Was ist denn der Hauptgrund, der Euch veranlaßt, Nonne werden zu wollen?«

Der gute Priester ahnte nicht, welch schreckliche Saite er damit anschlug, und Gertrude mußte sich sehr zusammenreißen, um sich nicht anmerken zu lassen, welche Wirkung diese Worte in ihrem Innern erzeugten. »Der Hauptgrund«, sagte sie, »ist mein Wunsch, Gott zu dienen und die Gefahren der Welt zu meiden.«

»Und da ist keinerlei Enttäuschung mit im Spiel? Keine... verzeiht mir... Laune? Manchmal kann ein zeitweiliger Beweggrund den Eindruck erwecken, er werde ewig bestehen, und wenn er dann vorbei ist und der Sinn sich ändert...«

»Nein, nein«, antwortete Gertrude hastig. »Der Grund ist der, den ich Euch genannt habe.«

Mehr um seine Pflicht voll und ganz zu erfüllen, als weil er von der Notwendigkeit überzeugt war, bestand der Vikar auf weiteren Fragen, aber Gertrude war jetzt entschlossen, ihn zu täuschen. Abgesehen von dem Schauder, den ihr der Gedanke verursachte, diesen ernsten und gütigen Priester, dem ein solcher Verdacht so fern lag, zu einem Mitwisser ihrer Schwäche zu machen, bedachte die Ärmste auch, daß er sie zwar daran hindern konnte, Nonne zu werden, aber damit waren seine Autorität über sie und sein Schutz auch schon zu Ende. Wenn er wieder fort war, würde sie mit dem Fürsten allein zurückbleiben. Und was sie dann in diesem Hause zu erleiden hätte, würde der gute Priester nie erfahren, und wenn doch, könnte er beim besten Willen nichts anderes tun, als Mitleid mit ihr zu haben, jenes ruhige und gemessene Mitleid, das man im allgemeinen, gleichsam aus Höflichkeit, denen gewährt, die für das Leid, das ihnen angetan wird, selbst Grund oder Anlaß gegeben haben. Der Prüfer wurde es eher müde zu fragen, als die Unglückliche zu lügen, und da er stets gleichlautende Antworten bekam und keinen Grund hatte, an ihrer Aufrichtigkeit zu zweifeln, änderte er schließlich seinen Ton: Er beglückwünschte sie, bat sie gewissermaßen um Verzeihung dafür, daß er seiner Pflicht so ausgiebig nachgekommen war, fügte hinzu, was ihm am geeignetsten dünkte, sie in ihrem guten Vorsatz zu bestärken, und verabschiedete sich.

Auf dem Weg zum Ausgang begegnete er dem Fürsten, der zufällig vorbeizukommen schien, und gratulierte ihm zu der guten Verfassung, in welcher er seine Tochter vorgefunden habe. Der Fürst war bis dahin in einer quälenden Ungewißheit gewesen; bei dieser Nachricht atmete er auf, vergaß sein gewohntes würdevolles Gebaren und eilte fast im Laufschritt zu Gertrude, um sie, erfüllt von herzlichem Jubel und einer zum großen Teil aufrichtigen Zärtlichkeit, mit Lob, Liebkosungen und Versprechungen zu überschütten. So ist das wirre Knäuel des menschlichen Herzens nun einmal beschaffen.

Wir haben nicht vor, Gertrude durch den ununterbrochenen Reigen von Spektakeln und Lustbarkeiten zu folgen, der sich nun anschloß. Und wir werden auch nicht im einzelnen und der Reihe nach die Gefühle beschreiben, die sie während jener ganzen Zeit empfand; es wäre eine Geschichte von Leiden und inneren Schwankungen, zu eintönig und zu ähnlich dem bereits Gesagten. Die Lieblichkeit der Orte, die Vielfalt der Gegenstände, die Freude an den Fahrten übers offene Land ließen ihr den Gedanken an den Ort, wo sie schließlich das letzte Mal absteigen sollte, immer verhaßter erscheinen. Noch bitterer waren die Eindrücke, die sie auf Empfängen und Festen erhielt. Der Anblick von Bräuten, denen man diesen Namen im gewöhnlichen und eher landläufigen Sinne gab, erfüllte sie mit unerträglichem Neid und nagendem Schmerz; manchmal kam es ihr beim Anblick einer anderen so vor, als müsse es geradezu der Gipfel des Glückes sein, als Braut angesprochen zu werden. Bisweilen stürzten die Pracht der Paläste, der Glanz der Ausstattungen, das wimmelnde Treiben und rauschende Lärmen der Feste sie in einen solchen Taumel, in ein so heißes Verlangen nach einem fröhlichen Leben, daß sie sich vornahm, zu widerrufen und lieber alles zu erleiden, als in die kalte und tote Düsternis des Klosters zurückzukehren. Doch all diese Vorsätze verflogen, wenn sie die Schwierigkeiten ausgeruhter bedachte, ja wenn sie nur in die Augen des Fürsten blickte. Bisweilen vergällte ihr auch der Gedanke, all diesen Freuden für immer entsagen zu müssen, bereits die kleine Kostprobe selbst, und sie verhielt sich wie der dürstende Kranke, der den vom Arzt genehmigten Löffel Wasser voll Wut betrachtet und fast zurückstößt.

Unterdessen hatte der Nonnenvikar das notwendige Zeugnis ausgestellt, und es kam die Erlaubnis, die Abstimmung über Gertrudes Aufnahme abzuhalten. Das Kapitel wurde einberufen, die geheime Abstimmung ergab, wie zu erwarten war, die in der Regel vorgeschriebene Zweidrittelmehrheit, und Gertrude wurde aufgenommen. Der langen Quälerei müde, bat sie nun selbst darum, möglichst rasch ins Kloster eintreten zu dürfen. Gewiß gab es niemanden, der ihre Ungeduld zügeln wollte, und so wurde ihrem Wunsch entsprochen: Man geleitete sie mit Pomp ins Kloster, und sie nahm den Schleier. Nach zwölfmonatigem Noviziat voller Bedauern und Reue über das Bedauern kam der Tag des Gelöbnisses, also der Augenblick, da es galt, entweder ein Nein zu sagen, das noch befremdlicher, unerwarteter und skandalöser sein würde denn je, oder das Ja zu wiederholen, das sie schon so oft gesagt hatte. Sie wiederholte es und ward Nonne für immer.

Es gehört zu den einzigartigen und nicht erklärbaren Eigenheiten der christlichen Religion, daß sie jedem Menschen Halt zu bieten und Trost zu spenden vermag, wann und in welcher Lage auch immer er sich an sie wendet. Wenn es ein Heilmittel gegen das Geschehene gibt, so verschreibt sie es, verabreicht es und verleiht Einsicht und Stärke, um es wirksam werden zu lassen, was es auch kosten mag. Wenn es keines gibt, ermöglicht sie, realiter und wahrhaftig zu tun, was das Sprichwort sagt, nämlich aus der Not eine Tugend zu machen. Sie lehrt, in Weisheit fortzusetzen, was man aus Leichtsinn begonnen hatte; sie bewegt die Seele dazu, mit Neigung anzunehmen, was ihr mit Gewalt aufgezwungen worden ist, und sie verleiht einer Wahl, die verwegen, aber unwiderruflich war, die ganze Weihe, die ganze Weisheit und sagen wir ruhig: die ganze Freude der Berufung. Sie ist eine Straße von solcher Beschaffenheit, daß der Mensch, aus welchem Labyrinth oder Abgrund er auch auf sie stoßen mag, vom ersten Schritt an sicher und guten Mutes auf ihr voranschreiten und froh ein fröhliches Ziel erreichen kann. Mit ihr hätte Gertrude eine fromme und zufriedene Nonne sein können, wie immer sie es auch geworden sein mochte. Statt dessen aber begehrte die Unglückliche gegen das Joch auf und empfand daher sein Gewicht und sein Scheuern nur um so drückender. Unaufhörliches Klagen über ihre verlorene Freiheit, Verabscheuung ihrer gegenwärtigen Lage und ein ermüdendes Streben nach der Erfüllung von Wünschen, die nie gestillt sein würden – das waren die Hauptbeschäftigungen ihrer Seele. Wieder und wieder wühlte sie ihre bittere Vergangenheit auf, vergegenwärtigte sich die Umstände, die sie so weit gebracht hatten, und zerstörte tausendmal vergeblich in Gedanken, was sie durch Taten geschaffen hatte. Sie bezichtigte sich selbst der Nichtsnutzigkeit, andere der Tyrannei und der Niedertracht, und verzehrte sich dabei. Sie vergötterte ihre Schönheit und beweinte sie gleichzeitig, sie beklagte eine Jugend, die zu langsamem Martyrium verurteilt war, und beneidete in gewissen Momenten jede Frau, die, in welcher Lage und welcher Geistesverfassung auch immer, sich dieser Gaben frei in der Welt erfreuen konnte.

Der Anblick jener Nonnen, die ihre Hand dazu gereicht hatten, sie in diese Lage zu bringen, war ihr verhaßt. Sie erinnerte sich der Ränke und Winkelzüge, die sie ersonnen hatten, und zahlte sie ihnen mit allerlei Unfreundlichkeiten, Ausdrücken der Verachtung und sogar offenen Vorwürfen heim. Die Betreffenden mußten es in den meisten Fällen schweigend erdulden, denn der Fürst hatte sich zwar nicht gescheut, seine Tochter zu tyrannisieren, um sie ins Kloster zu drängen, aber nachdem dies einmal erreicht war, hätte er es nicht so leicht hingenommen, daß andere sich erdreisteten, gegen sein Blut recht zu behalten, und jedes noch so geringe Aufmucken hätte dazu führen können, daß sie seinen mächtigen Schutz verloren oder sich gar den Beschützer zum Feind machten. Man sollte nun meinen, daß Gertrude eine gewisse Neigung zu den anderen Schwestern hätte verspüren müssen, die sich an jenen Intrigen nicht beteiligt hatten und, ohne sie als Mitschwester herbeigewünscht zu haben, sie doch als solche liebten; die fromm, fleißig und fröhlich durch ihr Beispiel zeigten, daß man auch hier drinnen nicht nur leben, sondern sich sogar wohlfühlen konnte. Aber auch diese waren ihr aus einem anderen Grunde verhaßt. Ihre frommen und zufriedenen Mienen wirkten auf sie wie ein Vorwurf, ein Tadel für ihre Unrast und ihr launisches Verhalten, und sie ließ sich keine Gelegenheit entgehen, sie hinter ihrem Rücken als Betschwestern zu verhöhnen oder als Heuchlerinnen zu geißeln. Vielleicht wäre sie ihnen weniger abgeneigt gewesen, wenn sie gewußt oder geahnt hätte, daß die wenigen schwarzen Kugeln, die sich bei der Abstimmung über ihre Aufnahme in der Urne gefunden hatten, gerade von diesen stammten.

Einen gewissen Trost glaubte sie manchmal im Erteilen von Befehlen zu finden, in den Huldigungen, die man ihr im Kloster entgegenbrachte, in den Höflichkeitsbesuchen, die sie von draußen erhielt, in den Gelegenheiten, etwas durchzusetzen, jemandem ihren Schutz zu gewähren, oder wenn sie sich als Signora ansprechen hörte. Aber was waren das schon für Tröstungen! Ihr Herz, das darin so wenig Befriedigung fand, hätte ihnen gern von Zeit zu Zeit die Tröstungen der Religion hinzugefügt, aber diese werden nur dem zuteil, der die anderen fahrenläßt, so wie der Schiffbrüchige, wenn er die rettende Planke ergreifen will, die Hand öffnen und die instinktiv ergriffene Alge loslassen muß.

Kurz nachdem sie ihr Gelübde abgelegt hatte, war Gertrude zur Maestra der Klosterschülerinnen ernannt worden. Nun kann man sich vorstellen, wie es den Mädchen unter einer solchen Zuchtmeisterin ergehen mußte. Ihre einstigen Vertrauten waren zwar alle fort, aber ihre Leidenschaften aus jener Zeit waren noch sehr lebendig geblieben, und die Schülerinnen bekamen ihr Gewicht in der einen oder anderen Weise zu spüren. Wenn sie sich klarmachte, daß viele von ihnen dereinst in jener Welt leben sollten, die ihr verschlossen war, empfand sie gegen die Ärmsten einen Groll, der fast an Rachsucht grenzte; und dann unterdrückte und schikanierte sie die Mädchen und ließ sie im voraus für die Freuden bezahlen, die sie eines Tages genießen würden. Wer in solchen Augenblicken gehört hätte, mit was für einer herrischen Verachtung sie die Mädchen wegen jeder Kleinigkeit anschrie, hätte sie für eine Frau von wilder, unbeherrschter Gemütsart gehalten. Zu anderen Zeiten brach derselbe Abscheu vor dem Kloster, vor der Regel und dem Gehorsam in entgegengesetzte Stimmungen aus. Dann duldete sie nicht nur die lärmende Ausgelassenheit ihrer Schülerinnen, sondern stachelte sie sogar noch an, mischte sich in ihre Spiele ein und ließ sie noch mehr über die Stränge schlagen, beteiligte sich an ihren Gesprächen und trieb sie über ihre ursprünglichen Intentionen hinaus. Wenn eine der Schülerinnen eine abfällige Bemerkung über das Geschwätz der Mutter Äbtissin machte, äffte die Erzieherin es lang und breit nach und machte daraus eine komische Szene; sie parodierte den Gesichtsausdruck einer Nonne oder den Gang einer anderen und lachte dann ausgelassen, aber es war ein Gelächter, das nicht fröhlich machte. So lebte sie einige Jahre, ohne daß sich eine Möglichkeit oder Gelegenheit zu mehr ergab; dann bot sich zu ihrem Unglück doch eine.

Neben anderen Auszeichnungen und Privilegien, die ihr eingeräumt worden waren, um sie dafür zu entschädigen, daß sie noch nicht Äbtissin sein konnte, hatte sie auch das Vorrecht, in einer gesonderten Wohnung zu leben. Der betreffende Flügel des Klosters grenzte an ein Haus, in welchem ein junger Mann wohnte, ein berufsmäßiger Übeltäter, einer der vielen, die sich zu jener Zeit, umgeben von ihren Schergen und im Bunde mit anderen Übeltätern, bis zu einem gewissen Grade über die öffentliche Gewalt und ihre Gesetze lustig machen konnten. Unsere Handschrift nennt ihn Egidio, ohne den Familiennamen zu erwähnen. Dieser Egidio also, der von einem Fenster aus, das zu einem kleinen Hof jenes Flügels ging, Gertrude manchmal unten vorbeigehen oder sich die Füße vertreten sah, wagte es eines Tages, von den Risiken und der Verruchtheit des Unternehmens eher gelockt als geschreckt, sie anzusprechen. Die Unglückselige antwortete.

In der ersten Zeit empfand sie eine gewiß nicht reine, aber lebhafte Befriedigung. Die öde Leere ihrer Seele füllte sich plötzlich mit einer starken und anhaltenden Geschäftigkeit, fast könnte man sagen: mit einem mächtigen Leben; aber diese Befriedigung glich dem erfrischenden Trank, den die erfindungsreiche Grausamkeit der alten Römer den Verurteilten reichte, um ihnen Kraft zum Ertragen der Folterqualen zu geben. Zur gleichen Zeit entdeckte man einen neuen Zug in ihrem ganzen Verhalten: Sie wurde auf einmal viel ausgeglichener und ruhiger, ließ ihr gewohntes Spotten und Murren und zeigte sich geradezu liebevoll und manierlich, so daß die Schwestern einander zu der glücklichen Wandlung gratulierten, weit davon entfernt, den wahren Grund zu ahnen und zu begreifen, daß die neue Tugend nichts anderes war als eine Heuchelei, die zu den alten Fehlern hinzutrat. Allerdings hielt dieser neue Anschein, diese sozusagen äußerliche Tünche nicht lange an, jedenfalls nicht mit der gleichen Beständigkeit und Dichte. Bald traten die gewohnten Launen und Bosheiten wieder hervor, machten sich die Verwünschungen und Verhöhnungen des klösterlichen Gefängnisses wieder bemerkbar, und diesmal in einer für jenen Ort und sogar in jenem Munde ungewöhnlichen Sprache. Auf jeden dieser Ausbrüche folgte jedoch die Reue, das starke Bestreben, ihn durch Schmeicheleien und gute Worte vergessen zu machen. Die Schwestern ertrugen all dieses Auf und Ab, so gut sie konnten, und schrieben es dem launischen und wankelmütigen Charakter der Signora zu.

Eine Zeitlang schien es, als ob niemand mehr daran dachte, jedoch eines Tages, als die Signora wegen irgendeiner Nichtigkeit einen Wortwechsel mit einer Laienschwester begonnen hatte und sich dazu hinreißen ließ, sie über alles Maß zu beschimpfen und nicht mehr damit aufzuhören, riß der Betreffenden, nachdem sie sich eine Weile auf die Lippen gebissen hatte, schließlich der Geduldsfaden, und sie ließ die Bemerkung fallen, daß ihr einige Dinge bekannt seien und daß sie zur rechten Zeit und am rechten Ort schon darüber sprechen werde. Von diesem Moment an hatte die Signora keine Ruhe mehr. Bald darauf wurde jedoch die Laienschwester eines Morgens vergeblich zu ihrem gewohnten Dienst erwartet. Man sieht in ihrer Zelle nach und findet sie nicht; man ruft laut nach ihr, und sie antwortet nicht; man sucht hier, man sucht dort, man durchsucht alles von oben bis unten: nirgendwo eine Spur. Und wer weiß, auf welche Vermutungen man noch gekommen wäre, hätte man nicht beim Suchen ein Loch in der Gartenmauer entdeckt, was alle auf den Gedanken brachte, daß sie durch dieses Loch entschlüpft sei. Man stellte umfangreiche Nachforschungen in Monza und Umgebung an, vor allem in Meda, woher die Laienschwester stammte; man schrieb an verschiedene Stellen, doch nie kam nur die kleinste Nachricht. Vielleicht hätte man mehr erfahren können, hätte man, statt in der Ferne zu suchen, in der Nähe gegraben. Nach vieler

Verwunderung, denn niemand hätte sie dessen für fähig gehalten, und nach vielem Gerede kam man zu dem Schluß, daß sie weit, weit fortgegangen sein mußte. Und weil einer Schwester einmal die Bemerkung entfahren war: »Sicher ist sie nach Holland geflohen«, sagte man seitdem und glaubte eine Zeitlang, im Kloster und draußen, daß sie nach Holland geflohen sei. Es scheint allerdings, daß die Signora nicht dieser Ansicht war. Nicht, daß sie sich ungläubig gezeigt oder der allgemeinen Meinung widersprochen hätte, um ihr eigene Gründe entgegenzusetzen – wenn sie welche hatte, sind Gründe gewiß noch niemals so gut verhehlt worden; auch gab es nichts, was sie lieber vermied, als diese Geschichte wieder aufzurühren, und nichts, woran ihr weniger lag, als diesem Geheimnis auf den Grund zu gehen. Doch je weniger sie davon sprach, desto mehr dachte sie daran. Wie oft am Tage tauchte das Bild jener Frau unversehens in ihrem Geist auf und setzte sich dort fest, als wollte es niemals wieder weichen! Wie oft hätte sie sich gewünscht, die Verschwundene lebendig und wirklich vor sich zu sehen, anstatt sie immerzu in Gedanken um sich zu haben, anstatt sich Tag und Nacht in Gesellschaft jener körperlosen, schrecklichen, unerbittlichen Gestalt zu befinden! Wie oft hätte sie lieber ihre wirkliche Stimme vernommen, was immer sie ihr hätte androhen können, statt unentwegt das gespenstische Raunen jener Stimme in ihrem geistigen Ohr zu haben und immer dieselben Worte zu hören, wiederholt mit einer Hartnäckigkeit, einer unermüdlichen Beharrlichkeit, wie sie kein lebendiges Wesen je aufbringen könnte!

Seit dem betreffenden Vorfall war ungefähr ein Jahr vergangen, als Lucia der Signora vorgestellt wurde und jene Unterredung mit ihr hatte, bei der wir stehengeblieben waren. Die Signora stellte ihr immer neue Fragen über die Nachstellungen Don Rodrigos und ging auf gewisse Einzelheiten mit einer Freizügigkeit ein, die Lucia mehr als befremdlich vorkam und vorkommen mußte, hätte sie doch niemals gedacht, daß sich die Neugier der Nonnen auf solche Dinge erstrecken konnte. Nicht weniger seltsam waren die Ansichten, die die Signora in ihre Fragen einstreute oder durchblicken ließ. Es schien fast, als lachte sie über den großen Abscheu, den Lucia stets vor jenem Herrn empfunden hatte, denn sie fragte, ob er denn ein Ungeheuer sei, daß er ihr soviel Furcht einflöße. Es schien fast, als hätte sie das Widerstreben des Mädchens unvernünftig und dumm gefunden, hätte es seinen Grund nicht in der Entscheidung für Renzo gehabt. Auch über diesen stellte sie Fragen, die die Befragte staunen und erröten ließen. Als die Signora dann merkte, daß sie ihrer Zunge auf der Spur ihrer ausschweifenden Gedanken zu freien Lauf gelassen hatte, versuchte sie ihre Worte zu korrigieren oder ihnen eine andere Deutung zu geben, aber sie konnte nicht verhindern, daß Lucia mit einem unangenehmen Gefühl der Verwunderung und etwas wie einer undeutlichen Angst zurückblieb.

Kaum war Lucia dann wieder mit ihrer Mutter allein, erzählte sie ihr alles; doch Agnese als die Erfahrenere zerstreute mit wenigen Worten all ihre Zweifel und erklärte das ganze Geheimnis: »Wundere dich nicht darüber«, sagte sie, »wenn du die Welt erst einmal so gut kennst wie ich, wirst du sehen, daß diese Dinge nicht zum Verwundern sind. Die großen Herrschaften sind, mal mehr, mal weniger, mal so rum, mal andersrum, alle ein bißchen verrückt. Man muß sie reden lassen, besonders wenn man auf sie angewiesen ist. Man muß so tun, als ob man ihnen ernsthaft zuhört, als ob sie nur vernünftige Dinge sagen. Hast du gehört, wie sie mir übers Maul gefahren ist, als ob ich etwas ganz Ungehöriges gesagt hätte? Ich hab mir einfach nichts draus gemacht. Sie sind alle so. Und trotzdem wollen wir dem

Himmel danken, daß es so aussieht, als ob diese Signora dir wohlgesonnen ist und dich wirklich beschützen will. Im übrigen, mein liebes Kind, wenn du hier rauskommst und es dir passiert, daß du wieder mit hohen Herrschaften zu tun hast, wirst du noch ganz andere Sachen zu hören bekommen, noch ganz andere Sachen.«

Der Wunsch, sich den Pater Guardian zu verpflichten, das Gefallen an der Beschützerrolle, der Gedanke an die gute Meinung, die eine so fromm und selbstlos übernommene Protektion nach sich ziehen konnte, eine gewisse Zuneigung für Lucia und auch eine gewisse Erleichterung bei dem Gedanken, einem unschuldigen Geschöpf etwas Gutes zu tun und Unterdrückten Hilfe und Trost zu gewähren, hatten die Signora tatsächlich bewogen, sich das Schicksal der beiden Flüchtlinge zu Herzen zu nehmen. Auf ihr Ersuchen und in Anbetracht ihrer besonderen Stellung wurden sie in der Wohnung der Schaffnerin direkt neben dem Kloster untergebracht und so behandelt, als ob sie zum Personal des Klosters gehörten. Mutter und Tochter waren froh, so rasch eine sichere und ehrbare Zufluchtsstätte gefunden zu haben. Am liebsten hätten sie dort ganz unbeachtet von allen gelebt, aber das war in einem Kloster nicht leicht zu machen – zumal es draußen einen Mann gab, der nur allzu begierig darauf war, Neues von einer der beiden zu hören, und in dessen Gemüt sich zur Leidenschaft und zum alten Groll nun auch noch die Wut darüber gesellte, daß man ihm zuvorgekommen war und ihn getäuscht hatte. So wollen wir nun die Frauen in ihrem Asyl lassen und zum Schloß jenes Mannes zurückkehren, in die Stunde, in welcher er dort auf den Ausgang seines ruchlosen Unternehmens wartete.

Kapitel 11

Wie eine Meute Jagdhunde, die vergeblich einen Hasen verfolgt hat und nun beschämt zu ihrem Herrn zurückkehrt, mit hängenden Köpfen und eingezogenen Schwänzen, so kehrten in jener verworrenen Nacht die Bravi zum Schloß Don Rodrigos zurück. Dieser stapfte im Dunkeln auf und ab durch ein leeres Zimmer des obersten Stockwerks, von dem aus man auf den Vorplatz sehen konnte. Ab und zu blieb er stehen, spitzte die Ohren und spähte durch die Ritzen der wurmstichigen Fensterläden, voller Ungeduld und nicht frei von Unruhe, nicht nur wegen des ungewissen Ausgangs, sondern auch wegen der möglichen Folgen des Unternehmens, war es doch das größte und gewagteste, das der tapfere Mann bisher in Angriff genommen hatte. Er beruhigte sich jedoch bei dem Gedanken an die Vorkehrungen, die er getroffen hatte, um jede Spur zu verwischen, wenn nicht gar jeden Verdacht zu zerstreuen. ›Was den Verdacht angeht, da kann ich nur lachen‹, sagte er sich. ›Möchte wissen, wer sich getraut, hier heraufzukommen, um nachzusehen, ob hier ein Mädchen festgehalten wird oder nicht. Soll er doch kommen, dieser Bauerntölpel, wir werden ihn schon gebührend empfangen! Auch dieser Mönch soll ruhig kommen. Und die Alte? Mag sie nach Bergamo gehen! Die Justiz? Pah, die Justiz! Der Podestà ist weder ein dummer Junge noch ein Narr. Und in Mailand? Wer kümmert sich in Mailand schon um solche Leute? Wer würde auf sie hören? Wer weiß überhaupt, daß sie existieren? Sie sind wie verloren auf dieser Erde, haben nicht mal einen Herrn, gehören niemandem. Also keine Angst! Ha, was für Augen Vetter Attilio machen wird, wenn er morgen kommt!

Er wird ja sehen, ob ich bloß reden oder auch handeln kann. Und außerdem... sollten sich jemals Verwicklungen ergeben... was weiß ich, ein Feind, der die Gelegenheit ausnutzen will... dann wird auch Attilio mir gute Ratschläge geben, schließlich geht es um die Ehre der ganzen Verwandtschaft!‹

Was Don Rodrigo jedoch am längsten beschäftigte, weil er darin sowohl eine Beruhigung seiner Zweifel als auch eine Nahrung für seine Hauptleidenschaft fand, war der Gedanke an die Verlockungen und Versprechungen, die er einsetzen würde, um sich Lucia gefügig zu machen. ›Sie wird sich so schrecklich fürchten, hier unter all diesen Kerlen mit diesen Visagen allein zu sein... das menschlichste Gesicht habe hier ja noch *ich*, beim Bacchus!... daß sie sich zu mir flüchten wird. Jawohl, sie wird mich bitten müssen, und wenn sie das tut...‹

Während er diese schönen Berechnungen anstellte, hörte er unten Schritte, eilte ans Fenster, öffnete es ein wenig und spähte hinaus: Sie waren es! ›Und die Sänfte? Teufel, wo ist die Sänfte? Drei, fünf, acht, alle sind da. Auch der Graue ist da, aber wo ist die Sänfte? Teufel, Teufel! Bin gespannt, was der Graue mir zu berichten hat.‹

Kaum waren sie eingetreten, stellte der Graue seinen Pilgerstab in eine Ecke, legte Hut und Mantel ab und stieg pflichtgemäß, wie es sein Amt gebot, um das ihn jedoch in diesem Augenblick niemand beneidete, zum Berichterstatten hinauf. Don Rodrigo erwartete ihn schon am oberen Ende der Treppe, und als er ihn in der linkischen und verdrucksten Haltung des enttäuschten Gauners heraufkommen sah, fuhr er, nein, schrie er ihn an: »Na, was nun, Herr Prahlhans, Herr Hauptmann, Herr *Laßtmichnurmachen*?«

»Es ist hart«, erwiderte der Graue, mit einem Fuß auf der ersten Stufe verharrend, »es ist hart, mit Vorwürfen empfangen zu werden, nachdem man sich redlich abgerackert hat und sich weidlich bemüht hat, seine Pflicht zu tun, und dabei auch noch seine Haut riskiert hat.«

»Wie ist es gegangen? Laß hören, laß hören!« sagte Don Rodrigo und begab sich zurück in sein Zimmer. Der Graue folgte ihm und berichtete unverzüglich über alles, was er angeordnet, getan, gesehen und nicht gesehen, gehört, befürchtet und verhütet hatte; und er berichtete es in der gleichen Ordnung und Verwirrung, mit der gleichen Verunsicherung und Bestürzung, die in seinen Gedanken herrschen mußten.

»Dich trifft keine Schuld, du hast dich richtig verhalten«, sagte Don Rodrigo am Ende. »Du hast getan, was man tun konnte. Aber... sollte es unter diesem Dach etwa einen Verräter geben? Wenn ja, wenn ich ihn erwische – und wir werden ihn erwischen, wenn es einen gibt –, dann werde ich ihn dir zurichten, das kann ich dir versichern, Grauer, dann werde ich ihm das Fell gerben, daß ihm Hören und Sehen vergeht!«

»Auch mir ist schon solch ein Verdacht gekommen, gnädiger Herr«, sagte der Graue, »und wenn es so wäre, wenn hier ein solcher Schurke entdeckt würde, dann müßtet Ihr ihn mir überlassen. Einer, der sich den Spaß gemacht hat, mir eine solche Nacht zu bereiten, der soll mir dafür auch bezahlen! Aber aus verschiedenen Anzeichen glaube ich schließen zu können, daß hier eine andere Intrige im Gange ist, die wir noch nicht durchschauen. Morgen, gnädiger Herr, morgen werden wir klarer sehen.«

»Seid ihr wenigstens nicht erkannt worden?«

Der Graue sagte, das hoffe er, und so endete die Unterredung damit, daß Don Rodrigo ihm für den nächsten Tag drei Dinge befahl, auf die der Graue wohl auch von selbst gekommen wäre: Frühmorgens sollten zwei Männer zum Dorfschulzen geschickt werden, um ihm jene Mitteilung zu machen, die ihm ja dann auch – wie wir sahen – tatsächlich gemacht worden ist; zwei weitere sollten rings um das verlassene Gehöft patrouillieren, um jeden vorbeikommenden Müßiggänger fernzuhalten und die Sänfte vor fremden Blicken zu schützen, bis man sie in der folgenden Nacht würde abholen können, denn im Augenblick sei es nicht ratsam, sich weiter verdachterregend umherzubewegen; schließlich solle der Graue selber losziehen und sich mit einigen der Kaltblütigsten und Gerissensten seiner Männer unter die Leute mischen, um etwas über die Wirrnisse der vergangenen Nacht in Erfahrung zu bringen. Nachdem Don Rodrigo diese Befehle erteilt hatte, ging er schlafen und ließ auch den Grauen schlafen gehen, ja entließ ihn mit vielen Lobesworten, aus denen unverkennbar die Absicht sprach, ihn für die überstürzten Vorwürfe, mit denen er ihn empfangen hatte, zu entschädigen.

So geh denn nun schlafen, armer Grauer, du wirst es nötig haben. Armer Grauer! Den ganzen Tag auf den Beinen, die halbe Nacht auf den Beinen, zu schweigen von der Gefahr, den wütenden Bauern in die Hände zu fallen oder dir ein Kopfgeld *wegen Entführung ehrbarer Frau* einzuhandeln, zusätzlich zu all denen, die bereits auf dich ausgesetzt worden sind, und dann so empfangen zu werden! Aber das ist der Lohn, den die Menschen oft zahlen. Immerhin hast du bei dieser Gelegenheit sehen können, daß manchmal die Gerechtigkeit, wenn sie nicht auf Anhieb kommt, früher oder später auch in dieser Welt eintrifft. Geh schlafen für heute; eines Tages wirst du uns vielleicht eine weitere, noch denkwürdigere Probe ablegen müssen.

Am nächsten Morgen war der Graue schon wieder unterwegs, als Don Rodrigo aufstand. Dieser begab sich sogleich zu Graf Attilio, der ihm, kaum daß er ihn auftauchen sah, mit höhnischer Miene und spöttischer Geste zurief: »Sankt Martin!«

»Ich weiß nicht, was ich dir sagen soll«, antwortete Don Rodrigo, während er sich zu ihm setzte. »Ich werde die Wette bezahlen, aber das ist es nicht, was mich am meisten grämt. Ich hatte dir nichts gesagt, weil ich dachte – ich gestehe es –, dich heute morgen überraschen zu können. Aber... genug, jetzt werde ich dir alles erzählen.«

»Da hat dieser Mönch die Finger drin«, sagte der Vetter, nachdem er sich alles mit größerem Ernst angehört hatte, als es bei einem so sprunghaften Geist zu erwarten gewesen wäre. »Dieser Mönch mit seinem einfältigen Getue und seinen albernen Vorschlägen«, fuhr er fort, »den halte ich für einen ganz durchtriebenen Schlaumeier und Intriganten. Aber du hast mir nicht vertraut, du hast mir nie klar gesagt, warum er vorgestern eigentlich gekommen ist und was er von dir gewollt hat.«

Don Rodrigo berichtete ihm von der Unterredung.

»Und da hast du so viel Langmut gehabt?« rief Attilio aus. »Und hast ihn gehen lassen, wie er gekommen war?«

»Sollte ich mir sämtliche Kapuziner Italiens auf den Hals ziehen?«

»Ich weiß nicht«, sagte Attilio, »ob ich in jenem Moment daran gedacht hätte, daß es auf der Welt noch andere Kapuziner als diesen unverschämten Kerl gibt. Aber hör mal, bei aller gebotenen Vorsicht, meinst du etwa, es fehlt an Möglichkeiten, sich auch von einem Kapuziner Genugtuung zu verschaffen? Man muß nur zur rechten Zeit die Gefälligkeiten gegenüber dem ganzen Orden verdoppeln, dann kann man ungestraft einem seiner Mitglieder eine Tracht Prügel verpassen. Genug, er ist der Bestrafung entgangen, die ihm sehr wohlgetan hätte, aber jetzt werde *ich* mich seiner annehmen und mir die Freude gönnen, ihm beizubringen, wie man mit unsereinem spricht.«

»Mach mir die Sache nur nicht noch schlimmer.«

»Vertrau mir für einmal, ich werde dir als Verwandter und Freund zu Diensten sein.«

»Was hast du vor?«

»Ich weiß noch nicht, aber ich werd's ihm schon zeigen, diesem Mönch. Mir wird schon was einfallen, und... mein Herr Oheim, der gräfliche Onkel, der im Geheimen Rat sitzt, der muß mir dabei helfen! Der liebe Onkel Graf! Wie freut es mich jedesmal, wenn ich ihn für meine Zwecke einspannen kann, einen Großpolitiker solchen Kalibers! Übermorgen werde ich in Mailand sein, und auf die eine oder andere Weise wird dieser Mönch seine Lehre bekommen.«

Unterdessen kam das Frühstück, das jedoch die Besprechung einer so wichtigen Angelegenheit nicht stören konnte. Graf Attilio sprach zwanglos, und obwohl er an der Sache so viel Anteil nahm, wie es seine Freundschaft für den Vetter und die Ehre ihres gemeinsamen Namens gemäß seinen Vorstellungen von Freundschaft und Ehre verlangten, konnte er sich doch hin und wieder ein verstohlenes Schmunzeln über den schönen Erfolg nicht verkneifen. Don Rodrigo jedoch, der in eigener Sache sprach und der im Glauben, er könne in aller Stille eine Großtat vollbringen, mit Pauken und Trompeten hereingefallen war, wurde von ernsteren Leidenschaften und ärgerlicheren Gedanken geplagt. »Ein schönes Gerede werden diese Schufte jetzt in der ganzen Gegend machen«, sagte er. »Aber was kümmert's mich. Über die Justiz kann ich nur lachen. Beweise gibt es keine, und wenn es doch welche gäbe, würde ich auch darüber nur lachen: Vorsorglich habe ich heute morgen dem Dorfschulzen bedeuten lassen, er solle sich hüten, über das Vorgefallene Anzeige zu erstatten. Sie würde zwar folgenlos bleiben, aber das Gerede wäre mir auf die Dauer lästig. Schlimm genug, daß ich so barbarisch gefoppt worden bin.«

»Daran hast du gut getan«, antwortete Graf Attilio. »Dieser euer Podestà... dieser sture Hund, dieser Hohlkopf, dieser lästige Patron... ist schließlich ein Ehrenmann, der seine Pflicht kennt, und gerade wenn man es mit solchen Leuten zu tun hat, muß man sehr darauf bedacht sein, sie nicht in Verlegenheit zu bringen. Wenn ein Bauerntölpel von Dorfschulze eine Anzeige erstattet, muß der Podestà, so gutwillig er auch sein mag, notgedrungen...«

»Aber du fällst mir in den Rücken«, unterbrach ihn Don Rodrigo leicht verstimmt, »mit deiner Art, ihm ständig zu widersprechen, ihm über den Mund zu fahren und ihn auch noch zu hänseln, wenn sich's gerade ergibt. Wieso zum Teufel soll ein Podestà nicht ein sturer Hund sein, wenn er im übrigen ein Ehrenmann ist!«

»Weißt du, Vetter«, sagte Attilio und sah ihn verwundert an. »Ich glaube langsam, daß du ein bißchen Angst hast. Jetzt nimmst du sogar schon den Podestà ernst...«

»Ach was, du hast doch selber gesagt, daß man sich um ihn kümmern muß!«

»Ja, das habe ich gesagt, und wenn es sich um eine ernste Angelegenheit handelt, werde ich dir zeigen, daß ich kein dummer Junge bin. Weißt du, wozu ich für dich bereit bin? Ich bin bereit, persönlich hinzugehen und dem Herrn Podestà einen Besuch abzustatten. Oh, wie wird er sich über die Ehre freuen! Und ich bin bereit, ihn eine halbe Stunde lang über den Conde-Duque reden zu lassen und über unseren spanischen Herrn Kastellan und ihm in allem recht zu geben, auch wenn er den ärgsten Unsinn redet. Dann werde ich ein Wörtchen über meinen gräflichen Herrn Onkel im Geheimen Rat fallenlassen, und du weißt ja, wie so etwas in den Ohren des Herrn Podestà wirkt. Schließlich hat er unsere Protektion nötiger als du seine Gefälligkeit. Jawohl, das werde ich tun, ich gehe hin und mache ihn dir geneigter als je zuvor.«

Nach diesen und ähnlichen Worten ging Graf Attilio hinaus, um sich auf die Jagd zu begeben, und Don Rodrigo wartete ungeduldig auf die Rückkehr des Grauen. Der kam endlich gegen Mittag, um Bericht zu erstatten.

Das Durcheinander der letzten Nacht war so aufsehenerregend gewesen, das Verschwinden von drei Personen aus dem kleinen Dorf war ein solches Ereignis, daß die Nachfragen, sowohl aus Teilnahme wie aus Neugier, naturgemäß zahlreich, eifrig und beharrlich sein mußten. Andererseits waren diejenigen, die etwas wußten, zu viele, als daß sie sich allesamt darin einig sein konnten, über alles zu schweigen.

Perpetua konnte sich nicht in der Haustür sehen lassen, ohne von diesem und jenem bestürmt zu werden, wer es gewesen sei, der ihrem Herrn eine so große Angst eingejagt habe; und als sie alle Umstände des Vorfalls noch einmal überdachte und schließlich einsah, daß sie von Agnese hereingelegt worden war, überkam sie eine solche Wut ob dieser Heimtücke, daß sie sich dringend ein bißchen Luft machen mußte. Nicht daß sie herumlief und sich bei Hinz und Kunz über die Art beklagte, wie sie hereingelegt worden war – darüber verlor sie kein Sterbenswörtchen. Aber den Streich, der ihrem armen Herrn gespielt worden war, den konnte sie nicht mit Schweigen übergehen, und vor allem nicht die Tatsache, daß ein solcher Streich von diesem rechtschaffenen jungen Mann, dieser guten Witwe und dieser sanften kleinen Heiligen ausgeheckt und versucht worden war. Don Abbondio konnte ihr noch so streng befehlen oder sie noch so inständig bitten, darüber Stillschweigen zu bewahren, und sie konnte ihm noch so oft wiederholen, daß es nicht nötig sei, ihr etwas so Selbstverständliches zu sagen – fest steht, daß ein so großes Geheimnis im Herzen der armen Frau so gut aufgehoben war wie sehr junger Wein in einem alten und schlecht bereiften Faß, in dem er gärt und gurgelt und brodelt und, wenn er nicht den Spund herausdrückt, überall durchsickert und schäumend zwischen Daube und Daube hervorquillt und hier und da herabtröpfelt, so daß man ihn kosten und annähernd sagen kann, was für ein Wein er ist.

Gervaso, der es kaum fassen konnte, einmal besser informiert zu sein als die anderen, der es als eine nicht geringe Ruhmestat ansah, eine so große Angst ausgestanden zu haben, und der sich wegen seiner Mitwirkung an einer Sache, die ein bißchen nach Ungesetzlichkeit roch, endlich wie ein normaler Mensch vorkam, platzte geradezu vor Begierde, sich damit zu brüsten. Und obgleich Tonio, der ernsthaft an die möglichen Verhöre und Prozesse und die abzulegende Rechenschaft dachte, ihm mit den Fäusten vor dem Gesicht verbot, zu irgendwem irgend etwas zu sagen, war es nicht möglich, ihm jedes Wort im Munde zu ersticken. Im übrigen konnte auch Tonio selbst in jener Nacht, nachdem er zu ungewöhnlicher Stunde außer Haus gewesen und mit ungewöhnlicher Gangart und Miene zurückgekehrt war, noch dazu in einer Gemütsverfassung, die ihn zur Aufrichtigkeit disponierte, seiner Frau das Geschehene nicht verhehlen, und die war nicht stumm.

Am wenigsten sprach Menico, denn kaum hatte er seinen Eltern die Geschichte und den Anlaß seines Botenganges berichtet, kam es diesen so ungeheuerlich vor, daß einer ihrer Sprößlinge daran mitgewirkt hatte, ein Vorhaben Don Rodrigos zu vereiteln, daß sie den Jungen fast nicht zu Ende erzählen ließen. Sofort schärften sie ihm aufs strengste und drohendste ein, nicht das geringste über die Sache verlauten zu lassen; und am folgenden Morgen, als ihnen auch das noch nicht sicher genug erschien, beschlossen sie, ihn für diesen Tag und gleich noch ein paar weitere im Haus einzusperren. Aber was geschah? Sie selber, als sie dann mit den Leuten im

Dorfe schwatzten und die Rede auf den dunklen Punkt der Flucht unserer drei Ärmsten und das Wie und Warum und Wohin kam, erwähnten beiläufig, als wär's ein bekanntes Detail und ohne sich mit ihrem Wissen hervortun zu wollen, daß die drei nach Pescarenico geflohen waren. Und so gelangte auch dieser Umstand zur allgemeinen Kenntnis.

Aus all diesen Nachrichtenfetzen, die dann wie üblich zusammengesetzt und vernäht wurden, und aus dem Fransenwerk, das beim Nähen gewöhnlich hinzugefügt wird, hätte sich eine Geschichte von solcher Gewißheit und Klarheit rekonstruieren lassen, daß auch der kritischste Geist damit zufrieden sein mußte. Doch das Eindringen der Bravi, ein zu bedenkliches und aufsehenerregendes Ereignis, um übergangen zu werden, über das jedoch niemand etwas Genaueres wußte, das war es, was die ganze Geschichte verwirrte. Man murmelte den Namen Don Rodrigos, in diesem Punkt waren sich alle einig, doch alles übrige war unklar und bot Anlaß zu verschiedenen Mutmaßungen. Man sprach viel von den beiden Bravacci, die gegen Abend auf der Straße gesehen worden waren, und von jenem anderen, der im Eingang der Schenke gestanden hatte. Aber welche Erkenntnis war diesen dürren Tatsachen zu entnehmen? Natürlich fragte man den Wirt, wer am Abend zuvor bei ihm gewesen war, aber der Wirt erinnerte sich nicht einmal, wenn man seinen Worten glaubte, ob er an jenem Abend überhaupt Leute gesehen hatte, und legte Wert auf die Feststellung, daß es in der Schenke wie in einem Seehafen zugehe.

Am meisten aber verwirrte die Köpfe und verstörte die Mutmaßungen jener Pilger, der von Stefano und Carl Andrea gesehen worden war, jener Pilger, den die Halunken anscheinend umbringen wollten und der dann mit ihnen gegangen oder von ihnen verschleppt worden war. Was hatte er im Dorf gewollt? War er eine arme Seele aus dem Fegefeuer, die erschienen war, um den Frauen zu helfen? War er die verdammte Seele eines schurkischen falschen Pilgers, die immer bei Nacht kam, um sich zu denen zu gesellen, die trieben, was er im Leben getrieben hatte? War er ein echter und lebendiger Pilger, den diese Halunken hatten umbringen wollen, aus Angst, daß er schreien und das Dorf wecken könnte? War er womöglich (auf was für Gedanken die Leute kommen!) selber einer von jenen Halunken, der sich nur als Pilger verkleidet hatte? Er war dies und das, er war so viel Verschiedenes, daß die ganze Gewitztheit und Erfahrung des Grauen nicht ausgereicht hätte, seine Identität herauszufinden, wenn der Graue sich diesen Teil der Geschichte aus den Reden der Leute hätte zusammenreimen müssen. Doch wie der Leser weiß, war das, was die Geschichte für die anderen verworren machte, für ihn gerade das klarste. Indem er es als Schlüssel benutzte, um die von ihm selbst oder von seinen Kundschaftern eingesammelten Nachrichten zu interpretieren, konnte er aus dem Ganzen einen hinreichend klaren Bericht für Don Rodrigo zusammenstellen.

Er begab sich sofort zu ihm, schloß sich mit ihm ein und berichtete ihm über den Streich, den die armen Brautleute versucht hatten, womit sich ihr leeres Haus und das Sturmgeläut auf natürliche Weise erklärte, ohne daß die Annahme nötig war, es gebe im Hause einen Verräter, wie die beiden Herren gemeint hatten. Er berichtete weiter über die Flucht, und auch für sie waren die Gründe nicht schwer zu finden: die Angst der in flagranti ertappten Brautleute oder eine Warnung vor den eingedrungenen Bravi, die sie nach deren Entdeckung erhalten hatten, als es im ganzen Dorf drunter und drüber ging. Schließlich sagte er noch, daß sie nach Pescarenico geflüchtet seien; weiter reichte sein Wissen nicht.

Don Rodrigo freute sich zu hören, daß ihn niemand verraten hatte, und zu sehen, daß keine Spuren von seiner Tat geblieben waren; aber das war nur eine kurze und oberflächliche Freude. »Zusammen geflohen!« rief er aus. »Zusammen! Und dieser schurkische Mönch! Dieser *Frater*...!« Das Wort entrang sich der Kehle nur krächzend und wurde verstümmelt zwischen den Zähnen, die auf den Finger bissen; der Anblick Don Rodrigos war so häßlich wie seine Leidenschaften. »Dieser *Frater* wird es mir büßen, Grauer! Ich bin nicht mehr, der ich bin... Ich will es wissen, ich will es herausfinden... Noch heute abend will ich wissen, wo sie sind, sonst habe ich keinen Frieden mehr. Auf nach Pescarenico, jetzt gleich, sofort, um zu wissen, zu sehen, zu finden... Vier Scudi auf der Stelle und meine Protektion für immer. Noch heute abend will ich es wissen. Dieser Schuft...! Dieser *Frater*...!«

Schon war der Graue wieder auf den Beinen, und am Abend desselben Tages konnte er seinem edlen Herrn die erwünschte Nachricht bringen. Und das ging so:

Eine der größten Tröstungen dieses Lebens ist die Freundschaft, und eine der Tröstungen dieser Freundschaft ist, daß man jemanden hat, dem man ein Geheimnis anvertrauen kann. Nun sind jedoch die Freunde nicht immer nur zwei wie die Eheleute; ein jeder hat für gewöhnlich mehr als einen Freund, so daß sich eine Kette bildet, deren Ende niemand absehen kann. Wenn also ein Freund sich die Tröstung verschafft, einem anderen ein Geheimnis anzuvertrauen, weckt er in ihm den Wunsch, sich diese Tröstung ebenfalls zu verschaffen. Freilich bittet er ihn, niemandem etwas zu sagen, und eine solche Bedingung würde, nähme man sie im strengen Sinne des Wortes, den Fortgang der Tröstungen auf der Stelle blockieren. Aber nach allgemeinem Brauch verpflichtet sie nur, das Geheimnis keinem anderen anzuvertrauen als einem in gleicher Weise vertrauten Freund und indem man ihm dieselbe Bedingung auferlegt. So zirkuliert das Geheimnis von einem vertrauten

Freund zum anderen und durchläuft die ganze Länge der Kette, bis es schließlich dem oder denen zu Ohren kommt, zu dem oder denen es nach dem Willen dessen, der als erster von ihm gesprochen hatte, nie hätte gelangen dürfen. Es wäre dann allerdings normalerweise recht lange unterwegs gewesen, wenn jeder nur zwei Freunde hätte: den, der ihm das zu Verschweigende sagt, und den, dem er es weitersagt. Aber es gibt privilegierte Menschen, die ihre Freunde nach Hunderten zählen, und wenn das Geheimnis zu einem von diesen gelangt, wird seine Zirkulation so schnell und vielfältig, daß sich seine Spur nicht mehr verfolgen läßt. Unser Autor hat sich nicht vergewissern können, durch wie viele Münder das Geheimnis gegangen war, das der Graue herausfinden sollte. Tatsache ist, daß jener gute Mann, der die Frauen nach Monza kutschiert hatte, als er gegen Abend mit seinem Karren nach Pescarenico zurückkam, einem vertrauten Freund begegnet war, dem er, bevor er nach Hause ging, unter dem Siegel der Verschwiegenheit das gute Werk, das er getan hatte, und alles übrige erzählte; und Tatsache ist, daß der Graue zwei Stunden später zu Don Rodrigos Schloß eilen konnte, um zu berichten, daß Lucia und ihre Mutter sich in ein Kloster in Monza geflüchtet hatten und Renzo nach Mailand weitergegangen war.

Don Rodrigo empfand eine ruchlose Freude über diese Trennung und begann sich wieder ein wenig in der ebenso ruchlosen Hoffnung zu wiegen, sein Ziel doch noch zu erreichen. Einen Großteil der Nacht verbrachte er damit, über Mittel und Wege nachzudenken, und als er am nächsten Morgen früh aufstand, hatte er zwei Pläne, einen schon fertigen und einen nur vage umrissenen. Der erste bestand darin, den Grauen unverzüglich nach Monza zu schicken, um Genaueres über Lucias Aufenthaltsort herauszufinden und zu sehen, ob da vielleicht etwas zu machen war. Sofort ließ er also seinen Getreuen rufen, drückte ihm die vier Scudi in die Hand, lobte ihn erneut wegen der Gewandtheit, mit der er sie sich verdient habe, und erteilte ihm den Auftrag, den er sich ausgedacht hatte.

»Herr...«, sagte der Graue zögernd.

»Was ist? Habe ich mich nicht klar ausgedrückt?«

»Wenn Ihr einen anderen schicken könntet...«

»*Was?*«

»Allergnädigster Herr, ich bin bereit, meine Haut für Euch zu riskieren, das ist meine Pflicht. Aber ich weiß auch, daß Ihr nicht das Leben Eurer Untertanen leichtfertig aufs Spiel setzen wollt.«

»Ja und?«

»Ihr wißt sehr gut, welche Preise auf meinen Kopf ausgesetzt sind, und... Hier befinde ich mich unter Eurem Schutz, wir sind eine Truppe, der Herr Podestà ist ein Freund des Hauses, die Häscher behandeln mich mit Respekt, und auch ich... es macht mir nicht viel Ehre, aber um ruhig zu leben... ich behandle sie wie Freunde. In Mailand kennt man Eure Livree, aber in Monza... kennt man *mich*. Und wißt Ihr, daß... ich sage das nicht, um zu prahlen... wer mich der Justiz übergeben oder meinen Kopf vorweisen könnte, ein nettes Sümmchen einstreichen würde? Hundert Scudi bar auf die Hand und Freiheit für zwei Verbannte.«

»Was Teufel!« sagte Don Rodrigo. »Jetzt kommst du mir vor wie ein lahmer Hofhund, der sich kaum getraut, den draußen Vorbeigehenden an die Waden zu fahren, und der sich umsieht, ob die Hausleute ihm auch beistehen, und der den Hof nicht verlassen will!«

»Gnädiger Herr, ich glaube bewiesen zu haben...«

»Also?«

»Also gut«, fuhr der so aufgestachelte Graue freimütig fort, »nehmt an, ich hätte nichts gesagt. Das Herz eines Löwen, die Beine eines Hasen, und ich bin bereit zu gehen.«

»Und ich habe nicht gesagt, daß du allein gehen sollst. Nimm dir zwei deiner Besten... den Narbigen und den Durchmarschierer, und geh guten Mutes, sei der Graue! Zum Teufel! Drei Kerle wie ihr, die so daherkommen, wer sollte die nicht gerne vorbeilassen? Da müßten die Häscher von Monza ja schon ihres Lebens recht müde sein, um sich für hundert Scudi auf ein so gewagtes Spiel einzulassen. Und außerdem bin ich, glaube ich, auch in jener Gegend nicht so unbekannt, daß die Eigenschaft, mein Diener zu sein, dort nichts zählt.«

Nachdem er so den Grauen ein wenig beschämt hatte, gab er ihm weitere detaillierte Anweisungen. Der Graue nahm die beiden Gefährten und brach äußerlich frohgemut und keck mit ihnen auf, im Innern jedoch verfluchte er die Stadt Monza und die Kopfpreise, die Weiber und die Launen der hohen Herren. Und dabei bewegte er sich wie ein Wolf, der vom Hunger getrieben, mit eingefallenem Bauch und Rippen, die man zählen kann, aus seinen Bergen herabsteigt, wo es nichts als Schnee gibt, und argwöhnisch in die Ebene vordringt: Ab und zu bleibt er stehen, eine Pfote in der Luft, wedelt sacht mit dem kahlen Schwanz,

Hebt die Nase, schnuppernd im treulosen Wind,

ob er ihm Witterung von Mensch oder Eisen zuträgt, stellt die spitzen Ohren auf und rollt die blutunterlaufenen Augen, in denen gleichzeitig Beutegier und Jagdangst glitzern. Der schöne Vers stammt übrigens, falls das jemanden interessiert, aus einer unveröffentlichten Teufelei über Kreuzzüge und Lombarden, die bald nicht mehr unveröffentlicht sein und einiges Aufsehen erregen wird. Ich habe ihn mir genommen, weil er mir gerade in den Sinn kam, und ich sage, woher ich ihn habe, um mich nicht mit fremden Federn zu schmücken – niemand soll meinen, dies sei ein Kunstgriff von mir, um anzudeuten, daß der Autor jener Teufelei und ich wie Brüder seien und ich nach Belieben in seinen Manuskripten stöbern könne.

Das andere, was Don Rodrigo am Herzen lag, war die Frage, wie man es anstellen mußte, daß Renzo nie mehr mit Lucia zurückkehren und seinen Fuß wieder in das Dorf setzen konnte. Zu diesem Zweck erwog er zunächst, Gerüchte über Drohungen und Nachstellungen ausstreuen zu lassen, die Renzo, wenn sie ihm zu Ohren kämen, die Lust zur Rückkehr in diese Gegend nehmen würden. Dann aber fiel ihm ein, daß es am sichersten sein würde, Renzo außer Landes weisen zu lassen, und um dies zu erreichen, soviel war ihm klar, würde ihm die Justiz mehr helfen als die Gewalt. Man konnte zum Beispiel die Unternehmung im Pfarrhaus ein bißchen farbiger ausmalen, sie als einen Überfall, einen aufrührerischen Akt darstellen und mit Hilfe des Doktors dem Podestà zu verstehen geben, daß es an der Zeit sei, gegen Renzo einen Haftbefehl auszustellen. Allerdings überlegte er, daß es nicht gut für ihn sein würde, diese häßliche Angelegenheit wieder aufzurühren, und so beschloß er, ohne sich weiter den Kopf zu zerbrechen, den Doktor so weit ins Vertrauen zu ziehen, wie es nötig war, um ihm seinen Wunsch begreiflich zu machen. ›Es gibt so viele Erlasse‹, dachte er, ›und der Doktor ist ja kein Esel. Er wird schon irgendwas finden, was meinen Fall weiterbringt, irgendeinen *garbuglio*, mit dem man diesen Bauerntölpel *azzekkieren* kann, sonst werde ich den Doktor Azzeccagarbugli umtaufen.‹

Doch – wie es in dieser Welt manchmal zugeht! – während Don Rodrigo noch an den Doktor als denjenigen dachte, der ihm in dieser Sache am besten dienlich sein könnte, arbeitete schon ein anderer mit Inbrunst daran, einer, von dem es sich niemand hätte vorstellen können, nämlich Renzo selber, ihn besser und schneller zu bedienen, als der Doktor es jemals vermocht hätte.

Ich habe des öfteren einem lieben Knaben zugesehen, der, um die Wahrheit zu sagen, lebhafter ist, als es nötig wäre, aber allen Anzeichen nach ein tüchtiger Mann zu werden verspricht; ich habe ihm zugesehen, wie er sich damit abmühte, eine Herde Meerschweinchen, die er den ganzen Tag lang in einem kleinen Garten frei hatte umherlaufen lassen, am Abend in ihren Stall zu treiben. Er hätte sie gern alle auf einmal hineingetrieben, aber das war vergebliche Mühe: Eines brach nach rechts aus, und während der kleine Hirte ihm nachlief, um es in die Herde zurückzujagen, brachen zwei, drei andere nach links aus, nach allen Seiten. Dergestalt, daß er, nachdem er zunächst etwas ungeduldig geworden war, sich ihren Launen anpaßte und erst diejenigen hineintrieb, die dem Eingang am nächsten waren, um dann die anderen einzufangen, einzeln, zu zweit oder zu dritt, wie es sich gerade ergab. So ähnlich müssen wir es mit den Personen unserer Geschichte machen: Nachdem Lucia in Sicherheit gebracht war, sind wir zu Don Rodrigo geeilt, und nun müssen wir ihn verlassen, um Renzo nachzulaufen, den wir aus den Augen verloren haben.

Nach der schmerzlichen Trennung in Monza, von der wir berichtet haben, begab sich Renzo zu Fuß nach Mailand, wobei er in einer Verfassung war, die sich jeder leicht vorstellen kann. Das Heim zu verlassen, den Beruf aufzugeben und, was das Schlimmste war, sich von Lucia zu trennen, um fremde Straßen zu ziehen, ohne zu wissen, wohin er sein Haupt legen sollte, und das alles nur wegen dieses Schuftes! Wenn er in Gedanken bei dem einen oder anderen dieser Punkte verweilte, kochte er vor Wut und Rachedurst beinahe über; dann aber fiel ihm das Gebet wieder ein, das er mit dem guten Pater in der Kirche von Pescarenico gesprochen hatte, und er riß sich zusammen; von neuem stieg die Wut in ihm auf, aber da erblickte er ein Heiligenbild an der Mauer, zog den Hut und blieb einen Augenblick stehen, um abermals ein Gebet zu sprechen. So kam es, daß er auf jener Wanderung Don Rodrigo mindestens zwanzigmal in seinem Herzen erschlug und dann wieder auferstehen ließ. Die Straße verlief damals zwischen zwei hohen Böschungen; sie war schlammig, steinig und zerfurcht von tiefen Radspuren, die nach einem Regen zu kleinen Bächen wurden; an besonders niedrigen Stellen war sie so überschwemmt, daß man sie mit einem Boot hätte befahren können. An diesen Stellen zeigten steile Trampelpfade, die in Stufen die Böschung hinaufführten, daß andere Passanten sich einen Weg querfeldein gesucht hatten. Als Renzo über einen dieser Pfade auf höheres Gelände gestiegen war, sah er den mächtigen Bau des Mailänder Doms allein aus der Ebene ragen, als erhöbe er sich nicht mitten in einer Stadt, sondern in einer Wüste, und wie angewurzelt blieb er stehen und vergaß all sein Ungemach angesichts dieses achten Weltwunders, von dem er schon als Kind gehört hatte. Dann aber, als er sich umsah, erblickte er am Horizont die gezackte Linie der Berge, erkannte klar und deutlich seinen hoch aufragenden *Resegone*, fühlte sein Blut aufwallen, stand eine Weile reglos und blickte traurig zurück, drehte sich dann traurig um und setzte seinen Weg fort. Allmählich begann er Türme und Kuppeln und Dächer zu unterscheiden, er stieg wieder auf die Straße hinunter, folgte ihr noch eine Weile, und als ihm schien, daß er kurz vor der Stadt sein mußte, ging er auf einen entgegenkommenden Wanderer zu, verbeugte sich, so höflich er konnte, und sagte: »Mit Verlaub, der Herr.«

»Was wünscht Ihr, junger Mann?«

»Könntet Ihr mir den kürzesten Weg zum Kloster der Kapuziner zeigen, wo Pater Bonaventura wohnt?«

Der Mann, an den sich Renzo gewandt hatte, war ein wohlhabender Bürger aus der Umgebung, der an jenem

Morgen in Geschäften nach Mailand gegangen war und von dort unverrichteter Dinge in großer Eile zurückkehrte, um möglichst rasch wieder zu Hause zu sein, weshalb er gern auf diesen Halt verzichtet hätte. Trotzdem antwortete er ohne ein Zeichen der Ungeduld: »Mein lieber Sohn, Klöster gibt es hier mehr als eines, Ihr müßtet mir schon etwas klarer sagen, welches Ihr sucht.« Renzo zog den Brief des Paters Cristoforo aus der Brusttasche und zeigte ihn dem Herrn, der ihn, als er die Adresse »Porta Orientale« gelesen hatte, mit den Worten zurückgab: »Ihr habt Glück, junger Mann. Das Kloster, das Ihr sucht, ist nicht weit von hier. Nehmt diesen kleinen Weg zur Linken, das ist eine Abkürzung: In wenigen Minuten kommt Ihr zu einem langgestreckten niedrigen Gebäude, das ist das Lazarett. Folgt dem Graben, der es umgibt, und Ihr gelangt zur Porta Orientale. Tretet ein, und nach drei- bis vierhundert Schritten seht Ihr einen kleinen Platz mit schönen Ulmen: Dort ist das Kloster, Ihr könnt es nicht verfehlen. Gott schütze Euch, junger Mann.«

Sprach's, begleitete die letzten Worte mit einer graziösen Handbewegung und ging davon. Renzo war überrascht und erbaut von den guten Manieren der Städter gegenüber dem Landvolk; er wußte noch nicht, daß es ein außergewöhnlicher Tag war, ein Tag, an dem sich die feinen Mäntel vor den einfachen Wämsen verbeugten. Er folgte dem Weg, der ihm gezeigt worden war, und gelangte zur Porta Orientale. Bei diesem Namen darf sich der Leser jedoch nicht den Vorstellungen überlassen, die sich heute mit ihm verbinden. Als Renzo durch jenes Stadttor eintrat, ging die Straße draußen nur am Lazarett entlang geradeaus, danach führte sie eng und gewunden zwischen zwei Hecken hindurch. Das Tor bestand aus zwei Pfeilern mit einem Wetterdach zum Schutz der Torflügel und einem seitlich darangebauten Wachhäuschen für die Zöllner. Die Bastionen fielen in unregelmäßigen Schrägen ab, und der Boden war eine holprige, unebene Fläche aus Schutt und achtlos hingeworfenen Scherben. Die Straße, die sich dem durch das Tor Eintretenden darbot, wäre am ehesten noch mit der zu vergleichen, die einen heute an der Porta Tosa empfängt. In ihrer Mitte verlief ein Graben bis kurz vor das Tor und teilte sie in zwei gewundene Sträßchen, die je nach Jahreszeit mit Staub oder Schlamm bedeckt waren. An der Stelle, wo damals wie heute die kleine Via di Borghetto abzweigt, verlor sich der Graben in einer Kloake. Dort stand eine Säule mit einem Kreuz darauf, genannt die Säule des heiligen Dionysius; rechts und links davon lagen Gärten, umzäunt mit Hecken, und dazwischen ärmliche, meist von Wäschern bewohnte Häuser.

Renzo trat durch das Tor, ging weiter, und keiner der Zöllner beachtete ihn. Das kam ihm sonderbar vor, denn die wenigen aus seinem Dorf, die sich rühmen konnten, in Mailand gewesen zu sein, hatten schlimme Sachen über Durchsuchungen und Verhöre erzählt, denen die vom Lande Kommenden unterzogen würden. Die Straße war menschenleer, so daß er, hätte er nicht ein fernes Brausen gehört, das auf eine große Bewegung schließen ließ, fast hätte meinen können, er betrete eine unbewohnte Stadt. Als er weiterging, ohne zu wissen, was er davon halten sollte, erblickte er auf dem Boden schmale weiße Streifen wie von Schnee. Aber Schnee konnte es nicht sein, denn Schnee fällt weder in Streifen noch gewöhnlich in dieser Jahreszeit. Er bückte sich, besah sich das Zeug aus der Nähe, befühlte es und stellte fest, daß es Mehl war. ›Was für ein Überfluß muß in Mailand herrschen‹, sagte er sich, ›wenn sie diese gute Gottesgabe hier so verschwenden. Und uns haben sie weismachen wollen, daß die Hungersnot überall sei. So also machen sie's, um das arme Landvolk still zu halten!‹ Doch nach ein paar weiteren Schritten, als er zur

Säule gelangte, sah er an deren Fuß etwas noch weit Seltsameres: Verstreut auf den Stufen des Sockels lagen gewisse Dinge, die bestimmt keine Kieselsteine waren und die man, hätten sie auf dem Ladentisch eines Bäkkers gelegen, ohne einen Moment zu zögern für kleine Brote gehalten hätte. Doch so schnell wollte Renzo seinen Augen nicht trauen, denn das war bei Gott kein Ort für Brote. ›Sehen wir doch mal nach, was das ist‹, sagte er sich, ging zu der Säule, bückte sich und nahm eines der Dinger auf: Es war tatsächlich ein kleines rundes Brot, ein sehr weißes von der Art, wie Renzo es nur an Feiertagen zu essen gewohnt war. ›Das ist ja wirklich Brot!‹ sagte er mit lauter Stimme, so groß war seine Verblüffung. ›Wird das so ausgesät hierzulande? Und in diesem Jahr? Und sie machen sich nicht mal die Mühe, es aufzulesen, wenn es herunterfällt? Ist dies hier etwa das Schlaraffenland?‹ Nachdem er zehn Meilen in der frischen Morgenluft gewandert war, weckte das Brot zusammen mit der Verwunderung seinen Appetit. ›Ob ich mir eins nehme?‹ überlegte er. ›Pah, sie haben's hier liegenlassen für die Hunde, da wird sich ja wohl auch ein Christenmensch dran laben dürfen! Wenn der Besitzer auftaucht, kann ich's ihm ja bezahlen.‹ Mit diesem Vorsatz steckte er sich das Brot, das er in der Hand hielt, in die Tasche, nahm sich ein zweites und tat es dazu, nahm sich ein drittes und biß hinein. Dann setzte er seinen Weg fort, ungewisser denn je und begierig herauszufinden, was das für eine Geschichte war. Kaum war er ein paar Schritte gegangen, sah er Leute aus dem Innern der Stadt kommen und betrachtete aufmerksam diejenigen, die als erste kamen. Es waren ein Mann, eine Frau und ein Stückweit hinter ihnen ein kleiner Junge, alle drei so schwer beladen, daß die Last ihre Kräfte zu übersteigen schien, und alle drei höchst sonderbar anzusehen. Die Kleider oder besser die Lumpen mit Mehl bestäubt, die Gesichter mit Mehl bestäubt, dazu verzerrt und erhitzt; und sie gingen nicht nur gebeugt von der Last, sondern auch wie in Schmerzen, als hätte man ihnen alle Knochen zerschlagen. Der Mann schleppte mühsam einen großen Sack Mehl, der da und dort löcherig war, so daß er bei jeder Erschütterung und jeder ungeschickten Bewegung etwas von seinem Inhalt verstreute. Aber noch grotesker war die Gestalt der Frau: ein unmäßig dicker Bauch, den zwei gekrümmte Arme mühsam zu halten schienen und der wie ein großer Topf mit zwei Henkeln aussah, darunter zwei Beine, nackt bis über die Knie, die schwankend daherkamen. Als Renzo genauer hinsah, erkannte er, daß der dicke Leib nichts anderes war als der Rock, den die Frau am Saum hochhielt und der soviel Mehl enthielt, wie nur hineinging und sogar noch etwas mehr, so daß fast bei jedem Schritt ein Wölkchen aufstob und davonflog. Der Junge hielt mit beiden Händen einen Korb voller Brote auf dem Kopf, aber da er kürzere Beine als seine Eltern hatte, blieb er immer wieder hinter ihnen zurück, und wenn er dann losrannte, um sie wieder einzuholen, geriet der Korb aus dem Gleichgewicht und verlor ein paar seiner Brote.

»Wirf noch mehr davon weg, du Nichtsnutz!« fuhr die Mutter ihn böse an.

»Ich werfe nichts weg, die fallen von allein runter, was soll ich denn machen?« entgegnete er.

»Dein Glück, daß ich die Hände voll habe!« begann die Frau von neuem und schüttelte die Fäuste, als wollte sie dem armen Jungen eine Tracht Prügel geben, wobei sie mit dieser Bewegung mehr Mehl davonfliegen ließ als man gebraucht hätte, um die beiden Brote zu backen, die der Junge hatte fallen lassen.

»Los, weiter, weiter«, sagte der Mann, »wir kehren später zurück und holen sie uns, oder jemand anders holt sie sich. Wir haben so lange gedarbt. Jetzt, wo es ein bißchen Überfluß gibt, wollen wir ihn in Ruhe genießen.«

Unterdessen kamen andere Leute vom Tor her, und einer von ihnen wandte sich an die Frau und fragte sie: »Wo kriegt man das Brot?«

»Weiter vorn«, antwortete sie, und als die Neuankömmlinge zehn Schritt entfernt waren, fügte sie mürrisch hinzu: »Dieses Bauernpack wird noch alle Backöfen und Geschäfte plündern, und dann bleibt nichts mehr für uns!«

»Für jeden etwas, du alter Quälgeist«, sagte ihr Mann. »Es ist genug für alle da!«

Durch diese und ähnliche Dinge, die Renzo sah und hörte, wurde ihm allmählich klar, daß er in eine aufständische Stadt geraten war und daß dies ein Tag der Eroberungen war, soll heißen: daß jeder sich soviel nahm, wie er wollte und konnte, um nur mit Schlägen dafür zu bezahlen. So gern wir unseren armen Bergler im besten Licht erscheinen lassen möchten, zwingt uns die historische Wahrheit doch zu sagen, daß seine erste Reaktion ein Gefühl der Freude war. Er hatte so wenig Grund, sich über den gewöhnlichen Gang der Dinge zu freuen, daß er sich geneigt fand, alles zu billigen, was diesen Gang irgendwie veränderte. Und da er im übrigen keineswegs einer war, der sein Zeitalter überragte, teilte auch er die allgemeine Meinung oder besser gefühlsmäßige Annahme, daß die Brotknappheit von den Aufkäufern und den Bäckern verursacht werde, und neigte dazu, alles gut und richtig zu finden, was irgendwie geeignet war, ihnen die Nahrung aus den Händen zu reißen, die sie jener Meinung zufolge dem hungernden Volk erbarmungslos vorenthielten. Dennoch nahm er sich vor, dem Tumult fernzubleiben, und war froh, daß er zu einem Kapuziner geschickt worden war, der ihm Obdach verschaffen und wie ein Vater für ihn sein würde. Unter solchen Gedanken, dabei die neuen Eroberer vor Augen, die mit Beute beladen erschienen, legte er den kurzen noch verbliebenen Weg bis zum Kloster zurück.

Wo sich heute der schöne Palast mit der hohen Loggia erhebt, befand sich damals und noch bis vor wenigen Jahren ein kleiner Platz, an dessen Ende, hinter vier großen Ulmen, die Kirche und das Kloster der Kapuziner standen. Wir beglückwünschen nicht ohne Neid diejenigen unserer Leser, die den Ort nicht mehr in jenem Zustand gesehen haben, bedeutet das doch, daß sie noch sehr jung sind und noch keine Zeit hatten, viele Dummheiten zu machen. Renzo begab sich geradewegs zur Klosterpforte, steckte das halbe Brot, das ihm geblieben war, in die Brusttasche, zog den Brief hervor, hielt ihn in der Hand bereit und zog die Glocke. Ein vergittertes Fensterchen öffnete sich, und das Gesicht des Bruders Pförtner erschien, um zu fragen, wer da sei.

»Einer vom Lande, der einen dringenden Brief von Pater Cristoforo für Pater Bonaventura bringt.«

»Gib her«, sagte der Pförtner und streckte eine Hand durch das Gitter.

»Nein, nein«, sagte Renzo, »ich soll ihn ihm persönlich übergeben.«

»Er ist nicht im Kloster.«

»Laßt mich ein, daß ich auf ihn warten kann.«

»Folge meinem Rat«, erwiderte der Mönch. »Geh in die Kirche und warte dort auf ihn, da kannst du gleich etwas für dein Seelenheil tun. Ins Kloster kommt jetzt niemand rein.« Mit diesen Worten schloß er das Fenster. Renzo stand da mit dem Brief in der Hand. Er ging zehn Schritte in Richtung der Kirche, um den Rat des Pförtners zu befolgen, dann aber beschloß er, zuvor noch einen weiteren Blick auf den Tumult zu werfen. Er überquerte den kleinen Platz, blieb am Straßenrand stehen, verschränkte die Arme und blickte nach links zum Innern der Stadt, wo das Gewimmel dichter und lauter war. Der Strudel lockte den Zuschauer an. ›Gehen wir uns das mal ansehen‹, sagte er sich, zog sein halbes Brot hervor und machte sich kauend in jene Richtung auf. Während er dorthin unterwegs ist, wollen wir in aller Kürze über die Gründe und den Beginn jenes Aufruhrs berichten.

Kapitel 12

Es war das zweite Jahr der Mißernte. Im ersten hatten die aus den früheren Jahren verbliebenen Vorräte noch bis zu einem gewissen Grade den Mangel ausgleichen können, und die Bevölkerung war, weder satt noch ausgehungert, jedoch aller Vorräte ledig, bis zur Ernte des Jahres 1628 gelangt, in dem wir uns mit dieser Geschichte befinden. Nun war aber diese so heiß ersehnte Ernte noch schlechter ausgefallen als die vorherige, teils wegen noch größerer Ungunst der Witterung (und dies nicht nur im Mailändischen, sondern in einem Großteil der umliegenden Länder), teils auch durch menschliches Verschulden. Die Verheerungen und Vergeudungen des Krieges, jenes schönen Krieges, den wir bereits erwähnt haben, waren derart, daß in dem ihm am nächsten gelegenen Teil des Landes viele Felder mehr als gewöhnlich unbestellt blieben, ja von den Bauern verlassen wurden, da diese gezwungen waren, anstatt durch ihrer Hände Arbeit sich und den anderen Brot zu verschaffen, es sich zu erbetteln. Ich sage mehr als gewöhnlich, denn die unerträglich hohen Abgaben, die mit ebenso grenzenloser Habgier wie grenzenloser Unvernunft auferlegt worden waren, und das auch im tiefsten Frieden übliche Verhalten der in den Dörfern einquartierten Truppen – ein Verhalten, das in den leidvollen Zeugnissen aus jener Zeit mit dem eines einfallenden Feindes gleichgesetzt wird – sowie andere Gründe, die zu erwähnen hier nicht der Ort ist, hatten schon seit einiger Zeit im gesamten Mailändischen jenen betrüblichen Zustand herbeigeführt. Die besonderen Umstände, von denen wir nun sprechen werden, waren mithin so etwas wie eine plötzliche Verschlimmerung eines chronischen

Leidens. Und die ohnehin schon so karge Ernte war noch nicht ganz eingebracht, als die Requirierungen für das Heer und die stets damit einhergehende Verschleuderung bereits ein so großes Loch in sie rissen, daß sich der Mangel sofort bemerkbar machte und mit ihm seine zwar schmerzliche, aber ebenso unvermeidliche wie heilsame Folge: die Teuerung.

Hat jedoch diese eine gewisse Höhe erreicht, dann bildet sich in den Köpfen der meisten Menschen (zumindest war das bisher immer so, und wenn es sogar heute noch so ist, nachdem so viele bedeutende Männer darüber geschrieben haben, wie dann erst zu jener Zeit!), dann bildet sich die Überzeugung, daß der Grund des Übels nicht die Knappheit sei. Man vergißt, daß man die Knappheit gefürchtet und vorausgesagt hatte, man nimmt auf einmal an, daß Getreide genug vorhanden sei und die Not daher komme, daß nicht genug davon auf den Markt gebracht werde – Annahmen, die weder Hand noch Fuß haben, aber gleichzeitig Wut und Hoffnung erregen. Den wirklichen oder eingebildeten Aufkäufern des Getreides, den Landbesitzern, die nicht alles an einem einzigen Tage verkauften, den Bäckern, die es erwarben, all denen also, die ein wenig oder viel davon hatten oder im Rufe standen zu haben, ihnen gab man die Schuld am Mangel und an der Teuerung, sie waren die Zielscheibe der allgemeinen Klage, das Haßobjekt sowohl der schlecht wie der gut gekleideten Menge. Man redete mit Gewißheit darüber, wo sich die vollen, übervollen, berstenden Lagerhäuser und Scheuern befanden, man nannte die Zahl der Säcke, die aberwitzig hoch war, man sprach mit Bestimmtheit von der enormen Getreidemenge, die heimlich in andere Länder verschoben wurde, wo man vermutlich mit gleicher Bestimmtheit und Empörung zeterte, daß die Ernteerträge von dort nach Mailand gingen. Man verlangte von der Obrigkeit jene Maßnahmen, die der Menge stets, zumindest bisher immer, so gerecht, so einfach und so geeignet scheinen, um das – wie es hieß – versteckte, eingemauerte, eingegrabene Getreide hervorzulocken und den Überfluß wiederzubringen. Die Obrigkeit unternahm auch einiges, setzte zum Beispiel Höchstpreise für bestimmte Lebensmittel fest, drohte Strafen für jene an, die nicht verkaufen wollten, und dergleichen mehr. Da jedoch alle Maßnahmen dieser Welt, so energisch sie auch sein mögen, nicht die Kraft haben, das Bedürfnis nach Nahrung zu verringern noch Lebensmittel außer der Jahreszeit herbeizuzaubern, und da die in Mailand getroffenen Maßnahmen sicher nicht dazu angetan waren, Lebensmittel von dorther anzulocken, wo es sie noch ausreichend geben mochte, hielt die Not an und wurde größer. Die Menge aber schob dieses Ergebnis auf die Dürftigkeit und Schwäche der Abhilfemaßnahmen und forderte lauthals großzügigere und energischere. Und zu ihrem Unglück fand sie auch einen Mann nach ihrem Geschmack.

In Abwesenheit des Gouverneurs Don Gonzalo Fernández de Córdoba, der die Belagerung von Casale del Monferrato leitete, vertrat ihn in Mailand der Großkanzler Antonio Ferrer, gleichfalls ein Spanier. Dieser sah ein – und wer hätte es nicht eingesehen –, daß ein angemessener Brotpreis an und für sich etwas sehr Wünschenswertes ist, und dachte – und hier lag sein Irrtum –, daß eine Verfügung seinerseits genügen würde, um ihn zu herbeizuführen. So setzte er den Brotpreis auf diejenige Höhe fest, die angemessen gewesen wäre, wenn das Getreide im allgemeinen dreiunddreißig Lire pro Scheffel gekostet hätte – es kostete aber bis zu achtzig Lire. Er handelte also wie eine nicht mehr ganz junge Frau, die sich zu verjüngen gedenkt, indem sie ihren Taufschein ändert.

Weniger unsinnige und ungerechte Verfügungen waren mehr als einmal am Widerstand der Dinge selbst gescheitert, doch über die Befolgung dieser einen wachte die Menge, die, als sie ihren Wunsch endlich in ein Gesetz umgewandelt sah, nicht geduldet hätte, daß es nur zum Spaß gewesen sein sollte. Die Menschen liefen sofort zu den Bäckereien, um Brot zum festgesetzten Preis zu verlangen, und sie taten es mit jener entschiedenen und drohenden Miene, die nur von Leidenschaft, Stärke und Recht gemeinsam zuwege gebracht wird. Ob die Bäcker aufschrien, braucht man nicht zu fragen. Pausenlos Teig rühren, kneten, in den Ofen schieben und wieder herausholen – denn das Volk, das undeutlich spürte, daß hier etwas Gewaltsames vorging, belagerte die Bäckereien pausenlos, um dieses Schlaraffendasein zu genießen, so lange es währte –, sich abrackern, sage ich, und sich mehr als gewöhnlich erhitzen, um dann auch noch draufzuzahlen – jeder sieht, was das für ein Vergnügen ist. Doch auf der einen Seite die Obrigkeit, die mit Strafen drohte, auf der anderen das Volk, das bedient werden wollte und das, wenn ein Bäcker nur einen Augenblick zögerte, sofort drängte und murrte mit seiner furchterregenden Stimme und eine seiner speziellen Justizmethoden androhte, die zu den schlimmsten gehören, die es in dieser Welt gibt – da gab's keinen Ausweg, da war nichts zu machen, da mußte weiter geknetet, reingeschoben, rausgeholt und verkauft werden.

Doch um die Bäcker zum Weiterarbeiten zu bewegen, genügte weder eine behördliche Anordnung noch ihre Angst – sie mußten dazu auch materiell imstande sein, und wenn die Sache nur noch ein wenig länger gedauert hätte, wären sie das nicht mehr gewesen. So hielten sie den Behörden die Unbilligkeit und Unerträglichkeit der ihnen aufgebürdeten Last vor Augen, erklärten unter Protest, daß sie die Brotschaufeln in die Backöfen werfen und davonlaufen würden, und derweil plagten sie sich weiter, so gut sie konnten, in der Hoffnung, daß der Großkanzler früher oder später zur Räson kommen werde. Doch Antonio Ferrer, der, wie man heute sagen würde, ein Mann von Charakter war, erwiderte, daß die Bäcker in der Vergangenheit mehr als genug verdient hätten und bei der Rückkehr des Überflusses wieder mehr als genug verdienen würden, daß man sehen und vielleicht erwägen werde, ihnen eine kleine Entschädigung zu zahlen, und daß sie bis dahin durchhalten sollten. Ob er von seinen Argumenten wirklich selbst überzeugt war oder ob er zwar die Undurchführbarkeit seines Dekrets an dessen Auswirkungen erkannte, aber die Unannehmlichkeit, es zu widerrufen, anderen überlassen wollte – wer weiß das, wer kann heute noch in die Gedanken jenes Antonio Ferrer eindringen? Tatsache ist, daß er bei dem blieb, was er angeordnet hatte. Schließlich teilten die Dekurionen (ein aus Adligen zusammengesetzter Stadtrat, der bis 1796 fortbestand) dem Gouverneur brieflich mit, wie die Dinge standen. Sollte er doch einen Weg aus der Sackgasse finden.

Don Gonzalo, der bis über beide Ohren in Kriegsgeschäften steckte, tat, was sich der Leser schon denken kann: Er ernannte eine Kommission und erteilte ihr die Vollmacht, einen angemessenen Brotpreis festzusetzen, mit dem beide Seiten zufrieden sein konnten. Die Ernannten traten zusammen und bildeten eine *Junta*, wie man hispanisierend im damaligen Kanzleijargon sagte, und nach tausend Verbeugungen, Komplimenten, Präliminarien, Stoßseufzern, Unterbrechungen, unbrauchbaren Vorschlägen, Ausflüchten und anderen Sperenzien beschlossen sie, gedrängt durch eine von allen verspürte Notwendigkeit und im Wissen, daß sie ein gewagtes Spiel trieben, jedoch überzeugt, daß ihnen nichts anderes übrigblieb, den Brotpreis zu erhöhen. Die Bäcker atmeten auf, das Volk aber schäumte.

Am Abend vor dem Tag, als Renzo nach Mailand kam, wimmelten die Straßen und Plätze von Menschen, die sich, getrieben von einer gemeinsamen Wut und beherrscht von einem gemeinsamen Gedanken, einander bekannt oder fremd, in Gruppen versammelten, unverabredet und fast ohne es zu bemerken, so wie verstreute Tropfen auf abschüssiger Bahn zusammenströmen. Jede Rede steigerte die Überzeugung und die Leidenschaft der Zuhörer wie auch der Redner selbst. Unter all den Hitzköpfen gab es freilich auch ein paar Kaltblütige, die mit Vergnügen beobachteten, wie sich das Wasser zu trüben begann, die ihr Bestes taten, um es weiter zu trüben mit Argumenten und Geschichten, wie nur Verschlagene sie ersinnen und nur erhitzte Gemüter sie glauben können, und die sich vornahmen, dieses Wasser nicht wieder zur Ruhe kommen zu lassen, ohne ein wenig darin gefischt zu haben. Tausende von Menschen gingen mit dem unbestimmten Gefühl zu Bett, daß etwas unternommen werden mußte und daß etwas geschehen werde. Vor Tagesanbruch waren die Straßen schon wieder voller Menschen: Kinder, Frauen, Männer, Greise, Arbeiter, Bettler scharten sich zusammen, wie's gerade kam – hier hörte man ein tuschelndes Stimmengewirr, dort predigte einer, und die anderen klatschten ihm Beifall; der eine stellte seinem Nachbarn dieselbe Frage, die ihm gerade gestellt worden war, der andere wiederholte den Ausruf, den er gerade gehört hatte. Überall Klagen, Drohungen, Staunen; eine kleine Zahl von Wörtern gab den Stoff zu all diesen Reden.

Es fehlte bloß noch eine Gelegenheit, ein Anstoß, ein beliebiger Anlaß, um aus den Worten Taten werden zu lassen, und er ließ nicht lange auf sich warten. Bei Tagesanbruch kamen die Bäckerjungen mit Körben voll Brot aus den Läden, um es zu den üblichen Kunden zu bringen. Das erste Auftauchen eines dieser Unglücksraben bei einer Menschenansammlung wirkte, als fiele ein brennender Feuerwerkskörper in ein Pulverfaß. »Seht mal, da gibt's ja Brot!« riefen hundert Stimmen auf einmal. »Ja, für die Tyrannen, die im Überfluß schwimmen und uns verhungern lassen wollen«, ruft einer, tritt zu dem Jungen, greift an den Korbrand, zerrt ihn herunter und sagt: »Laß sehen!« Der Junge wird rot und blaß, zittert, möchte sagen: »Laßt mich gehen«, aber das Wort erstirbt ihm auf den Lippen. Er läßt die Arme locker und versucht sie aus den Traggurten zu befreien. »Runter mit dem Korb«, ertönt es inzwischen. Viele Hände greifen nach dem Korb, schon liegt er am Boden. Das Leintuch, mit dem er bedeckt war, fliegt in die Höhe, und ein warmer Duft verbreitet sich in der Runde. »Auch wir sind Christenmenschen, auch wir müssen Brot essen«, sagt der erste, nimmt sich ein rundes Brot, hebt es hoch, um es der Menge zu zeigen, und beißt hinein. Hände langen in den Korb, Brote fliegen durch die Luft, im Nu ist er leergeräumt. Diejenigen, die nichts abbekommen haben, machen sich, gereizt durch den Anblick der fremden Gewinne und ermutigt durch die Leichtigkeit des Unternehmens, in Scharen auf die Suche nach anderen Körben, und so viele sie finden, so viele werden geplündert. Es war nicht einmal nötig, die Träger anzugreifen, denn diese legten, als sie die Gefahr erkannten, ihre Last freiwillig auf den Boden und rannten davon. Trotzdem waren die, die nichts zwischen die Zähne bekommen hatten, bei weitem in der Mehrheit, und auch die etwas erobert hatten, waren nicht zufrieden mit ihrer geringen Beute, und bei den einen wie den anderen gab es auch noch diejenigen, die auf ein weit größeres Durcheinander gesetzt hatten. »Zur Bäckerei! Zur Bäckerei!« ertönte es von allen Seiten.

An der Straße namens Corsia de' Servi gab es und gibt es bis heute eine Bäckerei, die noch immer denselben Namen trägt; einen Namen, der im Toskanischen soviel wie »Krückenbäckerei« hieße, aber im Mailänder Dialekt aus so ungewöhnlichen, ungeschlachten und barbarischen Lauten besteht, daß es unserem Alphabet an Schriftzeichen fehlt, um ihn wiederzugeben.* Dorthin strömte die Menge. Die Bäckersleute waren gerade dabei, den mit leeren Händen zurückgekehrten Jungen auszufragen, der ganz verstört und aufgelöst sein trauriges Abenteuer berichtete, als sie plötzlich ein Geschrei und Getrappel hörten, das immer lauter wurde und näher kam; schon war die Vorhut der Truppe zu sehen.

Zusperren, zusperren, schnell, schnell! Einer rennt los, um Hilfe vom Stadthauptmann zu holen, die anderen sperren schleunigst den Laden zu und verrammeln die Tür. Draußen beginnen sich die Leute zu drängen und zu schreien: »Brot! Brot! Aufmachen! Aufmachen!«

Kurz darauf erscheint der Stadthauptmann mit einer Eskorte von Hellebardieren. »Platz, Platz, Leute! Nach Hause, nach Hause! Macht Platz für den Stadthauptmann!« rufen er und die Hellebardiere. Die Menge, die noch nicht allzu dicht ist, tritt ein wenig auseinander, so daß die Neuankömmlinge hindurchkönnen und sich nebeneinander, wenn auch nicht in Reih und Glied, vor der Ladentür aufstellen.

»Aber liebe Leute«, predigt von dort aus der Hauptmann, »was wollt ihr denn hier? Geht heim, geht nach Hause! Wo bleibt eure Gottesfurcht? Was wird unser Herr, der König dazu sagen? Wir wollen euch nichts tun, aber geht nach Hause. Benehmt euch wie anständige Leute! Was zum Teufel wollt ihr denn hier, was rottet ihr euch hier zusammen? Dabei kommt nichts Gutes heraus, weder für den Leib noch für die Seele. Nach Hause, nach Hause!«

Aber selbst diejenigen, die das Gesicht des Redners sahen und seine Worte hörten – wie hätten sie, auch wenn sie gewollt hätten, seine Worte befolgen können, eingekeilt, wie sie waren, geschoben von denen hinter ihnen, die ihrerseits von weiteren Nachdrängenden geschoben wurden wie Wogen von Wogen bis zum hintersten Ende der Menge, die immer noch weiter anschwoll. Dem Hauptmann ging langsam der Atem aus. »Treibt sie ein bißchen zurück, daß ich Atem schöpfen kann«, sagte er zu den Hellebardieren, »aber tut niemandem etwas zuleide. Wir wollen versuchen, in den Laden hineinzugelangen. Klopft an, treibt sie zurück.«

»Zurück! Zurück!« rufen die Hellebardiere, stürzen sich auf die Vordersten und drängen sie mit den Schäften der Hellebarden rückwärts. Die Getroffenen heulen auf und weichen zurück, so gut sie können, stoßen den hinter ihnen Stehenden mit dem Rücken an die Brust, bohren ihnen die Ellbogen in den Bauch, treten ihnen mit den Absätzen auf die Zehen. Es entsteht ein Gedränge und Geschiebe, daß die in der Mitte Eingezwängten etwas darum gäben, woanders zu sein. Unterdessen ist vor der Tür ein bißchen Platz gemacht worden, der Hauptmann klopft an, klopft abermals an, brüllt, daß man aufmachen solle. Die drinnen schauen aus dem Fenster, eilen hinunter, öffnen die Tür, der Hauptmann tritt ein, ruft die Hellebardiere, die ebenfalls einer nach dem anderen hineinschlüpfen, während der letzte die Menge mit der Hellebarde zurückhält. Als alle drinnen sind, wird die Tür wieder verriegelt und verrammelt. Der Hauptmann eilt hinauf und schaut aus dem Fenster. Hu, was für ein Gewimmel!

»Leute«, ruft er. Viele blicken nach oben. »Liebe Leute, Kinder, geht doch nach Hause. Generalpardon für jeden, der sofort nach Hause geht!«

»Brot! Brot! Aufmachen! Aufmachen!« sind die vernehmlichsten Worte in dem wüsten Geschrei, das die Menge als Antwort ausstößt.

»Nehmt doch Vernunft an, Kinder! Überlegt euch, was ihr tut, noch ist es nicht zu spät. Los, geht nach Hause. Brot, ja, Brot werdet ihr bekommen, aber so geht es nicht... He, he, was macht ihr da? Heda! Ihr an der Tür! Pfui, pfui! Ich sehe alles, ich sehe alles. Nehmt doch

Vernunft an! Paßt auf, das ist ein schweres Delikt. Jetzt kriegt ihr's mit mir zu tun. He, he, laßt das! Weg mit den Eisenstangen! Hände weg. So eine Schande! Ihr Mailänder seid doch in der ganzen Welt für eure Gutmütigkeit berühmt. Hört doch, so hört doch, ihr seid doch immer gute Kin... Ah, Kanaillen!«

Dieser plötzliche Stilwechsel wurde durch einen Stein verursacht, der aus den Händen eines jener guten Kinder geflogen kam und den Hauptmann an der Stirn traf, genau an der linken Protuberanz des metaphysischen Tiefsinns. »Kanaillen! Kanaillen!« schrie er weiter, während er rasch das Fenster schloß und sich zurückzog. Doch obwohl er mit aller Kraft geschrien hatte, waren seine Worte, gute wie böse, in dem orkanartigen Gebrüll, das von unten heraufdrang, auf halbem Wege zerstoben und untergegangen. Im übrigen war das, was er, wie er sagte, gesehen hatte, ein reges Hantieren mit Steinen und Eisenstangen – den erstbesten Werkzeugen, die man sich unterwegs hatte beschaffen können – an der Tür, um sie aufzubrechen, und an den Fenstern, um die Gitter herauszureißen, und dieses Werk war schon recht weit gediehen.

Unterdessen waren die Besitzer und Gesellen der Bäkkerei an den Fenstern der oberen Stockwerke mit einem Vorrat von Steinen erschienen (vermutlich hatten sie ein Hofpflaster aufgerissen), schrien zu der tobenden Menge hinunter und bedeuteten ihr mit Grimassen, daß sie aufhören solle, ließen sie die Steine sehen und taten, als wollten sie mit ihnen werfen. Dann, als sie sahen, daß ihr Bemühen vergeblich war, fingen sie ernstlich an, mit ihnen zu werfen. Kein einziger Stein ging daneben, da das Gedränge so dicht war, daß nicht einmal, wie man zu sagen pflegt, eine Stecknadel hätte zu Boden fallen können.

»Ha, ihr Schufte, Halunken! Ist *das* das Brot, das ihr den Armen gebt? Au! Ah! Aaaah! Jetzt reicht's aber!«

tönte es von unten. Mehr als einen traf es übel, zwei Jungen blieben tot liegen. Die Wut ließ die Kräfte der Menge wachsen: Die Tür wurde eingedrückt, die Gitter herausgerissen, und der Strom drang durch alle Öffnungen ein. Als die drinnen erkannten, in welcher Gefahr sie schwebten, flohen sie auf den Dachboden; der Hauptmann, die Hellebardiere und einige aus dem Hause blieben dort und kauerten sich in die Winkel; andere kletterten durch die Luken hinaus und machten sich über die Dächer davon wie die Katzen.

Der Anblick der Beute ließ die Sieger ihre blutigen Rachepläne vergessen. Sie stürzen sich auf die Regale und plündern sie. Einer läuft zur Kasse, reißt das Schloß ab, packt die Geldschalen, greift mit beiden Händen hinein, stopft sich die Taschen voll und verschwindet mit Münzen beladen, um später wiederzukommen und Brot zu holen, wenn dann noch welches da ist. Die Menge ergießt sich in die Lagerräume und macht sich über die Mehlsäcke her, schleppt sie fort, kippt sie um. Einer klemmt sich einen Sack zwischen die Beine, knüpft ihn auf und schüttet einen Teil des Mehls heraus, um ihn zu einer tragbaren Last zu vermindern; ein anderer schreit: »Warte, warte« und bückt sich, um die Gottesgabe mit der Schürze, mit einem Taschentuch, mit seinem Hut aufzufangen; einer läuft zum Backtrog und nimmt einen Klumpen Teig heraus, der sich lang zieht und ihm auf beiden Seiten aus den Händen gleitet; ein anderer hat ein Mehlsieb erbeutet, hält es hoch in die Luft und trägt es davon. Die einen gehen, die anderen kommen, Männer, Frauen, Kinder, Püffe, Stöße, Schreie, dazu ein weißer Mehlstaub, der sich auf alles legt, von allem aufwirbelt, alles verhüllt und umnebelt. Draußen ein Gedränge von zwei entgegengesetzten Prozessionen, die einander wechseitig durchdringen und behindern: die einen, die mit ihrer Beute herauskommen, die anderen, die zum Beutemachen hineinwollen.

Während die genannte Bäckerei so gründlich verwüstet wurde, war keine andere in der Stadt ruhig und außer Gefahr. Doch zu keiner lief das Volk in so großer Zahl, daß es sich alles erlauben konnte. In einigen hatten die Besitzer Hilfstruppen versammelt und standen zur Abwehr bereit; in anderen, wo sie an Zahl geringer waren, schlossen sie eine Art Kompromiß und verteilten Brot an diejenigen, die sich vor dem Laden zusammenzurotten begannen, unter der Bedingung, daß sie gleich danach weitergingen. Und sie gingen tatsächlich, nicht so sehr, weil sie befriedigt waren, sondern weil die Hellebardiere und amtlichen Häscher zwar jener entsetzlichen Krückenbäckerei fernblieben, aber anderswo in genügender Stärke erschienen, um die Unruhestifter in Schach zu halten, die nicht gerade in Massen kamen. So wurde das Gewühl um jene erste vom Unglück heimgesuchte Bäckerei immer größer, denn alle, denen die Finger nach einer schönen Unternehmung juckten, liefen dorthin, wo sie die Freunde in der Übermacht wußten und Straflosigkeit garantiert schien.

So weit waren die Dinge gediehen, als Renzo, der inzwischen sein Brot vertilgt hatte, sich von der Porta Orientale her näherte und, ohne es zu wissen, genau auf den Mittelpunkt des Tumults zusteuerte. Er ging mal rascher, mal von der Menge behindert, wobei er sich aufmerksam umsah und die Ohren spitzte, um aus dem wirren Durcheinander von Reden etwas Genaueres über den Stand der Dinge zu erfahren. Und dies waren ungefähr die Worte, die er auf seinem Wege herauszuhören vermochte:

»Jetzt ist er aufgedeckt«, rief einer, »der gemeine Betrug dieser Schufte, die immer sagten, es gäbe kein Brot, kein Mehl, kein Getreide. Jetzt ist alles sonnenklar, und sie können uns nichts mehr vormachen. Es lebe der Überfluß!«

»Ich sage euch, das hilft uns alles gar nichts«, sagte

ein anderer. »Das ist ein Schlag ins Wasser, und es wird die Lage sogar noch verschlimmern, wenn die Justiz nicht wenigstens einmal richtig dreinschlägt. Das Brot wird zwar billiger werden, aber sie werden Gift hineintun, um uns arme Leute sterben zu lassen wie die Fliegen. Sie sagen ja schon, daß wir zu viele sind, sie haben's in der Junta gesagt, ich weiß es genau, denn ich hab's mit eigenen Ohren von einer Gevatterin gehört, die mit einem Verwandten von einem Küchenjungen von einem jener feinen Herren befreundet ist.«

Nicht wiederzugebende Worte sagte mit Schaum vor dem Mund ein anderer, der sich einen Taschentuchfetzen auf sein blutiges und zerrauftes Haar drückte. Und wie um ihn zu trösten wiederholte sie einer, der neben ihm stand.

»Platz, Platz, ihr Herrschaften, seid so gut! Laßt einen armen Familienvater durch, der seinen fünf Kindern etwas zu essen bringt.« So sprach einer, der unter einem großen Mehlsack dahergewankt kam, und jeder bemühte sich, ein wenig zur Seite zu treten, um ihn vorbeizulassen.

»Ich für meinen Teil«, sagte ein anderer leise zu seinem Gefährten, »ich mache mich aus dem Staub. Ich bin ein Mann von Welt, ich weiß, wie so was ausgeht. Diese Maulhelden, die jetzt soviel Lärm machen, die werden morgen oder übermorgen alle schlotternd vor Angst zu Hause hocken. Ich hab schon gewisse Visagen gesehen, gewisse Herrschaften, die hier rumschleichen und sich dumm stellen, aber sich genau notieren, wer da ist und wer nicht. Wenn alles vorüber ist, kommt die Abrechnung, und wen's trifft, den trifft's.«

»Der Mann, der die Bäcker beschützt«, rief eine sonore Stimme, die Renzos Aufmerksamkeit auf sich zog, »ist der Proviantverweser.«

»Alles Schufte!« schrie einer neben ihm.

»Ja, aber er ist der Oberste«, gab der erste zurück.

Der Proviantverweser, der jedes Jahr vom Gouverneur aus sechs vom Rat der Dekurionen vorgeschlagenen Edelleuten ausgewählt wurde, war der Vorsitzende dieses Rates sowie des sogenannten Proviantrates, der aus zwölf weiteren Edelleuten bestand und verschiedene Aufgaben hatte, deren wichtigste die Kontrolle der jährlichen Getreidelieferungen war. Wer ein solches Amt innehatte, mußte in Zeiten der Hungersnot und der Unwissenheit zwangsläufig als Urheber aller Übel angesehen werden, es sei denn, er hätte getan, was Ferrer getan hatte. Aber das lag nicht in seiner Macht, selbst wenn es ihm eingefallen wäre.

»Diese Schweine!« rief ein anderer. »Kann man's noch ärger treiben? Jetzt behaupten sie schon, der Großkanzler sei ein kindisch gewordener Greis, um ihm die Glaubwürdigkeit zu nehmen und sich allein das Kommando zu sichern. Man müßte sie allesamt in einen großen Käfig sperren und mit Wicken und Unkraut ernähren, so wie sie's mit uns machen wollten.«

»Brot? Ha!« rief einer, der schnell weiterstrebte. »Pfundschwere Steine hat's gegeben, solche Wackmänner sind runtergeprasselt wie Hagel. Und was für Rippenbrüche! Ich kann's gar nicht erwarten, daß ich nach Hause komme.«

Zwischen solchen Reden, bei denen ich nicht zu sagen vermöchte, ob sie ihn mehr informierten oder verwunderten, und zwischen allerlei Püffen und Stößen gelangte Renzo schließlich vor jene Bäckerei. Die Menge hatte sich schon ziemlich verlaufen, so daß er das häßliche Bild der noch frischen Verwüstung betrachten konnte: die Mauern von Pflaster- und Ziegelsteinen beschädigt, der Putz abgeplatzt, die Fenster aus den Angeln gerissen, die Tür eingedrückt.

›Das ist aber gar nicht schön‹, dachte Renzo bei sich. ›Wenn sie alle Bäckereien so zurichten, wo soll dann das Brot gebacken werden? In den Brunnen?‹

Immer wieder kam jemand aus dem Laden, der ein Stück von einem Regal oder einem Backtrog oder ein Mehlsieb, ein Knetholz, eine Bank, einen Brotkorb, ein Kontobuch, kurz, irgend etwas aus der armen Bäckerei heraustrug und sich mit dem Ruf: »Platz, Platz!« einen Weg durch die Menge bahnte. Alle gingen in dieselbe Richtung, offenbar zu einem vereinbarten Ort. ›Was ist das jetzt wieder für eine Geschichte?‹ fragte sich Renzo und ging hinter einem her, der mit einem Bündel zerkleinerter Bretter und Holzspäne auf der Schulter wie die anderen durch jene Straße ging, die an der Nordseite des Doms entlangführt und ihren Namen von den Stufen hat, die früher dort waren und erst seit kurzem nicht mehr dort sind. Der Wunsch, die Ereignisse zu beobachten, konnte unseren Bergler freilich nicht davon abhalten, beim Anblick des gewaltigen Bauwerks stehenzubleiben und offenen Mundes hinaufzustarren. Dann beschleunigte er die Schritte, um den Mann wieder einzuholen, den er sich als Führer auserkoren hatte. Er bog um die Ecke, warf auch einen Blick auf die Fassade des Doms, die damals noch großenteils im Rohbau und weit von ihrer Vollendung entfernt war, und folgte weiter dem Mann, der zur Mitte des Platzes ging. Das Gedränge wurde immer größer, je weiter sie gingen, aber dem Holzträger wurde Platz gemacht, er pflügte durch das Menschenmeer, und da Renzo immer dicht hinter ihm blieb, erreichte er mit ihm das Zentrum der Menge. Dort war ein freier Raum und mitten darin ein Haufen rotglühender Asche, die Reste der oben erwähnten Einrichtungsgegenstände. Ringsherum Händeklatschen und Füßestampfen in einem Höllenlärm von Jubelschreien und Flüchen.

Der Mann warf sein Bündel auf den Haufen, ein anderer schürte das Feuer mit dem halbverkohlten Stumpf eines Brotschiebers. Rauch stieg auf und verdichtete sich, die Flamme loderte wieder hoch, und mit ihr erhoben sich auch wieder die Schreie: »Es lebe der Überfluß! Tod den Aushungerern! Nieder mit der Hungersnot! Weg mit dem Proviantrat! Weg mit der Junta! Es lebe das Brot!«

Nun sind die Zerstörung der Mehlsiebe und der Backtröge, die Verwüstung der Bäckereien und die Mißhandlung der Bäcker wahrlich keine besonders geeigneten Mittel, um das Brot leben zu lassen, aber das ist eine jener metaphysischen Spitzfindigkeiten, auf die eine Menge nicht kommt. Indessen kommt ein einzelner Mensch, auch ohne ein großer Metaphysiker zu sein, bisweilen als erster darauf, solange die Frage noch neu für ihn ist, und nur, wenn er zuviel darüber redet und andere darüber reden hört, wird er auch unfähig, sie zu verstehen. Renzo war dieser Gedanke, wie wir gesehen haben, tatsächlich gleich zu Anfang gekommen, und er kam ihm nun ständig wieder. Allerdings behielt er ihn für sich, da er unter all den Gesichtern kein einziges sah, das ihm zu sagen schien: Bruder, berichtige mich, wenn ich irre, und ich will es dir danken.

Schon war die Flamme wieder erloschen, man sah niemanden mehr mit neuem Brennmaterial kommen, und die Leute begannen sich zu langweilen, da kam das Gerücht auf, an der Piazza Cordusio (einem nicht weit entfernten kleinen Platz oder eher Straßengeviert) werde erneut eine Bäckerei belagert. Oft geschieht es ja unter solchen Umständen, daß die Nachricht von einem Ereignis dieses überhaupt erst herbeiführt. Zugleich mit dem Gerücht verbreitete sich in der Menge eine wachsende Lust, dort hinzulaufen. »Ich gehe, kommst du mit? Ich komme, gehen wir«, hörte man überall. Das Gedränge löste sich auf und formte sich zu einer Prozession. Renzo blieb zurück, da er sich kaum bewegte und fast nur vom Strom mitreißen ließ, und dabei ging er im stillen mit sich zu Rate, ob er nicht besser daran täte, das Ganze zu verlassen und zum Kloster zurückzugehen, um nach Pater Bonaventura zu suchen, oder ob er mitgehen und sich auch dies noch ansehen sollte. Abermals überwog die Neugier. Allerdings beschloß er, sich nicht ins dichteste Getümmel zu stürzen, um sich dort die Rippen eindrücken zu lassen oder womöglich noch Schlimmeres zu riskieren, sondern sich in einer gewissen Entfernung zu halten und bloß zu beobachten. Und da er schon nicht mehr so eng umdrängt war, zog er nun das zweite Brot aus der Tasche und biß hinein, während er sich der Nachhut des lärmenden Heerhaufens anschloß.

Dieser war schon vom Domplatz in die kurze und enge Straße der Pescheria vecchia gelangt und von da durch den schrägen Bogen auf die Piazza de' Mercanti. Und hier versagten es sich nur wenige, beim Vorbeigehen an der Nische mitten in der Loggia des Gebäudes, das damals das Doktorenkolleg genannt wurde, einen Blick auf die große Statue zu werfen, die dort stand, auf jenes ernste, mürrische, finster dreinblickende – und damit sage ich noch nicht genug – Antlitz Don Philipps II., der auch in Marmor noch Respekt einflößte und mit seinem vorgestreckten Arm aussah, als wollte er sagen: Wartet nur, ihr Lumpen, jetzt komme ich!

Die Statue gibt es heute nicht mehr, und der Grund ist ein außerordentliches Zusammentreffen von Umständen. Etwa hundertsiebzig Jahre nach den Ereignissen, die wir hier erzählen, wurde ihr eines Tages der Kopf ausgewechselt, das Szepter aus der linken Hand genommen und durch einen Dolch ersetzt, und sie erhielt den Namen Marcus Brutus. So dem Zeitgeist angepaßt stand sie vielleicht ein paar Jahre dort; doch eines Morgens warfen Leute, die für Marcus Brutus keine Sympathie hatten, ja einen geheimen Groll auf ihn hegen mußten, ein Seil um das Standbild, rissen es nieder, mißhandelten es auf allerlei Weise und zogen es schließlich, verstümmelt und zu einem unförmigen Torso reduziert, mit hervorquellenden Augen und heraushängender Zunge durch die Straßen, bis sie sich ausgetobt hatten und es in irgendeinen Abwassergraben warfen. Wer hätte das dem Bildhauer Andrea Biffi gesagt, als er es schuf!

Von der Piazza de' Mercanti strömte der Pöbel durch den anderen Bogen in die Via de' Fustagnai und ergoß sich von dort auf die Piazza Cordusio. Jeder, der hinaustrat, schaute sogleich zu der angegebenen Bäckerei. Aber statt der Menge von Freunden, die sie dort schon an der Arbeit erwartet hatten, sahen sie nur ein paar Leute, die wie zögernd in einiger Entfernung vor dem geschlossenen Laden herumstanden, und in den Fenstern Bewaffnete mit unverkennbarer Verteidigungsbereitschaft. Bei diesem Anblick verwunderten sich die einen, andere fluchten, und wieder andere lachten. Einige machten kehrt, um die Nachkommenden zu informieren, andere blieben stehen, einige wollten zurück, andere riefen: »Vorwärts, vorwärts!« Es war ein Drängen und Schieben wie in einem Stau, ein Hin und Her, ein Gewirr widersprüchlicher Meinungen und entgegengesetzter Ratschläge. Und da hinein platzte mitten aus der Menge eine vermaledeite Stimme: »Hier ganz in der Nähe ist das Haus des Proviantverwesers. Gehen wir hin, um Gericht zu halten und zu plündern!« Es klang eher wie die Erinnerung an einen gemeinsam gefaßten Beschluß als wie die Annahme eines Vorschlags: »Zum Proviantverweser! Zum Proviantverweser!« war der einzige Ruf, den man noch hörte. Die Meute setzte sich in Bewegung und wälzte sich zu der Straße, an der das in einem so schlechten Augenblick erwähnte Haus stand.

Kapitel 13

Der unglückselige Proviantverweser gab sich gerade einer säuerlichen Verdauungspause nach einem appetitlos und ohne frisches Brot hinuntergewürgten Mahle hin und wartete mit großer Spannung darauf, wie jener Sturm ausgehen würde, ohne jedoch zu ahnen, daß er so schrecklich über ihn selbst hereinbrechen sollte. Ein paar gute Bürger rannten der Menge voraus, um ihn vor der Bedrohung zu warnen. Die Diener, vom Lärm an die Tür gelockt, schauten erschrocken die Straße hinunter in die Richtung, aus welcher er kam. Während sie noch auf die Warnung horchten, sahen sie schon die Vorhut nahen. Eilends wurde die Nachricht dem Herrn überbracht, und während dieser noch überlegte, ob er fliehen sollte und wie, meldete ihm ein anderer schon, daß es zu spät sei. Die Diener hatten gerade noch Zeit, das Tor zu schließen. Sie legten die Eisenstange vor und verrammelten es mit Stützen, sie rannten hinauf, um die Fensterläden zu schließen, wie wenn man ein schwarzes Unwetter aufziehen sieht und jeden Moment den Hagel erwartet. Das anwachsende Gebrüll, das wie Donner von oben hereindrang, hallte im leeren Innenhof wider, jeder Winkel des Hauses wurde davon erfüllt, und mitten in diesem allgemeinen Getöse hörte man starke, rasch aufeinanderfolgende Schläge mit Steinen ans Tor.

»Den Proviantverweser! Den Unterdrücker! Den Blutsauger! Wir wollen ihn haben, lebendig oder tot!«

Der Ärmste lief bleich und atemlos von einem Zimmer zum anderen, händeringend empfahl er sich Gott und beschwor seine Diener, standzuhalten und einen Ausweg zu finden. Aber wie und wo? Er stieg zum Dachboden hinauf, spähte durch eine Luke auf die Straße hinunter und sah sie gesteckt voll wütender Menschen; er hörte die Rufe, die seinen Tod forderten, und zog sich bestürzter denn je zurück, um den sichersten und verborgensten Winkel zu suchen. Dort kauerte er sich zusammen und horchte zitternd, ob der unheilvolle Lärm nicht allmählich abnahm und der Tumult sich ein wenig legte; als er jedoch das Gebrüll nur noch wilder und lauter werden und die Schläge an der Tür sich verdoppeln hörte, hielt er sich in einem neuen Anfall von Panik die Ohren zu. Dann, wie von Sinnen, mit zusammengebissenen Zähnen und verzerrtem Gesicht, streckte er die Arme vor und ballte die Fäuste, als wollte er das Tor zuhalten... Im übrigen können wir nicht genau wissen, was er tat, da er allein war und die Geschichte darauf angewiesen ist, es zu erraten. Zum Glück hat sie darin schon eine gewisse Übung.

Renzo befand sich diesmal mitten im dicksten Getümmel, nicht weil er von der Menge mitgerissen worden wäre, sondern weil er sich aus freien Stücken hineingestürzt hatte. Beim ersten Schrei nach Blut hatte er gespürt, wie das seine erstarrte. Was die Plünderung anging, so hätte er nicht zu sagen vermocht, ob sie unter den gegebenen Umständen gut oder schlecht war, aber der Gedanke an Mord erfüllte ihn mit einem unmittelbaren und puren Entsetzen. Er war zwar, infolge der verhängnisvollen Empfänglichkeit leidenschaftlicher Gemüter für leidenschaftliche Beteuerungen der Masse, zutiefst davon überzeugt, daß der Proviantverweser die Hauptschuld an der Hungersnot trug und ein Feind der Armen war; doch als er zufällig, während die Menge zu dessen Amtssitz aufbrach, jemanden sagen hörte, daß er alles tun werde, um jenen Mann zu retten, hatte er sofort beschlossen, dabei nach Kräften zu helfen, und mit diesem Vorsatz hatte er sich fast bis zum Tor jenes Amtssitzes durchgedrängt, das nun auf allerlei Weise bearbeitet wurde. Die einen schlugen mit großen Steinen auf die Nägel des Schlosses, um es herauszulösen, andere versuchten mit Brecheisen, Hammer und Meißel systematischer vorzugehen; wieder andere bearbeiteten die Mauer mit Steinen, abgebrochenen Messern, Hufeisennägeln, Knüppeln oder, wenn sie nichts anderes zur Hand hatten, mit den Fingernägeln und bemühten sich, die Ziegel zu lockern, um eine Bresche zu schlagen. Diejenigen, die nicht mithelfen konnten, feuerten die anderen durch Gebrüll an, doch zugleich behinderten sie durch ihre bloße Anwesenheit und ihr Drängen die Arbeit, die durch den ungeordneten Wettstreit der Arbeitenden ohnehin schon behindert wurde. Gott sei Dank kommt ja auch bei bösen Werken zuweilen vor, was bei den guten so oft der Fall ist, nämlich daß ihre glühendsten Verfechter zu einem Hindernis werden.

Die Magistratspersonen, die als erste von dem Geschehen erfuhren, schickten sofort ein Hilfeersuchen an den Kommandanten des Kastells, das damals Castello di Porta Giovia hieß, und der schickte eine Handvoll Soldaten. Doch zwischen der Benachrichtigung und dem Befehl, dem Antreten, dem Abmarsch und der Ankunft verging so viel Zeit, daß die Soldaten eintrafen, als das Haus bereits von einer großen Menge belagert wurde, und so machten sie in einiger Entfernung am äußeren Rande halt. Der Offizier, der sie befehligte, wußte nicht, wie er sich entscheiden sollte. Was er vor sich hatte, war nur eine bunt zusammengewürfelte Ansammlung von Leuten verschiedenen Alters und Geschlechts, die herumstanden und gafften. Die Aufforderung, auseinanderzugehen und Platz zu machen, beantworteten sie mit einem langgezogenen dumpfen Gemurmel, doch niemand rührte sich von der Stelle. Auf diese Ansammlung feuern zu lassen schien dem Offizier nicht nur unmenschlich, sondern auch sehr riskant, da es nur die Friedfertigeren empören und die besonders Gewaltbereiten aufreizen würde; außerdem hatte er keinen Befehl dazu. In die äußeren Reihen einzudringen, sie rechts und links auseinanderzutreiben und weiter vorzurücken, um diejenigen zu bekämpfen, die den Kampf haben wollten, wäre das Beste gewesen, aber ob das gelingen würde, stand sehr in Frage. Wer wußte, ob die Soldaten geschlossen und geordnet vorrücken konnten? Und wenn sie, anstatt die Menge aufzubrechen, sich in ihr zerstreuten, wären sie dem Mob ausgeliefert, nachdem sie ihn selbst aufgestachelt hätten. Die Unentschlossenheit des Kommandanten und die Reglosigkeit der Soldaten erschienen, zu Recht oder zu Unrecht, als Angst. Die Leute in ihrer Nähe begnügten sich damit, ihnen verächtlich ins Gesicht zu blicken, als wollten sie sagen: Wir pfeifen auf euch. Die etwas weiter Entfernten scheuten sich nicht, sie durch Grimassen und höhnische Rufe herauszufordern; noch weiter im Innern der Menge wußten oder kümmerten sich nur wenige überhaupt um ihre Anwesenheit. Die Zerstörer fuhren fort, die Mauer zu demolieren, ohne einen anderen Gedanken, als rasch damit fertig zu werden, und die Zuschauer hörten nicht auf, sie mit Gebrüll anzufeuern.

Unter letzteren ragte einer heraus, ein verlebter Alter, der selber ein Schauspiel war: Die tiefliegenden, glühenden Augen weit aufgerissen, die runzligen Züge zu einem diabolischen Grinsen verzogen und die Hände über sein in Schande ergrautes Haupt erhoben, schwang er einen Hammer, ein Seil und vier große Nägel durch die Luft, mit welchen er, wie er krähte, den Proviantverweser ans Tor seines eigenen Hauses nageln werde, sobald man ihn umgebracht habe.

»Pfui! Schämt euch!« stieß Renzo hervor, entsetzt über diese Worte und über den Anblick so vieler Gesichter, die sie zu billigen schienen, aber auch ermutigt durch andere, auf denen sich, wenngleich stumm, dasselbe Grauen abzeichnete, das ihn erfüllte. »Schämt euch! Wollen wir dem Henker sein Handwerk nehmen? Einen Christenmenschen ermorden! Wie soll Gott uns Brot geben, wenn wir etwas so Gräßliches tun? Blitze wird er uns schicken, nicht Brot!«

»Ha, du Hund! Du Vaterlandsverräter!« schrie mit verzerrter Miene einer von denen, die Renzos Worte in dem Lärm hatten verstehen können. »Warte nur, warte! Das ist ein Diener des Proviantverwesers, der sich als Bauer verkleidet hat: ein Spion! Packt ihn, packt ihn!« Hundert Stimmen erhoben sich ringsum: »Was ist los? Wo ist er? Wer ist es? Ein Diener des Proviantverwesers! Ein Spion! Der Verweser als Bauer verkleidet, auf der Flucht! Wo ist er, wo ist er, packt ihn, packt ihn!«

Renzo verstummte, wurde kleiner und kleiner und wäre am liebsten im Boden versunken; einige Umstehende nahmen ihn in ihre Mitte und versuchten, mit entgegengesetzten Rufen die feindlichen Stimmen zu übertönen. Was ihm jedoch am meisten half, war ein »Platz da, Platz!«, das ganz in der Nähe ertönte: »Macht Platz, hier kommt Hilfe! Macht Platz!«

Was war das? Es war eine lange Leiter, die einige herbeitrugen, um sie ans Haus zu lehnen und durch ein Fenster einzusteigen. Zum Glück war jedoch dieses Hilfsmittel, das die Sache erleichtern sollte, selber nicht leicht zu handhaben. Die Träger an den beiden Enden und an den Seiten, die im Gedränge herumgestoßen, aus dem Tritt gebracht und voneinander getrennt wurden, gingen schwankend einher; einer, der den Kopf zwischen zwei Sprossen und die Holme auf den Schultern hatte, brüllte wie ein Ochse unter einem hin- und hergeschüttelten Joch, ein anderer wurde durch einen Stoß von seiner Last getrennt, und die losgelassene Leiter stürzte auf Schultern, Arme, Rippen – man kann sich denken, was deren Besitzer sagten. Andere hoben das schwere Ding ein Stückchen an, schlüpften darunter, schulterten es und riefen: »Los, weiter!« Das verhängnisvolle Gerät rückte stoßweise und im Zickzack vor. Es kam gerade rechtzeitig, um Renzos Feinde abzulenken und zu zerstreuen, so daß er die Verwirrung in der Verwirrung nutzte und sich zuerst sachte, sachte, dann mit kräftigen Ellbogenstößen von jenem für ihn so unguten Ort entfernte, um den Tumult so schnell wie möglich zu verlassen und sich nun wirklich auf die Suche nach Pater Bonaventura zu machen.

Da verbreitet sich plötzlich von einem der Ränder her eine ungewöhnliche Erregung durch die Menge, ein Gerücht kommt auf und wird von Mund zu Mund weitergegeben: »Ferrer! Ferrer!« Überraschung, Freude, Wut, Zuneigung und Abscheu brechen überall hervor, wo dieser Name ertönt. Die einen rufen ihn laut, die anderen wollen ihn ersticken, die einen bejahen, die anderen bestreiten, die einen loben, die anderen beschimpfen ihn.

»Ferrer ist da! – Unsinn, das ist nicht wahr! – Doch, doch. Hoch lebe Ferrer, er hat den Brotpreis runtergesetzt. – Nein, nein! – Doch, er ist da, dort in der Kutsche. – Was soll das? Was hat er hier zu suchen? Wir wollen hier niemanden! – Ferrer! Hoch lebe Ferrer, der Freund des armen Volkes! Er kommt, um den Proviantverweser ins Gefängnis zu stecken. – Nein, nein, wir selber wollen Gericht halten. Zurück, zurück! – Doch, doch, es ist Ferrer. Willkommen, Ferrer! Ins Gefängnis mit dem Verweser!«

Alle stellen sich auf die Zehenspitzen und spähen in die Richtung, aus der die unerwartete Nachricht gemeldet wurde. Da sich alle gleichzeitig hochgereckt haben, sehen sie nicht mehr oder weniger, als wenn sie alle einfach stehengeblieben wären, aber so ist es nun einmal, alle recken sich hoch.

Tatsächlich war am anderen Ende der Menge, gegenüber der Seite, wo die Soldaten standen, der Großkanzler Antonio Ferrer in seiner Kutsche eingetroffen. Vermutlich hatte er ein schlechtes Gewissen bekommen, weil er mit seinen unvernünftigen Vorschlägen und seiner Hartnäckigkeit den Aufruhr verursacht oder zumindest ausgelöst hatte, und nun kam er, um ihn zu besänftigen oder zumindest die schlimmsten Auswirkungen zu verhindern. Er kam also, um eine auf ungute Weise erworbene Beliebtheit auf gute Weise zu nutzen.

Bei Volksaufständen gibt es immer eine gewisse Anzahl von Menschen, die entweder aus erhitzter Leidenschaft oder aus fanatischer Überzeugung, aus ruchloser Berechnung oder aus einer verruchten Lust am Drunter und Drüber alles tun, um die Dinge zum Schlimmsten zu treiben. Sie propagieren oder befürworten die radikalsten Vorschläge, sie blasen ins Feuer, sobald es nachzulassen beginnt, sie können nie genug davon kriegen, sie sähen es am liebsten, wenn der Aufruhr weder Maß noch Ziel hätte. Doch als Gegengewicht gibt es immer auch eine gewisse Anzahl von anderen Menschen, die sich mit gleicher Inbrunst und Hartnäckigkeit dafür einsetzen, daß die umgekehrte Wirkung eintritt; manche aus Freundschaft oder Parteinahme für die bedrohten Personen, andere einfach aus Mitgefühl und natürlichem Abscheu vor Blutvergießen und Greueltaten. Der Himmel segne sie. In jeder dieser beiden entgegengesetzten Parteien erzeugt die Gleichförmigkeit der Wünsche, auch wenn vorher keinerlei Absprachen getroffen worden sind, eine spontane Übereinstimmung in den Vorgehensweisen. Was schließlich die Masse bildet, also gewissermaßen den Rohstoff des Aufruhrs, ist ein zufälliges Gemisch von Menschen, die mehr oder weniger stark, in zahllosen Abstufungen, zum einen oder anderen Extrem neigen: ein bißchen hitzig, ein bißchen berechnend, ein bißchen erpicht auf eine bestimmte Justiz, wie sie sie verstehen, ein bißchen begierig, etwas Tolles zu erleben, bereit zu Grausamkeiten wie zum Erbarmen, zum Verabscheuen wie zum Verehren, je nachdem, wie sich die Gelegenheit bietet, das eine oder andere Gefühl auszukosten, stets voller Begehren, etwas Unerhörtes zu erfahren und zu glauben, stets voller Drang zu schreien, jemandem zuzujubeln oder jemanden niederzubrüllen. »Hoch!« und »Nieder!« sind die Worte, die sie am liebsten ausrufen, und wer es geschafft hat, sie davon zu überzeugen, daß dieser oder jener es nicht verdient, gevierteilt zu werden, der braucht nicht mehr viele Worte, um sie auch zu überzeugen, daß er es verdient, im Triumph herumgetragen zu werden. Je nachdem, wie der Wind weht, sind sie Akteure, Zuschauer, Werkzeuge, Hindernisse; auch bereit zu verstummen, wenn sie keine Parolen mehr hören, die sie nachbrüllen können, Schluß zu machen, wenn die Aufwiegler fehlen, auseinanderzugehen, wenn viele Stimmen einhellig und unwidersprochen dazu auffordern, und auf dem Heimweg einander zu fragen: Was ist denn losgewesen?

Da jedoch diese Masse über die größte Macht verfügt und sie verleihen kann, wem sie will, setzt jede der beiden aktiven Parteien alle Mittel ein, um sie auf ihre Seite zu ziehen und sich ihrer zu bemächtigen. Es sind gewissermaßen zwei feindliche Seelen, die miteinander darum kämpfen, in jenen großen Körper einzudringen und ihn in Bewegung zu setzen. Sie überbieten einander im Ausstreuen von Gerüchten, die geeignet sind, die Leidenschaften zu schüren und die Bewegungen der Masse in die eine oder andere Richtung zu lenken; im Verbreiten von Nachrichten, die den Unmut der Masse neu entfachen oder dämpfen, Hoffnungen oder Ängste wecken; im Erfinden des Schlachtrufs, der, wenn von möglichst vielen möglichst laut gebrüllt, das Votum der Mehrheit für die eine oder andere Seite am besten ausdrückt, bestätigt und zugleich erzeugt.

Diese ganze Abschweifung haben wir nur gemacht,

um zu sagen, daß im Kampf der beiden Parteien um die Gunst der vor dem Hause des Proviantverwesers versammelten Menge das Erscheinen Antonio Ferrers fast schlagartig einen großen Vorteil für die Partei der Humanen brachte, die bis zu jenem Moment eindeutig unterlegen war und, wenn diese Hilfe nicht bald gekommen wäre, weder die Kraft noch die Motivation zum Weiterkämpfen gehabt hätte. Der Großkanzler war bei der Menge beliebt wegen jenes von ihm festgesetzten Brotpreises, der für die Käufer so günstig war, und wegen jener heroischen Hartnäckigkeit, mit der er sich allen dagegensprechenden Gründe verweigert hatte. Die ihm bereits zugetanen Gemüter wurden jetzt noch mehr für ihn eingenommen durch die mutige Zuversicht, mit welcher der Alte ohne Wachen und andere Schutzvorkehrungen gekommen war, um sich einer aufgebrachten und erregten Menge zu stellen. Eine wunderbare Wirkung tat überdies die Nachricht, daß er gekommen war, um den Proviantverweser ins Gefängnis zu bringen. So wurde die Wut auf diesen, die sich nur noch schlimmer entladen hätte, wenn man ihr hart entgegengetreten wäre, ohne irgendwelche Zugeständnisse zu machen, nun durch diese Aussicht auf eine Genugtuung, man könnte auch sagen: durch diesen ihr hingeworfenen Knochen etwas besänftigt und machte anderen Gefühlen Platz, die sich in vielen Gemütern regten.

Die Anhänger des Friedens, die neuen Auftrieb bekommen hatten, unterstützten Ferrer auf vielerlei Weise: diejenigen in seiner Nähe, indem sie durch ihren Beifall den Beifall des Publikums anregten und weiter anheizten und sich gleichzeitig bemühten, die Leute zurückzudrängen, um Platz für die Kutsche zu machen; die anderen, indem sie ihm applaudierten, indem sie wiederholten und weitergaben, was er sagte oder auch, was sie am liebsten von ihm gehört hätten, indem sie den hartnäckig Weiterschimpfenden ins Wort fielen und die neue Leidenschaft der wankelmütigen Masse gegen sie kehrten. »Wer ist dagegen, daß ›Hoch lebe Ferrer‹ gerufen wird? He, du da, hast du was gegen Brot zu erschwinglichen Preisen? Nur Schufte wollen keine christliche Gerechtigkeit! Und es gibt auch Leute, die lauter als andere schreien, um den Verweser entwischen zu lassen. Ins Gefängnis mit dem Verweser! Hoch lebe Ferrer! Macht Platz für Ferrer!« Und während die Zahl der so Redenden immer größer wurde, schwand die Kühnheit der Gegenpartei im gleichen Maße dahin; dergestalt, daß die ersteren vom Predigen bald zum tätlichen Handeln übergingen und denen, die immer noch am Demolieren waren, in die Arme fielen, sie zurückstießen und ihnen die Werkzeuge aus der Hand schlugen. Die Betreffenden tobten, stießen Drohungen aus und versuchten sich wieder zu sammeln, doch die Sache derer, die Blut sehen wollten, war verloren; die vorherrschenden Losungen waren »Gefängnis!«, »Gerechtigkeit!« und »Hoch lebe Ferrer!« Nach kurzem Handgemenge wurden die Angreifer zurückgedrängt, und die anderen bemächtigten sich des Tores, um es gegen neue Angriffe zu verteidigen und den Eingang für Ferrer freizuhalten. Einer von ihnen rief ins Haus hinein (an Ritzen fehlte es nicht), daß Hilfe im Anmarsch sei und daß sie den Verweser bereithalten sollten, »zum sofortigen Abmarsch... ins Gefängnis... He, habt ihr verstanden?«

»Ist das der Ferrer, der die Erlasse machen hilft?« fragte Renzo einen neuen Nachbarn, denn er erinnerte sich an jenes *Vidit Ferrer*, das ihm der Doktor Azzeccagarbugli ins Ohr gebrüllt hatte, während er mit dem Finger auf den unteren Rand des betreffenden Erlasses zeigte.

»Jawohl, der Großkanzler«, war die Antwort.

»Er ist ein Ehrenmann, stimmt's?«

»Und ob er ein Ehrenmann ist! Er ist der, der den

Brotpreis runtergesetzt hat, und die anderen haben es nicht gewollt, und nun kommt er, um den Proviantverweser ins Gefängnis zu bringen, weil der unrecht gehandelt hat.«

Es erübrigt sich zu sagen, daß Renzo sofort für Ferrer war. Er wollte sich geradewegs zu ihm hinbegeben, was nicht so einfach war, doch mit einigen Püffen und Ellbogenstößen nach Berglerart gelang es ihm schließlich, sich durchzudrängen bis in die vorderste Reihe, direkt neben die Kutsche.

Diese war schon ein Stück in die Menge hineingefahren und stak gerade fest in einer der vielen Stockungen, die bei solchen Fahrten unvermeidlich sind. Der alte Ferrer zeigte bald aus dem einen Fenster, bald aus dem anderen ein rundum demütiges, rundum lächelndes und rundum liebenswürdiges Gesicht, das er immer für jene Momente bereithielt, in denen er vor Don Philipp IV. stand, und das er nun auch bei dieser Gelegenheit aufsetzen mußte. Er sagte auch etwas, aber der Lärm und das Brausen so vieler Stimmen, noch vermehrt um die Hochrufe, die auf ihn ausgebracht wurden, waren so groß, daß von seinen Worten nur wenig für wenige zu verstehen war. So behalf er sich mit Gesten, indem er bald die Fingerspitzen an die Lippen legte, einen Kuß daraufdrückte und ihn durch rasches Öffnen der beiden Hände nach rechts und links in die Menge verteilte, um sich für das allgemeine Wohlwollen zu bedanken, bald indem er die Hände aus einem Fenster streckte und sie langsam öffnete, um sich etwas mehr Platz zu erbitten, oder indem er die nach unten gekehrten Handflächen mehrmals senkte, um sich ein wenig Ruhe zu verschaffen. Wenn genug davon eingetreten war, verstanden die Nächststehenden seine Worte und wiederholten sie: »Brot, im Überfluß! Ich komme, um Gerechtigkeit walten zu lassen. Macht ein wenig Platz, seid so gut!« Danach zog er sich ganz erschöpft, wie betäubt vom Lärm so vieler Stimmen, vom Anblick so vieler dichtgedrängter Gesichter und so vieler auf ihn gerichteter Augen, einen Moment zurück, blies die Backen auf, stieß die Luft heftig aus und dachte bei sich: *›Por mi vida, que de gente!‹*

»Hoch lebe Ferrer! Habt keine Angst. Ihr seid ein Ehrenmann. Brot, Brot!«

»Jawohl, Brot«, antwortete Ferrer. »Brot im Überfluß, ich verspreche es«, und er legte die Hand auf die Brust.

»Macht ein wenig Platz«, fügte er gleich hinzu. »Ich komme, um ihn ins Gefängnis zu bringen, ihn der verdienten Strafe zuzuführen«, und leise ergänzte er: *»si es culpable.«* Dann beugte er sich zum Kutscher vor und sagte rasch: *»Adelante, Pedro, si puedes.«*

Der Kutscher lächelte gleichfalls der Menge zu, wobei er eine huldvolle Miene zur Schau trug, als sei er ein großer Herr, und mit unbeschreiblicher Grazie schwenkte er langsam die Peitsche nach rechts und nach links, um die im Wege Stehenden zu ersuchen, sich ein wenig zusammenzudrängen und zurückzutreten. »Seid so gut, meine Herren«, sagte auch er, »macht ein wenig Platz, ein klein wenig nur, gerade soviel, daß man durchfahren kann.«

Unterdessen bemühten sich die Aktivsten unter den Wohlwollenden, den so höflich erbetenen Platz zu schaffen. Einige, die vor den Pferden hergingen, bewogen die Leute mit guten Worten und sanftem Druck auf die Brust zurückzutreten: »Beiseite, aus dem Weg, ein bißchen Platz, Herrschaften«, andere taten dasselbe an den beiden Seiten der Kutsche, damit sie vorbeifahren konnte, ohne Füße zu überfahren oder Nasen einzudrükken, was abgesehen vom Schaden für die Betroffenen auch eine große Gefahr für die Beliebtheit Antonio Ferrers bedeutet hätte.

Renzo, nachdem er den würdigen Greis eine Zeitlang hingerissen betrachtet hatte, den zwar das Gedränge ein wenig verstörte und die Mühsal beschwerte, aber der fürsorgliche Eifer belebte und die Hoffnung, einen Menschen aus Todesangst zu erretten, gleichsam verschönte, Renzo gab nun jeden Gedanken an Rückzug auf und beschloß, Ferrer zu helfen und nicht von seiner Seite zu weichen, bis er sein Ziel erreicht hatte. Gesagt, getan, sogleich machte er sich mit den anderen daran, ihm Platz zu schaffen, und er gehörte sicher nicht zu den weniger Eifrigen. Tatsächlich wurde ihr Platz gemacht. »Komm nur, fahr zu«, ermunterte mehr als einer den Kutscher, während er beiseite trat oder vor der Kutsche einherging, um ihr den Weg zu bahnen. »*Adelante, presto, con juicio*«, sagte auch sein Herr zu ihm, und so rollte die Kutsche voran. Inmitten der Grüße, die Ferrer verschwenderisch unter die Menge verteilte, ließ er denen, die er um sein Vorankommen bemüht sah, ein paar besondere Zeichen des Dankes mit einem Lächeln des Einverständnisses zukommen, und mehr als einmal galt dieses Lächeln Renzo, der es wahrhaftig verdiente, ja der an diesem Tage dem Großkanzler bessere Dienste leistete, als es der tüchtigste seiner Sekretäre vermocht hätte. Dem von der hohen Gunst ganz hingerissenen jungen Bergler kam es beinahe so vor, als hätte er mit Antonio Ferrer Freundschaft geschlossen.

Nachdem die Kutsche einmal ins Rollen gebracht war, setzte sie ihren Weg mehr oder weniger langsam und nicht ohne kurze Stockungen fort. Die Strecke war vielleicht nicht länger, als ein Büchsenschuß reichte, aber gemessen an der Zeit, die sie erforderte, konnte sie einem schon wie eine kleine Reise vorkommen, auch wenn man es nicht so eilig wie Ferrer hatte. Die Menge wogte vor und hinter, rechts und links der Kutsche wie hohe Wellen um ein Schiff, das sich in einem heftigen Sturm vorankämpft. Noch lauter und gellender als das Tosen des Sturms war der ohrenbetäubende Lärm. Ferrer sah bald nach der einen, bald nach der anderen Seite, lehnte sich gestikulierend hinaus und versuchte etwas zu verstehen, um seine Antworten danach zu richten. Er wollte auch, so gut es ging, mit dem Trupp seiner Freunde ein paar Worte wechseln, aber das war ein schwieriges Unterfangen, vielleicht das schwierigste, das ihm in all seinen Jahren als Großkanzler untergekommen war. Ab und zu jedoch konnte er im Vorbeifahren ein paar Worte oder auch Sätze verstehen, wenn sie von einer ganzen Gruppe im Chor gebrüllt wurden, so wie man das Krachen einer besonders starken Rakete auch im größten Geprassel eines Feuerwerks noch heraushören kann. Und er sprach auch selber während der ganzen Fahrt, indem er sich entweder bemühte, auf die Zurufe in befriedigender Weise zu antworten, oder indem er auf gut Glück diejenigen Worte sagte, von denen er annahm, daß sie willkommen waren oder einer momentanen Notwendigkeit entsprachen. »Jawohl, ihr Herren, Brot, im Überfluß. Ich werde ihn ins Gefängnis bringen. Er wird bestraft werden... *si es culpable*. Ja, ja, ich werde es befehlen, das Brot wird erschwinglich bleiben. *Así es*... So ist es, wollte ich sagen: Unser Herr der König will nicht, daß seine treuesten Untertanen Hunger leiden. *Oj, oj, guardaos!* Paßt auf, ihr Herren, tut euch nicht weh! *Pedro, adelante con juicio*. Überfluß, Überfluß. Ein wenig Platz, seid so gut. Brot, Brot. Ins Gefängnis. Ins Gefängnis... Was?« fragte er plötzlich einen, der sich zum Fenster hereingebeugt hatte, um ihm einen Rat oder eine Bitte oder auch eine Beifallsbekundung zuzubrüllen. Doch der Betreffende war bereits, ohne die Frage gehört zu haben, von einem anderen zurückgezerrt worden, der rechtzeitig gesehen hatte, daß er fast von einem Rad zerquetscht worden wäre. Unter solchen Anstößen und Erwiderungen, umgeben von unaufhörlichen Beifallsbekundungen und auch einigen da und dort laut werdenden Protestrufen, die jedoch sofort erstickt wurden, gelangte Ferrer schließlich vor das Haus des Proviantverwesers, hauptsächlich dank der Bemühungen jener guten Helfer.

Die anderen, die sich, wie wir berichtet haben, mit den gleichen guten Absichten schon dort befanden, hatten unterdessen dafür gesorgt, daß ein bißchen Platz gemacht worden war. Mit Bitten, Mahnen, Drohen, mit Drängen, Drücken und Schieben, mit jenem verdoppelten Eifer und jener Erneuerung der Kräfte, die sich einstellen, wenn man das ersehnte Ziel vor Augen hat, war es schließlich gelungen, die Menge zu teilen und die beiden Teile so weit zurückzudrängen, daß zwischen dem Tor und der vor ihm stehenden Kutsche ein kleiner Freiraum war. Renzo, der sich bald als Vorreiter, bald als Eskorte betätigt hatte, war zugleich mit der Kutsche angelangt und konnte sich in eine der beiden Reihen von Wohlwollenden einordnen, die gleichzeitig als Spalier für die Kutsche und als Damm gegen die beiden andrängenden Wogen der Volksmenge dienten. Und während er mit seinen kräftigen Schultern dazu beitrug, eine der beiden Wogen zurückzuhalten, befand er sich zugleich auch in einer guten Zuschauerposition.

Ferrer stieß einen großen Seufzer aus, als er den kleinen Platz frei und das Tor noch geschlossen sah. Geschlossen soll hier nur heißen: nicht offen; denn im übrigen waren die Türangeln fast aus den Pfosten gerissen, die Türflügel zersplittert, eingedrückt, zerbrochen und in der Mitte auseinandergerissen, so daß man durch den breiten Spalt ein Stück von der verbogenen, gelockerten und fast schon abgerissenen Riegelstange sah, die sie als einziges noch, wenn wir so sagen wollen, zusammenhielt. Einer war an den Spalt getreten und rief hinein, man solle öffnen; ein anderer riß eilig den Wagenschlag auf, der Alte streckte den Kopf heraus, erhob sich, ergriff mit der Rechten den Arm jenes braven Mannes, kam heraus und stellte sich auf das Trittbrett.

Die Menge reckte sich beiderseits auf die Zehenspitzen, um zu sehen: tausend Gesichter, tausend Bärte reckten sich in die Höhe, die Neugier und die allgemeine Spannung erzeugten einen Moment vollkommener Stille. Ferrer, der auf dem Trittbrett stehengeblieben war, warf einen Blick in die Runde, grüßte die Menge mit einer Verbeugung wie von einer Kanzel herab und rief, die linke Hand auf die Brust gelegt: »Brot und Gerechtigkeit!« Danach stieg er frei und aufrecht in voller Amtstracht auf den Boden, während tosender Beifall zu den Sternen aufbrandete.

Unterdessen hatten die drinnen das Tor geöffnet oder, genauer, ein Stückweit aufgemacht, indem sie die Riegelstange zusammen mit den schon halb herausgelösten Ringen wegzogen und den Spalt so weit vergrößerten, daß der heißersehnte Gast eintreten konnte. »Rasch, rasch«, sagte dieser, »macht weit genug auf, daß ich hineinkann. Und ihr, haltet mir tapfer die Leute zurück, laßt sie auf keinen Fall hinter mir rein! Haltet den Platz eine Weile frei, damit ich in Kürze... He, he, ihr Herren, einen Moment!« sagte er dann zu denen im Hause. »Langsam mit dem Türflügel, laßt mich durch. He, meine Rippen! Achtet auf meine Rippen! Macht zu jetzt... nein, wartet, meine Robe, meine Robe!« Tatsächlich wäre die Robe beinahe zwischen den Türflügeln eingeklemmt worden, hätte Ferrer die Schleppe nicht mit großer Unbefangenheit an sich gezogen, so daß sie verschwand wie der Schwanz einer Schlange, die sich in ihr Loch verkriecht.

Die wieder zusammengedrückten Türflügel wurden auch wieder, so gut es ging, verriegelt. Draußen bemühten sich unterdessen diejenigen, die sich als Ferrers Leibwache konstituiert hatten, mit Schultern, Armen und Schreien, den Platz freizuhalten, nicht ohne zum Herrn im Himmel zu beten, daß er es schnell gehen lassen möge.

»Schnell, schnell«, sagte auch Ferrer drinnen zu den

Dienern, die sich atemlos um ihn geschart hatten und durcheinanderschrien: »Gott sei Dank! Seid gesegnet! Ah, Exzellenz! Oh, Exzellenz! Uh, Exzellenz!«

»Schnell, schnell«, wiederholte Ferrer. »Wo ist dieser Unglücksrabe?«

Der Proviantverweser kam die Treppe herunter, halb gezogen und halb getragen von anderen Dienern und weiß wie ein frisch gewaschenes Laken. Als er seinen Retter erblickte, stieß er einen tiefen Seufzer aus; sein Puls begann wieder zu schlagen, in seine Beine kam wieder ein bißchen Leben, in seine Wangen ein bißchen Farbe; er lief zu Ferrer, so schnell er konnte, und sagte: »Ich bin in Gottes Hand und in der Euren, Exzellenz. Aber wie komme ich hier hinaus? Überall ringsum sind Leute, die meinen Tod wollen!«

»*Venga usted con migo*, vertraut auf mich und faßt Mut. Draußen steht meine Kutsche. Schnell, schnell.« Ferrer nahm ihn an der Hand und führte ihn zum Tor, wobei er ihm weiter Mut zusprach; bei sich aber dachte er: *›Acquí está el busilis. Dios nos valga!‹*

Das Tor ging auf, Ferrer trat als erster hinaus, der andere folgte ihm geduckt, die Hände an die rettende Robe geklammert wie ein Kind an den Rock der Mutter. Diejenigen, die den Platz freigehalten hatten, bildeten jetzt mit hochgehaltenen Händen und Hüten einen Schutzschirm, um den Proviantverweser den gefährlichen Blicken der Menge zu entziehen. Er stieg als erster in die Kutsche und kauerte sich in einen Winkel. Der Großkanzler folgte ihm, der Schlag wurde geschlossen. Die Menge sah verwirrt zu, erriet, begriff, was geschehen war und brach in ein einziges Jubel- und Wutgeschrei aus.

Die noch zurückzulegende Wegstrecke konnte als die schwierigste und gefährlichste erscheinen. Doch die Mehrheit hatte sich klar genug dafür ausgesprochen, daß der Proviantverweser ins Gefängnis sollte, und in der Wartepause hatten sich viele von denen, die Ferrers Hinweg erleichtert hatten, so erfolgreich darum bemüht, ihm für den Rückweg eine Art Schneise durch die Menge zu bahnen und freizuhalten, daß die Kutsche nun etwas schneller und ohne Stockungen vorankam. Und im gleichen Maße, wie sie vorankam, strömten die beiden auseinandergehaltenen Teilmengen hinter ihr wieder zusammen und vermischten sich wieder zu einer.

Ferrer hatte sich, sobald er saß, zum Verweser hinuntergebeugt, um ihm zu sagen, er solle zusammengekauert in seinem Winkel bleiben und sich um Himmels willen nicht sehen lassen, aber die Warnung war überflüsig. Er selbst dagegen mußte sich zeigen, um die ganze Aufmerksamkeit des Publikums auf sich zu ziehen. Und während der ganzen Fahrt, wie schon während der ersten, hielt er der wankelmütigen Menge eine Rede, die flüssigste in der Zeit und zusammenhangloseste im Sinn, die es jemals gegeben hat, nur ab und zu unterbrochen durch ein paar spanische Brocken, die er seinem zusammengekauerten Begleiter eilig ins Ohr flüsterte. »Jawohl, meine Herrschaften, Brot und Gerechtigkeit. Ins Kastell, ins Gefängnis, unter meiner Bewachung. Danke, danke, vielen Dank. Nein, nein, er wird nicht entwischen! *Por ablandarlos.* Das ist nur recht und billig, man wird den Fall prüfen, wir werden sehen. Ich bin ganz Eurer Ansicht, meine Herren. Eine strenge Bestrafung. *Esto lo digo per su bien.* Ein gerechter Preis, ein ehrlicher Preis, und Strafe all denen, die euch aushungern wollen. Tretet zur Seite, bitte. Ja, ja, ich bin ein Ehrenmann, ein Freund des Volkes. Er bekommt seine Strafe. Ihr habt recht, er ist ein Schuft, ein Schurke. *Perdone, usted.* Es wird ihm übel ergehen, es wird ihm übel ergehen... *si es culpable.* Ja, ja, wir werden die Bäkker lehren, sich zu benehmen. Hoch lebe der König, ein Hoch auf die guten Mailänder, seine treuesten Untertanen! Er wird schon sehen, er wird schon sehen. *Animo, estamos ya casi fuera.*«

Sie hatten tatsächlich das dickste Gedränge hinter sich und waren schon nahe daran, wieder ganz ins Freie zu gelangen. Da erblickte Ferrer, als er seinen Lungen gerade ein wenig Ruhe gönnte, die unnütze Hilfstruppe der am Rande des Platzes wartenden spanischen Soldaten, die jedoch am Ende nicht ganz und gar unnütz gewesen waren, denn unterstützt und angeleitet von einigen Bürgern hatten sie dazu beigetragen, einige Leute in Schach und den Rückzugsweg freizuhalten. Beim Eintreffen der Kutsche bildeten sie Spalier und präsentierten das Gewehr vor dem Großkanzler, der auch hier nach rechts und links Grüße austeilte; zu dem Offizier aber, der vor ihn hintrat und salutierte, sagte er, die Worte mit einer entsprechenden Handbewegung begleitend: »*Beso a usted las manos*«, was jener durchaus so verstand, wie es in Wahrheit gemeint war, nämlich: Eine schöne Hilfe seid ihr mir gewesen! Als Antwort salutierte er abermals und zuckte die Achseln. Hier konnte man wirklich sagen: *Cedant arma togae*, doch Ferrer stand der Sinn nicht nach klassischen Zitaten, und im übrigen wären es vergeudete Worte gewesen, denn der Offizier verstand kein Latein.

In Pedro aber, als er zwischen jenen zwei Reihen spanischer Soldaten mit ihren so respektvoll erhobenen Musketen hindurchfuhr, erwachte wieder das alte Selbstbewußtsein. Er erholte sich von seiner Bestürzung, erinnerte sich, wer er war und wen er fuhr, rief ohne weitere Förmlichkeiten »Ohé! Ohé!« in die Menge, die inzwischen spärlich genug war, um so behandelt zu werden, gab den Pferden die Peitsche und lenkte sie im Galopp zum Kastell.

»*Levántese, levántese, estamos ya fuera*«, sagte Ferrer zum Proviantverweser; der sich, erleichtert durch das Verstummen der Schreie und die schnelle Fahrt der

Kutsche, aufrichtete, reckte und streckte und, als er sich wieder einigermaßen erholt hatte, seinen Befreier mit Dankesbezeugungen überschüttete. Dieser sprach ihm wegen der überstandenen Gefahr sein Beileid aus und gratulierte ihm zur glücklichen Rettung, rief dann »Ah!«, schlug sich die Hand auf den Kahlkopf und sagte: »*Que dirá de esto Su Excelencia*, deren Laune schon übel genug ist wegen dieses verfluchten Casale, das sich nicht ergeben will? *Que dirá el Conde-Duque*, der sich schon verdüstert, wenn ein Blatt mehr als gewöhnlich raschelt? *Que dirá el Rey nuestro señor*, der von einem solchen Getöse sicher auch etwas hören wird? Und ist es denn schon vorbei? *Dios lo sabe.*«

»Ah, ich für meinen Teil will damit nichts mehr zu tun haben«, sagte der Proviantverweser. »Ich danke ab, ich lege mein Amt in die Hände Eurer Exzellenz und ziehe mich zurück, um in einer Höhle zu leben, im Gebirge, als Eremit, weit, weit weg von diesem bestialischen Pöbel.«

»*Usted* werden tun, was das Beste ist *por el servicio de Su Magestad*«, antwortete der Großkanzler ernst.

»Seine Majestät wird nicht meinen Tod verlangen«, erwiderte der Verweser. »In eine Höhle, in eine Höhle, weit weg von hier.«

Was aus diesem Vorsatz geworden ist, sagt unser Autor nicht. Er begleitet den armen Mann nur noch bis zum Kastell, dann erwähnt er sein weiteres Schicksal nicht mehr.

Kapitel 14

Die zurückgebliebene Menge begann sich aufzulösen und nach rechts und links in die Gassen zu verlaufen. Die einen gingen nach Hause, um sich wieder ihren eigenen Angelegenheiten zu widmen, andere entfernten sich, um nach so vielen Stunden im Gedränge ein bißchen freier zu atmen, wieder andere machten sich auf die Suche nach Freunden, um mit ihnen über die großen Ereignisse des Tages zu reden. In gleicher Weise leerte sich auch das andere Ende der Straße, und nur wenige Leute blieben zurück, so daß die kleine Truppe der Spanier ungehindert vorrücken und sich vor dem Haus des Proviantverwesers postieren konnte. Dort hatte sich sozusagen der Bodensatz des Aufruhrs versammelt: eine Horde von zwielichtigen Gestalten, die, unzufrieden mit einem so lauen und unvollständigen Ende eines so großen Aufgebots, zum Teil murrten, zum Teil fluchten, zum Teil miteinander berieten, ob sie noch etwas unternehmen könnten; und wie zur Probe traten und stießen sie an jenes arme Tor, das aufs neue, so gut es ging, verrammelt worden war. Beim Anrücken der Truppe machten sich alle, die einen schnurstracks, die anderen lässig und müde schlendernd, in die entgegengesetzte Richtung davon und überließen das Feld den Soldaten, die es einnahmen und sich als Wache des Hauses und der Straße postierten. Aber alle umliegenden Straßen waren noch übersät von Grüppchen; wo zwei oder drei beisammenstanden, blieben drei, vier, zwanzig andere stehen; hier ging einer davon, dort setzte ein ganzer Haufen sich in Bewegung – es war wie jenes Gewölk, das manchmal nach einem Gewitter in Fetzen über den blauen Himmel zieht und den Hinaufblickenden sagen läßt: Noch hat sich das Unwetter nicht ganz verzogen. Und man bedenke das babylonische Stimmengewirr. Die einen erzählten emphatisch von den besonderen Fällen, die sie gesehen hatten, die anderen erzählten von ihren eigenen Taten; die einen freuten sich, daß die Sache so gut ausgegangen war, priesen Ferrer und prophezeiten dem Proviantverweser ein böses Ende, die anderen grinsten und sagten: »Keine Angst, der wird schon nicht umgebracht, eine Krähe hackt der andern kein Auge aus.« Wieder andere knurrten ärgerlich, die Sache sei nicht richtig angepackt worden, man habe sie betrogen und es sei eine Torheit gewesen, soviel Lärm zu machen, um sich dann so an der Nase herumführen zu lassen.

Inzwischen war die Sonne untergegangen, die Dinge färbten sich gleichmäßig grau, und viele machten sich, erschöpft von dem langen Tag und überdrüssig des Schwatzens im Dunkeln, auf den Heimweg. Unser junger Mann, der geholfen hatte, der Kutsche einen Weg durch die Menge zu bahnen, solange seine Hilfe benötigt wurde, und der dann hinter ihr wie in einem Triumphzug durch das Spalier der Soldaten geschritten war, freute sich, als er sie frei und außer Gefahr davonfahren sah. Er ging noch ein Stückchen mit der Menge und verließ sie dann an der ersten Ecke, um gleichfalls ein bißchen freier zu atmen. Nachdem er ein paar Schritte gegangen war, überkam ihn mitten im Andrang so vieler Gefühle, so vieler frischer und wirrer Bilder, ein starkes Bedürfnis, etwas zu essen und sich auszuruhen, und so begann er nach oben zu blicken, um nach einem Wirtshausschild Ausschau zu halten, denn um ins Kapuzinerkloster zu gehen, war es zu spät. Während er so mit erhobenem Kopf dahinschritt, stieß er auf eine kleine Menschentraube, und als er stehenblieb, hörte er, daß von Mutmaßungen und Plänen für den nächsten Tag die Rede war. Nachdem er ein Weilchen zugehört hatte, konnte er sich nicht enthalten, auch seinen Teil beizutragen, schien ihm doch, daß einer, der so viel geleistet hatte wie er, nun auch ohne Anmaßung etwas vorschlagen konnte. Und da er nach allem, was er an jenem Tage gesehen hatte, überzeugt war, daß es, um eine Sache durchzusetzen, inzwischen genügte, sie den Leuten auf der Straße nur richtig einzuhämmern, rief er im Ton eines Redners: »Meine Herren, darf ich auch mal meine bescheidene Meinung sagen? Meine bescheidene Meinung ist diese: Nicht nur beim Geschäft mit dem Brot werden Schurkereien gemacht. Und wie wir heute ja klar gesehen haben, wenn man sich nur richtig Gehör verschafft, dann kriegt man auch, was einem zusteht, und darum müssen wir weitermachen, bis auch alle anderen Ruchlosigkeiten ausgeräumt sind und es in der Welt ein bißchen christlicher zugeht. Ist es nicht so, meine Herren, daß es eine Handvoll Tyrannen gibt, die die Zehn Gebote auf den Kopf stellen und friedlichen Leuten, die ihnen nie was getan haben, alles nur erdenkliche Böse antun, und am Ende sind sie immer im Recht? Und wenn sie's besonders schlimm getrieben haben, stolzieren sie mit erhobenem Kopf umher, daß man meinen könnte, man wäre ihnen noch was schuldig? Auch hier in Mailand dürfte es solche Leute geben.«

»Nur allzu viele«, sagte eine Stimme.

»Dachte ich mir«, fuhr Renzo fort. »Auch bei uns erzählt man sich schon so allerhand. Und außerdem spricht die Sache für sich. Angenommen zum Beispiel, einer von diesen Leuten, die ich meine, lebt halb auf dem Land und halb in der Stadt: Wenn er dort ein Teufel ist, wird er hier kein Engel sein, denke ich. Aber nun sagt mir doch einmal, meine Herren, habt ihr jemals einen von denen *hinter Gittern* gesehen? Und was noch schlimmer ist – und ich kann euch sagen, ich weiß, wovon ich rede –, es gibt *Erlasse*, schwarz auf weiß, um sie zu bestrafen. Und es sind nicht etwa Erlasse ohne

Sinn und Verstand, sondern sehr gut gemachte, wie man sie sich nicht besser wünschen könnte. Darin sind die Schurkereien klar und deutlich benannt, genau wie sie vorkommen, und für jede Schurkerei die gerechte Strafe. Und es heißt darin: sei einer, wer er sei, Gemeiner und Plebejer oder was weiß ich. Aber geht einmal hin und sagt den Herren Doktoren, Schriftgelehrten und Pharisäern, daß sie euch euer Recht verschaffen sollen gemäß den Erlassen – sie werden auf euch hören wie der Papst auf die Spitzbuben hört! Jedem anständigen Menschen schwindelt der Kopf bei solchen Sachen. Es ist also klar zu sehen, daß der König und die, die das Sagen haben, die Schurken bestraft haben wollen, aber nichts passiert, weil es da nämlich eine Verschwörung gibt. Also muß diese Verschwörung zerschlagen werden. Wir müssen gleich morgen früh zu Ferrer gehen, der ist ein Ehrenmann, ein umgänglicher Herr, und heute hat man ja sehen können, wie wohl er sich unter den armen Leuten gefühlt hat und wie er sich bemüht hat, die Begründungen zu verstehen, die ihm zugerufen wurden, und etwas Schönes darauf zu antworten. Wir müssen zu Ferrer gehen und ihm sagen, wie die Dinge stehen. Ich für mein Teil kann ihm da ein paar Sachen erzählen, die ich mit eigenen Augen gesehen habe, einen Erlaß mit lauter Wappen darüber, und verfaßt von dreien von denen, die's können, und von jedem war der Name schön säuberlich darunter gedruckt, und einer von diesen Namen war Ferrer, ich hab's mit eigenen Augen gesehen! Tja, und in diesem Erlaß standen genau die Sachen, die für mich richtig waren, und ein Doktor, dem ich gesagt hatte, daß er mir mein Recht verschaffen sollte, so wie es diese drei Herren gewollt hatten, von denen einer Ferrer war, dieser Herr Doktor, der mir den Erlaß doch selber gezeigt hatte, jawohl, das ist jetzt das Schönste, haha, der tat auf einmal so, als ob ich etwas ganz Verrücktes gesagt hätte! Ich bin sicher, wenn jener nette alte Herr diese schönen Sachen hört – die er ja nicht alle wissen kann, besonders nicht die von auswärts –, dann wird er nicht wollen, daß es so weitergeht in der Welt, und wird etwas dagegen tun. Schließlich muß ja den Herren, wenn sie diese Verordnungen machen, auch daran gelegen sein, daß sie befolgt werden. Denn es ist ja auch eine Mißachtung und Verhöhnung ihres Namens, wenn die Erlasse nichts gelten. Und wenn die Gewalttäter sich nicht fügen wollen und sich wie toll aufführen, dann sind ja auch wir noch da, um Ferrer zu helfen, wie wir es heute getan haben. Ich sage nicht, daß er selbst in der Kutsche herumfahren muß, um alle Schurken, Gewalttäter und Tyrannen zu fangen – nein, dazu bräuchte man die Arche Noah. Er muß denen, die zuständig sind, befehlen, und nicht nur in Mailand, sondern überall, daß sie tun, was in den Erlassen geschrieben steht, und all denen, die diese Schurkereien begangen haben, einen schönen Prozeß machen. Und wenn es Gefängnis heißt, Gefängnis verhängen, und wenn Galeere, Galeere. Und den Herren Podestà sagen, daß sie wirklich handeln sollen, sonst weg mit ihnen und bessere an ihre Stelle! Und dann, wie gesagt, sind ja auch wir noch da, um mit Hand anzulegen. Und er muß den Advokaten befehlen, die armen Leute anzuhören und das Gesetz zu verteidigen. Habe ich recht, meine Herren?«

Renzo hatte so von Herzen gesprochen, daß schon bei seinen ersten Worten ein großer Teil der Versammelten jedes andere Gespräch abgebrochen und sich ihm zugewandt hatte, und nach einer Weile waren sie allesamt seine Zuhörer geworden. Ein Durcheinander von Beifallsrufen: »Bravo! Sicher! Er hat recht! Das ist leider nur allzu wahr!« erklang als Antwort. Aber es fehlte auch nicht an Kritikern. »O ja«, sagte einer, »hört nur auf die Bergler, die sind allesamt Advokaten!«, und ging davon. Ein anderer knurrte: »Jetzt wird gleich jeder Trottel das seine sagen wollen. Und vor lauter Eifer, die

Welt zu verändern, haben wir am Ende nicht mal billiges Brot, was doch eigentlich unser Ziel war.« Renzo hörte jedoch nur die Komplimente; der eine drückte ihm die rechte Hand, der andere ergriff die linke. »Auf Wiedersehen, bis morgen. – Wo? – Auf dem Domplatz. – Gut. – Gut. – Irgendwas muß geschehen. – Irgendwas wird geschehen!«

»Wer von euch guten Herren könnte mir wohl ein Wirtshaus empfehlen, wo ich einen Happen essen kann und einen billigen Schlafplatz finde?« fragte Renzo.

»Da kann ich dir helfen, guter Junge«, sagte einer, der die Predigt aufmerksam angehört und bisher noch nichts gesagt hatte. »Ich kenne ein Wirtshaus, das genau das richtige für dich ist, und werde dich dem Wirt empfehlen. Er ist ein Freund von mir und ein Ehrenmann.«

»Hier in der Nähe?« fragte Renzo.

»Nicht weit von hier«, erwiderte der andere.

Die Versammlung löste sich auf, Renzo schüttelte viele fremde Hände, machte sich dann mit dem Unbekannten auf den Weg und dankte ihm für seine Freundlichkeit.

»Nicht doch«, sagte jener, »eine Hand wäscht die andere, und beide waschen das Gesicht. Sind wir nicht gehalten, unseren Nächsten zu helfen?« Und während sie gingen, stellte er Renzo gesprächsweise bald die eine, bald die andere Frage. »Nicht um mich in deine Angelegenheiten einzumischen, aber du scheinst mir ziemlich müde zu sein. Wo kommst du her?«

»Ich komme«, antwortete Renzo, »ich komme den ganzen Weg aus Lecco her.«

»Aus Lecco? Du bist aus Lecco?

»Aus Lecco... das heißt aus der Gegend.«

»Armer Junge! Soviel ich aus deinen Reden verstanden habe, muß dir dort übel mitgespielt worden sein.«

»Ach, lieber guter Herr, ich habe etwas vorsichtig

reden müssen, um nicht meine Privatangelegenheiten in aller Öffentlichkeit auszubreiten, aber... genug, eines Tages wird alles herauskommen, und dann... Doch hier sehe ich ein Wirtshausschild, und um ehrlich zu sein, ich habe keine Lust, noch weiter zu gehen.«

»Nein, nein, komm mit zu dem, von dem ich gesprochen habe, es ist nicht mehr weit«, sagte der Führer. »Hier bist du nicht gut aufgehoben.«

»Ach was«, erwiderte der junge Mann, »ich bin kein Herrchen, das gewohnt ist, in weichen Leinen zu schlafen. Etwas Gutes für den Bauch und ein Strohsack genügen mir. Das einzige, was ich mir wünsche, ist beides recht bald zu finden. Gott befohlen!« Damit trat er in einen schäbigen Eingang, über dem ein Schild mit einem Vollmond hing.

»Gut, dann bringe ich dich hier hinein, wenn du's so willst«, sagte der Unbekannte und folgte ihm.

»Ihr braucht Euch nicht weiter um mich zu bemühen«, sagte Renzo. »Aber wenn Ihr noch ein Glas mit mir trinken wollt, würde ich mich freuen.«

»Ich nehme die Einladung gerne an«, antwortete der andere, und da er die Örtlichkeit besser kannte, ging er Renzo voran über einen kleinen Hof, öffnete eine Tür, die zur Küche und Gaststube führte, und trat mit seinem Begleiter ein. Zwei Lampen, die mit dünnen Stangen an den Deckenbalken hingen, verbreiteten ein trübes Licht. Viele Leute saßen dichtgedrängt auf zwei Bänken vor und hinter einem langen schmalen Tisch, der fast die ganze hintere Wand des Raumes einnahm. An manchen Stellen war er gedeckt mit Tischtuch und Teller, an anderen lagen Karten aufgedeckt oder umgedreht oder Würfel, wie sie gerade gefallen waren; überall standen Flaschen und Gläser. Man sah auch allerlei Münzen rollen, Berlingen, Reale und Parpagliolen, die, hätten sie sprechen können, vermutlich gesagt hätten: »Heute morgen waren wir noch in der Ladenkasse eines

Bäckers oder in der Tasche eines Zuschauers bei dem Tumult, der vor lauter Interesse am Gang der öffentlichen Angelegenheiten ganz vergaß, auf seine privaten zu achten.« Der Lärm war groß. Ein Kellner eilte gehetzt hin und her, um alle an diesem Tisch zu bedienen, der gleichzeitig Eß- und Spieltisch war. Der Wirt saß auf einer kleinen Bank unter dem Rauchfang des Kamins und schien ganz darauf konzentriert, mit dem Feuerhaken Figuren in die Asche zu zeichnen und sie wieder zu verwischen, doch in Wirklichkeit achtete er auf alles, was um ihn her geschah. Als er die Tür gehen hörte, stand er auf und ging den Neuankömmlingen entgegen. Beim Anblick des Führers dachte er bei sich: ›Verdammt, mußt du mir jedesmal zwischen die Füße kommen, wenn ich dich am wenigsten brauchen kann!‹ Nach einem kurzen Blick auf Renzo sagte er sich weiter: ›Dich kenne ich nicht. Aber wenn ich dich mit diesem Jäger kommen sehe, mußt du entweder Hund oder Hase sein. Wenn du zwei Worte gesagt hast, werde ich's wissen.‹ Doch nichts von diesen Überlegungen zeichnete sich auf dem Gesicht des Wirtes ab, das reglos wie ein Gemälde blieb: ein rundliches und glänzendes Gesicht mit einem dichten rötlichen Bärtchen und zwei scharfen hellen Augen.

»Was wünschen die Herren?« fragte er.

»Erstmal eine gute Flasche anständigen Wein«, sagte Renzo, »und dann was zu essen.« Damit setzte er sich auf eine Bank am oberen Ende des Tisches und stieß ein lautes »Ah!« aus, als wollte er sagen: Solch eine Bank tut gut, wenn man so lange auf den Beinen gewesen ist! Dabei kam ihm jedoch jene andere Bank und jener andere Tisch in den Sinn, an dem er zuletzt mit Lucia und Agnese gesessen hatte, und er stieß einen Seufzer aus. Dann schüttelte er den Kopf, wie um den Gedanken zu verscheuchen, und sah den Wirt mit dem Wein kommen. Sein Begleiter hatte sich ihm gegenübergesetzt.

Sogleich schenkte Renzo ihm ein, sagte: »Um die Lippen zu befeuchten«, füllte auch sein eigenes Glas und leerte es in einem Zuge.

»Was bringst du mir zu essen?« fragte er dann den Wirt.

»Ich habe Schmorbraten. Wäre euch das recht?«

»Ja gut, Schmorbraten.«

»Ihr werdet gleich bedient«, sagte der Wirt zu Renzo, und zum Kellner: »Bedien' diese Gäste.« Damit wandte er sich wieder zum Kamin, drehte sich aber noch einmal um und fügte hinzu: »Aber Brot habe ich heute keins.«

»An Brot hat die Vorsehung gedacht«, rief Renzo lachend, zog das dritte und letzte der drei kleinen runden Brote hervor, die er unter dem Kreuz des heiligen Dionysius aufgelesen hatte, hielt es hoch und rief: »Hier ist das Brot der Vorsehung!«

Bei diesem Ausruf drehten sich viele um, und als sie die Trophäe in der Luft sahen, rief einer: »Hoch das billige Brot!«

»Billig?« sagte Renzo. »*Gratis et amore!*«

»Noch besser, noch besser!«

»Aber«, fügte er sofort hinzu, »ich möchte nicht, daß die Herren etwas Böses denken. Ich habe das Brot nicht, wie man zu sagen pflegt, mitgehen lassen. Ich habe es auf der Straße gefunden, und wenn ich auch seinen Besitzer finden könnte, würde ich es ihm bezahlen.«

»Bravo! Bravo!« riefen die Zechgenossen noch lauter und wieherten. Keinem von ihnen kam in den Sinn, daß diese Worte der Wahrheit entsprechen könnten.

»Die glauben, ich mache Spaß, aber es stimmt wirklich«, sagte Renzo zu seinem Führer gewandt, und während er das Brot in der Hand hin- und herdrehte, fuhr er fort: »Seht nur, wie zerdrückt es ist, es sieht aus wie ein Fladen. Was *war* das aber auch für ein Gedränge! Wenn da welche mit zarten Knochen drin waren, wird's ihnen übel ergangen sein.« Er biß in das Brot, verschlang gierig drei oder vier Bissen, goß ein zweites Glas Wein hinterher und fügte hinzu: »Von allein will's nicht runterrutschen. Noch nie hab ich eine so trockene Kehle gehabt. Was *haben* wir aber auch für ein Geschrei gemacht!«

»Bereitet diesem braven Jungen ein gutes Bett«, sagte der Führer. »Er will nämlich hier schlafen.«

»Du willst hier schlafen?« fragte der Wirt und kam an den Tisch.

»Sicher«, antwortete Renzo. »Mir genügt ein einfaches Bett, wenn die Laken nur frisch gewaschen sind. Ich bin zwar ein armer Bursche, aber an Reinlichkeit gewöhnt.«

»Oh, was das angeht«, sagte der Wirt, ging zum Tresen, der in einer Ecke der Küche stand, und kam mit einem Tintenfaß und einem Blatt Papier in der einen Hand sowie einer Feder in der anderen zurück.

»Was soll denn das bedeuten?« rief Renzo aus, während er ein großes Stück von dem Schmorbraten hinunterschlang, den der Kellner ihm vorgesetzt hatte; dann fügte er mit einem verwunderten Lächeln hinzu: »Ist das vielleicht das frisch gewaschene Laken?«

Ohne zu antworten stellte der Wirt das Tintenfaß auf den Tisch und legte das Papier daneben; dann stützte er sich mit dem linken Unterarm und dem rechten Ellbogen auf den Tisch, hob die Feder in die Luft und den Blick zu Renzo und sagte: »Sei so gut und sag mir deinen Namen, Zunamen und Geburtsort.«

»Was?« sagte Renzo. »Was hat das mit dem Bett zu tun?«

»Ich tue nur meine Pflicht«, sagte der Wirt und sah Renzos Begleiter ins Gesicht. »Wir sind verpflichtet, über jeden Gast, den wir beherbergen, Rechenschaft abzulegen: *Name und Zuname, Nationalität, Art des Geschäfts, das ihn herführt, ob er Waffen bei sich trägt... voraus-*

sichtliche Dauer des Aufenthalts in der Stadt... So steht es in dem Erlaß.«

Bevor er antwortete, leerte Renzo ein weiteres Glas; es war das dritte, und ich fürchte, die weiteren können wir nicht mehr zählen. Dann sagte er: »Aha, Ihr habt einen Erlaß. Und ich bin zufällig Doktor der Rechte, und darum weiß ich sehr gut, was man mit Erlassen macht.«

»Ich meine es ernst«, sagte der Wirt, wobei er unverwandt Renzos stummen Begleiter ansah; dann ging er erneut zum Tresen, zog einen großen Bogen Papier aus der Schublade, ein Exemplar des besagten Erlasses, und kam mit ihm zurück, um ihn Renzo vor Augen zu halten.

»Da schau her!« rief dieser aus, hob mit der einen Hand das frisch gefüllte Glas und kippte es hinunter, deutete mit dem gestreckten Zeigefinger der anderen auf das Papier und rief: »Was für ein schönes Meßbuchblatt! Das freut mich sehr. Ich kenne dieses Wappen, ich weiß, was dieses Heidengesicht mit dem Strick um den Hals bedeutet.« (Damals setzte man über jeden Erlaß das Wappen des Gouverneurs, und im Wappen von Don Gonzalo Fernández de Córdoba war ein am Hals angeketteter Mohrenkönig zu sehen.) »Es bedeutet: Befehle, wer kann, und gehorche, wer will. Wenn dieses Gesicht den Herrn Don... genug, ich weiß schon, wen... auf die Galeere gebracht haben wird, wie es in einem anderen Meßbuchblatt heißt, das genauso aussieht wie dieses, und wenn es dafür gesorgt haben wird, daß ein anständiger junger Mann ein anständiges Mädchen heiraten kann, das ihn gerne heiraten würde, dann werde ich diesem Gesicht meinen Namen sagen, und ich werde ihm auch einen Kuß dazugeben. Ich kann gute Gründe haben, meinen Namen nicht zu sagen. Das wäre ja noch schöner! Wenn nämlich ein großer Halunke, der eine Handvoll anderer Halunken unter seinem Befehl hat, denn wenn er allein wäre...« – hier beendete er den Satz mit einer verächtlichen Geste –, »wenn ein solcher Halunke herausfinden wollte, wo ich bin, um mir einen üblen Streich zu spielen, dann frage ich mich, ob dieses Gesicht sich wohl rühren würde, um mir zu helfen. Ich soll meine Geschäfte angeben? Auch das ist neu. Nehmen wir an, ich bin nach Mailand gekommen, um zu beichten. Aber ich will bei einem Kapuzinerpater beichten, um es mal so zu sagen, und nicht bei einem Wirt.«

Der Wirt schwieg und sah weiter den Führer an, der keine Miene verzog. Renzo kippte – wir müssen es leider sagen – ein weiteres Glas hinunter und fuhr fort: »Mein lieber Wirt, ich will dir einen Grund nennen, der dich überzeugen wird: Wenn die Erlasse, die etwas Gutes besagen, etwas zugunsten der guten Christen, wenn die schon nichts gelten, dann sollten die, die etwas zu ihrem Schaden sagen, erst recht keine Geltung haben. Also räum diesen Schwindel hier weg und bring lieber noch eine Flasche her, denn diese hier hat ein Leck.« Er klopfte leicht mit dem Knöchel daran und sagte: »Hörst du, Wirt, hörst du, wie leer sie klingt?«

Auch diesmal hatte Renzo nach und nach die Aufmerksamkeit aller Umsitzenden auf sich gezogen, und auch diesmal spendete ihm sein Publikum Beifall.

»Was soll ich tun?« fragte der Wirt den Unbekannten, der für ihn keiner war.

»Weg damit, weg damit«, riefen viele der Saufkumpane. »Er hat ganz recht, dieser junge Mann: Das sind alles Schikanen, Fußangeln und Fallstricke. Ein neues Gesetz muß her, ein neues Gesetz!«

Mitten in diesem Lärm sagte der Unbekannte, während er dem Wirt einen tadelnden Blick wegen der allzu unverhüllten Frage zuwarf: »Laß ihn einstweilen gewähren, mach keine Szene.«

»Ich habe nur meine Pflicht getan«, sagte der Wirt laut und dann zu sich: ›Jetzt habe ich mir den Rücken gedeckt.‹ Er nahm Papier, Feder, Tintenfaß und das Exemplar des Erlasses sowie die leere Flasche, um sie dem Kellner zu übergeben.

»Bring nochmal vom selben«, sagte Renzo, »ich finde ihn sehr anständig, wir wollen ihn wie den ersten zu Bett bringen, ohne nach seinem Namen und Zunamen zu fragen und wo er herkommt und was er will und wie lange er in der Stadt bleibt.«

»Nochmal vom selben«, sagte der Wirt zum Kellner und gab ihm die Flasche; dann setzte er sich wieder unter den Rauchfang des Kamins. ›Was für ein Hase!‹ dachte er, während er wieder Figuren in der Asche zeichnete. ›Und in was für Hände er gefallen ist! Du Prachtstück von einem Esel! Wenn du dich unbedingt zugrunde richten willst, tu's doch. Aber der Wirt zum Vollmond darf da nicht mit reingezogen werden, bloß wegen so einer Dummheit!‹

Renzo dankte seinem Führer und allen anderen, die für ihn Partei ergriffen hatten. »Ihr seid wackere Freunde!« sagte er. »Jetzt sehe ich wirklich, daß Ehrenmänner sich die Hand geben und einander beistehen.« Dann streckte er die rechte Hand ruhegebietend über den Tisch und nahm wieder die Haltung eines Predigers ein. »Es ist schon sehr merkwürdig«, rief er aus, »daß alle, die diese Welt regulieren, immer gleich mit Feder, Papier und Tinte daherkommen! Immer halten sie die Feder gezückt! Diese Herren sind ganz besessen davon, die Feder zu gebrauchen.«

»He, du Ehrenmann vom Lande, willst du den Grund dafür wissen?« rief lachend einer der Spieler, der gerade gewann.

»Laß hören«, antwortete Renzo.

»Der Grund ist, daß diese Herren immer Gänsebraten essen, und daher finden sie immer so viele Federn, daß sie irgendwas mit ihnen anstellen müssen.«

Alle bis auf den, der gerade verlor, lachten los.

»Oho«, sagte Renzo, »das ist ja ein Poet. Auch hier gibt's also Poeten! Man trifft sie schon überall. Ich hab auch so eine Ader und sage manchmal komische Sachen... aber nur, wenn's mir gut geht...«

Um diese scheinbar unsinnige Bemerkung des armen Renzo zu verstehen, muß man wissen, daß beim gewöhnlichen Volk von Mailand und erst recht auf dem Lande das Wort Poet nicht etwa, wie bei allen gebildeten Leuten, einen begnadeten Genius bezeichnet, einen Bewohner des Pindos und Jünger der Musen, sondern einen wunderlichen und etwas verschrobenen Geist, der in seinen Reden und Taten mehr Witz und Ausgefallenheit als Vernunft zeigt. So frech verdreht der gemeine Mann in seiner Grobschlächtigkeit den Sinn der Worte, daß er sie Dinge sagen läßt, die meilenweit von ihrer legitimen Bedeutung entfernt sind! Denn ich frage euch, was hat ein Poet mit einem verschrobenen Geist zu tun?

»Aber jetzt will ich euch den wahren Grund sagen«, fügte Renzo hinzu. »Es ist, weil die Feder von ihnen geführt wird, und so fliegen die Wörter, die sie sagen, auf und davon. Aber wenn ein armer Kerl etwas sagt, dann achten sie sorgfältig auf seine Worte, pieksen sie mit der Feder in der Luft auf und nageln sie aufs Papier, um sie dir später um die Ohren zu schlagen. Und dann haben sie noch einen anderen Trick, nämlich wenn sie einen armen Kerl übertölpeln wollen, der nicht studiert hat, aber hier oben durchaus was drin hat... ihr wißt schon, was ich meine...«, dabei pochte er sich mit dem gestreckten Zeigefinger an die Stirn, »na ja, also wenn sie merken, daß er den Betrug zu durchschauen beginnt, dann werfen sie ein paar lateinische Brocken ins Gespräch, um ihn zu verwirren und aus dem Konzept zu bringen. Genug, mit solchen Gebräuchen muß endlich Schluß sein! Heute ist zum Glück alles auf gut italienisch erledigt worden, ohne Feder, Papier und Tinte, und morgen, wenn die Leute es richtig anstellen, wird's noch besser laufen, ohne daß irgendwem ein Haar gekrümmt wird, alles nach Recht und Gesetz.«

Inzwischen hatten einige der Zechbrüder wieder angefangen zu spielen, andere zu essen und viele zu lärmen; einige gingen davon, andere kamen. Der Wirt achtete auf die einen wie auf die anderen, aber das hat nichts mit unserer Geschichte zu tun. Auch der unbekannte Führer konnte es kaum erwarten zu gehen; er hatte, wie es schien, nichts mehr an diesem Ort verloren, doch er wollte nicht fortgehen, ohne noch ein bißchen mit Renzo geplaudert zu haben. So wandte er sich an ihn, begann wieder über den Brotpreis zu sprechen, und nach ein paar allgemeinen Floskeln, wie sie seit einiger Zeit in aller Munde waren, kam er mit einem eigenen Vorschlag heraus: »Also wenn ich zu befehlen hätte«, sagte er, »wüßte ich schon ein Mittel, um alles zum Besten zu richten.«

»Wie würdet Ihr das machen?« fragte Renzo gespannt, die Augen ungewöhnlich glänzend und den Mund ein bißchen verzogen, wie um besser hinzuhören.

»Wie ich das machen würde? Nun, es müßte genügend Brot für alle dasein, für die Armen wie für die Reichen.«

»Ja, das wär's«, sagte Renzo.

»Und so würde ich vorgehen. Erst einen anständigen Preis festsetzen, den jeder bezahlen kann. Und dann das Brot nach der Anzahl der Münder verteilen, denn es gibt nimmersatte Vielfraße, die alles für sich haben wollen und raffen und horten, und dann ist nichts mehr für die Armen da. Also muß das Brot gerecht verteilt werden. Und wie macht man das? Paß auf: Jede Familie erhält einen Bezugsschein, auf dem steht, wie viele Münder sie zu ernähren hat, und mit dem kann sie dann das Brot beim Bäcker beziehen. Mir zum Beispiel müßte man einen Bezugsschein wie folgt ausstellen: Ambrogio Fusella, von Beruf Schwertfeger, verheiratet, vier

Kinder, alle alt genug, um Brot zu essen – das ist wichtig! –, erhält soundsoviel Brot und bezahlt dafür soundsoviel. Alles muß gerecht zugeteilt werden, immer nach der Anzahl der Münder. Dir zum Beispiel müßte man einen Bezugsschein ausstellen für... wie heißt du?«

»Lorenzo Tramaglino«, sagte der Gute, der in seiner Begeisterung für den Plan gar nicht merkte, daß er ganz auf Feder, Papier und Tinte beruhte und daß man, um ihn durchzuführen, als erstes die Namen der Personen feststellen mußte.

»Sehr gut«, sagte der Unbekannte. »Und hast du auch eine Frau und Kinder?«

»Ich sollte eigentlich... Kinder nicht... das wäre noch zu früh... aber eine Frau schon... wenn es in der Welt zuginge, wie es sollte.«

»Aha, also bist du ledig. Dann tut's mir leid, aber du bekommst eine kleinere Ration.«

»Das ist nur gerecht, aber wenn ich bald, wie ich hoffe... und mit Gottes Hilfe... genug, also wenn auch ich eine Frau hätte?«

»Dann wird der Bezugsschein geändert und du bekommst eine größere Ration. Wie gesagt, immer nach der Anzahl der Münder«, sagte der Unbekannte und erhob sich.

»So wird's gehen!« rief Renzo laut, hieb mit der Faust auf den Tisch und fuhr mit gleicher Lautstärke fort: »Und warum macht man kein solches Gesetz?«

»Was soll ich dir darauf sagen? Für heute sage ich dir gute Nacht und gehe nach Hause. Meine Frau und die Kinder erwarten mich sicher schon lange.«

»Noch ein Tröpfchen, noch ein Tröpfchen«, schrie Renzo, füllte hastig wieder das Glas seines Gastes, sprang auf, packte ihn am Wams und zerrte heftig daran, um ihn wieder auf die Bank zu nötigen. »Noch ein Tröpfchen! Noch ein Tröpfchen! Einen letzten Schluck unter Freunden! Ihr wollt mich doch nicht beleidigen!«

Aber der Freund befreite sich mit einem Ruck, ließ ihn ein Kuddelmuddel von Bitten und Vorwürfen stammeln, sagte abermals »gute Nacht« und ging hinaus. Renzo redete immer noch auf ihn ein, als er schon auf der Straße war, dann ließ er sich auf die Bank zurückfallen. Er starrte das Glas an, das er gerade gefüllt hatte, und als er den Kellner vorbeikommen sah, winkte er ihn herbei, als ob er ihm etwas zu sagen hätte; dann deutete er auf das Glas und sagte langsam und feierlich, jedes Wort einzeln betonend: »Schau her, das hatte ich für diesen braven Mann eingeschenkt. Schau, voll bis zum Rand, wirklich als Freund, aber er hat's nicht gewollt. Manchmal haben die Leute schon kuriose Ideen. Mich trifft keine Schuld, ich hab ihm mein gutes Herz gezeigt. Aber jetzt, nachdem es nun mal passiert ist, dürfen wir das hier nicht umkommen lassen.« Sprach's, nahm das Glas und leerte es auf einen Zug.

»Hab verstanden«, sagte der Kellner und entfernte sich.

»Aha, auch du hast verstanden«, sagte Renzo. »Dann muß es wahr sein. Wenn die Gründe richtig sind...«

Hier bedarf es unserer ganzen Liebe zur Wahrheit, um getreulich einen Bericht fortzusetzen, der einer so wichtigen Person, ja man könnte fast sagen, der männlichen Hauptperson unserer Geschichte so wenig Ehre macht. Doch mit der gleichen unparteiischen Wahrheitsliebe müssen wir auch hinzufügen, daß es das erste Mal war, daß Renzo in eine solche Lage geriet. Und gerade daß er an Ausschweifungen überhaupt nicht gewöhnt war, trug wesentlich dazu bei, daß ihm dieser erste Versuch so gründlich mißlang. Die wenigen Gläser, die er gleich zu Beginn hinuntergestürzt hatte, eins nach dem anderen und ganz gegen seine Gewohnheit, teils wegen seines brennenden Durstes, teils wegen einer gewissen Gemütserregung, die ihn nichts in Maßen tun ließ, waren ihm sofort zu Kopf gestiegen – einem etwas geübteren Trinker hätten sie nur den Durst gestillt. Unser Anonymus macht hierzu eine Bemerkung, die wir wiedergeben wollen, wie viel oder wenig sie auch taugen mag. Maßvolle und ehrenhafte Gewohnheiten, sagt er, haben auch den Vorteil, daß sie einen Menschen, je tiefer sie in ihm eingewurzelt sind, um so rascher spüren lassen, wenn er auch nur ein kleines bißchen von ihnen abweicht, so daß er sich dann noch lange daran erinnert und selbst ein Fehltritt ihm zur Lehre gereicht.

Wie dem auch sei, nachdem Renzo die ersten Schwaden zu Kopf gestiegen waren, flossen Wein und Wörter in gleicher Stetigkeit ohne Maß und Regel weiter, der eine in ihn hinein, die anderen aus ihm heraus, und in dem Moment, als wir ihn verlassen haben, konnte er sich kaum noch auf den Beinen halten. Er verspürte einen starken Drang, Reden zu halten, und es fehlte ihm nicht an Zuhörern oder jedenfalls Anwesenden, die er als solche nehmen konnte. Eine Zeitlang kamen ihm auch die Wörter auf die Lippen, ohne sich bitten zu lassen, und fügten sich auch noch in eine gewisse Ordnung. Allmählich wurde jedoch das Problem, die Sätze zu Ende zu bringen, zu einer höllisch harten Nuß. Der Gedanke, der sich in seinem Kopf lebendig und klar umrissen dargestellt hatte, vernebelte und verflüchtigte sich auf einmal, und das Wort, das schon eine Weile auf sich hatte warten lassen, war schließlich doch nicht das richtige. In solcher Bedrängnis griff er dann, einem jener falschen Instinkte folgend, die die Menschen so oft ruinieren, wieder zu der ach so gesegneten Flasche. Doch welche Hilfe in dieser Lage die Flasche bringen konnte, mag jeder, der einen Funken Verstand hat, selber sagen.

Wir wollen hier nur einige der vielen Reden wiedergeben, die Renzo an jenem unseligen Abend hören ließ; die vielen anderen, die wir übergehen, würden ihn in ein zu schlechtes Licht setzen, da sie nicht nur keinen

Sinn haben, sondern nicht einmal so aussehen, als hätten sie einen, was in einem gedruckten Buch eine unverzichtbare Bedingung ist.

»He, Wirt, Wirt!« fing er wieder an, wobei er dem Wirt mit den Augen um den Tisch herum oder an seinen Platz unter dem Rauchfang folgte, ihn manchmal auch dort fixierte, wo er gar nicht war, und immer mitten in den allgemeinen Lärm hinein redete: »Ein schöner Wirt bist du mir! Ich kann's noch immer nicht fassen... wie du mich da überfallen hast mit dem Namen, Zunamen und Geschäft... Einem sowas anzutun, einem einfachen Burschen wie mir! Das war nicht recht von dir. Was hast du davon, was ist das für ein Vergnügen, was ist das für eine Lust... einen armen Kerl aufs Papier festzunageln! Hab ich recht, meine Herren? Die Wirte sollten es mit den einfachen Leuten halten... He, Wirt, hör zu, hör zu, ich will dir mal einen Vergleich anstellen... weil nämlich, aus dem Grunde... da lachen sie, hä? Ja, ja, ich bin ein bißchen beschwipst... aber die Gründe weiß ich schon noch. Also sag mal, wer sorgt dafür, daß dein Laden läuft, wer kommt hierher? Die einfachen Leute, stimmt's? Hab ich recht? Überleg doch mal, ob die hohen Herren, die die Erlasse machen, ob die jemals hierher kommen, um ein Gläschen bei dir zu trinken.«

»Die sind lauter Wassertrinker«, sagte einer neben Renzo.

»Die wollen einen klaren Kopf behalten«, fügte ein anderer hinzu, »damit sie besser lügen können.«

»Aha!« schrie Renzo. »Da hat jetzt wieder der Poet gesprochen! Dann versteht also auch ihr meine Gründe. Nun, sag mir, Wirt: Ist Ferrer, der doch der Beste von allen ist, ist der jemals hierher gekommen, um ein Gläschen zu trinken und auch nur einen lumpigen Heller auszugeben? Und dieser Bluthund Don... nein, ich sag' den Namen nicht, ich bin noch sehr gut bei Sinnen, zu gut sogar. Ferrer und Pater Chr... ich weiß schon, wer...

das sind zwei Ehrenmänner, aber sonst gibt's nur wenige davon. Die Alten sind schlimmer als die Jungen, und die Jungen... noch schlimmer als die Alten. Aber ich bin froh, daß es kein Blutvergießen gegeben hat. Pfui, das sind Greuel, die man dem Henker überlassen soll. Brot? Oh, das ja! Ich hab ein paar schöne Püffe abgekriegt, aber... ich hab auch einige ausgeteilt. Platz da! Überfluß! Hoch!... Und trotzdem, auch Ferrer... ein paar Wörtchen Latein... *siés baraòs trapolorum*... Verfluchtes Laster! Hoch! Gerechtigkeit! Brot! Ja, das sind die richtigen Worte. Neulich, da hätten wir diese wackeren Ehrenmänner gebrauchen können... als dieses verflixte *Dong Dong Dong* losging und immer weiter *Dong Dong Dong* machte. Dann wären wir nicht weggelaufen. Dann hätte ich ihn festgehalten, diesen Herrn Pfarrer... ich weiß schon, wen ich meine!«

Bei diesen Worten senkte er den Kopf und verharrte eine Weile wie in Gedanken versunken; dann stieß er einen tiefen Seufzer aus und hob das Gesicht mit zwei feuchten und glasigen Augen und einem so peinlichen, so weinerlichen Schmerzensausdruck, daß es ein Unglück gewesen wäre, wenn diejenige, die der Gegenstand seines Kummers war, ihn auch nur für einen Augenblick so gesehen hätte. Aber die Zechbrüder, die schon begonnen hatten, sich über Renzos leidenschaftliche und verwirrte Redseligkeit lustig zu machen, amüsierten sich nun erst recht über seine zerknirschte Miene. Die in seiner Nähe saßen, sagten zu den anderen »Seht her«, und alle wandten sich ihm zu, so daß er zum Gespött der ganzen Runde wurde. Nicht daß alle noch bei klarem Verstand waren oder zumindest noch ihr gewöhnliches Maß an Verstand beisammenhatten, aber um die Wahrheit zu sagen, keiner hatte ihn so sehr verloren wie der arme Renzo, und der war obendrein noch vom Lande. Sie begannen einer nach dem anderen, ihn mit dummen und plumpen Fragen oder spöttischen Artigkeiten zu hänseln. Renzo nahm es bald krumm, bald von der lustigen Seite, redete bald von ganz anderen Dingen, ohne auf all die Stimmen zu achten, antwortete auch oder fragte zurück, immer sprunghaft und ohne Zusammenhang. Glücklicherweise war ihm jedoch bei allem Faseln etwas wie eine instinktive Hemmung geblieben, die Namen der Personen zu nennen, so daß ihm selbst jener, der in seinem Gedächtnis am tiefsten verankert sein mußte, nicht über die Lippen kam. Es hätte uns auch zu leid getan, wenn jener Name, für den auch wir ein wenig Zuneigung und Verehrung empfinden, durch diese Schandmäuler gezogen und zum Ergötzen dieser Lästerzungen geworden wäre.

Kapitel 15

Als der Wirt merkte, daß sich der Spaß in die Länge zog, trat er zu Renzo, bat die anderen freundlich, ihn in Ruhe zu lassen, schüttelte ihn am Arm und versuchte ihn zu überreden, schlafen zu gehen. Aber Renzo fing immer wieder von Name und Zuname, von den Erlassen und den einfachen Leuten an. Endlich drangen jedoch die Wörter »Bett« und »schlafen gehen«, die unablässig an seinem Ohr wiederholt wurden, in sein Bewußtsein, ließen ihn etwas deutlicher das Bedürfnis verspüren, das sie bezeichneten, und produzierten so etwas wie einen lichten Moment. Das bißchen Verstand, das ihm wiederkam, ließ ihn in gewissem Maße begreifen, daß ihm der größte Teil davon abhanden gekommen war – ungefähr so, wie der letzte noch brennende Stummel einer Festbeleuchtung die schon erloschenen Kerzen erkennen läßt. Er raffte sich auf, streckte die Hände aus und stemmte sie auf den Tisch, versuchte ein-, zweimal aufzustehen, seufzte und taumelte, und beim dritten Mal gelang es ihm mit Hilfe des Wirts. Dieser bugsierte ihn zwischen Tisch und Bank hervor, und nachdem er mit einer Hand eine Lampe ergriffen hatte, schob und zog er ihn mit der anderen, so gut es ging, zur Treppentür. Dort fuhr Renzo bei den johlenden Abschiedsgrüßen, die ihm nachgebrüllt wurden, so heftig herum, daß, hätte sein Helfer ihn nicht geistesgegenwärtig am Arm gehalten, aus der Kehrtwendung fast ein Purzelbaum geworden wäre. Er fuhr herum, fuchtelte mit dem freien Arm durch die Luft und beschrieb schwer entzifferbare Grüße nach Art eines Salomonischen Knotens.

»Ins Bett, ins Bett«, sagte der Wirt und zerrte ihn weiter, schob ihn durch die Tür und zog ihn mit noch größerer Mühe die Treppe hinauf und dann in die für ihn bestimmte Kammer. Als Renzo das Bett sah, das ihn erwartete, freute er sich. Er blickte den Wirt voller Rührung an, wobei seine Äuglein abwechselnd glitzerten wie noch nie oder sich verdunkelten wie zwei Glühwürmchen; er versuchte sich auf den Beinen zu halten und faßte dem Wirt ins Gesicht, um ihn zum Zeichen der Freundschaft und Dankbarkeit in die Wange zu kneifen, aber das gelang ihm nicht. »Bravo, Wirt!« brachte er jedoch hervor. »Jetzt seh' ich, daß du ein Ehrenmann bist, das ist ein gutes Werk, einem armen Kerl ein Bett zu geben. Aber dieses andere Ding, das du mir angetan hast, das mit dem Namen und Zunamen, das war nicht recht von dir. Zum Glück hab ich aber auch meine Portion Gewitztheit...«

Der Wirt, der nicht gedacht hätte, daß Renzo noch so zusammenhängend reden konnte, und der aus langer Erfahrung wußte, wie sehr die Menschen in solcher Verfassung mehr als sonst dazu neigen, ihre Meinung plötzlich zu ändern, wollte von diesem lichten Moment profitieren, um einen erneuten Versuch zu machen. »Mein lieber Junge«, sagte er mit ausgesucht liebenswürdiger Stimme und gewinnender Miene, »das habe ich doch nicht gemacht, um dich zu ärgern oder um mich in deine Sachen einzumischen. Was willst du, es ist Gesetz, auch wir müssen gehorchen, sonst sind wir die ersten, die bestraft werden. Besser, man stellt sie zufrieden, und... um was handelt es sich denn schon? Was ist schon dabei, zwei Wörter zu sagen? Nicht für *sie*, bloß um mir einen Gefallen zu tun. Los, komm, erledigen wir's unter vier Augen. Sag mir deinen Namen, und dann... dann geh in Ruhe schlafen.«

»Ha, Schurke!« platzte Renzo los. »Hundsfott! Kommst du mir noch mal mit dieser infamen Frage nach Name, Zuname und Geschäft?«

»Sei still, du Narr, geh schlafen«, sagte der Wirt.

Aber Renzo fuhr noch heftiger fort: »Hab schon verstanden, du steckst mit denen unter einer Decke, du gehörst auch zu dieser Verschwörung! Warte nur, warte, ich werd's dir zeigen!« Er drehte den Kopf zur Treppe und begann aus Leibeskräften zu schreien: »He, Freunde! Der Wirt gehört zu der...«

»Ich hab's doch nur aus Spaß gesagt«, schrie dieser Renzo ins Gesicht und schob ihn zum Bett. »Aus Spaß, hast du verstanden, aus Spaß!«

»Ach so, aus Spaß, ja das ist was anderes. Wenn du's nur aus Spaß gesagt hast... Sind ja auch wirklich spaßige Dinge«, lallte Renzo und fiel vornüber aufs Bett.

»Komm schon, zieh dich aus, mach«, sagte der Wirt und ließ dem Rat seine Hilfe folgen; die war auch nötig. Als Renzo das Wams abgelegt hatte, was einige Mühe kostete, griff der Wirt rasch danach und fuhr mit der Hand in die Taschen, um zu sehen, ob Geld darin war. Er fand es, und weil er dachte, daß sein Gast am nächsten Tag mit ganz anderen Leuten würde abrechnen müssen und daß dieses Geld dann wahrscheinlich in Hände fallen würde, aus denen ein Wirt es schwerlich herausbekam, wollte er sehen, ob er nicht wenigstens dieses Geschäft zu einem guten Abschluß bringen könnte.

»Du bist doch ein braver Kerl, ein Ehrenmann, stimmt's?« sagte er.

»Braver Kerl, Ehrenmann«, antwortete Renzo, während seine Finger sich mit den Knöpfen der noch nicht ausgezogenen Kleidungsstücke abmühten.

»Gut«, sagte der Wirt, »dann bezahl mir doch am besten jetzt gleich diese kleine Rechnung, denn morgen früh muß ich zeitig fort.«

»In Ordnung«, sagte Renzo. »Ich bin zwar gewitzt, aber auch ein Ehrenmann... Aber wo ist das Geld? Wo hab ich das Geld jetzt gelassen?«

»Hier ist es«, sagte der Wirt, und durch Einsatz seiner ganzen Erfahrung, seiner ganzen Geduld und seiner ganzen Geschicklichkeit gelang es ihm schließlich, mit Renzo abzurechnen und sich bezahlen zu lassen, was ihm zustand.

»Hilf mir ein bißchen, daß ich mich fertig ausziehen kann«, sagte Renzo. »Ich seh' doch selber, daß ich jetzt einen langen Schlaf brauche.«

Der Wirt leistete ihm die erbetene Hilfe; er deckte ihn auch noch zu und sagte ungnädig »Gute Nacht«, als Renzo schon schnarchte. Dann blieb er dank jener Anziehungskraft, die uns manchmal dazu bringt, einen Gegenstand des Ärgers ebenso intensiv zu betrachten wie einen der Liebe, und die vielleicht nichts anderes ist als der Wunsch, zu erkennen, was unser Gemüt so bewegt, einen Augenblick stehen, um den für ihn so lästigen Gast zu betrachten, wozu er die Lampe über sein Gesicht hielt und mit der gestreckten Hand so abschirmte, daß ihr Licht darauf fiel – ungefähr in der Haltung, in welcher Psyche gemalt wird, wenn sie verstohlen die Gestalt ihres unbekannten Gatten betrachtet. ›Du verdammter Esel!‹ sagte er im Geist zu dem armen Schläfer. ›Das hast du dir wirklich selber eingebrockt! Morgen kannst du mir dann ja sagen, wie's schmeckt. Ihr Kindsköpfe! Wollt in die Welt hinausziehen, ohne zu wissen, wo die Sonne aufgeht, und bringt euch und eure Nächsten in Schwierigkeiten!‹

Mit diesen Worten oder Gedanken zog er die Lampe zurück, drehte sich um, ging aus der Kammer und sperrte sie von außen zu. Auf dem Treppenabsatz rief er die Wirtin und sagte ihr, sie solle die Kinder in der Obhut einer Dienerin lassen und in die Küche hinuntergehen, um ihn zu vertreten. »Ich muß mal fort, wegen eines Fremden, der zu meinem Unglück hier hereingeschneit ist, weiß der Teufel wie«, sagte er und schilderte ihr kurz den lästigen Vorfall. Dann fügte er hinzu: »Hab ein Auge auf alles, und sei vor allem vorsichtig, heute ist ein verwünschter Tag. Wir haben da unten eine Handvoll

Liederjane sitzen, die beim Trinken und weil sie von Natur aus ein loses Maul haben, über Gott und die Welt herziehen. Da braucht bloß so ein verwegener Kerl...«

»Ach, ich bin doch kein Kind, ich weiß schon selbst, was zu tun ist. Bisher, scheint mir, kann man nicht sagen...«

»Gut, gut, aber gib acht, daß sie auch zahlen. Und bei all diesen Reden, die sie führen, über den Proviantverweser und den Gouverneur und Ferrer und die Dekurionen und Spanien und Frankreich und all diese Sachen, tu immer so, als ob du nichts hörst. Denn wenn man widerspricht, kann's einem auf der Stelle übel ergehen, und wenn man ihnen recht gibt, kann's einem später übel ergehen, und du weißt ja selbst, daß manchmal die, die das Maul am weitesten aufreißen... Genug, wenn gewisse Äußerungen zu hören sind, dreh einfach den Kopf weg und sag: ›Ich komme‹, als ob dich jemand von der anderen Seite gerufen hätte. Ich werde sehen, daß ich so schnell wie möglich wieder da bin.«

Nach diesen Worten ging er mit ihr in die Küche hinunter, warf einen Blick in die Runde, um zu sehen, ob es etwas Neues gab, nahm Hut und Mantel vom Haken und einen Stock aus der Ecke, erinnerte seine Frau mit einem Blick noch einmal an alles, was er ihr gesagt hatte, und ging hinaus. Doch schon währenddessen hatte er in seinem Innern den Faden der am Bett des armen Renzo begonnenen Ansprache wieder aufgenommen und setzte sie nun auf der Straße fort.

›Dickkopf von einem Bergler!‹ (Denn sosehr Renzo seine Herkunft hatte verbergen wollen, sie zeigte sich ganz von selbst an seinen Worten, seiner Sprache, seinem Aussehen und seinem Verhalten.) ›Einen Tag wie diesen hätte ich mit meinem Geschick und meiner Erfahrung ungeschoren überstanden, und da mußt du am Ende kommen und mir die Suppe versalzen! Gibt es in Mailand keine anderen Wirtshäuser, daß du ausgerechnet in meins kommen mußtest? Wärst du wenigstens allein gekommen, dann hätte ich für heute abend ein Auge zugedrückt und dir morgen Vernunft beigebracht. Aber nein, der Herr kommt in Begleitung, noch dazu in Begleitung eines Spitzels!‹

Auf Schritt und Tritt begegnete der Wirt entweder einzelnen Passanten oder Leuten, die zu zweit oder in Gruppen flüsternd vorbeigingen. An diesem Punkt seiner stummen Ansprache sah er einen Trupp Soldaten kommen, und während er zur Seite trat, um sie vorbeizulassen, betrachtete er sie aus den Augenwinkeln und fuhr im stillen fort: ›Da kommt die Strafe der Narren. Und du, verdammter Esel, weil du ein paar Leute hast Krawall machen sehen, hast du dir in den Kopf gesetzt, daß gleich die ganze Welt anders werden muß. Und mit dieser schönen Idee im Kopf hast du dich ins Verderben gestürzt und wolltest auch mich ins Verderben stürzen. Das war nicht recht von dir. Ich habe alles getan, um dich zu retten, und du Idiot hättest mir zum Lohn dafür beinahe die ganze Wirtschaft auf den Kopf gestellt. Jetzt sieh zu, wie du aus der Patsche rauskommst, ich sorge nur noch für mich allein. Als ob ich deinen Namen aus purer Neugier hätte wissen wollen! Was schert es mich, ob du Hinz oder Kunz heißt? Meinst du etwa, mir macht es Spaß, diesen Papierkram auszufüllen? Schon gut, ihr seid nicht die einzigen, die immer wollen, daß alles nach ihrem Kopf geht. Ich weiß selber, daß es Erlasse gibt, die nicht befolgt werden. Große Neuigkeit, da muß erst einer aus den Bergen kommen, um uns das zu verkünden! Aber was du nicht weißt, ist, daß die Vorschriften für die Wirte sehr genau befolgt werden. Du willst in der Welt umherziehen und Reden halten und weißt nicht, daß man, wenn man auf seine Art leben und auf die Erlasse pfeifen will, daß man dann zuerst und vor allem mit großem Respekt von ihnen reden muß! Weißt du, was einem armen Wirt blüht, der sich so verhält, wie du es willst, und nicht nach dem Namen derer fragt, der bei ihm übernachten wollen, weißt du das, du Rindvieh? *Bei Strafe für einen jeden der genannten Wirte, Tavernenbesitzer und anderen, wie oben, von dreihundert Scudi* – jawohl, die treiben wir ganz locker auf, die dreihundert Scudi, um sie auf diese Weise gut anzulegen: *zahlbar zu zwei Dritteln der Königlichen Kammer, das dritte dem Ankläger oder Anzeigenerstatter* – diesen reizenden Zeitgenossen! *Und bei Zahlungsunfähigkeit fünf Jahre Galeere nebst einer höheren Geld- oder Leibesstrafe nach Ermessen Seiner Exzellenz.* Verbindlichsten Dank für die Gnade!‹

Mit diesen Worten hatte der Wirt die Schwelle des Justizpalastes erreicht.

Dort herrschte, wie in allen übrigen Ämtern, reger Betrieb. Überall war man dabei, die Befehle zu erteilen, die am geeignetsten schienen, den Gefahren des folgenden Tages vorzubeugen, den zu neuem Aufruhr bereiten Gemütern die Vorwände und den Mut zu nehmen und die Macht in den Händen derer zu sichern, die es gewohnt waren, sie zu gebrauchen. Die Wachen vor dem Haus des Proviantverwesers waren verstärkt, die Straßenzugänge mit Balken und Karren verbarrikadiert worden. Alle Bäcker hatten Weisung erhalten, ohne Unterlaß Brot zu backen; Eilboten waren in die umliegenden Dörfer ausgesandt worden mit dem Befehl, Getreide in die Stadt zu schicken; für jede Bäckerei waren Edelleute eingeteilt worden, die sich in aller Frühe dort einfinden sollten, um die Verteilung zu überwachen und die Unruhigen durch die Autorität ihrer Anwesenheit und gute Worte im Zaum zu halten. Um jedoch den guten Worten mit ein bißchen Einschüchterung nachzuhelfen, hatte man auch daran gedacht, einige Unruhestifter vorsorglich in Haft zu nehmen, und das oblag hauptsächlich dem Stadthauptmann, bei welchem jeder sich denken kann, was für Gefühle er, einen feuchten Umschlag auf dem Organ des metaphysischen Tiefsinns, für Aufruhr und Aufrührer hegte. Seine Spürhunde waren schon seit Beginn der Unruhen unterwegs gewesen, und der Mann, der sich Ambrogio Fusella nannte, war natürlich einer von ihnen, ein verkappter Polizeispitzel, wie der Wirt ganz richtig bemerkt hatte, ausgesandt zu genau dem Zweck, jemanden auf frischer Tat zu ertappen, und zwar jemanden, den man leicht wiedererkennen, sich merken, verfolgen und in der Stille der Nacht oder tags darauf ergreifen konnte. Kaum hatte dieser Mann ein paar Worte von Renzos Predigt gehört, hatte er ihn sogleich ins Visier genommen, da er ihm als genau der einfältige Delinquent erschien, den er brauchte. Als er dann entdeckte, daß der junge Mann ganz fremd in der Stadt war, hatte er das Meisterstück versucht, ihn geradewegs ins Gefängnis als der sichersten Herberge in der Stadt zu bringen, was ihm jedoch nicht gelungen war, wie wir sahen. Dafür hatte er sichere Informationen über seinen Namen, Zunamen und Geburtsort sowie hundert andere Verdachtsmomente gesammelt; so daß, als der Wirt im Justizpalast eintraf, um zu berichten, was er über Renzo in Erfahrung gebracht hatte, man dort schon mehr über ihn wußte als er. Er trat in den üblichen Raum und machte seine Aussage: Wie er dazu gekommen war, einem Fremden Logis zu geben, der sich geweigert hatte, seinen Namen zu nennen.

»Du hast deine Pflicht getan, uns darüber zu informieren«, sagte der Kriminalbeamte und legte die Feder nieder, »aber das wußten wir alles schon.«

›Tolle Entdeckung!‹ dachte der Wirt. ›Der Mann muß ja ein Genie sein!‹

»Und wir wissen sogar«, fuhr der Beamte fort, »den so eifersüchtig gehüteten Namen...«

›Donnerwetter, sogar den Namen! Wie haben sie den denn rausgekriegt?‹ dachte der Wirt diesmal.

»Aber du«, fügte der Beamte mit ernster Miene hinzu, »du sagst nicht alles offen und ehrlich.«

»Was soll ich denn noch sagen?«

»Haha, wir wissen sehr gut, daß dieses Individuum eine Menge unrechtmäßig erworbenes Brot in deine Wirtschaft gebracht hat, gestohlenes Brot, das der Kerl sich gewaltsam angeeignet hat, durch Plünderung und Rebellion!«

»Wenn einer mit Brot in der Tasche hereinkommt, wie soll ich dann wissen, woher er's hat? Außerdem kann ich beschwören, selbst wenn dies mein letztes Stündlein wäre: Ich habe nur ein einziges Brötchen bei ihm gesehen.«

»Natürlich, entschuldige und verteidige ihn nur immer. Wenn man euch reden hört, sind das lauter Ehrenmänner. Wie kannst du beweisen, daß er dieses Brot rechtmäßig erworben hatte?«

»Wieso muß ich das beweisen können? Ich habe doch gar nichts damit zu tun, ich bin nur der Wirt.«

»Du kannst aber doch nicht ableugnen, daß dieser Kumpel von dir die Frechheit besessen hat, Unflätiges über die Erlasse zu sagen und sich in despektierlicher und anstößiger Weise über das Wappen Seiner Exzellenz zu äußern.«

»Mit Verlaub, Euer Gnaden, wie kann er mein Kumpel sein, wenn ich ihn zum ersten Mal sehe? Der Teufel ist es, bei allem Respekt, der ihn mir ins Haus geschickt hat. Und Euer Gnaden werden einsehen: Wenn ich ihn kennen würde, hätte ich es doch nicht nötig gehabt, nach seinem Namen zu fragen!«

»Jedenfalls sind in deiner Gastwirtschaft und in deiner Gegenwart unbotmäßige Dinge gesagt worden – aufsässige Worte, aufrührerische Reden, Gemurre, Geschimpfe, Geschrei.«

»Wie können Euer Gnaden von mir erwarten, daß ich auf den Unsinn achte, den so viele Schreihälse von sich geben, die alle auf einmal reden? Ich muß mich um meinen Kram kümmern, ich bin ein armer Mann. Außerdem wissen Euer Gnaden sehr gut: Wer eine lose Zunge hat, dem sitzt gewöhnlich auch die Hand locker, besonders in einer Gruppe, und...«

»Ja, ja, laß sie nur machen und reden. Morgen, morgen werden wir ja sehen, ob ihnen der Übermut nicht vergangen ist. Was denkst du?«

»Ich denke gar nichts.«

»Mir scheint, du denkst, der Mob ist zum Herrn von Mailand geworden?«

»Was für ein Gedanke!«

»Du wirst ja sehen, du wirst ja sehen.«

»Ich verstehe sehr gut: Der König wird immer der König sein, aber wer Prügel bezogen hat, wird Prügel bezogen haben, und natürlich hat ein armer Familienvater keine Lust, Prügel zu beziehen. Ihr Herren habt die Macht, an euch ist es, sie zu gebrauchen.«

»Sitzen noch viele Leute in deiner Schenke?«

»Ein ganzer Haufen.«

»Und was macht dieser Kumpel von dir? Krakeelt er weiter herum, hetzt die Leute auf, schürt den Aufruhr für morgen?«

»Dieser *Fremde*, Euer Gnaden, dieser Fremde ist schlafen gegangen.«

»Also sitzen noch viele Leute in deiner Schenke... Genug, gib acht, daß der Bursche dir nicht entwischt.«

›Muß ich jetzt auch noch den Häscher spielen?‹ dachte der Wirt, sagte jedoch weder ja noch nein.

»Geh jetzt nach Hause. Und mach keine Dummheiten«, ermahnte ihn der Beamte.

»Ich habe nie Dummheiten gemacht. Euer Gnaden wissen selber, ob ich jemals der Justiz zu schaffen gemacht habe.«

»Und du meinst nicht, daß die Justiz ihre Macht verloren hat?«

»Ich? Um Himmels willen! Ich meine gar nichts. Ich bemühe mich nur, ein guter Wirt zu sein.«

»Immer das alte Lied. Hast du nie was anderes zu sagen?«

»Was soll ich denn anderes sagen? Die Wahrheit ist immer dieselbe.«

»Genug. Vorerst halten wir uns an das, was du ausgesagt hast. Wenn es soweit ist, wirst du der Justiz genauere Informationen über alles geben, was man dich möglicherweise noch fragen wird.«

»Was für Informationen soll ich denn geben? Ich weiß doch gar nichts, ich kann ja kaum meine eigenen Angelegenheiten im Kopf behalten.«

»Gib acht, daß der Bursche dir nicht entwischt.«

»Ich hoffe, der erlauchte Herr Hauptmann erfährt, daß ich sofort gekommen bin, um meine Pflicht zu tun. Ich küsse Euer Gnaden die Hände.«

Am folgenden Morgen, als es tagte, schnarchte Renzo seit annähernd sieben Stunden, und er war noch immer aufs schönste dabei, als ihn ein heftiges Rütteln an beiden Armen und der laute Anruf »Lorenzo Tramaglino« jählings auffahren ließen. Er wachte auf, zog die Arme an sich, öffnete mühsam die Augen und sah am Fußende seines Bettes einen schwarzgekleideten Mann stehen sowie zwei Bewaffnete rechts und links neben seinem Kopfkissen. Teils wegen der Überraschung, teils weil er noch nicht ganz wach war und teils wegen des Brummschädels, den ihm der Wein vom Abend zuvor hinterlassen hatte, verharrte er einen Moment wie benommen. Er glaubte zu träumen, und da ihm der Traum nicht gefiel, wälzte er sich hin und her, um richtig aufzuwachen.

»Ah, hörst du jetzt endlich, Lorenzo Tramaglino!« sagte der Schwarzgekleidete, der kein anderer war als der Kriminalbeamte vom Abend zuvor. »Los, steh auf und komm mit.«

»Lorenzo Tramaglino?« sagte Renzo Tramaglino. »Was soll das heißen? Was wollt Ihr von mir? Wer hat Euch meinen Namen gesagt?«

»Halt's Maul und beeil dich«, sagte einer der Häscher, die neben seinem Kopf standen, und packte ihn wieder am Arm.

»He, was erlaubt Ihr Euch?« rief Renzo und zog den Arm zurück. »Heda, Wirt! Wirt!«

»Sollen wir ihn im Nachthemd abführen?« fragte derselbe Häscher den Schwarzgekleideten.

»Hast du gehört?« sagte dieser zu Renzo. »Genau das werden wir mit dir tun, wenn du jetzt nicht gleich aufstehst und mitkommst.«

»Und warum?« fragte Renzo.

»Das wird dir der Herr Stadthauptmann sagen.«

»Ich bin ein Ehrenmann, ich habe nichts verbrochen, und ich wundere mich...«

»Um so besser für dich, um so besser, dann wird der Fall ja schnell geklärt sein, und du kannst deiner Wege gehen.«

»Laßt mich jetzt gleich gehen, ich habe nichts mit der Justiz zu schaffen.«

»Schluß jetzt, komm!« sagte einer der Häscher.

»Sollen wir ihn wirklich wegtragen?« fragte der andere.

»Lorenzo Tramaglino!«, sagte der Kriminalbeamte.

»Woher wißt Ihr meinen Namen, Euer Gnaden?«

»Tut eure Pflicht«, sagte der Beamte zu den Häschern, woraufhin sie Renzo packten, um ihn aus dem Bett zu holen.

»He, Finger weg von einem Ehrenmann! Ich kann mich alleine anziehen.«

»Also mach, zieh dich an!« sagte der Beamte.

»Ich mache ja schon«, erwiderte Renzo und ging tatsächlich daran, seine auf dem Bett verstreuten Kleidungsstücke zusammenzusuchen, die herumlagen wie die Trümmer eines Schiffbruchs am Strand. Doch während er sie der Reihe nach anzuziehen begann, fuhr er fort: »Aber ich will nicht zum Stadthauptmann gehen. Ich habe nichts mit ihm zu schaffen. Wenn ich schon diese unverdiente Schmach erleiden muß, will ich wenigstens zu Ferrer gebracht werden. Den kenne ich, bei dem weiß ich, daß er ein Ehrenmann ist. Außerdem ist er mir verpflichtet.«

»Ja, ja, mein Junge, du wirst zu Ferrer gebracht«, sagte der Kriminalbeamte. Unter anderen Umständen hätte er über ein solches Begehren schallend gelacht, aber es war nicht der rechte Moment zum Lachen. Schon beim Kommen hatte er auf den Straßen ein gewisses Hin und Her bemerkt, bei dem schwer zu sagen war, ob es sich um das Nachbeben eines noch nicht ganz zur Ruhe gekommenen Aufstands oder um die Anfänge eines neuen handelte – ein Gewimmel von Leuten, die plötzlich von irgendwoher auftauchten, sich zusammenrotteten, in Horden umherzogen oder in dichten Trauben beisammenstanden. Und während er nun wartete, daß Renzo fertig wurde, hielt er die Ohren gespitzt und horchte nach draußen, ohne es sich anmerken zu lassen oder zumindest darum bemüht, und ihm schien, als würde das Brausen stärker. Infolgedessen lag ihm daran, sich zu beeilen, aber zugleich wollte er, daß Renzo sich friedlich und einverständig abführen ließ, denn wenn es zu offenem Kampf zwischen ihnen käme, würde er, sobald sie erst einmal auf der Straße waren, nicht sicher sein können, daß sie dann immer noch drei gegen einen sein würden. Darum bedeutete er den Häschern mit einem Augenzwinkern, sich zu gedulden und den jungen Mann nicht zu reizen, und versuchte seinerseits, ihn mit guten Worten zu überreden. Der junge Mann seinerseits, der sich in aller Ruhe anzog und sich dabei, so gut er konnte, die Ereignisse des Vortags in Erinnerung rief, erriet recht zutreffend, daß die Erlasse und die Sache mit dem Namen und Zunamen der Grund des Ganzen sein mußten, aber woher zum Teufel wußte dieser Mann seinen Namen? Und was zum Teufel war in der Nacht passiert, daß die Justiz sich auf einmal erdreistete, mit sicherem Griff einen jener prächtigen Burschen zu schnappen, die tags zuvor noch so viel mitzureden gehabt und so viel Achtung genossen hatten? Und die ja nicht alle schlafen konnten – denn auch Renzo bemerkte ein stärker werdendes Brausen auf der Straße. Als er daraufhin dem Kriminalbeamten ins Gesicht sah, entdeckte er dort jene innere Unsicherheit, die der Mann vergeblich zu verbergen suchte. Und darum sagte er, sowohl um sich über seine Mutmaßungen Klarheit zu verschaffen und das Terrain zu erkunden wie auch, um Zeit zu gewinnen und einen Vorstoß zu wagen: »Ich verstehe schon, was der Grund für das alles ist: diese Geschichte mit dem Namen und Zunamen. Gestern abend bin ich tatsächlich ein bißchen übermütig gewesen, diese Wirte haben manchmal tückische Weine und, wie soll ich sagen, nun ja, wenn so ein Wein erstmal runter ist, dann ist *er* es, der redet. Aber wenn's nicht um was anderes geht, bin ich jetzt gerne bereit, Euch jede gewünschte Auskunft zu geben. Und übrigens, meinen Namen wißt Ihr ja schon. Wer hat Euch den gesagt?«

»Brav, mein Junge, so ist's recht!« antwortete der Beamte höchst liebenswürdig. »Ich sehe, du bist ein kluger Junge, und glaub einem, der das beurteilen kann: Du bist gewitzter als mancher andere. Das ist die beste Art, schnell und gut aus der Sache rauszukommen. Mit dieser Einstellung wirst du das Ganze bald hinter dir haben und wieder frei sein. Aber mir sind die Hände gebunden, versteh das bitte, mein Junge, ich kann dich nicht einfach laufenlassen, wie ich es gerne tun würde. Komm, laß uns jetzt gehen. Du brauchst keine Angst zu haben, denn wenn die erst sehen, was du für einer bist, und wenn ich dann sage... Laß mich nur machen... Genug jetzt, beeil dich, mein Junge.«

»Aha, Ihr könnt nicht, verstehe«, sagte Renzo und fuhr fort, sich in aller Ruhe anzuziehen, wobei er die Häscher abwehrte, die zugreifen wollten, um ihn zur Eile zu treiben.

»Gehen wir über den Domplatz?« fragte er den Schwarzgekleideten.

»Ganz wie du willst. Wir nehmen den kürzesten Weg, damit du bald wieder in Freiheit bist«, sagte der Kriminalbeamte und ärgerte sich im stillen, daß er diese mysteriöse Frage von Renzo, die Anlaß zu langen Verhören hätte geben können, auf sich beruhen lassen mußte. ›Wenn man als Pechvogel auf die Welt gekommen ist!‹ dachte er. ›Da fällt einem einer in die Hände, der offenkundig nur allzugern singen würde, und wenn man nur etwas Luft hätte, könnte man ihn ganz formlos nach allen Regeln der Kunst durch ein freundschaftliches Gespräch dazu bringen, alles zu gestehen, was man will, ohne Folter; einer den man schon fertig verhört ins Gefängnis einliefern könnte, ohne daß er überhaupt gemerkt hat, daß er verhört worden ist. Und ein solcher Bursche muß mir ausgerechnet in einem so prekären Augenblick in die Hände fallen! Tja, aber da ist wohl nichts zu machen‹, dachte er weiter, spitzte die Ohren und legte den Kopf zurück, ›der heutige Tag scheint wohl noch schlimmer zu werden als der gestrige.‹

Was ihn auf diesen letzten Gedanken brachte, war ein ungewöhnlicher Lärm, der von der Straße heraufdrang. Er konnte sich nicht enthalten, das verhangene Fenster zu öffnen, um einen Blick hinunterzuwerfen. Er sah eine Ansammlung von Bürgern, die auf die Aufforderung einer Patrouille, auseinanderzugehen, zuerst nur mit Beschimpfungen reagiert hatte und sich dann nur langsam und murrend zerstreute, und was dem Beamten als ein besonders bedenkliches Zeichen erschien, war der Umstand, daß die Soldaten sich ausgesprochen höflich benahmen. Er machte das Fenster wieder zu und verharrte einen Augenblick unschlüssig, ob er das Unternehmen durchführen oder Renzo in der Obhut der beiden Häscher lassen und zum Stadthauptmann eilen sollte, um ihn über den Vorgang in Kenntnis zu setzen. ›Aber‹, dachte er dann, ›man wird mir sagen, ich sei ein Nichtsnutz und Angsthase, ich solle gefälligst tun, was mir befohlen worden ist. Wenn man zum Tanz geht, muß man tanzen. Verfluchte Hetze! Verdammter Beruf!‹

Renzo war fertig angekleidet, die beiden Trabanten standen rechts und links neben ihm. Der Beamte bedeutete ihnen durch einen Wink, ihn nicht zu hart anzufassen, und sagte zu ihm: »Gut, mein Junge. Komm jetzt, beeil dich.«

Auch Renzo hörte, sah und dachte sich seinen Teil. Er war fertig angekleidet bis auf das Wams, das er noch in der Hand hielt, wobei er mit der anderen Hand in den Taschen kramte. »Oh!« sagte er dann und sah den Beamten mit einem sehr bedeutungsvollen Blick an. »Hier war Geld drin und auch ein Brief. Mein Herr!«

»Du bekommst alles pünktlich zurück«, sagte der Beamte, »sobald du diese paar Formalitäten erledigt hast. Gehen wir, los, gehen wir.«

»Nein, nein, nein«, sagte Renzo und schüttelte heftig den Kopf. »Das gefällt mir nicht, ich will meine Sachen wiederhaben. Ich werde Euch Rechenschaft über alles geben, was ich getan habe, aber ich will meine Sachen wiederhaben.«

»Hier, nimm, damit du siehst, daß ich dir vertraue, und mach schnell«, sagte der Kommissar, zog die beschlagnahmten Sachen aus der Brusttasche und übergab sie Renzo mit einem Seufzer. Dieser verstaute sie wieder an ihrem Platz und knurrte zwischen den Zähnen: »Bleibt mir vom Leibe! Ihr habt so viel Umgang mit Dieben, daß die wohl ein bißchen auf Euch abgefärbt haben.« Die beiden Häscher konnten kaum an sich halten, aber der Beamte zügelte sie mit Blicken und sagte sich dabei im stillen: ›Warte nur, wenn du erst einmal den Fuß über unsere Schwelle gesetzt hast, wirst du's mir bezahlen, mit Wucherzinsen wirst du's mir bezahlen!‹

Während Renzo sich das Wams anzog und den Hut aufsetzte, bedeutete der Beamte einem der beiden Häscher mit einem Wink, die Treppe hinunterzugehen, schickte dann den Gefangenen hinterher, danach den anderen Freund, und setzte sich am Ende selbst in Bewegung. In der Küche angelangt, wo Renzo sagte: »Und wohin hat sich dieser verflixte Wirt verkrochen?«, gab der Beamte den Häschern erneut einen Wink, woraufhin sie, einer rechts, einer links, Renzos Handgelenke packten und sie blitzschnell mit jenen Gerätschaften fesselten, die man in heuchlerischem Euphemismus Manschetten nannte. Diese bestanden – es tut uns leid, auf solche Details eingehen zu müssen, die der historischen Würde entbehren, aber die Klarheit verlangt es –, diese Manschetten bestanden aus einem dünnen Strick, der etwas länger als der Umfang eines normalen Handgelenks war und an jedem Ende ein Holzstäbchen in Form eines kleinen Bügels hatte. Der Strick wurde um das Handgelenk des Gefangenen geschlungen, die Holzstäbchen blieben, zwischen Mittel- und Ringfinger hindurchgesteckt, in der geschlossenen Faust des Häschers, so daß dieser, wenn er sie drehte, die Schlinge nach Belieben fester zuziehen konnte – womit er die Möglichkeit hatte, nicht nur seine Beute zu sichern, sondern auch einen Widerspenstigen nach Belieben zu martern, zu welchem Zwecke der Strick mit kleinen Knoten versehen war.

Renzo wand sich und schrie: »Was soll das? Verrat! Und das einem Ehrenmann...!« Doch der Beamte, der für jede traurige Lage seine guten Worte hatte, sagte:

»Hab Geduld, sie tun bloß ihre Pflicht. Was willst du, das sind alles Formalitäten. Auch wir können die Leute nicht immer so behandeln, wie wir gern möchten. Wenn wir nicht tun würden, was uns befohlen worden ist, würde es uns schlimm ergehen, schlimmer als dir. Also hab Geduld.«

Während er sprach, drehten die beiden, denen die Rolle der Handelnden zukam, die Holzstäbchen einmal herum. Renzo zwang sich zur Ruhe wie ein störrisches Pferd, das die Kandare im Maul spürt, und rief: »Geduld!«

»Braver Junge!« sagte der Kommissar. »So ist's richtig, so bringst du die Sache schnell hinter dich. Was willst du, das ist eine kleine Unannehmlichkeit, das sehe ich selber, aber wenn du dich gut benimmst, bist du sie im Handumdrehen wieder los. Und da ich sehe, daß du guten Willens bist, und ich dir gerne helfen möchte, will ich dir noch einen anderen Rat geben, zu deinem eigenen Besten. Glaub mir, ich habe Erfahrung in diesen Dingen: Geh einfach immer geradeaus, ohne nach rechts und links zu sehen und ohne dich auffällig zu benehmen, dann wird dich niemand beachten, niemand wird merken, was los ist, und du behältst deine Ehre. In einer Stunde bist du wieder frei. Die haben so viel zu tun im Amt, daß auch sie sich beeilen werden, dich wieder freizulassen, und außerdem habe ja auch ich noch ein Wörtchen mitzureden... Du wirst deiner Wege gehen, und niemand wird wissen, daß du verhaftet gewesen bist. Und ihr«, wandte er sich mit einem strengen Blick an die Häscher, »paßt auf, daß ihr ihm nicht weh tut, er steht unter meinem Schutz. Eure Pflicht müßt ihr natürlich tun, aber denkt daran, daß er ein Ehrenmann ist, ein wohlerzogener junger Mann, der bald wieder in Freiheit sein wird und dem an seiner Ehre gelegen sein muß. Also bewegt euch so, daß niemand etwas merkt: als ob ihr drei gewöhnliche Bürger auf einem Spaziergang wärt.« Und in strengem Ton mit gerunzelten Brauen schloß er: »Habt ihr mich verstanden?« Dann wandte er sich wieder zu Renzo, die Brauen entspannt und das Gesicht auf einmal breit lächelnd, als wollte er sagen: Nicht wahr, *wir* sind Freunde, und raunte ihm noch einmal zu: »Sei vernünftig. Mach's, wie ich gesagt habe: Geh ruhig und friedlich. Vertrau einem, der dir wohlgesonnen ist. Los, gehen wir jetzt.« Und damit setzte der kleine Trupp sich in Bewegung.

Von all diesen schönen Worten glaubte Renzo jedoch kein einziges – weder daß der Beamte ihm mehr zugetan war als den beiden Häschern noch daß ihm der gute Ruf seines Gefangenen so sehr am Herzen lag, noch daß er die Absicht hatte, ihm zu helfen. Er begriff sehr gut, daß der Mann in Wirklichkeit fürchtete, es könne sich auf der Straße eine Gelegenheit bieten, ihm zu entkommen, und daß er die genannten Motive nur vorschob, um seinen Gefangenen davon abzubringen, nach einer solchen Gelegenheit Ausschau zu halten und sie zu nutzen. So kam es, daß all jene schönen Ermahnungen nur dazu führten, Renzo in seinem schon gefaßten Entschluß zu bestärken, das genaue Gegenteil zu tun.

Niemand sollte daraus jedoch schließen, daß der Beamte in Sachen Verschlagenheit ein unerfahrener Neuling gewesen wäre, im Gegenteil. Er war ein überaus verschlagener alter Fuchs, sagt unser Historiker, der anscheinend zu seinen Freunden gehörte, doch in jenem Augenblick befand er sich in einer ziemlich erregten Verfassung. Kalten Blutes, da bin ich ganz sicher, hätte er sich über jeden lustig gemacht, der, um jemanden zu einer an sich bedenklichen Handlung zu überreden, ihm diese mit der fadenscheinigen Vorspiegelung empfiehlt, er gebe ihm nur einen uneigennützigen Rat als Freund. Aber die Menschen neigen im allgemeinen dazu, wenn sie erregt und in einer bedrängten Lage sind und sehen, was ein anderer tun könnte, um sie aus der

Verlegenheit zu befreien, ihn dringend und wiederholt und mit allen möglichen Vorwänden darum zu bitten; und diesem allgemeinen Gesetz unterliegen auch die Verschlagenen, wenn sie erregt und in einer bedrängten Lage sind. Daher kommt es, daß sie unter solchen Umständen meistens auch ein ganz erbärmliches Bild abgeben. All die meisterhaften Erfindungen, all die schönen Tricks und Finten, mit denen sie zu siegen gewohnt sind, die ihnen beinahe zu einer zweiten Natur geworden sind und die, zur rechten Zeit ins Werk gesetzt und mit der nötigen Ruhe und Kaltblütigkeit durchgeführt, ihr Ziel so treffsicher in aller Stille erreichen und sogar, wenn sie hinterher bekannt werden, allgemeinen Beifall ernten – all diese Mittel werden von den Ärmsten, wenn sie in einer Klemme sitzen, überstürzt, unbedacht, ohne Geschick und ohne Geschmeidigkeit angewandt. Dergestalt, daß sie beim Zuschauer, der sie so angestrengt sich abmühen sieht, Mitleid und Gelächter erregen, und daß sogar der, den sie gerade zu übertölpeln wähnen, trotz seiner geringeren Erfahrung ihr Spiel durchschaut, sich ihre Tricks zunutze macht und sie gegen sie kehrt. Daher kann man denen, die von Berufs wegen verschlagen sein müssen, nie genug empfehlen, immer kühles Blut zu bewahren oder immer die Stärkeren zu sein, was das Sicherste ist.

Renzo also begann, kaum daß sie auf der Straße waren, nach allen Seiten Ausschau zu halten, sich nach rechts und links zu drehen und die Ohren zu spitzen. Es herrschte jedoch kein besonders großes Gedränge, und obwohl in den Blicken mehr als eines Passanten eine gewisse Aufsässigkeit zu erkennen war, ging jeder seinen Geschäften nach, und von einem Aufstand im eigentlichen Sinne war nichts zu sehen.

»Sei vernünftig, sei vernünftig!« zischelte ihm der Beamte von hinten zu. »Deine Ehre, denk an deine Ehre, mein Junge!« Doch als Renzo drei Männer sah, die ihm mit erhitzten Gesichtern entgegenkamen, und hörte, daß sie von einer Bäckerei sprachen, von versteckten Mehl und von Gerechtigkeit, begann er ihnen zuzublinzeln und in jener Weise zu husten, die auf alles andere als eine Erkältung hindeutet. Die drei betrachteten den kleinen Trupp genauer und blieben stehen, andere, die vorbeikamen, stellten sich dazu, wieder andere, die vor dem Trupp hergegangen waren und sich bei dem Gezischel umgedreht hatten, kamen zurück und schlossen sich an.

»Junge, mach keinen Unsinn, sei vernünftig! Du machst es bloß noch schlimmer für dich. Verdirb es dir nicht. Denk an deine Ehre, an deinen Ruf!« zischelte der Beamte unablässig. Aber Renzo trieb es nur immer noch ärger. Die Häscher sahen einander fragend an, und in der Meinung, sie täten gut daran (irren ist menschlich), zogen sie die Manschetten mit einem Ruck fester.

»Au! Au!« schrie der Gequälte auf. Die Leute scharten sich um sie, andere kamen von allen Seiten gelaufen. Der kleine Trupp war eingekesselt. »Das ist ein übles Subjekt«, raunte der Kommissar den Nächststehenden zu, »ein Dieb, den wir auf frischer Tat ertappt haben. Tretet zurück, laßt uns durch.« Aber Renzo, der die Gunst des Augenblicks erkannt hatte und die Häscher kreidebleich oder jedenfalls blaß werden sah, dachte sich: ›Jetzt oder nie!‹ und rief laut: »Leute, die wollen mich ins Gefängnis bringen, weil ich gestern *Brot und Gerechtigkeit!* gerufen habe. Ich habe nichts verbrochen, ich bin ein Ehrenmann. Helft mir, Leute, laßt mich nicht im Stich!«

Beifälliges Gemurmel ertönte, lautere Stimmen erhoben sich zu seinen Gunsten. Die Häscher befahlen zuerst, dann baten sie, dann beschworen sie die Nächststehenden, auseinanderzugehen und Platz zu machen, aber die Menge umdrängte sie immer dichter. Schließlich, als sie die Ausweglosigkeit ihrer Lage erkannten, ließen sie die Manschetten fahren und dachten nur noch daran, in der Menge unterzutauchen, um unerkannt zu entkommen. Der Beamte hätte es ihnen am liebsten gleichgetan, aber das war nicht so leicht wegen seines schwarzen Rockes. Bleich und erschrocken versuchte der arme Mann, sich so klein wie möglich zu machen, duckte und wand sich, um durch die Menge zu schlüpfen, doch er konnte die Augen nicht heben, ohne zwanzig andere auf sich gerichtet zu sehen. Er versuchte auf jede erdenkliche Art, wie ein Fremder zu wirken, der ganz zufällig vorbeigekommen und in das Gedränge geraten war wie ein Strohhalm ins Eis, und als er plötzlich Aug' in Auge vor einem stand, der ihn noch finsterer als die anderen anstarrte, setzte er ein gezwungenes Lächeln auf und fragte mit dümmlicher Miene: »Was ist denn passiert?«

»Hu, du garstiger Rabe!« rief der Mann. »Garstiger Rabe! Garstiger Rabe!« hallte es ringsum wider. Zu den Hohnrufen kamen Püffe und Stöße, und so erreichte der Schwarzrock in kurzer Zeit, teils durch die eigenen Beine, teils durch die Ellbogen anderer, was er in diesem Moment am meisten ersehnte, nämlich aus jenem fürchterlichen Gedränge heraus zu sein.

Kapitel 16

»Lauf, lauf, junger Mann! Da ist ein Kloster, dort eine Kirche, hierhin, dorthin«, tönte es Renzo von allen Seiten entgegen. Aber was das Davonlaufen anging, glaube man nicht, daß er Ratschläge brauchte. Schon seit der erste Hoffnungsschimmer auf ein Entkommen aus jenen Klauen in ihm aufgeblitzt war, hatte er Pläne zu machen begonnen und beschlossen, falls ihm die Flucht gelingen würde, ohne Halt weiterzulaufen, bis er nicht nur aus der Stadt, sondern auch aus dem Herzogtum draußen wäre. ›Denn‹, so hatte er überlegt, ›jetzt haben die meinen Namen in ihren Büchern, irgendwie haben sie ihn rausgekriegt, und mit Namen und Zunamen können sie mich jederzeit packen.‹ In ein Kirchenasyl hätte er sich nur geflüchtet, wenn ihm die Häscher auf den Fersen gewesen wären. ›Denn wenn ich ein freier Waldvogel sein kann‹, hatte er sich gesagt, ›will ich kein Vogel im Käfig sein.‹ So hatte er sich als Zufluchtsort jenes Dorf im Bergamaskischen ausgesucht, wo sein Vetter Bortolo ansässig war, der ihn, wie wir uns erinnern werden, schon mehr als einmal aufgefordert hatte, zu ihm zu kommen.

Das Problem war nur, den Weg dorthin zu finden. Verlassen in einem unbekannten Teil einer ihm kaum weniger unbekannten Stadt, wußte Renzo nicht einmal, durch welches Tor es nach Bergamo ging, und hätte er es erfahren, hätte er noch nicht gewußt, wie er jenes Tor finden sollte. Er war schon drauf und dran, einen seiner Befreier nach dem Weg zu fragen, aber da ihm in der kurzen Zeit, die er zum Nachdenken über seinen Fall gehabt hatte, ein paar Gedanken über jenen so hilfsbereiten Schwertfeger und so guten Familienvater durch den Kopf gegangen waren, wollte er seine Pläne lieber nicht vor einer größeren Schar offenbaren, in der sich noch mehr Leute jenes Schlages befinden konnten, und so beschloß er, erst einmal rasch das Weite zu suchen; den Weg würde er sich dann später irgendwo zeigen lassen, wo niemand wußte, wer er war und warum er fragte. So sagte er zu seinen Befreiern: »Vielen Dank, Leute, seid gesegnet!«, schritt durch die Gasse, die sie ihm sofort öffneten, und rannte los. Hinein in ein schmales Gäßchen, dann eine Straße hinunter, rannte er eine Weile, ohne zu wissen, wohin. Als er glaubte, weit genug gelaufen zu sein, verlangsamte er seine Gangart, um nicht aufzufallen, und begann sich nach jemandem umzusehen, dem er seine Frage stellen konnte, einem Gesicht, das ihm Vertrauen einflößte. Auch dabei gab es jedoch Probleme. Die Frage an sich war verdächtig, die Zeit drängte, die Häscher hatten sich, kaum der kleinen Behinderung entkommen, sicher schon wieder auf seine Spur gesetzt, die Kunde von seiner Flucht konnte schon bis hierher gedrungen sein, und in dieser Bedrängnis mußte Renzo vielleicht zehn physiognomische Urteile fällen, ehe er ein Gesicht fand, das ihm vertrauenerweckend erschien. Jener Dickwanst, der da breitbeinig in der Tür seines Ladens stand, die Hände auf dem Rücken, den Bauch vorgestreckt, das feiste Doppelkinn mit den dicken Halswülsten in die Höhe gereckt, und der mangels anderer Beschäftigungen seine schwabblige Masse abwechselnd auf den Zehenspitzen wippen und auf die Fersen zurückplumpsen ließ, hatte das Gesicht eines neugierigen Schwätzers, der statt Antworten zu geben Fragen stellen würde. Jener andere, der da mit stierem Blick und hängender Unterlippe daherkam, war gewiß nicht imstande, einem anderen rasch und präzise den Weg zu weisen, schien er doch kaum den eigenen zu kennen. Und jener Junge dort, der eigentlich einen ganz aufgeweckten Eindruck machte, sah leider auch ziemlich boshaft aus und hätte wahrscheinlich eine diebische Freude daran, einen armen Besucher vom Lande genau in die falsche Richtung zu schicken. So wird einem Menschen, der in Bedrängnis ist, fast alles und jedes zu einer neuen Bedrängnis! Als aber Renzo schließlich einen Passanten sehr rasch auf sich zukommen sah, dachte er, daß einer, der es so eilig hat, ihm sicher prompt und ohne Rückfragen antworten würde, und als er ihn auch noch mit sich selber reden hörte, fand er, daß er dann wohl ein ehrlicher Mann sein müsse. Er ging auf ihn zu und sagte: »Bitte, mein Herr, könnt Ihr mir den Weg nach Bergamo sagen?«

»Nach Bergamo? Durch die Porta Orientale.«

»Vielen Dank. Und wie gelangt man zur Porta Orientale?«

»Dort links die Straße hinunter, da kommt Ihr auf den Domplatz, und dann...«

»Danke, mein Herr, den Rest weiß ich schon. Gott segne Euch!« Sprach's und eilte davon in die Richtung, die ihm genannt worden war. Der Mann sah ihm einen Augenblick nach, verglich in Gedanken seine Art zu gehen mit seiner Frage und sagte sich: ›Der hat entweder was angestellt, oder jemand ist hinter ihm her.‹

Renzo gelangt zum Domplatz, überquert ihn, kommt an einem Haufen Asche und verkohltem Holz vorbei und erkennt die Reste des Freudenfeuers, dem er am Abend vorher zugeschaut hat. Er geht an den Stufen auf der Nordseite des Doms entlang, sieht die halbzerstörte Krückenbäckerei wieder, die jetzt von Soldaten bewacht wird, und geht geradeaus in die Straße hinein, aus der er tags zuvor mit der Menge gekommen war. So gelangt er zum Kapuzinerkloster, wirft einen Blick auf den Platz und die Kirchentür und sagt sich aufseufzend: ›Eigentlich hatte mir dieser Pater gestern einen ganz guten Rat gegeben: in der Kirche zu warten und etwas für mein Seelenheil zu tun.‹

Er bleibt einen Augenblick stehen, um aus dieser Entfernung das Stadttor zu betrachten, durch das er gehen soll, und als er dort viele Gestalten sieht, die es bewachen, wobei seine Phantasie wohl auch ein wenig erhitzt ist – was man ihm verzeihen muß, er hat seine Gründe –, empfindet er ein gewisses Widerstreben, den nächsten Schritt zu tun. Er hat eine Zufluchtsstätte zum Greifen nahe, und mit dem Empfehlungsbrief würde er dort auch gute Aufnahme finden: Die Versuchung ist stark, hineinzugehen. Aber gleich darauf faßt er wieder Mut und sagt sich: ›Freier Waldvogel, solange es geht. Wer kennt mich denn schon? Die Häscher müßten sich ja regelrecht zerstückelt haben, um mich an allen Toren zu erwarten.‹ Er späht zurück, um zu sehen, ob sie von der anderen Seite kommen, sieht aber weder Häscher noch andere, die sich für ihn zu interessieren scheinen. Er geht ein paar Schritte vorwärts, zwingt seine verflixten Beine, die immer rennen wollen, langsam zu gehen, und so gelangt er gemächlich schlendernd und leise vor sich hin pfeifend ans Tor.

Dort standen tatsächlich viele Zöllner und zur Verstärkung auch spanische Soldaten, aber sie blickten alle nur nach draußen, um jene abzufangen, die bei der Nachricht eines Aufstands herbeigeströmt kommen wie die Raben auf ein frisch zubereitetes Schlachtfeld. So konnte Renzo mit unbeteiligter Miene, gesenktem Blick und der Gangart halb eines Wanderers, halb eines Müßiggängers hinausgehen, ohne von irgendwem angesprochen zu werden, wobei ihm freilich das Herz bis zum Halse klopfte. Als er rechter Hand einen Pfad sah, schlug er ihn ein, um die Hauptstraße zu meiden, und ging erst ein gutes Stück, ohne sich auch nur ein einziges Mal umzusehen.

Er ging weiter und weiter, vorbei an Höfen, vorbei an Dörfern, ohne nach ihrem Namen zu fragen. Er war sicher, daß er sich von Mailand entfernte, und er hoffte, in Richtung Bergamo zu gehen; das genügte ihm fürs erste. Von Zeit zu Zeit sah er sich um, von Zeit zu Zeit besah er sich auch selbst und rieb sich das eine oder andere Handgelenk, die noch ein bißchen gefühllos waren und ringsum einen roten Streifen aufwiesen, die Spur jenes dünnen Strickes. In seinem Kopf herrschte, wie jeder sich denken kann, ein Durcheinander von Selbstvorwürfen, Sorgen, zornbebenden und zärtlichen Gedanken; es bereitete ihm große Mühe, sich in Erinnerung zu rufen, was alles am Abend zuvor gesagt und getan worden war, den dunklen Teil seiner Leidensgeschichte zu erforschen und vor allem herauszufinden, wie sie seinen Namen erfahren hatten. Natürlich fiel sein Verdacht auf den Schwertfeger, vor dem er ihn ausgeplaudert hatte, wie er sich noch gut erinnerte. Und als er darüber nachdachte, wie jener Mann ihm den Namen entlockt, wie er sich an ihn herangemacht hatte und wie alle seine Anerbieten immer darauf hinausliefen, daß er etwas von ihm wissen wollte, wurde sein Verdacht fast zur Gewißheit. Nur erinnerte er sich dann auch dunkel, daß er, nachdem der Schwertfeger fortgegangen war, ja noch weitergeschwatzt hatte – mit wem, weiß der Teufel, und worüber, das konnte ihm sein Gedächtnis nicht sagen, so bohrend er es auch befragte; es konnte ihm nur sagen, daß es um diese Zeit wohl außer Haus gewesen sein mußte. Renzo schwirrte der Kopf bei alledem, es ging ihm wie einem Mann, der viele weiße Bögen unterschrieben hat und sie einem anvertraut, den er für einen Ausbund von Ehrenmann hält, der sich dann aber als großer Betrüger entpuppt, woraufhin der arme Mann gerne wissen möchte, wie es um seine Geschäfte steht. Wie soll es um sie stehen? Sie sind ein Chaos! Ähnlich mühevoll war es für Renzo, einen brauchbaren Plan für die Zukunft zu machen: Diejenigen, die keine Luftschlösser waren, stimmten ihn allesamt trübselig.

Am mühsamsten aber war es, wie er bald feststellen sollte, den richtigen Weg zu finden. Nachdem er ein gutes Stück sozusagen aufs Geratewohl gegangen war, wurde ihm klar, daß er sich nicht allein zurechtfinden würde. Es widerstrebte ihm zwar noch immer, den Namen Bergamo auszusprechen, als habe er irgendwie etwas Verdächtiges oder Schamloses an sich, aber es ließ sich nicht mehr umgehen. So beschloß er, wie schon in Mailand den ersten Wanderer anzusprechen, dessen Gesicht ihm einigermaßen gefiel, und so tat er's.

»Ihr seid von der Straße abgekommen«, sagte der Angesprochene und beschrieb ihm nach kurzem Nachdenken teils mit Worten, teils mit Gesten, wie er gehen müsse, um wieder auf die Hauptstraße zu gelangen. Renzo bedankte sich und tat, als wolle er den Rat befolgen, ging auch wirklich in die angegebene Richtung, aber mit der Absicht, sich dieser verdammten Straße zwar zu nähern, sie nicht aus den Augen zu verlieren und so lange wie möglich parallel neben ihr zu gehen, aber sie nicht zu betreten. Der Plan war leichter gefaßt als ausgeführt. Das Ergebnis war, daß unser Flüchtling kreuz und quer und, wie man so sagt, im Zickzack ging, teils anderen Auskünften folgend, die er sich da und dort einzuholen getraute, teils sie nach eigenem Gutdünken korrigierend, um sie seinen Wünschen anzupassen, teils einfach den Wegen folgend, auf denen er sich gerade befand, so daß er, nachdem er vielleicht zwölf Meilen zurückgelegt hatte, nicht mehr als sechs Meilen von Mailand entfernt war und, was Bergamo anging, noch von Glück sagen konnte, wenn er sich wenigstens nicht von ihm entfernt hatte. Langsam wurde ihm klar, daß er auf diese Weise nicht ans Ziel kommen würde, und so begann er nach einer anderen Lösung zu suchen. Was ihm schließlich einfiel, war, sich durch eine List den Namen eines Ortes an der Grenze zu beschaffen, den man auf Nebenstraßen erreichen konnte. Dorthin würde er sich dann durchfragen können, ohne überall den Namen Bergamo fallenzulassen, der ihm so sehr nach Flucht, nach Verbannung, nach Kriminellem zu riechen schien.

Während er noch überlegte, wie er sich diese Auskünfte wohl beschaffen könnte, ohne Verdacht zu erregen, sah er über der Tür eines alleinstehenden Häuschens außerhalb eines Dorfes einen grünen Zweig als Zeichen der Gastlichkeit hängen. Schon seit einiger Zeit hatte er immer mehr das Bedürfnis nach einer Stärkung seiner Kräfte verspürt, und so dachte er sich, dies werde der rechte Ort sein, um zwei Fliegen mit einer Klappe zu schlagen, und er trat ein. Drinnen war nur eine alte Frau, die neben dem Rocken saß und die Spindel in der Hand hielt. Er bestellte sich etwas zu essen, sie bot ihm ein Stück Käse und guten Wein an; er nahm den Käse und lehnte den Wein dankend ab (er war ihm wegen des üblen Streichs, den er ihm am Abend zuvor gespielt hatte, regelrecht verhaßt geworden); dann setzte er sich und bat die Frau, sich zu beeilen. Einen Augenblick später hatte sie den Tisch gedeckt und begann sofort, ihren Gast mit Fragen zu überschütten, sowohl über seine Person wie über die großen Ereignisse in Mailand, von denen die Kunde schon bis zu ihr gedrungen war. Aber Renzo verstand es mit großem Geschick, nicht nur ihren Fragen auszuweichen, sondern sich auch die Neugier der Alten zunutze zu machen, die ihn fragte, wohin er unterwegs sei.

»Ach, ich muß dahin und dorthin«, antwortete er, »und wenn die Zeit reicht, möchte ich auch noch kurz in dieses eher große Dorf an der Straße nach Bergamo, nahe der Grenze, aber noch im Staate Mailand... wie heißt es noch gleich?« – ›Irgendeins wird's da schon geben‹, dachte er sich dabei.

»Ihr meint Gorgonzola«, sagte die Alte.

»Gorgonzola!« wiederholte Renzo, wie um sich den Namen gut einzuprägen. »Ist das weit von hier?«

»Ich weiß nicht genau, vielleicht zehn, zwölf Meilen. Wenn einer meiner Söhne da wäre, könnte er's Euch sagen.«

»Und was meint Ihr, kommt man dorthin auch auf diesen schönen kleinen Wegen, die es hier gibt, ohne daß man die große Straße nehmen muß, die immer so staubig ist? Es hat schon so lange nicht mehr geregnet!«

»Ich denke schon, aber fragt lieber nochmal im ersten Dorf, in das Ihr kommt, wenn Ihr den Weg nach rechts geht«, sagte die Alte und nannte den Namen des Dorfes.

»Na gut«, sagte Renzo, stand auf, nahm noch ein Stück Brot, das von dem kargen Mahl übriggeblieben war, ein Brot von recht anderer Art als jenes, welches er tags zuvor unter dem Kreuz des heiligen Dionysius gefunden hatte, zahlte und ging hinaus. Draußen schlug er den Weg nach rechts ein, und um die Geduld des Lesers nicht übermäßig zu strapazieren: Mit dem Namen Gorgonzola auf den Lippen fragte er sich von Ort zu Ort durch, und etwa eine Stunde vor Sonnenuntergang war er dort.

Schon unterwegs hatte er beschlossen, in Gorgonzola erneut eine kurze Rast zu machen, um ein etwas kräftigeres Mahl zu sich zu nehmen. Seinem Leib wäre auch eine kurze Bettruhe sehr willkommen gewesen, doch ehe er ihm diesen Wunsch erfüllte, hätte Renzo ihn lieber erschöpft auf der Straße zusammensinken lassen. Seine Absicht war, im Wirtshaus zu fragen, wie weit es noch bis zur Adda sei, sich möglichst unauffällig zu erkundigen, wie und wo man sie überqueren könne, und sich dann, sobald er sich gestärkt haben würde, dorthin auf den Weg zu machen. Als einer, der sozusagen an der zweiten Quelle der Adda geboren und aufgewachsen war, hatte er oft davon reden hören, daß der Fluß an einer bestimmten Stelle ein Stückweit die Grenze zwischen dem Herzogtum Mailand und der Republik Venedig bildete. Wo und wie lang dieses Stück war, wußte er nicht genau, aber wie die Dinge standen, war es im Moment das Dringendste, diesen Abschnitt des Flusses zu überqueren, wo immer er liegen mochte. Wenn ihm das nicht noch am selben Tag gelingen sollte, war er entschlossen, so lange weiterzugehen, wie die Helligkeit und seine Kräfte es ihm erlaubten, um dann irgendwo auf die Morgendämmerung zu warten, auf freiem Feld, in der Ödnis, wo immer es Gott gefiel, solange es nur kein Wirtshaus war.

Kaum hatte er ein paar Schritte nach Gorgonzola hinein getan, sah er ein Gasthausschild, trat ein und bestellte beim Wirt, der ihm entgegenkam, etwas zu essen und einen Schoppen Wein – die neu hinzugekommenen Meilen und die Zeit hatten seinen übertriebenen Haß auf letzteren vergehen lassen. »Und bitte rasch«, fügte er hinzu, »ich muß gleich weiter.« Das sagte er nicht nur, weil es stimmte, sondern auch aus Furcht, der Wirt könnte sonst in der Annahme, er wolle hier übernachten, mit der Frage nach seinem Namen und Zunamen, seiner Herkunft und seinem Geschäft herausrükken... Gott behüte!

Der Wirt versprach prompte Bedienung, und Renzo setzte sich ans untere Ende des Tisches nahe der Tür, wo die Schüchternen sitzen.

In der Gaststube saßen einige örtliche Müßiggänger, die, nachdem sie die großen Mailänder Neuigkeiten des Vortages durchgesprochen und kommentiert hatten, nun darauf brannten, zu erfahren, wie es am nächsten Tag weitergegangen war; zumal ja die ersten Nachrichten mehr dazu angetan waren, die Neugier zu reizen als zu befriedigen: ein Aufstand, der weder niedergeschlagen noch siegreich war, den die Nacht eher unterbrochen als beendet hatte; eine halbfertige Sache, eher das Ende eines Aktes als das eines Dramas. Einer der Männer stand auf, trat zu dem Neuankömmling und fragte ihn, ob er aus Mailand komme.

»Ich?« sagte Renzo überrascht, um Zeit für eine Antwort zu gewinnen.

»Ja, Ihr, wenn die Frage erlaubt ist.«

Er bewegte langsam den Kopf hin und her, kniff die Lippen zusammen, stieß die Luft aus und sagte: »Soviel ich gehört habe, ist Mailand... im Moment nicht der Ort, wo man hingehen sollte, wenn man dort nicht gerade sehr dringend zu tun hat.«

»Also geht der Krach dort noch weiter?« fragte der Neugierige drängend.

»Man müßte dort sein, um das zu wissen«, sagte Renzo.

»Ja, kommt Ihr denn nicht aus Mailand?«

»Ich komme aus Liscate«, erwiderte Renzo schnell, denn inzwischen hatte er sich eine Antwort überlegt. Er kam tatsächlich, wenn man es wörtlich nahm, aus Liscate, denn er war unterwegs dort durchgekommen, und den Namen hatte er vorher von einem Wanderer erfahren, der ihm jenen Ort als den ersten auf dem Weg nach Gorgonzola genannt hatte.

»Ach!« sagte der andere, als wollte er sagen: Schade, es wäre besser, du wärst aus Mailand gekommen, aber egal. »Und in Liscate«, fragte er weiter, »hat man da nichts aus Mailand gewußt?«

»Schon möglich, daß dort jemand was weiß«, antwortete unser Bergler, »aber ich habe nichts gehört.«

Das sagte er in jenem entschiedenen Ton, in dem man »Schluß jetzt!« sagt. Der Neugierige kehrte an seinen Platz zurück, und gleich darauf kam der Wirt mit dem Essen.

»Wie weit ist es von hier bis zur Adda?« fragte ihn Renzo halb zwischen den Zähnen knurrend mit jener gespielten Uninteressiertheit, die wir schon andere Male an ihm beobachtet haben.

»Zur Adda... um überzusetzen?« fragte der Wirt.

»Nun... ja... zur Adda.«

»Wollt Ihr über die Brücke von Cassano oder auf die Fähre von Canonica?«

»Egal wo... Ich frage nur so aus Neugier.«

»Nun, ich meinte nur, weil das die beiden Orte sind, wo die ehrlichen Leute übersetzen, die sich ausweisen können.«

»Gut, und wie weit ist es bis dahin?«

»Rechnet für den einen wie für den anderen Ort so ungefähr sechs Meilen.«

»Sechs Meilen! Soviel hätte ich nicht gedacht«, sagte Renzo. »Und wenn«, fuhr er dann mit einer fast bis zur Affektiertheit getriebenen Gleichgültigkeit fort, »und wenn nun jemand eine Abkürzung bräuchte, gäb's dann noch andere Stellen, wo man rüber kann?«

»Aber gewiß doch«, antwortete der Wirt und fixierte ihn mit einem Blick voll maliziöser Neugier. Das genügte, um die anderen Fragen, die Renzo schon parat hatte, auf seinen Lippen ersterben zu lassen. Er zog den Teller zu sich heran und sagte, den Blick auf den Schoppen gerichtet, den der Wirt zusammen mit dem Teller auf den Tisch gestellt hatte: »Ist der Wein auch in Ordnung?«

»Rein wie Gold«, sagte der Wirt. »Fragt ruhig alle hier im Dorf und in der Umgebung, die was davon verstehen. Ihr werdet es ja auch selber schmecken.« Mit diesen Worten kehrte er zur Gruppe der Dörfler zurück.

›Verdammte Wirte!‹ fluchte Renzo im stillen. ›Je mehr Exemplare ich von ihnen kennenlerne, desto schlimmer finde ich sie!‹ Dessenungeachtet begann er mit großem Appetit zu essen, wobei er zugleich, ohne es sich anmerken zu lassen, die Ohren spitzte, um zu hören, was man in diesem Dorf über die großen Ereignisse dachte, an denen er einen nicht geringen Anteil gehabt hatte, und um insbesondere zu prüfen, ob unter den Rednern nicht womöglich ein Ehrenmann war, den ein armer Bursche vertrauensvoll nach dem Weg fragen konnte, ohne befürchten zu müssen, in die Enge getrieben und nach seinen Privatangelegenheiten gefragt zu werden.

»Also«, sagte einer, »diesmal sieht's wirklich so aus, als ob die Mailänder Ernst machen wollen. Genug für heute, spätestens morgen wissen wir mehr.«

»Mir tut's leid, daß ich nicht heute morgen nach Mailand gegangen bin«, sagte ein anderer.

»Wenn du morgen gehst, komme ich mit«, sagte ein dritter, dann noch einer und noch einer.

»Ich wüßte ja gerne«, fing der erste wieder an, »ob diese Herrschaften in Mailand auch an uns arme Landleute denken, oder ob sie das gute Gesetz nur für sich machen. Wißt ihr, was die sind? Hochmütige Städter, die alles für sich haben wollen. Die anderen existieren überhaupt nicht für die.«

»Münder haben auch wir, sowohl um zu essen wie um unsere Meinung zu sagen«, sagte ein anderer in einem Ton, der um so bescheidener klang, je gewagter die Äußerung war, »und wenn die Sache erstmal in Gang gekommen ist...« Aber er hielt es für besser, den Satz nicht zu beenden.

»Verstecktes Getreide gibt's nicht nur in Mailand«, begann ein anderer mit düsterer und verschlagener Miene, als plötzlich von draußen Hufgetrappel zu hören war. Alle liefen zur Tür, und als sie den Neuankömmling erkannten, eilten sie ihm entgegen. Es war ein Kaufmann aus Mailand, der mehrmals im Jahr geschäftlich nach Bergamo mußte und dann in jenem Gasthaus zu übernachten pflegte; und da sich dort fast immer dieselben Gäste befanden, kannte er alle. Sie umdrängten ihn, einer hielt den Zügel, der andere den Steigbügel. »Wie geht's, wie steht's?«

»Alles bestens.«

»Wie war der Ritt?«

»Sehr gut, danke. Und ihr, wie geht's euch?«

»Gut, gut. Was bringt Ihr für Neuigkeiten aus Mailand?«

»Ach ja, ihr seid die, die immer nach Neuigkeiten fragen!« sagte der Kaufmann, während er abstieg und das Pferd dem Stallburschen überließ. »Und dabei«, fuhr er fort, während er mit den anderen eintrat, »wißt Ihr um diese Zeit vielleicht schon mehr als ich.«

»Nein, wir wissen gar nichts, wirklich«, beteuerten mehrere und legten sich die Hand aufs Herz.

»Ist denn das möglich?« sagte der Kaufmann. »Na, dann kann ich euch ein paar schöne... oder eher schlimme Neuigkeiten erzählen. He, Wirt, ist mein gewohntes Bett frei? Gut: ein Glas Wein und mein gewohntes Essen. Aber bitte gleich, denn ich will heute früh schlafen gehen und morgen früh zeitig aufstehen, damit ich bis Mittag in Bergamo bin. Und ihr«, fuhr er fort, während er sich ans obere Ende des Tisches setzte, an dessen unterem Ende Renzo still und aufmerksam saß, »ihr wißt gar nichts über die Teufeleien von gestern?«

»Über die von gestern schon.«

»Na bitte, da seht ihr's!« rief der Kaufmann. »Ihr wißt eben doch immer schon das Neueste! Ist ja auch kein Wunder, wenn ihr hier immer auf der Lauer liegt, um jeden auszufragen, der vorbeikommt.«

»Aber heute? Wie ist es heute gegangen?«

»Ach, heute? Ihr wißt nichts von heute?«

»Überhaupt nichts. Es ist niemand vorbeigekommen!«

»Also laßt mich erstmal die Lippen befeuchten, dann werde ich euch erzählen, was heute passiert ist. Ihr werdet's gleich hören.« Er goß sich das Glas voll, nahm es mit einer Hand, zwirbelte sich mit Daumen und Zeigefinger der anderen den Schnurrbart, strich sich den Bart glatt, trank und sprach weiter: »Heute, liebe Freunde, wäre es beinahe genauso schlimm wie gestern geworden oder sogar noch schlimmer. Und ich kann es noch immer kaum glauben, daß ich jetzt hier sitze und mit euch plaudere. Denn ich hatte schon jeden Gedanken an die Reise aufgegeben, um dazubleiben und mein armes Geschäft zu bewachen.«

»Was zum Teufel war denn los?« fragte einer der Zuhörer.

»Eben der Teufel war los. Ihr werdet's gleich hören.« Und während er den Braten zerlegte, der ihm vorgesetzt worden war, und zu essen begann, gab er seinen Bericht. Die Dörfler standen an beiden Seiten des Tisches und hörten mit offenen Mündern zu. Renzo lauschte von seinem Platz aus, ohne es sich anmerken zu lassen, aber vielleicht noch aufmerksamer als die anderen, während er langsam die letzten Bissen seines Mahls zerkaute.

»Heute morgen also fanden sich diese Halunken, die gestern diesen schauderhaften Krawall gemacht hatten, an den verabredeten Stellen ein – da steckt nämlich ein Hirn dahinter, das war alles gut vorbereitet! Sie kamen zusammen und fingen wieder dieses schöne Spiel an, mit Geschrei durch die Straßen zu ziehen, um noch mehr Leute anzulocken. Wißt ihr, das ist, mit Verlaub gesagt, wie wenn man das Haus kehrt: Der Kehrichthaufen wird immer größer, je weiter man vorankommt. Als sie meinten, genügend viele zu sein, zogen sie wieder zum Haus des Proviantverwesers, als ob die scheußlichen Dinge, die sie ihm gestern angetan hatten, noch nicht ausgereicht hätten. Einem solchen Herrn! Oh, diese Halunken! Und was sie alles gegen ihn vorbrachten! Lauter erfundenes Zeug! Er ist ein so feiner Herr, der immer so pünktlich bezahlt. Jawohl, das kann ich euch sagen, ich gehe ja bei ihm ein und aus, denn ich liefere ihm das Tuch für die Livreen seiner Dienerschaft. Sie zogen also zu seinem Haus, und man muß dieses Pack gesehen haben, diese Visagen! Stellt euch vor, die sind an meinem Laden vorbeigezogen: Visagen wie... die Juden an der *Via Crucis* sind nichts dagegen! Und was für

Reden aus ihren Schandmäulern kamen! Die Ohren hätte man sich zuhalten mögen, wenn es in dem Moment nicht darum gegangen wäre, möglichst wenig aufzufallen. Sie hatten also ganz klar die Absicht zu plündern, aber...« An dieser Stelle hob er die linke Hand, spreizte die Finger und hielt den Daumen an die Nasenspitze.

»Aber?« riefen gespannt seine Zuhörer.

»Aber«, fuhr der Kaufmann fort, »sie fanden die Straße verbarrikadiert mit Balken und Karren, und hinter der Barrikade wartete eine stattliche Reihe Soldaten mit angelegten Arkebusen, um sie zu empfangen, wie sie's verdienten. Als sie diesen schönen Aufmarsch sahen... Na, was sollten sie da wohl tun?«

»Umkehren.«

»Genau, und das taten sie auch. Aber nun sagt selber, ob es nicht der Teufel war, der sie ritt. Sie kommen auf den Cordusio, sehen die Bäckerei, die sie schon gestern plündern wollten, und was machte man gerade in diesem Laden? Man verteilte das Brot an die Kunden, Edelleute waren da, die feinsten Kavaliere, um aufzupassen, daß alles mit rechten Dingen zuging, und diese Kerle – sie hatten den Teufel im Leib, sag ich euch, und dann gab's auch noch welche, die sie anstachelten –, diese Kerle stürmen den Laden und plündern ihn wie die Besessenen, jeder nimmt, was er kriegen kann, und im Handumdrehen waren Kunden, Bäcker, Kavaliere, Brot, Tische, Bänke, Tröge, Kästen, Säcke, Beutel, Mehl, Teig, alles drunter und drüber.«

»Und die Soldaten?«

»Die Soldaten mußten das Haus des Proviantverwesers bewachen, man kann nicht zwei Dinge auf einmal tun, entweder singen oder das Kreuz tragen. Es ging ja alles blitzschnell, im Handumdrehen war alles weg, was man irgendwie brauchen kann. Und dann kam man wieder auf diese schöne Erfindung von gestern zurück, nämlich den ganzen Rest auf den Domplatz zu bringen und ein schönes Feuer zu machen. Schon fingen die Strolche an, Holz rauszuschleppen, da schlägt ein besonders übler Halunke vor... na, ratet mal, was für einen schönen Vorschlag der macht.«

»Was denn?«

»Im Laden drinnen alles zu einem Haufen aufzutürmen und den dann zusammen mit dem ganzen Haus anzuzünden. Gesagt, getan...«

»Haben sie's angezündet?«

»Wartet. Ein Ehrenmann aus der Nachbarschaft hatte eine Eingebung des Himmels. Er lief hinauf in die Schlafzimmer, suchte nach einem Kruzifix, fand eins, hängte es in einen Fensterrahmen, nahm vom Kopfende eines Bettes zwei geweihte Kerzen, zündete sie an und stellte sie rechts und links vom Kruzifix auf das Fensterbrett. Die Leute sahen hinauf. In Mailand, das muß man wirklich sagen, in Mailand gibt es noch Gottesfurcht: Alle gingen in sich. Die meisten jedenfalls, denn sicher gab es auch welche, die, um zu plündern, sogar das Paradies in Brand gesteckt hätten. Aber als sie sahen, daß die große Mehrheit nicht ihrer Meinung war, mußten sie's lassen und still sein. Und ratet mal, wer dann plötzlich kam. Alle Domherren in feierlicher Prozession, das Kreuz voran, alle in Chorgewändern. Und Monsignor Mazenta, der Erzpriester, fing auf der einen Seite zu predigen an und Monsignor Settala, der Pönitentiar, auf der anderen, und alle übrigen auch: Aber liebe Leute, was macht ihr denn da? Soll dies das gute Beispiel sein, das ihr euren Kindern geben wollt? Geht nach Hause. Wißt ihr nicht, daß der Brotpreis runtergesetzt worden ist? Geht hin und lest, die Bekanntmachung hängt an allen Straßenecken.«

»War das die Wahrheit?«

»Teufel auch, meint ihr, die Domherren kämen im großen Ornat, um Lügenmärchen zu erzählen?«

»Und was haben die Leute gemacht?«

»Sie haben sich langsam zerstreut. Sie sind zu den Straßenecken gelaufen, und wer lesen konnte, fand dort tatsächlich die Bekanntmachung über den neuen Brotpreis. Stellt euch vor: ein Brot von acht Unzen für einen Soldo.«

»Unglaublich!«

»Ja, nicht wahr? Hoffen wir nur, daß es auch so bleibt. Wißt ihr, wieviel Mehl sie in den zwei Tagen von gestern bis heute verdorben haben? Genug, um das ganze Herzogtum zwei volle Monate lang zu ernähren!«

»Und für das Gebiet außerhalb von Mailand, ist dafür kein neues Gesetz gemacht worden?«

»Das, was für Mailand gemacht worden ist, geht voll auf Kosten der Stadt. Euch kann ich nur sagen: Ihr werdet bekommen, was Gott euch zugedacht hat. Jedenfalls sind die Krawalle jetzt vorbei. Aber ich habe euch noch nicht alles erzählt, das Gute kommt erst.«

»Was gibt's denn noch?«

»Folgendes: Gestern abend oder heute früh sind viele verhaftet worden, und sofort hieß es, daß die Rädelsführer an den Galgen kommen. Kaum hatte sich das Gerücht verbreitet, sah jeder zu, daß er auf schnellstem Wege nach Hause kam, um nicht Gefahr zu laufen, dazugezählt zu werden. Als ich Mailand heute morgen verließ, war es still wie in einem Kloster.«

»Und wird man sie wirklich hängen?«

»Und ob! Und schon bald!« antwortete der Kaufmann.

»Und was werden die Leute tun?«

»Die Leute? Hingehen und zugucken«, sagte der Kaufmann. »Sie hatten so große Lust darauf, einen Christenmenschen unter freiem Himmel sterben zu sehen, diese Schufte, daß sie dem Herrn Proviantverweser das Fest bereiten wollten. An seiner Stelle kriegen sie jetzt vier Trauergestalten, die ihnen nach allen Regeln der Kunst serviert werden, begleitet von Kapuzinern und Brüdern des Ordens vom guten Tod, und man kann sagen, sie haben es sich verdient. Ihr seht, es gibt eine Vorsehung, und es war höchste Zeit. Sie hatten schon angefangen, sich daran zu gewöhnen, einfach so in die Läden hineinzuspazieren und sich zu bedienen, ohne die Börse zu ziehen. Wenn man sie hätte gewähren lassen, wäre nach dem Brot der Wein drangekommen und dann so weiter eins nach dem anderen... Meint ihr, die hätten aufhören wollen, die hätten aus freien Stücken auf eine so bequeme Methode verzichtet? Ich kann euch sagen, für einen braven Bürger, der einen offenen Laden hat, war das kein lustiger Gedanke.«

»Sicher nicht«, sagte einer der Zuhörer. »Sicher nicht«, wiederholten die anderen im Chor.

»Und noch etwas«, fuhr der Kaufmann fort, während er sich mit der Serviette den Bart abwischte: »Das Ganze war seit langem angezettelt, wißt ihr das? Es gab eine Verschwörung.«

»Eine Verschwörung?«

»Eine Verschwörung. Lauter Intrigen, die von den Navarresern angezettelt waren, von diesem Kardinal da in Frankreich, ihr wißt schon, wen ich meine, der mit dem halb türkischen Namen, der sich jeden Tag eine ausdenkt, um der spanischen Krone Ärger zu machen. Aber vor allem hat er's auf Mailand abgesehen, weil der alte Fuchs genau weiß, wie wichtig es für den König ist.«

»Ach ja?«

»Wollt ihr einen Beweis? Die schlimmsten Krawallmacher waren Fremde. Es haben sich da Gestalten herumgetrieben, die man in Mailand noch nie gesehen hatte. Da fällt mir ein, ich habe vergessen, euch eine Sache zu erzählen, die mir als sicher verbürgt worden ist. Die Justiz hatte einen in einem Wirtshaus erwischt...« – Renzo, dem nicht das geringste von all diesen Reden entgangen war, zuckte unwillkürlich zusammen und fühlte, wie es ihn kalt überlief, aber niemand merkte etwas, und der Kaufmann fuhr fort, ohne seine Erzählung zu unterbrechen: »Einen, von dem man noch nicht genau weiß, woher er kam, wer ihn geschickt hat und was für ein Mensch er war, aber jedenfalls war er einer der Rädelsführer. Schon gestern hatte er sich mitten im größten Lärm wie ein Teufel aufgeführt, und damit nicht zufrieden, hatte er dann große Reden geschwungen und den hübschen Vorschlag gemacht, alle hohen Herren umzubringen. Halunke! Wer würde die armen Leute am Leben erhalten, wenn die hohen Herren umgebracht wären? Die Justiz hatte sich an seine Fersen geheftet und konnte ihn schließlich ergreifen. Sie fanden ein Bündel Briefe bei ihm und wollten ihn ins Gefängnis bringen, aber was meint ihr, was passierte? Seine Spießgesellen, die rings um das Wirtshaus Wache standen, kamen in großer Zahl gelaufen und haben den Halunken herausgehauen.«

»Und was ist aus ihm geworden?«

»Das weiß man nicht, er ist wohl geflohen oder hält sich irgendwo in Mailand versteckt. Das sind ja Leute ohne Haus oder feste Bleibe, die finden überall was, wo sie unterkommen und sich verkriechen können. Allerdings nur, solange der Teufel ihnen helfen kann und will, irgendwann werden sie geschnappt, wenn sie sich's am wenigsten versehen. Denn wenn die Birne reif ist, fällt sie zu Boden. Bisher weiß man nur, daß die Briefe in den Händen der Justiz geblieben sind und daß in ihnen die ganze Intrige beschrieben ist, und viele Leute sollen in sie verwickelt sein. Um so schlimmer für sie, schließlich haben sie schon halb Mailand auf den Kopf gestellt und wollten es noch ärger treiben. Sie sagen, die Bäcker sind Gauner. Das weiß ich auch, aber man muß sie auf dem Rechtsweg an den Galgen bringen. Sicher gibt es verstecktes Getreide, wer wüßte das nicht! Aber es ist Sache der Obrigkeit, sich gute Spürhunde zu halten, die es finden und ausgraben können, und dann die Aufkäufer samt den Bäckern an den Galgen zu schikken. Und wenn die Obrigkeit nichts unternimmt, ist es Sache der Stadt, sie zu mahnen, und wenn sie beim ersten Mal kein Gehör findet, nochmals vorstellig zu werden, denn nur dadurch erreicht man etwas und nicht, indem man eine so ruchlose Gewohnheit einreißen läßt, daß jeder einfach in die Läden und Geschäfte hineinspaziert und sich nimmt, was er will.«

Für Renzo war das wenige Essen reines Gift geworden. Es kam ihm wie eine Ewigkeit vor, bis er draußen sein und dieses Wirtshaus mitsamt diesem Dorf weit hinter sich haben würde, und mehr als zehnmal hatte er sich gesagt: Bloß weg hier, bloß weg hier! Doch die Angst, Verdacht zu erregen, die jetzt noch viel stärker geworden war und alle seine Gedanken beherrschte, hatte ihn auf der Bank festgenagelt. In seiner Bestürzung dachte er, daß dieser Schwätzer ja irgendwann aufhören mußte, von ihm zu reden, und so beschloß er zu gehen, sobald er hörte, daß ein anderes Thema angeschnitten wurde.

»Und deswegen«, sagte einer der Dörfler, »habe ich, der ich weiß, wie solche Geschichten ablaufen und daß anständige Bürger bei Tumulten nicht gut aussehen, mich von der Neugier nicht hinreißen lassen und bin zu Hause geblieben.«

»Und ich, bin ich etwa hingegangen?« sagte ein anderer.

»Und ich etwa?« sagte ein dritter. »Wenn ich zufällig in Mailand gewesen wäre, hätte ich alles stehen- und liegengelassen und wäre sofort nach Hause gegangen. Ich habe schließlich Weib und Kind, und Krawalle haben mir, ehrlich gesagt, noch nie gefallen.«

An diesem Punkt ging der Wirt, der ebenfalls zugehört hatte, ans andere Ende des Tisches, um nach dem Fremden zu sehen. Renzo ergriff die Gelegenheit, winkte ihn zu sich, verlangte die Rechnung, beglich sie ohne Abzug, obwohl in seiner Börse allmählich Ebbe war, ging ohne weitere Worte zur Tür, trat hinaus in die Nacht und machte sich, von der Vorsehung geleitet, umgekehrt zu der Richtung, in der er gekommen war, auf den Weg.

Kapitel 17

Oft genügt ein einziger Wunsch, um einem Menschen die Ruhe zu nehmen. Wie erst, wenn einer zwei auf einmal hat, die miteinander im Widerstreit liegen! Der arme Renzo hatte, wie wir wissen, seit Stunden zwei solche Wünsche im Leibe: den, sich zu beeilen, und den, unbemerkt zu bleiben, und die schrecklichen Worte des Kaufmanns hatten beide zugleich über alle Maßen verstärkt. Dann hatte sein Abenteuer also Aufsehen erregt, sie wollten ihn also um jeden Preis zu fassen kriegen! Wer weiß, wie viele Häscher ihm schon auf den Fersen waren, was für Befehle man erteilt hatte, um die Dörfer, die Schenken, die Straßen nach ihm zu durchsuchen? Er tröstete sich zwar mit dem Gedanken, daß es ja nur zwei Häscher waren, die ihn kannten, und daß er seinen Namen schließlich nicht auf der Stirn geschrieben trug, aber dann kamen ihm gewisse Geschichten in den Sinn, die er gehört hatte, Geschichten von Flüchtlingen, die durch allerlei dumme Zufälle gefaßt worden waren – man hatte sie an ihrem Gang erkannt, an ihrem verdächtigen Benehmen oder anderen unbedachten Signalen. All das bedrückte ihn sehr.

Obwohl es, als er das Dorf Gorgonzola verließ, gerade zu Abend läutete und die zunehmende Dunkelheit die Gefahren minderte, folgte er nur ungern der Landstraße und nahm sich vor, in den ersten Seitenweg einzubiegen, der ihm in die richtige Richtung zu führen schien. Anfangs begegnete er noch ab und zu einem Wanderer, aber seine Phantasie war so erfüllt von schlimmen Befürchtungen, daß er nicht den Mut aufbrachte, jemanden nach dem Weg zu fragen. ›Sechs Meilen hat der Wirt gesagt‹, überlegte er. ›Wenn ich nicht die

Landstraße nehme, könnten es also leicht acht oder zehn werden, aber das werden meine Beine, nachdem sie's bis hierher geschafft haben, auch noch schaffen. In Richtung Mailand gehe ich bestimmt nicht, also gehe ich in Richtung der Adda. Wenn ich so weitergehe, werde ich früher oder später dort sein. Die Adda hat eine kräftige Stimme: Wenn ich in ihre Nähe komme, brauche ich niemanden mehr nach dem Weg zu fragen. Wenn es dort eine Fähre gibt, werde ich sofort übersetzen. Wenn nicht, bleibe ich bis zum Morgen irgendwo im Freien, auf einem Feld oder auf einem Baum, wie die Spatzen. Besser auf einem Baum als im Gefängnis.‹

Bald darauf sah er zur Linken ein schmales Sträßchen abzweigen und bog ein. Zu dieser Tageszeit hätte er, wenn er jemandem begegnet wäre, nicht mehr so viele Umstände gemacht, sich nach dem Weg zu erkundigen, aber er sah und hörte keine Menschenseele. So folgte er einfach der Straße und überließ sich seinen Gedanken.

›Ich mich als Teufel aufgeführt! Ich alle Herren umbringen! Ein ganzes Bündel Briefe, bei mir! Meine Spießgesellen mich rausgehauen! Bei Gott, ich gäb was drum, diesem Kaufmann Aug' in Auge gegenüberzustehen, drüben auf der anderen Seite der Adda – ach, wenn ich doch endlich drüben wäre! –, und ihn zur Rede zu stellen und zu fragen, wo er all diese schönen Neuigkeiten herhat. Nehmt gefälligst zur Kenntnis, werter Herr: die Sache ist so und so abgelaufen, und die Teufelei, die ich gemacht habe, war, daß ich Ferrer geholfen habe, als wär's mein Bruder gewesen. Nehmt zur Kenntnis, daß diese Schufte, die, wenn man Euch hört, meine Freunde waren, daß die mir übel mitspielen wollten, weil ich in einem bestimmten Augenblick ein Wort als guter Christ gesagt habe. Nehmt zur Kenntnis, daß ich, während Ihr Euer Geschäft bewacht habt, mir die Rippen eindrükken ließ, um Euren Herrn Proviantverweser zu retten, den ich noch nie zuvor gesehen hatte und überhaupt nicht kannte! Ihr könnt lange warten, bis ich wieder mal hohe Herren rette... obwohl man's ja für sein Seelenheil tun soll, die sind schließlich auch unsere Nächsten... Und dieses angebliche Bündel Briefe, in dem die ganze Intrige drinsteht und das sich jetzt in den Händen der Justiz befindet, wie Ihr so sicher wißt? Wollen wir wetten, daß ich es hier vor Euren Augen erscheinen lassen kann, ohne die Hilfe des Teufels? Wollt Ihr's sehen, dieses Bündel? Hier ist es... Was, nur ein einziger Brief...? Jawohl, mein Herr, nur ein einziger Brief, und den hat, wenn Ihr's genau wissen wollt, ein Ordensmann geschrieben, der Euch jederzeit im Christentum unterweisen kann. Ein Ordensmann, von dem, ohne Euch zu nahe zu treten, ein einziges Barthaar mehr wert ist als Eure ganze Haar- und Bartpracht zusammen. Und geschrieben ist dieser Brief, wie Ihr seht, an einen anderen Ordensmann, der ebenfalls... Da könnt Ihr mal sehen, was für Bösewichter meine Freunde sind. Also überlegt Euch in Zukunft gefälligst, was Ihr sagt, vor allem, wenn es sich um den Nächsten handelt!‹

Aber nach einer Weile kamen diese und ähnliche Gedanken mehr und mehr zum Erliegen, denn die gegenwärtigen Umstände nahmen alle Kräfte des armen Wanderers in Beschlag. Die Angst, verfolgt oder entdeckt zu werden, die ihm das Wandern am hellen Tage so vergiftet hatte, quälte ihn jetzt zwar nicht mehr, aber wie viele andere Dinge machten es ihm dafür um so beschwerlicher! Die Dunkelheit, die Einsamkeit, die zunehmende und nun schon lähmende Müdigkeit; außerdem wehte eine leichte, lautlose, gleichmäßige Brise, die nicht sehr dienlich sein konnte für einen, der immer noch in denselben Kleidern steckte, die er angezogen hatte, um rasch mal eben heiraten zu gehen und gleich danach triumphierend heimzukehren. Und was alles noch schlimmer machte, war dieses Drauflosmarschieren auf gut Glück und sozusagen ins Blaue hinein auf der Suche nach einem Ort der Ruhe und Sicherheit.

Wenn er durch ein Dorf kam, ging er bewußt langsam und hielt Ausschau, ob irgendwo noch eine Tür offenstand; aber nirgends sah er ein anderes Anzeichen dafür, daß noch jemand wach war, als da und dort ein mattes Licht in einem Fenster. Auf der Straße außerhalb der bewohnten Ortschaften blieb er ab und zu stehen und horchte, ob nicht diese vermaledeite Stimme der Adda endlich zu hören war, aber vergeblich. Er hörte nichts anderes als fernes Hundegeheul, das aus irgendwelchen alleinstehenden Gehöften durch die Nacht tönte, klagend und drohend zugleich. Wenn er sich einem dieser Gehöfte näherte, wurde das Geheul zu einem wütenden Gebell, und wenn er am Tor vorbeiging, hörte und sah er fast, wie das grimmige Tier mit der Schnauze am Torspalt seine Raserei noch verdoppelte, so daß ihm jede Lust verging, anzuklopfen und um Obdach zu bitten. Und vielleicht hätte er sich auch ohne die Hunde nicht dazu entschlossen. ›Was werden sie sagen, wenn ich anklopfe?‹ dachte er. ›Wer da? Was wollt Ihr um diese Zeit? Wie kommt Ihr hierher? Wie ist Euer Name? Gibt's keine Wirtshäuser zum Übernachten? Das ist es, was sie im besten Fall sagen werden. Wenn da nicht gar ein Angsthase schläft, der gleich zu schreien anfängt: Hilfe! Diebe! Man muß sofort etwas Klares antworten können, und was kann ich schon antworten? Wer nachts ein Geräusch hört, denkt immer gleich an Diebe, Spitzbuben, Hinterhalte. Nie denkt man, daß ein Ehrenmann nachts unterwegs sein könnte, es sei denn, er wäre ein Kavalier in der Kutsche.‹

So behielt er sich diesen Schritt für den äußersten Notfall vor und zog weiter in der Hoffnung, die Adda wenn schon nicht zu überschreiten, so wenigstens noch in dieser Nacht zu finden, um nicht am hellichten Tag nach ihr suchen zu müssen.

Er wanderte weiter und gelangte zu einer Stelle, wo das bebaute Land in ein mit Farn und Heidekraut bewachsenes Ödland überging. Das schien ihm zwar kein sicheres Indiz, aber doch ein gewisses Anzeichen für die Nähe eines Flusses zu sein, und so drang er auf einem schmalen Pfad, der zwischen den Sträuchern verlief, weiter vor. Nach ein paar Schritten blieb er stehen und horchte, aber es war noch immer vergeblich. Die Eintönigkeit der Wanderung wurde noch verstärkt durch die Ödheit der Landschaft, in der weder ein Maulbeerbaum noch ein Rebstock noch sonst eines jener Zeichen menschlichen Fleißes zu sehen waren, die ihn bisher fast überall begleitet hatten. Dennoch schritt er weiter voran, und da sich in seinem Geist nun gewisse Bilder zu regen begannen, gewisse Spukgestalten aus den Märchen und Sagen, die er als Kind gehört hatte, sprach er im Gehen, um sie zu verjagen oder zu besänftigen, Bittgebete für die Toten.

Allmählich führte ihn sein Weg durch höheres Buschwerk aus Schlehen, Zwergeichen und Bocksdorn. Nach einem weiteren Wegstück, auf dem er seinen Schritt mehr mit Ungeduld als mit Lust beschleunigt hatte, erblickte er zwischen den Büschen vereinzelte Bäume, und noch ein Stück weiter, immer demselben Pfad folgend, merkte er, daß er in einen Wald gelangte. Er empfand einen leichten Schauder bei dem Gedanken, in ihn einzudringen, überwand sich jedoch und ging zögernd weiter. Doch je tiefer er eindrang, desto größer wurde der Schauder und desto mehr Unbehagen verursachte ihm alles. Die Bäume, die er in der Ferne sah, erschienen ihm als wunderliche, unförmige, monströse Gestalten, der Schatten ihrer leicht schwankenden Wipfel, der sich auf dem da und dort vom Mond beschienenen Pfad bewegte, verstörte ihn, und selbst das Rascheln der welken Blätter, die er beim Gehen zertrat oder zur Seite stieß, hatte in seinen Ohren etwas Unheimliches. Seine

Beine zuckten, als wollten sie jeden Augenblick loslaufen, und gleichzeitig schien es, als hätten sie Mühe, seinen Leib zu tragen. Er fühlte, wie die nächtliche Brise ihm steifer und bösartiger über Stirn und Wangen blies, ihm zwischen die Kleider fuhr bis auf die nackte Haut und sie schrumpeln ließ, ihm schneidend bis ins Mark der übermüdeten Knochen drang und den letzten Rest von Kraft raubte. An einem bestimmten Punkt schien das vage Schaudern, das undeutliche Grauen, mit dem er seit einer Weile kämpfte, ihn zu übermannen. Er war nahe daran, allen Mut zu verlieren, aber noch erschrokkener über sein eigenes Erschrecken als über alles andere, rief er sich die alten Lebensgeister ins Herz zurück und befahl ihnen standzuhalten. So für einen Augenblick neu gestärkt, blieb er stehen, um zu überlegen, und beschloß, auf der Stelle umzukehren, schnurstracks zurückzugehen bis zum letzten Dorf, durch das er gekommen war, sich wieder unter die Menschen zu begeben und eine Unterkunft zu suchen, notfalls auch in einem Wirtshaus. Und wie er so dasteht, ohne sich zu rühren, so daß auch die Blätter unter seinen Füßen nicht mehr rascheln und alles rings um ihn vollkommen still ist, hört er plötzlich ein leises Rauschen, ein Murmeln, ein Plätschern von fließendem Wasser. Er lauscht, ist sicher, und freudig ruft er: »Die Adda!« Es war, wie wenn man einen alten Freund wiederfindet, einen Bruder, einen Retter. Die Müdigkeit war wie weggeblasen, der Puls begann ihm wieder zu schlagen, er fühlte das Blut wieder frei und warm durch seine Adern strömen, fühlte seine Zuversicht wachsen und jene Ungewißheit und Schwere der Dinge, die ihn noch eben so bedrückt hatte, zusehends schwinden, und so zögerte er nicht, immer tiefer in den Wald einzudringen, immer dem freundlichen Rauschen nach.

Bald darauf gelangte er ans Ende des Waldes, an den Rand eines hohen Ufers, und als er durch das dichte Gestrüpp, mit dem es bewachsen war, hinunterblickte, sah er das Wasser glitzern und fließen. Dann hob er den Blick und sah auf der anderen Seite die weite Ebene mit verstreuten Dörfern und dahinter die Hügel, und auf einem der Hügel einen großen weißlichen Fleck, der ihm eine Stadt zu sein schien, sicherlich Bergamo. Er kletterte ein Stück die Böschung hinunter, bog mit den Händen und Armen das Gestrüpp auseinander und spähte hinunter nach einem Boot, das sich auf dem Fluß bewegte, horchte auch auf einen Ruderschlag, aber es war nichts zu sehen oder zu hören. Wäre es ein kleinerer Fluß als die Adda gewesen, hätte Renzo sich sofort durchs Gestrüpp hinuntergestürzt und versucht, ihn zu durchwaten, aber er wußte sehr wohl, daß mit der Adda nicht zu spaßen war.

Darum ging er sehr nüchtern mit sich zu Rate, was jetzt zu tun war. Auf einen Baum zu klettern und zu warten, bis es dämmerte, was vielleicht noch sechs Stunden dauern konnte, bei dieser Brise, diesem Rauhreif und so gekleidet, wie er war, würde mehr als genügen, um ihn wirklich stocksteif werden zu lassen. Die ganze Zeit hin- und herzugehen wäre, abgesehen davon, daß es gegen die Kälte im Freien wenig helfen würde, ein bißchen zuviel verlangt von seinen armen Beinen, die weiß Gott schon mehr als ihre Pflicht getan hatten. Da fiel ihm ein, daß er auf einem der letzten Felder nahe dem Ödland eine jener strohgedeckten, aus Stämmen und Zweigen gebauten und lehmverputzten Hütten gesehen hatte, in denen die Bauern der Gegend im Sommer die Ernte einlagern und die Nacht verbringen, um sie zu bewachen; in den übrigen Jahreszeiten stehen sie leer. Sofort beschloß er, dort zu übernachten. Er begab sich wieder auf den Pfad, durchquerte in umgekehrter Richtung den Wald, das Busch- und das Ödland und ging zu der Hütte. Eine morsche Tür war lose angelehnt, ohne Schloß oder Riegel. Renzo öffnete sie, trat ein und sah ein Weidengeflecht in Form einer Hängematte, das an Bastseilen aufgehängt vor ihm schwebte, aber er machte sich nicht die Mühe hineinzuklettern. Er sah etwas Stroh am Boden liegen und dachte sich, daß auch dort ein Schläfchen sehr köstlich sein würde.

Bevor er sich jedoch auf dieses Bett legte, das die Vorsehung ihm bereitet hatte, kniete er nieder, um ihr für diese Wohltat zu danken wie auch für den ganzen Beistand, den er an diesem schrecklichen Tag von ihr erhalten hatte. Sodann sprach er sein gewohntes Nachtgebet und bat den Herrn auch noch um Vergebung dafür, daß er es am Abend zuvor nicht gesprochen hatte, ja sogar, um es mit seinen Worten zu sagen, daß er wie ein Hund und noch übler schlafen gegangen war. ›Und deshalb‹, fügte er in Gedanken hinzu, während er die Hände ins Stroh stützte und vom Knien zum Liegen überging, ›deshalb war mir dann heute morgen dieses Erwachen beschieden.‹ Er raffte alles Stroh zusammen, das ringsum am Boden lag, machte sich daraus, so gut es ging, eine Decke, um die auch drinnen noch deutlich spürbare Kälte zu mildern, und rollte sich darunter zusammen in der Absicht, einen erquickenden Schlaf zu tun, den er sich, wie er fand, mehr als weidlich verdient hatte.

Doch kaum hatte er die Augen geschlossen, da begann in seinem Gedächtnis oder in seiner Phantasie (den genauen Ort kann ich nicht sagen) ein so massenhaftes und unaufhörliches Kommen und Gehen von Leuten, daß an Schlaf nicht mehr zu denken war. Der Kaufmann, der Kriminalbeamte, die beiden Häscher, der Schwertfeger, der Wirt ›Zum Vollmond‹, Ferrer, der Proviantverweser, die Zechbrüder in der Kneipe, die ganze Meute auf den Straßen und dazu noch Don Abbondio und Don Rodrigo – alles Leute, mit denen Renzo noch ein Hühnchen zu rupfen hatte.

Nur drei Bilder erschienen vor seinem inneren Auge

ohne bittere Erinnerungen, frei von jedem Verdacht und rundum liebenswürdig; vor allem zwei, die, obwohl sehr verschieden, im Herzen des jungen Mannes eng zusammengehörten: ein schwarzer Zopf und ein weißer Bart. Aber auch der Trost, den er empfand, wenn er in Gedanken bei ihnen verweilte, war alles andere als ungetrübt und beruhigend. Wenn er an den guten Pater dachte, schämte er sich um so heftiger seiner Dummheiten, seiner schändlichen Ausschweifung und seiner schnöden Mißachtung der väterlichen Ratschläge, die er von ihm erhalten hatte. Und wenn er an Lucia dachte? Wir wollen gar nicht versuchen zu beschreiben, was er dabei empfand: Der Leser kennt die Umstände, er mag es sich selber vorstellen. Und die arme Agnese, wie hätte er sie vergessen können? Jene Agnese, die ihn ausgewählt, schon als vereint mit ihrer einzigen Tochter gesehen, ihm gegenüber schon, bevor er sie Mutter nannte, die Sprache und die Gefühle einer Mutter angenommen und ihre Fürsorge durch ihre Taten bewiesen hatte. Doch ein weiterer Schmerz und nicht der geringste war der Gedanke, daß diese arme Frau sich nun gerade wegen ihrer so guten Absichten und ihrer mütterlichen Zuwendung aus ihrem Hause vertrieben sah, fast heimatlos, mit ungewisser Zukunft, und daß sie Kummer und Sorgen gerade dort erntete, wo sie sich die Ruhe und Heiterkeit ihrer letzten Lebensjahre erhofft hatte.

Welch eine Nacht, armer Renzo! Dabei sollte sie die fünfte nach seiner Hochzeit sein! Welch ein Schlafzimmer! Welch ein Ehebett! Und nach was für einem Tag! Und was wird der Morgen bringen, was die folgenden Tage? ›Es wird gehen, wie Gott will‹, antwortete er auf die Gedanken, die ihn am meisten bedrückten. ›Wie Gott will. Er weiß, was er tut, und Er wird auch für uns dasein. Möge dies alles als Buße für meine Sünden geschehen. Lucia ist so gut! Er wird sie nicht länger leiden lassen, nicht länger, nicht länger!‹

Mit solchen Gedanken und inzwischen ohne die Hoffnung, noch Schlaf zu finden, während die Kälte immer spürbarer wurde, so daß er nicht umhinkonnte, immer wieder zu zittern und mit den Zähnen zu klappern, sehnte er das Dämmern des Tages herbei und maß ungeduldig das Verrinnen der Zeit. Ich sage *maß*, da er alle halbe Stunde das laut durch die weite Stille hallende Schlagen einer Glocke hörte – ich denke, es muß die von Trezzo gewesen sein. Und als ihm dieser Glokkenschlag das erste Mal in den Ohren tönte, so unerwartet und ohne daß er die geringste Ahnung hatte, woher er kam, klang er für ihn geheimnisvoll und feierlich, wie eine Mahnung, die von einer unsichtbaren Person mit einer unbekannten Stimme kam.

Als jene Glocke endlich die Stunde schlug, die Renzo für den Aufbruch festgesetzt hatte – ungefähr eine Stunde vor Sonnenaufgang –, erhob er sich halb erstarrt, kniete nieder, sprach inbrünstiger als gewöhnlich sein Morgengebet, stand auf, reckte und streckte sich, schüttelte Rumpf und Schultern, wie um seine Glieder zusammenzusetzen, die sich anfühlten, als ob jedes für sich allein wäre, hauchte sich in die Hände und rieb sie aneinander, machte die Tür der Hütte auf und blickte erst einmal nach rechts und links, um sich zu vergewissern, daß niemand da war. Dann schaute er sich nach dem Pfad um, auf dem er in der Nacht gekommen war, fand ihn sofort und machte sich wieder auf den Weg.

Der Himmel versprach einen schönen Tag. Auf der einen Seite stand der Mond, obwohl schon bleich und glanzlos, noch immer klar abgehoben in der unermeßlichen Weite eines graublauen Firmaments, das ganz hinten im Osten langsam in ein rosiges Gelb überging. Darunter, dicht überm Horizont, erstreckten sich in langen ungleichmäßigen Lagen einige Wolken, halb blau, halb schwarzbraun, die niedrigsten am unteren Rande gesäumt von einem schmalen Streifen fast reinen Feuers, der immer heller und blendender wurde. Im Süden begannen andere, leicht und weich aussehende Wolkengebilde in tausend namenlosen Farben zu leuchten: jener lombardische Himmel, der so schön ist, wenn es schön ist, so großartig und so friedlich. Wäre Renzo dort zum Vergnügen gegangen, hätte er sicher aufgeschaut und die Morgendämmerung bewundert, die so anders war als jene, die er aus seinen Bergen kannte; doch er hat nur Augen für seinen Weg und schreitet kräftig aus, um warm zu werden und bald ans Ziel zu gelangen.

Er läßt die Felder, das Ödland, das Buschwerk hinter sich, er geht durch den Wald, schaut hierhin und dahin, lacht und schämt sich gleichzeitig über den Schauder, den er dort wenige Stunden zuvor verspürt hatte. Er steht am Rande der Uferböschung und blickt hinunter, und durch die Zweige sieht er ein Fischerboot, das langsam gegen die Strömung den Fluß heraufkommt, immer dicht am Ufer entlang. Sofort steigt er auf kürzestem Weg durch das Dornengestrüpp hinunter. Er steht am Ufer, ruft leise nach dem Fischer und winkt ihn zu sich mit einer Bewegung, die aussehen soll, als bitte er lediglich um einen kleinen Dienst, die ihm jedoch unversehens zu einer fast flehentlichen gerät. Der Fischer läßt seinen Blick über das Ufer gleiten, späht nach vorn auf das entgegenkommende Wasser, späht nach hinten auf das von ihm wegfließende Wasser, dreht dann den Bug zu Renzo und legt an. Renzo, der fast mit einem Fuß im Wasser steht, packt die Spitze des Bootes, springt hinein und sagt: »Würdet Ihr mir den Dienst erweisen, mich gegen Bezahlung ans andere Ufer zu bringen?« Der Fischer hat den Wunsch schon erraten und den Bug schon gedreht. Renzo sieht am Boden des Bootes ein weiteres Ruder liegen, beugt sich hinunter und greift danach.

»Langsam, langsam«, sagt der Fischer, doch als er sieht, mit welcher Selbstverständlichkeit der junge

Mann das Ruder ergriffen hat und sich anschickt, es zu handhaben, sagt er: »Ah, Ihr seid wohl vom Fach?«

»Ein bißchen«, erwidert Renzo und macht sich mit einer alles andere als dilettantischen Kraft und Gewandtheit ans Werk. Und ohne das Tempo zu vermindern, wirft er immer wieder einen düsteren Blick auf das Ufer, das sie verlassen haben, und dann einen ungeduldigen auf das andere, dem sie sich nähern, und es ärgert ihn sichtlich, daß sie nicht den kürzesten Weg nehmen können, denn die Strömung ist an dieser Stelle zu reißend, um sie gerade zu durchschneiden, und das Boot muß teils mit ihr, teils schräg gegen sie auf die andere Seite hinüberkreuzen. Und wie es bei allen etwas verwickelten Angelegenheiten vorkommt, daß die Schwierigkeiten sich zuerst *en gros* zeigen und dann bei der Durchführung *en détail*, beunruhigt es Renzo jetzt, als er die Adda so gut wie hinter sich hat, daß er nicht sicher weiß, ob sie dort die Grenze bildet oder ob, wenn dieses Hindernis überwunden ist, ihm noch ein weiteres zu überwinden bleibt. So ruft er den Fischer an, deutet mit dem Kinn auf jenen weißlichen Fleck, den er bereits in der Nacht gesehen hatte und der ihm nun viel deutlicher vorkommt, und fragt: »Ist das Bergamo?«

»Die Stadt Bergamo«, antwortet der Fischer.

»Und das Ufer da ist bergamaskisch?«

»Gebiet von San Marco.«

»Hoch lebe San Marco!« ruft Renzo aus. Der Fischer sagt nichts.

Endlich sind sie am anderen Ufer. Renzo springt hinaus, dankt erst Gott im stillen und dann laut dem Fischer, schiebt die Hände in die Taschen, zieht eine Berlinghe hervor, was angesichts der Umstände keine geringe Entlohnung war, und hält sie dem guten Mann hin. Dieser wirft erst noch einen Blick auf das mailändische Ufer sowie den Fluß hinauf und hinunter, streckt dann die Hand aus, nimmt die Münze und steckt sie ein, preßt die Lippen zusammen, legt obendrein noch den Finger darauf, sagt mit einem bedeutsamen Blick: »Gute Reise«, und macht kehrt.

Damit diese so prompte und diskrete Höflichkeit gegenüber einem Unbekannten den Leser nicht allzusehr wundert, müssen wir einfügen, daß der Fischer des öfteren von Schmugglern und Verbannten um ähnliche Dienste gebeten wurde und es gewohnt war, sie zu leisten – nicht wegen der geringen und ungewissen Belohnung, die er dafür erhielt, sondern um sich in jenen Kreisen keine Feinde zu machen. Er leistete solche Dienste immer dann, wenn er sicher sein konnte, daß ihn dabei weder Zöllner noch Häscher oder Spitzel sahen. So versuchte er, ohne der einen Seite mehr als der anderen gewogen zu sein, alle mit jener Unparteilichkeit zu befriedigen, die gewöhnlich denen gegeben ist, die gezwungen sind, mit den einen zu verhandeln und den anderen Rechenschaft abzulegen.

Renzo blieb noch einen Moment am Ufer stehen, um zurückzuschauen auf das Land, das ihm noch eben so sehr unter den Füßen gebrannt hatte. ›Ha, jetzt bin ich wirklich draußen!‹ war sein erster Gedanke. ›Bleib zurück, verfluchtes Land‹, war der zweite, sein Abschiedsgruß an die Heimat. Der dritte jedoch flog zu denen, die er in jenem Lande zurückließ. Da verschränkte er die Arme vor der Brust, stieß einen Seufzer aus, senkte den Blick aufs Wasser, das vor seinen Füßen floß, und dachte: ›Es ist unter der Brücke durchgeflossen!‹ Womit er die Brücke von Lecco meinte, die man in seinem Dorf allgemein so nannte. ›Ah, schurkische Welt! Aber genug – Gottes Wille geschehe!‹

Er kehrte all jenen traurigen Dingen den Rücken und machte sich auf den Weg, wobei er den weißlichen Fleck am Berghang als Orientierungspunkt nahm, bis er jemandem begegnen würde, von dem er sich die richtige Straße zeigen lassen konnte. Und man hätte ihn sehen sollen, mit welcher Unbefangenheit er jetzt auf die Wanderer zuging und ohne Umschweife den Namen des Ortes nannte, in dem sein Vetter wohnte. Von dem ersten, an den er sich wandte, erfuhr er, daß er noch neun Meilen zu gehen hatte.

Es war keine fröhliche Wanderung. Ohne von dem Kummer zu sprechen, den Renzo in sich trug, mußte er auf Schritt und Tritt betrübliche Dinge sehen, die ihn lehrten, daß er auch in diesem Lande die Hungersnot vorfinden würde, die er in seiner Heimat zurückgelassen hatte. Überall an der Straße und mehr noch in den Dörfern und Marktflecken stieß er auf Bettler, die keine Berufsbettler waren und deren Elend sich mehr im Gesicht als an der Kleidung zeigte: Bauern, Bergler, Handwerker, ganze Familien, eingehüllt in ein halblautes Stimmengewirr aus Bitten, Klagen und Seufzern. Dieser Anblick stürzte ihn nicht nur in Mitleid und Schwermut, sondern auch in Gedanken über seine eigene Lage.

›Wer weiß‹, überlegte er, ›ob ich dort ein gutes Auskommen finden werde? Ob es noch genug Arbeit gibt, wie in den vergangenen Jahren? Genug: Bortolo hat mich immer gemocht, er ist ein guter Junge, er hat es zu etwas gebracht und hat mich oft eingeladen, er wird mich nicht im Stich lassen. Und schließlich hat mir die Vorsehung bisher immer geholfen, sie wird mir auch weiter helfen.‹

Unterdessen wurde der Hunger, den er schon seit einiger Zeit verspürte, von Meile zu Meile größer, und obgleich Renzo, als er darauf zu achten begann, das Gefühl hatte, daß er die zwei bis drei Meilen, die ihm noch zu gehen blieben, ohne große Beschwerden würde durchhalten können, dachte er andererseits auch, daß es nicht gut aussehen würde, wenn er wie ein Bettler vor seinen Vetter träte und als erstes riefe: Gib mir etwas zu essen! Er kramte seine ganze restliche Barschaft aus der Tasche, breitete sie auf einem Handteller aus und zählte sie. Es war keine Summe, die viel Arithmetik erforderte, aber es reichte noch gut für ein kleines Mahl. So ging er in eine Gastwirtschaft, um seinen Hunger zu stillen, und als er gezahlt hatte, blieben ihm tatsächlich noch ein paar Soldi.

Beim Hinausgehen sah er am Boden neben der Tür, mehr liegend als sitzend und so, daß er fast über sie gestolpert wäre, zwei Frauen, eine ältere und eine jüngere mit einem Kleinkind, das, nachdem es vergeblich erst an der einen und dann an der anderen Brust gesogen hatte, jämmerlich weinte. Alle drei waren totenblaß, und neben ihnen stand ein Mann, dessen Gesicht und Glieder noch die Spuren einer früheren Stärke erkennen ließen, die durch lange Entbehrung niedergerungen und fast ausgelöscht worden war. Alle drei streckten die Hände zu dem, der da munteren Schrittes und sichtlich gestärkt aus der Wirtschaft kam. Niemand sprach ein Wort, und was hätte eine Bitte auch mehr sagen können?

»Es gibt eine Vorsehung!« sagte Renzo, holte die restlichen Soldi aus der Tasche, legte sie in die Hand, die ihm am nächsten war, und setzte seinen Weg fort.

Die Mahlzeit und die gute Tat – wir bestehen nun einmal aus Leib und Seele – hatten ihn wieder getröstet und alle seine Gedanken heiter gestimmt. Sicher war ihm daraus, daß er sein letztes Geld so spontan weggegeben hatte, mehr Vertrauen in die Zukunft erwachsen, als wenn er zehnmal soviel gefunden hätte. Denn wenn die Vorsehung an jenem Tage als Nothilfe für jene Ärmsten, die da auf der Straße verhungerten, ausgerechnet die letzten Heller eines Fremden ausersehen hatte, eines Flüchtlings, der selber nicht wußte, wovon er leben sollte – wer konnte dann glauben, daß sie denjenigen im Stich lassen würde, dessen sie sich zu diesem Zweck bedient hatte und dem sie ein so lebhaftes, wirkungsvolles und entschiedenes Gefühl für ihre Gegenwart eingeflößt hatte? Dies ungefähr war der Gedankengang des jungen Mannes, nur noch etwas weniger klar, als ich ihn hier auszudrücken vermocht habe. Auf dem letzten Stück Weges erschien ihm, während er abermals über seine Lage nachdachte, alles nicht mehr so schlimm. Die Hungersnot mußte ja irgendwann enden, schließlich gibt es jedes Jahr eine Ernte, und bis dahin hatte er Vetter Bortolo und sein eigenes Talent; außerdem hatte er zu Hause etwas Geld, das er sich sofort schicken lassen würde. Von dem könnte er im schlimmsten Fall leben, bis wieder bessere Zeiten kamen. ›Und wenn wieder bessere Zeiten kommen‹, fuhr er in seinen Gedanken fort, ›dann gibt's auch wieder viel Arbeit: Die Fabrikherren reißen sich um die mailändischen Arbeiter, weil die ihr Handwerk am besten verstehen. Den mailändischen Arbeitern schwillt der Kamm, wer geschickte Leute haben will, muß sie auch bezahlen. Man verdient genug, um mehr als eine Person ernähren zu können und noch etwas beiseitezulegen, also kann ich den Frauen schreiben lassen, daß sie nachkommen sollen... Aber warum eigentlich solange warten? Hätten wir nicht mit dem bißchen, was wir zurückgelegt haben, auch zu Hause den Winter überstanden? Also werden wir ihn auch hier überstehen. Pfarrer gibt's überall. Die beiden lieben Frauen kommen her, es wird ein Hausstand gegründet. Wie schön wird es sein, wenn wir dann alle zusammen hier auf dieser Straße spazierengehen! Wenn wir in einem kleinen Wagen zur Adda fahren und am Ufer eine Brotzeit machen, genau an der Stelle, wo ich gelandet bin, und ich den Frauen die Stelle drüben zeige, wo ich ins Boot gestiegen bin, und das Dornengestrüpp, durch das ich hinuntergeklettert bin, und die Stelle oben, wo ich Ausschau nach einem Boot gehalten hatte.‹

So gelangt er zum Dorf seines Vetters. Als er hineingeht, ja noch bevor er einen Fuß hineingesetzt hat, ist ihm ein außergewöhnlich großes Haus mit mehreren

Reihen außergewöhnlich hoher Fenster aufgefallen, in dem er nun eine Seidenspinnerei erkennt. Er tritt ein und fragt mit lauter Stimme, um das Rauschen des Wassers und Lärmen der Räder zu übertönen, ob hier ein gewisser Bortolo Castagneri wohnt.

»Der Herr Bortolo! Dort ist er.«

›Herr? Gutes Zeichen!‹ denkt Renzo. Er sieht den Vetter und läuft ihm entgegen. Der Vetter dreht sich um und erkennt den Jüngeren, der zu ihm sagt: »Da bin ich.« Ein überraschtes Oh, ein beiderseitiges Arme-Ausbreiten, ein gegenseitiges Um-den-Hals-Fallen. Nach dieser ersten Begrüßung zieht Bortolo seinen Vetter aus dem Lärm der Maschinen und aus den Augen der Neugierigen in einen anderen Raum und sagt zu ihm: »Ich freue mich, dich zu sehen, aber du bist schon ein verflixter Kerl. Wie oft hab ich dich eingeladen, und nie wolltest du kommen, und jetzt kommst du ausgerechnet in einem etwas kritischen Augenblick...«

»Wo ich's dir ja sowieso sagen muß: Ich bin nicht ganz freiwillig gekommen«, sagte Renzo, und in aller Kürze, jedoch nicht ohne tiefe Erregung, erzählte er ihm seine traurige Geschichte.

»Das ist was anderes«, sagte Bortolo. »Armer Renzo, du tust mir leid. Aber du hast auf mich gezählt, und ich werde dich nicht im Stich lassen. Freilich, zur Zeit werden keine Arbeiter gesucht, im Gegenteil, man muß eher sehen, wie man die behält, die man hat, damit sie einem nicht weglaufen und man den Laden dicht machen kann. Aber der Patron hält große Stücke auf mich, und er hat Geld. Unter uns gesagt und ohne mich rühmen zu wollen: einen Großteil davon verdankt er mir. Er hat das Kapital und ich mein bißchen Talent. Ich bin hier der Vorarbeiter, weißt du? Und außerdem bin ich hier, um dir auch das zu sagen, die rechte Hand des Patrons, das sogenannte *Faktotum*. Die arme Lucia Mondella! Ich erinnere mich noch genau an sie, als wäre es gestern gewesen. Ein gutes Mädchen! Immer die Andächtigste in der Kirche. Und wenn man an ihrem kleinen Häuschen vorbeikam... Ich sehe es noch vor mir, das Häuschen, knapp außerhalb des Dorfes, mit einem schönen Feigenbaum, der über die Hofmauer ragte...«

»Nicht, nicht! Reden wir nicht davon!«

»Ich wollte nur sagen, wenn man an diesem Häuschen vorbeikam, hörte man immer die Haspel schnurren, sie schnurrte und schnurrte. Und dieser Don Rodrigo! Jaja, der war auch schon zu meiner Zeit so zugange, aber jetzt treibt er's ja offenbar wie der Teufel – solange Gott ihm die Zügel schießen läßt. Also, wie gesagt, auch hier leidet man ein bißchen Hunger... Apropos, wie steht's mit deinem Appetit?«

»Ich hab erst vor kurzem was gegessen, unterwegs.«

»Und mit dem Geld, wie sieht's da aus?«

Renzo streckte eine Hand aus, führte sie mit der Fläche nach oben an den Mund und blies leicht darüber.

»Macht nichts«, sagte Bortolo, »ich hab was. Und laß dir deswegen keine grauen Haare wachsen, bald wird sich alles wenden, so Gott will, und dann kannst du's mir wiedergeben und wirst auch für dich noch was übrig haben.«

»Ich hab ein bißchen Erspartes zu Hause, das werd' ich mir schicken lassen.«

»Gut, und bis dahin verlaß dich auf mich. Der Himmel ist gütig zu mir gewesen, damit ich Gutes tue, und wenn ich es nicht bei Verwandten und Freunden tue, bei wem sonst?«

»Ich hab's ja gesagt, es gibt eine Vorsehung!« rief Renzo aus und drückte dem guten Vetter dankbar die Hand.

»Also in Mailand haben sie diesen Krawall gemacht«, hob dieser von neuem an. »Mir scheint, die sind ein bißchen verrückt geworden. Jaja, auch wir hier haben schon davon gehört, aber ich möchte, daß du mir alles ganz genau erzählst. Nun, es gibt viel zu reden... Aber hier, verstehst du, hier geht's ruhiger zu, hier werden die Dinge ein bißchen vernünftiger angepackt. Die Stadt hat zweitausend Ladungen Getreide von einem Händler in Venedig gekauft: Es ist zwar Getreide aus der Türkei, aber wenn's darum geht, ob man zu essen hat oder nicht, nimmt man die Dinge nicht so genau. Jetzt höre, was dann passiert ist. Die Statthalter von Verona und Brescia sperren die Durchfahrt und sagen: Hier kommt kein Getreide durch! Und was machen die Bergamasken? Sie schicken den Doktor Lorenzo Torre nach Venedig, einen Advokaten, aber einen richtigen. Er ist sofort hingefahren und vor den Dogen getreten und hat gesagt: Was fällt diesen Herren Statthaltern ein, was ist denn in die gefahren?... Oh, das war eine Rede, sage ich dir! Sie soll so perfekt gewesen sein, daß man sie gleich hätte drucken können. Da sieht man mal, was es heißt, einen Mann zu haben, der reden kann! Sofort erging Befehl, das Getreide durchzulassen, und es nicht nur durchzulassen, sondern ihm auch noch Geleitschutz zu geben, und jetzt ist es auf dem Weg. Und auch an die Landbevölkerung hat man gedacht. Giovanbattista Biava, der Gesandte von Bergamo in Venedig – auch ein tüchtiger Mann –, hat dem Senat zu verstehen gegeben, daß auch auf dem Land Hunger gelitten wird, und da hat der Senat viertausend Scheffel Hirse bewilligt. Auch daraus kann man Brot machen. Und außerdem, soll ich dir was sagen? Wenn wir kein Brot haben, essen wir eben die Wurst allein! Der Himmel ist gütig zu mir gewesen, wie ich schon sagte. Aber jetzt bringe ich dich zu meinem Patron, ich hab ihm schon oft von dir erzählt, er wird dich freundlich empfangen. Er ist ein echter Bergamaske vom alten Schlag, ein Mann mit großem Herzen. Freilich, er hat dich jetzt nicht erwartet, aber wenn er deine Geschichte hört... Außerdem weiß er gute Arbeiter zu schätzen, denn die Hungersnot geht vorüber, aber der Laden muß weiterlaufen. Eins muß ich dir allerdings vorher noch sagen: Weißt du, wie man uns hier nennt, uns aus dem Staate Mailand?«

»Nein, wie?«

»Man nennt uns hier Tröpfe.«

»Das ist aber nicht nett.«

»Aber so ist es nun mal, wer im Mailändischen geboren ist und im Bergamaskischen leben will, muß sich damit abfinden. Für die Leute hier ist es genauso normal, zu einem aus dem Mailändischen Tropf zu sagen wie zu einem Adligen Euer Hochwohlgeboren.«

»Ich denke mir, sie sagen es zu dem, der es sich gefallen läßt.«

»Mein lieber Renzo, wenn du nicht bereit bist, dir alle naselang den Tropf gefallen zu lassen, wirst du hier nicht leben können. Du müßtest die ganze Zeit mit dem Messer in der Hand herumlaufen, und wenn du dann, sagen wir, zwei, drei oder vier Leute niedergestochen hättest, würde schließlich der kommen, der dich niederstäche. Und es wäre doch blöd, mit drei oder vier Morden auf dem Gewissen vor Gottes Richterstuhl zu treten!«

»Und einer aus dem Mailändischen, der hier oben durchaus was drin hat...«, dabei pochte er sich mit dem Zeigefinger an die Stirn, wie er es in der Wirtschaft ›Zum Vollmond‹ getan hatte. »Ich meine, einer, der sein Handwerk versteht?«

»Ganz egal, auch er ist ein Tropf. Weißt du, wie mein Patron von mir spricht, wenn er mit seinen Freunden über mich redet? ›Dieser Tropf ist ein wahrer Gottessegen für mein Geschäft, wenn ich diesen Tropf nicht hätte, wäre ich ganz schön aufgeschmissen.‹ So reden sie hier, so ist es Brauch.«

»Ein dummer Brauch. Und nicht einmal, als sie gesehen haben, was wir können – schließlich sind wir es doch, die das Seidenspinnen hierhergebracht haben und es hier betreiben! –, nicht einmal da haben sie ihn abgeschafft?«

»Bisher nicht, vielleicht tun sie's ja irgendwann mal. Die Jungen vielleicht, die nachwachsen, aber bei den Älteren ist nichts zu machen, die haben sich das so fest angewöhnt, die werden es nicht mehr lassen. Was ist auch schließlich dabei? Da sind doch die Artigkeiten, mit denen unsere lieben Landsleute dich traktiert haben, und erst recht die, mit denen sie dich traktieren wollten, von ganz anderem Kaliber gewesen.«

»Tja, das ist wahr. Wenn es das einzige Übel ist...«

»Eben! Wenn du das begriffen hast, wird alles gut gehen. Komm jetzt zum Patron, und hab keine Angst.«

Tatsächlich ging alles gut und ganz so, wie Bortolo es vorausgesagt hatte, weshalb wir es für unnötig halten, darüber noch zu berichten. Und es war wirklich eine Fügung des Himmels, denn was Renzos Ersparnisse anging, die er zu Hause gelassen hatte, so werden wir nun gleich sehen, inwieweit darauf noch Verlaß war.

Kapitel 18

An jenem selben Tage, dem 13. November, kommt ein Eilbote zum Herrn Podestà von Lecco und überbringt ihm eine Depesche des Herrn Stadthauptmannes von Mailand mit dem Befehl, alle möglichen und zweckdienlichen Nachforschungen anzustellen, um zu ermitteln, ob ein gewisser junger Mann namens Lorenzo Tramaglino, von Beruf Seidenspinner, welcher aus der Gewalt *des vorgenannten hochrühmlichen Herrn Stadthauptmannes* entwichen sei, sich *palam vel clam*, offen oder heimlich in sein Dorf zurückbegeben habe, bei dem zwar *ignotum* sei, um welches es sich genau handle, das aber *gewiß im Gebiet von Lecco liege. Wenn er festgestellt habe, daß der Gesuchte sich dort befinde*, solle besagter Herr Podestà danach trachten, *unter Beachtung der größtmöglichen Sorgfalt* seiner habhaft zu werden und ihn gehörig gefesselt, *scilicet* mit guten Handschellen, in Anbetracht der erwiesenen Unzulänglichkeit von Manschetten bei besagtem Subjekt, ins Gefängnis verbringen und dortselbst unter guter Bewachung festhalten, um ihn denen zu übergeben, die zu seiner Abholung ausgesandt würden. Sowohl positiven wie negativen Falles aber *solle er sich zum Hause des vorgenannten Laurentius Tramalinus begeben und dort, immer mit der gebotenen Sorgfalt, alles der Sache Dienliche, was er vorfinde, sicherstellen; desgleichen solle er Informationen über den üblen Charakter, die Lebensführung und die Komplizen des Betreffenden sammeln* und über alles Gesagte und Getane, Gefundene und nicht Gefundene, Mitgenommene und Dagelassene *aufs sorgfältigste Bericht erstatten.*

Nachdem der Herr Podestà sich nach Menschenmöglichkeit vergewissert hat, daß besagtes Subjekt nicht in sein Dorf zurückgekehrt ist, läßt er den Schulzen besagten Dorfes rufen und sich von ihm, in Begleitung eines Justizbeamten und zahlreicher Häscher, zum angegebenen Hause führen. Das Haus ist verschlossen; der die Schlüssel hat, ist nicht da oder nicht zu finden. Die Tür wird aufgebrochen, man läßt die gebotene Sorgfalt walten, das heißt, man benimmt sich wie in einer im Sturm eroberten Stadt. Die Kunde von dieser glorreichen Unternehmung verbreitet sich wie ein Lauffeuer in der ganzen Gegend; sie gelangt auch zu Pater Cristoforo, der nicht minder bestürzt als bekümmert bei diesem und jenem herumfragt, um etwas Erhellendes über die Hintergründe dieses so unerwarteten Vorfalles zu erfahren, doch er hört nur vage Vermutungen und schreibt umgehend an Pater Bonaventura, von dem er genauere Nachrichten zu bekommen hofft. Derweil werden Renzos Verwandte und Freunde vorgeladen, um auszusagen, was sie über seinen *üblen Charakter* wissen: Tramaglino zu heißen ist plötzlich ein Unglück, eine Schande, ein Verbrechen; das Dorf steht kopf. Nach und nach erfährt man, daß Renzo mitten in Mailand aus den Händen der Justiz entwichen und danach verschwunden sei. Es heißt, er habe etwas sehr Schlimmes verbrochen, aber was, weiß man nicht zu sagen, oder man erzählt es in hundert verschiedenen Versionen. Je schlimmer die Sache klingt, desto weniger Glauben findet sie im Dorf, wo man Renzo als einen braven Burschen kennt. Die meisten nehmen an und raunen einander zu, es müsse sich um eine üble Machenschaft dieses anmaßenden Don Rodrigo handeln, der seinen armen Rivalen ins Verderben stürzen wolle. Woran man wieder einmal sehen kann, daß ein allein auf Mutmaßungen gestütztes Urteil ohne die nötige Kenntnis der Tatsachen manchmal sogar den Schurken sehr unrecht tut.

Wir aber, die wir die Tatsachen kennen, dürfen guten Gewissens behaupten, daß Don Rodrigo, obgleich er diesmal keinen Anteil an Renzos Unglück hatte, sich darüber freute, als ob es sein Werk wäre, und mit seinen Vertrauten darüber frohlockte, besonders mit Graf Attilio. Dieser hätte nach seinen ursprünglichen Plänen um diese Zeit eigentlich schon in Mailand sein sollen, doch bei den ersten Nachrichten von dem Aufruhr und dem Pöbel, der durch die Straßen zog, und das keineswegs in der Haltung, in der man Stockschläge zu bekommen erwartet, hatte er es für besser gehalten, auf dem Lande zu warten, bis wieder Ruhe eingekehrt war. Um so mehr, als er viele beleidigt hatte und darum nicht ohne Grund befürchten mußte, daß manche von denen, die nur aus Ohnmacht geschwiegen hatten, sich durch die neue Lage ermutigt fühlten und den Moment für gekommen hielten, für alles Rache zu nehmen.

Graf Attilio brauchte jedoch nicht lange zu warten: Der aus Mailand ergangene Haftbefehl gegen Renzo war schon ein erstes Anzeichen dafür, daß die Dinge wieder ihren gewohnten Lauf nahmen, und weitere Nachrichten, die fast gleichzeitig eintrafen, gaben ihm positive Gewißheit. Er brach unverzüglich auf, nicht ohne den Vetter noch einmal zu ermuntern, sein Unternehmen fortzuführen und auf Sieg zu setzen, und ihm gleichzeitig zu versprechen, seinerseits sofort etwas zu unternehmen, um ihm den Pater vom Hals zu schaffen, zu welchem Zweck ihm der glückliche Fehltritt seines verhaßten Rivalen sehr gut zupaß kommen müsse.

Kaum war Attilio gegangen, kam der Graue wohlbehalten aus Monza zurück und berichtete seinem Herrn, was er dort in Erfahrung gebracht hatte: daß Lucia in dem und dem Kloster Zuflucht gefunden habe, unter dem Schutz von der und der hochadligen Dame, und daß sie dort immer verborgen bleibe, als ob sie selbst eine Nonne wäre; nie setze sie den Fuß vor das Tor, und sogar den Gottesdiensten in der Kirche wohne sie immer nur hinter einem vergitterten Fenster bei, was vielen mißfalle, weil sie wer weiß was über ihre Abenteuer und ihre Schönheit gehört hatten und gerne selbst einmal einen Blick auf sie geworfen hätten.

Dieser Bericht trieb Don Rodrigo den Teufel in den Leib oder, genauer gesagt, machte den, der bereits in ihm wohnte, noch bösartiger. Die für seinen Plan so günstigen Umstände entflammten seine Leidenschaft immer mehr, das heißt jene Mischung aus Eigensinn, Wut und infamer Laune, aus der seine Leidenschaft bestand. Renzo fort, geflohen, verbannt, vogelfrei, so daß alles gegen ihn erlaubt war und auch seine Braut in gewissem Sinne als Freiwild angesehen werden konnte; der einzige Mensch auf der Welt, der gewillt und imstande war, für ihn Partei zu ergreifen und einen Lärm zu schlagen, der auch noch in weiter Ferne und bei hochgestellten Persönlichkeiten gehört werden könnte – nämlich dieser wutschnaubende Pater –, würde vermutlich auch bald keinen Schaden mehr anrichten können. Und da tauchte nun plötzlich ein neues Hindernis auf, das sich nicht nur all diesen Vorteilen entgegenstellte, sondern sie, so konnte man sagen, nutzlos machte. Ein Kloster in Monza wäre, auch wenn sich dort keine fürstliche Signora befunden hätte, eine zu harte Nuß für Don Rodrigos Zähne gewesen, und so intensiv er seine Phantasie auch um jene Zufluchtsstätte kreisen ließ, er fand kein Mittel, sie aufzubrechen, weder mit List noch mit Gewalt. Er war schon drauf und dran, das Unternehmen aufzugeben, er war schon fast entschlossen, nach Mailand zu gehen, dabei sogar einen Umweg zu machen, um nicht durch Monza zu kommen, und sich in Mailand, umgeben von seinen Freunden, ins Vergnügen zu stürzen, um mit lauter fröhlichen Gedanken diesen einen nur noch quälenden zu vertreiben. Jedoch, jedoch, jedoch: die Freunde! Vorsicht mit den lieben Freunden! Statt der gewünschten Zerstreuung würde er in ihrer Gesellschaft womöglich bloß neues Mißvergnügen finden, denn Attilio hatte sicher schon alles ausposaunt und alle in gespannte Erwartung versetzt. Ständig würde man ihn nach Neuigkeiten von seiner Schönheit aus den Bergen fragen, und dann würde er Rechenschaft ablegen müssen. Er hatte etwas gewollt, er hatte etwas versucht, und was hatte er erreicht? Er hatte eine Verpflichtung auf sich genommen, eine nicht sehr edle, zugegeben, aber was soll's, man kann seine Launen nicht immer beherrschen, das Entscheidende ist, sie zu befriedigen. Und wie hatte er sich dann dieser Verpflichtung entledigt? Indem er vor einem Bauernbengel und einem Mönch in die Knie gegangen war! Uh! Und als dann ein unerwarteter Glücksfall, ohne daß dieser Nichtsnutz einen Finger zu rühren brauchte, einen der beiden aus dem Verkehr gezogen hatte und ein geschickter Freund den anderen, da hatte er die Gelegenheit nicht zu nutzen gewußt, sondern sich feige aus der Sache zurückgezogen. Das reichte, um nie wieder im Kreise der Ehrenmänner den Blick erheben zu können, es sei denn, er wollte jeden Moment zum Degen greifen. Und außerdem, wie könnte er jemals wieder auf diesen Landsitz zurückkehren und hier bleiben? Hier, wo er außer der ständigen quälenden Erinnerung an seine Leidenschaft die Schmach eines fehlgeschlagenen Streiches würde ertragen müssen? Hier, wo der öffentliche Haß auf ihn immer mehr zunehmen und das Ansehen seiner Macht immer mehr abnehmen würden? Hier, wo er in den Zügen eines jeden Halunken, auch mitten zwischen allen Verbeugungen, ein hämisches »Na, hast du's runtergeschluckt, hat's geschmeckt?« würde lesen können? Die Straße der Ruchlosigkeit ist breit, bemerkt unsere Handschrift an dieser Stelle, aber das heißt nicht, daß sie bequem wäre. Sie hat ihre eigenen Hindernisse und holprigen Stellen, sie ist auf weite Strecken beschwerlich und ermüdend, obwohl sie bergab geht.

Don Rodrigo, der diese Straße weder verlassen noch zurückgehen noch auf ihr stehenbleiben wollte und nicht allein weitergehen konnte, hatte freilich eine Idee, wie er ans Ziel gelangen konnte. Nämlich mit Hilfe eines Mannes, dessen Hände oft weiter reichten als die Blicke der anderen; eines Mannes oder auch Teufels, für den die Schwierigkeit eines Unternehmens oft überhaupt erst der Anreiz war, es zu wagen. Allerdings hatte diese Lösung auch ihre Unannehmlichkeiten und Risiken, die um so größer waren, als sie sich nicht kalkulieren ließen. Denn niemand konnte wissen, wie weit man gehen mußte, wenn man sich einmal mit jenem Manne eingelassen hatte, der gewiß ein mächtiger Helfer war, aber auch ein ebenso skrupelloser und gefährlicher Condottiere.

Solche Gedanken hielten Don Rodrigo mehrere Tage lang in der Schwebe zwischen einem Ja und einem Nein, die er beide mehr als unbefriedigend fand. Dann kam ein Brief von seinem Vetter, der ihm schrieb, daß die Sache gut eingefädelt worden sei. Und kurz nach dem Blitz krachte der Donner, soll heißen: eines schönen Morgens hörte man, daß Pater Cristoforo das Kloster in Pescarenico verlassen habe. Dieser so rasche und schöne Erfolg und der Brief Attilios, der ihm viel Mut machte und zugleich viel Hohn und Spott androhte, ließen Don Rodrigo immer deutlicher zu der riskanten Lösung neigen. Den letzten Ausschlag gab die unerwartete Nachricht, daß Agnese in ihr Dorf zurückgekehrt sei – ein Hindernis weniger in Lucias Nähe. Erklären wir, wie es zu diesen beiden Ereignissen kam, und beginnen wir mit dem zweiten.

Die beiden armen Frauen hatten sich kaum in ihrem Zufluchtsort eingerichtet, da verbreitete sich in Monza und folglich auch im Kloster die Nachricht von dem großen Krawall in Mailand; und dieser Hauptnachricht folgte eine endlose Reihe von ständig neuen und wechselnden Einzelheiten. Die Schaffnerin, die von ihrer Wohnung aus ein Ohr auf die Straße und eins ins Kloster halten konnte, trug Neuigkeiten von da und dort zusammen und teilte sie ihren Gästen mit. »Zwei, sechs, acht, vier, sieben haben sie ins Gefängnis gesteckt. Sie sollen gehängt werden, teils vor dieser Krückenbäckerei, teils am Ende der Straße, an der das Haus des Proviantverwesers steht... Ei, ei, hört euch das an: Einer von ihnen ist entwischt, einer aus Lecco oder aus der Gegend dort. Den Namen weiß ich nicht, aber es wird schon noch jemand vorbeikommen, der ihn mir sagt. Dann sehen wir, ob ihr ihn kennt.«

Diese Nachricht, verbunden mit dem Umstand, daß Renzo genau an jenem verhängnisvollen Tag in Mailand eingetroffen sein mußte, stürzte die Frauen, vor allem Lucia, in eine gewisse Unruhe. Doch man stelle sich vor, was geschah, als die Schaffnerin ihnen dann sagte: »Er ist genau aus eurem Dorf, der da entwischt ist, um nicht gehängt zu werden: ein Seidenspinner namens Tramaglino. Kennt ihr ihn?«

Der armen Lucia, die gerade über irgendeiner Stikkerei saß, fiel die Arbeit aus der Hand. Sie erbleichte und verfärbte sich derart, daß es die Schaffnerin sicher bemerkt hätte, wenn sie näher bei ihr gewesen wäre. Doch sie stand auf der Türschwelle mit Agnese, die zwar gleichfalls erschrocken war, sich aber nichts anmerken ließ und, um irgend etwas zu sagen, erwiderte, in einem kleinen Dorf kenne jeder jeden und sie kenne ihn schon, könne sich aber nicht vorstellen, wie ihm so etwas zustoßen konnte, denn er sei ein bedächtiger junger Mann. Dann fragte sie, ob er wirklich entkommen sei und wohin.

»Entkommen ist er, das sagen alle. Wohin, weiß man nicht. Kann sein, daß sie ihn noch kriegen, kann sein, daß er in Sicherheit ist. Aber wenn sie ihn kriegen, dann wird euer bedächtiger junger Mann...«

Hier wurde die Schaffnerin zum Glück hinausgerufen und eilte davon. Man kann sich vorstellen, in welcher Verfassung Mutter und Tochter zurückblieben. Mehrere Tage mußten sie in dieser Ungewißheit verharren, ohne etwas anderes tun zu können, als sich über das Wie und Warum und die Folgen jenes schmerzlichen Vorfalls den Kopf zu zerbrechen und jede für sich oder, wenn es ging, leise miteinander die schrecklichen Worte der Schaffnerin zu besprechen.

An einem Donnerstag endlich kam ein Mann zum Kloster, der Agnese sprechen wollte. Er war ein Fischhändler aus Pescarenico, der wie gewöhnlich an diesem Tage nach Mailand fuhr, um seine Ware abzusetzen, und den der gute Pater Cristoforo gebeten hatte, wenn er durch Monza komme, einen Sprung zum Kloster zu machen, die Frauen von ihm zu grüßen, ihnen zu erzählen, was man von Renzos traurigem Fall wußte, ihnen Geduld und Gottvertrauen anzuempfehlen und ihnen zu sagen, daß er, der arme Mönch, sie gewiß nicht vergessen werde; er werde Ausschau nach einer Gelegenheit halten, ihnen zu helfen, und bis dahin werde er sie jede Woche auf diesem Wege oder einem anderen über das, was er Neues gehört habe, auf dem laufenden halten. Was Renzo anging, wußte der Bote nichts Neues und Sicheres zu berichten, abgesehen von der Durchsuchung seines Hauses und den Nachforschungen, um seiner habhaft zu werden, aber die seien alle ohne Ergebnis geblieben, und man wisse zuverlässig, daß er sich wohlbehalten ins Bergamaskische habe retten können. Diese Gewißheit war natürlich Balsam für Lucia. Von nun an flossen ihre Tränen leichter und nicht mehr so bitter, sie empfand größeren Trost, wenn sie der Mutter ihr Herz ausschüttete, und in alle ihre Gebete mischte sich ein Schuß Dankbarkeit.

Gertrude ließ sie häufig in ihr privates Sprechzimmer kommen und behielt sie manchmal lange da, denn sie mochte die Arglosigkeit und Herzensgüte der Ärmsten und genoß es, von ihr immer wieder mit Dankes- und Segensworten überschüttet zu werden. Sie erzählte ihr auch vertraulich einen Teil (den reinen Teil) ihrer Geschichte und was sie alles erlitten hatte, um hier nun weiter zu leiden, und so verwandelte sich Lucias zuerst mißtrauische Verwunderung allmählich in Mitleid; fand sie doch in dieser Geschichte mehr als hinlängliche Gründe, die das etwas Seltsame im Benehmen ihrer Wohltäterin erklärten, zumal wenn sie die Lehre ihrer Mutter über den Geisteszustand der großen Herrschaften hinzunahm. Sosehr sich Lucia indessen gedrängt fühlte, das Vertrauen, das ihr Gertrude bewies, zu erwidern, kam es ihr doch nicht einmal für einen Augenblick in den Sinn, mit ihr über ihre neuesten Sorgen und Nöte zu sprechen und ihr zu sagen, wer jener flüchtige Seidenspinner war, denn sie wollte auf keinen Fall riskieren, ein so schmerzliches und skandalöses Gerücht zu verbreiten. Sie vermied auch, so gut sie konnte, auf Gertrudes neugierige Fragen über die Vorgeschichte ihrer Verlobung zu antworten; dies allerdings nicht aus Vorsicht, sondern aus einem anderen Grund: Der armen Unschuld erschien diese Geschichte peinlicher und schwieriger zu erzählen als alles, was sie von der Signora gehört hatte und jemals glaubte hören zu können. Die Geschichten der Signora handelten von Tyrannei, Arglist und Leiden, von häßlichen und schmerzhaften Dingen, über die man jedoch sprechen konnte; durch ihre Geschichte zog sich ein Thema, ein Gefühl, ein Wort, das ihr, wenn sie von sich sprach, unaussprechlich erschien und für das sie nie eine Umschreibung gefunden hätte, die ihr nicht schamlos vorgekommen wäre: Liebe!

Manchmal wurde Gertrude fast ärgerlich über diese Zurückhaltung, aber es sprach daraus soviel Liebreiz, soviel Achtung, soviel Dankbarkeit und auch Vertrauen! Manchmal mißfiel ihr diese so scheue und zarte Schamhaftigkeit vielleicht noch aus einem anderen Grunde, aber das alles verlor sich in der Süße eines Gedankens, der ihr beim Anblick Lucias immer wieder kam: ›Dieser hier tue ich etwas Gutes!‹ Und das war kein falscher Gedanke, denn neben der Zuflucht, die sie ihr bot, waren diese vertrauten Gespräche und familiären Liebkosungen kein geringer Trost für Lucia. Einen weiteren fand sie in regelmäßiger Arbeit, und oft bat sie, man solle ihr etwas zu tun geben. Auch wenn sie ins Sprechzimmer kam, brachte sie stets irgendeine Näharbeit mit, um ihre Hände in Bewegung zu halten. Aber – wie sich die schmerzlichen Gedanken doch überall eindrängen! – wenn sie dann nähte und nähte, was für sie fast eine neue Beschäftigung war, kam ihr immer wieder ihre Haspel in den Sinn, und im Gefolge der Haspel so vieles andere!

Am zweiten Donnerstag kam der Fischhändler wieder und überbrachte Grüße von Pater Cristoforo sowie die Bestätigung von Renzos geglückter Flucht. Genauere Nachrichten über Renzos Mißgeschick gab es keine; denn wie wir schon sagten, hatte der Kapuziner gehofft, sie von seinem Mailänder Mitbruder zu erhalten, dem er Renzo empfohlen hatte; der aber hatte geantwortet, daß er weder den jungen Mann noch den Brief gesehen habe. Es sei zwar einer vom Lande gekommen, um ihn zu sprechen, aber da er ihn nicht vorgefunden habe, sei der Betreffende wieder gegangen und nicht noch einmal erschienen.

Am dritten Donnerstag ließ sich niemand blicken, was für die armen Frauen nicht nur den Entzug eines sehnlich erwarteten Trostes bedeutete, sondern auch, wie es für die Bekümmerten und Bedrängten jede Kleinigkeit tun kann, einen Anlaß zu neuer Besorgnis und hundert quälenden Befürchtungen. Agnese hatte schon früher daran gedacht, einen kurzen Besuch in ihrem Hause zu machen, um nach dem Rechten zu sehen; als der versprochene Bote nicht erschienen war, beschloß sie es nun. Für Lucia war es nicht leicht, sich vom Rock der Mutter zu lösen, aber der dringende Wunsch, etwas zu erfahren, und die Sicherheit, die sie in jener so wohlbehüteten und geweihten Zufluchtsstätte fand, siegten über ihr Widerstreben. So wurde beschlossen, daß Agnese am folgenden Tag hinausgehen sollte, um auf der Straße den Fischhändler zu erwarten, der auf dem Rückweg von Mailand vorbeikommen mußte, und ihn zu bitten, sie auf seinem Wagen in ihre Berge mitzunehmen. Sie traf ihn tatsächlich und fragte ihn, ob ihm Pater Cristoforo keine Botschaft für sie mitgegeben habe. Der Fischhändler sagte, er sei den ganzen Tag vor der Abfahrt beim Fischen gewesen und habe nichts von dem Pater gehört. Agnese mußte ihn nicht lange um die Gefälligkeit bitten, die sie sich wünschte. Sie eilte zurück ins Kloster, verabschiedete sich von der Signora und von ihrer Tochter, was nicht ohne Tränen abging, versprach, so bald wie möglich von sich hören zu lassen und rasch wiederzukommen, und fuhr davon.

Während der Fahrt ereignete sich nichts Besonderes. Sie verbrachten einen Teil der Nacht wie gewöhnlich in einem Wirtshaus, brachen vor Tagesanbruch wieder auf und trafen zu guter Stunde in Pescarenico ein. Agnese stieg auf dem Platz vor dem Kloster ab, dankte ihrem Fahrer mit vielen »Vergelt's Gott« und wollte, da sie schon einmal da war, bevor sie in ihr Dorf ging, ihren guten Pater und Wohltäter sehen. So läutete sie an der Klosterpforte, und wer öffnen kam, war Fra Galdino, der mit den Nüssen.

»Oh, gute Frau, welcher Wind hat Euch hergeweht?«

»Ich komme, um mit Pater Cristoforo zu sprechen.«

»Pater Cristoforo? Der ist nicht da.«

»Ach! Wird er lange fort sein?«

»Tja...«, sagte der Mönch, hob die Schultern und zog den geschorenen Kopf in die Kapuze zurück.

»Wo ist er hingegangen?«
»Nach Rimini.«
»Wohin?«
»Nach Rimini.«
»Wo ist denn das?«
»Hmm...«, machte der Mönch und fuhr mit der waagrecht ausgestreckten Hand durch die Luft, um eine große Entfernung anzudeuten.
»Ach je! Warum ist er denn so plötzlich abgereist?«
»Weil es der Pater Provinzial so gewollt hat.«
»Und wieso wird er weggeschickt, wo er doch hier soviel Gutes getan hat? O Herr im Himmel!«
»Wenn die Oberen über ihre Befehle Rechenschaft ablegen müßten, wo bliebe dann der Gehorsam, gute Frau?«
»Jaja, aber... das ist mein Verderben!«
»Wißt Ihr, wie es gewesen sein wird? Sie werden in Rimini einen guten Prediger gebraucht haben – wir haben zwar überall welche, aber manchmal wird eben ein ganz bestimmter gebraucht –, und da hat der dortige Pater Provinzial an den hiesigen Pater Provinzial geschrieben und ihn gefragt, ob er einen Untergebenen mit den und den Fähigkeiten hat, und da hat der hiesige Pater Provinzial gesagt: Das ist was für Pater Cristoforo. Ja, so wird es gewesen sein, seht Ihr?«
»O weh! Und wann ist er abgereist?«
»Vorgestern.«
»Da haben wir's! Wär' ich doch nur meiner inneren Stimme gefolgt und ein paar Tage früher gekommen! Und weiß man nicht, wann er wieder da sein kann? So ungefähr?«
»Ach, gute Frau! Das weiß nur der Pater Provinzial, wenn er's weiß. Wenn einer von unseren Predigern erst mal ausgeflogen ist, kann man nicht voraussehen, auf welchem Zweig er sich niederlassen wird. Sie werden mal da und mal dort gebraucht, und wir haben Klöster

in allen Teilen der Welt. Angenommen, Pater Cristoforo macht in Rimini großen Eindruck mit seiner Fastenpredigt – denn er predigt nicht immer nur aus dem Stegreif, wie er's hier vor den Fischern und Bauern getan hat, für die Kanzeln in der Stadt hat er schöne geschriebene Predigten, und die sind vom Feinsten. Der Ruf dieses großen Predigers verbreitet sich dort in der Gegend, und er wird aus... aus was weiß ich wo angefordert. Also muß er da hingeschickt werden, denn wir leben ja von der Mildtätigkeit aller Welt, und da ist es nur billig, daß wir aller Welt dienen.«

»O weh, o weh!« jammerte Agnese von neuem. »Was soll ich bloß tun ohne diesen Mann? Er war für uns wie ein Vater! Wir sind verloren!«

»Hört, gute Frau. Pater Cristoforo war gewiß ein hervorragender Mann, aber wir haben noch andere, die auch sehr fähig und liebevoll sind und ebensogut mit den hohen Herren wie mit den armen Leuten umgehen können. Wollt Ihr zu Pater Anastasio? Oder zu Pater Girolamo? Oder zu Pater Zaccaria? Das ist ein tüchtiger Mann, der Pater Zaccaria, glaubt mir. Laßt Euch nicht davon abschrecken, wie es manche Dummköpfe tun, daß er so schmächtig ist und ein so dünnes Stimmchen hat und ein so kümmerliches Bärtchen. Ich rede ja nicht vom Predigen, jeder hat seine Gaben, aber um Ratschläge zu erteilen, da ist er genau der richtige Mann, versteht Ihr?«

»Oh, ich bitte Euch!« rief Agnese mit jener Mischung aus Dankbarkeit und Ungeduld, die wir bei einem Anerbieten empfinden, in welchem wir eher den guten Willen anderer als eine wirkliche Hilfe für uns erkennen. »Was liegt mir daran zu wissen, wie gut oder nicht gut ein anderer ist, wenn der arme Mann, der jetzt nicht mehr da ist, genau derjenige war, der unsere Angelegenheiten am besten kannte und alles schon vorbereitet hatte, um uns zu helfen?«

»Dann müßt Ihr Euch eben gedulden.«

»Das weiß ich, danke«, antwortete Agnese. »Entschuldigt die Störung.«

»Ihr habt nicht gestört, gute Frau. Es tut mir leid für Euch. Und wenn Ihr Euch entschließen könnt, einen unserer Patres aufzusuchen: Das Kloster ist hier und rührt sich nicht vom Fleck. Ach übrigens, ich werde mich bald einmal sehen lassen, wegen der Olivensammlung.«

»Gehabt Euch wohl«, sagte Agnese und machte sich niedergeschlagen, verwirrt und bestürzt wie ein Blinder, der seinen Stock verloren hat, auf den Weg in ihr Dorf.

Da wir etwas besser informiert sind als Fra Galdino, können wir sagen, wie es sich wirklich zugetragen hatte. Kaum in Mailand eingetroffen, war Attilio, wie er Don Rodrigo versprochen hatte, zu ihrem gemeinsamen Onkel gegangen, der im Geheimen Rat saß. (Der Geheime Rat war ein dreizehnköpfiges Konsilium aus Roben- und Schwertträgern, das heißt aus Angehörigen des Richter- und des Kriegerstandes, das den Gouverneur beriet und im Falle seines Todes oder seiner Versetzung zeitweilig die Regierungsgeschäfte führte.) Dieser gräfliche Onkel oder Onkel Graf, wie er auch genannt wurde, Robenträger und einer der Ältesten des Rates, genoß dort einiges Ansehen, doch in der Kunst, es zur Geltung zu bringen und sich durchzusetzen, war er ohnegleichen. Ein doppelsinniges Reden, ein vielsagendes Schweigen, eine halbe Andeutung, ein Augenzwinkern, um zu sagen: »Ich kann jetzt nichts sagen«, ein Schmeicheln, ohne etwas zu versprechen, ein Drohen mit liebenswürdiger Miene – alles diente ihm zu diesem Zweck und alles geriet ihm mehr oder minder zum Erfolg. Sogar die Worte: »In dieser Sache kann ich nichts tun«, die er manchmal ganz wahrheitsgetreu sagte, aber so, daß sie ihm keiner glaubte, trugen noch dazu bei, die Vorstellung von seiner Macht und damit diese selbst zu vergrößern. Es war wie bei jenen Dosen, die man zuweilen noch in Apotheken sieht, auf denen außen ein paar arabische Wörter geschrieben stehen, die aber innen gar nichts enthalten und nur dazu dienen, das Ansehen der Apotheke zu festigen.

Das Ansehen des gräflichen Onkels, das über lange Zeit stetig, aber immer nur in sehr kleinen Schritten gestiegen war, hatte vor kurzem, dank einer außergewöhnlichen Gelegenheit, einen, wie man so sagt, Riesensatz getan, nämlich dank einer Dienstreise in besonderer Mission an den Hof nach Madrid. Was für einen Empfang man ihm dort bereitet hatte, müßte man ihn selber erzählen hören. Um nur soviel zu sagen: Der Conde-Duque hatte ihn mit besonderer Aufmerksamkeit behandelt und ins Vertrauen gezogen, wobei er so weit ging, ihn einmal in Gegenwart, man kann sagen: des halben Hofes zu fragen, wie ihm Madrid gefalle, und ihm ein andermal unter vier Augen in einer Fensternische zu sagen, daß der Dom zu Mailand das größte Gotteshaus in den Staaten des Königs sei.

Nachdem Attilio den Onkel begrüßt und ihm die Grüße des Vetters ausgerichtet hatte, sagte er mit einer ernsten Miene, die er in gewissen Momenten aufzusetzen vermochte: »Ich glaube, meine Pflicht zu tun, ohne Rodrigos Vertrauen zu mißbrauchen, wenn ich Herrn Oheim über eine Angelegenheit unterrichte, die, wenn Ihr nicht eingreift, ernste Folgen haben kann...«

»Wieder mal eine von seinen Dummheiten, nehme ich an.«

»Der Gerechtigkeit halber muß ich sagen: Diesmal ist er nicht im Unrecht. Aber er ist sehr aufgebracht, und wie ich schon sagte, nur Ihr könntet...«

»Na schauen wir mal, schauen wir mal.«

»Es gibt da in der Gegend einen Kapuzinerpater, der es auf Rodrigo abgesehen hat, und die Sache ist an einen Punkt gelangt, der...«

»Wie oft habe ich euch gesagt, euch allen beiden, daß man die Patres in Ruhe lassen soll? Es genügt schon, was sie denen zu schaffen machen, die gezwungen sind... deren Aufgabe es ist...« Er stieß schnaubend die Luft aus. »Aber ihr, die ihr ihnen ausweichen könnt...«

»Herr Oheim, in diesem Fall ist es meine Pflicht, Euch zu sagen, daß Rodrigo ausgewichen wäre, wenn er gekonnt hätte. Aber dieser Pater hat es auf ihn abgesehen, er legt es darauf an, ihn auf jede Art zu provozieren...«

»Was zum Teufel hat denn dieser Pater gegen meinem Neffen?«

»Erstens ist er ein aufsässiger Geist, als solcher bekannt in der Gegend, und er setzt seine ganze Kraft darein, sich mit dem Adel anzulegen. Und zweitens protegiert er – oder dirigiert er, was weiß ich? – ein dortiges Bauernmädel, und er hegt für die Kleine eine Nächstenliebe, eine Nächstenliebe, die... ich sage nicht eigensüchtig, aber doch sehr eifersüchtig, argwöhnisch und reizbar ist.«

»Verstehe«, sagte der Onkel Graf, und auf seinem Gesicht, in das die Natur eine gewisse Tölpelhaftigkeit gemalt hatte, die dann verschiedentlich mit Politik verdeckt und übertüncht worden war, blitzte ein Funke von Bosheit auf, der sich dort ganz vorzüglich ausnahm.

»Seit einiger Zeit nun«, fuhr Attilio fort, »hat dieser Pater sich in den Kopf gesetzt, daß Rodrigo ich weiß nicht was für Augen auf diese...«

»In den Kopf gesetzt, in den Kopf gesetzt! Ich kenne ihn auch ein bißchen, den Herrn Don Rodrigo! Da braucht's einen besseren Anwalt als dich, mein Lieber, um ihn in diesem Punkt reinzuwaschen!«

»Herr Oheim, daß Rodrigo vielleicht mal einen Scherz mit der Kleinen gemacht hat, wenn er ihr auf der Straße begegnet ist, das will ich ja gerne glauben: Er ist jung und schließlich kein Kapuziner. Aber das sind Lappalien, mit denen ich Euch niemals behelligen würde. Das Ernste an der Sache ist, daß dieser Pater angefangen hat, über Rodrigo wie über einen gemeinen Halunken zu sprechen, er hetzt das ganze Dorf gegen ihn auf...«

»Und die anderen Patres?«

»Die halten sich raus, weil sie ihn als einen Hitzkopf kennen und vor Rodrigo großen Respekt haben. Andererseits hat aber dieser Pater großes Ansehen bei den Bauern, weil er auch den Heiligen spielt, und...«

»Ich nehme an, er weiß nicht, daß Rodrigo mein Neffe ist.«

»Und ob er das weiß! Das macht ihn ja gerade erst richtig heiß.«

»Was? Wie?«

»Jawohl, es macht ihm besondere Freude – das sagt er selber dauernd –, es gerade einem wie Rodrigo zu zeigen, weil Rodrigo einen so hochangesehenen natürlichen Beschützer wie Euch habe und weil er, dieser Mönch, über die Großen der Welt und die Politiker nur lachen könne, da der Strick des heiligen Franz auch die Schwerter binde...«

»Oh, dieser unverschämte Mönch! Wie heißt er?«

»Fra Cristoforo aus ***«, sagte Attilio, und der Onkel Graf, der ein kleines Notizbuch aus einer Tischschublade gezogen hatte, notierte sich unter heftigem Schnauben den Namen. Derweil fuhr Attilio fort: »Er war schon immer so unverschämt gewesen, man kennt seinen Lebenslauf. Er war ein Mensch von niederer Herkunft, der ein bißchen Geld geerbt hatte und mit den Adligen seines Ortes konkurrieren wollte. Und in seiner Wut darüber, daß er sie nicht alle ausstechen konnte, hat er dann einen von ihnen erstochen. Woraufhin er, um der Strafe zu entgehen, ins Kloster ging.«

»Na bravo! Wunderbar! Schauen wir mal, schauen wir mal«, sagte der Onkel Graf unter weiterem Schnauben.

»Und jetzt«, fuhr Attilio fort, »ist er wütender denn je, weil sich ihm ein Plan zerschlagen hat, an dem ihm sehr viel gelegen war, und daran könnt Ihr sehen, was für ein Mensch er ist: Er wollte diese seine Kreatur verheiraten, sei's um sie den Gefahren der Welt zu entheben – Ihr versteht, was ich meine – oder aus sonst einem Grund. Jedenfalls wollte er sie unbedingt verheiraten, und er hatte auch schon den... den passenden Mann gefunden: ebenfalls eine seiner Kreaturen, ein Subjekt, dessen Namen Ihr vielleicht schon gehört habt, denn ich bin sicher, daß der Geheime Rat sich mit ihm schon befassen mußte.«

»Wer ist es?«

»Ein Seidenspinner, Lorenzo Tramaglino, derselbe, der...«

»Lorenzo Tramaglino!« rief der Onkel Graf. »Na bravo! Na großartig, Pater! Sicher... es stimmt... er hatte einen Brief für einen... Nur schade, daß... Aber egal, jetzt ist alles klar. Und warum hat mir Rodrigo nichts von alledem gesagt? Warum läßt er die Dinge so weit kommen und wendet sich nicht an den, der ihm Rat und Hilfe zu geben weiß?«

»Ich will auch hierin die Wahrheit sagen«, antwortete Attilio. »Zum einen weiß er, wie viele Dinge, wie viele Sorgen seinem Herrn Oheim ständig durch den Kopf gehen« (der Herr Oheim faßte sich schnaubend an den Kopf, wie um die große Mühe anzudeuten, die es ihn kostete, all diese vielen Dinge zusammenzuhalten), »und daher hatte er Skrupel, ihm noch eine weitere Sorge hinzuzufügen. Und zum anderen – ich will alles sagen, soweit ich es verstanden habe – ist er so aufgebracht, so außer sich, so ganz außer Rand und Band über die Gemeinheiten dieses Paters, daß er mehr Lust hat, sich sein Recht selber in einer summarischen Weise zu verschaffen, als es auf regulärem Wege durch die Klugheit und den Arm des Herrn Oheims zu erhalten. Ich habe versucht, ihn zu mäßigen, aber als ich sah, daß sich die Sache zum Üblen wendete, hielt ich es für meine Pflicht, den Herrn Oheim über alles ins Bild zu setzen, da er schließlich das Oberhaupt der Familie und die Säule des Hauses ist...«

»Du hättest besser schon eher davon gesprochen.«

»Das stimmt, aber ich hatte immer gehofft, daß sich die Sache von selber erledigen würde oder daß dieser Pater noch zur Vernunft kommt, oder daß er vielleicht dieses Kloster verläßt, wie es ja öfter vorkommt bei diesen Mönchen, die mal hier und mal da sind, und dann wäre alles vorbei. Aber...«

»Jetzt ist es an mir, das in Ordnung zu bringen.«

»Das habe ich mir auch gedacht. Ich habe mir gesagt: Der Herr Oheim mit seiner Umsicht und seiner Autorität wird einen Weg finden, den Skandal zu vermeiden und Rodrigos Ehre zu retten, die ja auch die seine ist. Dieser Pater, habe ich mir gesagt, hat es immer mit dem Strick des heiligen Franz gehalten, aber um diesen Strick richtig anzuwenden, muß man ihn nicht um den Leib tragen. Ihr verfügt über hundert Mittel, die ich nicht kenne. Ich weiß, daß der Pater Provinzial große Stücke auf Euch hält, was ja nur recht und billig ist, und da denke ich mir, wenn Ihr glaubt, daß es in diesem Falle das Beste wäre, diesem aufsässigen Mönchlein eine kleine Luftveränderung zu verschreiben, dann könnte er mit zwei Worten...«

»Überlaß das Denken den dafür Zuständigen, mein Lieber«, sagte der alte Graf etwas schroff.

»O ja, natürlich!« rief Attilio mit einem mißbilligenden Kopfschütteln und einem mitleidigen Lächeln über sich selbst. »Wer bin ich, daß ich dem Herrn Oheim Ratschläge zu erteilen hätte? Aber es war meine brennende Sorge um den guten Ruf der Familie, die mich so hat reden lassen. Und ich fürchte auch, daß ich noch etwas anderes angerichtet habe«, fügte er mit nachdenklicher Miene hinzu. »Ich fürchte, daß ich Rodrigo Unrecht getan habe, indem ich Euch eine falsche Meinung über ihn habe annehmen lassen. Ich wäre untröstlich, wenn Ihr aufgrund meiner Worte nun glaubtet, Rodrigo habe Euch gegenüber nicht das uneingeschränkte Vertrauen und die uneingeschränkte Ergebenheit, die er haben müßte. Glaubt mir, Herr Oheim, in diesem Fall ist er wirklich...«

»Ach geh! Was denn für ein Unrecht, ihr beide tut doch einander kein Unrecht! Ihr bleibt doch immer die besten Freunde, solange nicht einer von euch mal vernünftig wird. Liederjane seid ihr, alle beide, Liederjane, die immerzu irgendwas anstellen, und ich muß es dann wieder ausbügeln... Oh, ihr bringt mich noch dazu, etwas Unbedachtes zu sagen, ihr macht mir mehr Kopfzerbrechen als...« – und man stelle sich vor, wie er an dieser Stelle schnaubte –, »als diese ganzen vermaledeiten Staatsgeschäfte.«

Attilio brachte noch ein paar weitere Entschuldigungen vor, machte noch ein paar weitere Versprechungen und Komplimente, verabschiedete sich dann und ging, begleitet von einem »Und seid vernünftig!«, was die übliche Abschiedsformel des gräflichen Oheims für seine Neffen war.

Kapitel 19

Wer, wenn er auf einem schlecht bestellten Acker ein Unkraut sprießen sähe, zum Beispiel ein Büschel Sauerampfer, im Ernst wissen wollte, ob es aus einem in jenem Acker selbst gereiften Samenkorn gewachsen ist oder aus einem, das der Wind dorthin getragen oder ein Vogel dort fallengelassen hat, der würde, auch wenn er noch so lange darüber nachdächte, zu keinem Ergebnis gelangen. So könnten auch wir nicht sagen, ob der Entschluß des Herrn Grafen, sich des Paters Provinzial zu bedienen, um den verwickelten Knoten in der bestmöglichen Weise zu lösen, auf dem natürlichen Boden seines Verstandes gewachsen oder durch die Insinuation Attilios zustande gekommen war. Sicher ist, daß Attilio den obersten Kapuziner nicht unüberlegt erwähnt hatte; und obwohl er damit rechnen mußte, daß eine so unverhohlene Einflüsterung den empfindlichen Stolz seines gräflichen Onkels aufreizen würde, wollte er doch unbedingt die Idee dieser Möglichkeit vor ihm aufblitzen lassen und ihn auf den Weg setzen, den er seines Erachtens gehen sollte. Andererseits entsprach diese Lösung so sehr dem Temperament des gräflichen Onkels und wurde so klar von den Umständen nahegelegt, daß er gewiß auch ohne Einflüsterungen gleich welcher Herkunft von selber darauf gekommen wäre. Ging es doch darum, daß in einem nur allzu offenen Krieg ein Träger seines Namens, immerhin ein Neffe, nicht unterliegen durfte – ein ganz wesentlicher Punkt für die Reputation seiner Macht, die ihm so sehr am Herzen lag. Die Satisfaktion, die sich der Neffe selber verschaffen könnte, würde das Übel nur noch verschlimmern und neues Unheil stiften, also war sie, auf welche Weise auch immer, schleunigst zu verhindern. Aber wie? Dem Neffen befehlen, seinen Landsitz sofort zu verlassen? Er würde kaum gehorchen, und wenn doch, wäre es ein Räumen des Feldes, ein Zurückweichen der Familie vor einem Kloster. Mit amtlichen Anordnungen, staatlicher Zwangsgewalt und ähnlichen Schrecknissen konnte man einem Gegner dieses Standes nicht drohen: Die Geistlichkeit, die klösterliche wie die säkulare, war vor jeder weltlichen Jurisdiktion geschützt (nicht nur die Personen, auch die von ihnen bewohnten Orte, wie selbst derjenige wissen müßte, der noch keine andere Geschichte als die vorliegende gelesen hat, womit er freilich übel dran wäre). Das einzige, was man gegen einen solchen Gegner tun konnte, war zu versuchen, ihn in ein anderes Kloster versetzen zu lassen, und das ging nur über den Provinzial, in dessen Belieben es stand, den Betreffenden fortzuschicken oder dazubehalten.

Nun bestand zwischen dem Provinzial und dem gräflichen Onkel eine alte Bekanntschaft. Sie waren sich nur selten begegnet, aber stets mit überschwenglichen Bekundungen ihrer gegenseitigen Freundschaft und Ergebenheit. Bisweilen ist es ja besser, mit einem zu tun zu haben, der über vielen einzelnen steht, als mit einem von diesen allein, der nichts sieht als die eigene Sache, nichts fühlt als die eigene Leidenschaft und nichts vertritt als den eigenen Standpunkt; während der andere auf einen Schlag hundert Bezüge, hundert Konsequenzen, hundert Interessen, hundert zu vermeidende und hundert zu beachtende Dinge sieht, weshalb er auch von hundert Seiten angegangen werden kann.

Nachdem er dies alles wohl erwogen hatte, lud der Onkel Graf eines Tages den Pater Provinzial zum Mittagessen ein und sorgte dafür, daß er einen mit feinstem Bedacht ausgewählten Kreis von Tischgenossen vorfand: einige seiner Verwandten mit höchsten Titeln, Leute, bei denen der bloße Familienname schon ein großer

Titel war und die allein durch ihr Benehmen, durch eine angeborene Sicherheit, durch eine vornehme Geringschätzung, mit der sie von großen Dingen in familiären Worten sprachen, auch unbeabsichtigt in jeden Moment die Idee der Überlegenheit und der Macht personifizieren; dazu einige Angehörige seiner Klientel, Leute, die dem Hause durch ererbte Abhängigkeit und seinem Oberhaupt durch lebenslange Dienstbarkeit verbunden waren und die durch die Art, wie sie schon von der Suppe an immerzu ja sagten, mit dem Mund, den Augen, den Ohren, dem ganzen Kopf, dem ganzen Körper und der ganzen Seele, den Zuhörer bis zum Nachtisch so weit gebracht hatten, daß er nicht mehr wußte, wie man nein sagt.

Bei Tisch brachte der Gastgeber das Gespräch sehr bald auf das Thema Madrid. Nach Rom führen viele Wege, nach Madrid kam er auf allen. Er sprach vom Hof, vom Conde-Duque, den Ministern, der Familie des Gouverneurs, von den Stierkämpfen, die er vorzüglich beschreiben konnte, da er sie von einem ausgezeichneten Platz aus genossen hatte, und vom Escorial, über den er bis ins kleinste zu berichten vermochte, da er von einem Untergebenen des Conde-Duque in jeden Winkel geführt worden war. Eine Zeitlang hörte ihm die ganze Gesellschaft schweigend zu, dann löste sie sich in einzelne Gesprächsgrüppchen auf, und er fuhr fort, gleichsam vertraulich dem neben ihm sitzenden Pater Provinzial von weiteren schönen Dingen zu erzählen, wobei dieser ihn zunächst reden und reden und reden ließ. Schließlich aber gab er dem Gespräch eine kleine Wendung, lenkte es von Madrid weg und steuerte es von Hof zu Hof und von Würde zu Würde bis zu Kardinal Barberini, der ein Kapuziner und nichts weniger als ein leiblicher Bruder von Urban VIII. war, dem damaligen Papst, und nun mußte der Graf auch den anderen ein bißchen reden lassen und zuhören und sich daran erinnern, daß es auf dieser Welt nicht nur Leute gab, die für ihn da waren. Doch bald darauf erhoben sie sich von der Tafel, und er bat den Pater Provinzial, ihn in ein Nebenzimmer zu begleiten.

Zwei Machthaber, zwei ergraute Häupter, zwei gereifte Erfahrungen standen sich gegenüber. Der hochwohlgeborene Herr ließ den hochwürdigen Vater Platz nehmen, setzte sich ebenfalls und begann: »In Anbetracht der alten Freundschaft, die zwischen uns besteht, halte ich es für richtig, eine Angelegenheit zur Sprache zu bringen, die uns beide betrifft und die wir unter uns regeln sollten, ohne andere Wege zu gehen, die womöglich... Kurz, ich will Euch offen und ohne Umschweife sagen, worum es geht, und ich bin sicher, daß wir uns rasch einig sein werden. Sagt mir: gibt es in Eurem Kloster zu Pescarenico einen Pater Cristoforo aus ***?«

Der Provinzial nickte.

»Dann sagt mir, hochwürdiger Vater, sagt mir bitte ganz offen, als guter Freund... Dieser Mensch... dieser Pater... Persönlich kenne ich ihn nicht, dabei kenne ich etliche Kapuzinerpatres, lauter bewundernswerte, eifrige, kluge und demütige Männer... Ich bin schon immer ein Freund des Ordens gewesen... Aber in allen kinderreichen Familien... gibt es immer mal einen, der sich... der einen besonderen Kopf hat... Und von diesem Pater Cristoforo weiß ich aus gewissen Berichten, daß er einer ist, der... der ein bißchen sehr die Kontraste liebt... der nicht immer die nötige Klugheit und Rücksicht walten läßt... Ich möchte wetten, daß er Euch schon mehr als einmal Kopfzerbrechen bereitet hat.«

›Aha, er hat sich auf etwas eingelassen‹, dachte derweil der Provinzial. ›Meine Schuld, ich wußte ja gleich, daß dieser verflixte Cristoforo einer ist, den man von Kanzel zu Kanzel schicken muß und nicht sechs Monate lang an einem Ort lassen darf, schon gar nicht in einem Kloster auf dem Land.‹

»Oh«, sagte er dann, »es tut mir wirklich leid zu hören, daß Euer Hochwohlgeboren einen solchen Eindruck von Pater Cristoforo haben, während er doch, soweit ich weiß, im Kloster ein... vorbildlicher Mönch ist, der auch draußen sehr geschätzt wird.«

»Ich verstehe sehr gut, hochwürdiger Vater, Ihr müßt... Jedoch, jedoch, als aufrichtiger Freund möchte ich Euch über etwas in Kenntnis setzen, das zu wissen Euch nützlich sein wird. Und solltet Ihr darüber schon informiert sein, kann ich Euch, ohne meine Pflichten zu verletzen, gewisse Konsequenzen vor Augen führen, die... im Bereich des Möglichen liegen, mehr sage ich nicht. Von diesem Pater Cristoforo wissen wir, daß er einen jungen Mann aus der Gegend protegiert hat, einen Mann... Ihr werdet schon von ihm gehört haben, hochwürdiger Vater, es handelt sich um jenen, der neulich in so aufsehenerregender Weise aus den Händen der Justiz entwichen ist, nachdem er an jenem schrecklichen Sankt-Martins-Tag Dinge getan hatte, Dinge, die... Er heißt Lorenzo Tramaglino!«

›O weh!‹ dachte der Provinzial, und laut sagte er: »Dieser Umstand ist mir neu, aber Euer Hochwohlgeboren wissen ja, daß ein Teil unseres Amtes gerade darin besteht, auf die Suche nach den Verirrten zu gehen, um sie zurückzuführen...«

»Schon recht, aber die Protektion von Verirrten einer gewissen Sorte...! Das sind heikle Dinge, delikate Angelegenheiten...« Und statt wie üblich die Backen aufzublasen und zu schnauben, preßte der Graf die Lippen zusammen und zog soviel Luft ein, wie er sonst pustend auszustoßen pflegte. Dann sprach er weiter: »Ich habe es für gut gehalten, Euer Hochwürden auf diesen Umstand hinzuweisen, denn falls Seine Exzellenz... Es könnten Schritte in Rom unternommen werden... ich weiß zwar nichts, aber aus Rom könnten Euch...«

»Ich bin Euer Hochwohlgeboren sehr verbunden für

diesen Hinweis, aber ich bin sicher, bei einer Untersuchung des Falles wird sich herausstellen, daß Pater Cristoforo mit dem Mann, von dem Ihr sprecht, nur zu tun gehabt hat, um ihm den Kopf zurechtzurücken. Ich kenne Pater Cristoforo.«

»Nun, dann wißt Ihr gewiß auch besser als ich, was für einer er in seinem weltlichen Leben gewesen war und was für hübsche Sachen er in seiner Jugend angestellt hat.«

»Es ist der Ruhm dieser Ordenstracht, Herr Graf, daß ein Mann, der im weltlichen Leben von sich reden gemacht haben mag, in ihr ein anderer wird. Und seit Pater Cristoforo diese Kutte trägt...«

»Ich würde es gerne glauben, von Herzen gern würde ich es glauben. Aber manchmal ist es auch so, wie das Sprichwort sagt: Die Kutte macht noch keinen Mönch.«

Das Sprichwort paßte nicht ganz auf den Fall, aber der Graf hatte es rasch anstelle eines anderen gesagt, das ihm auf die Zunge gekommen war: Der Wolf bleibt auch im Schafspelz ein Wolf.

»Ich habe konkrete Anhaltspunkte«, fuhr er fort, »ich habe Beweise...«

»Wenn Ihr zweifelsfrei wißt«, sagte der Provinzial, »daß dieser Ordensbruder eine Verfehlung begangen hat – wir alle können fehlgehen –, werde ich Euch sehr dankbar sein, wenn Ihr mich darüber in Kenntnis setzt. Ich bin sein Vorgesetzter, unverdientermaßen zwar, aber ich bin es gerade, um zu korrigieren und zu heilen.«

»Ich will es Euch sagen: Zu dem bedauerlichen Umstand, daß dieser Pater jenes besagte Subjekt offen in Schutz nimmt, kommt noch eine andere unschöne Sache hinzu, und die könnte... Aber, unter uns, wir werden die ganze Sache auf einen Schlag regeln. Es kommt noch hinzu, sagte ich, daß derselbe Pater Cristoforo Streit mit meinem Neffen Rodrigo *** angefangen hat.«

»Oh, das tut mir leid, das tut mir wirklich leid.«

»Mein Neffe ist jung und lebhaft, er fühlt sich als der, der er ist, und er läßt sich nicht gerne provozieren...«

»Es wird meine Pflicht sein, mich über den Fall sehr gründlich zu informieren. Wie ich Euer Hochwohlgeboren schon sagte – und ich spreche mit einem Herrn, der nicht weniger Gerechtigkeitssinn als Welterfahrung hat –, wir sind alle aus Fleisch und Blut und können Fehltritte machen, nach der einen wie nach der anderen Seite, und wenn Pater Cristoforo gefehlt hat...«

»Seht Ihr, hochwürdiger Vater, wie ich schon sagte, das sind Dinge, die wir unter uns regeln und dann begraben sollten... Dinge, die nur noch schlimmer werden, wenn man sie aufrührt. Ihr wißt doch, wie es geht: Die großen Zusammenstöße, die tiefen Verärgerungen entstehen nicht selten aus einer Kleinigkeit und entwickeln sich dann immer weiter und weiter... Will man ihnen auf den Grund gehen, findet man entweder nie etwas Richtiges, oder es kommen hundert andere Verwicklungen dabei heraus. Beschwichtigen und beenden, hochwürdiger Vater, beschwichtigen und beenden! Mein Neffe ist jung, dieser Mönch hat, wie ich höre, noch das ganze Ungestüm und die... Neigungen der Jugend, und so ist es an uns, die wir in die Jahre gekommen sind... leider, nicht wahr, hochwürdiger Vater...?«

Für einen Zuschauer wäre es an dieser Stelle so gewesen, wie wenn mitten in einer ernsten Oper versehentlich eine Kulisse hochgezogen wird und man einen Sänger sieht, der, ohne in diesem Moment daran zu denken, daß es ein Publikum auf der Welt gibt, in aller Ruhe mit einem Kollegen plaudert. Gesicht, Haltung und Stimme des Grafen, alles an ihm war ganz natürlich, als er dieses *leider* sagte, nichts daran war Politik: Es stimmte wirklich, daß er es bedauerte, in die Jahre gekommen zu sein. Nicht daß er den Zerstreuungen, der Fröhlichkeit und dem Charme der Jugend nachtrauerte – das waren Nichtigkeiten, Torheiten, Flausen. Der Grund seines Unbehagens war viel ernster und gewichtiger: Er hoffte, einen bestimmten höheren Posten zu bekommen, wenn dieser frei werden würde, und er fürchtete, es nicht mehr zu erleben. Wenn er den Posten erst einmal hätte, würde er sich gewiß nicht mehr um seine Jahre grämen, würde sich nichts anderes mehr wünschen und würde zufrieden sterben, wie es alle tun zu wollen behaupten, wenn ihnen ein lange gehegter Herzenswunsch erst einmal erfüllt worden ist.

Aber lassen wir ihn selber sprechen. »An uns ist es«, fuhr er fort, »für die Jungen vernünftig zu sein und ihre Dummheiten auszubügeln. Zum Glück kommen wir noch rechtzeitig, die Sache hat noch keinen großen Lärm gemacht, wir können noch ein deutliches *Principiis obsta* sprechen. Es gilt, das Feuer vom Stroh zu entfernen. Manchmal bewährt sich jemand, der an einem Ort nicht guttut oder Anlaß zu allerlei Scherereien gibt, anderswo ganz ausgezeichnet. Ihr werdet bestimmt, hochwürdiger Vater, eine passende Nische für diesen Mönch finden. Es gilt ja auch noch jenen anderen Umstand zu bedenken, daß er bei denen Argwohn erregt haben könnte, die... sich wünschten, daß er versetzt würde, und wenn Ihr ihn an einen etwas weiter entfernten Ort schickt, haben wir zwei Fliegen mit einer Klappe getroffen. Alles renkt sich von selber ein, oder sagen wir lieber, nichts ist zu Schaden gekommen.«

Diesen Schluß hatte der Provinzial seit dem Anfang der Rede erwartet. ›Ach ja‹, hatte er sich gedacht, ›ich sehe schon, worauf du hinauswillst. Es ist immer dasselbe: Wenn ein armer Mönch einem von euch Herren lästig wird oder im Wege steht, dann soll der Vorgesetzte ihn auf der Stelle entfernen, ohne zu fragen, ob er recht oder unrecht hat.‹

Daher sagte er, als der Graf mit einem langen Schnauben geendet hatte, das einem Schlußpunkt gleichkam:

»Ich verstehe sehr wohl, was Euer Hochwohlgeboren sagen wollen, aber ehe ich einen Schritt unternehme...«

»Es ist ein Schritt und ist auch wieder keiner, hochwürdiger Vater, es ist etwas ganz Natürliches, etwas ganz Gewöhnliches, aber wenn man es nicht tut, und zwar sofort, dann sehe ich einen Berg von Widrigkeiten, eine Ilias von Unheil voraus. Es genügt, daß irgendein Unbedachter... nicht mein Neffe, denke ich, dafür gibt es ja mich... Aber nachdem die Sache so weit gediehen ist, fürchte ich, wenn wir sie jetzt nicht mit einem energischen Eingriff beenden, ohne Zeit zu verlieren, dann wird sie nicht mehr zu bremsen sein und nicht mehr verborgen bleiben... und dann ist es auch nicht mehr nur mein Neffe allein... Man würde in ein Wespennest stechen, hochwürdiger Vater. Ihr wißt ja, wir sind eine große Familie mit einem weiten Bekanntenkreis...«

»Einem stattlichen.«

»Ihr versteht mich: lauter Leute, die Blut in den Adern haben und die in dieser Welt... etwas bedeuten. Der verletzte Stolz kommt hinzu, die Ehre, die Sache wird zu einer gemeinsamen Angelegenheit aller, und dann... dann muß auch der Friedliebendste... Es würde mir wirklich das Herz brechen, wenn ich nicht anders könnte... wenn ich mich gezwungen sähe... ich, der ich den Kapuzinerpatres immer so zugetan war! Die Patres brauchen Frieden, um Gutes zu tun, wie sie es zur großen Erbauung des Publikums tun, Frieden und keine Streitereien, sie brauchen ein gutes Einvernehmen mit allen... Und außerdem, sie haben ja auch Verwandte im weltlichen Leben... Und diese häßlichen Ehrenhändel, wenn die nur ein bißchen zu lange dauern, dann wuchern sie und verzweigen sich und ziehen... die halbe Welt mit hinein. Ich habe nun einmal dieses verflixte Amt, das mich verpflichtet, eine gewisse Würde zu wahren... Seine Exzellenz... meine Herren Kollegen... alles wird zu einer Standesfrage... zumal, wenn noch jener andere Umstand hinzukommt... Ihr wißt ja, wie diese Dinge laufen.«

»In der Tat«, sagte der Pater Provinzial, »Pater Cristoforo ist Prediger, und ich hatte schon daran gedacht... Gerade jetzt ist eine Anfrage gekommen... Aber in diesem Augenblick, unter diesen Umständen könnte es wie eine Bestrafung aussehen, und zwar eine Bestrafung, noch ehe recht geklärt wäre...«

»Nein, nicht Bestrafung: bloß eine Vorsichtsmaßnahme, ein einvernehmlich vollzogener Schritt, um Widrigkeiten zu verhindern, die... nun, ich denke, ich habe mich deutlich genug ausgedrückt.«

»Zwischen dem Herrn Grafen und mir bleibt die Sache in diese Begriffe gefaßt, ich verstehe. Aber wenn die Dinge so liegen, wie man Euer Hochwohlgeboren berichtet hat, scheint es mir unmöglich, daß nicht etwas davon durchgesickert ist. Überall gibt es Aufwiegler, Unruhestifter oder zumindest boshafte Neugierige, denen es ein diebisches Vergnügen macht, wenn sie Adel und Geistlichkeit aneinandergeraten sehen. Sie schnüffeln und deuteln und schwatzen herum... Jeder hat sein Ansehen zu wahren, und ich als Vorgesetzter (wenn auch unwürdiger) habe eine ausdrückliche Pflicht... Die Ehre des Ordenskleides... ist ein mir anvertrautes Gut, über das ich... Wenn Euer Herr Neffe so aufgebracht ist, wie Euer Hochwohlgeboren sagen, könnte er die Sache als eine ihm gegebene Genugtuung auffassen und... ich sage nicht, sich ihrer rühmen, triumphieren, aber doch...«

»Glaubt Ihr das, hochwürdiger Vater? Mein Neffe ist ein Kavalier, der in der Welt das Ansehen genießt, das seinem Range gebührt. Aber vor mir ist er wie ein Schuljunge, und er wird genau das tun, was ich ihm vorschreibe. Ich sage noch mehr: Mein Neffe wird überhaupt nichts erfahren. Warum sollten wir ihm Rechenschaft ablegen? Dies hier sind Dinge, die wir unter uns abmachen, als gute Freunde, und unter uns sollen sie auch bleiben. Also macht Euch darüber keine Gedanken. Ich muß es in meiner Position doch gewohnt sein, nichts auszuplaudern.« Er schnaubte. »Und was die Schwätzer angeht, was sollen sie schon sagen? Ein Mönch, der zum Predigen anderswohin geht, das ist doch völlig normal! Und außerdem, wir, die wir sehen... die wir voraussehen... denen es zukommt... wir müssen uns doch nicht um das Geschwätz kümmern.«

»Aber um dem Geschwätz zuvorzukommen, wäre es gut, Euer Herr Neffe gäbe bei dieser Gelegenheit einen Beweis, ein offenkundiges Zeichen seiner Freundschaft und Hochschätzung... nicht für uns, aber für das Ordenskleid...«

»Sicher, sicher, das ist richtig... Aber es ist nicht nötig: Ich weiß, daß die Kapuziner von meinem Neffen stets mit gebührender Herzlichkeit empfangen werden. Er tut es aus Neigung, das ist ein Grundzug unserer Familie; außerdem weiß er, daß ich es so wünsche. Andererseits ist in diesem Falle, da habt Ihr schon recht, etwas Außergewöhnliches... sehr angebracht. Laßt mich nur machen, hochwürdiger Vater, ich werde meinen Neffen anweisen... Das heißt nein, man muß es ihm vorsichtig nahelegen, damit er nicht merkt, was zwischen uns geschehen ist. Denn ich möchte nicht, daß wir ein Pflaster aufkleben, wo keine Wunde ist. Und was die Sache angeht, die wir vereinbart haben: je schneller sie geschieht, desto besser. Und wenn sich eine etwas weiter entfernte Nische finden ließe... um wirklich jede Gelegenheit auszuräumen...«

»Ich bin gerade aus Rimini nach einem Prediger gefragt worden, und vielleicht hätte ich auch ohne diesen Grund mein Augenmerk auf...«

»Das trifft sich gut, das trifft sich gut. Und wann...?«

»Da es nun einmal sein muß, wird es bald geschehen.«

»So bald wie möglich, hochwürdiger Vater, lieber heute als morgen. Und wenn ich oder meine Familie«, fuhr der Graf fort, während er sich aus seinem Sessel erhob, »etwas für unsere guten Kapuzinerpatres tun kann…«

»Wir kennen die Güte Eurer Familie«, sagte der Provinzial, während er sich gleichfalls erhob und seinem Besieger zur Tür folgte.

»Wir haben einen Funken ausgetreten«, sagte dieser und blieb stehen, »einen Funken, hochwürdiger Vater, der zu einem großen Brand hätte führen können. Unter guten Freunden lassen sich große Dinge mit zwei Worten regeln.«

Als sie zur Tür kamen, öffnete er sie weit und bestand darauf, daß der Provinzial als erster hinausging. So traten sie in den anderen Raum und mischten sich wieder unter den Rest der Gesellschaft.

Einen großen Eifer und eine große Kunst im Umgang mit großen Worten pflegte der Herr Graf aufzuwenden, wenn er sich einer Sache annahm, doch er erzielte dann auch die entsprechenden Resultate. Tatsächlich erreichte er durch die hier wiedergegebene Unterredung, daß Pater Cristoforo zu Fuß von Pescarenico nach Rimini ging, was ein ganz hübscher Spaziergang ist.

Eines Abends erschien in Pescarenico ein Kapuziner aus Mailand mit einem Umschlag für den Pater Guardian. Er enthielt die dienstliche Order für Bruder Cristoforo, sich nach Rimini zu begeben, um dort Fastenpredigten zu halten. Der Begleitbrief an den Guardian enthielt die Anweisung, besagtem Bruder nahezulegen, jeden Gedanken an etwa von ihm noch zu besorgende Angelegenheiten in der Gegend, die er verlassen solle, aufzugeben und mit niemandem dort Korrespondenz zu unterhalten. Der Überbringer des Briefes solle sein Reisegefährte sein. Der Guardian sagte an jenem Abend noch nichts. Am folgenden Morgen ließ er Fra Cristoforo rufen, zeigte ihm die Order, sagte ihm, er solle Beutel, Stock, Schweißtuch und Gürtel holen und sich unverzüglich mit dem Bruder, den er ihm vorstellte, auf den Weg machen.

Man kann sich vorstellen, was für ein Schlag das für unseren Pater war. Sofort kamen ihm Renzo, Lucia und Agnese in den Sinn, und er rief innerlich aus: ›O Gott, was werden diese Ärmsten tun, wenn ich nicht mehr hier bin!‹ Dann aber hob er die Augen zum Himmel und warf sich vor, zuwenig Gottvertrauen gehabt und sich für unersetzbar gehalten zu haben. Er kreuzte die Hände vor der Brust zum Zeichen des Gehorsams und neigte das Haupt vor dem Pater Guardian; der nahm ihn beiseite und erteilte ihm die erwähnte weitere Weisung, den Worten nach als einen Rat, dem Sinne nach als ein Gebot. Fra Cristoforo ging in seine Zelle, nahm seinen Beutel, packte sein Brevier, seine Fastenpredigten und das Brot der Vergebung hinein, band sich den Ledergürtel um, verabschiedete sich von seinen Mitbrüdern, soweit sie im Kloster waren, ging schließlich noch einmal zum Guardian, um sich seinen Segen zu erbitten, und machte sich dann mit seinem Gefährten auf den vorgeschriebenen Weg.

Wir haben gesagt, daß Don Rodrigo, entschlossener denn je, sein schönes Unternehmen zu Ende zu führen, sich dazu durchgerungen hatte, die Hilfe eines schrecklichen Mannes in Anspruch zu nehmen. Wir können von diesem Manne weder den Namen noch den Zunamen noch einen Titel angeben und nicht einmal eine Mutmaßung über dies alles, was um so seltsamer ist, als der Betreffende in mehr als einem Buch aus jener Zeit (ich spreche von gedruckten Büchern) erwähnt wird. Daß es sich um ein und dieselbe Person handelt, ist angesichts der genauen Übereinstimmung aller Fakten nicht zu bezweifeln, doch überall spürt man ein großes Bemühen, seinen Namen zu vermeiden, fast als würde er sonst die Feder oder die Hand des Schreibers verbrennen. Francesco Rivola nennt ihn in seiner Lebensgeschichte des Kardinals Federigo Borromeo einen »durch Reichtum ebenso mächtigen wie durch Geburt adligen Herrn« und beläßt es dabei. Bei Giuseppe Ripamonti, der ihn im fünften Buch der fünften Dekade seiner *Historia Patriae* etwas ausführlicher erwähnt, ist er »ein gewisser«, »jener«, »der Betreffende« »jener Mann« oder »diese Person«. »Berichten will ich«, schreibt er in seinem schönen Latein, das wir hier, so gut es geht, übersetzen: »Berichten will ich den Fall eines Mannes, der, wiewohl einer der ersten unter den Großen der Stadt, sein Domizil auf dem Lande errichtet hatte, auf einem Berg an der Grenze; und der dort, verschanzt und seine Macht durch Verbrechen befestigend, Gerichtsurteile und Richter, Behörden und den Souverän mißachtete. Er führte ein gänzlich unabhängiges Leben, nahm Verbannte auf, nachdem er selber verbannt gewesen und dann zurückgekehrt war, als ob nichts geschehen wäre...« Wir werden von diesem Autor noch andere Passagen zitieren, die uns wie gerufen kommen, um die Erzählung unseres Anonymus zu bestätigen und zu verdeutlichen. Mit ihr wollen wir nun fortfahren.

Zu tun, was von den Gesetzen verboten oder von irgendeiner Macht verwehrt wurde, Schiedsrichter und Herr in den Angelegenheiten anderer zu sein, ohne ein anderes Interesse als das der Lust am Befehlen, bei allen gefürchtet zu sein und bei denen Vorrang zu haben, die gewohnt waren, bei anderen Vorrang zu haben – das waren von jeher die stärksten Leidenschaften dieses Mannes gewesen. Von Jugend auf hatte ihn der Anblick und das Getöse zahlloser Gewaltakte und zahlloser Wettkämpfe, das Treiben zahlloser kleiner und großer Tyrannen mit einem Gemisch aus Verachtung und ungeduldigem Neid erfüllt. Als junger Mann, der in der Stadt lebte, ließ er keine Gelegenheit aus, ja suchte sie geradezu, sich mit den Berüchtigtsten jener Zunft anzulegen, ihnen entgegenzutreten, um sich mit ihnen zu messen, sie sich zu verpflichten oder sie zu zwingen, seine Freundschaft zu suchen. Den meisten an Reichtum und Gefolge überlegen und vielleicht allen an Kühnheit und Ausdauer, brachte er viele dazu, auf jede Rivalität mit ihm zu verzichten, gerbte vielen tüchtig das Fell und machte sich viele zu Freunden, nicht zu gleichberechtigten freilich, sondern nur, wie er sie einzig ertrug, zu untergeordneten, die seine Überlegenheit anerkannten und ihm stets den Vortritt ließen.

In der Praxis kam es indes auch vor, daß er zum Handlanger und Werkzeug aller wurde, denn sie versäumten nicht, bei ihren Unternehmungen einen so großen Verbündeten um seine Mitwirkung zu ersuchen. Sich zu verweigern hätte für ihn bedeutet, seinen Ruf zu verlieren und seiner selbstgewählten Rolle nicht zu entsprechen. So kam es, daß er teils auf eigene und teils auf fremde Rechnung dermaßen viele Untaten beging, daß schließlich weder sein Name noch seine Verwandtschaft, weder seine Freunde noch seine Kühnheit mehr ausreichten, ihn vor dem amtlichen Bannstrahl und dem Haß seiner mächtigen Feinde zu schützen, weshalb er das Feld räumen und außer Landes gehen mußte. Eine bemerkenswerte Stelle bei Ripamonti wird sich, denke ich, auf diesen Umstand beziehen: »Als der Betreffende einmal das Land verlassen mußte, waren die Heimlichkeit, die Ehrerbietung und die Schüchternheit, mit denen er vorging, so beschaffen: Er durchquerte die Stadt hoch zu Pferde, mit einem Troß von Hunden und mit Trompetenschall, und als er am Regierungspalast vorbeikam, hinterließ er bei der Wache eine Botschaft voller Unverschämtheiten für den Gouverneur.«

In seiner Abwesenheit stellte er seine Untaten keineswegs ein, noch gab er die Beziehungen zu seinen sogenannten Freunden auf, die ihm verbunden blieben in einem, ich übersetze wörtlich aus Ripamonti, »Geheimbund für abscheuliche Pläne und verhängnisvolle Taten«. Es scheint sogar, daß er in jener Zeit mit noch höhergestellten Persönlichkeiten neue schreckliche Dinge ausgehandelt hatte, über die der erwähnte Historiker mit geheimnisvoller Kürze spricht: »Auch einige auswärtige Fürsten machten sich seine Dienste mehrmals für wichtige Meuchelmorde zunutze und mußten ihm oft von weither Leute zur Verstärkung schicken, die sich seinem Befehl unterstellten.«

Schließlich (man weiß nicht, nach wie langer Zeit), sei's weil die Verbannung dank irgendeiner mächtigen Fürsprache aufgehoben worden oder die Kühnheit dieses Mannes so groß war, daß sie ihm die Immunität ersetzte, entschloß er sich, nach Hause zurückzukehren und kam auch wirklich zurück, allerdings nicht nach Mailand, sondern in eine Burg an der Grenze zum Bergamaskischen, das damals bekanntlich zu Venedig gehörte. »Dieser Hausstand«, ich zitiere noch einmal Ripamonti, »war wie eine Werkstatt zur Ausführung blutiger Aufträge: Diener, auf deren Kopf ein Preis ausgesetzt und deren Beruf es war, Köpfe abzuschlagen; weder Koch noch Küchenjunge vom Morden befreit; schon die Hände der Kinder blutbefleckt.« Neben dieser hübschen Hausdienerschaft hatte er, wie derselbe Historiker versichert, noch eine weitere aus ähnlichen Subjekten, die verstreut an verschiedenen Orten der beiden Staaten, auf deren Grenze er lebte, jederzeit seiner Befehle harrten.

Sämtliche lokalen Tyrannen in einem recht weiten Umkreis hatten bei der einen oder anderen Gelegenheit zwischen der Freund- und der Feindschaft mit diesem außergewöhnlichen Tyrannen wählen müssen. Aber den ersten, die sich ihm zu widersetzen versuchten, war es so übel ergangen, daß keiner mehr Lust hatte, einen neuen Versuch zu wagen. Und selbst wer sich nur um seine eigenen Angelegenheiten kümmerte und für sich lebte, konnte nicht unabhängig von ihm bleiben. Es genügte, daß ein Bote von ihm erschien und verlangte, diese oder jene Unternehmung aufzugeben, diesen oder jenen Schuldner nicht länger zu belästigen oder dergleichen, und dann blieb einem nur noch, ja oder nein zu sagen. Sobald in einem Streitfall eine Partei ihre Angelegenheit mit dem Ausdruck untertänigster Ehrerbietung in seine Hände gelegt hatte, sah sich die andere Partei vor die schwierige Wahl gestellt, entweder seinen Urteilsspruch anzunehmen oder sich zu einem Feind von ihm zu erklären, was etwa so war, als entschiede man sich für die Schwindsucht dritten Grades, wie man früher sagte. Viele, die im Unrecht waren, kamen zu ihm, um durch ihn am Ende recht zu bekommen; viele auch, die im Recht waren, um sich eines so mächtigen Beschützers und Anwalts zu versichern und dem Gegner den Zugang zu ihm zu versperren; die einen wie die anderen wurden mehr denn je von ihm abhängig.

Manchmal kam es auch vor, daß ein unterdrückter Schwacher sich an ihn wandte, der von einem Starken schikaniert wurde. Dann ergriff er die Partei des Schwachen und zwang den Starken, sein Treiben zu unterlassen, den angerichteten Schaden wiedergutzumachen und sich zu entschuldigen. Weigerte sich der Betreffende, setzte er ihm so hart und so lange zu, bis der Mann sich gezwungen sah, die von ihm tyrannisierten Orte zu räumen, oder er ließ ihn auch eine noch promptere und schrecklichere Buße bezahlen. In solchen Fällen wurde der sonst so gefürchtete und verabscheute Name für einen Moment gepriesen, denn in jenen Zeiten hätte man sich diese, ich sage nicht Gerechtigkeit, aber diese Abhilfe oder Kompensation von keiner anderen Macht erwarten können, weder von einer privaten noch von einer öffentlichen.

Viel häufiger aber, ja in der Regel, diente seine Macht der Erfüllung schamloser Begierden, abscheulicher Befriedigungen und hochfahrender Launen. Dabei erzeugten die so verschiedenen Arten, seine Macht zu gebrauchen, immer die gleiche Wirkung, nämlich eine höchst eindrucksvolle Vorstellung in den Köpfen der Menschen von dem, was er alles wollen und durchsetzen konnte, ohne Rücksicht auf Recht und Unrecht oder Gut und Böse, jene beiden Werte, die dem Willen der Menschen so viele Hindernisse entgegensetzen und sie so oft zur Umkehr zwingen. Die Berühmtheit der gewöhnlichen Tyrannen blieb in der Regel auf den kleinen Landstrich beschränkt, in dem sie die Reichsten und Stärksten waren; jede Gegend hatte die ihren, und sie waren einander so ähnlich, daß es für die Leute keinen Grund gab, sich um diejenigen zu kümmern, die sie nicht auf dem Halse hatten. Die Berühmtheit des unseren hatte sich jedoch schon seit langem in alle Teile des Staates Mailand verbreitet; überall war sein Leben ein Gegenstand populärer Erzählungen, und sein Name stand für etwas Unwiderstehliches, Seltsames, Märchenhaftes. Der Verdacht, daß er überall seine Verbündeten und seine gedungenen Mörder hatte, trug ebenfalls dazu bei, die Erinnerung an ihn überall lebendig zu halten. Es war nur ein Verdacht, denn wer hätte sich offen zu einer solchen Abhängigkeit bekannt? Doch jeder lokale Tyrann konnte einer von seinen Verbündeten, jeder Straßenräuber einer von seinen Leuten sein, und gerade die Ungewißheit machte die allgemeine Vorstellung von ihm noch allgemeiner und den Schrecken noch schrecklicher. Jedesmal, wenn irgendwo unbekannte Bravi von besonders abschreckender Gestalt auftauchten, jedesmal, wenn eine Untat begangen worden war, deren Urheber man nicht sofort angeben oder erraten konnte, nannte man, tuschelte man den Namen dessen, den wir wegen der bedauerlichen – um nichts Ärgeres zu sagen – Vorsicht unserer Autoren gezwungen sind, hier den Ungenannten zu nennen.

Von seiner Burg bis zu Don Rodrigos Landsitz waren

es nicht mehr als sieben Meilen, und letzterer hatte, kaum Lehnsherr und Tyrann geworden, einsehen müssen, daß man diese Profession in so geringer Entfernung von einem so großen Herrn nicht ausüben konnte, ohne mit ihm zusammenzustoßen oder sich mit ihm zu einigen. So hatte er ihm seine Aufwartung gemacht und war ein Freund von ihm geworden, ein Freund von der Art, wie es alle waren, versteht sich. Er hatte ihm mehr als einen Dienst geleistet (mehr sagt unsere Handschrift nicht), und jedesmal waren ihm Gegenleistungen und Hilfe versprochen worden, wann immer sie nötig sein würden. Er achtete jedoch sehr darauf, diese Freundschaft zu verbergen oder wenigstens nicht durchblikken zu lassen, wie eng und von welcher Art sie war. Don Rodrigo wollte zwar ein Tyrann sein, aber kein wüster Tyrann, kein Barbar. Das Auspressen der Landbevölkerung war für ihn ein Mittel, kein Selbstzweck: Er wollte frei und unbeschwert in der Stadt leben und die Bequemlichkeiten, Vergnügen und Ehren des zivilen Lebens genießen; deshalb mußte er bestimmte Rücksichten nehmen, an die Verwandten denken, die Freundschaft mit hochgestellten Persönlichkeiten pflegen, eine Hand an der Waage der Gerechtigkeit haben, um sie bei Bedarf in seine Richtung ausschlagen oder sie verschwinden zu lassen oder sie bei Gelegenheit auch mal jemandem über den Schädel zu hauen, den man auf diese Art besser und leichter bedienen konnte als mit den Waffen der privaten Gewalt. Enge Freundschaft, oder sagen wir lieber, eine Verbindung mit einem wie dem Ungenannten, einem erklärten Feind der öffentlichen Gewalt, wäre ihm dabei gewiß nicht dienlich gewesen, schon gar nicht bei seinem gräflichen Onkel. Das, was sich von einer solchen Freundschaft nicht verheimlichen ließ, mochte als unvermeidliche Beziehung zu einem Manne durchgehen, dessen Feindschaft zu gefährlich war, und somit als Tribut an die Notwendigkeit entschuldigt werden.

Denn wer die Pflicht zur Fürsorge hat, aber nicht gewillt ist, sie zu erfüllen, oder nicht weiß, wie er es anstellen soll, der wird auf die Dauer nichts dagegen haben, wenn andere bis zu einem gewissen Grade selbst für sich sorgen, und wenn er nicht ausdrücklich einwilligt, wird er zumindest ein Auge zudrücken.

Eines Morgens also ritt Don Rodrigo aus, als ginge es auf die Jagd – mit einem kleinen Gefolge von Bravi zu Fuß, der Graue am Steigbügel, vier andere dahinter –, und machte sich auf den Weg zur Burg des Ungenannten.

Kapitel 20

Die Burg des Ungenannten stand hoch über einem engen, düsteren Tal auf dem Gipfel einer spitzen Erhebung, die aus einer schroffen Bergkette hervorspringt und mit ihr verbunden ist – oder man könnte auch sagen, von ihr getrennt ist – durch einen zerklüfteten Felsgrat, ein Gewirr von Zacken und Schründen, das sich nach beiden Seiten hin fortsetzt. Zugänglich ist nur die dem Tal zugekehrte Seite: ein steiler, aber gleichmäßig ansteigender Hang, oben grasbewachsen, unten Felder und verstreute Hütten. Den Talgrund bildet ein Kiesbett, in dem je nach Jahreszeit entweder ein Rinnsal oder ein reißender Wildbach fließt; hier verlief damals die Grenze zwischen den beiden Staaten. Die gegenüberliegenden Bergketten, die sozusagen die andere Wand des Tales bilden, sind ebenfalls unten ein wenig bebaut, der Rest ist Geröll und Felsen, schroffe Hänge, weglos und kahl bis auf ein paar Sträucher in den Ritzen und auf den Kanten.

Von der Höhe seiner Burg herab, wie ein Adler von seinem blutigen Horst, beherrschte der wilde Herr ringsum allen Raum, den eines Menschen Fuß betreten konnte, und nie sah er jemanden über sich oder gar noch höher. Schaute er in die Runde, so überblickte er die ganze Gegend, die Hänge, den Talgrund und die dort angelegten Straßen. Diejenige, die in Kurven und Kehren zu seinem schrecklichen Domizil anstieg, lag vor ihm wie ein sich schlängelndes Band; von den Fenstern und Schießscharten aus konnte er in aller Ruhe die Schritte jedes Heraufkommenden zählen und hundertmal die Waffe auf ihn anlegen. Auch bei einer großen Truppe hätte er mit der Besatzung von Bravi, die er in der Burg unterhielt, etliche auf der Straße niederstrecken oder in die Tiefe stürzen lassen können, bevor auch nur einer von ihnen den Gipfel erreichte. Im übrigen wagte sich niemand, der beim Burgherrn nicht wohlgelitten war, dort hinauf, ja auch nur ins Tal, auch nur auf der Durchreise. Und hätte sich gar ein amtlicher Häscher dort blicken lassen, wäre er wie ein feindlicher Spion behandelt worden, der in einem Feldlager erwischt worden ist. Man erzählte sich traurige Geschichten von den letzten, die es versucht hatten, aber das waren alte Geschichten, und keiner der Jungen erinnerte sich, jemals einen von dieser Spezies im Tal gesehen zu haben, weder lebendig noch tot.

So beschreibt der Anonymus den Ort. Über den Namen sagt er nichts, ja er schweigt sogar, um uns nicht auf die Spur zu bringen, über Don Rodrigos Route und versetzt ihn direkt ins Tal an den Fuß des Berges, wo der steile, gewundene Weg beginnt. Dort befand sich eine Taverne, die man auch eine Wachstation hätte nennen können. Auf einem alten Wirtshausschild über der Tür prangte vorne und hinten eine strahlende Sonne, aber der Volksmund, der die Namen manchmal so läßt, wie sie ihm beigebracht worden sind, und sie manchmal nach seinem Geschmack verändert, nannte jene Taverne nie anders als das Wirtshaus zur Bösen Nacht.

Beim Geräusch nahender Hufe erschien auf der Schwelle ein übel aussehender Knabe, bis an die Zähne bewaffnet, warf einen Blick auf die Ankömmlinge und ging wieder hinein, um drei kartenspielende Kerle zu informieren, die mit schmutzigen, dachziegelförmig geknickten Karten spielten. Derjenige, der ihr Anführer zu sein schien, stand auf, ging zur Tür, und als er einen Freund seines Herrn und Gebieters erkannte, grüßte er ihn respektvoll. Don Rodrigo erwiderte den Gruß sehr höflich, fragte, ob sein Herr auf der Burg sei, und als die Frage bejaht wurde, stieg er vom Pferd, warf die Zügel dem »Tiradritto« zu, einem der Bravi seines Gefolges, nahm sich die Flinte von der Schulter und gab sie dem »Montanarolo«, als wollte er sich von einem unnützen Gewicht befreien, um besser steigen zu können, in Wahrheit jedoch, weil er wußte, daß es verboten war, ein Gewehr mit hinaufzunehmen. Sodann kramte er ein paar Berlinghen hervor und gab sie dem »Tanabuso« mit den Worten: »Ihr bleibt hier und wartet auf mich. Laßt's euch inzwischen gut ergehen mit diesen wackeren Leuten.« Schließlich zog er noch ein paar Goldscudi hervor, drückte sie dem Anführer der Wachtruppe in die Hand, bestimmte die eine Hälfte für ihn und die andere zur Verteilung an seine Leute und machte sich mit dem Grauen, der ebenfalls seine Flinte abgelegt hatte, zu Fuß auf den Weg. Derweil blieben die drei genannten Bravi sowie der vierte, der »Squinternotto« (oh, was für schöne Namen! sie sind es wirklich wert, überliefert zu werden), mit den dreien des Ungenannten und dem jungen Galgenvogel zurück, um zu spielen, zu trinken und sich gegenseitig ihre Heldentaten zu erzählen.

Ein weiterer Bravo des Ungenannten, der zur Burg hinaufstieg, holte Don Rodrigo kurz darauf ein, sah ihn an, erkannte ihn und gesellte sich zu ihm, wodurch er ihm die Mühe ersparte, jedesmal, wenn er einem begegnete, der ihn nicht kannte, seinen Namen und sein Begehr sagen zu müssen. In der Burg angelangt und eingelassen (der Graue mußte jedoch am Tor zurückbleiben), wurde er durch ein Labyrinth dunkler Korridore und durch verschiedene Säle geführt, deren Wände mit Musketen, Säbeln und Hellebarden bedeckt waren und vor denen jeweils ein paar Bravi Wache standen. Schließlich, nachdem er noch ein Weilchen gewartet hatte, wurde er in den Saal geführt, in dem sich der Ungenannte befand.

Dieser kam ihm entgegen, begrüßte ihn und sah ihm

dabei gleichzeitig auf die Hände und ins Gesicht, wie er es gewohnheitsmäßig und mittlerweile fast unwillkürlich bei jedem Besucher tat, selbst bei den ältesten und erprobtesten Freunden. Er war groß, braungebrannt und fast kahl, die wenigen Haare, die er noch hatte, waren weiß, das Gesicht tief zerfurcht. Auf den ersten Blick hätte man ihm mehr als die sechzig Jahre gegeben, die er tatsächlich zählte, doch seine Haltung, seine Bewegungen, die Strenge seiner Gesichtszüge und das unheimliche, aber lebhafte Funkeln seiner Augen verrieten eine körperliche und seelische Kraft, die bei einem jungen Manne sehr ungewöhnlich gewesen wäre.

Don Rodrigo sagte, er komme, um sich Rat und Hilfe zu holen. Er habe sich auf ein schwieriges Unternehmen eingelassen, aus dem sich zurückzuziehen ihm seine Ehre nicht erlaube, und so habe er sich der Versprechungen jenes Mannes entsonnen, der niemals zuviel verspreche und niemals ins Leere. Nach dieser Einleitung ging er daran, seine schändliche Absicht darzulegen. Der Ungenannte, der schon davon hatte reden hören, aber nur zusammenhanglos, hörte ihm aufmerksam zu, einerseits weil ihn derlei Geschichten interessierten, und andererseits weil in dieser ein Name auftauchte, der ihm bekannt und sehr verhaßt war: der des Paters Cristoforo, des erklärten Feindes aller Tyrannen, in Worten wie auch – wo er konnte – in Taten. Don Rodrigo, der sehr wohl wußte, mit wem er sprach, verlegte sich zudem darauf, die Schwierigkeiten der Unternehmung zu übertreiben – die Entfernung des Ortes, ein Kloster, die Signora!... An dieser Stelle unterbrach ihn der Ungenannte plötzlich, als hätte ein in seinem Herzen lauernder Teufel es ihm befohlen, und sagte, er werde die Sache in die Hand nehmen. Er notierte sich den Namen der armen Lucia und entließ Don Rodrigo mit den Worten: »In Kürze werdet Ihr von mir hören, was Ihr zu tun habt.«

Wenn der Leser sich noch an den unseligen Egidio erinnert, der neben dem Kloster wohnte, in dem die arme Lucia Zuflucht gefunden hatte, sei ihm nun gesagt, daß dieser Mann einer der engsten und vertrautesten Spießgesellen des Ungenannten war. Deswegen hatte dieser so prompt und entschieden sein Wort gegeben. Doch kaum war er wieder allein, empfand er darüber, ich sage nicht Reue, aber doch Ärger. Schon seit einiger Zeit verspürte er wenn nicht Schuldgefühle, so doch einen gewissen Überdruß an seinen Ruchlosigkeiten. All die vielen Untaten, die sich wenn nicht in seinem Gewissen, so doch in seinem Gedächtnis angehäuft hatten, kamen ihm jedesmal wieder zu Bewußtsein, wenn er eine neue beging, und standen dann häßlich und allzu zahlreich vor seinem inneren Auge – es war wie das unablässige Wachsen einer ohnehin schon beschwerlichen Last. Ein gewisser Widerwille, den er bei seinen ersten Verbrechen noch verspürt und dann überwunden hatte, bis er fast völlig zum Erliegen gekommen war, machte sich neuerdings wieder bemerkbar. In seinen jungen Jahren hatten die Vorstellung einer langen, fast unbegrenzten Zukunft und das Gefühl einer kraftvollen Vitalität sein Gemüt mit einer sorglosen Zuversicht erfüllt; jetzt hingegen waren es gerade die Gedanken an die Zukunft, die ihm die Vergangenheit noch widriger erscheinen ließen. – Altern! Sterben! Und dann? – Es war merkwürdig: Das Bild des Todes, das in einer unmittelbaren Gefahr, im Angesicht eines Feindes die Lebensgeister dieses Mannes zu verdoppeln pflegte und ihm einen zornigen Mut einflößte, jenes selbe Bild konnte ihm, wenn es ihn in der Stille der Nacht und in der Sicherheit seiner Burg überfiel, einen jähen Schrecken einjagen. Das war nicht der Tod, der ihm von einem gleichfalls sterblichen Gegner drohte, den konnte man nicht mit besseren Waffen und einem schnelleren Arm zurückdrängen. Er kam allein, er kam von innen, er war vielleicht noch weit entfernt, doch er rückte mit jedem Augenblick einen Schritt vor, und während der Geist sich weidlich bemühte, nicht an ihn zu denken, kam er näher und näher. In seinen frühen Jahren hatten die so häufigen schlechten Beispiele, das, um es so zu sagen, fortwährende Schauspiel der Gewalt, der Rache und des Mordes dem jungen Mann eine wilde Bereitschaft zur Nachahmung eingeflößt und dadurch auch als eine Art Autorität gegen das Gewissen gedient; jetzt regte sich in seinem Geist immer wieder die verworrene, aber schreckliche Idee eines individuellen Urteils, einer unabhängig von guten oder schlechten Beispielen abzulegenden Rechenschaft, jetzt gab ihm das Bewußtsein, sich über den gemeinen Haufen der Bösewichter erhoben zu haben und über allen zu stehen, manchmal ein Gefühl von entsetzlicher Einsamkeit. Jener Gott, von dem er hatte reden hören, den er jedoch seit langer Zeit weder zu leugnen noch anzuerkennen für nötig befunden hatte, indem er einfach so lebte, als ob es ihn nicht gäbe, schien ihm jetzt in gewissen Momenten einer grundlosen Niedergeschlagenheit, eines Erschreckens ohne sichtbare Gefahren, aus seinem Innern zu rufen: *Und ich bin doch!* Im ersten Aufwallen der Leidenschaften war ihm das Gesetz, das er, wenn sonst nichts anderes, in Seinem Namen hatte verkündigen hören, nur verachtenswert erschienen; jetzt begriff er es, wenn es ihm unverhofft in den Sinn kam, widerwillig als etwas, das erfüllt werden muß.

Aber er sprach nicht nur mit niemandem über diese seine neue Unruhe, sondern er verbarg sie auch noch tiefer und maskierte sie mit dem Anschein einer noch finstereren Wildheit, und mit demselben Mittel versuchte er sie auch vor sich selbst zu verbergen oder zu ersticken. Neiderfüllt (da er sie weder ungeschehen machen noch vergessen konnte) dachte er an jene Zeiten zurück, in denen er es gewohnt war, seine Untaten ohne

Gewissensbisse zu verüben, ohne an etwas anderes zu denken als den Erfolg, und er versuchte alles, um sie wiederkehren zu lassen, um jenen einst so entschiedenen, stolzen, unbeirrbaren Willen wiederzuerlangen oder erneut zu bekunden und sich zu beweisen, daß er noch derselbe war.

So hatte er Don Rodrigo sofort seine feste Zusage gegeben, um gar nicht erst Zweifel aufkommen zu lassen. Kaum aber war Don Rodrigo gegangen, fühlte er seine selbstverordnete Festigkeit schwinden, spürte, wie ihn statt dessen Gedanken beschlichen, die ihn dazu verleiten wollten, sein Wort nicht zu halten, was bedeuten würde, sich vor einem Freund, einem untergeordneten Komplizen zu blamieren. Um diesen peinlichen Widerstreit mit einem Schlag zu beenden, rief er nun den »Nibbio«, einen seiner geschicktesten und wagemutigsten Handlanger, den er gewöhnlich für seine Korrespondenz mit Egidio einsetzte, und befahl ihm mit entschlossener Miene, sofort auf schnellstem Wege nach Monza zu reiten, Egidio über die eingegangene Verpflichtung zu unterrichten und seine Mithilfe bei ihrer Erfüllung zu erbitten.

Der Bote kam schneller zurück, als sein Herr erwartet hatte, und überbrachte Egidios Antwort: Das Unternehmen sei leicht und sicher durchzuführen, er solle sofort eine Kutsche mit zwei oder drei gut verkleideten Bravi schicken, um das übrige werde er sich selbst kümmern, er werde die Sache in die Hand nehmen. Auf diese Nachricht hin erteilte der Ungenannte, wie immer es in ihm aussehen mochte, dem Nibbio sofort den Befehl, alles in die Wege zu leiten, wie Egidio es ihm gesagt habe, und sich mit zwei anderen, die er ihm benannte, auf den Weg zu machen.

Hätte Egidio für den schrecklichen Dienst, der von ihm verlangt worden war, nur seine gewöhnlichen Mittel einsetzen können, er hätte gewiß nicht so schnell ein so entschiedenes Versprechen gegeben. Aber der skrupellose junge Mann besaß in der Zufluchtsstätte selbst, wo ihm alles hätte Hindernis sein müssen, ein nur ihm bekanntes Hilfsmittel, und was für andere die größte Schwierigkeit gewesen wäre, war für ihn Werkzeug. Wir haben berichtet, wie die unselige Signora einmal auf ihn gehört hatte, und der Leser wird verstanden haben, daß es nicht das einzige Mal war, sondern nur der erste Schritt auf einem Weg der Schande und des Verbrechens. Jene selbe Stimme, die durch das Verbrechen inzwischen Macht und man möchte fast sagen Autorität über sie gewonnen hatte, verlangte nun von ihr, die Unschuldige zu opfern, die sie in ihre Obhut genommen hatte.

Das Ansinnen erfüllte Gertrude mit Entsetzen. Lucia durch einen unvorhergesehenen Zufall ohne eigene Schuld zu verlieren, wäre ihr als ein Unglück erschienen, eine bittere Strafe des Himmels; nun aber wurde ihr befohlen, sich ihrer durch perfiden Verrat zu entledigen, aus einem Mittel der Sühne eine neue Gewissensnot für sich zu machen. Die Unglückselige versuchte alles, um sich dem schrecklichen Befehl zu entziehen – alles außer dem einzigen Weg, der sicher war und ihr immer noch offenstand. Das Verbrechen ist ein strenger und unbeugsamer Gebieter, gegen den man sich nur durchsetzen kann, wenn man sich ganz und gar gegen ihn auflehnt. Dazu konnte Gertrude sich nicht durchringen, und so gehorchte sie.

Der vereinbarte Tag war gekommen, die vereinbarte Stunde nahte. Gertrude hatte sich mit Lucia in ihr privates Sprechzimmer zurückgezogen und überhäufte sie mehr als gewöhnlich mit Liebkosungen, die Lucia mit wachsender Zärtlichkeit hinnahm und erwiderte – so wie das Schaf, furchtlos erbebend unter der Hand des Hirten, die es streichelt und sanft fortzieht, den Kopf zurückwendet, um jene Hand zu lecken, ohne zu ahnen, daß vor dem Stall der Schlachter wartet, an den es der Hirte soeben verkauft hat.

»Ich brauche jemanden für eine große Gefälligkeit«, sagte Gertrude, »und nur du kannst sie mir erweisen. Ich habe zwar viele Leute, die meinen Befehlen gehorchen, aber niemanden, dem ich vertrauen kann. In einer sehr wichtigen Angelegenheit, die ich dir später erklären werde, muß ich sofort mit dem Pater Guardian der Kapuziner sprechen, demselben, der dich hierher zu mir gebracht hat, meine arme Lucia. Aber es darf niemand erfahren, daß ich nach ihm geschickt habe. Du bist die einzige, die ich als heimliche Botin hinschicken kann.«

Lucia war tief erschrocken über dieses Verlangen, und mit der ihr eigenen Unterwürfigkeit, ohne indes ihre große Verwunderung zu verbergen, führte sie sofort die dagegensprechenden Gründe an, die doch die Signora verstehen müsse, ja hätte voraussehen müssen: ohne die Mutter, ganz allein, auf einer einsamen Straße, in einer fremden Stadt... Doch Gertrude, die durch eine teuflische Schule gegangen war, zeigte sich ihrerseits höchst verwundert und enttäuscht, soviel Widerspenstigkeit ausgerechnet bei der Person zu finden, auf die sie sich am meisten verlassen zu können geglaubt hatte, und tat so, als ob sie alle vorgebrachten Gründe als nichtig betrachte: am hellichten Tag, bloß ein paar Schritte, auf einer Straße, die Lucia erst vor kurzem gegangen sei, und zu einem Ziel, das sie, auch wenn sie es noch nie gesehen hätte, sich leicht von irgendwem zeigen lassen könne!... So eindringlich redete sie auf Lucia ein, daß die Ärmste sich schließlich, gerührt und beschämt zugleich, die Worte entschlüpfen ließ: »Also gut, was soll ich tun?«

»Geh zum Kapuzinerkloster«, sagte Gertrude und beschrieb ihr noch einmal den Weg, »laß den Pater Guardian rufen, sag ihm unter vier Augen, er solle sofort zu mir kommen, aber niemandem sagen, daß ich ihn gerufen habe.«

»Aber was soll ich der Schaffnerin sagen, die mich noch nie hat ausgehen sehen und mich bestimmt fragen wird, wohin ich gehe?«

»Sieh zu, daß du an ihr vorbeikommst, ohne gesehen zu werden, und wenn dir das nicht gelingt, sag ihr, du gingest zu der und der Kirche, wo du versprochen hättest, ein Gebet zu entrichten.«

Neue Schwierigkeit für die arme Lucia: zu lügen. Doch die Signora zeigte sich abermals so betrübt über ihre Einwände und stellte es ihr als so häßlich hin, einen eitlen Skrupel wichtiger als die Pflicht zur Dankbarkeit zu nehmen, daß Lucia eher bestürzt als überzeugt und gerührter denn je antwortete: »Nun gut, ich werde gehen. Gott stehe mir bei!« Und sie setzte sich in Bewegung.

Als Gertrude, die ihr mit starren und glasigen Augen durch das Sprechgitter nachblickte, sie den Fuß auf die Schwelle setzen sah, öffnete sie den Mund wie von einem unwiderstehlichen Drang getrieben und sagte: »Höre, Lucia!«

Lucia drehte sich um und kam zum Gitter zurück. Doch schon hatte ein anderer Gedanke, einer, der gewöhnlich an erster Stelle stand, wieder die Oberhand über Gertrudes unseligen Geist gewonnen. Sie tat so, als sei sie noch nicht zufrieden mit den Anweisungen, die sie Lucia gegeben hatte, erklärte ihr nochmals den Weg und entließ sie dann mit den Worten: »Mach alles so, wie ich es dir gesagt habe, und komm schnell zurück.« Lucia ging.

Sie passierte unbemerkt die Klosterpforte, eilte gesenkten Blickes die Straße hinunter, immer dicht an den Mauern entlang, fand dank der Angaben, die sie bekommen hatte, und dank ihrer Erinnerungen das Stadttor, trat hinaus, ging rasch und ein wenig zitternd die

Landstraße entlang, erreichte kurz darauf die Seitenstraße, die zum Kloster führte, und erkannte sie wieder. Diese Straße verlief und verläuft noch heute wie ein Flußbett zwischen zwei hohen Böschungen voller Strauchwerk, dessen Zweige sich oben zu einer Art Gewölbe zusammenfügen. Als Lucia in sie ein einbog und sie leer und verlassen daliegen sah, fühlte sie ihre Angst noch wachsen und ging noch rascher. Bald darauf faßte sie jedoch wieder etwas Mut, als sie einen Reisewagen am Straßenrand stehen sah und daneben vor dem offenen Schlag zwei Reisende, die umherblickten, als suchten sie den richtigen Weg. Beim Näherkommen hörte sie einen der beiden sagen: »Da kommt ein braves Mädchen, das wird uns den Weg zeigen.« Tatsächlich drehte sich derselbe, als sie bei der Kutsche ankam, zu ihr um und fragte höflicher, als es sein Anblick hätte erwarten lassen: »Junge Frau, könnt Ihr uns den Weg nach Monza zeigen?«

»Da fahrt Ihr in der verkehrten Richtung«, antwortete sie, »nach Monza geht's dort...«, und drehte sich zurück, um nach hinten zu zeigen. Im selben Moment faßte sie der andere (es war der Nibbio) um die Taille und hob sie hoch. Lucia drehte erschrocken den Kopf und stieß einen Schrei aus, aber der Kerl verfrachtete sie mit Gewalt in die Kutsche, wo sie ein weiterer, der vorne saß, in Empfang nahm und, sosehr sie auch zappelte und schrie, auf den Sitz gegenüber drückte, während ein dritter ihr ein Taschentuch in den Mund stopfte, das ihr den Schrei im Halse erstickte. Unterdessen war auch der Nibbio in die Kutsche gesprungen, der Schlag wurde zugeworfen, und die Pferde preschten los. Der vierte Mann, der ihr die tückische Frage gestellt hatte und auf der Straße geblieben war, schaute in beide Richtungen, ob jemand auf Lucias Schreie gelaufen kam, und als er niemanden sah, erklomm er rasch eine Böschung, indem er sich an den Zweigen eines Strauches emporzog, und verschwand. Es war einer von Egidios Leuten gewesen; er hatte unauffällig vor der Haustür seines Herrn gewartet, um zu sehen, wann Lucia aus dem Kloster kam, hatte sie sich genau angesehen, um sie wiederzuerkennen, und war ihr dann auf einer Abkürzung vorausgeeilt, um an der vereinbarten Stelle auf sie zu warten.

Wer könnte nun ihr Erschrecken und ihre Angst beschreiben oder ausdrücken, was in ihrer Seele vorging? Sie riß die entsetzten Augen weit auf, um ihre furchtbare Lage zu erkennen, und schloß sie gleich wieder aus Abscheu und Grauen vor jenen Visagen, sie wand sich, aber sie wurde von beiden Seiten festgehalten, sie nahm ihre ganze Kraft zusammen und versuchte sich gegen den Schlag zu werfen, aber zwei nervige Arme hielten sie wie angenagelt auf dem hinteren Sitz der Kutsche fest, und vier weitere rohe Pranken halfen dabei. Jedesmal wenn sie den Mund auftat, um zu schreien, wurde ihr das Taschentuch hineingestopft und der Schrei im Halse erstickt. Dabei sagten die drei teuflischen Münder immerzu mit der menschlichsten Stimme, die sie hervorzubringen vermochten: »Ruhig, ruhig, hab keine Angst, wir wollen dir nichts tun.« Nach ein paar Minuten so angstvollen Kampfes schien sie sich zu beruhigen. Sie ließ die Arme sinken, lehnte den Kopf zurück, hob mühsam die Lider und blickte starr vor sich hin, und die abstoßenden Visagen, die sie vor sich sah, schienen ihr zu verschwimmen und zu einer monströsen Fratze zusammenzufließen. Die Farbe wich ihr aus dem Gesicht, kalter Schweiß brach ihr aus, sie sank zurück und fiel in Ohnmacht.

»Auf, auf, Mut!« sagte der Nibbio. »Mut, Mut!« wiederholten die beiden anderen Schurken, aber der momentane Verlust aller Sinne bewahrte Lucia davor, die Ermutigungen durch diese gräßlichen Stimmen zu hören.

»Zum Teufel, die sieht aus, als ob sie tot wäre!« sagte einer der beiden. »Nachher ist sie wirklich tot?«

»Ach was, tot!« sagte der andere. »Das ist eine von diesen Ohnmachten, in die Weiber immer so gerne fallen. Glaub mir, ich kenn' mich da aus: Um jemand ins Jenseits zu befördern, braucht's schon ein bißchen mehr.«

»Schluß jetzt!« sagte der Nibbio. »Tut eure Pflicht und kümmert euch um nichts anderes. Holt die Knarren raus und haltet sie bereit: In dem Wald, durch den wir gleich kommen, gibt's immer ein paar versteckte Räuber. Nicht so in der Hand, ihr Idioten! Legt sie hinter euch, flach! Seht ihr nicht, daß diese Puppe hier ein nasses Küken ist, das wegen nichts in Ohnmacht fällt? Wenn sie Waffen sieht, ist sie imstande und stirbt uns wirklich. Also paßt auf, daß ihr sie nicht wieder erschreckt, wenn sie wieder zu sich kommt. Rührt sie nicht an, solange ich euch kein Zeichen gebe. Es genügt, wenn ich sie festhalte. Und haltet die Klappe, laßt mich reden.«

Unterdessen war die Kutsche, noch immer in voller Fahrt, in den Wald gelangt.

Nach einer Weile kam die arme Lucia langsam wieder zu sich, als erwachte sie aus einem tiefen quälenden Schlaf, und schlug die Augen auf. Sie hatte einige Mühe, die entsetzlichen Dinge, die sie umgaben, zu unterscheiden und ihre Gedanken zu ordnen, endlich aber erkannte sie von neuem ihre schreckliche Lage. Das erste, was sie mit ihren spärlichen wiedergewonnenen Kräften machte, war ein erneuter Versuch, sich gegen den Schlag zu werfen, um sich hinauszustürzen. Doch sie wurde zurückgehalten und konnte nur einen kurzen Blick auf die wilde und einsame Gegend werfen, durch die sie fuhren. Sie stieß erneut einen Schrei aus, aber der Nibbio hob die derbe Hand mit dem Taschentuch und sagte so sanft er konnte: »Nicht doch, sei still, das ist besser für dich. Wir wollen dir kein Leid tun, aber wenn du nicht still bist, müssen wir dich zwingen.«

»Laßt mich gehen! Wer seid ihr? Wo bringt ihr mich hin? Warum habt ihr mich entführt? Laßt mich gehen, laßt mich gehen!«

»Ich hab doch gesagt, du brauchst keine Angst zu haben. Du bist doch kein Kind mehr, du mußt doch begreifen, daß wir dir nichts Böses tun wollen! Siehst du nicht, daß wir dich schon hundertmal hätten umbringen können, wenn wir gewollt hätten? Also beruhige dich.«

»Nein, nein, laßt mich gehen! Ich kenne euch nicht.«

»Aber wir kennen dich.«

»O Heilige Jungfrau, woher kennt ihr mich? Laßt mich gehen, ich bitte euch. Wer seid ihr? Warum habt ihr mich entführt?«

»Weil es uns befohlen worden ist.«

»Wer hat euch das befohlen? Wer? Wer?«

»Sei still!« sagte der Nibbio mit einem strengen Blick. »Sowas fragt man uns nicht.«

Lucia versuchte ein weiteres Mal, sich unversehens gegen den Schlag zu werfen, doch als sie sah, daß es zwecklos war, verlegte sie sich erneut aufs Bitten, und mit gesenktem Kopf, die Wangen von Tränen überströmt, die Stimme von Schluchzern unterbrochen, die Hände vor den Lippen gefaltet, flehte sie: »Ach, laßt mich doch gehen, um Gottes und der Heiligen Jungfrau willen! Was habe ich euch denn Böses getan? Ich bin doch nur ein armes Ding, das niemandem etwas getan hat. Was ihr mir angetan habt, vergebe ich euch von Herzen, und ich will auch für euch beten. Wenn ihr eine Tochter habt, eine Mutter, denkt doch nur, was sie leiden würde, wenn sie in diesem Zustand wäre. Vergeßt nicht, daß wir alle sterben müssen. Eines Tages werdet ihr euch wünschen, daß Gott euch barmherzig sein möge. Laßt mich gehen, laßt mich hier raus, der Herr wird mir helfen, meinen Weg zu finden.«

»Wir können nicht.«

»Wieso könnt ihr nicht? O Herr im Himmel, wieso könnt ihr nicht? Wo bringt ihr mich hin? Warum...«

»Wir können nicht, es hat keinen Zweck. Hab keine Angst, wir wollen dir nichts zuleide tun. Sei ruhig, und niemand wird dich anrühren.«

Verzagt, verängstigt und immer verzweifelter, als sie sah, daß ihre Worte keinen Eindruck machten, wandte Lucia sich an Den, der die Herzen der Menschen in Seiner Hand hält und selbst die härtesten erweichen kann, wenn Er will. Sie drückte sich so tief wie möglich in die Ecke, kreuzte die Arme vor der Brust und betete eine Zeitlang im stillen, dann zog sie ihren Rosenkranz hervor und begann ihn gläubiger und inbrünstiger zu beten, als sie es jemals zuvor in ihrem Leben getan hatte. Von Zeit zu Zeit wandte sie sich in der Hoffnung, daß die erflehte Barmherzigkeit ihr zuteil geworden sei, mit erneuten Bitten an ihre Entführer, aber stets vergebens. Dann fiel sie wieder in Ohnmacht und kam wieder zu sich, um neue Ängste zu durchleben. Doch nun ist unser Herz nicht mehr stark genug, um dies alles noch länger zu schildern. Ein allzu schmerzliches Mitleid treibt uns rasch ans Ende jener Reise, die mehr als vier Stunden dauerte und nach der wir noch weitere angstvolle Stunden durchzumachen haben werden. Versetzen wir uns also in die Burg, wo die Unglückliche erwartet wurde.

Sie wurde vom Ungenannten mit einer für ihn ganz ungewöhnlichen Unruhe und Gespanntheit erwartet. Wie seltsam: Dieser Mann, der so kaltblütig über so viele Leben verfügt hatte, der bei so vielen seiner Taten kein bißchen auf die durch ihn verursachten Leiden geachtet hatte, höchstens um manchmal einen wilden Rachedurst durch sie zu stillen, dieser Mann verspürte nun bei dem Gedanken, seine Hand auf diese Unbekannte zu legen, auf dieses arme Mädchen vom Lande, so etwas wie einen Schauder, ja fast einen Schrecken. Aus einem hohen Fenster seiner Burg schaute er seit geraumer Zeit zum Eingang des Tales hinunter, und da endlich sah er die Kutsche auftauchen und langsam näher kommen – sehr langsam, denn der schnelle Galopp zu Beginn hatte die Pferde ermüdet und ihre Kräfte aufgezehrt. Und obwohl das Gespann von der Stelle aus, von welcher er es betrachtete, nicht größer als eine Spielzeugkutsche für kleine Kinder zu sein schien, erkannte er es sogleich und spürte, wie sein Herz stärker klopfte.

›Ob sie wohl drin sitzt?‹ dachte er als erstes, und sein nächster Gedanke war: ›Wie lästig mir das alles ist! Schaffen wir's uns vom Halse!‹

Schon wollte er einen seiner Schergen rufen und ihn der Kutsche entgegenschicken, um dem Nibbio zu befehlen, sofort umzukehren und das Mädchen zu Don Rodrigos Schloß zu bringen. Doch ein gebieterisches *Nein!*, das in seinem Innern ertönte, ließ diese Idee verrauchen. Da ihn jedoch das Bedürfnis quälte, irgendeinen Befehl zu erteilen, weil es ihm unerträglich war, einfach nur dazustehen und auf die Kutsche zu warten, die Schritt für Schritt näher kam wie ein Verrat oder, was weiß ich, wie eine Strafe, ließ er eine alte Dienerin rufen.

Diese war schon in der Burg geboren, als Tochter eines früheren Wächters, und hatte ihr ganzes Leben dort verbracht. Alles, was sie dort gesehen und gehört hatte, seit ihrer Kindheit, hatte ihr eine großartige und schreckliche Vorstellung von der Macht ihrer Herren ins Bewußtsein geprägt, und die wichtigste Lebensregel, die sie ihren Belehrungen wie ihren Vorbildern entnommen hatte, war, daß sie ihren Herren in allen Dingen gehorchen mußte, da ihre Herren sehr viel Schlimmes wie auch sehr viel Gutes tun konnten. Die Idee der Pflicht, die wie ein Samenkorn in jedes Menschen Herz gepflanzt ist, hatte sich bei ihr zusammen mit den Gefühlen der Ehrerbietung, der Angst und einer servilen

Begierde entwickelt und diesen angepaßt. Als der Ungenannte, kaum Herr geworden, seine Macht in so schrekkenerregender Weise zu gebrauchen begann, empfand sie zunächst einen gewissen Schauder, begleitet von einem noch tieferen Gefühl der Unterwerfung. Mit der Zeit gewöhnte sie sich dann aber an das, was sie jeden Tag sah und hörte – der mächtige und zügellose Wille eines so großen Herrn war für sie wie eine Art schicksalhafter Gerechtigkeit. Kaum daß sie alt genug war, hatte sie einen Hausdiener geheiratet, der bald darauf bei einer waghalsigen Expedition ums Leben kam und sie als Witwe in der Burg zurückließ. Die Rache, die der Burgherr sofort für ihn nahm, tröstete sie mit einer wilden Genugtuung und erfüllte sie mit dem Stolz, sich unter einer so mächtigen Protektion zu wissen. Von da an verließ sie die Burg nur noch selten, und mit der Zeit blieben ihr vom menschlichen Leben kaum noch andere Vorstellungen als die, welche sie dort gewann. Sie hatte keine bestimmte Arbeit zu verrichten, aber in jener Horde von Schergen gab ihr bald der eine, bald der andere etwas zu tun, und das wurmte sie. Mal hatte sie Lumpen zu flicken, mal rasch etwas zu kochen für jemanden, der von einer Unternehmung zurückkam, mal Verwundete zu versorgen. Und die Befehle dieser rohen Kerle, ihr Tadel wie auch ihr Dank waren gewürzt mit Anzüglichkeiten und Schimpfworten: »Alte« war ihre gewöhnliche Anrede, und die Beiworte, die der eine oder andere hinzufügte, wechselten je nach den Umständen und nach den Launen des Betreffenden. Woraufhin sie, beim Faulenzen gestört und zur Wut provoziert, was zwei ihrer dominanten Leidenschaften waren, die Komplimente manchmal mit Ausdrücken heimzahlte, in denen Satan noch mehr von seinem Geist erkannt hätte als in denen der Provokateure.

»Siehst du die Kutsche dort?« fragte ihr Herr.

»Ich sehe sie«, antwortete die Alte, streckte ihr spitzes Kinn vor und strengte ihre tiefliegenden Augen an, daß man hätte meinen können, sie wollte sie aus ihren Höhlen pressen.

»Laß sofort eine Sänfte herrichten, setz dich hinein und laß dich zur ›Bösen Nacht‹ tragen. Spute dich, damit du vor der Kutsche da bist, sie kommt ja nicht schneller voran als ein Leichenzug. In dieser Kutsche sitzt... müßte sitzen... ein junges Mädchen. Wenn es so ist, sag dem Nibbio in meinem Namen, er soll sie in die Sänfte setzen und sofort zu mir heraufkommen. Du bleibst in der Sänfte bei diesem... Mädchen, und wenn ihr oben seid, bringst du sie in dein Zimmer. Wenn sie dich fragt, wohin du sie bringst und wem die Burg gehört, hüte dich, ihr zu sagen...«

»Ich bitte Euch!« sagte die Alte.

»Aber mach ihr Mut«, fügte der Ungenannte hinzu.

»Was soll ich ihr sagen?«

»Was du ihr sagen sollst? Mut sollst du ihr machen, sage ich. Weißt du in deinem Alter nicht, wie man solch einem Geschöpf Mut macht, wenn's nötig ist? Hast du nie ein Herzeleid gehabt? Hast du nie Angst gehabt? Weißt du nicht, welche Worte in solchen Momenten wohltun? Sag sie ihr, diese Worte, überleg sie dir, verdammt nochmal. Geh!«

Als sie fort war, blieb er noch eine Weile am Fenster stehen, die Augen unverwandt auf das Pferdegespann gerichtet, das ihm schon viel größer erschien. Dann hob er sie zur Sonne, die in diesem Moment hinter den Bergen versank, und betrachtete die verstreuten dunklen Wolken darüber, die fast mit einem Schlag feuerrot wurden. Er trat zurück, schloß das Fenster und begann in der Gangart eines eiligen Wanderers im Zimmer auf und ab zu gehen.

Kapitel 21

Die Alte war losgelaufen, um zu gehorchen und Befehle zu erteilen mit der Autorität jenes Namens, der an diesem Ort alle springen ließ, von wem immer er ausgesprochen wurde, denn niemandem wäre es in den Sinn gekommen, daß jemand so kühn sein könnte, sich seiner unerlaubt zu bedienen. Sie gelangte tatsächlich kurz vor der Kutsche zur »Bösen Nacht«, und als sie das Gespann kommen sah, stieg sie aus der Sänfte, bedeutete dem Kutscher zu halten, trat an den Schlag und überbrachte dem Nibbio, der den Kopf herausstreckte, im Flüsterton die Befehle des Herrn.

Lucia war beim Halt der Kutsche aufgeschreckt und erwachte wie aus einer Trance. Sie fühlte ihr Blut von neuem erstarren, riß Mund und Augen auf und blickte umher. Der Nibbio hatte den Kopf wieder zurückgezogen, und die Alte sagte, während sie ihr Kinn durchs Fenster schob und Lucia betrachtete: »Komm, mein Kind, komm, meine arme Kleine, komm mit mir, ich habe den Auftrag, dich gut zu behandeln und dir Mut zu machen.«

Beim Klang einer weiblichen Stimme verspürte Lucia eine gewisse Erleichterung, ja einen kurzen Anflug von Mut, aber gleich darauf fiel sie in einen noch tieferen Schrecken zurück. »Wer seid Ihr?« fragte sie mit zitternder Stimme und sah der Alten entsetzt ins Gesicht.

»Komm, komm, meine arme Kleine«, wiederholte diese. Der Nibbio und die beiden anderen, die aus den Worten der Alten und ihrer so ungewohnt sanften Stimme schlossen, welche Absichten ihr Gebieter verfolgte, bemühten sich ihrerseits mit guten Worten, die Bedrängte zum Aussteigen zu überreden. Aber sie blickte nur unverwandt weiter hinaus, und obwohl ihr die wilde und einsame Gegend und die Selbstsicherheit ihrer Wächter keinerlei Hoffnung auf Hilfe ließen, öffnete sie den Mund, um zu schreien. Als sie jedoch den Nibbio bedeutsam das Taschentuch heben sah, hielt sie den Schrei zurück. Sie zitterte, wand und krümmte sich, aber es half nichts, sie wurde gepackt und in die Sänfte gesetzt. Hinter ihr stieg die Alte ein. Der Nibbio wies die beiden anderen Bravi an, ihm zu folgen, und machte sich rasch an den Aufstieg, um den Befehlen seines Herrn nachzukommen.

»Wer seid Ihr?« fragte Lucia angstvoll das häßliche fremde Gesicht. »Warum bin ich hier bei Euch? Wo bin ich? Wo bringt Ihr mich hin?«

»Zu jemandem, der dir Gutes tun will«, antwortete die Alte, »zu einem großen... Man kann sich glücklich schätzen, wenn er einem Gutes tun will. Er ist ein Glück für dich, ein Glück für dich. Hab keine Angst, sei guten Mutes, denn er hat mir befohlen, dir Mut zu machen. Wirst du's ihm sagen, ja? Wirst du ihm sagen, daß ich dir Mut gemacht habe?«

»Aber wer ist er denn? Warum? Was will er von mir? Ich gehöre ihm nicht. Sagt mir, wo ich bin, laßt mich gehen. Sagt diesem Mann, daß er mich gehen lassen soll, sie sollen mich in eine Kirche bringen. Oh, Ihr seid doch eine Frau, im Namen der Jungfrau Maria...!«

Dieser süße heilige Name, den die Alte in ihren Kindertagen so oft voller Andacht ausgesprochen und dann zeitlebens nie mehr angerufen und vielleicht auch nie mehr gehört hatte, weckte in ihr, als sie ihn in diesem Moment vernahm, ein undeutliches, seltsames, sanftes Gefühl, wie die Erinnerung an das Licht in einem als Knabe erblindeten Greis.

Unterdessen stand der Ungenannte am Burgtor und schaute hinunter. Er sah die Sänfte heraufkommen, Schritt für Schritt wie zuvor die Kutsche, und vor ihr, in immer größer werdendem Abstand vorauseilend, den Nibbio. Als dieser bei ihm angelangt war, bedeutete er ihm mit einem Wink, ihm zu folgen, und begab sich mit ihm in ein Zimmer der Burg.

»Nun?« sagte er dort.

»Alles aufs pünktlichste ausgeführt«, meldete der Bravo und verbeugte sich. »Die Anweisung pünktlich, das Mädel pünktlich, niemand zugegen, ein einziger Schrei, niemand aufgetaucht, der Kutscher bereit, die Pferde tüchtig, keine Begegnung unterwegs. Aber...«

»Aber was?«

»Aber... ehrlich gesagt, ich hätte es lieber gehabt, wenn der Befehl gelautet hätte, ihr eine Kugel in den Rücken zu schießen, ohne sie reden zu hören, ohne ihr ins Gesicht zu sehen.«

»Was? Was soll das heißen?«

»Das soll heißen, daß sie mir die ganze Zeit... daß ich während der ganzen Zeit mit ihr... daß ich zuviel Mitleid mit ihr gehabt habe.«

»Mitleid? Was weißt du denn von Mitleid? Was ist Mitleid?«

»Ich hab's noch nie so gut begriffen wie diesmal: Mit dem Mitleid ist es ein bißchen so wie mit der Angst: Wer sich davon packen läßt, ist kein Mann mehr.«

»Nun sag mir bloß mal, wie dieses Mädchen es angestellt hat, dich zum Mitleid zu bewegen.«

»Ach, gnädigster Herr! So lange Zeit...! Weinen und bitten und flehen und solche Augen machen und bleich werden, bleich wie der Tod, und dann seufzen und wieder flehen und gewisse Worte...«

›Ich will dieses Mädchen nicht im Haus haben‹, dachte der Ungenannte, als er das hörte, ›wie dumm von mir, mich darauf eingelassen zu haben! Aber versprochen ist versprochen. Wenn sie nur erst wieder fort ist...!‹ Und gebieterisch sagte er mit erhobenem Kopf: »Laß jetzt dein Mitleid beiseite, steig aufs Pferd, nimm dir einen

Begleiter mit oder auch zwei, wenn du willst, und reite so schnell wie möglich zum Haus dieses Don Rodrigo, du weißt schon. Sag ihm, er soll sofort eine Kutsche herschicken..., aber sofort, sonst...«

Doch ein weiteres *Nein!* in seinem Innern, noch gebieterischer als das erste, hinderte ihn daran, den Satz zu vollenden. »Nein«, sagte er mit entschiedener Stimme, wie um sich selbst den Befehl jener inneren Stimme zu geben, »nein, geh schlafen, und morgen... tust du, was ich dir sagen werde.«

›Irgendein Dämon steht dieser Person zur Seite‹, dachte er dann, als er allein war und mit verschränkten Armen dastand, den Blick unverwandt auf eine Stelle am Fußboden gerichtet, wo das Mondlicht, das durch ein hohes Fenster eindrang, ein bleiches Lichtquadrat zeichnete, das von den dicken Eisenstäben des Fensters schachbrettförmig zerschnitten und von den dünnen Bleifassungen der Butzenscheiben noch feiner aufgeteilt wurde. ›Ein Dämon oder... ein Engel, der über sie wacht... Mitleid beim Nibbio!... Weg mit der, gleich morgen früh, morgen ganz früh nichts wie weg mit der! Überlassen wir sie ihrem Schicksal und reden wir nicht mehr davon, und‹ – dachte er weiter mit jener Zuversicht, mit der man ein ungehorsames Kind ermahnt, obwohl man weiß, daß es nicht gehorchen wird – ›und denken wir nicht mehr daran. Daß mir diese Kanaille von Don Rodrigo ja nicht kommt, um mich mit Danksagungen zu belästigen, denn... ich will von dieser Person nichts mehr hören! Ich habe ihm diesen Dienst erwiesen, weil... weil ich's versprochen hatte, und versprochen hatte ich es, weil... weil das nun einmal mein Schicksal ist. Aber er soll mir diesen Dienst gut bezahlen, dieser Dreckskerl. Überlegen wir mal...‹

Er wollte sich etwas besonders Unangenehmes überlegen, das er zum Ausgleich und gewissermaßen zur Strafe von Don Rodrigo verlangen könnte, aber schon wieder kamen ihm jene Worte in den Sinn: Mitleid beim Nibbio! ›Wie mag die das nur angestellt haben?‹ fragte er sich ganz hingerissen von dem Gedanken. ›Ich will sie sehen!... Äh, nein!... Doch, ich will sie sehen.‹

Schon war er von einem Zimmer ins andere geeilt, fand eine enge Treppe, tastete sich hinauf, ging zur Kammer der Alten und polterte mit dem Fuß an die Tür.

»Wer ist da?«

»Mach auf!«

Beim Klang dieser Stimme machte die Alte drei Sprünge, schon hörte man den Riegel durch die Ringe gleiten, und die Tür sprang auf. Der Ungenannte warf von der Schwelle aus einen Blick in die Runde, und im Licht einer Lampe, die auf einem Tischchen brannte, sah er Lucia am Boden kauern, in der am weitesten von der Tür entfernten Ecke des Raumes.

»Wer hat dir gesagt, daß du sie da hinwerfen sollst wie einen Sack Lumpen, Elende?« sagte er mit zornigem Stirnrunzeln zu der Alten.

»Sie hat sich von selber da hingehockt«, antwortete die Alte unterwürfig. »Ich habe alles getan, um ihr Mut zu machen, sie kann es bestätigen, aber es hat alles nichts geholfen.«

»Steh auf«, sagte der Ungenannte zu Lucia und trat näher. Doch die Verschreckte, der die Fußtritte an die Tür, das Öffnen, das Auftauchen dieses Mannes und seine Worte neuen Schrecken eingejagt hatten, kauerte sich nur noch tiefer in ihre Ecke, verbarg das Gesicht in den Händen und regte sich nur insoweit, als sie am ganzen Leibe zitterte.

»Steh auf, ich will dir nichts Böses tun... und ich kann dir viel Gutes tun«, wiederholte der Herr. »Steh auf!« donnerte dann dieselbe Stimme, erbost, es zweimal vergeblich befohlen zu haben.

Als hätte der Schrecken ihr wieder Kraft verliehen, erhob sich die Unglückliche auf die Knie, faltete die

Hände wie vor einem Heiligenbild, hob die Augen zu dem Gesicht des vor ihr Stehenden, schlug sie gleich darauf wieder zu Boden und sagte: »Hier bin ich. Tötet mich.«

»Ich habe dir doch gesagt, ich will dir nichts Böses tun«, entgegnete der Ungenannte mit sanfterer Stimme und musterte das von Schrecken und Angst verstörte Gesicht.

»Mut, Mut!« sagte die Alte. »Wenn er's doch selber sagt, daß er dir nichts Böses tun will...«

»Und warum«, versetzte Lucia in einem Ton, in dem neben dem Zittern der Angst auch die Selbstsicherheit einer verzweifelten Empörung zu hören war, »warum laßt Ihr mich dann die Strafen der Hölle leiden? Was habe ich Euch getan?«

»Haben sie dich etwa mißhandelt? Sprich!«

»Mißhandelt? Heimtückisch überfallen und gewaltsam entführt haben sie mich! Und warum? Warum haben sie mich entführt? Warum bin ich hier? Wo bin ich? Ich bin ein armes Geschöpf, was habe ich Euch getan? Bei Gott...«

»Gott, Gott«, unterbrach sie der Ungenannte, »immer Gott! Alle, die sich nicht selber verteidigen können, weil sie nicht die Kraft dazu haben, führen immerzu diesen Gott ins Feld, als ob sie mit ihm gesprochen hätten. Was willst du damit erreichen? Willst du mir etwa...« Er ließ den Satz unvollendet.

»Ach, Herr! Was ich erreichen will? Was kann ich anderes erreichen wollen, als daß Ihr mit mir Erbarmen habt! Laßt mich gehen, ich bitte Euch, laßt mich gehen! Es bringt doch keinen Gewinn für einen, der eines Tages sterben muß, ein armes Geschöpf so leiden zu lassen. O bitte, Ihr seid doch so mächtig, sagt doch, daß sie mich gehen lassen sollen! Sie haben mich mit Gewalt hierhergebracht. Schickt mich mit dieser Frau nach ***, wo meine Mutter lebt. O Heilige Jungfrau, meine Mutter, meine Mutter, denkt nur, meine Mutter! Vielleicht ist sie nicht weit von hier... ich habe meine Berge gesehen! Warum laßt Ihr mich leiden? Laßt mich in eine Kirche bringen. Ich werde für Euch beten, mein ganzes Leben lang werde ich für Euch beten. Was kostet es Euch, ein Wort zu sagen? O ja, ich sehe, daß Ihr Mitleid empfindet. Sagt ein Wort, sagt es! Gott vergibt so vieles für ein Werk der Barmherzigkeit!«

›Oh, warum ist sie nicht die Tochter eines dieser Hunde, die mich verbannt hatten!‹ dachte der Ungenannte. ›Oder dieser Halunken, die mich am liebsten tot sähen! Dann würde ich mich jetzt weiden an ihrem Gejammer. Statt dessen...‹

»Verscheucht eine gute Eingebung nicht!« fuhr Lucia inbrünstig fort, ermutigt durch ein gewisses Zögern, das sie in Gesicht und Haltung ihres Peinigers sah. »Wenn Ihr mir diese Bitte nicht erfüllt, wird Gott es tun: Er wird mich sterben lassen, und für mich wird es vorbei sein, aber für Euch... Vielleicht werdet auch Ihr eines Tages... Aber nein, nein, ich werde immer zum Herrn beten, daß er Euch vor allem Übel bewahre. Was kostet es Euch, ein Wort zu sagen? Ach, wenn Ihr wüßtet, wie sehr ich leide...!«

»Schon gut, beruhige dich, hab keine Angst«, unterbrach sie der Ungenannte mit einer Sanftheit, über die die Alte nur staunen konnte. »Habe ich dir irgendein Übel getan? Habe ich dich bedroht?«

»O nein! Ich sehe, daß Ihr ein gutes Herz habt und Mitleid mit mir armem Geschöpf empfindet. Wenn Ihr wolltet, könntet Ihr mir größere Angst einjagen als alle anderen, Ihr könntet mich töten, statt dessen habt Ihr mir... das Herz ein bißchen erleichtert. Gott wird es Euch lohnen. Vollendet das Werk der Barmherzigkeit, und laßt mich frei, laßt mich frei.«

»Morgen früh...«

»Oh, laßt mich gleich jetzt frei...«

»Morgen früh sehen wir uns wieder, wollte ich sagen. Inzwischen beruhige dich, hab keine Angst. Ruh dich aus. Du mußt Hunger haben. Man wird dir gleich etwas zu essen bringen.«

»Nein, nein! Ich sterbe, wenn jemand hier reinkommt, ich sterbe. Bringt mich in eine Kirche... Gott wird Euch jeden Schritt einzeln lohnen...«

»Eine Frau wird kommen und dir etwas zu essen bringen«, sagte der Ungenannte und war selbst überrascht, daß ihm dieser Ausweg eingefallen war, ja daß er überhaupt das Bedürfnis verspürt hatte, nach einem Ausweg zu suchen, um ein verängstigtes Dorfmädchen zu beruhigen.

»Und du«, wandte er sich brüsk an die Alte, »mach ihr Mut, daß sie ißt. Laß sie in deinem Bett schlafen, und wenn sie dich neben sich duldet, gut. Wenn nicht, kannst du ruhig mal eine Nacht auf dem Boden schlafen. Mach ihr Mut, sage ich, heitere sie auf. Und daß sie sich ja nicht über dich zu beklagen hat!«

Nach diesen Worten begab er sich rasch zur Tür. Lucia sprang auf und lief ihm nach, um ihn zurückzuhalten und ihre Bitte um Erbarmen zu wiederholen, aber er war schon fort.

»O weh mir Armer! Sperrt zu, sperrt zu!« rief sie, und als sie die Tür zufallen und den Riegel scharren hörte, ging sie zurück, um sich wieder in ihre Ecke zu kauern. »O weh mir!« rief sie erneut. »Wen soll ich jetzt bitten? Wo bin ich? Sagt Ihr es mir bitte, sagt mir, wer ist dieser Herr... dieser Herr, der mit mir gesprochen hat?«

»Wer das ist, hä? Wer das ist? Du willst, daß ich dir das sage? Da kannst du lange warten, mein Kind. Du meinst wohl, weil er dich beschützt, kannst du jetzt hochnäsig werden und deinen Willen haben, und ich soll die Dumme sein, hä? Frag ihn doch selber. Wenn ich dir das sagen würde, bekäme ich keine so freundlichen Worte von ihm zu hören wie du... Oh, ich bin alt, ich bin alt«, fuhr sie zwischen den Zähnen knurrend fort. »Oh, diese verdammten jungen Dinger, die immer hübsch aussehen, egal ob sie weinen oder lachen, und die immer im Recht sind!« Aber als sie Lucia schluchzen hörte und ihr der drohende Befehl ihres Herrn wieder einfiel, beugte sie sich zu der in ihrer Ecke Kauernden nieder und sagte mit sanfterer Stimme: »Schon gut, ich hab doch nichts Böses gesagt, sei munter. Frag mich nicht nach Sachen, die ich dir nicht sagen darf, und ansonsten, sei guter Dinge. Oh, wenn du wüßtest, wie viele Leute glücklich wären, wenn er so mit ihnen sprechen würde, wie er mit dir gesprochen hat! Sei froh, gleich kriegst du was zu essen, und ich bin sicher, so wie er mit dir gesprochen hat, wird's was Gutes sein. Und danach gehst du brav ins Bett und... läßt mir auch noch ein Plätzchen, hoffe ich«, fügte sie in unwillkürlich gereiztem Ton hinzu.

»Ich will nichts essen, ich will nicht schlafen. Laßt mich hier sitzen. Kommt mir nicht zu nahe. Geht nicht hinaus!«

»Nein, nein, schon gut«, sagte die Alte, trat zurück und setzte sich auf einen wackligen Stuhl, von wo aus sie der Armen einige Blicke zuwarf, aus denen gleichzeitig Schrecken und Neid sprachen. Dann betrachtete sie ihr Lager, grollte, daß sie vielleicht die ganze Nacht lang darauf verzichten mußte, und murrte über die Kälte. Aber der Gedanke an das Essen, das gleich kommen mußte, heiterte sie auf, denn sie hoffte nicht ohne Grund, daß es auch für sie reichen werde. Lucia bemerkte die Kälte gar nicht und verspürte auch keinen Hunger, sie war wie betäubt und empfand ihre Leiden, ja selbst ihre Schrecken nur als undeutliche Gefühle, ähnlich den Bildern, die man in Fieberträumen sieht.

Sie fuhr zusammen, als es an die Tür klopfte, hob das verängstigte Gesicht und rief: »Wer ist das? Wer ist das? Niemand soll reinkommen!«

»Nichts, nichts, gute Nachrichten«, sagte die Alte. »Es ist Marta, die das Essen bringt.«

»Sperrt zu, sperrt zu!« rief Lucia.

»Jaja, gleich, gleich!« antwortete die Alte, nahm einen Korb aus den Händen jener Marta, schickte sie fort, sperrte die Tür wieder zu und stellte den Korb auf einen Tisch in der Mitte des Zimmers. Dann forderte sie Lucia mehrmals auf, zu kommen und von den guten Dingen zu kosten. Sie verwendete die, wie sie meinte, wirkungsvollsten Worte, um der Ärmsten Appetit zu machen, und brach in begeisterte Ausrufe über die Erlesenheit der Speisen aus: »Ah, das sind Leckerbissen! Wenn Leute wie wir mal von so was kosten dürfen, erinnern wir uns noch lange daran! Diesen Wein trinkt sonst der Herr mit seinen Freunden... wenn einer von denen vorbeikommt und sie guter Dinge sein wollen! Ah-hmm!« Doch als sie sah, daß alle Beschwörungen vergeblich waren, sagte sie: »Du bist es, die nicht will. Sag morgen nicht, daß ich dir nicht ordentlich Mut gemacht hätte. Ich werde jetzt essen, und es wird noch mehr als genug für dich bleiben, falls du deine Meinung noch änderst und doch noch folgen willst.« Nach diesen Worten begann sie gierig zu essen. Als sie satt war, erhob sie sich, ging zu der Ecke, beugte sich über Lucia und forderte sie erneut auf, zu essen und dann zu Bett zu gehen.

»Nein, nein, ich will nichts«, antwortete diese mit matter, fast schlaftrunkener Stimme. Dann fügte sie etwas entschiedener hinzu: »Ist die Tür abgesperrt? Ist sie wirklich gut abgesperrt?« Sie warf einen Rundblick durchs Zimmer, stand auf und ging argwöhnisch mit vorgestreckten Händen zur Tür.

Die Alte war schneller dort, packte den Riegel, schüttelte ihn und sagte: »Hörst du's? Siehst du's? Sie ist gut abgesperrt. Bist du jetzt zufrieden?«

»Ach, zufrieden! Ich hier zufrieden!« sagte Lucia und

begab sich wieder in ihre Ecke. »Aber der Herrgott weiß, daß ich hier bin!«

»Komm doch ins Bett. Was willst du denn da in der Ecke, zusammengekauert wie ein Hund? Hat man denn so was schon mal gesehen: Bequemlichkeiten ablehnen, wenn man sie haben kann!«

»Nein, nein, laßt mich in Ruhe.«

»Na gut, du hast es so gewollt. Ich laß dir den besten Platz und lege mich ganz an den Rand. Deinetwegen werde ich's unbequem haben. Wenn du doch noch ins Bett kommen willst, weißt du, was du zu tun hast. Denk dran, ich hab dich oft genug darum gebeten.« Mit diesen Worten kroch sie angekleidet unter die Decke, und alles war still.

Lucia blieb reglos in ihrer Ecke, zusammengeduckt, die Knie hochgezogen, die Hände auf den Knien und das Gesicht in den Händen verborgen. Ihr Zustand war weder Schlaf noch Wachen, vielmehr eine schnelle Folge, ein trüber Wechsel von Gedanken, Bildern und Wahnvorstellungen. Bald, wenn sie sich ihrer Lage bewußter war und sich deutlicher an die im Laufe des Tages gesehenen und erlittenen Schrecken erinnerte, vergegenwärtigte sie sich unter Schmerzen die Umstände der dunklen und furchtbaren Wirklichkeit, in die sie sich verstrickt fand; bald, wenn sich ihr Geist in eine noch dunklere Region entführt sah, kämpfte er mit den aus Ungewißheit und Angst geborenen Gespenstern. Eine Zeitlang verharrte sie in dieser Angst; endlich jedoch, müder und niedergedrückter denn je, streckte sie die erstarrten Glieder, legte sich oder sank zu Boden und blieb eine Weile in einem Zustand liegen, der einem richtigen Schlaf etwas ähnlicher war. Plötzlich aber kam sie wieder zu sich, als hätte sie einen inneren Ruf vernommen, und fühlte das starke Verlangen, wieder ganz wach zu werden, wieder einen klaren Kopf zu bekommen, zu erkennen, wo sie war, wie und warum. Sie horchte auf ein Geräusch – es war das langsame, röchelnde Schnarchen der Alten. Sie riß die Augen auf und sah einen schwachen Lichtschein abwechselnd aufleuchten und verschwinden – es war der Docht der Lampe, die, nahe am Verlöschen, ein flackerndes Licht aussandte und es gleich wieder sozusagen zurückzog, wie es beim Vor- und Zurückschwappen der Wellen am Strand geschieht. Und dieses Licht, das die Gegenstände floh, noch ehe sie eine deutliche Form und Farbe angenommen hatten, bot dem Blick nur eine Abfolge wirrer Schemen. Bald jedoch halfen ihr die frischen Eindrücke, die in ihrem Geist wieder auftauchten, das Durcheinander vor ihren Augen zu klären, und die erwachte Unglückliche erkannte ihr Gefängnis. Alle Erinnerungen des grauenhaften vergangenen Tages und alle Schrecken der Zukunft fielen gleichzeitig über sie her. Sogar diese neue Stille nach all der Aufregung, diese Art von Erholung, diese Einsamkeit, in der man sie gelassen hatte, machten ihr neue Angst, und sie wurde von einer solchen Panik erfaßt, daß sie sterben wollte. Doch im selben Moment fiel ihr ein, daß sie zumindest noch beten konnte, und zugleich mit diesem Gedanken keimte in ihrem Herzen eine unerwartete Hoffnung auf. Sie zog erneut ihren Rosenkranz hervor und begann ihn zu beten, und während ihr das Gebet über die zitternden Lippen kam, fühlte sie in ihrem Herzen eine unbestimmte Zuversicht wachsen. Und mit einem Mal kam ihr noch ein anderer Gedanke in den Sinn: daß ihr Gebet willkommener sein und noch besser erhört werden würde, wenn sie in ihrer verzweifelten Lage auch ein Opfer brächte. Sie erinnerte sich an das, was sie am liebsten hatte – oder vielmehr am liebsten gehabt hatte, denn in diesem Moment konnte ihre Seele kein anderes Gefühl als Angst und kein anderes Verlangen als das nach Befreiung empfinden. Sie erinnerte sich daran und beschloß sofort, es zu opfern. Sie erhob sich auf die Knie, faltete die Hände vor der Brust, während sie den Rosenkranz zwischen den Fingern hielt, hob die Augen zum Himmel und sagte: »O Allerheiligste Jungfrau! Du, der ich mich so oft befohlen habe und die du mich so oft getröstet hast, du, die du so viele Schmerzen erlitten hast und nun so glorreich bist und so viele Wunder für die armen Bedrängten getan hast: Steh mir bei! Errette mich aus dieser Not, führe mich wohlbehalten zu meiner Mutter zurück, o Mutter des Herrn, und ich gelobe dir, Jungfrau zu bleiben, ich verzichte für immer auf meinen armen Liebsten, um nie jemand anderem als dir allein zu gehören.«

Nachdem sie diese Worte gesprochen hatte, senkte sie den Kopf und hängte sich den Rosenkranz um den Hals, als wäre er ein Zeichen ihrer Weihe und zugleich ein Schutz, eine Rüstung der neuen Miliz, der sie sich verschrieben hatte. Als sie dann wieder auf dem Boden saß, fühlte sie eine gewisse Ruhe und größere Zuversicht in ihre Seele einkehren. Ihr kam jenes wiederholte »Morgen früh« in den Sinn, das der mächtige Unbekannte gesagt hatte, und ihr war, als hörte sie darin ein Heilsversprechen. Allmählich entspannten sich ihre vom langen Seelenkampf ermüdeten Sinne, und schließlich, als es schon bald wieder tagte, sank sie mit dem Namen ihrer Beschützerin auf den Lippen in einen tiefen, anhaltenden Schlaf.

Indessen gab es noch jemand anderen in der Burg, der gern dasselbe getan hätte und nicht konnte. Nachdem er von Lucia fortgegangen oder fast geflohen war, die Anweisungen für ihr Abendessen erteilt und seinen üblichen Rundgang zu bestimmten Orten der Burg gemacht hatte, immer mit ihrem lebendigen Bild vor Augen und ihren nachhallenden Worten im Ohr, war der Burgherr in sein Schlafzimmer geeilt, hatte sich hastig dort eingeschlossen, als müßte er sich gegen eine Schar von Feinden verbarrikadieren, hatte sich ebenso hastig ausgezogen und zu Bett begeben. Doch gegenwärtiger denn je stand ihm ihr Bild vor Augen und schien ihm zu sagen: Du wirst nicht schlafen! ›Was für eine dumme, weibische Neugier hat mich gepackt‹, dachte er, ›daß ich sie unbedingt sehen wollte! Dieser elende Nibbio hat ganz recht, man ist kein Mann mehr, jawohl, kein Mann mehr... Ich?... Ich bin kein Mann mehr. Ich! Was ist geschehen? Welcher Teufel hat mich geritten? Was ist denn neu an der Sache? Hatte ich nicht schon vorher gewußt, daß Frauen jammern? Auch Männer jammern bisweilen, wenn sie sich nicht auflehnen können, aber zum Teufel, habe ich noch nie ein Weib wimmern hören?‹

Und auf diese selbstgestellte Frage hin präsentierte ihm sein Gedächtnis, ohne daß er es sonderlich anstrengen mußte, ganz von selbst mehr als einen Fall, in dem ihn weder Bitten noch Klagen hatten abhalten können, seine Entschlüsse durchzuführen. Aber statt daß die Erinnerung an solche Unternehmen ihm die bereits fehlende Entschlossenheit zurückgab, das jetzige zu Ende zu führen, statt daß sie das lästige Mitleid in seinem Herzen erstickte, weckte sie vielmehr eine Art Grauen, ein seltsames, nie gekanntes Verlangen nach Reue. So daß es ihm geradezu wie eine Erleichterung vorkam, wieder zu jenem ersten Bild von Lucia zurückzukehren, gegen das er sich neuen Mut zu machen versucht hatte. ›Sie lebt‹, dachte er, ›sie ist hier. Ich komme noch rechtzeitig, ich kann ihr sagen: Geh deiner Wege, freue dich. Ich kann sehen, wie sich ihr Gesichtsausdruck ändert, ich kann ihr auch sagen: Vergib mir... Vergib? Ich um Vergebung bitten?... Eine Frau? Ich?!... Ah, und doch! Wenn ein Wort, ein solches Wort mir wohltun könnte, wenn es mir ein wenig von dieser Teufelei abnehmen könnte, würde ich es sagen! Jawohl, ich fühl's, ich würde es sagen. Was ist bloß aus mir geworden! Ich bin kein Mann mehr, ich bin kein Mann mehr...! Schluß!‹ rief er sich selbst zur Ordnung und wälzte sich wütend auf seinem bretthart gewordenen Lager unter seinen bleischwer gewordenen Decken umher. ›Schluß! Solche Dummheiten sind mir schon andere Male durch den Kopf gegangen. Sie werden auch diesmal vorübergehen.‹

Um sie zu verscheuchen, versuchte er an etwas Wichtiges zu denken, an eine von jenen Unternehmungen, die ihn gewöhnlich so stark beschäftigten, daß sie ihn ganz ausfüllten, aber nichts wollte ihm einfallen. Alles schien anders geworden: Was sonst seine Begehrlichkeiten am heftigsten anstachelte, hatte nun nichts Begehrenswertes mehr; seine Leidenschaft wollte auf einmal nicht mehr weiter, wie ein Pferd, das plötzlich vor einem Schatten scheut. Der Gedanke an begonnene, aber nicht zu Ende geführte Unternehmungen erfüllte ihn nicht wie sonst mit dem Drang, sie zu vollenden, oder mit Zorn über die Hindernisse (Zorn wäre ihm in diesem Augenblick süß erschienen), sondern mit einer lähmenden Traurigkeit, ja fast einem Erschrecken über die schon unternommenen Schritte. Die Zeit stand bar aller Ziele vor ihm, ohne Beschäftigungen und ohne Pläne, nur erfüllt von unerträglichen Erinnerungen, und alle Stunden glichen der gegenwärtigen, die so langsam und so bedrückend für ihn verstrich. Er ließ im Geist alle seine Schergen antreten und wußte keinem von ihnen einen Auftrag zu erteilen, an dem ihm etwas gelegen wäre; ja schon der bloße Gedanke, diese Kerle wiederzusehen und sich unter ihnen zu bewegen, bedrückte ihn von neuem und erfüllte ihn mit Widerwillen und Verlegenheit. Und wenn er nach einer Beschäftigung für den nächsten Tag suchte, nach einer sinnvollen Tat, mußte er immerzu daran denken, daß er am nächsten Tag dieses arme Ding freilassen konnte.

›Ich werde sie freilassen, ja! Sobald es Tag wird, werde ich zu ihr eilen und ihr sagen: Du kannst gehen, geh deiner Wege! Ich werde ihr eine Eskorte mitgeben...

Und mein Versprechen, meine Verpflichtung gegenüber Don Rodrigo?... Wer ist Don Rodrigo?‹

Wie einer, der plötzlich von einem Vorgesetzten mit einer unerwartet peinlichen Frage überrascht worden ist, suchte der Ungenannte sofort nach einer Antwort auf diese, die er sich selbst gestellt hatte oder vielmehr sein neues Ich, das da auf einmal so beängstigend herangewachsen war, um über sein altes zu richten. Er machte sich auf die Suche nach den Gründen, aus denen er, fast noch ehe er darum gebeten worden war, sich so rasch dazu hatte entschließen können, eine arme Unbekannte, die er weder haßte noch fürchtete, so sehr leiden zu lassen, nur um jenem Mann einen Gefallen zu tun. Doch er fand nicht nur keine Gründe, die ihm noch stichhaltig genug erschienen, um jene Tat zu entschuldigen, er konnte sich auch kaum selber erklären, was ihn dazu bewogen hatte. Es war wohl weniger ein Entschluß gewesen als eine plötzliche Seelenregung, die alten und eingefleischten Gefühlen gehorchte, eine Folge unzähliger vorausgegangener Taten. Infolgedessen sah sich der gequälte Selbstprüfer, um sich Rechenschaft über eine einzelne Tat abzulegen, zu einer Prüfung seines ganzen Lebens gezwungen. Zurück, zurück, von Jahr zu Jahr, von einer Verpflichtung zur anderen, von einer Bluttat zur anderen, von einer Ruchlosigkeit zur anderen: Jede einzelne erschien aufs neue vor seinem prüfenden Geist, aber nun losgelöst von den Gefühlen, aus denen heraus er sie einst gewollt und begangen hatte, und daher mit einer Ungeheuerlichkeit, die ihn jene Gefühle damals nicht hatten erkennen lassen. All das waren *seine* Untaten, sie waren *er*. Das Grauen dieses Gedankens, das bei jedem dieser Bilder von neuem aufstieg und sich an alle heftete, wuchs bis zur Verzweiflung. Jäh richtete er sich auf, streckte die Hände zur Wand neben dem Bett, griff nach einer dort hängenden Pistole, nahm sie herunter und... im selben Augenblick, als er sein unerträglich gewordenes Leben beenden wollte, überfiel ihn ein neuer Schrecken, eine gleichsam noch übriggebliebene Unruhe, und er dachte an die Zeit, die auch nach seinem Ende weitergehen würde. Schaudernd stellte er sich seinen verunstalteten reglosen Leichnam vor, der Willkür des gemeinsten Weiterlebenden ausgeliefert, die Überraschung, das Durcheinander in der Burg am nächsten Morgen: alles drunter und drüber und er machtlos und stumm, wer weiß wohin geworfen. Er stellte sich die Reden vor, die in der Burg und draußen und in der Ferne geführt werden würden, das Frohlocken seiner Feinde. Auch die Finsternis und die Stille der Nacht ließen ihn den Tod noch trübseliger und schrecklicher erscheinen. Ihn dünkte, daß er nicht zögern würde, wenn es heller Tag und im Freien wäre, sich vor aller Augen in einen Fluß zu stürzen und zu verschwinden. In derlei quälende Betrachtungen versunken, spannte und entspannte er immer wieder mit einer konvulsivischen Daumenbewegung den Hahn der Pistole, als ihm plötzlich ein anderer Gedanke durch den Kopf schoß: ›Wenn es jenes andere Leben, von dem mir als Kind erzählt worden ist und von dem sie immer so reden, als ob es eine Gewißheit wäre, wenn es jenes andere Leben nicht gibt und es bloß eine Erfindung der Priester ist, was mache ich dann? Wozu dann sterben? Was bedeuten dann schon meine Taten, was bedeuten sie schon? Wie töricht ist dann mein... Und wenn es jenes andere Leben nun doch gibt...?!‹

Diese letzte Frage, der Gedanke an diese Gefahr stürzte ihn in eine neue, noch tiefere und schwärzere Verzweiflung, der er nicht entfliehen konnte, nicht einmal durch den Tod. Er ließ die Pistole sinken und raufte sich zitternd und zähneklappernd die Haare. Mit einem Mal kamen ihm jene Worte wieder in den Sinn, die er wenige Stunden zuvor gehört und wieder gehört hatte: »Gott vergibt so vieles für ein Werk der Barmherzigkeit!« Doch sie erklangen in seinem Inneren nicht in jenem demütig bittenden Ton, in dem sie gesprochen worden waren, sondern in einem gebieterischen, der zugleich eine ferne Hoffnung weckte. Für einen Augenblick war er erleichtert. Er nahm die Hände von den Schläfen und richtete in gefaßterer Haltung die Augen des Geistes auf diejenige, von der er die Worte gehört hatte. Aber er sah sie nicht als seine Gefangene und nicht als eine flehende Bittstellerin, sondern als eine Gnaden- und Trostspenderin. Ungeduldig wartete er auf den neuen Tag, um zu ihr zu eilen und sie zu befreien und aus ihrem Munde weitere Worte der Erquickung und des Lebens zu hören. Er stellte sich vor, daß er sie persönlich zu ihrer Mutter führen werde. ›Und dann? Was mache ich dann morgen während des restlichen Tages? Und was übermorgen? Was überübermorgen? Und was mache ich in der Nacht? In der Nacht, die in zwölf Stunden wieder dasein wird? Oh, die Nacht! Nur keine Nacht!‹

Zurückgefallen in die quälende Leere der Zukunft, suchte er vergeblich nach einer sinnvollen Nutzung der Zeit, einer sinnvollen Art und Weise, seine Tage und Nächte zu verbringen. Bald nahm er sich vor, die Burg zu verlassen und in ferne Länder zu gehen, wo ihn niemand kannte, nicht einmal dem Namen nach, doch er fühlte, daß er sich selber nicht würde entkommen können; bald keimte in ihm erneut eine düstere Hoffnung auf, daß er seine alte Geistesverfassung, die alten Gelüste wiederfinden könnte und dies alles nur ein vorübergehendes Fieber sei. Bald fürchtete er den kommenden Tag, der ihn den Seinen so elend verändert zeigen sollte; bald sehnte er ihn herbei, als müßte er auch Licht in seine Gedanken bringen. Und siehe da, gerade als es zu dämmern begann, kurz nachdem Lucia eingeschlafen war, hörte er, während er so reglos dasaß, aus der Ferne undeutliche Klänge an sein Ohr dringen, in denen jedoch auch etwas Freudiges mitschwang. Er horchte und erkannte ein festliches Glockengeläut, und wenig später vernahm er auch das Echo von den Bergen, das die Klänge schwach wiederholte und mit ihnen verschmolz. Kurz darauf hörte er noch ein weiteres Läuten in größerer Nähe, ebenfalls festlich, dann noch ein weiteres. ›Was ist denn das für eine Fröhlichkeit? Was gibt's da so Schönes?‹ Er sprang von seinem Dornenlager und lief halb angekleidet zum Fenster, öffnete es und schaute hinaus. Die Berge waren zur Hälfte nebelverhangen, der Himmel war nicht bloß bewölkt, sondern eine einzige aschgraue Wolke. Doch im ersten Dämmerlicht, das langsam heller wurde, sah man auf der Straße im Talgrund Leute gehen, während andere aus den Häusern kamen und sich ihnen anschlossen, und alle strömten in dieselbe Richtung, zum Ausgang des Tales rechts von der Burg, alle festlich gekleidet und außergewöhnlich beschwingt.

›Was zum Teufel haben die Leute? Was gibt's da so Erfreuliches in dem verdammten Dorf? Wo gehen die alle hin?‹ Er rief einen treuen Bravo, der in einem Nebenzimmer schlief, und fragte ihn, was die Ursache dieser ganzen Bewegung sei. Der Diener wußte nicht mehr als sein Herr und sagte, er werde sich sofort erkundigen. Der Herr blieb am Fenster stehen, die Ellbogen auf das Sims gestützt, und verfolgte gebannt das rege Schauspiel. Es waren Männer, Frauen und Kinder, in Gruppen, paarweise und einzeln. Einer holte den vor ihm Gehenden ein und gesellte sich zu ihm, ein anderer trat aus dem Haus, schloß sich dem ersten an, der vorbeikam, und sie gingen zusammen wie Freunde zu einer vereinbarten Wanderung. Die Gesten bekundeten unverkennbar eine allen gemeinsame Eile und Freude, und das nicht abgestimmte, aber zusammenpassende Läuten der verschiedenen Glocken, die einen näher, die anderen ferner, schien gleichsam die Stimme dieser Gesten zu sein und die Ergänzung der Worte, die nicht bis zu dem Ungenannten heraufdringen konnten. Er schaute und schaute, und in seinem Herzen wuchs ein Verlangen, das mehr als bloße Neugier war, zu erfahren, was es sein mochte, das so viele verschiedene Menschen in die gleiche Freudenstimmung versetzen konnte.

Kapitel 22

Kurz darauf kam der Bravo wieder, um zu berichten, daß tags zuvor Kardinal Federigo Borromeo, der Erzbischof von Mailand, in *** eingetroffen sei und den ganzen Tag dort bleiben werde. Die Neuigkeit, die sich am Abend nach seiner Ankunft in den umliegenden Dörfern verbreitet hatte, habe in allen den Wunsch geweckt, sich auf die Beine zu machen, um den Mann zu sehen, und das Glockenläuten geschehe mehr aus Freude als um die Leute zu benachrichtigen.

Wieder mit sich allein, schaute der Burgherr weiter ins Tal hinunter, noch nachdenklicher als zuvor. ›Wegen *eines* Mannes! Alle so eilig, alle so freudig, nur um einen einzigen Mann zu sehen! Dabei hat doch sicherlich jeder von ihnen seinen Teufel, der ihn quält!... Aber bestimmt hat keiner, kein einziger, einen, der so schlimm ist wie meiner! Bestimmt hat keiner eine solche Nacht hinter sich wie ich! Was hat dieser Mann, daß er so viele Menschen freudig stimmt? Ein paar Münzen, die er unter die Menge verteilt?... Aber diese Leute sind doch nicht alle wegen Almosen unterwegs! Nein, bloß wegen ein paar Zeichen, die er in die Luft malt, und ein paar Worten... Ach, wenn er doch die Worte wüßte, die mich trösten können! Wenn er doch... Wieso gehe ich nicht auch hin?... Jawohl, ich werde gehen, ich werde hingehen. Und ich will mit ihm sprechen, unter vier Augen will ich mit ihm sprechen. Was werde ich ihm sagen? Nun, eben das, was... das, was... Ich werde hören, was dieser Mann mir zu sagen hat.‹

Nachdem er auf so konfuse Weise endlich zu einem Beschluß gelangt war, zog er sich rasch fertig an, wählte einen Rock, dessen Schnitt etwas Militärisches hatte, nahm die Pistole, die noch auf dem Bett lag, und schob sie auf der einen Seite in seinen Gürtel, dazu auf der anderen eine weitere, die er von einem Nagel an der Wand nahm, steckte außerdem seinen Dolch in den Gürtel, nahm einen Karabiner von der Wand, der fast so berüchtigt war wie er selber, schulterte ihn, nahm seinen Hut, verließ das Zimmer und ging als erstes zu jenem, in dem er Lucia gelassen hatte. Er lehnte den Karabiner draußen vor der Tür an die Wand, klopfte und ließ zugleich seine Stimme hören. Die Alte sprang mit einem Satz aus dem Bett und beeilte sich, ihm zu öffnen. Er trat ein, warf einen Blick durch den Raum und sah Lucia still und reglos in ihrem Winkel kauern.

»Schläft sie?« fragte er leise. »*Da* schläft sie? Waren *das* meine Befehle, elendes Weibsstück?«

»Ich habe alles versucht«, antwortete die Alte, »aber sie hat nichts essen wollen, sie hat nicht ins Bett kommen wollen...«

»Laß sie in Ruhe schlafen. Gib acht, daß du sie nicht störst, und wenn sie aufwacht... Marta wird in das Zimmer hier nebenan kommen, und du wirst sie nach allem schicken, worum dich... diese da bitten mag... Wenn sie aufwacht... sag ihr, daß ich... daß der Herr für kurze Zeit ausgegangen ist und bald zurückkehren wird und daß er... daß er alles tun wird, was sie wünscht.«

Die Alte war ganz sprachlos und dachte bei sich: ›Ist das am Ende irgendeine Prinzessin?‹

Der Herr ging hinaus, nahm seinen Karabiner, befahl der Dienerin Marta, sich im Nebenzimmer bereit zu halten, befahl dem erstbesten Bravo, der ihm über den Weg lief, sich als Wache vor die Tür zu stellen und dafür zu sorgen, daß niemand außer jener Dienerin das Zimmer betrat. Dann verließ er die Burg und stieg eilig den Hang hinunter.

Unsere Handschrift sagt nicht, wie weit es von der Burg bis zu dem Ort war, wo sich der Kardinal befand, aber aus dem, was wir nun zu berichten haben, geht hervor, daß es nicht mehr als ein längerer Spaziergang gewesen sein kann. Aus dem bloßen Umstand, daß die Bewohner des Tals und auch Leute aus dem weiteren Umland dort zusammenströmten, hätte man das noch nicht schließen können, denn in den Chroniken aus jener Zeit wird berichtet, daß die Leute damals scharenweise zwanzig und mehr Meilen gingen, um Federigo zu sehen.

Die Bravi, denen er auf dem Hang begegnete, blieben respektvoll stehen, wenn der Herr vorbeikam, und warteten, ob er ihnen irgendwelche Befehle erteilen oder sie zu einer Expedition mitnehmen wollte, und sie wußten nicht, was sie von seiner Miene halten sollten und von den Blicken, mit denen er auf ihre Verbeugungen antwortete.

Als er die öffentliche Straße erreichte, wunderten sich die dort Gehenden am meisten darüber, daß er ohne Gefolge daherkam. Im übrigen machte ihm jeder so weit Platz, daß es auch für sein Gefolge gereicht hätte, und alle zogen respektvoll den Hut. In dem Ort angelangt, fand er eine große Menge vor, doch sein Name ging rasch von Mund zu Mund, und die Menge trat auseinander. Er näherte sich einem Mann und fragte ihn, wo der Kardinal sei. »Im Pfarrhaus«, antwortete der Gefragte mit einer Verbeugung und zeigte, wo das war. Der Herr ging hin und trat in einen kleinen Hof, wo viele Priester standen, die ihn mit erstaunter und argwöhnischer Miene betrachteten. Gegenüber sah er eine offenstehende Tür, die in einen Empfangsraum führte, wo viele weitere Priester versammelt waren. Er nahm sich den Karabiner ab und stellte ihn in eine Ecke des Hofes, dann trat er in den Empfangsraum, und auch dort Blicke, Raunen, sein wiederholter Name und Schweigen. Er wandte sich an einen der Priester, fragte ihn, wo der Kardinal sei, und sagte, er wolle ihn sprechen.

»Ich bin fremd hier«, sagte der Angesprochene, warf einen Blick in die Runde und rief den Kaplan Kreuzträger, der in einer Ecke stand und gerade leise zu einem Amtsbruder sagte: »Der? Der Berüchtigte? Was hat der hier zu suchen?« Doch auf den Ruf hin, der laut durch das allgemeine Verstummen ertönte, mußte er wohl oder übel kommen. Er verbeugte sich vor dem Ungenannten und hörte sich dessen Wunsch an, hob dann mit unruhiger Neugier die Augen zu jenem Gesicht, senkte sie gleich wieder, verharrte ein Weilchen so und sagte oder stammelte dann: »Ich weiß nicht, ob Seine Durchlaucht, Monsignore... in diesem Moment... sich bereit findet... Zeit hat... in der Lage ist... Aber gut, ich will gehen und nachsehen.« Und mit sichtlichem Widerwillen ging er in das angrenzende Zimmer, wo sich der Kardinal befand, um ihm die Botschaft auszurichten.

An diesem Punkt unserer Geschichte können wir nicht umhin, ein wenig innezuhalten, so wie der Wanderer, müde und bedrückt nach langer Wanderung durch eine öde und wilde Gegend, einige Zeit im Schatten eines schönes Baumes verweilt, im Gras bei einer frischen Quelle. Wir sind auf eine Persönlichkeit gestoßen, deren Name und Angedenken, wann immer sie uns begegnen, unseren Geist mit einer stillen Ehrfurcht und einem frohen Gefühl der Sympathie erquicken. Um wieviel mehr also jetzt, nachdem wir so viele Leidensbilder gesehen, uns der Betrachtung einer so vielfältigen und abstoßenden Verruchtheit unterzogen haben! Über diese Persönlichkeit müssen wir unbedingt ein paar Worte verlieren. Wer kein Interesse daran hat, sie zu hören, aber in der Geschichte fortfahren will, kann gleich zum nächsten Kapitel übergehen.

Federigo Borromeo, geboren 1564, war einer der zu jeder Zeit seltenen Männer, die einen herausragenden Verstand, alle Mittel eines großen Reichtums, alle Vorteile eines privilegierten Standes und einen unermüdlichen Willen darauf verwenden, nach dem jeweils Besten zu suchen und es zu tun. Sein Leben war wie ein Bergbach, der klar und rein aus dem Felsen sprudelt, sich in einem langen Lauf durch verschiedene Gebiete bewegt, ohne jemals stehenzubleiben oder sich zu trüben, und am Ende klar und rein in den Fluß einmündet. Umgeben von Pracht und Luxus, achtete er seit seiner Kindheit auf jene Worte der Entsagung und der Demut, auf jene Maximen über die Eitelkeit der Vergnügungen, die Unbilligkeit des Stolzes, die wahre Würde und die wahren Güter, welche, ob in den Herzen vernommen oder nicht, in der elementarsten Lehre der Religion von einer Generation zur anderen weitergegeben werden. Er achtete, sage ich, auf jene Worte und Maximen, nahm sie ernst, probierte sie aus und befand sie für wahr; er erkannte, daß andere Worte und andere Maximen, die ihnen entgegenstehen, daher nicht wahr sein konnten, auch wenn sie ebenfalls von Generation zu Generation weitergegeben werden, mit derselben Gewißheit und manchmal auch von denselben Lippen; und er nahm sich vor, die für wahr befundenen als Richtschnur für sein Handeln und Denken zu nehmen. Überzeugt, daß das Leben nicht von vornherein dazu bestimmt ist, für viele eine Last und für wenige ein Fest zu sein, sondern daß es für alle eine Verpflichtung ist, über die jeder eines Tages Rechenschaft ablegen muß, begann er schon als Knabe darüber nachzudenken, wie er das seine nützlich und heiligmäßig führen könnte.

1580 äußerte er den Entschluß, sich dem kirchlichen Dienst zu widmen, und empfing das Priestergewand aus den Händen seines Vetters Carlo, der schon damals seit langem und allgemein im Ruf eines Heiligen stand. Kurz darauf trat er in das von diesem gegründete Kloster in Pavia ein, das noch heute den Namen ihrer Familie trägt. Dort nahm er, während er sich unermüdlich den vorgeschriebenen Aufgaben widmete, aus freien Stücken noch zwei weitere auf sich, nämlich erstens, die christliche Lehre zu den Ungeschlachtesten und Verlassensten des Volkes zu bringen, und zweitens, sich um die Kranken zu kümmern, sie zu besuchen, zu pflegen, zu trösten und ihnen beizustehen. Das Ansehen, das er bei jedermann genoß, machte er sich zunutze, um seine Mitbrüder dahin zu bringen, ihn bei solchen Werken zu unterstützen, und in allen ehrenwerten und ersprießlichen Dingen hatte er so etwas wie eine Vorrangstellung durch das gute Beispiel, die ihm seine persönlichen Gaben vielleicht auch dann verschafft hätten, wenn er von niedrigstem Stande gewesen wäre. Vorteile anderer Art, die ihm sein Stand hätte einbringen können, strebte er nicht nur nicht an, sondern suchte er sogar mit Fleiß zu vermeiden. Er verlangte eine eher karge als nur bescheidene Tafel, er kleidete sich eher ärmlich als einfach, und dem entsprachen seine ganze Lebensführung und Haltung. Auch dachte er nie daran, sie zu ändern, so laut sich einige seiner Verwandten auch beschweren mochten, daß er damit die Würde des Hauses verletze. Andere Kämpfe hatte er mit seinen Lehrern auszufechten, die heimlich und wie um ihn zu überraschen versuchten, etwas standesgemäßere Züge in seine Ernährung, seine Kleidung und seine Umgebung zu bringen, ihn mit Dingen auszustatten, die ihn aus dem Einerlei der anderen herausheben und als den Ersten am Ort erscheinen lassen sollten. Entweder meinten sie, sich dadurch auf die Dauer bei ihm beliebt zu machen, oder sie taten es aufgrund jener servilen Hingabe, die sich für den Glanz anderer opfert und darin ihre Befriedigung findet. Oder sie gehörten zu jenen Neunmalklugen, die sich vor den Tugenden wie vor den Lastern hüten und immer predigen, daß die Vollkommenheit in der Mitte liege, wobei sie dann diese Mitte immer genau da fixieren, wo sie sich gerade befinden und behaglich fühlen.

Federigo ließ sich von solchen Versuchungen nicht nur nicht verführen, sondern tadelte auch diejenigen, die sie unternahmen, und dies zwischen der Pubertät und den Jünglingsjahren.

Daß Federigo als Knabe und Jüngling, zu Lebzeiten des sechsundzwanzig Jahre älteren Kardinals Carlo, vor dessen ernster und feierlicher Erscheinung, die den Begriff der Heiligkeit so lebendig ausdrückte und so deutlich an seine Werke erinnerte und, wenn das nötig gewesen wäre, noch ständig an Autorität gewonnen hätte durch die offene und spontane Ehrerbietung aller Umstehenden, wer und wie viele diese auch immer sein mochten – daß Federigo in diesem Alter versuchte, sich dem Verhalten und Denken eines solchen Vorbilds anzupassen, ist gewiß nicht verwunderlich. Sehr bemerkenswert ist jedoch, daß nach dem Tod Carlos niemand den Eindruck haben konnte, dem nun zwanzigjährigen Federigo sei ein Führer und Mentor abhanden gekommen. Der wachsende Ruf seiner Geistesgaben, seiner Gelehrtheit und seiner Frömmigkeit, die Verwandtschaft und die Verbindungen mit mehr als einem mächtigen Kardinal, das Ansehen seiner Familie, ja schon der Name, den Carlo gewissermaßen um eine Idee von Heiligkeit und Vortrefflichkeit bereichert hatte, kurz: alles, was dazu führen konnte und mußte, daß einer zu kirchlichen Würden gelangte, kam bei Federigo zusammen, um ihm diese zu sichern.

Doch er, zutiefst von dem überzeugt, was keiner leugnen kann, der sich zum Christentum bekennt, nämlich daß es keinen wirklichen Vorrang eines Menschen vor anderen Menschen gibt außer im Dienst an ihnen, er scheute die Würden und suchte sich ihnen zu entziehen. Gewiß nicht, weil er sich vor dem Dienst an anderen drücken wollte – wenige Menschen haben ihr Leben so sehr darauf verwandt wie er –, sondern weil er sich eines so hohen und schwierigen Amtes weder für hinreichend würdig noch fähig hielt. Darum war er, als ihm 1595 von Clemens VIII. das Erzbistum Mailand angetragen wurde, sichtlich verwirrt und lehnte ohne zu zögern ab. Später fügte er sich dann dem ausdrücklichen Befehl des Papstes.

Solche Demutsbekundungen sind freilich – wer wüßte das nicht? – weder schwierig noch selten, und der Heuchler braucht keine größere Geistesanstrengung, um sie zu vollbringen, als der Possenreißer, um sich auf billige Weise über sie lustig zu machen. Aber hören sie deswegen auf, die natürliche Ausdrucksform eines tugendhaften und lebensklugen Gefühls zu sein? Prüfstein der Worte ist das Leben, und mögen die Worte, die dieses Gefühl zum Ausdruck bringen, auch über die Lippen aller Betrüger und Spötter der Welt gekommen sein, sie werden immer schön und richtig bleiben, wenn sie mit einem Leben der Uneigennützigkeit und selbstlosen Aufopferung einhergehen.

Auffallend an dem neuen Erzbischof Federigo war das einzigartige und anhaltende Bestreben, für sich nicht mehr von seinen Reichtümern, seiner Zeit, seinen Kräften, seiner ganzen Person zu nehmen als das, was unbedingt nötig war. Er sagte, so wie es alle sagen, daß die kirchlichen Einkünfte das Erbteil der Armen seien. Wie er diesen Grundsatz aber praktisch verstand, sieht man an folgendem. Er verlangte eine Schätzung der Kosten für seinen Unterhalt und den seiner Dienerschaft, und als ihm gesagt wurde, sie beliefen sich auf sechshundert Scudi (Scudo nannte man damals jene Goldmünze, die später Zechine genannt wurde), gab er Anweisung, diese Summe alljährlich aus seiner Privatschatulle in die Kasse seines dienstlichen Haushalts zu zahlen, da er der Ansicht war, daß ein so Reicher wie er nicht vom Erbteil der Armen leben dürfe. Von seinem Eigenen maß er sich dann so knapp und sparsam zu, daß er darauf achtete, ein Gewand nicht eher auszurangieren, als bis es ganz und gar abgetragen war, wobei er jedoch, wie zeitgenössische Autoren vermerkten, den Geist der Einfachheit mit dem einer ausgesuchten Reinlichkeit verband: zwei in der Tat bemerkenswerte Gewohnheiten in jener ebenso schmutzigen wie prunksüchtigen Epoche. Desgleichen wies er die Überreste seiner kargen Tafel, damit nichts von ihnen verlorenging, einem Armenhaus zu, und so kam auf seinen Befehl hin jeden Tag einer von dort in den Speisesaal, um einzusammeln, was übriggeblieben war.

Fürsorglichkeiten solcher Art könnten vielleicht auf eine pingelige, knickrige, eher engherzige Tugend schließen lassen, auf einen in Kleinlichkeiten befangenen Geist, der sich keine höheren Ziele zu setzen vermochte – gäbe es nicht jene Biblioteca Ambrosiana, die Federigo mit so kühner Großzügigkeit ersann und mit so großem Kostenaufwand errichtete. Um sie mit Büchern und Handschriften zu bestücken, schenkte er ihr zunächst alles, was er selbst mit großem Fleiß und viel Geld gesammelt hatte, und schickte dann acht der gebildetsten und erfahrensten Männer, die er finden konnte, auf Einkaufsreise durch Italien, Frankreich, Spanien, Deutschland, Flandern, Griechenland, in den Libanon und nach Jerusalem. Auf diese Weise gelang es ihm, rund dreißigtausend gedruckte Bände und vierzehntausend Handschriften zu versammeln. Der Bibliothek schloß er ein Kollegium von Doktoren an (es waren neun, deren Gehälter er persönlich bezahlte, solange er lebte; später, als die regulären Einkünfte dafür nicht mehr reichten, wurde ihre Zahl auf zwei reduziert); ihre Aufgabe war die Pflege diverser Studien, in Theologie, Geschichte, Literatur, früher Kirchenhistorie, orientalischen Sprachen, und jeder war verpflichtet, Arbeiten aus seinem Fachgebiet zu publizieren. Desgleichen schloß er der Bibliothek ein, wie er es nannte, Dreisprachenkollegium an, das dem Studium des Griechischen, Lateinischen und Italienischen gewidmet war, sowie ein Kollegium von Zöglingen, die in diesen Sprachen unterrichtet werden sollten, um sie eines Tages selber zu lehren; des weiteren eine Druckerei für orientalische Sprachen (Hebräisch, Chaldäisch, Arabisch, Persisch, Armenisch), und schließlich auch eine Gemälde- und Skulpturengalerie sowie eine Schule für die drei wichtigsten Künste des Zeichnens. Für letztere konnte er bereits ausgebildete Lehrkräfte finden, was die übrigen anbelangt, so haben wir ja schon gesehen, wieviel Mühe ihn das Sammeln der Bücher und Manuskripte gekostet hatte; noch schwieriger muß es gewesen sein, die Typen für den Druck jener Schriften und Sprachen zu finden, die damals in Europa viel weniger gepflegt wurden als heutzutage, und noch schwieriger als die Drucktypen, die geeigneten Menschen zu finden. Es genügt zu sagen, daß er von den neun Doktoren acht unter den jungen Zöglingen des Seminars auswählte, woraus man ersehen kann, was für ein Urteil er sich über die ausgetretenen Studiengänge und die etablierten Berühmtheiten jener Zeit gebildet hatte – ein Urteil nicht unähnlich dem, das die Nachwelt darüber zu haben scheint, wenn man bedenkt, daß sie sowohl die einen wie die anderen in Vergessenheit geraten ließ.

An den Regeln, die er für die Benutzung und Verwaltung der Bibliothek aufstellte, erkennt man ein Streben nach dauerhafter Nützlichkeit, das nicht nur an sich gut und lobenswert, sondern in vieler Hinsicht weit über die Vorstellungen und Gewohnheiten seiner Zeit hinaus klug und menschenfreundlich war. So schrieb er dem Bibliothekar vor, mit den besten Gelehrten Europas Verbindung zu halten, um sich bei ihnen über den Stand der Wissenschaften zu informieren, sich die wichtigsten Neuerscheinungen auf allen Gebieten nennen zu lassen und diese dann zu erwerben. Ebenso schrieb er ihm vor, die Studierenden auf die Bücher hinzuweisen, die sie nicht kannten oder die ihnen von Nutzen sein konnten, und ordnete an, daß allen, ob Einheimischen oder Fremden, ausreichend Zeit und Ruhe gegeben werde, sich ihrer nach Bedarf zu bedienen. Heute kommt uns ein solches Bestreben nur allzu natürlich und bei der Gründung einer Bibliothek ganz selbstverständlich vor, aber damals war das keineswegs so. In einer Geschichte der Ambrosiana, verfaßt (mit dem üblichen latinisierenden Satzbau und den Gewähltheiten des Jahrhunderts) von einem gewissen Pierpaolo Bosca, der nach Federigos Tod dort als Bibliothekar amtierte, wird ausdrücklich als etwas Einmaliges vermerkt, daß in dieser von einem Privatmann fast gänzlich aus eigenen Mitteln errichteten Bibliothek die Bücher für das Publikum sichtbar waren und jedem ausgehändigt wurden, der nach ihnen verlangte, und daß man den Besuchern auch Platz zum Sitzen sowie Papier, Feder und Tinte gab, damit sie sich die erforderlichen Notizen machen konnten – während in einer anderen hochberühmten Bibliothek Italiens die Bücher nicht einmal zu sehen, sondern in Schränken eingeschlossen waren und von den Bibliothekaren nur aus Gefälligkeit herausgenommen wurden, wenn es ihnen beliebte, sie für einen Moment zu zeigen; die Idee, den Besuchern Gelegenheit zum Studium der Bücher zu geben, wäre ihnen nicht im Traum eingefallen. Solche Bibliotheken zu bereichern hieß daher in der Praxis, die Bücher dem öffentlichen Gebrauch zu entziehen – auch dies eine jener Formen von »Kultivierung«, wie es sie damals und immer noch häufig gibt, die den Boden unfruchtbar machen.

Man frage nun nicht, welche Auswirkungen diese Borromeische Stiftung auf den allgemeinen Bildungsstand hatte. Es ließe sich leicht in zwei Sätzen beweisen, so wie man gewöhnlich etwas »beweist«, daß die Auswirkungen ganz wunderbar oder praktisch gleich Null waren. Zu untersuchen und halbwegs plausibel darzulegen, welcher Art sie tatsächlich waren, wäre sehr mühevoll, wenig nützlich und hier ganz abwegig. Doch man bedenke, wie großzügig, weitblickend, wohlmeinend, wie beharrlich auf die Verbesserung der Menschen bedacht ein Mann gewesen sein muß, der so etwas wollte, es in dieser Art wollte und es schuf, mitten in jener Ignoranz, jener Trägheit, jener allgemeinen Abneigung gegen alles engagierte Handeln, die sich in Redensarten wie »Was soll's?«, »Auch das noch!«, »Tolle Erfindung!«, »Das hat uns gerade noch gefehlt!« und dergleichen niederschlagen: Wortmünzen, die mit Sicherheit in noch größerer Zahl ausgegeben wurden als die von ihm für das Unternehmen aufgewandten Scudi – welche sich auf einhundertfünftausend beliefen und zum größten Teil aus seinem Privatvermögen stammten.

Man könnte meinen, um einen solchen Mann höchst wohltätig und freigebig zu nennen, braucht man nicht zu wissen, ob er noch viele weitere Scudi zur unmittelbaren Unterstützung der Notleidenden ausgegeben hat, und vielleicht gibt es auch Leute, die meinen, daß öffentliche Ausgaben der geschilderten Art – und fast hätte ich gesagt: alle öffentlichen Ausgaben – das beste und nützlichste Almosen sind. Aber Federigo hielt das Almosengeben im eigentlichen Sinne für eine seiner vornehmsten Pflichten, und hier wie in allem stimmten seine Taten mit seinen Ansichten überein. Sein Leben war ein unaufhörliches Spendenausteilen an die Armen, und gerade im Zusammenhang mit der Hungersnot, von der unsere Geschichte schon mehrfach gesprochen hat, werden wir bald Gelegenheit haben, einige Details zu berichten, an denen man sehen wird, wieviel Weisheit und Güte er auch in diese Form der Freigebigkeit zu legen wußte. Von den vielen einzigartigen Beispielen, die seine Biographen für diese seine Tugend versammelt haben, wollen wir nur eines anführen: Als er einmal erfahren hatte, daß ein Adliger allerlei List und Gewalt anwandte, um eine seiner Töchter dazu zu bringen, ins Kloster zu gehen, obwohl sie lieber heiraten wollte, ließ er den Vater zu sich kommen, und nachdem er ihm das Geständnis entlockt hatte, daß der wahre Grund seiner Quälerei darin lag, daß ihm viertausend Scudi fehlten, die nach Ansicht des Mannes für eine standesgemäße Hochzeit seiner Tochter erforderlich waren, gab Federigo ihr eine Aussteuer von viertausend Scudi. Vielleicht werden manche darin eine übertriebene, unüberlegte, den törichten Launen eines Dünkelhaften allzu entgegenkommende Großzügigkeit erblicken und meinen, daß man viertausend Scudi für hundert andere Zwecke besser hätte verwenden können. Darauf haben wir nichts anderes zu erwidern, als daß es wünschenswert wäre, wenn man häufiger Übertreibungen einer Tugend sähe, die so frei von den herrschenden Meinungen (jede Zeit hat die ihren), so unabhängig von der allgemeinen Geistesströmung ist, wie es in diesem Fall jene war, die einen Menschen dazu bewog, viertausend Scudi auszugeben, damit eine junge Frau nicht ins Kloster gehen mußte.

Die nie versiegende Nächstenliebe dieses Mannes zeigte sich, nicht weniger als im Geben, auch in seinem ganzen Auftreten und Verhalten. Unkompliziert im Umgang mit allen, glaubte er besonders den Angehörigen der sogenannten niederen Stände ein freundliches Gesicht und eine von Herzen kommende Höflichkeit zu schulden, um so mehr, je weniger sie davon in der Welt fanden. Und auch in diesem Punkt hatte er sich mit den ehrenwerten Verfechtern des »Nie zuviel« herumzuschlagen, die ihn bei allem und jedem stets dazu bringen wollten, in den gebotenen Grenzen zu bleiben, das heißt in *ihren* Grenzen. Einer von ihnen warnte ihn einmal, als Federigo beim Besuch eines einsamen Bergdorfes einige arme Kinder im Katechismus unterwies und ihnen während des Fragens und Erklärens liebevoll über den Kopf streichelte, er solle sich mehr in acht nehmen, wenn er diese Kinder so mit Liebkosungen überhäufe, denn sie seien schmutzig und abstoßend – als wollte der gute Mann unterstellen, daß Federigo nicht selber genug Verstand hatte, um eine solche Entdeckung zu machen, oder nicht genug Scharfsinn, um von sich aus auf eine so feine Lösung zu kommen. Dies eben ist in gewissen Zeiten und Lagen das Unglück der zu gewissen Würden erhobenen Menschen: daß es, während sich leider nur selten jemand findet, der sie auf ihre Mängel hinweist, nie an mutigen Leuten fehlt, die ihnen ihre guten Taten zum Vorwurf machen. Doch Federigo antwortete nicht ohne einen gewissen Unmut: »Das sind meine Seelen. Vielleicht werden sie mein Gesicht nie wiedersehen, und da soll ich sie nicht umarmen?«

Unmut war jedoch etwas sehr Seltenes bei ihm, der wegen seines sanften Wesens bewundert wurde, wegen einer unbeirrbaren Friedfertigkeit, die man einer ungewöhnlich glücklichen Veranlagung zugeschrieben hätte; tatsächlich war sie jedoch ein Triumph permanenter Selbstdisziplin über ein lebhaftes und aufbrausendes Temperament. Wenn er sich gelegentlich streng, ja schroff zeigte, dann gegenüber untergebenen Seelenhirten, die er des Geizes, der Trägheit oder anderer Makel für schuldig befand, welche dem Geist ihres noblen Dienstes besonders kraß widersprachen. Bei allem jedoch, was seinen persönlichen Nutzen oder seinen weltlichen Ruhm betreffen konnte, ließ er sich weder Freude noch Bedauern, weder Eifer noch Aufregung anmerken – bewundernswert, wenn diese Gefühle sich *nicht* in seiner Seele regten, noch bewundernswerter, *wenn* sie sich in ihr regten. Aus den vielen Konklaven, die er mitgemacht hatte, brachte er nicht nur den Ruf heim, niemals nach jener Würde getrachtet zu haben, die für den Ehrgeiz so begehrenswert und für die Frömmigkeit so gefährlich ist, sondern als ihm einmal ein Kollege, dessen Wort viel galt, seine Stimme und diejenigen seiner Fraktion (ein häßliches Wort, aber man gebrauchte es so) für den Fall seiner Kandidatur anbot, lehnte er das Anerbieten derart entschieden ab, daß der andere den Gedanken fallenließ und sich an jemand anderen wandte. Die gleiche Bescheidenheit und Abneigung gegen das Herrschen zeigte sich auch in gewöhnlicheren Lebenslagen. Aufmerksam und unermüdlich im Disponieren und Regieren, wo er dieses als seine Pflicht ansah, vermied er jedoch stets, sich in die Angelegenheiten anderer einzumischen, ja entschuldigte sich sogar nach Kräften, wenn er auf Verlangen eingriff – eine, wie jeder weiß, durchaus ungewöhnliche Diskretion und Zurückhaltung bei so eifrigen Verfechtern des Guten, wie Federigo einer war.

Wollten wir uns dem Vergnügen hingeben, die bemerkenswerten Züge seines Charakters aufzuzählen, so wäre das Ergebnis sicher ein einmaliger Komplex von scheinbar entgegengesetzten und nur selten gemeinsam anzutreffenden Vorzügen. Wir wollen jedoch nicht versäumen, noch eine weitere Einmaligkeit dieses schönen Lebens zu vermerken: daß darin, sosehr es mit Amtsgeschäften, kirchlichen Zeremonien, Lehraufgaben, Audienzen, Diözesanbesuchen, Reisen und anderen zeitraubenden Tätigkeiten angefüllt war, immer noch Platz für die Forschung blieb, und nicht nur ein wenig, sondern so viel, daß es für einen Berufsgelehrten gereicht hätte. Tatsächlich erhielt Federigo von seinen Zeitgenossen neben all seinen vielen anderen Ruhmestiteln auch den eines Gelehrten.

Wir dürfen freilich auch nicht verhehlen, daß er mit fester Überzeugung und großer Beständigkeit Meinungen vertrat und auch in der Praxis verfocht, die heutzutage jedermann eher seltsam als schlecht begründet erscheinen, und zwar selbst jenen Zeitgenossen, die sie nur allzugerne für richtig gehalten hätten. Wer ihn in diesem Punkt verteidigen wollte, könnte sich der so geläufigen wie anerkannten Entschuldigung bedienen, daß es sich mehr um Irrtümer seiner Zeit als um seine eigenen gehandelt habe, eine Entschuldigung, die in bestimmten Fällen, wenn sie aus einer genauen Prüfung der Fakten hervorgeht, einen gewissen oder auch erheblichen Wert haben kann, die aber, wenn sie so umstandslos und unbesehen angeführt wird, wie es meistens geschieht, wirklich gar nichts bedeutet. Und deswegen, weil wir komplizierte Fragen nicht mit simplen Formeln lösen wollen noch vorhaben, eine Abschweifung über Gebühr zu verlängern, werden wir sie hier auch gar nicht erörtern. Es genügt uns, beiläufig angedeutet zu haben, daß wir von einem im ganzen so bewundernswerten Mann nicht behaupten, er sei dies in allem und jedem gewesen – damit es nicht so aussieht, als hätten wir einen Nachruf schreiben wollen.

Wir tun unseren Lesern sicher nicht Unrecht, wenn wir annehmen, daß mancher von ihnen jetzt fragt, ob dieser Mann nicht irgendein Denkmal seines so großen Talents und Fleißes hinterlassen hat. Und ob! Etwa einhundert Werke sind von ihm erhalten, große und kleine, lateinische und italienische, gedruckte und handschriftliche, die in der von ihm gegründeten Bibliothek aufbewahrt werden: Traktate über Moral, Predigten, Studien über Geschichte, über christliches und vorchristliches Altertum, über Literatur und Künste und anderes.

Und wie kommt es dann, wird der Leser jetzt fragen, daß so viele Werke in Vergessenheit geraten oder jedenfalls so wenig bekannt und gefragt sind? Wie kommt es, daß einer mit so viel Geist, so viel Fleiß, so viel tiefer Kenntnis der Menschen und Dinge, so viel Überlegung, so viel Leidenschaft für das Gute und Schöne, so viel

Seelengröße und so vielen anderen Qualitäten, die einen großen Schriftsteller ausmachen, daß so einer bei hundert Werken nicht ein einziges hinterlassen hat, welches zu denen gehört, die auch derjenige als groß anerkennt, der sie nicht in allem gutheißt, und die wenigstens dem Titel nach auch demjenigen bekannt sind, der sie nicht liest? Wie kommt es, daß sie nicht alle gemeinsam wenigstens durch ihre Zahl genügt haben, seinem Namen einen literarischen Ruhm bei uns Nachfahren zu verschaffen?

Die Frage ist ohne Zweifel berechtigt, und der Fall ist interessant, denn die Gründe für dieses Phänomen ließen sich finden, wenn man viele allgemeine Umstände in Betracht zöge, und wenn man sie dann gefunden hätte, würden sie zur Erklärung mehrerer anderer Phänomene der gleichen Art führen. Aber es wären viele und langwierig zu erörternde Gründe, und was, wenn sie dem Leser am Ende nicht gefielen? Wenn er die Nase über sie rümpfte? So ist es wohl besser, wir nehmen den Faden unserer Erzählung wieder auf und lassen uns den Betreffenden, statt weiter über ihn zu räsonieren, von unserem Autor in Aktion vorführen.

Kapitel 23

Kardinal Federigo war gerade, während er darauf wartete, in die Kirche zu gehen und den Gottesdienst abzuhalten, wie gewöhnlich in seinen freien Momenten in Studien vertieft, als der Kaplan Kreuzträger mit erregter Miene eintrat.

»Ein seltsamer Besuch, Euer Durchlaucht, ein wirklich seltsamer Besuch.«

»Wer ist es?« fragte der Kardinal.

»Kein Geringerer als Herr...«, sagte der Kaplan und skandierte mit großer Bedeutsamkeit Silbe für Silbe den Namen, den wir unseren Lesern nicht nennen können. Dann fügte er hinzu: »Er ist höchstpersönlich gekommen und verlangt nichts anderes, als bei Eurer Durchlaucht vorgelassen zu werden!«

»Der!« sagte der Kardinal mit erfreuter Miene, klappte sein Buch zu und stand auf. »Er soll hereinkommen, er soll sofort hereinkommen!«

»Aber...«, erwiderte der Kaplan, ohne sich zu bewegen, »Euer Durchlaucht müssen wissen, wer das ist: jener geächtete, jener berüchtigte...«

»Und ist's nicht ein Glück für einen Bischof, wenn ein solcher Mann den Wunsch verspürt, ihn zu sehen?«

»Aber...«, beharrte der Kaplan, »wir dürfen zwar über gewisse Dinge nie reden, weil Euer Durchlaucht sagen, das seien Albernheiten, doch in diesem Fall scheint es mir eine Pflicht zu sein... Der Glaubenseifer macht Feinde, Monsignore, und wir wissen mit Bestimmtheit, daß mehr als ein Schurke sich zu rühmen gewagt hat, früher oder später werde er...«

»Und was haben diese Schurken bisher unternommen?« unterbrach ihn der Kardinal.

»Ich meine, dieser Mann ist ein käuflicher Verbrecher, ein Desperado, der mit den übelsten Desperados im Bunde steht und geschickt worden sein könnte...«

»Oh, was ist das für eine Disziplin«, unterbrach ihn Federigo erneut und mit einem Lächeln, »wenn die Soldaten den General auffordern, sich zu fürchten?« Dann wurde er wieder ernst und fuhr nachdenklich fort: »Der heilige Carlo wäre nicht in die Lage gekommen, erörtern zu müssen, ob er einen solchen Mann empfangen solle: Er hätte ihn selbst aufgesucht. Laßt ihn herein, er hat schon zu lange gewartet.«

Der Kaplan ging zur Tür und sagte sich: ›Nichts zu machen, diese Heiligen sind allesamt Dickköpfe.‹

Als er die Tür öffnete und in den Vorraum trat, wo sich der Ungenannte und die Priester befanden, sah er diese zusammengedrängt auf der einen Seite stehen, wo sie miteinander tuschelten und verstohlene Blicke zu jenem warfen, der allein in einer Ecke stand. Der Kaplan ging auf ihn zu, und während er ihn aus den Augenwinkeln, so gut ihm das möglich war, von Kopf bis Fuß musterte, überlegte er, was für ein teuflisches Waffenarsenal da wohl unter dem Rock verborgen sein mochte und daß er ihm eigentlich, bevor er ihn hineinführte, wenigstens vorschlagen sollte... doch er konnte sich nicht entschließen. So trat er vor ihn hin und sagte: »Monsignore erwartet Euer Gnaden. Geruht mir bitte zu folgen.« Und während er durch die Schar der Priester voranging, die sofort auseinandertrat, warf er Blicke nach rechts und links, die soviel bedeuteten wie: Was wollt ihr? Wißt ihr nicht selber, daß es immer nach seinem Kopf gehen muß?

Kaum war der Ungenannte eingetreten, ging ihm Federigo mit freudiger Miene und offenen Armen entgegen, als begrüßte er eine langersehnte Person. Zugleich bedeutete er dem Kaplan mit einem Wink, sich zu entfernen, was dieser auch tat.

Die beiden Alleingebliebenen standen sich eine Weile stumm und jeder auf seine Weise unschlüssig gegenüber. Der Ungenannte, der nicht so sehr mit einem bestimmten Plan gekommen als von einem unerklärlichen Zwang hergetrieben worden war, stand auch jetzt noch wie unter einem Zwang, zerrissen von zwei widerstrebenden Leidenschaften: einerseits vom Wunsch und der vagen Hoffnung, eine Linderung für seine inneren Qualen zu finden, andererseits vom Ärger und von der Scham, wie ein Reuiger gekommen zu sein, wie ein Unterwürfiger, wie ein Jammerlappen, um sich schuldig zu bekennen und einen anderen um Hilfe zu bitten. Er fand keine Worte und suchte auch eigentlich keine. Doch als er die Augen hob und in das Gesicht jenes Mannes blickte, fühlte er sich mehr und mehr von einem ebenso zarten wie gebieterischen Gefühl der Verehrung durchdrungen, das sein Vertrauen wachsen ließ, seinen Ärger besänftigte, seinen Stolz beugte, ohne ihn zu beleidigen, und ihm gleichsam Schweigen gebot.

Federigos Erscheinung gehörte in der Tat zu jenen, die eine Überlegenheit anzeigen und sie zugleich liebenswert machen. Seine Haltung war von einer natürlichen Würde und fast unwillkürlichen Majestät, weder gebeugt noch geschwächt durch die Jahre; das Auge ernst und lebhaft, die Stirne heiter und gedankenvoll; unter dem grauen Haar und der Blässe, zwischen den Spuren der Enthaltsamkeit, der Versenkung und der Mühsal eine Art jungfräulicher Blüte: Alle Züge seines Gesichts verrieten, daß es zu anderen Zeiten das gehabt hatte, was man echte Schönheit nennt. Die Gewöhnung an ernste und von Güte erfüllte Gedanken, der innere Friede eines langen Lebens, die Liebe zu den Menschen und die stete Freude einer unaussprechlichen Hoffnung hatten sie durch eine, fast möchte man sagen, Greisenschönheit ersetzt, die in der großartigen Schlichtheit des Purpurgewandes noch mehr hervortrat.

Auch er ließ eine Weile seinen durchdringenden Blick, der seit langem gewohnt war, aus den Mienen auf die Gedanken zu schließen, fest auf der Erscheinung des Ungenannten ruhen, und da er in dessen düsterer und verstörter Miene immer deutlicher etwas zu sehen meinte, was der Hoffnung entsprach, die er bei der ersten Ankündigung eines solchen Besuches gefaßt hatte, sagte er schließlich: »Oh, wie kostbar ist dieser Besuch! Und wie dankbar muß ich Euch dafür sein, daß Ihr einen so guten Entschluß getroffen habt, auch wenn darin für mich ein gewisser Vorwurf liegt.«

»Vorwurf?« rief der Besucher verwundert, aber auch besänftigt von diesen Worten und diesem Verhalten und froh, daß der Kardinal das Eis gebrochen und ein Gespräch in Gang gebracht hatte.

»Gewiß, für mich ist es ein Vorwurf«, entgegnete dieser, »daß ich Euch mir habe zuvorkommen lassen, obwohl ich schon so lange und so oft zu Euch hätte kommen sollen.«

»Ihr zu mir? Wißt Ihr, wer ich bin? Hat man Euch meinen Namen richtig gesagt?«

»Meint Ihr, daß ich diese Erleichterung, die ich empfinde und die man mir sicher ansehen kann, meint Ihr, daß ich die bei der Ankündigung und dem Anblick eines Unbekannten empfände? Ihr seid es, der sie mich empfinden läßt, Ihr, den ich längst hätte aufsuchen sollen, Ihr, den ich statt dessen wenigstens so sehr geliebt und beweint und für den ich so viel gebetet habe, Ihr, den ich von allen meinen Kindern, die mir doch alle von Herzen lieb sind, am liebsten empfangen und in die Arme geschlossen hätte, wenn ich das hoffen zu dürfen geglaubt hätte. Aber Gott allein weiß Wunder zu wirken und behebt die Schwäche und Trägheit seiner armen Diener.«

Der Ungenannte war sprachlos über diese entflammte Rede, die so entschieden beantwortete, was er noch gar nicht gesagt hatte, ja zu sagen noch nicht einmal ganz entschlossen war, und so verharrte er bewegt, doch verwirrt, in Schweigen.

»Und nun?« fuhr Federigo noch herzlicher fort. »Ihr habt mir eine gute Nachricht zu bringen und laßt mich so lange darauf warten?«

»Ich eine gute Nachricht? Ich habe die Hölle im Herzen und soll Euch eine gute Nachricht bringen? Sagt mir, sagt Ihr es mir, wenn Ihr's wißt, was für eine gute Nachricht das sein soll, die Ihr von einem wie mir erwartet.«

»Daß Gott Euer Herz angerührt hat und es sich zu eigen machen will«, antwortete der Kardinal ruhig.

»Gott! Gott! Gott! Wenn ich ihn sehen könnte! Wenn ich ihn fühlen könnte! Wo ist dieser Gott?«

»Das fragt Ihr mich? Ihr? Wem ist er denn näher als Euch? Fühlt Ihr nicht im Herzen, wie er Euch bedrängt, Euch um- und umtreibt und nicht von Euch abläßt? Und wie er Euch zugleich anzieht, Euch das Vorgefühl einer Hoffnung auf Ruhe und Freude gibt, auf eine Freude, die vollkommen und grenzenlos sein wird, sobald Ihr ihn anerkennt, Euch zu ihm bekennt und zu ihm betet?«

»Oh, gewiß, ich habe hier etwas, das mich bedrängt und mich verzehrt! Aber Gott? Wenn es ihn gibt, diesen Gott, und wenn er so ist, wie die Leute sagen, was meint Ihr, soll er dann mit einem wie mir anfangen?«

Die letzten Worte waren mit einem Unterton der Verzweiflung gesprochen worden, doch Federigo antwortete feierlich und wie erfüllt von einer ruhigen Inspiration: »Was Gott mit Euch anfangen soll? Ein Zeichen seiner Macht und seiner Güte will er aus Euch machen! Er will durch Euch zu einem Ruhm gelangen, den ihm kein anderer verschaffen könnte. Daß die Welt seit so langer Zeit wider Euch Geschrei erhebt, daß Tausende Stimmen Eure Taten verabscheuen...« – der Ungenannte fuhr hoch und verharrte einen Moment starr vor Erstaunen, eine so ungewohnte Sprache zu hören, aber noch mehr erstaunte ihn, daß er darüber keinen Ärger, sondern beinahe Erleichterung empfand –, »...welchen Ruhm«, fuhr Federigo fort, »kann Gott daraus ziehen? Es sind Stimmen der Angst, Stimmen des Eigennutzes, vielleicht auch Stimmen der Gerechtigkeit, aber einer so bequemen, so primitiven Gerechtigkeit! Einige sind vielleicht auch Stimmen des Neides auf Eure unselige Macht und auf die beklagenswerte Selbstsicherheit, die Ihr bisher an den Tag gelegt habt. Wenn Ihr jedoch selber aufsteht, um Euer Leben zu verdammen und Euch selbst anzuklagen, dann, ja dann dient das dem Ruhme Gottes! Und da fragt Ihr noch, was Gott mit Euch anfangen soll? Wer bin ich armer Mann, daß ich Euch jetzt schon zu sagen wüßte, welchen Nutzen ein so großer Herr aus Euch ziehen kann? Was er aus einem so stürmischen Willen, aus einer so unbeirrten Standhaftigkeit machen kann, wenn er sie mit Liebe, Hoffnung und Reue beseelt und entzündet? Wer seid Ihr, armer Mann, daß Ihr meint, Ihr könntet von Euch aus größere Dinge im Bösen ersinnen und ausführen, als Gott sie Euch im Guten wollen und vollbringen lassen könnte? Was Gott mit Euch anfangen soll? Kann er Euch nicht vergeben? Euch retten? In Euch das Werk der Erlösung vollenden? Sind das nicht großartige, seiner würdige Werke? Oh, denkt doch nur: Wenn ich kleiner Mensch, ich, so erbärmlich und dennoch so von mir eingenommen, wie ich bin, wenn ich mich schon so um Euer Seelenheil sorge und mit Freude – Er ist mein Zeuge – die wenigen Tage hergäbe, die mir noch bleiben, oh, denkt nur: wie groß muß dann die Barmherzigkeit dessen sein, der mir diese so unvollkommene und doch so lebendige einflößt, wie sehr muß Euch Derjenige lieben und nach Euch verlangen, der mir eine Liebe zu Euch gebietet und eingibt, die mich verzehrt!«

Während diese Worte von seinen Lippen kamen, strahlten sein Antlitz, sein Blick und jede seiner Bewegungen ihren Sinn aus. Das Gesicht seines Zuhörers, das zu Beginn so verzerrt und verkrampft gewesen war, wechselte erst zu Staunen und gespannter Aufmerksamkeit, dann nahm es den Ausdruck einer tieferen und gelösteren Rührung an; seine Augen, die seit seiner Kindheit keine Tränen mehr gekannt hatten, wurden feucht, und als die Worte verklungen waren, schlug er sich die Hände vors Gesicht und brach in ein heftiges Schluchzen aus, das wie die letzte und klarste Antwort klang.

»Großer und gütiger Gott!« rief Federigo aus und hob die Augen und die Hände zum Himmel. »Was habe ich unnützer Diener und saumseliger Hirte getan, daß Du mich zu diesem Festmahl der Gnade geladen und mich für würdig befunden hast, einem so freudigen Wunder beizuwohnen!« Nach diesen Worten streckte er die Hand aus, um die des Ungenannten zu ergreifen.

»Nein!« rief dieser. »Nein! Nicht! Haltet Euch fern von mir! Besudelt nicht Eure unschuldige gütige Hand. Ihr wißt nicht, was diese alles getan hat, die Ihr drücken wollt.«

»Laßt«, sagte Federigo und ergriff sie mit liebevoller Gewalt, »laßt sie mich drücken, diese Hand, die so viel Unrecht wiedergutmachen wird, die so viele Wohltaten austeilen, so viele Betrübte aufrichten, sich unbewaffnet, friedlich und demütig so vielen Feinden entgegenstrecken wird.«

»Das ist zuviel!« rief aufschluchzend der Ungenannte. »Laßt mich gehen, Monsignore, guter Federigo, laßt mich gehen! Eine große Volksmenge wartet auf Euch. So viele gute Seelen, so viele Unschuldige, so viele, die von weither gekommen sind, um Euch nur einmal zu sehen und zu hören, und Ihr vertut Eure Zeit hier mit... solch einem!«

»Lassen wir die neunundneunzig Schafe«, versetzte

der Kardinal, »sie sind in Sicherheit auf dem Berg. Ich will jetzt bei dem sein, das sich verirrt hatte. Jene Seelen sind jetzt vielleicht viel glücklicher, als wenn sie mich armen Bischof sehen. Vielleicht erfüllt Gott, der in Euch das Wunder seiner Barmherzigkeit vollbracht hat, sie mit einer Freude, deren Grund sie noch nicht verstehen. Vielleicht ist jene Volksmenge mit uns vereint, ohne es zu wissen, vielleicht senkt der Heilige Geist in ihre Herzen eine allumfassende Nächstenliebe, ein Gebet für Euch, das er erhören wird, eine Dankbarkeit, deren noch unbekannter Gegenstand Ihr seid.« Mit diesen Worten legte er die Arme um den Hals des Ungenannten, der schließlich, nachdem er sich zu entziehen versucht und einen Moment widerstanden hatte, wie überwältigt von dieser ungestümen Nächstenliebe nachgab, den Kardinal seinerseits umarmte und zitternd sein gewandeltes Antlitz an dessen Schulter barg. Seine heißen Tränen rannen über Federigos fleckenlosen Purpur, und dessen unschuldige Hände drückten liebevoll jene Arme und jenen Rock, die es gewohnt waren, die Waffen der Gewalt und des Verrates zu tragen.

Der Ungenannte löste sich aus der Umarmung, bedeckte sich die Augen von neuem mit einer Hand, hob zugleich den Kopf und rief aus: »Wahrhaft großer Gott! Wahrhaft gütiger Gott! Jetzt erkenne ich mich, meine Untaten stehen mir vor Augen, mich schaudert vor mir, und doch... und doch empfinde ich eine Erquickung, eine Freude, jawohl, eine Freude, wie ich sie noch niemals in meinem ganzen entsetzlichen Leben empfunden habe!«

»Das ist nur ein Vorgeschmack«, sagte Federigo, »den Gott Euch kosten läßt, um Euch für seinen Dienst zu gewinnen, um Euch zu ermutigen, entschlossen in das neue Leben einzutreten, in dem Ihr so viel zu widerrufen, so viel wiedergutzumachen, so viel zu beweinen haben werdet!«

»Ich Unseliger!« rief der Herr aus. »Wie vieles, wie

vieles werde ich nur noch beweinen können! Aber zum Glück gibt es auch einiges, das ich gerade erst begonnen habe und noch abbrechen kann. Eines gibt es, das ich sofort abbrechen, widerrufen und wiedergutmachen kann.«

Federigo horchte auf, und der Ungenannte erzählte kurz, aber mit noch stärkeren Worten des Abscheus, als wir sie gebraucht haben, von der gewaltsamen Entführung Lucias, von den Schrecken und Leiden der Ärmsten, wie sie ihn angefleht hatte, in welche Unruhe ihn dieses Flehen gestürzt hatte und daß sie noch auf der Burg war...

»Oh, dann wollen wir keine Zeit verlieren!« rief Federigo bebend vor Mitleid und Sorge. »Ihr Glücklicher! Das ist ein Unterpfand für Gottes Vergebung! Daß er Euch die Möglichkeit gibt, zu einem Instrument der Rettung für jene zu werden, die Ihr ins Verderben stürzen wolltet. Gott segne Euch! Gott hat Euch bereits gesegnet! Wißt Ihr, woher das arme Mädchen stammt?«

Der Herr nannte Lucias Dorf.

»Das ist nicht weit von hier«, sagte der Kardinal. »Gott sei gelobt! Und wahrscheinlich...« Mit diesen Worten lief er zu einem Tischchen und läutete eine Glocke. Sofort kam der Kaplan voller Neugier herein und blickte als erstes zum Ungenannten, und als er dessen verändertes Antlitz und seine vom Weinen geröteten Augen sah, blickte er zum Kardinal, und als er unter dessen unerschütterlicher Ruhe etwas wie eine ernste Freude und fast ungeduldige Eile bemerkte, wäre er fast wie verzückt mit offenem Munde stehengeblieben, hätte der Kardinal ihn nicht sofort aus dieser Kontemplation aufgeschreckt, indem er ihn fragte, ob sich unter den versammelten Pfarrern auch der von *** befinde.

»Er ist da, Euer Durchlaucht«, antwortete der Kaplan.

»Laßt ihn sofort hereinkommen«, sagte Federigo, »und mit ihm den Pfarrer der hiesigen Kirche.«

Der Kaplan ging hinaus in den Raum, wo die Priester versammelt waren, und aller Blicke drehten sich zu ihm. Mit immer noch offenem Mund, das Gesicht noch immer wie in Verzückung, hob er die Hände, schwenkte sie durch die Luft und rief: »Meine Herren! Meine Herren! *Haec mutatio dexterae Excelsi.*« Er verharrte einen Augenblick reglos, ohne noch etwas zu sagen. Dann fuhr er mit gewöhnlicher Stimme in wieder amtlichem Tone fort: »Seine Durchlaucht, der hochwürdigste Herr Kardinal wünschen den Herrn Pfarrer der hiesigen Gemeinde und den Herrn Pfarrer von *** zu sprechen.«

Der zuerst Genannte trat sofort vor, und zur gleichen Zeit kam aus der Menge ein langgezogenes, höchst verwundertes »Ich?«.

»Seid Ihr nicht der Pfarrer von ***?« fragte der Kaplan.

»Ja gewiß, aber...«

»Seine Durchlaucht, der hochwürdigste Herr Kardinal wünschen Euch zu sprechen.«

»Mich?« fragte dieselbe Stimme in einem Ton, in dem dieses Wörtchen ganz klar bedeutete: Was habe *ich* damit zu tun? Aber diesmal kam zugleich mit der Stimme auch deren Träger heraus: Don Abbondio persönlich, zögernden Schrittes und mit einem halb erstaunten, halb verdrossenen Gesichtsausdruck. Der Kaplan schwenkte die Hand, als wollte er sagen: »Los, gehen wir, worauf warten wir noch?« und ging den zwei Pfarrern voran zur Tür, öffnete sie und führte die beiden hinein.

Der Kardinal ließ die Hand des Ungenannten los, mit dem er inzwischen besprochen hatte, was zu tun war. Er trat ein wenig beiseite, winkte den Pfarrer der örtlichen Gemeinde zu sich, erklärte ihm kurz, worum es ging, und fragte ihn, ob er sofort eine vertrauenswürdige Frau finden könne, die sich in einer Sänfte zur Burg hinauftragen lassen wolle, um Lucia zu holen; eine Frau mit

Herz und Verstand, die in der Lage sein werde, sich bei einer so ungewohnten Expedition gescheit zu verhalten, den richtigen Ton und die passenden Worte zu finden, um die Ärmste aufzumuntern und zu beruhigen, denn nach so vielen Ängsten und Schrecken könne selbst die Befreiung ihr Gemüt von neuem in Verwirrung stürzen. Nach kurzem Nachdenken sagte der Pfarrer, er habe eine Person, die dafür geeignet sei, und ging hinaus. Der Kardinal winkte den Kaplan herbei und wies ihn an, sofort eine Sänfte herrichten und zwei Maultiere satteln zu lassen. Als der Kaplan gegangen war, wandte er sich an Don Abbondio.

Dieser, der bereits in seiner Nähe stand, weil er sich von jenem anderen Herrn möglichst fernhalten wollte, und der in der Zwischenzeit bald den einen und bald den anderen verstohlen betrachtet und sich gefragt hatte, was es mit diesem ganzen Hin und Her auf sich haben mochte, trat noch etwas näher, machte eine tiefe Verbeugung und sagte: »Man hat mir bedeutet, daß Euer Durchlaucht mich sprechen wollen. Aber das muß wohl ein Irrtum sein.«

»Es ist kein Irrtum«, antwortete Federigo. »Ich habe eine gute Nachricht und einen schönen, sehr erfreulichen Auftrag für Euch. Eines Eurer Pfarrkinder, das Ihr schon als verloren beweint haben werdet, Lucia Mondella, hat sich wiedergefunden und befindet sich ganz in der Nähe, im Hause dieses meines lieben Freundes hier, und Ihr werdet Euch jetzt mit ihm und einer Frau, die der Herr Pfarrer dieser Gemeinde gerade suchen gegangen ist, dorthin begeben, um das arme Geschöpf zu holen und herzubringen.«

Don Abbondio gab sich alle Mühe, seine Unlust zu verbergen, was sage ich, sein Erschrecken und seinen Groll über einen solchen Vorschlag oder Befehl oder was immer es sein mochte, und da er eine Grimasse, zu der sein Gesicht sich bereits verzogen hatte, nicht mehr rechtzeitig unterdrücken konnte, verbarg er sie, indem er den Kopf zum Zeichen seines Gehorsams tief zu Boden senkte. Wonach er ihn nur wieder hob, um sogleich eine weitere tiefe Verbeugung vor dem Ungenannten zu machen und ihm einen flehentlichen Blick zuzuwerfen, der soviel hieß wie: Ich bin in Eurer Hand. Habt Erbarmen mit mir. *Parcere subjectis.*

Sodann fragte ihn der Kardinal, was für Verwandte Lucia habe.

»An nahen Verwandten, mit denen sie zusammenlebt, hat sie nur ihre Mutter«, erwiderte Don Abbondio.

»Und die befindet sich in ihrem Dorf?«

»Jawohl, Monsignore.«

»Nun denn«, fuhr Federigo fort, »da die arme Tochter noch nicht so schnell wird nach Hause gebracht werden können, wird es ihr eine große Freude sein, alsbald ihre Mutter zu sehen. Wenn also der hiesige Pfarrer noch nicht zurück ist, bevor ich in die Kirche gehe, so tut mir den Gefallen und sagt ihm, er möge ein Fuhrwerk oder ein Reittier besorgen und einen zuverlässigen Mann losschicken, um die Frau zu holen und herzubringen.«

»Und wenn ich selber hinginge?« sagte Don Abbondio.

»Nein, nein, Euch habe ich schon um etwas anderes gebeten«, antwortete der Kardinal.

»Ich meinte nur«, versetzte Don Abbondio, »um die arme Mutter gebührend vorzubereiten. Sie ist eine sehr empfindliche Frau, und da braucht es jemanden, der sie kennt und richtig zu nehmen weiß, um ihr nicht Leid statt Freude zu bereiten.«

»Ebendeswegen bitte ich Euch, dem Herrn Pfarrer zu sagen, daß er einen geeigneten Mann aussuchen soll. Ihr werdet anderswo dringender gebraucht«, erwiderte der Kardinal. Und er hätte gern hinzugefügt: Das arme Mädchen muß unbedingt bald ein bekanntes Gesicht sehen, eine Person, der es vertrauen kann in jener Burg, nachdem es so viele Stunden der Angst ausgestanden hat, in einer so schrecklichen Ungewißheit über die Zukunft. Aber das konnte er nicht so deutlich vor jenem Dritten aussprechen. Er wunderte sich jedoch, daß Don Abbondio es nicht von allein verstanden, ja nicht von sich aus daran gedacht hatte, und sein Vorschlag sowie sein Drängen kamen ihm so unangebracht vor, daß er dachte, es müsse noch etwas anderes dahinterstecken. Er sah dem Pfarrer ins Gesicht und las darin unschwer die Angst, mit dem schrecklichen Ungenannten aufzubrechen und in dessen Burg zu gehen, sei's auch nur für kurze Zeit. Da er folglich etwas gegen diese Angst tun wollte und es ihm nicht gefiel, den Pfarrer beiseite zu ziehen und mit ihm zu tuscheln, während sein neuer Freund als Dritter danebenstand, beschloß er, genau das zu tun, was er auch ohne diesen besonderen Grund getan hätte, nämlich mit dem Ungenannten selber zu sprechen; an dessen Antworten würde Don Abbondio dann schon erkennen, daß der Mann keiner mehr war, vor dem man sich fürchten mußte. So trat er zu dem Ungenannten und sagte mit jener zwanglosen Vertraulichkeit, die in einer starken neuen Zuneigung ebenso zu finden ist wie in einer innigen alten Freundschaft: »Glaubt ja nicht, daß ich mich mit diesem Besuch für heute begnüge. Ihr kommt doch wieder, nicht wahr? Zusammen mit diesem wackeren Kirchenmann?«

»Ob ich wiederkomme?« antwortete der Ungenannte. »Wenn Ihr mich abweisen würdet, würde ich hartnäckig wie ein Bettler an Eurer Tür stehenbleiben. Ich muß Euch unbedingt sprechen! Ich muß Euch hören, Euch sehen! Ich brauche Euch!«

Federigo ergriff seine Hand, drückte sie und sagte: »Dann erweist uns die Gunst, mit uns zu Mittag zu speisen. Ich erwarte Euch. Inzwischen gehe ich beten und Gott vor allem Volk Dank sagen. Und Ihr geht die ersten Früchte der Barmherzigkeit pflücken.«

Don Abbondio verfolgte diese Freundschaftsbezeugungen wie ein ängstlicher Junge, der zusieht, wie jemand in aller Ruhe seinen großen struppigen Köter streichelt, ein Tier mit blutunterlaufenen Augen und einem für seine Bissigkeit und Bösartigkeit berüchtigten Namen, und ihn sagen hört, sein Hund sei ein liebes, lammfrommes Tier: Er sieht den Mann an und sagt weder ja noch nein; er sieht den Hund an und wagt nicht, sich ihm zu nähern, aus Angst, das liebe Tier könnte ihm die Zähne zeigen, sei's auch nur als freundschaftliche Begrüßung; er wagt nicht fortzulaufen, um sich nicht zu blamieren, und er sagt sich im stillen: Ach, wäre ich doch zu Hause!

Als der Kardinal sich bereits zur Tür begab, wobei er den Ungenannten immer noch an der Hand hielt und mit sich zog, fiel ihm von neuem der arme Pfarrer ins Auge, der beschämt und mißvergnügt zurückblieb und ohne es zu wollen eine Grimasse schnitt. Und da ihm der Gedanke kam, dieses Mißvergnügen könne vielleicht auch daher rühren, daß der gute Mann sich vernachlässigt und zurückgesetzt fühlte, besonders im Vergleich zu einem so herzlich empfangenen und umschmeichelten Übeltäter, drehte er sich im Vorbeigehen zu ihm, blieb einen Augenblick stehen und sagte mit freundlichem Lächeln: »Herr Pfarrer, Ihr seid immer bei mir im Hause unseres himmlischen Vaters, aber dieser hier... war verloren und ist wiedergefunden worden.«

»Oh, wie sehr mich das freut!« sagte Don Abbondio und verbeugte sich tief vor beiden zugleich.

Der Erzbischof schritt voran und drückte leicht gegen die Tür. Sofort wurde sie von außen durch zwei rechts und links stehende Diener aufgerissen, und das wundersame Paar erschien vor den staunenden Blicken des versammelten Klerus. Auf den beiden Gesichtern sah man eine verschiedenartige, aber gleichermaßen tiefe Bewegung: eine dankbare Zärtlichkeit und demütige

Freude auf dem ehrwürdigen Antlitz Federigos und auf dem des Ungenannten eine durch Trost gemilderte Verwirrung, eine neue Scham und eine Zerknirschung, in der jedoch die Kraft seiner ungebärdigen, wilden Natur noch zu spüren war. Und wie man später erfuhr, war mehr als einem der Versammelten bei ihrem Anblick der Spruch Jesajas durch den Kopf gegangen: *Der Wolf und das Schaf werden beieinander weiden; der Löwe wird Stroh fressen wie das Rind.* Dahinter kam Don Abbondio, auf den niemand achtete.

Als sie in der Mitte des Raumes angelangt waren, kam auf der anderen Seite der Kammerdiener des Kardinals herein, ging auf ihn zu und meldete ihm, daß die vom Kaplan überbrachten Befehle ausgeführt seien: Die Sänfte und die beiden Maultiere stünden bereit, und man warte nur noch auf die Frau, die der Gemeindepfarrer holen wollte. Der Kardinal sagte, sobald der Gemeindepfarrer gekommen sei, solle man ihn mit Don Abbondio reden lassen, dann solle alles nach dessen Anweisungen und nach denen des Ungenannten erfolgen. Letzterem drückte er nochmals die Hand, diesmal zum Abschied, und sagte: »Ich erwarte Euch.« Sodann verabschiedete er sich von Don Abbondio und ging zur Kirche. Die Priester folgten ihm halb in ungeordnetem Haufen, halb in geordneter Prozession, und die beiden Reisegefährten blieben allein zurück.

Der Ungenannte stand nachdenklich da, ganz in sich gekehrt und voller Ungeduld auf den Augenblick wartend, da er seine Lucia aus ihrer Qual und Gefangenschaft würde erlösen können – *seine* nun in einem ganz anderen Sinne als am Tag zuvor –, und sein Gesicht drückte eine gespannte Erregung aus, in der das argwöhnische Auge Don Abbondios leicht etwas Schlimmeres vermuten konnte. Der sah aus den Augenwinkeln zu ihm hinüber und hätte gern ein Gespräch mit ihm angefangen, doch er wußte nicht wie.

›Was soll ich ihm sagen?‹ dachte er. ›Soll ich ihm noch einmal sagen: Ich freue mich? Worüber freue ich mich denn? Soll ich ihm sagen: Ich freue mich, daß Ihr, nachdem Ihr bisher ein Teufel wart, Euch endlich entschlossen habt, ein Ehrenmann wie die anderen zu werden? Schönes Kompliment! Wie ich's auch drehe und wende, meine Glückwünsche würden alle nichts anderes besagen. Und wer weiß, ob er wirklich ein Ehrenmann geworden ist, einfach so Knall auf Fall? Die Leute machen einem so vieles vor in dieser Welt, aus so vielen verschiedenen Gründen. Was weiß ich schon? Und jetzt soll ich mit ihm reiten! In diese Burg hinaufgehen! Oh, was für eine Geschichte, was für eine Geschichte! Wer hätte mir das heute morgen vorausgesagt! Ah, wenn ich heil aus der Sache rauskomme, dann kriegt die gute Perpetua aber was zu hören! Mich mit Gewalt hierher zu schicken aus meiner Pfarre, wo das doch gar nicht nötig war! Bloß weil die anderen Pfarrer aus der Gegend auch alle hinkommen würden, auch von weiter her, und weil ich da nicht fehlen dürfe, und weil dies und weil das. Mich in eine solche Lage zu bringen! O weh, o weh! Aber irgendwas muß ich zu diesem Kerl doch sagen!‹

Er überlegte und überlegte, bis ihm endlich etwas einfiel, was er sagen könnte: *Nie hätte ich dieses Glück erwartet, mich in einer so noblen Gesellschaft wiederzufinden!*, und er wollte gerade den Mund aufmachen, um es zu sagen, da erschien der Kammerdiener mit dem örtlichen Pfarrer, der verkündete, daß die Frau in der Sänfte bereit sei; danach wandte er sich an Don Abbondio, um von ihm den anderen Auftrag des Kardinals zu erhalten. Don Abbondio entledigte sich seiner, so gut er es in der Aufregung konnte, dann trat er zu dem Kammerdiener und sagte: »Gebt mir wenigstens ein ruhiges Tier, denn ich bin, offen gestanden, ein schlechter Reiter.«

»Aber gewiß doch«, erwiderte der Kammerdiener mit

einem halben Schmunzeln. »Ihr bekommt das Maultier des Sekretärs, der ist ein Gelehrter.«

»Das wird gehen...«, sagte Don Abbondio und dachte bei sich: ›Möge der Himmel es gnädig fügen!‹

Der Ungenannte war sofort losgeeilt, als er die erste Meldung vernommen hatte. An der Tür merkte er, daß Don Abbondio zurückgeblieben war. Er blieb stehen, um auf ihn zu warten, und als der Pfarrer eilig gelaufen kam, mit einer Miene, als wollte er sich entschuldigen, verbeugte er sich vor ihm und ließ ihm mit einer höflichen und bescheidenen Geste den Vortritt. Das beruhigte den Magen des Geplagten wieder ein wenig. Doch kaum war er in den kleinen Hof getreten, mußte er eine weitere Entdeckung machen, die ihm den kargen Trost wieder verdarb: Er sah, wie der Ungenannte zu einer Ecke ging, wo sein Karabiner stand, ihn mit einer Hand am Lauf und mit der anderen am Riemen ergriff und sich das Gewehr mit einer raschen Bewegung, als sei er beim Exerzieren, über die Schulter warf.

›O je, o je!‹ dachte Don Abbondio. ›Was hat er denn mit dem Ding vor? Ein schöner Bußgürtel ist mir das, eine schöne Geißel für einen Bekehrten! Was, wenn ihn plötzlich eine Laune überkommt? Oh, oh, wie wird das bloß werden, wie wird das bloß werden!‹

Hätte der Ungenannte auch nur im mindesten ahnen können, welche Gedanken seinem Begleiter durch den Kopf gingen, so hätte er sicher alles nur mögliche getan, um ihn zu beruhigen. Aber er war himmelweit von einer solchen Ahnung entfernt, und Don Abbondio vermied sorgfältig alles, was ihm eindeutig signalisiert hätte: Ich traue Euer Gnaden nicht.

Als sie an die Haustür kamen, fanden sie die beiden Maultiere draußen bereit. Der Ungenannte schwang sich auf das eine, das ihm von einem Reitknecht zugeführt wurde.

»Mucken hat es keine?« fragte Don Abbondio den

Kammerdiener und stellte den bereits zum Steigbügel erhobenen Fuß wieder auf den Boden.

»Steigt ruhig auf, es ist ein Lamm.«

Don Abbondio klammerte sich an den Sattel, der Diener hob und schob und drückte ihn, und schwupp saß er oben.

Die Sänfte, die, von zwei Maultieren getragen, wenige Schritte vor ihnen stand, setzte sich auf einen Ruf des Sänftenführers in Bewegung, und der Konvoi brach auf.

Sein Weg führte an der Kirche vorbei, in der sich die Leute dicht an dicht drängten, über einen Vorplatz, ebenfalls voller Leute aus dem Ort und aus der Umgebung, die nicht mehr hineingekonnt hatten. Die große Neuigkeit hatte sich schon herumgesprochen, und als der Konvoi erschien, als jener Mann erschien, der wenige Stunden zuvor noch Gegenstand des Entsetzens und Abscheus gewesen, nun aber des freudigen Staunens war, erhob sich in der Menge ein fast beifälliges Gemurmel, und während man ihm Platz machte, drängte man sich zugleich vor, um ihn aus der Nähe zu sehen. Die Sänfte zog vorüber, der Ungenannte ritt vorbei, und vor dem offenen Kirchenportal zog er den Hut und neigte die einst so gefürchtete Stirn bis auf die Mähne des Maultiers, während zahllose Stimmen »Gott segne Euch« murmelten. Auch Don Abbondio zog den Hut, verbeugte sich und befahl sich dem Himmel; doch als er den feierlichen Gesang seiner Amtsbrüder hörte, der aus der Kirche erklang, packte ihn ein solcher Neid, eine so wehmütige Rührung und ein so tiefer Gram, daß er Mühe hatte, die Tränen zurückzuhalten.

Außerhalb der Ortschaft, im Freien, auf der bisweilen ganz menschenleeren Landstraße legte sich dann ein noch schwärzerer Schleier auf seine Gedanken. Weit und breit gab es nichts anderes, worauf er vertrauensvoll seinen Blick ruhen lassen konnte, als den Sänftenführer, der sicherlich, da er im Dienst des Kardinals stand, ein rechtschaffener Mann war und überdies nicht so aussah, als ob er sich herumstoßen lassen würde. Ab und zu tauchten Wanderer auf, auch in Gruppen, die herbeiströmten, um den Kardinal zu sehen, und das war für Don Abbondio eine Erleichterung. Allerdings nur eine vorübergehende, denn es ging ja zu jenem schrecklichen Tal, in dem man nur Untertanen seines neuen Freundes antreffen würde, und was für welche! Lieber denn je hätte er jetzt mit diesem neuen Freund ein Gespräch angefangen, sowohl um ihm auf den Zahn zu fühlen, wie auch, um ihn bei Laune zu halten, aber als er ihn so in Gedanken vertieft sah, verging ihm die Lust dazu. So blieb ihm nichts anderes übrig, als mit sich selber zu sprechen, und hier ist ein Teil dessen, was der arme Mann bei diesem Ritt zu sich sagte – ein Teil nur, denn um alles niederzuschreiben, hätte man ein ganzes Buch gebraucht.

›Es ist ein wahres Wort, daß sowohl die Heiligen wie die Schurken Quecksilber im Leib haben müssen, denn sie begnügen sich nicht damit, selber immerfort in Bewegung zu sein, sondern sie würden am liebsten auch, wenn sie könnten, die ganze Menschheit nach ihrer Pfeife tanzen lassen. Daß aber ausgerechnet die Umtriebigsten ausgerechnet auf mich verfallen müssen, der ich von niemandem etwas will, um mich in ihre Angelegenheiten hineinzuziehen; mich, der ich nichts anderes verlange, als in Ruhe gelassen zu werden! Dieser überkandidelte Schurke Don Rodrigo! Was fehlte ihm denn, um der glücklichste Mensch auf Erden zu sein, wenn er nur einen Funken Verstand hätte? Er ist reich, er ist jung, er ist angesehen und umschmeichelt. Aber das gute Leben langweilt ihn, und da muß er hingehen, um sich und anderen Ärger zu machen. Er könnte ein wahres Schlaraffenleben führen, aber nein, der Herr muß das Gewerbe des Schürzenjägers betreiben, das albernste, niedrigste, blödeste Gewerbe auf dieser Welt; er könnte vierspännig ins Paradies fahren, aber er will lieber hinkend ins Haus des Teufels gehen. Und dieser da...‹ – dabei sah er aus den Augenwinkeln zu dem Ungenannten, als fürchtete er, der Mann könne seine Gedanken hören –, ›erst hat er die Welt mit seinen Ruchlosigkeiten auf den Kopf gestellt, und jetzt tut er dasselbe mit seiner Bekehrung, wenn sie denn eine ist. Und derweil muß ich die Probe aufs Exempel machen!... Aber da hilft wohl nichts, wenn sie mit dieser Besessenheit im Leibe geboren werden, müssen sie immerzu Ärger machen. Ist es wirklich so schwer, das ganze Leben als rechtschaffener Mann zu verbringen, wie ich es getan habe? Nein, mein Herr, erst muß man vierteilen, morden, den Teufel spielen (Gott vergebe mir!) und dann alles auf den Kopf stellen, um Buße zu tun. Buße kann man sehr gut zu Hause tun, wenn man es ehrlich meint, in aller Stille, ohne großes Getöse und ohne seinem Nächsten so viel Unannehmlichkeiten zu bereiten! Und Seine Durchlaucht, der hochwürdigste Herr Kardinal, ist auch sofort zur Stelle, mit offenen Armen, lieber Freund hier, lieber Freund da, horcht auf alles, was der Kerl sagt, als hätte er ihn Wunder tun sehen! Und trifft auch gleich eine Entscheidung und stürzt sich kopfüber hinein, rasch dahin, rasch dorthin! Bei mir zu Hause nennt man so was Überstürzung. Und dann gibt er ihm auch noch ohne die geringste Sicherheit einen armen Dorfpfarrer in die Hand! Das nennt man ein Menschenleben aufs Spiel setzen! Ein heiliger Bischof wie er müßte seine Pfarrer wie seine Augäpfel hüten. Ein bißchen Bedachtsamkeit, ein bißchen Vorsicht, ein bißchen Nächstenliebe, das verträgt sich doch auch mit der Heiligkeit, sollte man meinen... Und wenn nun alles nur Täuschung wäre? Wer kann schon wissen, was in den Herzen der Menschen vorgeht? Zumal solcher Menschen wie diesem da? Zu denken, daß ich mit ihm in seine Burg gehen soll! Wie leicht kann da irgendein Teufel verborgen sein, o je, o je, lieber nicht daran denken! Was ist das für eine undurchsichtige Geschichte mit Lucia? Gibt's da womöglich eine Verständigung mit Don Rodrigo? Ach, was sind das für Leute! Aber wenigstens wäre die Sache dann klar. Aber wie hat der Kerl sie in seine Klauen gekriegt? Wer weiß? Bei Monsignore ist alles ein Geheimnis, und mir, den man so durch die Gegend jagt, mir sagt man nichts! Ich kümmere mich nicht um die Angelegenheiten anderer Leute, aber wer seine Haut riskieren soll, der hat auch ein Recht zu wissen, warum. Wenn es wirklich nur darum ginge, die arme Lucia zu holen, na schön. Obwohl er sie ja auch selber gleich hätte mitbringen können. Und dann, wenn er sich so bekehrt hat, wenn er jetzt so ein Heiliger geworden ist, wozu braucht er dann mich? Oh, was für ein Wirrwarr! Schluß damit, gebe der Himmel, daß es so sei! Es wird eine große Mühsal sein, aber gut. Ich werde mich für die arme Lucia freuen, auch sie muß ja gerade noch so davongekommen sein, weiß der Himmel, was sie durchgemacht hat. Sie tut mir ja leid, aber sie ist wirklich zu meinem Verderben geboren... Wenn ich dem da doch wenigstens ins Herz sehen könnte, um zu wissen, wie er darüber denkt. Wer kann ihn durchschauen? Mal sieht er aus wie der heilige Antonius in der Wüste und mal wie Holofernes persönlich, Gott vergebe mir! Genug, der Himmel ist verpflichtet, mir zu helfen, denn schließlich bin ich ja nicht aufgrund einer privaten Laune in diese Sache geraten...‹

Tatsächlich sah man auf dem Gesicht des Ungenannten die Gedanken gleichsam vorüberziehen, wie an einem stürmischem Tag die Wolken vor dem Antlitz der Sonne vorüberziehen, so daß jeden Augenblick blendendes Licht mit kalter Dunkelheit wechselt. Seine Seele, noch berauscht von den sanften Worten Federigos und wie verjüngt oder neugeboren, erhob sich zu den Ideen der Barmherzigkeit, der Vergebung und der Liebe – und brach dann unter der Last seiner schlimmen Vergangenheit wieder zusammen. Fieberhaft durchforschte er seine Erinnerung, um herauszufinden, welche Untaten sich wiedergutmachen ließen, was er mittendrin abbrechen konnte, welche Mittel am schnellsten und sichersten helfen würden, wie er all seine vielen Probleme lösen und was mit all seinen vielen Komplizen geschehen sollte – es war zum Verrücktwerden, wenn er nur daran dachte. Sogar an die jetzige Unternehmung, die doch so leicht und dem Ziel so nahe war, ging er nur mit einer Mischung aus Ungeduld und Angst, wenn er daran dachte, daß die arme Gefangene inzwischen Gott weiß was litt und daß er es war, der sie immer noch leiden ließ, obwohl er sich so danach sehnte, sie freizulassen. Jedesmal wenn es zwei Wege gab, schaute der Sänftenführer fragend zurück, um zu sehen, welchen er nehmen sollte; dann zeigte der Ungenannte es ihm mit der Hand und trieb ihn mit der gleichen Bewegung zur Eile.

Sie erreichten das Tal, sie ritten hinein. Wie war da dem armen Don Abbondio zumute? Drinnen zu sein in diesem berüchtigten Tal, über das er schon so viele schlimme Geschichten gehört hatte. Diese berüchtigten Männer zu sehen, die Blüte der italienischen Bravi, diese Männer, die weder Furcht noch Erbarmen kannten, leibhaftig vor sich zu haben, hinter jeder Straßenbiegung auf einen, zwei oder drei zu treffen. Sie verbeugten sich unterwürfig vor ihrem Herrn, aber gewisse sonnenverbrannte Gesichter, gewisse struppige Schnauzbärte, gewisse stechende Blicke kamen Don Abbondio so vor, als wollten sie sagen: Na, wie wär's, sollen wir diesem Pfaffen ein Fest bereiten? Es kam so schlimm, daß er sich in einem Augenblick höchster Bestürzung unwillkürlich sagte: ›Ach, hätte ich doch die beiden getraut! Es hätte mir nicht übler ergehen können...‹ Derweil ritten sie auf einem steinigem Pfad am Wildbach entlang; drüben schroffe, düstere, unbewohnte Hänge, hüben eine Population, die jede Einöde paradiesisch erscheinen ließ. Dante erging es nicht schlimmer mitten im Höllenpfuhl.

Sie kamen an der »Bösen Nacht« vorbei: finstere Bravi an der Tür, Verbeugungen vor dem Herrn, neugierige Blicke auf seinen Begleiter und auf die Sänfte. Die Kerle wußten nicht, was sie davon halten sollten: Schon der Aufbruch des Ungenannten am Morgen, als er sich ganz allein auf den Weg gemacht hatte, war höchst ungewöhnlich gewesen, seine Rückkehr war es nun erst recht. War das eine Beute, was er da mitbrachte? Und wenn ja, wie hatte er es geschafft, sie allein zu machen? Und wieso eine fremde Sänfte? Und wem gehörte die Livree dieses Sänftenführers? Sie schauten und schauten, aber keiner rührte sich von der Stelle, denn das war der Befehl, den ihnen ihr Herr mit Blicken gab.

Die Karawane zog den Berg hinauf, sie kam oben an. Die Bravi, die sich auf dem Vorplatz und am Tor befanden, wichen nach rechts und links zurück, um den Weg freizumachen. Der Ungenannte bedeutete ihnen mit einem Wink stehenzubleiben. Er gab seinem Tier die Sporen und überholte die Sänfte, winkte dem Sänftenführer und Don Abbondio, ihm zu folgen, ritt in einen ersten Hof, von dort weiter in einen zweiten und zu einer schmalen Tür, wies einen Bravo zurück, der gelaufen kam, um ihm den Steigbügel zu halten, und sagte: »Bleib dort stehen und paß auf, daß niemand kommt!« Er stieg ab, band das Maultier an ein Gitter, ging zur Sänfte, trat zu der Frau, die den Vorhang geöffnet hatte, und sagte leise zu ihr: »Seht zu, daß sie rasch getröstet wird. Gebt ihr gleich zu verstehen, daß sie frei ist, in den Händen von Freunden. Gott wird es Euch lohnen.« Dann winkte er dem Sänftenführer, den Schlag zu öffnen, ging zu Don Abbondio, und mit einer so heiteren Miene, wie dieser sie niemals bei ihm gesehen noch jemals für möglich gehalten hätte, in der sich die Freude über das gute Werk abzeichnete, das er nun endlich vollenden sollte, sagte er immer noch leise: »Herr Pfarrer, ich bitte Euch nicht um Entschuldigung für die Beschwerlichkeit, die Ihr meinetwegen erleidet: Ihr tut es für Einen, der sie Euch gut lohnen wird, und für dieses Sein armes Geschöpf.« Nach diesen Worten faßte er mit einer Hand den Zügel und mit der anderen den Steigbügel, um Don Abbondio aus dem Sattel zu helfen.

Sein Gesichtsausdruck, seine Worte und seine Geste versetzten den armen Pfarrer wieder ins Leben zurück. Er stieß einen Seufzer aus, der seit einer Stunde in ihm rumort hatte, ohne den Ausgang zu finden, beugte sich zu dem Ungenannten hinunter, antwortete mit leiser Stimme: »Meint Ihr? Aber, aber, aber, aber...!« und rutschte, so gut er konnte, von seinem Reittier. Der Ungenannte band auch dieses fest, bedeutete dem Sänftenführer, draußen zu warten, zog einen Schlüssel aus der Tasche, schloß die Tür auf, trat ein, ließ den Pfarrer und die Frau eintreten und ging voran zu der schmalen Treppe. Alle drei stiegen schweigend hinauf.

Kapitel 24

Lucia war erst vor kurzer Zeit wieder zu sich gekommen und hatte einen Teil dieser Zeit mit der mühsamen Arbeit verbracht, richtig wach zu werden, die trüben Visionen des Schlafes von den Erinnerungen und Bildern jener Wirklichkeit zu trennen, die allzusehr einem düsteren Fiebertraum glich. Die Alte war sofort zu ihr getreten und hatte mit ihrer gezwungen demütigen Stimme gesagt: »Ah, du hast geschlafen? Hätt'st auch im Bett schlafen können, ich hab's dir oft genug gesagt gestern abend!« Und da sie keine Antwort bekam, hátte sie, immer im selben Tonfall gereizten Bittens, weitergeredet: »Iß doch mal was, sei doch vernünftig. Uh, wie garstig du aussiehst! Du mußt wirklich was essen. Oder willst du, daß er's an mir ausläßt, wenn er wiederkommt?«

»Nein, nein, ich will weg hier, ich will zu meiner Mutter. Der Signore hat's mir versprochen, er hat gesagt: morgen früh. Wo ist der Signore?«

»Er ist ausgegangen. Er hat gesagt, daß er bald wieder dasein wird und daß er alles tun wird, was du willst.«

»Das hat er gesagt? Das hat er wirklich gesagt? Nun gut: Ich will zu meiner Mutter. Jetzt gleich!«

In diesem Augenblick hörte man Schritte im Vorraum, dann klopfte es an die Tür. Die Alte lief hin und fragte: »Wer ist da?«

»Mach auf«, antwortete die bekannte Stimme leise. Die Alte schob den Riegel zurück, der Ungenannte drückte leicht gegen die Tür und öffnete sie einen Spalt, befahl der Alten herauszukommen und ließ Don Abbondio mit der guten Frau hinein. Dann zog er die Tür wieder zu, blieb draußen stehen und schickte die Alte in einen entfernten Teil der Burg, so wie er zuvor schon die andere Frau, die draußen Wache gehalten, fortgeschickt hatte.

All dieses Kommen und Gehen, das gespannte Warten und dann das Auftreten neuer Personen hatten Lucia in große Erregung versetzt; denn obwohl ihr der gegenwärtige Zustand unerträglich war, gab ihr doch jede Veränderung Anlaß zu neuem Argwohn und neuem Erschrecken. Sie blickte zur Tür, sah einen Priester und eine Frau und faßte ein wenig Mut. Sie sah genauer hin: Ist er's oder ist er's nicht? Dann erkannte sie Don Abbondio und erstarrte mit weit aufgerissenen Augen, wie vom Schlag gerührt. Die Frau trat zu ihr, beugte sich voller Mitleid über sie, ergriff ihre Hände, wie um sie zu streicheln und ihr zugleich auf die Beine zu helfen, und sagte: »Armes Mädchen! Komm, komm mit uns!«

»Wer seid Ihr?« fragte Lucia, doch ohne die Antwort abzuwarten, drehte sie sich wieder zu Don Abbondio, der zwei Schritte vor ihr stehengeblieben war und sie ebenfalls voller Mitleid ansah, starrte ihn erneut an und rief: »Ihr? Ihr seid es? Der Herr Pfarrer? Wo sind wir?... O weh mir, ich hab den Verstand verloren!«

»Nein, nein«, sagte Don Abbondio, »ich bin's wirklich, beruhige dich, hab keine Angst. Schau, wir sind gekommen, um dich zu holen. Ich bin wirklich dein Pfarrer, bin extra hierher gekommen, geritten...«

Lucia sprang auf, als hätte sie mit einem Mal alle Kräfte wiedergewonnen, heftete erneut den Blick auf die beiden Gesichter und sagte: »Dann hat Euch die Madonna geschickt!«

»Ich glaube, ja«, sagte die gute Frau.

»Aber dürfen wir fortgehen, dürfen wir wirklich fortgehen?« fragte Lucia mit gedämpfter Stimme und einem bangen, mißtrauischen Blick. »Was ist mit all diesen furchtbaren Leuten?« fuhr sie fort, die Lippen zusammengepreßt und bebend vor Angst und Grauen. »Und dieser Signore...! Dieser Mann...! Freilich, er hatte es mir versprochen...«

»Er ist auch hier, er persönlich, er ist extra mit uns gekommen«, sagte Don Abbondio. »Er wartet draußen. Komm, lassen wir solch einen Mann nicht warten.«

In diesem Moment stieß derjenige, von dem die Rede war, die Tür auf und zeigte sich. Lucia, die ihn noch vor kurzem herbeigesehnt, ja nichts außer ihm herbeigesehnt hatte, da ihr keine andere Hoffnung in dieser Welt mehr geblieben war, konnte sich jetzt, nachdem sie gütige Gesichter gesehen und freundliche Stimmen gehört hatte, eines unwillkürlichen Schauders nicht erwehren. Sie schrak zusammen, hielt den Atem an, drängte sich an die gute Frau und barg das Gesicht an ihrem Busen. Der Ungenannte war beim Anblick dieses Gesichts, auf dem er schon am Abend zuvor seinen Blick nicht hatte ruhen lassen können und das vom langen Leiden und Fasten noch blasser, abgespannter und matter geworden war, an der Tür stehengeblieben, und als er nun diese Geste des Erschreckens sah, schlug er die Augen nieder und verharrte einen Moment stumm; dann antwortete er auf das, was die Ärmste gar nicht gesagt hatte, und rief aus: »Es ist wahr! Vergebt mir!«

»Er kommt, um dich freizulassen. Er ist nicht mehr derselbe. Er ist gut geworden. Hörst du, daß er dich um Vergebung bittet?« flüsterte die gute Frau Lucia ins Ohr.

»Kann man noch mehr sagen? Los, Kopf hoch, stell dich nicht so an wie ein kleines Kind. Mach, daß wir bald gehen können«, sagte Don Abbondio. Lucia hob den Kopf, sah den Ungenannten an, und als sie seine Stirn gesenkt, seinen Blick zu Boden geschlagen und verwirrt sah, erfaßte sie ein Gemisch aus Trost, Dankbarkeit und Mitgefühl, und sie sagte: »O mein Herr! Gott lohne Euch Euer Erbarmen!«

»Und Euch hundertfach die Wohltat, die Eure Worte für mich bedeuten.«

Damit drehte er sich um, schritt zur Tür und ging als erster hinaus. Lucia, nun wieder ganz erholt, folgte ihm mit der guten Frau, die ihr den Arm reichte; als letzter kam Don Abbondio. Sie stiegen die Treppe hinab und gelangten an die Tür zum Hof. Der Ungenannte riß sie weit auf, ging zu der Sänfte, öffnete den Schlag, und mit einer fast schüchternen Höflichkeit (zwei neue Züge an ihm) faßte er Lucia am Arm und half ihr hinein, danach auch der guten Frau. Dann band er Don Abbondios Maultier los und half auch dem Pfarrer hinauf.

»Oh, wie gütig von Euch«, sagte dieser und war viel flinker oben als beim ersten Mal. Der Zug setzte sich in Bewegung, als auch der Ungenannte aufgesessen war. Seine Stirne war wieder erhoben, sein Blick hatte wieder den gewohnten gebieterischen Ausdruck. Die Bravi, denen er begegnete, sahen zwar auf seinem Gesicht die Zeichen eines tiefen Gedankens, einer außergewöhnlichen Besorgtheit, aber sie begriffen nichts und konnten auch gar nichts begreifen. In der Burg wußte man ja noch nichts von der großen Veränderung dieses Mannes, und durch bloße Mutmaßung wäre keiner von seinen Leuten darauf gekommen.

Die gute Frau hatte gleich die Sänftenvorhänge zugezogen, hatte Lucia liebevoll bei den Händen genommen und angefangen, sie mit Worten des Mitgefühls, mit Glückwünschen und mit mütterlicher Wärme zu trösten. Und als sie sah, daß die Ärmste außer durch ihre Erschöpfung nach allem, was sie durchgemacht hatte, auch durch die Verworrenheit und Unklarheit des Geschehens daran gehindert wurde, das Glück über ihre Befreiung voll zu genießen, sagte sie ihr alles, was ihr einfiel und geeignet erschien, um ihre Gedanken zu entwirren und sozusagen wieder ins rechte Gleis zu bringen. So nannte sie ihr den Namen des Dorfes, in das sie sich begaben.

»Ach ja?« sagte Lucia, die wußte, daß es von dort

nicht weit bis zu ihrem Dorf war. »O Heiligste Jungfrau, ich danke dir! Meine Mutter! Meine Mutter!«

»Wir werden sie sofort holen lassen«, sagte die gute Frau, die nicht wußte, daß das bereits geschehen war.

»O ja, Gott lohne es Euch... Und Ihr, wer seid Ihr? Wie seid Ihr dazu gekommen...«

»Unser Pfarrer hat mich geschickt«, sagte die gute Frau. »Denn dieser Signore, dem Gott das Herz gerührt hat (er sei gesegnet!), ist in unser Dorf gekommen, um mit dem Herrn Kardinalerzbischof zu reden (den haben wir nämlich gerade zu Besuch, diesen heiligen Mann), und da hat er seine schlimmen Sünden bereut und will sein Leben ändern, und er hat dem Kardinal gesagt, daß er eine arme Unschuldige – damit meinte er dich – hatte entführen lassen, im Einvernehmen mit einem anderen gottlosen Menschen, von dem mir der Pfarrer nicht gesagt hat, wer das sein könnte.«

Lucia hob die Augen zum Himmel.

»Vielleicht weißt du's ja«, fuhr die gute Frau fort. »Na, wie auch immer, der Herr Kardinal hat jedenfalls gemeint, weil es sich um ein junges Mädchen handelt, wäre eine Frau als Begleiterin nötig, und da hat er dem Pfarrer gesagt, daß er eine suchen gehen soll, und da ist der Herr Pfarrer in seiner Güte zu mir gekommen...«

»Der Himmel lohne Euch Eure Nächstenliebe!«

»Was redest du denn da, mein armes Kind? Tja also, und dann hat der Herr Pfarrer zu mir gesagt, daß ich dir Mut machen soll und daß ich versuchen soll, dich rasch wiederaufzurichten und dir bewußtzumachen, wie wunderbar dich der Herrgott gerettet hat...«

»O ja, wirklich wunderbar! Auf Fürsprache der Madonna!«

»Also sei guten Mutes und vergib dem, der dir Böses getan hat, und sei froh, daß Gott ihm gegenüber hat Barmherzigkeit walten lassen. Ja, mehr noch, bete für ihn, denn außer daß du dir dadurch Verdienste erwirbst, wirst du auch fühlen, wie dir dabei das Herz aufgeht.«

Lucia antwortete mit einem Blick, der ihre Zustimmung ebenso klar zum Ausdruck brachte, wie es Worte getan hätten, jedoch mit einer Innigkeit, die Worte nicht hätten ausdrücken können.

»Tapferes Mädchen!« sagte die Frau. »Und weil sich in unserem Dorf auch gerade der Pfarrer eures Dorfes befand – sie sind nämlich alle zusammengekommen, aus der ganzen Gegend, es sind so viele, daß man mit ihnen vier Hochämter gleichzeitig abhalten könnte –, hat der Herr Kardinal gemeint, es wäre gut, auch ihn als Begleitung mitzuschicken, aber er hat uns nicht viel geholfen. Ich hab ja schon früher sagen hören, daß er nicht sehr geschickt ist, aber jetzt hab ich selber mit ansehen müssen, daß er noch unbeholfener ist als ein Küken im Stroh.«

»Und dieser...«, fragte Lucia, »dieser Signore, der sich bekehrt hat... Wer ist das?«

»Wie? Das weißt du nicht?« sagte die gute Frau und nannte den Namen.

»O Erbarmen!« rief Lucia aus. Dieser Name! Wie oft hatte sie diesen Namen mit Grauen aussprechen hören in mehr als einer Geschichte, wo er immer so vorkam wie in anderen Geschichten der Name des Menschenfressers! Und nun? Wenn sie bedachte, daß sie in seiner schrecklichen Gewalt gewesen und nun in seiner mitleidsvollen Obhut war, wenn sie bedachte, wie entsetzlich ihre Lage und wie unverhofft ihre Rettung gewesen war, wenn sie sich bewußtmachte, wem das Gesicht gehörte, das sie erst so finster und dann so bewegt und voller Demut gesehen hatte, geriet sie fast in Verzükkung und sagte nur immer wieder: »O Erbarmen!«

»Ja, es ist wirklich ein großes Erbarmen!« sagte die gute Frau. »Es muß eine große Erleichterung für die halbe Welt sein. Wenn man bedenkt, wie viele Menschen er in Angst und Schrecken gehalten hatte! Und jetzt ist er, wie mir unser Pfarrer gesagt hat – und man braucht ihm ja nur ins Gesicht zu sehen, dann sieht man's selber –, jetzt ist er ein Heiliger geworden! Und man sieht ja auch gleich seine Werke.«

Zu sagen, diese Frau sei nicht von brennender Neugier erfüllt gewesen, das große Abenteuer, in dem sie unversehens eine Rolle spielte, ein wenig genauer kennenzulernen, würde kaum der Wahrheit entsprechen. Zu ihrer Ehre muß jedoch gesagt werden, daß sie, ergriffen von einem respektvollen Mitleid für Lucia und nicht ohne ein gewisses Gespür für den Ernst und die Würde der ihr anvertrauten Aufgabe, nicht einmal daran dachte, ihr eine indiskrete oder unnötige Frage zu stellen. Alles, was sie während dieser Reise sagte, waren Worte des Trostes und der Aufmerksamkeit für das arme Mädchen.

»Der Himmel weiß, wann du zuletzt etwas gegessen hast!«

»Ich erinnere mich nicht mehr... Es ist eine Weile her.«

»Armes Kind! Du brauchst sicher dringend eine Stärkung.«

»Ja«, sagte Lucia mit schwacher Stimme.

»Bei mir zu Hause werden wir, Gott sei Dank, gleich etwas finden. Verlier nicht den Mut, es ist nicht mehr weit.«

Lucia ließ sich matt in den Fond der Sänfte fallen, als wäre sie eingeschlafen, und da ließ die gute Frau sie in Ruhe.

Für Don Abbondio war diese Rückkehr zwar nicht so beängstigend wie vor kurzem der Hinweg, aber sie war auch für ihn kein Vergnügen. Als seine Heidenangst nachließ, hatte er sich zuerst ganz erleichtert und von allen Sorgen befreit gefühlt, doch bald regten sich hundert andere Kümmernisse in seinem Herzen – so wie, wenn ein großer Baum ausgerissen worden ist, der Boden zwar eine Weile kahl bleibt, sich aber dann um so dichter mit Unkraut überzieht. Er war jetzt empfindlicher für alle übrigen Unannehmlichkeiten geworden, und ob er an die Gegenwart oder an die Zukunft dachte, es fehlte weiß Gott nicht an Dingen, die ihn quälten. So spürte er jetzt mehr als beim Hinweg die Unbequemlichkeit dieser Art des Reisens, an die er nicht gewöhnt war, besonders zu Anfang, als es von der Burg hinunter ins Tal ging. Der Sänftenführer, vom Ungenannten zur Eile getrieben, ließ seine Tiere rasch ausschreiten; die beiden Reittiere stapften im gleichen Schritt hinterher, woraus folgte, daß der arme Don Abbondio an besonders abschüssigen Stellen vornüberkippte, als würde er hinten angehoben, und sich, um nicht zu fallen, rasch mit der Hand am Sattelknauf festhalten mußte. Trotzdem wagte er nicht, um eine langsamere Gangart zu bitten, im übrigen wollte er ja auch so schnell wie möglich aus jener Gegend hinaus. Hinzu kam, daß überall dort, wo die Straße am Rand eines Steilhangs entlanglief, das Maultier nach der Gepflogenheit seiner Artgenossen wie aus Trotz immer ganz am äußersten Rand ging und die Hufe direkt auf die Kante setzte, so daß Don Abbondio fast senkrecht unter sich ein Gefälle oder, wie er meinte, einen Abgrund sah. ›Auch du‹, sagte er dann in Gedanken zu seinem Tier, ›hast diesen verflixten Hang, die Gefahr zu suchen, obwohl der Weg doch so breit ist!‹ Und heftig riß er die Zügel zur anderen Seite, was aber nichts half, so daß er sich wie gewöhnlich, während er sich vor Ärger und Angst verzehrte, von den Launen anderer leiten ließ. Die Bravi machten ihm zwar jetzt nicht mehr so viel Angst, seit er besser wußte, wie ihr Herr und Gebieter dachte. ›Aber‹, überlegte er, ›wenn sich die Nachricht von dieser großen Bekehrung unter ihnen verbreitet, solange wir noch hier im Tal sind, wer weiß, wie sie's aufnehmen werden! Wer weiß, was dann passiert! Am Ende bilden sie sich noch ein, ich sei als Missionar hergekommen! O weh mir Armen, sie werden mich martern!‹ Die finstere Miene des Ungenannten war ihm nicht unangenehm. ›Um diese Visagen im Zaum zu halten, ist sie genau richtig, das verstehe ich schon‹, dachte er, ›aber wieso mußte gerade ich unter all diese Leute geraten?‹

Genug, sie erreichten den Fuß des Hanges, und endlich verließen sie auch das Tal. Die Stirn des Ungenannten glättete sich. Auch Don Abbondios Gesicht bekam einen eher natürlichen Ausdruck, er reckte den Kopf ein gutes Stück zwischen den Schultern hervor, streckte Arme und Beine, richtete sich etwas gerader auf, wodurch er schon einen ganz anderen Anblick bot, atmete freier und machte sich etwas ruhiger daran, über andere, weiter entfernte Gefahren nachzudenken. ›Was wird dieser Großkotz Don Rodrigo sagen? So dumm dazustehen, mit einem so langem Gesicht, und zum Schaden auch noch den Spott zu haben, das wird ihm gar nicht schmecken! Jetzt wird er erst recht den Teufel spielen. Ob er seine Wut auch an mir auslassen wird, weil ich bei der Sache dabeigewesen bin? Wenn er schon vorher die Stirn gehabt hat, mir diese zwei Kerle zu schicken, damit sie mir auf der Straße solch eine Szene machen, was wird er dann jetzt erst tun? Mit Seiner Durchlaucht Monsignore kann er sich nicht anlegen, das ist ein zu großer Brocken für ihn, da muß er sich seine Wut verkneifen. Aber das Gift hat er im Leibe, und über irgendwen wird er's verspritzen wollen. Wie enden solche Geschichten? Es sind immer die kleinen Leute, die's abkriegen und alles ausbaden müssen. Lucia nicht, Seine Durchlaucht wird alles tun, um sie in Sicherheit zu bringen. Dieser andere arme Unglücksrabe ist weit vom Schuß und hat seinen Teil schon abbekommen – also bin ich's, der es ausbaden muß! Es wäre schon wirklich barbarisch, wenn ich nach so vielen Unannehmlichkeiten und Aufregungen und ohne dadurch ein Verdienst zu erwerben jetzt auch noch die Strafe ertragen müßte! Was wird der durchlauchtigste Monsignore jetzt tun, um mich zu schützen, nachdem er mich so tief reingeritten hat? Kann er sich dafür verbürgen, daß dieser verdammte Kerl mir nicht noch was Ärgeres antut als beim ersten Mal? Außerdem hat er so viele andere Dinge im Kopf, er kümmert sich um so vieles! Kann man auf alles achten? Am Ende sind die Dinge oft schlimmer gemacht worden, als sie vorher waren. Diejenigen, die Gutes tun, tun es im großen. Wenn sie die Genugtuung darüber empfunden haben, haben sie genug davon und wollen sich nicht damit abplagen, allen Konsequenzen nachzugehen. Aber diejenigen, die diesen verdammten Drang haben, Böses zu tun, die legen mehr Sorgfalt rein, die bleiben bis zum Ende dran und geben keine Ruhe, weil eben dieser Krebs an ihnen nagt. Soll ich etwa selber hingehen und sagen, daß ich nicht aus freien Stücken hergekommen bin, sondern auf ausdrücklichen Befehl Seiner Durchlaucht? Das würde so aussehen, als hielte ich's mit der Gottlosigkeit. Heiliger Himmel, ich mit der Gottlosigkeit! Vielleicht wegen des Vergnügens, das sie mir bereitet? Genug, das Beste wird sein, die Sache so, wie sie ist, Perpetua zu erzählen und es dann ihr zu überlassen, sie in Umlauf zu setzen. Vorausgesetzt, daß es Monsignore nicht einfällt, alles herumzuposaunen, eine unnütze Szene zu machen und mich mit reinzuziehen. Jedenfalls werde ich gleich, wenn wir angekommen sind, wenn er dann aus der Kirche gekommen ist, schleunigst hingehen und ihm meine Aufwartung machen. Wenn er noch nicht rausgekommen ist, hinterlasse ich meine Entschuldigung und gehe schnurstracks nach Hause. Lucia ist gut aufgehoben, ich werde nicht mehr gebraucht, und nach so viel Ungemach darf auch ich mal das Recht beanspruchen, mich etwas auszuruhen. Außerdem... womöglich überkommt auch Monsignore die Neugier, die ganze Geschichte zu hören, und dann müßte ich ihm die Sache mit der Trauung erzählen! Das fehlte grad noch! Und wenn er gar meine Pfarrei besuchte...! Ach, komme doch, was da wolle, ich werde mich nicht vor der Zeit verrückt machen, ich hab schon Ärger genug! Jetzt werd' ich mich erst mal zu Hause einschließen. Solange sich Monsignore in dieser Gegend aufhält, wird Don Rodrigo nicht wagen, irgendwelche Tollheiten zu begehen. Und dann... Und dann? Ah, ich sehe schon, meine letzten Lebensjahre werde ich schlecht verbringen!‹

Die Karawane erreichte den Ort, als der Gottesdienst noch nicht zu Ende war. Sie bahnte sich einen Weg durch die Menge, die genauso erregt wie beim ersten Mal war, dann löste sie sich auf. Die beiden Reiter bogen auf einen kleinen Platz ein, an dessen Ende das Pfarrhaus stand, und die Sänfte zog weiter zum Hause der guten Frau.

Don Abbondio tat, was er sich vorgenommen hatte: Kaum abgestiegen, verabschiedete er sich aufs ergebenste vom Ungenannten und bat ihn, so gütig zu sein, ihn bei Seiner Durchlaucht Monsignore zu entschuldigen, er müsse wegen dringender Angelegenheiten sofort in seine Pfarrei zurück. Dann holte er, was er seinen Gaul nannte, nämlich seinen Stock, den er in einer Ecke des kleinen Saales gelassen hatte, und machte sich auf den Weg. Der Ungenannte wartete, daß der Kardinal aus der Kirche kam.

Die gute Frau beeilte sich, nachdem sie Lucia auf den besten Platz in ihrer Küche gesetzt hatte, ihr etwas Stärkendes zuzubereiten, nicht ohne mit einer gewissen herzlichen Derbheit die Danksagungen und Entschuldigungen zurückzuweisen, die das Mädchen immer wieder vorbrachte. Flink legte sie Reisig unter einen Kessel, in dem ein ansehnlicher Kapaun schwamm, ließ die Brühe aufkochen, schöpfte etwas davon in eine schon mit Brotstücken halb gefüllte Schüssel und setzte sie Lucia vor. Als sie sah, wie sich die Ärmste bei jedem Löffel mehr erholte, beglückwünschte sie sich selber laut, daß die Sache nicht an einem Tag geschehen war, an dem, wie sie sagte, die Katze auf dem kalten Herd sitzt. »Jeder gibt sich heute Mühe, etwas Besonderes aufzutischen«, fügte sie hinzu, »außer jenen ganz Armen, die sich kaum Wickenbrot und Hirsebrei leisten können. Aber von einem so mildtätigen Herrn erhoffen sich heute alle etwas. Wir sind Gott sei Dank nicht so schlecht dran: Vom Handwerk meines Mannes und dem kleinen Stück Land, das wir haben, können wir schon leben. Also iß ruhig und mach dir keine Sorgen, bald wird auch der Kapaun fertig sein, dann kannst du dich richtig stärken.« Sprach's und ging wieder daran, sich um das Essen zu kümmern und den Tisch zu decken.

Lucia, die wieder einigermaßen zu Kräften gekommen war und sich immer mehr beruhigte, nutzte die Gelegenheit, um sich ein wenig zurechtzumachen, wie es ihre Gewohnheit und ihr Bedürfnis nach Reinlichkeit und Anstand geboten: Sie steckte sich die gelockerten und zerzausten Flechten wieder fest und band sich das Halstuch neu. Dabei stießen ihre Finger an den Rosenkranz, den sie sich in der Nacht zuvor um den Hals gehängt hatte, ihr Blick fiel darauf, und im selben Moment überlief es sie siedendheiß. Die Erinnerung an das Gelübde, die bis dahin von so vielen neuen Eindrücken überlagert und erstickt worden war, stand auf einmal wieder klar und deutlich vor ihr. Mit einem Schlag wurden alle ihre eben erst wiedergewonnenen Seelenkräfte von neuem erschüttert, und wenn ihre Seele nicht durch ein Leben in Unschuld, Ergebung und Gottvertrauen so gut vorbereitet gewesen wäre, hätte die Bestürzung, die sie in diesem Moment empfand, leicht in Verzweiflung umschlagen können. Nach einem Aufwallen von Gedanken, die sich nicht in Worte kleiden lassen, waren die ersten, die in ihrem Geist Gestalt annahmen: ›O weh, was hab ich getan!‹

Doch kaum hatte sie diese Worte gedacht, zuckte sie erschrocken zusammen. Alle Umstände des Gelübdes fielen ihr wieder ein: ihre unerträgliche Angst, das Fehlen jeder Hoffnung auf Hilfe, die Inbrunst ihres Gebets, die Tiefe und Ernsthaftigkeit des Gefühls, mit dem sie das Versprechen abgelegt hatte. Dieses Versprechen jetzt zu bedauern, nachdem sie die erbetene Gnade erhalten hatte, kam ihr wie eine lästerliche Undankbarkeit, ein Verrat an Gott und an der Madonna vor. Ihr schien, daß eine solche Treulosigkeit neues, noch schlimmeres Unglück über sie bringen müßte, in dem sie dann auch vom Gebet nichts mehr erhoffen könnte, und so beeilte sie sich, ihr momentanes Bedauern zu widerrufen. Andächtig nahm sie sich den Rosenkranz vom Hals, hielt ihn in der zitternden Hand und bekräftigte, erneuerte das Gelöbnis, nicht ohne zugleich mit trauererfülltem Flehen darum zu bitten, daß ihr die Kraft gegeben sein möge, es auch zu halten, und daß ihr jene Gedanken und Gelegenheiten erspart bleiben mögen, die ihre Seele wenn nicht auf Abwege bringen, so doch allzusehr in Erregung versetzen könnten. Die Ferne, in der sich Renzo befand, ohne daß eine Aussicht auf Rückkehr bestand, diese Ferne, die ihr bis dahin immer so schmerzlich gewesen war, erschien ihr jetzt als eine weise Fügung der Vorsehung, die zwei Ereignisse zu einem einzigen Zweck hatte eintreten lassen, und so bemühte sie sich, in dem einen den Grund dafür zu finden, mit dem anderen zufrieden zu sein. Nach diesem Gedanken ging sie dazu über, sich vorzustellen, daß dieselbe Vorsehung, um ihr Werk zu vollenden, auch Renzo dazu bringen werde, sich zufriedenzugeben und nicht mehr an sie zu denken... Doch ein solcher Gedanke brachte den Geist, der nach ihm gesucht hatte, wieder ganz durcheinander. Als die arme Lucia spürte, daß ihr Herz drauf und dran war, das Gelübde zu bereuen, rettete sie sich erneut ins Gebet, in Bekräftigungen und in den Kampf, aus dem sie schließlich hervorging wie ein – wenn dieser Vergleich gestattet ist – erschöpfter und verwundeter Sieger über einen geschlagenen, aber nicht getöteten Feind.

Auf einmal hörte man Füßegetrappel und fröhliches Stimmengewirr. Es war die Familie, die aus der Kirche zurückkam. Zwei kleine Mädchen und ein Junge springen herein. Sie bleiben einen Augenblick stehen, um einen neugierigen Blick auf Lucia zu werfen, laufen dann zur Mutter und scharen sich um sie. Eins fragt nach dem Namen der unbekannten Besucherin und dem Warum und Wieso, das andere will erzählen, was es für Wunderdinge gesehen hat. Die gute Frau antwortet auf alles und alle mit einem »Still, still«. Dann tritt gemesseneren Schrittes und mit einer herzlichen Aufmerksamkeit, die ihm im Gesicht geschrieben steht, der Herr des Hauses herein. Er war, falls wir das noch nicht gesagt haben, der Schneider des Dorfes und der umliegenden Ortschaften; ein Mann, der lesen konnte und auch tatsächlich mehr als einmal das *Buch der Heiligenlegenden*, den *Guerrin Meschino* und die *Reali di Francia* gelesen hatte und in jener Gegend als ein Mann mit Talent und Bildung galt – ein Lob, das er jedoch bescheiden zurückwies, um lediglich einzuräumen, daß er den Beruf verfehlt habe und daß er, wenn er studiert hätte, anstelle so vieler anderer...! Bei alledem war er der beste Kerl der Welt. Da er zugegen gewesen war, als der Pfarrer seine Frau gebeten hatte, die bewußte karitative Reise zu unternehmen, hatte er nicht nur seine Einwilligung gegeben, sondern hätte sie auch dazu ermutigt, wenn das nötig gewesen wäre. Und nachdem nun der Gottesdienst, das feierliche Gepränge, die zusammengeströmte Menschenmenge und vor allem die Predigt des Kardinals ihn geradezu in Hochstimmung versetzt hatten, kehrte er voller Erwartung zurück und voller Verlangen, zu hören, wie es gegangen war, und die arme Unschuldige wohlbehalten vorzufinden.

»Sieh mal«, sagte die gute Frau bei seinem Eintritt und deutete auf Lucia, die errötete, aufstand und eine Entschuldigung zu stammeln begann. Aber er, der schon auf sie zugegangen war, unterbrach sie und begrüßte sie aufs herzlichste mit den Worten: »Willkommen, willkommen! Ihr seid der Segen des Himmels in diesem Hause. Wie freue ich mich, Euch hier zu sehen! Ich war mir zwar sicher, daß Ihr wohlbehalten ankommen würdet, denn ich habe noch nie gehört, daß der Herr ein Wunder anfängt, ohne es glücklich zu Ende zu bringen, aber ich bin trotzdem froh, Euch hier zu sehen. Armes Mädchen! Immerhin ist es doch eine große Sache, wenn einem ein Wunder widerfährt!«

(Man glaube nicht, daß er als einziger jenes große Ereignis ein Wunder nannte, vielleicht weil er das *Buch der Heiligenlegenden* gelesen hatte. Im ganzen Dorf und in der Umgebung sprach man darüber nur in diesen Worten, solange die Erinnerung daran lebendig blieb. Und um die Wahrheit zu sagen, mit den Ausschmückungen, die alsbald hinzukamen, konnte man die Sache auch gar nicht anders bezeichnen.)

Nachdem er Lucia begrüßt hatte, trat er beiläufig zu seiner Frau, die gerade den Kessel vom Haken über dem Feuer nahm, und fragte sie leise: »Ist alles gut gegangen?«

»Sehr gut, ich werd' dir später alles erzählen.«

»Ja, ja, in Ruhe.«

Gleich danach war aufgetragen, die Hausfrau holte Lucia, führte sie an den Tisch, ließ sie Platz nehmen, trennte einen Flügel vom Kapaun und legte ihn ihr vor. Dann nahmen auch sie und ihr Mann Platz, und beide ermunterten ihren erschöpften und verschämten Gast zuzugreifen. Der Schneider begann schon nach den ersten Bissen mit großer Begeisterung zu erzählen, fortwährend unterbrochen von den Kindern, die um den Tisch herum verteilt im Stehen aßen und ja auch wirklich allzuviel Außerordentliches gesehen hatten, um nur die Rolle stummer Zuhörer zu erfüllen. Er beschrieb die feierlichen Zeremonien, dann sprach er unvermittelt von der wunderbaren Bekehrung des Ungenannten. Was ihm jedoch am meisten Eindruck gemacht hatte und noch immer beschäftigte, war die Predigt des Kardinals.

»Wenn man ihn so vor dem Altar stehen sieht...«, sagte er. »Ein so großer Herr, und predigt da wie ein ganz einfacher Pfarrer...«

»Und dieses goldene Ding, das er auf dem Kopf hatte...«, sagte eines der Mädchen.

»Sei still. Wenn man bedenkt, meine ich, daß ein so großer Herr, und dazu ein Gelehrter, der, wie es heißt, alle Bücher gelesen hat, die es gibt, was noch kein anderer geschafft hat, auch nicht in Mailand... wenn man bedenkt, daß der es fertigbringt, all diese Dinge so zu sagen, daß jeder sie versteht...«

»Ich hab's auch verstanden«, sagte das andere Plappermäulchen.

»Sei still! Was willst du denn verstanden haben?«

»Ich hab verstanden, daß er anstelle des Herrn Pfarrers das Evangelium erklärt hat.«

»Sei still. Ich meine nicht bloß die, die schon was wissen, denn bei denen ist es ja eine Schuldigkeit, daß sie verstehen, sondern auch die Begriffsstutzigsten und Ungebildetsten haben den Faden seiner Predigt verfolgt. Geht einmal hin und fragt sie, ob sie die Worte wiederholen könnten, die er gesagt hat: Sie würden kein einziges mehr wissen, aber den Sinn haben sie verstanden. Und ohne daß er diesen Herrn auch nur einmal beim Namen genannt hat, haben doch alle begriffen, daß er ihn gemeint hat. Und übrigens, um das zu begreifen, hätte man bloß darauf achten müssen, wann er Tränen in den Augen hatte. Und dann fingen alle an zu weinen...«

»Stimmt«, platzte der Junge los. »Aber warum haben sie alle so geweint wie kleine Kinder?«

»Sei still. Und dabei gibt es gewiß auch harte Herzen in diesem Dorf. Und er hat auch wirklich einsichtig gemacht, daß man trotz der Hungersnot dem Herrgott danken und zufrieden sein muß. Daß man tun soll, was man kann: sich bemühen, einander helfen und dann zufrieden sein. Denn das wahre Unglück ist nicht, wenn man Hunger leidet und wenn man arm ist. Das wahre Unglück ist, wenn man Böses tut. Und das sind nicht bloß schöne Worte, denn man weiß ja, daß er selbst wie ein armer Mann lebt, er spart sich das Brot vom Munde ab, um es den Hungrigen zu geben, obwohl er ein herrliches Leben führen könnte, besser als jeder andere. Ach, es ist schon beglückend, ihn so reden zu hören! Nicht wie so mancher andere, der uns predigt: Tut, was ich sage, aber nicht, was ich tue... Und dann hat er auch wirklich einsichtig gemacht, daß auch die, die keine Herren sind, aber mehr als das Nötigste haben, daß auch die verpflichtet sind, mit den Notleidenden zu teilen.«

Hier unterbrach er sich selbst, als wäre ihm plötzlich etwas eingefallen. Er überlegte einen Augenblick, dann tat er von allen Speisen, die auf dem Tisch standen, etwas auf einen Teller, legte Brot dazu, stellte den Teller auf eine Serviette, hob diese an den vier Zipfeln hoch und sagte zu seiner größeren Tochter: »Da, nimm!« In die andere Hand gab er ihr ein Fläschchen Wein und fügte hinzu: »Geh zur Witwe Maria, bring ihr das und sag ihr, es ist für sie und ihre Kinder, um ihnen eine kleine Freude zu machen. Aber sag's hübsch artig, verstehst du, damit es nicht aussieht, als wär's ein Almosen. Und sag nichts, wenn du unterwegs jemandem begegnest. Und gib acht, daß du nichts zerbrichst.«

Lucias Augen wurden feucht, und sie spürte eine belebende Wärme im Herzen; so wie sie auch schon bei den vorigen Reden eine Erleichterung empfunden hatte, die eine eigens zu diesem Zweck gehaltene Rede ihr nie hätte geben können. Angezogen von jenen Beschreibungen, jenen Schilderungen des Gepränges, jenen Aufwallungen von Mitgefühl und Bewunderung, ergriffen und mitgerissen von der Begeisterung des Erzählers, löste sie sich von den schmerzlichen Gedanken an ihr eigenes Schicksal, und auch wenn sie dann wieder zu ihnen zurückkehrte, fand sie sich besser gegen sie gewappnet. Selbst der Gedanke an ihr großes Opfer hatte zwar nicht seine Bitterkeit verloren, aber er hatte nun gleichzeitig etwas von einer ernsten und feierlichen Freude.

Kurz darauf trat der örtliche Pfarrer herein und sagte, er sei vom Herrn Kardinal geschickt worden, um sich nach Lucia zu erkundigen und ihr mitzuteilen, daß Monsignore sie noch am selben Tag sehen wolle, sowie um in dessen Namen dem Schneider und seiner Frau zu danken. Die beiden waren so gerührt und verwirrt, daß sie keine Worte fanden, um auf solche Bekundungen einer solchen Persönlichkeit etwas Passendes zu erwidern.

»Und deine Mutter ist noch nicht angekommen?« fragte der Pfarrer Lucia.

»Meine Mutter?« rief diese verblüfft. Als der Pfarrer ihr daraufhin sagte, daß er auf Geheiß des Erzbischofs nach ihr geschickt habe, schlug sie sich die Schürze vor die Augen und brach in ein haltloses Schluchzen aus, das noch eine Weile anhielt, als der Pfarrer schon wieder gegangen war. Als dann auch diese Gefühlsaufwallung allmählich ruhigeren Gedanken wich, erinnerte sich die Ärmste daran, daß der nun so nahe Trost, die Mutter wiederzusehen, der noch vor wenigen Stunden so außerhalb jeder Hoffnung gelegen hatte, von ihr selbst in jener Schreckensstunde ausdrücklich herbeigefleht und fast zu einer Bedingung für das Gelübde gemacht worden war. *Führe mich wohlbehalten zu meiner Mutter zurück, o Mutter des Herrn*, hatte sie gesagt, und diese Worte tauchten nun wieder deutlich in ihrem Gedächtnis auf. Sie bestärkte sich mehr den je in ihrem Vorsatz, das Gelübde zu halten, und machte sich neuerliche, noch bitterere Vorwürfe über jenes *O weh, was habe ich getan!*, das ihr im ersten Moment entschlüpft war.

Agnese war, als von ihr gesprochen wurde, tatsächlich nicht mehr fern. Man kann sich leicht vorstellen, wie der armen Frau zumute gewesen sein muß, als sie jene unerwartete Einladung erhielt und jene notgedrungen unvollständige und unklare Nachricht von einer zwar offenbar überstandenen, aber fürchterlichen Gefahr, einem schrecklichen Ereignis, das der Bote weder genauer beschreiben noch erklären konnte und für das sie keinerlei Anhaltspunkte hatte, um es sich selbst zu erklären. Nachdem sie sich die Haare gerauft und mehrmals »O Herr im Himmel! O Heilige Jungfrau!« gerufen hatte, nachdem sie dem Boten verschiedene Fragen gestellt hatte, auf die er keine Antworten wußte, war sie hastig zu ihm auf den Kutschbock gestiegen, nicht ohne unterwegs weiterzujammern und ergebnislos Fragen zu stellen. Nach einer Weile hatte sie dann aber Don Abbondio getroffen, der ihr gemächlich entgegenkam, bei jedem Schritt seinen Stock vor sich hin setzend. Nach einem beiderseitigen »Oh!« war er stehengeblieben, sie hatte anhalten lassen, war abgestiegen, und die beiden waren ein paar Schritte in ein Kastanienwäldchen neben der Straße gegangen. Don Abbondio hatte ihr alles berichtet, was er hatte herausfinden können und mit ansehen müssen. Die Sache war nicht klar, aber wenigstens konnte Agnese nun annehmen, daß Lucia tatsächlich in Sicherheit war, und sie atmete auf.

Danach hatte Don Abbondio das Thema gewechselt

und versucht, ihr eine lange Belehrung über das richtige Benehmen gegenüber dem Erzbischof zu erteilen, für den Fall, daß dieser, wie zu vermuten, den Wunsch habe, mit ihr und ihrer Tochter zu sprechen, und daß es dabei vor allem ganz fehl am Platze sei, die Trauung zu erwähnen... Doch als Agnese merkte, daß der brave Mann nur im eigenen Interesse sprach, hatte sie ihn einfach stehenlassen, ohne ihm etwas zu versprechen, ja ohne überhaupt etwas zu beschließen, denn ihr gingen ganz andere Dinge durch den Kopf. Und so war sie weitergefahren.

Schließlich kam der Wagen an und hielt vor dem Haus des Schneiders. Lucia sprang vom Stuhl auf, Agnese kletterte vom Kutschbock herunter und stürzte hinein, und schon lagen sie sich in den Armen. Die Frau des Schneiders, die als einzige zugegen war, sprach den beiden Mut zu, beruhigte sie, freute sich mit ihnen und ließ sie dann taktvoll allein, wobei sie sagte, sie werde ihnen ein Bett herrichten, denn sie habe die Möglichkeit dazu, ohne daß es ihr Unannehmlichkeiten mache; auf jeden Fall aber würden sie und ihr Mann lieber auf dem Boden schlafen, als sie anderswo eine Unterkunft suchen lassen.

Nach den ersten tränenreichen Umarmungen wollte Agnese wissen, wie es Lucia ergangen war, und diese begann es ihr atemlos zu erzählen. Doch, wie der Leser weiß, war es eine Geschichte, die keiner ganz kannte, und auch für Lucia selbst gab es unklare, völlig unerklärliche Punkte. Allen voran der seltsame Zufall, daß jene schreckliche Kutsche gerade in dem Moment auf jener Straße stand, als Lucia infolge eines ganz ungewöhnlichen Sonderfalls dort vorbeikam – ein Zusammentreffen, über das Mutter und Tochter hundert Vermutungen anstellten, ohne jemals ins Schwarze zu treffen, ja ohne ihm auch nur nahe zu kommen.

Was den Anstifter der Intrige betraf, so konnten sie

beide allerdings nicht umhin, an Don Rodrigo zu denken.

»O diese schwarze Seele! O dieser Höllenhund!« rief Agnese ein ums andere Mal aus. »Aber auch seine Stunde wird schlagen. Der Herrgott wird's ihm vergelten, wie er's verdient, und dann wird auch er spüren...«

»Nein, Mama, nicht!« unterbrach Lucia. »Wünsch' ihm kein Leid an den Hals, wünsche es niemandem! Wenn du wüßtest, was leiden heißt! Wenn du es erlebt hättest! Nicht, nicht! Laß uns lieber zu Gott und zur Madonna beten für ihn, daß Gott ihm das Herz rühre, wie er's bei diesem anderen armen Herrn getan hat, der noch schlimmer war als er und der jetzt ein Heiliger ist.«

Der Schauder, den Lucia empfand, als sie sich diesen so frischen und leidvollen Erinnerungen wieder zuwandte, ließ sie ihren Bericht mehr als einmal unterbrechen; mehr als einmal sagte sie, ihr Mut reiche nicht, um fortzufahren, und erst nach vielen Tränen begann sie dann mühsam wieder zu sprechen. Ein ganz andersartiges Gefühl ließ sie jedoch an einem bestimmten Punkt innehalten, nämlich als sie zu dem Gelübde kam: die Furcht, daß ihre Mutter sie unbesonnen und überstürzt schelten würde; daß sie, wie sie es bei der Geschichte mit der Trauung getan hatte, eine ihrer weitgefaßten Lebensregeln ins Feld führen und von ihr verlangen würde, sie richtig zu finden; oder daß die Gute womöglich jemandem ganz im Vertrauen, sei's auch nur, um sich einen Rat zu holen, die Sache erzählen und sie dadurch allgemein bekannt machen würde, was Lucia das Blut in die Wangen trieb, wenn sie nur daran dachte; schließlich auch eine gewisse Scham, die sie selbst vor der Mutter empfand, eine unerklärliche Abneigung, diesen Punkt zu berühren. All das bewirkte, daß sie diesen wichtigen Umstand verschwieg und sich vornahm, ihn zunächst nur Pater Cristoforo anzuvertrauen. Wie aber erschrak sie dann, als sie auf ihre Frage nach ihm zur

Antwort bekam, daß er nicht mehr da sei, daß er an einen fernen Ort geschickt worden sei, einen Ort mit einem sehr eigenartigen Namen!

»Und Renzo?« sagte Agnese.

»Er ist doch in Sicherheit, nicht wahr?« fragte Lucia bang.

»Das ist er bestimmt, denn das sagen alle. Es gilt als ausgemacht, daß er sich ins Bergamaskische geflüchtet hat, aber den genauen Ort weiß niemand, und er hat bisher noch nichts von sich hören lassen. Er hat wohl noch keine Möglichkeit dazu gefunden.«

»Oh, wenn er in Sicherheit ist, sei dem Herrn gedankt!« sagte Lucia und versuchte, das Thema zu wechseln, aber da wurde das Gespräch durch eine unerwartete Neuigkeit unterbrochen: das Erscheinen des Kardinalerzbischofs.

Dieser hatte sich, aus der Kirche zurückgekehrt, wo wir ihn zuletzt gesehen haben, und vom Ungenannten in Kenntnis gesetzt, daß Lucia glücklich angekommen war, mit diesem zu Tisch begeben und hatte ihn zu seiner Rechten sitzen lassen, inmitten einer Runde von Priestern, die nicht genug davon kriegen konnten, auf jenes Gesicht zu schielen, das so besänftigt, aber nicht schwach, so demütig, aber nicht erniedrigt aussah, und es mit dem Bild zu vergleichen, das man sich so lange von diesem Mann gemacht hatte.

Nach dem Essen hatten die beiden sich von neuem gemeinsam zurückgezogen, und nach einer Unterredung, die viel länger als die erste gedauert hatte, war der Ungenannte auf demselben Maultier wie am Morgen zu seiner Burg aufgebrochen. Der Kardinal hatte den Pfarrer rufen lassen und ihm gesagt, er wolle jetzt zu dem Hause geführt werden, in welchem Lucia untergekommen sei.

»Oh, Monsignore«, hatte der Pfarrer geantwortet, »inkommodiert Euch nicht. Ich schicke sofort jemanden hin, um sie herzuholen – das Mädchen, die Mutter, wenn sie inzwischen angekommen ist, und auch die Gastgeber und alle, die Euer Durchlaucht zu sehen wünschen.«

»Ich wünsche sie aufzusuchen«, hatte Federigo erwidert.

»Euer Durchlaucht dürfen sich nicht inkommodieren, ich lasse sie gleich herholen, es dauert nur einen Augenblick«, hatte der Übereifrige insistiert (ansonsten ein braver Mann), der nicht verstand, daß der Kardinal mit diesem Besuch dem Unglück, der Unschuld, der Gastfreundschaft und zugleich seinem eigenen Amt eine Ehre erweisen wollte. Nachdem jedoch der Obere denselben Wunsch nochmals geäußert hatte, verbeugte sich der Untergebene und setzte sich in Bewegung.

Als die beiden auf die Straße traten, liefen die Leute sofort zusammen, und in kurzer Zeit kamen sie von allen Seiten herbeigeströmt. Wer konnte, ging neben ihnen her, die anderen folgten in ungeordnetem Haufen. Der Pfarrer befleißigte sich zu rufen: »Weg, weg, zurück!« Aber Federigo sagte: »Laßt sie gewähren« und ging weiter, bald die Hand erhebend, um das Volk zu segnen, bald sie senkend, um die Kinder zu streicheln, die ihm vor die Füße liefen. So gelangten sie zu dem Haus und traten ein. Die Menge blieb dichtgedrängt draußen stehen. Doch in der Menge befand sich auch der Schneider, der den beiden wie alle anderen mit stieren Augen und offenem Mund nachgelaufen war, ohne zu wissen, wohin es ging. Als er dann verdutzt sah, welches Ziel sie angesteuert hatten, drängte er sich nach vorn, man kann sich vorstellen, in was für einem Lärm, wobei er ein ums andere Mal rief: »Laßt mich durch, ich muß unbedingt durch!« Und so gelangte er ins Haus.

Agnese und Lucia hörten ein anschwellendes Stimmengewirr auf der Straße, und während sie noch überlegten, was das sein mochte, sahen sie die Tür aufspringen und den hohen Purpurträger mit dem Pfarrer erscheinen.

»Ist es die?« fragte der erste den zweiten, und als dieser bejahend nickte, ging er auf Lucia zu, die bei ihrer Mutter stehengeblieben war, beide sprachlos und starr vor Überraschung und Befangenheit. Aber der Ton seiner Stimme, das Gesicht, die Haltung und vor allem die Worte Federigos sollten sie gleich wieder ermutigen. »Armes Mädchen«, begann er. »Gott hat erlaubt, daß du einer schweren Prüfung unterzogen worden bist, aber er hat dich auch erkennen lassen, daß er sein Auge nicht von dir abgewandt und dich nicht vergessen hat. Er hat dich errettet, und er hat sich deiner bedient, um ein großes Werk zu vollbringen: um einem einzelnen große Gnade zu erweisen und um gleichzeitig viele aufzurichten.«

In diesem Moment erschien auch die Hausfrau in der Stube, die bei dem Lärm ans Fenster getreten und, als sie gesehen hatte, wer da ins Haus kam, die Treppe hinuntergeeilt war, nachdem sie sich rasch ein wenig zurechtgemacht hatte; fast zur gleichen Zeit kam durch eine andere Tür auch der Schneider herein. Als sie sahen, daß das Gespräch bereits im Gange war, zogen sie sich in eine Ecke zurück, wo sie respektvoll schweigend stehenblieben. Nachdem der Kardinal sie höflich begrüßt hatte, setzte er das Gespräch mit den Frauen fort, wobei er unter die Tröstungen ab und zu eine Frage mischte, um herauszufinden, wie er denen, die so viel gelitten hatten, etwas Gutes tun könnte.

»Alle Priester müßten so sein wie Euer Gnaden und ein bißchen mehr zu den armen Leuten halten, anstatt mitzuhelfen, sie in Schwierigkeiten zu bringen, um sich selber zu retten«, sagte Agnese, ermutigt von Federigos leutseliger und liebevoller Art und erbittert, wenn sie daran dachte, daß Don Abbondio, nachdem er immer die anderen geopfert hatte, ihnen auch noch die kleine

Erleichterung verwehren wollte, sich bei einem seiner Oberen zu beklagen, wenn sie durch einen seltenen Zufall dazu Gelegenheit hatten.

»Sag nur alles, was du denkst«, ermunterte sie der Kardinal. »Sprich frei heraus.«

»Ich meine, wenn unser Herr Pfarrer seine Pflicht getan hätte, wär's nicht soweit gekommen.«

Als aber der Kardinal sie erneut aufforderte, sich deutlicher auszudrücken, geriet sie in die Verlegenheit, eine Geschichte erzählen zu müssen, in der sie selbst eine Rolle gespielt hatte, die bekanntzumachen ihr nicht unbedingt am Herzen lag, besonders nicht vor einer solchen Persönlichkeit. Sie fand jedoch einen Weg, sich durch eine kleine Auslassung zu behelfen: Sie berichtete von der vereinbarten Trauung und von Don Abbondios Weigerung, ließ auch den Vorwand mit seinen »Oberen« nicht aus, den er angeführt hatte (ach, Agnese!), sprang aber dann direkt zu dem Anschlag, den Don Rodrigo versucht hatte, und berichtete, wie sie ihm dank rechtzeitiger Warnung hatten entkommen können. »Aber nur«, fügte sie abschließend hinzu, »um in neue Schwierigkeiten zu geraten. Hätte uns der Herr Pfarrer statt dessen ehrlich gesagt, was los ist, und meine armen Kinder rasch getraut, wären wir gleich danach alle zusammen heimlich weit fortgezogen, irgendwohin, wo uns nicht mal der Wind gefunden hätte. So aber haben wir viel Zeit verloren, und es ist gekommen, wie es gekommen ist.«

»Der Herr Pfarrer wird mir über diesen Fall Rechenschaft ablegen«, sagte der Kardinal.

»Nein, gnädiger Herr, nein«, sagte Agnese rasch. »Ich habe nicht deshalb gesprochen. Scheltet ihn nicht, was gewesen ist, ist gewesen. Außerdem hilft es nichts, er ist nun mal so. Wenn der Fall wiederkäme, würde er wieder genauso handeln.«

Aber Lucia, die mit dieser Art, die Geschichte zu

erzählen, nicht zufrieden war, fügte hinzu: »Auch wir haben unrecht getan. Man sieht ja, es war nicht Gottes Wille, daß die Sache gut ging.«

»Welches Unrecht habt ihr denn tun können, mein armes Kind?« fragte Federigo.

Da erzählte ihm Lucia trotz der erbosten Blicke, die ihre Mutter ihr verstohlen zuzuwerfen versuchte, die Geschichte von dem mißglückten Versuch, den sie in Don Abbondios Haus unternommen hatten, und schloß mit den Worten: »Wir haben unrecht getan, und Gott hat uns dafür gestraft.«

»Nehmt das Leid, das ihr erduldet habt, aus seiner Hand entgegen und seid guten Mutes«, sagte Federigo. »Denn wer hätte Grund zur Freude und Hoffnung, wenn nicht diejenigen, die gelitten haben und daran denken, die Schuld bei sich selbst zu suchen?«

Dann fragte er, wo sich der Verlobte befinde, und als er von Agnese erfuhr (Lucia schlug die Augen nieder und schwieg), daß er aus seinem Dorf geflohen sei, wunderte er sich darüber und wollte den Grund wissen.

Agnese erzählte, so gut sie konnte, das wenige, was sie von Renzos Geschichte wußte.

»Ich habe von diesem jungen Mann gehört«, sagte der Kardinal. »Aber wie kann einer, der sich in solche Affären verwickelt, mit so einem Mädchen verlobt sein?«

»Er war ein guter Junge«, sagte Lucia errötend, aber mit fester Stimme.

»Er war ein ruhiger Junge, fast zu ruhig«, fügte Agnese hinzu, »das wird Euch hier jeder bestätigen, auch der Herr Pfarrer. Wer weiß, was für Ränke und Machenschaften die da unten in Mailand angezettelt haben. Es gehört nicht viel dazu, einen armen Mann als Schurken hinzustellen.«

»Das ist leider wahr«, sagte der Kardinal. »Ich werde mich nach ihm erkundigen.« Er ließ sich Vor- und Zunamen des jungen Mannes geben und schrieb sie in ein kleines Notizbuch. Sodann fügte er hinzu, er gedenke in wenigen Tagen ihr Heimatdorf zu besuchen, dann werde Lucia ohne Furcht dorthin zurückkehren können; einstweilen werde er sich darum kümmern, ihr eine Bleibe zu besorgen, wo sie in Sicherheit leben könne, bis alles aufs beste geregelt sei.

Damit wandte er sich an die Hausbesitzer, die sogleich vortraten. Er wiederholte die Danksagungen, die er ihnen bereits durch den Pfarrer hatte ausrichten lassen, und fragte, ob sie bereit seien, die Gäste, die ihnen Gott geschickt habe, ein paar Tage zu beherbergen.

»O ja, gnädiger Herr!« antwortete die Frau in einem Ton und mit einem Gesicht, die sehr viel mehr ausdrückten als diese kurze, von der Befangenheit fast erstickte Antwort. Ihr Gatte jedoch, den die Anwesenheit eines solchen Fragestellers und der Wunsch, sich einer so bedeutenden Gelegenheit würdig zu erweisen, in höchste Erregung versetzt hatten, überlegte sich fieberhaft eine schöne Antwort. Er legte die Stirn in Falten, verdrehte die Augen, kniff die Lippen zusammen, spannte den Bogen seines Verstandes bis zum äußersten, suchte, kramte, wühlte in einem Haufen abgerissener Ideen und halber Sätze... Doch die Zeit drängte, der Kardinal ließ schon durchblicken, daß er das Schweigen richtig gedeutet habe... Endlich öffnete der arme Mann den Mund und sagte: »Versteht sich!« Mehr wollte ihm nicht einfallen. Ein Versagen, über das er sich nicht nur in jenem Augenblick schämte, sondern das ihm auch später, wenn er sich daran erinnerte, immer wieder die große Ehre vergällte, die ihm damals zuteil geworden war. Und wie oft, wenn er später daran zurückdachte und sich die Situation vergegenwärtigte, kamen ihm wie zum Hohn lauter Antworten in den Sinn, die alle besser gewesen wären als dieses fade *Versteht sich!*. Doch wie eine alte Weisheit sagt: Hinterher ist man immer klüger.

Der Kardinal verabschiedete sich mit den Worten: »Der Herr segne dieses Haus.«

Am Abend fragte er dann den Pfarrer, wie man den Schneider, der doch gewiß nicht reich sei, auf schickliche Weise für die gerade in diesen Zeiten kostspielige Gastfreundschaft entschädigen könne. Der Pfarrer antwortete, daß zwar weder der Verdienst seines Handwerks noch die Erträge der kleinen Felder, die der Gute sein eigen nenne, in diesem Jahr ausreichten, um ihn in den Stand zu setzen, anderen gegenüber freigebig zu sein. Aber da er in den vergangenen Jahren etwas zurückgelegt habe, gehöre er zu den Wohlhabenderen in der Gegend und könne ohne Schaden ein paar Mehrausgaben aufbringen, wie er es in diesem Fall sicher gern tun werde. Im übrigen würde er durch nichts in der Welt dazu zu bewegen sein, eine Entschädigung anzunehmen.

»Er wird doch vermutlich«, sagte der Kardinal, »Außenstände bei Leuten haben, die nicht bezahlen können.«

»Nun ja, Euer Durchlaucht müssen bedenken: Diese armen Leute bezahlen mit dem, was ihnen von der Ernte übrigbleibt. Voriges Jahr blieb ihnen nichts übrig, und dieses Jahr fehlt es allen am Nötigsten.«

»Nun gut«, sagte Federigo, »ich übernehme all diese Schulden, und Ihr tut mir den Gefallen, ihn um eine Aufstellung der Posten zu bitten und sie zu begleichen.«

»Das wird eine hübsche Summe sein.«

»Um so besser, und außerdem gibt es hier sicher auch viele noch Bedürftigere, die keine Schulden haben, weil ihnen niemand Kredit gibt.«

»O ja, Euer Durchlaucht, nur allzu viele! Man tut, was man kann, aber wie soll man alles schaffen in diesen Zeiten?«

»Sorgt dafür, daß er sie auf meine Rechnung neu einkleidet, und bezahlt ihn gut. Eigentlich kommt mir zwar dieses Jahr alles wie Raub vor, was nicht für Brot ausgegeben wird, aber ich denke, dies ist ein Sonderfall.«

Wir wollen jedoch die Geschichte jenes denkwürdigen Tages nicht beenden, ohne kurz zu erzählen, wie ihn der Ungenannte beschloß.

Diesmal war ihm die Nachricht von seiner Bekehrung ins Tal vorausgeeilt, hatte sich rasch verbreitet und allenthalben Verblüffung, Besorgnis, Unwillen und Murren hervorgerufen. Den ersten Bravi oder Dienern (was auf dasselbe hinauslief), die er sah, bedeutete er mit einem Wink, ihm zu folgen, und ebenso tat er es auch bei den weiteren. Alle reihten sich mit einer neuen Gespanntheit, aber mit der gewohnten Unterwürfigkeit hinter ihm ein, und so gelangte er mit einem immer größer werdenden Gefolge zu seiner Burg. Auch denen, die sich am Tor befanden, bedeutete er, sich einzureihen. Dann ritt er in den ersten Hof, hielt in der Mitte an und stieß dort, immer noch auf seinem Maultier sitzend, einen donnernden Ruf aus – sein übliches Zeichen, auf das hin alle, die in Hörweite waren, herbeigeeilt kamen. Im Handumdrehen waren alle, die sich verstreut in der Burg befanden, im Hof bei den anderen versammelt und blickten auf ihren Herrn.

»Geht in den großen Saal und erwartet mich dort«, sagte er und blieb hoch aufgerichtet im Sattel sitzen, bis alle gegangen waren. Dann saß er ab, führte sein Maultier selbst in den Stall und begab sich dorthin, wo er erwartet wurde. Bei seinem Erscheinen verstummte das allgemeine Gemurmel sofort, alle drängten sich auf einer Seite des Saales zusammen, so daß ein weiter Raum für ihn frei blieb. Es mochten an die dreißig Männer sein.

Der Ungenannte hob die Hand, wie um die plötzliche Stille andauern zu lassen, hob den Kopf, der alle anderen im Saal überragte, und sprach: »Hört alle her, und daß mir keiner redet, der nicht gefragt wird. Männer! Der Weg, den wir bisher gegangen sind, führt in die Tiefe der Hölle. Ich will euch keinen Vorwurf machen, ich, der ich immer vorangegangen bin als der Schlimmste von allen. Aber hört, was ich euch zu sagen habe. Gott in seiner Barmherzigkeit hat mich aufgerufen, mein Leben zu ändern, und ich werde es ändern, ich habe es schon geändert; möge er mit jedem von euch dasselbe tun. Nehmt also zur Kenntnis und als gesichert, daß ich entschlossen bin, eher zu sterben als noch einmal irgend etwas gegen sein heiliges Gesetz zu tun. Ich enthebe jeden von euch der ruchlosen Befehle, die ich ihm erteilt habe, ihr versteht mich. Ja, ich befehle euch, nichts von dem zu tun, was euch befohlen worden ist. Und nehmt als ebenso gesichert, daß von jetzt an niemand mehr unter meinem Schutz und in meinen Diensten etwas Böses tun darf. Wer unter diesen Bedingungen bleiben will, wird mir wie ein Sohn sein, und ich würde mich noch am Ende des Tages, an dem ich nichts gegessen hätte, um den letzten von euch zu sättigen, mit dem letzten verbliebenen Stück Brot begnügen. Wer nicht bleiben will, wird den ihm zustehenden Lohn erhalten und ein Geschenk obendrein. Er kann seiner Wege gehen, aber er komme nie wieder hierher, es sei denn, um sein Leben zu ändern; in diesem Fall werde ich ihn stets mit offenen Armen empfangen. Überlegt es euch heute nacht. Morgen früh werde ich euch einen nach dem anderen aufrufen, mir seine Antwort zu geben, und dann werde ich euch neue Befehle erteilen. Geht jetzt, jeder an seinen Posten. Und möge Gott, der mir so große Barmherzigkeit erwiesen hat, euch die richtigen Gedanken schicken.«

Hier endete er, und alle verharrten stumm. Wie unterschiedlich und stürmisch auch die Gedanken waren, die in ihren Köpfen tobten, nach außen verrieten sie es durch kein Zeichen. Sie waren gewohnt, die Stimme ihres Herrn als Kundgebung eines Willens zu nehmen, gegen den es keine Widerrede gab, und die Art, wie diese Stimme verkündete, daß sich der Wille geändert hatte, ließ keineswegs darauf schließen, daß er schwächer geworden wäre. Keinem von ihnen kam in den Sinn, daß man jetzt, wo er sich bekehrt hatte, etwa mit ihm argumentieren und ihm wie einem anderen Manne antworten könnte. Sie sahen in ihm einen Heiligen, aber einen jener Heiligen, die mit erhobenem Kopf und dem Schwert in der Hand dargestellt werden. Außer der Furcht vor ihm hatten sie (vor allem die auf seinem Besitz Geborenen, und das waren die meisten) eine vasallenhafte Ergebenheit für ihn, und alle waren ihm in Bewunderung zugetan. In seiner Gegenwart empfanden sie etwas wie jene, man möchte fast sagen, ehrfürchtige Scheu, die auch die rohesten und frechsten Gemüter vor einer Autorität empfinden, die sie einmal als solche anerkannt haben. Überdies waren die Dinge, die sie aus seinem Munde vernommen hatten, zwar ihren Ohren verhaßt, aber weder falsch noch ihren Gedanken ganz fremd: Wenn sie tausendmal darüber gespottet hatten, so keineswegs, weil sie nicht daran glaubten, sondern um mit ihrem Spott der Angst zuvorzukommen, die sie bei ernsthaftem Nachdenken beschlichen hätte. Und als sie nun sahen, welche Auswirkung diese Angst auf ein Gemüt wie das ihres Herrn und Gebieters hatte, war unter ihnen keiner, der nicht mehr oder weniger heftig von ebendieser Angst gepackt worden wäre, zumindest für einige Zeit. Hinzu kam noch, daß diejenigen von ihnen, die sich am Morgen außerhalb des Tales befunden und daher die große Neuigkeit als erste erfahren hatten, zugleich auch die Freude und den Jubel der Bevölkerung miterlebt hatten, die Liebe und die Verehrung für den Ungenannten, die an die Stelle des alten Hasses und Schreckens getreten waren. Infolgedessen sahen sie nun in dem Manne, zu dem sie immer emporgeblickt hatten, auch als sie selber zum großen Teil seine Stärke gewesen waren, die Wundergestalt und den Abgott des Volkes. Er stand für sie weiterhin über den anderen, auf eine ganz andere Weise zwar, aber nicht weniger hoch: immer noch außerhalb des gemeinen Haufens, immer noch als der Oberste.

Daher waren sie verwirrt, weder einer des anderen sicher noch jeder seiner selbst. Die einen tobten innerlich, die anderen überlegten, wohin sie gehen sollten, um Zuflucht und Beschäftigung zu finden; wieder andere prüften sich, ob sie imstande sein würden, ehrliche Leute zu werden, manche verspürten wohl auch, berührt von den Worten des Ungenannten, eine gewisse Neigung dazu; wieder andere beschlossen, erst einmal nichts zu beschließen, sondern alles zu versprechen und dazubleiben, um das so großzügig angebotene und damals so knappe Brot zu essen und Zeit zu gewinnen. Keiner gab einen Mucks von sich. Und als der Ungenannte am Ende seiner Rede von neuem gebieterisch die Hand hob, um ihnen zu bedeuten, daß sie jetzt gehen könnten, zogen sie alle brav und gehorsam wie eine Herde Schafe ab. Er folgte ihnen, stellte sich mitten in den Hof und beobachtete in der Abenddämmerung, wie sie auseinandergingen und jeder sich an seinen Posten begab. Dann holte er seine Laterne, machte von neuem die Runde durch alle Höfe, Gänge und Säle, kontrollierte sämtliche Ausgänge, und als er sah, daß alles ruhig war, ging er endlich hinauf, um zu schlafen. Jawohl, zu schlafen, denn ihm war nach Schlaf zumute.

Schwierige und zugleich dringende Angelegenheiten hatten, obwohl er ihnen immer nachgejagt war, noch nie in so großer Zahl auf ihm gelastet wie jetzt, und doch war ihm nach Schlaf zumute. Die Gewissensbisse, die ihm in der Nacht zuvor den Schlaf geraubt hatten, waren nicht nur nicht beruhigt worden, sondern meldeten sich noch vernehmlicher, strenger und entschiedener, und doch war ihm nach Schlaf zumute. Die Ordnung, diese Art von Regierung, die er seit so vielen Jahren mit so viel Sorgfalt in seinem Reich errichtet hatte, mit einer so einzigartigen Paarung von Kühnheit und Beharrlichkeit, hatte er nun selbst mit wenigen Worten aufs Spiel gesetzt; die unbegrenzte Abhängigkeit der Seinen, ihre Bereitschaft zu allem, ihre Banditentreue, auf die er seit so langer Zeit zu bauen gewohnt war, hatte er selbst erschüttert; seine Werkzeuge hatte er zu einem Berg von Widrigkeiten werden lassen, er hatte sich die Verwirrung und die Unsicherheit ins Haus geholt, und doch war ihm nach Schlaf zumute.

Er begab sich also in seine Kammer, trat an jenes Bett, das er in der Nacht zuvor so voller Dornen gefunden hatte, und kniete nieder, um zu beten. Tatsächlich fand er in einem tief versteckten Winkel seines Geistes die Gebete, die ihm als Kind beigebracht worden waren, und begann sie zu sprechen; und die Worte, die dort so lange zusammengeknüllt gelegen hatten, kamen ihm eins nach dem anderen auf die Lippen, als würden sie abgespult. Darüber empfand er ein undefinierbares Gemisch von Gefühlen: eine Art Süße über diese physische Rückkehr zu den Gewohnheiten aus der Zeit seiner Unschuld; eine Verschärfung des Schmerzes bei dem Gedanken an den Abgrund, den er zwischen jener und dieser Zeit hatte entstehen lassen; ein brennendes Verlangen, durch Werke der Buße zu einem neuen Bewußtsein, einem Zustand in größtmöglicher Nähe zu der niemals wieder erreichbaren Unschuld zu gelangen; eine Dankbarkeit für und ein Vertrauen auf jene Barmherzigkeit, die ihn zu diesem Zustand führen konnte und ihm bereits so viele Zeichen gegeben hatte, daß sie es wollte. Mit diesen Gefühlen erhob er sich, ging zu Bett und schlief sofort ein.

So endete jener Tag, der noch in aller Munde war, als unser Anonymus schrieb, und von dem man ohne ihn heute nichts mehr wüßte, jedenfalls keine Details. Denn die oben zitierten Ripamonti und Rivola berichten lediglich, daß jener so berüchtigte Tyrann nach einer Begegnung mit Federigo sein Leben auf wundersame Weise für immer geändert habe. Doch wie viele Menschen haben die Bücher der beiden gelesen? Sicher noch weniger als die, welche dieses hier lesen werden. Und wer weiß, ob in dem Tale selbst, falls jemand Lust hätte, es zu suchen, und die Geschicklichkeit, es zu finden, noch wenigstens eine blasse und verworrene Erinnerung an das Geschehen erhalten geblieben ist? So viele neue Dinge haben sich seit jener Zeit ereignet!

Kapitel 25

Tags darauf sprach man in Lucias Dorf und im ganzen Gebiet von Lecco nur von ihr, dem Ungenannten, dem Erzbischof und einem anderen Herrn, der, wiewohl es ihm sonst sehr gefiel, in aller Munde zu sein, diesmal gern darauf verzichtet hätte – wir meinen den Herrn Don Rodrigo.

Nicht daß man zuvor nicht von seinen Taten gesprochen hätte, aber es waren heimliche, abgebrochene Gespräche; die Gesprächspartner mußten einander schon sehr gut kennen, um offen über ein solches Thema zu sprechen. Und sie legten dann auch nicht das ganze Gefühl hinein, dessen sie fähig gewesen wären – im allgemeinen zeigen die Menschen ja, wenn sich ihre Entrüstung nicht ohne große Gefahren Luft machen kann, nicht nur weniger oder gar nichts von dem, was sie fühlen, sondern sie fühlen dann auch tatsächlich weniger. Wer aber sollte jetzt noch Scheu haben, sich über ein so spektakuläres Ereignis zu informieren und offen darüber zu reden, ein Ereignis, in dem man die Hand des Himmels am Werk sehen konnte und bei dem zwei solche Persönlichkeiten die Protagonisten waren? Einer, in dem sich eine so mutige Liebe zur Gerechtigkeit mit einer so großen Autorität verband, und der andere, bei dem es schien, daß die Tyrannei in Person sich erniedrigt hatte und die Dreistigkeit selber dazu gelangt war, die Waffen zu strecken und um Frieden zu bitten? Mit solchen Gestalten verglichen wurde der Herr Don Rodrigo ein bißchen klein. Auf einmal begriffen alle, was es hieß, eine arme Unschuld zu quälen, um sie entehren zu können, sie mit so schamloser Beharrlichkeit, so abscheulicher Gewalt und so schändlicher Hinterlist zu verfolgen. Bei der Gelegenheit vergegenwärtigte man sich auch viele andere Heldentaten jenes Herrn, und bei allen sagte man offen, was man über sie dachte, denn jeder fühlte sich ermutigt durch die Entdeckung, daß er mit den anderen übereinstimmte. Es war ein allgemeines Murren und Aufbegehren, freilich nur in sicherer Entfernung wegen der vielen Bravi, die Don Rodrigo um sich hatte.

Ein guter Teil dieses öffentlichen Hasses ergoß sich auch über seine Freunde und Hofschranzen. Man zog heftig über den Herrn Podestà her, der sich immer taub und blind und stumm gegenüber den Untaten jenes Tyrannen stellte, freilich auch bei ihm nur aus sicherer Entfernung, denn mochte er auch keine Bravi haben, so hatte er doch die Häscher. Beim Doktor Azzeccagarbugli, der nur über Klatsch und Intrigen gebot, und bei anderen Kriechern seines Schlages übte man nicht so viel Rücksicht: Man zeigte mit den Fingern auf sie und sah sie böse an, so daß sie es eine Zeitlang für besser hielten, sich nicht auf der Straße blicken zu lassen.

Don Rodrigo, niedergeschmettert von der so unvermuteten Nachricht, die so ganz anders war als das, was er von Tag zu Tag, von Stunde zu Stunde erwartet hatte, blieb zwei Tage in seinem Bau vergraben, um sich allein mit seinen Bravi zu fuchsen; am dritten brach er nach Mailand auf. Wäre nur das Murren der Leute gewesen, er wäre vielleicht, nachdem die Dinge nun einmal so weit gediehen waren, extra dageblieben, um ihm entgegenzutreten, ja um die Gelegenheit zu suchen, an einigen der Frechsten ein Exempel zu statuieren. Was ihn jedoch forttrieb, war die sichere Nachricht, daß der Kardinal auch in diese Gegend kommen würde. Sein gräflicher Onkel in Mailand, der von der ganzen Geschichte nur soviel wußte, wie ihm Attilio gesagt hatte, hätte sicher verlangt, daß Don Rodrigo bei einer solchen Gelegenheit eine gute Figur machte und sich vom Kardinal öffentlich mit allen Ehren empfangen ließe – und jeder kann sich vorstellen, wie das abgelaufen wäre. Der Onkel Graf hätte es verlangt und sich detailliert darüber Bericht erstatten lassen, denn es handelte sich um eine wichtige Gelegenheit, öffentlich sichtbar zu machen, in welchem Ansehen die Familie bei einer der höchsten Autoritäten des Landes stand. Um einer solchen Peinlichkeit zu entgehen, stieg also Don Rodrigo eines Morgens noch vor Sonnenaufgang in eine Kutsche, die von seinem getreuen Grauen und anderen Bravi vorne und hinten begleitet wurde, gab Anweisung, daß die übrigen Diener nachfolgen sollten, und brach wie ein Flüchtling auf, ja wie – es sei uns gestattet, unsere Personen durch einen illustren Vergleich zu erhöhen – wie Catilina aus Rom: wutschnaubend und mit dem Versprechen, sehr bald mit anderem Gefolge wiederzukommen, um Rache zu nehmen.

Unterdessen besuchte der Kardinal jeden Tag eine der Pfarreien im Gebiet von Lecco. An dem Tag, als er in Lucias Heimatdorf kommen sollte, war schon morgens ein großer Teil der Einwohner losgezogen, um ihm entgegenzugehen. Am Dorfeingang, direkt neben dem Häuschen unserer beiden Frauen, stand ein Triumphbogen, errichtet aus Balken und Brettern, verkleidet mit Stroh und getrocknetem Moos und geschmückt mit grünen Stachelmyrten- und Stechpalmenzweigen, an denen scharlachrote Beeren prangten. Die Fassade der Kirche war mit Teppichen ausgeschlagen, an allen Fenstersimsen hingen Bettdecken, Laken und zu Girlanden gewundene Kinderwindeln – kurz, all jene kleinen unentbehrlichen Dinge des täglichen Lebens, mit denen sich schlecht und recht Überfluß vortäuschen ließ. Am Nachmittag gegen vier, um die Zeit, als der Kardinal erwartet wurde, machten sich auch diejenigen auf, die noch in den Häusern geblieben waren, Alte, Frauen und Kinder zumeist, um ihm entgegenzugehen, teils in geordneter Reihe, teils in wirrem Haufen, angeführt von Don Abbondio, der mitten in dieser festlichen Stimmung übel gelaunt war, sowohl wegen des Lärms, der ihn betäubte, und des Gewimmels der Leute vor und hinter ihm, das ihn ganz rammdösig machte, wie er immer wieder betonte, als auch wegen seiner heimlichen Sorge, daß die Frauen geschwatzt haben könnten und er womöglich Rechenschaft über die Sache mit der verweigerten Trauung ablegen mußte.

Mit einemmal sah man den Kardinal erscheinen, oder besser gesagt die Menge, in deren Mitte sich seine Sänfte umgeben von ihrem Gefolge bewegte, denn von alledem sah man nichts als ein Zeichen in der Luft, hoch über allen Köpfen, nämlich ein Stück von dem Kreuz, das der Kaplan Kreuzträger trug, der auf einem Maultier ritt. Die Leute, die mit Don Abbondio kamen, rannten in wilder Hast los, um sich mit den anderen zu vereinen, und nachdem der Pfarrer drei- bis viermal gerufen hatte: »Langsam! In geordneter Reihe! Was macht ihr denn?«, drehte er sich verärgert um und ging, immerzu vor sich hin brummend: »So ein babylonisches Durcheinander, so ein babylonisches Durcheinander«, zurück in die leere Kirche, um dort zu warten.

Der Kardinal kam näher, während er mit der Hand den Segen erteilte und Segenswünsche aus dem Munde der Leute empfing, die sein Gefolge nur mit Mühe ein wenig auf Abstand halten konnte. Als Dorfnachbarn von Lucia hätten diese Leute dem Erzbischof gern einen außergewöhnlichen Empfang bereitet, aber das war nicht leicht, denn überall, wo er hinkam, pflegten alle ihr Bestes zu tun. Schon zu Beginn seines Episkopats, bei seinem ersten feierlichen Einzug in den Dom, war der Ansturm und das Gedränge der Leute so groß gewesen, daß man für sein Leben fürchtete und einige Edelleute in seiner Nähe die Degen gezogen hatten, um die Menge zu erschrecken und zurückzudrängen. Es steckte soviel Ungezügeltes und Gewalttätiges in den Gebräuchen jener Zeit, daß man sogar bei Beifallskundgebungen für einen Bischof in der Kirche und bei den Versuchen, sie zu mäßigen, bis in die Nähe des Tötens gehen mußte. Und die blanken Degen hätten vielleicht nicht genügt, wenn der Zeremonienmeister und sein Stellvertreter, ein Clerici und ein Picozzi, zwei kräftige und geistesgegenwärtige junge Priester, den so stürmisch Umjubelten nicht auf die Schultern genommen und vom Hauptportal bis zum Hochaltar getragen hätten. Seit damals konnte man bei allen bischöflichen Visiten, die er zu machen hatte, seinen jeweils ersten Einzug in eine Kirche ohne Scherz zu den Mühen seines Hirtenamtes und manchmal zu den überstandenen Gefahren rechnen.

Auch in diese Kirche zog er so gut ein, wie es ging. Er begab sich zum Altar, und nachdem er eine Weile im Gebet verharrt hatte, hielt er seiner Gewohnheit gemäß eine kurze Ansprache an die Versammelten, in der er darüber sprach, wie groß seine Liebe zu ihnen sei, wie sehnlich er sich ihr Seelenheil wünsche und wie sie sich auf den morgigen Gottesdienst vorbereiten sollten. Danach zog er sich ins Pfarrhaus zurück und erkundigte sich im Verlauf seiner Gespräche mit dem Pfarrer beiläufig nach Renzo. Don Abbondio sagte, er sei ein etwas lebhafter, etwas dickköpfiger und cholerischer junger Mann. Auf nähere Fragen mußte er jedoch antworten, daß Renzo ein anständiger Kerl sei und daß er selbst nicht begreifen könne, wie der Gute in Mailand all die Teufeleien angestellt haben sollte, die ihm nachgesagt wurden.

»Was seine Verlobte angeht«, fragte der Kardinal weiter, »meint Ihr nicht auch, daß sie jetzt sicher nach Hause zurückkehren kann?«

»Fürs erste«, sagte Don Abbondio, »kann sie kommen und bleiben, wie es ihr beliebt. Ich sage: Fürs erste, aber danach«, fügte er mit einem Seufzer hinzu, »müßten Euer Durchlaucht immer hier sein oder jedenfalls in der Nähe.«

»Der Herr ist immer nahe«, sagte der Kardinal. »Im übrigen werde ich dafür sorgen, daß sie in Sicherheit gebracht wird.« Und sogleich gab er Anweisung, daß am nächsten Morgen zu guter Stunde eine Sänfte mit Eskorte losgeschickt werde, um die beiden Frauen zu holen.

Don Abbondio verließ den Raum hochbefriedigt darüber, daß der Kardinal mit ihm über die beiden jungen Leute gesprochen hatte, ohne ihn zu fragen, warum er sie nicht hatte trauen wollen. ›Dann weiß er also nichts‹, sagte er sich. ›Agnese hat den Mund gehalten: ein Wunder! Sie werden sich zwar noch einmal sehen, aber wir werden ihr eine weitere Instruktion erteilen, jawohl, das werden wir!‹ – Der arme Mann wußte noch nicht, daß Federigo dieses Thema bewußt nicht angeschnitten hatte, weil er beabsichtigte, darüber ausführlich mit ihm zu reden, wenn mehr Zeit dafür sein würde; und bevor er ihm gab, was er verdiente, wollte er auch seine Gründe hören.

Aber des guten Prälaten Bemühungen um Lucias Sicherheit waren überflüssig geworden: Nachdem er sie verlassen hatte, war etwas geschehen, was wir erzählen müssen.

Während der wenigen Tage, die sie in dem gastlichen Haus des Schneiders verbringen sollten, hatten die beiden Frauen ihre alte Lebensweise, so gut es ging, wieder aufgenommen. Lucia hatte sofort um eine Arbeit gebeten und nähte den ganzen Tag, wie sie es im Kloster getan hatte, zurückgezogen in einem Stübchen, fern von den Augen der Leute. Agnese ging ein bißchen aus und arbeitete ein bißchen in Gesellschaft ihrer Tochter. Ihre Gespräche wurden um so betrübter, je liebevoller sie waren: Beiden war klar, daß sie sich trennen mußten, denn das Lamm durfte nicht wieder so nahe bei der Höhle des Wolfes bleiben, aber wann und wie würde diese Trennung ein Ende haben? Die Zukunft war düster und ungewiß, besonders für die eine der beiden. Agnese machte im stillen immer noch ihre hoffnungsfrohen Pläne: Renzo mußte doch schließlich, wenn ihm nichts Schlimmes passiert war, bald von sich hören lassen, und wenn er Arbeit gefunden und sich eingerichtet hatte, wenn er (aber wer wollte daran zweifeln?) zu seinen Versprechen stand, warum sollte man dann nicht zu ihm ziehen und bei ihm leben? Von solchen Hoffnungen sprach sie auch immer wieder zu ihrer Tochter, so daß man schwer sagen könnte, ob es für diese schmerzlicher war, zuzuhören, oder qualvoller, zu antworten. Ihr großes Geheimnis hatte sie weiter für sich behalten, und obwohl es sie beunruhigte, vor ihrer Mutter Heimlichkeiten zu haben, und das nicht zum ersten Mal, ließ sie doch, von ihrer Scham und den anderen erwähnten Ängsten wie von einem unüberwindlichen Hindernis zurückgehalten, einen Tag nach dem anderen verstreichen, ohne etwas zu sagen. Ihre Pläne waren ganz anderer Art als die ihrer Mutter, oder besser gesagt, sie hatte gar keine, sie überließ sich ganz der Vorsehung. Daher versuchte sie, dieses Thema fallenzulassen oder das Gespräch davon abzubringen, oder sie sagte allgemein, sie hoffe und wünsche sich in dieser Welt nichts anderes mehr, als möglichst bald wieder mit ihrer Mutter zusammenzusein; meistens wurden dabei ihre Worte im rechten Moment von Tränen erstickt.

»Weißt du, warum dir so zumute ist?« sagte Agnese. »Weil du soviel gelitten hast und gar nicht glauben kannst, daß es sich zum Guten wenden könnte. Aber laß nur den Herrgott walten, und wenn... Laß nur erst mal einen Hoffnungsschimmer aufleuchten, nur einen Schimmer, dann kannst du mir sagen, ob du dir wirklich nichts anderes mehr wünschst.« Lucia küßte ihre Mutter und weinte.

Im übrigen war zwischen ihnen und ihren Gastgebern gleich eine große Freundschaft entstanden – und wo sollte sie sonst auch entstehen, wenn nicht zwischen den Empfängern und den Spendern von Wohltaten, wenn die einen wie die anderen gute Menschen sind? Besonders Agnese hielt gerne lange Schwätzchen mit der Hausherrin, und der Schneider bot ihnen dann ein wenig Zerstreuung mit Geschichten und erbaulichen Reden; vor allem beim Essen hatte er immer etwas Schönes von Leuten wie Bovo d'Antona oder den heiligen Vätern in der Wüste zu erzählen.

Nicht weit von jenem kleinen Ort hatte ein vornehmes Ehepaar aus Mailand seine Landvilla: Don Ferrante und Donna Prassede – den Familiennamen verschweigt unser Anonymus wie gewöhnlich. Donna Prassede war eine alte Edeldame mit einer starken Neigung zur Wohltätigkeit, was gewiß die würdigste Tätigkeit ist, die der Mensch ausüben kann, doch leider kann sie, wie alle anderen, auch Unheil anrichten. Um Gutes zu tun, muß man es erkennen, und ebenso wie alles andere können wir es nur inmitten unserer Leidenschaften mit Hilfe unserer Urteilskraft und unserer Gedanken erkennen, um die es nicht immer zum besten bestellt ist. Mit den Gedanken hielt es Donna Prassede so, wie man es, einem bekannten Spruch zufolge, mit den Freunden halten soll: Sie hatte nur wenige, aber diesen wenigen war sie sehr zugetan. Unter den wenigen waren zum Unglück viele verquere, und das waren nicht die, an denen ihr weniger lag. Infolgedessen widerfuhr es ihr, daß sie entweder für gut hielt, was nicht gut war, oder daß sie Dinge als Mittel nahm, die eher das Gegenteil des Gewollten bewirkten, oder daß sie andere für erlaubt hielt, die es ganz und gar nicht waren, was sie in der etwas verschwommenen Annahme tat, daß jemand, der mehr als seine Pflicht tut, auch mehr als das tun dürfe, was sein Recht ist. Es widerfuhr ihr, daß sie in einer Sache nicht das sah, was in ihr wirklich war, oder daß sie in ihr etwas sah, was nicht in ihr war. Es widerfuhr ihr noch vieles mehr, was allen widerfahren kann und widerfährt, auch den besten; aber Donna Prassede widerfuhr es zu oft und nicht selten alles auf einmal.

Als sie von Lucias ungewöhnlichem Fall hörte und erfuhr, was bei der Gelegenheit alles über das Mädchen gesagt wurde, kam ihr die Lust, sie zu sehen, und so schickte sie eine Kutsche mit einem alten Diener, um Mutter und Tochter zu holen. Diese zuckte die Achseln und bat den Schneider, der die Einladung überbracht hatte, sie irgendwie zu entschuldigen. Solange es sich um einfache Leute handelte, die das Wundermädchen kennenlernen wollten, hatte der Schneider ihr einen solchen Dienst gern erwiesen, aber in diesem Fall kam ihm die Absage wie eine Art Rebellion vor. Er erhob viele Einwände und tat viele Ausrufe und redete heftig auf sie ein: So könne man sich nicht benehmen, das sei ein vornehmes Haus, den Herrschaften sage man nicht nein, die Sache könne ihr Glück sein, und im übrigen sei diese Donna Prassede auch eine Heilige. Kurzum, er brachte so viele Gründe vor, daß Lucia schließlich nachgeben mußte, zumal Agnese all diese Gründe mit ebenso vielen »sicher, sicher« bekräftigte.

Als sie bei der Dame eintrafen, wurden sie sehr freundlich und mit vielen Glückwünschen empfangen. Donna Prassede stellte ihnen Fragen und gab ihnen Ratschläge, alles mit einer gewissen fast angeborenen Überlegenheit, die jedoch durch so viele bescheidene Redewendungen korrigiert, durch so viel Zuvorkommenheit gemildert und durch so viel Spiritualität gewürzt wurde, daß Agnese fast sofort und Lucia wenig später anfingen, sich von dem niederdrückenden Respekt befreit zu fühlen, den ihnen diese vornehme Erscheinung zu Anfang eingeflößt hatte. Ja, sie fühlten sich sogar ein wenig zu ihr hingezogen. Und um es kurz zu machen:

Als Donna Prassede hörte, daß der Kardinal es auf sich genommen hatte, für Lucia eine Zufluchtsstätte zu suchen, erbot sie sich, getrieben von dem Wunsch, die gute Absicht zu fördern und ihr gleichzeitig zuvorzukommen, das Mädchen in ihr Haus zu nehmen, wo es, ohne einem bestimmten Dienst zugewiesen zu sein, nach Belieben den anderen Frauen bei der Arbeit helfen könnte. Und sie fügte hinzu, daß sie selber dafür sorgen würde, Monsignore zu benachrichtigen.

Außer der evidenten und unmittelbaren Wohltat, die in einem solchem Handeln lag, sah Donna Prassede darin und beabsichtigte sie damit noch etwas anderes, was ihres Erachtens vielleicht noch wichtiger war, nämlich einen Kopf zurechtzurücken und wieder auf den richtigen Weg zu bringen, der das dringend benötigte. Denn seit sie das erste Mal von Lucia reden gehört hatte, war sie sofort überzeugt gewesen, daß bei einem jungen Mädchen, welches sich mit einem Nichtsnutz und Aufrührer, also einem Galgenstrick verlobte, irgend etwas nicht stimmen konnte. Sag mir, mit wem du umgehst, und ich sage dir, wer du bist. Der Anblick Lucias hatte sie dann in dieser Überzeugung bestärkt. Nicht daß sie ihr *im Grunde*, wie man sagt, nicht als ein gutes Mädchen vorgekommen wäre, aber da gab es viel auszusetzen. Dieses gesenkte Köpfchen mit dem in der Halsgrube festgenagelten Kinn, diese Art, keine oder nur knappe, wie erzwungene Antworten zu geben, konnten zwar auf Verschämtheit hindeuten, aber sie verrieten mit Sicherheit großen Eigensinn; es war nicht schwer zu erraten, daß dieses Köpfchen seine eigenen Ideen hatte. Und dieses ständige Erröten, diese unterdrückten Seufzer... Dann auch diese großen Augen, die Donna Prassede überhaupt nicht gefielen... Nein, für sie war es klar, als wüßte sie es aus sicherer Quelle: Alles Unglück Lucias war nur eine Strafe des Himmels für ihre Zuneigung zu jenem Nichtsnutz und eine Mahnung, sich von ihm loszusagen. Und da dies feststand, nahm sie sich vor, nach Kräften zu einem so guten Ende beizutragen. Denn, wie sie oft zu den anderen und zu sich selber sagte, ihr ganzes Trachten war stets darauf gerichtet, dem Willen des Himmels behilflich zu sein; nur daß sie dabei oft den Irrtum beging, ihr Hirn für den Himmel zu halten. Allerdings hütete sie sich, von der zweiten Absicht, die wir genannt haben, auch nur das geringste durchblicken zu lassen. Es war nämlich einer ihrer Grundsätze, daß es, will man den Menschen erfolgreich Gutes tun, in den meisten Fällen das erste ist, sie nicht in den Plan einzuweihen.

Als sie ihren Vorschlag gemacht hatte, sahen Mutter und Tochter einander an. In der schmerzlichen Einsicht, daß sie sich trennen mußten, schien ihnen beiden das Angebot akzeptabel, schon weil die Villa so nahe bei ihrem Dorf lag, daß sie sich im schlimmsten Fall beim nächsten Landaufenthalt der Herrschaften würden wiedersehen können. Als sie jeweils in den Augen der anderen Zustimmung gelesen hatten, wandten sie sich an Donna Prassede und entboten ihr jenen Dank, mit dem man ein Angebot annimmt. Die Dame wiederholte ihre Liebenswürdigkeiten, erneuerte ihre Versprechen und sagte, sie würden alsbald einen Brief erhalten, den sie dem Kardinal vorlegen sollten.

Nachdem die beiden Frauen gegangen waren, ließ sie sich den Brief von Don Ferrante aufsetzen, der nämlich, wie wir noch genauer ausführen werden, ein Gelehrter war, weshalb sie sich seiner bei wichtigen Angelegenheiten als Sekretär bediente. Da es sich um eine wichtige Angelegenheit handelte, legte Don Ferrante sein ganzes Wissen hinein, und als er den Entwurf seiner Gattin zum Abschreiben übergab, empfahl er ihr mit besonderer Wärme, auf die Orthographie zu achten, die eines der vielen Dinge war, die er studiert, und eines der wenigen, über die er im Hause das Sagen hatte. Donna

Prassede schrieb den Brief auf das sorgfältigste ab und expedierte ihn zum Hause des Schneiders. Dies alles geschah zwei oder drei Tage, bevor der Kardinal die Sänfte schickte, um die beiden Frauen in ihr Dorf zurückholen zu lassen.

Als diese dort angelangt waren, stiegen sie beim Pfarrhaus, wo sich der Kardinal befand, aus der Sänfte. Er hatte angeordnet, sie sofort hereinzuführen. Der Kaplan, der sie als erster sah, führte sie ins Haus und hielt sie nur so lange auf, wie nötig war, um ihnen in aller Eile einige Anweisungen über das richtige Benehmen gegenüber Monsignore und die ihm gebührenden Titel zu geben. Das tat er jedesmal, wenn er es konnte, ohne daß der Kardinal es bemerkte. Für den armen Mann war es eine ständige Qual, mit ansehen zu müssen, wie wenig Ordnung diesbezüglich in der Umgebung des Kardinals herrschte. »Alles wegen der übergroßen Güte dieses gesegneten Mannes«, pflegte er im Kreise der übrigen Angehörigen seines Gefolges zu sagen, »wegen seiner zu großen Leutseligkeit.« Und er erzählte, einmal habe er sogar mit eigenen Ohren gehört, wie jemand doch tatsächlich Seiner Durchlaucht einfach mit »Ja, Hochwürden« und »Nein, Hochwürden« geantwortet habe.

Der Kardinal besprach mit Don Abbondio gerade Angelegenheiten der Pfarrei, so daß dieser keine Gelegenheit fand, den Frauen auch seinerseits, wie er es gern getan hätte, einige Anweisungen zu geben. Er konnte ihnen nur beim Hinausgehen, als sie einander in der Tür begegneten, zuzwinkern, um ihnen zu bedeuten, daß er mit ihnen zufrieden war und daß sie weiter brav schweigen sollten.

Nach den ersten Willkommensgrüßen einerseits und Verbeugungen andererseits zog Agnese den Brief aus dem Busen und überreichte ihn dem Kardinal mit den Worten: »Von der Signora Donna Prassede, die sagt, daß sie Euer Durchlaucht Monsignore gut kennt – wie sich natürlich die hohen Herrschaften alle untereinander kennen. Wenn Ihr das gelesen habt, werdet Ihr schon verstehen.«

»Gut«, sagte Federigo, als er gelesen und den Sinn aus Don Ferrantes stilistischen Blüten gesogen hatte. Er kannte die Familie gut genug, um sicher zu sein, daß Lucia in bester Absicht eingeladen worden war und daß sie dort vor den Nachstellungen und der Gewalttätigkeit ihres Verfolgers in Sicherheit sein würde. Was er von Donna Prassedes Kopf hielt, ist uns nicht bekannt. Vermutlich war sie nicht die Person, die er sich für einen solchen Zweck ausgesucht hätte, doch wie wir schon an anderer Stelle gesagt oder zu verstehen gegeben haben, war es nicht seine Art, sich besserwisserisch in die Angelegenheiten anderer Leute einzumischen.

»Nehmt auch diese Trennung und die Ungewißheit, in der ihr euch befindet, aus Gottes Hand«, fügte er hinzu. »Vertraut darauf, daß es bald vorüber sein wird und daß der Herr die Dinge zu jenem Ende führen will, das Er ihnen, wie es scheint, zugedacht hat. Aber seid gewiß, daß Er das Beste für euch will.« Er gab besonders Lucia noch ein paar liebevolle Ermahnungen, sprach den beiden weiteren Trost zu, erteilte ihnen sodann den Segen und entließ sie. Kaum waren sie draußen, fanden sie sich umringt von einer Schar von Freunden und Freundinnen, ja man kann sagen, von der ganzen Dorfgemeinde, die sie erwartet hatte und nun wie im Triumphzug nach Hause begleitete. Es war geradezu ein Wettstreit unter all jenen Frauen, die beiden abwechselnd zu beglückwünschen, zu bedauern und auszufragen, und alle brachen in enttäuschte Rufe aus, als sie hörten, daß Lucia am nächsten Tag fortgehen werde. Die Männer überboten sich darin, ihnen ihre Dienste anzubieten: Jeder wollte in dieser Nacht vor ihrem Hause Wache halten. Unser Anonymus hat es für gut befunden, über diesen Umstand ein Sprichwort zu prägen: Die meisten Helfer findet man, wenn man keine mehr braucht.

Der überschwengliche Empfang verwirrte und betäubte Lucia. Agnese ließ sich davon nicht so leicht aus der Ruhe bringen, aber im Grunde tat er auch Lucia wohl, denn er lenkte sie ein wenig von den Gedanken und Erinnerungen ab, die sich auch mitten in all diesem Lärm auf der Schwelle jener vertrauten Haustür, in jenen Stuben und beim Anblick eines jeden Gegenstands in ihr regten.

Dann läutete die Glocke, um den baldigen Anfang des Gottesdienstes zu verkünden, und alle begaben sich zur Kirche, was für unsere Frauen ein weiterer Triumphzug war.

Nach dem Gottesdienst wurde Don Abbondio, der rasch ins Pfarrhaus hinübergelaufen war, um zu sehen, ob Perpetua alles fürs Essen gerichtet hatte, zum Kardinal gerufen. Er ging sogleich zu dem hohen Gast, der wartete, bis er nähergetreten war, und dann mit den Worten »Herr Pfarrer« begann, wobei er diese Worte in einem Ton sprach, aus dem klar hervorging, daß sie den Anfang einer langen und ernsten Rede darstellten: »Herr Pfarrer, warum habt Ihr diese arme Lucia und ihren Verlobten nicht im Bunde der Ehe vereint?«

›Dann haben die also vorhin doch geschwatzt!‹ dachte Don Abbondio und antwortete stammelnd: »Euer Durchlaucht werden sicher von den Verwirrungen gehört haben, zu denen es in dieser Sache gekommen ist. Es war ein solches Durcheinander, daß man nicht einmal heute ganz klar sieht. Was Euer Durchlaucht ja auch daraus folgern können, daß die junge Frau nach so vielen Zwischenfällen jetzt wie durch ein Wunder hier ist, während man von dem jungen Mann nach anderen Vorfällen nicht weiß, wo er steckt.«

»Ich frage«, begann der Kardinal von neuem, »ob es

wahr ist, daß Ihr Euch *vor* allen diesen Fällen geweigert habt, die Trauung zu vollziehen, als Ihr an dem vereinbarten Tag darum gebeten worden wart, und warum.«

»Wahrhaftig... wenn Euer Durchlaucht wüßten... was für Drohungen ich erhalten habe... was für schreckliche Befehle, nichts zu sagen...« Er brach ab und verharrte in einer Haltung, die respektvoll zu verstehen geben sollte, daß es indiskret wäre, mehr wissen zu wollen.

»Aber«, sagte der Kardinal mit ungewöhnlich strenger Stimme und Miene, »es ist Euer Bischof, der seiner Pflicht gemäß und zu Eurer Rechtfertigung von Euch wissen will, warum Ihr nicht getan habt, was nach dem normalen Gang der Dinge Eures Amtes gewesen wäre.«

»Monsignore«, sagte Don Abbondio und machte sich ganz ganz klein, »damit habe ich nicht sagen wollen... Aber es ist mir so vorgekommen, daß... weil es sich um so verwickelte Dinge handelt, so alte und heillos verwickelte Dinge... daß es unnütz wäre, sie wieder aufzurühren... Freilich, freilich, ich meine... ich weiß, daß Euer Durchlaucht nicht einen armen Pfarrer, der Euch unterstellt ist, ausliefern wollen. Aber seht, Monsignore, Euer Durchlaucht können nicht überall sein, und ich bleibe hier exponiert... Freilich, wenn Ihr es mir befehlt, werde ich alles sagen.«

»Sprecht. Ich wünsche mir nichts anderes, als Euch schuldlos zu finden.«

Da begann Don Abbondio die leidige Geschichte zu erzählen, wobei er jedoch den wichtigsten Namen verschwieg und lediglich »ein großer Herr« sagte, um der Vorsicht soviel Tribut zu zollen, wie es in einer solchen Klemme nur möglich war.

»Und Ihr habt keinen anderen Beweggrund gehabt?« fragte der Kardinal, als Don Abbondio fertig war.

»Vielleicht habe ich mich noch nicht klar genug ausgedrückt«, antwortete dieser. »Man hat mir bei Strafe des Todes untersagt, diese Trauung zu vollziehen.«

»Und das scheint Euch ein hinreichender Grund, um eine klar definierte Pflicht unerfüllt zu lassen?«

»Ich habe immer versucht, meine Pflicht zu erfüllen, auch wenn es mir große Beschwerden gemacht hat, aber wenn es um das Leben geht...«

»Und als Ihr in den Dienst der Kirche tratet«, sagte Federigo in noch strengerem Ton, »um dieses Amt auf Euch zu nehmen, hat sie Euch da die Sicherheit Eures Lebens verbürgt? Hat sie Euch etwa gesagt, die mit diesem Amt verbundenen Pflichten seien frei von Hindernissen, immun gegen jede Gefahr? Hat sie Euch etwa gesagt, wo die Gefahr beginnt, da *ende* die Pflicht? Oder hat sie Euch nicht ausdrücklich das Gegenteil gesagt? Hat sie Euch nicht gewarnt, daß sie Euch wie ein Lamm unter die Wölfe schicken werde? Wußtet Ihr nicht, daß es Gewalttäter gibt, denen mißfallen könnte, was Euch aufgetragen sein würde? Hat Er, dessen Lehre und Beispiel wir haben, in dessen Nachfolge wir uns Hirten nennen und nennen lassen, hat Er, bevor Er zur Erde herniederstieg, um dieses Amt auszuüben, etwa zur Bedingung gemacht, daß sein Leben *sicher* sein müsse? Und um das Eure zu sichern – will sagen, um es Euch auf Kosten der Nächstenliebe und der Pflicht ein paar Tage länger auf dieser Erde zu erhalten –, bedurfte es dazu der heiligen Salbung, der Handauflegung und der Gnade des Priestertums? Um solche Tugend zu verleihen und solche Lehre zu verkünden, genügt die Welt. Ach, was sage ich? Welche Schande: Sogar die Welt verschmäht sie! Auch die Welt gibt sich ihre Gesetze, die das Böse wie das Gute vorschreiben, auch sie hat ihr Evangelium, ein Evangelium der Hoffart und des Hasses, und sie will nicht, daß man sagt, die Liebe zum Leben sei ein Grund, ihre Gebote zu übertreten. Sie will es nicht, und sie findet Gehorsam. Und wir? Wir Kinder und Boten der Verheißung? Was wäre die Kirche, wenn alle Eure Amtsbrüder solch eine Sprache führten wie

Ihr? Wo wäre die Kirche, wenn sie mit solchen Lehren in die Welt getreten wäre?«

Don Abbondio ließ den Kopf hängen. Ihm war bei diesen Argumenten zumute wie einem Hühnchen in den Klauen eines Falken, der es in eine unbekannte Region emporträgt, in eine Luft, die es noch nie geatmet hat. Da er jedoch einsah, daß er irgend etwas antworten mußte, sagte er mit einer etwas gezwungen klingenden Unterwürfigkeit: »Erlauchter Monsignore, ich habe wohl unrecht. Wenn das Leben nicht zählt, dann weiß ich nicht, was ich sagen soll. Aber wenn man es mit gewissen Leuten zu tun hat, mit Leuten, die Macht besitzen und keine Vernunftgründe hören wollen, dann weiß ich nicht, was damit zu gewinnen ist, wenn man den Tapferen spielt. Der Betreffende ist ein Herr, bei dem es weder Hoffnung auf Sieg noch auf eine friedliche Regelung gibt.«

»Wißt Ihr nicht, daß gerade das Leiden für die Gerechtigkeit unser Sieg ist? Was predigt Ihr, wenn Ihr das nicht wißt? Welche Lehre verkündet Ihr? Was ist die *Frohe Botschaft*, die Ihr den Armen bringt? Wer verlangt von Euch, daß Ihr die Stärke mit Stärke besiegt? Gewiß wird man Euch nicht dereinst fragen, ob Ihr es verstanden habt, die Mächtigen in die Pflicht zu nehmen, denn dazu wurde Euch weder der Auftrag noch das Mittel gegeben. Wohl aber wird man Euch fragen, ob Ihr die Mittel angewandt habt, die in Eurer Hand lagen, um zu tun, was Eures Amtes war, auch wenn andere sich erdreisteten, es Euch zu verbieten.«

›Diese Heiligen sind schon auch kurios‹, dachte unterdessen Don Abbondio. ›Im Grunde, wenn man's auf den Punkt bringt, liegt ihm an der Liebschaft zweier junger Leute mehr als am Leben eines armen Priesters!‹ Was ihn betraf, hätte er nichts dagegen gehabt, wenn das Gespräch hier zu Ende gewesen wäre. Doch er sah, daß der Kardinal in jeder Pause verharrte wie einer, der eine Antwort, ein Geständnis, eine Entschuldigung, irgendeine Reaktion erwartet.

»Ich sage noch einmal, Monsignore«, antwortete er darum, »daß ich wohl unrecht haben werde... Aber Mut kann man sich nun einmal nicht selber verleihen.«

»Und warum, könnte ich Euch fragen, warum habt Ihr Euch dann zu einem Amt verpflichtet, das Euch auferlegt, gegen die Leidenschaften der Welt anzukämpfen? Aber wie, werde ich Euch lieber fragen, wie konntet Ihr vergessen, daß, wenn Ihr in Eurem Amt, wie immer Ihr dazu gekommen seid, Mut braucht, um Eure Verpflichtungen zu erfüllen, daß es dann EINEN gibt, der Euch diesen Mut unfehlbar verleihen wird, wenn Ihr IHN darum bittet? Glaubt Ihr, all die Millionen Märtyrer hätten von Natur aus Mut gehabt? Sie hätten von Natur aus nichts auf das Leben gegeben? So viele Jünglinge, die gerade erst anfingen, es zu genießen, so viele Greise, die gewohnt waren zu klagen, daß es bald zu Ende sein würde, so viele Mädchen, so viele Gattinnen, so viele Mütter? Alle haben sie Mut gehabt, weil sie ihn brauchten und darauf vertrauten. Habt Ihr in Kenntnis Eurer Schwäche und Eurer Pflichten daran gedacht, Euch auf die schwierigen Lagen vorzubereiten, in die Ihr geraten könntet, in die Ihr tatsächlich geraten seid? Ah, wenn Ihr in all den Jahren Eures Hirtenamtes Eure Schäfchen geliebt habt – und wie solltet Ihr nicht? –, wenn Ihr Euer Herz in sie gelegt, Eure Sorge auf sie verwandt und Eure Freude an ihnen gehabt habt, dann durfte Euch auch der Mut nicht fehlen, wenn Ihr ihn brauchtet, denn Liebe ist unerschrocken. Nun also, wenn Ihr sie geliebt habt, sie, die Eurer geistlichen Obhut anvertraut sind, sie, die Ihr Eure Kinder nennt, und wenn Ihr zwei von ihnen zugleich mit Euch selbst bedroht saht – ah, gewiß! so wie Euch die Schwäche des Fleisches um Euch selbst zittern ließ, so wird Euch die Liebe zu ihnen um sie zittern lassen haben. Ihr werdet

Euch über jene erste Furcht geschämt haben, denn sie war ein Ausdruck Eurer Armseligkeit. Ihr werdet um die Kraft gefleht haben, sie zu überwinden, sie zu verscheuchen, denn sie war eine Versuchung. Aber die edle und heilige Furcht für die anderen, für Eure Kinder, der werdet Ihr Gehör geschenkt haben, die wird Euch keine Ruhe gelassen haben, die wird Euch angetrieben und gezwungen haben, nachzudenken und alles nur irgend Mögliche zu tun, um der Gefahr zu wehren, in der sie schwebten... Wozu hat Euch die Furcht, wozu hat Euch die Liebe angeregt? Was habt Ihr für die beiden getan? Was habt Ihr Euch gedacht?«

Er schwieg und verharrte erwartungsvoll.

Kapitel 26

Auf eine solche Frage blieb Don Abbondio, der sich doch auf minder präzise Fragen stets eine Antwort hatte einfallen lassen, vollkommen sprachlos. Und um die Wahrheit zu sagen, auch wir, die wir mit dieser Handschrift vor uns und einer Feder in der Hand nur mit den Sätzen zu ringen haben und nichts anderes als die Kritik unserer Leser zu fürchten brauchen, auch wir verspüren ein gewisses Unbehagen. Wir finden es irgendwie eigenartig, wenn einer so mühelos so viele schöne Gebote der Standhaftigkeit und der Nächstenliebe, der tätigen Sorge für die anderen und der unbegrenzten Selbstaufopferung ins Feld führt. Doch wenn wir bedenken, daß all diese Dinge von jemandem gesagt und gefordert wurden, der sie ja auch selber tat, wollen wir unverdrossen fortfahren.

»Ihr habt nichts zu sagen?« hob der Kardinal wieder an. »Ah, wenn Ihr von Euch aus getan hättet, was Nächstenliebe und Pflicht verlangten, so wäret Ihr, wie immer es danach weitergegangen sein mag, jetzt nicht um eine Antwort verlegen. Seht also selbst, was Ihr getan habt. Ihr habt der Gottlosigkeit gehorcht, ohne Euch um Eure Pflicht zu kümmern. Ihr habt der Gottlosigkeit aufs Wort gehorcht: Sie ist vor Euch hingetreten, um Euch ihren Willen kundzutun, aber sie wollte vor denen verborgen bleiben, die sich vor ihr hätten schützen und auf der Hut sein können. Sie wollte kein Aufsehen erregen, sie wollte heimlich vorgehen, um ihre Pläne der Hinterlist und Gewalt in aller Gemächlichkeit reifen zu lassen. Sie hat Euch befohlen, Eure Pflicht zu verletzen und zu schweigen, und ihr habt Eure Pflicht verletzt und geschwiegen. Jetzt frage ich Euch, ob Ihr nicht sogar noch mehr getan habt. Sagt mir, ob es wahr ist, daß Ihr nach Vorwänden gesucht habt, um den wahren Grund Eurer Weigerung nicht zu enthüllen.« Er schwieg und verharrte von neuem voller Erwartung.

›Auch das haben ihm diese Klatschbasen also erzählt‹, dachte Don Abbondio, aber da er kein Zeichen von sich gab, daß er etwas sagen wollte, fuhr der Kardinal fort: »Wenn es wahr ist, daß Ihr diesen armen Leuten etwas vorgelogen habt, um sie in Unkenntnis zu lassen, in jener Unklarheit, in welcher die Gottlosigkeit sie haben wollte... Dann muß ich es also glauben, dann bleibt mir nichts anderes übrig, als mich mit Euch zu schämen und zu hoffen, daß Ihr mit mir darüber weinen werdet. Seht nur, wohin sie Euch gebracht hat, diese Sorge um Euer Leben, das ja doch einmal enden muß (großer Gott! und eben noch habt Ihr sie als Entschuldigung angeführt!). Sie hat euch dazu gebracht... weist meine Worte nur freimütig zurück, wenn sie Euch ungerecht vorkommen, oder nehmt sie als heilsame Demütigung, wenn sie berechtigt sind... sie hat Euch dazu gebracht, die Schwachen zu hintergehen und Eure Kinder zu belügen.«

›Da sieht man, wie's geht‹, sagte sich Don Abbondio. ›Diesem großen Satan‹ – er meinte den Ungenannten – ›fällt er um den Hals, und bei mir macht er wegen einer kleinen Notlüge, die ich einzig und allein gesagt habe, um mein Leben zu retten, so ein Theater! Aber so sind die Oberen, sie haben immer recht. Es ist wohl mein Los, daß alle über mich herfallen, auch die Heiligen!‹ Und laut sagte er: »Ich habe gefehlt, ich sehe es ein. Ich habe gefehlt, aber was hätte ich denn tun sollen in einer solchen Bedrängnis?«

»Das fragt Ihr noch? Habe ich Euch das nicht gesagt? Muß ich Euch das erst noch sagen? Lieben, mein Sohn, lieben und beten! Dann hättet Ihr gespürt, daß die Gottlosigkeit zwar Drohungen ausstoßen und Schläge versetzen, aber keine Befehle erteilen kann. Dann hättet Ihr nach Gottes Gesetz zusammengefügt, was der Mensch trennen wollte, dann hättet Ihr diesen armen Unschuldigen den Dienst erwiesen, den von Euch zu verlangen sie das Recht hatten. Und für die Folgen wäre Gott aufgekommen, denn Ihr wäret auf seinen Wegen gewandelt. Da Ihr jedoch andere Wege gegangen seid, habt Ihr die Folgen – und was für Folgen! – nun selbst zu tragen. Hätte es Euch denn wirklich an jeder menschlichen Hilfe gefehlt? Gab es keinen Ausweg, der Euch offenstand, wenn Ihr nur hättet Ausschau halten, nachdenken, suchen wollen? Jetzt könnt Ihr wissen, daß Eure armen Schutzbefohlenen, wenn sie verheiratet gewesen wären, selbst an ihre Rettung gedacht hätten: Sie waren bereit, vor dem Mächtigen zu fliehen, sie hatten schon eine Zufluchtsstätte ins Auge gefaßt. Aber selbst wenn dem nicht so gewesen wäre – ist Euch nie in den Sinn gekommen, daß Ihr ja schließlich noch einen Oberen hattet? Und wie sollte der die Autorität haben, Euch für die Vernachlässigung Eures Amtes zu tadeln, wenn er nicht auch die Pflicht hätte, Euch bei dessen Ausübung zu helfen? Warum habt Ihr nicht daran gedacht, Euren Bischof darüber zu informieren, daß eine infame Gewalt Euch hindern wollte, Eures Amtes zu walten?«

›Perpetuas Ratschläge!‹ dachte Don Abbondio ärgerlich, denn was ihm mitten in diesem Gespräch am lebhaftesten vor Augen stand, war das Bild jener beiden Bravi und der Gedanke, daß Don Rodrigo lebendig und wohlbehalten war und eines Tages glorreich, triumphierend und wütend zurückkehren würde. Und obwohl die Gegenwart des hohen Würdenträgers, sein Anblick und seine Sprache ihn in Verwirrung stürzten und auch mit einer gewissen Furcht erfüllten, war diese Furcht doch nicht so groß, daß sie ihn völlig übermannte und jeden Gedanken an Widerspruch in ihm erstickte; enthielt dieser Gedanke doch auch die Gewißheit, daß der Kardinal schließlich weder Büchse noch Degen, noch Bravi einsetzen würde.

»Wie konntet Ihr nicht daran denken«, fuhr dieser fort, »daß, wenn sich für diese Unschuldigen keine andere Zuflucht fand, auch ich ja noch da war, um sie aufzunehmen und in Sicherheit zu bringen, wenn Ihr sie an mich verwiesen hättet, wie man Hilflose an einen Bischof verweist, zu dem sie gehören als ein kostbarer Teil, ich meine nicht seines Amtes, sondern seines Vermögens? Und was Euch angeht, ich hätte mir um Euch Sorgen gemacht, ich hätte nicht schlafen können, solange ich nicht sicher gewesen wäre, daß Euch kein Haar gekrümmt wird. Glaubt Ihr nicht, daß ich Mittel und Wege gefunden hätte, Euer Leben in Sicherheit zu bringen? Und jener Mann, der so verwegen war, glaubt Ihr nicht, daß ihm die Verwegenheit rasch vergangen wäre, wenn er gewußt hätte, daß seine Intrigen höheren Ortes verfolgt wurden, daß sie von mir beobachtet wurden, der ich wachsam und entschlossen war, alle mir zur Verfügung stehenden Mittel zu Eurem Schutz einzusetzen? Wußtet Ihr nicht, daß der Mensch, so wie er viel zu oft mehr verspricht, als er halten kann, nicht selten auch mehr androht, als er wirklich zu tun wagt? Wußtet Ihr nicht, daß Gottlosigkeit nicht allein auf ihrer Stärke beruht, sondern immer auch auf der Leichtgläubigkeit und dem Erschrecken der anderen?«

›Genau Perpetuas Argumente!‹ dachte Don Abbondio auch hier, ohne zu bedenken, daß diese Übereinstimmung seiner Haushälterin mit Federigo Borromeo über das, was man hätte tun können und müssen, sehr gegen ihn selber sprach.

»Ihr aber«, schloß der Kardinal, »Ihr habt nichts anderes gesehen und *wolltet* nichts anderes sehen als Eure weltliche Gefährdung. Was wunder, wenn sie Euch dann so groß vorgekommen ist, daß Ihr alles andere darüber vergessen habt!«

»Der Grund ist eben, ich habe diese Visagen gesehen«, entfuhr es Don Abbondio, »und ich habe diese Worte gehört! Euer Durchlaucht hat gut reden, aber Ihr müßtet einmal in der Haut eines armen Priesters stekken und dann in so eine Lage geraten.«

Kaum hatte er diese Worte ausgesprochen, biß er sich auf die Lippen. Er merkte, daß er sich von seinem Ärger hatte hinreißen lassen, und sagte sich: ›Jetzt wird's hageln!‹ Doch als er zögernd den Blick hob, sah er voller Verwunderung, wie der Gesichtsausdruck jenes Mannes, den er niemals würde enträtseln und niemals begreifen können, gerade dabei war, von seiner hoheitsvoll tadelnden Strenge zu einem zerknirschten und nachdenklichen Ernst überzugehen.

»Wie wahr!« sagte Federigo. »Das ist in der Tat unser ganzes Elend. Wir müssen von den anderen streng etwas fordern, von dem nur Gott weiß, ob wir es selber zu tun bereit wären; wir müssen urteilen, korrigieren, tadeln, und nur Gott weiß, was wir im gleichen Fall täten und in ähnlichen Fällen getan haben. Aber wehe, wenn ich meine Schwäche als Maß für die Pflichten anderer nähme oder als Richtschnur für meine Lehre! Und doch ist es unbestreitbar, daß ich den anderen zugleich mit der Lehre auch ein Beispiel geben muß und mich nicht wie die Schriftgelehrten und Pharisäer verhalten darf, die den anderen unerträgliche Lasten aufbürden, für die sie selbst keinen Finger rühren würden. Nun denn, mein Sohn und Bruder, da die Fehler der Vorgesetzten ja oft den anderen bekannter sind als ihnen selbst: Wenn Ihr wißt, daß ich aus Kleinmütigkeit oder irgendwelchen Rücksichtnahmen eine Pflicht vernachlässigt habe, so sagt es mir offen, haltet es mir vor Augen, damit ich, wo das Beispiel gefehlt hat, wenigstens das Bekenntnis nachtrage. Werft mir freimütig meine Schwächen vor, dann werden die Worte in meinem Munde mehr Geltung gewinnen, denn Ihr werdet lebendiger fühlen, daß es nicht *meine* Worte sind, sondern die Worte DESSEN, der Euch und mir die nötige Kraft geben kann, zu tun, was sie uns gebieten.«

›Oh, was für ein heiliger Mann! Und was für ein Quälgeist!‹ dachte Don Abbondio. ›Auch sich selbst läßt er keine Ruhe, wenn er nur wühlen, aufrühren, kritisieren, Untersuchungen anstellen kann, auch bei sich selbst.‹ Laut aber sagte er: »Ah, Monsignore, Ihr macht wohl Scherze? Jedermann kennt Eurer Durchlaucht Mut und unerschrockenen Eifer!« Und im stillen fügte er hinzu: ›Nur allzugut!‹

»Ich habe von Euch kein Lob verlangt, das mich nur zittern macht«, sagte Federigo. »Denn Gott kennt meine Verfehlungen, und das, was auch ich davon kenne, genügt, um mich zu beschämen. Aber ich hätte mir gewünscht und wünschte mir noch, daß wir uns in gemeinsamer Scham und Demut vor IHM beugen, um gemeinsam auf IHN zu vertrauen. Ich wünschte mir um Euretwillen, daß Ihr einsähet, wie sehr Euer Verhalten und Eure Sprache dem Gesetz zuwiderlaufen, das Ihr selber predigt und nach dem Ihr dereinst gerichtet werdet.«

»Alles fällt über mich her«, sagte Don Abbondio. »Aber diese Leute, die Euch das hinterbracht haben, haben die Euch nicht auch gesagt, daß sie selber auf heimtückische Weise in mein Haus eingedrungen sind, um mich zu überrumpeln und eine regelwidrige Trauung zu erzwingen?«

»Sie haben es mir gesagt, mein Sohn, aber es betrübt und erschreckt mich, daß Ihr noch immer versucht, euch zu entschuldigen, und daß Ihr Euch zu entschuldigen sucht, indem Ihr andere anklagt, und daß Ihr als Stoff der Anklage nehmt, was Teil Eurer Beichte sein müßte. Wer hat diese Leute denn, ich sage nicht, in die Notwendigkeit, aber in die Versuchung gebracht, zu tun, was sie getan haben? Hätten sie jenen regelwidrigen

Weg beschritten, wenn ihnen der rechtmäßige nicht verschlossen gewesen wäre? Hätten sie daran gedacht, den Hirten zu überlisten, wenn er sie in die Arme genommen, ihnen geholfen, mit Rat und Tat beigestanden hätte? Wären sie darauf verfallen, ihn zu überrumpeln, wenn er sich nicht vor ihnen versteckt hätte? Und nun wollt Ihr ihnen die Schuld geben? Und entrüstet Euch darüber, daß sie sich nach allem Unglück, was sage ich, mitten im Unglück ein wenig Erleichterung bei ihrem und Eurem Oberhirten verschafft haben? Mag der Hilferuf des Unterdrückten, mag die Klage des Betrübten der Welt verhaßt sein, die Welt ist nun einmal so beschaffen – aber wir?! Und was hätte es Euch denn genutzt, wenn sie geschwiegen hätten? Wäre es zu Eurem Vorteil gewesen, wenn ihre Sache zur Gänze vor Gottes Gericht kommen würde? Ist es für Euch nicht ein weiterer Grund, diese Leute zu lieben (nach all den anderen Gründen, die Ihr schon habt), daß sie Euch Gelegenheit gaben, die aufrichtige Stimme Eures Bischofs zu hören, und daß sie Euch eine Möglichkeit boten, die große Schuld, in der Ihr bei ihnen steht, besser zu erkennen und ein wenig abzutragen? Ah, selbst wenn sie Euch provoziert, beleidigt oder gefoltert hätten, würde ich Euch sagen (und *müßte* ich Euch das sagen?), daß Ihr sie gerade darum lieben sollt. Liebt sie, weil sie gelitten haben, weil sie immer noch leiden, weil sie die Euren sind, weil sie schwach sind, weil Ihr der Vergebung bedürft, und bedenkt, wie sehr ihre Fürbitte Euch helfen kann, sie zu erlangen!«

Don Abbondio schwieg, aber es war nicht mehr das ungeduldige und forcierte Schweigen, das er bisher geübt hatte, er schwieg jetzt wie einer, der mehr zu denken als zu sagen hat. Was er gehört hatte, waren unerwartete Konsequenzen und neue Nutzanwendungen einer ihm jedoch altvertrauten Lehre, die er nie bestritten hatte. Das Leiden der anderen, das zu beachten ihn seine

Angst vor dem eigenen Leiden stets gehindert hatte, beeindruckte ihn auf eine neue Weise. Und wenn er auch nicht die ganze Reue fühlte, die Federigos Predigt in ihm erzeugen sollte (denn die besagte Angst war immer noch da und stand bereit, ihn zu verteidigen), spürte er doch einen Teil davon: Er empfand einen gewissen Widerwillen gegen sich selbst, ein Mitgefühl für die anderen, ein Gemisch aus Zärtlichkeit und Beschämung. Er war – wenn uns dieser Vergleich gestattet ist – wie der feuchte und verbogene Docht einer Kerze, der, an die Flamme einer großen Fackel gehalten, zuerst nur raucht und zischt und knistert und nichts von ihr wissen will, aber endlich doch Feuer fängt und wohl oder übel brennt. Er hätte sich offen angeklagt und sogar geweint, wäre nicht der Gedanke an Don Rodrigo gewesen... Immerhin zeigte er sich hinlänglich aufgewühlt, um den Kardinal spüren zu lassen, daß seine Worte nicht ohne Wirkung geblieben waren.

»Jetzt«, fuhr dieser fort, »da der eine aus seinem Dorf geflohen ist und die andere sich anschickt, es zu verlassen, da beide Grund genug haben, ihm fernzubleiben – ohne die Wahrscheinlichkeit, je wieder hier zusammenzukommen, und froh, wenn Gott sie anderswo wieder vereint –, jetzt brauchen die beiden Euch leider nicht, jetzt habt Ihr leider keine Gelegenheit, ihnen Gutes zu tun, und auch in der Zukunft vermag unsere kurze Voraussicht keine Gelegenheit zu entdecken. Aber wer weiß, ob der barmherzige Gott Euch nicht schon eine bereitet? Ach, laßt sie Euch nicht entgehen! Suchet sie, haltet Ausschau nach ihr, betet zu Ihm, daß er sie Euch gewähren möge!«

»Ich werde sie nicht versäumen, Monsignore, ich werde sie bestimmt nicht versäumen«, antwortete Don Abbondio in einem Ton, der in diesem Augenblick wirklich von Herzen kam.

»Ach ja, mein Sohn, ja!« rief Federigo aus und schloß

mit von Liebe erfüllter Würde: »Der Himmel weiß, wieviel lieber ich ganz andere Gespräche mit Euch geführt hätte. Wir sind beide nicht mehr jung: Der Himmel weiß, wie schwer es mir gefallen ist, Euer ergrautes Haupt mit Vorwürfen zu überziehen, und wieviel glücklicher ich gewesen wäre, mich zusammen mit Euch über unsere gemeinsamen Sorgen und Nöte zu trösten durch ein Gespräch über die selige Hoffnung, der wir beide schon so nahe gekommen sind. Gebe Gott, daß die Worte, die ich Euch gegenüber gebrauchen mußte, Euch und mir zum Nutzen gereichen. Sorgt dafür, daß ich nicht dereinst zur Rechenschaft gezogen werden muß, weil ich Euch in einem Amt belassen habe, in dem Ihr so unglücklich fehlgetreten seid. Kaufen wir die Zeit aus: Mitternacht ist nahe, der Bräutigam kann nicht mehr fern sein, halten wir unsere Lampen bereit. Bringen wir Gott unsere armseligen leeren Herzen dar, auf daß Er sie fülle mit jener Liebe, die das Vergangene heilt und das Kommende sichert, die in Weisheit fürchtet und vertraut, die weint und sich freut und in jedem Falle die Tugend wird, deren wir bedürfen.«

Nach diesen Worten ging er hinaus, und Don Abbondio folgte ihm.

Unser Anonymus vermerkt hier, daß dies nicht die einzige Aussprache zwischen den beiden gewesen sei und daß es dabei auch nicht immer nur um Lucia gegangen sei, doch er habe sich auf diese eine beschränkt, um sich nicht zu weit vom Hauptgegenstand der Erzählung zu entfernen. Aus dem gleichen Grunde wolle er auch nichts von den anderen bemerkenswerten Dingen erwähnen, die Federigo im Laufe seiner Visite gesagt und getan habe, weder von seiner Freigebigkeit noch von den Zwistigkeiten, die er geschlichtet, den alten Feindschaften zwischen Personen, Familien und ganzen Dörfern, die er beigelegt oder (was leider häufiger war) zumindest gedämpft habe, auch nichts von manch wüstem Bravo oder kleinem Tyrannen, den er bezähmt habe, sei's für den Rest seines Lebens oder doch für einige Zeit, lauter Dinge, zu denen es mehr oder weniger überall in der Diözese gekommen sei, wo jener außergewöhnliche Mann haltgemacht habe.

Sodann berichtet er, daß am folgenden Morgen, wie verabredet, Donna Prassede kam, um Lucia zu holen und dem Kardinal ihre Aufwartung zu machen, der das Mädchen lobte und ihr warm ans Herz legte. Lucia riß sich von ihrer Mutter los, man kann sich denken, unter wieviel Tränen, verließ ihr Häuschen und sagte dem Dorf zum zweiten Male Ade, erfüllt von jener doppelten Traurigkeit, die man empfindet, wenn man einen Ort verläßt, der einem über die Maßen teuer war und es nun nicht mehr sein kann. Der Abschied von der Mutter war jedoch nicht der letzte, denn Donna Prassede hatte gesagt, man werde noch einige Tage in der Villa bleiben, die nicht sehr weit entfernt war, und so versprach Agnese der Tochter, sie dort zu besuchen, um noch schmerzlichere Abschiedsgrüße mit ihr zu tauschen.

Auch der Kardinal war schon im Aufbruch, um seine Rundreise fortzusetzen, als der Pfarrer jener Gemeinde erschien, zu der die Burg des Ungenannten gehörte, und ihn sprechen wollte. Er übergab ihm eine Rolle und einen Brief des Burgherrn, in welchem dieser ihn bat, Lucias Mutter zur Annahme von hundert Goldscudi zu bewegen, die sich in der Rolle befänden und dem Mädchen als Aussteuer oder zu einem anderen ihnen gut dünkenden Zweck dienen sollten. Zugleich bat er den Kardinal, ihnen auszurichten, wann immer sie glaubten, daß er ihnen einen Dienst erweisen könne, wisse das arme Mädchen ja, wo er zu finden sei, und für ihn werde es ein besonderes Glück sein. Der Kardinal ließ sogleich Agnese rufen und richtete ihr die Botschaft aus, die sie mit ebenso großer Freude wie Verwunderung hörte; dann übergab er ihr die Rolle, die sie ohne große

Umstände annahm. »Gott vergelte es diesem Herrn«, sagte sie, »und Euer Durchlaucht bitte ich, ihm meinen herzlichsten Dank zu sagen. Aber bitte, sagt sonst zu niemandem etwas, denn dies hier ist so ein Dorf, wo... Verzeiht, ich weiß schon, daß einer wie Ihr nicht hingeht, um über solche Sachen zu schwatzen, aber... Ihr versteht schon.«

Sie ging in aller Stille nach Hause, schloß sich in ihrer Kammer ein, wickelte die Rolle auf und betrachtete staunend, obwohl sie darauf vorbereitet war, die säuberlich aufgereihten, nun ihr gehörenden Goldstücke, lauter nagelneue Zechinen, von denen sie sonst wohl nie mehr als eine auf einmal gesehen hatte, und auch das nur selten. Sie zählte sie und hatte dann einige Mühe, sie wieder in die Reihe zu bringen und alle zusammenzuhalten, da sie ihr jeden Moment auseinanderfielen und durch die ungeübten Finger rutschten. Als sie die Rolle endlich wieder einigermaßen beisammenhatte, wickelte sie sie in einen Lappen, knotete ihn zu einem Bündel, verschnürte es mit einem Bindfaden und versteckte es in einer Ecke ihres Strohsacks. Den Rest des Tages verbrachte sie mit nichts anderem als Grübeln, Pläneschmieden und sehnlichem Warten auf den nächsten Tag. Abends im Bett lag sie noch eine Zeitlang wach und dachte an die Hundert, die sie unter sich hatte, und als sie endlich eingeschlafen war, erschienen sie ihr im Traum. Bei Tagesanbruch stand sie rasch auf und machte sich sofort auf den Weg zu der Villa, wo sich Lucia befand.

Diese hatte sich mittlerweile entschlossen, obwohl ihre große Abneigung, über das Gelübde zu sprechen, nicht geringer geworden war, sich einen Ruck zu geben und der Mutter bei dieser Begegnung, die für lange Zeit ihre letzte sein sollte, alles zu sagen.

Kaum durften die beiden endlich allein sein, begann Agnese mit aufgeregtem Blick und zugleich mit leiser

Stimme, als ob jemand da wäre, der es nicht hören sollte: »Ich habe dir etwas Wichtiges zu sagen«, und erzählte ihr von dem unverhofften Glück.

»Gott segne diesen gnädigen Herrn«, sagte Lucia. »So wirst du genug für dich haben, um es dir gut gehen zu lassen, und kannst auch noch anderen Gutes tun.«

»Wie?« erwiderte Agnese. »Siehst du nicht, was wir alles machen können mit soviel Geld? Hör zu, ich habe niemanden außer dir, außer euch beiden, kann ich sagen, denn seit Renzo um dich zu werben anfing, habe ich ihn immer wie einen Sohn betrachtet. Wenn ihm nur kein Unglück passiert ist, wo er doch immer noch nichts von sich hat hören lassen. Aber was! Muß denn immer alles schlecht gehen? Hoffen wir, daß es nicht so ist, hoffen wir's! Wenn's nur um mich ginge, hätte ich meine alten Knochen ja gerne in meinem Dorf gelassen, aber jetzt, wo du nicht dort bleiben kannst wegen diesem Schurken, aber auch wenn ich nur daran denke, ihn so in der Nähe zu haben, ist mir mein Dorf verhaßt geworden, und mit euch beiden fühle ich mich überall wohl. Ich war schon vorher bereit, mit euch fortzuziehen, auch bis ans Ende der Welt, ich war es schon immer, aber wie macht man das ohne Geld? Verstehst du jetzt? Die paar Groschen, die der arme Junge beiseite gelegt hatte, die er sich so mühsam vom Munde abgespart hatte, über die ist die Justiz hergefallen und hat alles weggefegt, aber zum Ausgleich hat uns der Herrgott jetzt dieses Glück ins Haus geschickt. Sobald also der gute Junge einen Weg gefunden hat, uns wissen zu lassen, ob er lebt und wo und was er vorhat, werde ich nach Mailand kommen, um dich zu holen, jawohl, ich komme dich holen. Früher wäre mir das ganz abenteuerlich erschienen, aber das Unglück macht uns unbefangen. Bis Monza bin ich schon gekommen, ich weiß, was reisen heißt. Ich nehme mir einen gescheiten Mann als Begleiter mit, einen Verwandten, zum Beispiel den

Alessio aus Maggianico, denn bei uns im Dorf haben wir keinen so recht gescheiten, und mit dem komme ich dann. Die Kosten bestreiten wir schon, und... verstehst du?«

Aber als sie sah, daß Lucia, statt Mut zu fassen, nur immer betrübter wurde und nur eine Zärtlichkeit ohne Freude an den Tag legte, brach sie mittendrin ab und sagte: »Was hast du denn? Meinst du nicht?«

»Ach Mama!« rief Lucia aus, warf ihr die Arme um den Hals und barg ihr Gesicht an ihrem Busen.

»Was ist denn?« fragte Agnese noch einmal bang.

»Ich hätte es dir längst sagen sollen«, antwortete Lucia, während sie aufblickte und ihre Tränen abwischte, »aber ich hatte nie den Mut dazu. Hab Nachsicht mit mir.«

»Nun sag schon, was los ist!«

»Ich kann nicht mehr die Frau dieses armen Jungen werden.«

»Wie? Was?«

Mit gesenktem Kopf und wogendem Busen, unter Tränen, aber ohne zu schluchzen, wie man etwas erzählt, was sich nicht ändern läßt, auch wenn es einem gar nicht gefällt, offenbarte Lucia ihr Gelübde; zugleich bat sie die Mutter mit gefalteten Händen erneut um Vergebung, daß sie nicht eher darüber gesprochen hatte, und bat sie weiter, keiner lebenden Seele etwas davon zu sagen und ihr beizustehen bei der Erfüllung dessen, was sie gelobt hatte.

Agnese war bestürzt und fassungslos. Sie wollte sich über das Schweigen ihr gegenüber entrüsten, aber der Ernst des Falles erstickte ihren persönlichen Unmut. Sie wollte sagen: »Was hast du getan?«, aber es kam ihr so vor, als würde sie mit dem Himmel hadern, um so mehr, als Lucia erneut daranging, jene Nacht in den lebhaftesten Farben zu schildern, die so tiefschwarze Verzweiflung und die so unverhoffte Befreiung, zwischen denen sie das Gelübde so ausdrücklich und feierlich abgelegt hatte. Und dabei fiel Agnese auch die eine oder andere Geschichte ein, die sie hatte erzählen hören oder auch selbst ihrer Tochter erzählt hatte, von ausgefallenen und schrecklichen Strafen für die Verletzung eines Gelübdes. Nachdem sie eine Weile wie erstarrt dagesessen hatte, sagte sie schließlich: »Und was willst du jetzt tun?«

»Jetzt«, antwortete Lucia, »liegt es beim Herrn, für mich zu sorgen, bei Ihm und der Madonna. Ich habe mich in ihre Hände gegeben, sie haben mich bisher nicht im Stich gelassen, sie werden es auch in Zukunft nicht tun... Die einzige Gnade, um die ich den Herrn für mich bitte, die einzige nach dem Seelenheil, ist, daß er mich zu dir zurückkehren läßt. Und er wird sie mir gewähren, jawohl, er wird sie mir gewähren. An jenem Tag... in jener Kutsche... ach, Heiligste Jungfrau!... diese furchtbaren Männer!... Wer hätte damals gedacht, daß sie mich zu dem bringen würden, der mich dann am nächsten Tag wieder mit dir zusammenbringen sollte?«

»Aber daß du damals nicht gleich mit deiner Mutter gesprochen hast!« sagte Agnese mit einer gewissen Gekränktheit, die jedoch durch zärtliche Rührung und Mitleid gemildert wurde.

»Hab Nachsicht mit mir, ich hatte den Mut nicht... Und was hätte es denn auch genützt, dich schon früher zu betrüben?«

»Und Renzo?« sagte Agnese kopfschüttelnd.

»Ah!« rief Lucia aufschluchzend. »Ich darf nicht mehr an ihn denken. Man sieht ja schon, daß es uns nicht beschieden war... Schau, sieht es nicht ganz danach aus, daß Gott uns getrennt haben wollte? Und wer weiß...? Aber nein, nein, er wird ihn vor allen Gefahren bewahrt haben und wird ihn ohne mich sogar noch glücklicher werden lassen.«

»Aber jetzt«, begann die Mutter wieder, »wenn du

dich nicht für immer gebunden hättest und immer vorausgesetzt, daß Renzo nichts zugestoßen ist, hätte ich doch mit diesem Geld ein Heilmittel für alles gefunden.«

»Aber dieses Geld«, versetzte Lucia, »hätten wir doch gar nicht bekommen, wenn ich nicht jene Nacht durchgemacht hätte! Gott hat alles so gewollt. Sein Wille geschehe.« Und das Wort erstarb ihr im Schluchzen.

Auf dieses unerwartete Argument wußte Agnese nichts zu erwidern. Nach einer Weile unterdrückte Lucia ihr Schluchzen und fuhr fort: »Nachdem es nun einmal geschehen ist, müssen wir uns guten Mutes drein fügen. Und du, arme Mama, kannst mir dabei helfen, erstens, indem du für deine arme Tochter betest, und zweitens... irgendwie muß der Ärmste es ja erfahren. Bitte, sorg du dafür, tu mir diesen Liebesdienst, denn du *kannst* dafür sorgen. Wenn du erfahren hast, wo er steckt, laß ihm schreiben, finde jemanden... vielleicht genau deinen Vetter Alessio, der ist ein umsichtiger und hilfsbereiter Mann, er hat uns immer gern gemocht und er wird nicht schwatzen. Laß ihn dem Ärmsten schreiben, wie sich die Sache zugetragen hat, in welche Lage ich geraten bin, wie ich gelitten habe und daß Gott es so gewollt hat und daß er sich friedlich damit abfinden muß, denn ich kann nie und nimmermehr jemandem angehören. Er soll es ihm schonend beibringen, ihm erklären, daß ich es hoch und heilig versprochen habe, daß ich ein richtiges Gelübde abgelegt habe. Wenn er hört, daß ich es der Madonna gelobt habe... er ist immer ein gottesfürchtiger Mensch gewesen. Und wenn du dann Nachricht von ihm bekommen hast, laß mir gleich schreiben, laß mich wissen, daß er wohlauf ist, und dann... dann laß mich nichts weiter mehr wissen!«

Agnese versicherte ihr ganz gerührt, daß sie alles so tun werde, wie sie es wünsche.

»Ich möchte dir noch etwas sagen«, fügte Lucia an.

»Wenn der arme Junge nicht das Pech gehabt hätte, auf mich zu verfallen, wäre ihm nicht passiert, was ihm passiert ist. Er hat in die Welt hinausgehen müssen, sie haben ihm seinen Lebensunterhalt genommen, sie haben ihm seine Habe geraubt, die paar Ersparnisse, die er zusammengekratzt hatte, du weißt ja, warum... Und wir haben jetzt so viel Geld! Ach Mama, wo uns der Herrgott doch so viel Gutes getan hat und wo du diesen armen Jungen ja wirklich als deinen... ja, als einen Sohn betrachtet hast... teile doch jetzt mit ihm! Bestimmt wird uns Gott nicht im Stich lassen. Such dir einen vertrauenswürdigen Boten und schick ihm sein Teil, der Himmel weiß, wie dringend er es benötigt.«

»Nun, was glaubst du wohl?« antwortete Agnese. »Ich werde es ihm tatsächlich schicken. Der arme Junge! Was meinst du, wieso ich mich über das Geld so gefreut habe? Ja, gewiß doch, ich bin voller Freude hergekommen... Genug, ich werd's ihm schicken, dem armen Renzo! Aber auch er... ich weiß, was ich sage: Sicher freut man sich über Geld, wenn man es benötigt, aber dieses hier wird ihn nicht vor Freude in die Luft springen lassen.«

Lucia dankte der Mutter für ihre prompte und großzügige Bereitschaft mit einer so überschwenglichen Wärme, daß ein Beobachter leicht erkannt hätte, wie sehr ihr Herz noch immer an Renzo hing, vielleicht mehr, als sie selber glaubte.

»Und was mache ich arme Frau ohne dich?« sagte Agnese ebenfalls unter Tränen.

»Und ich ohne dich, arme Mama? In einem fremden Haus! Dort unten in diesem Mailand...! Aber der Herr wird mit uns beiden sein und uns wieder zusammenbringen. In acht oder neun Monaten sehen wir uns wieder, und bis dahin oder auch vorher schon, hoffe ich, wird Er die Dinge soweit gerichtet haben, daß wir wieder zusammensein können. Lassen wir Ihn walten. Ich werde immer wieder zur Madonna beten, daß sie diese Gnade für mich erwirkt. Wenn ich ihr noch etwas anderes anbieten könnte, würde ich's tun, aber sie ist so barmherzig, daß sie es mir auch für nichts erwirken wird.«

Mit diesen und anderen ähnlichen, mehrmals wiederholten Worten der Klage und des Trostes, des Bedauerns und der Ergebung, mit vielen Ermahnungen und Beteuerungen, nichts von dem Gelübde zu verraten, unter vielen Tränen und nach langen, wieder und wieder erneuerten Umarmungen trennten die beiden Frauen sich schließlich mit dem Versprechen, einander spätestens im nächsten Herbst wiederzusehen, als hinge die Einhaltung dieses Versprechens von ihnen ab, aber so geht es wohl immer in solchen Fällen.

Danach verging eine lange Zeit, ohne daß Agnese etwas von Renzo in Erfahrung bringen konnte. Von ihm kamen weder Briefe noch Boten; von denen im Dorf oder in der Gegend, die sie befragen konnte, wußte niemand mehr als sie.

Und sie war nicht die einzige, die vergebens solche Nachforschungen anstellte: Kardinal Federigo, der den beiden Frauen nicht aus bloßer Höflichkeit gesagt hatte, daß er sich nach dem armen Jungen erkundigen wolle, hatte tatsächlich sofort geschrieben, um Auskunft über ihn zu erhalten. Als er dann von seiner Rundreise nach Mailand zurückkam, fand er die Antwort vor, daß man den Zufluchtsort des angegebenen Subjekts nicht habe ausfindig machen können; der Betreffende habe sich zwar eine Zeitlang im Hause eines Verwandten aufgehalten, an dem und dem Ort, wo er sich nichts habe zuschulden kommen lassen, aber eines Morgens sei er plötzlich verschwunden, und selbst sein besagter Verwandter wisse nicht, was aus ihm geworden sei, und könne nur allerlei ungewisse und widersprüchliche Gerüchte wiederholen, die im Umlauf seien: der junge Mann habe sich für die Levante anwerben lassen, er sei über die Alpen nach Deutschland gegangen, er sei beim Durchwaten eines Flusses umgekommen. Man werde jedoch nicht versäumen, die Sache im Auge zu behalten, um, falls man Genaueres in Erfahrung bringe, es Seiner hochwürdigsten Durchlaucht alsogleich mitzuteilen.

Später verbreiteten sich diese und andere Gerüchte auch im Gebiet von Lecco und kamen daher auch Agnese zu Ohren. Die arme Frau tat alles, um herauszufinden, was daran stimmte und auf welche Quelle das eine oder andere zurückging, aber sie fand nie mehr heraus als jenes »es heißt«, das auch heute noch genügt, um so vieles zu behaupten. Manchmal kam jemand, kaum daß ihr etwas erzählt worden war, und erklärte alles für Unsinn, aber nur, um ihr sofort etwas anderes zu erzählen, das ebenso seltsam oder zweifelhaft klang. Es war alles Geschwätz, die Sache verhielt sich so:

Der Gouverneur von Mailand und Generalkapitän in Italien, Don Gonzalo Fernández de Córdoba, hatte sich beim Gesandten der Republik Venedig heftig darüber beschwert, daß ein Straßenräuber, ein öffentlicher Strauchdieb, ein Aufwiegler, der zu Plünderungen und Mord aufrief, nämlich der berüchtigte Renzo Tramaglino, der sogar noch nach seiner Festnahme, als er sich bereits in den Händen der Justiz befand, einen Aufstand angezettelt habe, um sich befreien zu lassen, daß dieser Mann also auf bergamaskischem Territorium Aufnahme und Zuflucht gefunden habe. Der Gesandte hatte geantwortet, die Sache sei ihm neu und er werde nach Venedig schreiben, um Seiner Exzellenz die gewünschte Erklärung des Falles geben zu können.

In Venedig hielt man sich damals an die Maxime, die Neigung der mailändischen Seidenspinner zur Übersiedlung ins Bergamaskische grundsätzlich zu unterstützen und mithin dafür zu sorgen, daß sie dort viele Vorteile fanden, vor allem jenen, ohne den alle anderen nichtig sind, nämlich Sicherheit. Da nun jedoch, wenn zwei Große sich streiten, stets irgend etwas Schönes, und sei es auch noch so klein, für einen Dritten herausspringen muß, wurde Bortolo vertraulich gewarnt, man weiß nicht von wem, daß Renzo an jenem Ort nicht gut aufgehoben sei und besser daran täte, in eine andere Fabrik zu gehen, am besten auch gleich für einige Zeit den Namen zu wechseln. Bortolo verstand sofort, fragte nichts weiter, beeilte sich, seinen Vetter zu verständigen, brachte ihn in einer Kalesche zu einer anderen Seidenspinnerei, die von der ersten vielleicht fünfzehn Meilen entfernt war, und stellte ihn dort unter dem Namen Antonio Rivolta dem Besitzer vor, der ebenfalls aus dem Staate Mailand gebürtig und ein alter Bekannter von ihm war. Dieser ließ sich trotz der kargen Zeiten nicht lange bitten, einen Arbeiter einzustellen, der ihm von einem rechtschaffenen und erfahrenen Landsmann als ehrlich und geschickt empfohlen worden war. Bei der Arbeit zeigte sich dann, daß er sich zu seiner neuen Errungenschaft nur beglückwünschen konnte. Lediglich in den ersten Tagen kam es ihm so vor, als ob der junge Mann ein bißchen begriffsstutzig sei, weil er, wenn man »Antonio« rief, meistens keine Antwort gab.

Bald darauf bekam der Stadthauptmann von Bergamo eine Anweisung aus Venedig, die ihn ohne besondere Dringlichkeit aufforderte, Erkundigungen einzuholen und zu melden, ob sich in seinem Amtsbereich, genauer an dem und dem Ort, ein gewisser Soundso befinde. Der Hauptmann waltete seines Amtes mit der Sorgfalt, die er als die höheren Ortes gewünschte verstanden hatte, und meldete die negative Antwort nach Venedig, von wo aus sie an den Gesandten in Mailand übermittelt wurde, der sie dem Großkanzler übermittelte, auf daß sie dieser Don Gonzalo Fernández de Córdoba übermitteln könne.

Es fehlte dann nicht an Neugierigen, die von Bortolo wissen wollten, warum der junge Mann nicht mehr da sei und wohin er gegangen sei. Auf die erste Frage antwortete Bortolo: »Je nun, er ist eben verschwunden!« Um die Hartnäckigsten zu befriedigen, ohne sie auf die Spur der Wahrheit zu bringen, hatte er es dann für gut befunden, ihnen abwechselnd mal die eine und mal die andere der oben erwähnten Nachrichten anzuvertrauen, aber als ungewisse Gerüchte, die auch er nur vom Hörensagen kenne, ohne konkrete Anhaltspunkte dafür zu haben.

Als ihm dann die Frage im Auftrag des Kardinals gestellt wurde, zwar ohne daß dessen Name genannt wurde, aber mit einem gewissen Aufwand an Wichtig- und Geheimnistuerei und indem man durchblicken ließ, daß es sich bei dem Fragenden um eine hohe Persönlichkeit handle, wurde Bortolo nur um so mißtrauischer und hielt es für angezeigt, so zu antworten, wie er es immer getan hatte. Ja, in Anbetracht, daß es sich eben um eine hohe Persönlichkeit handelte, gab er alle Antworten auf einmal, die er sich vorher bei den verschiedenen Gelegenheiten eine nach der anderen ausgedacht hatte.

Man glaube nun freilich nicht, daß ein so großer Herr wie Don Gonzalo es wirklich auf den armen Seidenspinner aus den Bergen abgesehen hatte; daß er womöglich, informiert über den geringen Respekt und die abfälligen Worte, die jener für den am Hals angeketteten Mohrenkönig auf seinem Wappen gehabt hatte, ihn dafür bestrafen wollte; oder ihn für einen derart gefährlichen Menschen hielt, daß man ihn noch als Flüchtling verfolgen mußte und auch in der Ferne nicht leben lassen durfte, wie es der Senat von Rom mit Hannibal tat. Don Gonzalo hatte zu viele und zu große Dinge im Kopf, um sich ernsthaft Gedanken über die Angelegenheiten Renzos zu machen, und wenn es so aussah, als ob er sich welche machte, lag das an einem außergewöhnlichen Zusammentreffen von Umständen, durch welche der arme Junge sich, ohne es zu wollen und ohne es zu wissen noch jemals später zu erfahren, über ein winziges unsichtbares Fädchen mit jenen zu vielen und zu großen Dingen verbunden fand.

Kapitel 27

Schon mehr als einmal sind wir auf den Krieg zu sprechen gekommen, der damals wegen der Erbfolge in den Staaten des Herzogs Vincenzo Gonzaga, des zweiten seines Namens, entbrannt war, doch wir sind immer nur in Momenten großer Eile darauf zu sprechen gekommen, so daß wir nie mehr als knappe Hinweise geben konnten. Jetzt aber sind zum Verständnis unserer Erzählung ein paar genauere Angaben nötig. Es handelt sich um Dinge, die Kennern der Geschichte vertraut sein sollten, aber da wir bei richtiger Selbsteinschätzung annehmen müssen, daß dieses Buch nur von Nichtkennern geschätzt werden kann, wird es nicht schlecht sein, hier das Nötigste zu berichten.

Wir sagten bereits, daß nach dem Tod des genannten Herzogs der erste Nachfolgekandidat, Carlo Gonzaga, Oberhaupt eines jüngeren, nach Frankreich verpflanzten Zweiges, wo er die Herzogtümer Nevers und Rhétel besaß, in den Besitz von Mantua gelangt war; ergänzen wir nun, was wir in der Eile ungesagt ließen: auch in den Besitz von Montferrat. Der Hof zu Madrid, der den neuen Fürsten um jeden Preis (auch das sagten wir schon) von diesen beiden Herzogtümern fernhalten wollte und zu diesem Zweck einen Rechtsgrund brauchte (denn ohne Rechtsgrund geführte Kriege wären ungerecht), hatte sich zum Befürworter der Ansprüche erklärt, die ein anderer Gonzaga, Ferrante, Fürst von Guastalla, auf das Herzogtum Mantua und Carlo Emanuele I., Herzog von Savoyen, sowie Margherita Gonzaga, Herzoginwitwe von Lothringen, auf das Montferrat erhoben. Don Gonzalo jedoch, der aus der Familie jenes großen Feldherrn stammte, dessen Namen er trug, und der schon in Flandern Krieg geführt hatte und darauf brannte, einen weiteren in Italien zu führen, war vielleicht derjenige, der am stärksten das Feuer schürte, um zu erreichen, daß der Krieg erklärt wurde. In entsprechender Auslegung der Intentionen besagten Hofes und im Vorgriff auf die Befehle desselben hatte er mit dem Herzog von Savoyen einen Vertrag über die Besetzung und Teilung des Montferrat geschlossen, dessen Ratifizierung durch den Conde-Duque er unschwer erreichte, indem er ihn glauben machte, die Eroberung von Casale, der am stärksten befestigten Stadt in dem für Spanien vorgesehenen Teil, werde kinderleicht vonstatten gehen. Zugleich beteuerte er im Namen seines Königs, er wolle das Land keineswegs in Besitz, sondern nur gewissermaßen in Verwahrung nehmen, bis der Kaiser sein Urteil gefällt habe. Dieser hatte nämlich, zum Teil von außen dazu gedrängt, zum Teil aus eigenem Antrieb, dem neugebackenen Herzog die Belehnung verweigert und ihn aufgefordert, die umstrittenen Staaten unter seine – des Kaisers – Verwaltung zu stellen; er selbst werde sie dann nach Anhörung der Parteien demjenigen übergeben, dem sie rechtmäßig zustünden. Das aber hatte der Nevers nicht hinnehmen wollen.

Auch er hatte einflußreiche Freunde: den Kardinal Richelieu, die venezianischen Herren und den Papst, der damals, wie wir schon sagten, Urban VIII. war. Aber Richelieu, der gerade mit der Belagerung von La Rochelle beschäftigt und in einen Krieg gegen England verwikkelt war, außerdem von der Partei der Königinmutter Maria de' Medici angefeindet wurde, die aus gewissen persönlichen Gründen dem Hause Nevers abhold war, konnte ihm nur vage Hoffnungen machen. Die Venezianer wollten sich nicht rühren, ja nicht einmal äußern, solange nicht ein französisches Heer in Italien eingefallen war, und während sie dem Herzog unterderhand halfen, so gut sie konnten, begnügten sie sich damit, beim Hof in Madrid und beim Gouverneur in Mailand mit Protesten, Vorschlägen und je nach der Lage friedlichen oder drohenden Mahnungen vorstellig zu werden. Der Papst empfahl den Nevers seinen Freunden, verwendete sich bei seinen Gegnern für ihn und machte Vergleichsvorschläge, aber von einer Truppenentsendung wollte er nichts wissen.

So konnten die beiden zum Angriff Verbündeten um so sicherer ihr Unternehmen beginnen. Der Herzog von Savoyen war von seiner Seite ins Montferrat einmarschiert, Don Gonzalo hatte sich mit großem Eifer an die Belagerung von Casale gemacht, doch er fand in ihr nicht die Befriedigung, die er sich vorgestellt hatte – man glaube nur nicht, daß im Krieg alles rosig sei. Der Hof gab ihm nicht die gewünschte Hilfe, ja, er ließ es ihm sogar am Nötigsten fehlen; der Verbündete half ihm zuviel, soll heißen, nachdem er sich seine Portion genommen hatte, ging er daran, die für den König von Spanien vorgesehene anzuknabbern. Don Gonzalo kochte innerlich, aber da er fürchtete, daß dieser Carlo Emanuele, der ebenso geschickt im Ränkeschmieden und beweglich in Bündnisschließen wie kühn auf dem Schlachtfeld war, sich beim geringsten Lärm an Frankreich wenden würde, mußte er seine Wut hinunterschlucken, beide Augen zudrücken und schweigen.

Unterdessen lief die Belagerung schlecht, zog sich in die Länge und erlitt immer wieder Rückschläge, sowohl wegen der festen, wachsamen und entschlossenen Haltung der Belagerten als auch, weil Don Gonzalo nicht genug Leute hatte und, wie manche Historiker sagen, viele grobe Fehler machte. Was letzteres angeht, wollen wir die Wahrheit auf sich beruhen lassen, auch weil wir geneigt sind, falls es wirklich so war, es wunderschön zu finden, war es dann doch der Grund dafür, daß bei dieser Unternehmung ein paar weniger Menschen getötet, verstümmelt oder zu Krüppeln gemacht und, *ceteris pa-*

ribus, auch nur ein paar Ziegel weniger in Casale beschädigt worden sind. Bei diesem Stand der Dinge erhielt Don Gonzalo die Nachricht vom Aufstand in Mailand und eilte persönlich hin.

In dem Lagebericht, den man ihm dort gab, war auch von der aufsehenerregenden Flucht des rebellischen Renzo die Rede sowie von den wirklichen oder vermuteten Umständen, die zu seiner Verhaftung geführt hatten, wobei man auch zu verstehen gab, daß der Betreffende sich auf bergamaskisches Territorium geflüchtet hatte. Dieser Umstand ließ Don Gonzalo aufhorchen. Er war nämlich von anderer Seite darüber informiert worden, daß den venezianischen Herren wegen des Aufstands in Mailand mächtig der Kamm geschwollen sei: Sie hätten zunächst geglaubt, er, Don Gonzalo, werde dadurch gezwungen sein, die Belagerung von Casale aufzuheben, und sie glaubten noch immer, er sei über die Entwicklung bestürzt und in großer Sorge, zumal gleich nach jenem Ereignis die von ihnen ersehnte und von ihm gefürchtete Nachricht kam, daß La Rochelle sich ergeben hatte. Und da es ihn als Mensch wie als Politiker heftig wurmte, daß die Venezianer eine solche Meinung über ihn hatten, nahm er nun jede Gelegenheit wahr, sie auf indirekte Weise davon zu überzeugen, daß er nichts von seiner alten Selbstsicherheit verloren habe – auf indirekte, denn wer direkt und ausdrücklich sagt, er habe keine Angst, hat soviel wie nichts gesagt; ein sehr viel besseres Mittel ist es, den Übelgelaunten zu spielen, sich zu beklagen und Forderungen zu stellen. Als daher der Gesandte Venedigs erschien, um dem Gouverneur seine Aufwartung zu machen und zugleich an dessen Gesicht und Verhalten zu erkunden, wie es in seinem Inneren aussah – man beachte dies alles gut, denn es ist Politik von der feinen alten Art –, erhob Don Gonzalo, nachdem er zuerst leichthin und wie einer, der alles schon wieder im Griff hat, über den Aufstand gesprochen hatte, die im vorigen Kapitel erwähnte heftige Beschwerde wegen der Aufnahme Renzos im Bergamaskischen, über deren Folgen wir ebenfalls schon berichtet haben. Danach beschäftigte er sich nicht weiter mit einer so geringfügigen und für ihn erledigten Sache, und als ihm nach einiger Zeit im Lager vor Casale, wohin er zurückgekehrt war und wo er ganz andere Sorgen hatte, die Antwort überbracht wurde, hob er den Kopf und drehte ihn hin und her wie ein Seidenwurm, der ein Blatt sucht. Er verharrte eine Weile so, um sich den Fall ins Gedächtnis zu rufen, der ihm nur noch schemenhaft in Erinnerung war, entsann sich, hatte eine flüchtige und verschwommene Vorstellung von der Person, ging dann zu anderem über und dachte nicht mehr daran.

Renzo aber, der nach dem wenigen, was ihm angedeutet worden war, alles andere als eine für ihn so günstige Nichtbeachtung vermuten mußte, hatte eine Zeitlang keinen anderen Gedanken oder besser kein anderes Sinnen und Trachten, als im verborgenen zu leben. Man kann sich vorstellen, wie heftig er sich danach sehnte, den Frauen Nachricht von sich zu geben und von ihnen zu hören, aber es gab zwei große Schwierigkeiten. Zum einen hätte er sich einem Schreibkundigen anvertrauen müssen, denn der Arme konnte nicht schreiben und im vollen Wortsinn auch nicht lesen; daß er, wie man sich vielleicht erinnern wird, auf die betreffende Frage des Doktors Azzeccagarbugli mit Ja geantwortet hatte, war nicht Angeberei oder Täuschung gewesen, sondern die Wahrheit, denn Gedrucktes konnte er lesen, wenn man ihm Zeit ließ, aber Geschriebenes war eine andere Sache. Darum war er gezwungen, einen Dritten in seine Angelegenheiten einzuweihen, auch in ein so eifersüchtig gehütetes Geheimnis, und zu jener Zeit war es nicht leicht, jemanden zu finden, der die Feder zu führen wußte und dem man sich anvertrauen konnte, noch dazu in einer Gegend, in der man keinerlei alte Bekanntschaften hatte. Die zweite Schwierigkeit war, daß er auch einen Boten brauchte, einen Mann, der gerade in die betreffende Gegend ging und es auf sich nahm, den Brief zu überbringen, und der dann auch wirklich daran dachte, ihn dem Empfänger auszuhändigen – auch dies lauter Dinge, die nicht leicht bei ein und demselben Menschen vereint zu finden waren.

Nach langer Suche fand er endlich jemanden, der für ihn schreiben konnte. Aber da er nicht wußte, ob die beiden Frauen noch in Monza waren oder wo sonst, hielt er es für gut, den Brief an Agnese in einen anderen zu legen, der an Pater Cristoforo gerichtet war. Der Schreiber nahm es auch auf sich, die Sendung zustellen zu lassen: Er übergab sie einem, der in der Nähe von Pescarenico vorbeikommen mußte, der Mann ließ sie mit vielen Empfehlungen in einem Wirtshaus an der Straße, das dem Dorf am nächsten gelegen war, und da es sich um eine Sendung an ein Kloster handelte, kam sie dort auch an; was aber danach mit ihr geschah, hat man nie erfahren. Als Renzo keine Antwort bekam, ließ er einen zweiten, ganz ähnlichen Brief an Agnese aufsetzen und in einen anderen einlegen, der an einen Freund oder Verwandten in Lecco gerichtet war. Ein neuer Bote wurde gesucht und gefunden, und diesmal gelangte der Brief tatsächlich ans Ziel. Agnese eilte nach Maggianico, ließ ihn sich von ihrem Vetter Alessio vorlesen und erklären, formulierte mit ihm eine Antwort, die er zu Papier brachte, und fand eine Möglichkeit, sie dem »Antonio Rivolta« an seinen Wohnort zu schicken – dies alles ging freilich nicht so schnell, wie wir es hier erzählen. Renzo erhielt die Antwort und ließ zurückschreiben. Kurz, es entspann sich zwischen den beiden ein zwar weder rascher noch regelmäßiger, aber trotz aller Sprünge und Pausen fortgesetzter Briefwechsel.

Um sich jedoch eine Vorstellung von diesem Briefwechsel zu machen, muß man wissen, wie das Briefeschreiben damals vor sich ging und wohl auch heute noch geht; denn in dieser Hinsicht hat sich, glaube ich, wenig oder nichts geändert.

Ein Dörfler, der nicht schreiben kann, aber etwas zu schreiben hätte, wendet sich an jemanden, der sich auf diese Kunst versteht, und wählt ihn nach Möglichkeit unter den Leuten seines Standes aus, da er sich vor den anderen schämt oder wenig Vertrauen zu ihnen hat. Er setzt ihn mehr oder weniger klar und zusammenhängend über das Vorgefallene in Kenntnis und legt ihm in der gleichen Weise dar, was er zu Papier bringen soll. Der Schriftkundige, der teils versteht, teils mißversteht, gibt ein paar Ratschläge, schlägt ein paar Änderungen vor, sagt: Laß mich nur machen, greift zur Feder, bringt die Gedanken des andern, so gut er kann, in Briefform, korrigiert sie, verbessert sie, trägt stärker auf oder schwächt ab, läßt auch etwas weg, je nachdem, wie es sich für ihn am besten anhört; denn da hilft nun einmal nichts: wer von einer Sache mehr als die anderen versteht, will kein bloßes Werkzeug in ihren Händen sein, und wenn er sich mit den Angelegenheiten anderer befaßt, will er sie auch ein bißchen nach seinem Geschmack gehen lassen. Dabei gelingt es dem Schriftkundigen nicht immer, alles zu sagen, was er möchte; manchmal passiert es ihm sogar, daß er etwas ganz anderes sagt – was ja auch uns anderen unterläuft, die wir für den Druck schreiben. Gelangt nun der so zustande gekommene Brief in die Hände des Empfängers, der ebenfalls nicht mit dem Abc vertraut ist, so bringt er ihn zu einem anderen Gebildeten gleichen Kalibers, der ihm das Schreiben vorliest und erklärt. Dabei ergeben sich Meinungsverschiedenheiten über das rechte Verständnis, denn der Empfänger, der sich auf seine Kenntnis der vorausgegangenen Begebenheiten stützt, behauptet, daß die und die Worte das und das bedeuteten; der Vorleser, der auf seine Erfahrung im schriftlichen Ausdruck pocht, behauptet dagegen, sie bedeuteten etwas ganz anderes. Schließlich muß der Unkundige sich jedoch in die Hände des Kundigen begeben und ihn beauftragen, eine Antwort zu schreiben, welche alsdann, nach Art der vorgeschlagenen abgefaßt, einer ähnlichen Interpretation unterzogen wird. Ist der Gegenstand des Briefwechsels überdies etwas heikel, sind private Dinge im Spiel, die man, sollte der Brief verlorengehen, einen Dritten nicht verstehen lassen möchte, kommt also aus diesem Grunde auch noch die feste Absicht hinzu, die Dinge nicht ganz klar auszudrücken, dann gelangen die beiden Parteien am Ende dahin, so kurz der Briefwechsel auch sein mag, einander so zu verstehen wie einst zwei Scholastiker, nachdem sie vier Stunden lang über die Entelechie gestritten hatten – um nicht einen Vergleich mit heutigen Dingen zu ziehen, der uns ein paar Kopfnüsse eintragen könnte.

Nun, der Fall unserer beiden Briefpartner war genau der, den wir geschildert haben. Der erste in Renzos Namen geschriebene Brief enthielt sehr vieles. Zunächst einen Bericht über seine Flucht, der sehr viel knapper, aber auch verworrener war als das, was man in diesem Buch lesen konnte, sowie eine kurze Darstellung seiner gegenwärtigen Lebensumstände, aus der jedoch weder Agnese noch ihr Dolmetsch ein auch nur halbwegs klares Bild zu gewinnen vermochten – geheimer Wink, geänderter Name, in Sicherheit sein, aber versteckt bleiben müssen: lauter Dinge, die schon an sich ihrem Denken nicht allzu vertraut waren und hier auch noch etwas verschlüsselt ausgedrückt wurden. Es folgten besorgte und leidenschaftliche Fragen über Lucias Erlebnisse, versetzt mit dunklen und schmerzlichen Andeutungen über Gerüchte, die bis zu Renzo gedrungen waren. Am Ende ungewisse und ferne Hoffnungen, Pläne für die

Zukunft und einstweilen Versprechungen und Bitten, die gelobte Treue zu halten, nicht die Geduld und nicht den Mut zu verlieren und auf bessere Tage zu warten.

Nach einiger Zeit fand Agnese einen zuverlässigen Boten, um Renzo eine Antwort mitsamt den von Lucia ihm zugedachten fünfzig Scudi zukommen zu lassen. Beim Anblick der vielen Goldstücke wußte Renzo zuerst gar nicht, was er davon halten sollte, und eilte pochenden Herzens, erfüllt von einer Verwunderung und einer Gespanntheit, die keine Zufriedenheit aufkommen ließen, zu seinem Schriftkundigen, um sich den Brief vorlesen zu lassen und den Schlüssel zu einem so sonderbaren Geheimnis in die Hand zu bekommen.

In dem Brief ging Agneses Schreiber nach einigen Klagen über die geringe Klarheit des ihm Vorgelegten dazu über, mit kaum größerer Klarheit die erschütternde Geschichte »jener Person«, wie er sich ausdrückte, zu beschreiben, und in diesem Zusammenhang gab er auch eine Erklärung der fünfzig Scudi. Sodann kam er mit Umschreibungen auf das Gelübde zu sprechen und fügte am Ende in klareren Worten den Rat hinzu, sich zu beruhigen und nicht mehr an die Sache zu denken.

Es fehlte nicht viel, und Renzo wäre dem Vorleser an die Gurgel gefahren: Er zitterte, entsetzte sich, tobte über das, was er verstanden hatte, und über das, was er nicht hatte verstehen können. Drei- oder viermal ließ er sich den schrecklichen Brief vorlesen, und das eine Mal glaubte er, ihn besser zu verstehen, das andere Mal verdunkelte sich ihm, was vorher klar erschienen war. Und in diesem Fieber, in dieser Erregung verlangte er, daß der Schreiber sofort zur Feder griff und die Antwort niederschrieb. Nach den denkbar stärksten Ausdrücken des Mitleids und des Entsetzens über Lucias schlimme Erlebnisse fuhr er fort zu diktieren: »Schreib, daß ich mich nicht beruhigen will und mich niemals beruhigen werde und daß das keine Ratschläge sind, die man einem Burschen wie mir geben kann; und daß ich das Geld nicht anrühren werde, daß ich es zurücklege und in Verwahrung halte für die Aussteuer meiner Verlobten; und daß meine Verlobte bald meine Frau werden muß und daß ich nichts von einem Gelübde weiß; und daß ich immer hab sagen hören, daß die Madonna eingreift, um den Bedrängten zu helfen und Gnade für sie zu erbitten, aber um Ärger zu machen und Verlobte auseinanderzubringen, das hab ich noch nie gehört, und das kann auch nicht so stehenbleiben. Und schreib, daß wir mit diesem Geld sehr gut hier einen Hausstand gründen können, und daß, wenn ich jetzt auch ein bißchen in der Klemme bin, dann ist das bloß ein Unwetter, das schnell vorübergeht«, und so weiter.

Agnese bekam den Brief und diktierte einen Antwortbrief, und so setzte sich der Briefwechsel in der beschriebenen Weise fort.

Lucia empfand, als es ihrer Mutter gelungen war, sie auf welche Weise auch immer wissen zu lassen, daß ein gewisser junger Mann am Leben, in Sicherheit und benachrichtigt sei, eine große Erleichterung und wünschte sich nichts anderes mehr, als daß er sie rasch vergessen möge – oder um es ganz genau zu sagen, daß er daran denken möge, sie zu vergessen. Sie selber faßte ihn betreffend wohl hundertmal am Tag einen solchen Entschluß, und sie benutzte auch jedes Mittel, um ihn zu verwirklichen. Sie saß unermüdlich an der Arbeit, versuchte sich nur mit ihr zu beschäftigen, und wenn Renzos Bild ihr vor Augen trat, sprach oder sang sie Gebete, die sie auswendig kannte. Aber meistens kam dieses Bild wie aus Bosheit nicht so offen daher, sondern stahl sich hinter dem Rücken der anderen herein, so daß es der Geist erst bemerkte, wenn es schon eine Weile da war. Lucias Gedanken weilten oft bei der Mutter, wie hätte es anders sein können, und dann gesellte sich der gedachte Renzo stillschweigend als Dritter hinzu, wie es der wirkliche so oft getan hatte. Ebenso drängte er sich neben allen Personen, an allen Orten, in alle Erinnerungen an Vergangenes mit ein. Und wenn die Ärmste sich manchmal Zukunftsträumen überließ, tauchte er gleichfalls auf, sei's auch nur, um zu sagen: Ich werde jedenfalls nicht dabeisein. Doch wenn das Nicht-an-ihn-Denken auch ein hoffnungsloses Unternehmen war, gelang es Lucia immerhin bis zu einem gewissen Grade, weniger oft und weniger inständig an ihn zu denken, als es ihr Herz gewollt hätte. Es wäre ihr dies auch noch besser gelungen, wäre sie damit allein gewesen. Aber da war Donna Prassede, die in ihrem Eifer, den jungen Mann aus ihrem Herzen zu reißen, kein besseres Mittel fand, als ständig von ihm zu reden. »Nun?« sagte sie etwa. »Denken wir nicht mehr an ihn?«

»Ich denke an niemanden«, antwortete Lucia dann.

Aber Donna Prassede begnügte sich nicht mit einer solchen Antwort; sie erklärte, nicht Worte, sondern Taten seien gefordert, sie verbreitete sich über die Sitten und Bräuche der jungen Mädchen, von denen sie sagte: »Wenn sie einen Liederjan in ihr Herz geschlossen haben – und dazu sind sie immer bereit –, kommen sie nicht mehr von ihm los. Geht eine anständige und vernünftige Partie mit einem ehrenwerten und gesetzten Mann durch irgendeinen Zufall in die Brüche, sind sie rasch getröstet, aber bei einem Bruder Leichtfuß ist die Wunde unheilbar.« Und schon begann sie wieder die Schmährede auf den armen Abwesenden, diesen Halunken, der nach Mailand gekommen war, um zu rauben und zu morden, und wollte Lucia dazu bewegen, die Schurkereien zu gestehen, die der Kerl doch sicher auch schon in seinem Dorf begangen hatte.

Lucia versicherte und beteuerte dann mit einer vor Scham und Schmerz zitternden Stimme, aber auch vor jener Empörung, die ihr sanftes Gemüt und ihr niederer Stand zuließen, daß der Ärmste in seinem Dorf nie anders als im guten von sich reden gemacht habe. Sie wünschte sich, sagte sie, daß jemand von dort zugegen wäre, um es zu bezeugen. Auch hinsichtlich der Geschehnisse in Mailand, über die sie nicht sehr gut unterrichtet war, verteidigte sie ihn, und zwar genau mit der Kenntnis, die sie seit ihrer Kindheit von seinem Betragen hatte. Sie verteidigte ihn – oder nahm es sich jedenfalls vor – aus reiner Christenpflicht, aus Wahrheitsliebe und, um das Wort zu gebrauchen, mit dem sie sich selbst ihr Gefühl erklärte, aus Nächstenliebe. Doch aus diesen Verteidigungsreden zog Donna Prassede dann neue Argumente, um Lucia zu überzeugen, daß sie ihr Herz noch immer an ihn verloren habe. Und um die Wahrheit zu sagen, ich hätte in solchen Momenten nicht gewußt, wie es um sie stand. Das unwürdige Bild, das die eifernde Alte von Renzo entwarf, ließ in Lucia, aus Opposition, lebendiger und klarer denn je die Vorstellung wiedererwachen, die sie sich in all den Jahren von ihm gemacht hatte. Die gewaltsam verdrängten Erinnerungen kehrten in Scharen zurück, die Abneigung und die Verachtung riefen ebenso viele alte Gründe der Wertschätzung wieder hervor, der blinde Haß ließ das Mitgefühl um so stärker aufblühen, und wer weiß, wieviel in all diesen Gefühlen von jenem anderen steckte, das sich so leicht hinter ihrem Rücken in die Herzen stiehlt – und das sich erst recht dort entfaltet, wo es mit Gewalt vertrieben werden soll. Doch wie dem auch sei, das Gespräch ging, was Lucia betraf, ohnehin nie sehr lange weiter, da ihre Worte immer gleich in Tränen erstickten.

Wenn Donna Prassede durch irgendeinen alten Haß auf sie dazu gedrängt worden wäre, sie so zu behandeln, dann hätten ihre Tränen sie vielleicht gerührt und bewogen aufzuhören; aber da sie mit ihren Reden ja einen guten Zweck verfolgte, machte sie weiter, ohne sich beirren zu lassen, so wie Klagen und flehende Schreie zwar die Waffen eines Feindes zurückhalten können, nicht aber das Messer eines Chirurgen. Hatte sie jedoch ihre Pflicht für dieses Mal gut erfüllt, ging sie von den Sticheleien und Rügen zu Ermahnungen und Ratschlägen über, die auch ein wenig mit Lob gewürzt wurden, um so das Bittere mit dem Süßen zu mildern und durch allseitige Bearbeitung der Seele die bestmögliche Wirkung zu erzielen. Gewiß hinterließen diese Gardinenpredigten (die fast immer den gleichen Anfang, die gleiche Mitte und das gleiche Ende hatten) in der guten Lucia keinen bleibenden Groll auf die strenge Predigerin, von der sie ja sonst durchaus freundlich behandelt wurde (auch darin war eine gute Absicht erkennbar). Aber sie hinterließen in ihr eine solche Aufwallung, eine solche Erregung von Gedanken und Gefühlen, daß es langer Zeit und vieler Mühe bedurfte, um zu der relativen Ruhe von vorher zurückzukehren.

Ein Glück für sie, daß sie nicht die einzige war, der Donna Prassede Gutes zu tun hatte, so daß die Gardinenpredigten nicht so häufig erfolgen konnten. Außer der restlichen Dienerschaft, die aus lauter Köpfen bestand, die mehr oder minder dringend zurechtgerückt und angeleitet werden mußten, und außer allen übrigen Gelegenheiten, den gleichen Dienst freudigen Herzens auch vielen anderen zu erweisen, denen sie zu nichts verpflichtet war – Gelegenheiten, die sie suchte, wenn sie sich nicht von selbst ergaben –, hatte sie auch noch fünf Töchter, von denen zwar keine bei ihr lebte, die ihr aber mehr zu bedenken gaben, als wenn sie im Hause gewesen wären. Drei waren Nonnen und zwei verheiratet, und so hatte Donna Prassede natürlich drei Klöster und zwei Haushalte zu überwachen – eine umfangreiche und schwierige Arbeit, die um so mühsamer war, als zwei Ehemänner, unterstützt von ihren Vätern,

Müttern und Brüdern, und drei Äbtissinnen, flankiert von anderen Würdenträgerinnen und vielen Nonnen, ihre Überwachung nicht hinnehmen wollten. Es war ein Krieg, oder vielmehr, es waren fünf Kriege, die bis zu einem gewissen Grade verdeckt und höflich, aber verbissen und ohne Waffenstillstand geführt wurden: An all jenen Orten war man ständig darauf bedacht, ihren Eifer abzuwehren, sich ihren Ratschlägen zu verschließen, ihren Forderungen auszuweichen und sie soweit wie möglich über alle Angelegenheiten im dunkeln zu lassen. Zu schweigen von den Widerständen und Schwierigkeiten, auf die sie beim Besorgen noch fremderer Angelegenheiten stieß – man weiß ja, daß man die Menschen oft zu ihrem Glück zwingen muß. Am freiesten konnte sich ihr Eifer in ihrem eigenen Hause austoben, denn dort waren alle in jeder Hinsicht und jeder Weise ihrer Autorität unterworfen; alle außer Don Ferrante, mit dem es eine ganz eigene Bewandtnis hatte.

Als Mann der Wissenschaft mochte er weder befehlen noch gehorchen. Daß in allen häuslichen Dingen seine Frau Gemahlin die Herrin war, sei's drum; aber er ein Knecht, nein! Und wenn er, darum gebeten, ihr gelegentlich mit seiner Feder zur Seite sprang, dann tat er das, weil es seiner Neigung und seinem Talent entsprach. Im übrigen konnte er auch hier durchaus nein sagen, wenn er von dem, was er schreiben sollte, nicht überzeugt war. »Strengt Euch nur an«, sagte er in solchen Fällen, »macht es selber, wenn Euch die Sache so klar erscheint.« Nachdem sich Donna Prassede eine Zeitlang vergeblich bemüht hatte, ihn von seiner Gleichgültigkeit abzubringen, begnügte sie sich damit, oft über ihn zu schimpfen, ihn einen Drückeberger, einen in seine Ideen Verbohrten oder einen Gelehrten zu nennen, wobei in letzterem neben dem Ärger auch ein wenig Stolz mitschwang.

Don Ferrante verbrachte die meiste Zeit in seinem

Studierzimmer, wo er eine beachtliche Sammlung von Büchern hatte, fast dreihundert Bände, lauter erlesene Sachen, lauter führende Werke in den verschiedenen Wissenschaften, in deren jeder er sich mehr oder weniger gut auskannte. In der Astrologie galt er mit Recht nicht nur als ein Dilettant, denn er verfügte nicht bloß über allgemeine Kenntnisse und die übliche Terminologie der Einflüsse, Aspekte und Konjunktionen, sondern er konnte auch fachmännisch und wie vom Katheder herab über die zwölf Himmelshäuser, die Großkreise, die lichten und dunklen Grade, die Höchst- und Tiefststände, die Transite und Planetenumläufe, kurz, über die gesichertesten und geheimsten Prinzipien dieser Wissenschaft sprechen. Und seit etwa zwanzig Jahren verfocht er in zahlreichen langen Disputen die Einteilung der Himmelshäuser des Cardano gegen einen anderen Gelehrten, der verbissen an der des Alcabitius festhielt – aus reiner Halsstarrigkeit, sagte Don Ferrante, der zwar die Überlegenheit der Alten gern anerkannte, aber es nicht ertrug, wenn man den Modernen auch dort nicht recht geben wollte, wo sie ganz eindeutig und für jedermann sichtbar recht *hatten*. Desgleichen kannte er sich auch mehr als nur mittelmäßig in der Geschichte dieser Wissenschaft aus, wußte auf Wunsch die berühmtesten Fälle von eingetroffenen Voraussagen zu zitieren und bei den unerfüllt gebliebenen ebenso feinsinnig wie gelehrt zu beweisen, daß die Schuld nicht bei der Astrologie lag, sondern bei denen, die sie nicht richtig anzuwenden verstanden hatten.

Von der alten Philosophie hatte er sich hinreichende Kenntnisse erworben und fuhr fort, sie durch das Studium des Diogenes Laertius zu vermehren. Da man die philosophischen Systeme jedoch, so schön sie auch sein mögen, nicht alle gleichzeitig übernehmen kann, sondern, um Philosoph zu sein, sich für einen Autor entscheiden muß, hatte Don Ferrante den Aristoteles auserkoren, der, wie er sagte, weder antik noch modern sei, sondern der Philosoph schlechthin. Er besaß auch mehrere Werke der klügsten und feinsinnigsten Aristoteles-Anhänger unter den Modernen – die seiner Gegner habe er nie lesen wollen, um seine Zeit nicht zu vergeuden, sagte er, und auch nicht kaufen wollen, um sein Geld nicht aus dem Fenster zu werfen. Ausnahmen machte er jedoch für die berühmten zweiundzwanzig Bücher *De subtilitate* und einige andere antiperipatetische Werke des Cardano wegen dessen Bedeutung für die Astrologie, wobei er sagte, wer die Abhandlung *De restitutione temporum et motuum cœlestium* und das Buch *Duodecim geniturarum* habe schreiben können, verdiene auch dann gehört zu werden, wenn er irre, und es sei der große Fehler jenes Mannes gewesen, daß er zuviel Geist gehabt habe, und niemand könne sich vorstellen, wie weit er es auch in der Philosophie gebracht hätte, wenn er stets auf dem richtigen Weg geblieben wäre. Im übrigen, wiewohl Don Ferrante im Urteil der Gelehrten als erfahrener Peripatetiker galt, meinte er dennoch, nicht genug davon zu verstehen, und pflegte mit großer Bescheidenheit zu sagen, daß die Wesenheit, die Universalien, die Weltseele und die Natur der Dinge keineswegs so klar seien, wie man meinen könne.

Die Naturwissenschaft hatte er mehr zum Zeitvertreib denn als ernsthaftes Studium betrieben; selbst die einschlägigen Werke des Aristoteles und des Plinius hatte er eher gelesen als richtig studiert. Dennoch vermochte er es aufgrund jener Lektüre, aufgrund seiner beiläufig gemachten Auszüge aus den Abhandlungen über allgemeine Philosophie, aufgrund einer Durchsicht der *Magia naturale* von Porta, der drei Geschichten *lapidum, animalium* und *plantarum* von Cardano, des Traktates über die Kräuter, Pflanzen und Tiere von Albertus Magnus und einiger anderer Werke von sekundärer Bedeutung, im passenden Augenblick eine Konversation zu führen und über die wunderbarsten Kräfte und außergewöhnlichsten Eigenschaften vieler Heilkräuter zu dozieren, exakt die Formen und Lebensgewohnheiten der Sirenen und des einzigartigen Phönix zu beschreiben, zu erklären, wie der Salamander im Feuer verweilen kann, ohne zu verbrennen, woher der winzige Schildfisch die Kraft und Geschicklichkeit hat, jedes noch so große Schiff auf hoher See plötzlich anzuhalten, wie die Tautropfen im Innern der Muscheln zu Perlen werden, wie das Chamäleon sich von Luft ernährt, wie sich aus dem langsam hart gewordenen Eis im Lauf der Jahrhunderte das Kristall bildet und andere höchst wundersame Geheimnisse der Natur.

In die Geheimnisse der Magie und der Hexerei hatte er sich noch tiefer versenkt, da es sich hierbei, wie unser Anonymus sagt, um eine sehr viel modernere und notwendigere Wissenschaft handelt, in der die Fakten von sehr viel größerer Bedeutung und leichter zu überprüfen sind. Es braucht nicht gesagt zu werden, daß er bei einem solchen Studium nie ein anderes Ziel verfolgte, als sich zu bilden und die schlimmen Künste der Hexenmeister von Grund auf kennenzulernen, um sich vor ihnen hüten und schützen zu können. Mit Hilfe vor allem des großen Martinus Delrio (des führenden Kopfes auf diesem Gebiet) war er imstande, *ex professo* über den Liebeszauber, den Schlafzauber und den Haßzauber sowie die zahllosen Arten dieser drei Hauptgattungen des Zaubers zu sprechen, die man leider, wie ebenfalls unser Anonymus sagt, so häufig und mit so betrüblichen Folgen am Werk sehen kann. Ebenso weitgespannt und gründlich waren Don Ferrantes Kenntnisse der Geschichte, besonders der Universal- oder Weltgeschichte, wobei seine bevorzugten Autoren Tarcagnota, Dolce, Bugatti, Campana und Guazzo waren, also die größten Koryphäen ihrer Zunft.

Aber was ist die Geschichte, pflegte Don Ferrante zu

sagen, ohne die Politik? Eine Führerin, die voranschreitet, ohne daß ihr jemand folgt, dem sie den Weg zeigt, und die mithin ihre Schritte vergeudet; so wie die Politik ohne die Geschichte jemandem gleicht, der führerlos voranschreitet. Infolgedessen gab es in seinen Bücherregalen ein Bord, das den Staatsdenkern zugewiesen war, auf dem zwischen vielen mindergewichtigen und zweitrangigen die Werke von Bodino, Cavalcanti, Sansovino, Paruta und Boccalini herausragten. Zwei Bücher allerdings waren es, die Don Ferrante auf diesem Gebiet allen anderen bei weitem vorzog; zwei, die er bis vor einiger Zeit die ersten zu nennen pflegte, ohne sich je entscheiden zu können, welchem der beiden dieser Rang allein gebührte: zum einen der *Fürst* samt den *Reden* des berühmten florentinischen Sekretärs (ein Lump zwar, so Don Ferrante, aber profund); zum anderen die *Staatsräson* des nicht minder berühmten Giovanni Botero (ein Ehrenmann zwar, so diesmal, aber scharfsinnig). Kurz vor der Zeit jedoch, in welcher unsere Geschichte spielt, war das Buch erschienen, das den Streit um den Vorrang beendete, indem es sogar noch die Werke der beiden »Matadoren«, wie Don Ferrante sie nannte, übertraf: das Buch, in dem, gleichsam destilliert, alle Niedertracht zu finden war, auf daß man sie kennenlernen, und alle Tugend, auf daß man sie ausüben könne; ein kleines Buch, aber aus purem Gold, mit einem Wort: der *Regierende Staatsmann* des Don Valeriano Castiglione, dieses hochberühmten Mannes, von dem man sagen kann, daß die größten Gelehrten ihn um die Wette priesen und die größten Herren sich um ihn stritten; des Mannes, den Papst Urban VIII. bekanntlich mit hymnischen Lobesworten ehrte, den Kardinal Borghese zur Beschreibung der Taten Papst Pauls V. und Don Pedro de Toledo, der Vizekönig von Neapel, zu jener der Kriege des Katholischen Königs in Italien zu überreden versuchten, beide vergeblich; des Mannes, den König Ludwig XIII. von Frankreich auf Anraten von Kardinal Richelieu zu seinem Historiographen ernannte, dem Herzog Carlo Emanuele von Savoyen das nämliche Amt übertrug und dem – um andere rühmliche Zeugnisse hier zu übergehen – die Herzogin Christina, Tochter des Allerchristlichsten Königs Heinrich IV., in einem Diplom mit vielen anderen Titeln bescheinigen konnte, »in Italien unbestritten als erster Schriftsteller unserer Zeit zu gelten«.

Wenn aber Don Ferrante in allen hier genannten Wissenschaften als kundig angesehen werden konnte, so gab es eine, in der er den Titel eines Professors verdiente und genoß: die Wissenschaft von der Ritterehre. Nicht nur dozierte er über sie mit wahrer Kennerschaft, sondern gab auch, häufig bei Ehrenhändeln um sein Urteil gebeten, immer wieder Entscheidungshilfe. Er hatte in seiner Bibliothek – und man kann sagen: im Kopf – die Werke der anerkanntesten Autoritäten auf diesem Gebiet, als da waren Paride dal Pozzo, Fausto da Longiano, Urrea, Muzio, Romei, Albergato, sowie der erste und zweite *Forno* des Torquato Tasso, von dem er auch alle einschlägigen Stellen sowohl des *Befreiten* wie des *Eroberten Jerusalem* parat hatte und bei Bedarf auswendig hersagen konnte. Autorität aller Autoritäten aber war seiner Meinung nach unser berühmter Francesco Birago, mit dem er auch mehr als einmal zusammentraf, um Urteile in Fragen der Ehre abzugeben, und der seinerseits von Don Ferrante mit besonderer Hochachtung sprach. Als die *Ritterlichen Gespräche* dieses illustren Autors erschienen, hatte Don Ferrante ohne zu zögern vorausgesagt, dieses Werk werde die Autorität des Olevano ruinieren und zusammen mit seinen zwei noblen Schwestern der Nachwelt als maßgebliches Regelwerk erhalten bleiben – eine Prophezeiung, sagt der Anonymus, bei der jeder sehen kann, wie sie sich erfüllt hat.

Von diesem Thema geht der Anonymus zur schönen Literatur über, doch wir beginnen zu zweifeln, ob der Leser wirklich noch große Lust hat, ihm bei dieser Aufzählung weiter zu folgen, ja wir fürchten allmählich, uns schon den Titel eines servilen Kopisten zugezogen zu haben und den eines Langweilers mit dem oftgenannten Anonymus zu teilen, weil wir ihm bis hierher gutmütig gefolgt sind in einer Sache, die mit der Haupthandlung wenig zu tun hat und über die er sich vermutlich nur deshalb so breit ausgelassen hat, weil er mit seiner Gelahrtheit prunken und sich auf der Höhe seiner Zeit zeigen wollte. Lassen wir also stehen, was wir nun einmal geschrieben haben, damit unsere Mühe nicht gänzlich umsonst war, und übergehen wir den Rest, um uns wieder auf den Weg zu machen; zumal wir noch ein gutes Stück Weges zu gehen haben, ohne auf eine einzige unserer Personen zu stoßen, und ein noch längeres, ehe wir denen wiederbegegnen, für deren Schicksal sich der Leser gewiß am meisten interessiert, wenn ihn an dieser ganzen Geschichte überhaupt irgend etwas interessiert.

Bis zum Herbst des folgenden Jahres 1629 blieben alle, die einen freiwillig, die anderen gezwungenermaßen, ungefähr in der Lage, in der wir sie verlassen haben, ohne daß einer oder einem von ihnen irgend etwas widerfahren wäre oder daß jemand etwas hätte unternehmen können, was zu berichten sich lohnte. Es kam der Herbst, in welchem Agnese und Lucia sich wiederzusehen gehofft hatten, doch ein großes öffentliches Ereignis machte diese Hoffnung zunichte, und das war gewiß nur eine seiner kleinen Nebenwirkungen. Es folgten weitere große Ereignisse, die jedoch keine bemerkenswerte Änderung im Schicksal unserer Personen bewirkten. Schließlich aber gelangten die Auswirkungen neuer, allgemeinerer, stärkerer und schlimmerer Erschütterungen bis zu ihnen, bis hinunter zu den geringsten unter ihnen auf der Stufenleiter der Welt: wie ein mächtiger, alles mitreißender, bald hierhin, bald dahin schweifender Wirbelsturm, der Bäume knickt und entwurzelt, Dächer fortfliegen läßt, Türme abdeckt, Mauern niederreißt und, während er die Trümmer dahin und dorthin verstreut, auch die im Gras verborgenen Hälmchen aufwirbelt, die welken Blätter in den Ecken aufstöbert, wo sie ein schwächerer Wind zusammengetrieben hatte, und sie mit sich davonträgt in seinem Strudel.

Damit nun jedoch die privaten Begebenheiten, die uns noch zu erzählen bleiben, klar und verständlich werden, müssen wir unbedingt eine Schilderung der öffentlichen vorausschicken und dabei auch ein wenig weiter ausholen.

Kapitel 28

Nach dem Aufruhr am Martinstag und am folgenden schien es, als sei der Überfluß wie durch ein Wunder nach Mailand zurückgekehrt. Brot in Menge bei allen Bäckern, der Preis wie in den besten Jahren, das Mehl entsprechend. Die sich an jenen zwei Tagen aufs Brüllen verlegt oder auch mehr getan hatten, konnten sich nun (bis auf einige wenige, die gefaßt worden waren) stolz in die Brust werfen, und man glaube nicht, daß sie damit aufhörten, kaum daß der erste Schreck über die Verhaftungen vorbei war. Auf den Plätzen, an den Straßenecken und in den Schenken herrschte unverhohlener Jubel, man raunte sich Glückwünsche zu und rühmte sich, die Methode gefunden zu haben, mit der man das Brot verbilligen konnte. Doch inmitten der allgemeinen Freude und des Übermuts gab es – wie hätte es anders sein können? – eine Unruhe, eine Vorahnung, daß die Sache nicht von Dauer sein werde. Man belagerte die Brot- und Mehlläden, wie man es schon während jenes anderen künstlichen und vorübergehenden Überflusses getan hatte, der durch Antonio Ferrers erste Preisfestsetzung erzeugt worden war. Alle kauften, ohne zu sparen, wer ein paar Groschen beiseite gelegt hatte, gab sie für Brot und Mehl aus, und man hortete es in Truhen, Fässern und Kesseln. Indem man so die günstige Marktlage um die Wette ausnutzte, verhinderte man nicht nur, daß sie lange anhielt, was ohnehin nicht möglich war, sondern erschwerte auch ihr kurzfristiges Fortdauern immer mehr. Die Folge war, daß Antonio Ferrer am 15. November *auf Befehl Seiner Exzellenz* eine Verordnung erließ, mit welcher jedem, der noch Korn oder Mehl im Hause hatte, jeglicher Zukauf verboten und allen untersagt wurde, mehr Brot als für den Bedarf zweier Tage zu kaufen, *bei Geld- oder Leibesstrafen nach Ermessen Seiner Exzellenz.* Dazu Aufforderung an alle, die es von Amts wegen anging, aber auch an alle übrigen, Zuwiderhandelnde anzuzeigen, sowie Anweisung an die Richter, die Häuser, die man ihnen bezeichnen werde, durchsuchen zu lassen. Gleichzeitig aber erneute Anordnung an die Bäcker, ihre Läden reichlich mit Brot zu beliefern, *bei Strafe, im Falle der Zuwiderhandlung, von fünf Jahren Galeere und länger nach Ermessen Seiner Exzellenz.* Wer sich die Durchführung eines solchen Erlasses vorstellen kann, muß eine sehr rege Phantasie haben, und gewiß kann man sagen: wenn alle Verordnungen, die damals erlassen wurden, in die Tat umgesetzt worden wären, hätte das Herzogtum Mailand wohl mindestens ebensoviel Leute auf See haben müssen, wie es heutigentages Großbritannien haben mag.

Sei dem, wie ihm wolle, wenn man den Bäckern so viel Brot zu backen befahl, mußte man auch dafür sorgen, daß ihnen der Rohstoff nicht ausging. So war man darauf gekommen – wie stets in Zeiten der Knappheit entwickelte sich ein reges Bestreben, Produkte zu Brot zu verarbeiten, die sonst in anderer Form konsumiert werden –, Reis in den Brotteig zu mischen, um sogenanntes *Mischbrot* zu backen. Am 23. November kam ein Erlaß, der die Hälfte des in jedem Hause befindlichen Vorrats an ungeschältem Reis der Verfügung des Proviantverwesers und der zwölf Herren des Proviantrates unterstellte, bei Strafe für jeden, der ohne Erlaubnis besagter Herren darüber verfügte, der Beschlagnahme seines gesamten Vorrats sowie einer Geldbuße von drei Scudi pro Scheffel. Was, wie man zugeben muß, noch die geringste Strafe war.

Aber dieser Reis mußte bezahlt werden, und der Preis stand in keinem Verhältnis zu dem des Brotes. Die Verpflichtung, für den enormen Fehlbetrag aufzukommen, war der Stadt auferlegt worden, doch der Rat der Dekurionen, der sie namens der Stadt übernommen hatte, beschloß noch am selben 23. November, dem Gouverneur die Unmöglichkeit ihrer Erfüllung darzulegen. Woraufhin der Gouverneur per Erlaß am 7. Dezember den Preis für besagten Reis auf zwölf Lire pro Scheffel festsetzte und jedem, der mehr verlangte oder sich weigerte zu verkaufen, die Beschlagnahme seines gesamten Vorrats sowie eine Geldstrafe in Höhe des gleichen Wertes androhte, *und sogar noch höhere Geld- und dazu Leibesstrafe bis hin zur Galeere nach Ermessen S. E., je nach Beschaffenheit des Falles und der Person.*

Für geschälten Reis war der Preis schon vor dem Aufstand festgesetzt worden; so wie vermutlich auch der Tarif oder, um eine in neuerer Zeit berühmt gewordene Bezeichnung zu verwenden, das *Maximum* für Weizen und die weniger edlen Getreidesorten durch andere Erlasse, die uns nicht vor Augen gekommen sind, festgesetzt worden sein dürfte.

Da nun auf solche Weise Brot und Mehl in Mailand billig zu haben waren, ergab sich als natürliche Folge, daß die Leute in Scharen vom Land hereinströmten, um sich einzudecken. Woraufhin Don Gonzalo, um diesem »Übelstand«, wie er sich ausdrückte, abzuhelfen, durch einen weiteren Erlaß am 15. Dezember untersagte, die Stadt mit mehr Brot als im Wert von zwanzig Soldi zu verlassen, bei Strafe der Beschlagnahme selbigen Brotes und einer Geldbuße von fünfundzwanzig Scudi *sowie im Nichtbeibringungsfalle zweier öffentlich vorgenommener Züge am Seil oder noch härterer Strafen*, wie gewöhnlich *nach Ermessen S. E.* Am 22. desselben Monats (warum erst so spät, ist nicht zu erkennen) erließ er eine ähnliche Verordnung für die verschiedenen Mehl- und Getreidesorten.

Die Menge hatte den Überfluß durch Plündern und

Sengen herbeiführen wollen, die Regierung wollte ihn durch Galeerenstrafen und Foltern sichern. Die Mittel entsprachen einander, doch wieviel sie mit dem Zweck zu tun hatten, sieht der Leser selbst, und wieviel sie taugten, um den Zweck zu erreichen, wird er gleich sehen. Leicht zu erkennen und nicht unnütz zu bemerken ist auch, daß zwischen diesen so eigenartigen Maßnahmen dennoch ein notwendiger Zusammenhang bestand: Jede war die unvermeidliche Folge der vorigen, und alle waren sie die Folge der ersten, die für das Brot einen Preis festgesetzt hatte, der so weit entfernt vom wirklichen war, soll heißen von dem, der sich auf natürliche Weise aus dem Verhältnis von Angebot und Nachfrage ergeben hätte.

Das Volk hat immer gemeint und meinen müssen, daß eine solche Maßnahme ebenso gerecht und dem Gleichheitsgedanken angemessen wie einfach und leicht durchführbar sei. Daher ist es nur natürlich, daß es in Zeiten der Knappheit und Not nach ihr ruft, sie erfleht und, wenn es kann, sie erzwingt. Werden dann nach und nach die Folgen erkennbar, so müssen die Zuständigen bei jeder einzelnen versuchen, ihr durch ein Gesetz abzuhelfen, das den Leuten verbietet, was das vorangegangene Gesetz ihnen nahegelegt hatte. Man erlaube uns hier *en passant* auf eine bemerkenswerte Koinzidenz hinzuweisen: In einem nicht weit entfernten Lande hat man in einer nicht weit zurückliegenden Epoche, der geräuschvollsten und denkwürdigsten unserer modernen Geschichte, unter ähnlichen Umständen zu ganz ähnlichen Maßnahmen gegriffen (man könnte auch sagen, im wesentlichen zu denselben, nur in größerem Maßstab, und auch fast in derselben Reihenfolge), ungeachtet der gewandelten Zeiten und der gewachsenen Erkenntnisse in Europa und besonders in jenem Lande. Und das hat man vor allem deshalb getan, weil die Volksmassen, zu denen diese Erkenntnisse noch nicht vorgedrungen waren, ihre Sicht der Dinge über lange Zeit hatten durchsetzen und, wie man dortzulande sagt, die Hand der Gesetzgeber zwingen können.

So waren, um auf unser Land zurückzukommen, die hauptsächlichen Ergebnisse des Mailänder Aufstands alles in allem zwei gewesen: Vernichtung und effektiver Verlust von Lebensmitteln während des Aufstandes selbst und dann, solange der Fixpreis in Kraft blieb, reichlicher, unbekümmerter und maßloser Konsum auf Kosten des ohnehin schmalen Vorrats, der bis zur nächsten Ernte reichen mußte. Zu diesen allgemeinen Auswirkungen füge man noch die vier Pechvögel hinzu, die als Rädelsführer gehängt wurden, zwei vor der Krükkenbäckerei und zwei am oberen Ende der Straße, an der das Haus des Proviantverwesers stand.

Im übrigen sind die historischen Berichte aus jener Zeit so lückenhaft und vom Zufall diktiert, daß man nicht einmal etwas darüber findet, wie und wann es mit jenem gewaltsam aufrechterhaltenen Fixpreis ein Ende hatte. Wenn wir mangels positiver Nachrichten eine Vermutung äußern dürfen, so neigen wir zu der Annahme, daß er kurz vor oder nach dem 24. Dezember, dem Tag jener Hinrichtungen, abgeschafft worden ist. Und was die Erlasse betrifft, so finden wir nach dem zuletzt erwähnten vom 22. desselben Monats keine weiteren mehr, die sich auf Lebensmittel beziehen, sei's daß sie verlorengegangen sind, sei's daß wir sie übersehen haben oder sei's daß die Regierung, entmutigt, wenn nicht belehrt durch die Unwirksamkeit ihrer Maßnahmen und zermürbt durch die Ereignisse, schließlich den Dingen einfach ihren Lauf ließ.

Sehr wohl aber finden wir in den Berichten mehr als eines Historikers (die alle dazu neigen, große Ereignisse eher zu beschreiben, als ihren Ursachen und Entwicklungen nachzugehen) ein Bild des Landes und vor allem der Stadt im Spätwinter und im Frühling, in denen der

Grund des Übels, eben das Mißverhältnis zwischen Bedarf und Bestand an Lebensmitteln, nicht nur nicht beseitigt, sondern im Gegenteil durch Maßnahmen, die seine Wirkung nur vorübergehend aufgehoben hatten, noch schlimmer geworden war (und auch nicht durch eine hinreichende Einfuhr von ausländischem Getreide gemildert werden konnte, denn ihr standen der Mangel an öffentlichen und privaten Mitteln, die Not in den Nachbarländern, die geringe Leistungsfähigkeit und die Restriktionen des Handels und sogar die Gesetze selbst entgegen, die ja auf niedrige Preise abzielten) – kurzum, ein Bild des Landes zu der Zeit, als die wahre Ursache der Hungersnot beziehungsweise die Hungersnot selbst sich ungehemmt und mit voller Kraft auswirkte. Hier eine Kopie dieses traurigen Bildes.

Auf Schritt und Tritt geschlossene Läden; die Werkstätten großenteils verödet; die Straßen ein unsäglicher Anblick, ein unaufhörlicher Strom des Elends, ein permanentes Schauspiel des Leidens. Die professionellen Bettler, inzwischen geringer an Zahl als die anderen, verloren in einer neuen Menge und oftmals gezwungen, das Almosen denen streitig zu machen, von denen sie es an besseren Tagen bekamen. Verkäufer und Laufburschen, entlassen von Ladenbesitzern, die, da der Tagesverdienst verringert oder ganz weggefallen war, kümmerlich von Ersparnissen und vom Kapital lebten; Ladenbesitzer selbst, für die das Stocken der Geschäfte in Bankrott und Ruin geführt hatte; Handwerksgesellen und sogar Meister aller Gewerbe und Manufakturen, der gewöhnlichsten wie der feinsten, der notwendigsten wie der dem Luxus dienenden, die von Tür zu Tür zogen, von Straße zu Straße, an den Ecken lehnten, auf dem Pflaster kauerten längs der Häuser und Kirchen und um Almosen baten, kläglich oder auch zögernd zwischen der Not und einer noch nicht bezwungenen Scham, abgezehrt, kraftlos, zitternd vor Kälte und Hunger in ihren spärlichen und verschlissenen Kleidern, die jedoch bei vielen noch Spuren früheren Wohlstands aufwiesen, wie auch in der Untätigkeit und Erniedrigung noch etwas von arbeitsamen und selbstbewußten Gewohnheiten zu erkennen war. Eingemischt in diese bedauernswerte Schar, als ein nicht geringer Teil von ihr, entlassene Diener, deren Herren aus mittlerem Wohlstand in Armut abgesackt waren oder, obwohl noch vermögend, sich nicht mehr imstande sahen, in einem solchen Jahr den gewohnten Aufwand an Dienerschaft beizubehalten. Und zu all diesen unterschiedlich Bedürftigen kam noch eine Anzahl weiterer hinzu, die überwiegend vom Erwerb der ersteren mitzuleben gewohnt waren: Kinder, Frauen, Alte, die sich um ihre früheren Ernährer scharten oder anderswohin zum Betteln ausschwärmten.

Dazwischen gab es auch – und man erkannte sie an den zerzausten Schöpfen und zerrissenen Prachtgewändern oder auch an einem gewissen Etwas in Haltung und Gebaren sowie an jenem Gepräge, das die Lebensgewohnheiten den Gesichtern um so unverkennbarer aufdrücken, je sonderbarer sie sind – viele von dem Gesindel der Bravi, die, nachdem auch sie infolge der allgemeinen Not ihren ruchlosen Lebensunterhalt verloren hatten, sich diesen jetzt von der Mildtätigkeit erbettelten. Gezähmt durch den Hunger, nur noch im Betteln mit den anderen wetteifernd, schleppten sie sich verängstigt und bedrückt durch die Straßen, durch die sie so lange erhobenen Kopfes und finsteren Blickes, in bizarre Uniformen gekleidet, mit großen Federn und teuren Waffen, geschniegelt und parfümiert geschritten waren, und streckten demütig bittend die Hand aus, die sie so oft frech drohend oder zum Schlag erhoben hatten.

Den vielleicht schlimmsten und zugleich am meisten Mitleid erregenden Anblick boten jedoch die Bauern, die einzeln, in Paaren, in ganzen Familien daherkamen: Väter, Mütter mit Kleinkindern auf dem Arm oder auf dem Rücken, mit Jungen an der Hand und Alten hinter sich. Einige, deren Häuser von der durchziehenden oder einquartierten Soldateska überfallen und geplündert worden waren, hatten sich verzweifelt auf die Flucht begeben, und unter ihnen gab es solche, die, um mehr Mitleid zu erwecken und gleichsam ihr Elend zu unterstreichen, die blauen Flecken und Narben der Schläge zeigten, die sie bei der Verteidigung ihrer letzten kargen Vorräte oder bei der Flucht vor einer blinden und brutalen Zügellosigkeit erhalten hatten. Andere, die von dieser besonderen Geißel verschont geblieben, aber von jenen zwei anderen verjagt worden waren, vor denen man nirgends sicher war, nämlich der Unfruchtbarkeit des Bodens und den Steuern, die drückender denn je waren, um die sogenannten Kriegsbedürfnisse zu befriedigen, kamen in die Stadt, die sie als den traditionellen Hort und die letzte Zuflucht des Reichtums und der frommen Freigebigkeit ansahen. Man konnte die Neuankömmlinge nicht nur an ihrem unsicheren Gang und ihren suchenden Blicken erkennen, sondern mehr noch an ihrer Verwunderung und ihrem Ärger darüber, am Ziel ihrer Wanderung eine solche Fülle und Rivalität von Elend vorzufinden, wo sie besondere Objekte des Mitleids zu sein und als solche alle Blicke und allen Beistand auf sich zu ziehen erwartet hatten. Den anderen, die schon seit einiger Zeit obdachlos durch die Straßen der Stadt zogen, ernährt durch milde Gaben, die sie bei einem so krassen Mißverhältnis von Bedarf und vorhandenen Mitteln nur gleichsam per Zufall erhielten, stand eine eher dumpfe und müde Fassungslosigkeit im Gesicht geschrieben. Man sah vielerlei Arten von Kleidung, soweit von Bekleidung noch die Rede sein konnte, und auch das Aussehen war sehr verschieden: bleiche Gesichter aus dem Flachland, braungebrannte aus den mittleren Höhen und Hügeln, rötliche aus dem Gebirge, jedoch alle ausgezehrt und entstellt, alle mit tief in den Höhlen liegenden Augen und starren, halb düsteren, halb irren Blicken; die Haare zerzaust, die Bärte lang und struppig; die Körper, in mühsamer Landarbeit aufgewachsen und abgehärtet, nun erschöpft von Entbehrungen; runzlig die Haut an den dürren Armen und Beinen und an der mageren Brust, die man zwischen den Lumpen sehen konnte. Und anders, aber nicht weniger schmerzlich als dieser Anblick gebrochener Kraft, war der Anblick einer schneller besiegten Natur, einer noch hilfloseren Ermattung und Erschöpfung beim schwächeren Geschlecht und beim zarteren Alter.

Hier und da sah man auf den Straßen, an den Mauern der Häuser ein bißchen gestampftes Stroh, zerdrückt und vermengt mit schmutzigem Plunder. Und ein solcher Dreckhaufen war noch ein Geschenk der Nächstenliebe und Werk der Barmherzigkeit: Es war das Lager, das man für irgendeinen dieser Elenden bereitet hatte, damit er sein Haupt zur Nacht darauf betten könne. Hin und wieder sah man auch bei Tag jemanden darauf liegen oder sich niederlegen, dem die Müdigkeit oder der Hunger die letzten Kräfte geraubt und die Beine hatten einknicken lassen. Manchmal lag auf diesem tristen Bett auch ein Toter; manchmal sah man jemanden plötzlich ermattet zusammensinken und tot auf dem Pflaster liegenbleiben.

Über die eine oder andere dieser Lagerstätten sah man auch Passanten oder Nachbarn sich beugen, angelockt von einem spontanen Mitleid. Mancherorts erschien ein in weiter Voraussicht geregelter Hilfsdienst, gelenkt von einer mit reichen Mitteln versehenen Hand, die Wohltätigkeit in großem Maßstab zu üben gewohnt war, und das war keine andere als die des guten Kardinals Federigo. Er hatte sechs Priester ausgewählt, bei denen eine lebhafte und beharrliche Nächstenliebe mit einer robusten Konstitution einherging, hatte sie in Zweiergruppen aufgeteilt und jeder Gruppe ein Drittel der Stadt zugewiesen, das sie regelmäßig durchstreifen sollten, begleitet von zehn Lastträgern mit verschiedenen Speisen, von leichteren bis zu rasch wirkenden Stärkungsmitteln, und mit Kleidern. Jeden Morgen machten sich die drei Gruppen in verschiedenen Richtungen auf den Weg, traten zu denen, die verlassen am Boden lagen, und gaben jedem die Hilfe, die er brauchte. Wer schon im Sterben lag und keine Nahrung mehr zu sich nehmen konnte, empfing den letzten Beistand und die Tröstungen der Religion. An die Hungrigen verteilten sie warme Suppe, Eier, Brot und Wein; anderen, die durch längeres Hungern schon ganz entkräftet waren, verabreichten sie Kraftbrühe und stärkeren Wein, nachdem sie die Ärmsten zunächst, wenn es nötig war, mit Spirituosen wieder zu sich gebracht hatten. Gleichzeitig verteilten sie Kleidung, um die anstößigsten und schmerzlichsten Blößen zu bedecken.

Damit war jedoch ihre Hilfe noch nicht zu Ende, denn der gute Hirte wollte, daß sie zumindest dort, wo sie hingelangte, eine wirksame und nicht nur momentane Erleichterung brachte. Den Armen, die durch diese erste Stärkung wieder genügend Kräfte gewonnen hatten, um aufstehen und gehen zu können, gaben die Priester ein wenig Geld, damit erneute Bedürftigkeit und das Fehlen anderer Hilfe sie nicht gleich wieder in den früheren Zustand zurückversetzten; für die anderen suchten sie Unterkunft und Verpflegung in den umliegenden Häusern. In denen der Wohlhabenden wurden ihre Schützlinge größtenteils aus Barmherzigkeit und dank der Empfehlung des Kardinals aufgenommen; in anderen, wo es dem guten Willen an Mitteln gebrach, baten die Priester, den Armen gegen ein Kostgeld aufzunehmen, setzten dessen Höhe fest und bezahlten gleich einen Teil im voraus. Eine Liste der auf diese Weise Untergebrachten gaben sie dann den Pfarrern, damit diese sie besuchten, und kamen auch selbst wieder, um nach ihnen zu sehen.

Müßig zu sagen, daß Federigo seine Fürsorge nicht auf dieses äußerste Maß an Leiden beschränkte und es auch nicht erst abgewartet hatte, um etwas zu unternehmen. Seine ebenso glühende wie umsichtige Nächstenliebe mußte alles mitfühlen, in allem tätig werden, zu Hilfe eilen, wo sie nicht hatte vorbeugen können, und sozusagen ebenso viele Formen annehmen, wie die Not sie aufwies. So hatte er sich bemüht, indem er alle seine Mittel aufbot, die Sparsamkeit noch erhöhte und auf Reserven zurückgriff, die für andere, nun zweitrangig gewordene Mildtätigkeiten bestimmt waren, auf jede Weise Geld zu beschaffen, um es für die Hungerhilfe zu verwenden. Er hatte große Mengen Getreide angekauft und das meiste davon an die bedürftigsten Orte der Diözese geschickt, und als diese Hilfe immer noch zu gering für die Not war, schickte er auch Salz, »durch welches«, so Ripamonti, der die Sache berichtet*, »das Gras der Wiesen und die Rinde der Bäume sich in Nahrung verwandeln«. Getreide und Geld ließ er auch an die Pfarrer der Stadt verteilen, und er selber besuchte sie Viertel für Viertel, verteilte Almosen und half still und leise vielen armen Familien. Im erzbischöflichen Palais, so bezeugt ein zeitgenössischer Autor – der Arzt Alessandro Tadino in einem seiner Rapporte, den wir noch öfter zu zitieren Gelegenheit haben werden –, wurden jeden Morgen zweitausend Teller Reissuppe ausgegeben.*

Aber diese karitativen Bemühungen, die wir gewiß großartig nennen können, wenn wir bedenken, daß sie von einem einzelnen Manne und allein aus seinen Mitteln aufgebracht wurden (denn Federigo lehnte es grundsätzlich ab, als Verteiler der Spenden anderer aufzutreten), diese enormen Anstrengungen, zusammen mit den Spenden anderer Privatleute, die zwar nicht so ergiebig, aber doch zahlreich waren, und mit den Hilfeleistungen, die der Rat der Dekurionen beschlossen und deren Verteilung er dem Proviantrat aufgetragen hatte, waren noch immer gering im Vergleich zu der Not. Während einer Handvoll Berglern, die nahe daran waren, Hungers zu sterben, durch die tätige Nächstenliebe des Kardinals das Leben noch einmal verlängert wurde, blieb anderen das Äußerste nicht erspart, und die ersten gerieten, sobald die begrenzte Hilfe zu Ende ging, rasch wieder in dieselbe Gefahr. In anderen Gegenden, die zwar nicht vergessen, aber von einer zur Auswahl gezwungenen Mildtätigkeit als weniger hilfsbedürftig hintangestellt worden waren, wurden die Mängel tödlich. Überall wurde gestorben, von allen Seiten strömten die Notleidenden in die Stadt. Während hier, sagen wir, zweitausend Hungernde, die noch etwas kräftiger waren und sich besser vordrängen konnten, einen Teller Suppe ergattert hatten, so daß sie noch nicht am selben Tag sterben mußten, blieben viele tausend andere zurück und beneideten jene – würden wir sagen: Glücklicheren, wenn unter den Zurückgebliebenen oft ihre Frauen, ihre Kinder, ihre Eltern waren? Und während an einigen Stellen der Stadt einige der Verlassensten und fast Verendeten vom Boden aufgehoben, wiederbelebt, untergebracht und für einige Zeit versorgt wurden, brachen an hundert anderen Stellen andere zusammen und litten oder verendeten ohne Hilfe noch Linderung.

Den ganzen Tag lang hörte man auf den Straßen ein Gewirr von flehenden Stimmen; in der Nacht ein Gemisch von Wimmern und Stöhnen, durchsetzt von jäh ausbrechenden Klagen, lautem Geheul, tief und leise einsetzenden Hilferufen, die in gellenden Schreien endeten.

Bemerkenswert ist, daß es bei einem solchen Übermaß an Leiden und einer solchen Vielfalt von Klagen nie einen Versuch zum Aufstand gab und nie ein Ruf zur Revolte ertönte – jedenfalls ist nicht der kleinste Hinweis darauf zu finden. Dabei befand sich unter denen, die auf solche Art lebten und starben, eine große Anzahl von Menschen, die zu allem anderen als zum stillen Dulden erzogen waren; zu Hunderten waren es ebendieselben, die sich am Martinstag so lautstark hatten vernehmen lassen. Man darf auch nicht meinen, das Beispiel der vier Unglücklichen, die für alle zu büßen hatten, habe sie alle abgeschreckt; denn welche Macht konnte die bloße Erinnerung an Todesqualen, nicht etwa ihr unmittelbarer Anblick, auf die Gemüter einer ziellos umherirrenden Menge ausüben, die sich zu einem langsamen Tod verurteilt sah, dessen Qualen sie bereits erlitt? Aber so sind wir Menschen nun einmal: Wir rebellieren empört und wütend gegen die mittleren Übel und beugen uns schweigend den größten; wir ertragen nicht resigniert, sondern blöde den Gipfel dessen, was wir zu Anfang unerträglich gefunden hatten.

Die Lücken, die der Tod jeden Tag in diese beklagenswerte Menge riß, wurden jeden Tag mehr als aufgefüllt: Es gab einen ununterbrochenen Zustrom, erst aus den umliegenden Dörfern, dann aus der ganzen Gegend, dann aus den übrigen Städten des Herzogtums und schließlich auch aus anderen. Gleichzeitig zogen jeden Tag alteingesessene Mailänder fort; einige, um sich dem Anblick so vieler Not zu entziehen, andere, die sich sozusagen durch neue Konkurrenten im Betteln um ihren Platz gebracht sahen, zu einem letzten verzweifelten Versuch, irgendwo anders Hilfe zu finden, irgendwo, wo zumindest die Menge und die Rivalität der Hilfesuchenden nicht so dicht und bedrängend sein würden. So begegneten sich diese und jene Pilger auf ihren entgegengesetzten Reisen, ein Anblick des Schrekkens für beide Seiten, ein schmerzliches Bild und schlimmes Vorzeichen für das Ziel, zu dem die einen wie die anderen unterwegs waren. Alle jedoch zogen weiter ihres Weges, wenn nicht mehr in der Hoffnung, ihr Los zu verändern, so wenigstens, um nicht unter einen verhaßt gewordenen Himmel zurückzukehren und die Orte ihrer Verzweiflung wiederzusehen. Es sei denn, daß einer, den die letzten Kräfte verließen, auf der Straße zusammenbrach und tot liegenblieb – ein noch unheilvollerer Anblick für seine Elendsgenossen, ein Bild des Entsetzens und vielleicht des Vorwurfs für die anderen Vorbeikommenden. »Ich sah«, schreibt Ripamonti, »auf der Straße, die um die Mauern führt, die Leiche einer Frau ... Aus ihrem Munde hing halbzerkautes Gras, und ihre Lippen schienen sich noch in einer geradezu wütenden Anstrengung zu bewegen ... Sie trug ein Bündel auf dem Rücken und um den Hals mit den Windeln festgebunden ein Kind, das schreiend nach der Brust verlangte ... Und es waren mitleidige Menschen hinzugetreten, die das arme Würmchen von der Erde aufhoben und forttrugen, derart die erste Mutterpflicht erfüllend.«

Der sonst übliche Gegensatz von prächtigen Kleidern und Lumpen, von Überfluß und Elend, dieses gewöhnliche Schauspiel in gewöhnlichen Zeiten, war völlig verschwunden. Lumpen und Elend sah man fast überall, und was sich davon unterschied, war höchstens ein Anflug von kargem Mittelmaß. Man sah die Adligen in einfacher und bescheidener, ja in schäbiger und verschlissener Kleidung gehen; einige, weil die allgemeinen Ursachen des Elends auch ihre Verhältnisse so weit verändert oder ein schon angegriffenes Vermögen in den Ruin getrieben hatten, andere, weil sie entweder fürchteten, durch prunkvolles Auftreten die Empörung des verzweifelten Volkes herauszufordern, oder weil sie sich schämten, das allgemeine Elend so zu verhöhnen.

Die verhaßten und respektierten Gewalttäter, die sonst mit einem großen Gefolge von Bravi einherzustolzieren pflegten, gingen nun fast allein und gesenkten Hauptes mit einer Miene, die Frieden anzubieten und zu erbitten schien. Andere, die auch in besseren Zeiten menschlicher gesinnt und bescheidener aufgetreten waren, schienen gleichfalls verwirrt, bestürzt und wie überwältigt vom ständigen Anblick eines Elends, das nicht nur die Möglichkeiten der Hilfe, sondern, man möchte fast sagen, die Kräfte des Mitleids überstieg. Wer in der Lage war, ein paar Almosen zu geben, mußte jedesmal eine traurige Wahl zwischen Hunger und Hunger, Nöten und Nöten treffen. Und kaum sah man eine mitleidige Hand sich der Hand eines Unglücklichen entgegenstrecken, erhob sich ringsum ein Wettstreit anderer Unglücklicher. Die noch etwas Kraft hatten, drängten sich vor, um nachdrücklicher zu bitten; die Erschöpften, die Alten, die Kinder hoben ihre dürren Arme, die Mütter hoben und zeigten aus der Ferne ihre schreienden Kinder, die schlecht und recht in zerlumpte Windeln gewickelt waren und sich vor Schwäche in ihren Händen krümmten.

So vergingen der Winter und der Frühling, und schon seit einiger Zeit warnte die Gesundheitsbehörde den Proviantrat vor der Seuchengefahr, in der die Stadt wegen des überall angehäuften Elends schwebte, und machte den Vorschlag, die Bettler in verschiedenen Hospizen unterzubringen. Während man diesen Vorschlag diskutierte, während man ihn für gut befand, während man sich Gedanken über Mittel, Wege und Orte seiner Durchführung machte, wuchs die Zahl der Leichen in den Straßen mit jedem Tag, und im gleichen Maße wuchs auch die ganze übrige Anhäufung von Elend. Im Proviantrat wurde als leichter und rascher durchführbar eine andere Lösung vorgeschlagen: alle Bettler, gesunde und kranke, an einem einzigen Ort zu versammeln, nämlich im Lazarett, wo sie auf Kosten der öffentlichen Hand versorgt und gepflegt werden könnten. So wurde es dann auch beschlossen, trotz des Einspruchs der Gesundheitsbehörde, die zu bedenken gab, daß in einer so großen Menschenansammlung die Gefahr, der man begegnen wolle, nur noch zunehmen würde.

Das Mailänder Lazarett (dies für den Fall, daß die vorliegende Geschichte jemandem in die Hände fällt, der es weder aus eigener Anschauung noch aus Beschreibungen kennt) ist eine vierseitige, fast quadratische Anlage außerhalb der Stadt, zur Linken der Porta Orientale, von der Mauer getrennt durch die Breite des Stadtgrabens, der Wallstraße und eines Abflußgrabens, der um das Gebäude selbst läuft. Die beiden Längsseiten sind etwa fünfhundert Schritt lang, die beiden anderen vielleicht fünfzehn weniger. Alle vier bestehen aus lauter kleinen aneinandergereihten Räumen von der Höhe eines Stockwerks; innen läuft um drei Seiten ein Bogengang, dessen Kreuzgewölbe von dünnen Säulen getragen wird.

Die Räume waren zweihundertachtundachtzig oder mehr an der Zahl; heute sind einige davon, ich weiß nicht wie viele, einer großen Öffnung in der Mitte der Straßenseite und einer kleineren an einer Ecke zum Opfer gefallen. Zur Zeit unserer Geschichte gab es nur zwei Eingangstore, eins in der Mitte der Seite, die zur Stadtmauer blickt, und das andere in der gegenüberliegenden Seite. In der Mitte des Innenhofes stand und steht heute noch eine kleine achteckige Kirche.

Die erste Bestimmung des Gebäudes, dessen Bau im Jahre 1489 mit den Geldern eines privaten Vermächtnisses begonnen und später mit denen der öffentlichen Hand sowie anderer Hinterlassenschaften und Schenkungen fortgesetzt worden war, sollte, wie schon der Name andeutet, im Bedarfsfall die Aufnahme der an der Pest Erkrankten sein. Denn diese Seuche pflegte schon lange vor jener Zeit und noch lange nachher zwei-, vier-, sechs- oder achtmal pro Jahrhundert bald in diesem, bald in jenem Lande Europas aufzutreten und manchmal einen großen Teil, manchmal auch den ganzen Kontinent der Länge und Breite nach zu verheeren. In der Zeit, von der wir sprechen, diente das Lazarett jedoch nur als Depot für der Quarantäne unterworfene Waren.

Um es nun möglichst rasch zu räumen, hielt man sich nicht an die Strenge der sanitären Gesetze, sondern nahm die vorgeschriebenen Proben und Reinigungen in aller Eile vor und gab sämtliche Waren mit einem Schlag frei. Sodann ließ man alle Räume mit Stroh auslegen, beschaffte Lebensmittelvorräte von der Güte und in der Menge, die man auftreiben konnte, und forderte alle Bettler durch öffentliche Bekanntmachungen auf, sich dorthin zu begeben.

Viele gingen freiwillig hin; alle, die krank auf den Straßen und Plätzen lagen, wurden hingebracht. In wenigen Tagen waren über dreitausend dort versammelt. Aber weit mehr blieben draußen. Ob nun jeder hoffte, daß die anderen vor ihm gingen und er zurückbleiben könne, um die Almosen der Stadt mit wenigen zu genießen, ob es der natürliche Widerwille vor dem Eingeschlossensein war oder das Mißtrauen der Armen gegenüber allem, was ihnen von den Inhabern des Reichtums und der Macht vorgeschlagen wird (ein Mißtrauen, das in jedem Falle direkt proportional zur gemeinsamen Ignoranz derer, die es empfinden, und derer, die es einflößen, zur Anzahl der Armen und zur geringen Vernunft der Gesetze steht), ob es ein faktisches Wissen um die wahre Beschaffenheit der angebotenen Wohltat war oder alles zusammen oder was immer – fest steht, daß die meisten der Aufforderung nicht folgten und sich weiter mühselig durch die Straßen schleppten. Angesichts dieser Tatsache hielt man es für gut, von der Aufforderung zur Gewaltanwendung überzugehen. Häscher wurden ausgeschickt, um die Bettler ins Lazarett zu treiben und die Widerspenstigen gefesselt hinzubringen; für jeden der letzteren wurde eine Prämie von zehn Soldi ausgesetzt – woran man sieht, daß sich auch in den größten Notlagen immer noch öffentliche Gelder zu unsinniger Verwendung finden. Und obwohl, wie es der Proviantrat erwartet, ja ausdrücklich beabsichtigt hatte, eine gewisse Anzahl von Bettlern aus der Stadt entwich, um anderswo zu leben oder wenigstens in Freiheit zu sterben, war die Jagd doch so erfolgreich, daß die Gesamtzahl der im Lazarett Untergebrachten, ob als Gäste oder Gefangene, sich nach kurzer Zeit auf annähernd zehntausend belief.

Die Frauen und Kinder werden, so wollen wir annehmen, in gesonderten Räumen untergebracht worden sein, obwohl die zeitgenössischen Berichte nichts darüber sagen. An Regeln und Vorkehrungen für eine gute Ordnung wird es nicht gemangelt haben, aber es kann sich jeder vorstellen, welche Ordnung, zumal in jenen Zeiten und unter solchen Umständen, in einer so großen und bunt gemischten Menschenansammlung eingeführt und gewahrt werden konnte, wo sich zwischen den Freiwilligen die Zwangseingelieferten befanden, zwischen denen, für die das Betteln eine Notwendigkeit, eine Pein und Schande war, diejenigen, die es als Beruf betrieben, zwischen den vielen, die mit ehrlicher Arbeit auf den Feldern und in den Werkstätten aufgewachsen waren, viele andere, die auf der Straße, in den Tavernen und in den Palästen der Mächtigen mit Müßiggang, Gaunerei, Spott und Gewalt groß geworden waren.

Wie es bei all diesen mit der Unterbringung und Verpflegung stand, könnten wir uns nur trübsinnig ausmalen, wenn wir keine sicheren Nachrichten hätten, aber die haben wir. Sie schliefen zusammengepfercht zu zwanzig bis dreißig in jedem der zellenartigen Räume oder draußen im Bogengang auf einem bißchen faulig stinkenden Stroh oder auf dem nackten Boden, denn obwohl es eine Anordnung gab, nach welcher das Stroh frisch und ausreichend sein und häufig gewechselt werden sollte, war es tatsächlich schlecht und knapp und immer dasselbe. Desgleichen gab es eine Anordnung, nach welcher das Brot von guter Qualität zu sein habe (denn welcher Verwalter hätte jemals gesagt, man solle schlechte Produkte herstellen und verteilen?), aber wie sollte man das, was unter normalen Umständen selbst für einen kleineren Abnehmerkreis nicht zu erreichen war, unter diesen Bedingungen für eine so große Menge erreichen? Man munkelte damals, wie wir aus den Berichten entnehmen, das Lazarettbrot sei durch schwere Substanzen ohne Nährwert verfälscht worden, und es ist leider nur allzu glaubhaft, daß es sich dabei nicht um eine aus der Luft gegriffene Klage handelte. Sogar an Wasser herrschte Mangel, ich meine an frischem und sauberem Wasser. Als gemeinsamer Brunnen mußte der Abflußgraben dienen, der um die Mauern des Gebäudes lief: seicht, träge, mithin auch schlammig und zu dem geworden, wozu er durch den Gebrauch und in der Nachbarschaft einer so großen und so gearteten Menschenmenge werden mußte.

Zu all diesen Gründen für hohe Sterblichkeit, die um so durchschlagender waren, als sie sich auf kranke oder kränkliche Körper auswirkten, füge man noch eine außergewöhnliche Ungunst der Jahreszeit hinzu: anhaltende Regengüsse, gefolgt von einer noch länger anhaltenden Dürre und einer verfrühten heftigen Hitzewelle. Zu den Krankheiten kam das Gefühl des Krankseins hinzu, die Monotonie und die Raserei der Gefangenschaft, die Erinnerung an die früheren Gewohnheiten, der Schmerz über die verlorenen Lieben, die Ungewißheit über das Schicksal der fernen Lieben, die Qual der Enge und der gegenseitige Abscheu, all die vielen Ausdrucksformen der Niedergeschlagenheit oder der Wut, seien sie mitgebracht worden oder erst drinnen entstanden; schließlich die Angst vor dem Tod und sein aus so vielen Gründen so häufiger Anblick, daß er selbst zu einer neuen und mächtigen Todesursache geworden war. Es wird nicht verwundern, daß die Sterblichkeit in jener Anstalt so rapide zunahm, als handle es sich um die Pest, wie sie denn auch von vielen genannt wurde: sei's daß die Kombination und gegenseitige Verstärkung all dieser Ursachen nur die Wirksamkeit einer gewöhnlichen Grippeepidemie verstärkte, sei's (wie es offenbar auch bei weniger schweren und langen Hungersnöten geschieht) daß irgendeine andere Ansteckung hinzukam, die in den angegriffenen, von der schlechten Ernährung, den Unbilden der Witterung, dem Schmutz, dem Leid und der Erniedrigung geschwächten Körpern sozusagen die rechte Stimmung und Jahreszeit fand, also die notwendigen Bedingungen, um zu entstehen, sich zu nähren und zu vermehren (wenn es einem Laien gestattet ist, diese Ausdrücke zu verwenden, einer von mehreren Ärzten aufgestellten Hypothese folgend, die kürzlich mit vielen neuen Gründen und vielen Vorbehalten von einem ebenso gewissenhaften wie geistreichen Gelehrten wiederholt worden ist*), sei's schließlich, daß die Ansteckung zuerst im Lazarett selbst ausgebrochen war, was anscheinend, wie aus einem ungenauen und etwas wirren Bericht hervorgeht, die Ärzte der Gesundheitsbehörde glaubten, oder sei es, daß sie schon früher im verborgenen existiert hatte (was vielleicht wahrscheinlicher ist, wenn man bedenkt, daß die allgemeine Not ja schon alt und die Sterblichkeit hoch war) und sich nun in dieser permanenten Überfüllung mit neuer und schrecklicher Schnelligkeit ausbreiten konnte. Welche dieser Mutmaßungen auch immer zutreffen mochte, die Zahl der täglichen Todesfälle im Lazarett stieg jedenfalls binnen kurzem auf über hundert.

Während es also an jenem Ort nichts als Apathie, Angst, Schrecken, Jammern und Klagen gab, herrschte im Proviantrat Bestürzung, Ungewißheit und Scham. Man diskutierte, holte den Rat der Gesundheitsbehörde ein und fand keinen anderen Ausweg, als wieder rückgängig zu machen, was mit soviel Aufwand, so vielen Kosten und so vielen Schikanen durchgesetzt worden war. Man öffnete das Lazarett, entließ alle nicht erkrankten Bettler, die noch verblieben waren, und sie stürmten in wilder Freude hinaus. Durch die Stadt tönte wieder das alte Lamento, wenn auch nicht mehr so laut und ununterbrochen, man sah wieder jene zerlumpten Scharen, wenn auch gelichtet und noch erbarmungswürdiger, schreibt Ripamonti, wenn man bedachte, wodurch sie so zusammengeschmolzen waren. Die Kranken wurden nach Santa Maria della Stella verbracht, in das damalige Armenhospiz, wo die meisten von ihnen starben.

Inzwischen begannen jedoch die gesegneten Fluren gelb zu werden. Die vom Land gekommenen Bettler gingen fort, jeder in seine Gegend, um sich an die langersehnte Ernte zu machen. Der gute Federigo verabschiedete sie mit einem letzten Beweis und originellen Einfall seiner Nächstenliebe: Jedem Bauern, der sich im erzbischöflichen Palais einfand, ließ er einen Giulio und eine Sichel geben.

Mit der Ernte hörte die Teuerung endlich auf. Die hohe Sterblichkeit, ob durch Ansteckung oder Epidemie verursacht, nahm von Tag zu Tag ab, hielt aber noch bis zum Herbst an. Sie war fast zum Erliegen gekommen, als eine neue Geißel auftrat.

Viele wichtige Dinge von der Sorte, die man im engeren Sinne als historisch bezeichnet, hatten sich in der Zwischenzeit ereignet. Nachdem Kardinal Richelieu, wie erwähnt, die Stadt La Rochelle eingenommen und mit dem König von England schlecht und recht Frieden geschlossen hatte, war er im französischen Thronrat dafür eingetreten, daß man den Herzog von Nevers tatkräftig unterstützte, und hatte es dank seiner machtvollen Rede durchgesetzt; zugleich hatte er den König bestimmt, das Unternehmen persönlich zu leiten. Während die Vorbereitungen dazu getroffen wurden, erschien der Graf von Nassau als Beauftragter des Kaisers in Mantua und forderte den neugebackenen Herzog auf, seine Staaten in die Obhut Ferdinands zu geben, andernfalls werde dieser ein Heer schicken, sie zu besetzen. Der Herzog, der sich schon in weit hoffnungsloserer Lage gesträubt hatte, eine so harte und zweifelhafte Bedingung anzunehmen, fühlte sich nun durch die nahe Hilfe Frankreichs ermutigt und sträubte sich um so mehr, allerdings mit Wendungen, in denen das Nein soweit wie irgend möglich umschrieben und hinausgezögert wurde, und mit Vorschlägen für Unterwerfungsakte, die sogar noch spektakulärer, aber nicht so kostspielig waren. Der kaiserliche Beauftragte hatte sich unter Protest verabschiedet und angekündigt, daß man nun zur Gewalt schreiten werde. Im März war dann Richelieu tatsächlich mit dem König an der Spitze eines Heeres herangerückt. Er hatte den Herzog von Savoyen ersucht, ihn durchmarschieren zu lassen, sie hatten verhandelt und waren zu keinem Schluß gekommen, aber nach einem Scharmützel, das günstig für Frankreich ausging, hatten sie erneut verhandelt und ein Abkommen geschlossen, in welchem der Herzog unter anderem stipuliert hatte, daß der Córdoba dazu gebracht werden müsse, die Belagerung von Casale aufzuheben, wobei er sich verpflichtete, im Falle einer Weigerung Don Gonzalos gemeinsam mit den Franzosen in das Herzogtum Mailand einzumarschieren. Don Gonzalo, dem schien, daß er auf diese Weise billig davonkam, hatte die Belagerung von Casale aufgehoben, woraufhin sofort französische Truppen zur Verstärkung der Garnison einrückten.

Es war aus diesem Anlaß, daß Achillini sein berühmtes Sonett an König Ludwig schrieb, das mit den Worten begann:

Schwitzet, o Gluten, Erz zu schmelzen

und ein weiteres, in dem er ihn aufforderte, sich unverzüglich zur Befreiung des Heiligen Landes aufzumachen. Doch es gehört nun einmal zum Los der Poeten, daß ihre Ratschläge kein Gehör finden, und sollten wir in der Geschichte einmal Ereignisse finden, die mit einer ihrer Anregungen übereinstimmen, so können wir sicher sein, daß sie schon vorher beschlossene Sache waren. Kardinal Richelieu hatte bereits entschieden, daß in Angelegenheiten, die ihn dringender dünkten, nach Frankreich zurückgekehrt wurde. Girolamo Soranzo, der Gesandte Venedigs, konnte noch so viele Gründe anführen, um gegen diese Entscheidung anzukämpfen: der König und der Kardinal gaben auf seine Prosa soviel wie auf die Verse von Achillini, kehrten mit dem Gros des Heeres zurück nach Frankreich und ließen nur sechstausend Mann als Unterpfand des Vertrags an der Grenze in Susa, um den Paß zu bewachen.

Während das französische Heer auf der einen Seite abzog, näherte sich auf der anderen das kaiserliche. Es war durch Graubünden und das Veltlin gezogen und schickte sich nun an, ins Mailändische vorzustoßen. Außer all den Schäden, die man bei einem solchen Durchzug befürchten mußte, drohte noch eine andere Gefahr: Bei der Gesundheitsbehörde waren ausdrückliche Warnungen eingegangen, daß im kaiserlichen Heer die Pest umgehe, von der es damals in den deutschen Truppen immer »einige Spritzer« gegeben habe, wie Varchi unter Bezugnahme auf die Pest sagt, die ein Jahrhundert zuvor von deutschen Truppen nach Florenz eingeschleppt worden war. Alessandro Tadino, einer der leitenden Herren des Gesundheitsamtes (es waren sechs außer dem Präsidenten: vier Magistratspersonen und zwei Ärzte), wurde, wie er selbst in seinem schon zitierten Rapport berichtet*, von seiner Behörde beauftragt, dem Gouverneur die entsetzliche Gefahr vor Augen zu halten, in der das Land schwebte, wenn diese Truppen durchzogen, um, wie man hörte, zur Belagerung von Mantua zu schreiten. Aus dem ganzen Verhalten Don Gonzalos gewinnt man den Eindruck, daß er einen großen Drang danach hatte, sich einen Platz in der Geschichte zu erwerben, die tatsächlich nicht umhinkonnte, sich mit ihm zu beschäftigen, die jedoch (wie es ihr häufig passiert) seine denkwürdigste Tat nicht zur Kenntnis nahm oder sich nicht darum kümmerte, sie zu verzeichnen, nämlich die Antwort, die er Tadino bei dieser Gelegenheit gab. Er antwortete, daß er nicht wisse, was er tun solle; die Motive Gewinn und Ruhm, aus denen sich jenes Heer in Bewegung gesetzt habe, wögen schwerer als die ihm geschilderte Gefahr; trotzdem müsse man danach trachten, ihr vorzubeugen, so gut es ginge, und im übrigen auf die Vorsehung hoffen.

Um also vorzubeugen, so gut es ging, machten die beiden Ärzte des Gesundheitsamtes (der erwähnte Tadino und Senator Settala, ein Sohn des berühmten Lodovico) ihrer Behörde den Vorschlag, unter Androhung schwerster Strafen zu verbieten, von den durchziehenden Soldaten irgend etwas zu kaufen. Aber es war nicht möglich, dem Präsidenten die Notwendigkeit eines solchen Verbotes begreiflich zu machen, »einem grundgütigen Manne«, schreibt Tadino, »der nicht glauben konnte, daß der Handel mit diesen Leuten und ihren Sachen so viele Tausende von Todesfällen zur Folge haben sollte«. Wir zitieren diese Äußerung als eine der bemerkenswertesten jener Epoche; denn sicherlich ist es, seit es Gesundheitsämter gibt, keinem anderen Präsidenten einer solchen Behörde je eingefallen, eine solche Überlegung anzustellen, wenn man sie denn Überlegung nennen kann.

Was Don Gonzalo betraf, so mußte er Mailand bald nach jener Antwort verlassen, und die Abreise war für ihn ebenso traurig wie ihr Grund. Er war wegen der Mißerfolge des Krieges, den er selber geschürt und geführt hatte, abberufen worden, und das Volk gab ihm die Schuld an der unter seiner Regierung erlittenen Hungersnot. (Was er für die Ausbreitung der Pest getan hatte, wußte man entweder nicht, oder es beunruhigte niemanden bis auf die Gesundheitsbehörde und besonders die beiden Ärzte, wie wir noch sehen werden.) Als er den Gouverneurspalast in seiner Reisekutsche verließ, inmitten einer Wache von Hellebardieren, mit zwei berittenen Trompetern voraus und anderen Karossen Adliger, die ihm folgten, wurde er mit lauten Pfiffen von Gassenjungen empfangen, die sich auf dem Domplatz versammelt hatten und johlend hinter ihm herliefen. Als der Zug auf die Straße einbog, die zur Porta Ticinese führt, durch die er die Stadt verlassen sollte, befand er sich plötzlich in einer Menschenmenge, die zum Teil dort gewartet hatte und zum Teil noch herbeigeströmt kam, zumal die Trompeter als pflicht- und standesbewußte Männer unentwegt bliesen, vom Palast bis zum Stadttor. In dem Prozeß, der später wegen dieses Krawalls geführt wurde, entgegnete einer von ihnen auf den Vorwurf, er habe die Sache durch sein Trompeten noch schlimmer gemacht: »Lieber Herr, das ist unser Beruf, und wenn es Seiner Exzellenz nicht lieb gewesen wäre, daß wir bliesen, dann hätte uns Seine Exzellenz bloß befehlen müssen, still zu sein.« Aber Don Gonzalo gab keinerlei Befehl, sei's weil er nichts tun wollte, was nach Angst aussah, sei's weil er fürchtete, dadurch die Menge noch mehr aufzureizen, sei's weil er tatsächlich ein bißchen fassungslos war. Die Menge, die

die Wachen vergeblich zurückzudrängen versucht hatten, lief vor, neben und hinter der Kutsche her und rief: »Da zieht sie ab, die Hungersnot, da zieht sie ab, die Blutsäuferei« und Schlimmeres. Als sie sich dem Tor näherten, fingen einige auch an mit Pflaster- und Ziegelsteinen zu werfen, mit Kohlstrünken, Rinden und Obstschalen jeder Art, kurzum, mit der üblichen Munition solcher Unternehmungen; ein Teil stieg auf die Mauern und ließ von dort eine letzte Ladung auf die hinausfahrenden Kutschen niedergehen. Gleich darauf zerstreuten sich alle.

An die Stelle von Don Gonzalo wurde der Marchese Ambrogio Spinola geschickt, dessen Name bereits in den flandrischen Kriegen jenen militärischen Ruhm erlangt hatte, der ihm bis heute geblieben ist.

Inzwischen hatte das deutsche Heer unter dem Oberbefehl des Grafen Rambaldo di Collalto, eines weiteren italienischen Condottiere von geringerem, aber nicht unbeachtlichem Ruf, den endgültigen Befehl erhalten, sich zur Einnahme Mantuas aufzumachen, und im September rückte es in das Herzogtum Mailand ein.

In jenen Zeiten bestanden die Truppen noch großenteils aus Söldnern, die von gewerbsmäßigen Condottieri im Auftrag dieses oder jenes Fürsten angeworben wurden, zuweilen auf eigene Rechnung der Söldnerführer, die sich dann zusammen mit ihnen an irgend jemanden verkauften. Mehr als vom Sold wurden die Männer von der Aussicht auf Plünderungen und die sonstigen Freuden der Zügellosigkeit zu diesem Handwerk gelockt. Eine feste und allgemeine Disziplin gab es nicht, sie hätte sich auch nicht so leicht mit der oft recht eigenständigen Autorität der verschiedenen Söldnerführer vertragen. Außerdem waren gerade sie keine besonderen Eiferer in Sachen Disziplin, und selbst wenn sie es gewollt hätten, wäre es ihnen schwerlich gelungen, sie einzuführen und durchzusetzen. Denn Söldner dieses Schlages hätten gegen einen auf Neuerungen erpichten Condottiere, der das Plündern abschaffen wollte, entweder gemeutert oder wären ihm von der Fahne gelaufen. Da zudem die Fürsten, wenn sie diese Banden sozusagen mieteten, mehr darauf achteten, Leute in großer Zahl zu bekommen, um das Unternehmen zu sichern, als die Zahl nach der gewöhnlich recht kargen eigenen Zahlungsfähigkeit zu bemessen, wurde der Sold in der Regel verspätet, auf Abschlag und in Raten gezahlt, und das Plündern der Landstriche, durch die man kam, wurde als eine stillschweigend vereinbarte Dreingabe angesehen. Fast so berühmt wie Wallensteins Name ist sein Ausspruch, es sei leichter, ein Heer von hunderttausend Mann zu unterhalten als eines von zwölftausend. Und dasjenige, von dem wir sprechen, bestand zum großen Teil aus Leuten, die unter seinem Befehl die deutschen Lande verwüstet hatten in jenem sowohl aufgrund seiner selbst wie aufgrund seiner Folgen berühmtesten aller Kriege, der später nach seiner Dauer der Dreißigjährige genannt werden sollte und damals gerade im elften war. Es befand sich sogar, geführt von einem seiner Lieutenants, Wallensteins eigenes Regiment dabei; von den Anführern hatten die meisten unter ihm gekämpft, und mehr als einer von ihnen gehörte zu denen, die vier Jahre später mithelfen sollten, ihm jenes schlimme Ende zu bereiten, das allgemein bekannt ist.

Es waren achtundzwanzigtausend Infanteristen und siebentausend Berittene, und um vom Veltlin nach Mantua zu gelangen, mußten sie dem ganzen Lauf der Adda folgen, also dem Weg, den diese zuerst als Fluß, dann durch zwei Arme des Comer Sees und dann wieder als Fluß bis zu ihrer Mündung in den Po zurücklegt, und danach mußten sie auch diesem Fluß noch ein gutes Stück folgen: im ganzen acht Tagesmärsche durch das Herzogtum Mailand.

Ein großer Teil der Einwohner floh hinauf in Berge, ihre kostbarste Habe mitschleppend und ihr Vieh vor sich hertreibend; andere blieben, sei's um keine Kranken alleinzulassen, sei's um ihr Haus vor Brandstiftung zu schützen, sei's um versteckte oder vergrabene Wertsachen im Auge zu behalten; andere auch, weil sie nichts zu verlieren hatten oder etwas zu ergattern hofften. Als das erste Kontingent in das zur Rast bestimmte Dorf kam, verteilte es sich sofort in dieses und die benachbarten Dörfer und plünderte sie nach Strich und Faden. Was sich genießen oder forttragen ließ, verschwand, das übrige wurde zerstört oder ruiniert. Die Möbel wurden zu Kleinholz gemacht, die Häuser zu Ställen, und schweigen wir von den Schlägen, Verletzungen, Vergewaltigungen. Kluge Einfälle oder schlaue Ideen, die eigene Habe zu retten, erwiesen sich in den meisten Fällen als unnütz, und manchmal brachten sie sogar noch größeren Schaden. Die Söldner, die sich auch in diesen Kriegslisten weit besser auskannten, durchstöberten alle Winkel der Häuser, rissen Wände und Mauern ein, erkannten leicht in den Gärten die frisch umgegrabene Erde, stiegen sogar hinauf in die Berge, um das Vieh zu rauben, durchsuchten die Höhlen, geführt von einem örtlichen Schurken, nach einem eventuell dort versteckten Reichen, und wenn sie ihn fanden, schleppten sie ihn zu seinem Haus und zwangen ihn mit Drohungen und Schlägen, zu verraten, wo er seine Schätze verborgen hatte.

Schließlich zogen sie wieder ab und verschwanden. In der Ferne hörte man den Klang der Trommeln und Trompeten ersterben, es folgten einige Stunden banger Ruhe, dann kündigten neue verfluchte Trommelschläge und neue verfluchte Trompetentöne einen neuen Trupp an. Dieser, der nichts mehr zu erbeuten fand, fiel um so wütender über die Reste her, verbrannte die von den anderen geleerten Fässer, die Türen der Zimmer, in denen nichts mehr zu holen war, und zündete sogar die Häuser an; und mit noch größerer Wut, versteht sich, wurden die Personen mißhandelt. So wurde es von Mal zu Mal schlimmer, zwanzig Tage lang, denn das Heer war in viele Trupps und Regimenter gegliedert.

Colico war die erste Ortschaft des Herzogtums, in die diese Teufel einfielen. Danach stürzten sie sich auf Bellano. Von dort ergossen sie sich ins Valsassina, von wo aus sie ins Gebiet von Lecco eindrangen.

Kapitel 29

Hier finden wir unter den armen Verschreckten auch Leute, die wir schon kennen.

Wer Don Abbondio nicht an jenem Tage erlebt hat, an dem sich die Nachrichten vom Einfall des Heeres, von seinem Anrücken und seinem Verhalten überschlugen, der weiß nicht, was Ratlosigkeit und Entsetzen sind. Sie kommen, es sind dreißig-, vierzig-, fünfzigtausend; es sind Teufel, Ketzer, Antichristen; sie haben Cortenuova geplündert; sie haben Primaluna angezündet; sie verwüsten Introbbio, Pasturo, Barsio; sie sind schon in Balabbio angekommen; morgen sind sie hier – das waren die Gerüchte, die von Mund zu Mund gingen; dazu allgemeines Umherrennen, gegenseitiges Festhalten, aufgeregtes Beratschlagen, Schwanken zwischen Fliehen und Bleiben, Zusammenglucken von Frauen, Zerraufen der Haare. Don Abbondio, der zur Flucht entschlossen war, der vor allen anderen und mehr als alle anderen dazu entschlossen war, sah gleichwohl auf jedem Weg, den er nehmen, an jedem Ort, wohin er sich flüchten könnte, unüberwindliche Hindernisse und fürchterliche Gefahren. »Was mache ich nur?« rief er immer wieder. »Wohin soll ich gehen?« Die Berge waren, ganz abgesehen von der Mühseligkeit des Aufstiegs, nicht sicher: man hatte schon gehört, daß die Landsknechte wie Katzen überall hinaufkletterten, sobald sie nur einen Hinweis oder eine Hoffnung auf Beute hatten. Der See ging hoch, es blies ein starker Wind; außerdem waren die meisten Schiffer aus Furcht, daß man sie zwingen werde, Soldaten oder Gepäck überzusetzen, mit ihren Booten ans andere Ufer geflohen. Die paar zurückgebliebenen Kähne waren dann überladen mit Flüchtenden abgefahren, und es hieß, daß sie mit ihrer Last und gebeutelt vom Sturm jeden Augenblick sinken konnten. Um sich in Sicherheit zu bringen, weit genug von der Straße, die das Heer nehmen mußte, war weder eine Kutsche noch ein Pferd, noch sonst ein Beförderungsmittel aufzutreiben; zu Fuß aber hätte Don Abbondio nicht allzuweit gehen können, und er fürchtete, unterwegs eingeholt zu werden. Bis ins Bergamaskische war es zwar nicht so weit, daß seine Beine ihn nicht in einem Tagesmarsch hätten hinbringen können, aber man wußte, daß aus Bergamo in aller Eile eine Schwadron venezianischer Sturmhaubenreiter losgeschickt worden war, die an der Grenze patrouillieren sollten, um die Landsknechte abzuschrecken, und diese Reiter waren leibhaftige Teufel, keine Spur besser als jene, und sie trieben's auf ihrer Seite so übel, wie sie nur konnten.

Der arme Pfarrer lief ganz verstört und halb von Sinnen im Hause umher, suchte nach Perpetua, um mit ihr zu einem Entschluß zu kommen; aber Perpetua, die alle Hände voll zu tun hatte, um die besten Stücke im Hause zusammenzuraffen und auf dem Dachboden oder in Rumpelkammern zu verstecken, lief eilig vorbei, die Arme beladen mit Hausrat, und erwiderte nur: »Jetzt bringe ich erstmal diese Sachen in Sicherheit, und dann machen wir's wie alle anderen.« Don Abbondio wollte sie zurückhalten, um mit ihr die verschiedenen Alternativen zu diskutieren, doch die Geschäftigkeit und die Eile, dazu die Angst, die auch sie im Leibe hatte, und der Zorn, den sie über die Angst ihres Herrn empfand, machten sie noch störrischer denn je. »Die anderen wissen sich zu helfen, also werden auch wir uns zu helfen wissen. Entschuldigt, aber Ihr könnt immer nur hinderlich sein. Meint Ihr, die anderen hätten nicht auch eine Haut zu retten? Meint Ihr, die Söldner kämen, um den Krieg gegen Euch zu führen? Ihr könntet mir in solchen Momenten ruhig ein bißchen zur Hand gehen, statt mir vor die Füße zu laufen und mir was vorzujammern und im Wege zu stehen!« Mit diesen und ähnlichen Antworten schüttelte sie ihn ab, nachdem sie schon beschlossen hatte, ihn wie einen kleinen Jungen am Arm zu nehmen und auf einen Berg hinaufzuschleppen, sobald die Hektik sich ein wenig gelegt haben würde.

So allein gelassen, trat er ans Fenster, schaute hinunter und spitzte die Ohren; und als er jemanden vorbeikommen sah, rief er in einem halb klagenden, halb vorwurfsvollen Ton: »Tut eurem armen Pfarrer den Gefallen und sucht ihm ein Pferd, ein Maultier, einen Esel. Ist es denn die Möglichkeit, daß niemand mir helfen will? Oh, was für Leute! Wartet doch wenigstens, daß ich mitkommen kann. Wartet, bis ihr fünfzehn oder zwanzig seid, damit ihr mich zusammen fortführen könnt und ich nicht allein zurückbleibe. Wollt ihr mich diesen Hunden überlassen? Wißt ihr nicht, daß es größtenteils Lutheraner sind, für die es ein verdienstvolles Werk ist, einen Priester umzubringen? Wollt ihr mich hier dem Märtyrertod überlassen? Oh, was für Leute! Was für Leute!«

Aber zu wem sagte er das? Zu Männern, die gebückt unter der Last ihrer spärlichen Habe daherkamen, in Gedanken bei dem, was sie zu Hause zurückließen, ihre mageren Kühe vor sich hertreibend, ihre Kinder nach sich ziehend, die ebenfalls schleppten, soviel sie konnten, gefolgt von den Frauen mit den Kleinsten am Hals. Einige zogen vorüber, ohne zu antworten oder auch nur aufzublicken, andere sagten: »Ei, Hochwürden, auch Ihr müßt eben tun, was Ihr könnt. Seid froh, daß Ihr an keine Familie zu denken habt. Helft Euch selbst, laßt Euch was einfallen!«

»O weh, ich Ärmster!« rief Don Abbondio aus. »Oh, was für Leute! Was für kalte Herzen! Es gibt kein Mitleid mehr, jeder denkt nur an sich, und niemand will an mich denken!«

Er ging wieder auf die Suche nach Perpetua.

»Ihr kommt wie gerufen!« sagte diese. »Was machen wir mit dem Geld?«

»Was sollen wir damit machen?«

»Gebt es mir, ich geh' es im Garten vergraben, zusammen mit dem Tischbesteck.«

»Aber...«

»Aber, aber! Gebt schon her. Behaltet ein bißchen was für den Notfall und laßt mich nur machen.«

Don Abbondio gehorchte, ging zum Schrank, holte seinen kleinen Schatz heraus und gab ihn Perpetua. »Ich vergrab's im Garten unter dem Feigenbaum«, sagte sie und ging hinaus. Bald darauf kam sie wieder, in der Hand einen Korb mit Wegzehrung, in der anderen eine leere Kiepe, in welche sie eilig etwas Wäsche für sich und ihren Herrn packte. »Das Brevier wenigstens«, sagte sie dabei, »werdet Ihr ja wohl selber tragen.«

»Aber wohin gehen wir?«

»Wohin gehen denn die anderen alle? Zuerst gehen wir mal auf die Straße und hören uns um, und dann sehen wir schon, was zu tun ist.«

In diesem Augenblick kam Agnese mit einer Kiepe auf dem Rücken und einer Miene, als hätte sie einen wichtigen Vorschlag zu machen.

Auch sie hatte beschlossen, solcherlei Gäste nicht erst zu erwarten, allein im Haus, wie sie war, und mit dem noch verbliebenen Gold des Ungenannten, aber zunächst war sie eine Zeitlang unschlüssig gewesen, wohin sie sich flüchten sollte. Gerade der Rest jener Scudi, die ihr in den Monaten der Hungersnot so gute Dienste geleistet hatten, war jetzt der Hauptgrund sowohl ihrer Sorge wie ihrer Unentschlossenheit, denn sie hatte gehört, daß in den schon heimgesuchten Dörfern diejenigen, die etwas Geld besaßen, am schlimmsten drangewesen waren, da sie sich zugleich den Gewalttätigkeiten der Fremden und den Tücken der Einheimischen ausgesetzt sahen. Zwar hatte sie von dem Segen, der ihr so unverhofft in den Schoß gefallen war, niemandem etwas erzählt außer Don Abbondio, zu dem sie jedesmal ging, wenn sie sich einen Scudo einwechseln lassen wollte, wobei sie immer etwas für noch Bedürftigere zurückließ. Doch verstecktes Geld läßt seinen Besitzer, besonders wenn er nicht gewohnt ist, mit großen Summen umzugehen, immerzu voller Argwohn nach dem Argwohn anderer Ausschau halten. So kam es, als auch sie im Hause umherlief und so gut wie möglich versteckte, was sie nicht mitnehmen konnte, und dabei an die Goldstücke dachte, die sie in ihr Mieder eingenäht bei sich trug, daß sie sich daran erinnerte, wie ihr der Ungenannte zusammen mit ihnen auch seine großzügigste Hilfe angeboten hatte. Sie erinnerte sich, was sie über seine Burg gehört hatte, die an einem so sicheren Ort liege, daß gegen den Willen ihres Herrn niemand außer den Vögeln zu ihr hinauf könne, und so beschloß sie, dorthin zu gehen und um Zuflucht zu bitten. Beim Nachdenken, wie sie sich jenem Herrn gegenüber zu erkennen geben könnte, fiel ihr sogleich Don Abbondio ein, der sie nach jener denkwürdigen Unterredung mit dem Erzbischof immer sehr herzlich begrüßt hatte, was ihm um so leichter gefallen war, als er sich dabei gegenüber niemandem zu kompromittieren brauchte und ihm ja nun, seit die beiden jungen Leute nicht mehr da waren, auch die Gefahr nicht mehr drohte, daß von ihm etwas verlangt wurde, was sein Wohlwollen auf eine harte Probe stellte. Sie nahm an, daß der arme Mann in der gegenwärtigen Lage noch ratloser und bestürzter war als sie und daß ihre Idee ihm gut erscheinen müßte, und so ging sie hin, um sie ihm zu unterbreiten. Da sie ihn mit Perpetua antraf, machte sie den Vorschlag beiden.

»Was sagst du dazu, Perpetua?« fragte Don Abbondio.

»Ich sage, das ist eine Eingebung des Himmels. Wir

sollten keine Zeit verlieren und uns sofort auf den Weg machen.«

»Und dann...«

»Und dann, und dann, wenn wir da sind, werden wir froh sein. Dieser Herr dort, man weiß doch jetzt, daß er nichts anderes will, als seinen Nächsten dienen, also wird auch er froh sein, uns Schutz gewähren zu können. Dorthin an die Grenze und so hoch hinauf werden die Truppen sicher nicht kommen. Und dann, und dann, dann werden wir auch was zu essen haben. Denn in den Bergen droben, wenn diese kleine Gottesgabe aufgezehrt ist« – bei diesen Worten packte sie die Wegzehrung in die Kiepe auf die Wäsche –, »wären wir übel dran.«

»Und er hat sich wirklich bekehrt?«

»Was gibt's daran noch zu zweifeln, nach allem, was man weiß, und nach allem, was ja auch Ihr gesehen habt?«

»Und wenn wir nun in eine Falle gehen?«

»Was denn für eine Falle? Entschuldigt, aber mit Eurem ewigen Wenn und Aber kämen wir nie zu einem Beschluß. Großartig, Agnese! Du hast wirklich eine gute Idee gehabt!« Mit diesen Worten stellte sie die Kiepe auf einen Tisch, steckte die Arme durch die Riemen und nahm die Last auf den Rücken.

»Könnte man nicht«, fing Don Abbondio noch einmal an, »irgendeinen Mann finden, der mitkäme, um seinem Pfarrer Geleitschutz zu geben? Wenn wir einem Halunken begegnen, und davon gibt's hier ja leider etliche, welchen Schutz könntet ihr beiden Frauen mir geben?«

»Noch was, um Zeit zu verlieren!« rief Perpetua aus. »Einen Mann suchen gehen, jetzt, wo jeder an sich selbst denken muß! Los, Mut gefaßt! Geht Euren Hut und das Brevier holen, und dann ab mit uns!«

Don Abbondio gehorchte, kam einen Augenblick später mit dem Brevier unterm Arm, dem Hut auf dem

Kopf und seinem Stock in der Hand zurück, und alle verließen das Haus durch eine Seitentür, die auf den Kirchplatz führte. Perpetua schloß wieder zu, mehr um der Form zu genügen als aus Vertrauen in das Schloß und die Tür, und steckte den Schlüssel ein. Don Abbondio warf im Vorbeigehen einen Blick auf die Kirche und murmelte für sich: »Es ist Sache des Volkes, sie zu bewachen, denn ihm dient sie. Wenn den Leuten etwas an ihrer Kirche liegt, werden sie schon an sie denken. Wenn nicht, mag's ihnen um so schlimmer ergehen!«

Sie nahmen den Weg durch die Felder und gingen schweigend, jeder in seine Gedanken versunken, und besonders Don Abbondio umherspähend, ob nicht irgendwo eine verdächtige Gestalt oder etwas Ungewöhnliches zu sehen war. Niemand kam ihnen entgegen: Die Leute waren entweder noch in ihren Häusern, um sie zu bewachen, Bündel zu schnüren und Sachen zu verstecken, oder sie waren schon unterwegs in die Berge.

Nachdem er geseufzt und nochmals geseufzt und etliche Achs und Ohs ausgestoßen hatte, begann Don Abbondio etwas zusammenhängender vor sich hin zu brummeln. Er schimpfte auf den Herzog von Nevers, der doch in Frankreich hätte bleiben können, um sich's dort wohlsein zu lassen und ein fürstliches Leben zu führen, und der nun allen zum Trotz unbedingt Herzog von Mantua werden wollte! Er schimpfte auf den Kaiser, der doch für die anderen hätte mitdenken, dem Fluß einfach seinen Lauf lassen und nicht pedantisch auf allen Punkten bestehen müssen, denn schließlich wäre er immer noch Kaiser geblieben, egal ob nun Hinz oder Kunz den Herzog von Mantua spielte! Vor allem aber schimpfte er auf den Gouverneur, dessen Aufgabe es doch gewesen wäre, alles zu tun, um diese Plagen von seinem Lande fernzuhalten, und der sie statt dessen aus reiner Kriegslust herbeigeführt hatte! »Diese Herren«, knurrte er, »sollten einmal hier sein, um zu sehen und zu fühlen, was für eine Lust das ist. Eine schöne Rechenschaft haben sie abzulegen! Aber derweil müssen's die ausbaden, die keine Schuld daran haben!«

»Jetzt hört doch mal auf, von diesen Herren zu reden. Die sind es bestimmt nicht, die uns zu Hilfe kommen!« sagte Perpetua. »Das sind doch, entschuldigt, bloß Eure üblichen Reden, die zu nichts führen. Was mir Sorgen macht, ist eher…«

»Was denn?«

Perpetua, die unterwegs in Ruhe an ihr hastiges Hausratverstecken gedacht hatte, begann nun zu klagen, dies und das habe sie vergessen und jenes habe sie schlecht versteckt, hier habe sie eine Spur gelassen, die den Dieben den Weg weisen könnte, und dort…

»Na großartig!« sagte Don Abbondio, der sich seines Lebens nun wieder sicher genug war, um sich wegen seiner Habe ängstigen zu können. »Na wunderbar! So hast du's also gemacht! Wo hast du denn deinen Kopf gehabt?«

»Wie?« rief Perpetua, blieb einen Augenblick stehen und stemmte die Fäuste in die Hüften, soweit es die Kiepe erlaubte. »Wie? Ihr wollt mir jetzt mit Vorwürfen kommen, wo Ihr es doch wart, der mich ganz wirr im Kopf gemacht hat, anstatt mir zu helfen und mir Mut zu machen! Ich hab mich mehr um den Hausrat als um meine eigenen Sachen gekümmert, ich hab keinen gehabt, der mir zur Hand gegangen ist, ich hab Marta und Magdalena auf einmal sein müssen. Wenn jetzt etwas schiefgeht, weiß ich nicht, was ich mir vorwerfen soll: Ich hab sogar mehr als meine Pflicht getan!«

Agnese unterbrach diese Streiterei, indem auch sie von ihrem Unglück zu sprechen begann, und sie beklagte sich nicht so sehr über die Mühsal und den Schaden als darüber, daß sie die Hoffnung schwinden sah, ihre Lucia bald wieder in die Arme schließen zu können. Denn wie man sich vielleicht erinnern wird, war es genau dieser Herbst, für den sie sich ein Wiedersehen erhofft hatten, aber es war nicht zu erwarten, daß Donna Prassede unter solchen Umständen auf ihren Landsitz kommen wollte. Sie wäre eher abgereist, wenn sie sich dort befunden hätte, wie es die anderen Villenbesitzer allesamt taten.

Der Anblick der Orte, durch die sie kamen, ließ diese Sorgen noch heftiger und Agneses Unbehagen noch quälender werden. Von den Feldwegen waren sie auf die öffentliche Straße gelangt, auf dieselbe, auf welcher die arme Frau ihre Tochter damals, nach dem Aufenthalt der beiden im Hause des Schneiders, für eine so kurze Zeit nach Hause zurückgebracht hatte. Und schon war das Dorf in Sichtweite.

»Wir sollten hingehen und diesen braven Leuten einen Besuch abstatten«, sagte Agnese.

»Und uns auch ein bißchen ausruhen, denn langsam hab ich genug von dieser Kiepe. Und dann könnten wir auch einen Happen essen«, sagte Perpetua.

»Aber nur unter der Bedingung, daß wir keine Zeit verlieren, denn wir sind nicht zum Vergnügen unterwegs«, schloß Don Abbondio.

Sie wurden mit offenen Armen und großer Freude empfangen, denn sie erinnerten ja an eine gute Tat. Tut Gutes, sooft ihr nur könnt, bemerkt unser Autor an dieser Stelle, und um so öfter werdet ihr Gesichtern begegnen, die euch mit Freude begrüßen.

Als Agnese die gute Frau umarmte, brach sie in heftige Tränen aus, was ihr große Erleichterung brachte, und schluchzend antwortete sie auf die Fragen der beiden nach Lucia.

»Es geht ihr besser als uns«, sagte Don Abbondio. »Sie ist in Mailand, außer Gefahr und weit entfernt von diesen Teufeleien hier.«

»Ich nehme an, der Herr Pfarrer und seine Begleitung sind auf der Flucht?« sagte der Schneider.

»Allerdings!« antworteten Herr und Dienerin wie aus einem Munde.

»Das tut mir leid.«

»Wir sind auf dem Weg«, sagte Don Abbondio, »zur Burg von ***.«

»Da habt Ihr eine gute Idee gehabt: Dort seid Ihr sicher wie in der Kirche.«

»Und Ihr, habt Ihr keine Angst hierzubleiben?«

»Nun, ich denke, Herr Pfarrer, als richtige *Einquartierung*, wie man das so schön nennt, werden sie kaum hierher kommen, wir sind zu weit abseits ihrer Straße, dem Himmel sei Dank. Schlimmstenfalls werden sie ein paar Abstecher machen, was Gott verhüten möge, aber auf jeden Fall bleibt uns noch etwas Zeit. Vorher wird man erst noch andere Nachrichten aus den armen Dörfern zu hören bekommen, in denen sie haltmachen werden.«

Man beschloß, ein wenig zu bleiben, um zu verschnaufen, und da gerade Essenszeit war, sagte der Schneider: »Die Herrschaften müssen meine armselige Tafel beehren. Es ist nur ein bescheidenes Mahl, aber es kommt von Herzen.«

Perpetua betonte, sie hätten schon etwas dabei, um den Hunger zu stillen. Nach einigem Zieren auf beiden Seiten kam man überein, alles zusammenzutun und gemeinsam zu essen.

Die Kinder hatten sich mit großem Jubel um ihre alte Freundin Agnese geschart. Rasch wies der Schneider eines der Mädchen an (dasselbe, das damals der Witwe Maria den Imbiß gebracht hatte – wer weiß, ob sich noch jemand daran erinnert), ein paar von den ersten reifen Kastanien, die in einer Ecke ausgelegt waren, zu schälen und zu rösten.

»Und du«, sagte er zu einem Buben, »gehst in den Garten und schüttelst den Pfirsichbaum, so daß ein paar Früchte herunterfallen, und bringst sie her – aber alle, verstanden! Und du«, sagte er zu einem anderen, »kletterst auf den Feigenbaum und pflückst ein paar von den reifsten. Ihr versteht euch ja nur allzugut auf dieses Handwerk.« Er selbst ging eins seiner Fäßchen anzapfen, seine Frau holte Tischwäsche. Perpetua packte die Wegzehrung aus, und es wurde gedeckt: eine Serviette und ein Keramikteller auf den Ehrenplatz für Don Abbondio, dazu Besteck, das Perpetua in ihrer Kiepe hatte. Sie setzten sich und begannen zu essen, wenn nicht mit ausgelassener Fröhlichkeit, so doch mit weit größerer als irgendeiner von ihnen an jenem Tage erwartet hätte.

»Herr Pfarrer, was sagt Ihr zu einem so heillosen Drunter und Drüber?« fragte der Schneider. »Es kommt mir so vor, als läse ich die Geschichte von den Mauren in Frankreich.«

»Was soll ich dazu sagen? Daß mir auch dies noch zustoßen mußte!«

»Aber Ihr habt eine gute Zuflucht gewählt. Wer zum Teufel sollte sich dort hinauftrauen? Und Ihr werdet nicht allein sein: Wie man hört, haben sich schon viele dorthin geflüchtet, und es kommen immer noch mehr.«

»Wollen wir hoffen«, sagte Don Abbondio, »daß wir gut aufgenommen werden. Ich kenne diesen hochedlen Herrn, und als ich damals die Ehre hatte, mit ihm zusammenzusein, war er sehr zuvorkommend.«

»Und mir«, sagte Agnese, »hat er durch den hochwürdigsten Herrn Monsignore ausrichten lassen, daß ich, wenn ich etwas brauche, einfach zu ihm kommen soll.«

»Was für eine wunderschöne Bekehrung!« rief Don Abbondio emphatisch aus. »Und sie ist von Dauer, nicht wahr, sie ist doch von Dauer?«

Daraufhin begann der Schneider ausführlich über das heiligmäßige Leben des Ungenannten zu sprechen und sich darüber auszulassen, wie er aus einer Geißel der ganzen Gegend zu deren Wohltäter und Vorbild geworden sei.

»Und diese Kerle, die er sich gehalten hat... diese ganze schreckliche Dienerschaft?« fragte Don Abbondio, der zwar schon mehrmals etwas darüber gehört hatte, aber nie ganz beruhigt war.

»Die meisten sind fortgegangen«, antwortete der Schneider, »und die, die geblieben sind, haben ihr Leben geändert, aber wie! Mit einem Wort, diese Burg ist das reinste Kloster geworden, ja, man kann beinahe sagen, die reinste Thebais, Ihr wißt, was ich meine.«

Sodann begann er mit Agnese über den Besuch des Kardinals zu sprechen. »Ein großer Mann!« sagte er. »Wirklich ein großer Mann! Schade, daß er hier so in Eile vorbeigekommen ist, daß ich nicht mal Zeit gehabt habe, ihm meine Hochachtung auszudrücken. Wie froh wäre ich, wenn ich ihn noch mal etwas mehr in Ruhe sprechen könnte!«

Als sie dann von der Tafel aufgestanden waren, zeigte er ihnen ein gedrucktes Bild des Kardinals, das er an einer Tür befestigt hatte, aus Verehrung für den großen Mann und auch, um jedem Besucher sagen zu können, daß es ihm gar nicht ähnlich sähe, denn er habe den Kardinal persönlich aus nächster Nähe und in aller Ruhe hier in diesem Zimmer betrachten können.

»Das soll er sein, das da auf dem Bild?« fragte Agnese. »In der Kleidung ähnelt es ihm ja, aber sonst...«

»Nicht wahr, es sieht ihm gar nicht ähnlich!« fiel ihr der Schneider ins Wort. »Das sage ich auch immer. Uns kann man nichts vormachen, was? Aber wenigstens steht sein Name drunter. Es ist halt ein Andenken.«

Don Abbondio drängte zur Eile. Der Schneider versprach, einen Wagen zu finden, der sie zum Fuß des Berges bringen würde. Er ging auch sofort auf die Suche und kam bald darauf mit der Ankündigung zurück, es werde gleich einer kommen. Sodann wandte er sich an Don Abbondio und sagte: »Herr Pfarrer, falls Ihr ein Buch mit hinaufnehmen wollt, um Euch die Zeit zu vertreiben, so könnte ich Euch, obwohl ich kein reicher Mann bin, schon dienen, denn auch ich vergnüge mich ein wenig mit Lesen. Es sind zwar keine Sachen für Ihresgleichen, nur Bücher in der Volkssprache, aber immerhin...«

»Danke, danke«, antwortete Don Abbondio, »aber unter den gegebenen Umständen findet man ja kaum die Zeit, sich mit dem Vorgeschriebenen zu beschäftigen.«

Während man Danksagungen aussprach und zurückwies, Abschiedsgrüße und gute Wünsche tauschte, die Einladung und das Versprechen wechselte, auf dem Rückweg wieder vorbeizuschauen, war draußen der Wagen vorgefahren. Sie luden die Kiepen auf, nahmen Platz und machten sich mit etwas mehr Bequemlichkeit und etwas mehr Seelenruhe an die zweite Hälfte der Reise.

Was der Schneider über den Ungenannten gesagt hatte, war richtig. Seit dem Tage, an dem wir ihn zuletzt gesehen haben, hatte er keinen Augenblick aufgehört, das zu tun, was er sich vorgenommen hatte: Schäden wiedergutzumachen, Frieden zu stiften, den Armen beizustehen, kurzum: Gutes zu tun, wann immer sich die Gelegenheit dazu bot. Den Mut, den er früher bewiesen hatte, indem er andere herausforderte oder sich zur Wehr setzte, bewies er jetzt, indem er weder das eine noch das andere tat. Er ging stets allein und ohne Waffen, bereit, alles hinzunehmen, was ihm nach so vielen verübten Gewalttaten zustoßen könnte, und überzeugt, daß es eine neue wäre, wenn er sich mit Gewalt verteidigen würde, nachdem er so tief an so vielen schuldig geworden war; überzeugt auch, daß alles Übel, das ihm angetan werden könnte, zwar ein Unrecht vor Gott wäre, aber eine gerechte Strafe für ihn, und daß er weniger als jeder andere das Recht hatte, sich zu einem Bestrafer des Unrechts aufzuwerfen.

Trotzdem war er genauso unversehrt geblieben wie in der Zeit, als er zu seiner Sicherheit so viele starke Arme einschließlich seiner eigenen unter Waffen gehalten hatte. Die Erinnerung an seine einstige Wildheit und der Anblick seiner jetzigen Sanftheit – die eine, die so viele Wünsche nach Rache geweckt haben müßte, und die andere, die es so leicht gemacht hätte, sie zu stillen – wirkten statt dessen zusammen, um eine Bewunderung für ihn zu wecken und zu erhalten, die ihm als wirksamster Schutz diente. Er war der Mann, den niemand hatte demütigen können und der sich selbst gedemütigt hatte. Die Haßgefühle, die früher durch seine Verachtung der anderen und deren Angst vor ihm erregt worden waren, verflogen nun angesichts dieser neuen Demut; die Beleidigten hatten wider alles Erwarten und ohne jede Gefahr eine Genugtuung erhalten, die sie sich auch von der gelungensten Rache nicht hätten versprechen können: die Genugtuung, einen solchen Mann sein Unrecht bereuen und gewissermaßen ihre Empörung darüber teilen zu sehen. Viele, deren tiefster und bitterster Kummer jahrelang darin gelegen hatte, daß sie keinerlei Möglichkeit sahen, irgendwann einmal stärker als er zu sein, um sich für irgendein durch ihn erlittenes Unrecht zu rächen, empfanden nun, wenn sie ihn so allein, unbewaffnet und in der Haltung dessen antrafen, der keinen Widerstand leisten würde, keinen anderen Drang als den, sich ehrerbietig vor ihm zu verneigen. Durch seine freiwillige Erniedrigung hatten seine Erscheinung und Haltung, ohne daß er selber es wußte, etwas irgendwie Edleres und Erhabeneres angenommen, erkannte man nun doch sogar noch besser als vorher seine Verachtung jeder Gefahr. Der Haß, auch der wildeste und wütendste, fühlte sich wie gefesselt und im Zaum gehalten durch die allgemeine Verehrung für den reumütigen und wohltätigen Mann. Diese Verehrung war so groß, daß er oft nicht wußte, wie er sich ihrer erwehren sollte, und achtgeben mußte, seine Zerknirschung nicht allzu deutlich in Gesicht und Haltung erkennen zu lassen – sich also, mit anderen Worten, nicht zu sehr zu erniedrigen, um nicht zu sehr erhöht zu werden. In der Kirche hatte er sich den letzten Platz ausgesucht, und niemand wagte, ihn ihm streitig zu machen, denn das wäre der Usurpation eines Ehrenplatzes gleichgekommen. Diesen Mann zu beleidigen oder auch nur respektlos zu behandeln wurde nicht nur als eine Unverschämtheit und Gemeinheit empfunden, sondern geradezu als ein Sakrileg. Und sogar die, für welche dieses Gefühl der anderen nur eine lästige Hemmung hätte sein können, teilten es ebenfalls mehr oder weniger.

Diese und andere Gründe hielten ihm auch die Rache der öffentlichen Gewalt vom Leibe und gaben ihm auch von dieser Seite die Sicherheit, um die er sich so wenig kümmerte. Sein Rang und seine Verwandtschaft, die ihm zu jeder Zeit einen gewissen Schutz geboten hatten, sprachen jetzt um so mehr für ihn, als zu dem ohnehin schon berühmten und einst berüchtigten Namen nun auch das Lob eines exemplarischen Lebenswandels und der Glorienschein der Bekehrung hinzukamen. Die Würdenträger und Granden hatten sich öffentlich über diese gefreut, ganz wie das Volk, und es wäre seltsam erschienen, gegen jemanden vorzugehen, der Gegenstand so vieler Glück- und Segenswünsche gewesen war. Überdies konnte eine Staatsgewalt, die sich in einem permanenten und oft glücklosen Krieg gegen heftige und immer wieder aufflammende Rebellionen befand, froh genug sein, daß sie die unbezähmbarste und lästigste von ihnen unverhofft losgeworden war, um sich nicht gleich wieder neuen Ärger zu suchen – zumal diese Bekehrung Wiedergutmachungen nach sich zog, die zu erhalten oder auch nur zu verlangen sie nicht gewohnt war. Einen Heiligen zu quälen war schwerlich ein gutes Mittel, die Schande zu tilgen, daß man einen Kriminellen nicht zur Räson bringen konnte, und das Beispiel, das man mit seiner Bestrafung gegeben hätte – welche andere Wirkung hätte es haben können, als andere seinesgleichen davon abzuhalten, friedlich zu werden? Vermutlich dienten auch die Rolle, die Kardinal Federigo bei der Bekehrung gespielt hatte, und sein Name in Verbindung mit dem des Bekehrten diesem wie ein heiliger Schild. Und beim damaligen Stand der Dinge und der Ideen, bei den damals herrschenden höchst eigentümlichen Beziehungen zwischen Kirche und Staat, die einander so oft bekämpften, ohne je einander vernichten zu wollen, ja die ihre Feindseligkeiten stets mit Zeichen der Anerkennung und Ergebenheitsadressen vermischten und oft auch ein gemeinsames Ziel verfolgten, ohne je miteinander Frieden zu schließen – unter diesen Verhältnissen konnte es in gewisser Weise so aussehen, als ob die Versöhnung mit der einen die stillschweigende Einstellung der Verfolgung, wenn nicht den Freispruch seitens des anderen nach sich zog, wenn jene sich allein darum bemüht hatte, eine von beiden gewollte Wirkung herbeizuführen.

So wurde der Mann, den, wenn er gefallen wäre, groß und klein um die Wette mit Füßen getreten hätten, nun, da er sich freiwillig niedergelegt hatte, von allen geschont und von vielen geehrt.

Freilich gab es auch viele, denen diese spektakuläre Wandlung alles andere als Vergnügen bereiten mußte: so viele bezahlte Handlanger der Verbrechen, so viele Spießgesellen, die eine so mächtige Stütze verloren, auf die sie zu zählen gewohnt waren, und die nun auf einmal die Fäden seit langem geknüpfter Komplotte zerrissen sahen, vielleicht genau in dem Moment, als sie auf einen Befehl zur Vollstreckung warteten. Aber wir haben ja schon gesehen, was für unterschiedliche Gefühle die Bekehrung des Ungenannten bei jenen Schergen hervorrief, die sich damals in seiner Nähe befanden und sie aus seinem Munde vernahmen: ungläubiges Staunen, Bedauern, Niedergeschlagenheit, Ärger – ein bißchen von allem, nur nicht Verachtung oder gar Haß. Genauso erging es den anderen, die er auf verschiedene Posten verteilt hatte, genauso erging es den Komplizen in höheren Positionen, als sie die schreckliche Neuigkeit erfuhren, und allen aus denselben Gründen. Viel Haß schlug jedoch, wie Ripamonti in dem schon zitierten Kapitel berichtet, dem Kardinal Federigo entgegen. Sie betrachteten ihn als einen, der sich in ihre Angelegenheiten eingemischt hatte, um sie zugrunde zu richten. Der Ungenannte hatte schließlich nur seine Seele retten wollen: kein Grund, sich zu beklagen.

Nach und nach waren dann die meisten in der Burg stationierten Schergen, die sich nicht an die neue Disziplin gewöhnen konnten und keine Möglichkeit einer Änderung sahen, davongegangen. Manche werden sich andere Herren gesucht haben, vielleicht sogar unter den alten Freunden dessen, den sie verließen; manche werden sich zu einem Regiment der Spanier oder der Mantuaner oder einer anderen kriegführenden Partei gemeldet haben; manche werden auf die Straße gegangen sein, um auf eigene Rechnung Krieg im kleinen zu führen; manche werden sich auch damit begnügt haben, in Freiheit herumzustrolchen. Und ähnlich werden es auch die anderen gemacht haben, die zuvor in verschiedenen Dörfern seinen Befehlen unterstanden. Von denen schließlich, die sich an die neue Lebensführung gewöhnen konnten oder sie gern angenommen hatten, waren die meisten, soweit sie aus dem Tal stammten, auf die Felder oder in ihre einst erlernten Berufe zurückgekehrt; die nicht aus dem Tal stammten, waren als Diener auf der Burg geblieben. Die einen wie die anderen, gleichsam Wiedergetaufte mitsamt ihrem Herrn, verrichteten ihre Arbeit nach seinem Vorbild, ohne

Unrecht zu tun noch zu erleiden, waffenlos und geachtet.

Als dann aber beim Anrücken der deutschen Truppen einige Flüchtlinge aus überfallenen oder bedrohten Dörfern in die Burg kamen, um Schutz zu suchen, war der Ungenannte sehr froh, daß seine Mauern als Zufluchtsort von den Schwachen aufgesucht wurden, die sie so lange Zeit aus der Ferne als ein gewaltiges Schreckbild angeschaut hatten, und er empfing die Vertriebenen eher mit Worten des Dankes als solchen der Höflichkeit. Er ließ verbreiten, daß sein Haus jedermann offenstehe, der sich dorthin flüchten wolle, und er kümmerte sich sofort darum, nicht nur die Burg, sondern auch das Tal in Abwehrbereitschaft zu setzen, für den Fall, daß es Landsknechten oder Sturmhaubenreitern einfallen sollte, dort aufzutauchen. Er rief seine verbliebenen Diener zusammen, die gering an Zahl, aber trefflich wie die Verse von Torti waren, und hielt ihnen eine Ansprache über die gute Gelegenheit, die Gott ihnen und ihm biete, sich einmal richtig ins Zeug zu legen, um ihren Nächsten zu helfen, die sie einst so sehr unterdrückt und terrorisiert hatten; und in jenem natürlichen Befehlston, der die Gewißheit ausdrückt, daß ihm gehorcht wird, erklärte er ihnen in groben Zügen, was er von ihnen erwartete und wie sie sich zu benehmen hätten, damit die Leute, die dort oben Zuflucht suchten, in ihnen nur Freunde und Verteidiger sähen. Sodann ließ er aus einer Dachkammer die Feuer-, Hieb- und Stichwaffen holen, die dort seit einiger Zeit auf einem Haufen lagen, und verteilte sie unter die Anwesenden. Seinen Bauern und Pächtern im Tal ließ er sagen, daß jeder, dem der Sinn danach stehe, bewaffnet in die Burg kommen solle. Denen, die keine Waffen hatten, gab er welche, und er wählte einige aus, die gleichsam Offiziere sein und andere unter ihrem Befehl haben sollten. Er wies ihnen die Posten an den Eingängen und anderen Stellen des Tals, am Aufstieg zur Burg und an ihren Toren zu; er teilte die Wachen ein und legte die Art der Ablösung fest wie in einem Heerlager, oder wie es einst zur Zeit seines wüsten Lebens in jener selben Burg üblich gewesen war.

In einer Ecke der Dachkammer befanden sich etwas abseits die Waffen, die nur er getragen hatte: sein berühmter Karabiner, Musketen, Degen, Schwerter, Pistolen, Messer, Dolche, auf dem Boden oder an die Wand gelehnt. Keiner der Diener rührte sie an, aber sie kamen überein, den Herrn zu fragen, welche er tragen wolle. »Keine«, war seine Antwort, und tatsächlich, sei's ein Gelübde, sei's ein Vorsatz gewesen, blieb er stets unbewaffnet an der Spitze dieser Art Garnison.

Zur gleichen Zeit hatte er andere Männer und Frauen der Dienerschaft oder seiner Gefolgschaft in Bewegung gesetzt, um in der Burg Unterkunft für so viele Menschen wie möglich zu schaffen, Betten aufzustellen, Strohsäcke und Decken in den Zimmern und Sälen auszulegen, die nun Schlafsäle wurden. Und er hatte angeordnet, reichliche Vorräte anzulegen, um die Gäste zu beköstigen, die ihm Gott schicken werde, deren Zahl tatsächlich jeden Tag wuchs. Er selbst war derweil unermüdlich unterwegs, in der Burg und draußen, den Berg hinauf und hinunter, kreuz und quer durchs Tal, um Wachposten aufzustellen, zu verstärken, zu kontrollieren, nach dem Rechten zu sehen und sich sehen zu lassen, alles zu regeln und in Ordnung zu halten, mit Worten, mit Blicken, durch seine Präsenz. In der Burg und auf der Straße hieß er die Eintreffenden willkommen, und alle, gleichgültig, ob sie ihn schon einmal gesehen hatten oder ihn zum ersten Mal sahen, betrachteten ihn verzückt, vergaßen für einen Moment die Nöte und Ängste, die sie in jene Gegend getrieben hatten, und drehten den Kopf, um ihm nachzusehen, wenn er sich von ihnen abgewandt hatte und weiterging.

Kapitel 30

Obwohl der stärkste Zulauf nicht von der Seite kam, auf der unsere drei Flüchtlinge sich dem Tale näherten, sondern vom entgegengesetzten Eingang her, fanden sie doch bald Reise- und Unglücksgefährten, die aus Seitenpfaden und Feldwegen auf die Straße gekommen waren oder kamen. Unter solchen Umständen benehmen sich alle, die einander begegnen, wie alte Bekannte. Jedesmal, wenn der Wagen einen Fußgänger eingeholt hatte, wurden Fragen und Antworten ausgetauscht. Der eine war geflohen wie die Unseren, ohne die Ankunft der Söldner abzuwarten; der andere hatte schon die Trommeln oder Trompeten gehört; der dritte hatte die Kerle gesehen und schilderte sie, wie Erschrockene etwas zu schildern pflegen.

»Wir haben noch Glück gehabt«, sagten die beiden Frauen. »Dem Himmel sei Dank. Hab und Gut können hin sein, aber wenigstens wir sind gerettet!«

Don Abbondio fand jedoch nicht, daß es soviel Grund zur Freude gab; im Gegenteil, dieser Zulauf, der, wie man hörte, von der anderen Talseite her noch stärker war, begann ihm Sorgen zu machen. »O je, was für eine Geschichte!« murmelte er den Frauen zu, als gerade niemand in der Nähe war. »O je, was für eine Geschichte! Begreift ihr nicht, daß, wenn so viele Menschen an einem Ort zusammenströmen, daß es dann gerade so ist, als wollte man die Soldaten regelrecht anlocken? Alle verstecken etwas, alle nehmen etwas mit, und in den Häusern bleibt nichts zurück, also werden sie denken, daß es dort oben Schätze zu holen gibt! Sie werden sicher raufkommen, ganz bestimmt werden sie raufkommen. O je, worauf habe ich mich nur eingelassen!«

»Ach was, die haben anderes zu tun als dort raufzukommen«, erwiderte Perpetua. »Auch sie müssen ihre Straße ziehen. Und dann, ich hab immer sagen hören, bei Gefahr ist es besser, mit vielen zusammenzusein.«

»Mit vielen? Was heißt denn mit vielen?« erwiderte Don Abbondio. »Armes Weib! Weißt du nicht, daß jeder einzelne Landsknecht hundert von denen zum Frühstück verspeist? Und dann, wenn sie Dummheiten machen und sich zur Wehr setzen wollen, na wunderbar, dann wären wir mitten in einer Schlacht! O je, o je, wär' ich doch lieber in die Berge gegangen! Was müssen die alle an einem Ort zusammenkommen?... Dummes Volk!« knurrte er dann etwas leiser. »Alle müssen sie hierher kommen, alle, alle, einer nach dem anderen, ohne jeden Verstand, wie das liebe Vieh!«

»So gesehen«, warf Agnese ein, »könnten sie auch dasselbe von uns sagen.«

»Gebt doch mal etwas Ruhe«, sagte Don Abbondio, »dieses Gerede hat doch überhaupt keinen Sinn. Was geschehen ist, ist geschehen, jetzt sind wir hier und müssen hier bleiben. Es wird kommen, wie es kommen soll. Möge der Himmel uns gnädig sein!«

Aber es kam noch schlimmer, als er am Eingang des Tales eine starke Abteilung Bewaffneter sah, teils vor der Tür eines Hauses, teils in den unteren Räumen – offenbar eine Kaserne. Er musterte sie aus den Augenwinkeln: Das waren nicht die Visagen, die er bei seinem ersten leidvollen Ausflug hatte sehen müssen, oder wenn doch, dann hatten sie sich sehr verändert. Trotzdem läßt sich gar nicht beschreiben, wie unbehaglich ihm dieser Anblick war. ›O je, o je!‹ dachte er. ›Schon geht's los mit den Dummheiten. Konnte ja auch nicht anders sein, bei so einem Mann hätte ich mir das ja denken können! Aber was hat er vor? Will er Krieg spielen? Will er den König spielen, er? O je, o je! Unter solchen Umständen würde man am liebsten im Boden versinken, und er sucht jede Gelegenheit, um sich bemerkbar zu machen und ins Auge zu fallen! Man könnte geradezu meinen, er wollte sie einladen!‹

»Jetzt seht Ihr, Hochwürden«, sagte Perpetua, »ob es hier tapfere Leute gibt, die uns verteidigen werden. Sollen die Soldaten doch kommen: Diese hier sind nicht so wie unsere Angsthasen, die nur weglaufen können!«

»Sei still!« zischte Don Abbondio mit leiser, aber zorniger Stimme. »Du weißt ja nicht, was du redest! Bete zum Himmel, daß die Soldaten in Eile sind, oder daß sie nicht erfahren, was sich hier abspielt, wie sie diesen Ort hier zu einer Festung machen. Weißt du nicht, daß es der Beruf der Soldaten ist, Festungen einzunehmen? Sie tun nichts lieber, sie gehen zu einem Sturmangriff wie andere zu einer Hochzeit. Denn alles, was sie finden, dürfen sie behalten, und die Menschen lassen sie über die Klinge springen. O je, o je... Genug, ich will sehen, ob es eine Möglichkeit gibt, sich dort oben auf dem Felsen in Sicherheit zu bringen. In eine Schlacht kriegen sie mich nicht! O nein, in eine Schlacht kriegen sie mich nicht!«

»Wenn Ihr sogar Angst habt, Euch verteidigen und helfen zu lassen...«, fing Perpetua wieder an, aber Don Abbondio unterbrach sie barsch, wenngleich immer noch leise: »Sei still! Und hüte dich, dieses Gespräch weiterzutratschen. Vergiß nicht, hier muß man immer ein heiteres Gesicht machen und alles gut finden, was man sieht.«

Bei der »Bösen Nacht« trafen sie erneut auf eine Abteilung Bewaffneter, vor denen Don Abbondio den Hut zog, wobei er sich sagte: ›O weh, o weh, ich bin wirklich in ein Feldlager geraten!‹ Hier hielt der Wagen, und sie stiegen aus. Don Abbondio bezahlte eilig den Kutscher und entließ ihn, dann machte er sich mit seinen beiden Gefährtinnen wortlos an den Aufstieg. Der Anblick jener Orte weckte in seinem Geist die Erinnerung an die

Ängste, die er damals ausgestanden hatte, und vermischte sie mit den jetzigen. Und Agnese, die jene Orte noch nie gesehen und sich ein Phantasiebild von ihnen gemacht hatte, das ihr jedesmal vor Augen gekommen war, wenn sie an Lucias entsetzliche Fahrt gedacht hatte, empfand nun, da sie sah, wie alles in Wirklichkeit war, jene quälende Erinnerung mit einer neuen Schärfe. »Ach, Herr Pfarrer!« rief sie aus. »Wenn ich denke, daß meine arme Lucia über diese Straße gezogen ist!«

»Wollt Ihr wohl still sein, unvernünftiges Weib!« fauchte ihr Don Abbondio ins Ohr. »Sind das Reden, die man hier führen darf? Wißt Ihr nicht, daß wir uns hier in *seinem* Reich befinden? Ein Glück, daß Euch jetzt niemand hören kann. Aber wenn Ihr oben so redet...«

»Ach«, sagte Agnese, »wo er doch nun ein Heiliger ist...«

»Still«, entgegnete Don Abbondio. »Meint Ihr, man könnte den Heiligen rücksichtslos alles sagen, was einem so durch den Kopf geht? Denkt lieber daran, ihm für das Gute zu danken, das er Euch getan hat.«

»Oh, was das angeht, daran habe ich schon gedacht. Meint Ihr, ich wüßte nicht auch ein wenig, was gutes Benehmen ist?«

»Gutes Benehmen ist, nichts zu sagen, was Mißfallen erregen könnte, schon gar nicht zu jemandem, der nicht gewohnt ist, es zu hören. Merkt euch das, alle beide: Dies hier ist kein Ort zum Klatschen, kein Ort, wo man alles sagen kann, was einem gerade einfällt. Es ist das Haus eines großen Herrn, ihr wißt es ja, und seht nur, was für eine Gesellschaft hier ringsum lebt, hierher kommen die unterschiedlichsten Leute. Also seid vernünftig, wenn ihr könnt: Wägt eure Worte, und redet vor allem wenig und nur, wenn es nötig ist. Denn wer den Mund hält, sagt nie etwas Falsches.«

»Ihr macht es nur noch schlimmer mit allen Euren...«, entgegnete Perpetua.

Aber Don Abbondio fiel ihr mit einem halblaut gezischten »Still!« ins Wort, zog eiligst den Hut und machte eine tiefe Verbeugung, denn beim Aufblicken hatte er den Ungenannten auf sie zukommen sehen. Auch dieser hatte Don Abbondio gesehen und wiedererkannt und beschleunigte seinen Schritt, um ihn zu begrüßen.

»Herr Pfarrer«, sagte er, als er angelangt war, »ich hätte Euch mein Haus gern aus einem besseren Anlaß zur Verfügung gestellt, aber in jedem Fall bin ich froh, Euch irgendwie nützlich sein zu können.«

»Im Vertrauen auf die große Güte Eurer durchlauchtigster Gnaden«, antwortete Don Abbondio, »habe ich mich erkühnt, unter diesen traurigen Umständen herzukommen, um Euch zu inkommodieren. Und wie Euer durchlauchtigster Gnaden sehen, habe ich mir auch die Freiheit genommen, jemand mitzubringen. Dies ist meine Haushälterin...«

»Willkommen«, sagte der Ungenannte.

»Und dies«, fuhr Don Abbondio fort, »ist eine Frau, der Euer Gnaden schon einmal Gutes getan haben: die Mutter von jener... von jener...«

»Von Lucia«, sagte Agnese.

»Von Lucia!« rief der Ungenannte und wandte sich mit gebeugtem Kopf zu Agnese. »Ich Gutes getan? Allmächtiger Gott! Ihr, Ihr tut mir Gutes, indem Ihr hierher kommt... zu mir... in dieses Haus. Seid willkommen. Ihr bringt uns Segen!«

»Oh, nicht doch!« sagte Agnese. »Ich komme, um Euch zu behelligen. Ja, mehr noch«, fuhr sie fort und näherte sich seinem Ohr, »ich habe Euch auch zu danken...«

Der Ungenannte schnitt ihr das Wort ab, indem er sich angelegentlich nach Lucia erkundigte. Als er genug erfahren hatte, machte er kehrt, um die neuen Gäste in die Burg zu begleiten, was er trotz ihres höflichen Sträubens auch tat. Agnese warf dem Pfarrer einen Blick zu, der soviel besagte wie: Jetzt seht Ihr, ob es nötig ist, daß Ihr Euch mit Euren Ratschlägen zwischen uns einmischt.

»Sind sie schon in Eurer Pfarrei angelangt?« fragte ihn der Ungenannte.

»Nein, gnädiger Herr, ich habe diese Teufel nicht abwarten wollen«, antwortete Don Abbondio. »Weiß der Himmel, ob ich ihnen lebend entkommen wäre, um hier Euer durchlauchtigste Gnaden zu inkommodieren.«

»Gut, so schöpft Mut«, sagte der Ungenannte, »denn hier seid Ihr in Sicherheit. Hier herauf werden sie nicht kommen, und wenn sie es doch versuchen sollten, sind wir bereit, sie zu empfangen.«

»Hoffen wir, daß sie nicht kommen«, sagte Don Abbondio. »Ich höre auch«, fügte er hinzu, während er auf die gegenüberliegenden Berge deutete, die das Tal nach der anderen Seite abschlossen, »ich höre auch, daß sich dort drüben noch eine andere Räuberbande herumtreibt, aber... aber...«

»Das ist richtig«, antwortete der Ungenannte. »Aber seid unbesorgt, wir sind auch für die gerüstet.«

›Zwischen zwei Feuern‹, sagte sich Don Abbondio. ›Wirklich zwischen zwei Feuern. Wohin habe ich mich bloß locken lassen! Und das von zwei Klatschbasen! Und der hier scheint sich dabei auch noch wohlzufühlen! Oh, was für Leute gibt es auf dieser Welt!‹

In der Burg angelangt, ließ der Ungenannte Agnese und Perpetua in ein Zimmer des für die Frauen bestimmten Traktes bringen, der drei Seiten des zweiten Hofes umfaßte, im rückwärtigen Teil des Gebäudes, der auf einem isoliert vorspringenden Felsen hoch über einem Abgrund lag. Die Männer waren an drei Seiten des ersten Hofes untergebracht, rechts, links und an der zum Vorplatz. Der Mittelbau, der die beiden Höfe trennte und in dem ein breiter Durchgang gegenüber dem Haupttor vom ersten zum zweiten Hof führte, war zum Teil mit Lebensmittelvorräten gefüllt, zum Teil sollte er als Lagerraum für das mitgebrachte Hab und Gut der Flüchtlinge dienen. Im Männertrakt gab es auch einige Zimmer für Geistliche, die vielleicht heraufkommen würden. Der Ungenannte brachte Don Abbondio persönlich hin, und dieser hielt als erster dort Einzug.

Drei- oder vierundzwanzig Tage blieben unsere Flüchtlinge in der Burg, inmitten eines ständigen Gewimmels, umgeben von einer großen Gesellschaft, die in den ersten Tagen immer noch größer wurde, ohne daß jedoch etwas Außergewöhnliches geschah. Es verging fast kein Tag, an dem nicht Alarm geschlagen wurde: Landsknechte kommen von da, Sturmhaubenreiter sind dort gesehen worden. Bei jeder Meldung schickte der Ungenannte Kundschafter los, und wenn es nötig war, nahm er Leute mit, die er stets in Bereitschaft hielt, und ging mit ihnen hinunter ins Tal an die Stelle, wo die Gefahr angezeigt worden war. Und es mutete schon recht seltsam an, eine Schar schwerbewaffneter Männer zu sehen, die soldatisch in Reih und Glied marschierten und von einem Unbewaffneten angeführt wurden. Meistens waren es bloß Furagierer und vereinzelte Plünderer, die sich aus dem Staub machten, bevor sie gefaßt wurden. Einmal jedoch, als er einigen von diesen nachsetzte, um sie zu lehren, sich nie wieder in dieser Gegend sehen zu lassen, bekam der Ungenannte die Meldung, daß ein nahes Dörfchen überfallen und geplündert worden sei. Es waren Landsknechte aus verschiedenen Regimentern, die zurückgeblieben waren, um Beute zu machen, und sich zusammengerottet hatten, um über die Dörfer in der Nachbarschaft ihrer Quartiere herzufallen. Sie raubten die Bewohner aus und taten ihnen alle Arten von Greueln an. Der Ungenannte hielt seinen Männern eine kurze Ansprache und führte sie zu dem Dörfchen.

Sie kamen unerwartet. Die Marodeure hatten geglaubt, nur auf Beute zu gehen, und als sie auf einmal eine geordnete und kampfbereite Truppe daherkommen sahen, ließen sie alles stehen und liegen und nahmen Reißaus in die Richtung, aus der sie gekommen waren. Der Ungenannte setzte ihnen ein Stückweit nach, dann ließ er haltmachen und wartete eine Weile, ob sich noch etwas tun würde; schließlich kehrte er um. Und als sie wieder durch das gerettete Dörfchen kamen, hätte sich nicht beschreiben lassen, mit was für Beifallsstürmen und Segenswünschen das Fähnlein der Befreier und ihr Anführer dort empfangen wurden.

In der Burg kam es trotz der bunten, zufällig zusammengewürfelten Menge von Menschen verschiedenen Standes, Herkommens, Alters und Geschlechts nie zu einem größeren Zwischenfall. Der Ungenannte hatte an mehreren Orten Wächter postiert, die darüber wachen sollten, daß nichts passierte, und sie taten es mit jenem Eifer, den jeder dort in die Dinge legte, die er ihm gegenüber zu verantworten hatte.

Außerdem hatte er die Geistlichen und die angesehensten Männer unter den Flüchtlingen gebeten, ebenfalls umherzugehen und ein Auge auf alles zu haben. Und sooft er konnte, machte er selbst die Runde und ließ sich überall blicken; doch auch in seiner Abwesenheit genügte die bloße Erinnerung daran, in wessen Hause man sich befand, um diejenigen zu zügeln, die es nötig hatten. Im übrigen waren es ja alles Leute, die sich auf der Flucht befanden und daher im allgemeinen zur Ruhe neigten. Die Sorgen um Haus und Habe, bei einigen auch um Verwandte und Freunde, die in der Gefahr zurückgeblieben waren, dazu die bedrückenden Nachrichten, die von draußen kamen, förderten und verstärkten noch diese Neigung.

Es gab freilich auch sorglosere Naturen, Menschen von robusterem Schlag und keckerem Mut, die sich bemühten, jene Tage fröhlich zu verbringen. Sie hatten ihre Häuser verlassen, weil sie nicht stark genug waren, sie zu verteidigen, aber sie fanden keinen Geschmack daran, über etwas zu klagen und zu jammern, was sich nun einmal nicht ändern ließ, oder sich die Zerstörungen im Geist auszumalen, die sie ja nur zu bald mit eigenen Augen sehen würden. Befreundete Familien waren gemeinsam losgezogen oder hatten sich dort oben wiedergefunden, neue Freundschaften waren entstanden, und die Menge hatte sich nach Neigungen und Gewohnheiten in Gruppen aufgeteilt. Wer Geld und Taktgefühl hatte, ging zum Essen ins Tal hinunter, wo aus diesem Anlaß rasch Wirtshäuser aus dem Boden gestampft worden waren. In einigen wechselte man die Bissen mit Seufzern, und es durfte von nichts anderem als vom Unglück gesprochen werden; in anderen wurde nie an das Unglück erinnert, es sei denn, um zu sagen, das man nicht daran denken solle. An diejenigen, die sich die Ausgabe nicht leisten konnten oder wollten, wurde in der Burg oben Brot, Suppe und Wein ausgeteilt. Außerdem wurden jeden Tag einige Tische für die gedeckt, die der Hausherr ausdrücklich eingeladen hatte, und zu diesen gehörten die Unseren.

Agnese und Perpetua hatten sich, um ihr Brot nicht umsonst zu essen, für die Dienste heranziehen lassen, die eine so umfangreiche Gastlichkeit erforderte, und damit verbrachten sie einen Großteil des Tages; den Rest verplauderten sie mit Freundinnen, die sie gewonnen hatten, oder mit dem armen Don Abbondio. Dieser hatte nichts zu tun, aber langweilen tat er sich trotzdem nicht: Die Angst leistete ihm Gesellschaft. Die Angst vor einem richtigen Überfall war ihm zwar wohl vergangen, oder wenn ihm doch noch etwas davon verblieben war, plagte sie ihn am wenigsten; denn wenn er nur ein kleines bißchen darüber nachdachte, mußte er einsehen, wie wenig sie begründet war. Aber die Vorstellung des allenthalben von Soldateska überschwemmten Umlandes, die Waffen und die Bewaffneten, die er andauernd überall sah, die Burg, *diese* Burg, der Gedanke an all die Dinge, die unter solchen Umständen jeden Augenblick passieren konnten, das alles hielt ihn in einem unbestimmten, allgemeinen und ständigen Angstgefühl, unabhängig von der nagenden Sorge, die ihn befiel, wenn er an sein armes Haus dachte.

Während der ganzen Zeit, die er in jener Zufluchtsstätte verbrachte, entfernte er sich nicht einen Büchsenschuß weit von ihr und setzte auch nie einen Fuß auf die Straße ins Tal. Seinen einzigen Spaziergang machte er auf den Platz vor dem Tor und von dort bald auf die eine, bald auf die andere Seite der Burg, um an den Steilhängen und Felsspalten hinunterzuspähen und zu erforschen, ob es nicht vielleicht doch irgendwo einen gangbaren Weg, etwas wie einen Saumpfad gäbe, auf dem man im Notfall vielleicht ein Versteck finden könnte. Seine Leidensgefährten begrüßte er stets mit tiefen Verbeugungen und anderen Ehrbezeugungen, aber er verkehrte nur mit sehr wenigen. Am häufigsten sprach er, wie schon gesagt, mit den beiden Frauen; bei ihnen scheute er sich nicht, seinem Herzen Luft zu machen, auch auf die Gefahr hin, daß ihm Perpetua über den Mund fuhr und sogar Agnese ihn beschämte. Bei Tisch, wo er immer nur kurz verweilte und wenig sprach, hörte er dann die Neuigkeiten von dem schrecklichen Durchzug, die täglich eintrafen, sei's daß sie von Dorf zu Dorf und von Mund zu Mund gingen oder daß sie von jemandem heraufgebracht wurden, der anfangs hatte zu Hause bleiben wollen und dann im letzten Moment doch noch geflohen war, ohne irgend etwas retten zu können, womöglich auch noch übel mißhandelt. Und jeden Tag gab es neue Unheilsbotschaften. Einige, professionelle Neuigkeitskrämer, sammelten sorgfältig alle Gerüchte, siebten alle Berichte durch und gaben die Blütenlese an andere weiter. Man diskutierte, welche Regimenter die übelsten Teufel waren, ob die Infanterie oder die Kavallerie schlimmer war; man wiederholte so gut man konnte die Namen bestimmter Heerführer; von einigen erzählte man sich die früheren Unternehmungen, zählte die Stationen und Märsche auf: Heute ist das und das Regiment in die und die Dörfer ausgeschwärmt, morgen wird es in die und die anderen einfallen, wo inzwischen der und der andere schlimmer als der Teufel haust. Vor allem suchte man zu erfahren und aufzulisten, welche Regimenter nach und nach über die Brücke von Lecco zogen, denn die konnte man wirklich als abgezogen und aus dem Lande gegangen betrachten. Wallensteins Reiter zogen hinüber, Merodes Fußtruppen zogen hinüber, es folgten die anhaltinischen Reiter und die brandenburgische Infanterie, dann gingen die Infanterie von Montecuccoli und die von Ferrari; dann Altringer, Fürstenberg, Colloredo, dann die Kroaten, dann Torquato Conti, dann andere und wieder andere, und als es dem Himmel gefiel, zog als letzter auch Gallas ab. Die fliegende Schwadron der Venezianer entfernte sich ebenfalls, und endlich war das ganze Land zur Rechten und zur Linken wieder frei. Schon waren die Flüchtlinge aus den zuerst überfallenen Gegenden wieder in ihre Dörfer aufgebrochen, und jeden Tag brachen weitere auf – es war, wie wenn nach einem Herbstgewitter aus den dichtbelaubten Ästen eines großen Baumes die Vögel, die sich dorthin geflüchtet hatten, nach allen Seiten auffliegen. Ich denke, unsere drei werden als letzte gegangen sein, und zwar auf Wunsch von Don Abbondio, der nämlich fürchtete, sie könnten, wenn sie zu früh nach Hause kämen, noch auf vereinzelte Landsknechte stoßen, die dem Troß als marodierende Nachzügler folgten. Perpetua hatte gut reden, daß sie, je länger sie zögerten, den Schuften und Schurken des Dorfes um so mehr Gelegenheit geben würden, in das verlassene Haus einzudringen und wegzuschleppen, was noch da war. Wenn es darum ging, seine Haut zu retten, war's immer Don Abbondio, der siegte; es sei denn, daß eine unmittelbar drohende Gefahr ihn völlig den Kopf verlieren ließ.

An dem für die Abreise festgesetzten Tag ließ der Ungenannte einen Reisewagen vor der »Bösen Nacht« bereitstellen, in den er schon eine Garnitur Bettwäsche für Agnese hatte einladen lassen. Und nachdem er sie ein paar Schritte beiseite genommen hatte, gab er ihr auch noch eine Rolle Scudi zur Reparatur der Schäden, die sie zu Hause vorfinden würde, und ließ nicht locker, bis sie sie annahm, obwohl sie ihm, mit der Hand an ihr Mieder klopfend, wiederholt versicherte, daß sie dort noch welche von den ersten übrig habe.

»Wenn Ihr Eure gute arme Lucia wiederseht...«, sagte er als letztes, »ich bin ja schon sicher, daß sie für mich betet, da ich ihr so viel Leid angetan habe... also sagt ihr, daß ich ihr danke und auf Gott vertraue, daß ihr Gebet auch ebensosehr ihr selbst zum Segen gereichen wird.«

Sodann bestand er darauf, seine Gäste persönlich bis zur Kutsche zu bringen. Die demütigen und tiefempfundenen Danksagungen Don Abbondios und die Höflichkeiten Perpetuas mag sich der Leser selbst vorstellen. Sie fuhren los, machten wie verabredet einen kurzen Halt, aber ohne sich zu setzen, im Hause des Schneiders, wo sie allerlei Schreckliches über den Durchzug erzählt bekamen – die übliche Geschichte von Raub, Mißhandlung, Verwüstung und Vergewaltigung. Aber in jenem Dorf hatten sich glücklicherweise keine Landsknechte sehen lassen.

»Ach, Herr Pfarrer«, sagte der Schneider, während er ihm den Arm reichte, um ihm wieder in die Kutsche zu helfen, »gedruckte Bücher könnte man über ein solches Drunter und Drüber machen!«

Nach einem weiteren Stück Weges begannen unsere

Reisenden mit eigenen Augen etwas von dem zu sehen, was ihnen so oft beschrieben worden war: geplünderte Weingärten, aber nicht wie nach einer Ernte, sondern als wären Hagel- und Wetterschlag gleichzeitig über sie gekommen – Reben am Boden, entlaubt und verheddert, die Pfähle herausgerissen, die Erde zertrampelt und übersät mit Ranken, Blättern und Trieben, die Bäume gespalten oder geköpft, die Zäune zerbrochen, die Gatter weggeschleppt. In den Dörfern dann eingetretene Türen, zerschlagene Fenster, Strohfetzen, Lumpen, Scherben aller Art, in Haufen oder verstreut auf den Straßen, dazu eine drückende Luft, Schwaden von beißendem Gestank, die aus den Häusern kamen, während die Leute mal Unrat hinauskehrten, mal Türen und Fenster ausbesserten, mal in Gruppen beisammenstanden, um zu klagen und, als die Kutsche an ihnen vorüberfuhr, bettelnde Hände auszustrecken.

Mit diesen Bildern vor Augen oder im Kopf und mit der Erwartung, zu Hause ebensolche vorzufinden, kamen sie an und fanden tatsächlich, was sie erwartet hatten.

Agnese ließ die Bündel in eine Ecke des kleinen Hofes legen, die noch die sauberste Stelle geblieben war, und ging daran, das Haus auszufegen und das wenige, was man ihr gelassen hatte, zusammenzusuchen und zu ordnen. Sie ließ einen Schreiner und einen Schmied kommen, um die gröbsten Schäden auszubessern, und als sie dann Stück für Stück die geschenkte Wäsche musterte und die neuen Zechinen zählte, sagte sie sich: ›Ich bin ja noch auf die Füße gefallen. Dank sei Gott und der Madonna und diesem guten Herrn. Ich kann wirklich sagen: Ja, ich bin auf die Füße gefallen!‹

Don Abbondio und Perpetua betraten ihr Haus ohne Hilfe der Schlüssel. Im Flur schlug ihnen ein Modergeruch entgegen, der bei jedem Schritt übler wurde, ein giftiger, pestilenzialischer Gestank, der sie zurücktrieb.

Mit zugehaltener Nase gingen sie zur Küche, traten auf Zehenspitzen ein, sorgfältig darauf achtend, wohin sie die Füße setzten, um so gut es ging dem Unrat auszuweichen, der den Boden bedeckte, und sahen sich um. Nichts war mehr ganz, aber Reste und Trümmer von dem, was dort und woanders gewesen war, sah man überall: Federn und Flaum von Perpetuas Hühnern, Fetzen von Wäsche, Blätter aus Don Abbondios Kalendern, Scherben von Schüsseln und Tellern, zuhauf oder verstreut. Im Herd konnte man die Spuren einer gründlichen Plünderung alle beisammen sehen, so wie man in einem elegant formulierten Satz eines guten Redners viele Gedanken gleichzeitig hören kann. Soll heißen, da lag ein Haufen halbverkohlter Holzstücke unterschiedlicher Form und Größe, die noch erkennen ließen, was sie einmal gewesen waren: eine Stuhllehne, ein Tischbein, eine Schranktür, eine Bettplanke, eine Daube des Fäßchens, in dem sich der Wein befunden hatte, der Don Abbondios Magen zu stärken pflegte. Der Rest war Asche und verkohltes Holz, und mit letzterem hatten die Plünderer zu ihrem Ergötzen allerlei wüste Figuren auf die Wände gemalt, sichtlich bemüht, sie durch gewisse Käppchen oder Tonsuren oder Beffchen als Priester erkennbar zu machen und besonders häßlich oder lächerlich zu gestalten, eine Absicht, die von solchen Künstlern wahrlich nicht verfehlt werden konnte.

»Diese Schweine!« rief Perpetua. »Diese Deckskerle!« rief Don Abbondio, und wie auf der Flucht stürzten sie durch die Hintertür hinaus in den Garten. Sie atmeten auf und liefen zum Feigenbaum, aber schon von weitem sahen sie die aufgewühlte Erde und stießen beide gleichzeitig einen Schrei aus, und als sie anlangten, fanden sie tatsächlich anstelle des Geldes ein offenes Loch. Nun kam es zum Streit: Don Abbondio schalt Perpetua, sie hätte es nicht gut genug versteckt, aber man kann sich denken, daß sie den Vorwurf nicht auf sich sitzen ließ. Nachdem sie eine schöne Weile geschrien hatten, beide den Zeigefinger mit ausgestrecktem Arm auf das Loch gerichtet, kehrten sie knurrend und brummelnd ins Haus zurück. Und wohin sie auch blickten, man geht nicht fehl in der Annahme, daß sie überall ziemlich genau das gleiche vorfanden. Ich weiß nicht, wie lange es dauerte, bis sie das Haus wieder einigermaßen leergeräumt und gesäubert hatten, zumal in jenen Tagen schwer Hilfe zu finden war; ich weiß auch nicht, wie lange sie dann noch eher schlecht als recht kampieren mußten, bis sie mit von Agnese geliehenem Geld nach und nach wieder Türen, Möbel und Hausrat erneuert hatten.

Zu alledem war diese Verheerung auch noch der Keim zu einem anderen höchst verdrießlichen Streit; denn durch Herumfragen und -horchen und -spähen und -schnüffeln hatte Perpetua mit ziemlicher Sicherheit in Erfahrung gebracht, daß manche Haushaltsgegenstände ihres Herrn, von denen die beiden geglaubt hatten, sie seien eine Beute oder ein Opfer der Landsknechte geworden, in Wirklichkeit heil und wohlbehalten in den Häusern von Dorfbewohnern gelandet waren, und so bestürmte sie ihren Herrn, dort vorstellig zu werden und seine Habe zurückzuverlangen. Eine ihm verhaßtere Saite konnte man bei Don Abbondio nicht anschlagen, denn seine Habe befand sich ja nun in den Händen von Schuften und Schurken, also jener Sorte von Menschen, mit denen in Frieden zu leben ihm am dringlichsten am Herzen lag.

»Wenn ich doch nichts mehr von diesem Kram wissen will!« sagte er. »Wie oft muß ich dir noch wiederholen: Was hin ist, ist hin! Soll ich denn, weil sie mir das Haus ausgeraubt haben, nun auch noch ans Kreuz genagelt werden?«

»Ich sag's ja«, antwortete Perpetua, »Ihr würdet Euch sogar noch die Augen aus dem Kopf reißen lassen. Andere zu bestehlen ist eine Sünde, aber bei Euch ist es eine Sünde, Euch *nicht* zu bestehlen.«

»Was redest du da für dummes Zeug«, erwiderte Don Abbondio. »Willst du endlich still sein!«

Schließlich gab Perpetua Ruhe, aber nicht sofort, und sie ließ sich keinen Vorwand entgehen, um wieder neu anzufangen. Der arme Mann war schließlich so zermürbt, daß er sich gar nicht mehr zu beklagen wagte, wenn er etwas vermißte, denn mehr als einmal hatte er dann zu hören bekommen: »Geht es Euch doch von dem und dem holen. Der hat's nämlich, und er hätte es nicht bis zu dieser Stunde behalten, wenn er's nicht mit einem ach so guten Mann zu tun hätte!«

Eine andere und noch viel größere Unruhe bereitete es ihm, zu hören, daß noch täglich vereinzelte Soldaten vorbeikamen, wie er nur allzu richtig befürchtet hatte. Daher lebte er in der ständigen Angst, daß plötzlich einer oder gar mehrere an seiner Haustür auftauchen könnten (die er als erstes in aller Eile hatte instand setzen lassen und immer sorgfältig geschlossen hielt), was aber Gott sei Dank nie passierte.

All diese Schrecken waren indessen noch nicht vorüber, als ein neuer heraufzog.

Aber hier wollen wir den armen Mann beiseite lassen. Es handelt sich um etwas ganz anderes als um seine privaten Ängste, um die Zerstörung einiger Dörfer oder ein vorübergehendes Unglück.

Kapitel 31

Die Pest, von der die Gesundheitsbehörde befürchtet hatte, daß sie durch die deutschen Truppen ins Mailändische eingeschleppt werden könnte, war, wie man weiß, wirklich eingedrungen; und sie war, wie man ebenfalls weiß, dort nicht stehengeblieben, sondern hatte einen großen Teil Italiens überfallen und entvölkert. Geleitet vom Faden unserer Geschichte wollen wir nun darangehen, die Hauptereignisse dieser Heimsuchung zu erzählen – auf den Staat Mailand beschränkt, versteht sich, ja fast nur auf Mailand selbst, denn die zeitgenössischen Chroniken handeln fast nur von der Hauptstadt, wie es ja mehr oder minder stets und überall aus guten oder schlechten Gründen geschieht. Und um die Wahrheit zu sagen, bei dieser Erzählung verfolgen wir nicht nur das Ziel, die äußere Lage zu schildern, in der sich unsere Personen befinden werden, sondern zugleich auch, soweit das in der Kürze möglich und soweit es uns möglich ist, einen eher berüchtigten als wirklich bekannten Abschnitt unserer Landesgeschichte bekannt zu machen.

Unter den vielen zeitgenössischen Berichten gibt es keinen einzigen, der an sich genügte, um eine halbwegs klare und geordnete Vorstellung zu vermitteln, so wie es umgekehrt keinen einzigen gibt, der nicht dazu beitragen könnte, sich eine zu bilden. In jedem dieser Berichte, den von Ripamonti nicht ausgenommen*, der durch seine Materialfülle und seine Auswahl der Fakten und mehr noch durch seine Art, sie zu betrachten, alle anderen überragt, in jedem sind wesentliche Tatsachen ausgelassen, die in anderen vermerkt werden, in jedem gibt es sachliche Fehler, die sich mit Hilfe eines anderen oder auch der wenigen noch vorhandenen gedruckten oder ungedruckten amtlichen Urkunden erkennen und berichtigen lassen; oft finden sich in dem einen die Ursachen, deren Wirkungen man in dem anderen gleichsam in der Luft schweben sah. In allen herrscht zudem eine sonderbare Verworrenheit in den Zeiten und Dingen, ein ständiges Hin und Her wie aufs Geratewohl, ohne allgemeinen Plan, auch planlos in den Einzelheiten – ein Wesenszug übrigens, der zu den gewöhnlichsten und markantesten Zügen der Bücher jener Zeit gehört, vor allem der in der Landessprache geschriebenen, jedenfalls in Italien; ob das auch im übrigen Europa so war, werden die Gelehrten wissen, wir vermuten es. Kein Autor späterer Zeiten hat sich vorgenommen, diese Berichte zu prüfen und zu vergleichen, um aus ihnen eine zusammenhängende Reihe von Ereignissen zu gewinnen und eine Geschichte jener Pest zu schreiben. Weshalb die Vorstellung, die man im allgemeinen von ihr hat, notgedrungen sehr unbestimmt und ein bißchen verworren sein muß: eine vage Idee von großen Übeln und großen Irrtümern (und tatsächlich gab es von beiden mehr, als man sich vorstellen kann), ein Bild, das mehr auf Meinungen als auf Fakten beruht, oder lediglich auf ein paar verstreuten Fakten, nicht selten losgelöst von ihren charakteristischsten Begleitumständen und ohne genaue Zeitangaben, also ohne Verständnis für Ursache und Wirkung, Verlauf und Fortgang.

Wir haben alle gedruckten Berichte plus einige ungedruckte und viele (von den wenigen, die erhalten geblieben sind) sogenannte amtliche Dokumente mit großer Sorgfalt geprüft und verglichen, um daraus wenn nicht das zu machen, was man gern hätte, so doch etwas, das noch nie gemacht worden ist. Wir beabsichtigen nicht, alle amtlichen Schritte zu referieren, ja nicht einmal alle irgendwie denkwürdigen Ereignisse zu berichten. Und schon gar nicht wollen wir uns anmaßen, denen, die sich ein genaueres Bild von der Sache machen wollen, die Lektüre der Originalberichte zu ersparen – wir spüren nur allzu deutlich, was für eine lebendige, eigentümliche und nicht auf andere übertragbare Kraft in solchen Werken steckt, wie immer sie auch konzipiert und ausgeführt sein mögen. Wir haben lediglich versucht, die allgemeinsten und wichtigsten Tatsachen zu erkennen und zu überprüfen, sie in ihrer wirklichen Reihenfolge zu ordnen, soweit es ihre Ratio und Natur erlauben, ihre wechselseitigen Auswirkungen zu beobachten und solchermaßen fürs erste, bis jemand anders es besser macht, eine knappe, aber wahrheitsgetreue und schlüssige Darstellung jener großen Katastrophe zu geben.

In dem ganzen Landstrich also, durch den das Heer gezogen war, hatte man da und dort in den Häusern und manchmal auch auf den Straßen Leichen gefunden. Bald darauf erkrankten und starben in diesem und jenem Dorf einzelne Personen und ganze Familien an seltsamen heftigen Leiden, deren Anzeichen dem größten Teil der Lebenden unbekannt waren. Nur einigen kamen sie nicht neu vor: den wenigen, die sich noch an jene Pest erinnern konnten, welche dreiundfünfzig Jahre zuvor ebenfalls einen großen Teil Italiens verheert hatte, insbesondere das Gebiet von Mailand, wo man sie seither und noch heute die Pest von San Carlo nennt. So groß ist die Kraft der Nächstenliebe! Unter all den vielfältigen und ehrfurchtgebietenden Erinnerungen an ein allgemeines Unglück kann sie diejenige an einen Menschen herausragen lassen, weil sie diesen Menschen zu Gefühlen und Handlungen inspiriert hat, die noch denkwürdiger sind als die Leiden; sie kann seinen Namen wie ein Symbol für all jene Leiden in die Hirne der Menschen einprägen, weil sie ihn bei allen dazu gedrängt und befähigt hat, Führer, Helfer, Beispiel und freiwilliges Opfer zu sein; sie kann aus einer Heimsuchung für alle so etwas wie ein Emblem oder Wappen für diesen einen machen, und sie kann die Heimsuchung wie eine Eroberung oder Entdeckung nach ihm benennen.

Der oberste Amtsarzt Lodovico Settala, der jene Pest nicht nur miterlebt hatte, sondern damals auch einer ihrer aktivsten, furchtlosesten und trotz seiner Jugend angesehensten Bekämpfer gewesen war, und der nun, voller Besorgnis über die jetzige, argwöhnisch alle Informationen sammelte, berichtete der Gesundheitsbehörde am 20. Oktober, daß in dem Ort Chiuso – dem letzten des Gebietes von Lecco an der bergamaskischen Grenze – die Seuche ganz ohne Zweifel ausgebrochen sei. Woraufhin jedoch keineswegs ein Beschluß gefaßt wurde, wie wir aus dem Rapport von Tadino wissen.*

Dann kamen ähnliche Meldungen aus Lecco und Bellano, und nun entschloß sich die Behörde, etwas zu tun, und raffte sich auf, einen Kommissar zu entsenden, der in Como einen Arzt mitnehmen und zusammen mit ihm die betreffenden Orte besuchen sollte. Die beiden »ließen sich, ob aus Unkenntnis oder aus einem anderen Grunde«, so Tadino, »von einem unwissenden alten Barbier aus Bellano einreden, daß diese Art von Erkrankung keine Pest sei«. An einigen Orten sei sie vielmehr die gewöhnliche Folge der herbstlichen Sumpfdünste, an anderen eine Folge der beim Durchzug der Deutschen ausgestandenen Beschwerden und Strapazen. Eine solche Versicherung wurde der Behörde überbracht, und diese gab sich, wie es aussieht, damit zufrieden.

Da jedoch unaufhörlich weitere Todesnachrichten aus verschiedenen Teilen des Landes eintrafen, wurden zwei Bevollmächtigte ausgesandt, die sich ein Bild von der Lage machen und Maßnahmen treffen sollten: der obengenannte Tadino und ein Rechtsreferendar der Behörde. Als die beiden ankamen, hatte sich die Krankheit schon so weit verbreitet, daß die Beweise offen zutage lagen, ohne daß man lange nach ihnen zu suchen brauchte. Die beiden bereisten das Gebiet von Lecco, das Valsassina, die Ufer des Comer Sees, die nach dem Monte di Brianza benannten Distrikte und die Gera d'Adda, und überall fanden sie Dorfeingänge mit Gattern versperrt oder andere Dörfer fast menschenleer, die Einwohner geflohen und im Freien kampierend oder über das Land verstreut. »Und sie erschienen uns«, schreibt Tadino, »wie lauter wilde Geschöpfe, von denen die einen Minzkraut, die anderen Raute, wieder andere Rosmarin und einige auch ein Fläschchen Essig in der Hand hielten.« Sie erkundigten sich nach der Zahl der Toten, und die war erschreckend hoch; sie untersuchten Kranke und Leichen, und überall fanden sie die häßlichen und furchtbaren Merkmale der Pestilenz. Sofort meldeten sie ihre unheilvollen Befunde brieflich der Gesundheitsbehörde, welche, als sie die Meldung erhielt, was am 30. Oktober geschah, »sich daranmachte«, so wieder Tadino, künftig Passierscheine vorzuschreiben, um Personen aus Dörfern, in denen die Seuche aufgetreten war, von der Stadt fernzuhalten; und »noch während das Dekret aufgesetzt wurde«, bekamen die städtischen Zöllner einige summarische Anweisungen vorab.

Unterdessen trafen die beiden Bevollmächtigten in höchster Eile die Maßnahmen, die ihnen am besten schienen, und begaben sich auf den Rückweg in der traurigen Überzeugung, daß sie nicht genügen würden, um eine bereits so weit fortgeschrittene und verbreitete Krankheit zu bekämpfen und zum Stillstand zu bringen.

Als sie am 14. November eintrafen, erstatteten sie der Gesundheitsbehörde Bericht, erst mündlich, dann noch einmal schriftlich, und erhielten von dieser den Auftrag, beim Gouverneur vorzusprechen, um ihn über den Stand der Dinge ins Bild zu setzen. Sie taten es und berichteten bei der Rückkehr, er habe sich über die schlimmen Nachrichten sehr betroffen gezeigt und großes Mitgefühl bekundet, aber die Sorgen wegen des Krieges seien drängender gewesen – *sed belli graviores esse curas.* So Ripamonti, der die Akten der Gesundheitsbehörde durchgesehen und mit Tadino als dem Sonderbeauftragten der Mission konferiert hatte (es war dies, wenn sich der Leser erinnert, schon die zweite Mission in dieser Angelegenheit und mit diesem Ausgang). Zwei oder drei Tage später, am 18. November, erließ der Gouverneur ein Dekret, in welchem er öffentliche Festlichkeiten aus Anlaß der Geburt des Prinzen Carlos, des Erstgeborenen von König Philipp IV., anordnete, ohne sich irgendwelche Gedanken oder Sorgen um die Gefahr zu machen, die eine große Menschenansammlung unter solchen Umständen bedeutete – alles wie in gewöhnlichen Zeiten, als hätte ihm niemand etwas gesagt.

Dieser Mann war, wie wir bereits erwähnten, der berühmte Ambrogio Spinola, der nach Mailand geschickt worden war, um den Krieg wieder flottzumachen, die Fehler Don Gonzalos auszubügeln und nebenbei zu regieren; und wir können hier nebenbei daran erinnern, daß er wenige Monate später starb, in jenem selben Krieg, der ihm so am Herzen lag, aber nicht etwa an Verletzungen auf dem Schlachtfeld, sondern im Bett an Kummer und Gram über Vorwürfe, Kränkungen und Beschimpfungen aller Art von seiten derer, denen er diente. Die Historiker haben sein Los beklagt und die Undankbarkeit der anderen getadelt, sie haben seine militärischen und politischen Leistungen mit großer Sorgfalt beschrieben und seine Weitsicht, Tatkraft und Beharrlichkeit gepriesen – sie hätten auch einmal erforschen können, was er mit all diesen schönen Eigenschaften getan hatte, als die Pest eine Bevölkerung bedrohte und überfiel, die in seine Obhut oder besser gesagt seine Gewalt gegeben war.

Was allerdings, ohne den Tadel zu verringern, das Erstaunen über sein Verhalten mildert und ein anderes, noch viel größeres Erstaunen hervorruft, ist das Verhalten der Bevölkerung selbst, ich meine jener, die noch nicht von der Seuche befallen waren und so viel Grund hatten, sie zu fürchten. Wer hätte nicht erwartet, daß beim Eintreffen jener Nachrichten aus den so schlimm befallenen Dörfern, die fast einen Halbkreis um die Stadt bilden, der an einigen Stellen nicht mehr als achtzehn bis zwanzig Meilen von ihr entfernt ist, wer hätte nicht erwartet, daß es da zu einer Bewegung gekommen wäre, zu einem Ruf nach gut oder schlecht verstandenen Vorsichtsmaßnahmen oder wenigstens zu einer allgemeinen Unruhe? Aber nichts da, wenn sich die Berichte aus jener Zeit in einem Punkt einig sind, dann darin, daß nichts dergleichen geschah. Die Hungersnot des vergangenen Jahres, die Mißhandlungen durch die Soldateska und die Niedergeschlagenheit der Gemüter schienen mehr als genug, um die hohe Sterblichkeit zu erklären. Wer auf den Plätzen, in den Läden oder in den Häusern ein Wort über die Gefahr verlor, wer gar die Pest beim Namen nannte, stieß auf ungläubigen Spott oder wütende Verachtung. Die gleiche Ungläubigkeit oder besser gesagt die gleiche Blindheit und Halsstarrigkeit überwogen auch im Senat, im Rat der Dekurionen und in allen Behörden.

Es wird berichtet, daß Kardinal Federigo, sobald die ersten Fälle von ansteckender Krankheit bekannt wurden, den Pfarrern in einem Hirtenbrief unter anderem vorschrieb, ihren Gemeinden wieder und wieder die Wichtigkeit und strenge Verpflichtung einzuhämmern, jeden derartigen Vorfall sofort zu melden und die verseuchte oder verdächtige Kleidung abzuliefern.* Auch dies kann zu seinen rühmenswerten Einmaligkeiten gerechnet werden.

Die Gesundheitsbehörde bat, ja flehte geradezu um

Kooperation, doch sie erreichte wenig oder nichts. Und selbst in ihren eigenen Reihen war der Eifer weit davon entfernt, der Dringlichkeit zu entsprechen: Wie Tadino mehrmals betont und wie noch deutlicher aus dem ganzen Kontext seines Berichts hervorgeht, waren es die beiden genannten Ärzte, die, überzeugt vom Ernst und vom nahen Bevorstehen der Gefahr, die Gesundheitsbehörde aufrüttelten, die dann ihrerseits die anderen Behörden aufrütteln mußte.

Wir haben bereits gesehen, wie lahm sie auf die erste Ankündigung der Pest nicht bloß im Handeln, sondern auch im Sich-Informieren reagierte. Hier ein weiterer Fall von nicht minder unerklärlicher Trägheit (sofern sie nicht durch Hindernisse, die der Gesundheitsbehörde von höheren Beamten in den Weg gelegt wurden, erzwungen war): Die am 30. Oktober beschlossene Passierscheinverordnung wurde erst am 23. des folgenden Monats aufgesetzt und am 29. veröffentlicht. Da hatte die Pest schon Einzug in Mailand gehalten.

Tadino und Ripamonti wollten den Namen dessen, der sie als erster eingeschleppt hatte, und andere die Person und den Fall betreffende Umstände in Erfahrung bringen. Tatsächlich regt sich ja beim Betrachten der Anfänge einer so großen Sterblichkeit, in der die Opfer, weit davon entfernt, nach Namen unterschieden zu werden, sich kaum einigermaßen exakt nach Tausenden angeben lassen, eine gewisse Neugier darauf, jene wenigen ersten Namen kennenzulernen, die noch notiert und aufbewahrt werden konnten. Die besondere Art von Auszeichnung, bei einem Massensterben die ersten gewesen zu sein, scheint ihnen und den sonst eher gleichgültigen Einzelheiten etwas Schicksalhaftes und Denkwürdiges zu verleihen.

Beide Historiker sagen, es sei ein italienischer Soldat in spanischen Diensten gewesen; sonst sind sie sich nicht sehr einig, nicht einmal über den Namen. Tadino zufolge war es ein gewisser Pietro Antonio Lovato, der im Gebiet von Lecco einquartiert war, Ripamonti zufolge ein gewisser Pier Paolo Locati mit Quartier in Chiavenna. Auch hinsichtlich des Tages, an dem der Betreffende nach Mailand kam, sind sie verschiedener Meinung: Ersterer nennt den 22. Oktober, letzterer denselben Tag des folgenden Monats, und wir können weder dem einen noch dem anderen folgen, denn beide Daten stehen im Widerspruch zu anderen, die uns weit besser gesichert erscheinen. Dabei müssen Ripamonti, der ja im Auftrag des Rates der Dekurionen schrieb, viele Mittel zu Gebote gestanden haben, sich die nötigen Informationen zu besorgen, und Tadino hätte aufgrund seines Amtes besser als jeder andere über ein solches Faktum informiert sein müssen. Im übrigen ergibt sich aus einem Vergleich mit anderen Daten, die uns, wie gesagt, exakter erscheinen, daß der fragliche Termin vor Bekanntgabe der Passierscheinverordnung gewesen sein muß, und wenn es verlangt würde, könnten wir auch fast schlüssig beweisen, daß er nur in den ersten Novembertagen gewesen sein kann, aber gewiß erläßt uns der Leser diesen Beweis.

Wie dem auch sei, in jedem Fall betrat dieser unglückliche und unglückbringende Soldat die Stadt Mailand mit einem großen Bündel von Kleidungsstücken, die er deutschen Söldnern abgekauft oder gestohlen hatte, begab sich zum Haus von Verwandten im Stadtteil der Porta Orientale, nicht weit vom Kapuzinerkloster, und wurde, kaum daß er dort angekommen war, krank. Man brachte ihn ins Hospital, wo eine Beule, die man unter seiner Achsel entdeckte, den behandelnden Arzt genau das argwöhnen ließ, was es auch tatsächlich war. Vier Tage später starb er.

Das Gesundheitsamt ließ seine Familie absondern und im Hause einschließen; seine Kleider und das Bett, in dem er gestorben war, wurden verbrannt. Zwei Pfleger, die ihn versorgt hatten, und ein frommer Mönch, der ihm Beistand geleistet hatte, erkrankten ebenfalls binnen weniger Tage, alle drei an der Pest. Der Verdacht, den man dort von Anfang an gehabt hatte, was die Natur der Krankheit anging, und die daher getroffenen Vorsichtsmaßnahmen bewirkten, daß die Anstekkung nicht weiter um sich griff.

Aber der Soldat hatte draußen eine Saat hinterlassen, die sehr bald aufgehen sollte. Der erste, den sie befiel, war der Besitzer des Hauses, in dem er gewohnt hatte, ein gewisser Carlo Colonna, von Beruf Lautenspieler. Daraufhin wurden alle Bewohner jenes Hauses auf Anordnung der Gesundheitsbehörde ins Lazarett verbracht, wo die meisten erkrankten. Einige starben kurz darauf, offenkundig an der Seuche.

Das, was diese Leute in der Stadt bereits ausgestreut hatten – sie selbst, ihre Kleider und ihre Möbel, die von Verwandten, Mitbewohnern oder Dienstboten dem amtlichen Zugriff und der vorgeschriebenen Verbrennung entzogen worden waren –, und mehr noch das, was neu hinzukam durch die Unvollkommenheit der Erlasse, die Nachlässigkeit ihrer Durchführung und die Geschicklichkeit ihrer Umgehung, keimte und sproß im verborgenen während des ganzen restlichen Jahres und in den ersten Monaten des folgenden Jahres 1630. Hin und wieder, bald in diesem, bald in jenem Viertel, befiel es jemanden, hin und wieder starb jemand daran. Aber gerade die Seltenheit der Fälle hielt den Verdacht von der Wahrheit fern und bestärkte die Öffentlichkeit in ihrer dummen und tödlichen Zuversicht, daß es sich nicht um Pest handle und niemals auch nur für einen Augenblick darum gehandelt habe. Viele Ärzte verlachten noch immer als braves Echo der Stimme des Volkes (aber war sie auch in diesem Fall die Stimme Gottes?) die düsteren Prophezeiungen und bedrohlichen Warnungen der wenigen, und stets hatten sie die Namen gewöhnlicher

Krankheiten parat, um jeden Pestfall zu qualifizieren, zu dessen Behandlung sie gerufen wurden, mit welchen Symptomen und Merkmalen er auch aufgetreten sein mochte.

Die Meldungen solcher Fälle kamen bei der Gesundheitsbehörde, wenn überhaupt, in der Regel erst spät und ungenau an. Die Angst vor der Quarantäne und vor dem Lazarett schärfte allen die Erfindungsgabe. Man verschwieg die Kranken, man bestach die Totengräber und ihre Vorgesetzten, und sogar von subalternen Angehörigen der Behörde selbst, die zur Leichenschau kamen, konnte man für Geld falsche Atteste bekommen.

Da jedoch die Behörde bei jeder Entdeckung, die ihr gelang, das Verbrennen von Kleidern und Hausrat anordnete, Häuser unter Sequester stellte und ganze Familien ins Lazarett einwies, kann man sich leicht vorstellen, wieviel Unmut und Murren sie damit in der Öffentlichkeit erregen mußte, und zwar »beim Adel, bei den Kaufleuten und beim gemeinen Volk«, wie Tadino schreibt, denn alle waren überzeugt, daß es sich um grund- und sinnlose Schikanen handle. Der größte Haß traf die beiden Ärzte, den besagten Tadino und Senator Settala, den Sohn des obersten Amtsarztes. Es kam soweit, daß sie keinen Platz mehr überqueren konnten, ohne mit Schimpfworten, wenn nicht mit Steinen angegriffen zu werden. Und es war gewiß eigenartig und verdient festgehalten zu werden, in welcher Lage sich die beiden Männer einige Monate lang befanden: Sie sahen eine furchtbare Geißel herannahen, bemühten sich in jeder Weise, sie abzuwenden, stießen auf Hindernisse, wo sie Hilfe suchten, und zur gleichen Zeit waren sie Zielscheibe des Geschreis und bekamen den Namen von Vaterlandsfeinden – *pro patriae hostibus*, schreibt Ripamonti.

Ein Teil dieses Hasses traf auch die anderen Ärzte, die, ebenso überzeugt von der Realität der Seuche, Vorsichtsmaßnahmen empfahlen und sich bemühten, ihre traurige Gewißheit allen mitzuteilen. Die Gemäßigteren bezichtigten sie der Leichtgläubigkeit und Verbohrtheit, für alle anderen war es ein offenkundiger Schwindel, eine raffiniert angezettelte Intrige, um Geschäfte mit der öffentlichen Angst zu machen.

Der damals fast achtzigjährige oberste Arzt Lodovico Settala, weiland Professor für Medizin an der Universität Pavia, dann für Moralphilosophie in Mailand, Autor vieler seinerzeit hochberühmter Werke, bekannt durch zahlreiche Rufe an die Lehrstühle anderer Universitäten, Ingolstadt, Pisa, Bologna, Padua, sowie durch seine Ablehnung all dieser Ehren, war gewiß einer der angesehensten Männer seiner Zeit. Zu seiner Reputation als Wissenschaftler kam noch die seines Lebenswandels und zur allgemeinen Bewunderung die allgemeine Zuneigung wegen der großen Nächstenliebe, die er als Arzt und Wohltäter der Armen an den Tag legte. Und, was bei uns das Gefühl der durch solche Verdienste eingeflößten Hochachtung trübt und verdüstert, es aber damals nur noch allgemeiner und stärker machen mußte: der gute Mann teilte die verbreitetsten und verhängnisvollsten Vorurteile seiner Zeitgenossen. Er war ihnen voraus, aber ohne sich von der Masse zu entfernen, und das ist es, was Probleme erzeugt und oft dazu führt, daß man ein anderweitig erworbenes Ansehen wieder verliert. Selbst das überaus hohe Ansehen, das er genoß, reichte nicht nur nicht aus, ihn über die Meinungen dessen siegen zu lassen, was die Dichter »profanes Volk« und die Theaterdirektoren »hochverehrtes Publikum« nennen, sondern es konnte ihn auch nicht vor der Feindseligkeit und den Beschimpfungen jenes Teils der Bevölkerung retten, der am leichtesten von bloßen Meinungen zu Demonstrationen und Handgreiflichkeiten übergeht.

Eines Tages, als er in der Sänfte unterwegs zu seinen

Kranken war, wurde er plötzlich von Leuten umringt, die schrien, er sei das Oberhaupt derer, die mit aller Gewalt die Pest dahaben wollten, er sei es, der die Stadt mit seiner finsteren Miene und seinem gewaltigen Bart in Schrecken versetze, und all das nur, um den Ärzten zu tun zu geben. Die Menge und ihre Wut wurden immer größer; als die Sänftenträger die Gefahr erkannten, retteten sie ihren Herrn in ein nahe gelegenes Haus von Freunden. Dies widerfuhr ihm, weil er klar gesehen und gesagt hatte, was zu erwarten war, und viele tausend Menschen vor der Pest hatte retten wollen. Als er dagegen bei einer anderen Gelegenheit durch ein beklagenswertes Gutachten dazu beigetragen hatte, daß eine arme Unglückliche gefoltert, mit glühenden Zangen gezwickt und als Hexe verbrannt wurde, weil ihr Dienstherr an seltsamen Bauchschmerzen litt und ein früherer Dienstherr sich heftig in sie verliebt hatte*, da erntete er dafür beim Publikum zweifellos neues Lob als Gelehrter und, unerträglich zu denken, neues Ansehen als verdienter Bürger.

Gegen Ende März begannen jedoch, zuerst im Viertel der Porta Orientale, dann auch in allen anderen Teilen der Stadt, die Krankheits- und Todesfälle häufiger aufzutreten, verbunden mit seltsamen Krämpfen, Herzflattern, Anfällen von Lethargie und Delirium sowie den verhängnisvollen Symptomen von blauschwarzen Flecken und Beulen; der Tod trat meistens rasch und plötzlich ein, nicht selten jählings ohne ein vorausgegangenes Anzeichen von Krankheit. Diejenigen Ärzte, die bisher jede Seuchengefahr geleugnet hatten und nicht eingestehen wollten, was sie vorher verlacht hatten, aber der neuen Krankheit einen Namen geben mußten, da sie zu allgegenwärtig und offenkundig geworden war, um unbenannt zu bleiben, sprachen nun von bös- oder pestartigen Fiebern – ein elender Schwindel, ja ein Betrug mit Worten, der jedoch großen Schaden anrichtete, denn indem er so tat, als ob er die Wahrheit anerkannte, gelang es ihm ein weiteres Mal, nicht erkennen und wahrhaben zu lassen, was am dringendsten erkannt und eingesehen werden mußte, nämlich daß die Krankheit durch Ansteckung, also durch Kontakt übertragen wurde. Die Justiz- und Verwaltungsbehörden begannen endlich, als erwachten sie aus einem tiefen Schlaf, etwas mehr auf die Warnungen und Vorschläge des Gesundheitsamtes zu hören, seine Verordnungen auszuführen, die von ihm angeordneten Beschlagnahmen und Sequestrierungen vorzunehmen. Das Amt verlangte auch ständig mehr Gelder, um die täglich wachsenden Kosten des Lazaretts und vieler anderer Dienstleistungen zu bestreiten, und es verlangte sie einstweilen von den Dekurionen, bis entschieden war (was, glaube ich, nie anders als *de facto* geschehen ist), ob solche Kosten die Stadt- oder die Staatskasse betrafen. Die Dekurionen bedrängte zugleich der Großkanzler, auch auf Befehl des Gouverneurs, der sich erneut darangemacht hatte, das arme Casale zu belagern; es bedrängte sie schließlich auch der Senat, sich Gedanken über die Lebensmittelversorgung der Stadt zu machen, ehe diese, falls die Seuche sich, Gott behüte, ausbreiten sollte, vom Verkehr mit anderen Orten abgeschnitten sein würde. Gleichzeitig sollten sie Mittel zur Ernährung eines Großteils der Bevölkerung auftreiben, dem es an Arbeit fehlte. Die Dekurionen bemühten sich, Geld durch Anleihen und Steuern zu beschaffen, und gaben von dem, was sie zusammenbekamen, einiges der Gesundheitsbehörde und einiges den Armen; sie kauften auch etwas Getreide und deckten damit einen Teil des Bedarfs. Und die großen Bedrängnisse waren noch gar nicht gekommen.

Im Lazarett, wo die Zahl der Insassen trotz täglicher Dezimierung jeden Tag zunahm, bestand eine weitere große Schwierigkeit darin, die Versorgung und den Gehorsam zu sichern, die vorgeschriebenen Trennungen zu beachten, mit einem Wort, die vom Gesundheitsamt festgelegte Ordnung aufrechtzuerhalten oder besser gesagt überhaupt erst einzuführen. Denn von Anfang an herrschte dort wegen der Zügellosigkeit vieler Insassen und wegen der Nachlässigkeit und mangelnden Strenge des Dienstpersonals ein allgemeines Durcheinander. Die Gesundheitsbeamten und die Dekurionen, die bald nicht mehr aus noch ein wußten, kamen schließlich darauf, sich an die Kapuziner zu wenden, und baten den Pater Commissarius der Provinz, der den kurz zuvor verstorbenen Pater Provinzial vertrat, ihnen Untergebene zu benennen, die in der Lage wären, dieses trostlose Reich zu regieren. Der Commissarius empfahl ihnen als Leiter den Pater Felice Casati, einen Mann in reiferen Jahren, der sich ob seiner Nächstenliebe, seiner Tatkraft, seiner Sanftmut und zugleich Seelenstärke eines hohen Ansehens erfreute, das, wie die Folge zeigte, auch wohlverdient war, und als seinen Mitstreiter und Minister einen noch jungen, aber im Denken wie auch im Aussehen ernsten und strengen Pater namens Michele Pozzobonelli. Der Vorschlag wurde mit großer Freude angenommen, und die beiden Kapuziner betraten am 30. März das Lazarett. Der Präsident der Gesundheitsbehörde führte sie persönlich herum, wie um sie von allem Besitz ergreifen zu lassen, ließ dann die Wärter und Angestellten aller Grade zusammenrufen und erklärte Pater Felice zum Leiter der Anstalt mit unumschränkter Befehlsgewalt. Im gleichen Maße wie jene Anhäufung von Elend zunahm, strömten noch weitere Kapuziner herbei und wurden zu Aufsehern, Beichtigern, Verwaltern, Krankenpflegern, Köchen, Beschließern, Wäschern und was man sonst noch brauchte. Pater Felice, nimmermüde und immer zur Stelle, lief Tag und Nacht durch die Säulengänge, die Zellen und den weiten Innenhof, manchmal mit einem Stab, manchmal mit nichts als seiner härenen Büßerkutte gewappnet. Er beseelte und regelte alles, beschwichtigte Unruhen, schlichtete Streitigkeiten, drohte, strafte, tadelte, tröstete, trocknete Tränen und vergoß welche. Gleich zu Beginn erkrankte er an der Pest, überstand sie und ging mit neuer Kraft wieder ans Werk. Seine Mitbrüder ließen zum überwiegenden Teil ihr Leben, und alle taten es freudig.

Gewiß war die Einsetzung einer solchen Diktatur ein recht ungewöhnliches Mittel, ungewöhnlich wie die Notlage und die Zeiten, und wenn wir nichts anderes über sie wüßten, würde es als Beweis, ja als Musterbeispiel für eine sehr rohe und schlecht organisierte Gesellschaft genügen, zu sehen, wie jene, denen eine so wichtige Verantwortung zufiel, nichts anderes mit ihr zu tun wußten, als sie abzutreten und dann keine anderen dafür zu finden als Männer, denen *per institutionem* eine solche Aufgabe am allerfremdesten war. Doch es ist zugleich auch ein nicht geringzuschätzender Beweis für die Kraft und Geschicklichkeit, die wahre Nächstenliebe jederzeit und in jeder Lage verleihen kann, zu sehen, wie tüchtig diese Männer ein solches Amt auszuüben verstanden. Schön war bereits gewesen, wie sie es angenommen hatten, nämlich aus keinem anderen Grund als dem, daß keiner da war, der es haben wollte, zu keinem anderen Zweck als dem, einen Dienst zu leisten, und mit keiner anderen Hoffnung in dieser Welt als der auf einen viel mehr beneidenswerten als wirklich beneideten Tod. Schön war auch gewesen, wie man es ihnen angeboten hatte, nämlich nur weil es schwierig und gefährlich war und man annahm, daß sie die Kraft und die Kaltblütigkeit, die in solchen Momenten ebenso nötig wie selten sind, haben würden. Und darum verdienen das Werk und der Mut jener Brüder, daß man sich ihrer erinnert, und zwar mit Bewunderung und Liebe und jener Art von Dankbarkeit, die man als Mitmensch denen schuldet, die anderen Menschen große Dienste erweisen, zumal wenn sie dafür keinen Lohn verlangen. »Hätten sich diese Patres nicht gefunden«, schreibt Tadino, »wäre gewißlich die ganze Stadt zugrunde gegangen; kam es doch einem Wunder gleich, wie diese Patres in so kurzer Zeit so viele Dinge zum öffentliche Wohle taten, wie sie, ohne Hilfe, oder doch nur wenig, von der Stadt bekommen zu haben, mit ihrem Fleiß und ihrer Umsicht viele Tausende armer Menschen im Lazarett am Leben erhielten.« Die Zahl der im Lazarett untergebrachten Personen belief sich während der sieben Monate, die Pater Felice dort das Sagen hatte, auf etwa fünftausend, schätzt Ripamonti, der mit Recht hinzufügt, daß er von einem solchen Manne ebenso hätte sprechen müssen, wenn er, statt das Elend einer Stadt zu beschreiben, über das zu berichten hätte, was ihr Ehre machen könnte.

Auch in der Bevölkerung ließ nun das starrsinnige Leugnen der Pest allmählich nach und verlor sich in dem Maße, wie sich die Seuche verbreitete, was, wie gesagt, durch Kontakt mit den Kranken geschah. Es verlor sich um so mehr, als nun, nachdem sie zuerst nur unter den armen Leuten aufgetreten war, auch Prominente von ihr befallen wurden. Unter diesen verdient einer ausdrücklich erwähnt zu werden, der auch damals das größte Aufsehen erregte: der oberste Amtsarzt Settala. Wird man wenigstens eingeräumt haben, daß der arme Greis recht gehabt hatte? Wer weiß? An der Pest erkrankten er, seine Frau, zwei Söhne und sieben Dienstboten. Er selbst und einer der beiden Söhne überstanden sie, die anderen starben. »Diese Fälle«, schreibt Tadino, »die sich in Adelshäusern der Stadt ereigneten, brachten Adel und Volk zum Nachdenken, und sowohl die ungläubigen Ärzte wie das ignorante Volk begannen die Lippen zusammenzupressen, die Zähne zusammenzubeißen und die Augenbrauen zu runzeln.«

Doch die Ausflüchte und Winkelzüge und sozusagen Racheakte des besiegten Starrsinns sind manchmal so beschaffen, daß man sich wünschte, er wäre bis zuletzt standhaft und unbesiegt geblieben, entgegen aller Vernunft und Evidenz, und dies war genau solch ein Fall. Diejenigen, die so entschieden und so lange bestritten hatten, daß sich in ihrer Nähe, ja mitten unter ihnen ein Krankheitskeim befand, der sich auf natürliche Weise ausbreiten und Verheerungen anrichten könnte, und die jetzt seine Ausbreitung nicht mehr leugnen konnten, aber sie nicht ebenjener natürlichen Weise zuschreiben wollten (was ja geheißen hätte, gleichzeitig eine große Selbsttäuschung und eine große Schuld zu gestehen), waren nun um so mehr geneigt, einen anderen Grund dafür zu finden und jeden gutzuheißen, der ins Feld geführt werden konnte. Unglücklicherweise gab es einen, der nach den damals nicht nur in Italien, sondern überall in Europa herrschenden Vorstellungen und Traditionen allzeit bereit und zur Hand war: Giftmischerei, Teufelswerk, Leute, die sich verschworen hatten, die Pest zu verbreiten mit Hilfe tödlicher Salben oder durch Zauberei. Solche und ähnliche Dinge waren schon bei vielen anderen Pestepidemien unterstellt und geglaubt worden, hierzulande besonders bei derjenigen, die ein halbes Jahrhundert zurücklag. Hinzu kam, daß im Vorjahr eine von König Philipp IV. unterzeichnete Eilbotschaft beim Gouverneur eingegangen war, durch die ihm mitgeteilt wurde, daß vier Franzosen aus Madrid entflohen seien, die gesucht würden, da sie unter dem Verdacht stünden, pestbringende Giftsalben zu verbreiten; er solle auf der Hut sein für den Fall, daß sie etwa in Mailand auftauchen würden. Der Gouverneur hatte die Nachricht an den Senat und die Gesundheitsbehörde weitergegeben, aber man hatte ihr, wie es scheint, nicht viel Beachtung geschenkt. Nun jedoch, nachdem die Pest ausgebrochen und als solche anerkannt worden war, konnte die Erinnerung an jene Botschaft dem unbestimmten Verdacht einer ruchlosen Tat als Bestätigung dienen; ja sie konnte sogar der erste Anstoß sein, ihn überhaupt aufkommen zu lassen.

Zwei Vorfälle, einer aus blinder, panischer Angst, der andere aus ich weiß nicht was für einer Bosheit, verwandelten jenen unbestimmten Verdacht eines möglichen Anschlags in den bestimmten Verdacht und für manche sogar die Gewißheit eines tatsächlichen Anschlags und damit einer realen Verschwörung. Einige Leute, die am Abend des 17. Mai im Innern des Doms meinten gesehen zu haben, wie jemand eine niedrige Bretterwand, die zur Trennung zwischen den Bankreihen der Männer und denen der Frauen diente, mit einer verdächtigen Salbe beschmierte, ließen noch in derselben Nacht diese Wand samt einer Anzahl dazugehöriger Bänke auf den Domplatz hinausbringen, und obwohl der Präsident des Gesundheitsamtes, der mit vier Beamten herbeigeeilt war, nach eingehender Besichtigung der Wand, der Bänke und auch der Weihwasserbecken nichts gefunden hatte, was den törichten Verdacht eines Giftanschlags bestätigen könnte, beschloß er, um den Einbildungen der anderen entgegenzukommen und *mehr aus übertriebener Vorsicht denn aus Notwendigkeit*, daß es genügen würde, die Wand einer Waschung zu unterziehen. Aber die Masse der übereinandergestapelten Dinge machte einen furchterregenden Eindruck auf die Menge, für die ja greifbare Gegenstände immer so leicht zu Beweisen werden. Man sagte und glaubte allgemein, im Dom seien sämtliche Bänke, Wände und sogar die Glockenseile eingeschmiert worden. Und das sagte und glaubte man nicht nur damals: alle Berichte der Zeitgenossen, die den Vorfall erwähnen – und einige wurden erst viele Jahre später geschrieben –, sprechen davon mit der gleichen Gewißheit, und so müßten wir seine wahre Geschichte erraten, fände sie sich nicht in einem Schreiben der Gesundheitsbehörde an den Gouverneur, das im Archiv von San Fedele aufbewahrt wird, wo wir es ausgegraben haben und woher die Worte stammen, die hier kursiv gesetzt worden sind.

Am nächsten Morgen überraschte ein neuer, noch seltsamerer und bedeutungsvollerer Anblick Augen und Sinn der Bürger. In allen Teilen der Stadt sah man die Türen und Mauern der Häuser mit langen Streifen einer gelblichweißen Masse beschmiert, die wie mit Schwämmen aufgetragen aussah. Ob es sich um einen dummen Scherz handelte, um die törichte Lust, einen noch größeren und allgemeineren Schrecken zu verbreiten, oder um einen verbrecherischen Plan, die öffentliche Verwirrung noch zu steigern, oder was weiß ich worum, die Sache ist jedenfalls so gut bezeugt, daß es weniger vernünftig erschiene, sie einer Einbildung vieler zuzuschreiben, als einer Tat weniger – einer Tat, die übrigens nicht die erste und nicht die letzte ihrer Art wäre. Ripamonti, der oft über die Leichtgläubigkeit des Volkes spottet, gerade wenn es um diese »Salbungen« geht, und der noch öfter über sie klagt, versichert in diesem Fall, die Schmierereien gesehen zu haben, und beschreibt sie (»die Flecken waren stellenweise noch feucht, als hätte jemand mit einem in Eiter getränkten Schwamm die Wände bestrichen; und überall sah man die Türen der Häuser in gleicher Weise beschmiert«*). In dem oben erwähnten Brief schildern die Herren der Gesundheitsbehörde die Sache in ganz ähnlichen Worten; sie sprechen von Untersuchungen der Schmiermasse, von Experimenten, die sie mit ihr an Hunden gemacht hätten, ohne daß eine üble Wirkung festzustellen gewesen sei, und sie fügen hinzu, sie seien der Ansicht, *daß sotaner Frevel wohl eher aus Mutwillen denn aus einer ruchlosen Absicht hervorgegangen sei*, ein Gedanke, der zeigt, daß sie bis zu diesem Zeitpunkt noch genug Seelenruhe besaßen, um nicht Dinge zu sehen, die gar nicht existierten. Auch die übrigen zeitgenössischen Erinnerungen betonen, wenn sie die Sache berichten, daß viele zunächst der Ansicht waren, es habe sich um einen schlechten Scherz, eine Posse gehandelt; niemand berichtet, daß jemand die Sache geleugnet habe, und sicher hätten sie es berichtet, wenn es jemanden gegeben hätte, sei's auch nur, um ihn dann verschroben zu nennen. Ich habe es nicht für abwegig gehalten, diese teils wenig bekannten, teils ganz und gar unbekannten Einzelheiten eines berühmten Massenwahns hier mitzuteilen; denn bei Irrtümern und besonders bei denen, die von vielen geteilt werden, scheint mir das Interessanteste und am nützlichsten zu Beobachtende gerade die Entwicklung zu sein, die sie durchgemacht haben, die Art und Weise, wie sie aufgetreten sind und wie sie es geschafft haben, in die Köpfe einzudringen und sie zu beherrschen.

Die ohnehin schon erregte Stadt geriet nun in hellen Aufruhr: Die Hausbesitzer sengten die beschmierten Stellen mit brennendem Stroh ab; die Passanten blieben stehen, schauten, schauderten und zitterten. Die Fremden, als solche schon immer verdächtig und damals leicht an der Kleidung zu erkennen, wurden vom Volk auf den Straßen festgenommen und zur Polizei gebracht. Verhöre wurden angestellt, Festgenommene und Festnehmer und Zeugen wurden vernommen, aber niemand wurde für schuldig befunden – die Köpfe waren noch fähig zu zweifeln, zu prüfen und zu verstehen. Die Gesundheitsbehörde veröffentlichte einen Aufruf, in dem sie Belohnung und Straflosigkeit für diejenigen versprach, die den oder die Urheber der Tat namhaft machten. *Dieweil es uns keinesfalls gut dünkt*, schreiben die Herren in dem erwähnten Brief, der auf den 21. Mai datiert ist, aber offensichtlich schon am 19., dem Datum des gedruckten Aufrufs, geschrieben worden sein mußte, *daß dieses Delikt in irgendeiner Weise unbestraft bleibt, zumal in einer an Gefahren und Verdächtigungen so reichen Zeit, haben wir zum Trost und zur Beruhigung des Volkes sowie um Anhaltspunkte über die Tat zu erlangen, heute einen Aufruf erlassen* usw. In dem Aufruf selbst aber findet sich keinerlei Hinweis, jedenfalls kein klarer, auf jene vernünftige und beruhigende Vermutung, die sie dem Gouverneur mitteilten – ein Schweigen, das sowohl die rasenden Vorurteile im Volk als auch eine Nachgiebigkeit bei jenen Herren verrät, die um so mehr zu tadeln ist, je verhängnisvoller sie sich auswirken konnte.

Während die Behörde noch suchte, hatten viele im Volk, wie so oft, schon gefunden. Von denen, die das Geschmiere für eine giftige Salbung hielten, meinten die einen, es handle sich um eine Rache von Don Gonzalo Fernández de Córdoba für die Beschimpfungen, die er bei seiner Abreise hatte einstecken müssen, andere hielten es für eine Erfindung des Kardinals Richelieu, um Mailand zu entvölkern und dann mühelos einzunehmen, wieder andere wollten, man weiß nicht, aus welchen Gründen, den Schuldigen in Graf Collalto, in Wallenstein, in diesem oder jenem Mailänder Adligen sehen. Es fehlte auch nicht an solchen, die in der ganzen Sache, wie schon gesagt, nichts anderes als einen dummen Scherz sahen, verübt von Studenten, von Junkern oder von Offizieren, die sich bei der Belagerung von Casale langweilten. Die Tatsache, daß danach nicht sofort, wie man wohl befürchtet hatte, eine allgemeine Infizierung und ein Massensterben ausbrachen, war vermutlich der Grund dafür, daß sich der erste Schrecken vorderhand noch einmal legte und die Sache anscheinend oder tatsächlich in Vergessenheit geriet.

Im übrigen gab es eine gewisse Anzahl von Leuten, die noch immer nicht überzeugt waren, daß es sich um Pest handelte. Und da sowohl im Lazarett wie in der Stadt hin und wieder auch einige von der Krankeit genasen, »sagte man«, schreibt Tadino* – die letzten Argumente einer vom Augenschein widerlegten Meinung sind besonders kurios –, »im Volke und auch bei vielen parteiischen Medizinern, daß es keine wirkliche Pest sein könne, weil ja dann *alle* gestorben sein müßten«. Um jeden Zweifel auszuräumen, fand das Gesundheitsamt ein der Not angemessenes Mittel, um der Öffentlichkeit die Gefahr vor Augen zu führen, einen Weg, wie ihn die damalige Zeit verlangen und nahelegen konnte. An einem der Pfingstfeiertage pflegten die Bürger der Stadt sich auf dem Friedhof von San Gregorio vor der Porta Orientale zu versammeln, um für die dort begrabenen Opfer der früheren Seuche zu beten, und da sie die fromme Andacht als Gelegenheit zu Vergnügungen und Spektakel nahmen, gingen sie in ihrer festlichsten Kleidung hin. An jenem Tag war unter anderem eine ganze Familie an der Pest gestorben. Zur Zeit des größten Gedränges wurden nun auf Anordnung des Gesundheitsamtes die Leichen jener Familie mitten zwischen den Kutschen, Reitern und Fußgängern zum Friedhof gebracht, auf einem Karren und nackt, damit die Menge an ihnen die offenkundigen Zeichen der Pest sehen könne. Ein Schrei des Abscheus und Entsetzens erhob sich überall, wo der Karren vorbeikam; ein langes Murmeln herrschte, wo er vorbeigekommen war, und ein anderes Murmeln ging ihm voraus. Die Pest war nun nicht mehr zu leugnen, aber sie erwarb sich auch ganz von selbst jeden Tag mehr Glaubwürdigkeit, und gerade jene Versammlung auf dem Friedhof dürfte nicht wenig dazu beigetragen haben, sie zu verbreiten.

Am Anfang also keine Pest, auf keinen Fall und in keiner Weise; sogar das Wort ist verboten. Dann pestartige Fieber: die Vorstellung schleicht sich durch ein Adjektiv ein. Dann keine *richtige* Pest; soll heißen: Pest schon, aber nur gewissermaßen; nicht eigentlich Pest, sondern etwas, für das man keinen anderen Namen finden kann. Schließlich ganz zweifellos und unbestreitbar Pest, aber schon hat sich eine andere Vorstellung damit verbunden, nämlich die der Hexerei und Giftmischerei, die den Sinn des nicht mehr abweisbaren Wortes verwirrt und verfälscht.

Man braucht, glaube ich, in der Geschichte der Vorstellungen und der Wörter nicht sehr bewandert zu sein, um zu sehen, daß viele von ihnen einen ähnlichen Weg zurückgelegt haben. Danken wir Gott, daß es nicht viele von solchem Rang und solcher Gewichtigkeit gibt, die sich ihre Evidenz zu einem solchen Preis erkaufen müssen und sich mit solchen Assoziationen verbinden lassen. Man könnte jedoch, sowohl in den kleinen wie in den großen Dingen, diesen so langen und gewundenen Weg zu einem Großteil vermeiden, befolgte man die seit langem schon vorgeschlagene Methode: zu beobachten, hinzuhören, zu vergleichen und nachzudenken, bevor man redet.

Aber zu reden, einfach drauflloszureden, ist soviel leichter als alles andere zusammen, daß auch wir, ich meine wir Menschen überhaupt, ein wenig zu bedauern sind.

Kapitel 32

Da es immer schwieriger wurde, den leidvollen Erfordernissen der Entwicklung nachzukommen, war am 4. Mai im Rat der Dekurionen beschlossen worden, den Gouverneur um Hilfe zu bitten. Am 22. wurden zwei Ratsherren ins Feldlager geschickt, die ihm die Nöte und Bedrängnisse der Stadt darlegen sollten: die enormen Ausgaben, die leeren Kassen, die Einnahmen der kommenden Jahre verpfändet, die laufenden Abgaben nicht bezahlt wegen des allgemeinen Elends, das durch so viele Ursachen und besonders durch die Verheerungen des Militärs entstanden war. Sie sollten ihm zu bedenken geben, daß aufgrund von Gesetzen und nicht unterbrochenen Gewohnheiten sowie auch eines besonderen Dekrets von Karl V. die Kosten der Pest zu Lasten des Fiskus gehen müßten; während der Pest von 1576 habe der Gouverneur, Marquis von Ayamonte, nicht nur sämtliche Abgaben an die Staatskasse suspendiert, sondern der Stadt auch noch eine Zuwendung in Höhe von vierzigtausend Scudi aus ebenderselben Staatskasse gewährt. Schließlich sollten sie um vier Dinge ersuchen: daß die Abgaben wie damals suspendiert würden, daß die Staatskasse ihnen Gelder zuweise, daß der Gouverneur den König über die Nöte der Stadt und der Provinz unterrichte und daß er das Land mit neuen militärischen Einquartierungen verschonen möge, nachdem es bereits durch die früheren ruiniert worden sei. Der Gouverneur schrieb als Antwort Beileidsbekundungen und neue Ermahnungen: er bedauere, daß er nicht selbst in der Stadt sein könne, um sich mit ganzer Kraft der Erleichterung ihrer Lage zu widmen, aber er hoffe, daß der Eifer jener Herren alles meistern werde; dies sei die Zeit, sich rückhaltlos zu verausgaben, sich in jeder Weise anzustrengen. Was die vorgebrachten Wünsche betreffe, so werde er sein Bestes versuchen, *en el mejor modo que el tiempo y necesidades presentes permitieren.* Darunter ein Krakel, der Ambrogio Spinola heißen sollte, ebenso klar wie seine Versprechungen. Der Großkanzler Ferrer schrieb zurück, diese Antwort sei von den Dekurionen *con gran desconsuelo* gelesen worden; es gab weitere Briefe und Boten, Gesuche und Antworten, aber es ist nicht erkennbar, ob man zu bündigeren Beschlüssen kam. Einige Zeit später, als die Pest ihren Höhepunkt erreicht hatte, übertrug der Gouverneur durch ein Ernennungsschreiben seine Befehlsgewalt direkt an Ferrer, da er selbst, wie er schrieb, an den Krieg zu denken habe. Welchselbiger, um das hier nebenbei zu sagen, nachdem er, ohne die Soldaten mitzuzählen, allein durch die Seuche mindestens eine Million Menschen in der Lombardei, Venetien, Piemont, der Toskana und einem Teil der Romagna dahingerafft hatte, nachdem er allein schon die Orte, durch die er nur gezogen war, so schlimm verwüstet hatte, wie wir gesehen haben – und man stelle sich vor, wie erst die, an denen er richtig getobt hatte –, welchselbiger Krieg also nach der Einnahme und brutalen Plünderung von Mantua damit endete, daß alle genau jenen neuen Herzog anerkannten, den von der Erbfolge auszuschließen der Krieg begonnen worden war. Freilich muß man auch sagen, daß der neue Herzog gezwungen wurde, einen Teil des Montferrat, dessen Einkünfte sich auf fünfzehntausend Scudi beliefen, an den Herzog von Savoyen abzutreten und andere Ländereien mit Einkünften in Höhe von sechstausend Scudi an den Herzog Ferrante von Guastalla, und daß es daneben noch einen Geheimvertrag gab, in dem Savoyen die Stadt Pinerolo an Frankreich abtrat, was aber erst einige Zeit später unter anderen Vorwänden und nach allerlei Ausflüchten geschah.

Zugleich mit dem Beschluß vom 4. Mai hatten die Dekurionen noch einen weiteren gefaßt, nämlich den Kardinalerzbischof zu bitten, eine feierliche Prozession zu veranstalten, in welcher der Schrein mit dem Leichnam des heiligen Carlo Borromeo durch die Stadt getragen werden sollte.

Der gute Prälat war dagegen, und das aus mehreren Gründen. Ihm mißfiel das darin ausgedrückte Vertrauen in ein so willkürliches Mittel, und er befürchtete, daß sich dieses Vertrauen, wenn die erwartete Wirkung nicht eintrat, was er ebenfalls befürchtete, in öffentliche Empörung verwandeln würde.* Zudem befürchtete er, daß, *wenn es diese Salber wirklich gäbe*, die Prozession eine allzu gute Gelegenheit zu neuen Delikten böte, und daß, *wenn es sie nicht gäbe*, das Zusammenkommen so vieler Menschen die Seuche nur noch weiter verbreiten könnte, was *eine noch viel realere Gefahr* wäre. Denn der schon eingeschlafene Verdacht wegen der Giftsalbenschmierer war inzwischen wieder erwacht und regte sich allgemeiner und heftiger als zuvor.

Erneut hatte man beschmierte Mauern, beschmierte Eingänge öffentlicher Gebäude, Haustüren und Türklopfer gesehen oder diesmal nur zu sehen gemeint. Die Nachricht von solchen Entdeckungen flog von Mund zu Mund, und wie so oft, wenn die Gemüter voreingenommen sind, tat das Hören die Wirkung des Sehens. Die Gemüter, die durch das Fortbestehen der Übel immer verbitterter und durch die Hartnäckigkeit der Gefahr immer gereizter waren, klammerten sich um so bereitwilliger an diesen Glauben; denn Wut will strafen, und wie ein geistreicher Mann sehr treffend zu diesem Thema bemerkt hat*, ist es ihr lieber, die Übel einer menschlichen Niedertracht zuzuschreiben, an der sie sich rächen kann, als sie auf eine Ursache zurückzuführen, vor der ihr nichts anderes übrigbleibt als zu resignieren. Ein erlesenes, sofort wirkendes, durchschlagendes Gift –

diese Worte waren mehr als genug, um die Heftigkeit des Übels und sogar seine unerklärlichsten und regelwidrigsten Formen zu erklären. Es hieß, das Gift sei aus Kröten und Schlangen gewonnen, aus Speichel und Eiter von Pestkranken, ja aus noch Schlimmerem, aus allem, was verwilderte und verdrehte Phantasien an Widerlichem und Gräßlichem nur zu ersinnen vermochten. Hinzu kamen die Hexenkünste, durch die jede Wirkung möglich, jeder Einwand entkräftet und jede Schwierigkeit gelöst wurde. Wenn die Wirkungen nicht gleich nach jener ersten Schmiererei zu sehen gewesen waren, so wußte man nun, warum: Es war eben ein mißglückter Versuch von Neulingen in der Giftmischerei gewesen. Inzwischen jedoch war die Kunst vervollkommnet und der Wille zur höllischen Tat noch grimmiger geworden. Wer jetzt noch behauptete, es habe sich um einen Scherz gehandelt, wer jetzt noch die Existenz einer Verschwörung leugnete, wurde als blind und verbohrt angesehen, wenn er nicht gar in den Verdacht geriet, er habe ein Interesse daran, die öffentliche Aufmerksamkeit vom wahren Sachverhalt abzulenken, er sei ein Komplize, ein *Salber* – der Ausdruck wurde bald gang und gäbe und bekam einen feierlich-furchteinflößenden Klang. Mit einer so festen Überzeugung, daß es diese Salber tatsächlich gebe, mußte man fast unfehlbar welche entdecken: Alle lagen ständig auf der Lauer, jede Handlung konnte Argwohn erregen. Und der Argwohn wurde leicht zur Gewißheit und die Gewißheit zu Raserei.

Zwei Vorfälle führt Ripamonti als Beweis an, wobei er betont, daß er sie nicht etwa als die krassesten unter den täglich erfolgten ausgewählt habe, sondern weil er bei beiden Augenzeuge gewesen sei.

In der Kirche San Antonio wollte sich eines Tages, ich weiß nicht, anläßlich welcher Feier, ein über achtzigjähriger Greis, nachdem er eine Zeitlang kniend gebetet hatte, auf die Bank niedersetzen und staubte sie vorher mit seinem Mantel ab. »Der Alte da salbt die Bänke!« schrien wie aus einem Mund mehrere Frauen, die es sahen. Die Leute, die sich in der Kirche befanden – in der Kirche! –, stürzten sich auf den Greis, rissen ihn an den Haaren, weiß wie sie waren, malträtierten ihn mit Fäusten und Fußtritten, zogen und stießen ihn hinaus, und wenn sie ihn nicht ganz totschlugen, dann nur, um ihn halbtot ins Gefängnis, vor die Richter, zur Folter zu schleifen. »Ich habe gesehen, wie sie ihn so schleiften«, sagt Ripamonti, »und danach habe ich nichts mehr von ihm gehört. Ich glaube nicht, daß er das länger als nur ein paar Augenblicke hat überleben können.«

Der andere Vorfall, der sich am folgenden Tag ereignete, war ebenso bemerkenswert, aber nicht ganz so traurig. Drei junge Franzosen, ein Literat, ein Maler und ein Techniker, die nach Italien gekommen waren, um das Land zu sehen, seine Altertümer zu studieren und eine Verdienstmöglichkeit zu finden, waren vor eine Außenmauer des Doms getreten und betrachteten sie aus der Nähe. Ein Passant sah sie und blieb stehen, machte einen anderen auf sie aufmerksam, weitere kamen hinzu. Es bildete sich ein Grüppchen, das jede Bewegung der drei verfolgte, die an ihrer Kleidung, ihrer Haartracht und ihren Ranzen als Fremde und, was noch schlimmer war, als Franzosen erkennbar waren. Wie um sich zu vergewissern, daß es tatsächlich Marmor war, streckten sie die Hand aus, um die Wand zu berühren. Das genügte. Sie wurden umringt, ergriffen, verprügelt und mit Stößen und Schlägen zum Gefängnis getrieben. Glücklicherweise ist der Mailänder Justizpalast nicht weit vom Dom, und noch glücklichererweise wurden sie dort als unschuldig befunden und freigelassen.

Dergleichen geschah nicht nur in der Stadt; die Raserei hatte sich wie die Pest verbreitet. Der Wanderer, den Bauern abseits der Hauptstraße antrafen oder der sich müßig schlendernd, mal dahin, mal dorthin blikkend auf ihr bewegte oder der sich ins Gras legte, um zu ruhen, der Unbekannte, in dessen Gesicht oder Kleidung man etwas Seltsames, etwas Verdächtiges fand, sie alle waren *Salber*. Bei der ersten Warnung, von wem sie auch gekommen sein mochte, beim Schrei eines Knaben wurde Sturm geläutet, und alle liefen herbei. Die Unglücklichen wurden mit Steinen beworfen oder ergriffen und von einer wütenden Volksmenge zum Gefängnis gebracht. So wiederum Ripamonti. Und das Gefängnis war bis zu einem bestimmten Zeitpunkt noch ein rettender Hafen.

Indessen drängten die Dekurionen, die sich durch das Nein des klugen Prälaten nicht hatten entmutigen lassen, weiter auf eine Bittprozession und wurden darin lauthals von der öffentlichen Meinung unterstützt. Federigo widersetzte sich noch eine Weile und versuchte sie eines Besseren zu überzeugen; das war alles, was die Vernunft eines einzelnen Mannes gegen die Macht der Zeitströmung und das Drängen vieler vermochte. Bei den damals herrschenden Meinungen, bei der Vorstellung von der Gefahr, die man damals hatte – wirr, umstritten, weit entfernt von der Evidenz, die sie heutzutage für uns hat –, ist es nicht schwer zu begreifen, wie seine guten Gründe auch in seinem eigenen Kopf von den schlechten der anderen besiegt werden konnten. Ob dann, als er nachgab, vielleicht auch ein wenig Willensschwäche mit im Spiel war, gehört zu den Geheimnissen des menschlichen Herzens. Kein Zweifel, wenn es in einigen Fällen scheint, daß man einen Irrtum allein dem Verstand zuschreiben und das Gewissen davon freisprechen kann, so gilt das für jene wenigen Menschen (und Federigo gehörte fraglos zu ihnen), deren ganzes Leben einen entschiedenen Gehorsam gegenüber dem Gewissen bezeugt, ohne Rücksicht auf irgendwelche zeit- und weltlichen Interessen. Kurzum, als man weiter in ihn drang, gab er nach, willigte in die Prozession ein und fügte sich auch dem inständig vorgetragenen Wunsch, daß der Schrein mit den Reliquien des heiligen Carlo nach dem Umzug acht Tage lang auf dem Hauptaltar des Domes ausgestellt bleiben solle.

Es findet sich nichts darüber, daß die Gesundheitsbehörde oder andere irgendwelche Bedenken vorgebracht oder Einspruch erhoben hätten. Sie ordnete lediglich einige Vorsichtsmaßnahmen an, die zwar nichts gegen die Gefahr ausrichteten, aber die Furcht vor ihr verrieten. So verschärfte sie die Vorschriften für den Einlaß von Personen in die Stadt und verordnete, um ihre Durchführung zu sichern, daß die Tore geschlossen zu bleiben hatten. Desgleichen ließ sie, um die Infizierten und Verdächtigen, soweit das möglich war, von der Prozession fernzuhalten, die Türen der unter Sequester gestellten Häuser vernageln – von welchen es, wenn man in einer solchen Frage der bloßen Behauptung eines Autors, noch dazu eines Autors jener Zeiten folgen darf, etwa fünfhundert gab.*

Drei Tage vergingen mit Vorbereitungen. Am 11. Juni, dem festgesetzten Tag, verließ die Prozession im Morgengrauen den Dom. Voran zog in langer Reihe das einfache Volk, meist Frauen, die Gesichter mit weiten Schleiern verhüllt, viele barfuß und in Sackleinen. Dann kamen die Zünfte mit ihren Bannern und die Bruderschaften in ihren bunten Trachten, dann die Ordensbrüder und die Weltgeistlichen, jeder mit dem Abzeichen seiner Würde und mit einer Kerze oder Fackel in der Hand. In der Mitte des Zuges, umgeben von dichter getragenen Lichtern und lauter gesungenen Litaneien, erhob sich unter einem reich verzierten Baldachin der Schrein, getragen von vier Domherren in vollem Ornat, die von Zeit zu Zeit ausgewechselt wurden. Durch die Kristallscheiben sah man den verehrten Leichnam, in prächtige Bischofsgewänder gekleidet, mit der Mitra auf dem Schädel, und in den entstellten und zerfallenen Formen konnte man noch Spuren seiner einstigen Erscheinung erkennen, wie sie auf Bildern dargestellt ist und wie sich manch einer noch erinnerte, sie im Leben gesehen und verehrt zu haben. Hinter der sterblichen Hülle des toten Hirten (so Ripamonti, dem wir diese Beschreibung hauptsächlich entnehmen) und ihm so nahe, wie er ihm auch an Verdienst, an Geblüt und an Würde stand, kam Erzbischof Federigo. Es folgte der andere Teil des Klerus, dann die Beamten in ihren feinsten Roben, dann der Adel, manche in Prunkgewändern wie zu einem Festgottesdienst, andere zum Zeichen der Buße in Schwarz oder barfuß und in Büßermäntel gehüllt, die Augenschlitz-Kapuze übers Gesicht gezogen, alle mit Fackeln. Schließlich wiederum eine lange Reihe gemischten Volkes.

Der ganze Prozessionsweg war festlich geschmückt. Die Reichen hatten ihren kostbarsten Zierat herausgeholt, die Fassaden der armen Häuser waren von wohlhabenden Nachbarn oder auf öffentliche Kosten geschmückt worden; grüne Zweige prangten zwischen den Dekorationen oder an deren Stelle, allenthalben sah man Bilder, Inschriften, Wappen; auf den Fensterbänken standen Vasen, Antiquitäten und andere Raritäten zur Schau; überall brannten Lichter. Aus vielen dieser Fenster sahen eingeschlossene, sequestrierte Kranke auf die Prozession und begleiteten sie mit ihren Gebeten. Die anderen Straßen waren still und verlassen, nur da und dort horchten einige, ebenfalls aus den Fenstern, auf das vorüberziehende Brausen; andere, und darunter sah man sogar einige Nonnen, waren auf die Dächer geklettert, um aus der Ferne den Schrein, den Zug oder irgend etwas davon zu sehen.

Die Prozession zog durch alle Viertel der Stadt. An jedem jener Straßenkreuze oder kleinen Plätze, wo die Hauptstraßen in die Vororte übergehen und die damals alle den alten Namen *carrobio* trugen, der heute nur noch einem von ihnen verblieben ist, machte man halt und stellte den Schrein neben das Kreuz, das der heilige Carlo während der letzten Pest auf jedem von ihnen errichtet hatte und von denen noch heute einige stehen. So war es längst Mittag vorbei, als der Zug in den Dom zurückkehrte.

Und siehe da, am folgenden Tage, während genau jene vermessene Zuversicht, ja bei manchen sogar fanatische Gewißheit herrschte, daß die Prozession der Pest ein Ende gemacht haben müsse, nahm die Zahl der Toten in allen Schichten der Bevölkerung und allen Teilen der Stadt dermaßen heftig und sprunghaft zu, daß es niemanden gab, der den Grund oder Auslöser nicht in der Prozession selbst gesehen hätte. Doch – o wundersame und traurige Macht eines allgemeinen Vorurteils! – nicht etwa dem Zusammensein so vieler Personen über so lange Zeit, nicht der endlosen Vervielfältigung zufälliger Kontakte schrieben die meisten dieses Ergebnis zu, sondern der Leichtigkeit, mit welcher die Salber währenddessen ihr ruchloses Werk im großen Maßstab hätten ausführen können. Es hieß, sie hätten sich unter die Menge gemischt und mit ihrer Giftsalbe so viele infiziert, wie sie nur konnten. Da aber dies noch nicht zu genügen schien und auch nicht die hohe Sterblichkeitsrate in allen Schichten der Bevölkerung zu erklären vermochte, da es offenbar selbst dem immer so wachen und scharfen Auge des Argwohns nicht möglich gewesen war, irgendwelche Schmierereien oder Flecken an den Mauern oder sonstwo auszumachen, griff man zur Erklärung des Phänomens auf jene andere, schon alte Erfindung zurück, die damals in der gesamten europäischen Wissenschaft anerkannt war, nämlich die giftigen oder verhexten Pulver. Es hieß, solche Pulver seien längs des Prozessionsweges und besonders an den Halteplätzen ausgestreut worden und hätten sich an die

Schleppen der Kleider und mehr noch an die Füße der vielen Barfußgänger jenes Tages geheftet. »Deswegen sah«, schreibt ein zeitgenössischer Autor*, »jener selbe Prozessionstag die Frömmigkeit mit der Gottlosigkeit, die Hinterlist mit der Aufrichtigkeit, den Verlust mit dem Gewinne streiten.« Dabei war es in Wirklichkeit der arme menschliche Verstand, der mit seinen selbstgeschaffenen Hirngespinsten stritt.

Von jenem Tage an griff die Seuche immer rasender um sich: Binnen kurzem gab es fast kein Haus mehr, das von ihr noch verschont wurde, binnen kurzem sprang die Zahl der Insassen des Lazaretts nach Aussage des schon zitierten Somaglia von zwei- auf zwölftausend, später nach Aussage fast aller Gewährsleute auf sechzehntausend. Am 4. Juli stieg die tägliche Sterblichkeitsziffer, wie aus einem weiteren Brief der Gesundheitsbehörde an den Gouverneur hervorgeht, erstmals über fünfhundert. Später, auf dem Höhepunkt, belief sie sich nach den meisten Berechnungen auf eintausendzweihundert bis eintausendfünfhundert, ja sogar auf über dreitausendfünfhundert, wenn wir Tadino glauben wollen. Dieser behauptet auch, »aus sorgfältigen Erhebungen« gehe hervor, daß die Bevölkerung Mailands nach der Pest auf etwas mehr als vierundsechzigtausend Seelen zusammengeschmolzen sei, nachdem sie zuvor über zweihundertfünfzigtausend betragen habe. Nach Ripamonti betrug sie zuvor nur zweihunderttausend, und über die Toten sagt er, allein aus den städtischen Registern ergäben sich einhundertvierzigtausend, wozu noch diejenigen kämen, die nicht hätten registriert werden können. Andere nennen höhere oder geringere Zahlen, aber noch mehr aufs Geratewohl.

Man bedenke nun, in welcher Not sich die Dekurionen befinden mußten, denen die Bürde auferlegt war, für die öffentlichen Bedürfnisse zu sorgen und zu retten, was in einer so katastrophalen Lage noch zu retten war. Jeden Tag mußten öffentliche Bedienstete verschiedener Art, sogenannte »Monatti«, »Apparitori« und »Kommissare«, ersetzt und an Zahl verstärkt werden. Die »Monatti« hatten die unangenehmsten und gefährlichsten Aufgaben während der Pest zu verrichten: die Leichen aus den Häusern, von den Straßen und aus dem Lazarett zu holen, sie auf Karren zu den Gruben zu fahren und dort zu begraben, die Kranken zum Lazarett zu bringen oder zu treiben und dort zu beaufsichtigen, die verseuchten oder verdächtigen Sachen zu verbrennen oder zu reinigen. Den Namen will Ripamonti von griechisch *monos* ableiten; Gaspare Bugatti (in einer Beschreibung der vorangegangenen Pest) führt ihn auf lateinisch *monere* zurück, aber zugleich und mit größerem Recht fragt er sich, ob ihm nicht ein deutsches Wort zugrunde liege, da jene Männer größtenteils in der Schweiz oder in Graubünden angeworben wurden. In der Tat wäre es nicht ganz abwegig, eine Entstellung des Wortes »monatlich« darin zu sehen, denn bei der Ungewißheit, wie lange der Bedarf anhalten würde, sind die Verträge wahrscheinlich nur von Monat zu Monat geschlossen worden. Den »Apparitori« oblag es, vor den Karren herzugehen und die Passanten durch das Schellen eines Glöckchens zu warnen, damit sie zur Seite wichen. Die »Kommissare« schließlich dirigierten die einen wie die anderen als unmittelbare Beauftragte der Gesundheitsbehörde. – Das Lazarett mußte regelmäßig mit Ärzten, Chirurgen, Medikamenten, Lebensmitteln und allem sonstigen Krankenhauszubehör versorgt werden; für die täglich neu hinzukommenden Kranken mußten neue Unterkünfte gefunden und bereitgestellt werden. Zu diesem Zweck ließ man in aller Eile Hütten aus Holz und Stroh im großen Innenhof des Lazaretts errichten, und man legte ein neues Lazarett ganz aus Hütten an, das von einem schlichten Bretterzaun eingefaßt war und vierzigtausend Personen aufnehmen konnte.

Als auch dies nicht genügte, wurden zwei weitere beschlossen und auch zu bauen begonnen, aber da es an Mitteln jeder Art fehlte, blieben sie unvollendet. Die Mittel, die Personen und der Mut nahmen im gleichen Maße ab, wie der Bedarf zunahm.

Und nicht genug damit, daß die Ausführung immer hinter den Plänen und Anordnungen zurückblieb, nicht genug damit, daß für viele nur allzugut anerkannte Notwendigkeiten nur unzureichend gesorgt wurde, auch in Worten – man erreichte ein solches Übermaß an Ohnmacht und Verzweiflung, daß auch für viele der elementarsten und dringendsten Notwendigkeiten in keiner Weise mehr gesorgt werden konnte. So verhungerte zum Beispiel eine große Anzahl von Kindern, deren Mütter an der Pest gestorben waren. Die Gesundheitsbehörde schlug vor, für solche Kinder und für bedürftige Wöchnerinnen ein Heim zu errichten und etwas für sie zu tun, aber sie konnte nichts erreichen. »Nichtsdestoweniger«, schreibt Tadino, »waren auch die Dekurionen der Stadt zu bedauern, die viel Betrübnis und Ärger mit der zucht- und respektlosen Soldateska hatten; um so mehr, als man in dem unglücklichen Herzogtume vom Gouverneur weder Geld noch andere Hilfe bekam, außer dem Rat, daß man, da Kriegszeiten seien, die Soldaten gut behandeln müsse.«* So wichtig war die Einnahme von Casale! So herrlich erscheint der Siegeslorbeer, egal warum und wofür man kämpft!

Als schließlich das riesige, aber einzige Massengrab, das man nahe dem Lazarett ausgehoben hatte, mit Leichen gefüllt war und nicht nur in diesem, sondern in allen Teilen der Stadt die neuen Leichen, die täglich hinzukamen, unbestattet blieben, sahen sich die Behörden, nachdem sie vergeblich versucht hatten, Leute für diese traurige Arbeit zu finden, zu der Erklärung gezwungen, daß sie sich keinen Rat mehr wüßten. Und es ist in der Tat nicht abzusehen, wohin das alles geführt hätte, wenn nicht eine außergewöhnliche Hilfe gekommen wäre. In seiner Verzweiflung wandte sich der Präsident des Gesundheitsamtes mit Tränen in den Augen an die beiden braven Patres, die dem Lazarett vorstanden, und Pater Michele verpflichtete sich, ihm die Stadt binnen vier Tagen von Leichen freizuräumen und binnen acht Tagen genügend Gruben auszuheben, nicht nur für den gegenwärtigen Bedarf, sondern auch für den schlimmsten noch zu erwartenden. Mit einem Ordensbruder und einigen Gesundheitsbeamten, die ihm der Präsident gegeben hatte, machte er sich außerhalb der Stadt auf die Suche nach Bauern, und teils mit der Autorität seines Amtes, teils mit der seiner Kutte und seiner Worte gelang es ihm, etwa zweihundert anzuheuern, die er drei riesige Gruben ausheben ließ. Dann schickte er aus dem Lazarett Monatti aus, die Toten von den Straßen aufzulesen, und so konnte er sein Versprechen bis zum festgesetzten Tag erfüllen.

Einmal blieb das Lazarett ohne Ärzte, und nur durch das Angebot hoher Gehälter und Ehren konnten mit Mühe und nach längerer Suche welche gefunden werden, aber weit weniger, als benötigt wurden. Oft stand man auch kurz vor einem völligen Mangel an Lebensmitteln, so daß auch noch der Hungertod zu befürchten war, und mehr als einmal kamen, während man schon nicht mehr wußte, woher das Allernötigste nehmen, im letzten Augenblick reichliche Spenden aus privater Hand. Denn inmitten der allgemeinen Abstumpfung, inmitten der Gleichgültigkeit für die anderen als Ergebnis des ständigen Bangens um sich selbst gab es immer noch Gemüter, in denen die Nächstenliebe allezeit wach war, und andere, in denen sie erwachte, wenn alle irdischen Freuden aufhörten; so wie es inmitten des Todes und der Flucht vieler derer, die zu leiten und vorzusorgen berufen waren, immer auch einige gab, die gesund und guten Mutes auf ihrem Posten ausharrten, und wie es immer auch andere gab, die von Mitleid getrieben Aufgaben übernahmen, zu denen sie kein Amt verpflichtete, und sie mustergültig erfüllten.

Wer eine allgemeinere, bereitwilligere und beständigere Treue gegenüber den schwierigen Pflichten der Lage bezeugte, waren die Geistlichen. In den Lazaretten, in der Stadt, nie fehlte es an ihrem Beistand. Wo gelitten wurde, waren sie da, stets sah man sie unter den Siechen und Sterbenden, oft genug selber siech und sterbend. Den geistlichen Beistand ergänzten sie, soweit sie konnten, um den weltlichen; sie leisteten jeden Dienst, den die Umstände verlangten. Mehr als sechzig Pfarrer allein aus der Stadt erlagen der Seuche: ungefähr acht Neuntel.

Federigo gab allen, wie es von ihm zu erwarten war, Anreiz und Beispiel. Nachdem um ihn herum fast die ganze bischöfliche Dienerschaft gestorben war und Verwandte, hohe Beamte und benachbarte Fürsten ihn drängten, sich außer Gefahr zu begeben und auf irgendein Landgut zurückzuziehen, verwarf er den Rat und widerstand dem Drängen in jenem Geist, in dem er den Pfarrern schrieb: »Seid bereit, eher dieses sterbliche Leben fahrenzulassen als diese unsere Familie, diese unsere Kinder. Tretet der Pest mit Liebe entgegen wie einer Belohnung, wie einem Leben, wenn es eine Seele für Christus zu gewinnen gibt.«* Er befolgte durchaus die Vorsichtsmaßnahmen, die ihn nicht an der Ausübung seiner Pflicht hinderten – darüber erteilte er dem Klerus sogar Belehrungen und Vorschriften –, zugleich aber achtete er nicht der Gefahr und schien sie gar nicht zu bemerken, wenn er sich ihr aussetzen mußte, um Gutes zu tun. Abgesehen von den Geistlichen, für die er immer da war, um ihren Eifer zu loben und zu lenken, um jeden von ihnen anzuspornen, wenn er lau ans Werk ging, um sie auf die Posten zu schicken, auf denen andere gestorben waren, verlangte er, daß auch jederzeit jeder andere, der seiner bedurfte, zu ihm vorgelassen wurde. Er besuchte die Lazarette, um den Kranken Trost zu spenden und die Pfleger aufzumuntern; er eilte kreuz und quer durch die Stadt, um den in ihren Häusern eingeschlossenen Kranken Beistand zu leisten, indem er an den Haustüren stehenblieb oder unter den Fenstern, um sich ihre Klagen anzuhören und ihnen ein paar Worte des Trostes und der Ermutigung zu sagen. Kurzum, er stürzte sich in die Pest und lebte mitten in ihr, so daß er am Ende selbst verwundert war, sie heil überstanden zu haben.

So kann man bei allgemeinen Schicksalsschlägen und langanhaltenden Störungen dessen, was man als die gewohnte Ordnung kennt, immer eine Zunahme und Verfeinerung der Tugend erkennen, aber leider fehlt es auch nie an einer Zunahme, meistens einer weit größeren, der Lasterhaftigkeit. Das war auch hier nicht anders. Die Schurken, die von der Pest verschont blieben oder nicht zu Boden gestreckt wurden, fanden in der allgemeinen Verwirrung und im Erschlaffen jeder öffentlichen Gewalt eine neue Gelegenheit, tätig zu werden, und zugleich eine neue Gewißheit, straflos zu bleiben. Lag doch die Anwendung der öffentlichen Gewalt selbst zu einem großen Teil in den Händen der Schlimmsten unter ihnen. Für die Arbeit der Monatti und Apparitori fanden sich in der Regel nur Männer, über welche die Verlockung des Beutemachens und der Freizügigkeit mehr vermochte als die Angst vor der Ansteckung und jeder natürliche Abscheu. Sie waren an strengste Regeln gebunden und mit schwersten Strafen bedroht, hatten genau definierte Arbeitsplätze und als Vorgesetzte, wie wir schon sagten, die Kommissare; über diesen und ihnen standen in jedem Viertel Beamte und Adlige, die bevollmächtigt waren, jede Verletzung der öffentlichen Ordnung notfalls im Schnellverfahren zu unterbinden. Das System funktionierte auch und tat seine Wirkung bis zu einem bestimmten Zeitpunkt. Als aber dann unter den Vorgesetzten die Zahl derer, die starben, die wegzogen oder den Kopf verloren, jeden Tag größer wurde, kamen die Untergebenen irgendwann an den Punkt, an dem sie fast keinen mehr über sich hatten, der sie im Zaume hielt, und so konnten sie, die Monatti vor allem, nach Belieben schalten und walten. Sie betraten die Häuser wie große Herren, wie Feinde, und ganz abgesehen von ihren Diebstählen und davon, wie sie die Unglücklichen behandelten, die durch die Pest gezwungen waren, sich in solche Hände zu geben, faßten sie mit ebendiesen verruchten und verseuchten Händen die Gesunden an, die Kinder, Eltern, Gattinnen oder Gatten der Kranken, und drohten ihnen, sie ins Lazarett zu schleppen, wenn sie sich nicht mit hohen Summen loskauften oder von anderen losgekauft wurden. Ein andermal ließen sie sich ihre Dienste bezahlen, indem sie sich weigerten, die schon verwesenden Leichen fortzuschaffen, wenn sie nicht soundso viele Scudi erhielten. Es hieß – und bei der Leichtfertigkeit der einen und der Niedertracht der anderen ist es gleichermaßen riskant, es zu glauben oder nicht zu glauben –, es hieß, und so behauptet auch Tadino*, daß Monatti und Apparitori absichtlich verseuchte Sachen von den Karren fallenließen, um die Pest weiter auszubreiten und aufrechtzuerhalten, die für sie eine Einnahmequelle, ein Reich, ein Freudenfest geworden war. Andere Kanaillen, die sich als Monatti ausgaben, indem sie eine Schelle am Fuß trugen, wie es für jene vorgeschrieben war als Erkennungszeichen und Ankündigung ihres Kommens, drangen in die Häuser ein, um sich darin nach Herzenslust gütlich zu tun. In einige, die offenstanden, verlassen von ihren Bewohnern, oder in denen nur noch ein paar Kranke oder Sterbende wohnten, spazierten Diebe hinein, um gefahrlos zu plündern; andere wurden überrascht und von Häschern erwischt, die es dann ebenso oder noch schlimmer trieben.

Zugleich mit der Lasterhaftigkeit wuchs auch der Wahn: Alle schon mehr oder minder vorherrschenden Verirrungen gewannen durch die Bestürzung und die Erregung der Gemüter eine außergewöhnliche Kraft und vervielfachten ihre Wirkung. Und alle verstärkten und vergrößerten jene besondere Angst vor den Salbungen, die in ihren Ergebnissen und Ausbrüchen oft genug, wie wir gesehen haben, eine weitere Lasterhaftigkeit war. Das Bild der vermeintlichen Gefahr verfolgte und quälte die Gemüter weit mehr als die wirkliche und gegenwärtige Gefahr. »Und während die verstreut oder in Haufen herumliegenden Toten«, schreibt Ripamonti, »die man immer vor Augen und immer zwischen den Füßen hatte, die ganze Stadt gleichsam zu einem einzigen Leichenfeld machten, lag etwas noch viel Häßlicheres und Übleres in jener gegenseitigen Verhärtung, in jener ungezügelten und monströsen allseitigen Verdächtigung ... Nicht nur der Nachbar, der Freund, der Gast wurde verdächtigt, sogar die vertrautesten Namen, die engsten Bande der menschlichen Liebe, Mann und Frau, Vater und Sohn, Bruder und Bruder, flößten Schrekken ein. Und – grausig und schändlich, es auszusprechen! – den häuslichen Tisch, das eheliche Bett fürchtete man wie einen Hinterhalt, wie ein Giftmischernest.«

Der eingebildete Umfang und die Seltsamkeit der Verschwörung trübten jedes Urteil und verdarben jeden Grund zu gegenseitigem Vertrauen. Anfangs glaubte man nur, die vermeintlichen Giftsalbenschmierer seien von Ehrgeiz und Habgier getrieben; als es dann weiterging, stellte man sich vor und glaubte auch, es liege in dieser Schmiererei eine teuflische Wollust, ein unwiderstehlicher Reiz, der den Willen beherrsche. Die Fieberphantasien der Kranken, die sich selber dessen beschuldigten, was sie von anderen befürchtet hatten, erschienen als Enthüllungen und bewirkten, daß man sozusagen alles von jedem glaubte. Und noch eindrucksvoller als die Worte waren die Handlungen, wenn es zum Beispiel geschah, daß Pestkranke im Delirium jene Gesten vollführten, die sie als diejenigen der Salber wähnten – was sehr wahrscheinlich und zugleich sehr geeignet war, die allgemeine Überzeugung und die Behauptungen vieler Autoren besser verständlich zu machen. So trugen während der langen und traurigen Zeit der Hexenprozesse die nicht immer erpreßten Geständnisse der Beschuldigten wesentlich dazu bei, die über sie bestehende Meinung zu festigen und zu verbreiten. Denn wenn eine Meinung über lange Zeit in einem großen Teil der Welt herrscht, drückt sie sich schließlich auf jede Weise aus, probiert alle Ausgänge und durchläuft alle Stufen der Überzeugung; und es kommt schwerlich vor, daß alle oder sehr viele Menschen über lange Zeit glauben, es geschehe etwas Seltsames, ohne daß schließlich einer daherkommt, der meint, er tue es selbst.

Unter den Geschichten, die der Giftsalbenwahn hervorgebracht hat, verdient eine besonders erwähnt zu werden, sowohl wegen des Glaubens, den sie fand, als auch wegen ihrer weiten Verbreitung. Man erzählte sich, nicht immer in derselben Weise (das wäre ein zu eigenartiges Privileg der Märchen), aber annähernd schon, daß ein gewisser Soundso an dem und dem Tag auf dem Domplatz einen Sechsspänner habe ankommen sehen und darinnen, zusammen mit anderen, eine hohe Persönlichkeit mit düster glühender Miene und flammenden Augen, die Haare gesträubt und die Lippen drohend geschürzt. Während er neugierig schaute, habe die Karosse gehalten, der Kutscher habe ihn aufgefordert einzusteigen, und er habe nicht nein sagen können. Nach allerlei Umwegen seien sie an der Pforte eines Palastes ausgestiegen, in den auch er mit den anderen eingetreten sei, und da habe er Schönes und Schreckliches vorgefunden, Wüsten und Gärten, Höhlen und Säle, und in ihnen Spukgestalten, die zu Rate saßen. Schließlich habe man ihm große Kisten voller Geld gezeigt und gesagt, er könne sich soviel davon nehmen, wie er wolle, aber er müsse auch ein kleines Salbengefäß mitnehmen und die Salbe überall in der Stadt verstreichen. Da er jedoch nicht einwilligen wollte, habe er sich im Handumdrehen wieder an dem Ort befunden, wo er abgeholt worden sei. Diese Geschichte, die vom Volk allgemein geglaubt und, wie Ripamonti meint, *nicht genügend von klugen und gewichtigen Männern verlacht wurde**, machte in ganz Italien und im Ausland die Runde. In Deutschland wurde sie sogar zum Gegenstand einer Flugschrift, und der Kurfürst-Erzbischof von Mainz schrieb an Kardinal Federigo, um ihn zu fragen, was man von den wunderlichen Geschichten zu halten habe, die über Mailand erzählt würden, woraufhin er zur Antwort bekam, es seien Phantastereien.

Von gleichem Wert, wenn auch nicht in allem von gleicher Natur, und ebenso desaströs waren die Phantastereien der Gelehrten. Die meisten von ihnen sahen die Ankündigung und zugleich die Ursache der Übel in einem 1628 erschienenen Kometen und einer Konjunktion von Jupiter und Saturn, die sich, wie Tadino schreibt, »so klar über dieses Jahr 1630 neigte, daß ein jeder sie verstehen konnte. *Mortales parat morbos, miranda videntur.*« Diese Prophezeiung (»Tödliche Krankheiten werden kommen, und Wunder wird man sehen«), die angeblich einem 1623 in Turin gedruckten Buch namens »Spiegel der vollkommenen Almanache« entnommen war, ging wie ein Lauffeuer von Mund zu Mund. Ein weiterer Komet, der im Juni des Pestjahres selbst erschien, wurde als erneute Warnung genommen, ja als klarer Beweis für die Salbungen. Die Gelehrten durchforschten die Bücher und fanden leider eine Menge Beispiele für »handgemachte« Pestepidemien, wie sie sagten: Sie zitierten Livius, Tacitus, Dion, was sage ich?

Homer und Ovid und all die anderen antiken Dichter, die ähnliche Begebenheiten erzählt oder angedeutet haben. Bei den modernen fanden sie sogar noch mehr. Sie zitierten jede Menge Autoren, die über Gifte, Hexenkünste, Salben und Pulver gelehrte Abhandlungen geschrieben oder beiläufig gesprochen haben: Cesalpino, Cardano, Grevino, Salio, Pareo, Schenchio, Zachia und schließlich auch jenen sinistren Delrio, der, würde der Ruhm von Autoren nach dem Guten und Bösen bemessen, das ihre Werke angerichtet haben, einer der berühmtesten sein müßte; jenen Delrio, dessen Nachtwachen mehr Menschenleben als die Unternehmungen mancher Eroberer gekostet haben, dessen »Untersuchungen über die Hexerei« (das Kompendium all dessen, was die Menschheit bis zu seinen Lebzeiten über dieses Thema zusammenphantasiert hatte) als der maßgeblichste Text mehr als ein Jahrhundert lang Richtschnur und mächtiger Antrieb für ununterbrochene grauenvolle legale Gemetzel waren.

Von den Erfindungen des Volkes nahmen sich die Gebildeten, was sich mit ihren Ideen vereinbaren ließ; von den Erfindungen der Gebildeten nahm sich das Volk, was es verstehen konnte und wie es sie verstand, und aus alledem bildete sich eine enorme und konfuse Masse von kollektivem Wahn.

Was jedoch am meisten Verwunderung erregt, ist zu sehen, wie die Ärzte, ich meine diejenigen, die von Anfang an geglaubt hatten, daß es Pest war, ich meine insbesondere Tadino, der sie vorausgesagt hatte, der sie hatte eintreten sehen, der sie in ihrem Fortschreiten sozusagen nicht aus den Augen gelassen hatte, der gesagt und gepredigt hatte, daß es Pest sei, daß sie durch Berührung übertragen werde und daß, wenn man nichts gegen sie unternehme, bald das ganze Land von ihr erfaßt werde –, ihn also zu sehen, wie er dann aus ebendiesen von ihm selbst vorausgesagten Wirkungen einen sicheren Beweis für die Giftsalbenhexerei ableitet; ihn, der in jenem Carlo Colonna, der das zweite Pestopfer in Mailand war, das Delirium als eine Begleiterscheinung der Krankheit festgestellt hatte, ihn dann zu sehen, wie er zum Beweis der Salbungen und der teuflischen Verschwörung einen Umstand wie diesen anführt: daß zwei Zeugen aussagten, ein kranker Freund habe ihnen erzählt, eines Nachts seien Personen in sein Zimmer gekommen und hätten ihm Heilung und Geld in Aussicht gestellt, wenn er bereit sei, die Häuser der Umgebung zu salben, und als er sich weigerte, seien sie zwar fortgegangen, aber dafür sei ein Wolf unter dem Bett gelegen und drei Riesenkatzen seien darauf gesessen, »die bis zum Anpruch des Tages dorten verharrerten«.*

Wäre es nur ein einzelner gewesen, der solche Beweisführungen anstellte, so hätte man sagen müssen, er habe einen etwas wunderlichen Kopf, oder vielmehr, man hätte gar nicht davon reden müssen; aber da es viele, ja beinahe alle waren, ist es eine Fallgeschichte des menschlichen Geistes und gibt uns Gelegenheit zu beobachten, wie eine wohlgeordnete und vernünftige Gedankenfolge durch eine andere, die sich ihr entgegenwirft, ganz durcheinandergebracht werden kann. Im übrigen war dieser Tadino hierzulande einer der angesehensten Männer seiner Zeit.

Zwei berühmte und hochverdiente Autoren, Muratori und Verri, haben versichert, daß Kardinal Federigo die Realität der Salbungen bezweifelt habe.* Wir würden dieses noble und liebenswerte Angedenken gern durch ein noch kompletteres Lob ergänzen und den guten Prälaten in diesem wie in so vielen anderen Dingen als über den meisten seiner Zeitgenossen stehend darstellen, aber leider sind wir erneut gezwungen, in ihm ein Beispiel für die Macht zu erkennen, die eine allgemein verbreitete Meinung auch über die edelsten Geister hat. Wie wir gesehen haben, hatte er, zumindest nach dem, was Ripamonti berichtet, am Anfang wirklich daran gezweifelt; später war er immer der Ansicht gewesen, daß Leichtgläubigkeit, Ignoranz, Angst und der Wunsch, sich dafür zu rechtfertigen, daß man die Seuche so spät erkannt und zu bekämpfen begonnen hatte, einen beträchtlichen Anteil an jener Meinung hatten, daß vieles an ihr übertrieben, aber daß auch etwas Wahres daran sei. In der Ambrosianischen Bibliothek wird ein von seiner Hand geschriebenes kleines Werk über jene Pest aufbewahrt, in dem diese Ansicht des öfteren angedeutet und einmal auch klar ausgesprochen wird. »Es war allgemeine Meinung«, heißt es dort, »daß diese Salben an verschiedenen Orten hergestellt würden und daß es vielerlei Künste gebe, sie anzuwenden, von denen uns einige glaubhaft, andere jedoch erfunden scheinen.«*

Es gab allerdings auch Leute, die bis zuletzt und solange sie lebten überzeugt waren, daß alles Einbildung sei. Das wissen wir zwar nicht von ihnen selbst, denn keiner von ihnen war kühn genug, in aller Öffentlichkeit eine Ansicht zu äußern, die jener der Öffentlichkeit so kraß entgegenstand, aber wir wissen es durch jene Autoren, die diese Ansicht verspotteten oder tadelten oder zurückweisen als ein Vorurteil weniger, als eine Irrlehre, die es nicht wage, sich der offenen Diskussion zu stellen, aber gleichwohl existiere; und wir wissen es auch von denen, die es später aus der mündlichen Überlieferung erfuhren und festhielten. »Ich habe in Mailand vernünftige Leute getroffen«, schreibt der gute Muratori an der schon zitierten Stelle, »die vertrauenswürdige Berichte von ihren Vorfahren hatten und nicht sehr überzeugt waren, daß die Sache mit den Giftsalben stimmte.« Wie man sieht, gab es ein geheimes Ventil für die Wahrheit, eine häuslich-private Vertraulichkeit. Die Vernunft war noch da, aber sie mußte sich aus Angst vor der herrschenden Meinung verstecken.

Die Beamten, deren Zahl jeden Tag abnahm und die immer ratloser und verwirrter wurden, verwandten den ganzen Rest an Entschlossenheit, den sie noch aufbrachten, auf die Suche nach den Giftsalbenschmierern. Unter den Papieren aus der Pestzeit, die in dem obengenannten Archiv aufbewahrt werden, gibt es einen Brief (ohne irgendein anderes darauf bezügliches Dokument), in welchem der Großkanzler dem Gouverneur mit großem Ernst und großer Dringlichkeit berichtet, er habe einen Hinweis bekommen, daß in einem Landhaus der Brüder Girolamo und Giulio Monti, zweier Edelmänner aus Mailand, Gift in solchen Mengen hergestellt werde, daß vierzig Männer *en este exercicio* beschäftigt seien, unterstützt von vier Kavalieren aus Brescia, die Material aus dem Venezianischen *para la fábrica del veneno* herbeischafften. Er fügt hinzu, er habe in aller Stille die nötigen Absprachen getroffen, um den Podestà von Mailand und den Rechtsreferendar der Gesundheitsbehörde mit dreißig berittenen Soldaten hinzuschicken, aber leider sei einer der Brüder rechtzeitig gewarnt worden, um die Beweisstücke des Delikts zu beseitigen, vermutlich von dem Rechtsreferendar selbst, der mit ihm befreundet sei, denn dieser habe Ausreden geltend gemacht, um nicht mitzukommen, aber dessenungeachtet sei der Podestà mit den Soldaten losgeritten, »um das Haus zu erkunden und zu sehen, ob es da noch Spuren gebe«, sowie um Erkundigungen einzuziehen und alle Beschuldigten zu verhaften.

Die Sache muß wohl im Sande verlaufen sein, denn die Dokumente der Zeit, in denen von dem Verdacht gegen jene beiden Edelleute die Rede ist, erwähnen keinerlei weitere Aktion. Bei einer anderen Gelegenheit glaubte man allerdings leider, fündig geworden zu sein.

Die Prozesse, die daraufhin erfolgten, waren sicher

nicht die ersten in ihrer Art, und man kann sie auch nicht gerade als Raritäten in der Rechtsgeschichte betrachten. Denn – um von denen aus älteren Zeiten zu schweigen und nur einige aus solchen zu nennen, die der hier behandelten näher liegen – anno 1526 in Palermo, anno 1530 und 1545 und nochmals 1574 in Genf, anno 1536 in Casale Monferrato, anno 1555 in Padua, anno 1599 in Turin und dort erneut in diesem selben Pestjahr 1630 wurden mancherorts einige, andernorts viele Unglückliche vor Gericht gebracht und zu meist überaus gräßlichen Todesstrafen verurteilt, weil man sie für schuldig befand, die Pest verbreitet zu haben durch Pulver, durch Salben, durch Hexereien oder durch alles auf einmal. Doch die Affäre der sogenannten Giftsalbenschmierer in Mailand, die von allen die berühmteste war, ist vielleicht auch die am besten zu beobachtende oder bietet zumindest am meisten Raum zu Betrachtungen, da über sie die ausführlichsten und authentischsten Dokumente erhalten sind. Und obwohl ein hier erst vor kurzem lobend erwähnter Autor sich damit beschäftigt hat, allerdings nicht so sehr in der Absicht, ihre Geschichte zu schreiben, als vielmehr aus ihnen unterstützende Argumente für eine These von größerer oder jedenfalls unmittelbarer Bedeutung zu gewinnen, schien uns, daß ihre Geschichte das Thema einer neuen Arbeit sein könnte. Allerdings läßt sie sich nicht mit wenigen Worten erledigen, und hier ist nicht der Ort, sie mit der Ausführlichkeit zu behandeln, die sie verdient. Außerdem würde dem Leser, nachdem er bei diesen Fällen verweilt hätte, sicher nicht mehr daran gelegen sein, den Rest unserer Erzählung zu erfahren. Daher wollen wir uns die Geschichte und Analyse jener Fälle für eine andere Schrift vorbehalten und endlich zu unseren Personen zurückkehren, um sie nun bis zum Ende nicht mehr zu verlassen.

Kapitel 33

Eines Abends gegen Ende August, auf dem Höhepunkt der Pest, war Don Rodrigo auf dem Heimweg zu seiner Wohnung in Mailand, begleitet von seinem getreuen Grauen, einem der drei oder vier letzten von seiner ganzen Dienerschaft, die noch am Leben waren. Er kam von einer Zusammenkunft mit Freunden, die ausschweifend zu prassen pflegten, um sich die Trübsal der Zeit zu vertreiben, und jedesmal waren neue dabei und alte fehlten. An jenem Abend war Don Rodrigo einer der fröhlichsten gewesen. Unter anderem hatte er die ganze Gesellschaft ausgiebig zum Lachen gebracht, indem er eine Art Trauerrede auf den Grafen Attilio gehalten hatte, der zwei Tage zuvor von der Pest dahingerafft worden war.

Im Gehen überkam ihn nun aber ein gewisses Unbehagen, eine Mattigkeit, eine Schwäche in den Beinen, eine Atemnot und ein inneres Brennen, das er gerne nur dem Wein, dem langen Aufbleiben und der heißen Jahreszeit zugeschrieben hätte. Während des ganzen Weges sprach er kein einziges Wort, und als sie zu Hause ankamen, befahl er dem Grauen sogleich, ihm ins Schlafzimmer zu leuchten. Dort angelangt, musterte der Graue das verzerrte und erhitzte Gesicht seines Herrn, sah prüfend auf die hervortretenden, fiebrig glänzenden Augen und blieb in gebührendem Abstand, denn unter den herrschenden Bedingungen hatte sich damals jeder Bauerntölpel den Blick eines Arztes aneignen müssen.

»Es geht mir gut«, sagte Don Rodrigo, der dem Grauen ansah, was er dachte. »Es geht mir ausgezeichnet, ich habe bloß ein bißchen getrunken, vielleicht ein bißchen zuviel. Das war vielleicht ein Vernaccia!... Aber mit einem guten Schlaf geht alles vorüber. Ich bin hundemüde... Stell doch dieses Licht da etwas weiter weg, es blendet mich... es ist mir lästig.«

»Das kommt vom Vernaccia«, sagte der Graue und blieb weiter auf Abstand. »Geht nur gleich zu Bett, der Schlaf wird Euch guttun.«

»Du hast recht. Wenn ich nur einschlafen kann... Aber sonst geht's mir gut. Leg das Glöckchen hier neben mich, für den Fall, daß ich heute nacht etwas brauche. Und gib acht, ob du's läuten hörst, ja? Aber ich werde nichts brauchen... Nimm doch dieses verdammte Licht weg«, wiederholte er dann, während der Graue das Glöckchen neben ihn legte, wobei er ihm so fern wie möglich blieb. »Teufel, wie mir das lästig ist!«

Der Graue nahm das Licht, wünschte seinem Herrn eine gute Nacht und ging rasch hinaus, während dieser sich unter seine Decken verkroch.

Aber die Decken erschienen ihm wie ein Gebirge. Er warf sie weg und rollte sich zum Schlafen zusammen, denn er war wirklich todmüde. Aber kaum hatte er ein Auge zugetan, da schrak er mit einem Ruck wieder hoch, als hätte ihn jemand unsanft aufgerüttelt, und spürte, daß seine Hitze gestiegen und seine Unruhe gewachsen war. Er dachte an den heißen August, an den Vernaccia und an die Ausschweifung, und gern hätte er die ganze Schuld ihnen gegeben. Doch über diese Gedanken schob sich ganz von selbst immer wieder die *eine* Vorstellung, die sich damals mit allen anderen verband, sich sozusagen durch alle Sinne eindrängte und in alle Reden beim Zechgelage einschlich, da es immer noch leichter war, einen Witz über sie zu machen, als sie mit Schweigen zu übergehen: die Pest.

Nach langem Umherwälzen schlief er endlich ein, aber sofort kamen ihm die scheußlichsten und verworrensten Träume der Welt. Ein ums andere Mal war ihm, als befände er sich in einer großen Kirche, weit vorn im Schiff und mitten in einer dichten Menschenmenge, die ihn ganz unversehens umdrängte – unversehens, denn er wußte nicht, wie er dort hingeraten war, wie er an so etwas überhaupt hatte denken können, noch dazu in dieser Zeit, und das machte ihn wütend. Er sah die Umstehenden an: lauter gelbe, verfallene Gesichter mit seltsam starren, blinden Augen und hängenden Lippen, lauter Leute in zerlumpten Kleidern, durch deren Risse man blaue Flecken und Beulen sah. Ihm war, als riefe er »Platz da, Lumpenpack!«, den Blick zum Ausgang gerichtet, der weit, sehr weit entfernt war, und den Ruf mit einer drohenden Miene begleitend, doch ohne sich voranzubewegen, vielmehr sich zusammenziehend, um nicht jene schmutzigen Leiber zu berühren, die ihn schon allzudicht von allen Seiten umdrängten. Aber keiner von diesen Lemuren ließ erkennen, daß er beiseite zu treten gedachte, ja daß er ihn überhaupt vernommen hatte, und vor allem schien ihm, als bohre ihm jemand den Ellenbogen oder etwas anderes in die linke Seite zwischen Herz und Achselhöhle, wo er einen drückenden, stechenden Schmerz empfand. Und sooft er sich wand, um ihn loszuwerden, kam sofort von irgendwoher etwas Neues und bohrte sich in dieselbe Stelle. Wutentbrannt wollte er nach seinem Degen greifen, da schien ihm, als habe sich dieser im Gedränge aufwärts geschoben und als sei es der Degenknauf, der ihn an der betreffenden Stelle drückte. Doch als er mit der Hand an die Stelle faßte, fand er den Degen nicht und verspürte statt dessen einen noch heftigeren Stich. Er schrie auf, die Luft blieb ihm weg, und er wollte noch lauter schreien, da war ihm, als drehten sich alle Gesichter nach einer Seite. Er schaute ebenfalls nach jener Seite und erblickte eine Kanzel, über deren Brüstung etwas Rundes, Glattes und Glänzendes auftauchte; dann erschien deutlich erkennbar ein kahles Haupt, ein Augenpaar, ein Gesicht, ein langer weißer Bart, ein hochaufgerichteter Mönch, der von der Hüfte aufwärts über die Brüstung ragte: Pater Cristoforo. Und nachdem dieser einen raschen Blick über die Menge geworfen hatte, schien es Don Rodrigo, als heftete er seine Augen direkt auf ihn, wobei er zugleich die Hand in genau jener Haltung hob, die er damals bei ihrer Unterredung in seinem Schloß eingenommen hatte. Da hob auch er wütend die Hand und straffte sich, als wolle er hinaufspringen und den ausgestreckten Arm des Paters ergreifen; ein Stöhnen, das sich in seiner Kehle aufgestaut hatte, entlud sich in einem lauten Schrei, und er wachte auf. Er ließ den Arm fallen, den er tatsächlich erhoben hatte, und brauchte einige Zeit, um ganz zu sich zu kommen und die Augen richtig zu öffnen, denn das Licht des schon vorgerückten Tages war ihm ebenso lästig wie das der Kerze am Abend zuvor. Er erkannte sein Bett, sein Schlafzimmer wieder und machte sich bewußt, daß alles nur ein Traum gewesen war. Die Kirche, das Volk, der Pater, alles war verschwunden, nur eines nicht: der Schmerz an seiner linken Seite. Zugleich verspürte er ein heftiges, den Atem benehmendes Herzrasen, ein Sausen und Pfeifen in den Ohren, ein inneres Brennen, eine Schwere in allen Gliedern, die noch schlimmer als beim Zubettgehen war. Er zögerte einige Augenblicke, ehe er sich die schmerzende Stelle ansah. Schließlich deckte er sie auf, warf einen bangen Blick auf sie und sah eine häßliche Beule von schwarz-blau-violetter Färbung.

Der Mann sah sich verloren: Todesangst packte ihn, und vielleicht noch schrecklicher überfiel ihn die Angst, den Monatti in die Hände zu fallen, fortgebracht und ins Lazarett geworfen zu werden. Und während er auf ein Mittel sann, wie er diesem gräßlichen Schicksal entgehen könne, spürte er, wie sich seine Gedanken verwirrten und verdunkelten, und fühlte den Augenblick nahen, da er den Verstand verlieren würde bis auf jenen

Rest, der genügte, sich der Verzweiflung zu überlassen. Er griff nach dem Glöckchen und schüttelte es heftig. Sofort erschien der Graue, der schon darauf gewartet hatte. Er blieb in einer gewissen Entfernung vom Bett stehen, musterte aufmerksam seinen Herrn und vergewisserte sich dessen, was er am Abend zuvor schon vermutet hatte.

»Grauer«, sagte Don Rodrigo, während er sich mühsam aufrichtete. »Du bist immer mein Vertrauter gewesen.«

»Ja, Herr.«

»Ich habe dir immer Gutes erwiesen.«

»Ihr wart so gnädig.«

»Auf dich kann ich mich verlassen.«

»Und ob!«

»Es geht mir schlecht, Grauer.«

»Das habe ich bemerkt.«

»Wenn ich heil davonkomme, werde ich dir noch mehr Gutes als bisher erweisen.«

Der Graue antwortete nichts und wartete, worauf diese Präliminarien hinauslaufen würden.

»Ich will mich nur auf dich allein verlassen«, fuhr Don Rodrigo fort. »Tu mir einen Gefallen, Grauer.«

»Zu Befehl«, antwortete dieser mit der gewohnten Formel auf die ungewohnte.

»Weißt du, wo der Wundarzt Chiodo wohnt?«

»Jawohl.«

»Er ist ein Ehrenmann, der die Kranken nicht verrät, wenn man ihn gut bezahlt. Geh ihn holen. Sag ihm, ich gebe ihm pro Besuch vier Scudi, sechs oder auch mehr, wenn er noch mehr verlangt, aber er soll sofort kommen. Und stell dich geschickt an, damit niemand was merkt.«

»Sehr wohl«, sagte der Graue. »Ich gehe und bin gleich wieder da.«

»Warte, Grauer. Gib mir vorher noch ein Glas Wasser. Ich habe ein Brennen, das ich kaum noch aushalte.«

»Nein, Herr«, entgegnete der Graue. »Nichts ohne ärztlichen Rat. Das sind tückische Leiden, da ist keine Zeit zu verlieren. Seid unbesorgt, ich bin im Handumdrehen mit Chiodo zurück.«

Sprach's, ging hinaus und schloß die Tür.

Don Rodrigo kroch wieder unter die Decken und begleitete ihn in Gedanken zum Haus des Wundarztes, zählte die Schritte und überschlug die Zeit. Ab und zu warf er einen Blick auf seine Beule, drehte jedoch immer gleich schaudernd den Kopf zur anderen Seite. Nach einer Weile begann er die Ohren zu spitzen, um zu hören, ob der Wundarzt nicht endlich käme, und das konzentrierte Horchen drängte das Bewußtsein des Leidens ein wenig zurück und hielt seine Gedanken beisammen. Plötzlich vernahm er ein fernes Schellenläuten, aber es schien ihm nicht von der Straße, sondern aus den Räumen des Hauses zu kommen. Er horchte aufmerksam, hörte es lauter und wiederholt und dazu ein Füßegetrappel. Ein fürchterlicher Verdacht schoß ihm durch den Kopf. Er setzte sich auf und horchte noch angespannter. Aus dem Nebenzimmer erklang ein dumpfes Geräusch, wie wenn etwas Schweres vorsichtig abgesetzt wird. Er schwang die Beine aus dem Bett, wie um aufzustehen, blickte zur Tür, sah sie aufgehen, sah zwei schäbige und verdreckte rote Kittel erscheinen und näher kommen, zwei unmenschliche Gesichter, mit einem Wort, zwei Monatti, und er sah das halbe Gesicht des Grauen hinter der Tür hervorlugen.

»Ha, schändlicher Verräter!... Weg, ihr Kanaillen! Hilfe! Biondino, Carlotto! Ich werde ermordet!« schrie Don Rodrigo, fuhr mit der Hand unters Kopfkissen nach einer Pistole, ergriff sie und zog sie hervor, aber bei seinem ersten Schrei hatten sich die Monatti zum Bett gestürzt, der schnellere war über ihm, ehe er etwas tun konnte, riß ihm die Pistole aus der Hand und warf sie fort, drückte ihn aufs Bett zurück, hielt ihn fest und schrie mit einer von Wut und zugleich von Hohn verzerrten Grimasse: »Ha, Schurke! Gegen die Monatti! Gegen die Diener der Gesundheitsbehörde! Gegen die, die hier die Werke der Nächstenliebe tun!«

»Halt ihn gut fest, bis wir ihn wegbringen«, sagte sein Gefährte, während er zu einem Wandschrank ging. In diesem Moment kam der Graue herein und machte sich mit ihm daran, das Schloß aufzubrechen.

»Halunke, verruchter!« brüllte Don Rodrigo, während er unter dem, der ihn festhielt, hervorlugte und sich seinen kräftigen Armen zu entwinden versuchte. »Laßt mich diesen räudigen Hund totschlagen«, sagte er zu den Monatti, »und dann macht mit mir, was ihr wollt.« Dann rief er wieder aus Leibeskräften nach seinen anderen Dienern, aber vergeblich, denn der infame Graue hatte sie mit angeblichen Befehlen ihres Herrn und Gebieters weit fortgeschickt, bevor er zu den Monatti gegangen war, um ihnen diesen Raubzug und die Teilung der Beute vorzuschlagen.

»Ruhig, ruhig«, sagte der Bewacher zu dem unglückseligen Rodrigo, den er aufs Bett niedergedrückt hielt. Dann drehte er den Kopf zu den beiden Männern, die Beute machten, und rief: »Teilt ehrlich!«

»Du! Du!« brüllte Don Rodrigo zu dem Grauen hinüber, der damit beschäftigt war, Kästen und Schubladen aufzubrechen, Geld und Wertsachen herauszunehmen und zu teilen. »Du! Nach allem, was... Ah, Teufel der Hölle! Paß nur auf, ich kann noch wieder gesund werden! Ich kann noch wieder gesund werden!« Der Graue reagierte mit keiner Silbe und drehte, soweit das möglich war, nicht einmal den Kopf in die Richtung, aus der die Worte kamen.

»Halt ihn gut fest«, sagte der andere Monatto. »Er ist außer sich.«

Das war er inzwischen tatsächlich. Nach einem brüllenden Aufschrei, nach einem letzten, noch heftigeren

Versuch, sich zu befreien, fiel er auf einmal erschöpft und stumpfsinnig in sich zusammen, blickte aber noch wie betäubt umher und schreckte ab und zu auf oder klagte wimmernd.

Die Monatti packten ihn, einer an den Füßen, der andere an den Schultern, und legten ihn auf eine Bahre, die sie im Nebenzimmer abgestellt hatten. Dann ging einer von ihnen zurück, um die Beute zu holen, und danach hoben sie die elende Last und trugen sie fort.

Der Graue blieb noch, um sich eilig zusammenzusuchen, was ihm von den Kleidern brauchbar erschien; dann machte er aus allem ein Bündel und ging ebenfalls. Er hatte zwar sorgfältig darauf geachtet, die Monatti nicht zu berühren und sich nicht von ihnen berühren zu lassen, aber bei dieser letzten hastigen Suche hatte er die Kleider seines Herrn, die neben dem Bett lagen, aufgehoben und geschüttelt, um zu sehen, ob Geld darin war, ohne an etwas anderes zu denken. Er sollte jedoch am nächsten Tag daran denken, denn während er zechend und prassend in einer Schenke saß, überliefen ihn plötzlich kalte Schauer, ihm wurde schwarz vor Augen, die Kräfte schwanden ihm, und er stürzte zu Boden. Von seinen Zechgenossen verlassen, fiel er den Monatti in die Hände, die ihm alles abnahmen, was er an Wertvollem bei sich trug, und ihn auf einen Karren warfen, auf dem er sein Leben aushauchte, noch bevor er im Lazarett ankam, wohin man seinen Herrn gebracht hatte.

Lassen wir diesen nun an jener Stätte des Unglücks und machen uns auf die Suche nach einem anderen, dessen Geschichte niemals mit der seinen verquickt worden wäre, wenn er es nicht so nachdrücklich gewollt hätte; ja man kann sogar mit einiger Sicherheit sagen, daß weder der eine noch der andere dann überhaupt eine Geschichte gehabt hätten. Ich meine Renzo, den wir in der neuen Seidenspinnerei unter dem Namen Antonio Rivolta zurückgelassen hatten.

Er war dort ungefähr fünf bis sechs Monate geblieben. Als dann zwischen der Republik Venedig und dem König von Spanien Feindseligkeiten ausgebrochen waren und somit nicht mehr zu befürchten stand, daß die Mailänder Behörden nach Renzo suchen und seine Auslieferung verlangen könnten, hatte sein Vetter Bortolo sich beeilt, ihn zurückzuholen und wieder bei sich aufzunehmen; zum einen, weil er ihn mochte, zum andern, weil Renzo als talentierter Bursche und guter Handwerker eine große Hilfe für den Ersten Vorarbeiter, das sogenannte »Faktotum« einer Manufaktur war, ohne je danach streben zu können, selber Faktotum zu werden, weil er nun einmal dieses verflixte Pech hatte, nicht mit der Feder umgehen zu können. Da auch dieses Kalkül in Bortolos Verhalten eine gewisse Rolle spielte, haben wir es nicht verschweigen können. Vielleicht hätten sich manche Leser einen idealeren Bortolo gewünscht, aber denen kann ich nur sagen: backt euch einen. Dieser war nun einmal so.

Renzo war also wieder zu ihm gegangen und hatte die ganze restliche Zeit bei ihm gearbeitet. Mehr als einmal und besonders nachdem er einige dieser verflixten Briefe von Agnese erhalten hatte, war ihm der Gedanke gekommen, Soldat zu werden und Schluß mit der ganzen Geschichte zu machen. An Gelegenheiten fehlte es nicht, denn gerade in jener Zeit hatte die Republik dringend Leute gebraucht. Manchmal war die Versuchung für Renzo noch größer gewesen, denn es hatte auch geheißen, man wolle ins Mailändische einmarschieren, und natürlich war es für ihn ein schöner Gedanke, als Sieger heimzukehren, Lucia wiederzusehen und sich ihr ein für allemal zu erklären. Aber Bortolo hatte es immer verstanden, ihn mit guten Argumenten von diesem Entschluß abzubringen.

»Wenn sie dort einmarschieren müssen«, sagte er, »werden sie's auch ohne dich tun, und dann kannst du in aller Ruhe nachfolgen. Wenn sie mit blutigen Köpfen heimkehren sollten, wird's dann nicht besser sein, wenn du zu Hause geblieben bist? An Verzweifelten, die vorausgehen, um den Weg zu bereiten, wird es nicht fehlen. Aber eh' sie den Fuß dort reinsetzen... Also ich bin da ketzerisch: Die kläffen viel, sicher, aber der Staat Mailand ist kein Bissen, den man so leicht runterschluckt. Da geht's um Spanien, mein Lieber. Weißt du, was Spanien für ein Brocken ist? San Marco mag ja bei sich zu Hause stark sein, aber hier braucht's was anderes. Hab Geduld, es geht dir doch gut hier, oder?... Ich weiß schon, was du sagen willst, aber wenn da droben bestimmt worden ist, daß deine Sache gelingt, dann wird sie bestimmt noch besser gelingen, wenn du keine Dummheiten machst. Irgendein Heiliger wird dir schon helfen. Glaub nur, Soldat sein ist kein Beruf für dich. Findest du es richtig, das Seidenspinnen zu lassen, um andere Leute töten zu gehen? Was willst du bei dieser Sorte von Menschen? Da werden Männer gebraucht, die eigens dazu geschaffen sind.«

Andere Male war Renzo entschlossen, heimlich zu gehen, verkleidet und unter falschem Namen. Aber auch davon konnte Bortolo ihn jedesmal abbringen, und die Argumente lassen sich leicht erraten.

Als dann die Pest im Mailändischen ausbrach, und zwar, wie wir sahen, genau an der Grenze zum Bergamaskischen, dauerte es nicht lange, bis sie auch dorthin übergriff, und... keine Angst, liebe Leser, ich habe nicht vor, euch auch noch diese Geschichte zu erzählen; wer sie kennenlernen will, kann sie nachlesen, sie liegt vor, geschrieben im öffentlichen Auftrag von einem gewissen Lorenzo Ghirardelli – ein seltenes Buch allerdings, kaum bekannt, obwohl es vielleicht mehr Informationen enthält als die berühmtesten Pestbeschreibungen alle zusammen. Es hängt ja von so vielem ab, ob ein Buch berühmt wird oder nicht. Was ich sagen wollte, ist, daß auch Renzo die Pest bekam, doch er kurierte sich selbst, das heißt, er tat gar nichts: Er stand schon kurz vor dem Tod, aber seine gute Konstitution überwand die Krankheit, und nach wenigen Tagen war er außer Gefahr. Mit der Wiederkehr des Lebens regten sich in ihm auch kräftiger denn je wieder die Erinnerungen, die Wünsche, Hoffnungen und Pläne – mit anderen Worten, er dachte mehr denn je an Lucia. Was mochte aus ihr geworden sein in einer Zeit, in der noch am Leben zu sein fast schon eine Ausnahme war? Und trotz so geringer Entfernung nichts von ihr wissen zu können! Und Gott weiß wie lange noch in einer solchen Ungewißheit ausharren zu müssen! Und auch wenn die Ungewißheit zerstreut und alle Gefahr vorüber sein und er schließlich erfahren würde, daß sie noch lebte, bliebe immer noch dieses andere Geheimnis, dieses Rätsel mit dem Gelübde. ›Ich werde hingehen, jawohl, ich werde hingehen, um mich selbst über alles zu vergewissern‹, sagte er sich, noch ehe er wieder ganz auf den Beinen war. ›Wenn sie nur noch am Leben ist! Finden werde ich sie schon, und dann werde ich endlich von ihr selber hören, was es mit diesem Gelübde auf sich hat, und ihr klarmachen, daß es keinen Bestand haben kann, und sie mit mir fortführen, sie und die arme Agnese, wenn sie noch lebt! Die ist mir immer gut gewesen und ist es sicher auch jetzt noch... Der Haftbefehl? Ach was, die haben jetzt andere Sorgen, die, die noch leben. Auch hier laufen ja gewisse Leute unbehelligt herum, die allerhand auf dem Kerbholz haben... Sollen nur Schurken freies Geleit bekommen? In Mailand soll ja das Durcheinander noch ärger sein, sagen alle. Wenn ich mir eine so gute Gelegenheit entgehen lasse‹ (Die Pest eine gute Gelegenheit! Zu solchem Wortgebrauch verführt uns bisweilen dieser verfluchte Drang, alles auf uns zu beziehen und unseren Wünschen unterzuordnen!), ›dann wird so bald keine ähnliche wiederkommen!‹

Wollen wir's hoffen, lieber Renzo.

Kaum konnte er sich wieder auf den Beinen halten, ging er zu Bortolo, der sich der Pest bisher hatte entziehen können und sehr vorsichtig war. Er ging nicht zu ihm ins Haus, sondern blieb auf der Straße stehen und rief ihn ans Fenster.

»Aha!« sagte Bortolo. »Du bist also glücklich davongekommen. Gratuliere!«

»Ich bin noch ein bißchen schwach auf den Beinen, wie du siehst, aber die Gefahr ist vorüber.«

»Ha, wie gern wäre ich an deiner Stelle! Wenn man früher sagte: ›Es geht mir gut‹, schien man alles gesagt zu haben, aber heute zählt es nicht mehr viel. Heute ist es ein schönes Wort, wenn einer sagen kann ›Es geht mir besser‹!«

Renzo wünschte seinem Vetter alles Gute und teilte ihm mit, wozu er sich entschlossen hatte.

»So geh denn diesmal, der Himmel segne dich«, antwortete Bortolo. »Bemühe dich, der Justiz zu entgehen, so wie ich mich bemühe, der Ansteckung zu entgehen. Wenn Gott will, daß es uns beiden gelingt, werden wir uns wiedersehen.«

»Oh, ich komme bestimmt wieder, und wenn's möglich ist, komme ich nicht allein! Das hoffe ich jedenfalls.«

»Komm ruhig in Begleitung wieder. So Gott will, gibt es hier Arbeit für alle, und wir werden gut zusammenhalten. Vorausgesetzt, daß du mich hier noch vorfindest und daß diese teuflische Seuche vorüber ist!«

»Wir sehen uns wieder, wir sehen uns bestimmt wieder, wir müssen uns wiedersehen!«

»Ich sage noch einmal: So Gott will.«

Einige Tage verbrachte Renzo noch damit, seine Kräfte zu sammeln, doch sobald ihm schien, daß er wieder gut genug auf den Beinen war, rüstete er sich zum Aufbruch. Er band sich unter dem Hemd einen Gürtel um, in dem die fünfzig Scudi steckten, die er nie angerührt und von denen er zu niemandem etwas gesagt hatte, nicht einmal zu Bortolo; er nahm auch die paar Groschen mit, die er sich Tag für Tag geduldig vom Munde abgespart hatte, klemmte sich ein Bündel Kleider unter den Arm, steckte das Führungszeugnis ein, das er sich für alle Fälle von seinem zweiten Arbeitgeber auf den Namen Antonio Rivolta hatte ausstellen lassen, schob sich ein langes Messer in die Hosentasche, das mindeste, was ein anständiger Mann damals bei sich trug, und machte sich Ende August auf den Weg, drei Tage nachdem Don Rodrigo ins Lazarett gebracht worden war. Er nahm die Straße nach Lecco, denn er wollte nicht blindlings nach Mailand gehen, sondern zuerst in seinem Dorf vorbeischauen, wo er hoffte, Agnese lebend wiederzufinden und von ihr einige der vielen Dinge zu erfahren, die er so sehnlichst zu wissen begehrte.

Die wenigen von der Pest Genesenen waren inmitten der übrigen Bevölkerung tatsächlich so etwas wie eine privilegierte Klasse. Ein Großteil der anderen Leute siechte dahin oder starb, und die von der Krankheit bisher verschont Gebliebenen lebten in ständiger Angst vor ihr; sie gingen vorsichtig und verschlossen, mit gemessenen Schritten und argwöhnischen Blicken, eilig und zögernd zugleich, denn alles und jedes konnte für sie die Waffe werden, die ihnen die tödliche Wunde schlug. Jene anderen dagegen, die ihrer Sache so gut wie sicher waren (denn daß man zweimal die Pest bekam, war so selten, daß es fast schon an ein Wunder grenzte), bewegten sich frei und entschieden inmitten der Kranken, so wie einst die Ritter des Mittelalters, die sich, in Eisen gerüstet, wo immer sich Eisen nur anbringen ließ, und auf Rössern, die soweit irgend möglich in gleicher Weise aufgezäumt waren, müßig umherzogen (daher ihr glorreicher Name »fahrende Ritter«), müßig und auf gut Glück inmitten einer armen Fußgängermasse von Bürgern und Bauern, die zum Schutz gegen Hiebe und Stiche nichts anderes als Lumpen am Leibe trugen. Was für eine schöne, kluge und nützliche Tätigkeit! Eine Tätigkeit, die es wahrhaftig einmal verdiente, die Hauptrolle in einer Abhandlung über politische Ökonomie zu spielen.

Mit einer solchen Selbstsicherheit, jedoch bedrückt durch die Unruhe, die der Leser kennt, und betrübt durch den häufigen Anblick der allgemeinen Not und das ständige Daran-denken-Müssen, wanderte Renzo heimwärts. Er wanderte unter einem schönen Himmel und durch ein schönes Land, doch er begegnete nach langen Strecken trostloser Einsamkeit nur hin und wieder Gestalten, die eher vagabundierenden Schatten als lebenden Menschen glichen, oder Toten, die ohne die letzte Ehre, ohne Gesang und Geleit zum Massengrab gebracht wurden. Gegen Mittag rastete er in einem Wäldchen, um ein wenig Brot und Käse von seiner mitgebrachten Wegzehrung zu essen. Obst stand ihm längs der Straße zur Verfügung, mehr als genug: Feigen, Pfirsiche, Pflaumen, Äpfel, soviel er wollte, er brauchte nur auf die Felder zu gehen, um sie zu pflücken oder unter den Bäumen aufzulesen, wo sie dicht an dicht wie Hagelkörner lagen; denn das Jahr war außerordentlich ertragreich gewesen, besonders an Obst, und es gab fast niemanden, der sich seiner annahm. Auch die Trauben standen so dicht, daß sie fast die Weinblätter verdeckten, und waren dem Zugriff des erstbesten Interessenten überlassen.

Gegen Abend entdeckte er sein Dorf. Und obwohl er auf den Anblick hätte gefaßt sein müssen, verspürte er etwas wie einen Stich im Herzen. Eine Vielzahl schmerzlicher Erinnerungen und Vorahnungen stürmte auf ihn ein: Ihm war, als habe er jenes unheilschwangere Sturmläuten im Ohr, das ihn bei der Flucht aus dem Dorf begleitet und verfolgt hatte, und gleichzeitig konnte er die Totenstille, die jetzt dort herrschte, geradezu hören. Eine noch heftigere Unruhe überkam ihn, als er auf den kleinen Platz vor der Kirche trat, und noch Schlimmeres erwartete er am Ziel seines Weges, denn das Haus, in dem er haltmachen wollte, war jenes, das er früher Lucias Haus zu nennen gewohnt war. Jetzt konnte es höchstens noch das Haus von Mutter Agnese sein, und die einzige Gnade, die er vom Himmel erhoffte, war, sie am Leben und wohlauf zu finden. Dort wollte er auch um Unterkunft bitten, denn er vermutete nicht ganz zu Unrecht, daß sein eigenes Haus nur noch für Mäuse und Marder bewohnbar war.

Da er sich nicht sehen lassen wollte, nahm er einen Feldweg außen ums Dorf, denselben, auf dem er an jenem bewußten Abend in trauter Gesellschaft gekommen war, um den Pfarrer zu überrumpeln. Etwa auf halber Strecke lag rechts sein kleines Weingärtchen und links sein Häuschen, so daß er beim Vorbeikommen rasch in das eine und das andere würde hineinschauen können, um zu sehen, wie es um seine Sachen stand.

Im Gehen blickte er geradeaus, halb voller Begierde, halb voller Furcht, jemanden zu sehen, und tatsächlich sah er nach wenigen Schritten einen Mann im Hemd auf der Erde sitzen, den Rücken an eine Jasminhecke gelehnt, in der Haltung eines Schwachsinnigen. Daran wie auch an den Gesichtszügen glaubte er jenen armen Halbidioten Gervaso zu erkennen, der bei dem verunglückten Unternehmen damals als zweiter Zeuge mitgekommen war. Doch als er näher kam, mußte er feststellen, daß es statt dessen der einst so aufgeweckte Tonio war, der seinen Bruder mitgebracht hatte. Die Pest hatte ihm zugleich mit den Kräften des Körpers auch die des Geistes geraubt, und dabei hatte sie in seinem Gesicht und seinem ganzen Gebaren den kleinen verborgenen Keim der Ähnlichkeit entwickelt, die er mit seinem einfältigen Bruder hatte.

»Hallo Tonio!« sprach Renzo ihn an, während er vor ihm stehenblieb. »Bist du's?«

Tonio hob die Augen, ohne den Kopf zu bewegen.

»Tonio, erkennst du mich nicht?«

»Wen's trifft, den trifft's«, antwortete Tonio und ließ den Mund offenstehen.

»Dich hat's erwischt, was? Armer Tonio. Aber erkennst du mich denn nicht mehr?«

»Wen's trifft, den trifft's«, wiederholte der Ärmste mit blödem Grinsen. Als Renzo sah, daß nichts anderes aus ihm herauszubringen war, setzte er seinen Weg noch betrübter fort. Plötzlich sah er etwas Schwarzes um eine Ecke biegen und auf sich zukommen, und sofort erkannte er Don Abbondio. Der alte Pfarrer ging sehr langsam und stützte sich auf seinen Stock wie einer, der von ihm gestützt werden muß, und je näher er kam, desto deutlicher war in seinem bleichen und eingefallenen Gesicht und in allen seinen Bewegungen zu erkennen, daß auch er seine Leidenszeit durchgemacht haben mußte. Er blickte ebenfalls geradeaus und glaubte seinen Augen nicht zu trauen: War er's, oder war er's nicht? Da war etwas Fremdartiges in der Kleidung, aber das war doch genau das Fremdartige der Kleidung von Bergamo!

›Er ist es tatsächlich!‹ sagte er sich, hob die Hände mit einer Gebärde unglücklichen Erstaunens zum Himmel, so daß der Stock, den er in der Rechten hielt, in der Luft hängenblieb und die dürren Arme aus den schlotternden Ärmeln ragten, in die sie früher kaum hineingepaßt hatten. Renzo ging rasch auf ihn zu und begrüßte ihn mit einer Verbeugung, denn obwohl sie sich nicht eben freundschaftlich voneinander getrennt hatten, war er doch immer noch sein Pfarrer.

»Du hier, du?« rief Don Abbondio.

»Ich hier, wie Ihr seht. Weiß man nichts von Lucia?«

»Was soll man von ihr wissen? Nichts weiß man von

ihr. Sie ist in Mailand, wenn sie überhaupt noch auf dieser Welt ist. Aber du...«

»Und Agnese, ist sie am Leben?«

»Kann sein, aber woher soll ich das wissen? Sie ist nicht hier. Aber...«

»Wo ist sie?«

»Sie ist ins Valsassina gegangen, zu ihren Verwandten nach Pasturo, du weißt schon. Dort soll die Pest nicht so höllisch wüten wie hier. Aber du, ich meine...«

»Das tut mir sehr leid. Und Pater Cristoforo?«

»Der ist schon lange fort. Er ist weggegangen. Aber...«

»Ich weiß, sie haben's mir schreiben lassen. Ich wollte nur wissen, ob er vielleicht zurückgekommen ist.«

»Gott bewahre! Man hat nie wieder von ihm gehört. Aber du...«

»Auch das tut mir sehr leid.«

»Aber du, ich meine, was willst du hier in dieser Gegend, um Himmels willen! Weißt du nicht, was für ein hübscher kleiner Haftbefehl...?«

»Was soll's? Die haben jetzt anderes zu tun als mich zu verhaften. Ich hab nur mal vorbeischauen wollen, um nach meinen Sachen zu sehen. Und man weiß wirklich nichts von...?«

»Was willst du denn da noch sehen? Da ist doch jetzt nichts und niemand mehr! Ich meine, bei diesem hübschen Haftbefehl herzukommen, hierher in dein Dorf, in den Rachen des Löwen, ist das denn vernünftig? Folge dem Rat eines alten Mannes, der mehr Vernunft haben muß als du und der zu dir aus der Liebe spricht, die er dir entgegenbringt: Binde dir die Schuhe fest und geh schnell zurück, woher du gekommen bist, bevor dich hier jemand sieht. Und falls dich schon jemand gesehen hat, lauf um so schneller. Meinst du, hier wäre die richtige Luft für dich? Weißt du nicht, daß sie gekommen sind, um nach dir zu suchen, daß sie alles durchwühlt und alles durcheinandergeworfen haben?«

»Das weiß ich nur allzugut. Diese Schufte!«

»Aber dann...«

»Ich sage Euch doch, daran denke ich gar nicht. Und was ist mit diesem Kerl, ist er noch am Leben? Ist er hier?«

»Ich sage dir, hier ist niemand. Ich sage dir, denk nicht mehr an das alles hier. Ich sage dir...«

»Ich frage, ob der Kerl hier ist.«

»O heiliger Himmel! Sprich nicht so. Wie kannst du bloß noch immer so hitzig sein, nach allem, was passiert ist!«

»Ist er hier oder nicht?«

»Nein, er ist nicht hier. Aber die Pest, mein Lieber, die Pest ist hier! Wer macht sich in solchen Zeiten denn auf die Wanderschaft!«

»Wenn's nichts Schlimmeres auf dieser Welt gäbe als die Pest... Ich meine für mich: Ich hab sie gehabt und bin vor ihr sicher.«

»Ja aber... ja aber... ja aber dann... ist das nicht ein Wink? Wenn einer solch eine Seuche so gut überstanden hat, sollte er dann nicht dem Himmel dankbar sein, anstatt...«

»Ich bin ihm ja dankbar.«

»Anstatt herumzulaufen, um sich neuen Ärger zu suchen, meine ich. Folge meinem Rat...«

»Ihr habt sie auch gehabt, wenn ich mich nicht täusche, nicht wahr, Herr Pfarrer?«

»Und ob ich sie gehabt habe! Tückisch und schändlich ist sie gewesen, es ist ein Wunder, daß ich noch da bin. Ich brauche nur zu sagen: Sie hat mich so zugerichtet, wie du mich siehst. Jetzt hätte ich wirklich ein bißchen Ruhe nötig, um mich zu erholen, aber von wegen, gerade hatte ich angefangen, mich ein bißchen besser zu fühlen... Im Namen Gottes, was willst du hier? Geh zurück...«

»Immer Ihr mit Eurem Zurückgehen! Wenn ich zurückgehen soll, hätte ich gar nicht erst loszugehen brauchen. Ihr fragt: Was willst du hier, was willst du hier? Na was wohl? Ich will genauso wie jeder andere nach Hause.«

»Nach Hause...«

»Sagt mir, sind viele hier gestorben...?«

»Ach ja!« seufzte Don Abbondio, und im Ton einer Litanei, beginnend mit Perpetua, nannte er eine lange Reihe von Personen und ganzen Familien. Renzo hatte zwar schon etwas Derartiges erwartet, doch als er so viele Namen von Bekannten, Freunden und Verwandten hörte, stand er schmerzerfüllt mit gesenktem Kopf da und rief nur ab und zu leise: »Der Arme! Die Arme! Die Ärmsten!«

»Siehst du«, fuhr Don Abbondio fort, »und es ist noch nicht zu Ende. Wenn die, die übrigbleiben, diesmal nicht Vernunft annehmen und sich alle Grillen aus dem Kopf schlagen, dann bleibt uns nur noch der Weltuntergang.«

»Keine Angst, Herr Pfarrer, ich habe gar nicht die Absicht, hierzubleiben.«

»Ah! Dem Himmel sei Dank, daß er dich zur Vernunft gebracht hat! Ich nehme an, du wirst wieder ins Bergamaskische zurückgehen.«

»Darüber macht Euch nur keine Gedanken.«

»Was? Du wirst mir doch nicht eine noch ärgere Dummheit begehen?«

»Macht Euch darüber keine Gedanken, sage ich. Das ist meine Sache. Ich bin kein Kind mehr, ich weiß meine Vernunft zu gebrauchen. Ich hoffe, Ihr sagt niemandem, daß Ihr mich hier gesehen habt. Ihr seid Priester, ich bin eines Eurer Schäfchen: Ihr werdet mich doch nicht verraten wollen!«

»Verstehe«, sagte Don Abbondio ärgerlich seufzend. »Verstehe. Du willst dich ruinieren und mich ruinieren. Es genügt dir noch nicht, was du durchgemacht hast, es genügt dir noch nicht, was ich durchgemacht habe. Verstehe, verstehe...«, und diese letzten Worte weiter vor sich hin brummelnd, setzte er seinen Weg fort.

Renzo blieb niedergeschlagen zurück und überlegte, wo er nun übernachten sollte. Unter den an der Pest Gestorbenen, die Don Abbondio aufgezählt hatte, war auch eine Bauernfamilie gewesen, die zur Gänze dahingerafft worden war, bis auf einen Burschen in Renzos Alter, den er von klein auf kannte. Das Haus lag etwas außerhalb des Dorfes. Dorthin beschloß er zu gehen.

Unterwegs kam er an seinem Weingarten vorbei, und schon von außen konnte er gleich erkennen, in welchem Zustand er sich befand. Kein Wipfel, kein Zweig von den Bäumen, die er gepflanzt hatte, ragte mehr über die Mauer; wenn man da etwas ragen sah, war es von den Gewächsen, die sich in der Zwischenzeit breitgemacht hatten. Er trat in die Öffnung (vom Tor waren nicht einmal mehr die Angeln zu sehen) und warf einen Blick in die Runde: Welch ein trauriger Anblick! Zwei Winter hindurch waren die Leute aus dem Dorf zum Holzmachen hergekommen, an den »Platz jenes armen Kerls«, wie sie sagten. Weinstöcke, Maulbeerbäume, Obstbäume aller Art, alles war brutal ausgerissen oder an der Wurzel abgehackt worden. Aber die Spuren des früheren Anbaus waren noch zu sehen: junge Reblinge in lückenhaften Reihen, die aber noch den Verlauf der verwüsteten Rebenzeilen markierten; da und dort Schößlinge oder Triebe von Maulbeer-, Feigen-, Pfirsich-, Kirsch- oder Pflaumenbäumen, aber auch diese nur vereinzelt, erstickt unter einer neuen, vielfältigen und dichten Vegetation, die sich ohne Hilfe von Menschenhand entwickelt und ausgebreitet hatte. Es war ein Dickicht von Brennnesseln, Farnen, Lolch, Quecke, Melde, wildem Hafer, grünem Amarant, Löwenzahn, Sauerampfer, Borstenhirse und anderen Gewächsen jener Art, welche die Bauern aller Länder auf ihre Weise zu einer großen Klasse zusammengefaßt haben, die sie Unkraut oder ähnlich nennen. Es war ein Wirrwarr von Stengeln, die einander in der Luft zu überwuchern oder am Boden kriechend zu überholen, kurzum, auf jede Weise den Platz streitig zu machen suchten; ein Wust von Blättern, Blüten und Früchten in zahllosen Formen, Farben und Größen: Ähren, Rispen, Büschel, Dolden, weiße, rote, gelbe, blaue Körbchen. In diesem Pflanzengewirr gab es einige, die höher ragten und mehr ins Auge fielen, aber deswegen nicht edler waren, jedenfalls in den meisten Fällen: am höchsten die Kermesbeere mit ihren weit verzweigten rötlichen Ästen, ihren breiten dunkelgrünen Blättern, einige bereits rot gesäumt, ihren sich biegenden dicken Trauben, unten mit violetten Beeren, weiter oben mit purpurroten, dann mit grünen und an der Spitze garniert mit weißlichen Blüten; die Königskerze mit ihren großen wolligen Blättern am Boden, dem hochragenden Stengel, diesem langen, mit hellgelben Blüten besäten und wie bestirnten Schaft; Disteln mit Stacheln an Zweigen, an Blättern und an Kelchen, aus denen Büschel weißer oder tiefroter Blüten quollen oder silbrige Federbüsche sich lösten und vom Wind fortgetragen wurden. Hier hatten sich Zaunwinden um die neuen Schößlinge eines Maulbeerbaums gerankt, hatten sie ganz mit ihren hängenden Blättern bedeckt und ließen nun ihre weichen weißen Glöckchen von deren Spitzen baumeln; dort hatte sich eine Zaunrübe mit ihren roten Beeren um die neuen Schößlinge einer Rebe gewunden, welche ihrerseits, nachdem sie vergeblich einen festeren Halt gesucht hatte, ihre Triebe um jene gerankt hatte; und indem sie so ihre schwachen Stengel und ihre wenig verschiedenen Blätter miteinander vermischten, zogen sie sich gegenseitig nieder, wie es den Schwachen häufig passiert, wenn sie aneinander Halt suchen wollen. Brombeeren gab es überall, sie wucherten von einer Pflanze zur anderen, kletterten hinauf und hinunter, bogen die

Triebe ein oder streckten sie aus, je nachdem, wie es ihnen gelang, und da sie sich auch vor dem Eingang breitmachten, schien es, als wollten sie selbst dem Besitzer des Platzes den Zugang verwehren.

Dieser aber dachte gar nicht daran, einen solchen Weingarten zu betreten, und vielleicht blieb er nicht einmal so lange stehen, um ihn zu betrachten, wie wir gebraucht haben, um diese kleine Studie zu zeichnen. Er ging weiter, ganz in der Nähe lag sein Haus. Er durchquerte den Garten und watete durch kniehohes Unkraut, das auch hier alles überwucherte. Er trat auf die Schwelle eines der beiden unteren Zimmer. Das Geräusch seiner Schritte und erst recht sein Erscheinen löste ein wildes Geraschel aus, ein allseitiges Davonstieben von Ratten, die sich zwischen dem Unrat verkrochen, der den ganzen Boden bedeckte – offenkundig hatten die Landsknechte hier gehaust. Er warf einen Blick auf die Wände: abgeblättert, beschmiert, rauchgeschwärzt. Er hob die Augen zur Decke: ein Wust von Spinnweben. Sonst war nichts mehr da. Er verließ auch diesen Ort, raufte sich die Haare, machte kehrt und ging den Weg zurück, den er sich eben erst gebahnt hatte.

Nach wenigen Schritten auf dem Feldweg bog er auf einen Seitenweg zur Linken ein, der vom Dorf wegführte, und ohne eine Menschenseele zu sehen oder zu hören, gelangte er zu dem Häuschen, in dem er haltmachen wollte. Es begann schon zu dunkeln. Der Freund saß vor der Tür auf einer hölzernen Bank, die Arme gekreuzt, die Augen starr zum Himmel gerichtet wie einer, den das Unglück betäubt und die Einsamkeit ungesellig gemacht hat. Als er die Schritte hörte, drehte er den Kopf, um zu sehen, wer es war, stand auf, hob abwehrend die Hände und rief zu dem, den er da im Dämmerlicht zwischen Laub und Zweigen zu sehen vermeinte: »Ja gibt's denn hier keinen anderen als mich? Hab ich gestern nicht genug geschafft? Laß mich doch mal ein bißchen in Ruhe, auch das ist ein Werk der Barmherzigkeit.«

Renzo, der nicht verstand, was das heißen sollte, sprach ihn mit seinem Namen an.

»Renzo...!« rief der andere halb überrascht, halb fragend.

»Ja, ich bin's«, sagte Renzo, und sie liefen aufeinander zu.

»Du bist's wirklich!« sagte der Freund, als sie voreinander standen. »Wie schön, dich zu sehen! Wer hätte das gedacht? Ich hielt dich für Paolin, den Totengräber, der mich immer quälen kommt, daß ich ihm beim Begraben helfe. Weißt du, daß ich allein übriggeblieben bin? Allein! Allein wie ein Eremit!«

»Ja, das weiß ich nur zu gut«, sagte Renzo. Und während sie Grußworte, Fragen und Antworten tauschten und durcheinanderriefen, traten sie gemeinsam ins Haus. Dort machte der Freund, ohne das Gespräch zu unterbrechen, sich gleich zu schaffen, um Renzo, so gut es in der Eile ging, zu bewirten. Er stellte Wasser auf den Herd und begann Polenta zu kochen; dann überließ er Renzo den Rührlöffel und ging hinaus mit den Worten: »Ich bin allein übriggeblieben! Stell dir vor, ganz allein!«

Er kam zurück mit einem kleinen Eimer voll Milch, ein wenig geräuchertem Fleisch, etwas Ziegenkäse, Feigen und Pfirsichen, und als er alles hingestellt und die Polenta auf den hölzernen Teller gekippt hatte, setzten sich beide zu Tisch und dankten einander gegenseitig, der eine für den Besuch, der andere für den Empfang. Und nach einer vielleicht zweijährigen Trennung fanden sie nun auf einmal, daß sie viel engere Freunde waren, als sie es in der langen Zeit, da sie sich fast täglich sahen, je gewußt hätten. Denn beiden, so sagt hier unsere Handschrift, waren inzwischen Dinge widerfahren, die einen erkennen lassen, welcher Balsam für die Seele das Wohlwollen ist, sowohl das, welches man selber empfindet, als auch das, welches man bei anderen verspürt.

Gewiß konnte niemand bei Renzo den Platz Agneses einnehmen oder ihn über ihre Abwesenheit hinwegtrösten, nicht nur wegen seiner alten und besonderen Zuneigung zu ihr, sondern auch, weil unter den Dingen, die herauszufinden es ihn so drängte, eines war, zu dem nur sie den Schlüssel hatte. Einen Augenblick schwankte er, ob er seine Reise wie geplant fortsetzen oder vorher Agnese aufsuchen sollte, wo sie doch so nahe war; aber als er sich überlegte, daß sie ja über Lucias Gesundheit nichts wissen würde, blieb er bei seinem Plan, geradewegs nach Mailand zu gehen, um sich von diesem Zweifel zu befreien, ihre Entscheidung zu hören und dann die Nachricht selbst der Mutter zu überbringen. Doch auch durch den Freund erfuhr er vieles, was er nicht gewußt hatte, und gewann Klarheit über manches, was ihm nicht so klar gewesen war – über Lucias Erlebnisse, über die Verfolgung, der er ausgesetzt gewesen war, und wie Don Rodrigo sich dann mit eingezogenem Schwanz davongemacht hatte, um sich nicht wieder in jener Gegend blicken zu lassen, mit einem Wort, über den ganzen Fortgang der Sache. Er erfuhr auch – und das war für Renzo nicht unwichtig zu wissen –, wie der Familienname Don Ferrantes lautete; denn Agnese hatte ihn ihm zwar schreiben lassen, aber weiß der Himmel, wie ihn der Schreiber geschrieben hatte, jedenfalls hatte der bergamaskische Dolmetsch ihn dann beim Vorlesen zu einem solchen Wort gemacht, daß Renzo, wenn er damit in Mailand auf die Suche nach jenem Hause gegangen wäre, vermutlich niemanden gefunden hätte, der daraus hätte erraten können, zu wem er wollte. Und dabei war jener Name der einzige Anhaltspunkt, den er hatte, um auf die Suche nach Lucia zu gehen. Was die Justiz betraf, so konnte er sich immer mehr darin bestätigt sehen, daß diese Gefahr weit genug in die Ferne gerückt war, um nicht mehr ernstlich gefürchtet werden zu müssen: Der Podestà war an der Pest gestorben; wer weiß, wann ein neuer ernannt werden würde; auch die Häscher waren zum größten Teil dahingegangen, und die noch verbliebenen hatten an ganz anderes als die alten Sachen zu denken.

Auch Renzo erzählte dem Freund, wie es ihm ergangen war, und bekam im Tausch dafür hundert Geschichten zu hören, über den Durchzug des Heeres, über die Pest, über Salbenschmierer und Wunder. »Scheußliche Dinge sind das«, sagte der Freund, als er ihn in eine Kammer begleitete, die infolge der Seuche unbewohnt war, »Dinge, die man nie zu sehen geglaubt hätte, Dinge, die einem die Freude fürs ganze Leben nehmen können. Aber mit Freunden darüber zu sprechen ist schon auch eine Erleichterung.«

Bei Tagesanbruch waren beide wieder in der Küche. Renzo abmarschbereit, mit seinem Gürtel unter dem Wams und dem Messer in der Hosentasche. Das Kleiderbündel ließ er, um besser ausschreiten zu können, bei seinem Wirt in Verwahrung. »Wenn alles gut geht«, sagte er zu ihm, »wenn ich sie am Leben finde, wenn... nun ja, dann komme ich wieder vorbei, dann eile ich nach Pasturo, um der armen Agnese die gute Nachricht zu bringen, und dann, und dann... Wenn aber zum Unglück, was Gott verhüten möge... dann... also dann weiß ich nicht, was ich mache, wohin ich dann gehe. Sicher wirst du mich dann hier nicht mehr sehen.« Während er das sagte, stand er in der offenen Tür, den Kopf zum Himmel erhoben, und schaute mit einer Mischung aus Zärtlichkeit und Wehmut auf die Morgenröte über seinem Dorf, die er so lange nicht mehr gesehen hatte. Der Freund sagte ihm, er solle das Beste hoffen, wie man es eben so sagt. Er bestand darauf, daß er etwas zu essen mitnahm, begleitete ihn ein Stück Weges und ließ ihn dann mit erneuten guten Wünschen allein.

Renzo schritt ohne Eile dahin, denn es genügte ihm, an jenem Tag bis in die Nähe von Mailand zu gelangen, um dann am nächsten Morgen in aller Frühe hineinzugehen und seine Suche zu beginnen. Der Tag verging ohne besondere Zwischenfälle und ohne daß Renzo durch irgend etwas außer den üblichen Elends- und Schmerzensbildern von seinen Gedanken abgelenkt wurde. Wie schon am Vortag rastete er zu gegebener Zeit in einem Wäldchen, um einen Happen zu essen und sich etwas auszuruhen. Als er durch Monza kam und in einer geöffneten Bäckerei Brote ausgestellt sah, verlangte er zwei, um für alle Fälle gerüstet zu sein. Der Bäcker bedeutete ihm, nicht einzutreten, hielt ihm auf einer kleinen Schaufel einen Napf mit Essigwasser hin und sagte, er solle das Geld dort hineinwerfen; als dies geschehen war, reichte er ihm mit einer Art Zange die beiden Brote, eins nach dem anderen, die Renzo in seine Taschen verteilte.

Gegen Abend erreichte er das Dorf Greco, ohne freilich den Namen zu wissen. Aus der vagen Erinnerung an die Orte, durch die er bei seiner ersten Reise gekommen war, und aus der überschlägigen Berechnung des Weges, den er seit Monza zurückgelegt hatte, schloß er jedoch, daß es nicht mehr weit bis zur Stadt sein konnte, und verließ die Hauptstraße, um sich irgendwo auf den Feldern eine Hütte zu suchen und dort zu übernachten, denn mit Wirtshäusern wollte er sich keinen Ärger machen. Er fand etwas Besseres, als er gesucht hatte: In einer Hecke, die den Hof einer Meierei umgab, sah er eine Öffnung und schlüpfte aufs Geratewohl hinein. Niemand war zu sehen. An einer der Seiten erblickte er eine gemauerte Scheune in Form einer Loggia mit hohen Bögen auf hohen Säulen und darin einen hochaufgetürmten Heuhaufen, an dem eine Sprossenleiter lehnte. Er warf einen Blick in die Runde und kletterte kurzentschlossen hinauf. Oben machte er es sich im Heu zum Schlafen bequem und schlief auch tatsächlich bald ein, um die ganze Nacht tief und traumlos zu schlafen. Erst im Morgengrauen wachte er wieder auf, kroch vorsichtig auf allen vieren an den Rand seines großen Bettes, streckte den Kopf hinaus, und als er niemanden sah, kletterte er hinunter, wo er hinaufgelangt, schlüpfte hinaus, wo er hineingeschlüpft war, und machte sich auf den Weg. Er ging querfeldein auf schmalen Pfaden, wobei er sich den Mailänder Dom als seinen Polarstern nahm, und nach einer kurzen Wanderung gelangte er vor die Mauern der Stadt, zwischen der Porta Orientale und der Porta Nuova, nicht weit von letzterer.

Kapitel 34

Über die Art und Weise, wie man in die Stadt hineinkam, hatte Renzo allgemein sagen hören, es gebe zwar sehr strenge Anweisungen, niemanden ohne Gesundheitspaß einzulassen, aber tatsächlich komme man ganz leicht hinein, wenn man sich nur ein bißchen zu helfen und den rechten Moment zu nutzen wisse. So war es denn auch, und selbst wenn man von den allgemeinen Ursachen absah, derentwegen in jenen Zeiten alle Verordnungen nur sehr lasch ausgeführt wurden, und von den besonderen Ursachen, die eine strenge Befolgung dieser einen so schwierig machten, befand sich Mailand inzwischen in einem solchen Zustand, daß nicht zu erkennen war, wozu und wovor es bewacht werden sollte. Wer da hinein wollte, konnte den Wächtern eher unbekümmert um die eigene Gesundheit als gefährlich für die der Stadtbewohner erscheinen.

Aufgrund dieser Auskünfte hatte Renzo beschlossen, es einfach beim erstbesten Tor zu versuchen, und wenn es dort irgendein Hindernis geben sollte, an der Mauer entlang weiterzugehen, bis er ein leichter passierbares finden würde. Und weiß der Himmel, wie viele Tore er sich bei einer Stadt wie Mailand vorstellte. So blieb er nun, vor der Mauer angelangt, stehen und schaute sich um wie einer, der nicht weiß, welche Richtung er einschlagen soll, und sich von überallher einen Hinweis erwartet. Aber rechts und links sah er nur jeweils ein Stück leicht gebogener Straße und vor sich ein Stück Mauer, aber nirgendwo eine Spur von lebenden Menschen; außer daß an einer bestimmten Stelle vor der Mauer eine dichte dunkle Rauchsäule aufstieg, die sich nach oben verbreiterte, in ballförmige Schwaden zerteilte und in der reglosen grauen Luft verlor. Es waren verseuchte Kleider, Betten und andere Haushaltsgegenstände, die dort verbrannt wurden, und solche traurigen Feuer sah man damals ständig, nicht nur dort, sondern an mehreren Stellen der Mauer.

Das Wetter war schwül, die Luft drückend, der Himmel verhangen von einer einzigen großen Wolke oder einem gleichförmigen, trägen Nebeldunst, der die Sonne vollständig verhüllte, ohne Regen anzukündigen. Das Land ringsum war zum Teil unbestellt und zur Gänze ausgedörrt, alles Grün war verblaßt, und kein Tröpfchen Tau lag auf den welken, schlaff herunterhängenden Blättern. Kein Wunder, daß diese Einsamkeit, diese Leere und Stille so nahe bei einer großen Stadt, Renzos Unruhe um eine neue Bestürzung vermehrten und alle seine Gedanken noch düsterer machten.

Nachdem er eine Weile dort gestanden hatte, ging er auf gut Glück nach rechts und somit, ohne es zu wissen, auf die Porta Nuova zu, die er jedoch trotz ihrer Nähe nicht sehen konnte, weil sie damals hinter einem Bollwerk verborgen war. Nach wenigen Schritten hörte er ein Klingeln wie von kleinen Glöckchen oder Schellen, das immer wieder verstummte und neu einsetzte, und dann auch menschliche Stimmen. Er ging weiter, und als er um die Ecke des Bollwerks kam, sah er als erstes ein hölzernes Häuschen mit einem Wachmann davor, der sich in einer müden, nachlässigen Haltung auf seine Muskete stützte. Dahinter war ein Lattenzaun und hinter diesem das Tor, das heißt zwei gemauerte Pfeiler mit einem Wetterdach zum Schutz der Torflügel, die sperrangelweit offenstanden, ebenso wie das Gittertor im Zaun. Jedoch am Boden unmittelbar vor der Öffnung gab es ein trauriges Hindernis: eine Bahre, auf die zwei Monatti gerade einen Unglücklichen legten, um ihn wegzutragen. Es war der Hauptmann der Zolltruppe, an dem man kurz zuvor die Pest entdeckt hatte. Renzo blieb stehen und wartete. Als die Bahrenträger mit ihrer Last abgezogen waren und niemand kam, um das Tor wieder zu schließen, schien ihm der rechte Moment gekommen, und schnell marschierte er los. Aber der Wachmann rief ihm ein ruppiges »Heda!« entgegen. Renzo blieb sofort wieder stehen, sah dem Mann ins Gesicht, zog einen halben Dukaten aus der Tasche und hielt ihn ihm hin. Ob nun der Mann die Pest schon gehabt hatte oder sie weniger fürchtete, als er halbe Dukaten liebte, jedenfalls winkte er Renzo, ihm die Münze hinüberzuwerfen, und als er sie gleich darauf vor seine Füße fliegen sah, knurrte er leise: »Los, schnell weiter!« Das ließ sich Renzo nicht zweimal sagen: Er passierte den Lattenzaun, passierte das Tor und ging weiter, ohne daß ihn jemand bemerkte oder beachtete. Nach etwa vierzig Schritten vernahm er jedoch ein weiteres »Heda!«, das ein Zöllner hinter ihm herrief. Diesmal tat er so, als ob er es nicht gehört hätte, und ging rasch weiter, ohne sich umzudrehen. »Heda!« rief der Zöllner noch einmal, aber seine Stimme verriet mehr Ungeduld als Entschlossenheit, sich Gehorsam zu verschaffen, und als er sah, daß sein Befehl ignoriert wurde, zuckte er die Achseln und ging wieder in sein Häuschen wie jemand, dem mehr daran lag, mit den Reisenden nicht zu eng in Berührung zu kommen, als sie nach ihren Geschäften zu fragen.

Die Straße, die Renzo eingeschlagen hatte, führte damals wie heute geradewegs zu jenem Kanal, den die Mailänder *Naviglio* nennen; beiderseits waren Hecken oder Gartenmauern, Kirchen, Klöster und vereinzelte Häuser. Am anderen Ende der Straße und mitten auf derjenigen, die am Kanal entlangführt, stand eine Säule mit einem Kreuz, das nach dem heiligen Eusebius benannt war. Und so weit Renzo auch geradeaus die Straße entlangblickte, er sah nichts anderes als dieses Kreuz. Nach einer Weile, als er zu der Kreuzung gelangte, welche die Straße ungefähr in der Mitte teilt, und nach beiden Seiten Ausschau hielt, sah er rechts in der Straße namens Stradone di Santa Teresa einen Bürger herankommen. ›Endlich ein Christenmensch‹, sagte er sich und bog sofort in jene Richtung ein, um ihn nach dem Weg zu fragen. Der Mann hatte den Fremden, der ihm da entgegenkam, gleichfalls bemerkt und musterte ihn schon von weitem mit argwöhnischen Blicken, die noch argwöhnischer wurden, als er sah, daß der Betreffende, statt seiner Wege zu gehen, direkt auf ihn zukam. Als Renzo nicht mehr weit entfernt war, zog er den Hut, wie es sich für einen wohlerzogenen jungen Bergler gehörte, behielt ihn in der linken Hand, legte die rechte hinein und ging auf den Unbekannten zu. Der aber wich, die Augen weit aufgerissen, einen Schritt zurück, hob seinen Knotenstock, richtete die eisenbeschlagene Spitze auf Renzo und rief: »Weg, weg, weg!«

»Oho!« rief nun auch dieser, setzte sich den Hut wieder auf, und da er, wie er später sagte, wenn er die Sache erzählte, nicht die geringste Lust hatte, in diesem Augenblick einen Streit anzufangen, kehrte er dem seltsamen Vogel den Rücken und ging seiner Wege, soll heißen, den Weg, den er nun einmal eingeschlagen hatte.

Der andere ging gleichfalls rasch weiter, vor Erregung zitternd und immer wieder zurückschauend. Und zu Hause angekommen, erzählte er, es habe sich ihm ein Salber genähert, mit bescheidener und sanftmütiger Miene, aber mit der Visage eines infamen Betrügers, und er habe die Büchse mit der Salbe oder den Beutel mit dem Pulver (in diesem Punkt war er sich nicht ganz sicher) im Innern seines Hutes gehalten, um ihn damit zu überfallen, wenn er ihn sich nicht vom Leibe zu halten gewußt hätte. »Wenn er mir noch einen Schritt näher gekommen wäre«, sagte er, »hätte ich den Halunken aufgespießt, bevor er Zeit gehabt hätte, mich mit dem Zeug zu behandeln. Das Dumme war nur, daß wir uns an einem so einsamen Ort befanden, denn wenn es mitten in Mailand gewesen wäre, hätte ich Leute herbeigerufen und mir helfen lassen, ihn zu ergreifen. Bestimmt hätten wir dieses Teufelszeug in seinem Hut gefunden. Aber dort, so ganz allein mit ihm, mußte ich mich damit begnügen, ihm angst zu machen, ohne das Risiko einzugehen, mir ein Unglück zuzuziehen, denn ein bißchen Pulver ist rasch geworfen, und diese Kerle sind ja sehr geschickt, außerdem haben sie den Teufel auf ihrer Seite. Bestimmt ist er jetzt irgendwo in Mailand zugange. Wer weiß, was für Unheil er gerade anrichtet.« Und zeit seines Lebens – und der Mann lebte noch viele Jahre – wiederholte er seine Geschichte jedesmal, wenn von Salbern die Rede war, und fügte hinzu: »Soll mir bloß keiner von denen kommen, die immer noch meinen, an der ganzen Sache wäre nichts Wahres dran gewesen! Man muß die Dinge eben mit eigenen Augen gesehen haben!«

Renzo, der nicht ahnte, in welcher Gefahr er geschwebt hatte, und den eher Wut als Angst bewegte, dachte im Gehen über diesen Empfang nach und erriet ungefähr, was der Unbekannte von ihm gedacht hatte. Aber die Sache kam ihm so unvernünftig vor, daß er zu dem Schluß gelangte, der Mann müsse ein halber Irrer gewesen sein. ›Das fängt schlecht an‹, dachte er, ›es scheint, als stünde kein guter Stern über mir in diesem Mailand. Beim Reinkommen geht mir alles nach Wunsch, aber sobald ich drinnen bin, kriege ich nichts als Ärger... Ach was!... Mit Gottes Hilfe... wenn ich sie finde... wenn es mir gelingt, sie zu finden... Ha, dann wird das alles nichts gewesen sein!‹

An der Brücke bog er ohne zu zögern nach links in die Strada di San Marco ein, da ihm zu Recht schien, daß sie ins Innere der Stadt führen müsse. Und im Weitergehen hielt er unermüdlich nach allen Seiten Ausschau, ob nicht doch irgendwo ein menschliches Wesen zu erblicken war. Aber er sah nur eine aufgedunsene Leiche in dem kleinen Graben, der zwischen den wenigen Häusern dort (die damals noch weniger waren) und einem Stück der Straße verläuft. Dann jedoch, als er dieses Stück hinter sich hatte, hörte er jemanden rufen: »He, guter Mann!«, und als er sich umdrehte, sah er nicht weit entfernt auf dem Balkon eines alleinstehenden Hauses eine arme Frau inmitten einer Schar kleiner Kinder. Sie fuhr fort, ihn zu rufen, und winkte ihn zu sich. Er lief rasch hin, und als er dort war, sagte die Frau: »O junger Mann, bei Euren armen Toten, seid so gut und geht dem Kommissar sagen, daß man uns hier vergessen hat. Wir sind als verdächtig im Haus eingeschlossen worden, weil mein armer Mann gestorben ist. Sie haben die Haustür zugenagelt, wie Ihr seht. Seit gestern morgen hat uns niemand etwas zu essen gebracht. In all den Stunden, die wir jetzt hier sind, ist nie ein Christenmensch vorbeigekommen, der mir diesen Gefallen tun könnte, und diese unschuldigen Kleinen sterben vor Hunger.«

»Vor Hunger!« rief Renzo aus, fuhr mit den Händen in die Taschen und sagte, während er die beiden Brote herauszog: »Hier, hier, laßt mir was runter, daß ich sie reintun kann.«

»Gott vergelt's Euch. Wartet einen Moment«, sagte die Frau und ging auf die Suche nach einem Korb sowie einem Seil, um ihn daran herunterzulassen. Währenddessen fielen Renzo jene beiden anderen Brote ein, die er bei seinem ersten Besuch in Mailand zu Füßen der Dionysius-Säule gefunden hatte, und er dachte bei sich: ›Sieh an, jetzt gebe ich sie zurück, und vielleicht auf bessere Art, als wenn ich sie damals ihrem Besitzer zurückgegeben hätte, denn hier ist es wirklich ein Werk der Barmherzigkeit.‹

»Was den Kommissar angeht, liebe Frau«, sagte er dann, als er die Brote in den Korb legte, »da kann ich

Euch leider gar nicht helfen. Denn um die Wahrheit zu sagen, ich bin ganz fremd hier und kenne mich in dieser Stadt überhaupt nicht aus. Aber wenn ich einem Einheimischen begegne, der ein bißchen gesittet und menschlich ist, so daß man ihn ansprechen kann, dann werde ich es ihm sagen.«

Die Frau bat ihn, das zu tun, und sagte ihm den Namen der Straße, damit er sie richtig benennen könne.

»Auch Ihr«, fügte Renzo hinzu, »könnt mir, glaube ich, einen Gefallen tun, einen wirklichen Liebesdienst, ohne Euch vom Fleck zu rühren. Ich suche ein vornehmes, herrschaftliches Haus hier in Mailand: das Haus ***. Könntet Ihr mir sagen, wo das ist?«

»Ich weiß, daß es dieses Haus gibt«, antwortete die Frau, »aber wo es ist, weiß ich leider nicht. Wenn Ihr hier weitergeht, findet Ihr sicher jemanden, der es Euch sagen kann. Und bitte denkt daran, dann auch von uns zu sprechen.«

»Verlaßt Euch darauf«, sagte Renzo und ging weiter.

Bei jedem Schritt hörte er einen Lärm anwachsen und näher kommen, den er schon zu hören begonnen hatte, als er noch im Gespräch mit der Frau gewesen war: ein Geräusch von Rädern und Pferdehufen, dazu Schellengeklingel und ab und zu Peitschenknallen, begleitet von kurzen Rufen. Er schaute in die Richtung, aus der es kam, konnte aber nichts sehen. Am Ende der Straße, als er auf den Platz von San Marco gelangte, war das erste, was ihm ins Auge fiel, ein Paar hochaufgerichteter Balken mit einem Seil und gewissen Rollenzügen, und er erkannte sogleich (denn das war in jenen Zeiten ein vertrauter Anblick) das abscheuliche Foltergerüst. Es war hier errichtet worden, und nicht nur hier, sondern auf allen größeren Plätzen und breiteren Straßen, damit die Beauftragten jedes Viertels, die dazu mit den willkürlichsten Befugnissen ausgestattet waren, unverzüglich jeden daranhängen konnten, der ihnen die

Strafe zu verdienen schien, sei er ein Pestverdächtiger, der sein versiegeltes Haus verlassen hatte, oder ein Untergebener, der seine Pflicht nicht tat, oder sonst jemand. Es war dies eines jener überzogenen und zugleich unwirksamen Mittel, von denen man in jener Zeit und besonders in jenen Monaten geradezu verschwenderisch Gebrauch machte.

Während Renzo das Gerüst betrachtete und überlegte, warum es hier aufgestellt worden sein mochte, hörte er den Lärm immer näher kommen, und schließlich sah er einen Mann um die Ecke der Kirche biegen, der eine Schelle läutete, offensichtlich ein »Apparitore«, und hinter ihm zwei Pferde, die mit vorgerecktem Hals und fest in den Boden gestemmten Beinen mühsam vorankamen, und von ihnen gezogen einen Karren mit Toten, und nach diesem einen weiteren und dann noch einen und noch einen, und auf beiden Seiten neben den Pferden gingen Monatti, die sie mit Peitschenhieben, Faustschlägen und Flüchen antrieben. Die Leichen, von denen die meisten nackt und einige notdürftig in Lumpen gehüllt waren, lagen auf- und übereinander, miteinander verschlungen wie ein Pulk Schlangen, der sich in der Frühlingswärme langsam auseinanderwindet, denn bei jedem Stoß und jeder Erschütterung sah man die schaurigen Haufen erzittern und grausig in Bewegung geraten, Köpfe baumelten, jungfräuliche Haartrachten lösten sich auf, Arme hingen herunter und schlugen an die Räder, als wollten sie dem ohnehin schon entsetzten Auge zeigen, wie ein solches Schauspiel noch schmerzlicher und grauenhafter werden konnte.

Renzo war an der Seite des Platzes nahe dem Kanalgeländer stehengeblieben und betete für die unbekannten Toten. Plötzlich fuhr ihm ein gräßlicher Gedanke durch den Sinn: ›Vielleicht liegt da, dazwischen, darunter... O Herr, gib, daß es nicht wahr ist! Gib, daß ich nicht daran denke!‹

Als der Leichenzug vorüber war, setzte sich Renzo wieder in Bewegung, überquerte den Platz und ging am Kanal entlang nach links, wobei er für diese Wahl keinen anderen Grund hatte, als daß der Zug in die andere Richtung verschwunden war. Nach den wenigen Schritten von der Südseite der Kirche bis zum Kanal sah er rechts die Marcellino-Brücke, überquerte sie und gelangte in die Straße Borgo Nuovo. Immer Ausschau haltend nach jemandem, der ihm den Weg sagen könnte, erblickte er am Ende jener Straße einen Priester im Wams und mit einem kleinen Stock in der Hand, der vor einer angelehnten Haustür stand, den Kopf vorgebeugt und das Ohr am Türspalt. Kurz darauf sah er ihn die Hand heben und den Segen erteilen. Er vermutete richtig, daß der Priester gerade jemandem die Beichte abgenommen hatte, und sagte sich: ›Das ist der Mann, den ich brauche. Wenn ein Priester, der sein Priesteramt ausübt, nicht ein wenig Barmherzigkeit, Menschenliebe und Güte hat, dann gibt's wirklich keine mehr in dieser Welt.‹

Unterdessen hatte der Priester sich von jener Haustür entfernt und kam Renzo entgegen, wobei er sich sehr sorgfältig auf der Straßenmitte hielt. Als sie einander nahe genug waren, zog Renzo den Hut und deutete an, daß er ihn gerne sprechen würde; zugleich blieb er stehen zum Zeichen, daß er nicht näher herankommen würde. Der Priester blieb ebenfalls stehen, bereit zu hören, stellte aber seinen Stock vor sich auf die Erde, als wollte er sich dahinter verschanzen. Renzo trug seine Frage vor, die ihm der Priester sehr umfassend beantwortete, indem er ihm nicht nur sagte, in welcher Straße Don Ferrantes Haus lag, sondern, als er sah, daß der arme Bursche es nötig hatte, ihm auch den Weg dorthin beschrieb, das heißt, mit Hilfe von allerlei rechts und links und Kirchen und Kreuzen, die sieben bis acht Straßen, die es bis dorthin noch waren.

»Gott erhalte Euch gesund, in diesen Zeiten und immer«, sagte Renzo, und während der andere schon weitergehen wollte, fügte er rasch hinzu: »Noch einen Liebesdienst!« und erzählte ihm von der armen vergessenen Frau. Der gute Priester bedankte sich für die Gelegenheit, ein so notwendiges Werk der Nächstenliebe zu tun, versprach, sich sofort darum zu kümmern, und ging davon. Renzo setzte sich ebenfalls in Bewegung und versuchte im Weitergehen, sich die Wegbeschreibung einzuprägen und zu wiederholen, um nicht an jeder Ecke neu fragen zu müssen. Aber man kann sich nicht vorstellen, wie schwer ihm das fiel, nicht so sehr wegen der Schwierigkeit der Sache an sich, sondern weil eine neue Unruhe in ihm aufgekeimt war. Dieser Straßenname und die Wegbeschreibung dorthin hatten ihn innerlich ganz aufgewühlt. Es war die Adresse, die er begehrt und erbeten hatte und ohne die er nichts hätte tun können, und der Priester hatte auch nichts gesagt, was sich irgendwie als böses Vorzeichen hätte auslegen lassen, aber was will man machen: Diese nun etwas deutlichere Vorstellung eines nahen Ziels, wo er aus einer großen Ungewißheit erlöst werden würde, wo ihm gesagt werden könnte: *Sie lebt*, oder: *Sie ist tot*, diese Vorstellung hatte ihn so getroffen, daß es ihm in jenem Augenblick lieber gewesen wäre, noch ganz im dunkeln zu tappen, noch ganz am Anfang der Reise zu stehen, deren Ende er nun vor sich hatte. Doch er nahm seine Kräfte zusammen und sagte sich: ›He, wenn ich jetzt anfange, mich wie ein dummer Junge zu benehmen, wie soll es dann weitergehen?‹ – So recht und schlecht wieder aufgemuntert, raffte er sich auf und setzte seinen Weg in die Stadt hinein fort.

Was für eine Stadt! Und was war verglichen mit ihr schon das, was sie ein Jahr zuvor aufgrund der Hungersnot gewesen war!

Renzo durchquerte tatsächlich gerade einen ihrer

ödesten und trostlosesten Teile: die Gegend um jene Straßenkreuzung, die damals Carrobbio di Porta Nuova hieß. (In der Mitte stand ein Kreuz und gegenüber, neben der Stelle, wo heute die Kirche San Francesco di Paola steht, eine alte, der heiligen Anastasia geweihte Kirche.) So verheerend war dort die Wut der Seuche gewesen und so gräßlich der Gestank der liegengebliebenen Leichen, daß die wenigen Überlebenden sich gezwungen gesehen hatten, ihre Häuser zu räumen, womit zu der Traurigkeit, die jener Anblick von Öde und Verlassenheit dem Vorübergehenden einflößte, noch das Grauen und der Ekel vor den Spuren und Überresten der früheren Bewohner hinzukam. Renzo beschleunigte seinen Gang und machte sich Mut mit dem Gedanken, daß sein Ziel noch nicht so nahe sein konnte und also Hoffnung bestand, daß sich der Schauplatz bis zu seiner Ankunft wenigstens teilweise ändern würde. Tatsächlich gelangte er bald darauf in eine Gegend, die man immerhin noch eine Stadt der Lebenden nennen konnte. Aber was für eine Stadt auch hier und was für Lebende! Alle Haustüren waren verschlossen, aus Mißtrauen oder Angst, bis auf die der unbewohnten oder aufgebrochenen Häuser, die sperrangelweit offenstanden; andere waren vernagelt und versiegelt, weil dort jemand an der Pest gestorben oder erkrankt war; wieder andere waren durch ein mit Kohle gemaltes Kreuz bezeichnet, als Hinweis für die Monatti, daß es dort Tote abzuholen gab. Das Ganze jedoch eher zufällig als systematisch, je nachdem, ob sich da oder dort gerade ein Kommissar der Gesundheitsbehörde oder ein anderer Beamter eingefunden hatte, um die Anordnungen auszuführen oder eine Eigenmächtigkeit zu begehen. Überall sah man Lumpen und, noch widerwärtiger als Lumpen, eitrige Verbände, verpestetes Stroh oder aus den Fenstern geworfene Betttücher; bisweilen menschliche Körper, entweder von Leuten, die plötzlich auf der Straße gestorben waren und dort liegengelassen wurden, bis ein Karren vorbeikam, der sie mitnahm, oder solche, die von den Karren heruntergefallen waren oder die man, auch sie, einfach aus den Fenstern geworfen hatte – sosehr hatte das beharrliche Wüten des Unheils die Gemüter verwildern und jedes Pietätsgefühl, jede gesellschaftliche Rücksicht vergessen lassen. Da aller Lärm aus den Werkstätten, alles Kutschengeratter, alles Verkäufergeschrei und Passantengeplauder erloschen war, kam es nur selten vor, daß diese Totenstille von etwas anderem unterbrochen wurde als dem Gerumpel der Leichenwagen, dem Klagen der Bettler, dem Wimmern der Kranken, dem Brüllen der Rasenden und dem Geschrei der Monatti. Bei Tagesanbruch, mittags und abends rief eine Glocke des Doms dazu auf, bestimmte Gebete zu sprechen, die der Erzbischof festgesetzt hatte; die Glocken der anderen Kirchen antworteten, und dann konnte man Leute ans Fenster treten und gemeinsam beten sehen und ein Gewisper von Stimmen und Seufzern hören, das bei aller Traurigkeit doch auch ein wenig Trost verströmte.

Da zu jener Zeit vielleicht zwei Drittel der Einwohner gestorben waren, ein Großteil der übrigen fortgezogen oder erkrankt und der Zuzug von außen fast zum Erliegen gekommen war, hätte es reiner Zufall sein müssen, wäre man unter den wenigen, die auf den Straßen gingen, nach langer Suche wenigstens einem begegnet, der nicht irgend etwas Seltsames an sich hatte, was auf die unselige Veränderung der Dinge hinwies. Man sah die vornehmsten Leute ohne Mantel und Cappa, dem damals unerläßlichsten Teil der städtischen Kleidung, die Priester ohne Soutane und sogar Ordensleute im Wams; mit anderen Worten, die Leute hatten all jene Kleidungsstücke abgelegt, die durch ihr Wallen und Flattern irgend etwas berühren oder gar – dies fürchtete man am meisten – den Salbern eine Gelegenheit bieten könnten. Doch abgesehen von diesem Bemühen, möglichst hochgeschürzt und in enganliegenden Kleidern zu gehen, lief jeder ungepflegt und verwahrlost herum: der Bart lang bei denen, die ihn zu tragen pflegten, und gewachsen bei denen, die ihn gewöhnlich schoren; lang und zerrauft auch die Haare, nicht nur infolge jener Vernachlässigung, die sich bei langanhaltender Niedergeschlagenheit einstellt, sondern auch, weil man die Barbiere verdächtigte, seit einer von ihnen als berüchtigter Salber aufgegriffen und abgeurteilt worden war: ein gewisser Giangiacomo Mora – der Name blieb in der Stadt noch lange berühmt als Beispiel für besondere Niedertracht, dabei hätte er eine viel breitere und fortdauernde Berühmtheit als Beispiel für ein besonders beklagenswertes Schicksal verdient. Die meisten trugen in der einen Hand einen Stock, manche auch eine Pistole, um jeden abzuschrecken, der ihnen zu nahe kommen wollte, und in der anderen wohlriechende Pastillen oder durchlöcherte Kugeln aus Metall oder Holz mit in Kräuteressig getränkten Schwämmen darin, die sie sich ab und zu oder auch permanent an die Nase hielten. Einige trugen um den Hals ein Fläschchen mit Quecksilber, da sie überzeugt waren, daß es die Kraft habe, jede Pestausdünstung aufzusaugen und bei sich zu behalten, und sie achteten sorgsam darauf, daß es alle paar Tage erneuert wurde. Die Edelleute gingen nicht nur ohne ihr gewohntes Gefolge aus, sondern man sah sie auch mit einem Korb am Arm die nötigsten Lebensmittel einkaufen gehen. Begegneten sich zwei Freunde auf der Straße, so grüßten sie sich aus der Ferne mit hastigen stummen Winken. Jeder hatte beim Gehen viel damit zu tun, die ekelhaften und todbringenden Hindernisse zu umgehen, mit denen der Boden übersät und an manchen Stellen auch regelrecht versperrt war; jeder bemühte sich, in der Straßenmitte zu gehen, aus Angst vor weiterem Unrat oder anderen, noch grausigeren Lasten, die aus den Fenstern herabkommen könnten, aus Angst vor giftigen Pulvern, die angeblich oft von oben auf die Vorübergehenden gestreut wurden, und aus Angst vor den Mauern, die mit Salbe beschmiert sein könnten. So häufte die Ignoranz, in der Mut und Vorsicht die Plätze getauscht hatten, eine Angst auf die andere und verbreitete eingebildete Schrecken zum Ausgleich für die vernünftigen und heilsamen, die sie zu Anfang verhindert hatte.

Solcherart war das, was man an minder Entstelltem und minder Bemitleidenswertem ringsum zu sehen bekam, nämlich bei den Gesunden und Wohlhabenden. Doch nach all diesen Bildern des Elends und eingedenk des noch weit größeren, durch das wir den Leser führen müssen, wollen wir uns hier nicht damit aufhalten, den Anblick der anderen zu beschreiben, der Pestkranken, die sich durch die Straßen schleppten oder in ihnen herumlagen, der Bettler, der Frauen und Kinder. Er war derart, daß der Betrachter fast einen verzweifelten Trost in dem finden konnte, was uns räumlich und zeitlich Entfernte am stärksten erschüttert: zu denken, beziehungsweise zu sehen, daß die Zahl jener Lebenden nur noch so gering war.

Inmitten all dieser Trostlosigkeit hatte Renzo bereits ein gutes Stück seines Weges zurückgelegt, als er, noch viele Schritte von einer Straße entfernt, in die er einbiegen mußte, aus ihr einen verworrenen Lärm kommen hörte, in dem sich das übliche grausige Schellengeläut unterscheiden ließ.

Als er an die Ecke der betreffenden Straße gelangte, die eine der breiteren war, sah er vier Karren in der Mitte stehen, und wie man auf einem Getreidemarkt ein Kommen und Gehen von Leuten sieht, die Säcke tragen und aufladen, so war dort ein reges Treiben zu sehen: Monatti, die in die Häuser gingen, Monatti, die mit einer Last auf den Schultern herauskamen und sie auf einen der Karren warfen. Einige trugen rote Kittel, andere waren ohne diese Uniform, viele hatten ein noch abstoßenderes Erkennungszeichen: Federbüsche und Quasten in verschiedenen Farben, die sie wie zum Ausdruck der Freude inmitten der allgemeinen Trauer trugen. Aus den Fenstern drangen, bald da, bald dort, schaurige Rufe: »Hierher, Monatti!« Und aus dem tristen Gewimmel auf der Straße tönte es noch unheimlicher zurück: »Gleich, gleich.« Dazwischen hörte man Hausbesitzer, die murrend zur Eile trieben, worauf die Monatti mit Flüchen antworteten.

In die Straße eingebogen, beschleunigte Renzo den Schritt und versuchte, nur soweit auf jene Hindernisse zu achten, wie es nötig war, um ihnen auszuweichen. Da fiel sein Blick auf eine Gestalt, die ein außergewöhnliches Mitleid erregte, ein Mitleid, das den heftigen Wunsch in ihm weckte, sie zu betrachten, so daß er fast unwillkürlich stehenblieb.

Sie trat aus einem der Häuser und schritt den Karren entgegen, eine Frau, deren Äußeres eine fortgeschrittene, aber noch nicht vergangene Jugend bezeugte, aus welcher eine durch großes Leid und tödliche Apathie verschleierte und getrübte, aber nicht zerstörte Schönheit schimmerte – jene sanfte und zugleich majestätische Schönheit, die im lombardischen Blut gedeiht. Ihr Gang war müde, aber nicht schleppend, in ihren Augen standen keine Tränen, aber man sah ihnen an, daß sie viele vergossen hatten. Es lag in diesem Leiden ein Ausdruck von Ruhe und Tiefe, der von einer Seele zeugte, die es bewußt und gesammelt empfand. Doch es war nicht allein ihr Äußeres, was sie zwischen all dem Elend so besonders dem Mitleid empfahl und dieses in den Herzen schon erkaltete und erstorbene Gefühl für sie wieder aufleben ließ. Sie trug ein kleines Mädchen von vielleicht neun Jahren auf den Armen; es war tot, aber schön zurechtgemacht, mit säuberlich über der Stirn gescheiteltem Haar und einem schneeweißen Kleid, als hätten ihre Hände es für ein seit langem versprochenes Fest geschmückt. Sie hielt es auch nicht liegend, sondern aufrecht sitzend auf einem Arm, die Brust an ihre Brust gelehnt, als ob es lebendig wäre, nur daß an einer Seite ein weißes, wie wächsern aussehendes Händchen mit einer gewissen leblosen Schwere herabhing und der Kopf mit einer größeren Ergebung als der des Schlafes auf der Schulter der Mutter ruhte – denn daß es die Mutter war, hätte, auch wenn die Ähnlichkeit der Gesichter nicht gewesen wäre, unverkennbar dasjenige der beiden bezeugt, das noch ein Gefühl ausdrückte.

Ein garstiger Monatto ging auf sie zu, um ihr das Kind aus den Armen zu nehmen, allerdings mit einer ungewohnten Art von Respekt, einem unwillkürlichen Zögern. Sie wich zurück, ohne jedoch Abscheu oder Verachtung zu zeigen, und sagte: »Nein! Rührt sie mir jetzt noch nicht an, ich muß sie selbst auf den Karren legen. Hier, nehmt das.« Bei diesen Worten öffnete sie eine Hand, zeigte eine Börse und ließ sie in die hingestreckte Hand des Monatto fallen. Dann fuhr sie fort: »Versprecht mir, nichts von ihr wegzunehmen, auch nicht zuzulassen, daß andere es wagen, und sie so unter die Erde zu bringen.«

Der Monatto legte sich eine Hand aufs Herz, dann eilte er beflissen und fast ehrerbietig, mehr wegen des neuen Gefühls, das ihn gleichsam überwältigte, als wegen des unerwarteten Lohns, um auf dem Karren ein wenig Platz für die kleine Tote zu schaffen. Die Mutter gab ihr einen Kuß auf die Stirn, legte sie nieder wie in ein Bett, zupfte sie zurecht, breitete ein weißes Leintuch über sie und sprach die letzten Worte: »Ade, Cecilia! Ruhe in Frieden! Heute abend kommen auch wir, und dann bleiben wir für immer zusammen. Bitte inzwischen für uns, so wie auch ich für dich und die anderen beten will.« Dann wandte sie sich wieder an den Monatto und sagte: »Wenn Ihr gegen Abend wieder vorbeikommt, könnt Ihr auch mich holen kommen, und nicht nur mich allein.«

Nach diesen Worten ging sie ins Haus zurück, und einen Augenblick später erschien sie am Fenster mit einem anderen Kind auf dem Arm, einem kleineren, das noch lebte, aber die Zeichen des Todes im Gesicht trug. Sie blieb stehen und betrachtete das unwürdige Leichenbegängnis ihres ersten Kindes, bis der Karren sich in Bewegung setzte und bis sie ihn nicht mehr sehen konnte. Dann verschwand sie. Und was hätte sie anderes tun können, als das einzige ihr noch verbliebene aufs Bett zu legen und sich daneben, um gemeinsam mit ihm zu sterben? So wie die schon auf dem Stengel prangende Blüte mitsamt der noch knospenden fällt, wenn die Sense vorbeirauscht, die alle Gräser der Wiese gleichmacht.

»O Herr im Himmel!« rief Renzo. »Erhöre sie! Nimm sie zu dir, sie und ihr armes Kind. Sie haben genug gelitten, sie haben genug gelitten!«

Als er sich von dieser außergewöhnlichen Erschütterung wieder erholt hatte und versuchte, sich an die Wegbeschreibung zu erinnern, um zu wissen, ob er an der nächsten Kreuzung abbiegen mußte, und wenn ja, ob nach links oder rechts, hörte er auch von dort einen lauten, verworrenen Lärm, ein Gemisch aus gebellten Kommandorufen und wimmernden Klagen, dazwischen weinende Frauen und schreiende Kinder.

Er ging weiter, im Herzen die schon gewohnte traurig-bange Erwartung. An der Kreuzung angelangt, sah er aus einer der Seitenstraßen eine wirre Menge herannahen und blieb stehen, um sie vorbeizulassen. Es waren Kranke, die zum Lazarett geführt wurden; einige wurden mit Gewalt vorangetrieben, wehrten sich vergebens, schrien vergebens, daß sie in ihrem Bett sterben wollten, und antworteten mit vergeblichem Flehen auf die Flüche und Kommandos der Monatti; andere schritten schweigend dahin, ohne Schmerz oder sonst ein Gefühl zu zeigen, als ob sie betäubt wären; Frauen mit Kleinkindern auf dem Arm; größere Kinder, die, mehr erschreckt durch die Schreie, durch die Kommandos und diese Begleitung als durch den undeutlichen Gedanken an den Tod, laut nach der Mutter riefen, nach ihren vertrauten Armen, nach ihrem Zuhause. Ach! und vielleicht war die Mutter, die sie glaubten schlafend in ihrem Bett zurückgelassen zu haben, in Wahrheit auf diesem Bett zusammengebrochen, jäh von der Pest überrascht, und lag nun besinnungslos da, um auf einem Karren ins Lazarett gefahren zu werden oder in die Grube, wenn der Karren zu spät kam. Vielleicht – o Unglück, noch bitterer Tränen würdig! – hatte die Mutter auch, ganz beschäftigt mit ihrem Leiden, alles um sich herum vergessen, sogar ihre Kinder, und dachte nur noch an eines: in Frieden zu sterben. Doch selbst in dieser großen Verwirrung sah man noch manches Beispiel der Standhaftigkeit und Pietät: Väter, Mütter, Brüder, Söhne, Gatten, die ihre teuren Lieben stützten und mit Worten des Trostes begleiteten, und nicht nur Erwachsene, auch kleine Buben und Mädchen, die ihre kleineren Geschwister führten und sie verständig und mitfühlend wie Erwachsene mahnten, folgsam zu sein, und ihnen versicherten, daß sie zu einem Ort gingen, wo es Leute gebe, die sich um sie kümmern und sie gesund machen würden.

Inmitten all dieser bedrückenden und bewegenden Anblicke gab es einen Gedanken, der unseren Wanderer heftiger packte und in bange Erregung versetzte: Das Haus mußte hier in der Nähe sein, und wer weiß, ob nicht unter diesen Leuten... Als der Zug vorüber war und diese Befürchtung nachließ, wandte er sich an einen Monatto, der hinterdreinging, und fragte ihn nach der Straße und dem Haus Don Ferrantes. »Scher dich zum Teufel, Bauerntrampel!« war die einzige Antwort. Doch er hielt sich nicht damit auf, dem Kerl zu erwidern, was er verdiente, sondern wandte sich, als er am Ende des Zuges einen Kommissar kommen sah, der ein etwas menschlicheres Antlitz hatte, mit derselben Frage an diesen. Der Mann wies mit einem Stock in die Richtung, aus der er kam, und sagte: »Erste Straße rechts, das letzte große Haus links.«

Mit neuer, noch größerer Bangigkeit eilt unser Freund in die angegebene Richtung. Er biegt in die Straße ein, und sofort entdeckt er das Haus zwischen den anderen, die niedriger und bescheidener sind. Er tritt ans Tor, das geschlossen ist, legt die Hand auf den Türklopfer und hält sie dort erhoben, als hielte er sie über einer Urne, aus der er das Los ziehen soll, das über sein Leben und seinen Tod entscheidet. Schließlich hebt er den Türklopfer und betätigt ihn resolut.

Nach einer Weile geht ein Fenster ein Stückweit auf, eine Frau steckt den Kopf heraus und schaut mißtrauisch herunter, als wollte sie sagen: Monatti? Bettler? Kommissare? Salber? Teufel?

»Liebe Frau«, sagt Renzo hinaufschauend mit nicht allzu sicherer Stimme, »dient hier ein junges Mädchen vom Lande, das Lucia heißt?«

»Die ist nicht mehr da. Geht weiter«, antwortet die Frau und macht Anstalten, das Fenster wieder zu schließen.

»Einen Augenblick, bitte! Nicht mehr da? Wo ist sie denn?«

»Im Lazarett.« Und wieder will sie schließen.

»So wartet doch einen Augenblick, um Himmels willen! Mit der Pest?«

»Na klar. Ganz was Neues, hä? Geht weiter.«

»O je! Wartet: War sie sehr krank? Wie lange ist es her...?«

Aber inzwischen war das Fenster wirklich geschlossen.

»Liebe Frau! Liebe Frau! Ein Wort noch, bitte! Bei Euren armen Toten! Ich will ja sonst gar nichts von

Euch. He, he!« Doch es war, als redete er gegen eine Mauer.

Bestürzt über die Nachricht und wütend über die Art der Behandlung ergriff Renzo erneut den Türklopfer und drückte und drehte ihn, während er sich an die Tür lehnte, und hob ihn hoch, um noch einmal verzweifelt zu klopfen, und hielt ihn dann in der Schwebe. Dabei drehte er sich in seiner Erregung nach rechts und links, um zu sehen, ob nicht irgendwo ein Nachbar war, von dem er eine genauere Auskunft bekommen könnte, einen Hinweis, irgendeinen Fingerzeig. Doch die erste und einzige Person, die er sah, war eine andere Frau, die vielleicht zwanzig Schritte entfernt stand. Mit einem Blick, der Entsetzen, Haß, Ungeduld und Bosheit ausdrückte, mit verdrehten Augen, die gleichzeitig ihn betrachten und hinter ihm in die Ferne sehen wollten, den Mund aufgerissen, als wollte sie aus Leibeskräften losschreien, aber zugleich den Atem anhaltend, hob sie zwei dürre Arme, reckte zwei runzlige, krallenartig gebogene Hände empor, schloß und öffnete sie, als versuchte sie etwas zu greifen – es war klar, daß sie hinter ihm stehende Leute herbeiwinken wollte, ohne daß er es bemerken sollte. Als ihre Blicke sich trafen, fuhr sie wie eine Ertappte zusammen, wodurch sie noch häßlicher wurde.

»Was zum Teufel…?« fing Renzo an und hob ebenfalls die Hände in Richtung der Frau, aber diese, die jetzt nicht mehr hoffen konnte, ihn überraschend ergreifen zu lassen, stieß endlich den Schrei aus, den sie bis dahin zurückgehalten hatte: »Ein Salber! Packt ihn! Packt ihn! Packt den Salber!«

»Wer? Ich? Ha, lügnerische Hexe! Sei still!« schrie Renzo und sprang auf sie zu, um ihr Angst zu machen und sie zum Schweigen zu bringen. Aber ihm wurde gleich klar, daß er sich lieber um seine eigenen Angelegenheiten kümmern sollte. Denn auf das Geschrei der

Frau liefen Leute von allen Seiten herbei, nicht so viele, wie es in einem solchen Fall drei Monate vorher gewesen wären, aber doch mehr als genug, um mit einem einzelnen Mann machen zu können, was sie wollten. Zur gleichen Zeit ging von neuem das Fenster auf, und dieselbe unfreundliche Frau wie vorher lehnte sich diesmal weit heraus und schrie ebenfalls: »Packt ihn, packt ihn! Er muß einer von diesen Halunken sein, die herumlaufen, um die Türen rechtschaffener Leute zu salben.«

Renzo überlegte nicht lange. Es schien ihm auf Anhieb klüger, schleunigst das Weite zu suchen, als dazubleiben, um sich zu rechtfertigen. Er schaute kurz nach rechts und nach links, um zu sehen, wo weniger Leute waren, und rannte los. Einen ersten, der sich ihm in den Weg stellte, stieß er hart beiseite, einen zweiten, der ihm entgegenkam, ließ er mit einem mächtigen Hieb auf die Brust acht bis zehn Schritte zurücktaumeln, und weiter ging's im Galopp, die geballte Faust in der Luft, bereit für jeden, der ihm vor die Füße zu kommen wagte. Die Straße vor ihm war frei, aber hinter sich hörte er das Getrappel, und lauter als das Getrappel dieses üble Geschrei: »Packt ihn! Packt ihn, den Salber!« Er wußte nicht, wann sie die Verfolgung aufgeben würden, und sah nicht, wohin er sich retten konnte. Sein Zorn verwandelte sich in blinde Wut, seine Angst in Verzweiflung, und wie von Sinnen griff er nach seinem Messer, zog es aus der Scheide, blieb ruckartig stehen, fuhr herum, das Gesicht grimmiger denn je, und rief mit ausgestrecktem Arm, die blitzende Klinge durch die Luft schwingend: »Heran, wer Mut hat, ihr feigen Hunde! Daß ich euch mit diesem hier wirklich salbe!«

Doch verwundert und mit einem vagen Gefühl der Erleichterung sah er, daß seine Verfolger schon stehengeblieben waren und wie unschlüssig dastanden, wobei sie, während sie weiter schrien, mit den Händen wie besessen in der Luft herumfuchtelten, als winkten sie Leuten, die weit hinter ihm kamen. Er fuhr von neuem herum und sah – seine große Erregung hatte es ihn zuvor nicht bemerken lassen – einen Karren, der auf ihn zukam, ja eine ganze Reihe der schon gewohnten Leichenkarren mit ihrer gewohnten Begleitung; und dahinter, in einem gewissen Abstand, ein weiteres Häuflein von Leuten, die sich ebenfalls gern auf den Salber gestürzt hätten, aber durch dasselbe Hindernis zurückgehalten wurden. So zwischen zwei Feuer geraten, schoß ihm ein Gedanke durch den Kopf: Was seine Verfolger schreckte, könnte ihn vielleicht retten! Er überlegte kurz: Dies war nicht der Moment, den Zimperlichen zu spielen. Er schob das Messer zurück in die Scheide, gab sich einen Ruck und rannte auf die Karren los, passierte den ersten und erspähte auf dem zweiten einen ausreichend großen Platz. Ein Anlauf, ein Sprung, schon war er mit dem rechten Fuß oben, den linken noch in der Luft und mit den Armen rudernd.

»Bravo, bravo!« riefen wie aus einem Munde die Monatti, von denen einige die Karren zu Fuß begleiteten und andere auf ihnen saßen, manche auch, um das Gräßliche offen zu sagen, direkt auf den Leichen, wo sie aus einer großen Flasche tranken, die sie kreisen ließen. »Bravo! Gut gemacht!«

»Du hast dich unter den Schutz der Monatti begeben. Verlaß dich darauf: Hier bist du sicher wie in einer Kirche«, sagte einer der beiden, die auf dem Karren saßen, auf den er gesprungen war.

Seine Verfolger hatten, als der Zug näher kam, größtenteils kehrtgemacht und verzogen sich, ohne von ihrem Geschrei abzulassen: »Packt ihn! Packt ihn, den Salber!« Einige zogen sich etwas langsamer zurück, blieben immer wieder stehen und drehten sich mit Grimassen und Drohgebärden zu Renzo um, der ihnen fäusteschüttelnd vom Karren aus antwortete.

»Laß mich mal machen«, sagte ein Monatto, riß von einer Leiche einen schmutzigen Fetzen ab, knotete ihn zusammen, nahm ihn an einem Zipfel, schwenkte ihn wie eine Schleuder über dem Kopf, als wollte er ihn auf jene Hartnäckigen abschleudern, und schrie dazu: »Wartet nur, ihr Kanaillen!« Bei diesem Anblick liefen alle entsetzt davon, und Renzo sah nichts mehr als Rücken von Feinden und zuckende Fersen, die wie Klöppel einer Walkmaschine durch die Luft tanzten.

Unter den Monatti brach ein Triumphgeheul aus, ein wieherndes, tosendes Gelächter und ein wiederholtes langgezogenes »Huuuh!«, mit dem sie diese Flucht begleiteten.

»Haha! Siehst du jetzt, wie wir Ehrenmänner zu beschützen wissen?« sagte derselbe Monatto zu Renzo. »Einer von uns ist mehr wert als hundert von diesen Feiglingen.«

»Gewiß, ich kann sagen, Ihr habt mir das Leben gerettet«, antwortete Renzo. »Und ich danke euch von Herzen.«

»Wofür?« sagte der Monatto. »Du verdienst es. Man sieht, daß du ein braver Bursche bist. Du tust gut daran, diese Kanaillen zu salben. Mach weiter, schmier sie ein, rotte sie aus, sie sind nichts wert, außer wenn sie tot sind. Weißt du, wie sie uns belohnen wollen für die Drecksarbeit, die wir hier tun? Sie verfluchen uns und sagen, daß sie uns alle aufhängen werden, wenn das Massensterben erst einmal vorbei ist. Aber ich sage dir, bevor dieses Sterben vorbei ist, wird es mit ihnen vorbei sein, und wir Monatti werden allein übrigbleiben, um unseren Sieg zu feiern und schwelgend und prassend durch Mailand zu ziehen!«

»Es lebe das Sterben, und es sterbe das Lumpengesindel!« rief der andere Monatto, und mit diesem hübschen Trinkspruch setzte er sich die Flasche an den Mund, hielt sie mit beiden Händen im Rütteln und Schütteln des

Karrens und nahm einen tüchtigen Schluck; dann hielt er sie Renzo hin und sagte: »Trink auf unsere Gesundheit.«

»Ich wünsche sie euch von ganzem Herzen«, antwortete Renzo, »aber ich habe jetzt keinen Durst. Mir ist im Augenblick wirklich nicht nach trinken zumute.«

»Hast ganz schön Angst gehabt, was?« sagte der Monatto. »Siehst mir eher aus wie ein armer Teufel. Um Salber zu sein, braucht man andere Visagen.«

»Jeder macht's, wie er's kann«, sagte der andere.

»Reich mal die Flasche runter«, rief einer von denen, die zu Fuß neben dem Karren gingen, »ich will auch einen Schluck auf das Wohl ihres Herrn trinken, der sich hier in dieser schönen Gesellschaft befindet... da vorn, glaube ich, in dieser schönen Karosse da.«

Mit einem verruchten Grinsen deutete er auf den Karren vor dem, auf welchem der arme Renzo stand. Dann setzte er eine ernste Miene auf, die noch gemeiner und tückischer wirkte, verbeugte sich in jene Richtung und sagte: »Nun, seid Ihr's zufrieden, mein Herr, daß ein dreckiger armer Monatto den guten Tropfen aus Eurem Keller probiert? Ihr müßt verstehen, ein jeder lebt eben, wie er kann. Wir sind die, die Euch in die Karosse geholfen haben, um Euch aufs Land in die Sommerfrische zu fahren. Außerdem bekommt euch feinen Herren der Wein ja sowieso oft gar nicht. Wir armen Monatti dagegen, wir haben einen guten Magen.«

Unter dem Gelächter seiner Gefährten nahm er die Flasche und hob sie an den Mund. Doch ehe er trank, drehte er sich zu Renzo, sah ihm fest ins Gesicht und sagte mit einem gewissen verächtlichen Mitleid: »Der Teufel, mit dem du einen Pakt geschlossen hast, muß noch recht jung sein. Wenn wir nicht zur Stelle gewesen wären, um dich zu retten, 'ne feine Hilfe hätte er dir gebracht!« Und unter erneutem Gewieher setzte er die Flasche an den Mund.

»Und wir? He! Und wir?« schrien mehrere Stimmen vom vorderen Karren. Der Halunke trank, solange er wollte, reichte die große Flasche dann mit beiden Händen seinen Kumpanen hinauf, die sie von einem zum anderen herumgehen ließen, bis einer den letzten Schluck nahm, wonach er sie am Halse ergriff, ein paarmal im Kreis durch die Luft schwenkte und mit dem Ruf: »Es lebe das Massensterben!« weit fortschleuderte, so daß sie auf dem Pflaster zerschellte. Danach stimmte er eines ihrer wüsten Lieder an, und sogleich fielen alle anderen mit ein. Das infernalische Grölen, vermischt mit dem Klingeln der Schellen, dem Quietschen der Räder und dem Getrappel der Pferde, hallte durch die Stille der leeren Straßen, brach sich in den Häusern und zog den wenigen, die noch darin wohnten, beklemmend das Herz zusammen.

Aber was kann einem nicht manchmal alles gelegen kommen, was kann einem in bestimmten Fällen nicht sogar Vergnügen bereiten? Die eben erst überstandene Gefahr hatte Renzo die Gesellschaft dieser Toten und dieser Lebenden mehr als erträglich gemacht, und was ihn nun der Verlegenheit einer Konversation mit ihnen enthob, klang in seinen Ohren wie eine geradezu angenehme Musik. Noch halb außer Atem und ganz durcheinander, dankte er in seinem Herzen erst einmal der Vorsehung, daß er einer solchen Bedrängnis entkommen war, ohne Schaden genommen noch Schaden angerichtet zu haben, betete dann im stillen zu ihr, daß sie ihm helfen möge, sich nun auch von seinen Befreiern zu befreien, und blieb seinerseits auf der Hut, behielt die Monatti im Auge, behielt die Straße im Auge, um sich im rechten Augenblick unauffällig hinuntergleiten zu lassen, ohne ihnen Gelegenheit zu geben, irgendwelchen Lärm zu schlagen, irgend etwas zu unternehmen, was die Passanten gegen ihn aufbringen könnte.

Als sie um eine Ecke bogen, kam ihm die Gegend auf einmal bekannt vor. Er sah genauer hin und war sich sicher: Jawohl, das war jene Straße zur Porta Orientale, die er vor etwa zwanzig Monaten langsam schlendernd hereingekommen und später mit klopfendem Herzen zurückgegangen war. Sofort fiel ihm wieder ein, daß man von dort geradewegs zum Lazarett kam, und diese glückliche Fügung, daß er sich so unversehens auf dem richtigen Weg befand, ohne lange suchen und fragen zu müssen, nahm er als einen besonderen Wink der Vorsehung und als gutes Vorzeichen für alles übrige. Im selben Moment kam ein Kommissar den Karren entgegen und rief den Monatti zu, sie sollten anhalten und ich weiß nicht was noch. Jedenfalls blieb der Zug stehen, und das Gegröle verwandelte sich in einen lärmenden Wortwechsel. Einer der Monatti auf Renzos Karren sprang hinunter, Renzo sagte zu dem anderen: »Ich danke euch für eure Gefälligkeit, Gott vergelt's euch«, und sprang auf der anderen Seite gleichfalls hinunter.

»Geh, geh, armes Salberlein«, erwiderte jener. »Nicht du wirst es sein, der Mailand vernichtet.«

Zum Glück war niemand da, der es hören konnte. Der Zug hatte auf der linken Straßenseite gehalten: Renzo lief auf die rechte hinüber und eilte dicht an den Häuserwänden entlang zur Brücke, überquerte sie, lief weiter die Straße entlang durch die Vorstadt, erkannte das Kapuzinerkloster wieder, gelangte zum Stadttor und sah nicht weit dahinter eine Ecke des Lazaretts. Er passierte das Tor, und vor seinen Augen erstreckte sich das äußere Bild jener Anstalt – eine Andeutung und ein Vorgeschmack nur, und doch schon eine weitgespannte, vielfältige und fast unbeschreibliche Szenerie.

Längs der beiden Seiten, die man von dieser Stelle aus sehen konnte, wimmelte es von Menschen. Es waren Kranke, die sich scharenweise ins Lazarett begaben; andere saßen oder lagen am Rande des Wassergrabens, der es umgab, sei's weil ihre Kräfte nicht mehr reichten, um sich bis in die Zufluchtsstätte hinein zu schleppen, sei's daß sie verzweifelt von dort herausgekommen waren, aber nicht mehr genügend Kraft besaßen, um weiterzugehen. Andere Elendsgestalten irrten ziellos umher wie Blöde, und nicht wenige waren tatsächlich von Sinnen. Einen sah man ganz verzückt seine Einbildungen einem Unglücklichen erzählen, der von Schmerzen gequält dalag, ein anderer brach in Toben aus, ein dritter schaute mit lachendem Gesicht umher, als wohne er einem heiteren Schauspiel bei. Die seltsamste und lärmendste Art einer solchen traurigen Fröhlichkeit war jedoch ein unaufhörliches lautes Singen, das nicht aus dieser Elendsversammlung zu kommen schien und doch alle anderen Stimmen übertönte: ein ländliches Liebeslied, fröhlich und scherzhaft, eines von jenen, die man *villanelle* nennt, und wenn man dem Klang mit den Augen nachging, um herauszufinden, wer da in dieser Zeit und an diesem Ort so glücklich sein konnte, dann sah man einen armen Teufel, der friedlich am Grunde des Grabens saß und aus voller Kehle sang, den Kopf hoch in die Luft gereckt.

Renzo war kaum ein paar Schritte an der Südseite des Gebäudes entlanggegangen, als sich ein außerordentlicher Lärm in der Menge erhob und Stimmen von weitem riefen: »Achtung! Fangt ihn!« Er stellte sich auf die Zehenspitzen und sah einen klapprigen Gaul in vollem Galopp vorüberstürmen, angetrieben von einem noch seltsameren Reiter. Es war ein Tobsüchtiger, der das Tier unangeschirrt und unbewacht neben einem Wagen hatte stehen sehen, blitzschnell auf seinen Rücken gesprungen war und es nun ungesattelt, mit den Fäusten auf seinen Hals trommelnd und die Fersen als Sporen benutzend, wie rasend dahinjagte. Monatti verfolgten ihn schreiend, und bald war nur noch eine hochaufgewirbelte Staubwolke zu sehen.

So gelangte der junge Mann, schon betäubt und ermüdet vom Anblick des vielen Elends, ans Tor jenes Ortes, wo vielleicht mehr davon versammelt war als in dem ganzen Raum, den er bisher durchmessen hatte. Er schritt durch das Tor, trat unter die Bögen und blieb einen Augenblick reglos mitten im Säulengang stehen.

Kapitel 35

Der Leser stelle sich das weitläufige Geviert des Lazaretts bevölkert von sechzehntausend Pestkranken vor, den ganzen Innenraum vollgestellt mit Strohhütten und Bretterbuden, dazwischen Karren und Menschenhaufen; die beiden endlos langen Arkaden zur Rechten und Linken überfüllt mit Kranken oder Toten auf Strohsäcken oder auf bloßem Stroh, und über dieser ganzen fast unermeßlichen Lagerstätte ein wogendes Gewimmel, ein Kommen und Gehen, ein Innehalten und Laufen, ein Bücken und Aufstehen von Genesenden, Delirierenden, Pflegern. Solcherart war das Schauspiel, das plötzlich vor Renzos Augen stand und ihn überwältigt und wie gebannt auf der Stelle festhielt. Wir haben gewiß nicht vor, dieses Schauspiel in allen Einzelheiten zu beschreiben, und der Leser wird das auch nicht verlangen; wir werden nur, während wir unseren Helden auf seinem leidvollen Rundgang begleiten, dort verweilen, wo er innehält, und über das, was er sieht, soviel wie nötig sagen, um zu schildern, was er tat und was ihm widerfuhr.

Von dem Tor, an dem er stehengeblieben war, bis zur Kapelle in der Mitte und von dort bis zum Tor auf der anderen Seite gab es so etwas wie eine Allee oder breite Gasse, eine von Hütten und anderen festen Hindernissen freigeräumte Schneise, und beim zweiten Blick sah Renzo auf ihr ein geschäftiges Treiben, ein Wegschieben von Karren und Wegräumen von Sachen, um Platz zu schaffen. Er sah Kapuziner und andere, die diese Arbeit leiteten und jeden fortschickten, der nichts damit zu tun hatte. Und da er fürchtete, daß auch er auf solche Art hinausgeschickt werden könnte, verdrückte er sich kurz entschlossen zwischen die Hütten auf der Seite, die gerade vor ihm lag, das heißt auf der rechten.

Er tastete sich voran, wo er einen Platz zum Hintreten fand, ging von Hütte zu Hütte, schaute in jede hinein, musterte die Betten, die im Freien standen, sah prüfend in leidensmatte oder schmerzverzerrte oder todesstarre Gesichter, stets auf der Suche nach jenem einen, das zu finden er gleichzeitig fürchtete. Aber er hatte schon ein gutes Stück Weges zurückgelegt und die schmerzliche Prüfung viele Male wiederholt, ohne je ein weibliches Wesen gesehen zu haben. Daher nahm er an, daß die Frauen an einem gesonderten Ort sein müßten, und das war richtig geraten, doch wo dieser Ort sich befinden mochte, dafür hatte er nicht den geringsten Anhaltspunkt. Immer wieder begegnete er Pflegern, die in Aussehen, Benehmen und Kleidung ebenso verschieden waren wie die sehr verschiedenen, ja entgegengesetzten Gründe, aus denen sie die Kraft bezogen, einen solchen Dienst zu verrichten – bei den einen die Auslöschung allen Mitgefühls, bei den anderen ein übermenschliches Mitleid. Doch weder die einen noch die anderen wagte er zu fragen, um sich nicht in eine peinliche Lage zu bringen, und so beschloß er, einfach immer weiterzugehen, bis er auf Frauen stoßen würde. Dabei hielt er unentwegt nach allen Seiten Ausschau, nur von Zeit zu Zeit war er gezwungen, den betrübten, von so vielen Qualen fast geblendeten Blick abzuwenden. Aber wohin sollte er ihn richten, worauf ihn ruhen lassen, wenn nicht auf weiteren Qualen?

Selbst die Luft und der Himmel steigerten noch das Grauen jener Anblicke, soweit es überhaupt noch zu steigern war. Der Nebeldunst hatte sich allmählich verdichtet und zu großen Wolken geballt, die sich immer mehr verdüsterten und den Eindruck einer gewitterschwangeren Abenddämmerung weckten; nur daß mitten an diesem niedrigen, grauen Himmel undeutlich wie hinter einem dichten Schleier die bleiche Sonnenscheibe stand, die einen matten, diesigen Schein um sich her verbreitete und eine drückende, lähmende Schwüle erzeugte. Ab und zu hörte man über dem pausenlos summenden Stimmengewirr dieser großen Menschenansammlung ein tiefes, unentschlossenes, wie ersticktes Donnergrollen, doch man hätte, selbst wenn man die Ohren spitzte, nicht sagen können, aus welcher Richtung es kam, oder man hätte es für ein fernes Rumpeln von Karren halten können. Auf den Feldern ringsum regte sich kein Zweig an einem Baum, kein Vogel setzte sich nieder oder flog auf; nur eine Schwalbe erschien plötzlich über dem Lazarett, kam mit ausgebreiteten Flügeln herab, um dicht über den Boden zu streifen, stieg jedoch erschreckt von dem Gewimmel pfeilschnell wieder empor und flog davon. Es herrschte jene Art von Wetter, bei dem eine Gruppe von Wanderern meilenweit gehen kann, ohne daß einer das Schweigen bricht, bei dem der Jäger nachdenklich mit zu Boden gerichtetem Blick dahinstapft und die Bäuerin bei der Feldarbeit unwillkürlich zu singen aufhört; jene Art von Gewitterstimmung, in welcher die Natur, äußerlich scheinbar unbewegt, aber aufgewühlt von einer inneren Qual, jedes Lebewesen niederzudrücken scheint und alles Tun, alles Nichtstun, ja selbst das bloße Dasein mit einer eigentümlichen Schwere belastet. An diesem Ort jedoch, der schon an sich zum Leiden und Sterben bestimmt war, sah man den mit der Krankheit ringenden Menschen nun dieser neuen Bedrückung erliegen; man sah Hunderte und Aberhunderte, deren Zustand sich rapide verschlechterte, während gleichzeitig der letzte Kampf schwerer, die Schmerzen heftiger und die Seufzer erstickter wurden. Vielleicht war über diesen Ort des Jammers noch niemals eine so grausame Stunde gekommen.

Renzo war schon eine ganze Weile vergeblich durch das Labyrinth von Hütten gegangen, als er in der Vielstimmigkeit der Klagen und in der Verworrenheit des Gemurmels eine seltsame Mischung aus Wimmern und Blöken oder Meckern zu unterscheiden begann, der er folgte, bis er an eine löcherige Bretterwand kam, hinter der diese sonderbaren Töne erklangen. Er lugte durch einen Spalt und sah einen umfriedeten Hof mit verstreuten Hütten, aber in diesen wie auch im Freien nicht das übliche Krankenlager, sondern Säuglinge, die auf kleinen Matratzen oder auf Kissen, auf ausgebreiteten Betttüchern oder großen Stoffetzen lagen, und Ammen oder andere Frauen, die mit ihnen beschäftigt waren, und was den Blick am meisten anzog und fesselte: Ziegen, die den Ammen als Gehilfinnen dienten – eine Säuglingsstation, wie Ort und Zeit sie erlaubten! Es war ein bewegender Anblick, wie einige dieser Tiere da oder dort aufrecht und ruhig über einem Säugling standen und ihm ihre Zitzen überließen, oder wie andere auf ein Wimmern herbeigeeilt kamen, als hätten sie mütterliche Gefühle, und bei dem kleinen Schreihals stehenblieben und sich schützend über ihn stellten und mekkernd in die Runde blickten, als riefen sie Hilfe herbei für sich und für ihn.

Hier und da saßen Ammen mit Kindern an der Brust, einige in so liebevoller Haltung, daß der Betrachter zweifeln konnte, ob sie des Lohnes wegen an diesen Ort gekommen waren oder aus jener spontanen Nächstenliebe, die nach der Not und dem Leiden sucht. Eine nahm ganz betrübt ein weinendes Würmchen von ihrer leergesogenen Brust und sah sich traurig nach einer Ziege um, die ihre Stelle vertreten könnte. Eine andere betrachtete wohlgefällig das an ihrer Brust eingeschlafene Kind, küßte es sanft und trug es in eine Hütte, um es auf eine Matratze zu legen. Eine dritte indessen starrte, während sie ihre Brust dem fremden Kind überließ, nicht achtlos zwar, aber von anderen Gedanken erfüllt, unverwandt zum Himmel empor. An was dachte sie in dieser Stellung und mit diesem Blick, wenn nicht an ein von ihr geborenes Kind, das vielleicht vorher an ihrer Brust gesogen hatte und vielleicht an ihr gestorben war? Andere, bejahrtere Frauen versahen andere Dienste. Eine kam auf die Schreie eines hungrigen Kindes gelaufen, nahm es und trug es zu einer Ziege, die an einem Haufen frischen Grases knabberte, und legte es ihr an die Zitzen, wobei sie das Tier als unerfahren schalt und gleichzeitig streichelte, damit es sich folgsam der Prozedur unterzog. Eine andere lief hin, um ein armes Ding aufzuheben, das von einer Ziege getreten wurde, die ganz mit dem Säugen eines anderen beschäftigt war. Eine dritte trug das ihre mit sich herum, wiegte es auf den Armen und versuchte es bald in Schlaf zu singen, bald mit sanften Worten zu beruhigen, wobei sie es bei einem Namen rief, den sie selbst ihm gegeben hatte. In diesem Augenblick erschien ein Kapuziner mit schneeweißem Bart, der zwei schreiende Kinder trug, in jedem Arm eines, so wie er sie gerade bei ihren verstorbenen Müttern aufgelesen hatte. Eine Frau lief ihm entgegen, um sie ihm abzunehmen, und schaute suchend unter den Ammen und Ziegen umher, um rasch eine zu finden, die an ihnen Mutterstelle vertreten könnte.

Mehr als einmal hatte sich Renzo, getrieben von dem, was seine erste und brennendste Sorge war, von dem Spalt in der Bretterwand gelöst, um weiterzugehen, und jedesmal war er wieder umgekehrt, um noch einen Augenblick länger zuzusehen.

Als er sich endlich losgerissen hatte, ging er an der Bretterwand entlang, bis einige unmittelbar an sie gebaute Hütten ihn zu einer Richtungsänderung zwangen. Er folgte also den Hütten in der Absicht, die Bretterwand wieder zu erreichen und bis zu deren Ende zu gehen, um dort Neuland zu entdecken. Während er nun so nach vorn blickte, um den Weg zu erkunden, traf sein Blick auf eine rasch vorübereilende Gestalt, die seine

Seele in Aufruhr versetzte. Etwa hundert Meter entfernt sah er einen Kapuziner vorbeigehen und gleich darauf wieder zwischen den Hütten verschwinden, einen Kapuziner, der auch in dieser Entfernung und dieser Kürze ganz den Gang, die Statur und Gestalt von Pater Cristoforo hatte. Mit der Erregung, die man sich vorstellen kann, rannte er zu der Stelle, wo er ihn gesehen hatte, und lief dort suchend umher, lief vor und zurück, hinein und hinaus durch die Gassen zwischen den Hütten, bis er endlich mit ebenso vorstellbarer Freude jene Gestalt, jenen selben Kapuziner wiedersah. Er sah ihn nicht weit entfernt, wie er gerade von einem großen Kessel zurücktrat und mit einem Suppenteller in der Hand auf eine Hütte zuging; dort setzte er sich vor die Tür, schlug ein Kreuz über dem Teller, blickte umher wie einer, der stets auf der Hut ist, und begann zu löffeln. Es war tatsächlich Pater Cristoforo.

Seine Geschichte seit dem Moment, als wir ihn aus den Augen verloren, bis zu dieser Begegnung ist in zwei Worten erzählt. Er hatte Rimini niemals verlassen und auch nie daran gedacht, bis die in Mailand ausgebrochene Pest ihm eine Gelegenheit bot, das zu tun, was er sich immer gewünscht hatte, nämlich sein Leben für die anderen hinzugeben. Er bat inständig, dorthin berufen zu werden, um den Pestkranken beizustehen und sie zu pflegen. Der gräfliche Onkel war tot, im übrigen benötigte man jetzt ohnehin mehr Krankenpfleger als Politiker, und so wurde seine Bitte unschwer erhört. Er war sofort nach Mailand gegangen, hatte sich geradewegs ins Lazarett begeben und befand sich dort seit etwa drei Monaten.

Renzos Freude, den guten Pater wiedergefunden zu haben, war jedoch nicht einmal für einen Augenblick ungetrübt, denn im selben Moment, da er sich vergewisserte, daß es tatsächlich der Pater war, mußte er auch erkennen, wie sehr er sich verändert hatte. Die Haltung gebeugt und müde, das Gesicht eingefallen und bleich – alles an ihm verriet eine erschöpfte Natur, einen gebrochenen, hinfälligen Leib, der sich nur noch mit Hilfe einer großen Seelenanstrengung aufrecht hielt.

Auch er starrte auf den jungen Mann, der da auf ihn zukam und sich, da er es mit der Stimme nicht wagte, mit Gesten bemerk- und erkennbar zu machen suchte. »O Pater Cristoforo!« sagte der Ankömmling dann, als er nahe genug war, um gehört zu werden, ohne die Stimme heben zu müssen.

»Du hier?« sagte der Pater, stellte den Teller auf den Boden und erhob sich.

»Wie geht es Euch, Pater? Wie geht es Euch?«

»Besser als vielen der Ärmsten, die du hier siehst«, antwortete der Pater, und seine Stimme war matt und dumpf, verändert wie alles übrige. Nur das Auge war noch wie früher, ja sogar irgendwie lebhafter und leuchtender, als hätte die Nächstenliebe, verfeinert im äußersten Liebeswerk und frohlockend im Gefühl, ihrem Urgrund nahe zu sein, ein noch glühenderes und reineres Feuer anstelle desjenigen gesetzt, das die Hinfälligkeit allmählich erlöschen ließ.

»Aber du«, fuhr er fort, »wieso bist du hier? Warum bringst du dich so in Gefahr?«

»Ich habe die Pest schon gehabt, Gott sei Dank. Ich bin auf der Suche... nach... Lucia.«

»Lucia? Ist Lucia hier?«

»Ja, jedenfalls hoffe ich zu Gott, daß sie noch da ist.«

»Ist sie deine Frau?«

»O nein, lieber Pater, das ist sie nicht. Wißt Ihr denn nichts von dem, was inzwischen passiert ist?«

»Nein, mein Sohn, seit Gott mich von hier entfernt hat, habe ich nichts mehr von euch gehört. Aber jetzt, wo Er dich mir geschickt hat, gebe ich zu, daß ich sehr begierig bin, alles zu hören. Aber... was ist mit deiner Verbannung?«

»Ihr wißt also, was sie mir angetan haben?«

»Was hattest du denn verbrochen?«

»Nun, wenn ich behaupten wollte, ich wäre an jenem Tag in Mailand besonders vernünftig gewesen, dann müßte ich lügen. Aber ich habe nichts Böses getan.«

»Das glaube ich dir, und ich hatte es auch schon vorher geglaubt.«

»Dann kann ich Euch jetzt alles erzählen.«

»Warte«, sagte der Pater, trat ein paar Schritte vor die Hütte und rief: »Bruder Vittore!« Kurz darauf erschien ein junger Kapuziner, zu dem er sagte: »Sei so gut, Bruder Vittore, und sieh auch für mich nach unseren Ärmsten hier, während ich mich für ein Weilchen zurückziehe. Ruf mich, wenn jemand nach mir verlangt. Dieser eine vor allem, wenn der nur das geringste Zeichen geben sollte, daß er wieder zu sich kommt, dann sag mir bitte sofort Bescheid.«

»Seid unbesorgt«, antwortete der Jüngere, woraufhin der Alte zu Renzo sagte: »Gehen wir hier hinein. Aber...«, fügte er hinzu und blieb stehen, »du siehst ziemlich erschöpft aus. Du mußt doch sicher Hunger haben.«

»Das ist wahr«, sagte Renzo, »jetzt, wo Ihr es sagt, fällt mir ein, daß ich heute noch gar nichts gegessen habe.«

»Warte«, sagte der Pater, nahm einen anderen Teller, füllte ihn aus dem großen Kessel mit Suppe und reichte ihn Renzo mitsamt einem Löffel; dann ließ er ihn auf dem Strohsack Platz nehmen, der ihm als Bett diente, ging zu einem Faß in einer Ecke, zapfte einen Becher Wein ab und stellte ihn auf ein Tischchen vor seinem Gast; schließlich nahm er seinen Teller vom Boden und setzte sich neben ihn.

»O Pater Cristoforo!« sagte Renzo. »Müßt Ihr dies alles hier tun? Aber ich sehe schon, Ihr seid immer derselbe. Ich danke Euch wirklich von ganzem Herzen!«

»Danke nicht mir«, sagte der Pater. »Dies ist Eigentum der Armen. Aber auch du bist ja ein Armer. Sag mir jetzt, was ich nicht weiß. Erzähl mir von dem lieben armen Mädchen. Aber faß dich kurz, wir haben nicht viel Zeit, und es gibt viel zu tun, wie du siehst.«

So begann Renzo zwischen einem Löffel Suppe und dem anderen, Lucias Geschichte zu erzählen: wie sie im Kloster von Monza Aufnahme gefunden hatte und wie sie dann von dort entführt worden war... Bei der Vorstellung, welche Leiden und Gefahren sie durchgemacht hatte, bei dem Gedanken, daß er es gewesen war, der die arme Unschuldige an jenen Ort geschickt hatte, stockte dem guten Pater der Atem. Doch er atmete bald wieder auf, als er hörte, auf welch wunderbare Weise sie befreit, der Mutter zurückgegeben und dann bei Donna Prassede untergebracht worden war.

»Und jetzt erzähle ich Euch von mir«, fuhr Renzo fort und berichtete kurz über seine Erlebnisse in Mailand, über seine Flucht und daß er dann die ganze Zeit nicht in sein Dorf zurückgekehrt sei, aber jetzt, als alles drunter und drüber ging, es doch gewagt habe, und daß er Agnese nicht dort vorgefunden, aber dann in Mailand erfahren habe, daß Lucia im Lazarett sei. »Und so bin ich jetzt hier«, schloß er, »um sie zu suchen, um zu sehen, ob sie noch am Leben ist und ob... ob sie mich noch will... denn... manchmal...«

»Aber hast du denn«, fragte der Pater, »irgendeinen Anhaltspunkt, wo sie hier sein könnte? Oder wenigstens, wann sie hierher gekommen ist?«

»Nichts, lieber Pater, ich weiß nichts, außer daß sie hier sein soll – wenn sie, geb's Gott, überhaupt noch da ist.«

»Ach du Armer! Was für Nachforschungen hast du denn bisher hier angestellt?«

»Ich bin herumgelaufen, überall herumgelaufen, aber ich habe immer nur Männer gesehen, und da habe ich mir gedacht, daß die Frauen an einem besonderen Ort sein müssen, aber den habe ich noch nicht finden können. Wenn es so ist, könnt Ihr ihn mir sicher zeigen.«

»Weißt du nicht, mein Sohn, daß es Männern verboten ist, dort einzutreten, wenn sie keinen bestimmten Auftrag haben?«

»Na wenn schon, was kann mir denn passieren?«

»Die Vorschrift ist gut und richtig, mein Sohn, und wenn sie wegen der Menge und Schwere der Übel hier nicht in aller Strenge befolgt werden kann, ist das kein Grund für einen Ehrenmann, sie zu übertreten.«

»Aber Pater Cristoforo!« sagte Renzo. »Lucia sollte schon längst meine Frau sein. Ihr wißt, auf welche Weise wir getrennt worden sind. Zwanzig Monate sind es jetzt, daß ich leide und mich gedulde. Bis hierher bin ich gekommen, so viele Gefahren habe ich riskiert, eine schlimmer als die andere, und jetzt...«

»Ich weiß nicht, was ich sagen soll«, antwortete der Pater mehr auf seine Gedanken als auf die Worte des jungen Mannes. »Du gehst in guter Absicht, und wollte Gott, daß alle, die freien Zugang zu jenem Ort haben, sich dort so benähmen wie ich sicher bin, daß du es tun wirst. Gott, der die Beharrlichkeit deiner Neigung sicher segnet, diese Treue, mit der du diejenige suchst und haben willst, die Er dir gegeben, Gott, der strenger ist als die Menschen, aber auch nachsichtiger, Er wird die kleinen Unregelmäßigkeiten in deiner Art, sie zu suchen, nicht weiter beachten. Denke nur immer daran, daß wir über dein Betragen an jenem Ort alle beide werden Rechenschaft ablegen müssen, vielleicht nicht vor den Menschen, aber zweifelsohne vor Gott. Komm her.« Bei diesen Worten erhob er sich, und gleichzeitig stand auch Renzo auf, der inzwischen, ohne deshalb weniger auf die Worte des Paters zu achten, mit sich zu Rate gegangen war und beschlossen hatte, doch lieber nicht von Lucias Gelübde zu sprechen. ›Wenn er auch das noch hört‹, hatte er sich gesagt, ›macht er mir sicher noch mehr Schwierigkeiten. Entweder finde ich sie, und dann ist immer noch Zeit, darüber zu reden, oder... tja dann! Was hülfe es dann?‹

Nachdem ihn der Pater zum Ausgang der Hütte gezogen hatte, fuhr er fort: »Hör zu. Unser Pater Felice, der hier der Vorsteher des Lazaretts ist, überführt heute die wenigen Geheilten, die es hier gibt, zur Quarantäne an einen anderen Ort. Siehst du die Kirche dort mitten auf dem Platz...«, er hob die hagere und zitternde Hand, deutete durch die trübe Luft auf die Kuppel der Kapelle, die sich über die elenden Hütten und Zelte erhob, und fuhr fort: »Dort versammeln sie sich gerade, um in geordnetem Zug durch das Tor hinauszugehen, durch das du hereingekommen sein mußt.«

»Ah, deswegen also haben sie da so gearbeitet, um die Gasse freizuräumen.«

»Richtig, und du mußt auch Glockenschläge gehört haben.«

»Einen hab ich gehört.«

»Das war der zweite, beim dritten werden sie alle versammelt sein. Pater Felice wird eine kleine Ansprache halten, und dann wird er mit ihnen losziehen. Begib du dich beim dritten Glockenschlag dorthin, stell dich hinter die Leute auf einer Seite der Mittelgasse, wo du sie ohne zu stören und ohne aufzufallen vorbeiziehen sehen kannst, und schau... schau... ob *sie* darunter ist. Wenn Gott nicht gewollt hat, daß sie darunter ist: jener Teil dort« – er hob von neuem die Hand und deutete auf die Seite des Lazaretts, die sie vor sich hatten –, »jener Teil der Arkaden und das Gelände davor ist den Frauen vorbehalten. Du wirst einen Lattenzaun sehen, der das Viertel von diesem hier trennt, aber er hat Lükken und offene Stellen, so daß es dir nicht schwerfallen wird hineinzukommen. Drinnen wird dann vermutlich, wenn du nichts tust, was Verdacht erregen könnte, niemand etwas zu dir sagen. Sollte dir aber doch jemand in den Weg treten, dann sag ihm, daß Pater Cristoforo aus *** dich kennt und über dich Rechenschaft ablegen kann. Dort drinnen geh auf die Suche nach ihr, suche sie mit Gottvertrauen und... mit Gottergebenheit. Denn bedenke, es ist nichts Geringes, was du hier zu suchen gekommen bist: Du verlangst vom Lazarett nichts weniger als eine lebendige und gesunde Person! Weißt du, wie oft ich diese meine arme Gemeinde hier sich habe erneuern sehen? Wie viele von ihnen ich habe wegtragen sehen? Und wie wenige geheilt hinausgegangen sind...? Geh, aber sei bereit, ein Opfer zu bringen...«

»Ja, ich verstehe schon«, unterbrach ihn Renzo, wobei sich seine Augen verdrehten und sein Gesicht einen ganz anderen Ausdruck bekam. »Ich verstehe! Ich gehe und werde überall Ausschau halten, ich werde überall nach ihr suchen, kreuz und quer im ganzen Lazarett... und wenn ich sie nicht finde...!«

»Wenn du sie nicht findest?« fragte der Pater mit ernst abwartender Miene und einem mahnenden Blick.

Aber Renzo, dem die von der Vorstellung dieses Zweifels neu entzündete Wut den Blick verdüsterte, wiederholte noch einmal: »Wenn ich sie nicht finde!« und fuhr dann fort: »Dann werde ich sehen, daß ich einen anderen finde. Ob in Mailand oder in seinem verruchten Schloß, ob am Ende der Welt oder in der Hölle beim Teufel, ich werde diesen Schurken finden, der uns getrennt hat. Wenn der nicht gewesen wäre, dieser Halunke, dieser Schuft, dann wäre Lucia seit zwanzig Monaten meine Frau. Und wenn uns bestimmt war zu sterben, dann wären wir wenigstens zusammen gestorben. Wenn der Kerl noch lebt, werde ich ihn finden...«

»Renzo!« sagte der Pater, faßte ihn am Arm und sah ihn noch strenger an.

»Und wenn ich ihn finde«, fuhr Renzo nun wirklich blind vor Zorn fort, »wenn die Pest nicht schon Gericht über ihn gehalten hat... Die Zeit ist vorbei, daß so ein

Nichtstuer mit seinen Bravi ringsum die Leute zur Verzweiflung treiben und darüber lachen kann. Die Zeit ist gekommen, daß die Menschen sich Auge in Auge gegenüberstehen, und dann... dann werde *ich* Gerechtigkeit üben!«

»Unseliger!« rief Pater Cristoforo mit einer Stimme, die auf einmal ihren alten vollen Klang wiedergewonnen hatte. »Unseliger!« und sein auf die Brust gesunkener Kopf hatte sich erhoben, die Wangen färbten sich mit neuem Leben und das Feuer in seinen Augen hatte etwas Erschreckendes. »Schau her, Unseliger!« Und während er mit der einen Hand Renzos Arm festhielt und ihn heftig schüttelte, fuhr er mit der anderen in einem weiten Halbkreis durch die Luft, um soviel wie möglich von der leidvollen Szene ringsum zu erfassen. »Schau, wer Der ist, der züchtigt! Der richtet und nicht gerichtet wird. Der geißelt und vergibt! Du armer Erdenwurm, du willst Gerechtigkeit üben? Weißt du denn, was Gerechtigkeit ist? Geh, Unseliger, geh mir aus den Augen! Ich hatte gehofft... jawohl, ich hatte gehofft, daß Gott mir vor meinem Tod noch den Trost gewähren würde zu hören, daß meine arme Lucia am Leben sei, vielleicht gar sie zu sehen und von ihr das Versprechen zu hören, daß sie ein Gebet dorthin richten werde, wo mein Grab sein wird. Geh, du hast mir diese Hoffnung genommen. Gott hat die arme Lucia nicht deinetwegen auf Erden gelassen, und du wirst nicht so vermessen sein, dich für würdig zu halten, daß Gott dich zu trösten gedächte. Ihrer wird er gedacht haben, denn sie ist eine jener Seelen, denen ewiger Trost vorbehalten ist. Geh! Ich habe keine Zeit mehr, dich anzuhören.«

Mit diesen Worten stieß er Renzos Arm weg und schritt zu einer der Krankenhütten.

»Ach Pater!« sagte Renzo und folgte ihm mit flehentlicher Gebärde. »Wollt Ihr mich so wegschicken?«

»Wie?« hob der Kapuziner in nicht minder strengem

Ton wieder an. »Erkühnst du dich zu verlangen, daß ich diesen Unglücklichen die Zeit raube – diesen Leidenden, die darauf warten, daß ich zu ihnen von Gottes Vergebung spreche –, um mir statt dessen deine Wutausbrüche und Rachevorsätze anzuhören? Ich habe dich angehört, als du um Trost und Hilfe batest, ich habe den einen Liebesdienst um eines anderen willen zurückgestellt, aber jetzt hast du nur deine Rache im Herzen, was willst du da noch von mir? Geh deiner Wege. Ich habe hier Beleidigte sterben sehen, die ihren Beleidigern verziehen, und Beleidiger, die wehklagten, weil sie sich vor den Beleidigten nicht mehr erniedrigen konnten. Ich habe mit den einen und mit den anderen geweint, aber mit dir, was habe ich mit dir zu schaffen?«

»Ach, ich verzeihe ihm doch! Ich verzeihe ihm wirklich, wahr und für immer!« rief der junge Mann aus.

»Renzo!« sagte der Pater mit ruhigerem Ernst. »Denk einmal nach und sag mir, wie oft du ihm schon verziehen hast.«

Nachdem er eine Weile gewartet und keine Antwort bekommen hatte, senkte er plötzlich den Kopf und sagte langsam und leise: »Du weißt, warum ich dieses Gewand trage.«

Renzo zögerte.

»Du weißt es!« wiederholte der Alte.

»Ich weiß es«, antwortete Renzo.

»Auch ich habe gehaßt. Ich, der ich dich wegen eines Gedankens, eines Wortes getadelt habe, ich habe den Mann, den ich haßte, den ich von ganzem Herzen und seit langer Zeit haßte, getötet.«

»Ja, aber er war ein Gewalttätiger, einer von diesen...«

»Still«, unterbrach ihn der Pater. »Meinst du, wenn es einen guten Grund dafür gäbe, hätte ich ihn in den dreißig Jahren seither nicht gefunden? Ach, könnte ich dir doch jetzt das Gefühl ins Herz legen, das ich für den

Mann, den ich haßte, seitdem immer empfunden habe und noch empfinde! Könnte ich's doch! Ich? Aber Gott kann es! Möge er es tun!... Höre, Renzo: Er liebt dich mehr, als du dich selber liebst. Du hast auf Rache sinnen können, Er aber hat Macht und Erbarmen genug, um dich daran zu hindern. Er erweist dir eine Gnade, deren ein gewisser anderer zu unwürdig war. Du weißt, du hast es selber oft gesagt, daß Er einem Gewalttätigen in den Arm fallen kann, aber wisse: Er kann auch einem Rachsüchtigen in den Arm fallen. Meinst du, weil du arm bist und weil du beleidigt worden bist, könne Er einen Menschen, den Er nach seinem Bilde geschaffen hat, nicht vor dir schützen? Meinst du, Er ließe dich alles tun, was du willst? Mitnichten! Aber weißt du, was du tun kannst? Du kannst hassen und dich ins Verderben stürzen, du kannst mit einer solchen Gefühlsregung allen Segen von dir entfernen. Denn wie immer sich dir die Dinge gestalten mögen, was immer du für ein Schicksal haben magst, sei dir gewiß, daß dir alles zu einer Strafe werden wird, solange du ihm nicht so gründlich verziehen hast, daß du niemals mehr sagen kannst: Ich verzeihe ihm.«

»Ja, ja«, sagte Renzo zutiefst bewegt und zutiefst verwirrt, »ich begreife, daß ich ihm nie wirklich verziehen hatte. Ich begreife, daß ich wie ein Unmensch und nicht wie ein Christ gesprochen habe. Aber jetzt, mit der Gnade des Herrn, jetzt verzeihe ich ihm wahrhaftig von Herzen.«

»Und wenn du ihn vor dir sähest?«

»Dann würde ich den Herrn bitten, mir Geduld zu schenken und ihm das Herz zu rühren.«

»Würdest du dich erinnern, daß uns der Herr nicht geheißen hat, unseren Feinden zu verzeihen, sondern sie zu lieben? Würdest du dich erinnern, daß Er auch deinen Feind so sehr geliebt hat, daß Er für ihn gestorben ist?«

»Ja, mit seiner Hilfe.«

»Gut, dann komm mit. Du hast gesagt: Ich werde ihn finden. Du wirst ihn finden. Komm und sieh, wen du so hassen konntest, wem du Böses wünschen konntest und tun wolltest, über was für ein Leben du dich zum Herrn aufwerfen wolltest.«

Er nahm Renzos Hand, drückte sie, wie ein gesunder junger Mann es hätte tun können, und ging voran. Renzo folgte ihm, ohne zu wagen, weitere Fragen zu stellen.

Nach wenigen Schritten blieb der Pater vor einer Hütte stehen, sah Renzo mit einer Mischung aus Ernst und Mitgefühl an und führte ihn hinein.

Als erstes sah man einen Kranken, der auf dem Stroh im Hintergrund saß, doch es war kein Schwerkranker, er mochte sogar der Genesung nahe sein. Sobald er den Pater erblickte, schüttelte er verneinend den Kopf. Der Pater senkte den seinen mit einem Ausdruck von Traurigkeit und Ergebung. Renzo, der unterdessen mit unruhiger Neugier den Blick durch den Raum schweifen ließ, sah drei oder vier andere Kranke, bemerkte einen, der etwas abseits auf einer Matratze lag, in ein Laken gehüllt und mit einem herrschaftlichen Mantel zugedeckt, faßte ihn näher ins Auge, erkannte Don Rodrigo und wich einen Schritt zurück. Doch der Pater ließ ihn erneut einen kräftigen Händedruck spüren, zog ihn ans Fußende jenes Lagers, streckte die andere Hand aus und deutete auf den Mann, der da lag.

Der Unglückliche regte sich nicht. Die Augen waren weit offen, aber blicklos, das Gesicht bleich und übersät mit schwarzen Flecken, die Lippen schwarz und geschwollen – man hätte es für das Gesicht eines Toten halten können, hätte nicht ein krampfhaftes Zucken für ein zähes Leben gesprochen. Von Zeit zu Zeit hob sich die Brust unter schweren Atemzügen, die rechte Hand, die aus dem Mantel hervorkam, drückte sie in der Nähe des Herzens mit einer krallenartigen Krümmung der bläulichen, an den Spitzen schwarzen Finger.

»Du siehst!« sagte der Pater leise und ernst. »Es kann Strafe sein, es kann Erbarmen sein. Das Gefühl, das du jetzt für diesen Mann empfindest, der dich beleidigt hat, jawohl, dasselbe Gefühl wird Gott, den du gleichfalls beleidigt hast, am Jüngsten Tag für dich haben. Segne ihn, und du bist gesegnet. Seit vier Tagen liegt er hier so, wie du ihn siehst, ohne ein Zeichen des Bewußtseins. Vielleicht ist Gott bereit, ihm eine Stunde der Besinnung zu gewähren, aber er wollte von dir darum gebeten werden. Vielleicht will er, daß du ihn zusammen mit jener Unschuldigen darum bittest. Vielleicht behält er seine Gnade deinem Gebet vor, dem Gebet eines betrübten und ergebenen Herzens. Vielleicht hängt das Heil dieses Mannes und das deine jetzt von dir ab, von einem in dir aufkeimenden Gefühl der Vergebung, des Mitleids, der... Liebe!«

Er schwieg, faltete die Hände, neigte den Kopf darüber und betete. Renzo tat das gleiche.

Sie hatten nur wenige Augenblicke in dieser Haltung verharrt, als die Glocke schlug. Beide rührten sich wie auf Verabredung und gingen hinaus. Weder stellte der eine Fragen noch gab der andere Erklärungen ab. Ihre Gesichter sprachen.

»Geh nun«, sagte schließlich der Pater. »Sei bereit, sei's eine Gnade zu empfangen, sei's ein Opfer zu bringen, und Gott zu preisen, wie immer deine Suche ausgehen wird. Und komm es mir berichten, dann werden wir ihn gemeinsam preisen.«

Damit trennten sie sich, ohne noch etwas zu sagen. Der eine kehrte dahin zurück, woher er gekommen war, der andere machte sich auf den Weg zu der Kapelle, die nicht weiter als etwa hundert Schritte entfernt war.

Kapitel 36

Wer hätte Renzo vor einigen Stunden gesagt, daß sein Herz mitten in einer solchen Suche, zu Beginn ihrer bangsten und kritischsten Phase, zwischen Lucia und Don Rodrigo geteilt sein würde? Und doch war es so: Jene Elendsgestalt drängte sich zwischen alle teuren oder schrecklichen Bilder, die ihm abwechselnd die Hoffnung und die Angst vor das innere Auge hielten, während er zu der Kapelle ging. Die Worte, die er zu Füßen jenes Lagers gehört hatte, mischten sich in den Kampf zwischen Zuversicht und Verzweiflung, der in ihm tobte, und er konnte kein Gebet für einen glücklichen Ausgang der großen Prüfung beenden, ohne jenes anzuhängen, das er in der Hütte begonnen und das der Glockenschlag jäh unterbrochen hatte.

Die achteckige Kapelle, die sich, durch einige Stufen erhöht, in der Mitte des Lazaretts erhebt, war ursprünglich nach allen Seiten offen, ohne auf etwas anderem als Pfeilern und Säulen zu ruhen, ein sozusagen durchfensterter Bau, der auf jeder Seite aus einem Bogen über zwei Säulenpaaren bestand. Innen lief ein Arkadengang um den eigentlichen Kirchenraum, der seinerseits nur aus acht Bögen bestand, die denen der Außenseiten entsprachen, mit einer Kuppel darüber, so daß der im Zentrum errichtete Altar von jedem Fenster der Zellen des Hauptgebäudes und fast von jeder Stelle des Hofes aus zu sehen war. Heute, seit das Bauwerk einem ganz anderen Zweck dient, sind die Freiräume zwischen den Säulen zugemauert worden, aber das unversehrt gebliebene Gerippe läßt noch deutlich den früheren Zustand und dessen frühere Bestimmung erkennen.

Renzo war gerade erst losgegangen, da sah er Pater

Felice im Arkadengang der Kapelle erscheinen und sich unter den mittleren Bogen der zur Stadt blickenden Seite stellen; davor waren die Zusammengerufenen auf einem freien Platz am Ende der breiten Lagerschneise versammelt, und sofort erkannte Renzo an ihrer Haltung, daß die Predigt begonnen hatte.

Er eilte durch das Gewirr jener Gassen, um zu den hinteren Reihen der Zuhörer zu gelangen, wie ihm geraten worden war. Dort blieb er unauffällig stehen und ließ den Blick über die Versammlung gleiten, doch er sah nichts als eine dichte Menge von Köpfen, die beinahe an ein Kopfsteinpflaster erinnerte. In der Mitte war eine gewisse Anzahl davon mit Tüchern oder Schleiern bedeckt, und dorthin spähte er besonders genau, aber da er nichts weiter erkennen konnte, hob auch er die Augen dorthin, wohin alle blickten. Die ehrwürdige Gestalt des Predigers beeindruckte und bewegte ihn, und so lauschte er mit allem, was er an Aufmerksamkeit in einem solchen Moment der Erwartung aufbringen konnte, diesem Teil der feierlichen Ansprache.

»Denken wir einen Moment an die Tausende und Abertausende, die dort hinausgetragen worden sind«, sagte der Prediger gerade und deutete mit dem Finger hinter sich zu dem Tor, das zum Friedhof San Gregorio führte, der damals, man kann es so sagen, ein einziges riesiges Massengrab war. »Werfen wir einen Blick ringsum auf die Tausende und Abertausende, die noch hierbleiben, ohne zu wissen, durch welches Tor sie diesen Ort verlassen werden. Werfen wir einen Blick auf uns wenige, die wir gerettet hinausziehen dürfen. Gepriesen sei der Herr! Gepriesen in seiner Gerechtigkeit, gepriesen in seinem Erbarmen! Gepriesen im Tod, gepriesen im Heil, gepriesen in dieser Wahl, die er unter uns hat treffen wollen! Oh, warum hat er das gewollt, meine Kinder, wenn nicht, um sich ein kleines Häuflein zu erhalten, das durch Leiden geläutert und durch

Dankbarkeit zu glühender Hingabe angespornt wird? Wenn nicht, damit wir jetzt lebhafter fühlen, daß unser Leben ein Geschenk von ihm ist, und es so achten, wie eine Gabe von Ihm es verdient, und es auf Werke verwenden, die wir Ihm darbringen können? Wenn nicht, damit die Erinnerung an unsere Leiden uns mitleidig und hilfsbereit für unsere Nächsten macht? Denjenigen aber, in deren Gesellschaft wir gelitten, gehofft und gebangt haben, unter denen wir Freunde und Verwandte zurücklassen und die schließlich alle unsere Brüder sind, denjenigen unter diesen, die uns aus ihrer Mitte davonziehen sehen, wobei sie vielleicht noch einen gewissen Trost in dem Gedanken finden, daß doch einige diesen Ort auch gesund verlassen, ihnen allen möge unsere Haltung Kraft und Erbauung verleihen. Möge Gott verhüten, daß sie an uns eine lärmende Freude sehen, eine weltliche Freude darüber, daß wir dem Tod entgangen sind, mit dem sie noch kämpfen müssen. Mögen sie uns davonziehen sehen, indem wir für uns danken und für sie beten, und mögen sie sagen können: auch draußen werden sich diese noch unserer entsinnen und weiter für uns beten. Beginnen wir mit diesem Auszug, mit den ersten Schritten, die wir gleich tun werden, ein ganz der Nächstenliebe gewidmetes Leben. Wer seine frühere Kraft wiedererlangt hat, reiche den Schwachen eine brüderliche Hand. Wer jung ist, stütze die Alten. Wer seine Kinder verloren hat, schaue umher, wie viele Kinder keine Eltern mehr haben, und trete an deren Statt! Ihr werdet sehen, solche Nächstenliebe wird, so wie sie eure Sünden zudeckt, auch eure Schmerzen besänftigen.«

An dieser Stelle brach das dumpfe Stöhnen und Schluchzen, das in der Versammlung aufgekommen war, mit einem Mal ab, denn man sah, wie der Prediger sich einen Strick um den Hals legte und niederkniete. Alle warteten in großer Stille, was er nun sagen würde.

»Für mich«, sagte er, »und für alle meine Mitbrüder,

die wir unverdient zu dem hohen Vorrecht auserwählt worden sind, Christus in euch zu dienen, bitte ich euch demütig um Vergebung, wenn wir eine so große Aufgabe nicht angemessen erfüllt haben. Wenn uns die Trägheit, wenn uns die Widerspenstigkeit des Fleisches weniger aufmerksam für eure Bedürfnisse und weniger bereitwillig für eure Rufe gemacht hat, wenn eine ungerechte Ungeduld, ein sträflicher Überdruß uns bisweilen mit einem verdrossenen und strengen Gesicht vor euch hintreten ließ, wenn der elende Gedanke, daß ihr auf uns angewiesen wart, uns manchmal dazu verführt hat, euch nicht mit aller gebotenen Demut zu behandeln, wenn uns unsere menschliche Schwäche zu einem Handeln verleitet hat, das euch ein Ärgernis war: Vergebt uns! Und so vergebe Gott auch jedem von euch seine Schuld und segne euch.« Mit diesen Worten schlug er ein großes Kreuzeszeichen über die Versammlung und erhob sich.

Wir haben wenn nicht die genauen Worte, so doch den Sinn und den Inhalt derer, die er wirklich sagte, hier wiedergeben können, aber die Art, wie er sie sagte, läßt sich nicht beschreiben. Es war die Art eines Menschen, der den Dienst an den Pestkranken ein Vorrecht nannte, weil er ihn als ein solches empfand; der bekannte, ihn nicht angemessen erfüllt zu haben, weil er es so fühlte, der um Vergebung bat, weil er überzeugt war, daß er der Vergebung bedürfe. Die Zuhörer aber, die diese Kapuziner um sich herum nie anders als aufopferungsvoll dienend gesehen hatten und die so viele von ihnen hatten sterben sehen und den, der da stellvertretend für alle sprach, immer als ersten in der Mühsal wie in der Autorität, außer als er selbst dem Tode nahe war – man kann sich vorstellen, mit wie vielen Seufzern und Tränen sie auf seine Worte reagierten.

Der bewundernswürdige Mönch nahm ein großes Kreuz, das an einem Pfeiler lehnte, hielt es vor sich in die Höhe, ließ seine Sandalen am Rand des äußeren Säulengangs stehen, ging die Stufen hinunter und schritt durch die ehrerbietig zurückweichende Menge, um sich an ihre Spitze zu setzen.

Renzo, nicht minder in Tränen, als wenn er zu denen gehört hätte, die um diese bemerkenswerte Vergebung gebeten worden waren, trat ebenfalls einen Schritt zurück und stellte sich neben eine Hütte. Dort wartete er halb verborgen, den Kopf vorgestreckt, die Augen weit offen, mit einem mächtigen Herzklopfen, aber zugleich mit einer gewissen neuen, besonderen Zuversicht, die, denke ich, aus dem Gefühl der Ergriffenheit kam, das die Predigt und der Anblick der allgemeinen Ergriffenheit in ihm ausgelöst hatten.

Als erster kam Pater Felice, barfuß, mit dem Strick um den Hals und dem schweren, hocherhobenen Kreuz in den Händen, das Antlitz bleich und hager, ein Antlitz, das Zerknirschung und zugleich Mut ausdrückte, langsam, aber entschlossenen Schrittes wie einer, der nur darauf bedacht ist, die Schwäche anderer zu schonen, und in allem wie ein Mann, der in einem Übermaß an Mühsal und Beschwerlichkeit die Kraft findet, um die vielen ebenso notwendigen wie unvermeidlichen Mühen seines Amtes zu ertragen. Gleich nach ihm kamen die größeren Kinder, die meisten barfuß, nur wenige vollständig bekleidet und einige nur im Hemd. Dann kamen die Frauen, die fast jede ein Kind an der Hand hielten und im Wechsel das *Miserere* sangen, und der matte Klang dieser Stimmen, die Blässe und Ausgezehrtheit dieser Gesichter waren derart, daß sie jedem gewöhnlichen Zuschauer das Herz mit tiefstem Mitleid erfüllt hätten. Aber Renzo musterte, prüfte Reihe um Reihe, Gesicht um Gesicht, ohne ein einziges auszulassen, denn die Prozession schritt so langsam voran, daß er es in aller Ruhe tun konnte. Reihe um Reihe zog vorüber, er schaute und schaute, immer vergebens; er überflog die noch ausstehenden Reihen: es waren nur noch wenige; schon kam die letzte, dann waren alle vorbei – lauter unbekannte Gesichter. Mit hängenden Armen, den Kopf zur Seite gelegt, sah er den Frauen nach, während die Männer an ihm vorüberzogen. Eine neue Aufmerksamkeit, eine neue Hoffnung keimte in ihm auf, als er hinter den Männern einige Wagen auftauchen sah, auf denen die Rekonvaleszenten saßen, die noch nicht wieder laufen konnten. Diesmal kamen die Frauen zuletzt, und der Zug bewegte sich so langsam voran, daß Renzo sie ebenfalls alle in Ruhe mustern konnte, ohne daß ihm eine entging. Doch wie? Er mustert den ersten Wagen, den zweiten, den dritten und so weiter, stets mit dem gleichen Ergebnis, bis zum letzten, hinter dem nur noch ein zweiter Kapuziner kam, der den Zug beschloß, mit ernster Miene und mit einem Stock in der Hand wie ein Hirte. Es war jener Pater Michele, von dem wir gesagt hatten, daß er dem Pater Felice als Mitstreiter in der Leitung des Lazaretts beigegeben war.

So schwand diese kostbare Hoffnung dahin, und im Schwinden nahm sie nicht nur allen Trost mit sich fort, den sie gespendet hatte, sondern ließ den Enttäuschten, wie es meistens geschieht, in einer schlimmeren Verfassung als vorher zurück. Jetzt konnte er höchstens noch hoffen, Lucia als Kranke wiederzufinden. Doch indem er die schwache Glut einer noch vorhandenen Hoffnung mit dem Feuer der gewachsenen Furcht schürte, klammerte sich der Ärmste mit allen Kräften der Seele an diesen letzten Strohhalm. Er trat auf die breite Gasse hinaus und ging in die Richtung, aus der die Prozession gekommen war. Als er vor der Kapelle ankam, kniete er auf der untersten Stufe nieder und richtete ein Gebet an Gott, besser gesagt, ein Gestammel von abgerissenen Worten, halben Sätzen, Ausrufen, inständigen Bitten, Klagen und Versprechungen; eine jener Reden, die man nicht an Menschen richtet, da Menschen weder genügend Scharfsinn haben, sie zu verstehen, noch genügend Geduld, sie anzuhören. Menschen sind nicht groß genug, um Mitleid ohne Verachtung über sie zu empfinden.

Als er aufstand, war er etwas gefaßter. Er ging um die Kapelle herum und fand sich auf der anderen Mittelgasse, die er noch nicht gesehen hatte und die zum anderen Tor führte. Nach wenigen Schritten sah er den Lattenzaun, von dem der Pater gesprochen hatte, und er war tatsächlich da und dort unterbrochen. Er schlüpfte durch eine dieser Öffnungen und fand sich in der Frauenabteilung. Fast beim ersten Schritt sah er am Boden eine jener Schellen liegen, wie sie die Monatti am Fuß trugen. Ihm kam in den Sinn, daß ein solches Ding ihm da drinnen als eine Art Paß dienen könnte. Er nahm es auf, schaute sich um, ob ihn jemand beobachtete, und band es sich an den Fuß, wie er es bei jenen Rotkitteln gesehen hatte. Sodann machte er sich auf die Suche, auf eine Suche, die schon allein wegen der großen Zahl der zu Musternden ungemein mühsam gewesen wäre, auch wenn es sich um ganz andere Objekte gehandelt hätte. Er ließ den Blick über neue Bilder des Elends gleiten und betrachtete sie genauer: Sie glichen zum Teil den schon gesehenen, zum Teil waren sie aber auch ganz anders, denn unter derselben Heimsuchung wurde hier auf eine andere Weise gelitten, es war gewissermaßen ein anderes Dahinsiechen, ein anderes Klagen, ein anderes Erdulden, eine andere Art, sich gegenseitig zu bemitleiden und beizustehen, und im Zuschauer erzeugte es ein anderes Mitgefühl und ein anderes Schaudern.

Er hatte bereits ein gutes Stück Weges ohne Ergebnis und ohne Zwischenfälle zurückgelegt, da hörte er hinter sich ein »Heda!«, das ihm zu gelten schien. Er drehte sich um und sah in einer gewissen Entfernung einen Kommissar, der ihm mit erhobener Hand zuwinkte und rief: »Dort drüben in den Zellen wird Hilfe gebraucht. Hier sind wir mit dem Aufräumen fertig.«

Renzo begriff sofort, für wen er gehalten wurde, und daß die Schelle der Grund für das Mißverständnis war. Er schalt sich einen Esel, daß er nur an die Widrigkeiten gedacht hatte, die das Abzeichen ihm vom Leibe halten würde, und nicht auch an die, die es ihm auf den Hals ziehen konnte, und zugleich beschloß er, den Mann möglichst rasch abzuschütteln. Er nickte ihm mehrmals eifrig zu, wie um zu bedeuten, daß er verstanden habe und gehorchen werde, und entzog ihm seinen Anblick, indem er sich seitlich zwischen die Hütten verdrückte.

Als ihm schien, daß er weit genug gelaufen war, beschloß er, sich nun auch von der Ursache des dummen Zwischenfalls zu befreien, und um das unbemerkt tun zu können, trat er in den engen Raum zwischen zwei Hütten, die einander sozusagen den Rücken kehrten. Er bückt sich, um die Schelle loszubinden, und wie er so dasteht, den Kopf an die Strohwand einer der Hütten gelehnt, dringt von innen eine Stimme an sein Ohr... O Gott im Himmel! Ist das möglich? Er lauscht, er legt seine ganze Seele ins Ohr, der Atem stockt ihm... Ja, ja, das ist ihre Stimme!... »Wovor denn Angst?« sagt sie gerade sanft. »Wir haben schon ganz anderes überstanden als ein Gewitter. Der uns bisher behütet hat, wird es auch diesmal tun.«

Wenn Renzo keinen Schrei ausstieß, dann nicht, weil er nicht entdeckt werden wollte, sondern weil ihm die Luft wegblieb. Die Knie wankten ihm, es wurde ihm schwarz vor Augen, doch nur im ersten Moment, im zweiten stand er wieder fest auf den Beinen, wacher und kräftiger als zuvor. In drei Sätzen war er um die Hütte herum, stand im Eingang und sah die Sprecherin, sah sie aufrecht dastehen, über ein Krankenlager gebeugt. Sie dreht sich auf das Geräusch hin um, schaut, glaubt nicht richtig zu sehen, glaubt zu träumen, sieht genauer hin und ruft: »O allmächtiger Gott!«

»Lucia! Ich hab dich gefunden! Ich finde dich! Du bist's wirklich! Du bist am Leben!« ruft Renzo, während er zitternd näher tritt.

»O allmächtiger Gott!« wiederholt Lucia, noch heftiger zitternd. »Du? Was heißt das? Wieso? Warum? Die Pest!«

»Ich hab sie gehabt. Und du...?«

»Ah...! Ich auch. Und meine Mutter...?«

»Die hab ich nicht gesehen, die ist in Pasturo, aber ich glaube, es geht ihr gut. Aber du... wie blaß du noch bist! Wie schwach du aussiehst! Bist du wirklich geheilt?«

»Der Herrgott hat mich noch hierlassen wollen. Ach, Renzo! Warum bist du gekommen?«

»Warum?« sagte Renzo näher tretend. »Du fragst mich, warum? Warum ich gekommen bin? Muß ich dir das noch sagen? An wen sollte ich denn sonst denken? Ist mein Name nicht mehr Renzo? Bist du nicht mehr Lucia?«

»Ach, was sagst du da! Was sagst du da! Hat dir meine Mutter nicht schreiben lassen...?«

»Doch, leider Gottes hat sie mir schreiben lassen. Hübsche Sachen hat sie mir schreiben lassen, grad recht für einen armen, unglücklichen, gehetzten Vertriebenen, einen Burschen, der dir doch zumindest nie Ärger gemacht hat!«

»Aber Renzo! Renzo! Wenn du's gewußt hast... Warum kommst du dann? Warum?«

»Warum ich komme? O Lucia, das fragst du mich wirklich? Nach all den Gelöbnissen? Sind wir nicht mehr wir? Erinnerst du dich nicht mehr? Was fehlte uns denn?«

»O Herr!« rief Lucia schmerzerfüllt aus, während sie die Hände faltete und die Augen zum Himmel hob. »Warum hast du mir nicht die Gnade erwiesen, mich zu dir zu nehmen...! Ach Renzo, was hast du getan? Schon hatte ich angefangen zu hoffen, daß ich... mit der Zeit... vergessen könnte...«

»Schöne Hoffnung! Schöne Sachen sagst du mir da mitten ins Gesicht!«

»Ach, was hast du getan! Und hier an diesem Ort! Zwischen diesem Elend! Zwischen all diesem Leid! Hier, wo nur gestorben wird, hier hast du es fertiggebracht...«

»Für die Sterbenden muß man zu Gott beten und hoffen, daß sie in eine bessere Welt kommen, aber es kann nicht recht sein, auch nicht aus diesem Grunde, daß die Lebenden für den Rest ihres Lebens in Verzweiflung leben müssen...«

»Aber Renzo! Renzo! Bedenke doch, was du sagst. Ein der Madonna gegebenes Versprechen!... Ein Gelübde!«

»Und ich sage dir, es gibt Versprechen, die keine Geltung haben.«

»Herr im Himmel! Was sagst du da? Wo bist du gewesen in letzter Zeit? Mit was für Leuten hast du verkehrt? Wie redest du denn?«

»Ich rede wie ein guter Christ, und über die Madonna denke ich vielleicht besser als du, denn ich glaube nicht, daß sie Versprechen haben will, die anderen zum Schaden gereichen. Wenn die Madonna zu dir gesprochen hätte, ja dann! Aber was ist denn das Ganze gewesen? Bloß so eine Idee von dir. Weißt du, was du der Madonna versprechen solltest? Daß wir unsere erste Tochter auf den Namen Maria taufen! Das bin auch ich bereit, ihr zu versprechen, das sind Dinge, die der Madonna weit größere Ehre bereiten, das sind Ausdrücke der Ergebenheit, die mehr Sinn haben und niemandem Schaden zufügen.«

»Nein, nein! Rede nicht so! Du weißt ja nicht, was du sagst. Du weißt nicht, was es heißt, ein Gelübde abzulegen. Du bist nicht in dieser Lage gewesen, du hast es nicht durchgemacht. Geh, geh fort, um Himmels willen!«

Sie riß sich mit einem Ruck von ihm los und kehrte zu dem Krankenlager zurück.

»Lucia«, sagte Renzo, ohne sich von der Stelle zu rühren, »sag mir wenigstens, sag: Wenn dieser Grund nicht wäre... wärst du dann noch dieselbe für mich?«

»Du herzloser Mensch!« antwortete Lucia, während sie sich umwandte und nur mit Mühe die Tränen zurückhalten konnte. »Wenn du mich dazu bringen würdest, unnütze Worte zu sagen, Worte, die mir wehtun würden, die vielleicht sündhaft wären, wärst du dann zufrieden? Geh fort, geh und vergiß mich! Wir sind nun einmal nicht füreinander bestimmt. Wir werden uns im Himmel droben wiedersehen, in dieser Welt darf man eh nicht lange verweilen. Geh fort, versuch meine Mutter wissen zu lassen, daß ich geheilt bin, daß Gott mir auch hier immer beigestanden hat, daß ich eine gute Seele gefunden habe, diese liebe Frau hier, die wie eine Mutter zu mir ist. Sag ihr, daß ich hoffe, daß sie von dieser Seuche verschont wird, und daß wir uns wiedersehen werden, wenn Gott will und wie Er es will... Geh jetzt, um Himmels willen, und denk nicht mehr an mich... außer wenn du für mich betest.«

Und wie jemand, der nichts weiter zu sagen hat und nichts mehr hören will, aber auch sich einer Gefahr entziehen will, trat sie noch weiter zurück an das Bett, auf dem die Frau lag, von der sie gesprochen hatte.

»Hör zu, Lucia, hör zu!« sagte Renzo, ohne ihr jedoch näher zu treten.

»Nein, nein. Geh bitte.«

»Hör zu: Pater Cristoforo...«

»Wer?«

»Er ist hier.«

»Hier? Wo? Woher weißt du das?«

»Ich habe vor kurzem mit ihm gesprochen. Ich bin eine Weile mit ihm zusammengewesen, und mir scheint, ein Gottesmann wie er...«

»Er hier! Gewiß um den armen Pestkranken beizustehen... Aber was ist mit ihm selbst? Hat er die Pest gehabt?«

»Ach Lucia, ich fürchte, ich fürchte leider...« – und während Renzo noch zögerte, das für ihn so schmerzliche Wort auszusprechen, das für sie nicht minder schmerzlich sein mußte, hatte sie sich erneut von dem Bett gelöst und kam wieder näher zu ihm –, »ich fürchte, er hat sie jetzt!«

»O der arme, der arme heilige Mann! Aber was sage ich? *Wir* sind die Armen! Wie geht es ihm? Liegt er im Bett? Wird er gepflegt?«

»Er ist auf, er läuft herum und pflegt die anderen. Aber wenn du ihn sehen würdest, wie bleich er ist und wie mühsam er sich auf den Beinen hält! Man hat das ja schon bei so vielen gesehen, da kann man sich leider... nicht täuschen!«

»O weh! Und er ist wirklich hier im Lazarett?«

»Hier, gar nicht weit von uns. Kaum weiter als von deinem Haus bis zu meinem... wenn du dich noch erinnerst...«

»O Heiligste Jungfrau!«

»Gut, ein bißchen weiter. Und denk nur, wir haben von dir gesprochen! Er hat mir Sachen gesagt... Und wenn du wüßtest, wen er mir gezeigt hat! Du wirst es gleich hören, aber jetzt muß ich dir erst mal sagen, was er mir vorher gesagt hat, er selbst, mit seinem eigenen Mund. Er hat mir gesagt, daß ich gut daran getan hätte, hierher zu kommen und nach dir zu suchen, und daß es dem Herrn im Himmel gefällt, wenn ein junger Mann so handelt, und daß er mir helfen würde, dich zu finden, was er dann ja auch wirklich getan hat, er ist eben ein Heiliger. Also, da kannst du mal sehen!«

»Aber wenn er so gesprochen hat, dann doch nur, weil er nicht weiß...«

»Wie soll er denn auch wissen, was du dir ganz allein

in deinem Kopf zurechtgelegt hast, ohne dich an irgendeine Regel zu halten und ohne dich mit irgendwem zu beraten? Ein so vernünftiger und verständiger Mann wie er kommt doch gar nicht auf solche Gedanken! Aber jetzt hör zu, wen er mir gezeigt hat!« Und hier erzählte er von dem Besuch in der bewußten Hütte, und obwohl sich Lucias Sinne und ihr Gemüt während ihres Aufenthalts im Lazarett an die stärksten Eindrücke hatten gewöhnen müssen, war sie doch, als er endete, ganz von Entsetzen und Mitleid erfüllt.

»Und auch hier«, fuhr Renzo fort, »hat er wie ein Heiliger gesprochen. Er hat gesagt, daß der Herrgott vielleicht beschlossen hat, diesem bedauernswerten armen Menschen – jetzt könnte ich ihn wirklich nicht mehr anders nennen – Gnade zu erweisen, und daß er nur einen günstigen Moment abwartet, aber daß er vielleicht auch will, daß wir beide gemeinsam für ihn beten... Wir beide gemeinsam, verstehst du?«

»Ja, ja, wir werden beten, jeder da, wo der Herr uns hingestellt hat. Er wird unsere Gebete dann schon zusammenbringen.«

»Aber wenn ich dir doch die Worte des Paters sage...«

»Aber Renzo, er weiß doch nicht...«

»Aber begreifst du denn nicht: Wenn ein Heiliger spricht, dann ist es, weil ihn der Herr im Himmel so sprechen läßt! Er hätte nie so gesprochen, wenn es nicht genau so hätte sein sollen! Und die Seele dieses bedauernswerten armen Menschen? Ich hab zwar für sie gebetet und werde es weiter tun, von Herzen hab ich für sie gebetet, ganz als ob es für meinen Bruder wäre. Aber wie soll es dem Ärmsten im Jenseits gehen, wenn diese Sache nicht hier im Diesseits geregelt wird, wenn das Böse, das er getan hat, nicht vorher ungeschehen gemacht wird? Nur dann nämlich, denk doch mal an die Logik, nur dann ist alles wieder wie vorher: Was gewesen ist, ist gewesen, er hat seine Buße im Diesseits getan...«

»Nein, Renzo, nein! Der Herr will nicht, daß wir Böses tun, damit Er hinterher Erbarmen walten lassen kann. Wir müssen alles Ihm überlassen, unsere Aufgabe ist es, zu beten. Stell dir vor, wenn ich in jener Nacht gestorben wäre, dann hätte Er ihm nach deiner Logik ja nicht vergeben können! Und da ich nicht gestorben bin, da ich freigelassen worden bin...«

»Aber deine Mutter, die arme Agnese, die mich immer so gern gemocht hat und die sich so sehr gewünscht hatte, daß wir Mann und Frau würden, hat die dir nicht auch gesagt, daß du dir eine ganz dumme Idee in den Kopf gesetzt hast? Sie hat dich doch auch schon andere Male zur Vernunft gebracht, denn in manchen Dingen denkt sie vernünftiger als du...«

»Meine Mutter? Willst du, daß meine Mutter mir den Rat gibt, ein Gelübde zu brechen? Renzo, du bist wohl von Sinnen!«

»Oho! Soll ich dir mal was sagen? Ihr Frauen, ihr könnt diese Dinge gar nicht verstehen. Pater Cristoforo hat mir gesagt, daß ich zu ihm zurückkommen und ihm erzählen soll, ob ich dich gefunden habe. Das tue ich jetzt, und dann werden wir ja hören, was er sagt...«

»Ja, ja, geh zu dem heiligen Mann, sag ihm, daß ich für ihn bete und daß er für mich beten soll und daß ich es sehr, sehr benötige! Aber bei allen Heiligen, bei deiner und meiner Seele, komm nicht mehr hierher zurück, hör auf, mir wehzutun, hör auf, mich... zu versuchen. Pater Cristoforo wird dir den Kopf schon zurechtrücken und dich zur Besinnung bringen, er wird dir helfen, dich zu beruhigen.«

»Mich beruhigen? Oh, schlag dir das aus dem Kopf! Du hast mir dieses scheußliche Wort schon schreiben lassen, und ich weiß noch sehr gut, wie sehr es mir weh getan hat, und jetzt bringst du's sogar übers Herz, es mir ins Gesicht zu sagen! Aber ich sage dir klipp und klar, daß ich mich nie beruhigen werde. Du willst mich vergessen, aber ich will dich nicht vergessen. Und ich verspreche dir, du wirst sehen, wenn du mich um den Verstand bringst, werde ich ihn niemals wiedererlangen. Zum Teufel mit dem Handwerk, zum Teufel mit dem guten Lebenswandel! Du willst mich dazu verdammen, mein ganzes restliches Leben lang toll zu sein, also gut, dann werde ich wie ein Tollwütiger leben... Und dieser Unselige! Gott weiß, ob ich ihm von Herzen verziehen habe, aber du... Willst du, daß ich mein ganzes weiteres Leben lang denke, wenn er nicht gewesen wäre, dann...? Lucia, du hast gesagt, ich soll dich vergessen. Ich soll dich vergessen? Wie soll ich das machen? Was meinst du wohl, an wen ich die ganze Zeit gedacht habe?... Und nach all dem, was geschehen ist, nach all den Gelöbnissen! Was habe ich dir denn getan, seit wir auseinandergegangen sind? Weil ich gelitten habe, behandelst du mich jetzt so? Weil ich Unglück gehabt habe? Weil mich die halbe Welt verfolgt hat? Weil ich so lange fern der Heimat leben mußte, traurig und von dir getrennt? Weil ich im ersten Moment, als es möglich war, hergekommen bin, um dich zu suchen?«

Als Lucia in ihrem Schluchzen wieder Worte fand, rief sie aus, die Hände erneut gefaltet und die tränenerfüllten Augen zum Himmel gerichtet: »O Heiligste Jungfrau, hilf mir! Du weißt, daß ich seit jener Nacht noch niemals einen Moment wie diesen durchgemacht habe. Du hast mir damals geholfen, hilf mir auch jetzt!«

»Ja, Lucia, du tust gut daran, die Madonna anzurufen. Aber warum willst du glauben, daß sie, die so gut ist, die Mutter der Barmherzigkeit, daß sie Gefallen daran haben könnte, uns leiden zu lassen... mich jedenfalls... wegen eines Wortes, das dir in einem Moment entschlüpft ist, als du nicht wußtest, was du sagtest? Willst du glauben, daß sie dir damals geholfen hat, um uns jetzt in der Verwirrung alleinzulassen?... Wenn das alles jedoch bloß eine Ausrede ist, wenn ich dir verhaßt geworden sein sollte... dann sag's mir, sag's mir ganz offen!«

»Um Gottes willen, Renzo, um deiner armen Toten willen, hör auf damit, hör auf! Das bringt mich noch um... und das wäre kein guter Moment zum Sterben. Geh zu Pater Cristoforo, bitte ihn, für mich zu beten, aber komm nicht wieder, komm nicht wieder.«

»Ich gehe, aber denk nicht, daß ich nicht wiederkomme! Ich würde sogar wiederkommen, wenn ich am Ende der Welt wäre, ich würde wiederkommen!« Damit verschwand er.

Lucia setzte sich oder ließ sich vielmehr einfach neben dem Bett zu Boden fallen, legte den Kopf aufs Bett und weinte bitterlich. Die Frau, die bisher mit offenen Augen und Ohren dagelegen hatte, ohne einen Mucks von sich zu geben, fragte, was diese Erscheinung, dieser Streit, dieses Weinen zu bedeuten hätten. Aber vielleicht fragt sich der Leser nun seinerseits, wer diese Frau war, und um ihn zufriedenzustellen, wird es nicht vieler Worte bedürfen.

Sie war eine wohlhabende Kaufmannsfrau von etwa dreißig Jahren. Im Verlaufe weniger Tage hatte sie ihren Mann und alle ihre Kinder sterben sehen. Kurz darauf war sie, selbst von der Pest befallen, ins Lazarett gebracht und in diese Hütte gelegt worden, zu der Zeit, als Lucia, nachdem sie, ohne es zu bemerken, die Krise der Krankheit überwunden und, ebenfalls ohne es zu bemerken, mehrmals ihre Bettnachbarin gewechselt hatte, sich langsam erholte und wieder zu sich kam – denn seit dem Ausbruch der Krankheit, als sie sich noch im Hause Don Ferrantes befand, war sie wie betäubt gewesen. Die Hütte konnte nur zwei Personen aufnehmen, und zwischen diesen beiden gequälten, verlassenen, verstörten, inmitten der großen Menge einsamen Frauen war bald eine innige Vertrautheit und Zuneigung entstanden, wie sie sich kaum nach einem langen Zusammenleben hätte bilden können. In kurzer Zeit war Lucia so weit genesen, daß sie der anderen helfen konnte, um die es noch sehr schlimm stand. Jetzt, da auch sie außer Gefahr war, leisteten die beiden einander Gesellschaft, ermutigten und pflegten sich gegenseitig. Sie hatten einander versprochen, das Lazarett nur gemeinsam zu verlassen, und abgemacht, sich auch danach nicht zu trennen. Die Kaufmannsfrau, die Haus, Laden und Kasse, alles wohlausgestattet, in der Obhut eines Bruders gelassen hatte, der Kommissar bei der Gesundheitsbehörde war, und die sich nun unversehens als alleinige, traurige Herrin eines Vermögens sah, das ihre privaten Bedürfnisse weit überstieg, wollte Lucia wie eine Tochter oder Schwester bei sich behalten. Lucia hatte zugestimmt – man kann sich denken, mit welcher Dankbarkeit ihr und der Vorsehung gegenüber –, wenn auch nur, bis sie Nachricht von ihrer Mutter haben und, wie sie hoffte, deren Willen erfahren würde. Im übrigen hatte sie, zurückhaltend, wie sie war, weder über ihr Eheversprechen noch über ihre ungewöhnlichen Erlebnisse jemals ein Wort verloren. Jetzt aber, in dieser großen Gefühlsaufwallung, hatte sie mindestens ebensosehr das Bedürfnis, ihr Herz auszuschütten, wie die andere den Wunsch, ihre Geschichte zu hören. So ergriff sie mit beiden Händen die Rechte der Freundin und machte sich sofort daran, deren Frage ohne anderen Rückhalt als den ihres Schluchzens zu beantworten.

Unterdessen eilte Renzo zum Quartier des guten Paters. Mit ein wenig Mühe und nicht ohne einige Stückchen des Weges zurückgehen zu müssen, gelang es ihm schließlich, die Hütte wiederzufinden. Ihn selber fand er dort nicht vor, aber nach einigem Suchen in der Umgebung sah er ihn in einer Hütte, wo er tief niedergebeugt und fast auf dem Boden liegend einem Sterbenden Trost spendete. Er blieb stehen und wartete schweigend. Kurz darauf sah er ihn jenem Ärmsten die Augen schließen, dann vor ihm niederknien, ein kurzes Gebet sprechen und sich erheben. Da rührte er sich und ging ihm entgegen.

»Oh«, sagte der Pater, als er ihn kommen sah. »Nun?«

»Sie ist da: Ich hab sie gefunden!«

»In welchem Zustand?«

»Geheilt, oder jedenfalls auf den Beinen.«

»Dem Himmel sei Dank!«

»Aber...«, sagte Renzo, als er nahe genug bei ihm war, um halblaut sprechen zu können, »da ist noch eine andere Schwierigkeit.«

»Was denn?«

»Ich meine... Ihr wißt ja, was für eine gute Seele das arme Ding ist, aber manchmal verbohrt sie sich ein bißchen in ihre Ideen. Nach all unseren Gelöbnissen, nach all dem, was auch Ihr wißt, sagt sie jetzt, daß sie mich nicht heiraten könne, weil sie damals in jener Schreckensnacht, was weiß ich, den Kopf verloren und sich der Madonna geweiht habe, sagt sie. Das ist doch Unsinn, oder? Das mag ja gut und richtig sein, wenn man etwas davon versteht und die nötigen Grundlagen hat, aber für uns einfache Leute, die nicht wissen, wie man sowas anstellt... nicht wahr, das hat doch gar keine Geltung?«

»Sag einmal, ist sie weit von hier?«

»O nein, bloß ein paar Schritte hinter der Kirche.«

»Warte hier einen Moment«, sagte der Pater. »Dann gehen wir zusammen hin.«

»Soll das heißen, Ihr wollt ihr klarmachen...«

»Ich weiß noch gar nichts, mein Sohn, ich muß sie erst anhören.«

»Verstehe«, sagte Renzo und blieb, die Augen zu Boden gerichtet, mit verschränkten Armen stehen, um weiter auf seiner Ungewißheit herumzukauen. Der Pater begab sich erneut auf die Suche nach Bruder Vittore, um sich noch einmal von ihm vertreten zu lassen, ging dann in seine Hütte, kam mit einem Korb am Arm wieder heraus, kehrte zu Renzo zurück, sagte: »Gehen wir«, und ging voran zu jener Hütte, in die sie vor einiger Zeit gemeinsam eingetreten waren. Diesmal betrat er sie allein, kam einen Augenblick später wieder heraus und sagte: »Nichts. Beten wir, beten wir.« Dann setzte er hinzu: »Jetzt führe du mich.«

Und wortlos machten sie sich auf den Weg.

Der Himmel hatte sich unterdessen immer mehr bezogen und kündigte nun mit Gewißheit das bald losbrechende Unwetter an. Dicht aufeinanderfolgende Blitze zerrissen die wachsende Dunkelheit und erhellten für Augenblicke die langgezogenen Dächer und Bögen der Arkaden, den Kuppelaufsatz der Kapelle, die niedrigen Giebel der Hütten, und plötzlich loskrachender Donner grollte von einer Himmelsgegend zur anderen. Renzo ging voraus, auf den Weg achtend und mit einer großen Ungeduld, ans Ziel zu gelangen, doch er mäßigte seinen Schritt, um ihn den Kräften seines Gefährten anzupassen, der sich, erschöpft von der Mühsal, ermattet von der Krankheit und niedergedrückt von der Schwüle, nur langsam voranschleppte, wobei er immer wieder das abgezehrte Gesicht zum Himmel hob, wie um freier atmen zu können.

Als Renzo die Hütte sah, blieb er stehen, wandte sich um und sagte mit zitternder Stimme: »Hier ist es.«

Sie traten ein... »Da sind sie!« rief die Frau auf dem Bett. Lucia hob den Kopf und schaute zur Tür, sprang auf die Füße, stürzte dem Greis entgegen und rief: »Oh, wen sehe ich da! Pater Cristoforo!«

»Jawohl, Lucia! Aus wie vielen Nöten hat der Herr dich erlöst! Wie froh mußt du sein, daß du immer auf IHN gebaut hast!«

»O ja! Aber Ihr, Pater? O weh, wie habt Ihr Euch verändert? Wie geht es Euch? Sagt, wie geht es Euch?«

»Nun, wie Gott will, und wie dank seiner Gnade auch

ich will«, antwortete der Pater mit heiterer Miene. Und nachdem er sie ein wenig beiseite gezogen hatte, fuhr er fort: »Hör zu, meine Tochter, ich kann nur kurz bleiben. Bist du bereit, dich mir anzuvertrauen, wie früher?«

»Gewiß! Seid Ihr nicht immer noch mein Beichtvater?«

»Also sprich, meine Tochter: Was ist das für ein Gelübde, von dem mir Renzo erzählt hat?«

»Es ist ein Gelübde, das ich der Madonna abgelegt habe... in einer großen Bedrängnis... daß ich niemals heiraten würde.«

»Armes Kind! Aber hattest du dabei bedacht, daß du durch ein Gelöbnis gebunden warst?«

»Wo es doch um den Herrgott und die Madonna ging!... Nein, daran hatte ich nicht gedacht.«

»Der Herr, meine Tochter, erfreut sich an Opfern und Gaben, wenn wir sie von unserem Eigenen darbringen. Er will unser Herz und unseren Willen. Aber du konntest ihm doch nicht den Willen eines anderen darbringen, dem du bereits verpflichtet warst.«

»Habe ich etwas Böses getan?«

»Nein, mein armes Kind, das mußt du nicht denken. Ich glaube sogar, daß die Heilige Jungfrau sich über die Absicht deines gequälten Herzens gefreut und sie dem Herrn als dein Opfer dargebracht hat. Aber sag mir: Hast du nie jemanden über diese Sache zu Rate gezogen?«

»Ich dachte nicht, daß es etwas Böses wäre, etwas, das ich beichten müßte. Und das wenige Gute, was man tun kann, das soll man ja nicht herumerzählen.«

»Hast du keinen anderen Grund, der dich abhält, dein Renzo gegebenes Versprechen zu erfüllen?«

»Also, was das angeht... für mich... was denn für einen Grund...? Ich könnte wirklich nicht sagen...«, antwortete Lucia mit einem Zögern, das alles andere als eine innere Ungewißheit ausdrückte, und ihr von der Krankheit noch blasses Gesicht erglühte auf einmal in heftigster Röte.

»Glaubst du«, fuhr der Greis fort, während er die Augen senkte, »daß Gott seiner Kirche die Autorität gegeben hat, die Schuldigkeiten und Verpflichtungen, welche die Menschen Ihm gegenüber eingegangen sind, zu erlassen oder zu bestätigen, je nachdem, wie es ihnen zum größeren Heil gereicht?«

»Ja, das glaube ich.«

»So wisse nun, daß wir, die wir mit der Seelsorge an diesem Ort betraut sind, für alle, die sich an uns um Hilfe wenden, die weitestgehenden Vollmachten von der Kirche haben, und daß ich infolgedessen, wenn du es wünschest, dich von jeder Verpflichtung entbinden kann, die du aufgrund dieses Gelübdes eingegangen bist, was immer es sein mag.«

»Aber ist es nicht Sünde, sich anders zu besinnen und zu bereuen, was man der Madonna einmal gelobt hat? Ich hatte es damals in jener Nacht wirklich von Herzen gelobt...«, sagte Lucia, heftig bewegt vom Ansturm einer so unerwarteten, man muß wohl sagen: Hoffnung, sowie vom Aufkommen eines entgegengesetzten Erschreckens, das von all den Gedanken bestärkt wurde, die seit so langer Zeit die Hauptbeschäftigung ihres Geistes waren.

»Sünde, meine Tochter?« sagte der Pater. »Sünde, sich an die Kirche zu wenden und ihren Diener zu bitten, Gebrauch von der Autorität zu machen, die er von ihr empfangen hat und die sie von Gott empfangen hat? Ich habe mit angesehen, wie ihr beide zusammengeführt worden seid, und wahrlich, wenn ich jemals den Eindruck hatte, daß zwei Menschen von Gott vereint worden sind, dann bei euch. Daher vermag ich nicht einzusehen, daß Gott euch jetzt wieder getrennt haben wollte. Und ich preise ihn dafür, daß er mir, unwürdig, wie ich bin, die Macht gegeben hat, in seinem Namen zu sprechen und dir dein Wort zurückzugeben. Und wenn du mich bittest, daß ich dich von diesem Gelübde entbinde, werde ich nicht zögern, es zu tun, ja ich wünsche mir, daß du mich darum bittest.«

»Also dann... also dann... dann bitte ich Euch darum«, sagte Lucia mit einer jetzt nur noch von Scham verwirrten Miene.

Der Pater winkte Renzo herbei, der in der entferntesten Ecke stand, um von dort aus als aufmerksamer Beobachter (eine andere Rolle konnte er ja nicht spielen) den Dialog zu verfolgen, der ihm soviel bedeutete; und als der junge Mann hinzugetreten war, sprach der Greis mit erhobener Stimme zu Lucia: »Kraft der Autorität, die mir die Kirche verliehen hat, entbinde ich dich vom Gelübde der Jungfräulichkeit, indem ich aufhebe, was darin an Unbedachtem gewesen sein mag, und dich von jeder dadurch eingegangenen Verpflichtung befreie.«

Der Leser kann sich denken, wie diese Worte in Renzos Ohren klangen. Er warf dem, der sie gesprochen hatte, einen Blick voll herzlicher Dankbarkeit zu und versuchte dann rasch, aber vergeblich, einen Blick von Lucia zu erhaschen.

»Kehre nun in Sicherheit und Frieden zu deinen früheren Plänen zurück«, sprach der Kapuziner weiter zu ihr, »bitte den Herrn erneut um die Gnade, eine fromme Gattin zu werden, und vertraue darauf, daß er sie dir nach so viel Unglück um so reichlicher gewähren wird. Und du«, wandte er sich an Renzo, »bedenke stets, mein Sohn, wenn die Kirche dir diese Gefährtin jetzt wiedergibt, tut sie das nicht, um dir einen zeit- und weltlichen Trost zu verschaffen, der, selbst wenn er vollkommen wäre und durch keinerlei Unbill getrübt würde, schließlich doch mit einem großen Schmerz enden müßte, wenn der Moment eurer Trennung gekommen ist, sondern sie tut es, um euch beide auf den Weg jener Tröstung zu setzen, die niemals endet. Liebt euch wie

Reisegefährten, im Bewußtsein, euch irgendwann trennen zu müssen, und mit der Hoffnung, euch für immer wiederzufinden. Dankt dem Himmel, daß er euch nicht durch turbulente und vergängliche Freuden in diesen Zustand gebracht hat, sondern durch Not und Elend, um euch für eine gesammelte, ruhige Freude zu rüsten. Wenn Gott euch Kinder schenkt, trachtet danach, sie für IHN aufzuziehen, ihnen die Liebe zu IHM und allen Menschen einzuflößen, dann werdet ihr sie auch in allem übrigen gut anleiten. Lucia, hat er dir gesagt«, dabei deutete er auf Renzo, »wen er hier gesehen hat?«

»O ja, Pater, er hat es mir gesagt.«

»Betet für ihn! Werdet nicht müde, für ihn zu beten. Und betet auch für mich!... Meine Kinder, ich möchte, daß ihr ein Andenken an euren armen Pater habt.« Bei diesen Worten entnahm er seinem Korb ein Kästchen aus gewöhnlichem Holz, aber gedrechselt und poliert mit einer gewissen kapuzinertypischen Vollendung, und fuhr fort: »Hier drinnen ist der Rest jenes Brotes... des ersten, das ich als Almosen einst erbat, ihr werdet davon gehört haben. Ich hinterlasse es euch. Bewahrt es auf und zeigt es euren Kindern. Sie werden in eine traurige Welt kommen und in traurige Zeiten, mitten unter die Hoffärtigen und die Aufwiegler. Sagt ihnen, daß sie immer vergeben sollen, immer und alles, alles! Und daß auch sie für den armen Pater beten sollen.«

Er reichte das Kästchen Lucia, die es ehrfürchtig entgegennahm, als handle es sich um eine Reliquie. Dann fuhr er gelassener fort: »Jetzt sag mir, welche Hilfe hast du hier in Mailand? Wo gedenkst du zu wohnen, wenn du hier fortgegangen bist? Und wer wird dich zu deiner Mutter begleiten, die Gott wolle gesund erhalten haben?«

»Diese liebe Dame vertritt einstweilen Mutterstelle an mir. Wir werden hier nur gemeinsam hinausgehen, und dann wird sie an alles denken.«

»Gott segne Euch«, sagte der Pater und trat an das Krankenbett.

»Auch ich danke Euch«, sagte die Witwe, »für den Trost, den Ihr diesen armen Kindern gespendet habt, obwohl ich damit gerechnet hatte, die liebe Lucia für immer bei mir zu behalten. Fürs erste kann sie jedenfalls bleiben. Ich werde sie in ihr Dorf begleiten, ich werde sie zu ihrer Mutter bringen, und« – hier senkte sie ein wenig die Stimme – »ich will ihr auch die Aussteuer schenken. Ich habe zu viele Sachen, und von denen, die sie mit mir genießen sollten, ist niemand mehr da.«

»So könnt Ihr«, antwortete der Pater, »dem Herrn ein großes Opfer bringen und Euren Mitmenschen Gutes tun. Ich brauche Euch dieses junge Mädchen nicht mehr besonders ans Herz zu legen, ich sehe, es ist schon wie Eure Tochter. So bleibt uns denn nur, den Herrn zu preisen, der sich auch in seinen Heimsuchungen noch als gütiger Vater erweist und dadurch, daß er Euch hat einander finden lassen, ein so deutliches Zeichen seiner Liebe zu Euch beiden gegeben hat... Komm jetzt«, wandte er sich sodann an Renzo und nahm ihn bei der Hand, »wir beide haben hier nichts mehr zu tun, wir sind schon zu lange hier gewesen. Gehen wir.«

»O Pater!« sagte Lucia. »Werde ich Euch je wiedersehen? Ich, die ich nichts Gutes in dieser Welt tue, ich bin genesen, und Ihr...!«

»Seit langem schon«, antwortete der Greis in ernstem und zugleich sanftem Ton, »bitte ich den Herrn um eine Gnade, um eine sehr große Gnade: meine Tage im Dienst am Nächsten beschließen zu dürfen. Wenn Er mir das jetzt gewähren sollte, werden alle, die mich lieben, mir helfen müssen, Ihm dafür zu danken. Auf jetzt! Sag Renzo, was er deiner Mutter ausrichten soll.«

»Erzähle ihr, was du gesehen hast«, sagte Lucia zu ihrem Verlobten, »sag ihr, daß ich hier eine zweite Mutter gefunden habe, mit der ich, sobald es geht, zu ihr kommen werde, und daß ich sehr hoffe, sie gesund vorzufinden.«

»Wenn du Geld brauchst«, sagte Renzo, »ich habe noch alles, was du mir geschickt hast, und...«

»Nein, nein«, unterbrach ihn die Witwe, »ich habe mehr als genug.«

»Gehen wir«, wiederholte der Pater.

»Auf Wiedersehen, Lucia...! Und auch Ihr, liebe gute Signora«, sagte Renzo, der keine Worte fand, die seine Gefühle auszudrücken vermochten.

»Wer weiß, ob der Herr uns die Gnade erweist, daß wir uns alle wiedersehen!« rief Lucia aus.

»Möge Er immerdar mit euch sein und euch segnen«, sagte Pater Cristoforo zu den zwei Freundinnen und ging mit Renzo hinaus.

Es war nicht mehr weit bis zum Abend, und das Gewitter schien immer mehr bereit loszubrechen. Der Pater bot Renzo von neuem an, die Nacht in seiner Hütte zu verbringen. »Gesellschaft werde ich dir nicht leisten können«, sagte er, »aber wenigstens hast du dann ein Dach überm Kopf.«

Doch Renzo drängte es jetzt unwiderstehlich zu gehen. Ihm lag nichts daran, noch länger an einem solchen Ort zu bleiben, wenn er es nicht dazu nutzen konnte, Lucia zu sehen, und wenn er nicht einmal mit dem guten Pater noch ein wenig würde beisammensein können. Was die Tageszeit und das Wetter betraf, so kann man sagen, daß ihm Nacht und Tag, Sonne und Regen, West- und Nordwind in diesem Moment ganz einerlei waren. Darum dankte er dem Pater und sagte, er wolle so schnell wie möglich auf die Suche nach Agnese gehen.

Auf der Allee zum Tor drückte ihm der Pater die Hand und sagte: »Wenn du sie findest, die gute Agnese, was Gott geben wolle, so grüße sie auch in meinem Namen. Und sag ihr und allen, die noch da sind und sich noch an Pater Cristoforo erinnern, daß sie für ihn beten mögen. Gott sei mit dir und segne dich immerdar.«

»O lieber Pater...! Werden wir uns wiedersehen? Werden wir uns wiedersehen?«

»Droben, hoffe ich.« Mit diesen Worten trennte er sich von Renzo, der ihm nachsah, bis er ihn aus den Augen verlor. Dann ging der junge Mann rasch auf das Tor zu, nicht ohne letzte Mitleidsblicke nach rechts und links auf jene Stätte des Leidens zu werfen. Es herrschte ein ungewöhnliches Treiben, Monatti liefen umher, Sachen wurden getragen, Zeltbahnen wurden befestigt, Genesende schleppten sich zu den Hütten oder den Säulengängen, um sich vor dem heraufziehenden Sturm in Sicherheit zu bringen.

Kapitel 37

In der Tat hatte Renzo kaum die Schwelle des Lazaretts überschritten und sich nach rechts gewandt, um den Feldweg zu suchen, auf dem er am Morgen vor den Mauern der Stadt angekommen war, da begann etwas wie ein Hagel mit einzelnen schweren Tropfen, die beim Auf- und Rückprall auf der trockenen weißen Straße einen feinen Staub aufwirbelten; im Nu war es ein pladdernder Regen, und noch ehe Renzo den Feldweg erreicht hatte, goß es wie aus Kübeln. Aber statt sich davor zu schützen, stürzte er sich genüßlich hinein, genoß die Erfrischung, das Rauschen, das rege Keimen der zitternden, triefenden, wieder grün und glänzend werdenden Gräser und Blätter. Er sog die Luft in vollen Zügen ein und empfand in dieser erlösenden Entladung der Natur gewissermaßen noch freier und lebhafter die erlösende Wendung, die sich in seinem Schicksal vollzogen hatte.

Doch wieviel reiner und vollkommener wäre dieses Gefühl noch gewesen, hätte er ahnen können, was wenige Tage später zu sehen war: daß dieses Wasser die Seuche fortschwemmte, daß nach ihm das Lazarett, auch wenn es nicht alle Lebenden, die es enthielt, dem Leben zurückgeben konnte, wenigstens kaum noch neue verschlang; daß man nach einer Woche Haustüren und Läden wieder offen sah und fast von nichts anderem mehr sprach als von Quarantäne, und daß von der Pest nur noch da und dort ein paar kleine Reste übrigblieben – jene Schleppe, die eine solche Heimsuchung stets noch eine Weile hinter sich herzieht.

Unser Wanderer schritt also munter dahin, ohne sich überlegt zu haben, wo, wie, wann und ob überhaupt er irgendwo übernachten sollte, einzig bestrebt, voranzukommen, möglichst bald in sein Dorf zu gelangen, jemanden zu finden, mit dem er reden, dem er alles erzählen konnte, um sich dann möglichst bald wieder auf den Weg zu machen, nach Pasturo, auf die Suche nach Agnese. Er schritt dahin, den Kopf noch ganz erfüllt von den Ereignissen jenes Tages, doch unter den Bildern des Elends, der Schrecken und der Gefahren tauchte immer wieder ein liebes kleines Motiv hervor: *Ich hab sie gefunden, sie ist geheilt, sie ist mein!* Dann tat er jedesmal einen Sprung, und dabei spritzte er um sich wie ein Pudel, der aus dem Wasser kommt. Manchmal rieb er sich auch nur kurz die Hände, und weiter ging's mit neuem Elan. Während er die Straße entlangblickte, sammelte er sozusagen die Gedanken auf, die er am Morgen und am Tag zuvor auf dem Hinweg dort liegengelassen hatte, und mit besonderer Lust klaubte er gerade die auf, die er am heftigsten zu verscheuchen versucht hatte – die Zweifel, wie schwer es sein würde, Lucia zu finden, sie lebend wiederzufinden zwischen so vielen Toten und Sterbenden! *Und ich habe sie lebend wiedergefunden!* schloß er dann. In Gedanken ging er noch einmal die schrecklichsten Situationen des Tages durch: Wie er mit dem Türklopfer in der Hand dastand – *Wird sie dasein oder nicht dasein?* – und dann eine so häßliche Antwort, und er hatte nicht einmal die Zeit, sie richtig zu verdauen, weil gleich darauf diese rasende Meute hinter ihm her war! Und dann das Lazarett, dieses Meer von Köpfen! – *Da drinnen wollte ich dich finden!* – Und er *hatte* sie gefunden! Er rief sich noch einmal jenen Moment zurück, als die Prozession der Genesenen vorbeigezogen war: Was für ein schrecklicher Moment! Was für einen Stich ins Herz hatte es ihm versetzt, daß er sie nicht hatte finden können! Und jetzt machte ihm das überhaupt nichts mehr aus! Und dann diese Frauenabteilung! Und wie er hinter dieser Hütte stand, und als er es am wenigsten erwartet hatte, plötzlich auf einmal diese Stimme, wirklich genau *diese* Stimme! Und dann sie zu sehen, sie wohlauf zu sehen! Aber was war das? Da war ja noch diese Verwicklung mit dem Gelübde, verzwickter denn je. Auch sie gelöst. Und dieser Haß auf Don Rodrigo, diese unaufhörliche, nagende Wut, die alle Übel noch schlimmer machte und alle Freuden vergiftete: verschwunden auch sie! – So hätte man sich wohl keine größere Zufriedenheit vorstellen können, wäre da nicht noch die Ungewißheit wegen Agnese gewesen, die traurige Vorahnung über das Schicksal von Pater Cristoforo und das Bewußtsein, sich noch immer inmitten der Pest zu befinden.

Gegen Abend kam er nach Sesto, und noch immer schien das Gepladder nicht enden zu wollen. Da er sich jedoch munterer denn je fühlte und eine Unterkunft ziemlich schwer zu finden gewesen wäre und er sowieso völlig durchnäßt war, dachte er gar nicht daran, sich eine zu suchen. Das einzige, was ihn plagte, war ein mächtiger Hunger, denn ein so großes Freudengefühl wie dieses hätte ihn noch ganz anderes verdauen lassen als das bißchen Suppe des Kapuziners. Er sah sich um, ob es auch hier einen Bäckerladen gab, fand einen, bekam zwei Brote mit der Zange und den anderen Vorsichtsmaßnahmen gereicht, steckte sich eins davon in die Tasche und das andere in den Mund, und weiter ging's.

Als er durch Monza kam, war es schon dunkle Nacht. Trotzdem gelang es ihm, das Tor zu finden, durch das man auf die richtige Straße kam. Doch abgesehen davon, daß es die richtige war, was natürlich ein nicht zu unterschätzender Vorteil war, befand sie sich immer mehr in einem Zustand, den man sich kaum vorstellen kann: Vertieft (wie damals alle Straßen, das müssen wir schon irgendwo gesagt haben) zwischen zwei Böschungen, fast wie ein Flußbett, hätte man sie um diese Zeit wenn nicht einen Fluß, so doch einen richtigen Bach oder Pfuhl nennen können; hinzu kamen alle naselang tiefe Schlammlöcher, aus denen man größte Mühe hatte, die Füße herauszubekommen, geschweige denn die Schuhe. Aber Renzo schlug sich durch, so gut er konnte, ohne Zeichen der Ungeduld, ohne zu schimpfen und ohne seinen Entschluß zu bereuen; immer bedenkend, daß ihn jeder Schritt, soviel Mühe er ihn auch kostete, ein Stück weiterbrachte und daß der Regen aufhören würde, wenn es Gott gefiel, und daß irgendwann auch der neue Tag anbrechen würde und daß er dann alles, was er bis dahin gegangen war, hinter sich haben würde.

Aber ich will auch sagen, daß er eigentlich an dies alles nur dachte, wenn er gar nicht anders konnte. Es waren Abschweifungen seiner Gedanken, denn die große Arbeit seines Geistes bestand darin, sich die Geschichte jener traurigen letzten Jahre zu vergegenwärtigen: all die Verwicklungen, die Widrigkeiten, die vielen Momente, in denen er nahe daran gewesen war, auch noch die Hoffnung zu verlieren und alles verlorenzugeben; und ihnen dann die Vorstellungen einer so ganz und gar anderen Zukunft entgegenzusetzen: die Ankunft Lucias, die Hochzeit, die Gründung des Hausstandes, das gegenseitige Erzählen ihrer Erlebnisse und das ganze weitere Leben.

Wie er's machte, wenn er zwischen zwei Straßen zu wählen hatte, ob seine geringe Ortskenntnis und das schwache Licht genügten, ihn stets die richtige finden zu lassen, oder ob er sie immer glücklich erriet, wüßte ich nicht zu sagen. Er selbst, der seine Geschichte sehr detailliert zu erzählen pflegte – eher ein bißchen zu ausführlich als zu knapp (und alles stützt die Annahme, daß unser Anonymus sie mehr als einmal von ihm gehört haben muß) –, er selbst pflegte an dieser Stelle zu sagen, daß er sich an jene Nacht nicht anders erinnern könne, als wenn er sie träumend im Bett verbracht hätte. Tatsache ist, daß er, als sie zu Ende ging, sich am Ufer der Adda befand.

Es hatte keinen Moment zu regnen aufgehört, aber irgendwann war aus dem Wolkenbruch ein Landregen und dann ein feines stilles, gleichmäßiges Nieseln geworden. Die einzelnen hohen Wolken spannten einen lückenlosen, aber leichten, durchsichtigen Dunstschleier über den Himmel, und das Licht der Morgendämmerung ließ Renzo die Gegend ringsum erkennen. Vor ihm lag seine Heimat, und was er bei diesem Anblick empfand, läßt sich nicht beschreiben. Ich kann nur sagen, daß diese Berge, dieser so nahe *Resegone*, das Gebiet von Lecco ganz wie sein eigen geworden waren. Er warf auch einen Blick auf sich selbst und fand sich etwas sonderbar, denn um die Wahrheit zu sagen, er hatte wohl gemeint, er sähe so prächtig aus, wie er sich fühlte: Alles, was er anhatte, war durchweicht und klebte ihm am Leib; vom Kopf bis zur Hüfte war alles triefnaß, eine einzige Traufe, von der Hüfte bis zu den Fußspitzen alles Schlamm und Kot, und sogar die Stellen, wo der Dreck nicht hingelangt war, hätte man noch bespritzt und verdreckt nennen können. Und hätte er sich in einem Spiegel gesehen, mit der schlapp herunterhängenden Hutkrempe und den angeklatschten, ins Gesicht geklebten Haaren, so hätte er sich noch mehr gewundert. Was die Müdigkeit anging, mochte sie wohl vorhanden sein, aber er wußte nichts davon, und die Kühle des Morgens, die zu jener der Nacht und der Nässe hinzukam, verlieh ihm lediglich neuen Mut und den Wunsch, noch schneller zu gehen.

Er kam nach Pescate, folgte dem letzten Stück der Adda, nicht ohne einen traurigen Blick auf Pescarenico zu werfen, passierte die Brücke, ging über Straßen und Felder und erreichte im Nu das Haus seines gastlichen Freundes. Dieser, der gerade aufgestanden war und in der Tür stand, um nach dem Wetter zu sehen, starrte verblüfft auf die völlig durchnäßte, kotverschmutzte, ja sagen wir's ruhig: völlig verdreckte und dennoch so muntere und unbekümmerte Gestalt. Seiner Lebtag hatte er keinen übler zugerichteten und dabei vergnügteren Menschen gesehen.

»Oha!« sagte er. »Schon hier? Und bei diesem Wetter? Wie ist es gegangen?«

»Sie ist da«, sagte Renzo. »Sie ist da, *sie ist da!*«

»Gesund?«

»Geheilt, was noch besser ist. Ich muß dem Herrn im Himmel und der Madonna danken, solange ich lebe. Große Dinge, mein Freund, Wunderdinge! Ich werde dir alles erzählen.«

»Aber wie bist du denn zugerichtet!«

»Ich sehe schön aus, was?«

»Um die Wahrheit zu sagen, du könntest den Teil von der Hüfte aufwärts benutzen, um den Teil von der Hüfte abwärts zu waschen. Aber warte, ich mach' dir ein schönes Feuer.«

»Ich sage nicht nein. Weißt du, wo's mich erwischt hat? Gleich als ich aus dem Lazarett kam. Aber macht nichts. Dem Wetter sein Recht und mir das meine.«

Der Freund ging hinters Haus und kam mit zwei Reisigbündeln zurück. Das eine legte er auf den Boden, das andere in den Herd, und mit einem bißchen Glut vom Abend zuvor machte er rasch ein prasselndes Feuer. Renzo hatte sich unterdessen den Hut abgenommen, hatte ihn zwei- oder dreimal geschüttelt und auf den Boden geworfen und hatte sich, nicht ganz so leicht, auch das Wams ausgezogen. Dann zog er aus der Hosentasche das Messer, dessen Scheide ganz durchweicht war, legte es auf eine Bank und sagte: »Auch das ist ganz schön übel zugerichtet, aber macht nichts, ist ja bloß Wasser, bloß Wasser! Gott sei Dank!... Ich war nahe daran...! Ich werd' dir gleich alles erzählen.« Er rieb sich die Hände und fügte hinzu: »Aber erst tu mir bitte noch einen anderen Gefallen: Dieses Bündel, das ich oben in der Kammer gelassen habe, das könnte ich jetzt gebrauchen, um mir was anderes anzuziehen, bis diese Sachen getrocknet sind.«

Der Freund ging das Bündel holen, und als er zurückkam, sagte er: »Du mußt doch auch Hunger haben, denke ich mir. Zu trinken wirst du ja unterwegs genug gekriegt haben, aber zu essen...«

»Ich hab gestern abend zwei Brote ergattern können, aber ehrlich gesagt, ich habe sie kaum gespürt.«

»Laß mich nur machen«, sagte der Freund, goß Wasser in einen Kessel, hängte ihn übers Feuer und fügte hinzu: »Ich gehe jetzt melken. Wenn ich mit der Milch zurückkomme, wird das Wasser heiß sein, und dann machen wir uns eine schöne Polenta. Mach's dir inzwischen bequem.«

Als Renzo allein war, zog er sich nicht ohne Mühe die übrigen Kleider aus, die ihm förmlich am Leibe klebten, trocknete sich ab und zog sich von Kopf bis Fuß neu an. Der Freund kam zurück und ging zu seinem Kessel, während Renzo sich an den Tisch setzte und wartete.

»Jetzt merke ich, daß ich müde bin«, sagte er. »War ja auch eine tüchtige Strecke! Aber das macht nichts. Ich kann dir den ganzen Tag lang erzählen. Du kannst dir nicht vorstellen, wie Mailand zugerichtet ist! Was man da alles sehen muß! Womit man da in Berührung kommt! Mit Dingen, bei denen es einem dann vor sich selber graust. Ich kann wirklich sagen, so eine Wäsche, wie ich sie bekommen habe, das war genau das richtige. Und was diese Herren da unten mir antun wollten! Na, du wirst's ja hören. Und wenn du erst das Lazarett sehen würdest! Den Verstand könnte man verlieren bei all dem Elend. Genug, ich werd' dir alles erzählen... Aber sie *lebt*, und sie wird herkommen und wird meine Frau werden, und du wirst unser Trauzeuge sein, und Pest hin, Pest her, für ein paar Stunden wenigstens wollen wir fröhlich sein.«

Im übrigen hielt er sein Versprechen, den ganzen Tag

lang dem Freund zu erzählen, um so mehr als dieser, da der Nieselregen noch immer nicht aufhören wollte, den ganzen Tag im Hause verbrachte, teils bei ihm sitzend, teils beschäftigt mit einem kleinen Bottich und einem Fäßchen und anderen Arbeiten zur Vorbereitung der Weinlese, bei denen es Renzo nicht lassen konnte, ihm zur Hand zu gehen, war er doch, wie er zu sagen pflegte, einer von denen, die eher beim Nichtstun als bei der Arbeit ermüden. Er konnte sich freilich nicht davon abhalten, einen Sprung zu Agneses Häuschen zu tun, um ein gewisses Fenster wiederzusehen und sich auch dort ein wenig die Hände zu reiben. Er kam zurück, ohne von jemand gesehen worden zu sein, und ging gleich zu Bett. Noch vor Tagesanbruch stand er auf, und als er sah, daß der Regen aufgehört hatte und es wieder schön zu werden versprach, machte er sich sofort auf den Weg nach Pasturo.

Es war noch früh, als er ankam, denn er hatte nicht weniger Eile und Verlangen, ans Ende zu kommen, als sie der Leser haben mag. Er erkundigte sich nach Agnese, hörte, daß es ihr gut ging, und wurde zu einem alleinstehenden Häuschen gewiesen, wo sie wohnte. Er ging hin und rief sie von der Straße aus. Beim Klang dieser Stimme kam sie sofort ans Fenster gelaufen, und während sie noch mit offenem Munde dastand, um was weiß ich welche Worte zu rufen, welche Laute von sich zu geben, kam er ihr zuvor und sagte: »Lucia ist geheilt. Ich hab sie vorgestern gesehen. Sie läßt dich grüßen, sie wird bald kommen. Aber ich habe dir auch noch viel, viel anderes zu sagen.«

Überrascht, ihn vor sich zu sehen, froh über die gute Nachricht und begierig, mehr darüber zu hören, stammelte Agnese bald einen Ausruf, bald eine Frage, ohne etwas zu beenden. Dann sagte sie, die Vorsichtsmaßnahmen vergessend, die sie seit langem zu treffen gewohnt war: »Ich komme runter und mache dir auf.«

»Warte«, sagte Renzo. »Was ist mit der Pest? Du hast sie nicht gehabt, stimmt's?«

»Ich nicht. Und du?«

»Ich schon, aber dann mußt du vernünftig sein. Ich komme aus Mailand, und du wirst es ja hören, ich habe bis über die Ohren in der Seuche gesteckt. Ich habe mich zwar von Kopf bis Fuß umgezogen, aber dieses Dreckszeug hängt einem manchmal an wie ein böser Fluch. Und da der Herrgott dich bisher davor bewahrt hat, möchte ich, daß du vorsichtig bleibst, bis die Ansteckungsgefahr vorüber ist. Denn schließlich bist du unsere Mutter, und ich möchte, daß wir noch lange Zeit froh miteinander leben, zum Ausgleich für all die Leiden, die wir durchgemacht haben, ich jedenfalls.«

»Aber...«, begann Agnese.

»Nix da«, unterbrach sie Renzo, »hier gibt's kein Aber. Ich weiß, was du sagen willst, aber du wirst hören, du wirst hören, hier gibt's kein Aber mehr. Laß uns irgendwo ins Freie gehen, wo man bequem reden kann, ohne sich in Gefahr zu bringen, und dann sollst du alles hören.«

Agnese nannte ihm einen Garten hinter dem Haus und fügte hinzu: »Dort stehen zwei Bänke einander gegenüber, als ob sie eigens für diesen Zweck dort aufgestellt wären. Ich komme gleich hin.«

Renzo ging in den Garten und setzte sich auf eine der Bänke, kurz darauf saß Agnese auf der anderen, und ich bin sicher, wenn sich der Leser, der die Vorgeschichte ja bestens kennt, dort hätte als Dritter einfinden können, um mit eigenen Augen jene so lebendige Begegnung zu sehen und mit eigenen Ohren jene Erzählung zu hören und jene Fragen, jene Erklärungen, jene Ausrufe, jenes Bedauern, jenes Jubeln, das Wiedersehen mit Don Rodrigo und mit Pater Cristoforo und alles übrige, und jene Aussichten auf die Zukunft, hell und positiv wie die einstigen – ich bin sicher, sage ich, daß er Gefallen daran gefunden hätte und als letzter gegangen wäre. Aber dieses ganze Gespräch auf dem Papier zu haben, mit stummen Worten aus Tinte, ohne darin ein einziges neues Faktum zu finden, daran wird ihm, denke ich, nicht viel liegen, und er wird es sich lieber selbst ausmalen. Am Ende stand jedenfalls der Beschluß, gemeinsam in jenes Dorf im Bergamaskischen zu ziehen, wo Renzo schon einen so guten Anfang gemacht hatte, und dort einen Hausstand zu gründen. Was den Zeitpunkt betraf, so konnte man freilich noch nichts entscheiden, da er von der Pest und anderen Umständen abhing. Sobald die Gefahr vorüber war, würde Agnese nach Hause zurückkehren, um auf Lucia zu warten, falls Lucia sie dann nicht schon dort erwartete. Bis dahin würde Renzo öfter einmal nach Pasturo kommen, um ihre Mutter zu besuchen und sie über alles auf dem laufenden zu halten.

Ehe er fortging, bot er auch ihr von seinen Goldstücken an. »Schau«, sagte er, »ich hab sie noch alle hier. Auch ich habe ein Gelübde getan, sie nicht anzurühren, bis die Sache geklärt ist. Also wenn du was brauchst, hol eine Schale mit Essigwasser, und ich werfe dir fünfzig blitzblanke Scudi rein.«

»Nein, nein«, sagte Agnese, »ich habe noch mehr als genug für mich. Behalt deine Scudi, bewahr sie gut auf, du wirst sie brauchen können, wenn's ans Hausstandgründen geht.«

Bereichert um den weiteren Trost, eine so liebe Person heil und gesund vorgefunden zu haben, kehrte Renzo in sein Dorf zurück. Er verbrachte den Rest des Tages und die Nacht im Haus seines Freundes, und am nächsten Morgen brach er wieder auf, aber diesmal in eine andere Richtung, nämlich in seine Wahlheimat.

Dort fand er auch Bortolo bei guter Gesundheit und in geringerer Furcht, sie zu verlieren. Denn in jenen wenigen Tagen hatten die Dinge auch dort sehr rasch eine gute Wendung genommen. Nur wenige wurden noch krank, und das Übel war nicht mehr dasselbe – nicht mehr jene tödlichen blauschwarzen Flecken, auch die Heftigkeit der Symptome nahm ab, nur noch ein leichtes, meist zwischendurch nachlassendes Fieber und höchstens ein paar kleine, farblose Beulen, die wie gewöhnliche Furunkel kuriert werden konnten. Schon der äußere Anblick des Dorfes hatte sich verändert: Die am Leben Gebliebenen begannen wieder herauszukommen, einander zu zählen, Beileidsbekundungen und Glückwünsche auszutauschen. Man sprach schon davon, die Arbeit wieder aufzunehmen, die Manufakturbesitzer dachten wieder daran, Fachkräfte zu suchen und einzustellen, und das vor allem in jenen Gewerben, in denen die Zahl der Arbeitsplätze auch vor der Seuche gering gewesen war, wie in der Seidenspinnerei. Renzo ließ sich nicht lange bitten und versprach dem Vetter (vorbehaltlich der nötigen Zustimmung seiner künftigen Familie, versteht sich), gleich wieder an die Arbeit zu gehen, sobald er mit den Frauen gekommen sein würde, um sich im Dorfe niederzulassen. Bis dahin war er damit beschäftigt, die nötigsten Vorbereitungen zu treffen: Er fand ein größeres Haus – was jetzt nur allzuleicht und nicht sehr kostspielig war – und stattete es mit Möbeln und Hausrat aus, wozu er diesmal seinen Schatz angriff, aber ohne ein großes Loch hineinzureißen, denn alles war billig zu haben, da es viel mehr Waren als Käufer gab.

Nach ich weiß nicht wie vielen Tagen kehrte er in sein Heimatdorf zurück, das er noch bemerkenswerter zum Guten verändert fand. Er eilte gleich weiter nach Pasturo, fand Agnese guten Mutes und bereit, nach Hause zurückzukehren, wann immer es sein sollte, so daß er sie gleich selber mitnahm. Und wir brauchen nicht zu schildern, was die beiden fühlten und was sie sagten, als sie gemeinsam jene vertrauten Örtlichkeiten wiedersahen.

Agnese fand alles so, wie sie es verlassen hatte. Weshalb sie nicht umhinkonnte zu sagen, diesmal hätten die Engel das Haus bewacht, da es sich um das einer armen Witwe und eines armen Mädchens gehandelt habe. »Und damals«, fügte sie hinzu, »als man hätte meinen können, der Herrgott habe weggeschaut und nicht an uns gedacht, weil er zuließ, daß sie unser armseliges Hab und Gut fortschleppten, da hat er uns wenig später das Gegenteil bewiesen, indem er mir von anderer Seite die schönen Scudi hat schicken lassen, mit denen ich alles wieder habe richten können. Ich sage *alles*, aber das stimmt nicht ganz, denn Lucias Aussteuer, die haben sie nagelneu, wie sie war, zusammen mit allem anderen fortgeschleppt, und die hatte noch gefehlt, aber jetzt kommt auch die von anderer Seite. Wer mir damals gesagt hätte, als ich mich so abrackerte, um die erste Aussteuer zusammenzubringen: Du glaubst, du arbeitetst für Lucia. Ach, arme Frau, du arbeitest für jemanden, den du nicht kennst. Weiß der Himmel, welche Geschöpfe einmal dieses Linnen und diese Kleider bekommen werden. Die für Lucia, die Aussteuer, die sie wirklich bekommt, an die wird eine gute Seele denken, von der du noch nicht einmal weißt, daß es sie auf dieser Erde überhaupt gibt.«

Agneses erste Sorge war, für diese gute Seele eine möglichst anständige Unterkunft in ihrem ärmlichen Häuschen vorzubereiten. Danach ging sie auf die Suche nach Seide zum Haspeln und vertrieb sich die Zeit mit Arbeit.

Auch Renzo verbrachte diese an und für sich schon so langen Tage nicht müßig: Er verstand sich zum Glück auf zwei Berufe und besann sich nun wieder auf den des Bauern. Teils half er seinem Gastgeber, für den es ein großes Glück war, in einer solchen Zeit des öfteren eine Hilfskraft zu Gebote zu haben, noch dazu eine so geschickte, teils bestellte er Agneses Gärtchen, ja machte es geradezu wieder urbar, da es in ihrer Abwesenheit ganz verwildert war. Um sein eigenes Landstück kümmerte er sich überhaupt nicht, da es, wie er sagte, eine allzu zerzauste Perücke sei und mehr als zwei Arme nötig wären, um es wieder in Ordnung zu bringen. Er betrat es nicht einmal, wie auch nicht sein Haus, denn es hätte ihm zu sehr weh getan, jene Verwüstung noch einmal zu sehen, und er hatte längst beschlossen, alles zu verkaufen, gleich zu welchem Preis, um das bißchen, was er dafür bekommen würde, in seiner neuen Heimat anzulegen.

Waren die am Leben Gebliebenen füreinander wie vom Tode Auferstandene, so war es Renzo für die Überlebenden seines Dorfes sozusagen doppelt: Jeder hieß ihn willkommen und beglückwünschte ihn, jeder wollte seine Geschichte hören. Man wird vielleicht fragen: Was war mit dem Haftbefehl? Nichts war damit, Renzo dachte kaum noch daran, da er annahm, daß auch diejenigen, die ihn hätten ausführen können, nicht mehr daran dachten, und er täuschte sich nicht. Und das war nicht nur eine Folge der Pest, die so vieles zunichte gemacht hatte, sondern es war, wie man auch an mehreren anderen Stellen dieser Geschichte hat sehen können, in jenen Zeiten etwas ganz Normales, daß sowohl allgemeine wie auch besondere Erlasse gegen bestimmte Personen, sofern sie nicht gerade durch irgendwelche mächtigen privaten Feindschaften aufrechterhalten und durchgesetzt wurden, häufig ganz ohne Wirkung blieben, wenn die erwünschte Wirkung nicht gleich auf Anhieb erzielt worden war – so wie Flintenkugeln, wenn sie ihr Ziel nicht treffen, am Boden liegenbleiben, wo sie niemandem schaden. Es war dies, so kann man wohl sagen, eine notwendige Konsequenz der großen Leichtigkeit, mit der solche Erlasse damals ausgegeben wurden. Die Kräfte des Menschen sind begrenzt, und jedes Zuviel beim Befehlen mußte ein entsprechendes Zuwenig beim Ausführen nach sich ziehen. Was der Schneider für die Ärmel verbraucht, kann er nicht mehr für den Zwickel verwenden.

Wer nun auch wissen möchte, wie Renzo in dieser Wartezeit mit Don Abbondio auskam, dem sei gesagt: sie gingen einander aus dem Wege. Don Abbondio aus Angst, wieder etwas von Trauung hören zu müssen – beim bloßen Gedanken daran sah er auf der einen Seite Don Rodrigo mit seinen Bravi vor sich, auf der anderen den Kardinal mit seinen Argumenten –, und Renzo, weil er beschlossen hatte, nicht davon zu reden, ehe es nicht soweit war, um nicht zu riskieren, ihn vor der Zeit aufzubringen, wer weiß welche Schwierigkeiten heraufzubeschwören und die Dinge durch unnützes Schwatzen zu verwirren. Wenn er schwatzen wollte, tat er es mit Agnese. »Meinst du, daß sie bald kommen wird?« fragte dann wohl der eine Gesprächspartner, und der andere antwortete: »Das will ich doch hoffen«, und oft dauerte es nicht lange, bis der, der geantwortet hatte, wieder dieselbe Frage stellte. Mit solchen und ähnlichen Spielchen suchten sie sich die Zeit zu vertreiben, die ihnen um so länger vorkam, je mehr von ihr vergangen war.

Dem Leser wollen wir diese Zeit im Nu vergehen lassen, indem wir kurz mitteilen, daß Lucia wenige Tage nach Renzos Besuch das Lazarett mit der guten Witwe verlassen konnte; daß die beiden, da eine allgemeine Quarantäne angeordnet worden war, diese gemeinsam im Hause der letzteren verbrachten; daß ein Teil der Zeit mit der Arbeit an Lucias Aussteuer verging, bei welcher sie, nachdem sie sich anfangs ein wenig geziert hatte, selber mithelfen mußte; daß die Witwe nach dem Ende der Quarantäne ihr Geschäft und das Haus zur Verwaltung ihrem Bruder, dem Kommissar, übergab und die Reisevorbereitungen getroffen wurden. Wir könnten auch gleich hinzufügen: Sie reisten ab und kamen an und so weiter. Doch sosehr wir gewillt sind, der Eile des Lesers entgegenzukommen – es gibt noch drei in diesen Zeitraum gehörige Dinge, die wir nicht mit Schweigen übergehen wollen, und bei zweien wenigstens glauben wir, daß der Leser selbst sagen wird, es wäre nicht recht gewesen, sie ihm vorzuenthalten.

Das erste war: als Lucia der guten Witwe ihre Erlebnisse noch einmal eingehender und geordneter erzählte, als es ihr in der Aufregung des ersten Herzausschüttens möglich gewesen war, und dabei auch ausdrücklich die Signora erwähnte, die ihr im Kloster von Monza Zuflucht gewährt hatte, erfuhr sie über diese Signora Dinge, die ihr den Schlüssel zu manchem Geheimnis gaben und sie zugleich schmerz- und furchterfüllt staunen ließen. Sie erfuhr von der Witwe, daß die Unselige, gräßlicher Taten verdächtigt, auf Anordnung des Kardinals in ein Kloster zu Mailand verbracht worden war, daß sie dort nach vielem Toben und Umsichschlagen ihr Unrecht eingesehen und sich selbst bezichtigt habe und daß ihr gegenwärtiges Leben eine freiwillige Strafe von solcher Art sei, daß niemand eine strengere finden könnte, es sei denn, ihr gleich das Leben zu nehmen. Wer diese traurige Geschichte etwas genauer nachlesen möchte, findet sie in der *Historia Patriae* von Ripamonti an der Stelle, die wir bereits andernorts im Zusammenhang mit derselben Person zitiert haben.*

Das zweite war: als Lucia alle Kapuziner, die sie im Lazarett antraf, nach Pater Cristoforo fragte, erfuhr sie schließlich mehr zu ihrem Schmerz als zu ihrer Überraschung, daß er an der Pest gestorben war.

Drittens schließlich hätte sie vor ihrer Abreise gern noch etwas über ihre früheren Herrschaften erfahren, um ihnen gegenüber, wie sie sagte, ihre Dankespflicht zu erfüllen, falls einer von ihnen noch lebte. Die Witwe begleitete sie zu dem Haus, wo sie erfuhren, daß sowohl er wie sie den Weg der meisten gegangen waren. Über Donna Prassede ist mit der Auskunft, daß sie gestorben war, alles gesagt. Über Don Ferrante jedoch, der immerhin ein Gelehrter war, hat der Anonymus es für richtig befunden, sich etwas länger auszulassen, und das wollen wir hier ganz auf unser eigenes Risiko in großen Zügen wiedergeben.

Er schreibt also, daß Don Ferrante, als das erste Mal von der Pest die Rede war, zu denen gehörte, die ihre Existenz am entschiedensten verneinten, und daß er diese Ansicht beharrlich bis zum Ende aufrechterhielt; allerdings nicht mit ignorantem Gegacker wie das blöde Volk, sondern mit Argumenten, denen man zumindest eine innere Logik nicht absprechen kann.

»*In rerum natura*«, sagte er, »gibt es nur zwei Arten von Dingen: Substanzen und Akzidenzien, und wenn ich beweise, daß die Ansteckung weder das eine noch das andere sein kann, habe ich bewiesen, daß sie nicht existiert und nur ein Hirngespinst ist. Wohlan denn. Substanzen sind entweder geistig oder materiell. Daß die Ansteckung eine geistige Substanz sei, ist eine so unsinnige Behauptung, daß sie wohl niemand aufstellen würde, weshalb es müßig ist, darüber zu sprechen. Materielle Substanzen sind entweder einfach oder zusammengesetzt. Eine einfache Substanz ist die Ansteckung ganz gewiß nicht, wie sich mit vier Worten beweisen läßt: Sie ist keine *luftige* Substanz, denn wäre sie eine, würde sie, statt von einem Körper zum anderen überzugehen, sofort in ihre Sphäre davonfliegen. Sie ist keine *wäßrige* Substanz, denn sonst würde sie nässen und von den Winden getrocknet werden. Sie ist keine *feurige* Substanz, denn sonst würde sie brennen. Sie ist keine *erdige* Substanz, denn sonst wäre sie sichtbar. Sie ist aber auch keine zusammengesetzte Substanz, denn in jedem Fall müßte sie dann ja für das Auge oder den Tastsinn wahrnehmbar sein, und wer hat diese Ansteckung jemals gesehen oder berührt? Bliebe zu untersuchen, ob sie ein Akzidens sein kann. Hiermit steht es noch schlimmer. Diese Doktoren sagen uns, daß die Ansteckung sich von einem Körper zum anderen übertrage, denn dies ist ihr Hauptargument, dies ist der Vorwand, unter dem sie uns so viele sinnlose Vorschriften machen. Nehmen wir einmal an, sie sei ein Akzidens, dann müßte sie folgerichtig ein *übertragenes* Akzidens sein – ein Widerspruch in sich, denn in der ganzen Philosophie gibt es nichts Klareres und Einleuchtenderes, als daß ein Akzidens nicht von einem Subjekt auf ein anderes Subjekt übertragen werden kann. Wer sich nun, um dieser Scylla zu entgehen, auf die Behauptung zurückzieht, die Ansteckung sei ein *erzeugtes* Akzidens, der fällt der Charybdis anheim, denn was erzeugt worden ist, das überträgt sich nicht und verbreitet sich also nicht, wie sie faseln. Wenn diese Prinzipien feststehen, was soll dann noch das ganze Gerede über Vibices, Exantheme, Karbunkel...?«

»Lauter Unsinn!« platzte einmal jemand los.

»Nein, nein«, erwiderte Don Ferrante, »das will ich gar nicht sagen: Wissenschaft ist Wissenschaft, man muß sie nur richtig anwenden. Vibices, Exantheme, Karbunkel, Ziegenpeter, veilchenblaue Beulen, schwarzblaue Furunkel, das sind alles respektable Wörter, die ihre schöne und gute Bedeutung haben. Ich sage nur: sie haben nichts mit dieser Frage zu tun. Wer wollte leugnen, daß es diese Dinge geben kann, ja daß es sie gibt? Es geht nur um die Frage, woher sie kommen.«

Hier begann es auch für Don Ferrante schwierig zu werden. Solange er nichts anderes tat, als auf die These von der Ansteckung einzuprügeln, fand er überall offene Ohren; denn es läßt sich kaum beschreiben, wie groß die Autorität eines professionellen Gelehrten ist, wenn er den anderen etwas beweisen will, wovon sie ohnehin überzeugt sind. Sobald Don Ferrante jedoch daranging, den Leuten auseinanderzusetzen und zu beweisen, daß der Irrtum jener Ärzte nicht bereits in ihrer Behauptung bestand, es gebe da eine die Allgemeinheit bedrohende furchtbare Krankheit, sondern erst in ihrer Bestimmung der Ursache dieser Krankheit, dann fand er – ich spreche von der ersten Zeit, als man partout nichts von Pest hören wollte –, dann fand er statt offener Ohren rebellische, nicht mehr zum Schweigen zu bringende Zungen, dann war es vorbei mit dem ungestörten Dozieren, und er konnte seine Lehre nur noch stück- und bröckchenweise vortragen.

»Die wahre Ursache ist nur allzu deutlich zu sehen«, sagte er etwa, »und auch jene sind gezwungen, sie anzuerkennen, die auf jener anderen, ganz aus der Luft gegriffenen beharren... Sollen sie doch einmal versuchen, sie zu leugnen, diese fatale Konjunktion von Jupiter und Saturn! Und wann hätte man jemals gehört, daß planetarische Einflüsse sich von einem Körper zum anderen übertragen...? Wollen die Herren etwa bestreiten, daß es planetarische Einflüsse gibt? Wollen sie bestreiten, daß es Gestirne gibt? Oder wollen sie mir weismachen, daß die Gestirne da oben am Himmel nur so herumstehen, ohne etwas zu tun, wie lauter Stecknadeln in einem Nadelkissen?... Was mir nicht in den Kopf will, ist die Logik dieser Herren Ärzte. Einerseits geben sie zu, daß wir uns unter einer so bösartigen Konjunktion befinden, und dann sagen sie uns mit dreister Stirn: Berührt dieses nicht, berührt jenes nicht, dann seid ihr sicher! Als ob dieses Vermeiden der materiellen Berührung mit irdischen Dingen die immaterielle Einwirkung der Himmelskörper verhindern könnte! Und all dieses angestrengte Getue mit dem Verbrennen von Lumpen! Armes Volk! Könnt ihr den Jupiter verbrennen? Könnt ihr den Saturn verbrennen?«

His fretus, das heißt im Vertrauen auf diese schönen Argumente, traf er keinerlei Vorsichtsmaßnahmen gegen die Pest. Sie befiel ihn, er legte sich nieder und starb, wie ein Held bei Metastasio mit den Sternen hadernd.

Und seine famose Bibliothek? Sie ist vielleicht noch irgendwo verstreut in den Ständen der Antiquare zu finden.

Kapitel 38

Eines Abends hörte Agnese eine Kutsche vor der Tür halten. *Das ist sie, bestimmt!* Sie war es wirklich, mitsamt der guten Witwe. Die wechselseitigen Begrüßungen kann sich der Leser vorstellen.

Am nächsten Morgen in aller Frühe kam Renzo vorbei. Er wußte von nichts und kam nur, um sich ein bißchen bei Agnese darüber Luft zu machen, daß Lucia so lange auf sich warten ließ. Wie er sich benahm und was er sagte, als er sie plötzlich vor sich sah, wollen wir gleichfalls der Vorstellungskraft des Lesers überlassen. Lucias Gefühlsbekundungen waren dagegen so, daß es nicht vieler Worte bedarf, sie zu beschreiben. »Grüß dich, wie geht's?« sagte sie mit züchtig niedergeschlagenen Augen und ohne sich zu rühren. Aber man denke nun nicht, daß Renzo dieses Gebaren zu trocken gefunden und übelgenommen hätte. Er nahm es durchaus von der richtigen Seite, und wie man unter gebildeten Leuten nicht alle Komplimente wörtlich nimmt, so verstand er sehr gut, daß diese Worte nicht alles ausdrückten, was in Lucias Herzen vorging. Im übrigen war es leicht zu bemerken, daß sie zweierlei Arten hatte, sie auszusprechen: eine für Renzo und eine für alle anderen, die sie kannte.

»Mir geht's immer gut, wenn ich dich sehe«, antwortete er mit einer alten Floskel, die er jedoch in diesem Augenblick neu hätte erfunden haben können.

»Unser armer Pater Cristoforo...!« sagte Lucia. »Bete für seine Seele – auch wenn wir fast sicher sein können, daß er in dieser Stunde droben für uns Fürbitte leistet.«

»Ich hatte es leider nicht anders erwartet«, sagte Renzo. Und das war nicht die einzige traurige Saite, die in diesem Gespräch angeschlagen wurde. Und doch: Worüber sie immer auch sprachen, es wurde für ihn zu einem herzerquickenden Gespräch. Wie jene launischen Pferde, die bocken und sich versteifen, erst den einen und dann den anderen Fuß heben und wieder auf dieselbe Stelle setzen und sich tausendfach zieren, ehe sie einen Schritt machen, dann aber plötzlich lospreschen und davonsausen wie der Wind, so war für ihn die Zeit geworden – erst waren ihm die Minuten wie Stunden vorgekommen, dann kamen ihm die Stunden wie Minuten vor.

Die Witwe störte nicht nur keineswegs die Gesellschaft, sondern fügte sich bestens hinein, und gewiß hätte Renzo, als er sie auf jenem Krankenbett liegen sah, sich nicht vorstellen können, daß sie so gesellig und munter sein konnte. Aber Lazarett und Landleben, Tod und Hochzeit sind ja auch nicht das gleiche. Mit Agnese hatte sie sich rasch angefreundet, und wie sie mit Lucia umging, war eine Lust zu sehen – zärtlich und immer zu Späßen aufgelegt, zu liebenswürdigen Sticheleien, ohne jemals zu weit zu gehen, nur gerade so weit, wie nötig war, um ihr alle Heiterkeit zu entlocken, die sie im Herzen hatte.

Schließlich erklärte Renzo, er werde nun zu Don Abbondio gehen, um die Trauung mit ihm zu besprechen. Er ging und sagte halb spöttisch, halb ehrerbietig zu ihm: »Herr Pfarrer, ist Euch jetzt das Kopfweh vergangen, dessentwegen Ihr damals sagtet, daß Ihr uns nicht trauen könntet? Jetzt wär's soweit: Die Braut ist da, und ich bin gekommen, um zu hören, wann es Euch passen würde. Aber diesmal möchte ich Euch bitten, etwas schneller zu machen.« Don Abbondio sagte nicht nein, aber er begann sich zu winden, neue Ausflüchte zu erfinden und gewisse Andeutungen zu machen: Ob es denn klug sei, sich vor allen Leuten hinzustellen und seinen Namen ausrufen zu lassen, wo er doch diesen Haftbefehl am Hals habe? Die Trauung könne doch ebensogut auch woanders vollzogen werden, und dergleichen mehr.

»Verstehe«, sagte Renzo, »Ihr habt noch immer ein bißchen von jenem Kopfweh. Aber hört einmal, hört.« Und damit begann er darzulegen, in welchem Zustand er den armen Don Rodrigo gesehen hatte und daß er zu dieser Stunde sicherlich schon hinübergegangen war. »Hoffen wir«, schloß er, »daß der Herr ihm gnädig ist.«

»Das hat gar nichts damit zu tun«, sagte Don Abbondio. »Habe ich etwa nein gesagt? Ich sage nicht nein, was ich sage, ist... ist aus guten Gründen gesagt. Im übrigen, verstehst du, solange einer noch atmet... Sieh mich an, ich bin ein kränkelnder alter Mann, und ich bin auch schon mehr drüben als hier gewesen und bin trotzdem immer noch hier, und... wenn mich kein Unglück trifft... Genug, ich darf hoffen, hier noch ein Weilchen zu bleiben. Und denk nur an gewisse andere Naturen! Aber wie gesagt, das hat gar nichts damit zu tun.«

Nach ein paar weiteren Vorstößen und mehr oder minder schlüssigen Antworten machte Renzo eine schöne Verbeugung, kehrte zu seinen Frauen zurück, berichtete ihnen und schloß: »Ich bin gegangen, weil ich genug davon hatte und nicht riskieren wollte, die Geduld zu verlieren und es am gebührenden Respekt fehlen zu lassen. Manchmal kam er mir wirklich genauso wie damals vor, dieselbe Sturheit und dieselben Ausreden. Ich bin sicher, wenn es noch länger gedauert hätte, wäre er mir wieder mit ein paar Brocken Latein gekommen. Ich sehe schon, das wird wieder eine langwierige Sache. Vielleicht machen wir's wirklich besser so, wie er sagt, und gehen dort heiraten, wo wir wohnen werden.«

»Wißt ihr was?« sagte die Witwe. »Ich finde, wir Frauen sollten es erst noch mal versuchen und sehen, ob es uns nicht besser gelingt. So werde auch ich das Vergnügen haben, diesen Mann kennenzulernen und mich zu überzeugen, ob er wirklich so ist, wie ihr sagt. Ich finde, wir sollten nach dem Essen hingehen, um nicht gleich wieder über ihn herzufallen. Bis dahin, Herr Bräutigam, führt uns beide ein bißchen herum, während Agnese beschäftigt ist. Auf Lucia werde ich wie eine Mutter aufpassen, und ich möchte wirklich gern etwas mehr von diesem See und diesen Bergen sehen, von denen ich schon soviel gehört habe. Das wenige, was ich davon schon gesehen habe, scheint mir ganz wundervoll.«

Als erstes führte sie Renzo zum Haus seines Gastgebers, wo es neuen Jubel gab. Sie nahmen ihm das Versprechen ab, nicht nur an diesem Tag, sondern immer, wenn er konnte, zum Essen zu ihnen zu kommen.

Nach dem Spaziergang und dem Essen ging Renzo fort, ohne zu sagen, wohin. Die Frauen blieben noch ein Weilchen sitzen, um zu besprechen, wie sie bei Don Abbondio vorgehen sollten; dann schritten sie zur Attacke.

›O weh, jetzt kommen die!‹ sagte sich dieser im stillen, doch er setzte eine unbekümmerte Miene auf. Beglückwünschte Lucia zu ihrer Genesung, begrüßte Agnese und bezeigte der Fremden seine Honneurs. Ließ die drei Frauen Platz nehmen und begann sofort, von der Pest zu reden. Wollte von Lucia wissen, wie sie die schwere Zeit überstanden habe, wonach ihm das Lazarett Gelegenheit bot, auch diejenige reden zu lassen, die dort ihre Gefährtin gewesen war. Erzählte sodann, wie es ja nur recht und billig war, auch von seiner Heimsuchung. Dann weitere Glückwünsche für Agnese, die es so glatt überstanden hatte. Die Sache zog sich in die Länge. Von Anfang an hatten die beiden älteren Frauen auf eine Gelegenheit gelauert, das Gespräch auf das eigentliche Thema ihres Besuches zu bringen, und schließlich gelang es ich weiß nicht welcher der beiden, das Eis zu brechen. Aber von wegen! Auf diesem Ohr war Don Abbondio taub. Nicht daß er nein gesagt hätte, aber sofort fing er wieder an, sich zu winden und zu drehen und vom Hundertsten ins Tausendste zu kommen. »Man müßte es irgendwie hinkriegen«, sagte er, »daß dieser dumme Haftbefehl aufgehoben wird. Gnädige Frau, Ihr seid doch aus Mailand, Ihr wißt doch sicher, an welchen Fäden man ziehen muß, Ihr habt doch sicher gute Beziehungen, irgendwelche einflußreichen Kavaliere, irgendeine hochmögende Protektion – das sind doch die Mittel, mit denen man jede Wunde heilt! Aber wenn man lieber den kürzesten Weg gehen will, ohne sich auf so viele Geschichten einzulassen... wo doch diese beiden jungen Leute und diese gute Agnese hier ohnehin schon die Absicht haben, das Vaterland zu verlassen (wozu ich nur sagen kann: das Vaterland ist, wo es einem gut geht)... da könnte man, scheint mir, freilich auch einfach alles dort erledigen, wo einem kein Haftbefehl im Wege steht. Ich kann es wirklich kaum noch erwarten, diesen Ehebund endlich geschlossen zu sehen, aber ich möchte ihn *gut* geschlossen sehen, gut und in Ruhe. Ich sag's, wie es ist: Hier am Altar den Namen Lorenzo Tramaglino frei zu verkünden, solange dieser Haftbefehl fortbesteht, das bringe ich nicht ruhigen Herzens über mich. Ich mag den guten Renzo viel zu sehr leiden, ich hätte Angst, ihm einen üblen Dienst zu erweisen. Versteht das bitte, gnädige Frau, versteht das bitte auch ihr.«

Darauf teils von Agnese, teils von der Witwe heftiger Widerspruch und von Don Abbondio dieselben Argumente nochmals in anderer Form. Man drehte sich im Kreis, als plötzlich Renzo mit festem Schritt und einer Aufmerksamkeit heischenden Miene hereintrat und sagte: »Der Herr Marchese von *** ist eingetroffen.«

»Was soll das heißen? Wo eingetroffen?« fragte Don Abbondio aufspringend.

»In seinem Schloß, das früher Don Rodrigos Schloß gewesen war. Dieser Herr Marchese ist nämlich der Fideikommiß-Erbe, wie sie sagen, und folglich gibt es nun keinen Zweifel mehr. Ich für meinen Teil wäre froh, wenn ich wissen dürfte, daß dieser arme Mensch einen guten Tod gehabt hat. Immerhin habe ich für ihn bereits etliche Vaterunser gebetet, jetzt werde ich für ihn das *De profundis* sprechen. Und dieser Herr Marchese ist ein sehr anständiger Mann.«

»Sicher«, sagte Don Abbondio, »ich habe ihn mehr als einmal einen wirklich anständigen Herrn, einen Mann vom guten alten Schlag nennen hören. Aber ob es auch bestimmt wahr ist...?«

»Glaubt Ihr dem Mesner?«

»Wieso?«

»Weil er ihn mit eigenen Augen gesehen hat. Ich war nur dort in der Gegend, und um die Wahrheit zu sagen, ich bin genau deswegen hingegangen, weil ich mir dachte: Dort müßte man doch etwas wissen. Und mehr als einer hat mir dasselbe gesagt. Dann bin ich dem Mesner Ambrogio begegnet, der kam gerade von da oben und hat den Marchese dort, wie soll ich sagen, als Schloßherrn auftreten sehen. Wollt Ihr ihn selber hören, den Ambrogio? Ich habe ihn extra hier draußen warten lassen.«

»Gut, hören wir ihn an«, sagte Don Abbondio. Renzo holte den Mesner herein. Dieser bestätigte das Gesagte in jeder Hinsicht, fügte noch weitere Einzelheiten hinzu, räumte alle Zweifel beiseite und ging wieder hinaus.

»Ha, er ist also tot! Er ist wirklich hinüber!« rief Don Abbondio aus. »Da seht ihr, Kinder, wie die Vorsehung gewisse Leute am Ende doch noch erreicht! Ihr wißt, das ist eine großartige Sache! Eine große Erleichterung für dieses arme Land, denn mit dem konnte man ja nicht leben! Diese Pest war eine schlimme Geißel gewesen, aber sie war auch *ein Besen*. Sie hat gewisse Subjekte weggefegt, die wir ohne sie niemals losgeworden wären – junge, frische, blühende Menschen, so daß man wirklich sagen konnte, wer dazu bestimmt war, ihnen dereinst die Totenmesse zu lesen, der saß noch im Seminar und paukte Latein. Und im Handumdrehen sind sie alle verschwunden, Hunderte auf einen Schlag! Jetzt werden wir ihn nicht mehr umherziehen sehen mit diesen Schergen im Gefolge, mit dieser Aufgeblasenheit, mit dieser hochmütigen Miene, mit diesem Stock im Leib, mit diesem verächtlichen Blick auf die Leute, so daß man meinen konnte, sie seien alle nur dank seiner Gnade auf der Welt. Jetzt ist er weg, und wir sind noch da. Jetzt wird er anständigen Leuten nicht mehr solche Botschaften schicken. Ach ja, er war schon ein großer Verdruß für alle, jetzt können wir's ja sagen!«

»Ich habe ihm von Herzen vergeben«, sagte Renzo.

»Und damit tust du nur deine Pflicht«, versetzte Don Abbondio. »Aber man kann schon auch dem Himmel dafür danken, daß er uns von ihm erlöst hat. Um nun auf euch zurückzukommen, meine Kinder, ich wiederhole: Tut, was ihr für richtig haltet. Wenn ihr wollt, daß ich euch traue, bin ich bereit. Wenn es euch anders besser dünkt, macht es anders. Was den Haftbefehl angeht, so sehe ich ein, daß er jetzt, wo keiner mehr da ist, der es auf euch abgesehen hat, nicht mehr so ernst genommen werden muß, zumal ja inzwischen auch dieses huldvolle Dekret wegen der Geburt des durchlauchtigsten Infanten gekommen ist. Und dann die Pest! Die Pest! Die hat so vieles übertüncht! Also wenn ihr wollt... heute ist Donnerstag... am Sonntag biete ich euch in der Kirche auf, denn das damalige Aufgebot gilt nach so langer Zeit nicht mehr, und dann habe ich die Freude, euch höchstpersönlich zu verheiraten.«

»Ihr wißt, daß wir genau deswegen hergekommen sind«, sagte Renzo.

»Sehr gut, dann werde ich euch zu Diensten sein. Ich will es auch gleich Seiner Eminenz mitteilen.«

»Wer ist Seine Eminenz?« fragte Agnese.

»Seine Eminenz«, antwortete Don Abbondio, »ist unser Kardinalerzbischof, den Gott erhalten möge.«

»Oh, was das betrifft, da müßt Ihr entschuldigen«, entgegnete Agnese, »wenn ich auch nur eine arme, ungebildete Frau bin, kann ich Euch doch versichern, daß man nicht so sagt. Denn als wir das zweite Mal bei ihm waren, um mit ihm zu reden, so wie ich jetzt mit Euch rede, da hat mich einer von diesen Herren Priestern beiseite genommen und mich gelehrt, wie man diesen hohen Herrn anredet, nämlich daß man zu ihm ›Euer Durchlaucht‹ und ›Monsignore‹ sagt.«

»Und wenn er's euch jetzt noch einmal lehren müßte, würde er sagen, daß man den Kardinal mit Eminenz anredet, versteht ihr? Denn der Papst, den Gott ebenfalls erhalten möge, hat schon im Juni vorgeschrieben, daß Kardinäle mit diesem Titel anzureden sind. Und wißt ihr, warum er zu diesem Beschluß gekommen ist? Weil die Anrede ›Euer Durchlaucht‹, die ihnen und einigen Fürsten vorbehalten war, inzwischen so häufig benutzt wird – ihr seht ja selbst, wie viele man so tituliert und wie gern sie sich's gefallen lassen! Was also hätte der Papst da tun sollen? Sie allen wegnehmen? Klagen, Beschwerden, Ärger, Verdruß, und außerdem wäre alles beim alten geblieben. So hat er einen vortrefflichen Ausweg gefunden. Nach und nach allerdings wird man anfangen, auch die Bischöfe mit Eminenz anzureden, dann werden auch die Äbte es wollen, dann die Pröbste – denn die Menschen sind eben so, sie wollen immer höher hinauf, immer höher –, dann die Domherren...«

»Dann die Pfarrer«, sagte die Witwe.

»Nein, nein«, erwiderte Don Abbondio, »die Pfarrer müssen den Karren ziehen. Nur keine Angst, daß die Pfarrer verwöhnt werden, die behalten ihr ›Hochwürden‹ bis ans Ende der Welt. Aber ich würde mich gar nicht wundern, wenn die Ritter, die gewohnt sind, mit Durchlaucht angeredet und wie Kardinäle behandelt zu werden, eines Tages ebenfalls Eminenz genannt werden wollen. Und wenn sie das wollen, ihr werdet sehen, dann wird es auch Leute geben, die es tun. Und dann muß der Papst, der dann in Rom sein wird, etwas anderes für die Kardinäle erfinden. Doch zurück zu unseren Angelegenheiten: Am Sonntag biete ich euch in der Kirche auf, und inzwischen, wißt ihr, was ich mir ausgedacht habe, um euch noch besser zu Diensten zu sein? Inzwischen ersuchen wir um Dispens für die beiden anderen Aufgebote. Sie müssen ganz schön zu tun haben in der Kurie da unten mit dem Dispenserteilen, wenn es überall so zugeht wie hier! Für Sonntag habe ich schon... eins... zwei... drei Paare, ohne euch mitzuzählen, und es können noch mehr dazukommen. Wenn das so weitergeht, ihr werdet sehen, dann wird bald keiner mehr ledig bleiben! Perpetua hat wirklich einen dummen Fehler gemacht, ausgerechnet jetzt zu sterben: In dieser Zeit hätte auch sie noch einen Interessenten gefunden. Und in Mailand wird es genauso sein, stelle ich mir vor, nicht wahr, gnädige Frau?«

»Und wie! Stellt Euch vor, allein in meiner Pfarrei waren es letzten Sonntag fünfzig Aufgebote!«

»Ich sag's ja, diese Welt will nicht aussterben. Und Euch, gnädige Frau, haben Euch nicht auch schon wieder ein paar Verehrer umschwärmt?«

»Nein, nein, daran denke ich gar nicht und will auch gar nicht dran denken.«

»Ja, ja, Ihr wollt lieber allein bleiben. Aber auch Agnese, seht nur, auch Agnese...«

»Uh! Ihr seid wohl zum Scherzen aufgelegt«, sagte diese.

»Und ob ich zum Scherzen aufgelegt bin, und mir scheint, es ist auch endlich an der Zeit. Wir haben doch allerhand durchgemacht, nicht wahr, ihr jungen Leute? Allerhand durchgemacht haben wir! Von den restlichen Tagen, die wir auf dieser Welt noch verbringen dürfen, darf man erwarten, daß sie ein bißchen besser werden. Tjaja, ihr Jungen seid glücklich dran, wenn nichts dazwischenkommt, könnt ihr noch eine ganze Weile von den durchgemachten Nöten reden. Mir dagegen hat schon lange die elfte Stunde geschlagen, und... Die Schurken können sterben, von der Pest kann man genesen, aber gegen die Jahre gibt es kein Heilmittel, und wie man sagt: *Senectus ipsa est morbus.*«

»Jetzt könnt Ihr soviel Latein reden, wie Ihr wollt«, sagte Renzo, »mir macht das nichts mehr aus.«

»Du haderst immer noch mit dem Latein, was? Na gut, ich werde dir helfen: Wenn du vor mich hintreten wirst mit diesem lieben Kind neben dir, um von mir ganz bestimmte lateinische Wörtchen zu hören, dann werde ich zu dir sagen: Latein willst du nicht, also gehe in Frieden. Wird dir das gefallen?«

»Oh, ich weiß schon, was ich sage«, erwiderte Renzo. »Nicht das ist die Sorte Latein, die mir Angst macht, das ist ein aufrichtiges, hochheiliges Latein, wie das in der Messe – auch die dort müssen ja lesen, was im Buche steht. Ich spreche von jenem schurkischen Latein außerhalb der Kirche, das einen hinterrücks mitten im schönsten Gespräch überfällt. Zum Beispiel, wo wir jetzt gerade hier sind und alles vorüber ist: übersetzt mir doch einmal jenes Latein, das Ihr damals genau hier in diesem Winkel hervorgekramt habt, um mir zu verstehen zu geben, daß Ihr uns nicht trauen könntet, daß dazu noch andere Dinge erforderlich wären und was weiß ich.«

»Sei still, du Narr, sei still! Rühr diese alten Sachen nicht wieder auf. Denn wenn wir jetzt abrechnen müßten, weiß ich nicht, wer besser wegkäme. Ich habe alles verziehen, also sprechen wir nicht mehr davon, aber ihr habt mir ganz schön mitgespielt. Bei dir wundert's mich ja nicht weiter, denn du bist ja ein ganz durchtriebener Spitzbube, aber bei diesem stillen Wasser hier, bei dieser kleinen Heiligen, dieser ausgesuchten kleinen Madonna, da wär's einem ja wie Sünde vorgekommen, sich vor der in acht zu nehmen! Aber ich weiß schon, wer ihr das beigebracht hat, ja, ja, ich weiß schon!« Dabei drohte er Agnese mit dem Finger, den er zuvor auf Lucia gerichtet hatte, und es läßt sich gar nicht beschreiben, mit was für einer gutmütigen Miene und was für einer schelmischen Munterkeit er diese Vorwürfe machte. Die gute Nachricht hatte in ihm eine Lockerheit und Gesprächigkeit ausgelöst, die man seit langem nicht mehr bei ihm kannte, und wir wären noch weit vom Ende entfernt, wenn wir den ganzen Rest dieser Unterhaltung referieren wollten, die er in die Länge zog, indem er seine Besucher mehr als einmal zurückhielt, als sie aufbrechen wollten, und dann auch noch ein Weilchen vor der Haustür mit ihnen stehenblieb, um weiter seine neckischen Späßchen zu machen.

Am nächsten Tag bekam er einen Besuch, der ebenso unerwartet wie angenehm war: der Marchese, von dem sie gesprochen hatten, ein älterer Herr, dessen Auftreten und Erscheinung seinen Ruf in jeder Hinsicht bestätigte: offen, höflich, ruhig, bescheiden, würdevoll und mit einem Anflug von gottergebener Trauer.

»Ich komme«, sagte er, »um Euch die Grüße des Kardinalerzbischofs zu überbringen.«

»Oh, wie huldvoll von Euch beiden!«

»Als ich im Begriff war, mich von diesem unvergleichlichen Mann zu verabschieden, der mich mit seiner Freundschaft beehrt, sprach er von zwei jungen Leuten aus dieser Pfarrei, die miteinander verlobt waren und durch die Schuld dieses armen Don Rodrigo viel Leid durchgemacht haben. Monsignore wünscht zu hören, wie es ihnen geht. Sind sie am Leben? Und ist ihre Angelegenheit geregelt?«

»Alles bestens geregelt. Ich hatte sogar gerade vor, Seiner Eminenz deswegen zu schreiben, aber da mir nun die Ehre vergönnt ist...«

»Sind sie hier?«

»Jawohl, und sie werden, sobald es sich machen läßt, Mann und Frau sein.«

»Dann bitte ich Euch, mir zu sagen, ob man ihnen irgendwie etwas Gutes tun kann und wie es auf die passendste Weise geschehen könnte. Ich habe durch diese Heimsuchung meine zwei einzigen Kinder und ihre Mutter verloren, und ich habe drei beträchtliche Erbschaften gemacht. Reichliches Vermögen hatte ich bereits vorher. Ihr seht also, wenn Ihr mir eine Gelegenheit gebt, es gut anzuwenden, noch dazu eine so schöne, dann erweist Ihr mir einen wirklichen Dienst.«

»Der Himmel segne Euch! Warum sind nicht alle so wie Ihr?... Genug, auch ich danke Euch von Herzen für diese meine Kinder. Und da Euer Durchlaucht mich so ermutigen – jawohl, mein Herr, ich kann Euch eine Möglichkeit nennen, die Euch vielleicht gefallen wird. Ihr müßt wissen, daß diese guten Leute entschlossen sind, sich andernorts einen Hausstand zu gründen und das bißchen, was sie hier besitzen, zu veräußern: der junge Mann ein Weingärtchen von etwa neun bis zehn Ruten, wenn ich nicht irre, aber gänzlich verwildert, so daß man nur den Grund und Boden veranschlagen kann, und dazu ein Häuschen, und ein weiteres Häuschen die Braut – zwei Mäuselöcher, mehr nicht. Ein Herr wie Euer Durchlaucht kann nicht wissen, wie es den Armen ergeht, wenn sie sich von ihrem Hab und Gut trennen wollen. Am Ende fällt es immer irgendeinem Gauner in den Rachen, der vielleicht schon lange mit dem Stückchen Land geliebäugelt hat, aber wenn er erfährt, daß der andere verkaufen muß, sich zurückzieht und den Uninteressierten spielt, so daß man ihm nachlaufen muß und es ihm schließlich für ein Butterbrot überläßt, besonders in Zeiten wie diesen. Der Herr Marchese wird schon erraten haben, worauf ich hinauswill. Das Beste, was Euer Durchlaucht für diese Leute tun können, ist, sie aus dieser Verlegenheit zu befreien, indem Ihr ihnen ihr bißchen Hab und Gut abkauft. Ich gebe Euch, offen gestanden, auch einen eigennützigen Rat, denn auf diese Weise würde ich einen Grundherrn wie den Herrn Marchese für meine Pfarrei gewinnen. Aber Euer Durchlaucht werden entscheiden, wie es Euch am besten dünkt. Ich habe nur gesprochen, um Eurem Wunsche nachzukommen.«

Der Marchese lobte den Rat sehr, dankte dem Pfarrer und bat ihn, den Preis zu schätzen und möglichst hoch anzusetzen. Dann ließ er ihn vor Verblüffung erstarren, indem er ihm vorschlug, sogleich gemeinsam zum Hause der Braut zu gehen, wo vermutlich auch der Bräutigam anzutreffen sein werde.

Unterwegs ließ sich Don Abbondio, der innerlich frohlockte, wie man sich vorstellen kann, noch etwas anderes einfallen und sagte: »Da Euer Durchlaucht schon so geneigt ist, diesen Leuten Gutes zu tun – es gäbe da noch einen anderen Dienst, den man ihnen erweisen könnte. Der junge Mann hat einen Haftbefehl am Hals, eine Art Verbannung, wegen eines dummen Streichs, den er vor zwei Jahren in Mailand begangen hat, an dem Tag, als dort der große Aufruhr war, in den er ohne böse Absicht, nur aus Unerfahrenheit hineingeraten war wie eine Maus in die Falle. Nichts Ernstes, bloß Kindereien, Unbedachtheiten, zu wirklicher Schlechtigkeit wäre er gar nicht fähig. Das kann ich wohl sagen, denn ich habe ihn getauft und heranwachsen sehen. Und außerdem, wenn Euer Durchlaucht sich das Vergnügen machen wollen, diese Leute einmal selber reden zu hören, wie ihnen der Schnabel gewachsen ist, braucht Ihr ihn bloß seine Geschichte erzählen zu lassen, und dann werdet Ihr's hören. Da es sich um alte Sachen handelt, belästigt ihn zwar jetzt niemand mehr, und wie ich schon sagte, denkt er daran, außer Landes zu gehen, aber auf die Dauer, ob er einmal wiederkommt oder irgendwas anderes passiert, man weiß ja nie, Ihr werdet mir zugeben, daß es immer besser ist, nicht in jenen Büchern zu stehen. Der Herr Marchese hat doch in Mailand, wie es nur recht und billig ist, einiges Gewicht, sowohl als großer Kavalier wie als der große Mann, der er ist... Nein, nein, laßt mich das sagen, was wahr ist, ist wahr. Eine Empfehlung, ein Wörtchen von Euresgleichen genügt doch, um einen richtigen Freispruch zu erhalten.«

»Liegt nichts Ernsthaftes gegen den jungen Mann vor?«

»Nein, nein, das kann ich mir gar nicht vorstellen. Im ersten Moment hatten sie es zwar sehr auf ihn abgesehen, aber jetzt ist es, glaube ich, nur noch eine Formalität.«

»Wenn es so ist, wird es leicht sein, und ich will mich gern darum kümmern.«

»Und da wollt Ihr nicht, daß man sagt, Ihr seid ein großer Mann! Ich sage es und will es sagen, Euch zum Trotz will ich es sagen! Und auch wenn ich schwiege, würde es nichts nützen, denn alle sagen es, und *Vox populi, vox Dei.*«

Sie fanden tatsächlich die drei Frauen und Renzo beisammen. Wie verwundert diese waren, lasse ich den Leser erraten. Ich glaube, daß auch jene nackten, rauhen Wände, die Fenster, die Bänke und das Geschirr sich wunderten, einen so außergewöhnlichen Besuch bei sich zu empfangen. Er begann das Gespräch, indem er vom Kardinal und anderen Dingen mit offener Herzlichkeit und zugleich hoher Achtung sprach. Dann ging er dazu über, den Vorschlag zu machen, dessentwegen er gekommen war. Don Abbondio, von ihm gebeten, den Preis festzusetzen, trat vor, und nach einiger Ziererei und diversen Entschuldigungen, daß dergleichen nicht sein Fach sei und daß er bei so etwas nur tastend vorgehen könne und daß er nur spreche, um dem Wunsch des Herrn Marchese nachzukommen, fügte er sich drein und nannte einen nach seinem Dafürhalten unverschämt hohen

Preis. Der Marchese sagte jedoch, er seinerseits sei damit vollauf zufrieden, und wiederholte den Betrag, als hätte er nicht ganz richtig gehört, wobei er das Doppelte nannte. Von Berichtigungen wollte er aber nichts hören und schnitt jede weitere Diskussion dadurch ab, daß er die ganze Gesellschaft für den Tag nach der Hochzeit zum Mittagessen in sein Schloß einlud, wo der Kaufvertrag aufgesetzt werden sollte.

›Ach‹, sagte sich Don Abbondio später, als er wieder zu Hause war, ›wenn die Pest immer alles so regeln würde, wäre es wirklich Sünde, schlecht über sie zu reden. Man müßte sich fast in jeder Generation eine wünschen, und man könnte sich auch damit abfinden, sie zu bekommen, wenn man nur hinterher wieder gesund wird.‹

Es kam der Dispens, es kam der Freispruch, und es kam der gesegnete Tag: Die Brautleute gingen mit triumphierender Unbeschwertheit in keine andere als ihre Kirche, wo sie von keinem anderen als Don Abbondio getraut wurden. Ein weiterer und noch beispielloserer Triumph war der Gang zu jenem Schloß, und ich lasse den Leser erraten, was ihnen durch den Kopf gegangen sein mußte, als sie jenen Berg hinaufstiegen und durch jenes Tor schritten, und welche Reden sie dabei führten, jeder nach seinem Naturell. Ich erwähne nur, daß inmitten der allgemeinen Freude bald der eine, bald die andere mehr als einmal bemerkten, um das Fest vollkommen zu machen, fehle jetzt nur noch der arme Pater Cristoforo. »Aber ihm«, sagten sie dann, »geht es jetzt sicher noch besser als uns.«

Der Marchese empfing sie aufs freundlichste, führte sie in ein schönes Eßzimmer, ließ das junge Paar mit Agnese und der Kaufmannswitwe Platz nehmen, und ehe er sich zurückzog, um mit Don Abbondio woanders zu speisen, wollte er noch ein wenig dableiben, um den Gästen Gesellschaft zu leisten, und half sogar, sie zu bedienen. Niemandem wird nun hoffentlich in den Sinn kommen, zu meinen, daß es doch einfacher gewesen wäre, kurzerhand eine einzige Tafel zu decken. Ich habe den Marchese als einen anständigen Mann vorgestellt, aber nicht als ein Original, wie man heute sagen würde. Ich habe gesagt, daß er bescheiden war, aber nicht, daß er ein Wunder an Demut gewesen wäre. Er besaß so viel davon, wie nötig war, um sich *unter* jene guten Leute zu stellen, aber nicht so viel, um sich mit ihnen gleichzustellen.

Nach den zwei Festmählern wurde der Kaufvertrag von einem Rechtsanwalt aufgesetzt, der jedoch nicht der Doktor Azzeccagarbugli war. Dieser, das heißt seine sterbliche Hülle, ruhte und ruht noch immer in Canterelli. Und mir ist klar, daß ich für die nicht aus jener Gegend Gebürtigen hier eine kurze Erläuterung einschieben muß.

Etwa eine halbe Meile über Lecco und fast schon bei dem Dorf Castello gibt es einen Canterelli genannten Platz, wo zwei Straßen sich kreuzen. Neben dieser Kreuzung sieht man eine kleine Anhöhe, eine Art künstlichen Hügel mit einem Kreuz darauf, und das ist nichts anderes als ein großer Haufen von Toten, die an jener Seuche gestorben sind. Die Überlieferung spricht zwar einfach von »Toten der Seuche«, ohne zu präzisieren, welche Seuche gemeint ist, aber es handelt sich ohne Zweifel um die hier beschriebene, die letzte und mörderischste, an die man sich erinnern kann. Bekanntlich sagen ja Überlieferungen, wenn man ihnen nicht nachhilft, von sich aus immer zu wenig.

Auf dem Rückweg gab es keine anderen Mißhelligkeiten, als daß Renzo ein wenig vom Gewicht der Geldes, das er forttrug, bedrückt wurde. Aber der Gute hatte ja, wie wir wissen, schon ganz anderes zu ertragen gehabt. Ich spreche hier nicht von dem keineswegs geringen Kopfzerbrechen, das ihm die Frage bereitete, wie er das Geld am besten anlegen sollte. Bedachte man die Pläne, die Überlegungen und Vorstellungen, die ihm durch den Kopf gingen, hörte man sich das Für und Wider an – für die Landwirtschaft oder für die Industrie –, so war es, als wären in seinem Kopf zwei Akademien des vorigen Jahrhunderts aufeinandergetroffen. Und für ihn war die Verlegenheit noch viel realer, denn da er ja nur ein einzelner Mann war, konnte man ihm nicht sagen: Was brauchst du zu wählen? Nimm doch beides! Denn die Mittel sind letztlich dieselben, und die beiden Dinge sind wie zwei Beine, auf denen man besser geht als auf einem allein.

Man dachte jetzt nur noch daran, zu packen und sich auf die Reise zu machen: Familie Tramaglino in die neue Heimat und die Witwe nach Mailand. An Tränen, an Danksagungen, an Versprechen, sich zu besuchen, fehlte es nicht. Kaum weniger herzlich, wenn auch ohne Tränen, war Renzos und der Seinen Abschied von dem gastlichen Freund, und man meine auch nicht, daß es bei Don Abbondio kühl ablief. Die guten Seelen hatten sich immer eine gewisse respektvolle Anhänglichkeit für ihren Pfarrer bewahrt, und er hatte ihnen im Grunde immer wohlgewollt. Es sind nur immer diese verflixten Interessen, die unsere natürliche Zuneigung füreinander verwirren.

Wer jetzt fragt, ob es nicht auch schmerzlich war, das Heimatdorf und die heimischen Berge zu verlassen: sicher war es das. Schmerz entsteht, möchte ich beinahe sagen, ein bißchen durch alles. Er kann jedoch nicht sehr heftig gewesen sein, denn sie hätten ihn sich ja ersparen und dableiben können, nachdem jetzt die beiden großen Hindernisse, Don Rodrigo und die Verbannung, ausgeräumt waren. Aber schon seit einiger Zeit hatten sie sich alle drei daran gewöhnt, das Land, in das sie zogen, als ihre neue Heimat zu betrachten. Renzo hatte es den Frauen schmackhaft gemacht, indem er ihnen von den Annehmlichkeiten erzählte, die man dort als Arbeiter vorfinde, und hundert andere Dinge von dem schönen Leben, das man dort führen könne. Im übrigen hatten sie alle recht bittere Zeiten in dem Land durchgemacht, dem sie nun den Rücken kehrten, und traurige Erinnerungen trüben ja auf die Dauer stets das Bild der Orte, mit denen sie sich verbinden. Und wenn es sich bei diesen Orten um unsere Geburtsorte handelt, haben solche Erinnerungen vielleicht noch etwas Herberes und Stechenderes. Auch das Kind, bemerkt hier unsere Handschrift, liegt gern am Busen der Amme, sucht begierig und vertrauensvoll die Brust, die es bis dahin so süß genährt hatte; doch wenn die Amme, um es zu entwöhnen, ihre Brust mit Wermut benetzt, zieht das Kind den Mund zurück; es probiert sie noch einige Male, aber schließlich löst es sich von ihr; weinend zwar, aber es löst sich.

Was wird man nun aber sagen, wenn man hört, daß Renzo, kaum daß sie in dem neuen Dorf angekommen und eingerichtet waren, auf allerlei Ärger stieß, der nur auf ihn gewartet zu haben schien? Lappalien, gewiß, aber es genügt ja so wenig, um einen glücklichen Zustand zu stören! Hier in wenigen Worten, was passiert war.

Das Gerede, das in jenem Dorf schon lange vor Lucias Ankunft über sie umging, die Kunde davon, daß Renzo so viel für sie hatte leiden müssen und dabei immer standhaft und treu geblieben war, vielleicht auch ein Wörtchen von einem Freund, der ihm und seiner Sache besonders gewogen war, hatten eine gewisse Neugier erregt, die junge Frau zu sehen, und eine gewisse Erwartung hinsichtlich ihrer Schönheit. Nun weiß man ja, wie Erwartungen sind: phantasievoll, leichtgläubig, unerschütterlich, bei der Prüfung dann heikel und wählerisch – nie finden sie genug, um zufrieden zu sein, weil sie im Grunde nicht wußten, was sie wollten, und gnadenlos ziehen sie das Liebliche ab, das sie zuvor ganz ohne Grund draufgeschlagen hatten. Als die so lang erwartete Lucia endlich erschien, begannen viele, die vielleicht glaubten, daß sie buchstäblich goldenes Haar und rosenrote Wangen und zwei Augen, eins schöner als das andere und was weiß ich haben müsse, die Achseln zu zucken und die Nase zu rümpfen und zu sagen: »Och, die? Nach all der Zeit und all dem Gerede hätte man doch was Besseres erwartet. Was ist die schon? Ein Bauernmädchen wie so viele andere. Solche und bessere gibt's überall.« Als man sie dann genauer prüfte, entdeckte man hier einen Mangel und dort einen anderen, und es gab sogar welche, die sie regelrecht häßlich fanden.

Da jedoch niemand hinging, um das Renzo direkt ins Gesicht zu sagen, war es zunächst noch nicht so schlimm. Wer es schlimm machte, waren gewisse Leute, die es ihm hinterbrachten, womit sie ihn – wen wundert's? – empfindlich trafen. Er begann sich darüber Gedanken zu machen, sich heftig darüber zu beklagen, sowohl bei denen, die mit ihm darüber sprachen, wie auch mehr noch und öfter bei sich selbst: ›Was geht euch das an? Wer hat euch gesagt, daß ihr sie erwarten sollt? Bin ich jemals zu euch gekommen, um mit euch über sie zu reden? Habe ich euch etwa gesagt, daß sie schön sei? Und wenn ihr nach ihr gefragt habt, hab ich dann je etwas anderes gesagt, als daß sie ein gutes Mädchen ist? Sie ist ein Bauernmädchen! Hab ich euch je gesagt, ich würde euch eine Prinzessin herbringen? Sie gefällt euch nicht? Dann schaut halt nicht hin. Ihr habt doch so schöne Frauen: schaut euch die an!‹

Da sieht man, wie eine kleine Dummheit bisweilen genügt, um über den Zustand eines Menschen für sein ganzes weiteres Leben zu entscheiden. Hätte Renzo das seine in jenem Dorf verbringen müssen, wie er es zunächst geplant hatte, es wäre ein recht unfrohes Leben geworden. Vor lauter Abscheu war er selber ganz abscheulich geworden. Er war garstig zu allen, weil jeder einer von denen sein konnte, die etwas an Lucia zu kritisieren hatten. Nicht daß er direkt gegen die guten Manieren verstieß, aber man weiß ja, wie viele schöne Dinge man tun kann, ohne die Anstandsregeln zu verletzen – bis hin zum Bauchaufschlitzen im Duell. In jedem seiner Worte lag etwas Sarkastisches, er fand auch selber an allem etwas zu kritisieren, und es kam so weit, daß er gleich sagte, wenn es einmal zwei Tage lang hintereinander regnete: »Na klar, in diesem Kaff hier!« Es waren nicht wenige, die ihn schon gar nicht mehr leiden mochten, auch solche, die ihm anfangs sehr zugetan waren, und mit der Zeit, von einem Anlaß zum anderen, hätte er sich mit fast der ganzen Bevölkerung sozusagen im Krieg befunden, womöglich ohne überhaupt noch zu wissen, womit das Ganze begonnen hatte.

Doch man könnte fast sagen, die Pest hätte es auf sich genommen, alle Fehltritte unseres Helden wiedergutzumachen. Sie hatte den Besitzer einer anderen Seidenspinnerei hinweggerafft, die fast vor den Toren von Bergamo lag, und der Erbe, ein junger Liederjan, der an dem ganzen Gebäude nichts Amüsantes zu finden vermochte, war entschlossen, ja geradezu darauf versessen, es zu verkaufen, notfalls auch um den halben Preis, wobei er das Geld jedoch bar auf die Hand haben wollte, um es sofort für unproduktiven Konsum auszugeben. Als Bortolo davon hörte, eilte er hin, um sich die Sache anzusehen, und trat sogleich in Verhandlungen ein. Bessere Bedingungen konnte man gar nicht erhoffen, aber das Beharren auf Barzahlung verdarb leider alles, denn was er sich durch fleißiges Sparen zurückgelegt hatte, reichte nicht annähernd für die Summe. Er hielt den Betreffenden mit einer halben Zusage hin, kehrte eiligst zurück, teilte dem Vetter die Sache mit und schlug ihm vor, sein Partner zu werden. Ein so schöner Vorschlag machte Renzos ökonomischen Zweifeln ein rasches Ende: Er entschied sich für die Industrie und sagte ja. Sie gingen gemeinsam hin, und der Kaufvertrag wurde abgeschlossen. Als dann die neuen Besitzer kamen, um sich auf ihrem Besitz in Bergamo einzurichten, wurde Lucia, die dort überhaupt nicht erwartet worden war, nicht nur keiner Kritik unterzogen, sondern man kann sogar sagen, daß sie nicht mißfiel; und Renzo kam zu Ohren, daß mehr als einer gesagt haben sollte: »Habt ihr diese schöne Tröpfin gesehen, die hergezogen ist?« Das schmückende Beiwort ließ ihm das Substantiv einigermaßen erträglich erscheinen.

Sogar von dem Ärger, den er in dem anderen Dorf empfunden hatte, blieb ihm noch eine nützliche Lehre. Bis dahin war er immer ein wenig vorschnell im Urteil gewesen und hatte sich leicht dazu hinreißen lassen, die Frau eines anderen zu kritisieren und über alles mögliche herzuziehen. Nun ging ihm auf, daß die Worte im Munde eine andere Wirkung haben als in den Ohren, und er gewöhnte sich etwas mehr daran, in die seinen hineinzuhören, bevor er sie aussprach.

Natürlich gab es auch in Bergamo hin und wieder Verdruß. Der Mensch – sagt unser Anonymus, und wir wissen ja schon zur Genüge, daß er eine etwas ausgefallene Vorliebe für Vergleiche hatte; lassen wir ihm auch noch diesen durchgehen, es soll dann der letzte gewesen sein –, der Mensch ist, solange er auf dieser Erde lebt, ein Kranker, der auf einem mehr oder minder unbequemen Bett liegt und rings um sich andere, äußerlich schön gemachte, glattgestrichene Betten sieht, weshalb er sich vorstellt, daß man dort ganz prächtig ruhen müsse. Gelingt es ihm aber, in ein solches überzuwechseln, so beginnt er, kaum daß er es sich auf dem neuen bequem gemacht hat, hier eine Spelze zu fühlen, die ihn sticht, dort einen Knubbel, der ihn drückt, und es ist alles, kurz gesagt, ungefähr wieder so wie zuvor. Und deswegen, fügt der Anonymus hinzu, sollte man mehr daran denken, gut zu handeln als gut zu leben, dann würde es einem am Ende auch besser ergehen. Das ist zwar eine etwas übers Knie gebrochene Moral und typisch für einen Barockautor, aber im Grunde hat er recht. Im übrigen, fährt er fort, gab es Schmerzen und Verwicklungen von dem Kaliber und der Schwere, wie wir sie geschildert haben, für unsere guten Leute keine mehr: Sie führten von nun an eines der ruhigsten, glücklichsten und beneidenswertesten Leben, die man sich vorstellen kann, so daß man sich, wollte ich es erzählen, zu Tode langweilen würde.

Die Geschäfte gingen glänzend. Anfangs gab es noch ein paar Stockungen wegen des Mangels an Arbeitskräften und wegen der schlechten Angewohnheiten und hohen Ansprüche der wenigen, die geblieben waren. Per amtlicher Verordnung wurden Höchstlöhne festgesetzt, aber trotz solch wohlgemeinter Hilfen kamen die Dinge allmählich wieder in Gang, weil sie einfach wieder in Gang kommen mußten. Schließlich traf aus Venedig eine weitere, etwas vernünftigere Verordnung ein: die Befreiung aller Zuwanderer, die sich auf dem Staatsgebiet niederzulassen gedachten, von allen Sach- und Personensteuern für die Dauer von zehn Jahren. Für die unseren war es ein neues Schlaraffenland.

Bevor das erste Jahr der Ehe zu Ende ging, kam ein schönes Kind zur Welt, und als hätte die Vorsehung extra gewollt, daß Renzo sofort Gelegenheit bekam, sein großherziges Versprechen zu erfüllen, war es ein Mädchen – man kann sicher sein, daß es auf den Namen Maria getauft wurde. Mit den Jahren kamen noch etliche weitere Kinder beiderlei Geschlechts hinzu, und Agnese war vollauf damit beschäftigt, sie eins nach dem anderen herumzutragen, sie kleine Schlingel zu nennen und ihnen dicke Küsse ins Gesicht zu drücken, die eine Zeitlang weiße Flecken hinterließen. Und alle hatten sie gute Anlagen, und Renzo wollte, daß sie alle lesen und schreiben lernten, denn er sagte, da es diese Gaunereien nun einmal gebe, sollten sie auch davon profitieren.

Das Schönste war, ihn seine Abenteuer erzählen zu hören, und es endete immer damit, daß er aufzählte, was er alles gelernt hatte, um sich in Zukunft besser zu verhalten. »Ich habe gelernt«, sagte er, »mich nicht in Tumulte einzumischen, ich habe gelernt, auf der Straße keine Volksreden zu halten, ich habe gelernt, mir anzusehen, mit wem ich spreche, ich habe gelernt, nicht zu tief ins Glas zu schauen, ich habe gelernt, den Türklopfer nicht in der Hand zu behalten, wenn hitzköpfige Leute in der Nähe sind, ich habe gelernt, mir keine Schelle an den Fuß zu binden, ehe ich bedacht habe, wozu das führen kann.« Und hundert andere Dinge.

Lucia hingegen war noch nicht recht zufrieden. Nicht daß sie diese Lehre an sich falsch gefunden hätte, aber ihr schien da noch irgend etwas zu fehlen. Als sie immer wieder das gleiche Lied hörte und jedesmal darüber nachdachte, sagte sie eines Tages zu ihrem Moralapostel: »Und ich? Was meinst du, was ich aus dem Ganzen gelernt habe? Ich bin das Unglück nicht suchen gegangen, es ist von selber gekommen, mich heimzusuchen. Es sei denn, du wolltest sagen«, fügte sie mit einem sanften Lächeln hinzu, »daß mein Fehler darin bestanden hätte, dich liebgehabt und mich dir versprochen zu haben.«

Renzo war zunächst etwas verlegen. Nach langer Debatte und gemeinsamer Suche kamen sie dann überein, daß Unglück und Nöte zwar häufig kommen, weil man ihnen Grund zum Kommen gegeben hat, aber daß auch die vorsichtigste und unschuldigste Lebensführung nicht genügt, um sie sich fernzuhalten, und daß, wenn sie kommen, ob durch eigene Schuld oder nicht, sie durch das Vertrauen in Gott gemildert und für ein besseres Leben nützlich gemacht werden können. Dieser Schluß scheint uns so richtig, obwohl er von einfachen Leuten gezogen worden ist, daß wir ihn hier ans Ende setzen wollen, gleichsam als den Kern der ganzen Geschichte.

Wenn diese euch nun nicht gänzlich mißfallen hat, so bleibt dem gewogen, der sie geschrieben, und ein bißchen auch dem, der sie neu eingerichtet hat (und ein kleines bißchen auch dem, der sie neu übersetzt hat). Sollten wir jedoch nur Langeweile verbreitet haben, so glaubt uns, wir haben es nicht mit Absicht getan.

ANHANG

Anmerkungen

Von Burkhart Kroeber

I. Zum Roman

»›Ich habe Ihnen zu verkündigen‹, war heute Goethes erstes Wort bei Tisch, ›daß Manzonis Roman alles überflügelt, was wir in dieser Art kennen. Ich brauche Ihnen nichts weiter zu sagen, als daß das Innere, alles was aus der Seele des Dichters kommt, durchaus vollkommen ist, und daß das Äußere, alle Zeichnung von Lokalitäten und dergleichen, gegen die großen inneren Eigenschaften um kein Haar zurücksteht. Das will etwas heißen.‹« So berichtet Eckermann unter dem Datum Mittwoch, den 18. Juli 1827, in seinen *Gesprächen mit Goethe.* Drei Tage vorher, am Sonntag, den 15. Juli, hatte er notiert: »Ich ging an diesem Abend nach acht Uhr zu Goethe, den ich soeben aus seinem Garten zurückgekehrt fand. ›Sehen Sie nur, was da liegt!‹ sagte er; ›ein Roman in drei Bänden, und zwar von wem? von Manzoni!‹ Ich betrachtete die Bücher, die sehr schön eingebunden waren und eine Inschrift an Goethe enthielten.«

Es kommt sicher nicht oft vor, daß man den Beginn der Rezeptionsgeschichte eines ausländischen Romans im deutschen Sprachraum so präzise datieren und mit einem so prominenten Namen verbinden kann. Der fast achtundsiebzigjährige Goethe war höchstwahrscheinlich der erste deutsche Leser der *Promessi Sposi.* Manzoni hatte ihm das fertige Werk, kaum daß der dritte Band gedruckt war, unverzüglich nach Weimar geschickt, und Goethe hatte sofort zu lesen begonnen. Er brauchte für die insgesamt 1136 Seiten nur eine gute Woche, in welcher er mehrmals zu Eckermann über seine Eindrücke sprach, zunächst mit fast überschwenglicher Begeisterung (»der Eindruck beim Lesen ist derart, daß man immer von der Rührung in die Bewunderung fällt, und von der Bewunderung wieder in die Rührung, so daß man aus einer von diesen beiden großen Wirkungen gar nicht herauskommt. Ich dächte, höher könnte man es nicht treiben«), dann auch, als ob ihn der Überschwang ein wenig reute, eher kritisch über die, wie ihm schien, nicht immer gelungene Integration von Historiographie und Dichtung (»Ich sagte doch neulich, ... daß unserm Dichter in diesem Roman der Historiker zugute käme, jetzt aber im dritten Bande finde ich, daß der Historiker dem Poeten einen bösen Streich spielt, indem Herr Manzoni mit einemmal den Rock des Poeten auszieht und eine ganze Weile als nackter Historiker dasteht. Und zwar geschieht dieses bei einer Beschreibung von Krieg, Hungersnot und Pestilenz, welche Dinge schon an sich widerwärtiger Art sind, und die nun durch das umständliche Detail einer trockenen chronikenhaften Schilderung unerträglich werden«); dann zeigte er sich wieder versöhnt (»Doch sobald die Personen des Romans wieder auftreten, steht der Poet in voller Glorie wieder da und nötigt uns wieder zu der gewohnten Bewunderung.«), und am Ende resümiert Goethe sein Urteil mit dem befriedigt klingenden Satz: »Manzoni hilft uns zu guten Gedanken.«

Geschrieben und immer wieder umgeschrieben hatte Manzoni den Roman zu dieser Zeit schon fast sechs Jahre lang, und es sollten nicht die letzten gewesen sein. Angefangen hatte er, gerade sechsunddreißigjährig, am 24. April 1821, um mit großem Elan die Vorrede und die beiden ersten Kapitel zu schreiben. Nach einer Unterbrechung wegen anderer Arbeiten hatte er im Mai 1822 erneut begonnen und bis September 1823 einen ersten Entwurf beendet, zunächst noch unter dem schlichten, an Goethes *Hermann und Dorothea* angelehnten Titel *Fermo e Lucia* (Renzo Tramaglino hieß darin noch Fermo Spolino). Doch ohne auch nur daran zu denken, diese erste Fassung zum Druck zu geben[1], hatte er sich sofort

[1] Sie wurde erst 1915 unter dem Titel *Gli Sposi Promessi* veröffentlicht.

an eine gründliche Um- und Neubearbeitung gemacht und drei weitere Jahre lang unermüdlich an seinem Roman gefeilt. Auch die dann schließlich im Juni 1827 erschienene Fassung – die sogenannte *Ventisettana* – sollte noch nicht die endgültige sein: Kaum hatte Manzoni sie veröffentlicht, machte er sich, ermutigt durch den enormen Publikumserfolg, der ihn selbst überraschte – zahlreiche Auflagen, Übersetzungen in alle großen europäischen Sprachen – an eine erneute Bearbeitung, diesmal mit dem Ziel, eine in ganz Italien lesbare und verständliche Fassung zu schreiben. Bedenkt man, daß Italien damals noch in viele Stadtstaaten, Fürstentümer und Teilreiche zerfiel und entsprechend viele Dialekte, aber keine homogene und allgemein anerkannte Literatursprache hatte, so ahnt man vielleicht, in welchem Maße dies nicht nur ein literarisches, sondern auch ein politisches Projekt war, mit dem Manzoni auf seine Weise einen Beitrag zur nationalen Einigung Italiens leisten wollte. Zu diesem Zweck unterzog er in den dreißiger Jahren, vor allem von 1837 bis 1840, den gesamten Text einer nochmaligen Revision, um ihn von lombardischen Regionalismen zu bereinigen und dem Toskanischen der gebildeten Florentiner anzugleichen, das seit Dante und Bocaccio als die »schönste und reichste« Form des Italienischen galt. Diese »Spülung im Arno« (*risciacquatura in Arno*), wie sie genannt worden ist, führte schließlich zur Endfassung der *Promessi Sposi*, der sogenannten *Quarantana*, die 1840-42, bereichert durch 440 Illustrationen und vom Autor selbst finanziert, in Fortsetzungsfolgen erschien und seither allen Übersetzungen zugrundegelegt worden ist. Ihrer hohen Kosten wegen war sie zwar ein finanzieller Mißerfolg, doch ihre Rolle bei der Herausbildung einer allgemeinverständlichen italienischen Literatursprache kann nicht hoch genug eingeschätzt werden – sie läßt sich am ehesten mit der Bedeutung von Luthers Bibelübersetzung für die deutsche Sprache vergleichen.

Aber nicht nur in der Sprache, auch in Thematik und Anlage, Personal und Erzählweise war der Roman zu seiner Zeit alles andere als konventionell. Zwar wollte Manzoni durchaus an die Tradition der damals vielgelesenen historischen Romane anknüpfen, vor allem an die von Walter Scott, doch bei der Konzeption seines eigenen ging er ganz andere Wege. Historische Romane spielten gewöhnlich in heroischen Epochen wie dem (romantisch verklärten) Mittelalter, ihr Personal waren Ritter, Fürsten, Bischöfe, Päpste, jedenfalls große Herren und edle Damen, und erzählt wurden weltbewegende Ruhmes- oder ruchlose Freveltaten. Manzonis Roman spielt dagegen in einer Epoche und einem Landesteil, die für Italien alles andere als heroisch waren: zur Zeit der spanischen Fremdherrschaft im Herzogtum Mailand, während der Wirren des Dreißigjährigen Krieges, die das Land mit Hungersnot, marodierender Soldateska und einer verheerenden Pest überzogen. Die Hauptpersonen sind analphabetische Landleute, die von zwar ruchlosen, aber im Grunde auch nur subalternen Machthabern unterdrückt und gepeinigt werden, und ihre Geschichte wird über weite Strecken aus der Froschperspektive erzählt – allerdings auch immer wieder aus ganz anderen Perspektiven, ja der Perspektivenwechsel ist geradezu ein Stilmerkmal, ebenso wie die erlebte Rede und der innere Monolog, die angeblich erst viel später von Flaubert und Joyce, den sogenannten Vätern der Moderne, erfunden wurden. Wie unkonventionell, wie wenig verstaubt, wie temperamentvoll und engagiert, wie spannungsreich und in seinen Bildsequenzen oft geradezu *filmisch* Manzonis Roman ist – man beachte nur, wie genau Körperhaltungen, Gesten, Bewegungen, Blicke, aber auch Räumlichkeiten und deren Einbettung in größere Landschaften immer wieder beschrieben werden, als ginge es darum, sie für das Auge einer Kamera zu inszenieren (Sergej Eisenstein hat einmal gesagt, die Filmemacher hätten alle von Dickens gelernt; er hätte auch Manzoni nennen können) –, dies alles zu zeigen war ein Hauptmotiv der Übersetzung.

II. Zur Übersetzung

Seit 1827 hat es mindestens fünfzehn Verdeutschungen der *Promessi Sposi* gegeben; die erste – von Daniel Leßmann – war noch von Goethe höchstpersönlich auf den Weg gebracht worden und bereits Ende desselben Jahres in Berlin erschienen, die zweite – von Eduard von Bülow –, gleichzeitig und um die Wette mit ihr verfaßt (es gab ja noch kein Urheberrecht, das solche Doppelungen verhinderte), 1828 in Leipzig. Weitere folgten in relativ kurzen Abständen: 1847, 1851, 1859, 1867, 1883, 1908, 1913, 1923, 1943, 1958, 1960, 1977, 1979.[2] Nicht alle sind selbständige Übersetzungen, manche hätten sich eigentlich nur als Bearbeitung älterer Fassungen präsentieren dürfen (so auch die scheinbar jüngste, von Caesar Rymarowicz, Aufbau-Verlag, Berlin 1979, die genau besehen nur eine leicht revidierte Fassung der 1923 bei Karl Alber in München erschienenen Übersetzung von Johanna Schuchter ist); einige sind mehr oder weniger stark gekürzt, zum Teil ohne dies eindeutig anzugeben (so insbesondere die Fassung von Alexander Lernet-Holenia, Manesse, Zürich 1958, die nur etwa zwei Drittel des Textes bietet, ohne dies irgendwo klar zu sagen). Die letzte ungekürzte und wirklich eigenständige Übersetzung ist die von Ernst Wiegand Junker, 1960 bei Winkler in München erschienen und dort immer noch lieferbar.

Ich bin nicht so vermessen zu meinen, daß ich die Arbeit von mindestens fünfzehn Vorgängern in mindestens 150 Jahren einfach ignorieren und gleichsam aus dem Stand überbieten könnte. Aber ich denke an das berühmte Diktum des Bernhard von Chartres, demzufolge man auch als Zwerg, wenn man auf den Schultern von Riesen steht, weiter als

[2] Ich entnehme diese Daten der Dissertation von Stefania Cavagnoli-Woelk, die unter dem Titel *Contributi per la storia della recezione tedesca dei Promessi Sposi di Manzoni con particolare riguardo alle traduzioni* (Literaturwissenschaft, Bd. 23) im S. Roderer Verlag, Regensburg 1994, erschienen ist.

diese zu sehen vermag, und darum habe ich es für sinnvoll gehalten, die Errungenschaften früherer Übersetzer zu sichten (vor allem die der beiden beachtlichsten unseres Jahrhunderts, Schuchter und Junker) und sie, wenn mir keine bessere Lösung einfiel, in meine Version zu übernehmen. Was ich dann auf diese Weise tatsächlich übernommen habe, waren allerdings fast immer nur einzelne Wörter, hier und da eine Wendung, kaum jemals ein ganzer Satz.

An dieser Stelle empfiehlt sich ein Exkurs zur sogenannten Syntax-Treue. Was meine Übersetzung vielleicht am deutlichsten von den meisten früheren unterscheidet, ist mehr als die Wortwahl das Bemühen, die Wort*folge*, also den Satzbau des Originals, so exakt wie möglich nachzubilden. Bei der Suche nach dem treffenden Wort konnte, ja mußte ich in vielen Fällen die Ergebnisse der Bemühungen meiner zahlreichen Vorgänger mehr oder weniger übernehmen – nach so vielen Versuchen in so vielen Jahrzehnten kann man auf *dieser* Ebene nicht überall etwas Neues finden. Anders steht es mit der übersetzerischen Wiedergabe der sprachlichen Architektur des Originals, also dessen, was man gewöhnlich den Satzbau nennt und was ja nichts anderes ist als die Art und Weise, wie der Autor die Wörter aneinandergereiht und verknüpft hat. Diese wird in der Regel beim Übersetzen ins Deutsche, zumal wenn es sich um lange und verschachtelte Satzkonstruktionen handelt, mehr oder weniger radikal »umgebaut«, ja oft geradezu auf den Kopf gestellt, weil die Gesetze der deutschen Syntax angeblich solch einen Umbau verlangen. Ich bin jedoch überzeugt, daß ein Großteil dessen, was einen gut geschriebenen Originaltext der erzählenden Literatur für seine muttersprachlichen Leser reizvoll macht (und Manzonis Roman ist für italienische Leser – wenn er ihnen nicht durch die Schule verleidet wurde – noch heute so reizvoll, daß selbst jüngere Autoren seine Sprache nicht selten bewußt oder unbewußt imitieren), daß also ein großer Teil seiner Wirkung gerade in der Art und Weise liegt, wie die Wörter und Wortgruppen einander folgen – das heißt, wie die Gedanken geführt, die Argumentation aufgebaut, die Gefühlsreaktionen des Lesers gelenkt werden.

In einer längeren Verkettung von Satzteilen ist es sicher nicht gleichgültig, welches Element zuerst kommt (z. B. eine Person als Subjekt der Aussage), welche Elemente dann folgen (z. B. diverse adverbiale Bestimmungen und/oder andere Präzisierungen durch Relativ- oder Partizipialsätze), was dann im Zentrum der Aussage steht (gewöhnlich ein finites Verb, eventuell mit vorausgehendem oder folgendem Gerundium), was ihm vielleicht ergänzend oder einschränkend hinzugefügt wird und womit das Ganze schließlich endet, womöglich in Form einer scharf pointierten oder leise verebbenden Kadenz. Der berühmte erste Satz der *Promessi Sposi* (»Quel ramo del lago di Como, che volge a mezzogiorno...«, »Jener Arm des Comer Sees, der sich nach Süden wendet...«) ist ein charakteristisches Beispiel für das, was ich meine: Er endet mit einer beschreibenden Aussage, die das Beschriebene – den weiteren Verlauf des Comer Sees nach der Verengung bei Lecco – in ihrer sprachlichen Form so nachzeichnet, wie er sich dem Auge des Betrachters in Lecco darbietet (»dove le rive, allontanandosi di nuovo, lascian l'acqua distendersi e rallentarsi in nuovi golfi e in nuovi seni« – »wo die erneut auseinandertretenden Ufer dem Wasser Raum geben, sich in neuen Buchten und Busen auszubreiten und zu verlaufen«). Würde hier ein Satzteil, aus welchen Gründen auch immer, beim Übersetzen umgestellt, etwa indem man die Aussage, daß die Adda »wieder den Namen See annimmt«, ans Ende setzte (»...und die Adda wieder beginnt, die jedoch bald darauf, wo die erneut auseinandertretenden Ufer dem Wasser Raum geben, sich in neuen Buchten und Busen auszubreiten und zu verlaufen, wieder den Namen See annimmt«), so hätte man die plastische Nachzeichnung der gewundenen Seeufer durch den nachklappenden Halbsatz um ihre kadenzartige Wirkung gebracht. Daher ist Treue zur Syntax des Originals, verstanden als möglichst genaue Beachtung wenn nicht der Wortfolge im strengen Sinn (die wohl tatsächlich oft eine nutzlose Manieriertheit ergäbe), so doch der Satzteil-

oder Syntagmenabfolge, für mich ein übersetzerisches Gebot erster Ordnung.

Ein weiterer Grund kommt hinzu: Manzonis Roman wirkt im Original, dank seiner zwar hochelaborierten, aber mit zahlreichen Verknappungen, Auslassungen und Anakoluthen arbeitenden Syntax (die gerade darin noch deutlich ihre klassisch lateinischen – ciceronischen – Wurzeln erkennen läßt), alles andere als umständlich und behäbig; er ist im Gegenteil, in den erzählenden Passagen mehr noch als in den beschreibenden, ausgesprochen zügig und bei allem Nuancenreichtum voller Tempo. Durch eine schulmäßige Übersetzung der diversen Partizipialkonstruktionen, also deren Auflösung in lauter umständliche Relativsätze, oder durch die gängige Praxis, aus komplex verschränkten Hypotaxen lauter simple parataktische Reihungen nach dem Muster »und... und... und« zu machen, würde sehr rasch entweder ein undurchdringliches syntaktisches Dickicht oder Langeweile entstehen, im schlimmsten Fall beides abwechselnd. Auch hier also war es für mich aus prinzipiellen Erwägungen geboten, der Syntax des Originals so genau zu folgen, wie es die deutsche Sprache nur irgend erlaubt, mit dem kalkulierten Risiko, daß das Ergebnis bisweilen ein wenig »manieriert« klingen mag, aber mit dem Vorteil, daß die Sprache dadurch jenen *Drive* bekommt, den sie im Original hat und angesichts der enormen Textmasse auch unbedingt braucht. Vorbilder für kunstvoll verschachtelte Satzgebilde gibt es schließlich auch in der deutschen Literatur jener Zeit zur Genüge, man denke nur an Kleist. Selbstverständlich geht es bei alledem – wie immer beim Übersetzen – nicht um starre Verfahrensregeln, sondern in jedem einzelnen Fall um ein ebenso subtiles wie subjektives Abwägen.

Ein zweiter Exkurs betrifft den Umgang mit Manzonis plötzlichen Tempuswechseln, seinen Sprüngen vom Imperfekt ins Präsens. Er benutzt dieses Stilmittel gern an besonders wichtigen Stellen der Erzählung, um die Szene nicht nur lebendiger und »spannender« zu machen, sondern sie wie in einem

Film näher heranzuholen, sie im Wortsinn zu *präsentieren*. Der Sprung ins Präsens funktioniert tatsächlich wie ein filmischer Zoom, er rückt die Szene dicht vor den Leser oder versetzt diesen gleichsam in sie hinein (ein charakteristischer Zug der schon erwähnten »filmischen« Erzählweise Manzonis).

Beim Übersetzen ist also sehr genau zu prüfen, ob dieser Effekt auch wirklich erzielt und nicht durch unerwünschte Nebenwirkungen gestört oder gar zunichte gemacht wird. In der italienischen Erzähltradition sind Tempuswechsel seit jeher ein beliebtes und oft verwendetes Stilmittel, mit dem die Erzähler auch heute noch sehr viel unbefangener umgehen, als es aufgrund anderer Traditionen im Deutschen oder gar im Englischen üblich ist. Eine unreflektierte Eins-zu-eins-Übernahme der Sprünge ins Präsens und zurück ins Imperfekt läuft daher Gefahr, zumindest als störend empfunden zu werden und so die angestrebte Wirkung zu verpatzen. Der bisher letzte englische Übersetzer der *Promessi Sposi*, Bruce Penman, hat Manzonis Tempuswechsel nirgendwo übernommen, da sie für ihn, wie er in seiner Einführung schreibt, ein unbrauchbares Stilmittel sind, »a device which never sounds right in modern English«.[3] Die deutschen Manzoni-Übersetzer haben sich in dieser Frage sehr unterschiedlich verhalten: einige haben die Zeitsprünge immer getreulich mitgemacht (so zuletzt Schuchter und meistens auch Junker), andere haben sie wie Penman konsequent ignoriert (so zuletzt Rymarowicz, der sonst fast immer Schuchters Lösungen übernommen hat, in diesem Punkt aber regelmäßig von ihr abweicht). Das Ergebnis schien mir in beiden Fällen unbefriedigend, da entweder zu mechanisch oder zu spannungslos, und so habe ich mich bemüht, im Sinne der angestrebten Wirkung einen Mittelweg zu beschreiten, das heißt an einigen zentralen Stellen (wie bei Renzos Überquerung der Adda in Kap. 17,

[3] Alessandro Manzoni, *The Betrothed*, translated with an introduction by Bruce Penman, Penguin Books, London, New York etc. 1972, S. 13.

S. 373 und 378 f., oder seiner Wiederbegegnung mit Lucia in Kap. 36, S. 794 f.) den Sprung ins Präsens zwar mitzumachen, ihn aber nicht unbedingt im selben Satz und am selben Verb wie im Original zu vollziehen, und dann die Rückkehr ins Imperfekt ebenso vorsichtig abzuwägen, auf jeden Fall aber ein mehrfaches Hin-und-Herspringen in kurzen Abständen, wie es bei Manzoni durchaus vorkommt, zu vermeiden. An anderen Stellen, wo mir ein Tempuswechsel im Deutschen eher störend erschienen wäre (wie etwa im letzten Satz von Kap. 34, S. 769), habe ich ihn, gerade um die beabsichtigte Fokussierung durch kein möglicherweise befremdendes Stilelement zu gefährden, nicht übernommen.

Ein dritter Exkurs scheint mir zu den Anredeformen nötig, da die bisherigen Übersetzungen sehr unterschiedlich mit ihnen umgegangen sind. Im Original gibt es nämlich nicht nur zwei, sondern drei Anreden: *lei*, *voi* und *tu*. Das *lei* (3. Pers. Sing., aber dem deutschen »Sie« entsprechend) ist die Höflichkeitsanrede, die gegenüber gesellschaftlich Höherstehenden und im förmlichen Umgang benutzt wird – die Haushälterin sagt es zum Pfarrer, auch Renzo sagt es zum Pfarrer und zum Doktor Azzeccagarbugli, Don Rodrigo und Pater Cristoforo sagen es zueinander (jedenfalls solange sie höflich miteinander umgehen, danach fallen sie ins *voi*, und der wütende Don Rodrigo fährt den Pater sogar mit *tu* an). In den meisten bisherigen Übersetzungen wird das *lei* mit »Sie« wiedergegeben; da diese Anrede jedoch im Deutschen erst gegen Ende des 17. Jahrhunderts üblich wurde, habe ich hier konsequent das ältere »Ihr/Euch« gewählt. Das *voi* (2. Pers. Pl.) ist die gewöhnlichste Anrede unter Gleichrangigen und einander Vertrauten oder Nahestehenden sowie zu Untergebenen – der Pfarrer sagt es zu seiner Haushälterin, der Doktor zu Renzo, die Tochter zur Mutter, diese zu ihrem künftigen Schwiegersohn und dieser zu ihr, die Brautleute sagen es zueinander, desgleichen die Dörfler, desgleichen die Adligen, solange sie nicht eine besondere Distanz oder Ehrerbietung ausdrücken wollen. Das *tu* kommt nur selten vor – die Mutter sagt es zur Tochter (während diese, wie gesagt, die Mutter mit *voi* anredet), Renzo sagt es zu seinem Kumpel Tonio und einmal zu einem Kind, sonst findet es sich nur als Ausdruck der Herablassung oder Verachtung.

Bei einer wörtlichen Wiedergabe dieser drei Anredeformen mit »Sie«, »Ihr« und »du«, käme man zu dem für deutsche Verhältnisse höchst befremdlichen Ergebnis, daß nicht nur Renzo und Lucia einander selbst im trauten Zwiegespräch »ihrzen« (was noch als historisierende Eigenart durchgehen könnte), sondern auch, daß Renzo zwar den Doktor Azzeccagarbugli höflich mit »Sie« anredet, dieser ihm aber durchweg mit »Ihr« antwortet, was im Deutschen eher wie eine besonders ehrerbietige Anrede klingen würde. Um solchen Mißhelligkeiten zu entgehen, habe ich mich dazu entschieden, dem Ausdruck der gesellschaftlichen Verhältnisse Vorrang vor der Wortwörtlichkeit zu geben, das heißt *voi* in der Regel mit »du« und *lei* mit »Ihr« wiederzugeben (Ausnahmen sind Fälle, in denen das *voi* an Fremde gerichtet wird, wie wenn Renzo in Mailand oder auf dem Weg dorthin Passanten anspricht, oder in denen es sich auf mehrere Personen bezieht, wie im Gespräch zwischen Fra Galdino und den beiden Frauen am Ende von Kap. 3; im selben Gespräch erschien es mir auch unpassend, Agnese den nüssesammelnden Fra Galdino duzen zu lassen).

Schließlich noch ein Wort zum Titel *Die Brautleute*. Seit den beiden konkurrierenden Erstübersetzungen von Daniel Leßmann und Eduard von Bülow hieß der Roman in allen deutschen Ausgaben stets *Die Verlobten*, obwohl Manzoni ja gerade nicht den gewöhnlichen italienischen Ausdruck *fidanzati* gewählt hatte (der einem französisch/englischen *fiancés* entsprochen hätte – im Englischen heißt der Roman allerdings interessanterweise nicht »The Fiancés«, sondern »The Betrothed«). Einzige Ausnahme: die heute vergriffene Übersetzung von Albert Wesselski, Langen-Müller, München 1913, die bereits unter dem Titel *Die Brautleute* erschien (aber bei einem Neudruck, Ullstein, Berlin 1969, zu *Die Verlobten* umgetitelt wurde). Auch ich wollte meine Übersetzung zunächst unter dem gewohnten Titel erscheinen lassen. Erst gegen Ende der Arbeit habe ich mich, angeregt durch Gespräche mit italienischen und deutschen Manzoni-Kennern, auf den jetzigen Titel besonnen. Den letzten Anstoß gab mir eine Bemerkung von Ernst Wiegand Junker, der im Nachwort zu seiner Übersetzung schreibt, er hätte sie lieber *Die Brautleute* betitelt, habe jedoch aus Rücksicht auf die »seit Goethes Tagen bestehende Gewöhnung an die nun einmal landläufig gewordene Titelgebung« darauf verzichtet. Vor allem aber gibt er zu bedenken, daß es bei Manzonis Titelwahl »um den christlichen Brautstand, nicht um eine gesellschaftliche Bindung geht«. Da mir dieser Gedanke sehr klug und richtig erscheint, habe ich mich schließlich – mit einer Verbeugung vor meinem letzten Vorgänger – für *Die Brautleute* entschieden.

III. Zum Text im einzelnen:

Die nachfolgenden Sach- und Personenerklärungen verdanken sich zu einem großen Teil den ausführlichen Anmerkungen und Kommentaren in fast allen italienischen Ausgaben des Romans, namentlich den Erläuterungen von Guido Bezzola (Biblioteca Universale Rizzoli, 2 Bde., 1961), Vittorio Spinazzola (I grandi libri Garzanti, 1966) sowie Angelo Stella und Cesare Repossi (Biblioteca della Pléiade, Einaudi-Gallimard, 1995).

7 *Historie:* hier nicht als Geschichte zu verstehen (oder, wie einige frühere Übersetzungen wollten, als »Weltgeschichte«), sondern als Geschichtsschreibung; dementsprechend im nächsten Satz *die illustren Kämpen* = die Historiker.

8 *Argusaugen und Briareusarme:* Argus und Briareus waren zwei mythische Ungeheuer, das eine mit hundert Augen, das andere mit hundert Armen.

– *Substantia ... Akzidentia:* Termini der scholastischen Philosophie zur Bezeichnung des inneren Wesens (Substanz) und der äußeren Form einer Sache.

14 *war dieses ... Städtchen auch ein Kastell:* d. h. mit Befestigungen versehen.

15 *Abbondio:* der Name des Ortsheiligen von Como.

17 *wie in Chiffren zusammengefügt:* d. h. wie in der komplizierten Zeichnung eines Monogramms.

18 *ans Seil gehängt:* eine bis ins 18. Jahrhundert verbreitete Foltermethode: Dem Verurteilten wurden die Hände auf dem Rücken mit einem Seil zusammengebunden, an dem er auf einem entsprechenden Balkengerüst hochgezogen und eine Zeitlang in der Schwebe gehalten oder hart auf den Boden fallengelassen wurde (vgl. Hartmut Brockmann, *Die Stadt im späten Mittelalter*, München, C. H. Beck, 1986, Abb. 249, »Wahrheitsfindung durch Folter«).

20 *Herzog von Savoyen:* Carlo Emanuele I. (1562-1630), Herzog ab 1580, heiratete 1585 die spanische Infantin Caterina. Drei Jahre danach besetzte er die Markgrafschaft Saluzzo, überfiel die Provence und bewarb sich anschließend um den französischen Königsthron, mußte dann aber Frieden schließen und den Franzosen ein weiträumiges Gebiet westlich der Rhone überlassen.

– *Herzog von Biron:* Charles de Gontaut (1561-1602) hatte im Einverständnis mit Carlo Emanuele gegen die französische Krone konspiriert und war dafür enthauptet worden.

28 *und sogar die Ärzte:* »sogar« vermutlich deshalb, weil die Ärzte traditionell als uneinig und miteinander rivalisierend galten. Oder weil sie eigentlich ein Beispiel für selbstlose Berufsausübung im Dienst an den Menschen geben sollten.

32 *das kanonische Alter der Vierzig:* das vom Trientiner Konzil vorgeschriebene Alter, das eine Frau erreicht haben mußte, um Haushälterin bei einem Pfarrer werden zu können.

37 *Prinz von Condé ... Tag von Rocroi:* Ludwig II. von Bourbon, Prinz von Condé (1621-1686), Kommandant der fran-

zösischen Flandern-Armee, schlug die Spanier in der Schlacht von Rocroi am 19. Mai 1643. Daß er vor der Schlacht ruhig geschlafen habe, behauptet Bossuet in seiner auf ihn gehaltenen Grabrede.

– *Zeit, in der nicht geheiratet werden durfte:* die Zeitspanne vom 1. Advent bis zum Dreikönigstag. Im Jahre 1628 begann die Adventszeit nach dem ambrosianischen Ritus bereits am 12. November, also fünf Tage nach Don Abbondios Begegnung mit den Bravi, und dauerte bis zum 6. Januar. Das vom Trientiner Konzil bekräftigte Heiratsverbot wurde damals streng eingehalten.

39 *in die Nachbarstaaten gelockt:* d. h. nach Piemont und vor allem nach Venetien.

41 *Ehehindernisse:* Umstände, die nach kanonischem Recht einer Eheschließung im Wege stehen. Don Abbondio zählt sie in Form von lateinischen Hexametern auf, offensichtlich eine Eselsbrücke, die er aus seiner Studienzeit am Priesterseminar in Erinnerung hat. Im einzelnen: *Error* = Irrtum über die Identität der Person; *conditio* = Irrtum über den Personenstand, zum Beispiel wenn einer der beiden Ehekandidaten nicht ledig ist; *votum* = wenn einer der beiden ein Gelübde abgelegt hat; *cognatio* = wenn zwischen den beiden eine enge Verwandtschaft besteht; *crimen* = wenn einer der beiden ein Verbrechen begangen hat, um die Ehe zu erreichen; *cultus disparitas* = wenn die Ehekandidaten verschiedenen Religionen angehören; *vis* = wenn einer der beiden die Einwilligung des anderen mit Gewalt erzwungen hat; *ordo* = wenn einer der beiden die kirchliche Ordination empfangen hat; *ligamen* = wenn bereits ein gültiger Ehebund besteht; *honestas* = wenn einer der beiden ein gegebenes Eheversprechen nicht eingehalten hat (ein gebrochenes Eheversprechen verbot dem Schuldigen die Eheschließung mit Verwandten ersten Grades der Person, der er das Versprechen gegeben hatte; mit anderen Worten: ein Mann, der einer Frau die Ehe versprochen hatte und sie dann sitzenließ, durfte nicht ihre Schwester heiraten); *si sis affinis* = wenn einer der beiden mit den Verwandten des anderen verwandt ist.

– *antequam matrimonium denunciet:* »bevor das Aufgebot bestellt wird«.

50 *auf schnellstem Wege zur Grenze:* d. h. zur nahen Grenze von Venetien, vgl. die Karte auf dem Vorsatzblatt.

52 *lange silberne Nadeln ... ein noch heute üblicher Schmuck:* italienische Kommentatoren versichern, daß die sogenannten *spadine* (»Schwertchen«, mailändisch *guggion*) in der Gegend von Lecco und in der Brianza noch bis in die dreißiger Jahre unseres Jahrhunderts als Kopfschmuck üblich gewesen waren.

56 *dem Pater Cristoforo in der Beichte:* hier hat sich Manzoni, wie alle Kommentatoren vermerken, eine historische Ungenauigkeit geleistet: Die Kapuziner waren 1628 noch nicht befugt, anderen Personen als ihren Ordensbrüdern die Beichte abzunehmen.

58 *Leumundszeugnis:* die Bescheinigung, daß einer Ehe zwischen den beiden Brautleuten keine Hindernisse entgegenstehen.

– *Doktor Azzeccagarbugli:* Spitzname für einen Winkeladvokaten, wörtlich etwa »Doktor Wirrwarrstifter« oder auch im gegenteiligen Sinn »Doktor Knäuelaufdröseler«. Frühere Übersetzer haben ihn verschiedentlich mit »Doktor Händelfischer« oder »Doktor Rechtsverdreher« wiedergegeben.

60 *Porträts der zwölf Cäsaren:* d. h. der ersten zwölf römischen Kaiser, von Julius Caesar (der ebenfalls als *Imperator* galt) bis Domitian. *Leben der zwölf Cäsaren* heißt ein berühmtes Buch des römischen Historikers Sueton.

63 *wie im Tale Josaphat:* d. h. wie beim Jüngsten Gericht; im Tal Josaphat (hebr. »Jahwe hat gerichtet«) müssen sich laut Joel 4, 2 alle Seelen versammeln, um gerichtet zu werden.

– *Gonzalo Fernández de Córdoba ... Vidit Ferrer:* die Unterschriften des spanischen Statthalters und des italienischen Sekretärs des Geheimen Rates Marc' Antonio Platone sowie der Sichtvermerk des Großkanzlers Antonio Ferrer, vgl. zu diesem unten Kap. 12-13.

65 *bis heute im Dialekt lebendig geblieben:* inzwischen ist

der Ausdruck *ciuffo* aus dem Mailänder Dialekt verschwunden.

69 *Deo gratias:* lateinische Grußformel, »Gott sei gedankt«.

77 *Pater Cristoforo aus* ***: historisch belegt ist ein Fra Cristoforo Picenardi aus Cremona, der von zeitgenössischen Chronisten als einer jener Kapuziner genannt wird, die während der Mailänder Pestepidemie von 1630 als Krankenpfleger in die Lazarette gingen und dann selbst an der Seuche starben.

79 *das Verkaufen nicht lächerlicher als das Kaufen:* im 17. Jahrhundert und noch bis zur Französischen Revolution bezeichneten merkantile Tätigkeiten die Zugehörigkeit zu einem niederen Stand und waren dem Adel verboten.

81 *Eines Tages ging er ...:* die folgende Episode spiegelt treu, auch in den Dialogen, die Kavaliersgebräuche der Zeit. Manzoni benutzte eine Seite der *Discorsi cavallereschi* von Francesco Birago (1622) und einen der fünfzig »Fälle«, die in Giambattista Olevanos *Trattato* (1605) geschildert werden; die beiden Autoren galten als die maßgeblichen Autoritäten in dieser Sache.

88 *die Anhänger des ritterlichen Ehrenkodexes:* Fragen der kavaliersmäßigen Etikette wurden im 17. und 18. Jahrhundert sehr ernst genommen, was Manzoni zu sarkastischen Kommentaren anregte, vgl. u. S. 600 die Ausführungen über die Bibliothek des Don Ferrante.

104 *die Autorität des großen Tasso:* der Dichter Torquato Tasso (1544-1595) galt mit seinen Dialogen über den Adel und seinem Kreuzfahrer-Epos *Das befreite Jerusalem* als maßgebend in Fragen der ritterlichen Etikette. Attilio bezieht sich auf eine Stelle (VI, 17), in welcher ein Bote, der dem Kreuzfahrer Gottfried von Bouillon eine Duellforderung überbringen soll, diesen zuerst in aller Form um Erlaubnis bittet.

106 *Fezialen* (eigentlich Fetialen): altrömische Kriegsherolde. Der Graf mißversteht den Terminus, den er offensichtlich nicht kennt, als »Offizialen«, also Beamte.

107 *atqui ... de quo ... ergo:* lateinische Einsprengsel, durch

die der Sprecher seine Kenntnis der Regeln des Syllogismus beweisen will.

109 *Erbfolge im Herzogtum Mantua:* auf diese Stelle bezieht sich Umberto Eco im 2. Kapitel seines Romans *Die Insel des vorigen Tages* (dt. München 1995, S. 31), wo er seinen Bericht über die Vorgeschichte des Erbfolgestreits im Herzogtum Mantua mit den Worten beginnt: »die Geschichte ist von anderen schon erzählt worden, wenn auch fragmentarischer«. Im 5. Kapitel heißt es dort über den »Conde-Duque« (d.i. Gaspar de Guzmán, Graf von Olivares und Herzog von San Lucar, 1621-1643 Erster Minister des Königs Philipp IV. von Spanien): »wie Roberto verstand, war Olivares so etwas wie ein spanischer Richelieu, nur weniger vom Glück verwöhnt« (S. 62).

110 *Vagliensteino:* es handelt sich natürlich um eine Verballhornung des Namens Wallenstein. Ähnlich eigenwillig geht der Podestà in der Folge auch mit den Namen Nevers und Richelieu um.

113 *Heliogabal:* römischer Kaiser von 218 bis 222 n. Chr.

120 *das Herz Pharaos war so verhärtet:* Anspielung auf 2. Mose 7, 13 ff.

144 *mit der Aufgeblasenheit des Propheten Nathan:* Anspielung auf die Strafrede des Propheten Nathan, der König David vorhielt, was dieser dem Hethiter Uria angetan hatte, um dessen Frau Bathseba zu bekommen (2. Samuel 12).

146 *Sankt Martin:* der Martinstag (11. November).

152 *Morra:* ein in Italien beliebtes Wettspiel ähnlich dem Knobeln: Beide Spieler strecken gleichzeitig eine beliebige Anzahl von Fingern einer Hand aus und rufen dabei eine Zahl zwischen eins und zehn. Wer die richtige Zahl der von beiden zusammen ausgestreckten Finger gerufen hat, ist der Sieger.

156 *ein geistreicher Barbar:* so wurde Shakespeare von Voltaire apostrophiert (weil er die »klassischen Regeln« verletzt hatte), was Manzoni, der Shakespeare sehr schätzte, hier ironisch zitiert; die Anspielung bezieht sich auf *Julius Caesar*, II, 1, 63-65, wo Brutus sagt: »Between the acting of a dread-

ful thing/And the first motion, all the interim is/Like a phantasma or a hideous dream.« (Schlegel-Tieck: »Bis zur Vollführung einer furchtbarn Tat, / Vom ersten Antrieb, ist die Zwischenzeit/Wie ein Phantom, ein grauenvoller Traum«).

159 *Karneades:* griechischer Philosoph, ca. 214-129 v. Chr., galt als scharfsinniger Dialektiker und Gelehrter mit großer Rednergabe, hat aber keine eigenen Schriften hinterlassen.

– *eine Lobrede auf San Carlo Borromeo:* es handelt sich um ein real existierendes Werk, nämlich die von Pater Vincenzo Tasca verfaßte und am 4. November 1626 im Mailänder Dom verlesene Eloge *La dottrina di San Carlo Borromeo*; vgl. zu diesem u. S. 891, Anm. zu S. 471.

160 *Suolavecchia, Lunghigna:* es handelt sich um »sprechende Namen«: Suolavecchia = alte Schuhsohle, Lunghigna = lange Fratze.

167 *Pilgermantel aus muschelbesetztem Wachstuch:* ein kurzer regenabweisender Mantel, *sanrocchino* genannt, in dem Sankt Rochus, der Schutzheilige der Pilger, dargestellt wurde. Der Muschelbesatz sollte bezeugen, daß der Pilger weit herumgekommen und an fernen Küsten gewesen ist.

180 *Fra Fazio:* im Italienischen ist Fra Fazio eine sprichwörtlich harmlos-einfältige Figur, ähnlich unserem Dummerjan oder Heini.

– *Omnia munda mundis:* »Den Reinen ist alles rein« (Paulus, Brief an Titus 1, 15).

185 *Ade, du mein Vaterhaus, wo ich saß ...*: Im Original vermeidet Lucia hier die Rede in der ersten Person; sie ist von einer so übermäßigen Demut und Bescheidenheit, daß sie nicht einmal in Gedanken »ich« sagen kann, sondern sich fast krampfhaft bemüht, ihre Gefühle in unpersönlichen Wendungen auszudrücken, die sich im Deutschen oft nur mit »man« übersetzen lassen (»wo man saß«, »wo man sich ein Leben als Gattin vorstellte« usw.). Da jedoch dieses »man« im Munde beziehungsweise sogar bloß in den Gedanken einer jungen Frau für den heutigen deutschen Leser höchst befremdlich, um nicht zu sagen grotesk klingen würde, ist die Übersetzung hier bewußt vom Original abgewichen und hat

der armen Lucia erlaubt, in der ersten Person und als Frau zu denken.

187 *Ein Mailänder Historiker**: Manzoni macht hier eine gelehrte Fußnote, in welcher er seine Quelle nennt: »Josephi Ripamontii, *Historiae Patriae, Decadis V, Lib. VI*, Cap. III, pag. 358 et seq.« Es handelt sich um eine vielbändige Geschichte Mailands, verfaßt von Giuseppe Ripamonti (1573-1643), dem Sekretär und offiziellen Historiographen des Kardinals Federigo Borromeo, die Manzoni auch im weiteren immer wieder zitiert.

188 *wie jeder weiß:* für Manzoni sind seine »fünfundzwanzig Leser« (s. o. S. 30) selbstredend allesamt Mailänder.

190 *kaum zehn meiner Leser:* auch diese Bemerkung bezieht sich auf die erwähnten »fünfundzwanzig«.

197 *die jüngste Tochter des Fürsten ****: dieser Figur liegt eine reale historische Person zugrunde, deren Geschichte Manzoni aus dem zitierten Werk von Ripamonti kannte. Hier kurz die Fakten: Die spätere »Signora von Monza« wurde 1575 als Marianna de Leyva geboren, der Vater war ein spanischstämmiger Edelmann in Mailand, die Mutter starb ein Jahr nach ihrer Geburt. Mit dreizehn Jahren kam sie als Novizin ins Kloster der Santa Margherita in Monza, 1591 wurde sie dort Nonne unter dem Namen Schwester Virginia, wurde jedoch von allen »la Signora« genannt wurde, übte feudale Oberhoheit über das Städtchen aus und genoß große Freiheiten im Kloster, wo sie als Maestra das Erziehungswesen leitete. Mehr dazu weiter unten.

198 *Gertrude:* Zwei Klosterfrauen dieses Namens sind heiliggesprochen worden: Gertrud von Nivelles (626-659), Tochter Pippins d. Älteren, Äbtissin des Klosters Nivelles in Brabant, vor allem in Nordwesteuropa und Skandinavien verehrt, u. a. als Patronin der Reisenden; bekannter und vor allem seit dem 16. Jahrhundert populärer ist Gertrud die Große (1256-1302), Nonne des Klosters Helfta in Thüringen (nicht zu verwechseln mit der gleichnamigen Äbtissin desselben Klosters, Gertrud von Hackeborn, 1232-1292), Mystikerin, Autorin der Bücher *Legatus divinae pietatis* und *Exercitia*

spiritualia; in nachmittelalterlicher Zeit volkstümlich verehrt, besonders als Helferin bei der Suche nach verborgenen Schätzen.

216 *die so tat, als gratulierte sie ihr zur Genesung:* soll heißen, die Dienerschaft wußte sehr wohl, daß es sich anders verhielt.

217 *ließ sich Süßigkeiten von ihr versprechen:* die Zubereitung von Süßigkeiten war eine Spezialität der Nonnenklöster.

220 *Schokolade ... Toga virilis:* die Toga virilis wurde jungen Römern zum achtzehnten Geburtstag als Zeichen der Mannbarkeit überreicht; Schokolade war im 17. Jahrhundert eine so teure Kostbarkeit, daß man sie nicht den Kindern gab.

225 *Kapitel:* die Vollversammlung der Nonnen oder Mönche eines Klosters, in der über Neuaufnahmen und andere wichtige Fragen abgestimmt wurde.

228 *Der gute Mann* (Orig.: *l'uomo buono*)*:* manche Übersetzungen haben diese in der Folge noch mehrmals wiederholte Wendung mit »der wackere Mann« oder dergl. wiedergegeben; aus der Urfassung des Romans geht jedoch hervor, daß damit keinerlei abwertende Ironie beabsichtigt war; der Nonnenvikar wird vielmehr als ein ausgesprochen *gütiger* – und daher allenfalls etwas argloser – Mensch beschrieben.

236 *Unsere Handschrift nennt ihn Egidio:* in der realen Geschichte der Nonne von Monza (s. o.) hieß er Gian Paolo Osio.

– *Die Unglückselige antwortete:* im Orig.: *La sventurata rispose*, ein in der italienischen Literaturgeschichte berühmt gewordener Satz, über den zahllose Kommentare verfaßt worden sind: In der Urfassung des Romans, *Fermo e Lucia*, folgten hier noch viele Seiten über die weitere Geschichte Gertrudes, ihre erotische Beziehung zu Egidio und deren verbrecherische Folgen, nachzulesen in einer erst 1961 der breiteren Leserschaft vorgelegten Teilpublikation dieser Urfassung, die als »Roman im Roman« unter dem Titel *Die Nonne von Monza* Berühmtheit erlangt hat (deutsch von Heinz Riedt, Nymphenburger Verlagsanstalt, München 1964, und dtv 1988). In der Fassung von 1827 hatte Manzoni diesen über 100 Seiten langen »Roman im Roman« stark gekürzt, fast den ganzen Rest ab hier gestrichen und lediglich durch die drei Wörter *La sventurata rispose* ersetzt, womit er eine der suggestivsten Stellen des Romans, um nicht zu sagen der ganzen Romanliteratur seiner Zeit geschaffen hat. »Denn nichts könnte besser als diese drei Wörter suggerieren« – kommentiert Guido Bezzola diese Stelle in der angesehenen Taschenbuchausgabe der Biblioteca Universale Rizzoli –, »in welchen Abgrund die Unglückselige gestürzt war, und die suggerierten Dinge sind von bedeutend größerer Wirkkraft, als wenn er sie ausführlich beschrieben hätte. Man muß schon an Dante oder Shakespeare denken, um Beispiele von ähnlich suggestiver Aussparung zu finden, und der Vergleich, so abgegriffen er sein mag, hat gleichwohl eine Existenzberechtigung, wenn man an jene vulgären Geister denkt, die dem Autor Manzoni eine wirkliche Fähigkeit zur Tragik absprechen.«

237 *Meda:* ein Ort in der Nähe von Monza. – Dieser Name war das einzige, was Manzoni in der Neuausgabe des Romans von 1840 hinzufügte, nachdem er die Akten des Prozesses gegen Schwester Virginia hatte einsehen können.

– *hätte man ... in der Nähe gegraben:* Die Leiche war im Keller des Hauses von Gian Paolo Osio vergraben worden.

238 *nach Holland geflohen*: d. h. in ein protestantisches Land, wo die Flucht aus einem Kloster nicht, wie in katholischen Ländern, strafrechtlich verfolgt wurde.

241 *Mag sie nach Bergamo gehen:* Wie erinnerlich (s. o. S. 168), sollte bei der nächtlichen Aktion als einziger der aus dem Bergamaskischen stammende Bravo mit dem Spitznamen »Grunzer« reden, damit Agnese wegen seiner Mundart glaubte, »daß die Entführung von dort aus erfolge«.

242 *Herr Laßtmichnurmachen:* mit den Worten »Laßt mich nur machen« hatte sich der Graue von Don Rodrigo verabschiedet, s. o. S. 150.

244 *eine weitere, noch denkwürdigere Probe:* Anspielung auf den späteren Pesttod des Grauen, s. u. S. 722.

253 *als er gegen Abend ... zurückkam:* Manzoni schreibt historisch korrekt: »gegen dreiundzwanzig Uhr«, da zur Zeit

der Handlung des Romans die Stunden des Tages nicht von Mitternacht bis Mitternacht, sondern von Sonnenuntergang bis Sonnenuntergang gezählt wurden; seine Zeitangabe entspricht also der modernen Angabe »eine Stunde vor Sonnenuntergang«.

254 *und Freiheit für zwei Verbannte:* d. h. das Recht, zwei Bravi aus Acht und Bann zu befreien.

255 *Hebt die Nase, schnuppernd im treulosen Wind:* der Vers stammt aus dem Epos *I Lombardi alla prima Crociata* (Die Lombarden im ersten Kreuzzug) von Tommaso Grossi, einem Mailänder Dichter (1791-1853), der mit Manzoni befreundet war. Das Werk erschien 1826, etwa ein Jahr nach Abfassung dieses Kapitels der *Promessi Sposi*. Der zitierte Vers (X, 16, 5) bezieht sich allerdings nicht auf einen Wolf, sondern auf eine Löwin.

257 *einem lieben Knaben zugesehen:* gemeint ist Manzonis eigener Sohn Enrico (1819-1881), der zur Zeit der Abfassung dieser Stelle vielleicht vier bis fünf Jahre alt war.

259 *Porta Orientale:* heute Porta Venezia, das Tor, durch das man die Stadt betritt, wenn man von Lecco kommt. Die *Vorstellungen, die man heute mit ihm verbindet*, beziehen sich auf den klassizistischen Umbau, der 1826-29 vorgenommen wurde, mit den zwei großen Zollgebäuden rechts und links neben dem Tor, die heute noch stehen.

260 *Porta Tosa:* 1848 umbenannt in Porta Vittoria. Die kleine *Via di Borghetto* gibt es noch heute, sie ist die erste Straße links, wenn man auf dem Corso Venezia hereinkommt.

264 *der schöne Palast mit der hohen Loggia:* der 1812 erbaute und noch heute vorhandene Palazzo Rocca Saporiti, hinter dem die Via Cappuccini vorbeiführt; Kirche und Kloster der Kapuziner wurden 1812 zerstört, um den Palazzo zu erweitern (der anfangs nur aus der Loggia bestand, von der aus man die Wagenrennen auf dem Corso verfolgte).

266 *jenes schönen Krieges, den wir bereits erwähnt haben:* der Erbfolgekrieg von Mantua und Montferrat, vgl. o. S. 109.

267 *nachdem so viele bedeutende Männer darüber geschrieben haben:* gemeint sind die Theoretiker der kapitalistischen

Volkswirtschaft. Manzoni dachte hier insbesondere an die großen englischen Verfechter des ökonomischen Liberalismus wie Adam Smith, David Ricardo usw., an deren Lehren sich die hier dargelegten Gedanken über den Zusammenhang zwischen Preissteigerung und Warenverknappung orientieren.

268 *Antonio Ferrer:* gebürtiger Katalane (1564-1634), ab 1619 Großkanzler des Staates Mailand, verheiratet mit einer italienischen Adligen, nahm 1632 die italienische Staatsbürgerschaft an; vgl. o. S. 63.

270 *Dekurionen:* ein sechzigköpfiges Ratskollegium, dessen Mitglieder vom Gouverneur ernannt wurden, vgl. u. S. 279.

272 *Corsia de' Servi:* heute Corso Vittorio Emanuele, die Straße vom Domplatz zur Piazza S. Babila.

273 *daß es unserem Alphabet an Schriftzeichen fehlt, um ihn wiederzugeben**: in einer Fußnote gibt Manzoni selbst den Namen mit »El prestin di scansc« an, was im Mailänder Dialekt tatsächlich soviel wie »die Bäckerei der Krücken« (toskanisch *il forno delle grucce*) heißt. Das für italienische Ohren Ungewöhnliche daran ist der Schlußlaut in *scansc* (sprich: skansch), ein *sch* ohne auslautenden Vokal. Manzoni hat sich hier offenbar einen Spaß gemacht, denn in Wahrheit stammte der Name dieser Bäckerei nicht von irgendwelchen Krücken, sondern von ihrem Besitzer, der Mailänder Adelsfamilie Scanzi. Der Laden lag gegenüber der Nordost-Ecke des Doms (den genauen Ort markiert heute eine Gedenktafel links neben dem Textilgeschäft Angelo Santagostino); er wurde 1870 renoviert und hat bis 1919 fortbestanden.

– *Stadthauptmann:* ital. *Capitano della giustizia*, im damaligen Herzogtum Mailand nicht nur Polizeichef, sondern auch Kopf der Verwaltung des Strafjustizwesens einschließlich der Gefängnisse. Generell verstand man unter »Justiz« in jener noch stark vom Spätfeudalismus geprägten Gesellschaft sowohl das Gerichts- wie auch das Polizeiwesen; die institutionelle Trennung zwischen Strafverfolgungsbehörden und Strafgerichtsbarkeit wurde erst im Absolutismus begonnen und im bürgerlichen Recht vollzogen, vgl. u. die zweite Anm. zu S. 332.

275 *an der linken Protuberanz des metaphysischen Tiefsinns:* ironische Anspielung auf die Terminologie des österreichischen Schädelforschers Franz Joseph Gall (1758-1828), des Erfinders der sog. Phrenologie, derzufolge jedes Gefühl und jede Gemütsneigung einen bestimmten Sitz im Gehirn hat, der einer bestimmten Ausbuchtung oder »Protuberanz« des Schädels entspricht.

279 *Proviantverweser:* ital. *Vicario di provvisione*, Chef der städtischen Verwaltung mit besonderer Zuständigkeit für das öffentliche Ernährungswesen (vgl. u. die letzte Anm. zu S. 303).

– *Proviantrat:* ital. *tribunale di provvisione*, eine dem Proviantverweser beigeordnete Kammer (in anderen Übersetzungen auch mit »Proviantho« oder »Versorgungsamt« wiedergegeben).

280 *Fassade … noch großenteils im Rohbau und weit von ihrer Vollendung entfernt:* die Fassade des Mailänder Doms wurde 1609 begonnen und 1813 auf Wunsch Napoleons vollendet.

281 *um das Brot leben zu lassen:* ironische Anspielung auf den Ruf »Es lebe das Brot«.

282 *Doktorenkolleg:* ital. *Collegio de' dottori*, heute *Palazzo dei giureconsulti*, Sitz der Industrie- und Handelskammer, in der Via Mercanti.

– *Don Philipp II.:* König von Spanien (1527-1598), Sohn und Nachfolger Karls V., durch Schillers *Don Carlos* zum literarischen Prototyp des Tyrannen geworden.

– *wurde ihr eines Tages der Kopf ausgewechselt:* nämlich am 7. Juli 1797, zur Zeit der ersten »Cisalpinischen Republik« und der glühendsten Revolutionsemphase, als der Mörder Cäsars zum Symbol der Freiheit wurde;

– *stand sie vielleicht ein paar Jahre dort:* nämlich bis 1799, als die Österreicher nach Mailand zurückkehrten.

283 *Andrea Biffi:* Gian Andrea Biffi, Mailänder Bildhauer, gestorben 1631, Schöpfer mehrerer Reliefs und Statuen für den Dom seiner Stadt.

285 *Zum Glück hat sie darin schon eine gewisse Übung:*

vgl. o. S. 270: »wer kann heute noch in die Gedanken jenes Antonio Ferrer eindringen?«

286 *Castello di Porta Giovia:* das heutige Castello Sforzesco, das Mailänder Stadtschloß, wurde bis Ende des 19. Jahrhunderts als Kaserne benutzt.

289 *das verhängnisvolle Gerät:* im Orig. *la macchina fatale*, Anspielung auf Vergils »scandit fatalis machina muros« in seiner Beschreibung des Trojanischen Pferdes (*Aeneis* II, 237).

293 *Jenes Vidit Ferrer:* vgl. o. S 63.

295 *Por mi vida, que de gente:* »Meine Güte, wieviel Leute!« Hier und im folgenden spricht Ferrer mit sich und seinen Landsleuten spanisch.

– *si es culpable:* »wenn er schuldig ist«.

– *Adelante, Pedro, si puedes:* »Vorwärts, Pedro, wenn du kannst.«

296 *Adelante, presto, con juicio:* »Vorwärts, schnell, mit Umsicht.«

297 *Oj, oj, guardaos:* »Oh, oh, aufgepaßt!«

300 *Venga usted con migo:* »Kommen Sie mit mir.«

– *Aquí está el busilis. Dios nos valga!:* »Hier ist die Schwierigkeit (= jetzt kommt's drauf an). Gott steh uns bei!«

301 *Por ablandarlos:* »Um sie zu besänftigen.«

– *Esto lo digo per su bien:* »Das sage ich zu Ihrem Besten.«

– *Perdone, usted:* »Entschuldigen Sie.«

302 *Animo, estamos ya casi fuera:* »Mut, wir sind schon fast draußen.«

– *Beso a usted las manos:* »Ich küsse Ihnen die Hand«, der übliche Gruß gegenüber einem Höhergestellten, hier ironisch vom Großkanzler gegenüber dem Offizier verwendet.

– *Cedant arma togae:* (lat.) »Die Waffen mögen der Toga weichen«, d. h. der Soldat dem Politiker (Cicero, *In Pisonem*, XXX).

– *Levántese, levántese, estamos ya fuera:* »Stehen Sie auf, stehen Sie auf, wir sind schon draußen.«

303 *Que dirá de esto Su Excelencia:* »Was wird Seine Exzellenz dazu sagen«, d. h. der Gouverneur Fernández de Cór-

doba, der mit der Belagerung von Casale beschäftigt war, vgl. o. S. 268.

– *Que dirá el Conde-Duque:* »Was wird der Conde-Duque sagen«, d. h. Graf von Olivares, der »spanische Richelieu«, vgl. Anm. zu S. 109.

– *Que dirá el Rey nuestro señor:* »Was wird der König unser Herr sagen«, d. h. Philipp IV., der in Wirklichkeit nichts erfuhr, was Olivares ihn nicht erfahren lassen wollte.

– *Dios lo sabe:* »Gott weiß es.«

– *Usted ... por el servicio de Su Magestad:* »Sie ... für den Dienst Seiner Majestät.«

– *erwähnt er sein weiteres Schicksal nicht mehr:* den Posten des Proviantverwesers im Herzogtum Mailand bekleidete damals der Jurist Ludovico Melzi d'Eril (1594-1649), der in Wirklichkeit viel begabter und tüchtiger war, als Manzoni ihn darstellt, und noch über zwei Jahrzehnte weiterlebte.

307 *sei einer, wer er sei, Gemeiner und Plebejer:* Renzo erinnert sich vage an die Formel in dem Erlaß, den ihm der Advokat gezeigt hatte: »Gewalttaten ... wie sie von Lehnsherrn, Adligen, Bürgern, Gemeinen und Plebejern begangen werden«, vgl. o. S. 63.

310 *Berlinghen ... Parpagliolen:* Die Berlinga war eine mailändische Silbermünze im Wert von einer Lira (20 Soldi), der Real eine kleine spanische Silbermünze (ein Zwanzigstel Piaster) und die Parpagliola eine kleine lombardische Münze im Wert von einigen Soldi.

311 *jene andere Bank und jener andere Tisch:* vgl. o. S. 188: »als sie auf einer festen Bank in einer Stube saßen.«

312 *Gratis et amore:* (lat.) »umsonst und aus Liebe«. – Warum Renzo hier plötzlich Lateinisch spricht, ist nicht ganz klar; wahrscheinlich hat er die Formel irgendwo aufgeschnappt und will sich damit brüsten.

318 *Schwertfeger:* traditioneller Name für Schwertmacher, ein Beruf und Handwerkszweig, für den Mailand damals berühmt war.

323 *siés baraòs trapolorum:* Renzo hat Ferrers Spanisch of-

fenbar für Latein gehalten und versucht es burlesk zu wiederholen: *siés* ist wohl eine Verballhornung von *así es* (so ist es), in *baraòs* klingt das *Oj, oj, guardaos!* des Großkanzlers an, außerdem erinnert es an ital. *barare*, (mogeln, betrügen) und an mailändisch *balóss* (Halunke), *trapolorum* erinnert an ital. *trappola* (Falle, Hinterlist), womit es auf die Fallen anspielt, die Renzo zufolge die Gebildeten den einfachen Leuten mit ihrem Latein stellen, vgl. das *latinorum*, S. 41.

331 *Justizpalast:* das mehrmals renovierte und modifizierte Gebäude steht noch heute an der Piazza Fontana gegenüber dem Erzbischöflichen Palais. Es hatte im damaligen Mailand auch die Funktion des Polizeipräsidiums (zur mangelnden Unterscheidung zwischen Justiz und Polizei vgl. o. Anm. zu S. 273, *Stadthauptmann*).

332 *Organ des metaphysischen Tiefsinns:* vgl. o. Anm. zu S. 275.

– *Kriminalbeamte:* ital. *notaio criminale*, wörtl. »Kriminalnotar«, ein Justizbeamter, der sowohl die Funktion eines Protokollanten (lat. *notarius*) von Anzeigen und Zeugenaussagen wie auch die eines Untersuchungs- und Verhörbeamten ausübte. Den Titel historisierend mit »Notar« wiederzugeben, wie es manche Übersetzer getan haben, wäre heutzutage ganz irreführend; eher schon hätte sich – zumal bei einer so lebendig gezeichneten Figur – eine modernisierende Wiedergabe mit »Kriminalkommissar« oder »-inspektor« angeboten. Sie wurde jedoch aus demselben Grund verworfen, aus dem auch der Begriff *giustizia* hier und im Folgenden nicht mit »Polizei« übersetzt worden ist, obgleich das von der Sache her durchaus möglich gewesen wäre.

347 *Vetter Bortolo … wie wir uns erinnern werden:* vgl. o. S. 124.

354 *an der zweiten Quelle der Adda:* vgl. den ersten Satz des Romans, wo Manzoni die geographische Lage von Lecco beschreibt als »die Stelle …, wo der See aufhört und die Adda wieder beginnt.«

356 *mit jener gespielten Uninteressiertheit, die wir schon andere Male an ihm beobachtet haben:* z. B. im Gespräch mit

Perpetua, S. 44 f., oder als er durch die Porta Orientale hinausging.

362 *eine Eingebung des Himmels:* die folgende Episode ist historisch, Manzoni hat sie der bereits erwähnten Mailänder Chronik von Ripamonti entnommen (s. Anm. zu S. 187). Die beiden namentlich erwähnten Domherren, Alessandro Mazenta und Girolamo Settala, sind beide an der Pest von 1630 gestorben.

364 *Navarreser:* d. h. Franzosen und Frankophile, so genannt, nachdem Heinrich von Navarra 1593 zum Katholizismus übergetreten (»Paris ist eine Messe wert«) und im folgenden Jahr als Heinrich IV. König von Frankreich geworden war. – *mit dem halb türkischen Namen:* der Name Richelieu hatte auch schon dem redseligen Podestà von Lecco Schwierigkeiten gemacht, vgl. o. S. 111.

373 *Er lauscht, ist sicher, und freudig ruft er: »Die Adda!«:* Die Stelle ist im Original als Vers erkennbar: Der dreiteilige Satz vor dem Ausruf ist ein *Endecasillabo* (Elfsilbler), der dominante Vers der klassischen italienischen Dichtung (*Sta in orecchi; n'è certo; esclama: »è l'Adda!«*). Durch dieses Stilmittel wird der bereits durch die Wahl des Präsens herausgehobene Satz noch weiter hervorgehoben, um die Bedeutung des für den Protagonisten so glücklichen Augenblicks zu unterstreichen. Der Absatz endet überdies, in einer gleichsam musikalischen Kadenz nach dem Crescendo der Angst, mit einer Anspielung auf Vergil: Der Nachsatz *immer dem freundlichen Rauschen nach* (ital. *dietro all'amico rumore*) erinnert an *Aeneis* II, 255, wo es heißt, daß die Schiffe der Griechen kurz vor der Eroberung Trojas *freundlich geleitet vom schweigenden Monde* (lat. *tacitae per amica silentia lunae*) übers Meer gefahren kommen.

379 *Gebiet von San Marco:* die Republik Venedig.

380 *von Schmugglern und Verbannten:* bei den hier erwähnten *banditi* handelt es sich nicht um Banditen oder Räuber, wie die meisten Übersetzungen glauben machen, sondern um Verbannte, Exilierte, aus dem Staate Mailand Ausgewiesene, die illegal zurückkehren.

386 *Getreide aus der Türkei:* entgegen früheren Annahmen, es handle sich hier um Mais (ital. *granoturco* = türkisches Korn), sind sich die Kommentatoren heute weitgehend einig, daß wirklich Getreide gemeint ist und daß Bortolo mit seinem Verweis auf die Türkei nur ausdrücken will, wie unerfreulich er es findet, von den Ungläubigen Getreide kaufen zu müssen.

– *Lorenzo Torre ... Giovanbattista Biava:* diese Namen und die übrigen Angaben über die weitsichtige Wirtschaftspolitik der Venezianer (im Gegensatz zur Kurzsichtigkeit der Mailänder) hat Manzoni einer Geschichte der Pest im Bergamaskischen von Lorenzo Ghirardelli entnommen, die er in Kap. 33 ausdrücklich erwähnt, s. u. Anm. zu S. 724.

387 *Tropf:* im Original *baggiano*, ein heute fast ausgestorbenes Wort (von *Baciana*, einer Gegend an der Grenze zum Mailändischen), das soviel wie »Trottel, Blödian« heißt und die Aversion der Bergamasken gegen ihre übermächtigen Nachbarn ausdrückt (sozialpsychologisch ähnlich dem in Österreich üblichen Spottnamen »Piefke« für Deutsche).

– *wie er es in der Wirtschaft ›Zum Vollmond‹ getan hatte:* vgl. o. S. 317.

389 *des vorgenannten hochrühmlichen Herrn Stadthauptmannes:* die kursiv gesetzten Passagen sind im Original nicht italienisch, sondern barockes Amtslatein, als handle es sich um Zitate aus einem echten historischen Dokument. Manzoni tut so, als habe der Haftbefehl gegen Renzo die gleiche Authentizität wie die so häufig von ihm zitierten Verordnungen und Erlasse. Das erlaubt ihm zugleich ein ironisches Spiel mit den Differenzen und Ähnlichkeiten zwischen dem Italienischen seiner Zeit und dem barocken Latein. In der deutschen Übersetzung läßt sich dieses Spiel mit eingestreuten lateinischen Brocken kaum adäquat wiedergeben, da von Ähnlichkeiten zwischen Deutsch und Latein keine Rede sein kann und, außer für Leser mit guten Lateinkenntnissen, die Ironie auf der Strecke bliebe. (Für letztere hier eine genaue Wiedergabe der Stelle: »... ob ein gewisser junger Mann namens Lorenzo Tramaglino, von Beruf Seidenspinner, welcher aus

der Gewalt *praedicti egregii domini capitanei* entwichen sei, sich *palam vel clam* in sein Dorf zurückbegeben habe, bei dem zwar *ignotum* sei, um welches es sich genau handle, das aber *verum in territorio Leuci* liege; *quod si compertum fuerit sic esse,* solle besagter Herr Podestà danach trachten, *quanta maxima diligentia fieri poterit,* seiner habhaft zu werden und ihn gehörig gefesselt, *videlizet* (sic) mit guten Handschellen, in Anbetracht der erwiesenen Unzulänglichkeit von Manschetten bei besagtem Subjekt, ins Gefängnis verbringen und dortselbst unter guter Bewachung festhalten, um ihn denen zu übergeben, die zu seiner Abholung ausgesandt würden. Sowohl positiven wie negativen Falles aber *accedatis ad domum praedicti Laurentii Tramaliini* (sic)*; et, facta debita diligentia, quidquid ad rem repertum fuerit auferatis; et informationes de illius prava qualitate, vita, et complicibus sumatis,* und über alles Gesagte und Getane, Gefundene und nicht Gefundene, Mitgenommene und Dagelassene *diligenter referatis.*

397 *die Lehre ihrer Mutter über den Geisteszustand der großen Herrschaften:* vgl. o. S. 239 f.

399 *Fra Galdino, der mit den Nüssen:* vgl. o. S. 69 ff.

404 *Es genügt schon, was sie denen zu schaffen machen, die gezwungen sind …:* vgl. den Hinweis auf die »damals sehr häufigen Zwistigkeiten zwischen Klerus und weltlichen Mächten«, o. S. 29.

– *in das die Natur eine gewisse Tölpelhaftigkeit gemalt hatte, die dann verschiedentlich mit Politik verdeckt und übertüncht worden war:* frühere Übersetzer haben sich oft gescheut, das Wort *politica* mit »Politik« wiederzugeben; sie haben es metaphorisch aufgefaßt und mit »Schlauheit« oder ähnlich übersetzt. Es ist aber bei Manzoni ganz eindeutig: Der Graf ist zweifellos ein Politiker, und Manzoni beschreibt sein Gesicht wie ein gemaltes Porträt, dessen »von der Natur gemalte« Grundschicht oder Grundierung eine gewisse Tölpelhaftigkeit ist, die dann »von mehreren Händen«, also in mehreren Phasen oder Arbeitsgängen, »mit Politik übertüncht« wurde (*un certo fondo di goffaggine, dipintogli in viso dalla natura, velato poi e ricoperto, a più mani, di politica*). Der

Begriff »Politik« wird von Manzoni durchaus im modernen Sinn benutzt, und diese Stelle ist besonders kennzeichnend für seine skeptische Sicht des Machtpolitikers. In einer bloß impressionistischen Übersetzung, wie Junkers »sagte der gräfliche Onkel, und ein boshaftes Lächeln, das ihm prächtig stand, huschte dabei über seine hintergründig verschmitzten Züge, deren ursprüngliche Roheit sich jedoch nicht verbergen ließ«, wird davon nichts erkennbar.

410 *womit er freilich übel dran wäre:* eine von Manzonis selbstironischen Bemerkungen: Er tut so, als seien die historischen Realia seines Romans ganz unzuverlässig.

411 *Escorial:* der Königspalast (Manzoni schreibt in altertümlichem Spanisch *Escurial*) war zur Zeit der Handlung noch relativ neu: Philipp II. hatte ihn 1563 als Sommerresidenz errichten lassen.

– *Kardinal Barberini:* Antonio Barberini (1569-1646) wurde von seinem Bruder Maffeo, nachdem dieser 1623 als Urban VIII. Papst geworden war, zum Kardinal erhoben.

416 *Principiis obsta:* (lat.) »Widerstehe den Anfängen«.

420 *Der Guardian sagte an jenem Abend noch nichts:* d. h. er wollte entsprechend der Order des Provinzials verhindern, daß Pater Cristoforo noch Zeit blieb, jemanden im Dorf über seine Abreise zu informieren.

421 *das Brot der Vergebung:* vgl. o. S. 92.

– *Wir können von diesem Manne weder den Namen noch den Zunamen ... angeben:* man weiß jedoch aus einem Brief von Manzoni an seinen Schriftstellerkollegen Cesare Cantù, daß er an die historische Person eines berüchtigten Raubritters gedacht hatte: an Bernardino Visconti, Feudalherr von Brignano Ghiaradadda, der zusammen mit seinem Bruder Galeazzo Maria jahrzehntelang die halbe Lombardei tyrannisierte, sich aber im fortgeschrittenen Alter zu einem frommen Christen und Wohltäter der Bevölkerung bekehrte.

– *Francesco Rivola:* Mailänder Historiker in der ersten Hälfte des 17. Jahrhunderts, Doktor der Biblioteca Ambrosiana. Seine Biographie des Kardinals Borromeo erschien postum 1666.

422 *Giuseppe Ripamonti:* vgl. o. Anm. zu S. 187.

425 *Schwindsucht dritten Grades:* alter Ausdruck für Lungentuberkulose im tödlichen Stadium.

430 *dachziegelförmig geknickte Karten:* d. h. der Länge nach geknickte, durch vielen Gebrauch stark abgenutzte Karten.

431 *Squinternotto (o was für schöne Namen! ...):* Die erwähnten Spitz- oder Räubernamen der Bravi sind historisch belegt, Manzoni hat sie zeitgenössischen Dokumenten entnommen. *Squinternotto* heißt soviel wie »Bauchaufschlitzer«, *Tiradritto* wurde bereits in Kap. 11 erwähnt und dort mit »Durchmarschierer« übersetzt, kann aber auch »Schnellschießer« oder dergl. heißen, *Montanarolo* und *Tanabuso* bedeuten soviel wie »Kleiner Bergler« und »Schlupfloch«.

434 *Idee eines individuellen Urteils, einer unabhängig von guten oder schlechten Beispielen abzulegenden Rechenschaft:* d. h. einer persönlichen Verantwortung, einer nicht aus dem Verhalten anderer, sondern aus einem kategorischen Imperativ abgeleiteten Ethik. – Manzoni beschreibt hier nach Ansicht mancher Kommentatoren eine Erfahrung, die er selbst gemacht hatte, als er sich im Frühjahr 1810 (natürlich nach einer langen Vorgeschichte und Reifezeit) von einem atheistischen Freigeist zu einem gläubigen, wenngleich alles andere als kirchenfrommen Katholiken bekehrte.

435 *Nibbio:* ein weiterer Räubername, der soviel wie Mäusebussard oder Milan bedeutet, weshalb er von manchen früheren Übersetzern mit »der Geier« wiedergegeben wurde.

436 *Wir haben berichtet, wie die unselige Signora ...*: vgl. die Stelle oben S. 236 (»Die Unglückselige antwortete«), wo Gertrudes verbrecherische Karriere durch eine vielsagende Aussparung angedeutet wurde.

452 *die Selbstsicherheit einer verzweifelten Empörung:* d. h. die aus einer verzweifelten Empörung geborene und ihrer Ohnmacht bewußte Selbstsicherheit.

470 *Kaplan Kreuzträger:* Priester, der bei Prozessionen das Kreuz trug, ein niederer Grad in der Hierarchie der römisch-katholischen Kirche.

– *Federigo Borromeo:* nach dem spanischen Großkanzler Antonio Ferrer die zweite reale historische Persönlichkeit, die in dem Roman auftritt (geb. 1564 in Mailand als Sohn der berühmten Adelsfamilie, bereits als Dreiundzwanzigjähriger zum Kardinal erhoben, ab 1595 Erzbischof von Mailand, Gründer der 1609 eröffneten Biblioteca Ambrosiana, gestorben 1631).

471 *seines Vetters Carlo:* Kardinal Carlo Borromeo (1538 bis 1584), der bekannteste und bis heute populärste Borromeo, 1610 heiliggesprochen.

476 *die drei wichtigsten Künste des Zeichnens:* d. h. Malerei, Bildhauerei und Architektur.

477 *Pierpaolo Bosca:* Geistlicher, 1631-1699, Präfekt der Ambrosiana von 1668 bis 1681, Verfasser eines Buches *De origine et statu Bibliothecae Ambrosianae Hemidecas* (Mailand 1672).

– *in einer anderen hochberühmten Bibliothek Italiens:* gemeint ist die Vatikanische Bibliothek, wie ebenfalls Bosca schreibt.

479 *»Nie zuviel«:* im Original lateinisch: *Ne quid nimis*, da es sich um einen Wahl- oder Wappenspruch handelt.

480 *Aus den vielen Konklaven, die er mitgemacht hatte:* d. h. bei den vielen Papstwahlen, an denen er als Kardinal beteiligt gewesen war.

481 *Meinungen ... die heutzutage eher seltsam ... erscheinen:* Anspielung auf die Tatsache, daß Federigo Borromeo an die Existenz von Hexen glaubte und mehrere Verurteilungen zum Feuertod gebilligt hat; ebenso teilte er die damals verbreitete Meinung, daß die Pest durch das Werk böswilliger »Salber« oder Giftsalbenschmierer verbreitet werde (s. u. Kap. 31-32). Italienische Kommentatoren vermerken hier einstimmig, daß Manzonis Porträt des Kardinals ein wenig zu positiv, um nicht zu sagen »hagiographisch« ausgefallen sei.

483 *viele und langwierig zu erörternde Gründe:* hierzu bemerkt Vittorio Spinazzola (in der Garzanti-Ausgabe von 1966): »Manzoni konnte nicht ignorieren, daß der Grund für die geringe Berühmtheit dieser Werke in ihrem mittelmäßi-

gen literarischen und wissenschaftlichen Wert lag. Im übrigen verbreitete sich schon zu Lebzeiten des Kardinals Federigo der nicht unbegründete Verdacht, daß ein guter Teil seiner Schriften von seinem Sekretär, dem Kanonikus Ripamonti, verfaßt worden sei.«

484 *Euer Durchlaucht:* daß Kardinäle mit »Eminenz« anzureden sind, wurde erst 1630 durch ein Dekret von Papst Urban VIII. eingeführt; bis dahin war die gleiche Anrede wie bei hohen Adligen, *illustrissima vossignoria* (»Eure durchlauchtigste Herrschaft« = »Euer Durchlaucht«), oder *monsignore illustrissimo* üblich, s. die Ausführungen von Don Abbondio im letzten Kapitel, S. 839.

490 *Lassen wir die neunundneunzig Schafe:* Anspielung auf das Gleichnis vom guten Hirten (Matthäus 18, 12-13).

493 *Haec mutatio dexterae Excelsi:* »Diese Verwandlung [ist das Werk] der rechten Hand des Höchsten«: Anspielung auf Psalm 77, 11.

495 *Parcere subjectis:* »die Unterworfenen schonen«, Zitat aus Vergil, *Aeneis*, VI, 853.

497 *war verloren und ist wiedergefunden worden:* Zitat aus dem Gleichnis vom verlorenen Sohn (Lukas 15, 24), im Original lateinisch, wie es bei Bibelzitaten in der älteren italienischen Kultur üblich war: *perierat, et inventus est.*

498 *Der Wolf und das Schaf werden ...:* Zitat aus Jesaja 65, 25.

506 *Dante ... mitten im Höllenpfuhl:* im Original: »nel mezzo del Malebolge«, d. h. im achten Kreis der Hölle, wo die Verdammten im »Pechgraben« schmoren und Dante von einer Schar Teufel bedroht wird, *Inferno*, XXI, 88-139.

515 *Auch du:* Don Abbondio denkt an Don Rodrigo, von dem er in seinem langen Selbstgespräch auf dem Hinweg sagte (S. 503): »er könnte vierspännig ins Paradies fahren, aber er will lieber hinkend ins Haus des Teufels gehen«; zugleich denkt er auch an den Ungenannten und an den Kardinal.

516 *Dieser andere arme Unglücksrabe:* Renzo.

517 *Diejenigen, die Gutes tun ...:* Don Abbondio meint offenbar Leute wie den Kardinal.

519 *Wickenbrot:* ein Brotersatz aus Wicken- und Winterroggenteig, der normalerweise als Viehfutter diente.

521 *Buch der Heiligenlegenden, Guerrin Meschino, Reali di Francia:* das erste ist eine Anthologie mit Lebensgeschichten von Heiligen, wie es sie in großer Zahl gab, aber da der Schneider nur diese eine kennt, ist sie für ihn *das* Buch der Heiligenlegenden. Die beiden anderen sind populäre Ritterromane aus dem 14. Jahrhundert ähnlich denen, die der junge Don Quijote gelesen hatte, bevor er zu seinen Abenteuern aufbrach.

523 *die ... im Stehen aßen:* in Italien war es früher auf dem Lande üblich, daß die Kinder ohne feste Plätze am Tisch im Stehen aßen.

524 *Das wahre Unglück ist ... wenn man Böses tut:* hier merkt der Kommentator Guido Bezzola an: »In [diesen] wenigen einfachen Worten ist die ganze Botschaft der Predigt Federigos und zugleich eine große schmerzliche Wahrheit enthalten.«

– *Tut, was ich sage, aber nicht, was ich tue:* vgl. in der Präsentation des Kardinals Federigo, oben S. 474, den Satz: »Prüfstein der Worte ist das Leben.«

526 *Führe mich wohlbehalten:* vgl. o. S. 459.

532 *Vorwand mit seinen »Oberen« ... den er angeführt hatte:* in seinem Gespräch mit Renzo, o. S. 40.

544 *wie Catilina aus Rom:* Anspielung auf den römischen Patrizier und Putschisten Lucius Sergius Catilina (108-62 v. Chr.), der am 7. November 63, nachdem seine Putschpläne von Cicero aufgedeckt worden waren, aus Rom fliehen mußte und dabei schwor, alsbald mit einem Heer von Aufständischen zurückzukehren.

– *Am Nachmittag gegen vier:* im Original steht hier entsprechend der im 17. Jahrhundert üblichen Stundenzählung »gegen zweiundzwanzig Uhr«, d. h. zwei Stunden vor Sonnenuntergang.

546 *ein Clerici und ein Picozzi:* die beiden Namen hat Manzoni dem oben zitierten Werk von Rivola entnommen.

548 *Heimlichkeiten ... nicht zum ersten Mal:* tatsächlich

hatte Lucia ihrer Mutter auch schon die ersten Nachstellungen Don Rodrigos verschwiegen, um sie zunächst Pater Cristoforo in der Beichte zu erzählen, vgl. o. S. 56.

549 *Bovo d'Antona:* einer der Protagonisten des erwähnten Ritterromans *I reali di Francia*; die *heiligen Väter der Wüste* sind die in der Wüste lebenden Kirchenväter, von denen der Schneider in seinem *Buch der Heiligenlegenden* gelesen hatte.

557 *wie ein Lamm unter die Wölfe:* Anspielung auf das Jesuswort an seine Jünger, Lukas 10, 3: »ich sende euch wie Lämmer mitten unter die Wölfe.«

– *heilige Salbung, Handauflegung:* gemeint sind die Zeremonien der Priesterweihe.

– *Kinder und Boten der Verheißung:* Anspielung auf die Aussage des Paulus, Römer 9, 8, nach welcher nur die »Kinder der Verheißung« als Gottes Kinder anerkannt werden.

558 *das Leiden für die Gerechtigkeit unser Sieg:* Anspielung auf den Satz der Bergpredigt, Matthäus 5, 10: »Selig sind, die um der Gerechtigkeit willen verfolgt werden.« (Der Kardinal denkt selbstverständlich an die lateinische Fassung: »beati qui persecutionem patiuntur propter iustitiam.«)

561 *Ihr habt der Gottlosigkeit gehorcht:* vgl. o. S. 31, wo Don Abbondio sich vornahm, nicht »Ratgeber und Komplize der Gottlosigkeit« zu werden, und S. 517, wo er sich sorgte, sein Verhalten könne »so aussehen, als hielte ich's mit der Gottlosigkeit«.

563 *Perpetuas Ratschläge:* vgl. o. S. 35, wo Perpetua vorschlug, dem Kardinal »einen schönen Brief« zu schreiben.

565 *die Schriftgelehrten und Pharisäer ... keinen Finger rühren würden:* Anspielung auf das Jesuswort Matthäus 23, 4.

569 *Kaufen wir die Zeit aus:* Anspielung auf den Paulusbrief Epheser 5, 16: »Kauft die Zeit aus, denn es ist böse Zeit.«

– *Mitternacht ist nahe, der Bräutigam kann nicht mehr fern sein:* Anspielung auf das Gleichnis von den klugen und törichten Jungfrauen, Matthäus 25, 1 ff.

580 *Mohrenkönig auf seinem Wappen:* vgl. o. S. 314.

582 *in Momenten großer Eile:* so während der Tischge-

spräche bei Don Rodrigo, S. 109, und am Anfang von Kap. 12, S. 266, anläßlich der Hungersnot im Mailändischen.

– *Don Gonzalo ... aus der Familie jenes großen Feldherrn:* Gonzalo Fernández de Córdoba (ca. 1594 bis 1635), der mehrmals erwähnte Gouverneur des Staates Mailand, war ein Abkömmling des gleichnamigen spanischen Feldherrn (1453-1515), der sich durch zahlreiche Siege in Spanien über die Mauren und in Italien über die Franzosen ausgezeichnet hatte und den Beinamen *El gran capitán* trug.

583 *Conde-Duque:* vgl. o. Anm. zu S. 109.

– *Maria de' Medici:* die Königin von Frankreich, Gattin Heinrichs IV. und Mutter Ludwigs XIII. (1573-1642), war zuerst für Richelieu und wurde dann seine entschiedene Gegnerin.

589 *Vergleich mit heutigen Dingen:* wahrscheinlich Anspielung auf den Streit zwischen Klassizisten und Romantikern, der wenige Jahre vor der Abfassung des Romans ausgetragen wurde.

596 *fast dreihundert Bände:* eine auch für damalige Verhältnisse sehr bescheidene Zahl. Die ganze folgende Beschreibung der Bibliothek und der Gelehrtheit ihres Besitzers ist eine einzige Parodie auf die gravitätische Halbbildung dieses Don Ferrante, der als Witzfigur in die italienische Literatur- und Geistesgeschichte eingegangen ist. Bei den Autoren, die er als maßgebliche Autoritäten betrachtet, handelt es sich bis auf wenige Ausnahmen wie Aristoteles oder Cardano um höchstens zweitrangige, wenn nicht völlig unbedeutende oder irrelevante Autoren. Typisch ist die Nennung des griechischen Historikers Diogenes Laertius (3. Jh. v. Chr.), dessen zehnteiliges Sammelwerk *Leben und Meinungen berühmter Philosophen* zwar eine Fülle von Anekdoten über die behandelten Denker enthält, aber zu Kenntnis und Verständnis ihrer Philosophie so gut wie nichts beiträgt.

598 *Martinus Delrio:* Jesuit aus Antwerpen (1551-1608), Autor einer mehrbändigen Abhandlung über die Zauberei (*Disquisitionum magicarum libri VI*, Löwen 1599), vgl. u. S. 710.

– *Tarcagnota, Dolce, Bugatti, Campana und Guazzo:* entgegen dem Anschein hat Manzoni diese Namen nicht erfunden, es handelt sich um lauter real existent gewesene Verfasser von Universalgeschichten: Giovanni Tarcagnota aus Gaeta (gest. 1566) schrieb *Delle istorie del mondo*; Lodovico Dolce aus Venedig (1508-1568) übersetzte aus dem Griechischen die *Historie di Giovanni Zonara dal cominciamento del mondo infino ad Alessio Comneno*; Gaspare Bugatti aus Mailand (zweite Hälfte des 16. Jh.) kompilierte eine *Istoria universale dal principio del mondo all'anno 1569*; Cesare Campana aus L'Aquila (gest. 1606) setzte das Werk von Tarcagnota fort; Marco Guazzo aus Padua (gest. 1566) verfaßte eine *Chronica dal principio del mondo fino a questi tempi.*

599 *Bodino, Cavalcanti, Sansovino, Paruta und Boccalini:* im Unterschied zu den eben genannten »Welthistorikern« sind die hier aufgeführten Staatstheoretiker nicht allesamt belanglos und längst vergessen. Bei dem ersten handelt es sich um den Franzosen Jean Bodin (1530-1596) mit seinen *Six livres de la République*; bei den weiteren um den Florentiner Bartolomeo Cavalcanti (1503-1562) mit seinen *Trattati, ovvero discorsi ... sopra gli ottimi reggimenti delle Repubbliche antiche e moderne*, den Römer Francesco Sansovino (1521-1586) mit seiner Abhandlung *Del governo dei regni e delle repubbliche antiche e moderne*, den Venezianer Paolo Paruta (1540-1598) mit seinem Dialog *Della perfezione della vita politica* und seinen *Discorsi politici* sowie um Traiano Boccalini aus Loreto (1556-1613) mit seiner Satire *Pietra del paragone politico tratta dal Monte Parnaso, dove si toccano governi delle maggiori Monarchie dell'universo*, bekannter unter dem postumen Titel *Ragguagli di Parnaso.*

– Der *berühmte florentinische Sekretär* ist natürlich Niccolò Machiavelli (1469-1527), Autor des *Principe* und der *Discorsi sopra la prima deca di Tito Livio*; sein Konkurrent um die Gunst Don Ferrantes, der Piemontese Giovanni Botero (1543/44-1617), versuchte in seinen *Della ragion di stato libri X* Machiavellis politische Theorie zu widerlegen. – Valeriano Castiglione war dagegen, so das einhellige Urteil aller Manzoni-Kommentatoren, ein völlig unbedeutender Autor aus Mailand (1593-1668), der 1626, also zwei Jahre vor den Ereignissen, die Manzoni beschreibt, ein sklavisch den Argumenten Boteros nachgeschriebenes Buch mit dem Titel *Lo statista regnante applicato al governo del duca Carlo Emanuele I* veröffentlichte, das von den Zeitgenossen gleichwohl mit Lob überschüttet wurde.

600 *Paride dal Pozzo, Fausto da Longiano, Urrea, Muzio, Romei, Albergato ... Torquato Tasso:* außer dem letzten lauter längst vergessene Autoren. Der Vollständigkeit halber: Paride del Pozzo aus Castellammare (1413-1493), genannt *Il dottor solenne*, »der feierliche Doktor«, wegen seiner Autorität in Ehrensachen; Sebastiano Fausto aus Longiano in der Romagna (16. Jh.), Autor eines *Duello regolato a le leggi de l'honore*; der Spanier Jerónimo Urrea (geb. 1515), Autor eines *Diálogo de la verdadera honrra militar*; der Paduaner Girolamo Muzio (1496-1576), Autor von Werken namens *Il duello* und *Il gentiluomo*; der Ferrareser Annibale Romei, der 1580 *Discorsi* u. a. über Fragen der Ehre veröffentlichte, der Bologneser Fabio Albergati, von dem 1583 eine Abhandlung *Del modo di redurre a pace l'inimicizie private* erschien. Als große Autorität in Fragen der Ehre galt auch der Dichter Torquato Tasso, sowohl wegen seiner beiden Dialoge über den Adel (1578 und 1586, benannt nach dem Namen des modenesischen Edelmannes Antonio Forno, dem sie gewidmet waren) als auch wegen der einschlägigen Passagen in seinem Epos *La Gerusalemme liberata* sowie der Neufassung *Gerusalemme conquistata*, vgl. o. Anm. zu S. 104.

– *unser berühmter Francesco Birago:* »unser«, weil Mailänder (1562-1640); seine *Discorsi cavallereschi* erschienen 1622, ein Jahr darauf folgten *Consigli cavallereschi* zum selben Thema.

– *Olevano:* Giambattista Olevano, Autor der 1603 erschienenen Abhandlung *Del modo di ridurre a pace ogni sorta di privata inimicitia, nata per cagion d'onore* (»Wie man jegliche Art von privater Feindschaft, so aus Anlaß der Ehre entstanden, verringert«).

602 *und sie mit sich davonträgt in seinem Strudel:* ital. *e le porta in giro involte nella sua rapina:* Anspielung auf Dante, *Inferno* V, 31-32: *La bufera infernal, che mai non resta, / Mena gli spirti con la sua rapina*: »Der höllische Sturm, der niemals rastet, treibt die Geister in seinem Strudel.«

603 *Antonio Ferrers erste Preisfestsetzung:* vgl. o. S. 268.

604 *zwölf Herren des Proviantrates:* vgl. Anm. zu S. 279. (Nach *ungeschältem Reis* fügt Manzoni in Klammern hinzu: »*risone* sagte man damals und sagt man noch heute in Mailand«.)

– *noch die geringste Strafe:* weil sie keine zusätzliche Galeerenstrafe enthielt.

605 *eine in neuerer Zeit berühmt gewordene Bezeichnung ... Maximum:* Anspielung auf die ökonomischen Diskussionen und Maßnahmen der französischen Revolutionäre zur Zeit des Konvents: Ein *maximum* der Preise im Sinne einer Höchstpreis-Festsetzung wurde 1793 von der Bergpartei gefordert, von den Girondisten zunächst abgelehnt, aber nach deren Fall am 29. September 1793 schließlich doch angenommen.

606 *in einer nicht weit zurückliegenden Epoche, der geräuschvollsten und denkwürdigsten unserer modernen Geschichte:* eine für Manzonis Zeitgenossen leicht erkennbare Umschreibung der Französischen Revolution.

607 *Pechvögel:* mit diesem Ausdruck (ital. *disgraziati*) legt Manzoni nahe, daß die Betreffenden genauso unschuldig waren wie Renzo.

613 *Ripamonti, der die Sache berichtet**: in einer Fußnote gibt Manzoni die Quelle an: *Historiae Patriae, Decadis V, Lib. VI*, pag. 386; vgl. dazu oben Anm. zu S. 187.

– *der Arzt Alessandro Tadino in einem seiner Rapporte**: auch hier gibt Manzoni die Quelle an: *Ragguaglio dell'origine et giornali successi della gran peste contagiosa, venefica et malefica, seguita nella città di Milano etc.*, Milano 1648, pag. 10.

618 *Das Mailänder Lazarett:* hier eine Abbildung aus der illustrierten Ausgabe der *Promessi Sposi* von 1840-42:

Zur Zeit der Abfassung des Romans war die weitläufige Anlage noch intakt, sie wurde erst in der zweiten Hälfte des 19. Jahrhunderts aus Gründen der Bauspekulation zerstört (für Mailand-Kenner und -Besucher: sie lag im heutigen Straßengeviert Via Lazzaretto, Via San Gregorio, Corso Buenos Aires und Viale Vittorio Veneto; erhalten ist nur noch ein kleines, aber sehr eindrucksvolles Stück am Ostende der Via San Gregorio – zehn Bögen, etwa 25 Meter, heute eine russisch-orthodoxe Kirche – sowie die zentrale Kapelle, heute die Kirche S. Carlo al Lazzaretto, auf dem Largo Bellintani mitten in der Via Lecco).

– *wie schon der Name andeutet:* der Name Lazarett leitet sich vom biblischen »armen Lazarus« ab, dem zum Schutzpatron aller Armen und Kranken und vor allem der Pestkranken gewordenen Bettler im Gleichnis vom reichen Mann und dem armen Lazarus (Lukas 16, 19-31).

622 *gewöhnliche Grippeepidemie … irgendeine andere Ansteckung:* zur Zeit Manzonis machte die medizinische Wis-

senschaft einen klaren Unterschied zwischen Epidemie und Ansteckungskrankheit (Seuche): erstere war eine Krankheit, die sich aus objektiven Gründen verbreitete, ohne daß eine direkte Berühung notwendig war, unter der zweiten verstand man eine Erkrankung, zu der es durch Kontakt zwischen einem an ihr erkrankten und einem für sie empfänglichen Organismus kam.

– *einem ebenso gewissenhaften wie geistreichen Gelehrten**: in einer Fußnote präzisiert Manzoni: *Del morbo petecchiale … e degli altri contagi in generale*, von Dr. F. Enrico Acerbi, Kap. III, § 1 und 2. – Enrico Acerbi (1785-1827) war Manzonis Hausarzt und gilt als ein Vorläufer der modernen Mikrobiologie. Sein erstes Werk über die Fleckenkrankheit, *Dottrina teorico-pratica del morbo petecchiale*, erschien 1802.

623 *Giulio:* eine von Papst Julius II. geprägte Silbermünze im Wert von 56 Centesimi.

625 *Achillini:* der Bologneser Claudio Achillini (1574 bis 1640), ein manieristischer Dichter aus dem Kreis um Giambattista Marino. Das zitierte Sonett, ein berühmtes Beispiel für barocke Rhetorik, ist ein überschwengliches Loblied auf Ludwig XIII., den Bezwinger von La Rochelle und Sieger in Norditalien. Es schließt mit den Versen: *Ceda la palma pur Roma a Parigi;/che, se Cesare venne, e vide, e vinse,/venne, vinse, e non vide il gran Luigi* (»Rom trete die Palme ab an Paris;/denn wenn Caesar kam, sah und siegte,/kam, siegte und sah aber nicht der große Ludwig«). In dem zweiten Sonett, auf das Manzoni anspielt, heißt es: *I tuoi colpi devoti alfin troncaron/a l'Idra rocellese i capi infidi … sol resta a tua Spada il sacro acquisto … Vola in Soria de la Pietà sull'ale,/e fa', che di tua man l'Urna di Cristo/sia del Regno ottoman tomba fatale* (etwa: »Nachdem deine frommen Hiebe nun endlich/der Hydra von La Rochelle die treulosen Köpfe abschlugen … bleibt deinem Schwert nur noch der heil'ge Erwerb … Flieg' nach Syrien auf den Flügeln der Frömmigkeit/und mach, daß durch deine Hand die Urne Christi/zum Schicksalsgrab des ottomanischen Reiches werde«).

– *der Gesandte Venedigs:* auch die Venezianer unterstützten den Herzog von Nevers in seinen Ansprüchen auf Mantua, um einen Puffer zwischen sich und der spanischen Herrschaft in Mailand zu haben. Allerdings vermieden sie, wie Manzoni schon mehrmals angedeutet hat, jeden direkten Eingriff, um die Initiative den Franzosen zu überlassen.

– *Varchi:* der Historiker Benedetto Varchi (1503-1565), Verfasser einer *Storia di Firenze*, in deren Buch XII, Kap. 51 die Belagerung der Stadt durch die Truppen Karls V. und die darauf folgende Pest im Jahre 1531 geschildert wird.

626 *Tadino ... in seinem schon zitierten Rapport**: vgl. o. Anm. zu S. 613; in einer Fußnote präzisiert Manzoni die Seitenzahl: Pag. 16.

– *Sohn des berühmten Lodovico:* vgl. u. Anm. zu S. 670.

– *eine der bemerkenswertesten jener Epoche:* tatsächlich entsprach die Antwort jenes Präsidenten, eines Marchese G. B. Arconati, durchaus dem Wissensstand der damaligen Medizin.

627 *Don Gonzalo ... mußte Mailand bald nach jener Antwort verlassen:* in Wirklichkeit mußte er das schon vorher, nämlich am 22. August 1629.

628 *Gleich darauf zerstreuten sich alle:* die Episode ist authentisch; eine der ersten Amtshandlungen des neuen Gouverneurs bestand darin, ein Verfahren zur Ermittlung der Rädelsführer des Aufruhrs einzuleiten. Die Akten, denen Manzoni die Aussage des Trompeters entnommen hat, sind jedoch verloren gegangen.

– *Ambrogio Spinola:* Genuesischer Edelmann (1571 bis 1630), der bereits erfolgreich für die spanische Sache in den Niederlanden gekämpft hatte.

– *Rambaldo di Collalto:* ein gebürtiger Mantovaner (1575-1630), der seit 1625 in Diensten des Kaisers stand und sich im Herbst 1629 einen traurigen Ruhm durch die erbarmungslose Plünderung seiner eigenen Geburtsstadt erwarb.

629 *jenes schlimme Ende ... das allgemein bekannt ist:* Wallenstein wurde am 25. Februar 1634 im böhmischen Eger auf Anordnung Kaiser Ferdinands von einer Gruppe seiner eigenen Offiziere ermordet.

– *um vom Veltlin nach Mantua zu gelangen:* vgl. die Karte auf dem Vorsatzblatt.

632 *Cortenuova ... Introbbio ... Balabbio:* Ortschaften im Valsassina, auf dem Weg von Bellano nach Lecco (heutige Schreibweisen: Cortenova, Introbio, Barzio, Ballabio).

633 *Sturmhaubenreiter:* ital. *cappelletti*, berittene Söldner der Republik Venedig, vorwiegend albanischer Herkunft.

636 *seine großzügigste Hilfe angeboten:* vgl. o. S. 570.

639 *Marta und Magdalena auf einmal sein:* d.h. sich um alles kümmern müssen, alles auf einmal tun. Nach der biblischen Tradition (Lukas 10, 38-42), steht Marta für das aktive Leben und Magdalena (= Maria aus Magdala) für das kontemplative Leben.

641 *Die Kinder ...*: oben S. 521, waren es zwei Mädchen und ein Junge, hier sind es – wohl ein Flüchtigkeitsfehler Manzonis – zwei Buben und ein Mädchen.

642 *die Geschichte von den Mauren in Frankreich:* Anspielung auf die Ritterromane, die der Schneider gern liest, vgl. o. S. 521.

643 *Thebais:* in der Wüste um das oberägyptische Theben lebten die ersten frühchristlichen Einsiedler, weshalb der Name *Thebais* für eine Versammlung von Heiligen steht; auch dies eine Anspielung des Schneiders auf seine Lektüre, zu der auch die Heiligenlegenden gehörten, deren Kenntnis er bei Don Abbondio voraussetzt.

644 *in der Volkssprache:* d.h. auf Italienisch; für den Schneider ist die Sprache der Gebildeten noch das Lateinische.

– *sich mit dem Vorgeschriebenen zu beschäftigen:* Don Abbondio meint die tägliche Lektüre des Breviers.

649 *Verse von Torti:* Anspielung auf den Mailänder Dichter Giovanni Torti (1774-1852), mit dem Manzoni befreundet war.

657 *Furagierer:* Soldaten auf der Suche nach Lebensmitteln und Pferdefutter (frz. *fourrage*).

661 *Merodes Fußtruppen ... als letzter auch Gallas:* die Aufzählung folgt einem Bericht des Arztes Sigismondo Bol-

doni aus Bellano (1599-1630), der den Abzug der Truppen persönlich miterlebt hatte. Die genannten Heerführer sind: der Belgier Jean de Mérode (gest. 1633); die Italiener Ernesto Montecuccoli (gest. 1633), ein Bruder des berühmteren Raimondo, und Pietro Ferrari, ein Reiteroberst aus Modena; Johann Graf Altringer (1588-1634), Stellvertreter des Oberbefehlshabers Rambaldo di Collalto; Egon VIII. Graf von Fürstenberg (1588-1635), General der Artillerie und kaiserlicher Feldmarschall; Rodolfo di Colloredo, Graf von Waldsee (1585-1657), ebenfalls Feldmarschall; Torquato Conti, Herzog von Guadagnolo, General der Kirche; schließlich der Trientiner Matthias Gallas, Graf von Campo (1584-1647), der nach Wallensteins Tod an dessen Stelle treten sollte.

667 *Die Pest, von der die Gesundheitsbehörde befürchtet hatte:* vgl. o. S. 625 f.

– *den von Ripamonti nicht ausgenommen**: in einer Fußnote nennt Manzoni den genauen Titel des Berichts: Josephi Ripamontii, canonici scalensis, chronistae urbis Mediolani, *De peste quae fuit anno 1630, Libri V*, Mediolani, 1640, apud Malatestas (*Über die Pest im Jahre 1630*, 5 Bücher, von Giuseppe Ripamonti, Kanonikus Scalensis, Chronist der Stadt Mailand, Mailand 1640, bei Malatesta).

668 *ob es auch im übrigen Europa so war ... wir vermuten es:* hierzu der Manzoni-Kommentator Guido Bezzola: »Hier irrt Manzoni, denn wenn das 17. Jahrhundert in Mailand auch kulturell zutiefst finster war, verhielt es sich doch recht anders in Venedig, in Florenz, in Neapel, und sehr anders in Frankreich, in England, in den Niederlanden.«

– *alle gedruckten Berichte ... geprüft und verglichen:* Manzoni gibt seine Quellen in diesem und dem folgenden Kapitel wie ein professioneller Historiker durch eine Reihe von Fußnoten an. In der vorliegenden Übersetzung sind diese Angaben, soweit es nötig erschien, in den Text integriert worden; für besonders Interessierte werden sie vollständig hier im Anmerkungsteil dokumentiert. – In Italien hat es in den letzten Jahrzehnten, ausgelöst durch eine kritische Untersuchung der Pestkapitel bei Manzoni und ihres Verhältnisses zur historischen Wirklichkeit (Fausto Nicolini, *Peste e untori nei »Promessi Sposi« e nella realtà storica*, Bari, Laterza, 1937), eine Diskussion um die Frage gegeben, ob Manzoni tatsächlich, wie er behauptet, *alle gedruckten Berichte* berücksichtigt hat und ob die von ihm benutzten immer die besten waren. Zweifellos hat beispielsweise der von ihm besonders häufig zitierte Alessandro Tadino auch manches beschönigt, um seine eigene Rolle in der Diagnose und Bekämpfung der Mailänder Pestepidemie von 1630 in ein besseres Licht zu stellen; gleichwohl fällt auf, wie gewissenhaft Manzoni bemüht ist, alle seine Belege und Beweise vor dem Leser aufzublättern, bis hin zu einem mehrere Zeilen langen lateinischen Zitat (das hier ins Deutsche übersetzt in den Text integriert worden ist, S. 686). Der Umstand, daß sich Manzoni in diesem Kapitel geradezu pedantisch an die Regeln der Historiker hält, hat Goethe zu seiner eingangs zitierten Äußerung gegenüber Eckermann veranlaßt, er finde hier, »daß der Historiker dem Poeten einen bösen Streich spielt, indem Herr Manzoni mit einemmal den Rock des Poeten auszieht und eine ganze Weile als nackter Historiker dasteht«. Goethe fuhr fort: »Der deutsche Übersetzer muß diesen Fehler zu vermeiden suchen, er muß die Beschreibung des Kriegs und der Hungersnot um einen guten Teil, und die der Pest um zwei Dritteil zusammenschmelzen, so daß nur so viel übrig bleibt, als nötig ist, um die handelnden Personen darin zu verflechten« (23. Juli 1827). Zum Glück hat sich der deutsche Erstübersetzer der *Promessi Sposi*, Daniel Leßmann, diesen Rat des alten Geheimrats nicht allzu sehr zu Herzen genommen und in den Pest-Kapiteln 31-32 nur »einige Nebenzüge« weggelassen, da sie, wie er in einer Nachbemerkung schreibt, lediglich für Manzonis Landsleute oder gar bloß für seine Mailänder Mitbürger von Belang seien.

669 *jene Pest ... welche dreiundfünfzig Jahre zuvor:* im Jahre 1576.

670 *Lodovico Settala:* berühmter Mailänder Arzt (1552 bis 1633), bereits mit 21 Jahren in Pavia promoviert, Verfasser zahlreicher medizinischer Werke, Vater des schon erwähnten Se-

nators Settala. Zu den vielen ihm angetragenen Ehrentiteln, die er ablehnte, gehört auch der des königlichen Historiographen des spanischen Hofes. Sein genauer Titel war *protofisico* (Protophysikus) und bezeichnete eine Art Hochkommissar für das Gesundheitswesen.

– *wie wir aus dem Rapport von Tadino wissen**: gemeint ist der auf S. 613 und S. 626 erwähnte *Ragguaglio dell'origine et giornali successi della gran peste* ...; in einer Fußnote präzisiert Manzoni die Seitenzahl: Pag. 24.

– *daß diese Art von Erkrankung keine Pest sei:* auch hier präzisiert Manzoni in einer Fußnote, daß es sich um ein Zitat von Tadino handelt.

– *von einem unwissenden alten Barbier:* noch bis ins frühe 19. Jahrhundert wurde den Barbieren (und Badern) eine besondere medizinische Kompetenz zugesprochen.

671 *Minzkraut ... Raute ... Rosmarin ... Essig:* nach damaliger Ansicht schützten diese Mittel gegen Ansteckungen.

672 *es war ... schon die zweite Mission:* die erste war der gescheiterte Versuch, Don Gonzalo auf die Pestgefahr hinzuweisen, vgl. o. S. 626.

673 *Es wird berichtet, daß Kardinal Federigo ...**: in einer Fußnote gibt Manzoni die Quelle an: *Vita di Federigo Borromeo*, compilata da Francesco Rivola, Milano 1666, pag. 582.

679 *eine arme Unglückliche gefoltert ... und als Hexe verbrannt wurde, weil ihr Dienstherr ...**: auch hier nennt Manzoni in einer Fußnote die Quelle: *Storia di Milano*, von Graf Pietro Verri, Milano 1825, Tom. 4, pag. 155. – Der Jurist und Nationalökonom Pietro Verri (1728-1797), einer der wichtigsten Exponenten der Mailänder Aufklärung, gründete zusammen mit seinem Bruder Alessandro und Manzonis Großvater Cesare Beccaria die »Accademia dei Pugni« sowie als deren Organ die Zeitschrift »Il Caffé«. – Bei der *armen Unglücklichen* handelte es sich um eine Dienstmagd namens Caterinetta Medici, die beschuldigt wurde, ihre Herren verhext zu haben. Ein Kollegium von Ärzten, zu dem auch Lodovico Settala gehörte, untersuchte sie und kam zu dem Schluß, daß sie tatsächlich eine Hexe sei. Auch die erzbischöfliche Inqui-

sition und Federigo Borromeo waren von ihrer Schuld überzeugt, und so wurde die Betreffende am 4. März 1617 nach schrecklichen Folterungen lebendig verbrannt.

680 *vom Verkehr mit anderen Orten abgeschnitten:* die anderen Orte unterbanden jeden Personen- und Warenverkehr mit dem von der Pest befallenen Mailand; dies war einer der Hauptgründe, aus denen die Mailänder Behörden so lange wie möglich vermieden, den Charakter der Seuche bekannt zu machen.

681 *Pater Felice Casati, einen Mann in reiferen Jahren ...*: im Jahre 1630 etwa 47 Jahre alt, hat Casati das Lazarett insgesamt 26 Monate lang geleitet und starb in fortgeschrittenem Alter am 3. Mai 1656; heute ist eine Straße auf dem Gelände des einstigen Lazaretts nach ihm benannt.

685 *Einige Leute, die am Abend des 17. Mai ...*: in Wirklichkeit waren es nicht irgendwelche Leute, sondern hohe Prälaten, nämlich der Domkapitular Monsignore Visconti, der Erzpriester Alessandro Mazenta und Monsignor Girolamo Settala, ein Bruder des Arztes.

686 *Die Flecken waren stellenweise noch feucht ...**: Manzoni zitiert diese Beschreibung Ripamontis nicht im Text auf Italienisch, sondern in einer Fußnote auf Lateinisch: ... *et nos quoque ivimus visere. Maculae erant sparsim inaequaliterque manantes, veluti si quis haustam spongia saniem adspersisset, impressissetve parieti: et ianuae passim, ostiaque aedium eadem adspergine contaminata cernebantur*, pag. 75. (»auch wir sind hingegangen, um sie uns anzusehen. Die Flecken waren verstreut und auf ungleichmäßige Weise noch feucht, wie wenn jemand mit einem in Eiter getränkten Schwamm die Wände bespritzt und bestrichen hätte; und überall sah man die Türen und Eingänge der Häuser in gleicher Weise beschmiert«).

687 *eines berühmten Massenwahns:* das Phänomen der »Salbungen« hat tatsächlich stattgefunden und ist auf verschiedene Weise erklärt worden; außer den von Manzoni genannten Erklärungen kann man darin auch mit einer gewissen Wahrscheinlichkeit das Werk antispanischer Agenten vermuten, die im Herzogtum Mailand Unruhe stiften wollten. –

Mit demselben Thema hat sich Manzoni noch einmal gesondert in seiner 1829 geschriebenen und 1842 im Anhang zur Neuausgabe der *Promessi Sposi* veröffentlichten *Storia della Colonna Infame* beschäftigt, einer ebenfalls während der Pest von 1630 in Mailand spielenden Erzählung, der eine wahre Begebenheit zugrundeliegt (deutsch *Die Schandsäule*, anon. Übers., Leipzig 1843; Neudruck mit einem Vorwort von Leonardo Sciascia, hrsg. v. Wolfgang Boerner, Berlin, Vis-à-Vis, 1988).

688 *jene vernünftige und beruhigende Vermutung:* eben daß es sich um einen dummen Streich handle.

689 *»sagte man«, schreibt Tadino**: in einer Fußnote präzisiert Manzoni: pag. 93.

692 *en el mejor modo … permitieren:* (span.) »in der besten Weise, welche die Zeit und die gegenwärtigen Notwendigkeiten erlauben«.

– *con gran desconsuelo:* (span.) »mit großer Enttäuschung«.

– *fünfzehntausend Scudi … sechstausend Scudi:* d. h. Summen von einer lächerlichen Geringfügigkeit.

693 *in öffentliche Empörung verwandeln würde**: hier verweist Manzoni in einer Fußnote auf das Werk *Memoria delle cose notabili successe in Milano intorno al mal contaggioso l'anno 1630, ec.*, raccolte da D. Pio la Croce, Milano 1730, und bemerkt dazu, es handle sich »offenkundig um eine unveröffentlichte Schrift eines Autors, der zur Zeit der Pestseuche gelebt hat, auch wenn es nicht einfach eine Ausgabe, sondern eine neue Zusammenstellung ist«. – Die kursiv gesetzten Stellen im folgenden Satz sind Zitate aus Ripamontis *De peste*, die Manzoni in einer weiteren Fußnote mit ihrem lateinischen Wortlaut belegt: *si unguenta scelerata et unctores in urbe essent … si non essent … certiusque adeo malum*, Ripamonti, pag. 185.

– *wie ein geistreicher Mann sehr treffend … bemerkt hat**: hierzu Fußnote Manzonis: P. Verri, *Osservazioni sulla tortura*: Scrittori italiani d'economia politica; parte moderna, tom. 17, pag. 203. – Es handelt sich um denselben Pietro Verri, den Manzoni bereits in einer Fußnote genannt hat (s. o. Anm. zu

S. 679) und auf dessen 1776 erschienene »Bemerkungen über die Folter« am Ende dieses Kapitels erneut bezug genommen wird, s. u. Anm. zu S. 714.

694 *Salber – der Ausdruck wurde bald gang und gäbe:* ital. *untori*, in den lateinisch geschriebenen Quellen *unctores.*

697 *eines Autors jener Zeiten ... etwa fünfhundert ...**: hierzu Fußnote Manzonis: *Alleggiamento dello Stato di Milano etc.*, von C. G. Cavatio della Somaglia, Milano, 1653, pag. 482. – Es handelt sich um ein Werk über die steuerliche »Entlastung des Staates Mailand«, das auch ein Kapitel über »Die Kosten der Pest« enthält.

699 *carrobio:* lombardisches Wort, aus lat. *quadruvium*, für Kreuzweg, Straßenkreuzung, heute nur noch erhalten im Namen des Largo Carrobbio am Ende der Via Torino. – Von den 1576 auf diesen Plätzen aufgestellten Bußkreuzen steht heute nur noch eines in der Via Verziere und ein weiteres vor der Kirche Santa Eufemia, das früher auf dem Corso Italia stand.

700 *schreibt ein zeitgenössischer Autor**: Fußnote Manzonis: Agostino Lampugnano, *La pestilenza seguita in Milano, l'anno 1630*, Milano, 1634, pag. 44.

701 *›monos‹:* »allein«; *›monere‹:* »ermahnen, warnen«.

– *in der Schweiz oder in Graubünden:* die Formulierung ist historisch korrekt: Graubünden wurde erst nach der Französischen Revolution ein Kanton der Schweiz.

– *Entstellung des Wortes ›monatlich‹:* etymologisch wahrscheinlicher ist eine Herkunft von lombardisch *monàt*, »kleiner Mönch«, »Gauner«, auch »Totengräber«.

702 *daß man ... die Soldaten gut behandeln müsse**: Fußnote Manzonis: Pag. 117.

704 *eine Seele für Christus zu gewinnen gibt**: Fußnote Manzonis: Ripamonti, pag. 164.

706 *so behauptet auch Tadino**: Fußnote Manzonis: Pag. 102.

709 *nicht genügend von klugen und gewichtigen Männern verlacht wurde**: in einer Fußnote gibt Manzoni den lateinischen Wortlaut an: *apud prudentium plerosque, non sicuti debuerat irrisa*, und präzisiert die Stelle: *De Peste etc.*, pag. 77.

710 *Cesalpino ... Delrio:* Autoren von Werken über Magie und Hexenwesen, deren Namen z. T. in italianisierter Form angeführt werden. Im einzelnen: Andrea Cesalpino (1519-1603), Autor einer *Daemonum investigatio peripatetica* (1580); Girolamo Cardano, s. o. S. 596; Jacques Grévin (1538-1570), Autor eines Traktats *De venenis*; Pietro Salio (16. Jh.), Autor eines *De febri pestilenti et curatione*; Ambroise Paré (1517-1590), seinerzeit berühmter Chirurg und Autor eines Buches über die Pest; Johannes Schenck (1531-1598), Kompilator der medizinischen Enzyklopädie *Observationum medicarum rararum novarum admirabilium et monstrosarum volumen*, deren sechster und siebter Teil der Pest und den Giften gewidmet ist; Paolo Zacchia (1584-1659), Leibarzt von Papst Innozenz X., Autor der gerichtsmedizinischen Abhandlung *Questiones medico-legales*; zu Martinus Delrio vgl. o. S. 598.

711 *verharrerten**: das Zitat endet im Original mit einer komisch entstellten Verbform: *dimororno* statt *dimorarono*. – Manzoni gibt in einer Fußnote die Seitenzahl an: Pag. 123, 124.

– *Zwei berühmte und hochverdiente Autoren, Muratori und Verri, haben versichert ...**: bei Manzoni werden die Namen nicht im Text, sondern nur in einer Fußnote genannt: Muratori, *Del governo della peste*, Modena, 1714, pag. 117; P. Verri, op. cit., pag. 261. – Ludovico Antonio Muratori (1672-1750) war ein berühmter Historiker, den Manzoni sehr schätzte (s. u. S. 712, »der gute Muratori«); zu Pietro Verri vgl. Anm. zu S. 679 und S. 693.

712 *»Es war allgemeine Meinung ... andere jedoch erfunden scheinen.«**: Fußnote Manzonis: »Dies seine Worte: Unguenta uero haec aiebant componi conficique multifariam fraudisque uias fuisse complures; quarum sane fraudum, et artium aliis quidem assentimur, alias uero fictas fuisse commentitiasque arbitramur. *De Pestilentia quae Mediolani anno 1630 magnam stragem edidit*, Cap. V.«

713 *en este exercicio:* (span.) »in diesem Geschäft«.

– *para la fábrica del veneno:* »für die Fabrikation des Gifts«. Auch das weiter unten zitierte »um das Haus zu erkunden und zu sehen, ob es da noch Spuren gebe« steht bei Manzoni auf Spanisch: *a reconocer la casa, y a ver si hallará algunos vestigios.*

– *Bei einer anderen Gelegenheit glaubte man allerdings:* Anspielung auf den Fall, den Manzoni später in der *Storia della Colonna infame* schildern und analysieren sollte.

714 *ein hier erst vor kurzem lobend erwähnter Autor:* gemeint ist Pietro Verri, der die Prozesse gegen die Giftsalbenschmierer untersucht hatte, um daraus Argumente gegen die Folter als Verhörmethode zu gewinnen, vgl. o. Anm. zu S. 711.

– *für eine andere Schrift vorbehalten:* hier wird die 1842 erschienene *Storia della Colonna infame* praktisch schon angekündigt.

719 *der Wundarzt Chiodo:* ein gewisser »Chiodo chirurgo« wird bei Tadino als einer der hartnäckigsten Leugner der Pest erwähnt.

723 *Faktotum:* die Stelle bekleidete Bortolo selbst, vgl. o. S. 384.

724 *Lorenzo Ghirardelli:* vgl. o. Anm. zu S. 386. Das 1681 erschienene Buch hat den Titel *Il memorando contagio seguito in Bergamo l'anno 1630.* Manzonis Bemerkung enthält eine Spitze gegen berühmte »rhetorische« Pestbeschreibungen wie diejenige, mit der Boccaccios *Decameron* beginnt.

740 *Greco:* ein Dorf vier Kilometer vor Mailand, heute innerhalb der Stadtgrenzen.

744 *Die Straße, die Renzo eingeschlagen hatte:* Renzos Weg durch das pestverseuchte Mailand läßt sich weitgehend rekonstruieren, da die Straßenführung in diesem Teil der Stadt noch fast dieselbe wie vor 370 Jahren ist. Er geht von der Porta Nuova (heute Piazzale Principessa Clotilde, südwestlich vom Hauptbahnhof) durch den Corso di Porta Nuova bis zur Kreuzung mit der heutigen Via Moscova (deren westliche Hälfte damals Stradone di Santa Teresa hieß), biegt nach rechts in diese ab, dann links in die Via (damals Strada di) San Marco, dann vor bis zur Piazza San Marco (wo er das Foltergerüst sieht und den Leichenkarren begegnet), biegt dann hinter der Kirche San Marco nach links in die heutige Via Fatebenefratelli (wo bis zum Zweiten Weltkrieg einer der vie-

len grachtenähnlichen *Navigli* verlief, die sich rings um und durch die ganze Innenstadt zogen), überquert den Kanal und gelangt in die Via Borgonuovo, der er bis zur heutigen Kreuzung der Via Manzoni mit der Via Croce Rossa und der Via Montenapoleone folgt. Danach verliert sich sein Weg eine Weile in den Seitengassen der Via Montenapoleone, bis er, wahrscheinlich an der Ecke des heutigen Corso Mateotti, die Straße zur Porta Orientale wiedererkennt und auf ihr, d.h. dem heutigen Corso Venezia, zum Lazarett hinauseilt.

745 *zog er den Hut ... behielt ihn in der linken Hand, legte die rechte hinein:* die gleiche Höflichkeits- und Verlegenheitsgeste hatte Renzo auch schon bei seiner Begrüßung des Doktors Azzeccagarbugli gemacht, s. o. S. 60.

747 *jene beiden anderen Brote:* vgl. o. S. 261.

748 *das abscheuliche Foltergerüst:* zur Ausführung der berüchtigten Seilfolter, vgl. o. Anm. zu S. 18.

750 *Priester im Wams:* d.h. in engem Rock, ohne Soutane. Der Grund wird unten S. 753 genannt.

752 *jene Straßenkreuzung, die damals Carrobbio di Porta Nuova hieß:* heute die Kreuzung Via Montenapoleone, Via Manzoni und Via Croce Rossa, eine der elegantesten und teuersten Gegenden im Zentrum Mailands. (Die in dem alten Namen erwähnte Porta Nuova ist nicht diejenige, durch die Renzo in die Stadt gekommen war, sondern das alte Stadttor, von dem heute noch zwei Bögen am Ende der Via Manzoni stehen.)

754 *Giangiacomo Mora:* der Barbier Giangiacomo Mora wurde als Salber vor Gericht gebracht und zu einem gräßlichen Tod verurteilt. Sein Haus wurde abgerissen und an dessen Stelle eine Säule mit einer an seine Schandtat erinnernden Tafel errichtet. Dem krassen Fall von »Justizirrtum« hat Manzoni seine schon erwähnte *Geschichte der Schandsäule* gewidmet, die in späteren Ausgaben der *Promessi Sposi* als Anhang beigegeben wurde.

758 *wie die schon auf dem Stengel prangende Blüte ... die alle Gräser der Wiese gleichmacht:* eine der nicht seltenen Passagen, in denen Manzoni die Prosa in Poesie übergehen

läßt: Der Nachsatz, »al passar della falce che pareggia tutte l'erbe del prato« ist metrisch gesehen ein Doppelvers, bestehend aus einem *endecasillabo* und einem *settenario* (Elfsilbler und Siebensilbler), den beiden häufigsten Versen der italienischen Lyrik. Als literarischen Hintergrund oder Anklang nennen die Kommentatoren hier gern die Verse Catulls: »cecidit velut prati / ultimi flos, praetereunte postquam / tactus aratro est« (XI, 22-24: »sank hin wie die Blume am Wiesenrand, geknickt vom vorüberziehenden Pflug«) und Vergils: »purpureus veluti cum flos succisus aratro / languescit moriens« (*Aeneis* IX, 435-36: »so wie geschnitten vom Pflug die purpurne Blume / sterbend dahinsinkt«). Schon vorher erinnerte der Satz »und sprach die letzten Worte« (»e disse l'ultime parole«) an Vergils »dixitque novissima verba« beim Tod des Misenus (*Aeneis* VI, 231).

767 *jene Straße zur Porta Orientale, die er vor etwa zwanzig Monaten* ...: Renzo befindet sich jetzt in der Gegend zwischen der heutigen Piazza San Babila und der Via Senato, innerhalb des damaligen Ringkanals der *Navigli*; zuletzt war er dort im November 1628 gewesen, vgl. o. S. 349.

– *Geh, geh, armes Salberlein:* im Original *Va, va, povero untorello*; die Aufforderung ist zu einem geflügelten Wort geworden.

768 *angetrieben von einem noch seltsameren Reiter:* in der ersten Fassung des Romans, *Fermo e Lucia*, war dieser Reiter noch kein anderer als Don Rodrigo. Das hat Manzoni dann als zu dick aufgetragene Symbolik der Entsprechung von Schuld und Sühne erkannt und wieder gestrichen.

771 *Pflegern, die in Aussehen, Benehmen und Kleidung ebenso verschieden waren wie* ...: gemeint sind Monatti und Kapuzinermönche.

776 *die Nächstenliebe ... ihrem Urgrund nahe:* d.h. nahe bei Gott (Anspielung auf 1. Johannes 4, 7: »denn die Liebe ist von Gott«).

784 *eine Gnade, deren ein gewisser anderer zu unwürdig war:* der Pater meint sich selbst.

787 *Die achteckige Kapelle:* die einstige Lazarettkapelle

ist noch als Kirche San Carlo del Lazaretto (mit zugemauerten Bögen) in der heutigen Via Lecco zu sehen, vgl. o. Anm. zu S. 618.

790 *die genauen Worte ... die er wirklich sagte:* die Predigt des Paters Felice Casati hat Manzoni der *Memoria* von Pio la Croce entnommen, die er in einer Fußnote zu Kapitel 32 unter den von ihm benutzten historischen Quellen erwähnt, vgl. o. Anm. zu S. 693.

792 *jener Pater Michele, von dem wir gesagt hatten ...:* vgl. o. S. 681 und S. 703.

809 *der Rest jenes Brotes ... des ersten, das ich als Almosen einst erbat:* das »Brot der Vergebung«, vgl. o. S. 92 und S. 421.

815 *Sesto:* der Ort Sesto San Giovanni, auf halbem Weg zwischen Mailand und Monza.

– *das müssen wir schon irgendwo gesagt haben:* vgl. o. S. 258.

818 *ist ja bloß Wasser:* soll heißen: kein Blut. Renzo denkt an den Moment, als er das Messer gegen die aufgebrachten Mailänder geschwungen hatte.

827 *die wir bereits andernorts ... zitiert haben**: in einer Fußnote präzisiert Manzoni: »Ripam. *Hist. Pat.*, Dec. V, Lib. VI, Cap. III.«, vgl. o. Anm. zu S. 187. – Die Strafe, auf die er hier anspielt, war ein Büßerleben in allerstrengster Abgeschiedenheit, nämlich in einer zugemauerten Zelle, zu dem Schwester Virginia, die frühere »Signora von Monza«, im Jahre 1608 verurteilt worden war. Nachdem sie gemeinsam mit ihrem Geliebten Gian Paolo Osio eine Reihe zunehmend schwerer Verbrechen begangen hatte, um ihre Beziehung geheimzuhalten (aus der inzwischen zwei Kinder hervorgegangen waren), und schließlich nicht einmal vor dem Mord an einer Laienschwester zurückgeschreckt war, hatte Kardinal Borromeo eine Untersuchung gegen sie und Osio veranlaßt, die zu einem Prozeß gegen die beiden und ihre Helfershelfer führte. Osio war zum Tode und sie zur Klausur in einer zugemauerten Zelle verurteilt worden, in der sie dreizehn Jahre verbrachte. (Diese Zeit meinte wahrscheinlich Manzoni, der erst zehn Jahre nach Veröffentlichung seines Romans aus den Prozeßakten erfuhr, daß die Geschichte der »Nonne von Mon-

za« einige Jahre weiter zurücklag, als er ursprünglich angenommen hatte.) Nach ihrer Entlassung aus der vermauerten Zelle lebte Schwester Virginia noch fast drei Jahrzehnte als fromme, verehrungswürdige Frau in einem Besserungsheim für Prostituierte. Sie starb 1650.

828 *In rerum natura:* (lat.) »In der Natur«. Der ganze erste Teil der Argumentation Don Ferrantes wiederholt fast wörtlich die Argumentation eines Briefes, den der Dichter Claudio Achillini im Pestjahr 1630 an einen Kollegen geschrieben hatte – derselbe Achillini, über dessen Sonette an König Ludwig XIII. sich Manzoni bereits auf S. 625 lustig gemacht hatte.

829 *ein übertragenes Akzidens ... ein Widerspruch in sich:* aus scholastischer Sicht ist die Argumentation lupenrein: das Akzidens als Modifikation einer einzelnen, individuellen Substanz kann nicht auf eine andere Substanz übertragen werden.

– *Vibices, Exantheme:* blaue Flecken und Hautausschläge.

831 *Metastasio:* Pietro Metastasio (1698-1782), berühmter Librettist und Hofdichter in Wien, dessen Opernhelden bei ihren Gefühlsausbrüchen häufig die Sterne und die Götter anrufen.

838 *dieses huldvolle Dekret:* ein Amnestie-Dekret, das Philipp IV. anläßlich der Geburt seines ersten Sohnes verkündet hatte, vgl. S. 672.

839 *als wir das zweite Mal bei ihm waren:* vgl. S. 553.

840 *ersuchen wir um Dispens:* das Aufgebot mußte dreimal an drei aufeinanderfolgenden Sonntagen von der Kanzel herab verkündet werden, aber um die Trauung rascher vornehmen zu können, will Don Abbondio bei der Kurie in Rom um Dispens ersuchen.

841 *Senectus ipsa est morbus:* (lat.) »Das Alter selbst ist die Krankheit« (frei nach Cicero, *De senectute*, XXXV, wo es heißt: »Pugnandum, tamquam contra morbum, contra senectutem«).

843 *neun bis zehn Ruten:* etwa ein halber Hektar.

845 *Vox populi, vox Dei:* (lat.) »Volkes Stimme, Gottes Stimme.«

848 *zwei Akademien des vorigen Jahrhunderts:* Anspielung auf die Debatten über Wirtschaftspolitik zu Beginn der Industrialisierung, die mit besonderer Heftigkeit in der Lombardei geführt und von Manzoni offensichtlich als weitgehend überflüssig erachtet wurden.

852 *Tröpfin:* im Original *baggiana*, vgl. Anm. zu S. 387.

853 *trotz solch wohlgemeinter Hilfen:* als Anhänger des marktwirtschaftlichen Liberalismus hielt Manzoni jede Form von obrigkeitlicher Regulierung der Wirtschaftsprozesse für unsinnig.

855 *(und ein kleines bißchen auch dem, der sie neu übersetzt hat):* das steht natürlich nicht bei Manzoni, aber in dieser unverblümten *Captatio benevolentiae* bietet es sich so zwanglos und fast selbstverständlich an, daß man meinen könnte, der Autor habe seine Übersetzer regelrecht dazu einladen wollen. *Grazie, signor Manzoni!*

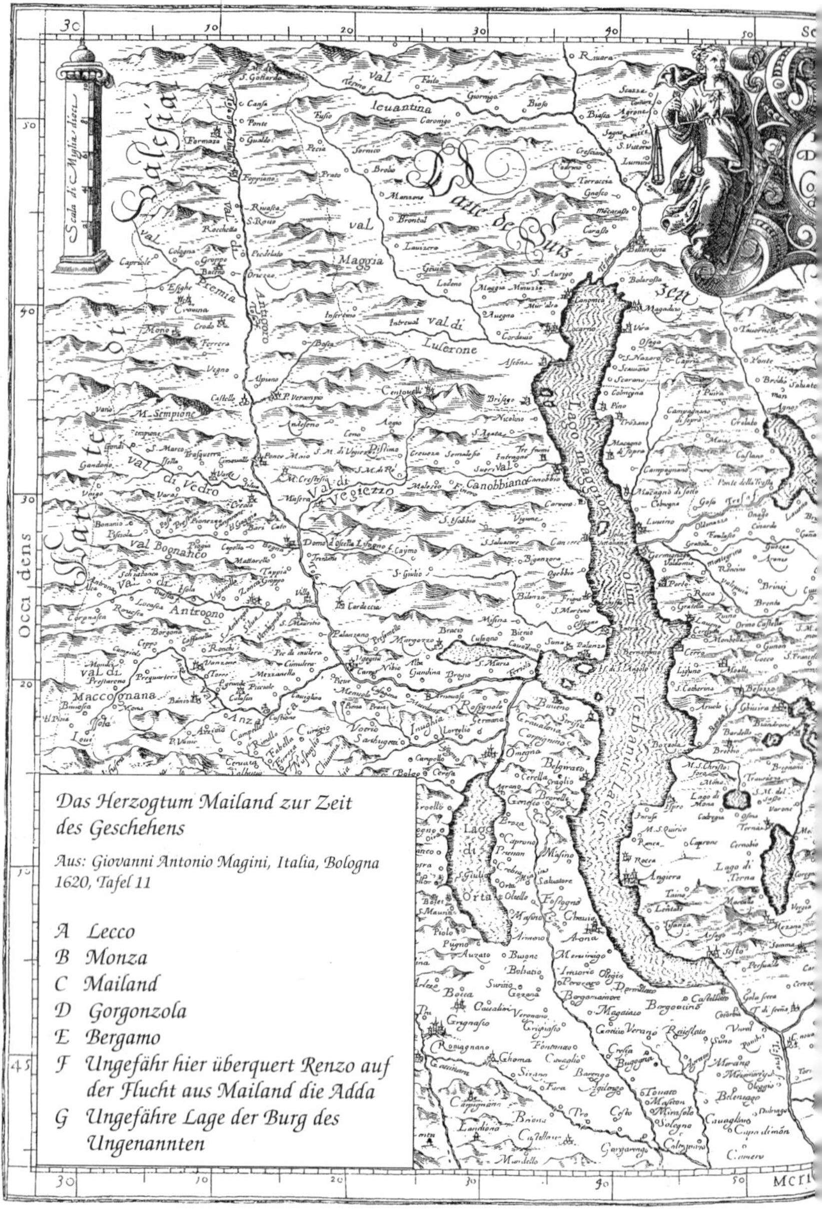

Das Herzogtum Mailand zur Zeit des Geschehens

Aus: Giovanni Antonio Magini, Italia, Bologna 1620, Tafel 11

A Lecco
B Monza
C Mailand
D Gorgonzola
E Bergamo
F Ungefähr hier überquert Renzo auf der Flucht aus Mailand die Adda
G Ungefähre Lage der Burg des Ungenannten